新選明文東洋古典大系

新完釋

孟子

경제학자가 본 알기 쉬운 맹자

姜秉昌 譯註

明文堂

▲**맹자상**(孟子像)
전국(戰國)시대의 철인(哲人). 기원전 372~280년. 이름은 가(軻), 자는 자여(子輿). 성선설(性善說)을 주장하였으며 아성(亞聖)이라 불린다

▶**공자입상**(孔子立像)
공자의 언행록이 《논어(論語)》인데 공자가 세상을 떠난 다음 그 제자들의 손에 의해 기록되었다. 맹자는 공자의 인(仁) 사상을 발전시켰다. 고궁박물원(故宮博物院) 소장.

▼**노벽**(魯壁) 산동성 곡부(曲阜)의 공자묘에 있는 것으로 고문경서(古文經書)가 감춰졌던 것으로 전해온다.

▲ **요제상**(堯帝像)
요(堯)임금은 순(舜)임금과 함께 성제(聖帝)로 일컬어진다. 13세기 말, 남송(남송) 마린(馬麟) 그림. 대북 고궁박물관 소장.

▲ **순제상**(舜帝像)　성(姓)은 유우씨(有虞氏), 이름은 중화(重華). 요제(堯帝)로부터 황위(皇位)를 물려받았다. 16세기, 명(明) 손승은(孫承恩)의 《집고상찬(集古像贊)》.

▶ **맹자**(孟子)
주희집주(朱熹集注)
1894년 간본(刊本). 국립도서관 소장

▼양혜왕(梁惠王)에게 왕도(王道)를 설명하는 맹자(孟子)

▼맹모단직기(孟母斷織機)

▼성선설(性善說)을 설명하는 맹자

▼호연지기(浩然之氣)를 설명하는 맹자

역주서

'맹자'는 유교의 기본경전인 논(論)·맹(孟)·용(庸)·학(學)의 4서 중 하나로서 전국시대 노나라의 유학자 맹가(孟軻, B.C. 372~289)의 언행을 기록한 책이다. 현재의 것은 총 7편 14권 260장 34,685자로 되어 있다. 맹자는 맹가의 존칭이며, '맹자'는 작자에서 따온 것이다. 맹자는 자사(子思)의 문인에게서 유학을 배웠다. 그래서 공자사상의 계승자임을 자처하였다. 장성한 후에는 제세구민에 뜻을 두고 왕도정치를 펴서 인의를 회복하고 천하통일을 꾀하고자 제후들을 만나 유세했으나 패도에 몰두한 그들은 왕도주의를 수용하지 않았다. 당시는 백가쟁명(百家爭鳴)의 시대라, 유학은 제가(諸家)의 하나일 뿐, 더 이상의 현학(顯學)이 아니었다. 종횡가(縱橫家)가 정치 전면을 차지하여 공벌(攻伐)만을 훌륭한 것으로 여겼다.

이론면에서 유학은 양주(楊朱)와 묵자(墨子)로부터 도전을 받았고, 실제면에서 유가의 성인·군자의 인격적 이상은 폭력을 숭상하는 종횡가로부터 부정되었다. 이런 시대 상황에

서 유학을 재건하여 그 위상을 높이고자 이들을 압도하는 이
론구성이 절실한 과제였다.

맹자는 공자사상을 계승 발전시켰다. 공자의 인도(人道)를
성선(性善)과 인정(仁政)으로 확장하였다. 인간 심성과 인간
외부의 정치 사회 관계에 주목한 것이다. 특히 안정된 생업
[恒産]이 안정된 도덕심[恒心]의 필요조건임을 제시했다.
또 지언(知言)과 호연지기를 말함으로써 인간관리와 인격함
양을 중시했다. '맹자'는 정치만이 아니라 거의 천지만물을
포괄하고 있어, 맹자의 학설에 따르면 천하의 안정은 물론,
사회나 가정을 지킬 수 있고, 인간의 도덕을 높일 수 있다는
것이다. 유학은 이전의 지위를 회복하였으며, '맹자'는 '논어'
와 함께 경(經)의 반열에 오르게 되었고, 맹자 자신도 '아성'
(亞聖)이라는 특별한 영예를 얻었다. 그는 유가의 재건자로
서 공·맹으로 추앙받고 있다.

이 역주서의 저본은 내각본(內閣本, 성대 대동문화연구원
영인본 1965)이며, 한자를 어렵게 느끼는 독자를 위해 원문
에 독음을 달았다. 원문의 현토는 기왕의 것에 따랐으나 필
요에 따라 조정한 것도 있다. 장별의 제목은 대체로 기존의
것에 따랐으나 뜻이 분명치 않은 것은 혹 고친 것도 있다. 원
문의 해석은 오직 문리에 따랐고 주석에 의존하려고 하지 않
았다. 문장을 짧게 끊고 콤마를 자주 사용하였다. 대화에 나
오는 왈(曰)은 번역을 생략하고 " "로 대체하였다. 독자의
편의와 이해를 돕기 위해 자의와 해설을 붙였다. 자의는 원
문을 이해하는 데 따로 자전이 필요없도록 배려하였으며, 해

설은 원문의 이해를 돕고 나아가 경영 경제적 시각에서 현장 적용을 고려하였다. 그러나 유가사상은 근원적·거시적·장기적인데, 경영현상은 소체(小體)적·가변적인데다 역자의 능력 또한 부족하여 의도대로 되지 않았다.

유학에서는 만물이 태어날 때 받은 성품(性稟)을 이(理)라 하고, 사람과 동물의 본성을 이(理)와 구별하여 성(性)이라 하여, 그 성·이를 구명코자 했던 것인데, 역자는 본마음, 본성 및 성품(性稟)과 이품(理稟)을 성리의 의미로써 호환하여 사용하였다.

집주는 책의 부피와 비전문가가 느끼는 중압감을 고려하여 각주로 처리하되, 문장은 짧게 끊고 현재의 사용용어로 번역하고 경칭은 생략하였다. 또 부록에 연표를 붙여 맹자의 일생의 동정을 일목요연하게 알게 하였다.

이 역주서는 다음의 책을 주로 참고하였다.

성백효, 《맹자집주》 전통문화연구회

이기동, 《맹자강설》 성균관대학교 출판부

이영섭, 《맹자평전》 미다스북스

전일환, 《맹자》 자유문고

차주환, 《맹자》 상·하 명문당

홍인표, 《맹자》 서울대학교 출판부

황호현, 《맹자정해》 상·하

졸역 《경제학자가 본 알기쉬운 논어》 명문당

특히 앞의 네 책을 많이 참고하였다. 감사의 말씀을 드린다.

공·맹 사상은 우리 전통의 핵심을 이루며 끊임없이 영향력을 끼쳐왔다. 미래사회의 원동력을 거기서 찾을 수 있다는 어떤 확신 같은 것을 가지고 경서를 읽었다. 특히 '맹자'는 호연한 기상과 도도한 웅변, 그리고 아름다운 문체에 이끌려 이미 세상에 나와 있는 여러 전공자의 번역본을 대조하면서 읽었다. 그때 경서의 위상을 지키면서 비전공자, 특히 비즈니스 관련 사람들이 쉽게 접근할 수 있는 가벼운 책이 있었으면 좋겠다는 생각을 하게 되었고, 그런 소박한 생각에서 시작한 일이 이렇게 확대되어서 참으로 두렵다.

이 책이 성현의 말씀을 통해 사람들이 본성을 밝게 하여 대체를 숭상하고 고급문명사회를 건설하는 데 조금이나마 기여했으면 하는 것이 더없는 바람이다. 업계의 어려움이 큰데도 '경제학자가 본 알기 쉬운 논어', '대학', '중용'에 이어서 이 책의 출판을 허락한 명문당 사장님과 제위께 감사드린다.

2005년   3월
역주자

차 례

▌제3편　공손추장구 상(公孫丑章句 上)

제4편 공손추장구 하(公孫丑章句 下)

제5편 등문공장구 상(滕文公章句 上)

제6편 등문공장구 하(滕文公章句 下)

제7편 이루장구 상(離婁章句 上)

제8편 이루장구 하(離婁章句 下)

제9편 만장장구 상(萬章章句 上)

제10편　만장장구 하(萬章章句 下)

제11편 고자장구 상(告子章句 上)

제12편 고자장구 하(告子章句 下)

▌제13편 진심장구 상(盡心章句 上)

제14편 진심장구 하(盡心章句 下)

부 록

맹자서설(孟子序說)

史記列傳曰 孟軻는 騶人也니 受業子思之門人하다.
道旣通에 游事齊宣王하되 宣王不能用하고 適梁하되
梁惠王不果所言하니 則見以爲迂遠而闊於事情이라
　(사기열전왈 맹가, 추인야, 수업자사지문인. 도기통, 유사제선왕, 선
　왕불능용, 적양, 양혜왕불과소언, 즉견이위우원이활어사정)

'사기 열전'에 다음과 같이 말하고 있다. 맹가는 추 땅 사
람이니, 자사의 문인에게 수업하였다. 도가 이미 통함에 제나
라 선왕을 섬기려 교제하였으되 선왕이 능히 거용하지 않아,
양나라로 갔으되 양혜왕이 말한 바를 실행하지 않았는데, 견
해가 현재와 거리가 멀고 사정에도 맞지 않는다고 여겼기 때
문이다.

　　o孟－맏이 맹. o軻－수레 가(맹자의 이름. 모(某)라고 읽음).
　　o騶－땅이름 추. o游－놀 유. 교제하다, 내왕하다. o宣－베풀 선.
　　o適－갈 적. o果－해낼 과. 이루다, 실행하다. o見－견해, 의견.
　　o以爲－여기다. o迂遠－현실과 거리가 멀다. o闊－넓을 활.

當是之時하여 秦用商鞅하고 楚魏用吳起하고 齊用孫
子·田忌하여 天下方務於合從連衡하여 以攻伐爲賢이

어늘 *而孟軻乃述唐·虞·三代之德*하시니 *是以所如者* *不合*일새 *退而與萬章之徒*로 *序詩書*하고 *述仲尼之意* 하여 *作孟子七篇*하시니라

(당시지시, 진용상앙, 초위용오기, 제용손자·전기. 천하방무어합종 연횡, 이공벌위현. 이맹가내술당·우·삼대지덕, 시이소여자불합. 퇴 이여만장지도, 서시서, 술중니지의, 작맹자칠편)

이 때를 당하여 진나라는 상앙을 거용하고, 초나라와 위나 라는 오기를 거용하고, 제나라는 손자와 전기를 거용하여, 천 하는 바야흐로 합종연횡하여 공격과 정벌로써 현명함을 삼거 늘, 그런데 맹가는 이에 당·우와 삼대[하·은·주]의 덕을 진술하니, 이 때문에 가는[如] 곳마다 부합되지 않아, 물러나 만장의 무리와 더불어 시경·서경을 서술하고, 중니의 뜻을 기술하여, 맹자 7편을 지으셨다.

ㅇ秦-진나라 진. ㅇ鞅-고삐 앙. ㅇ楚-초나라 초. ㅇ魏-위나라 위. ㅇ忌-꺼릴 기. ㅇ方-바야흐로. ㅇ衡-가로 횡, 저울대 형. ㅇ唐-나라 당. ㅇ虞-나라 우. ㅇ如-가다, 이르다. ㅇ仲尼-공자 의 자(字).

*韓子曰 堯以是傳之舜*하시고 *舜以是傳之禹*하시고 *禹* *以是傳之湯*하시고 *湯以是傳之文武周公*하시고 *文武周* *公*은 *傳之孔子*하시고 *孔子傳之孟軻*러시니 *軻之死*에 *不* *得其傳焉*하니 *荀與揚也*는 *擇焉而不精*하고 *語焉而不* *詳*하니라

(한자왈 요이시전지순, 순이시전지우, 우이시전지탕, 탕이시전지문무

주공, 문무주공, 전지공자, 공자전지맹가, 가지사, 부득기전언. 순여
양야, 택언이부정, 어언이불상)

한자[韓愈]가 말하였다. 요임금은 이것으로써 순임금에게
전하고, 순임금은 이것으로써 우임금에게 전하고, 우임금은
이것으로써 탕임금에게 전하고, 탕임금은 이것으로써 문왕·
무왕·주공에게 전하고, 문왕·무왕·주공은 그것을 공자에
게 전하고, 공자는 그것을 맹가에게 전하였는데, 맹가가 죽음
에 그것을 전할 수 없게 되었다. 순자[荀況]와 양자[揚雄]
는 그것을 선택하였으나 정밀하지 않았으며 그것을 말하였으
나 상세하지 않았다.

　o堯-요임금 요. o舜-순임금 순. o禹-우임금 우. o湯-끓일
탕. o焉-어찌 언(=於是, =於此, =於之). o荀-성 순. o揚-날
릴 양.

又曰 孟氏는 醇乎醇者也요 荀與揚은 大醇而小疵니라
　(우왈, 맹씨, 순호순자야. 순여양, 대순이소자)

또 말하였다. 맹씨는 순수하고 순수한 자요, 순자와 양자는
대체로 순수하나 약간의 흠이 있느니라.

　o醇-진할 순. 순수하고 진하다. o疵-병 자.

又曰 孔子之道大 而能博하니 門弟子不能徧觀而盡
識也라. 故로 學焉에 而皆得其性之所近이러니 其後離
散하여 分處諸侯之國할새 又各以其所能으로 授弟子하
니 源遠而末益分이라
　(우왈 공자지도대 이능박, 문제자불능편관이진식야, 고, 학언, 이개

득기성지소근. 기후이산, 분처제후지국, 우각이기소능, 수제자, 원원
이말익분)

또 말하였다. 공자의 도는 위대하고 능히 넓어 문하의 제
자들도 두루 보거나 다 알 수가 없었다. 그러므로 그것을 배
움에 모두 그 성질의 근사한 바를 얻었으나, 그 후 흩어져 각
처 제후국으로 나뉘어, 또 각각 그 능한 바로써 제자들에게
전수하니 근원이 멀어짐에 말단은 더욱 나뉘어졌다.

　o博-넓을 박. o徧-두루 편. o盡-다할 진. o侯-제후 후.
o授-줄 수. o源-근원 원.

惟孟軻는 師子思而子思之學은 出於曾子하니 自孔子
沒로 獨孟軻氏之傳이 得其宗이라. 故求觀聖人之道者
는 必自孟子始니라

　(유맹가, 사자사이자사지학, 출어증자. 자공자몰, 독맹가씨지전, 득기
종. 고구관성인지도자, 필자맹자시)

오직 맹가는 자사를 스승으로 하였고, 자사의 학문은 증자
로부터 나왔으니, 공자가 돌아간 뒤로부터 홀로 맹가의 전통
이 그 종주를 얻었다. 그러므로 성인의 도를 구해 보려는 자
는 반드시 맹자로부터 시작할 것이다.

　o惟-오직 유. o曾-일찍 증. o沒-죽을 몰. o觀-볼 관.

又曰 揚子雲曰 古者에 楊墨塞路어늘 孟子辭而闢之廓
如也라하니 夫楊墨行하면 正道廢하나니 孟子雖賢聖이나
不得位하여 空言無施하니 雖切何補리오 然賴其言하여
而今之學者尚知宗孔氏, 崇仁義, 貴王賤霸而已요

(우왈 양자운왈 고자, 양묵색로, 맹자사이벽지곽여야, 부양묵행, 정
도폐. 맹자수현성, 부득위. 공언무시, 수절하보. 연뢰기언, 이금지학
자상지종공씨, 숭인의, 귀왕천패이이)

또 말하였다. 양자운[揚雄]은 옛날에 양주(楊朱)·묵적(墨
翟)이 정도를 막았거늘, 맹자가 말씀하고 그것을 배제하여
확 넓혀진 듯이 되었다고 말하였다. 대저 양주·묵적의 도가
유행하면 정도는 황폐된다. 맹자가 비록 현성이나 존위를 얻
지 못하여 빈말이 되고 시행됨이 없었으니, 비록 간절하였을
지라도 무슨 도움이 있었겠는가? 그러나 그의 말을 신뢰하여
지금의 학자들은 오히려 공씨를 종주로 삼고, 인의를 숭상하
며 왕도를 귀히 여기고, 패도를 천히 여길 줄 알았던 것뿐이
겠는가?

　ㅇ楊-버들 양. ㅇ墨-먹 묵. ㅇ塞-막을 색. ㅇ闢-열 벽. 개척하다,
반박하다, 배제하다. ㅇ廓-넓을 확(곽). ㅇ賴-의뢰할 뢰. ㅇ覇-
으뜸 패.

其大經大法은 皆亡滅而不救하고 壞爛而不收하니 所
謂存十一於千百이니 安在其能廓如也리오 然向無孟
氏면 則皆服左袵而言侏離矣리라 故愈嘗推尊孟氏하여
以爲功不在禹下者는 爲此也니라

(기대경대법, 개망멸이불구, 괴란이불수, 소위존십일어천백, 안재기
능곽여야. 연향무맹씨, 즉개복좌임이언주리의. 고유상추존맹씨, 이위
공부재우하자, 위차야)

그 대경대법은 모두 멸망되어 구원할 수 없고, 무너지고
썩어 수습할 수 없었으니 소위 천에 십, 백에 하나만이 존재

하니, 그가 능히 확 넓혀진 듯이 하였다는 것이 어디에 존재한다는 것인가? 그러나 이전에 맹씨가 없었으면 모두 옷깃을 왼쪽으로 하는 오랑캐 옷을 입고, 오랑캐 말을 하였을 것이다. 그러므로 (내) 더 일찍이 맹씨를 추존하여 공로가 우왕의 아래에 있지 않다고 여긴 것은 이런 생각에서이다.

ㅇ亡滅-멸망. ㅇ壞-무너뜨릴 괴. ㅇ爛-문드러질 란. 썩다. ㅇ安-어찌 안. ㅇ如-가다, 이르다. ㅇ向-이전, 종전. ㅇ衽-옷깃 임. ㅇ侏離-의미가 통하지 않는 만이(蠻夷)의 소리. ㅇ愈-더욱 유, 나을 유. ㅇ嘗-일찍 상.

或問於程子曰 孟子를 還可謂聖人否잇가 程子曰 未敢便道他是聖人이라 然이나 學已到至處니라

(혹문어정자왈 맹자, 환가위성인부, 정자왈 미감편도타시성인, 연, 학이도지처)

누가 정자께 묻기를 맹자도 성인이라고 말할 수 있지 않습니까?라고 하자, 정자가 말씀하였다. 그가 성인인지[是] 아직 감히 바로 말할 수는 없으나 그러나 학문은 이미 지극한 곳에 이르렀다.

ㅇ程-공부 정. ㅇ還-도리어 환. ㅇ否-아닐 부, 악할 비, 의문사. ㅇ便-이미, 벌써, 바로. ㅇ道-말할 도 ㅇ他-남 타. 그, 그이, 그 사람.

程子又曰 孟子有功於聖門을 不可勝言이라 仲尼는 只說一箇仁字어시늘 孟子는 開口便說仁義하시고 仲尼는 只說一箇志어시늘 孟子는 便說許多養氣出來하시니

只此二字 其功甚多니라

(정자우왈 맹자유공어성문, 불가승언. 중니, 지설일개인자, 맹자, 개
구편설인의, 중니, 지설일개지, 맹자, 편설허다양기출래, 지차이자 기
공심다)

정자가 또 말씀하였다. 맹자가 성문에 공이 있는 것은 일
일이 말할 수 없다. 중니는 단지 일개 인자(仁字)를 말씀하였
으나, 맹자는 입만 열면 바로 인의를 말씀하였으며, 중니는
단지 일개 지자(志字)를 말씀하였으나, 맹자는 바로 양기의
발생을 허다히 말씀하였으니 단지 이 두 글자는 그 공이 매
우 큰 것이다.

o不可勝言-일일이 말할 수 없다(=若不勝言). o仲尼-공자의
자(字). o只-다만 지. 오직, 단지. o箇-낱 개(=個). o出來-발
생하다, 생기다.

又曰 孟子有大功於世는 以其言性善也니라

(우왈 맹자유대공어세, 이기언성선야)

또 말씀하였다. 맹자가 세상에 큰 공이 있는 것은 그가 성
선(性善)을 말하였기 때문이다.

o性善-성선설(性善說).

又曰 孟子性善養氣之論은 皆前聖所未發이니라

(우왈 맹자성선양기지론, 개전성소미발)

또 말씀하였다. 맹자의 성선과 양기의 논의는 모두 전성(前
聖)들이 아직 발표하지 못한 것이다.

o養氣-호연지기(浩然之氣)를 기름. o前聖-맹자 이전의 여러

성인, 즉 요·순·우·탕·문·무·주공·공자 등.

又曰 學者全要識時니 若不識時면 不足以言學이라
顔子陋巷自樂은 以有孔子在焉이요 若孟子之時엔 世
旣無人하니 安可不以道自任이리오
(우왈 학자전요식시, 약불식시, 부족이언학, 안자누항자락, 이유공자
재언, 약맹자지시, 세기무인, 안가불이도자임)

또 말씀하였다. 학자는 전체적으로 때를 아는 것이 중요하
니, 만약 때를 알지 못하면 충분히 학문을 말할 수 없다. 안
자가 누추한 거리에서 스스로 즐길 수 있었던 것은 공자가
당시에 있었기 때문이요, 맹자와 같은 시대에는 세상에 이미
성인이 없었으니 어찌 정도로써 자임하지 않을 수 있었으
리요?

ㅇ足以-충분히 ~할 수 있다, ~하기에 족하다. ㅇ顔-얼굴 안.
ㅇ顔子-안회(顔回)를 말함. ㅇ陋-누추할 누. ㅇ巷-거리 항. ㅇ不
以-생각하지 않다, 여기지 않는다.

又曰 孟子는 有些英氣하시니 才有英氣면 便有圭角이
니 英氣甚害事니라 如顔子는 便渾厚不同하시니 顔子는
去聖人只毫髮間이요 孟子는 大賢이니 亞聖之次也니라
(우왈 맹자, 유사영기, 재유영기, 편유규각, 영기심해사, 여안자, 편
혼후부동, 안자, 거성인지호발간, 맹자, 대현, 아성지차야)

또 말씀하였다. 맹자는 약간의 영기가 있으니 약간의 영기
가 있으면, 바로 성격 행동에 모가 생기니 영기는 일에 매우
해로우니라. 만약 안자라면 바로 질박하고 성실하여 이와 같

지 않았으니, 안자는 성인과의 거리가 단지 털끝만한 간격이
있고, 맹자는 대현이니 아성의 차례이다.

○些─적을 사. 조금, 약간. ○才─겨우 재(=纔). ○圭角─성격이
나 행동에 모가 난 것. ○渾厚─질박하고 성실하다. ○去─~만큼
거리가 있다. ○毫─터럭 호. ○髮─터럭 발. ○亞─버금 아.

或曰 英氣見於甚處잇가 **曰 但以孔子之言比之**면 **便
可見**이니 **且如冰與水精**이 **非不光**이로되 **比之玉**하면 **自
是有溫潤含蓄氣象**이요 **無許多光耀也**니라

(혹왈 영기견어심처, 왈 단이공자지언비지, 편가견, 차여빙여수정,
비불광, 비지옥, 자시유온윤함축기상, 무허다광요야)

누가 물었다. 영기는 어느 곳에서 볼 수 있습니까? 대답하
였다. 단지 공자의 말씀으로써 그것을 비유하면 바로 볼 수
있다. 또 가령 얼음과 수정은 빛나지 않는 것은 아니나, 그것
을 옥에 비유하면 그것은 자연히 따뜻하고 윤택하고 함축된
기상이 있으나 허다한 빛은 없는 것과 같다.

○甚─무엇 심, 심할 심. ○水精─수정(=水晶). ○許多─대단히 많
음. ○光耀─빛, 빛살.

楊氏曰 孟子一書는 **只是要正人心**이니 **敎人存心養性**
하여 **收其放心**이라 **至論仁義禮智**하여 **則以惻隱羞惡
辭讓是非之心**으로 **爲之端**하시고 **論邪說之害**에는 **則曰
生於其心**하여 **害於其政**이라하시고 **論事君**에는 **則曰格
君心之非**니 **一正君而國定**이라하여 **千變萬化**가 **只說**

從心上來라

(양씨왈 맹자일서, 지시요정인심, 교인존심양성, 수기방심. 지론인의
예지, 즉이측은수오사양시비지심, 위지단. 논사설지해, 즉왈생어기심,
해어기정, 논사군, 즉왈격군심지비, 일정군이국정, 천변만화, 지설종
심상래)

양씨가 말하였다. '맹자' 한 책은 단지 인심을 바로 하는
것이 그 요점이니, 사람으로 하여금 마음을 보존하고 본성을
길러 그 방심을 거두려고 하는 것이다. 인의예지를 논함에
이르러서는 측은, 수오, 사양, 시비의 마음으로써 그 단서를
삼았고, 삿된 학설의 폐해를 논함에서는 그 마음에서 생겨나
서 그 정사를 해친다고 하였으며, 주군을 섬기는 일을 논함
에서는 주군의 마음이 그릇된 것을 바로잡아야 하니, 주군
일인이 바르면 나라가 안정된다고 하여, 천변만화가 단지 마
음을 따라 시작됨을 말씀하였다.

ㅇ只是-다만, 오직, 오로지. ㅇ敎-하여금 교. ㅇ放-놓을 방.
ㅇ惻-슬플 측. ㅇ隱-측은할 은. ㅇ羞-부끄러울 수. ㅇ惡-미워할
오. ㅇ讓-사양할 양. ㅇ邪-간사할 사, 그런가 야. ㅇ事-섬길 사.
ㅇ格-바로잡을 격. ㅇ非-그를 비. ㅇ上來-시작(하다), 처음.

人能正心이면 則事無足爲者矣라 大學之脩身齊家治
國平天下는 其本이 只是正心誠意而已니 心得其正然
後에 知性之善이라 故로 孟子遇人에 便道性善이어시늘

(인능정심, 즉사무족위자의. 대학지수신제가치국평천하, 기본, 지시
정심성의이이. 심득기정연후, 지성지선, 고, 맹자우인, 편도성선)

사람이 능히 마음을 바로 하면 다른 일은 충분히 할만한

것이 없다. 대학의 수신, 제가, 치국, 평천하는 그 기본이 오로지 정심, 성의일 뿐이니 마음이 바르게 된 뒤에 본성의 착함을 알게 되는 것이다. 그러므로 맹자는 사람들을 만나면 바로 성선을 말씀하였다.

ㅇ足－족할 족. 충분하다, 족하다. ㅇ遇－만날 우.

歐陽永叔은 却言 聖人之教人에 性非所先이라하니 可謂誤矣로다 人性上에는 不可添一物이니 堯舜所以爲萬世法은 亦是率性而已니 所謂率性은 循天理是也라 外邊에 用計用數면 假饒立得功業이라도 只是人欲之私니 與聖賢作處로 天地懸隔이니라

(구양영숙, 각언 성인지교인, 성비소선, 가위오의. 인성상, 불가첨일물, 요순소이위만세법, 역시솔성이이, 소위솔성, 순천리시야, 외변, 용계용수, 가요입득공업, 지시인욕지사. 여성현작처, 천지현격)

구양영숙[歐陽修]은 도리어 성인이 사람을 가르침에 본성은 먼저 할 바가 아니라고 말하였으니, 오류라고 이를 만하다. 인성의 위에는 하나의 물건도 첨가할 수 없는 것이니, 요순이 만세의 법으로 생각되었던 것, 또한 이 본성을 따랐던 것뿐이다. 소위 본성에 따른다는 것은 천리에 따른다는 것이다. 외부 변두리에 계책을 쓰거나 술수를 쓰면 가령 공업을 얻어 세우더라도 단지 그것은 사람이 바라는 사물(私物)이니 성현과 더불어 하는 일터와는 현격한 것이다.

ㅇ歐－성 구. ㅇ却－도리어 각. ㅇ誤－잘못 오. ㅇ添－더할 첨. ㅇ率－따를 솔. ㅇ循－좇을 순. ㅇ假饒－만약, 만일, 가령(＝假使, 假若). ㅇ懸－매달 현. ㅇ隔－막힐 격.

제 1 편

梁惠王章句 上[1)]

양혜왕장구 상

---

1) 凡七章.(모두 7장이다.)

제1장 어찌 꼭 이익만을 말씀하십니까?
(何必日利章 第一)

(1-1) 孟子見梁惠王하신대

(맹자견양혜왕)

국역 맹자가 양나라의 혜왕을 만나보셨는데2)

자의 ㅇ孟−맏이 맹. ㅇ梁−대들보 량. 전국시대 위(魏)나라가 대량
(大梁)으로 천도한 후에 고친 이름. ㅇ惠−은혜 혜. 위나라 후(侯)
의 이름.

(1-2) 王曰, 叟不遠千里而來하시니 亦將有以利吾國乎

잇가

(왕왈, 수불원천리이래, 역장유이리오국호)

국역 혜왕이 말하였다. "노인께서는 천리를 멀다 여기지 않
고 오셨으니, 역시 장차 우리나라를 이익 되게 할 수 있겠
습니까?"3)

---

2) 梁惠王, 魏侯罃也. 都大梁, 僭稱王, 諡曰惠.(양혜왕은 위나라의
후인 앵이다. 대량 땅에 도읍하였고 왕이라 잠칭하였으며, 시호를
혜라 하였다.) 史記惠王三十五年, 卑禮厚幣, 以招賢者, 而孟軻至
梁.('사기'에 혜왕 35년에 자기를 낮추고 예를 갖추어 후한 폐백
으로 현자를 초빙함으로써 맹가가 양 땅에 이르렀다 하였다.)

3) 叟, 長老之稱. 王所謂利, 蓋富國彊兵之類(수는 장로의 칭호이다.
왕이 말한 이익이란 것은 대개 부국강병과 같은 부류이다.)

자의 ㅇ叟-늙은이 수. ㅇ以-까닭, 원인, 방식, 목적.

(1-3) **孟子對曰, 王**은 **何必曰利**잇고 **亦有仁義而已矣**니이다

(맹자대왈, 왕, 하필왈리, 역유인의이이의)

국역 맹자가 말씀하였다. "왕께서는 하필 이익을 말씀하십니까? 이익 이외에 역시 인의가 있을 뿐입니다."4)

자의 ㅇ何必-구태여 ～할 필요가 있는가? ㅇ而已-뿐이다.

(1-4) **王曰 何以利吾國**고 하시면 **大夫曰 何以利吾家**오 하며 **士庶人曰 何以利吾身**고 하여 **上下交征利**면 **而國危矣**리이다. **萬乘之國**에 **弑其君者**는 **必千乘之家**요 **千乘之國**에 **弑其君者**는 **必百乘之家**니 **萬取千焉**하며 **千取百焉**이 **不爲不多矣**언마는 **苟爲後義而先利**면 **不奪**하여는 **不饜**이니이다

(왕왈 하이이오국, 대부왈 하이이오가, 사서인왈 하이이오신, 상하교정이, 이국위의. 만승지국, 시기군자, 필천승지가, 천승지국, 시기군자, 필백승지가, 만취천언, 천취백언, 불위부다의. 구위후의이선이. 불탈, 불염)

국역 "왕께서 어떻게 하면 우리나라를 이롭게 할 수 있을까

---

4) 仁者, 心之德, 愛之理.(인이란 마음의 덕이요, 사랑의 원리이다.) 義者, 心之制, 事之宜也.(의는 마음의 법이며, 일의 마땅함이다.) 此二句, 乃一章之大指, 下文, 乃詳言之. 後多放此(이 두 구절은 바로 1장의 큰 요지인데, 아랫글에서 바로 그것을 상세히 말한다. 뒤에도 이와 같은 경우가 많다.)

하고 생각한다면, 대부들은 어떻게 하면 우리 집안을 이롭게 할 수 있을까하고 생각할 것이며, 지식인과 서민들은 어떻게 하면 내 일신을 이롭게 할 수 있을까하고 생각할 것이며, 윗사람과 아랫사람이 서로 이를 가지고 다툰다면 나라가 위태로울 것입니다. 만승의 나라에서 그 군주를 시해하는 자는 반드시 천승의 나라요, 천승의 나라에서 그 군주를 시해하는 자는 반드시 백승의 나라이니, 만에서 천을 취하는 것, 천에서 백을 취하는 것은 많지 않은 것이 아니지만, 진실로 의로운 일은 뒤로 하고 이익을 먼저 한다면, 남의 것을 빼앗지 않고는 포식하여도 싫어하지 않는 법입니다."5)

---

5) 征, 取也. 上取乎下, 下取乎上, 故曰交征.(정은 취함이다. 상위자는 하위자로부터 취하고, 하위자는 상위자로부터 취한다. 그러므로 교정이라 한다.) 國危, 謂將有弑奪之禍.(국위란, 장차 주군을 시해하고 군위를 찬탈하는 재앙이 있음을 말한다.) 乘, 車數也.(승은 수레의 숫자이다.) 萬乘之國者, 天子畿內地方千里, 出車萬乘(만승의 나라란, 천자의 수도 근처의 땅이 사방 천리여서 만승이 나올 수 있는 것이다.) 千乘之家者, 天子之公卿采地方百里, 出車千乘也. 千乘之國, 諸侯之國.(천승의 집안이란 천자의 공경으로 채지[=采邑=領地=封土]가 사방 백리여서 수레 천대가 나올 수 있는 것이다. 천승의 나라란 제후의 나라이다.) 百乘之家, 諸侯之大夫也.(백승의 집이란 제후의 대부이다.) 弑, 下殺上也.(시는 하위자가 상위자를 죽이는 것이다.) 饜, 足也.(염은 만족함이다.) 言臣之於君, 每十分而取其一分, 亦已多矣. 若又以義爲後而以利爲先, 則不弑其君而盡奪之, 其心, 未肯以爲足也.(신하가 주군으로부터 10분마다 그 1분을 취했으니 역시 이미 많다. 또

(자의) ○吾－나 오. 우리들. ○征－칠 정. 싸우다. ○乘－탈 승. 대(고대에 4마가 끄는 전차를 세는 단위), 이용하다. ○弑－죽일 시(아랫사람이 윗사람을 죽이는 것). ○苟－구차할 구, 만일 구, 진실로 구. ○奪－빼앗을 탈. ○饜－포식할 염.

(1-5) **未有仁而遺其親者也**며 **未有義而後其君者也**니이다
   (미유인이유기친자야, 미유의이후기군자야)

(국역) "마음에 인을 가지고 있으면서 그 어버이를 버리는 자는 아직 없었으며, 정의로운 마음을 가지고 있으면서 그의 주군을 뒤로 미루는 일은 아직 없었습니다."6)

(자의) ○未－아닐 미. 아직 ~아니다. ○遺－남을 유, 잃을 유. ○親－친할 친. 어버이.

정의가 뒤라고 여기고 이익을 먼저라고 여긴다면, 그 주군을 죽이고 빼앗지 않고는 그 마음이 아직 만족하게 여기고 싶지 않음을 말한 것이다.) 此, 言求利之害, 以明上文何必曰利之意也.(이것은 이익을 구하는 해를 말하여, 윗글의 '하필 이익을 말합니까?'의 뜻을 밝힌 것이라 생각한다.)

6) 遺, 猶棄也.(유는 버리는 것과 같다.) 後, 不急也.(후는 급하게 여기지 않는 것이다.) 此, 言仁義未嘗不利, 以明上文亦有仁義而已之意也.(이것은 결코 인의가 불리하지 않다는 것을 말한 것인데, 상문의 '역시 인의가 있을 뿐입니다'의 뜻을 밝히기 위한 것이라 생각한다.) 言仁者, 必愛其親, 義者, 必急其君.(인한 자는 반드시 그 어버이를 사랑하고, 의로운 자는 반드시 그 주군을 우선으로 한다.) 故, 人君, 躬行仁義而無求利之心, 則其下化之, 自親戴於己也.(그러므로 인군이 몸소 인의를 행하고, 이익을 구하는 마음이 없으면 그 하민이 교화되어 자연히 어버이를 자기보다 떠받드는 것을 말한 것이다.)

(1-6) 王은 亦曰仁義而已矣시니 何必曰利잇고
(왕, 역왈인의이이, 하필왈리)

국역 "왕께서는 역시 오로지 인의만 생각하여야 하는데 하 필 이익을 머리 속에서 주인으로 삼고 있습니까?"7)

---

7) 重言之, 以結上文兩節之意.(거듭 말하여 상문 양절의 뜻을 맺은 것이다.) 此章, 言仁義, 根於人心之固有, 天理之公也, 利心, 生於 物我之相形, 人欲之私也.(이 장은, 인의는 인심의 고유한 것에 근 원한 것으로 천리의 공도(公道)이고, 이기심은 만물과 나의 상호 비교에서 생기는 것이니, 사람들 욕심의 사리(私利)라는 것을 말 한 것이다.) 循天理, 則不求利而自無不利, 殉人欲, 則求利未得而 害已隨之, 所謂毫釐之差千里之繆.(천리를 따르면 이익을 구하지 않아도 자연히 불리가 없고, 인욕을 따르면 이익을 구하여도 얻지 못하고 해가 이미 그것에 수반한다는 것이니, 소위 털끝만큼의 차 라도 천리만큼의 오류가 생긴다는 것이다.) 此, 孟子之書所以造端 託始之深意, 學者所宜精察而明辨也.(이것은 '맹자' 책이 단서를 만들고 시작을 의탁하는 깊은 뜻이라 여길 것이니, 학자는 마땅히 정밀하게 관찰하고 분명하게 변별할 것이니라.) 太史公曰 余讀孟 子書, 至梁惠王問何以利吾國, 未嘗不廢書而歎也. 曰嗟乎. 利, 誠 亂之始也.(태사공이 말하였다. 내가 '맹자' 책을 읽을 적에, 양혜 왕이 '어떻게 하면 우리나라를 이롭게 하겠습니까?'라고 질문한 것에 이르면 결코 책을 덮고 탄식하지 않은 적이 없었다. 아! 애 석하다. 이익이란 진실로 인의를 어지럽히는 시작이기 때문이다.) 夫子罕言利, 常防其源也. 故, 曰於利而行, 多怨. 自天子, 以至於 庶人, 好利之弊, 何以異哉(공자도 이익을 드물게 말하여 항상 그 원류를 방어하였다. 그러므로 '이익에서 행동하면 원망이 많다.'고 말하였던 것이다. 천자로부터 서민에 이르기까지 이익을 좋아하였 을 경우 폐해가 어찌 다르겠는가?) 程子曰 : 君子未嘗不欲利, 但 專以利爲心, 則有害, 惟仁義則不求利而未嘗不利也.(정자가 말하

(해설) 전국시대 중엽, 맹자 시대의 제후들은 오직 국리(國利)를 추구하는 부국강병에 몰두했다. 이 때에 추나라의 맹자는 그의 정치적 이상인 왕도정치를 펴도록 하기 위해 제후 중 가장 먼저 왕을 자칭하고 세력확장에 힘쓰던 양혜왕의 초빙을 받고 그를 찾아가서 대화한 것이 '맹자' 첫장의 내용이다. 그 대의는 주 7)에 잘 나타나 있다. 통상 사람이 이익에서 완전히 벗어나서 살 수도 없고, 욕망충족을 배제한 도의심만으로도 살 수 없다. 하지만 이익에 관한 마음은 가변적이며, 이해관계는 사람이나 집단과 연관되게 마련인데, 이해관계는 서로 일치하지 않는 수가 많다. 따라서 이익을 행위의 유일한 원칙으로 삼는다면 사회는 안정 속에 유지될 수 없고, 충돌로 치닫게 될 것이다. 한편 인의에 관한 마음은 사람마다 같고, 변하지도 않는다. 그래서 맹자는 양혜왕에게 정치목적을 변하지 않는 마음인 인의에 두고 그것을 배양하도록 주장한 것이다. 오늘날의 정부정책의 성공여부는 국민의 지지를 얼마나 이끌어 내

였다. 군자는 결코 이익을 바라지 않는 것은 아니나, 다만 오로지 이익으로써 중심을 삼으면 재난이 있고, 오직 인의는 곧 구하지 않아도 결코 이롭지 않은 것이 없다.) 當是之時, 天下之人, 惟利是求, 而不復知有仁義.(이때를 당하여 천하 사람들이 오직 이익을 언제나 추구하여, 인의가 있다는 것을 다시 알지 못하였다.) 故, 孟子言仁義而不言利, 所以拔本塞源而救其弊, 此, 聖賢之心也.(그러므로 맹자는 인의를 말하였고, 이익을 말하지 않았던 것이다. 뿌리를 뽑고 근원을 막아 그 폐해를 구제하기 위한 것이니, 이것은 성현의 마음인 것이다.)

느냐에 달려있다. 이때에도 그 정책이 인의에 근본을 두고
그 바탕 위에서 이익을 추구하는 것일 경우에만 구성원
모두를 이롭게 하는 떳떳한 행위가 될 것이다.

제2장 백성들과 함께 즐긴다(與民偕樂章 第二)

(2-1) 孟子見梁惠王하신대 王立於沼上이러니 顧鴻鴈麋鹿
曰 賢者亦樂此乎잇가
(맹자견양혜왕, 왕립어소상, 고홍안미록, 왈 현자역락차호)

(국역) 맹자가 양혜왕을 만났는데, 양혜왕이 못 가에 서 계시
니, 홍안과 미록을 돌아보고 말하였다. "현자도 또한 이런
것들을 즐거워합니까?"8)

(자의) ㅇ沼―못 소. ㅇ顧―돌아볼 고. ㅇ鴻―기러기 홍. ㅇ鴈―기러기
안. ㅇ麋―고라니 미. ㅇ鹿―사슴 록.

(2-2) 孟子對曰 賢者而後에 樂此니 不賢者는 雖有此라도
不樂也니이다
(맹자대왈 현자이후, 낙차, 불현자, 수유차, 불락야)

(국역) 맹자가 대답하였다. "현자가 된 뒤에야 이런 것들을 즐
거워할 수 있으니, 어질지 못한 자는 비록 이런 것들을 가
지고 있더라도 즐거워하지 못합니다."9)

---

8) 沼, 池也.(소는 못이다.) 鴻, 鴈之大者.(홍은 기러기의 큰 것이다.)
麋, 鹿之大者.(미는 사슴의 큰 것이다.)
9) 此一章之大指.(이것은 이 한 장의 큰 요지이다.)

자의 ○賢-어질 현. ○樂-즐길 락, 풍류 악, 좋아할 요. ○雖-비록 수.

(2-3) 詩云 經始靈臺하여 經之營之하시니 庶民攻之라 不日成之로다 經始勿亟하시나 庶民子來로다 王在靈囿하시니 麀鹿攸伏이로다 麀鹿濯濯이어늘 白鳥鶴鶴이로다 王在靈沼하시니 於牣魚躍이라하니 文王이 以民力爲臺爲沼하시나 而民歡樂之하여 謂其臺曰靈臺라하고 謂其沼曰靈沼라하여 樂其有麋鹿魚鼈하니 古之人이 與民偕樂이라 故로 能樂也니이다

(시운, 경시영대, 경지영지, 서민공지, 불일성지. 경시물극, 서민자래. 왕재영유, 우록유복. 우록탁탁, 백조학학. 왕재영소, 오인어약, 문왕, 이민력위대위소, 이민환락지, 위기대왈영대, 위기소왈영소, 낙기유미록어별, 고지인, 여민해락. 고, 능락야)

국역 " '시경'에 이르기를 '문왕이 처음 영대를 경영하여, 한 도를 헤아려 쌓으니, 서민들이 그 대를 쌓는지라, 하루도 되지 않아 그 대를 완성하였다. 처음 경영할 때 급히 하지 말라고 하였으나, 서민들은 아들이 아버지 일에 달려오듯이 하도다. 왕께서 영유에 계시니, 암수 사슴들이 그곳에 가만히 엎드려 있도다. 암수 사슴들은 살이 쪄서 번들번들하고 백조는 희고 깨끗하도다. 왕께서 영소에 계시니 아! 고기들이 연못 가득히 뛰논다'고 하였으니, 문왕이 백성의 힘으로써 영대와 영소를 만들었으나, 그럼에도 백성들이 그것을 즐거워하여 그 대를 말하여 영대라 하고, 그 소를

말하여 영소라 하여, 거기에 있는 고라니, 사슴, 물고기, 자라들과 즐기니, 문왕은 백성과 더불어 함께 즐겼기 때문에 즐길 수 있었습니다."10)

(자의) ○經－지경 경. 경계를 짓다, 재다. ○靈－신령 령. ○臺－집 대. ○攻－공격하다, 연구하다. ○亟－급할 극. ○囿－동산 유. ○麀－암사슴 우. ○鹿－사슴 록. ○攸－바 유. ○濯－씻을 탁. ○濯濯－

---

10) 詩大雅靈臺之篇.(시는 '시경' '대아'편 '영대' 장이다.) 靈臺, 文王臺名也.(영대는 문왕의 누대 이름이다.) 經, 量度也.(경은 한도를 헤아리는 것이다.) 營, 謀爲也.(영은 일을 도모함이다.) 攻, 治也.(공은 다스림이다.) 不日, 不終日也.(불일은 하루를 다하지 못하는 것이다.) 亟, 速也, 言文王戒以勿亟也.(극은 속함이니, 문왕이 빨리 하지 말도록 경계한 말이다.) 子來, 如子來趨父事也.(자래는 자식이 아버지의 일에 달려오듯이 하는 것이다.) 靈囿·靈沼, 臺下有囿, 囿中有沼也.(영유, 영소는 대 아래에 있는 동산과, 동산 가운데 있는 연못이다.) 麀, 牝鹿也.(우는 암사슴이다.) 伏, 安其所, 不驚動也.(복은 그곳에 편히 있어 놀라 움직이지 않는 모습이다.) 濯濯, 肥澤貌.(탁탁은 살찌고 윤택한 모양이다.) 鶴鶴, 潔白貌.(학학은 깨끗하고 흰 모양이다.) 於, 歎美辭.(오는 감탄사이다.) 牣, 滿也.(인은 가득한 것이다.) 孟子言文王雖用民力, 而民反歡樂之, 旣加以美名, 而又樂其所有. 蓋由文王能愛其民, 故民樂其樂, 而文王亦得以享其樂也.(맹자는 문왕이 비록 백성의 힘을 이용하였으나, 백성은 도리어 그 일을 즐거워하여, 이미 미명(美名)으로써 보태고, 또 그가 소유함을 즐거워하였으니, 대개 문왕이 그 백성을 능히 사랑하였기 때문에, 그러므로 백성들이 그의 즐거움을 즐거워하였으며, 문왕 역시 그 즐거움을 획득하여 누릴 수 있었음을 말한 것이다.) 此引詩而釋之, 以明賢者而後樂此之意.(여기서 '시경'을 인용하고 그것을 해석한 것은 현자가 된 뒤에야 그것을 즐길 수 있다는 뜻을 밝히기 위한 것이다.)

(산이) 벌거벗은 모양. ㅇ鶴-새 학. ㅇ沼-늪 소. ㅇ於-감탄사
오. ㅇ牣-찰 인. ㅇ躍-뛸 약. ㅇ麋-고라니 미. ㅇ鼈-자라 별.
ㅇ偕-함께 해.

(2-4) 湯誓에 曰 時日은 害喪고 予及女로 偕亡이라 하니 民
欲與之偕亡이면 雖有臺池鳥獸나 豈能獨樂哉리잇고
(탕서, 왈 시일, 갈상, 여급여, 해망, 민욕여지해망, 수유대지조수,
기능독락재)

국역 " '서경' '탕서'에 이르기를, '저 해는 언제나 없어질꼬?
내 너와 함께 없어지자고 하였으니' 하였습니다. 백성들이
왕과 더불어 함께 망하고자 한다면, 비록 영대나 연못과
새나 짐승을 소유한들 어찌 홀로 능히 즐길 수 있겠습니
까?"11)

---

11) 湯誓, 商書篇名.(탕서는 '서경' '상서'의 편명이다.) 時, 是也.(시
는 이것[是]이다.) 日, 指夏桀.(일은 하나라 걸왕을 지칭한다.)
害, 何也.(갈은 어찌이다.) 桀嘗自言, 吾有天下, 如天之有日, 日
亡吾乃亡耳. 民怨其虐, 故因其自言而目之曰, 此日何時亡乎? 若
亡則我寧與之俱亡.(하나라 걸왕이 일찍이 스스로 '내가 천하를
소유함은 하늘이 해를 소유함과 같으니, 해가 망하면 나도 이에
망할 뿐이다.'라고 하였다. 백성들은 그의 학정을 원망하여, 그러
므로 그가 스스로 말하였기 때문에 그것을 지목하여 '저 해는
언제나 없어질까? 만약 없어진다면 우리들은 차라리 그와 더불
어 함께 없어지겠다.'고 말한 것이다.) 蓋欲其亡之甚也.(이것은
아마 그의 멸망을 바라는 마음이 심한 것이다.) 此引書而釋之,
以明不賢者雖有此不樂之意也.(여기서 '서경'을 인용하고 그것을
해석한 것은, 현명하지 못한 자는 비록 그것을 소유하더라도 즐
기지 못한다는 뜻을 밝히기 위한 것이다.) 孟子引此, 以明君獨

자의 ㅇ湯-끓인 물 탕. ㅇ誓-맹세 서. ㅇ時-이 시(=是). ㅇ害-해
칠 해, 어찌 갈(=曷). ㅇ喪-망할 상. ㅇ偕-함께 해.

해설 즐거움에 대한 왕과 맹자의 기준이 같지 않다. 여민동
락(與民同樂)이 기준이다. 동산과 별장을 만들고 애완동물
을 왕 자신만이 아니라 백성과 더불어 즐기는 것이 진정
한 즐거움이며, 그렇게 할 때에만 그것들을 영구히 보존할
수 있는데, 그런 일은 인자만이 가능하다는 것이다. 문왕
과 걸왕의 일을 대비하여 증거하고 있다. 여민동락의 이런
이치는 오늘날 기업경영에서도 지향해야 할 하나의 이치
일 것이다. 물론 윤리적 기업과 합리적 기업은 같지 않다.
유교적 윤리를 합리적 윤리로 어떻게 개량하느냐가 문제
인데, 그것은 사람들의 생활의 질을 고려한 윤리적 배분
에 귀결될 것이다. 도덕없는 경제는 번영할 수 없기 때
문이다.

제3장　왕은 세월을 탓하지 마시오
(王無罪歲章 第三)

(3-1) 梁惠王이　曰　寡人之於國也에　盡心焉耳矣로니　河
内凶則移其民於河東하며　移其粟於河内하고　河東

樂而不恤其民, 則民怨之而不能保其樂也.(맹자가 이것을 인용한
것은, 군주가 홀로 즐기고 그의 백성을 구휼하지 않으면 백성들
이 그를 원망하며 능히 그 즐거움을 보전할 수 없음을 밝히기
위한 것이다.)

凶이어든 亦然하노니 察鄰國之政컨대 無如寡人之用

心者로되 鄰國之民不加少하며 寡人之民不加多는

何也잇고

(양혜왕, 왈 과인지어국야, 진심언이의. 하내흉즉이기민어하동,

이기속어하내, 하동흉, 역연, 찰인국지정, 무여과인지용심자, 인국

지민불가소, 과인지민불가다, 하야)

국역　양혜왕이 말하였다. "과인은 우리나라에 대하여 내 마

음을 전적으로 다 쓰고 있는데, 하내지방에 흉년이 들면

거기에 사는 백성을 하동지방으로 옮기고, 그곳의 곡식을

하내지방으로 옮기고, 하동지방에 흉년이 들면 또한 그렇

게 하고 있는데, 이웃나라의 정사를 살펴보면 과인처럼 마

음을 쓰는 자가 없지만, 이웃나라의 백성들이 더 적어지지

않고 과인의 백성들이 더 많아지지 않음은 무슨 까닭입니

까?"12)

자의　ㅇ寡-적을 과. ㅇ焉-(=於此). ㅇ耳-뿐이 이(=而已). ㅇ粟-

곡식 속. ㅇ隣-이웃 린.

(3-2) 孟子對曰 王이 好戰하실새 請以戰喩하리이다 塡然鼓

之하여 兵刃旣接이어든 棄甲曳兵而走하되 或百步而

後에 止하며 或五十步而後에 止하여 以五十步로 笑

百步則何如하니잇고 曰 不可하니 直不百步耳이언정

是亦走也니이다 曰 王如知此則無望民之多於鄰國

12) 寡人, 諸侯自稱, 言寡德之人也.(과인은 제후의 자칭인데, 덕이

적은 사람이라는 말이다.)

也하소서

(맹자대왈, 왕, 호전, 청이전유, 전연고지, 병인기접, 기갑예병이
주, 혹백보이후, 지, 혹오십보이후, 지, 이오십보, 소백보즉하여.
왈 불가, 직불백보이, 역시주야. 왈 왕여지차즉무망민지다어인국
야)

[국역] 맹자가 대답하였다. "왕께서 전투를 좋아하시기 때문
에, 청컨대 전투로써 비유하겠습니다. 골짜기를 메울 듯이
북을 치면서 진격하여 무기를 가지고 이미 접전을 하다가
갑옷을 버리고 무기를 끌면서 도망하되, 어떤 자는 100보
를 도망하다가 멈추며, 어떤 자는 50보를 도망하다가 멈추
어서 50보를 달아난 자가 100보를 달아난 자를 비웃는다
면 어떻습니까?" "옳지 못하오. 100보는 되지 않을지언정
50보를 달아난 그것도 역시 달아난 것이오." "왕께서 만일
이런 이치를 아신다면 백성들이 이웃나라보다도 많게 되
기를 바라지 마소서."13)

---

13) 塡, 鼓音也. 兵以鼓進, 以金退.(전은 북소리이다. 군대는 북소리
로써 진격하고, 쇳소리로써 후퇴한다.) 直, 猶但也.(직은 단과 같
다.) 言此以譬鄰國不恤其民, 惠王能行小惠, 然皆不能行王道以
養其民, 不可以此而笑彼也.(이것을 말한 것은 이웃나라가 그 백
성을 구휼하지 않는데, 혜왕이 능히 작은 은혜는 행하나, 그러나
모두 그 백성을 기르기 위하여 능히 왕도를 행한 것은 아니니,
이것으로써 저것을 비웃는 것은 옳지 못함을 비유하기 위해서이
다.) 楊氏曰 移民, 移粟, 荒政之所不廢也. 然, 不能行先王之道,
而徒以是爲盡心焉, 則末矣.(양씨가 말하였다. 이민, 이속은 흉년
구제의 정사에서 폐할 수 없는 것이다. 그러나 선왕의 도를 능
히 행하지 못하면서, 한갓 이것으로써 마음을 다하였다고 한

(자의) ㅇ喩-비유할 유, 밝을 유, 말할 유. ㅇ塡-메울 전, 북소리 전. ㅇ鼓-북 고 ㅇ刃-칼 인. ㅇ棄-버릴 기. ㅇ曳-끌 예. ㅇ直-곧 직, 다만 직. 그러나, 단지.

(3-3) 不違農時면 穀不可勝食也며 數罟不入洿池면 魚鼈을 不可勝食也며 斧斤을 以時入山林이면 材木을 不可勝用也니 穀與魚鼈을 不可勝食하며 材木을 不可勝用이면 是는 使民養生喪死에 無憾也니 養生喪死에 無憾이 王道之始也니이다

(불위농시, 곡불가승식야, 촉고불입오지, 어별, 불가승식야, 부근, 이시입산림, 재목, 불가승용야, 곡여어별, 불가승식, 재목, 불가승용, 시, 사민양생상사, 무감야, 양생상사, 무감, 왕도지시야)

(국역) "농사철을 어기지 않으면 곡식을 다 먹지 못하며, 촘촘한 그물을 웅덩이나 연못에 넣지 않으면 고기와 자라 같은 것을 다 먹을 수 없으며, 그리고 도끼와 자귀를 때에 맞게 산림에 들어가게 하면 재목을 다 쓸 수 없을 것입니다. 곡식과 물고기와 자라를 다 먹을 수 없으며, 재목이 다 쓸 수 없이 많으면, 이것은 백성으로 하여금 살아가고 죽은 이를 장사지내는 데 유감이 없을 것이니, 산 자를 기르고 죽은 자를 장사 지냄에 유감이 없게 하는 것이 왕도의 시작입니다."14)

다면 말단일 뿐이다.)

14) 農時, 謂春耕, 夏耘, 秋收之時, 凡有興作, 不違此時, 冬至乃役之也.(농시는 봄에 밭 갈고, 여름에 김매고, 가을에 수확하는 때를 이른다. 무릇 토목공사를 시작함에 이 때에 위배되지 않아야 하므

자의 ㅇ違-어길 위. ㅇ勝-이길 승. 능히 감당하다. ㅇ數-셀 수, 자주 삭, 촘촘할 촉. ㅇ罟-그물 고. ㅇ洿-구덩이 오. ㅇ斧-도끼 부. ㅇ斤-자귀 근. ㅇ憾-한할 감.

(3-4) 五畝之宅 樹之以桑이면 五十者可以衣帛矣며 雞豚狗彘之畜을 無其時면 七十者可以食肉矣며 百畝之田을 勿奪其時면 數口之家 可以無飢矣며 謹庠序之敎하여 申之以孝悌之義면 頒白者 不負戴於道路

로, 겨울에 이르러 바로 그런 노역을 하게 해야 한다.) 不可勝食, 言多也.(불가승식은 많음을 말한다.) 數, 密也. 罟, 網也.(촉은 촘촘함이며, 고는 그물이다.) 洿, 窊(와)下之地, 水所聚也.(오는 웅덩이니, 물이 모이는 곳이다.) 古者網罟必用四寸之目, 魚不滿尺, 市不得粥(육), 人不得食.(옛날에 그물은 반드시 네 치의 눈을 써서, 고기가 한자에 차지 않으면 시장에서 팔 수 없고, 사람이 얻어먹을 수 없었다.) 山林川澤, 與民共之, 而有厲(려)禁. 草木零落, 然後斧斤入焉.(산림과 천택은 백성과 더불어 공유하되, 엄하게 금하고 있어, 초목의 잎이 떨어진 연후에 도끼와 자귀를 들어가게 하였다.) 此皆爲治之初, 法制未備, 且因天地自然之利, 而撙(준)節愛養之事也.(이것은 모두 정치의 초기에 법제가 미비한 때에 된 것이며, 또 천지자연의 이익 때문에, 법을 지켜 애써 기르는 일이 된 것이다.) 然飮食宮室所以養生, 祭祀棺槨所以送死, 皆民所急而不可無者.(그러나 음식과 궁실은 양생을 위한 것이며, 제사와 관곽은 사자를 보내기 위한 것이니, 모두 백성의 시급한 것으로, 없으면 아니되는 것이다.) 今皆有以資之, 則人無所恨矣.(그런데 지금 모두 그것을 이용할 수 있다면, 사람들은 한될 바가 없을 것이다.) 王道以得民心爲本, 故以此爲王道之始.(왕도는 민심을 얻는 것을 근본으로 삼는다. 그러므로 이것으로써 왕도의 시작을 삼은 것이다.)

矣리니 七十者衣帛食肉하며 黎民이 不飢不寒이요
然而不王者 未之有也니이다

(오무지택 수지이상, 오십자가이의백의, 계돈구체지휵, 무기시,
칠십자가이식육의, 백무지전, 물탈기시, 수구지가 가이무기의, 근
상서지교, 신지이효제지의, 반백자 불부대어도로의, 칠십자의백식
육, 여민, 불기불한, 연이불왕자 미지유야)

국역 "5무의 대지에 나무를 심되 뽕나무로써 심으면, 50세
된 자가 비단옷을 해 입을 수 있으며, 닭, 새끼돼지, 개,
큰 돼지 같은 가축을 기름에 새끼칠 때를 잃지 않게 하면
70세 된 자가 고기를 먹을 수 있으며, 100무의 토지에 농
사를 짓는데 그 때를 빼앗지 않는다면 여덟 식구의 집안
이 굶주림이 있을 수 없으며, 삼가 상서의 가르침을 부지
런히 하도록 하여 효도와 공경하는 올바른 도리로써 교육
을 펼치면 머리가 반백이 된 자가 도로에서 짐을 지거나
이는 자가 있지 않을 것입니다. 70세 된 자가 비단옷을 입
게 되고, 고기를 먹게 되며, 젊은 백성들이 굶주리지 않고
추위에 떨지 않게 하고서도 왕 노릇하지 못하는 자는 아
직은 없습니다."15)

---

15) 五畝之宅, 一夫所受, 二畝半在田, 二畝半在邑.(5무의 집이란 한
   남자가 받는 토지이니, 2무 반은 들판에 있고, 2무 반은 읍내에
   있다.) 田中不得有木, 恐妨五穀, 故於牆下植桑以供蠶事.(밭 가
   운데 나무가 있을 수 없는데, 5곡을 방해할까 두려워해서이다.
   그러므로 담장 아래에 뽕나무를 심어서 누에치는 일에 공급한
   다.) 五十始衰, 非帛不煖, 未五十者不得衣也.(50세가 되면 비로
   소 노쇠하여 비단옷이 아니면 따뜻하지 않아, 50세 미만 자는

입을 수 없는 것이다.) 畜, 養也.(축은 기름이다.) 時, 謂孕子之
時, 如孟春犧牲毋用牝之類也.(시는 새끼를 배는 때를 말하니,
마치 맹춘에 희생은 암컷을 쓰지 말라는 것과 같은 따위이다.)
七十非肉不飽, 未七十者不得食也.(70세에는 고기가 아니면 배부
르지 않으니, 70세 미만 자는 먹을 수 없는 것이다.) 百畝之田,
亦一夫所受. 至此則經界正, 井地均, 無不受田之家矣.(100무의
토지는 역시 한 남자가 받는 것으로, 이에 이르면 경계가 바르
게 정비되고, 정지(井地)가 균등해져서 토지를 받지 못하는 집이
없는 것이다.) 庠序, 皆學名也.(상·서는 모두 학교의 이름이다.)
申, 重也, 丁寧反覆之意.(신은 거듭함이니, 재삼 반복한다는 뜻
이다.) 善事父母爲孝, 善事兄長爲悌.(부모를 잘 섬김을 효라 하
고, 형과 어른을 잘 섬김을 제라 한다.) 頒, 與斑同, 老人頭半白
黑者也.(반은 반(斑)과 같다. 노인으로 머리가 반쯤 희고 검은
자이다.) 負, 任在背.(부는 짐이 등에 있는 것이다.) 戴, 任在首.
(대는 짐이 머리에 있는 것이다.) 夫民衣食不足, 則不暇治禮義,
而飽煖無敎, 則又近於禽獸(대저 백성들은 의식이 부족하면 예
의를 다스릴 겨를이 없고, 배불리 먹고 따뜻하게 입기만 하고
교육을 받지 않으면 또 금수에 가까워진다.) 故旣富而敎以孝悌,
則人知愛親敬長而代其勞, 不使之負戴於道路矣.(그러므로 이미
부유하여 효제로써 교육하면 어버이를 사랑하고 어른을 공경할
줄 알아 그들의 수고를 대신하여, 그들로 하여금 도로에서 짐을
지거나 이지 않도록 하는 것이다.) 衣帛食肉但言七十, 擧重以見
輕也.(비단옷을 입고 고기 먹는 것을 다만 70세를 말한 것은, 중
한 것을 들어 경한 것을 보이기 위함이다.) 黎, 黑也. 黎民, 黑
髮之人, 猶秦言黔首也.(여는 흑색이다. 여민은 머리가 검은 사람
이니, 진나라 때의 검수(黔首)와 같다.) 少壯之人, 雖不得衣帛食
肉, 然亦不至於飢寒也.(소장의 사람들은 비록 비단옷을 입고 고
기를 먹을 수는 없으나, 역시 굶주림과 추위에 이르지는 않게
하는 것이다.) 此言盡法制品節之詳, 極財成輔相之道, 以左右民,

자의 ㅇ畝-밭두둑 무. ㅇ桑-뽕나무 상. ㅇ帛-흰비단 백. ㅇ彘-
큰돼지 체. ㅇ畜-기를 휵(축). ㅇ飢-주릴 기. ㅇ謹-삼갈 근.
ㅇ庠-학교이름 상. ㅇ序-차례 서. 옛날 지방에서 운영하던 학
교. ㅇ悌-공경 제. ㅇ頒-아롱질 반. ㅇ負-질 부. ㅇ戴-머리에
일 대. ㅇ黎-검을 려.

(3-5) 狗彘食人食而不知檢하며 塗有餓莩而不知發하고 人
死어든 則曰 非我也라 歲也라하나니 是何異於刺人
而殺之曰 非我也라 兵也리오 王無罪歲하시면 斯天
下之民이 至焉하리이다

(구체식인식이부지검, 도유아표이부지발, 인사, 즉왈 비아야. 세
야. 시하이어자인이살지왈 비아야. 병야. 왕무죄세, 사천하지민,
지언)

국역 "개나 돼지가 사람이 먹을 양식을 먹는데도 단속할 줄
모르며, 길바닥에는 굶어 죽은 사람이 있는데도 창고를 열
줄도 모르고, 사람이 굶어 죽으면 곧 '나의 탓이 아니라
흉년이 탓이라'고 말하니, 이런 것이 사람을 찔러 죽이고
말하기를 '내가 그렇게 한 것이 아니고 칼이 죽인 것'이라
고 말하는 것과 어떻게 다르겠습니까? 왕께서 통치[歲]를
하는 데 잘못함이 없으면, 천하의 백성들이 이 나라에 이
르게 될 것입니다."16)

是王道之成也.(이것은 법, 제도, 품행과 절조의 상세함을 다하고,
재화의 성립과 서로 돕는 도리를 지극히 하여 백성을 돕는[左
右] 방법[以]을 말하였으니, 바로 왕도의 완성인 것이다.)

16) 檢, 制也.(검은 제재함이다.) 莩, 餓死人也.(표는 굶어 죽은 사람

이다.) 發, 發倉廩以賑貸也.(발은 구휼하고 대여하기 위하여 창
고를 여는 것이다.) 歲, 謂歲之豐凶也.(세는 수확물의 풍흉을 이
르는 것이다.) 惠王不能制民之産, 又使狗彘得以食人之食, 則與
先王制度品節之意異矣.(혜왕은 능히 백성의 재산을 정해주지 못
하고, 또 개나 돼지로 하여금 사람의 식량을 먹게 하였으니, 선
왕의 제도, 품행, 절조의 의미와는 다르다.) 至於民飢而死, 猶不
知發, 則其所移特民間之粟而已.(백성들이 굶주려 죽음에 이르되,
창고를 열 줄도 몰랐으니 거기에 옮겨진 것은 다만 민간의 곡식
일 뿐이다.) 乃以民不加多, 歸罪於歲凶, 是知刃之殺人, 而不知
操刃者之殺人也.(결국 그리고 백성들이 더 많아지지 않는 죄를
수확물의 흉년에 돌리니, 이것은 칼이 사람을 죽이는 것은 알되
칼을 잡은 자가 살인을 한 것은 모른다.) 不罪歲, 則必能自反而
益修其政, 天下之民至焉, 則不但多於鄰國而已.(죄를 수확물에
돌리지 않으면 반드시 능히 스스로 반성하여 더욱 그 정사를 닦
아서, 천하의 백성들이 거기에 이를 것이니, 단지 이웃나라보다
많을 뿐만이 아닐 것이다.) 程子曰 孟子之論王道, 不過如此, 可
謂實矣.(정자가 말하였다. 맹자가 왕도를 논함이 이런 것에 불과
하나 실제적이라 할만하다.) 又曰 孔子之時, 周室雖微, 天下猶
知尊周之爲義, 故春秋以尊周爲本.(또 말하였다. 공자 시대에는
주나라의 왕실이 비록 미약하였으나, 천하는 오직 주나라를 높임
이 대의가 됨을 알고 있었다. 그러므로 '춘추'는 주나라를 높임
으로써 근본을 삼았다.) 至孟子時, 七國爭雄, 天下不復知有周,
而生民之塗炭已極. 當是時, 諸侯能行王道, 則可以王矣.(맹자 때
에 이르러서는 진·초·연·제·한·위·조의 7국이 패권을 다
투어 천하 사람들은 다시는 주나라가 있음을 알지 못하였고, 생
민이 도탄에 빠짐이 이미 극심하였으니 이때를 당하여 제후들은
능히 왕도를 행한다면 왕노릇을 할 수 있었다.) 此孟子所以勸齊
梁之君也.(이것이 맹자가 제나라와 양나라의 군주에게 권고한
까닭이다.) 蓋王者, 天下之義主也. 聖賢亦何心哉. 視天命之改與

자의 o檢−단속할 검. o塗−길 도(=途). o餓−굶주릴 아. o莩−
갈대청 부, 굶어죽을 표. o刺−찌를 자(척). o歲−그 해의 수확,
연월일시를 통솔하는 것.

해설 양혜왕은 이웃나라에 비해 자기가 백성을 더 위하는
정치를 한다고 믿고 있다. 그러나 맹자의 눈에는 50보 100
보일 뿐이다. 그래서 왕이 발상을 전환하여 왕도정치의 실
마리를 시작하도록 실제적 방식을 제시한다. 즉 백성의 의
식(衣食)을 풍족하게 하며, 상서(庠序)를 세워 인도를 가
르쳐 효제를 행하게 하고, 부고(府庫)를 열어 굶주린 백성
이 없게 하는 것 등을 역설하였다. 왕은 폭력을 숭상하는
패도를 버리고 백성을 편안하게 하는 인정에 중심을 두라
는 것이다. 이런 원칙은 지금도 변함이 없다. 정의를 대변
하는 국가와 효율을 위주로 하는 시장이 조화를 이루고,
이들이 미치지 못하는 이웃사랑운동을 시민사회가 맡아서
조화를 이루어 나가는 밝은 사회가 바로 백성을 위한 나
라의 모습인 것이다.

제4장 칼로 사람을 죽이나 정치로 죽이나 마찬가지
(以刃與政章 第四)

(4-1) **梁惠王曰 寡人**이 **願安承教**하노이다

未改耳.(대개 왕이란 천하의 의로운 군주이니, 성현 역시 마음
을 어디에 두었겠는가? 천명이 바로잡히는가, 아직 바로잡히
지 않는가를 보았을 뿐이다.)

(양혜왕왈 과인, 원안승교)

국역 양혜왕이 말하였다. "과인은 원컨대 안심하고 말씀하면 가르침을 받들겠습니다."17)

자의 ○寡－적을 과, 과부 과. ○安－편안할 안, 즐거울 안, 어느 안. ○承－이을 승. 승낙하다, 받들다, 맡다.

(4-2) 孟子對曰 殺人以梃與刃이 有以異乎잇가 曰 無以異也니이다

(맹자대왈 살인이정여인, 유이이호, 왈 무이이야)

국역 맹자가 대답하였다. "사람을 죽임에 몽둥이와 칼을 사용함에 차이가 있습니까?" "차이가 없습니다."18)

자의 ○梃－막대기 정. 곤봉. ○有以－ ～수가 있다. ○無以－～할 수 없다.

(4-3) 以刃與政이 有以異乎잇가 曰 無以異也니이다

(이인여정, 유이이호 왈 무이이야)

국역 "칼과 정사로써 살인함에 차이가 있습니까?" "차이가 없습니다."19)

자의 ○刃－칼날 인. 칼로 죽이다.

(4-4) 曰 庖有肥肉하며 廐有肥馬로되 民有飢色하며 野有

---

17) 承上章言願安意以受敎.(윗장에 이어, 원컨대 마음을 편안히 하여 말하면, 그리고 가르침을 받들겠다는 것이다.)

18) 梃, 杖也.(정은 몽둥이이다.)

19) 孟子又問而王答也.(맹자가 또 물으니, 왕이 대답한 것이다.)

餓莩면 此는 率獸而食人也니이다

(왈 포유비육, 구유비마, 민유기색, 야유아표, 차, 솔수이식인야)

국역 "푸줏간에는 살찐 고기가 있고, 마구간에는 살찐 말이 있되, 백성들은 굶주린 기색이 있고, 들판에 굶어 죽은 사람이 있으면, 이것은 짐승을 몰아서 사람을 잡아먹게 한 것입니다."[20]

자의 ㅇ庖-부엌 포, 주방, 요리사. ㅇ廐-마구간 구. ㅇ飢-주릴 기. ㅇ餓-굶주릴 아. ㅇ莩-갈대청 부, 굶어죽을 표. ㅇ率-거느릴 솔, 몰 솔, 율 률.

(4-5) 獸相食을 且人惡之어늘 爲民父母하여 行政하되 不免於率獸而食人이면 惡在其爲民父母也잇가

(수상식, 차인오지, 위민부모, 행정, 불면어솔수이식인, 오재기위민부모야)

국역 "짐승끼리 서로 잡아먹는 것도 사람들이 미워하거늘, 백성의 부모가 되어 정사를 행하되 짐승을 몰아 사람을 잡아먹게 하는 일로부터 면해주지 못하면 어찌 그런 사람이 백성의 부모가 된다고 하겠습니까?"[21]

자의 ㅇ惡-악할 악, 미워할 오, 어찌 오 ㅇ免-면할 면, 벗어날 면.

---

20) 厚斂於民以養禽獸, 而使民飢以死, 則無異於驅獸以食人矣.(백성들로부터 세금을 많이 거두어 그리고 금수를 기르고, 백성들로 하여금 굶주려 죽게 하면 짐승을 몰아 그리고 사람을 잡아먹게 하는 것과 차이가 없다.)

21) 君者, 民之父母也.(군주란 백성의 부모이다.) 惡在, 猶言何在也.(악재는 하재(何在)와 같은 말이다.)

(4-6) 仲尼曰 始作俑者는 其無後乎인저하시니 爲其象人
    而用之也시니 如之何其使斯民飢而死也리잇가
    (중니왈 시작용자, 기무후호, 위기상인이용지야, 여지하기사사민
    기이사야)

국역 "중니가 말씀하였습니다. 순장할 인형을 처음으로 만든
    자는 아마 그런 사람은 후손이 없을 것이야. 그것은 사람의
    형상을 만들어 장례에 사용하였기 때문이다. 어찌하여 그
    가 이 백성들로 하여금 굶주려 죽게 한단 말인가?"22)

---

22) 俑, 從葬木偶人也.(용은 순장에 따르는 사람 대용으로 쓰는 나
    무 인형이다.) 古之葬者, 束草爲人以爲從衞, 謂之芻靈, 略似人
    形而已.(옛날 장사지내는 자들은 풀단을 묶어 사람처럼 만들어
    상여를 호위하게 하고, 추령이라 했는데 대략 인형을 닮았을
    뿐이다.) 中古易之以俑, 則有面目機發, 而大似人矣.(그러다가 중
    고에 용으로 바뀌었는데 얼굴과 눈의 기능과 움직임이 있어 매
    우 사람과 유사하였다.) 故孔子惡其不仁, 而言其必無後也.(그러
    므로 공자는 그 불인함을 미워하여 '그는 반드시 무후할 것'이라
    고 말한 것이다.) 孟子言此作俑者, 但用象人以葬, 孔子猶惡之,
    況實使民飢而死乎.(맹자가 말하기를 이 용을 만든 사람은, 다만
    사람의 형상을 장사를 위하여 사용하였을 뿐인데도 공자가 오히
    려 미워하였는데, 하물며 실제 백성들로 하여금 굶주려 죽게 한
    단 말입니까?라고 하였다.) 李氏曰 爲人君者, 固未嘗有率獸食人
    之心.(이씨가 말하였다. 인군된 자가 진실로 일찍이 짐승을 몰아
    서 사람을 잡아먹게 하려는 마음이 있는 것은 아니다.) 然殉一
    己之欲, 而不恤其民, 則其流必至於此 故以爲民父母告之.(그러
    나 오직 자기의 욕심만을 따르고 그 백성을 구휼하지 아니하면
    그런 유행이 반드시 여기에 이를 것이다. 그러므로 백성의 부모
    에게 그것을 알리기 위함이라 생각한다.) 夫父母之於子, 爲之就

(자의) ○仲尼-공자의 자(字). ○俑-허수아비 용. ○如之何-어찌 하여.

(해설) 임금은 백성의 어버이를 자처한다. 만약 백성들이 푸줏간의 고기를 얻어먹지 못하여 굶주린다면 그것은 잘못된 정치 탓이며, 그래서 사람이 굶어죽는 것은 칼이나 몽둥이로 사람을 죽이는 것이나 마찬가지다. 왕을 장사지낼 적에 인형을 만들어 순장한다. 이처럼 왕은 죽어서도 백성을 따르게 하면서 백성을 굶어죽게 하니, 어떻게 백성의 어버이라 할 수 있겠는가? 임금이 백성의 어버이라면 백성을 자식처럼 기르는 마음으로 정치를 해야 한다. 기업역시 시장을 소중하게 여긴다면 그 시장을 훼손해서는 아니 됨은 물론, 고객을 만족시키는 경영을 넘어서서 고객이 전혀 기대하지 않는 부분을 찾아서 감동시키는 방향으로 경영을 해야 할 것이다. 결국 정치든 경영이든 애정이 바탕인 것이다.

제5장 몽둥이를 들고서라도(可使制梃章 第五)

(5-1) 梁惠王曰 晋國이 天下에 莫强焉은 叟之所知也라 及寡人之身하여 東敗於齊에 長子死焉하고 西喪地

利避害, 未嘗頃刻而忘於懷, 何至視之不如犬馬乎.(대저 부모가 자식에 대해서는 이로움에 나아가게 하고 해를 회피하게 함이, 일찍이 경각이라도 마음속에서 잊어버리지 않으니, 어떻게 자식 보기를 개와 말만 못함에 이르겠는가?)

於秦七百里하고 南辱於楚하니 寡人恥之하여 願比
死者하여 一洒之하노니 如之何則 可니잇고

(양혜왕왈 진국, 천하, 막강언, 수지소지야. 급과인지신, 동패어
제, 장자사언, 서상지어진칠백리, 남욕어초, 과인치지, 원비사자,
일세지, 여지하즉 가)

[국역] 양혜왕이 말하였다. "진(晉)나라가 천하에서 그보다 더
강한 나라는 없다는 것은, 노인께서도 아시는 바입니다.
내 자신에 이르러 동쪽으로는 제나라에게 패하여 그곳에
서 장자가 전사하였고, 서쪽으로는 진(秦)나라에게 7백 리
땅을 상실하였고, 남쪽으로는 초나라에게 모욕을 당했습니
다. 과인이 이것을 부끄럽게 여겨 전사한 자를 위해 한번
설욕하기를 원하오니, 어떻게 하면 좋겠습니까?"[23]

[자의] ○焉-(=於此). ○喪-잃을 상. ○比-견줄 비, 위할 비 ○洒-
설욕할 세.

---

23) 魏, 本晉大夫魏斯, 與韓氏趙氏, 共分晉地, 號曰三晉.(위는 본래
진(晉)의 대부 위사가 한씨·조씨와 더불어 함께 진나라 땅을 분
할하니 호왈 3진이라 하였다.) 故, 惠王猶自謂晉國.(그러므로 혜
왕은 아직 자국을 진나라라고 하였다.) 惠王三十年, 齊擊魏, 破
其軍, 虜太子申. 十七年, 秦取魏少梁, 後魏又數(삭)獻地於秦.(혜
왕 30년에 제나라는 위나라를 공격하여 그 군대를 격파하고 태자
신을 포로로 잡았으며, 17년에 진(秦)나라가 위나라의 소량 땅을
탈취하였고, 그후 위나라는 또 자주 진(秦)나라에게 땅을 바쳤
다.) 又與楚將昭陽戰敗, 亡其七邑.(또 초나라 장수 소양과 싸우
다가 패전하여 그 7개 읍을 잃었다.) 比, 猶爲也. 言欲爲死者雪
其恥也.(비는 위(爲)와 같은 것인데, 죽은 자를 위하여 그 수치를
설욕하고자 함을 말한 것이다.)

(5-2) **孟子對曰 地方百里而可以王**니이다

(맹자대왈 지방백리이가이왕)

국역 맹자가 대답하였다. "땅이 사방 100리만 되어도 왕노릇을 할 수 있습니다."24)

(5-3) **王如施仁政於民**하가 **省刑罰**하시며 **薄稅斂**하시면 **深耕易耨**하고 **壯者以暇日**로 **修其孝悌忠信**하면 **入以事其父兄**하며 **出以事其長上**하리니 **可使制梃**하여 **以撻秦楚之堅甲利兵矣**리이다

(왕여시인정어민, 생형벌, 박세렴, 심경이루, 장자이가일, 수기효제충신, 입이사기부형, 출이사기장상, 가사제정, 이달진초지견갑리병의)

국역 "왕께서 만일 백성에게 인정을 베푸시어 형벌을 줄이며, 세금을 적게 거두면, 백성들은 경작하는 자가 많게 되고, 김을 잘 매고, 장성한 자들은 여가를 이용하여 그 효제와 충신을 닦아서 집에 들어가서는 그 부형을 섬길 수 있으며, 밖에 나가서는 어른과 윗사람을 잘 섬길 수 있을 것이니, 이들로 하여금 몽둥이를 만들어 진나라와 초나라의 견고한 갑옷과 예리한 병기를 길들일 수 있도록 할 수 있을 것입니다."25)

---

24) 百里, 小國也. 然能行仁政, 則天下之民歸之矣.(100리는 소국이다. 그러나 능히 인정을 시행하면 천하의 백성들이 거기로 돌아오는 것이다.)

25) 省刑罰, 薄稅斂, 此二者仁政之大目也.(형벌은 덜고, 세금을 거두는 것은 박하게 하는 것, 이 둘이 인정의 큰 조목이다.) 易, 治

(자의) ㅇ省－살필 성, 덜 생. ㅇ斂－거둘 렴. ㅇ耨－괭이 루, 김맬 루. ㅇ梃－막대기 정. ㅇ撻－종아리칠 달. ㅇ堅－굳을 견.

(5-4) **彼奪其民時**하여 **使不得耕耨**하여 **以養其父母**하면 **父 母凍餓**하며 **兄弟妻子離散**하리니

(피탈기민시, 사부득경루, 이양기부모, 부모동아, 형제처자리산)

(국역) "저들이 백성들의 농사철을 빼앗아 경작과 김매면서 부모를 봉양하지 못하게 하면, 부모가 얼고 굶주리며, 형제 처자가 이산할 것이니,"26)

(자의) ㅇ彼－저 피. ㅇ奪－빼앗을 탈. ㅇ凍－얼 동. ㅇ餓－굶주릴 아.

(5-5) **彼陷溺其民**이어든 **王**이 **往而征之**하시면 **夫誰與王敵** 이리잇고

(피함익기민, 왕, 왕이정지, 부수여왕적)

(국역) "저들이 그 백성들을 함정에 빠뜨리고, 물에 빠지거든 왕께서 가서 그들을 쳐서 바로잡는다면 대체 누가 왕과 대적하겠습니까?"27)

也.(이는 다스림이다.) 耨, 耘也.(누는 김매는 것이다.) 盡己之謂 忠, 以實之謂信.(자기 마음을 다하는 것을 충이라 하고, 그리고 그것을 성실히 함을 신이라 이른다.) 君行仁政, 則民得盡力於農 畝, 而又有暇日以修禮義.(임금이 인정을 시행하면 백성들은 농 무(農畝)에 힘을 다할 수 있고, 또 한가한 날에는 예의를 닦을 수 있다.) 是以尊君親上而樂於效死也.(이 때문에 임금을 어버이 나 어른처럼 높이며 죽음을 바치는 데 즐거워하는 것이다.)

26) 彼, 謂敵國也.(피는 적국을 이른다.)

27) 陷, 陷於阱. 溺, 溺於水. 暴虐之意. 征, 正也.(함은 함정에 빠짐

(자의) ○陷─빠질 함. ○溺─빠질 닉. ○征─갈 정[往], 칠 정.

(5-6) 故로 曰 仁者無敵이라하니 王請勿疑하소서

(고, 왈 인자무적, 왕청물의)

(국역) "그러므로 '인자는 대적할 적이 없다'고 한 것이니, 왕
께서는 청컨대 내 이 말을 의심하지 마소서."[28]

(해설) 제·진·초나라로부터 계속해 타격을 받은 양혜왕은
책략으로써 나라의 위세를 한번 떨쳐보고자 갈망하였다.
이 무렵 맹자를 만난 양혜왕은 그에게 크게 기대를 걸었
던 것이다. 그런데 몇 번의 대화에서 맹자는 양혜왕에게
인의만을 열심히 주장할 뿐이었다. 자기가 말하는 내용을

이며, 익은 물에 빠짐이니, 포학을 의미한다. 정은 바로잡음이
다.) 以彼暴虐其民, 而率吾尊君親上之民往正其罪, 彼民方怨其
上而樂歸於我, 則誰與我爲敵哉.(저들이 그의 백성들에게 포학하
기 때문에, 내가 임금을 어버이나 어른처럼 존경하는 백성들을
거느리고 가서 그 죄를 바로잡는다면, 그 백성들은 비로소 그의
상전을 원망하고 있어서, 나에게로 기꺼이 돌아올 것이니, 누가
나와 더불어 대적하겠는가?)

28) 仁者無敵, 蓋古語也. 百里可王, 以此而已. 恐王疑其迂闊, 故勉
使勿疑也.(인자무적은 대개 옛 말씀이다. 100리를 가지고 왕노릇
을 할 수 있다고 한 것은 이 때문일 뿐이니, 왕이 그것을 현실
에 맞지 않는다고 의심할까 두려워, 그러므로 의심하지 말도록
격려한 것이다.) 孔氏曰 惠王之志在於報怨, 孟子以論在於救民.
所謂惟天吏則可以伐之, 蓋孟子之本意.(공씨가 말하였다. 혜왕의
뜻은 원한을 보복하는 데 있었고, 맹자의 논의는 백성을 구제하
는데 있었으니, 소위 오직 하늘의 관리이면 정벌할 수 있다는
것이니, 아마 맹자의 본의일 것이다.)

완벽하게 펴기만 하면 진·초의 군대에 대적할 수 있다고
했다. 인자무적(仁者無敵)이기 때문이다. 그러나 패전을
설욕하고 나라의 위세를 떨쳐보는 데 몰두했던 양혜왕으
로서는 맹자가 제시하는 인정이란 처방은 매력이 없었다.
그는 한번도 맹자의 말에 주의를 기울이지 않았다.

  기업경영은 어떨까? 세계경영으로 나아가는 것을 탓할
수야 없지만, 진정으로 고객의 이익을 통한 인류의 물질적
풍요에 근본을 두는 것일 것이다. 또 중소기업 역시 대기
업을 흉내내는 것이 목표는 아닐 것이며 또 그래서는 성
공할 수도 없다. 중소기업이 살아남기 위해서는 시장의 노
골적 확장이 아니라 틈새시장을 살펴서 들어가야 하고, 그
렇게 개척한 시장을 노출시키지 않는 것이 필요할 것이다.
대기업처럼 시스템관리보다 오히려 사람의 관리에 중점을
두어야 할 것이다.

제6장 사람 죽이기를 좋아하지 않는다
(不嗜殺人章 第六)

(6-1) **孟子見梁襄王**하시고

  (맹자견양양왕)

국역 맹자가 양나라의 양왕을 만나보시고,[29]

자의 ○襄－도울 양.

---

29) 襄王, 惠王子, 名赫.(양왕은 혜왕의 아들이니, 이름은 혁이다.)

(6-2) **出語人曰 望之不似人君**이요 **就之而不見所畏焉**이
러니 **卒然問曰 天下**는 **惡乎定**고하여늘 **吾對曰 定于**
一이라호라

(출어인왈 망지불사인군. 취지이불견소외언, 졸연문왈 천하, 오호
정, 오대왈 정우일)

[국역] 밖으로 나와서 다른 사람들에게 말씀하였다. "그를 바
라보니 임금 같지도 않고, 그의 앞으로 나아가서 보아도
두려워할 만한 바를 볼 수도 없었는데, 갑자기 묻기를, '천
하는 어떻게 평정될 것입니까?'하거늘, 내 대답하기를, '하
나로 통일됨으로써 평정이 될 것입니다.'고 하였다."30)

[자의] ○似-같을 사. ○畏-두려울 외. ○卒-군사 졸, 마칠 졸. 갑자
기, 마침내. ○惡-어찌 오.

(6-3) **孰能一之**오하여늘

(숙능일지)

[국역] "누가 능히 천하를 하나로 통일할 수 있겠습니까?"하

---

30) 語, 告也.(어는 남에게 고함이다.) 不似人君, 不見所畏, 言其無
威儀也.(임금 같지 않고 두려워할 만한 바를 발견할 수 없다는
것은, 그가 위의가 없음을 말한 것이다.) 卒然, 急遽之貌. 蓋容
貌辭氣, 乃德之符. 其外如此, 則其中之所存者可知.(졸연은 갑작
스러운 모습이다. 대개 용모와 말투는 이에 덕의 상징이니, 그
외모가 이와 같다면 그 가슴속에 보전한 것을 알 수 있다.) 王
問列國分爭, 天下當何所定. 孟子對以必合於一, 然後定也.(왕이
'열국이 나뉘어 다투고 있으니, 천하가 당장 어느 곳에 정해지겠
습니까?'하고 묻자, 맹자가 '반드시 하나에 합해짐으로써, 그런
후에 평정될 것입니다'.하고 대답하였다.)

고 묻거늘,31)

(자의) ㅇ孰—누구 숙.

(6-4) **對曰 不嗜殺人者能一之**라호라

    (대왈 불기살인자능일지)

(국역) 대답하였다. "사람 죽이기를 좋아하지 않는 자가 능히 천하를 통일할 수 있을 것입니다."32)

(자의) ㅇ嗜—즐길 기. 좋아하다.

(6-5) **孰能與之**오하여늘

    (숙능여지)

(국역) "누구와 능히 함께 할 수 있겠습니까?"하고 묻거늘,33)

(자의) ㅇ孰—누구 숙. ㅇ與—편들 여, 친숙 여, 참여 여.

(6-6) **對曰 天下莫不與也**니 **王**은 **知夫苗乎**잇가 **七八月之間**에 **旱則苗槁矣**라가 **天**이 **油然作雲**하여 **沛然下雨則苗浡然興之矣**나니 **其如是**면 **孰能禦之**리오 **今夫天下之人牧**이 **未有不嗜殺人者也**니 **如有不嗜殺人者則天下之民**이 **皆引領而望之矣**리니 **誠如是也**면 **民歸之由(猶)水之就下**하리니 **沛然**을 **誰能禦之**리오라

    (대왈 천하막불여야, 왕, 지부묘호 칠팔월지간, 한즉묘고의, 천, 유연작운, 패연하우즉묘발연흥지의, 기여시, 숙능어지, 금부천하

---

31) 王問也.(왕이 질문한 것이다.)
32) 嗜, 甘也.(기는 달게 여기는 것이다.)
33) 王復問也.(왕이 다시 질문한 것이다.) 與, 猶歸也.(여는 귀와 같다.)

지인목, 미유불기살인자야, 여유불기살인자즉천하지민, 개인령이
망지의, 성여시야, 민귀지유(유)수지취하, 패연, 수능어지)

국역 대답하였다. "천하 사람들이 참여하지 않는 사람이 없
을 것이니, 왕은 대저 묘의 생리를 아십니까? 7·8월 사이
에 날씨가 가물면 묘가 마르다가, 하늘이 뭉게뭉게 구름을
만들어서 비가 세차게 내리면 묘는 활짝 생기가 납니다.
그와 같이 되면 누가 그 피어나는 것을 막을 수 있겠습니
까? 그런데 지금 대체로 천하의 임금들이 사람 죽이기를
좋아하지 않는 자가 아직 없으니, 만일 사람 죽이기를 좋
아하지 않는 자가 있을 것 같으면 천하의 백성들이 모두
옷깃을 서로 끌어당기면서 그 임금을 바라볼 것입니다. 진
실로 이와 같이 한다면 민심이 그에게로 돌아감이, 물이
아래로 내려가는 것과 같을 것이니, 확 쏟아지는 물을 누
가 능히 막을 수 있겠습니까."34)

---

34) 周七八月, 夏五六月也.(주나라의 7, 8월은 하나라의 5, 6월이다.)
油然, 雲盛貌.(유연은 구름이 뭉게뭉게 피어오르는 모습이다.)
沛然, 雨盛貌.(패연은 비가 쏟아지는 모습이다.) 浡然, 興起貌.
(발연은 묘가 우쩍 자라는 모습이다.) 禦, 禁止也.(어는 금지이
다.) 人牧, 謂牧民之君也.(인목은 백성을 기르는 군주를 말한다.)
領, 頸也.(영은 목이다.) 蓋好生惡死, 人心所同. 故人君不嗜殺人,
則天下悅而歸之.(대개 삶을 좋아하고 죽음을 싫어하는 것이 인
심의 같은 바이다. 그러므로 임금이 사람 죽이기를 좋아하지 않
으면 천하는 기뻐하여 그에게 귀속할 것이다.) 蘇氏曰 孟子之言,
非苟爲大而已.(소씨가 말하였다. 맹자의 말이 진실로 위대할 뿐
이라고 여기지는 않는다.) 然, 不深原其意而詳究其實, 未有不以
爲迂者矣.(그러나 원래 그 뜻을 깊이하고, 그 실제를 상세히 연

(자의) ㅇ苗—싹 묘. ㅇ槁—마를 고. ㅇ油然—구름이 만들어지는 모습. ㅇ沛—늪 패, 성할 패. ㅇ沛然—비가 세차게 내리는 모습. ㅇ浡— 우쩍 일어날 발, 왕성하게 일어나다. ㅇ浡然—묘가 우쩍 자라는 모습. ㅇ禦—막을 어. ㅇ未有—아직 ~없다. ㅇ領—옷깃 령. ㅇ由—같을 유.

(해설) 맹자가 양혜왕을 찾았던 그 이듬해에 혜왕은 죽고, 그의 아들 혁(赫)이 왕위에 올라 양왕(襄王)이 되었다. 이 당시 천하의 제후들은 국리를 위해서 각종토목공사를 일으키고 침략전쟁을 일삼아, 백성들은 부역과 전쟁에 동원되어 농사철을 놓치고 가족들은 헤어져, 굶주리고 걸식하며 살길을 잃고 방황하면서 자기들을 구제할 인자를 갈구하고 있었던 것이다. 이런 시대적 문제에 관해 제자백가들의 의견은 분분했다. 법가는 폭력을 높이 평가하고 농사와 전쟁을 장려하였는데〔耕田立國〕이런 것들이 패도이다.

구하지 않으면 아직 엉뚱한 소리〔迂〕라고 여기지 않는 자가 있지 않을 것이다.) 予觀孟子以來, 自漢高祖及光武及唐太宗及我太祖皇帝, 能一天下者四君, 皆以不嗜殺人致之.(내가 보건대 맹자 이래로 한고조로부터 광무, 당태종, 우리 송 태조황제까지 능히 천하를 통일한 자가 네 군주인데, 모두 사람 죽이기를 좋아하지 않음으로써 거기에 이르렀다.) 其餘, 殺人愈多而天下愈亂. 秦晉及隋, 力能合之, 而好殺不已.(그 나머지는 사람 죽이기를 더욱 많이 하여 천하는 더욱 혼란하였으며, 진(秦), 진(晉), 수(隋)는 힘은 능히 천하를 합하였으나, 죽이기를 좋아하기를 그치지 않았다.) 故, 或合而復分, 或遂以亡國, 孟子之言, 豈偶然而已哉.(그러므로 혹은 합해졌다가 다시 나뉘었고, 혹은 이루고 나서 나라를 망쳤으니, 맹자의 말이 어찌 우연일 뿐이겠는가?)

그런데 맹자는 처음 만난 양왕이 느닷없이 '천하는 어떻게 안정되겠습니까?'하고 묻자, '천하는 하나로 통일되어야 안정될 것입니다.'고 했다.

유가의 계승자인 맹자는, 천하통일은 폭력을 앞세우는 패자가 아니라, 인정을 베푸는 왕자만이 이룰 수 있다고 했던 것이다[仁政立國]. 전쟁은 스스로 백성을 죽여 나라의 근본을 파괴하고 임금 자신까지도 죽이는 자살적 행위이다. 백성은 국가를 구성하는 기본요소로서 시장이며 인적자원이며 생산요소의 하나이므로 이것을 튼튼히 하지 않고서는 나라도 경제도 있을 수 없으니, 이를 기르는 것이 바로 정치이고 경제라고 생각하여야 할 것이다.

제7장 제환공과 진문공(齊桓 晉文章 第七)

(7-1) 齊宣王이 問曰 齊桓 晉文之事를 可得聞乎잇가
  (제선왕, 문왈 제환 진문지사, 가득문호)

국역 제선왕이 물었다. "제환공과 진문공의 그 일을 들려줄 수 있습니까?"35)

자의 ㅇ桓-표주(標柱) 환, 성 환.

(7-2) 孟子對曰 仲尼之徒無道桓 文之事者라 是以로 後

---

35) 齊宣王, 姓田氏, 名辟彊, 諸侯僭稱王也.(제선왕은 성이 전씨요, 이름은 벽강인데, 제후로서 왕이라 잠칭하였다.) 齊桓公, 晉文公, 皆霸諸侯者.(제환공, 진문공은 모두 제후의 패자이다.)

世에 **無傳焉**하니 **臣**이 **未之聞也**하니 **無以則王乎**인저

(맹자대왈 중니지도무도환 문지사자. 시이, 후세, 무전언, 신, 미지문야, 무이즉왕호)

(국역) 맹자가 대답하였다. "중니의 문도들은 제환공과 진문공의 일에 대하여 말한 자가 없습니다. 그러므로 후세에 그들에 관하여 전해진 것이 없으니, 신이 아직 들은 것이 없습니다. 제환공과 진문공에 관하여 말씀을 드릴 수 없으니, 왕도에 대하여 말씀을 드릴까요."36)

(자의) ○道-말할 도. ○焉-(=於此). ○無以-할 방도가 없다.

(7-3) **曰 德**이 **何如**면 **則可以王矣**리잇가 **曰 保民而王**이면 **莫之能禦也**리이다

(왈 덕, 하여, 즉가이왕의. 왈 보민이왕, 막지능어야)

(국역) "덕이 어떠해야만 왕노릇을 할 수 있습니까?" "백성들을 잘 보호하면서 왕노릇을 하면 능히 그 왕노릇 하는 것을 막을 자가 없을 것입니다."37)

---

36) 道, 言也.(도는 말함이다.) 董子曰 仲尼之門, 五尺童子羞稱五伯. 爲其先詐力而後仁義也, 亦此意也.(동자가 말하였다. 중니의 문도들은 5척 동자도 5패를 말하는 것을 수치로 여겼으니, 그들은 속임수와 무력을 먼저 하고 인의를 뒤로 하였기 때문인데, 역시 이런 의미이다.) 以, 已通用, 無已, 必欲言之而不止也.(이는 이(已)와 통용이니, 무이는 반드시 그것을 말하고자 하여 정지하지 않는 것이다.) 王, 謂王天下之道.(왕은 왕이 천하를 다스리는 도리를 말한다.)

37) 保, 愛護也.(보는 아끼고 보살핌이다)

(자의) ○何如−어떠냐, 어떠한가, 어떤, ~만 못하다. ○可以−할 수 있다.

(7-4) 曰 若寡人者도 可以保民乎哉잇가 曰 可하니이다 曰 何由로 知吾可也잇가 曰臣이 聞之胡齕하니 曰 王이 坐於堂上이어늘 有牽牛而過堂下者러니 王이 見之하시고 曰 牛는 何之오 對曰 將以釁鐘나이다 王曰 舍之하라 吾不忍其觳觫若無罪而 就死地하노라 對曰 然則廢釁鐘與잇가 曰 何可廢也리오 以羊易之라하니 不識케이다 有諸잇가

(왈 약과인자, 가이보민호재. 왈가. 왈 하유, 지오가야. 왈신, 문지호흘, 왈 왕, 좌어당상, 유견우이과당하자, 왕, 견지, 왈 우, 하지. 대왈, 장이흔종. 왕왈 사지. 오불인기곡속약무죄이 취사지. 대왈 연즉폐흔종여. 왈 하가폐야. 이양역지, 불식. 유저)

(국역) "과인같은 사람도 백성들을 잘 보호할 수 있겠습니까?" "가능합니다." "무슨 이유로 나의 가능함을 압니까?" "신이 호흘에게 들으니, 왕께서 당상에 앉아 계시는데, 소를 끌고 당하를 지나가는 자가 있었는데, 왕께서 이를 보고 소가 어디로 가는가?하고 묻자, 장차 흔종에 쓰려고 해서입니다하고 대답하자, 왕께서 '놓아주어라. 내 차마 그 두려워 벌벌 떨며 죄없이 사지로 나아감을 볼 수 없다'고 하니, 대답하기를 '그렇다면 흔종을 폐지하오리까?'하니 '어찌 폐지할 수 있겠는가? 양으로써 바꾸어 쓸 수 있는지 모르겠구나!'라고 하였다는데, 이러한 일이 있었습니까?"38)

(자의) ○胡－오랑캐 호. ○齕－깨물 흘. ○牽－끌 견. ○釁－틈 흔.
○觳－두려울 곡. ○觫－두려울 속. ○諸－(＝之於).

(7-5) 曰 有之하니이다 曰 是心이 足以王矣리이다 百姓은
皆以王爲愛也어니와 臣은 固知王之不忍也하노이다
(왈 유지. 왈 시심, 족이왕의. 백성, 개이왕이애야, 신, 고지왕지
불인야)

(국역) "그런 일이 있었습니다." "그런 마음이면 충분히 왕노
릇을 할 수 있을 것입니다. 백성들은 모두 왕더러 재물을
아껴서 그렇게 하였다고 하지만, 신은 진실로 왕의 차마
하지 못함을 확고히 알고 있습니다."39)

(자의) ○足以－충분히 ~할 수 있다. ○不忍－차마 ~하지 못한다.

(7-6) 王曰 然하다 誠有百姓者로다마는 齊國이 雖褊小나

---

38) 胡齕, 齊臣也.(호흘은 제나라의 신하이다.) 釁鐘, 新鑄鐘成, 而
殺牲取血, 以塗其釁郤也.(흔종은 새로 종을 주조하여 완성되면
짐승을 잡아 피를 받아서 그 틈에 바르는 것이다.) 觳觫, 恐懼
貌.(곡속은 겁먹은 모습이다.) 孟子述所聞胡齕之語而問王, 不知
果有此事否.(맹자는 호흘에게 들은 바를 말로 진술하고 왕에게
과연 그런 일이 있었는지 알지 못하겠다고 물은 것이다.)

39) 王見牛之觳觫而不忍殺, 卽所謂惻隱之心仁之端也. 擴而充之, 則
可以保四海矣.(왕이 소의 곡속을 보고, 차마 죽이지 못한 것은,
즉 소위 측은지심으로 인의 발단이다. 이것을 확충한다면 사해
를 보전할 수 있다.) 故孟子指而言之, 欲王察識於此而擴充之
也.(그러므로 맹자는 그것을 지적하여 말하여, 왕이 이것으로부
터 조사하여 알고 이것을 확충하게 하고자 한 것이다.) 愛, 猶吝
也.(애는 인색함과 같다.)

吾 何愛一牛리오 卽不忍其觳觫 若無罪而就死地라 故로 以羊易之也니이다

(왕왈 연. 성유백성자, 제국, 수편소, 오 하애일우. 즉불인기곡속 약무죄이취사지. 고, 이양역지야)

국역 왕이 말하였다. "그렇습니다. 진실로 그렇게 말하는 백성들이 있지마는 제나라의 규모는 비록 좁고 작으나, 내 어찌 소 한 마리를 아끼겠습니까? 차마 그 소가 두려워 벌벌 떨며 죄없이 사지로 나아감을 차마 볼 수 없어서였습니다. 그러므로 양으로써 바꾸게 한 것입니다."[40]

자의 ㅇ褊-좁을 편.

(7-7) 曰 王은 無異於百姓之以王爲愛也하소서 以小易大어니 彼惡知之리잇고 王若 隱其無罪而就死地면 則牛羊을 何擇焉이리잇고 王이 笑曰 是誠何心哉런고 我非愛其財 而易之以羊也언마는 宜乎百姓之謂我愛也로다

(왈왕, 무이어백성지이왕위애야. 이소역대, 피오지지. 왕약 은기무죄이취사지, 즉우양, 하택언. 왕, 소왈 시성하심재. 아비애기재 이역지이양야, 의호백성지위아애야)

국역 "왕께서는 백성들이 왕께서 매우 아낀다고 여기는 데

---

40) 言 以羊易牛, 其迹似吝, 實有如百姓所譏者. 然, 我之心, 不如是也.(양으로써 소를 바꾼 것이, 그 자취가 인색한 듯하여 실제 마치 백성들이 비아냥거린 것과 같을 수도 있겠으나, 그러나 나의 마음은 이와 같지 않다고 말한 것이다.)

대하여 이상히 여기지 마십시오. 작은 것으로써 큰 것을
바꾸었으니, 저들이 어찌 그런 것까지 알겠습니까? 왕께서
만일 그 소가 죄없이 사지로 나아가는 것이 측은하다고
생각했다면 곧 소와 양을 무엇 때문에 구별하셨습니까?"
왕이 웃으며 말하였다. "그것 참 무슨 마음으로 그랬던가?
내가 아마 재물을 아껴서 소를 양으로써 바꾼 것은 아니
건만, 내가 재물을 아꼈다는 백성들의 말이 마땅하겠구
나!"41)

(자의) ㅇ異-이상하다, 괴이하다. ㅇ爲-여기다. ㅇ愛-사랑 애, 아낄
애. ㅇ惡-악할 악, 싫을 오, 어찌 오. ㅇ隱-숨을 은, 가엾어할 은.
ㅇ誠-진실로 성, 참 성. ㅇ宜乎-마땅하겠구나!

(7-8) 曰 無傷也라 是乃仁術也니 見牛코 未見羊也일새니
이다 君子之於禽獸也에 見其生하고 不忍見其死하며
聞其聲하고 不忍食其肉하나니 是以로 君子는 遠庖
廚也니이다

---

41) 異, 怪也.(이는 괴이함이다.) 隱, 痛也.(은은 아프게 여김이다.)
擇, 猶分也.(택은 분별과 같다.) 言牛羊皆無罪而死, 何所分別而
以羊易牛乎.(소와 양이 모두 죄없이 죽는데, 무엇으로 분별하여,
양으로써 소를 바꾸었느냐고 물은 것이다.) 孟子故設此難, 欲王
反求而得其本心. 王不能然, 故, 卒無以自解於百姓之言也.(맹자
는 고의로 이런 곤란을 가설하여 왕이 돌이켜 자기 자신에게서
구하여 그 본심을 깨닫게 하였으나, 왕은 능히 그렇지 못하였
다. 그러므로 마침내 백성들의 말에 스스로 해명할 수 없었던
것이다.)

(왈 무상야. 시내인술야, 견우, 미견양야. 군자지어금수야, 견기
생, 불인견기사, 문기성, 불인식기육, 시이, 군자, 원포주야)

국역 "상심하지 마십시오. 그것이 곧 인(仁)의 마음씀이니,
소는 보았고, 양은 아직 보지 못했기 때문입니다. 군자가
금수와의 관계에 있어서 그 산 것을 보고는 차마 그 죽는
것을 보지 못하는 법이며, 그 짐승들이 죽으면서 애처롭게
우는 소리를 듣고는 차마 그 고기를 먹지 못하는 법이니,
그 때문에 군자는 푸주간을 멀리하는 법입니다."42)

---

42) 無傷, 言雖有百姓之言, 不爲害也.(무상은 비록 백성들의 말이
있으나 해가 되지 않는다는 말이다.) 術, 謂法之巧者.(술은 본받
을 법의 적절함이다.) 蓋殺牛旣所不忍, 釁鐘又不可廢, 於此無以
處之, 則此心雖發而終不得施矣.(아마 소를 죽임은 이미 차마 할
수 없는 바요, 흔종 또한 폐지할 수 없는 것이니, 이에 대처할
수 없으면, 그런 측은지심이 비록 발생하였으나 끝내 시행될 수
는 없다.) 然見牛則此心已發而不可遏, 未見羊則其理未形而無所
妨.(그러나 소를 보았으니, 곧 이런 마음이 이미 발동되어 막을
수 없고, 아직 양을 보지 않았으니, 곧 그 이치가 아직 형성되지
않아 해로울 바가 없다.) 故以羊易牛, 則二者得以兩全而無害,
此所以爲仁之術也.(그러므로 양으로써 소를 바꾸게 하면 이 둘
은 양쪽을 온전히 할 수 있고 해가 없게 할 수 있으니, 이것이
인을 하기 위한 방법인 것이다.) 聲, 謂將死而哀鳴也.(성은 짐승
이 장차 죽으면서 슬피 우는 소리를 이른다.) 蓋人之於禽獸, 同
生而異類(대개 사람은 금수에게 그렇게 하는 것은 같은 생물이
나 종류가 다르다.) 故用之以禮, 而不忍之心施於見聞之所及.(그
러므로 그를 사용함에는 예로써 하고, 차마 못하는 마음이, 견문
이 미치는 곳까지 베풀어지는 것이다.) 其所以必遠庖廚者, 亦以
預養是心, 而廣爲仁之術也.(아마 반드시 푸줏간을 멀리하는 까

78   맹자(孟子)

자의 ○傷-나쁠 상, 해로울 상. ○禽-새 금. ○獸-짐승 수. ○忍-
참을 인, 차마 인. ○庖-부엌 포. ○廚-부엌 주.

(7-9) 王說曰 詩云 他人有心을 予忖度之라하니 夫子之
謂也로소이다 夫我乃行之하고 反而求之하되 不得吾
心이러니 夫子言之하시니 於我心에 有戚戚焉하여 此
心之所以合於王者는 何也잇고

(왕열왈 시운 타인유심, 여촌탁지, 부자지위야. 부아내행지, 반이
구지, 부득오심, 부자언지, 어아심, 유척척언, 차심지소이합어왕
자, 하야)

국역 왕이 기뻐서 말하였다. "'시경'에 이르기를 '타인이 마
음에 품고 있는 생각을 내가 그것을 헤아려서 안다.'고 하
였으니, 이런 말은 선생을 두고 한 말입니다. 대체로 내가
바로 그것을 행하고, 돌이켜 그 원인을 찾았으나 내 마음
을 알 수가 없더니, 선생께서 말씀하시니 내 마음에 감동
하는 바가 있습니다. 이 마음이 왕도정치에 부합되는 까닭
은 무엇입니까?"43)

닭은 역시 이런 마음을 미리 기름으로써 인의 마음을 넓히기 위
함이다.)

43) 詩, 小雅巧言之篇.(시는 '시경' '소아'편 '교언' 장이다.) 戚戚, 心
動貌.(척척은 마음이 감동하는 모양이다.) 王因孟子之言, 而前日
之心復萌, 乃知此心不從外得.(왕이 맹자의 말씀 때문에 전일의
마음이 다시 싹터서 이에 그런 마음이 밖으로부터 얻어지는 것
이 아님을 알았다.) 然猶未知所以反其本而推之也.(그러나 아직
도 그 근본을 돌이킴으로써 그것을 미루는 것을 알지 못하였다.)

자의 ㅇ說—말씀 설, 기쁠 열. ㅇ忖—헤아릴 촌. ㅇ得—얻을 득, 깨달을 득, 능할 득(=可也, 不得已, 不能已). ㅇ戚—친할 척, 슬퍼할 척. ㅇ戚戚—서로 친밀한 모양, 근심하고 두려워하는 모양, 마음이 움직이는 모양.

(7-10) 曰 有復於王者曰 吾力足以擧百鈞而 不足以擧一羽하며 明足以察秋毫之末而不見輿薪이라하면 則王은 許之乎잇가 曰 否라 今에 恩足以及禽獸而功不至於百姓者는 獨何與잇고 然則一羽之不擧는 爲不用力焉이며 輿薪之不見은 爲不用明焉이며 百姓之不見保는 爲不用恩焉이니 故로 王之不王은 不爲也언정 非不能也니이다

(왈 유복어왕자왈 오력족이거백균이 부족이거일우, 명족이찰추호지미이불견여신, 즉왕, 허지호. 왈 비. 금, 은족이급금수이공부지어백성자, 독하여. 연즉일우지불거, 위불용력언, 여신지불견, 위불용명언, 백성지불견보, 위불용은언, 고, 왕지불왕, 불위야, 비불능야)

국역 "어떤 사람이 왕에게 아뢰기를, '내 힘은 충분히 3천근의 무게를 들 수 있지만, 깃털 하나도 들 수 없다고 하며, 눈의 밝음이 추호의 끝을 살필 수 있지만, 수레에 가득 실은 섶이 보이지 않는다.'고 한다면, 왕께서는 그 말을 인정하시겠습니까?" "나는 인정하지 못하겠습니다." "그런데 지금 은혜가 족히 금수에 미칠 수 있음에도 정사는 백성들에게 이르지 못한 것은 오로지 무엇 때문입니까? 그렇다면 가벼운 깃털 하나를 들지 못함은 힘을 쓰지 않았기

때문이며, 수레에 가득 실은 섶을 보지 못함은 밝음을 쓰지 않았기 때문이며, 백성들이 보호받지 못함은 임금이 은혜를 쓰지 않았기 때문입니다. 그러므로 왕께서 왕도정치를 하지 아니한 것은, 하지 아니하여 그런 것이지 능력이 없어서가 아닙니다."44)

(字의) ○有-있을 유, 어떤 유, 많을 유. ○復-다시 부, 반복할 복, 아뢸 복. ○鈞-3천근 균. ○羽-깃 우, 새 우. ○毫-잔털 호, 조금 호. ○輿-수레 여. ○薪-나무섶 신. ○獨-오로지 독.

---

44) 復, 白也.(복은 말함이다.) 鈞, 三十斤, 百鈞, 至重難擧也.(균은 30근이니, 100균은 지극히 무거워 들 수 없는 것이다.) 羽, 鳥羽. 一羽, 至輕易擧也.(우는 새의 깃털이니, 한 깃털은 지극히 가벼워 들기가 쉽다.) 秋毫之末, 毛至秋而末銳, 小而難見也.(추호의 끝 털이 가을에 이르면 끝이 예리하여 작아서 보기가 어렵다.) 輿薪, 以車載薪, 大而易見也.(여신은 수레에 섶을 실은 것이므로 커서 보기가 쉽다.) 許, 猶可也.(허는 가(可)와 같다.) 今恩以下, 又孟子之言也.('금은' 이하는 또 맹자의 말이다.) 蓋天地之性, 人爲貴. 故人之與人, 又爲同類而相親.(대개 천·지의 본성 중에 사람의 성품이 고귀함이 된다. 그러므로 사람과 사람은 또 동류가 되어서 서로 친하다.) 是以惻隱之發, 則於民切而於物緩, 推廣仁術, 則仁民易而愛物難. 今王此心能及物矣, 則其保民而王, 非不能也, 但自不肯爲耳.(이 때문에 측은지심이 발생하면 백성들에게 절박하나 물건에게 느슨하며, 인의 방법을 미루어 넓히면, 백성을 사랑하기는 쉽고, 물건을 사랑하기는 어렵다. 그런데 지금 왕의 이런 마음이 능히 물건에 미쳤으니, 그것은 백성을 보호하고 왕노릇함은 불가능함이 아니라, 다만 스스로 기꺼이 하지 않을 뿐인 것이다.)

(7-11) 曰 不爲者와 與不能者之形이 何以異잇고 曰挾太
山以超北海를 語人曰 我不能이라하면 是는 誠不能
也어니와 爲長者折枝를 語人曰 我不能 是는 不爲
也언정 非不能也니 故로 王之不王은 非挾太山以
超北海之類也라 王之不王은 是折枝之類也니이다
(왈 불위자, 여불능자지형, 하이이. 왈협태산이초북해, 어인왈 아
불능, 시, 성불능야. 위장자절지, 어인왈 아불능 시, 불위야, 비
불능야. 고, 왕지불왕, 비협태산이초북해지류야. 왕지불왕, 시절
지지류야)

국역 "하지 않는 자와 불가능자의 모습이 어떻게 다릅니
까?" "태산을 옆구리에 끼고 저 북해를 뛰어넘는 것을, 남
에게 말하기를, '나는 할 수 없다.'고 한다면 그것은 참으
로 불능한 것이지만, 어른이 시켜 나뭇가지를 꺾는 일을,
남에게 말하기를, '나는 할 수 없다.'고 한다면 그것은 하
지 않은 것일지언정 불능은 아닙니다. 그러므로 왕께서 왕
도정치를 아니한 것은 북해를 옆구리에 끼고 뛰어넘는 종
류가 아니고, 왕께서 왕도정치를 아니한 것은 바로 나뭇가
지를 꺾는 것과 같은 종류입니다."45)

---

45) 形, 狀也.(형은 형상이다.) 挾, 以腋(액)持物也.(협은 겨드랑이에
물건을 끼는 것이다.) 超, 躍而過也.(초는 뛰어 지나가는 것이
다.) 爲長者折枝, 以長者之命, 折草木之枝, 言不難也.(장자를 위
하여 나뭇가지를 꺾는 것은 장자의 명령에 따라 초목의 가지를
꺾는 것이니, 어려움이 없음을 말한 것이다.) 是心固有, 不待外
求, 擴而充之, 在我而已. 何難之有?(이런 마음은 고유하여 외부

자의 ㅇ挾−낄 협. ㅇ超−뛰어넘을 초. ㅇ折−꺾을 절, 깎을 절.

(7-12) 老吾老하여 以及人之老하며 幼吾幼하여 以及人之
幼면 天下는 可運於掌이니 詩云 刑于寡妻하여 至
于兄弟하여 以御于家邦이라하니 言擧斯心하여 加
諸彼而已니 故로 推恩이면 足以保 四海요 不推恩
이면 無以保妻子니 古之人이 所以大過人者는 無
他焉이라 善推其所爲而已矣라 今에 恩足以及禽
獸而功不至 於百姓者는 獨何與니잇고

(노오로, 이급인지노, 유오유, 이급인지유, 천하, 가운어장, 시운
형우과처, 지우형제, 이어우가방, 언거사심, 가저피이이, 고, 추
은, 족이보 사해. 불추은, 무이보처자, 고지인, 소이태과인자, 무
타언. 선추기소위이이이. 금, 은족이급금수이공부지 어백성자,
독하여)

국역 "나의 노부모를 어른으로써 대우하고 나서 남의 노인
에게 미치며, 나의 어린 자녀들을 어린이로써 잘 양육하여
남의 어린이에게까지 미친다면, 천하는 손바닥 위에 올려
놓고 운행할 수 있습니다. '시경'에 이르기를 '과인의 아내
에게 모범이 되어서 형제에게 모범이 이르게 되면 집과
나라를 다스린다.'고 하였는데, 이런 마음을 들어서 저 사
람의 마음에 미치게 한다는 말일 뿐입니다. 그러므로 은혜
를 널리 보급하면 충분히 사해를 보존할 수 있고, 은혜를

에서 찾기를 기다리지 않는 것이니, 그것을 확충하는 것은 나에
게 있을 따름이니 무슨 어려움이 있겠는가?)

널리 보급하지 못하면 처자도 보호할 수 없는 것입니다. 옛 성군이 다른 사람보다 크게 뛰어난 까닭은 다른 데 있는 것이 아니라, 그 하는 바를 훌륭하게 추진한 데 있을 뿐입니다. 그런데 지금 은혜가 충분히 금수에게까지 미쳤으되 그 은공이 백성들에게는 이르지 못함은 오로지 어째서입니까?"46)

---

46) 老, 以老事之也. 吾老, 謂我之父兄. 人之老, 謂人之父兄.(노는 노인으로써 그를 섬기는 것이니, 오로는 나의 부형을 이르고, 인지로는 남의 부형을 이른다.) 幼, 以幼畜之也. 吾幼, 謂我之子弟. 人之幼, 謂人之子弟.(유는 어린이로써 그를 기르는 것이니, 오유는 나의 자제를 이르고, 인지유는 남의 자제를 이른다.) 運於掌, 言易也.(운어장은 용이함을 말한다.) 詩大雅思齊之篇.(시는 '시경' '대아'편 '사제'장이다.) 刑, 法也.(형은 본받는 법이다.) 寡妻, 寡德之妻, 謙辭也.(과처는 과덕한 처이니 겸사이다.) 御, 治也.(어는 다스림이다.) 不能推恩, 則衆叛親離, 故無以保妻子. 蓋骨肉之親, 本同一氣, 又非但若人之同類而已.(능히 은혜를 널리 보급하지[推] 못하면 민중은 배반하고 친척은 이산한다. 그러므로 처자를 보호할 수 없는 것이다. 대개 골육을 나눈 친척은 본래 동일한 기운이니, 그도 단지 남과 같은 동류일 뿐만이 아니다.) 故古人必由親親推之然後, 及於仁民, 又推其餘然後, 及於愛物, 皆由近以及遠, 自易以及難.(그러므로 고인들은 반드시 친친에서부터 그것을 널리 보급한 연후에, 인민에게 미치고, 또 그 나머지를 널리 보급한 연후에 애물에 미치니, 모두 가까운 데서부터 먼 데 미치니, 쉬운 것으로부터 그리고 어려운 데에 미치는 것이다.) 今王反之, 則必有故矣. 故復推本而再問之.(그런데 지금 왕은 이것을 반대로 하였으니 반드시 까닭이 있을 것이다. 그러므로 다시 근본을 추론하여 재차 질문한 것이다.)

자의 ○刑－법 형, 본받을 형. ○寡妻－과인의 처. ○御－부릴 어. 통치하다, 다스리다. ○諸－(＝之於). ○推－밀 추, 밀 퇴. 보급하다, 널리 퍼지게 하다.

(7-13) **權然後**에 **知輕重**하며 **度然後**에 **知長短**이니 **物皆然** 이어니와 **心爲甚**하니 **王請度之**하소서

　　　(권연후, 지경중, 도연후, 지장단, 물개연, 심위심, 왕청탁지)

국역 "저울에 달아본 뒤에야 경중을 알며, 자로 재어본 뒤에야 장단을 알 수 있습니다. 만물이 다 그러하거니와 그 중에도 마음은 더욱 심하니, 왕께서는 청컨대 마음을 재어보소서."47)

---

47) 權, 稱錘也.(권은 저울과 저울추이다.) 度, 丈尺也.(도는 길이와 자이다.) 度之, 謂稱量之也.(도지는 저울로 그것을 계량하는 것을 이른다.) 言物之輕重長短, 人所難齊, 必以權度度之而後可見.(물건의 경중과 장단은 사람들이 가지런히 하기가 어려운 것이니, 반드시 저울과 자로써 그것을 계량한 뒤에야 알아 볼 수 있는 것이다.) 若心之應物, 則其輕重長短之難齊, 而不可不度以本然之權度, 又有甚於物者.(가령 마음이 사물에 정응(正應)하는 것과 같은 것은, 그 경중과 장단의 균일이 곤란하여 본연의 권도로써 헤아리지 않으면 아니되며, 또 물건에서보다 심하게 된다.) 今王恩及禽獸, 而功不至於百姓. 是其愛物之心重且長, 而仁民之心輕且短, 失其當然之序而不自知也.(그런데 지금 왕은 은혜가 금수에게 미쳤으나 성과는 백성들에게 이르지 않았다. 이것은 그가 애물의 마음은 무겁고 길며, 인민의 마음은 가볍고 짧아서, 그 당연한 차례를 상실하였으나 스스로 알지 못하였다.) 故上文旣發其端, 而於此, 請王度之也.(그러므로 윗글은 이미 그 단서를 발동하여 여기서 왕이 그것을 헤아리기를 간청한 것이다.)

(자의) ○權-저울 권. ○度-자 도, 잴 도, 헤아릴 탁. ○丈-길이 장(1장=10척=3.33미터).

(7-14) 抑王은 興甲兵하며 危士臣하여 構怨於諸侯然後에 快於心與잇가

(억왕, 흥갑병, 위사신, 구원어제후연후, 쾌어심여)

(국역) "그러면 왕께서는 무장한 군사를 일으켜서 신하들을 위태롭게 하고 제후들과 원한을 맺은 뒤에야 마음이 상쾌하시겠습니까?"[48]

(자의) ○抑-꺾을 억, 억지 억, 누를 억. 그리고(=而), 그렇지 않으면. ○甲兵-갑옷과 병기. ○快-쾌할 쾌.

(7-15) 王曰 否라 吾何快於是리오 將以求吾所大欲也로이다

(왕왈 부. 오하쾌어시. 장이구오소대욕야)

(국역) 왕이 말씀하였다. "아닙니다. 내 어찌 그런 것으로부터 상쾌하겠습니까? 장차 내가 크게 바라는 바를 구하려고

---

48) 抑, 發語辭.(억은 발어사이다.) 士, 戰士也.(사는 전사이다.) 構, 結也.(구는 맺는 것이다.) 孟子以王愛民之心所以輕且短者, 必其以是三者爲快也.(맹자는 왕이 백성을 사랑하는 마음이 가볍고 또 짧은 까닭은 반드시 그가 이 셋으로써 상쾌함을 삼는다고 여겼다.) 然三事實非人心之所快, 有甚於殺觳觫之牛者.(그러나 세 가지 일은 사실 사람 마음의 상쾌할 바가 아니니, 곡속하는 소를 죽이는 것보다 더 심한 것이다.) 故指以問王, 欲其以此而度之也.(그러므로 지적해 왕에게 질문함으로써 그것을 이것으로써 헤아리고자 하였던 것이다.)

생각합니다."49)

(7-16) 曰 王之所大欲을 可得聞與잇가 王이 笑而不言하신
대 曰 爲肥甘不足於口與며 輕煖不足於體與잇가
抑爲采色不足視於目與며 聲音不足聽於耳與며
便嬖不足使令於前與잇가 王之諸臣이 皆足以供
之하나니 而王은 豈爲是哉시리잇고 曰 否라 吾不爲
是也로이다 曰 然則王之所大欲을 可知已니 欲辟
土地하며 朝秦楚하여 莅中國而撫四夷也로소이다
以若所爲로 求若所欲이면 猶緣木而求魚也니이다
(왈 왕지소대욕, 가득문여. 왕, 소이불언, 왈 위비감부족어구여,
경란부족어체여, 억위채색부족시어목여, 성음부족청어이여, 편폐
부족사령어전여. 왕지제신, 개족이공지, 이왕, 기위시재. 왈 부.
오불위시야. 왈 연즉왕지소대욕, 가지이, 욕벽토지, 조진초, 이중
국이무사이야. 이약소위, 구약소욕, 유연목이구어야)

국역 "왕께서 말씀한 대욕이란 것을 들려주실 수 있겠습니
까?" 왕이 웃으면서 말하지 않자, "살찌고 맛있는 음식이

---

49) 不快於此者, 心之正也. 而必爲此者, 欲誘之也. 欲之所誘者獨在
於是.(이것으로부터 상쾌하게 여기지 않음은 마음의 올바름이요,
반드시 이것을 하려는 것은 욕심이 그것을 유혹한 것이다. 욕심
이 유혹하는 바가 유독 여기에 있었다.) 是以, 其心, 尙明於他而
獨暗於此, 此其愛民之心, 所以輕短而功不至於百姓也.(이 때문에
그 마음이 오히려 다른 것에는 밝으나 유독 이것에서 어두운 것
이니, 이것이 그의 백성을 사랑하는 마음이 가볍고 짧아서 성과
는 백성들에게 이르지 못한 까닭이다.)

입에 부족하기 때문입니까? 가볍고 따뜻한 의복이 부족하기 때문입니까? 그렇지 않으면 화려한 채색이 눈으로 보기에 부족하기 때문입니까? 아름다운 음악이 귀로 듣기에 부족해서 입니까? 바로 총애하는 사람들을 앞에서 심부름 시키는 것이 부족하기 때문입니까? 왕의 여러 신하들이 모두 다 충분히 이것을 공급하고 있거늘 그런데 왕께서는 어찌 이런 일을 하려고 하십니까?" "아닙니다. 나는 그런 것을 하려고 하는 것이 아닙니다." "그렇다면 왕의 대욕이란 것을 전적으로 알 수 있겠습니다. 토지를 넓히고자 하며, 진·초의 강국에게 조공을 받아 전 중국을 다스리고, 사방의 이민족들과 유대를 갖고자 하는 것입니다. 그와 같은 방법을 가지고 그와 같은 것을 구하는 것은 마치 나무에 올라가서 물고기를 구하는 것과 같습니다."50)

(자의) ㅇ抑―그렇지 않으면. ㅇ聲音―노랫소리. ㅇ便―바로. ㅇ嬖―총애하는 신하 폐. ㅇ使令―쓰다, 심부름꾼. ㅇ莅―다스릴 리. ㅇ撫―어루만질 무. ㅇ緣―오를 연.

---

50) 便嬖, 近習嬖幸之人也.(편폐는 왕의 총애를 받는 신하[近習]와 비천한 사람으로 왕의 총애를 받는 사람[嬖幸]이다.) 已, 語助辭.(이는 어조사이다.) 辟, 開廣也.(벽은 열어 넓힘이다.) 朝, 致其來朝也.(조는 와서 조회하게 함이다.) 秦楚, 皆大國.(진·초는 모두 강대국이다.) 莅, 臨也.(서는 임함이다.) 若, 如此也.(약은 이와 같음이다.) 所爲, 指興兵結怨之事.(소위는 군대를 일으키고 원망을 맺는 일을 지적한 것이다.) 緣木求魚, 言必不可得.(연목구어란 반드시 얻을 수 없는 것을 말한 것이다.)

(7-17) 王曰 若是其甚與잇가 曰 殆有甚焉하니 緣木求魚
는 雖不得魚나 無後災어니와 以若所爲로 求若所
欲이면 盡心力而爲之라도 後必有災하리이다 曰 可
得聞與잇가 曰 鄒人이 與楚人戰則王은 以爲孰勝
이니잇고 曰 楚人勝하리이다 曰 然則 小固不可以敵
大하며 寡固不可以敵衆이며 弱固不可以敵强이니
海内之地 方千里者九에 齊集有其一하니 以一服
八이 何以異於鄒敵楚哉리잇고 蓋亦反其本矣니이다
(왕왈 약시기심여. 왈 태유심언, 연목구어, 수부득어, 무후재, 이
약소위, 구약소욕, 진심력이위지, 후필유재. 왈 가득문여. 왈 추
인, 여초인전즉왕, 이위숙승. 왈 초인승. 왈 연즉 소고불가이적
대, 과고불가이적중, 약고불가이적강, 해내지지 방천리자구, 제집
유기일, 이일복팔, 하이이어추적초재. 합역반기본의)

(국역) 왕이 말씀하였다. "그와 같이 그 일이 심합니까?" "위
험하기는 그보다 더 심함이 있으니, 나무에 올라가 물고기
를 구함은 비록 고기를 얻지 못하더라도 뒤에 재앙은 없
지만 그와 같은 소행으로써 그와 같은 욕망을 추구한다면
마음과 힘을 다해 그것을 하더라도 훗날 반드시 재앙이
있을 것입니다." 왕이 "이야기를 들려줄 수 있겠습니까?"
하고 묻자, 말씀하였다. "추나라[소국]와 초나라[대국]가
싸운다면 왕께서는 누가 이기리라고 생각합니까?" "초나
라가 이길 것입니다." "그렇다면 소국은 진실로 대국을 상
대할 수 없으며, 인구가 적은 나라는 진실로 인구가 많은
나라를 대적할 수 없으며, 약국(弱國)은 진실로 강국을 상

대할 수 없습니다. 중국 전체에 사방 천리가 되는 나라가
아홉이 있는데, 제나라는 온 영토를 다 모아야 그 중 하나
를 소유하게 되는 것이니, 하나로써 여덟을 복종시키는 것
이, 어찌 추(鄒)가 초(楚)를 대적하는 것과 다르겠습니까?
어째서 역시 근본으로 돌아가지 않습니까?"[51]

(자의) ○所爲—소행. ○鄒—나라 추. ○以爲—생각하다, 여기다.
○固—진실로 고. ○敵—상대. ○寡—인구 과소국. ○九—(=九州).
○蓋—하불 합(=盍).

(7-18) 今王이 發政施仁하사 使天下仕者로 皆欲立於王
之朝하며 耕者로 皆欲耕於王之野하며 商賈로 皆欲
藏於王之市하며 行旅로 皆欲出於王之塗하시면 天
下之欲疾其君者 皆欲赴愬於王하리니 其若是면
孰能禦之리잇고
(금왕, 발정시인, 사천하사자, 개욕립어왕지조, 경자, 개욕경어왕
지야, 상고, 개욕장어왕지시, 행려, 개욕출어왕지도, 천하지욕질
기군자 개욕부소어왕, 기약시, 숙능어지)

(국역) "그런데 만약 왕께서 정치를 함에 인정(仁政)을 시행

---

51) 殆蓋, 皆發語辭.(태·합은 모두 발어사이다.) 鄒, 小國. 楚, 大
國.(추는 작은 나라요, 초는 큰 나라이다.) 齊集有其一, 言集合
齊地, 其方千里, 是有天下九分之一也.('제집유기일'은, 제나라 땅
을 집합하면 그 사방 천리인데, 이는 천하의 9분의 1을 소유함
을 말한다.) 以一服八, 必不能勝, 所謂後災也. (1로써 8을 복종
시킴은 반드시 능히 이길 수 없으니, 뒤의 재앙이라는 것이다.)
反本, 說見下文.(반본은 설명이 하문에 보인다.)

하는 것으로 출발하여, 천하에 벼슬하고자 하는 자들로 하
여금 모두 왕의 조정에 서기를 바라도록 하며, 경작하는
자들로 하여금 모두 왕의 들판에서 경작하기를 바라도록
하게 하며, 장사꾼들로 하여금 모두 왕의 나라의 시장에서
물건을 저장하기를 바라도록 하며, 여행자들로 하여금 모
두 다 왕의 나라의 길에서 출입하기를 바라도록 한다면,
천하에 자기 나라 임금을 미워하는 자들이 모두 왕에게
달려와 하소연하고자 할 것이니, 그 상황이 이와 같이 된
다면 누가 그 상황을 막겠습니까?"52)

자의 ○賈-장사 고. ○疾-병 질, 미워할 질. 빠르다. ○赴-달려갈
부. ○愬-하소연할 소. ○禦-막을 어.

(7-19) 王曰 吾惛하여 不能進於是矣로니 願夫子는 輔吾
志하여 明以敎我하소서 我雖不敏이나 請嘗試之하리
이다 曰 無恒産而有恒心者는 惟士爲能이어니와 若

---

52) 發政施仁, 所以王天下之本也.('발정시인'은 왕이 천하를 다스리
는 근본으로 여기는 것이다.) 近者悅, 遠者來, 則大小强弱非所
論矣.(가까이 있는 자가 기뻐하고 멀리 있는 자가 온다면 대소
강약은 논할 바가 아니다.) 行貨曰商, 居貨曰賈.(재화를 가지고
다니면서 파는 것을 상이라 하고, 재화를 쌓아놓고 파는 것을
고라 한다.) 蓋力求所欲, 則所欲者反不可得. 能反其本, 則所欲
者不求而至.(대개 힘써 하고자 하는 바를 구한다면 하고자 하는
바는 도리어 얻을 수 없을 것이요, 능히 그 근본을 돌이켜 생각
한다면 하고자 하는 바는 구하지 않아도 이를 것이다.) 與首章
意同.(수장과 더불어 같은 뜻이다.)

民則無恒産이면 因無恒心이니 苟無恒心이면 放辟
邪侈를 無不爲已니 及陷於罪然後에 從而刑之면
是는 罔民也라 焉有仁人在位하여 罔民을 而可爲
也리오

(왕왈 오혼, 불능진어시의, 원부자, 보오지, 명이교아. 아수불민,
청상시지. 왈 무항산이유항심자, 유사위능, 약민즉무항산, 인무
항심, 구무항심, 방벽사치, 무불위이, 급함어죄연후, 종이형지,
시, 망민야. 언유인인재위, 망민, 이가위야)

국역 왕이 말씀하였다. "내 어리석어 그런 데까지 나아갈 수
없으니, 원컨대 선생께서 나의 뜻을 도와서 분명하게 나를
가르쳐 주소서. 내 비록 불민하나, 청컨대 빨리 그것을 한
번 시행해 보겠습니다." "항산이 없어도 항심을 가지고 있
는 사람은 오직 지사만이 가능하거니와 평민같은 사람들
은 항산이 없으면 그것 때문에 항심이 없는 법이니, 진실
로 항심이 없으면 방종·편벽·부정·사치를 하지 않을
수 없을 뿐입니다. 죄에 빠지게 된 뒤에, 따라서 그들에게
형벌을 주면 백성들을 속여 그물을 쳐서 잡는 것과 같을
것이니, 어찌 어진 사람이 왕위에 있으면서 백성들을 그물
을 쳐서 잡는 일을 할 수 있습니까?"53)

---

53) 恒, 常也.(항은 떳떳함이다.) 産, 生業也.(산은 생업이다.) 恒産,
可常生之業也. 恒心, 人所常有之善心也.(항산은 떳떳이 살 수
있는 생업이요, 항심은 사람이 항상 떳떳이 가지고 있는 착한
마음이다.) 士嘗學問, 知義理, 故, 雖無常産, 而有常心, 民則不
能然矣.(사는 일찍이 학문을 하여 의리를 안다. 그러므로 비록

(자의) ○惛 – 어두울 혼. ○輔 – 도울 보. ○試 – 시험해보다. ○恒 – 떳 떳할 항. ○苟 – 진실로 구. ○放 – 방탕할 방. ○辟 – 편벽할 벽. ○邪 – 사특할 사. ○侈 – 사치할 치. ○陷 – 빠질 함. ○罔 – 그물 망.

(7-20) 是故로 明君은 制民之産하되 必使仰足以事父母하 며 俯足以畜妻子하여 樂歲에 終身飽하고 凶年엔 免於死亡하나니 然後驅而之善인 故로 民之從之也 輕하니이다

(시고, 명군, 제민지산, 필사앙족이사부모, 부족이휵처자, 낙세, 종신포, 흉년, 면어사망, 연후구이지선, 고, 민지종지야경)

(국역) "이 때문에 현명한 군주는 백성들의 재산을 관리하는 제도를 제정하되, 반드시 위로는[仰] 부모를 충분히 섬길 수 있도록 하며, 아래로는[俯] 충분히 처자를 기를 수 있 도록 하여, 풍년에는 1년 내내 배부르고, 흉년이 들더라도 죽음에서 면하게 하나니, 그런 뒤에야 백성들을 인도하여 선에 나아가게 합니다. 그러므로 백성들이 명령을 따르게 하기가 쉽습니다."54)

(자의) ○仰 – 우러러볼 앙. ○俯 – 구부릴 부. ○畜 – 기를 휵. ○飽 – 배 부를 포. ○驅 – 몰 구.

상산이 없으나 상심을 가지지만 백성들은 능히 그렇지 못하다.) 罔, 猶羅網, 欺其不見而取之也.(망은 그물과 같으니 그들이 보 지 못함을 속여서 그것을 취하는 것이다.)

54) 輕, 猶易也.(경은 쉬움[易]과 같다.) 此言民有常産而有常心也. (이것은 백성들이 항산(恒産)이 있어야 항심(恒心)을 가진다는 것을 말한 것이다.)

(7-21) 今也엔 制民之産하되 仰不足以事父母하며 俯不足
以畜妻子하여 樂歲엔 終身苦하고 凶年엔 不免於死
亡하나니 此惟救死而恐不贍이어니 奚暇에 治禮義
哉리오

(금야, 제민지산, 앙부족이사부모, 부부족이휵처자, 낙세, 종신고,
흉년, 불면어사망, 차유구사이공불섬, 해가, 치예의재)

國譯 "그런데 오늘날에는 백성들의 재산제도를 세우되, 위
로는 충분히 부모를 섬길 수 없도록 하며, 아래로는 충분
히 처자를 기를 수 없도록 되어 있어, 풍년에는 1년 내내
고생하고, 흉년에는 죽음을 면치 못하니, 이것은 오직 죽
음을 구조하거나 부양을 넉넉하게 하지 못함을 두려워하
게 할 것이니 어느 겨를에 자신을 예의로 다스리겠습니
까?"55)

字義 ㅇ恐-두려워할 공. 위협하다, 아마. ㅇ贍-넉넉할 섬. ㅇ奚-어
찌 해.

(7-22) 王欲行之시면 則盍反其本矣니잇고

(왕욕행지, 즉합반기본의)

國譯 "왕이 그런 어진 정치를 시행하고자 한다면 어찌 그
근본으로 돌아가지 않습니까?"56)

---

55) 贍, 足也.(섬은 풍족함이다.) 此所謂無常産而無常心者也.(이것은
소위 상산이 없으면 상심도 없음을 말한 것이다.)

56) 盍, 何不也.(합은 어찌 아니함이다.) 使民有常産者, 又發政施仁
之本也. 說見下文.(백성들로 하여금 항산을 가지게 함은, 또 정

(7-23) 五畝之宅에 樹之以桑이면 五十者可以衣帛矣며
雞豚狗彘之畜을 無失其時면 七十者可以食肉矣며
百畝之田을 勿奪其時면 八口之家可以無飢矣며
謹庠序之敎하여 申之以孝悌之義면 頒白者不負
戴於道路矣리니 老者衣帛食肉하며 黎民이 不飢不
寒이오 然而不王者 未之有也니이다

(오무지택, 수지이상, 오십자가이의백의, 계돈구체지휵, 무실기
시, 칠십자가이식육의, 백무지전, 물탈기시, 팔구지가가이무기의.
근상서지교, 신지이효제지의, 반백자불부대어도로의, 노자의백식
육, 여민, 불기불한, 연이불왕자 미지유야)

국역 "5무의 집 가에 뽕나무를 심는다면 50세 된 자가 비단
옷을 입을 수 있으며, 닭·새끼돼지·개·큰 돼지를 기름
에 새끼칠 때를 잃지 않게 한다면 70세 된 자가 고기를 먹
을 수 있게 되며, 100무의 토지에 농사철을 빼앗지 않으면
여덟 식구의 집안이 굶주림이 없을 것입니다. 삼가 학교교
육을 열심히 가르쳐서 효도하고 공경하게 지내는 올바른
도리를 거듭한다면 머리가 반백이 된 자가 도로에서 짐을
지거나 이지 않을 것입니다. 늙은이는 비단옷을 입고 고기
를 먹으며, 젊은이는 굶주리지 않고 춥지 않게 될 것이요,
그렇게 한다면 왕노릇 못하는 자는 없을 것입니다."57)

치를 함에 인정을 시행하는 것으로 출발하는 근본이다. 설명이
하문에 보인다.)

57) 此言制民之産之法也.(이것은 백성들의 재산에 관한 법을 제정하
는 것을 말한 것이다.) 趙氏曰 八口之家, 次上農夫也. 此王政之

해설 맹자는 양혜왕이 죽은 후 그의 아들 양왕에게도 인정 (仁政)을 기대할 수 없음을 알고 제나라로 갔다. 제나라에서는 그를 훌륭하게 예우했다. 제선왕은 지난날의 패업을 회복하고자 갈망하는 마음에서 제환공과 진문공의 패도정치의 비결을 맹자에게 물었다. 그러나 맹자는, 중니의 문도들은 그런 일을 얻어들은 적이 없다며 설명을 회피하고,

---

本, 常生之道.(조씨가 말하였다. 8구의 집은 상농의 다음 농부이다. 이것은 왕도정치의 근본이며, 평상적 생활의 방법이다.) 故孟子爲齊梁之君各陳之也.(그러므로 맹자도 제·양의 군주를 위하여 그런 이치를 진술한 것이다.) 楊氏曰 爲天下者, 擧斯心加諸彼而已.(양씨가 말하였다. 천하를 다스리는 자는 이런 마음을 들어 그런 이치에 보탤 뿐인 것이다.) 然雖有仁心仁聞, 而民不被其澤者, 不行先王之道故也.(그러나 비록 어진 마음과 어진 소문이 있더라도 백성들이 그 혜택을 입지 못하는 것은 선왕의 도리를 시행하지 않기 때문이다.) 故以制民之産告之.(그러므로 백성들의 재산에 관한 제도를 위하여 그런 것을 말한 것이다.) 此章言人君當黜霸功, 行王道. 而王道之要, 不過推其不忍之心, 以行不忍之政而已.(이 장은 인군이 당연히 패공을 축출하고 왕도정치를 시행하여야 함을 말한 것인데, 왕도정치의 요점은 아마 불인한 마음을 미루어서 차마 하지 못하는 정치를 시행하기 위한 것에 불과할 뿐이다.) 齊王非無此心, 而奪於功利之私, 不能擴充以行仁政.(제선왕은 이런 마음이 없지 않았지만 공리의 사욕에 빼앗겨서 능히 확충하여 인정을 시행하지 못하였다.) 雖以孟子反覆曉告, 精切如此, 而蔽固已深, 終不能悟, 是可歎也.(비록 맹자가 반복하여 일깨우기 위하여 정미하고 간절함이 이와 같았는데도, 엄폐가 진실로 이미 깊어서 끝내 능히 깨닫지 못하였으니 탄식할 일이다.)

그 대신에 백성을 보호하여 성왕(聖王)이 되기를 권유하
고, 왕도의 방식을 소상하게 소개한다. 맹자는 이보다 앞
서 있었던 흔종(釁鐘)의 일로 보아 왕의 성품이 선하여,
그 선한 마음을 백성에게 인정으로써 베풀면 왕도정치가
가능하다고 기대했다.

　그러나 왕이 보기에는 왕도는 훌륭하지만 현실에는 맞
지 않는다고 생각하고 오히려 패도에 관심을 보인다. 그래
서 맹자는 제나라가 비록 천하의 9분의 1을 차지한 대국
이나 천하에서 보면 결국 소국이니, 무력으로써 소국이 대
국에 대적하고자 함은, 마치 '연목구어'와 같이 어리석은
일이며, 백성은 '무항산이면 무항심'이니, 우선 나라를 안
정시켜 백성들에게 일정한 생활근거를 제공해 주는 데 먼
저 힘써야 할 것이며, 백성을 괴롭히는 자는 그물로써 백
성을 잡는 자라고도 했다.

　그의 주장은 철저했고, 논증은 치밀했다. 맹자는 제선왕
을 찾았을 때에 제나라는 대국이며, 왕이 인성(仁性)을 가
졌으니 그곳에서 왕도정치를 펴는 것은 손바닥을 뒤집듯
이 쉬운 일이라고 생각했다. 그러나 왕은 맹자를 몹시 예
우하는 듯했으나 끝내 그의 주장을 수용하지는 않았다. 그
래서 맹자는 또 한번 좌절했던 것이다.

　그가 주장한 바는 맹자 인정설(仁政說)의 기본 내용 중
하나로써 인도의 확장이며, 동시에 안정된 생업[恒産]은
안정된 도덕의식[恒心]의 필수조건임을 주장한 것이기도
하다. 이런 시각에서 맹자는 이미 도덕의식과 물질생활의

상호관계에 주목했음을 알 수 있다. 이 장은 맹자가 제선
왕에게 패도정치를 그만두고 왕도정치를 시행하도록 설득
하는 내용으로써, 그 설명이 독립적 인격함양을 말한 공손
추장구 상 제2장, 이단을 배척하는 등문공장구 상 제4장과
더불어 상당히 길다. 맹자가 당시에 무엇을 말하려고 했는
지 알 수 있는 내용이다.

제 2 편

梁惠王章句 下[1)

양혜왕장구 하

---

1) 凡十六章.(모두 16장이다.)

제1장 장포가 맹자를 만나다(莊暴見孟子章 第一)

(1-1) 莊暴見孟子曰 暴見於王 王語暴以好樂어시늘 暴未
有以對也하니 曰 好樂이 何如하니잇고 孟子曰 王之
好樂이 甚則齊國은 其庶幾乎인저
(장포견맹자왈 포견어왕, 왕어포이호악, 포미유이대야, 왈 호악,
하여, 맹자왈 왕지호악, 심즉제국, 기서기호)

국역 장포가 맹자를 뵙고 말하였다. "제[暴]가 왕을 만나보
았더니, 왕께서 저에게 음악 좋아하는 것을 가지고 말씀하
였거늘, 제가 대답할 수가 없었으니, 음악 좋아하는 것이
어떻습니까?" 맹자가 말씀하였다. "왕께서 음악을 대단히
좋아하시면 제나라는 아마 왕도정치를 하는 데 거의 가까
울 것이로다."2)

자의 ○莊-엄할 장. ○暴-사나울 포, 햇볕쪼일 폭. ○庶-많을 서.
대체로. ○幾-거의 기. ○庶幾-……를 바라다. 거의, 대체로.

(1-2) 他日에 見於王曰 王이 嘗語莊子以好樂이라하니 有
諸잇가 王이 變乎色 曰 寡人이 非能好先王之樂也
라 直好世俗之樂耳로소이다
(타일, 견어왕왈 왕, 상어장자이호악, 유저. 왕, 변호색 왈 과인,

---

2) 莊暴, 齊臣也.(장포는 제나라 신하다.) 庶幾, 近辭也. 言近於治.
(서기는 가깝다는 말이니 왕도정치에 가깝다는 말이다.)

비능호선왕지악야. 직호세속지악이)

국역 후일에 맹자가 왕을 뵙고 말씀하였다. "왕께서 일찍이 장자(장포)에게 음악 좋아하는 것을 가지고 말씀하였다 하는데, 그런 일이 있습니까?" 왕이 표정을 변하면서 말하였다.3) "과인이 능히 선왕의 음악을 좋아한다는 것이 아니라 다만 세속의 음악을 좋아할 뿐입니다."

자의 ㅇ嘗-일찍 상. ㅇ諸-(=於此). ㅇ寡人-군주의 자칭. ㅇ直-다만 직. ㅇ耳-뿐이 이.

(1-3) 曰 王之好樂甚이면 則齊其庶幾乎인저 今之樂이 猶古之樂也니이다

　　　　(왈 왕지호악심, 즉제기서기호. 금지악, 유고지악야)

국역 "왕께서 음악을 대단히 좋아하시면 제나라는 아마 왕도정치를 하는 데 거의 가까울 것입니다. 지금의 음악이 그 유래는 옛 음악에서 말미암은 것입니다."4)

(1-4) 曰 可得聞與잇가 曰 獨樂樂과 與人樂樂이 孰樂이니잇고 曰 不若與人이니이다 曰 與少樂樂과 與衆樂樂이 孰樂이니잇고 曰 不若與衆이니이다

　　　　(왈 가득문여. 왈 독악락, 여인악락, 숙락. 왈 불약여인. 왈 여소악락, 여중악락, 숙락. 왈 불약여중)

---

3) 變色者, 慚其好之不正也.(변색한 것은 그가 좋아하는 것이 바르지 못함을 부끄러워한 것이다.)

4) 今樂, 世俗之樂. 古樂, 先王之樂.(지금의 음악은 세속의 음악이요, 옛 음악은 선왕의 음악이다.)

국역 "그 까닭을 들려 줄 수 있겠습니까?" "음악을 혼자서
즐기는 것과 음악을 다른 사람과 함께 즐기는 것 중에서
어느 것이 더 즐겁습니까?" "다른 사람과 더불어 즐기는
것만 못합니다." "소수의 귀족과 음악을 즐기는 것과 대중
과 더불어 음악을 즐기는 것 중에서 어느 것이 더 즐겁습
니까?" "대중과 더불어 즐기는 것만 못합니다."5)

자의 o樂−풍류 악, 즐길 락, 좋아할 요. o孰−누구 숙. o不
若−～만 못하다(=不如).

(1-5) 臣이 請 爲王言樂하리이다
　　　(신, 청 위왕언악)

국역 "신이 청컨대 왕을 위하여 음악에 관하여 말씀드리겠
습니다."6)

(1-6) 今王이 鼓樂於此어시든 百姓이 聞王鐘鼓之聲과 管
籥之音하고 擧疾首蹙頞而相告曰 吾王之好鼓樂이
여 夫何使我至於此極也하여 父子不相見하며 兄弟
妻子離散고하며 今 王이 田獵於此어시든 百姓이 聞
王車馬之音하며 見羽旄之美하고 擧疾首蹙頞而相
告曰 吾王之好田獵이여 夫何使我至於此極也하여

---

5) 獨樂不若與人, 與少樂不若與衆, 亦人之常情也.(혼자 즐기는 것이
남과 더불어 즐기는 것만 못하고, 소수와 더불어 즐기는 것이 대
중과 더불어 즐기는 것만 못함은, 역시 사람의 통상적 정이다.)

6) 此以下, 皆孟子之言也.(이 이하는 모두 맹자의 말이다.)

父子不相見하며 兄弟妻子離散고하면 此는 無他라
不與民同樂也니이다

(금왕, 고악어차, 백성, 문왕종고지성, 관약지음, 거질수축알이상
고왈 오왕지호고악. 부하사아지어차극야, 부자불상견, 형제처자이
산, 금 왕, 전렵어차, 백성, 문왕거마지음, 견우모지미, 거질수축
알이상고왈 오왕지호전렵. 부하사아지어차극야, 부자불상견, 형제
처자이산, 차, 무타. 불여민동락야)

국역 "그러면 지금 만일 왕께서, 이곳에서 음악을 연주하신
다면, 백성들이 왕의 종소리, 북소리, 피리소리를 듣고 모
두 다 머리를 아파하고 이마를 찌푸리며, 서로 말하기를
'우리 왕께서 음악 연주를 좋아하심이여! 대저 어찌 우리
들로 하여금 이렇게 극도로 곤궁함에 이르도록 하는가?
부자간에 서로 만나보지 못하며, 형제 처자가 서로 이산되
게 하는가?'하며, 만일 지금 왕께서 이곳에서 사냥을 하신
다면 백성들이 왕의 수레소리, 말소리를 들으며 털로 된
깃발의 아름다움을 보고는 모두 머리를 아파하고 이마를
찌푸리며, 서로 말하기를 '우리 왕께서 사냥을 좋아하심이
여! 어찌 우리들로 하여금 이 곤궁함에 이르게 해서 부자
간에도 서로 만나보지 못하게 하며, 형제 처자가 서로 이
산되게 하는가?' 한다면, 이것은 다름이 아니라 왕께서 백
성과 더불어 함께 즐기지 않기 때문입니다."[7]

---

7) 鐘鼓管籥, 皆樂器也.(종, 고, 관, 약은 모두 악기다.) 舉, 皆也.(거
는 모두이다.) 疾首, 頭痛也.(질수는 두통이다.) 蹙, 聚也. 頞, 額
也. 人憂戚則蹙其額(척은 모임이며, 알은 이마이다. 사람이 근심

(자의) ○鼓-북 고. ○管-피리 관. ○籥-피리 약. ○擧-모두 거.
○蹙-찌푸릴 축. ○頞-이마 알. ○告-말할 고. ○田-사냥 전.
○獵-사냥 렵. ○旄-깃발 모.

(1-7) 今王이 鼓樂於此어시든 百姓이 聞王鐘鼓之聲과 管
籥之音하고 擧欣欣然有喜色而相告曰 吾王이 庶幾
無疾病與아 何以能鼓樂也오하며 今王이 田獵於此
어시든 百姓이 聞王車馬之音하며 見羽旄之美하고 擧
欣欣然有喜色而相告曰 吾王이 庶幾無疾病與아
何以能田獵也오하면 此는 無他라 與民同樂也니이다
(금왕, 고악어차, 백성, 문왕종고지성, 관약지음, 거흔흔연유희색
이상고왈 오왕, 서기무질병여, 하이능고악야. 금왕, 전렵어차, 백
성, 문왕거마지음, 견우모지미, 거흔흔연유희색이상고왈 오왕, 서
기무질병여, 하이능전렵야, 차, 무타, 여민동락야)

(국역) "만일 왕께서, 이곳에서 음악을 연주하신다면 백성들
이 왕의 종소리·북소리·피리소리 등의 악기 소리를 듣
고는 모두 기뻐하는 모습으로 서로 말하기를, '우리 왕께
서 거의 질병이 없으시구나! 어찌 저렇게도 연주를 잘할
수 있는고'하며, 만약 왕께서 이곳에서 사냥을 하신다면
백성들이 왕의 수레소리, 말소리를 들으며, 깃발의 아름다

하면 그 이마를 찌푸리게 된다.) 極, 窮也. 羽旄, 旌屬.(극은 곤궁
함이며, 우모는 깃발의 등속이다.) 不與民同樂, 謂獨樂其身而不恤
其民, 使之窮困也.(백성과 더불어 함께 즐거워하지 않는다는 것
은, 홀로 그 자신만이 즐기고 그 백성을 구휼하지 않아서 그들로
하여금 곤궁하게 함을 말하는 것이다.)

움을 보고 모두 기뻐하는 기색으로 서로 말하기를, '우리
왕이 거의 질병이 없으시구나! 어떻게 사냥을 저렇게 잘
할 수 있는가.' 한다면, 이것은 까닭이 다른 데 있는 것이
아니라, 백성과 더불어 함께 즐거워하기 때문입니다."8)

(자의) ○欣-기쁠 흔. ○欣欣然-기뻐하는 모양. ○喜-기쁠 희.
○與-의문사.

(1-8) 今王이 與百姓同樂則 王矣시리이다
（금왕, 여백성동락즉 왕의）

(국역) "만일 왕께서 백성과 더불어 함께 즐기신다면, 왕도정
치를 하는 왕이 될 것입니다."9)

---

8) 與民同樂者, 推好樂之心以行仁政, 使民各得其所也.(백성과 더불
어 함께 즐거워한다는 것은, 음악을 좋아하는 마음을 미루어 인
정을 시행함으로써, 백성으로 하여금 각기 그들이 살 곳을 얻게
하는 것이다.)

9) 好樂而能與百姓同之, 則天下之民歸之矣, 所謂齊其庶幾者如此(음
악을 좋아하면서 능히 백성과 더불어 그것을 함께 할 수 있다면,
천하의 백성들은 그에게 귀순할 것이니, 이른바 제나라는 아마
대체로 이와 같이 될 것이다.) 范氏曰：戰國之時, 民窮財盡, 人
君獨以南面之樂自奉其身.(범씨가 말하였다. 전국시대 백성들이
곤궁하고 재산이 탕진된 것은, 인군이 홀로 남면의 즐거움으로써
스스로 자기 몸만을 받들었기 때문이다.) 孟子切於救民, 故因齊
王之好樂, 開導其善心, 深勸其與民同樂, 而謂今樂猶古樂. 其實
今樂古樂, 何可同也? 但與民同樂之意, 則無古今之異耳.(맹자는
백성을 구제함에 간절하였다. 그러므로 제나라 왕의 음악 좋아함
으로부터 그 선한 마음을 일깨워, '여민동락'을 깊이 권하여, 지금
의 음악이 옛 음악과 같다고 말하였다. 그 실제는 지금의 음악과

(해설) 맹자의 과제는 왕도정치를 펴는 것이고, 그런 일을 할
수 있는 왕자(王者)를 발견하여 설득하는 일이다. 그런데
장포로부터 제선왕이 음악을 좋아한다는 정보를 듣고 그
에게 기대를 건다. 왕도정치는, 곧 상하군민(上下君民)이
하나로써 조화를 이루는 사회의 건설이라고 이해할 수 있
고, 이의 출발점이 '여민동락'의 자세이니, 왕에게 바로 여
민동락의 마음을 정치에 반영하도록 주문한다. 그리고 음
악과 사냥의 예로써 모든 즐거움을 백성과 함께 할 때와
그렇지 않을 때의 백성들의 반응을 예를 들어 설명한다.
맹자의 주장은 정치뿐만 아니라 경영경제에서도 적용해
볼 수 있을 것이다. 경영의 성공은 시장과 소비자는 물론
기업내의 가족들과 '여민동락'하는 것이 요체라 할 것이다.

옛 음악이 어떻게 같겠는가? 다만 '여민동락'의 뜻은 고금의 차이
가 없을 뿐이다.) 若必欲以禮樂治天下, 當如孔子之言, 必用韶舞,
必放鄭聲. 蓋孔子之言, 爲邦之正道, 孟子之言, 救時之急務, 所以
不同.(만약 반드시 예악으로써 천하를 다스리고자 한다면, 당연히
공자의 말과 같이 하여, 반드시 '소무'를 쓰고 '정성'을 추방해야
할 것이다. 대개 공자의 말은 나라의 정도를 위한 것이고, 맹자의
말은 당시를 구제하는 것이 급선무이니, 그래서 같지 않은 것이
다.) 楊氏曰 : 樂以和爲主, 使人聞鐘鼓管弦之音而疾首蹙頞, 則雖
奏以咸·英·韶·濩, 無補於治也. 故孟子告齊王以此, 姑正其本
而已.(양씨가 말하였다. 음악은 조화로써 위주하니, 사람들로 하
여금 종·고·관·현의 음을 듣고, 머리를 아프게 하고 이마를
찌푸리게 한다면, 비록 함·영·소·호를 연주한다 하더라도 정치
에 도움이 없을 것이다. 그러므로 맹자는 제왕에게 이것으로써
고하였으니, 우선 그 근본을 바르게 한 것일 뿐이다.)

제2장 문왕의 정원(文王之囿章 第二)

(2-1) 齊宣王이 問曰 文王之囿 方七十里라하니 有諸잇가
孟子對曰 於傳에 有之하니이다

(제선왕, 문왈 문왕지유 방칠십리, 유저. 맹자대왈 어전, 유지)

국역 제선왕이 물었다. "문왕의 동물원이 사방 70리라 하니,
그런 사실이 있습니까?" 맹자가 대답하였다. "전하는 말에
그러한 사실이 있습니다."10)

자의 ㅇ囿−동산 유. ㅇ諸−(＝於此).

(2-2) 曰 若是其大乎잇가 曰 民이 猶以爲小也니이다 曰
寡人之囿는 方四十里로되 民이 猶以爲大는 何也잇
고 曰 文王之囿는 方七十里에 芻蕘者往焉하며 雉
兔者往焉하여 與民同之하시니 民이 以爲小 不亦宜
乎잇가

---

10) 囿者, 蕃育鳥獸之所, 古者四時之田, 皆於農隙以講武事.(동산이
란 조·수를 번식시키고 기르는 곳이니, 옛날에는 사시의 사냥을
모두 농한기에, 그리고 무예연습의 일을 하였다.) 然不欲馳騖於
稼穡場圃之中, 故度閒曠之地以爲囿.(그러나 곡식을 심는 농장
가운데서 말을 달리고자 하지는 않았다. 그러므로 노는 빈 땅을
헤아려 동산을 만든 것으로 생각한다.). 然文王七十里之囿, 其亦
三分天下有其二之後也與?(그러나 문왕의 70리 되는 동산은 그
것 역시 3분한 천하에서 그 2를 소유한 뒤였을 것이다.) 傳, 謂
古書.(전은 옛 책을 말한다.)

(왈 약시기대호. 왈 민, 유이위소야. 왈 과인지유, 방사십리, 민,
유이위대, 하야. 왈 문왕지유, 방칠십리, 추요자왕언, 치토자왕언,
여민동지, 민, 이위소 불역의호)

(국역) "그처럼 동산이 큽니까?" "백성들은 오히려 작다고 여
겼습니다." "과인의 동산은 사방 40리이지만 백성들이 오
히려 크다고 여기는 것은 무엇 때문입니까?" " '문왕의 동
산 사방 70리에는 꼴 베고 나무하는 자들이 그곳에 가며,
꿩이나 토끼를 잡는 자들이 그곳으로 가서 백성과 더불어
그 동산을 공동으로 사용하였으니', 백성들이 작다고 여기
는 것은 역시 옳지 않습니까?"11)

(2-3) 臣이 始至於境하여 問國之大禁然後에 敢入하니 臣
은 聞郊關之內에 有囿方四十里에 殺其麋鹿者를
如殺人之罪라하니 則是方四十里로 爲阱於國中이니
民이 以爲大 不亦宜乎잇가

(신, 시지어경, 문국지대금연후, 감입, 신, 문교관지내, 유유방사
십리, 살기미록자, 여살인지죄, 즉시방사십리, 위정어국중, 민, 이
위대 불역의호)

(국역) "신이 처음 제나라 국경에 이르러 국가에서 가장 크게
금하는 법이 무엇인가를 물은 뒤에야 감히 들어왔습니다.
신이 그때 들으니, 교외 관문 안에 동산이 사방 40리 되는
것이 있는데, 그곳에 있는 사슴을 죽이는 자를 마치 살인
의 죄와 같이 다스린다고 하였으니, 이는 곧 사방 40리로

---

11) 芻, 草也. 蕘, 薪也.(추는 풀이요, 요는 나무섶이다.)

나라 가운데에 함정을 만들어 놓은 것이니, 백성들이 크다
고 여기는 것은 역시 옳지 않습니까?"12)

[자의] ㅇ郊－들 교. ㅇ關－문빗장 관. ㅇ麋－고라니 미. ㅇ阱－함정 정.

[해설] 왕이 이른바 '여민동락'을 한다면 백성들은 왕의 동산
이 큰 것을 진실로 환영하지만, 그렇지 못하면 왕의 소유
가 비록 작더라도 그것이 백성을 잡는 나라 안의 함정으
로 여긴다. 이것이 40리의 동산이 70리의 것보다 큰 이유
이다. 현대에 있어서도 국가의 제도나 법률이 국민의 자유
를 억압하는 것이면 국민은 저항으로써 그것을 변개(變改)
하고자 한다. 고금을 막론하고 나라의 존립은 백성의 동의
에서만 가능한 것이다. 하물며 시장으로부터 신뢰를 얻지
못하는 기업, 시장과 함께 이익을 나눌 줄 모르는 기업이
야 더 말할 필요가 있겠는가?

제3장 과인은 용기를 좋아한다(寡人好勇章 第三)

(3-1) 齊宣王이 問曰 交鄰國이 有道乎잇가 孟子對曰 有
하니 惟仁者라야 爲能以大事小하나니 是故로 湯事葛
하시고 文王이 事昆夷하시니이다 惟智者라야 爲能以

---

12) 禮 : 入國而問禁.('예'에 다른 나라에 들어갈 때에 금지하는 것을
묻는다고 하였다.) 國外百里爲郊, 郊外有關.(서울 밖 100리를
교라 하고, 교 밖에 관문이 있다.) 阱, 坎地以陷獸者, 言陷民於
死也.(정은 짐승을 빠지게 하기 위하여 땅을 판 구덩이니, 백성
을 죽음에 빠지게 함을 말한다.)

小事大하나니 故로 大王이 事獯鬻하시고 句踐事吳하
니이다

(제선왕, 문왈 교린국, 유도호. 맹자대왈 유, 유인자, 위능이대사
소, 시고, 탕사갈, 문왕, 사곤이. 유지자, 위능이소사대, 고, 태왕,
사훈육, 구천사오)

국역 제선왕이 물었다. "이웃나라와 외교를 하는데 올바른
방법이 있습니까?" 맹자가 대답하였다. "있습니다. 오직
인자만이 대국으로써 소국을 섬길 수 있습니다. 그러므로
탕왕이 갈나라를 섬겼고, 문왕이 곤이를 섬긴 것입니다.
오직 지혜로운 자만이 소국으로써 대국을 섬길 수 있습니
다. 그러므로 태왕이 훈육을 섬겼고, 구천이 오나라를 섬
긴 것입니다."13)

자의 o鄰-이웃 린. o道-방법 도. o事-섬길 사. o葛-칡 갈.

---

13) 仁人之心, 寬洪惻怛, 而無較計大小强弱之私. 故小國雖或不恭,
而吾所以字之之心自不能已.(어진 사람의 마음은 관대하고 넓고
불쌍히 여기어 슬퍼해서, 대소와 강약을 비교하고 계산하는 사사
로움이 없다. 그러므로 소국이 비록 공손치 못하더라도, 나는 그
때문에 그들을 사랑하는 마음을 그만둘 수 없는 것이다.) 智者明
義理, 識時勢. 故大國雖見侵陵, 而吾所以事之之禮尤不敢廢.(지혜
로운 자는 의리에 밝아 시세를 안다. 그러므로 대국에게 비록 침
략과 모욕을 당한다 하더라도 나는 그 때문에 그를 섬기는 예를
더욱 감히 폐지할 수 없는 것이다.) 湯事見後篇. 文王事見詩大雅.
大王事見後章. 所謂狄人, 卽獯鬻也. 句踐, 越王名. 事見國語史
記.(탕의 일은 후편에 보이고, 문왕의 일은 '시경' '대아'편에 보이
고, 태왕의 일은 후장에 보이니, 소위 '적인'이 곧 '훈육'이다. 구
천은 월왕의 이름이니 이 사실이 '국어'와 '사기'에 보인다.)

○昆-맏 곤. ○獯-오랑캐 훈. ○鬻-팔 육. ○踐-밟을 천.

(3-2) 以大事小者는 樂天者也요 以小事大者는 畏天者也
니 樂天者는 保天下하고 畏天者는 保其國이니이다

(이대사소자, 요천자야. 이소사대자, 외천자야, 요천자, 보천하,
외천자, 보기국)

(국역) "대국으로써 소국을 섬기는 자는 천리를 좋아하는 자
요, 소국으로써 대국을 섬기는 자는 천리를 두려워하는 자
이니, 천리를 좋아하는 자는 온 천하를 보전하고, 천리를
두려워하는 자는 자기 나라를 보전합니다."14)

(3-3) 詩云 畏天之威하여 于時保之라하니이다

(시운 외천지위, 우시보지)

(국역) '시경'에 이르기를 '하늘의 위엄을 두렵게 여겨 때에 맞
게 하여, 나라를 보전하였다는 구절이 있습니다.'15)

---

14) 天者, 理而已矣. 大之字小, 小之事大, 皆理之當然也. 自然合理,
故曰樂天. 不敢違理, 故曰畏天.(천이란 이(理)일 뿐이니, 대국이
소국을 사랑[字]하고 소국이 대국을 섬김은 모두 이치로 당연함
이다. 자연스럽게 이치에 적합하기 때문에 '낙천'이라 하고, 감히
이치에 어기지 못하기 때문에 '외천'이라 한다.) 包含徧覆, 無不
周徧, 保天下之氣象也. 制節謹度, 不敢縱逸, 保一國之規模也.(널
리 포함하고 두루 덮어주어 두루 미치지 않음이 없는 것은 천하
를 보전하는 기상이요, 예절을 따르고 법도를 삼가서 감히 방종
과 안일하지 못함은 1국을 보전하는 규모이다.)

15) 詩周頌我將之篇.(시는 '시경' '주송'편 '아장'장이다.) 時, 是也.
(시는 이것이다.)

(3-4) 王曰 大哉라 言矣여 寡人이 有疾하니 寡人은 好勇하
노이다

(왕왈 대재, 언의. 과인, 유질, 과인, 호용)

(국역) 왕이 말씀하였다. "참으로 훌륭한 말씀이구려! 과인은
결점이 하나 있으니, 과인은 용기를 좋아합니다."16)

(3-5) 對曰 王이 請無好小勇하소서 夫撫劍疾視曰 彼惡
敢當我哉리오하나니 此는 匹夫之勇이라 敵一人者也
니 王請大之하소서

(대왈 왕, 청무호소용. 부무검질시왈 피오감당아재, 차, 필부지용.
적일인자야, 왕청대지)

(국역) 맹자가 말씀하였다. "왕은 청컨대 작은 용기를 좋아하
지 마소서. 대저 칼을 어루만지면서 상대방을 노려보며 말
하기를, '네가 감히 어찌 나를 당하겠느냐.'고 하니 이것은
필부의 용기라, 한사람만 상대하는 것이니, 왕은 청컨대
용기를 큰 것으로 하소서."17)

(자의) ○撫-어루만질 무. ○疾視-흘겨보다. ○惡-미워할 오.

(3-6) 詩云 王赫斯怒하사 爰整其旅하여 以遏徂莒하여 以
篤周祜하여 以對于天下라하니 此는 文王之勇也니

---

16) 言以好勇, 故不能事大而恤小也.(용기를 좋아하기 때문에 능히
대국을 섬기고 약소국을 구휼하지 못하는 것을 말한 것이다.)

17) 疾視, 怒目而視也.(질시는 눈을 부라리며 보는 것이다.) 小勇血
氣所爲, 大勇義理所發.(소용은 혈기로 행해지는 행위이며, 대용
은 의리로 발휘되는 행위이다.)

文王이 一怒而安天下之民하시니이다

(시운 왕혁사노, 원정기려, 이알조려, 이독주호, 이대우천하, 차,
문왕지용야, 문왕, 일노이안천하지민)

[국역] " '시경'에 이르기를 '문왕께서 벌겋게 대노하여, 이에
그 군대를 정돈하여, 침략하러 가는 여나라 군대를 막음으
로써, 주나라의 복지를 돈독히 하여, 천하의 기대에 대답
하였다.'고 했으니, 이것은 문왕의 용기입니다. 문왕이 한
번 노하고서 천하의 백성들을 편안하게 하였습니다."18)

[자의] ㅇ赫-대노할 혁. ㅇ斯-이 사. ㅇ怒-성낼 노. ㅇ爰-이에 원.
ㅇ旅-군대 려, 무리 려. ㅇ遏-막을 알. ㅇ徂-갈 조 ㅇ莒-무리
려, 나라이름 려. ㅇ篤-두터울 독. ㅇ祜-복 호.

(3-7) 書에 曰 天降下民하사 作之君, 作之師하심은 惟曰
其助上帝하여 寵之四方이시니 有罪, 無罪에 惟我在
커니 天下曷敢有越厥志리오니 一人이 衡(橫)行於
天下어늘 武王이 恥之하시니 此武王之勇也니 而武

---

18) 詩, 大雅皇矣篇.(시는 '시경' '대아'편 '황의'장이다.) 赫, 赫然怒
貌(혁은 벌컥 화를 내는 모습이다.) 爰, 於也.(원은 이에이다.)
旅, 衆也.(여는 무리이다.) 遏, 詩作按, 止也.(알은 '시경'에는
'안'으로 되어 있으니 저지한다는 뜻이다.) 徂, 往也.(저는 가는
것이다.) 莒, 詩作旅. 徂旅, 謂密人侵阮徂共之衆也.(여는 '시경'
에는 '여(旅)'로 되어 있으니, '조여'는 '밀' 땅 사람이 '완'나라를
침략하기 위하여 '공' 땅으로 가는 무리를 말한다.) 篤, 厚也.(독
은 두터움이다.) 祜, 福也.(고는 복이다.) 對, 答也. 以答天下仰
望之心也. 此文王之大勇也.(대는 보답이니, 천하의 앙망하는 마
음에 보답하는 것이기 때문에 이것이 문왕의 대용이다.)

王이 **亦一怒而安天下之民**하시니이다

(서, 왈 천강하민, 작지군, 작지사, 유왈기조상제, 총지사방, 유죄,
무죄, 유아재, 천하알감유월궐지, 일인, 횡(횡)행어천하, 무왕, 치
지, 차무왕지용야, 이무왕, 역일노이안천하지민)

국역 " '서경'에 이르기를 '하늘이 이 하토에 백성을 내리셔
서, 그 중에서 주군을 만들고 스승을 만들어 냄은, 전적으
로 그들이 상제를 도와서 사방에 있는 백성들을 사랑하라
고 하신 것이니, 유죄 무죄를 다스리는 권한이, 오직 나에
게 있거니, 천하에서 어찌 감히 그 뜻을 넘어 범할 수 있
겠는가?'라 하였습니다. 은나라의 주왕(紂王) 1인이 온 천
하에서 멋대로 행동하거늘, 무왕이 이를 부끄럽게 여기니,
이것은 무왕의 용기입니다. 그리고 무왕 역시 한번 노하고
서 천하의 백성들을 편안하게 하였습니다."19)

자의 o 寵－총애할 총. o 遏－막을 알. o 越－넘을 월. o 厥－그 궐.

---

19) 書周書泰誓之篇也. 然所引與今書文小異, 今且依此解之.('서'는
'서경' '주서' '태서'편이다. 그러나 여기에 인용한 것은 지금의
'서경'의 글과는 약간 다르니, 그런데 지금 우선 이것에 의해 해
석한다.) 寵之四方, 寵異之於四方也, 有罪者我得而誅之, 無罪者
我得而安之, 我旣在此, 則天下何敢有過越其心志而作亂者乎.('총
지사방'은 그를 사방에서 특이하게 사랑하고, 죄 있는 자를 내가
주벌할 수 있고, 죄 없는 자를 내가 그를 편안하게 할 수 있으
니, 내가 이미 여기에 있으니, 천하에서 어찌 감히 그 심지를 지
나치게 넘어서 작란할 자가 있겠는가?) 衡行, 謂作亂也. 孟子釋
書意如此, 而言武王亦大勇也.(횡행은 작란을 말한다. 맹자는 '서
경'의 뜻을 해석하기를 이와 같이 하고, 무왕 역시 대용이라고
말한 것이다.)

ㅇ衡−가로 횡(=橫).

(3-8) 今王이 亦一怒而安天下之民하시면 民이 惟恐王之
不好勇也하리이다

　　(금왕, 역일노이안천하지민, 민, 유공왕지불호용야)

(국역) "그런데 지금 왕이 역시 한번 노하여 천하의 백성들을
편안하게 한다면, 백성들은 오직 왕이 용기를 좋아하지 않
을까 두려워할 것입니다."20)

(자의) ㅇ恐−두려워할 공.

(해설) 제선왕이 선린외교 방식을 묻자, 맹자는 '인자(仁者)만
이 대국으로써 소국을 섬길 수 있고, 오직 지자(智者)만이

---

20) 王若能如文武之爲, 則天下之民望其一怒以除暴亂, 而拯己於水火
之中, 惟恐王之不好勇耳.(왕께서 문왕·무왕의 행위와 같이 할
수 있다면 천하의 백성들은 그가 한번 노하여 포악한 자와 작란
하는 자를 제거하고, 자기들을 수·화 중에서 구해 주기를 바라
며, 오직 왕께서 용기를 좋아하지 않을까 두려워할 뿐입니다.)
此章言人君能懲小忿, 則能恤小事大, 以交鄰國, 能養大勇, 則能
除暴救民, 以安天下.(이 장은 인군이 작은 분노를 징계할 수 있
으면, 능히 소국을 구휼하고 대국을 섬기며, 그리고 이웃 나라와
사귈 수 있으며, 대용을 기를 수 있으면, 능히 난폭한 자를 제거
하고 백성을 구제하며, 그리고 천하를 편안케 할 수 있음을 말
한 것이다.) 張敬夫曰 : 小勇者, 血氣之怒也. 大勇者, 理義之怒
也. 血氣之怒不可有, 理義之怒不可無. 知此, 則可以見性情之正,
而識天理人欲之分矣.(장경부가 말하였다. 소용이란 혈기의 노여
움이요, 대용이란 의리의 노여움이니, 혈기의 노여움은 있어서는
안되고, 의리의 노여움은 없어서는 안 된다. 이것을 알면 성정의
올바름을 볼 수 있고 천리와 인욕의 분별을 알 것이다.)

소국으로써 대국을 섬길 수 있음을' 고사를 들어 설명한다.
또 왕이 자기는 용기를 좋아한다고 말을 돌리자, 맹자는 오
히려 왕이 큰 용기를 가질수록 백성들은 좋아한다고 설득
한다. 예컨대 인자는 천심(天心)을 중시하고, 지자는 몸을
중시한다. 인자는 천심을 실천하여 전체적 조화 속의 즐거
움을 누리니 낙천자이다. 인자는 남을 나처럼 생각하니, 대
국이 소국을 섬기는 것이 가능한데, 탕왕이 갈왕을, 문왕이
곤이를 섬긴 것이 여기에 해당한다. 지자는 자기 몸의 삶을
유지시키는 데 주력한다. 그것은 남과의 조화에서만이 가
능하므로 조화되지 못할까 두려워해서다. 그러므로 지자는
외천자(畏天者)라 할 수 있다. 그런 예는 태왕이 훈육을,
구천이 부차를 섬긴 데서 볼 수 있다. 또 왕의 용기는 예컨
대 문왕과 무왕이 한번 노하여 천하의 백성들이 편안하게
되었듯이, 왕께서도 백성을 편안하게 하는 일에 큰 용기를
가져줄 것을 강하게 주문하기도 한다. 마찬가지로 '이대사
소', '이소사대'의 인자하고 지혜로운 관리방식은 훌륭한 방
식이니, 오늘의 원청자와 하청자, 노동자와 사용자의 관계
에 있어서 그 적용을 시도해 볼 수도 있을 것이다.

제4장 천하와 더불어 즐거워하라
(樂以天下章 第四)

(4-1) 齊宣王이 見孟子於雪宮이러니 王曰 賢者도 亦有此
樂乎잇가 孟子對曰 有하니 人不得則非其上矣니이다

(제선왕, 견맹자어설궁, 왕왈 현자, 역유차락호. 맹자대왈 유, 인
부득즉비기상의)

국역 제선왕이 맹자를 설궁에서 만나보았는데, 왕이 말씀하
였다. "현자도 또한 이런 즐거움이 있습니까?" 맹자가 대
답하였다. "있습니다. 사람들이 자기의 뜻을 얻지 못하면
그 윗사람을 비난하는 법입니다."21)

자의 ○雪宮－제선왕의 별궁(＝離宮).

(4-2) **不得而非其上者**도 **非也**며 **爲民上而不與民同樂者**
도 **亦非也**니이다

(부득이비기상자, 비야, 위민상이불여민동락자, 역비야)

국역 "뜻을 얻지 못했다고 하여 그 윗사람을 비난하는 자도
잘못이며, 백성의 윗사람이 되어 백성들과 더불어 함께 즐
거워하지 않는 자도 또한 잘못입니다."22)

---

21) 雪宮, 離宮名.(설궁은 이궁[별궁]의 이름이다.) 言人君能與民同
樂, 則人皆有此樂. 不然, 則下之不得此樂者, 必有非其君上之
心.(인군이 능히 '여민동락'하면 사람들이 모두 이런 낙을 가질
것이요, 그렇지 못하면 아래에서 이런 낙을 얻지 못하는 자들이
반드시 그 군주와 상위자를 비난하는 마음을 가진다는 것을 말
한 것이다.) 明人君當與民同樂, 不可使人有不得者, 非但當與賢
者共之而已也.(인군은 당연히 '여민동락'하여 사람들로 하여금
즐거움을 얻지 못하는 자가 있게 해서는 아니될 것이요, 비단
당연히 현자와 더불어 함께 가는 것만으로는 아니됨을 밝힌 것
이다.)

22) 下不安分, 上不恤民, 皆非理也.(아랫사람이 편안한 마음으로 분
수를 지키지 못함과 윗사람이 백성을 구휼하지 않음은 둘 다 모

(4-3) 樂民之樂者는 民亦樂其樂하고 憂民之憂者는 民亦
憂其憂하나니 樂以天下하며 憂以天下하고 然而不王
者 未之有也니이다

(낙민지락자, 민역락기락, 우민지우자, 민역우기우, 낙이천하, 우
이천하, 연이불왕자 미지유야)

國역 "백성들의 즐거움을 즐겁게 여기는 왕은, 백성들 또한
그 군주의 즐거움을 즐겁게 여기고, 백성들의 근심을 근심
하는 임금은 백성들 또한 그 군주의 근심을 근심합니다.
즐거워하기를 온 천하사람들과 같이 할 수 있고, 근심하기
를 온 천하사람들과 함께 할 수 있고, 이렇게 하고도 왕도
정치를 못하는 자는 있지 않을 것입니다."23)

(4-4) 昔者에 齊景公이 問於晏子曰 吾欲觀於轉附朝儛하
여 遵海而南하여 放于琅邪하노니 吾何脩而可以比
於先王觀也오

(석자, 제경공, 문어안자왈 오욕관어전부조무, 준해이남, 방우낭
야, 오하수이가이비어선왕관야)

國역 옛적에 제경공이 안자에게 물었다. "내 제나라의 전부
산과 조무산을 관람하고, 바닷가를 따라 남쪽으로 가서 낭

두 도리가 아니다.)

23) 樂民之樂而民樂其樂, 則樂以天下矣.(백성의 즐거움을 즐거워해
서 백성들이 그 군주의 즐거움을 즐거워한다면, 즐거워함을 천하
로써 하는 것이요.) 憂民之憂而民憂其憂, 則憂以天下矣.(백성의
근심을 근심해서 백성들이 그 군주의 근심을 근심한다면 근심하
기를 천하로써 하는 것이다.)

야읍에 이르고자 하니, 내 어떻게 수양하면 옛날 성왕(聖
王)들의 관람하는 것에 미칠 수 있는가?"24)

자의 ㅇ晏-늦을 안. ㅇ儛-춤출 무(＝舞). ㅇ遵-따를 준. ㅇ琅-옥
소리 랑. ㅇ邪-땅이름 야(＝琊). ㅇ比-미칠 비(＝及), 따를 비, 나
란히할 비.

(4-5) 晏子對曰 善哉라 問也여 天子適諸侯曰巡狩니 巡
狩者는 巡所守也요 諸侯朝於天子曰述職이니 述職
者는 述所職也니 無非事者요 春省耕而補不足하며
秋省斂而助不給하나니 夏諺曰 吾王不遊면 吾何以
休며 吾王不豫면 吾何以助오 一遊一豫가 爲諸侯
度라하니이다

(안자대왈 선재. 문야. 천자적제후왈순수, 순수자, 순소수야. 제후
조어천자왈술직, 술직자, 술소직야, 무비사자, 춘성경이보부족, 추
성렴이조불급, 하언왈 오왕불유, 오하이휴, 오왕불예, 오하이조
일유일예, 위제후도)

국역 안자가 대답하였다. "참으로 훌륭한 질문입니다! 천자
가 제후국에 가는 것을 순수라 하니, 순수란 지방제후들이
지키는 경내를 순시한다는 뜻이요, 제후가 천자국에 조회
가는 것을 술직이라 하니, 술직이란 자기가 맡은 직분을

---

24) 晏子, 齊臣, 名嬰.(안자는 제나라 신하이니 이름은 영이다.) 轉
附·朝儛, 皆山名也.(전부와 조무는 모두 산 이름이다.) 遵, 循
也.(준은 따름이다.) 放, 至也.(방은 이름이다.) 琅邪, 齊東南境上
邑名.(낭야는 제나라 동남쪽 국경 위에 있는 읍이름이다.) 觀,
遊也.(관은 유람이다.)

진술하는 것이니, 어느 것이나 정사 아님이 없습니다. 봄
에는 나가서 경작하는 상태를 살펴보고 부족한 것을 보충
해주며, 가을에는 수확하는 상태를 살펴보고 부족한 것을
도와줍니다. 하나라 속담에 '우리 임금님이 유람을 하지
않으면 우리들이 어떻게 쉴 수 있으며, 우리 임금님이 미
리 시찰을 않으면 우리들을 어떻게 도울 수 있으리요. 한
번 유람하고 한번 미리 하는 것이 제후들이 본받아야 할
법도가 된다.'고 하였습니다."25)

(자의) ㅇ適-갈 적. ㅇ巡-순행할 순. ㅇ狩-순행할 수. ㅇ述-말할
술. ㅇ斂-거둘 렴. ㅇ給-줄 급. ㅇ諺-속담 언. ㅇ豫-미리 예.

(4-6) 今也엔 不然하여 師行而糧食하여 飢者弗食하며 勞

25) 述, 陳也.(술은 진술함이다.) 省, 視也.(성은 살펴봄이다.) 斂, 收
穫也.(염은 수확이다.) 給, 亦足也.(급은 역시 충족해 줌이다.)
夏諺, 夏時之俗語也.(하언은 하나라 때의 속담이다.) 豫, 樂也.
(예는 즐거워함이다.) 巡所守, 巡行諸侯所守之土也.('순소수'는
제후들이 지키는 바의 국토를 순행하는 것이다.) 述所職, 陳其所
受之職也. 皆無有無事而空行者.('술소직'은 그가 받은 바의 직
무를 펴는 것이니, 모두 일없이 헛되이 다니는 일이 없다.) 而又
春秋循行郊野, 察民之所不足而補助之.(또 봄·가을에는 교외를
순행하여 백성들의 부족한 바를 살펴 그것을 보조해 준다.) 故夏
諺以爲王者一遊一豫, 皆有恩惠以及民, 而諸侯皆取法焉, 不敢無
事慢遊以病其民也.(그러므로 하나라 속담에는 '왕자가 한번 유람
하고, 한번 즐기는 것이, 모두 은혜가 백성에게 파급되게 하는
데 있거늘 제후들은 모두 순수에서 법을 취하여 감히 일없이 태
만히 유람하여 그리고 백성들에게 해롭게 하지 않는 것이라.'고
여겼는지라.)

者弗息하고 睊睊胥讒하여 民乃作慝이어늘 方命虐民

하여 飮食若流하여 流連荒亡하여 爲諸侯憂하나니이다

(금야, 불연, 사행이양식, 기자불식, 노자불식, 견견서참, 민내작

특, 방명학민, 음식약류, 유연황망, 위제후우)

(국역) "그런데 지금에는 그렇지 못하여서, 많은 사람들이 수

행을 하여서 양식을 먹어, 굶주린 백성들은 먹지 못하며,

노동하는 자는 쉬지 못하고, 서로 눈을 흘겨보면서 서로

비방하여, 백성들은 바로 사특함을 짓거든, 왕명을 거슬리

고, 백성을 학대하여, 술 마시고 음식 먹는 것을 물 쓰듯

이 낭비하여 유·연·황·망하여 제후들의 걱정거리가 되

고 있습니다."26)

(자의) ㅇ今－그런데 지금(반어사), 만일(가정사). ㅇ師－무리 사.

ㅇ睊－눈흘겨볼 견. ㅇ胥－서로 서. ㅇ讒－참소할 참. ㅇ慝－사악할

---

26) 今, 謂晏子時也.(금은 안자 당시를 말한다.) 師, 衆也. 二千五百

人爲師. 春秋傳曰：君行師從.(사는 군대이다. 2,500명을 사라 한

다. '춘추전'에 '군주가 출행하면 군대가 따른다.'고 하였다.) 糧,

謂糗糒之屬.(양은 미숫가루와 말린 밥의 등속을 이른다.) 睊睊,

側目貌.(견견은 곁눈질하는 모습이다.) 胥, 相也.(서는 서로이다.)

讒, 謗也.(참은 비방이다.) 慝, 怨惡也, 言民不勝其勞而起謗怨

也.(특은 원망하고 미워함이니, 백성들이 그 노역을 이기지 못하

여 원망과 비방의 소리가 일어나는 것을 말한다.) 方, 逆也.(방

은 거역함이다.) 命, 王命也.(명은 왕명이다.) 若流, 如水之流,

無窮極也.(약류는 물의 흐름이 무궁하여 끝이 없는 것과 같다.)

流連荒亡, 解見下文.(유·연·황·망은 해석이 아래 글에 보인

다.) 諸侯, 謂附庸之國, 縣邑之長.(제후는 부용국과 현읍의 장을

말한다.)

특(=忒, 不正, 二心). ㅇ方-거슬릴 방. ㅇ虐-재앙 학.

(4-7) 從流下而忘反을 謂之流요 從流上而忘反을 謂之連
이요 從獸無厭을 謂之荒이요 樂酒無厭을 謂之亡이니
(종류하이망반, 위지류. 종류상이망반, 위지연. 종수무염, 위지황.
낙주무염, 위지망)

(국역) "위에서부터 아래로 내려가서 돌아옴을 잊는 것을 유
(流)라 하고, 아래로부터 위로 올라가서 돌아옴을 잊는 것
을 견연(牽連)이라 하고, 짐승을 따라 잡기를 싫어함이 없
음을 황폐라 하고, 술을 즐겨 싫어함이 없음을 망(亡)이라
이릅니다."27)

(자의) ㅇ荒-거칠 황. ㅇ厭-싫을 염.

(4-8) 先王은 無流連之樂과 荒亡之行하더시니 惟君所行
也니이다
(선왕, 무유연지락, 황망지행, 유군소행야)

(국역) "선왕은 유연(流連)의 즐거움과 황망(荒亡)한 행실이
없었으니, 오직 주군의 소행에 달려있을 뿐입니다."28)

---

27) 此釋上文之義也.(이것은 윗글의 뜻을 해석한 것이다.) 從流下,
謂放舟隨水而下. 從流上, 謂挽舟逆水而上.('종류하'는 배가 물을
따라 아래로 떠내려가는 것을 말하며, '종류상'은 배를 당겨 물을
거슬러 올라가는 것을 말한다.) 從獸, 田獵也.(종수는 사냥이다.)
荒, 廢也.(황은 폐함이다.) 樂酒, 以飮酒爲樂也.('낙주'는 음주로
써 낙을 삼는 것이다.) 亡, 猶失也, 言廢時失事也.(망은 실과 같
다. 제때를 놓치니 일의 성과도 잃는다.)

28) 言先王之法, 今時之弊, 二者惟在君所行耳.(선왕 때의 법과 지금

(4-9) 景公이 說하여 大戒於國하고 出舍於郊하여 於是에 始興發하여 補不足하고 召大(太)師曰 爲我作君臣相說之樂하라하니 蓋徵招角招是也라 其에 詩曰 畜君何尤리오하니 畜君者는 好君也니이다

(경공, 열, 대계어국, 출사어교, 어시, 시흥발, 보부족, 소대(태)사 왈 위아, 작군신상열지악, 개치소각소시야. 기, 시왈 축군하우, 축군자, 호군야)

(국역) "경공이 기뻐하여, 국중에 크게 명령을 내리고, 밖으로 나가 교외에 머물고서 이에 비로소 자발적으로 창고의 곡식을 징발하여 부족한 백성들을 보조해 주고, 악사장 태사를 불러 말하기를, '우리들을 위하여 군신이 서로 즐기는 음악을 지으라!' 하였으니, 지금의 치소(徵招)와 각소(角招)가 이것입니다. 그 가사에 축적을 많이 한 임금을 어찌 허물이라 하리니 하였는데, 축군이란 것은 좋은 임금이란 뜻입니다."29)

의 폐단, 이 두 가지는 오직 군주가 행하는 바에 달려 있을 뿐임을 말한 것이다.)

29) 戒, 告命也.(계는 고명하는 것이다.) 出舍, 自責以省民也.(출사는 자책하여 백성을 살피는 것이다.) 興發, 發倉廩也.(흥폐는 창름을 여는 것이다.) 大師, 樂官也.(대사는 악사장이다.) 君臣, 己與晏子也.(군신은 자기와 더불어 안자이다.) 樂有五聲, 三曰角爲民, 四曰徵爲事. 招, 舜樂也. 其詩, 徵招角招之詩也.(음악에는 5성이 있는데, 세번째를 각이라 하니 백성이 되고, 네번째를 치라 하니 일이 된다. 소는 순임금의 음악이다. 그 시는 치소와 각소의 시이다.) 尤, 過也.(우는 허물이다.) 言晏子能畜止其君之欲,

(자의) ○說-기쁠 열. ○戒-경계하다, 경고하다. ○興-일 흥. 신명(=鼓之舞之謂神). ○徵-소리 치. 宮(=土音=平), 商(=金音=下), 角(=木音=上), 徵(=火音=上), 羽(=水音=下). ○招-순임금음악 소(=韶). ○尤-더욱 우, 허물 우, 탓할 우. ○畜-쌓을 축, 그칠 축, 기를 휵(=搐, 慉).

(해설) 임금이 천하 백성과 더불어 즐거워하고 천하 백성과 더불어 근심하면, 왕다운 왕이 되지 못하는 법이 없다. 임금은 거시적으로 백성들의 부모이니 정사의 기본을 '여민동락'에 두어야 한다. 옛날 제경공과 안영의 대화, 하나라의 속담 등을 예로 들 수 있다. 여기에서도 알 수 있듯이 군권(君權)이라 할지라도 백성에 연원(淵源)한다는 사실을 한시라도 잊어서는 아니되는 것이며, 그러므로 그것을 잊으면 그때부터 소위 '유련황망'으로 나아가는 것이라 생각하는 것이다.

宜爲君之所尤, 然其心則何過哉.(안자가 능히 그 군주의 욕심을 저지하였으니, 마땅히 군주의 허물로 된다. 그러나 그 마음은 무슨 허물이 있겠는가?) 孟子釋之, 以爲臣能畜止其君之欲, 乃是愛其君者也.(맹자가 이것을 해석하여, 신하가 능히 그 군주의 욕심을 저지함이, 마침내 바로 그 군주를 사랑하는 것이라고 여겼다.) 尹氏曰 : 君之與民, 貴賤雖不同, 然其心未始有異也.(윤씨가 말하였다. 군주와 백성은 귀천이 비록 같지 않으나, 그 마음은 처음에 차이가 있지 않다.) 孟子之言, 可謂深切矣. 齊王不能推而用之, 惜哉.(맹자의 말은 깊고 간절하다고 이를 만하다. 제선왕이 능히 미루어 그것을 채용하지 않았으니 애석하다.)

제5장 재물을 좋아하고 여색을 좋아한다
(好貨好色章 第五)

(5-1) 齊宣王이 問曰 人皆謂我毁明堂이라하나니 毁諸아
已乎잇가

(제선왕, 문왈 인개위아훼명당, 훼저, 이호)

(국역) 제선왕이 물었다. "사람들이 모두 나더러 명당을 부수
라 하니, 부수어야 합니까? 그만두어야 합니까?"30)

(자의) ○毁-헐 훼. ○諸-(=於此). ○已-그만둘 이(=止也).

(5-2) 孟子對曰 夫明堂者는 王者之堂也니 王이 欲行王
政則勿毁之矣소서

(맹자대왈 부명당자, 왕자지당야, 왕, 욕행왕정즉물훼지의)

(국역) 맹자가 대답하였다. "대체로 명당이란 왕자의 집이니,
왕께서 왕도정치를 행하고자 한다면 그것을 부수지 마소

---

30) 趙氏曰 : 明堂, 太山明堂. 周天子東巡守朝諸侯之處, 漢時遺址尙
在.(조씨가 말하였다. 명당은 태산에 있는 명당이니, 주나라 천자
가 동쪽 지방을 순수하면서 제후들에게 조회받던 곳이라 하니,
한나라 때까지도 유지가 남아 있었다.) 人欲毁之者, 蓋以天子不
復巡守, 諸侯又不當居之也. 王問當毁之乎, 且止乎.(사람들이 이
것을 부수려고 한 것은 대개 천자가 순수를 회복하지도 않고,
제후가 또 당연히 거기에 거처하지도 않기 때문이다. 왕이 '당연
히 그것을 부수어야 합니까? 아니면 그만두어야 합니까?'하고
물은 것이다.)

서."31)

(5-3) 王曰 王政을 可得聞與잇가 對曰 昔者文王之治岐
也에 耕者를 九一하며 仕者를 世祿하며 關市를 譏而
不征하며 澤梁을 無禁하며 罪人을 不孥하듯이 老而
無妻曰鰥이요 老而無夫曰寡요 老而無子曰獨이요
幼而無父曰孤니 此四者는 天下之窮民而無告者어
늘 文王이 發政施仁하시되 必先斯四者하시니 詩云
哿矣富人이어니와 哀此煢獨이라하니이다
(왕왈 왕정, 가득문여. 대왈 석자문왕지치기야, 경자, 구일, 사자,
세록, 관시, 기이부정, 택양, 무금, 죄인, 불노, 노이무처왈환, 노
이무부왈과, 노이무자왈독, 유이무부왈고, 차사자, 천하지궁민이
무고자, 문왕, 발정시인, 필선사사자, 시운 가의부인, 애차경독)

국역 왕이 말하였다. "왕도정치에 대하여 들려줄 수 있습니
까?" 맹자가 대답하였다. "옛적에 문왕이 기국(岐國)을 다
스릴 적에 경작하는 농부들에게는 세금을 9분의 1을 받았
으며, 벼슬하는 자들에게는 대대로 녹봉을 주며, 관문과
시장을 기찰하기만 하고, 세금을 징수하지 않았으며, 못과
보의 물고기를 잡는 것을 금하지 않았으며, 죄인을 처벌하
되 연좌죄를 하지 아니했습니다. 늙어서 아내가 없는 것을

---

31) 明堂, 王者所居, 以出政令之所也. 能行王政, 則亦可以王矣, 何
必毀哉.(명당은 왕자가 거처하는 곳이며, 정령을 산출하는 곳이
다. 능히 왕정을 행한다면 역시 왕노릇을 할 수 있으니 어찌 반
드시 부술 것이 있겠는가?)

홀아비라 하고, 늙어서 남편이 없는 것을 과부라 하고, 늙어서 자식이 없는 것을 무의탁자라 하고, 어려서 부모가 없는 것을 고아라 하니, 이 넷은 천하사람들 중에서 곤궁한 사람으로서 하소연할 곳이 없는 자들입니다. 문왕은 정사를 시작할 적에 인(仁)을 베풀되, 반드시 이 넷을 먼저 했습니다. '시경'에 이르기를 '부자들은 돌보지 않고 내버려두어도 괜찮거니와 외롭고 곤궁한 이를 불쌍히 여겼다'고 하였습니다."[32]

---

32) 岐, 周之舊國也.(기는 주나라의 옛 서울이다.) 九一者, 井田之制也.(9분의 1이란 정전제도이다.) 方一里爲一井, 其田九百畝. 中畫井字, 界爲九區, 一區之中, 爲田百畝, 中百畝爲公田, 外八百畝爲私田, 八家各受私田百畝, 而同養公田, 是九分而稅其一也.(사방 1리가 1정전이 되니, 그 토지의 넓이는 9백무이다. 가운데에 정(井)자를 그으면, 범위 내는 9구역으로 된다. 1구역 안이, 토지 100무로 된다. 가운데 100무는 공전(公田)으로 되고, 밖의 800무는 사전(私田)으로 된다. 여덟 집이 각기 사전 100무씩을 받고 함께 가운데 공전을 가꾸니, 결국 9분의 1을 세금으로 내는 것이다.) 世祿者, 先王之世, 仕者之子孫皆敎之, 敎之而成材則官之. 如不足用, 亦使之不失其祿.(세록이란, 선왕의 세대에 벼슬한 자의 자손 모두를 가르치고, 가르쳐서 재목을 이루면 벼슬을 시키고, 만일 충분히 등용할 수 없으면 역시 그들로 하여금 그 녹봉을 잃지 않도록 하였다.) 蓋其先世嘗有功德於民, 故報之如此, 忠厚之至也.(대개 그 선대가 일찍이 백성들에게 공덕이 있었기 때문이다. 그러므로 보답이 이와 같았으니, 충직하고 온후함이 지극하였다.) 關, 謂道路之關.(관은 도로의 관문을 말한다.) 市, 謂都邑之市.(시는 도읍의 시장이다.) 譏, 察也.(기는 조사함이다.) 征, 稅也. 關市之吏, 察異服異言之人, 而不征商賈之

자의 ○昔－옛 석. ○岐－산이름 기. ○譏－살필 기. ○征－세금낼
정. ○澤－못 택. ○梁－대들보 량. ○孥－처자 노. ○鰥－홀아비
환. ○寡－과부 과. ○哿－가할 가. ○煢－외로울 경, 곤궁할 경.

(5-4) 王曰 善哉라 言乎여 曰 王如善之인댄 則何爲不行
이니잇고 王曰 寡人이 有疾하니 寡人은 好貨하노이다.
對曰 昔者에 公劉 好貨하시더니 詩云 乃積乃倉이어
늘 乃裹餱糧을 于橐于囊이요 思戢用光하여 弓矢斯
張하며 干戈戚揚하여 爰方啓行이라하니 故로 居者有
積倉하며 行者有裹糧也然後에야 可以爰方啓行이니
王如好貨어시든 與百姓同之하시면 於王에 何有리잇고

稅也.(정은 세금을 징수하는 것이다. 관문과 시장의 관리가 이상
한 복장과 이상한 말을 하는 사람을 관찰하나, 상인에게 세금을
징수하지는 않았다.) 澤, 謂瀦水.(택은 저수지를 말한다.) 梁, 謂
魚梁. 與民同利, 不設禁也.(양은 고기잡이 통발을 말하니, 백성
과 더불어 이용하고 금지조치를 만들지는 않았다.) 孥, 妻子也.
惡惡止其身, 不及妻子也.(노는 처자이다. 악을 미워함이 그 자신
에게만 그치고, 처자에게는 미치지 않는 것이다.) 先王養民之政,
導其妻子, 使之養其老而恤其幼. 不幸而有鰥寡孤獨之人, 無父母
妻子之養, 則尤宜憐恤, 故必以爲先也.(선왕이 백성을 기르는 정
사는, 그 처자를 인도하여 그들로 하여금 그 늙은이를 봉양하고
그 어린이를 구휼하였는데, 불행히도 '환과고독'한 사람이 있어
서, 부모와 처자의 봉양이 없으면 더욱 마땅히 가엽게 여기고
구휼해야 하는 것이다. 그러므로 반드시 이들을 우선적으로 생각
한 것이다.) 詩小雅正月之篇.(시는 '시경' '소아'편 '정월'장이다.)
哿, 可也.(가는 가함이다.) 煢, 困悴貌(경은 피곤하고 파리한 모
습이다.)

(왕왈 선재, 언호! 왈 왕여선지, 즉하위불행. 왕왈 과인, 유질, 과인, 호화. 대왈 석자, 공류 호화, 시운 내적내창, 내과후량. 우 탁우낭, 사즙용광, 궁시사장, 간과촉양, 원방계행, 고, 거자유적창, 행자유과량야연후, 가이원방계행, 왕여호화, 여백성동지, 어왕, 하유)

국역 왕이 말씀하였다. "참으로 훌륭한 말입니다!" "왕께서 만일 그 말이 선하다고 여기신다면 어찌하여 행하지 않습니까?" 왕이 말씀하였다. "과인에게 결점이 있으니, 과인은 재화를 좋아합니다." 맹자가 대답하였다. "옛날 공류도 재화를 좋아하였습니다. '시경'에 이르기를 '곡식이 창고에 가득 쌓이거늘, 바로 마른 양식을 전대나 자루에다 준비하여 나서지만, 사람들이 모여들어 모두 써버릴 것을 생각하여, 활과 화살의 생산을 확장하고, 창과 방패의 사용기술을 재촉하여 높인 다음에 이에 비로소 길을 떠났다.'하였으니, 그러므로 집에 있는 사람들은 창고에 곡식이 쌓여 있어야 하며, 길을 떠나는 사람들은 싼 양식이 있은 뒤에야 비로소 천도를 시행할 수 있는 것이니, 왕께서 만일 재화를 좋아하거든 백성들과 더불어 함께 한다면 왕도정치를 함에 무슨 어려움이 있겠습니까?"[33]

---

[33] 王自以爲好貨, 故取民無制, 而不能行此王政.(왕은 스스로 재화를 좋아한다고 하여, 그러므로 백성들에게 무제한으로 취하여, 이 때문에 능히 왕도정치를 할 수 없다고 한 것이다.) 公劉, 后稷之曾孫也.(공류는 후직의 증손이다.) 詩大雅公劉之篇.(시는 '시경' '대아'편 '공류'장이다.) 積, 露積也.(적은 노적이다.) 餱, 乾糧也.(후는 마른 양식이다.) 無底曰橐, 有底曰囊. 皆所以盛餱糧也.(밑

(자의) ○如－만일. ○疾－병 질, 빠를 질. ○裹－쌀 과. ○餱－말린밥 후. ○橐－전대 탁. ○囊－주머니 낭. ○戢－모을 즙. ○用光－모두 써 없애다, 깡그리 써버리다. ○干－방패 간. ○戈－창 과. ○戚－재촉할 촉(=促).

(5-5) 王曰 寡人이 有疾하니 寡人은 好色하노이다 對曰 昔者에 大王好色하사 愛厥妃하시더니 詩云 古公亶父 來朝走馬하사 率西水滸하여 至于岐下하여 爰及姜女로 聿來胥宇라하니 當是時也하여 內無怨女하며 外無曠夫하니 王如好色이어시든 與百姓同之하시면 於王에 何有리잇고

(왕왈 과인, 유질, 과인, 호색. 대왈 석자, 태왕호색, 애궐비, 시운 고공단보 내조주마, 솔서수호, 지우기하, 원급강녀, 율래서우, 당

─────────────

이 없는 것을 전대라 하고, 밑이 있는 것을 자루라 한다. 모두 말린 식량을 담는 자루이다.) 戢, 安集也. 言思安集其民人, 以光大其國家也.(집은 편안히 모으는 것이니, 그 백성을 편안히 모아서, 그 국가를 빛내고 성대하게 하는 방법을 생각하여 말한 것이다.) 戚, 斧也. 揚, 鉞也.(척은 도끼이며, 양은 도끼이다.) 爰, 於也.(원은 이에이다.) 啓行, 言往遷於豳也.(계행은 빈 땅에 도읍을 옮기려 가는 것을 말한다.) 何有, 言不難也.(하유는 어렵지 않음을 말한다.) 孟子言公劉之民富足如此, 是公劉好貨, 而能推己之心以及民也.(맹자가 말하기를, 공류의 백성들이 부유하고 풍족함이 이와 같았으니, 이것은 공류가 재화를 좋아하되 능히 자기의 마음을 미루어서 백성들에게 파급시켰기 때문이다.) 今王好貨, 亦能如此, 則其於王天下也, 何難之有.(그런데 지금 왕께서 재화를 좋아하는 것을 역시 이와 같이 하면 어찌 천하에서 왕노릇하는 데 무슨 어려움이 있겠는가?)

시시야, 내무원녀, 외무광부, 왕여호색, 여백성동지, 어왕, 하유)

국역 왕이 말씀하였다. "과인은 다른 결점이 또 하나 있으니, 과인은 여색을 좋아합니다." 맹자가 대답하였다. "옛적에 태왕이 여색을 좋아하여, 그 후비를 사랑하였습니다. '시경'에 '고공단보가 아침 일찍이 말을 달려서 서수의 물가를 따라서 기산 아래에 이르러 이에 강녀와 함께 마침내 그 땅으로 와서 살았다.'는 시가 있으니, 그 당시에 안에서는 남편이 없어서 원망하는 여자가 없었으며, 밖에서는 아내가 없는 남편이 없었으니, 왕께서 만일 여색을 좋아하거든 백성과 더불어 함께 하면은 왕도정치를 하는 데 무슨 어려움이 있겠습니까?"34)

---

34) 王又言此者, 好色則心志蠱惑, 用度奢侈, 而不能行王政也.(왕이 또 이것을 말한 것은 여색을 좋아하면 심지가 미혹하고, 용도가 사치하여 능히 왕도정치를 행할 수 없기 때문이다.) 大王, 公劉 九世孫.(태왕은 공류의 9세손이다.) 詩大雅綿之篇也.(시는 '시경' '대아'편 '면'장이다.) 古公, 大王之本號, 後乃追尊爲大王也.(고공은 태왕의 본래 칭호이니, 뒤에 바로 추존하여 태왕으로 되었다.) 亶父, 大王名也.(단보는 태왕의 이름이다.) 來朝走馬, 避狄 人之難也.('내조주마'는 북쪽 오랑캐의 난을 피한 것이다.) 率, 循也.(솔은 따름이다.) 滸, 水涯也.(호는 물가이다.) 岐下, 岐山之 下也.('기하'는 기산의 아래이다.) 姜女, 大王之妃也.('강녀'는 태왕의 비이다.) 胥, 相也.(서는 서로이다.) 宇, 居也.(우는 거처이다.) 曠, 空也. 無怨曠者, 是大王好色, 而能推己之心以及民也. (광은 빈 것이니, 원망하는 과부와 홀아비가 없었다는 것은, 바로 태왕이 여색을 좋아하되 능히 자기의 마음을 미루어 백성들에게 파급시켰기 때문이다.) 楊氏曰 : 孟子與人君言, 皆所以擴充

(자의) ㅇ亶-믿을 단. ㅇ父-남자이름 보. ㅇ率-따를 솔. ㅇ滸-물가
호. ㅇ聿-드디어 율. ㅇ胥-서로 서. ㅇ曠-빌 광.

其善心而格其非心, 不止就事論事. 若使爲人臣者, 論事每如此,
豈不能堯舜其君乎.(양씨가 말하였다. 맹자가 인군과 더불어 말한
것은, 모두 그 착한 마음을 확충하고 그 나쁜 마음을 바로잡으
려고 한 것이며, 일에 나아가 일을 논함에 그치지 않았다. 만약
신하된 자가 일을 논함에 매양 이와 같이 한다면, 어찌 능히 그
임금을 요·순으로 만들지 못하겠는가?) 愚謂此篇自首章至此,
大意皆同. 蓋鐘鼓·苑囿·遊觀之樂, 與夫好勇·好貨·好色之心,
皆天理之所有, 而人情之所不能無者.(내 생각에는, 이 편은 수장
으로부터 여기에 이르기까지 대의가 모두 같고, 대개 종고, 원유,
유관의 즐거움과 범부와 더불어 용기를 좋아하며, 재화를 좋아하
며, 여색을 좋아하는 마음은 모두 천리에 있는 것이고, 인정에
없을 수 없는 것이다.) 然天理人欲, 同行異情. 循理而公於天下
者, 聖賢之所以盡其性也, 縱欲而私於一己者, 衆人之所以滅其天
也.(그러나 천리와 인욕은 행동은 같으나 실정은 다르니, 천리를
따라 천하에서 공적으로 하는 것은, 성현이 그 본성을 다하는
것이요, 인욕을 절제하지 않고 오직 자기를 위한 사욕만은 뭇
사람들이 천리를 소멸시키는 원인이다.) 二者之間, 不能以髮, 而
其是非得失之歸, 相去遠矣.(둘의 간격은 능히 터럭만큼도 될 수
없으나, 그 시비와 득실의 귀결은 서로 거리가 매우 멀다.) 孟子
因時君之問, 而剖析於幾微之際, 皆所以遏人欲而存天理.(맹자는
당시 임금의 질문으로부터 이것을 기미의 즈음에서 분석하였으
니, 모두 인욕을 막고 천리를 보존하기 위한 것이다.) 其法似疏
而實密, 其事似易而實難. 學者以身體之, 則有以識其非曲學阿世
之言, 而知所以克己復禮之端矣.(그 법이 엉성한 듯하나 실제는
조밀하며, 그 일이 쉬운 듯하나 실제는 어려우니, 학자는 신체로
써 그것을 행해보면 그것이 곡학아세의 말이 아님을 알 수 있을
것이며, 극기복례의 단서로 되는 까닭임을 알 것이다.)

(해설) 명당은 옛날 왕도정치를 하던 곳이니, 맹자는 백성을 위한 정령(政令)을 출납하던 의미심장한 그런 곳을 허물지 말도록 권유하고, 나아가 왕도정치의 방식을 구체적으로 설명한다. 즉 왕도정치는 어려운 백성을 우선적으로 배려하는 데서 출발하여, 나아가 군왕이 재물이나 여색을 좋아하는 것, 역시 인간의 본 마음이니, 그것이 백성을 위하고 백성과 더불어 하는 것이라면 그런 것조차도 왕도정치를 하는 데 허물이 될 수 없다고 안심시킨다. 가령 기업이 시장의 효율을 바탕으로 소비자의 이익과 더불어 이윤을 추구한다면 그 기업의 행위를 나무라지 않을 것이다.

제6장 왕이 좌우를 돌아보다(王顧左右章 第六)

(6-1) 孟子謂齊宣王曰 王之臣이 有託其妻子於其友而之楚遊者 比其反也則 凍餒其妻子則 如之何잇고 王曰 棄之니이다

(맹자위제선왕왈 왕지신, 유탁기처자어기우이지초유자, 비기반야즉 동뇌기처자즉 여지하, 왕왈 기지)

(국역) 맹자가 제선왕에게 말씀하였다. "왕의 신하 중에서 그의 처자들을 친구에게 맡기고 초나라에 유람을 하러 갔다가 돌아와서 본즉, 친구가 그 처자를 추위에 떨고 굶주리게 하였다면 그 일을 어떻게 하겠습니까?" 왕이 말하였다. "그런 사람과 절교해야지요."[35]

(자의) ㅇ託−부탁할 탁. ㅇ遊−유람할 유. ㅇ凍−얼 동. ㅇ餒−굶주릴

뇌. ㅇ棄-버릴 기.

(6-2) 曰 士師不能治士 則如之何잇고 王曰 已之니이다
(왈 사사불능치토 즉여지하, 왕왈 이지)

국역 "재판장이 재판관을 다스리지 못하면 그 사람을 어떻게 처리하겠습니까?" 왕이 말하였다. "그를 그만두게 해야지요."36)

자의 ㅇ士師-재판장. ㅇ士-재판원.

(6-3) 曰 四境之內不治 則如之何잇고 王이 顧左右而 言他하시다
(왈 사경지내불치 즉여지하, 왕, 고좌우이 언타)

국역 "사방 국경 내의 국민을 다스리지 못하면 어찌하겠습니까?" 왕이 좌우 측근들을 돌아보고 다른 말을 하였다.37)

---

35) 託, 寄也.(탁은 맡김이다.) 比, 及也.(비는 미침이다.) 棄, 絶也.(기는 절교하는 것이다.)

36) 士師, 獄官也. 其屬有鄕士遂士之官, 士師皆當治之.('사사'는 감옥 담당관이다. 그 관속(官屬)에 향사, 수사의 관원이 있어서 사사가 모두 이들을 담당하여 다스려야 한다.) 已, 罷去也.(이는 파면하여 떠나가게 하는 것이다.)

37) 孟子將問此而先設上二事以發之, 及此而王不能答也.(맹자가 또 이것을 물으려고 먼저 위의 두 가지 일을 가설하여 그리고 발설하였는데, 이에 미쳐 왕이 능히 대답하지 못하였다.) 其憚於自責, 恥於下問如此, 不足與有爲可知矣.(그는 자책하기를 꺼리고, 아랫사람에게 묻는 데 부끄러워함이 이와 같았으니, 충분히 더불어 할 수 있는 일이 없음을 알 수 있다.) 趙氏曰 : 言君臣上下各勤其任, 無墮其職, 乃安其身.(조씨가 말하였다. 군·신과 상·하

(자의) ㅇ顧-돌아볼 고.

(해설) 친구의 부탁을 지키지 못하는 친구와는 절교가 마땅하고, 또 재판장이 재판관을 다스리지 못하면 파면을 해야 하듯이, 왕이 왕노릇을 잘못하면 그만두어야 한다는 맹자의 추궁은 아슬아슬하다. 이처럼 왕을 향한 거침없는 비판은 호연지기가 겉으로 나타난 것이다. 곧 천하의 일을 내 일처럼 중시하는 경지의 표현이며, 내면의 정신적 역량을 보여주는 것이기도 하다. 시장이 효율적으로 작동하려면 적자생존의 원칙, 즉 부실기업은 시장에서 자연스럽게 퇴출되는 원칙이 엄격하게 지켜져야 한다. 이를 위해서는 건전한 기업의 지배구조가 구축되어야 한다. 이때 정부가 반드시 해야 할 일은 시장규칙을 만들고 규칙을 지키도록 감시하는 것이며, 반드시 하지 말아야 할 일은 부실기업이나 금융기관을 보호하는 일이다.

제7장 이른바 고국이란 무엇인가?
(所謂故國章 第七)

(7-1) 孟子見 齊宣王曰 所謂故國者는 非謂有喬木之謂也라 有世臣之謂也니 王無親臣矣로소이다 昔者所進을 今日에 不知其亡也온여

가 각기 그 임무를 부지런히 하여 그 직무를 떨어뜨리지 말아야 마침내 그 몸을 편안히 할 수 있다.)

(맹자견 제선왕왈 소위고국자, 비위유교목지위야. 유세신지위야,
왕무친신의. 석자소진, 금일, 부지기망야)

(국역) 맹자가 제선왕을 뵙고 말씀하였다. "소위 오래된 나라
란 이른바 교목이 있다고 하는 말은 아닙니다. 세신이 있
음을 말한 것입니다. 그런데 왕은 가까운 신하가 없습니
다. 어제 등용된 사람 중에 오늘 그가 도망한 것도 모르고
계십니다."38)

(자의) ○喬－높을 교. ○進－나아갈 진.

(7-2) 王曰 吾何以識其不才而舍之리잇고

(왕왈 오하이식기부재이사지)

(국역) 왕이 말씀하였다. "내가 무슨 수로 그가 재질이 없음을
미리 알고서 버릴 수 있겠습니까?"39)

---

38) 世臣, 累世勳舊之臣, 與國同休戚者也.(세신은 누대훈구의 신하
이니, 국가와 더불어 기쁨과 근심걱정을 함께하는 자요,) 親臣,
君所親信之臣, 與君同休戚者也.(친신이란 군주가 친근히 하고
신뢰하는 신하이니, 군주와 더불어 기쁨과 근심걱정을 함께하는
신하이다.) 此言喬木世臣, 皆故國所宜有. 然所以爲故國者, 則在
此而不在彼也.(이것은 교목과 세신은 모두 고국에 마땅히 있어
야 할 것이나, 그러나 고국으로 되는 까닭은 이 세신에 있지, 저
교목에 있는 것이 아니며,) 昨日所進用之人, 今日有亡去而不知
者, 則無親臣矣. 況世臣乎.(어제 등용한 바의 사람이 오늘 도망
한 자가 있는데도 알지 못하면 친근한 신하도 없다는 것이니,
하물며 세신에 있어서랴라고 말한 것이다.)
39) 王意以爲此亡去者, 皆不才之人. 我初不知而誤用之.(왕의 생각으
로는, 여기서 도망한 자는 모두 재질이 없는 자들인데, 내가 애

(자의) ㅇ舍－버릴 사(＝捨).

(7-3) 曰 國君이 進賢하되 如不得已니 將使卑踰尊하며 疏
로 踰戚이니 可不慎與잇가

(왈 국군, 진현, 여부득이, 장사비유존, 소, 유척, 가불신여)

(국역) "나라의 임금이 어진 이를 등용하되, 마치 부득이 한
것처럼 해야 하는 것이니, 장차 지위가 낮은 자로 하여금
지위가 높은 곳으로 나아가게 하는 것이며, 소원한 자로
하여금 가까운 곳으로 나아가도록 하는 것이니, 신중히 하
지 않을 수 있겠습니까?"[40]

(자의) ㅇ踰－넘을 유. ㅇ疏－트일 소, 나눌 소. ㅇ戚－슬플 척, 친
척 척.

(7-4) 左右皆曰賢이라도 未可也하며 諸大夫皆曰賢이라도

초에 알지 못하고 잘못 등용하였다고 여긴다.) 故今不以其去爲
意耳. 因問何以先識其不才而舍之邪.(그러므로 지금 그들이 떠난
것으로써 생각하지 않을 뿐이다. 따라서 '어떻게 하면 미리 그
재질이 없음을 알고 버린단 말입니까?'하고 물은 것이다.)

40) 如不得已, 言謹之至也. 蓋尊尊親親, 禮之常也.(마치 부득이한
것처럼 한다는 것은 삼가기를 지극히 한다는 말이다. 대개 높은
이를 높이고, 친한 이를 친근히 함은 예의 법칙이다.) 然或尊者
親者未必賢, 則必進疏遠之賢而用之.(그러나 혹시 높은 자와 친
한 자가 반드시 어질지 못하면, 반드시 소원하더라도 어진 이를
등용하여 그를 사용하여야 한다.) 是使卑者踰尊, 疏者踰戚, 非禮
之常, 故不可不謹也.(이것은 낮은 이로 하여금 높은 자를 넘게
하며, 소원한 자로 하여금 친척을 넘게 하는 것이니, 예의 법칙
이 아니다. 그러므로 신중하지 않으면 아니되는 것이다.)

未可也하고 國人이 皆曰賢然後에 察之하여 見賢焉
然後에 用之하며 左右皆曰不可라도 勿聽하며 諸大
夫皆曰不可라도 勿聽하고 國人이 皆曰不可然後에
察之하여 見不可焉然後에 去之하며

(좌우개왈현, 미가야, 제대부개왈현, 미가야, 국인, 개왈현연후,
찰지, 견현언연후, 용지, 좌우개왈불가, 물청, 제대부개왈불가, 물
청, 국인, 개왈불가연후, 찰지, 견불가언연후, 거지)

국역 "좌우 측근들이 모두 어질다고 말하더라도 아직 옳다
고 하지 아니 하여야 하며, 모든 대부들이 그가 어질다고
말하더라도 가하다고 하지 말고, 나라 사람들이 모두 어질
다고 말한 연후에 그를 살펴보아서, 그에게서 현명하고 어
짊이 발견된 뒤에 채용하며, 좌우 측근들이 모두 불가하다
고 말하더라도 듣지 말 것이며, 모든 대부들이 모두 불가
하다고 말하더라도 듣지 말고, 나라 사람들이 모두 불가하
다고 말한 연후에 그를 관찰하여서 그에게서 불가한 점을
발견한 뒤에 버릴 것이며,"41)

---

41) 左右近臣, 其言固未可信. 諸大夫之言, 宜可信矣, 然猶恐其蔽於
私也.(좌우는 가까운 신하이니, 그의 말을 진실로 믿을 수 없고,
여러 대부들의 말은 마땅히 믿을 만하나, 그러나 아직도 그 말
이 사사로움에 엄폐될까 두려운 것이요.) 至於國人, 則其論公矣,
然猶必察之者, 蓋人有同俗而爲衆所悅者, 亦有特立而爲俗所憎
者.(국인에 이르러서는 그 여론이 공정하나, 그러나 아직도 반드
시 살피는 것은, 대개 사람이 세속에 동화하여 대중에게 기쁨을
받는 자도 있고, 역시 뛰어나서 세속에 미움을 받는 자도 있다.)
故必自察之, 而親見其賢否之實, 然後從而用舍之, 則於賢者知之

(7-5) **左右皆曰 可殺**이라도 **勿聽**하며 **諸大夫皆曰可殺**이라
도 **勿聽**하고 **國人皆曰可殺然後**에 **察之**하여 **見可殺**
焉然後에 **殺之**니 **故**로 **曰國人**이 **殺之也**라하니이다
(좌우개왈 가살, 물청, 제대부개왈가살, 물청, 국인개왈가살연후,
찰지, 견가살언연후, 살지, 고, 왈국인, 살지야)

(국역) "좌우 측근들이 모두 죽여야 옳다고 말하더라도 듣지
말며, 모든 대부들이 모두 죽이는 것이 옳다고 말하더라도
듣지 말며, 온 국민이 모두 다 죽이는 것이 옳다고 말한
연후에 그를 관찰하여 그에게서 죽일만한 점을 발견한 뒤
에 그를 죽여야 되는 것입니다. 그러므로 온 국민이 그를
죽였다고 말하는 것입니다."42)

(자의) ㅇ勿－말 물. ㅇ聽－들을 청. ㅇ諸－모두 제. ㅇ焉－(＝於此).

(7-6) **如此然後**에 **可以爲民父母**니이다
(여차연후, 가이위민부모)

深, 任之重, 而不才者, 不得以幸進矣, 所謂進賢如不得已者如
此(그러므로 반드시 스스로 살펴보아, 직접 그 어질고 어질지
못함의 실제를 본 뒤에, 그것에 따라 그를 등용하거나 버린다면
어진 자에게는 앎이 깊고 맡기는 일이 중할 것이요, 재질이 없
는 자는 요행으로 등용될 수 없을 것이니, 이른바 어진 이를 등
용하되, 마치 부득이한 것처럼 한다는 것이 이와 같은 것이다.)

42) 此, 言非獨以此進退人才, 至於用刑, 亦以此道. 蓋所謂天命天討,
皆非人君之所得私也.(이것은, 유독 이 방법을 써서 인재를 등용
하고 물리칠 뿐만 아니라, 형벌을 씀에 있어서도 역시 이 방법
을 써야 한다는 말이다. 대개 이른바 하늘이 명령하고 하늘이
벌하는 것이니, 모두 인군이 사사로이 할 수 있는 것이 아니다.)

(국역) "이와 같이 한 연후에 백성들의 부모가 될 수 있습니다."43)

(해설) 정사가 바르면 '세신(世臣)'이 조정을 이끌고 관리들이 책임을 다하여 사회는 안정되지만, 정사가 바르지 못하면 등용과 파면이 반복하여 나라는 불안하게 된다. 따라서 맹자는 관리의 등용과 파면에 있어서 근본적인 방법을 제선왕에게 제시한다. 백성들이 옳다고 하더라도 그의 정당성을 살펴서 처리하고, 옳지 않다고 하더라도 그의 정당성을 판단하여 처리하여야 한다. 인사권자의 공정하고 정확한 판단과 확고한 비전이 필요하다. 기업에 있어서는 사람을 원가요인이나 대체해야 할 부품으로 보는 것이 아니라, 기업의 성공은 사람을 통해서 성취된다고 보는 경영철학이나 조직문화가 첫째문제이며, 다음으로 그런 조직문화를 만드는 리더십이 문제일 것이다.

제8장   한 사내를 처벌하였다고 들었다
(聞誅一夫章 第八)

(8-1) 齊宣王이 問曰 湯이 放桀하시고 武王이 伐紂하시고 有諸잇가 孟子對曰 於傳에 有之하니이다

---

43) 傳曰 : 民之所好好之, 民之所惡惡之, 此之謂民之父母.('전'에서 이르기를 백성의 좋아하는 바를 좋아하며 백성의 미워하는 바를 미워함을, 이런 것을 백성의 부모라 이르는 것이다.)

(제선왕, 문왈 탕, 방걸, 무왕, 벌주, 유저. 맹자대왈 어전, 유지)

(국역) 제선왕이 물었다. "탕왕이 하나라 걸왕을 추방시키고, 무왕이 주왕을 정벌하였다 하니 그런 일이 있습니까?" 맹자가 대답하였다. "전하는 기록에 그런 것이 있습니다."44)

(자의) ㅇ湯－끓인 물 탕. 은왕조의 시조. ㅇ桀－사나울 걸. 하나라 말대 왕. ㅇ紂－모질 주. 은왕조의 최후 천자. ㅇ諸－(=於此). ㅇ傳－전할 전.

(8-2) 曰 臣弑其君이 可乎잇가

(왈 신시기군, 가호)

(국역) "신하가 그 주군을 시해함이 옳습니까?"45)

(자의) ㅇ弑－죽일 시.

(8-3) 曰 賊仁者를 謂之賊이요 賊義者를 謂之殘이요 殘賊 之人을 謂之一夫니 聞誅一夫紂矣이요 未聞弑君也 니이다

(왈 적인자, 위지적. 적의자, 위지잔. 잔적지인, 위지일부, 문주일 부주의, 미문시군야)

(국역) "인자를 해치는 자를 적이라 말하고, 정의로운 자를 해치는 자를 잔이라 말하고, 잔적한 인간을 일개 필부라 말하는 것이니, 일개 필부인 주를 베었다는 말은 들었어도,

---

44) 放, 置也.(방은 방치하는 것이다.) 書曰 : 成湯放桀于南巢.('서경' '상서' '중훼지고'에 '성탕이 걸왕을 남소에 방치하였다.'고 하였다.)

45) 桀紂, 天子, 湯武, 諸侯.(걸과 주는 천자요, 탕과 무는 제후였다.)

자기 주군을 시해하였다는 말은 듣지 못했습니다."46)

자의 ㅇ賊-도적 적, 해칠 적. ㅇ殘-해칠 잔, 죽일 잔. ㅇ誅-벨 주.

해설 인(仁)의 뜻을 요약하면 남을 사랑하는 것이라고 할 수 있다(논어, 12-2). 인은 차별이 없고, 한계가 없으며, 남을 나만큼 존경하는 마음이 녹아 있으니, 마치 만물을 길러내는 봄날 같은 마음씨라고도 할 수 있다. 인간관계 중에서 인의 마음이 가장 잘 표현되는 관계는 가족관계라 할 수 있다. 그러므로 정치나 전쟁으로 이 가족관계를 파

---

46) 賊, 害也.(적은 해침이다.) 殘, 傷也.(잔은 상함이다.) 害仁者, 凶暴淫虐, 滅絶天理, 故謂之賊.(인을 해치는 자는 몹시 흉악하고, 사납고, 음탕하고, 잔학하여, 천리를 완전히 제거하는지라, 그러므로 적이라 한다.) 害義者, 顚倒錯亂, 傷敗彝倫, 故謂之殘.(의를 해치는 자는 위아래를 바꾸어서 거꾸로 하고 뒤섞어 어수선하게 하여 변치 않는 인륜을 상하고 망치는지라, 그러므로 잔이라 한다.) 一夫, 言衆叛親離, 不復以爲君也.(일부란 민중이 배반하고 친척들이 이반하여 다시는 임금으로 여길 수 없는 것을 말한다.) 書曰 : 獨夫紂.('서경' '태서'에 독부 주라 하였다.) 蓋四海歸之, 則爲天子, 天下叛之, 則爲獨夫, 所以深警齊王, 垂戒後世也.(대개 사해가 돌아오면 천자로 되고, 천하가 그를 배반하면 독부로 되는 것이니, 제나라 왕을 깊게 경계하여, 후세에게 경계를 전하기 위한 것이다.) 王勉曰 : 斯言也, 惟在下者有湯武之仁, 而在上者有桀紂之暴則可. 不然, 是未免於簒弑之罪也.(왕면이 말하였다. 이 말은 오직 아랫자리에 있는 자가 탕·무의 인이 있고, 윗자리에 있는 자가 걸·주의 포악함이 있으면 가하거니와, 그렇지 못하면 이는 임금을 죽이고 그 자리를 뺏는 죄를 면치 못할 것이다.)

괴하는 것은 인을 파괴하는 행위가 된다. 한편 의는 의방
(義方)이라 할 수 있는데, 이 의방을 파괴하는 것이 불의
이다. 따라서 인의(仁義)를 해치는 자는 왕이라 할 수 없
고, 단지 일개 필부일 뿐이니 그를 베는 것은 인의를 지키
는 정의가 되는 것이다.

제9장 큰 궁전을 지으려면(爲巨室章 第九)

(9-1) 孟子見齊宣王曰 爲巨室則 必使工師로 求大木하시
리니 工師得大木 則王喜하여 以爲能勝其任也라하시
고 匠人이 斲而小之則 王이 怒하여 以爲不勝其任
矣라하시리니 夫人이 幼而學之는 壯而欲行之니 王曰
姑舍女(汝)所學하고 而從我라하시면 則何如하니잇고
(맹자견제선왕왈 위거실즉 필사공사, 구대목, 공사득대목 즉왕희,
이위능승기임야, 장인, 착이소지즉 왕, 노, 이위불승기임의, 부인,
유이학지, 장이욕행지, 왕왈 고사녀(여)소학, 이종아, 즉하여)

국역 맹자가 제선왕을 뵙고 말씀하였다. "큰집을 짓는다면
반드시 도목수로 하여금 큰 나무를 구하도록 할 것이니,
도목수가 큰 나무를 얻으면 왕은 기뻐하여 능히 그 임무
를 감당할 수 있다고 여길 것이고, 목수들이 나무를 깎아
서 작게 만들면 왕은 노하여 그 임무를 감당할 수 없다고
여길 것입니다. 대체로 사람들이 어릴 적에 배우는 것은
장성하여 그것을 행하고자 함이니, 왕께서 우선 네가 배운
것을 버리고, 나를 따르라고 한다면 어떻겠습니까?"47)

(자의) ㅇ工師-목공장, 도목수. ㅇ勝-감당하다. ㅇ匠-장인 장. 고안, 궁리. ㅇ斲-깎을 착. ㅇ姑-시어미 고, 고모 고, 아직 고. 우선, 잠시, 잠깐. ㅇ舍-버릴 사(=捨).

(9-2) 今有璞玉於此하면 雖萬鎰이라도 必使玉人彫琢之하시리니 至於治國家는 則曰 姑舍女所學하고 而從我라하시면 則何以異於敎玉人彫琢玉哉잇고

　　(금유박옥어차, 수만일, 필사옥인조탁지, 지어치국가, 즉왈 고사
　　녀소학, 이종아, 즉하이이어교옥인조탁옥재)

(국역) "그런데 지금 여기에 옥덩어리가 있다면 비록 수만량이 들더라도 반드시 옥공(玉工)으로 하여금 조탁케 하실 것이니, 국가를 다스림에 이르러서는 우선 네가 배운 것을 그만두고 나를 따르라고 한다면, 옥공으로 하여금 옥을 조탁하는 법을 가르치는 것과 무엇이 다르겠습니까?"[48]

---

47) 巨室, 大宮也.(거실은 큰 궁궐이다.) 工師, 匠人之長.('공사'는 장인의 우두머리이다.) 匠人, 衆工人也.('장인'은 여러 공인들이다.) 姑, 且也.(고는 우선이다.) 言賢人所學者大, 而王欲小之也.(현인이 배운 것은 큰데, 왕이 그것을 작게 하고자 함을 말한 것이다.)

48) 璞, 玉之在石中者.(박은, 옥이 가공하지 않은 돌에 섞여 있는 것이다.) 鎰, 二十兩也.(일은 20량이다.) 玉人, 玉工也.(옥인은 옥공이다.) 不敢自治而付之能者, 愛之甚也.(감히 스스로 다스리지 못하고, 유능한 자에게 맡기는 것은 심히 아끼기 때문이다.) 治國家則殉私欲而不任賢, 是愛國家不如愛玉也.(국가를 다스림에는 사욕을 따르고 어진 이에게 맡기지 않으니, 이것은 국가를 사랑함이 옥을 사랑하는 것만 못한 것이다.) 范氏曰 : 古之賢者, 常

자의 ㅇ璞－옥덩이 박. ㅇ鎰－24냥 일(1일＝약 20兩). ㅇ彫－새길 조. ㅇ琢－쪼을 탁.

해설 왕도정치를 위한 인재를 큰집의 건축이나 옥덩어리의 가공을 위한 도목수나 옥공에 비유하였다. 왕도정치를 실행할 인재를 얻었으면 그에게 그 일을 전적으로 맡겨야 좋은 결과를 얻을 수 있는 것이다. 가령 회사의 간부에게 아무런 권한이 없다면 업무추진에 탄력을 받을 수 없다. 그러므로 간부에게 업무를 맡길 때는 업무영역을 명확히 정함과 동시에 그 업무를 추진하는 데 필요한 적정한 권한도 부여해야 한다. 권한의 부여와 방임은 구별해야 한다.

제10장 물·불을 피한다(避水火也章 第十)

(10-1) 齊人이 伐燕 勝之어늘

　　　(제인, 벌연 승지)

국역 제나라가 연나라를 정벌하여 승리를 하였거늘,49)

患人君不能行其所學, 而世之庸君, 亦常患賢者不能從其所好.(범씨가 말하였다. '옛 현인들은 항상 인군이 그가 배운 바를 능히 행하지 못할까 걱정하였고, 세상의 용군들은 역시 항상 현자들이 그가 좋아하는 바를 따르지 않을까 걱정하였다.) 是以君臣相遇, 自古以爲難.(이 때문에 군신이 서로 만나는 것을 예로부터 어렵게 여겼다.) 孔孟終身而不遇, 蓋以此耳.(공자와 맹자가 종신토록 만나지 못함은 대개 이 때문일 뿐이다.)

49) 按史記, 燕王噲讓國於其相子之, 而國大亂.('사기'를 살펴건대, 연나라 왕인 쾌가 승상인 자지에게 나라를 양여하자, 연나라가 크

(자의) ○伐－칠 벌, 자랑할 벌. ○燕－제비 연, 나라 연.

(10-2) 宣王이 問曰 或謂寡人勿取라하며 或謂寡人取之라
하니 以萬乘之國으로 伐萬乘之國하되 五旬而擧之
하니 人力으론 不至於此니 不取하면 必有天殃이니
取之 何如하니잇고

(선왕, 문왈 혹위과인물취, 혹위과인취지, 이만승지국, 벌만승지
국, 오순이거지, 인력, 부지어차, 불취, 필유천앙, 취지 하여)

(국역) 제선왕이 물었다. "어떤 자는 과인더러 연나라를 취하
지 말라 하며, 어떤 자는 과인더러 연나라를 취하라 합니
다. 만승의 대국으로써 만승의 대국을 정벌하였는데, 50일
만에 완전히 정벌하였으니, 인력으로는 이런 일에 이르지
못할 것입니다. 취하지 않는다면 반드시 재앙이 있을 것이
니, 연나라를 취함이 어떻겠습니까?"[50]

(자의) ○或－어떤 자(或人). ○萬乘－병거(兵車) 만대를 동원할 수
있는 국가, 즉 천자의 나라. ○旬－열흘 순. ○殃－재앙 앙.

(10-3) 孟子對曰 取之而燕民悅則 取之하소서 古之人이
有行之者하니 武王이 是也니이다 取之而燕民이 不

게 혼란하였다.) 齊因伐之. 燕士卒不戰, 城門不閉, 遂大勝燕.(제
나라가 그것을 틈타서 정벌을 하자, 연나라 사졸들은 싸우지도
않고, 성문을 닫지도 않았다. 마침내 연나라를 크게 이겼다.)

50) 以伐燕爲宣王事, 與史記諸書不同, 已見序說.(연나라를 정벌한
것이 제나라 선왕의 일로 여기는 것은, '사기' 등 여러 책과 더
불어 같지 않으니 이미 서설에서 보았다.)

悦則 勿取하소서 古之人이 有行之者하니 文王이 是也니이다

(맹자대왈 취지이연민열즉 취지. 고지인, 유행지자, 무왕, 시야. 취지이연민, 불열즉 물취. 고지인, 유행지자, 문왕, 시야)

국역 맹자가 대답하였다. "연나라를 취하였는데 연나라 백성들이 기뻐하거든 취하소서. 옛사람 중에 그렇게 행한 이가 있으니 무왕이 바로 그분입니다. 연나라를 취하였는데 백성들이 기뻐하지 않거든 취하지 마소서. 옛사람 중에 그렇게 행한 이가 있으니 문왕이 바로 그분입니다."[51]

자의 ○燕－제비 연, 잔치 연, 연나라 연. ○悅－기쁠 열.

(10-4) 以萬乘之國으로 伐萬乘之國이어늘 簞食壺漿으로 以迎王師는 豈有他哉리오 避水火也니 如水益深하며 如火益熱이면 亦運而已矣니이다

---

51) 商紂之世, 文王三分天下有其二, 以服事殷, 至武王十三年, 乃伐紂而有天下.(상나라 주왕의 세대에 문왕이 3분된 천하에서 그 2를 소유하였는데도, 복종함으로써 은을 섬기다가 무왕 13년에 이르러 마침내 주왕을 정벌하여 천하를 다 소유하였다.) 張子曰: 此事間不容髮, 一日之間, 天命未絶, 則是君臣, 當日命絶, 則爲獨夫.(장자가 말하였다. 이 일의 간격은 털끝만큼도 용납되지 않으니, 1일 동안이라도 천명은 단절되지 않으면 이것은 군·신간이요, 천명이 단절되는 그날로 곧 독부가 된다.) 然命之絶否, 何以知之. 人情而已, 諸侯不期而會者八百, 武王安得而止之哉.(그러나 천명의 단절여부는 어떻게 아는가? 사람들의 정일 뿐이다. 제후들이 기약하지 않았는데도 모인 자가 8백이나 되었으니, 무왕이 어찌 그것을 중지할 수 있었겠는가?)

(이만승지국, 벌만승지국, 단사호장, 이영왕사, 기유타재. 피수화야, 여수익심, 여화익열, 역운이이의)

(국역) "만승의 대국으로써 만승의 대국을 정벌하거늘 도시락밥과 병에 간장을 담아와서 왕의 군대를 맞이한 까닭은 어찌 딴 이유가 있어서이겠습니까? 물·불을 피하기 위해서입니다. 만일 물이 더욱 깊어지며, 만일 불이 더욱 뜨거워진다면 또한 딴 곳으로 옮길 뿐입니다."52)

(자의) ○簞-대그릇 단. ○食-먹을 식, 밥 사. ○壺-병 호. ○漿-장물 장. ○豈-어찌 기. ○運-돌 운. 운반하다, 옮기다.

(해설) 제나라가 연나라를 쳐서 이겼다. 제왕은 연나라의 합병을 맹자에게 묻는다. 맹자는 고사로써 대답한다. 무릇 국가는 백성을 위해 존재하는 것이니, 그 나라 백성들의 희망에 따라 처리하는 것이 정도이다. 백성은 임금의 위엄에 따르는 것이 아니라, 오직 물·불의 재앙을 피해서 어진 왕을 따를 뿐이기 때문이다. 제선왕은 맹자의 제안을 받아들이지 않았다. 그 사변으로 맹자는 왕이 자기의 의견을 채택할 뜻이 없음을 알고 그곳을 떠나게 된다. 한편 정

---

52) 簞, 竹器.(단은 대그릇이다.) 食, 飯也.(사는 밥이다.) 運, 轉也.(운은 이전이다.) 言齊若更爲暴虐, 則民將轉而望救於他人矣.(제나라가 만일 다시 포악하고 잔학한 정치를 하면 백성들이 장차 이전하여 타인에게 구원을 바랄 것임을 말한 것이다.) 趙氏曰 : 征伐之道, 當順民心, 民心悅, 則天意得矣.(조씨가 말하였다. 정벌하는 방법은 당연히 민심에 순응해야 하니, 민심이 기뻐하면 하늘의 뜻을 얻은 것이다.)

부가 시장의 힘을 무시하거나 외면할 경우 그 결과는 참담한 패배일 것이다. 경제는 정의만으로 해결되지 않는다.

제11장 제후들이 연나라를 구하다
(諸侯救燕章 第十一)

(11-1) 齊人이 伐燕取之한대 諸侯將謀救燕이러니 宣王曰 諸侯多謀伐寡人者하니 何以待之잇고 孟子對曰 臣聞 七十里로 爲政於天下者는 湯是也니 未聞以 千里로 畏人者也니이다

(제인, 벌연취지, 제후장모구연, 선왕왈 제후다모벌과인자, 하이 대지. 맹자대왈 신문 칠십리, 위정어천하자, 탕시야, 미문이천리, 외인자야)

(국역) 제나라가 연나라를 정벌하여 취하자, 제후들이 장차 연나라의 구원을 도모하더니, 제선왕이 말하였다. "제후들이 과인을 정벌할 모의를 많이 하고 있으니, 무슨 방법으로 그들을 대처해야 합니까?" 맹자가 대답하였다. "신이 들으니 사방 70리로 천하에 정사를 한 자는 탕왕이 그런 사람이라고 들었는데, 사방 천리로써 남을 두려워했다는 자는 아직 듣지 못했습니다."53)

(자의) ㅇ謀-꾀할 모. ㅇ寡-적을 과. ㅇ何以-왜, 어째서, 무엇으로,

---

53) 千里畏人, 指齊王也.(천리를 가지고도 남을 두려워한다는 것은 제왕을 가리킨 것이다.)

어떻게. ㅇ畏-두려워할 외.

(11-2) 書에 曰 湯이 一征을 自葛로 始하신대 天下信之하여
東面而征에 西夷怨하며 南面而征에 北狄이 怨하여
曰 奚爲後我오하며 民이 望之하되 若大旱之望雲霓
也하여 歸市者不止하며 耕者不變이어늘 誅其君而
弔其民하신대 若時雨降이라 民이 大悦하니 書에 曰
徯我后하더니 后來하시면 其蘇라하니이다
(서, 왈 탕, 일정, 자갈, 시, 천하신지, 동면이정, 서이원, 남면이
정, 북적, 원, 왈 해위후아, 민, 망지, 약 대한지망운예야, 귀시자
부지, 경자불변, 주기군이조기민, 약시우강. 민, 대열, 서, 왈 혜
아후, 후래, 기소)

국역 '서경'에 이르기를 "은의 탕왕이 첫 번째 정벌을 갈 땅
으로부터 시작하자, 천하 사람들이 탕을 믿어서, 동쪽을
향하여 정벌함에 서쪽지방 사람들이 원망하며, 남쪽을 향
하여 정벌함에 북쪽지방 사람들이 원망하여 말하기를, '어
찌하여 우리를 뒤로 미루는가?'하고 말하여, 백성들이 그
가 오기를 바라되, 마치 큰 가뭄에 구름과 무지개를 바라
듯이 하여, 시장에 왕래하는 사람들이 멈추지 않았으며,
경작하는 자가 변동하지 않고 그대로 하거늘, 그들의 임금
을 주벌(誅罰)하고 그 백성들을 위로하니, 마치 때맞추어
비가 내린 것과 같아, 백성들이 크게 기뻐하니, '서경'에
이르기를 '우리 임금님을 기다렸더니, 임금님이 오시니, 그
러니 우리는 소생하게 되었다.'고 하였습니다."54)

자의 ○葛-칡 갈. ○狄-오랑캐 적. ○奚-어찌 해. ○霓-무지개 예. ○誅-죽일 주. ○弔-매달 조, 조상할 조. 위문하다. ○徯-기다릴 혜. ○后-임금 후. ○蘇-소생할 소.

(11-3) 今에 燕虐其民이어늘 王이 往而征之하시니 民이 以爲將拯己於水火之中也라하니 簞食壺漿으로 以迎王師어늘 若殺其父兄하며 係累其子弟하며 毁其宗廟하며 遷其重器하면 如之何其可也리오 天下固畏齊之彊也니 今又倍地而不行仁政이면 是는 動天下之兵也니이다

(금, 연학기민, 왕, 왕이정지, 민, 이위장증기어수화지중야, 단사

---

54) 兩引書, 皆商書仲虺之誥文也, 與今書文亦小異.(두번 인용한 '서경'은 모두 '상서' '중훼지고'의 글이니, 지금 '서경'의 글과 역시 조금 다르다.) 一征, 初征也.(일정은 첫 번째 정벌이다.) 天下信之, 信其志在救民, 不爲暴也.(천하가 믿었다는 것은 그 뜻이 백성의 구제에 있고, 포학에 있지 않다는 것을 믿은 것이다.) 奚爲後我, 言湯何爲不先來征我之國也.('해위후아'는 '탕왕이 어찌하여 먼저 와서 우리나라를 정벌하지 않는가'라고 말한 것이다.) 霓, 虹也. 雲合則雨, 虹見則止.(예는 무지개이니, 구름이 모이면 비가 되고, 무지개가 나타나면 그친다.) 變, 動也.(변은 움직임이다.) 徯, 待也.(해는 기다림이다.) 后, 君也.(후는 군주이다.) 蘇, 復生也.(소는 다시 살아나는 것이다.) 他國之民, 皆以湯爲我君, 而待其來, 使己得蘇息也.(타국의 백성들이 모두 탕왕으로써 우리 임금이라 하고, 그가 와서 자기들로 하여금 소생할 수 있도록 해주기를 기다린 것이다.) 此言湯之所以七十里而爲政於天下也.(이것은 탕왕이 70리로써 천하에서 정사를 하게 된 것을 말한 것이다.)

호장, 이영왕사, 약살기부형, 계루기자제, 훼기종묘, 천기중기,
여지하기가야. 천하고외제지강야, 금우배지이불행인정, 시, 동천
하지병야)

(국역) "그런데 지금 연나라가 그 백성들에게 학정을 하거늘,
왕께서 그곳으로 가서 정벌하시니, 연나라 백성들이 장차
자기들을 물·불의 가운데서 구원해 줄 것이라고 여겨, 도
시락밥과, 간장병을 들고 와서, 왕의 군대를 환영하였거늘,
만일 그 부형을 죽이고, 자제들을 구속하며, 그 종묘를 훼
손하며, 그 나라의 중요한 기물을 옮긴다면 그렇게 하는
것이 어찌 옳다고 하겠습니까? 천하가 진실로 제나라의
강함을 두렵게 여기고 있는데, 그런데 지금 또 다시 땅을
배나 가지고 있으면서 인정을 시행하지 않는다면 이것은
천하의 전쟁을 발동하는 것이 됩니다."55)

(자의) ㅇ以爲-여기다. ㅇ拯-건질 증. 구하다. ㅇ係-묶을 계.

---

55) 拯, 救也.(증은 구원함이다.) 係累, 縶縛也.(계루는 묶는 것이다.)
重器, 寶器也.(중기는 보배로운 그릇이다.) 畏, 忌也.(외는 꺼림이
다.) 倍地, 幷燕而增一倍之地也.(배지는 연나라를 병합하여 1배
의 땅을 증가한 것이다.) 齊之取燕, 若能如湯之征葛, 則燕人悅
之, 而齊可爲政於天下矣.(제나라가 연나라를 취하기를, 만약 능
히 탕이 갈을 정벌한 것과 같이 하였더라면, 연나라 사람들이 그
를 기뻐하여, 제나라는 천하에서 정사를 할 수 있었을 것이다.)
今乃不行仁政而肆爲殘虐, 則無以慰燕民之望, 而服諸侯之心.(그
런데 지금 마침내 인정을 행하지 않고 방자하게 잔학한 짓을 하
였으니, 연나라 백성들의 소망을 위안하고, 제후들의 마음을 복종
시킬 수가 없었던 것이다.) 是以不免乎以千里而畏人也.(이 때문
에 천리로써도 남을 두려워함을 면치 못하였던 것이다.)

ㅇ累-묶을 루. ㅇ毀-헐 훼. ㅇ遷-옮길 천. ㅇ彊-강할 강.
ㅇ兵-군사 병. 병기, 전쟁, 전란.

(11-4) **王速 出令**하사 **反其旄倪**하시며 **止其重器**하시고 **謀
於燕衆**하여 **置君而後**에 **去之則猶可 及止也**리이다
(왕속 출령, 반기모예, 지기중기, 모어연중, 치군이후, 거지즉유
가 급지야)

(국역) "왕께서 명령을 속히 내려, 노약자들을 돌려보내 주며,
그 중기(重器)를 빼앗는 것을 중지하고, 연나라 민중들과
상의하여, 임금을 세워준 뒤에, 그곳을 떠나가면 오히려
전란을 중지시키는 데 이르게 될 것입니다."56)

(자의) ㅇ旄-늙은이 모. ㅇ倪-어린이 예. ㅇ及-미칠 급, 더불어 급.
이르다.

---

56) 反, 還也.(반은 반환이다.) 旄, 老人也.(모는 노인이다.) 倪, 小兒
也.(예는 소아이다.) 謂所虜略之老小也.(이른바 포로로 약탈한
노인과 소아를 말하는 것이다.) 猶, 尙也.(유는 오히려이다.) 及
止, 及其未發而止之也.('급지'는 그것이 아직 발발하지 않는 상
태에 이르러 그것을 중지시키는 것이다.) 范氏曰 : 孟子事齊梁之
君, 論道德則必稱堯舜, 論征伐則必稱湯武.(범씨가 말하였다. 맹
자가 제·양의 군주를 섬길 적에, 도덕을 논의할 때면 반드시
요·순을 칭하였고, 정벌을 논의할 때면 반드시 탕·무를 칭하였
다.) 蓋治民不法堯舜, 則是爲暴, 行師不法湯武, 則是爲亂.(대개
백성을 다스릴 적에 요·순을 본받지 않으면 그것은 폭정이 되
고, 군대를 출동할 적에 탕·무를 본받지 않으면 그것은 반란이
되기 때문이다.) 豈可謂吾君不能, 而舍所學以徇之哉.(어찌 우리
군주는 불가능하다 하여, 배운 바를 버리고서도 그것에 따라 가
리라고 말할 수 있겠는가?)

(해설) 제나라가 연나라를 쳐서 이겼으나, 선정을 베풀지 않으니 연나라 백성들은 물론 다른 제후들까지 제휴하여 제나라를 정벌하려는 사태가 생겼다. 이에 제선왕은 긴장하여 맹자께 방책을 물었다. 맹자는 '서경'의 고사로써 대답한다. 가령 큰돈을 벌어 물질적 풍요를 누린다고 하더라도 그의 기본이 건전하지 못하면 천민자본가에 지나지 않을 것이다. 시장은 기업윤리를 중시하는 경영자를 우대하는 정서를 가지기 때문이다.

제12장　추나라와 노나라가 싸우다
(鄒與魯鬨章 第十二)

(12-1) **鄒與魯鬨**이러니 **穆公問曰 吾有司死者三十三人**이로되 **而民**은 **莫之死也**하니 **誅之則不可勝誅**요 **不誅則疾視其長上之死而不救**하니 **如之何則可也**잇고
(추여노홍, 목공문왈 오유사사자삼십삼인, 이민, 막지사야, 주지즉불가승주, 부주즉질시기장상지사이불구, 여지하즉가야)

(국역) 추나라가 노나라와 같이 싸우더니, 추나라 목공이 물었다. "나의 관리는 죽은 자가 33명이나 되지만, 그런데 그 전쟁에서 백성들은 죽은 자가 아무도 없으니, 그들을 베어 죽인다고 하더라도 다 벨 수도 없고, 그들을 벌을 주지 않는다면 그 장상들을 질시하여 그들이 죽어도 구해주지 않으니, 그 일을 어찌 처리하면 좋겠습니까?"57)

(자의) ○鄒-나라이름 추. ○鬨-떠들 홍(항). ○穆-화목할 목. ○有

司-관리, 어느 부서의 책임자. ㅇ誅-벨 주. ㅇ疾-미워할 질.

(12-2) **孟子對曰 凶年饑歲**에 **君之民**이 **老弱**은 **轉乎溝壑**하고 **壯者**는 **散而之四方者 幾千人矣**로되 **而君之倉廩實**하며 **府庫充**이어늘 **有司莫以告**하니 **是**는 **上慢而殘下也**라 **曾子曰 戒之戒之**하라 **出乎爾者 反乎爾者也**라하시니 **夫民**이 **今而後**에 **得反之也**로소니 **君無尤焉**하소서

(맹자대왈 흉년기세, 군지민, 노약, 전호구학, 장자, 산이지사방자 기천인의, 이군지창늠실, 부고충, 유사막이고, 시, 상만이잔하야. 증자왈 계지계지, 출호이자 반호이자야, 부민, 금이후, 득반지야, 군무우언)

[국역] 맹자가 대답하였다. "흉년이 들어서 임금의 백성들이, 노약자는 시궁창에서 죽어 뒹굴고, 장정들은 흩어져서 사방으로 간 자가 몇 천명이나 되는데도, 그런데 임금의 곡물창고는 곡식이 꽉 차고, 관청의 곳집은 충만하거늘, 관리 중에 백성들의 이런 일을 보고하는 자도 없었으니, 이것은 윗사람이 태만하여, 아랫사람을 잔혹하게 한 것입니다. '증자가 말씀하기를, 경계하고 경계하라. 네게서 나온

---

57) 鬨, 鬪聲也.(홍은 싸우는 소리이다.) 穆公, 鄒君也.(목공은 추나라 군주이다.) 不可勝誅, 言人衆不可盡誅也.('불가승주'란 사람이 많아서 다 벨 수 없음을 말한다.) 長上, 謂有司也. 民怨其上, 故疾視其死而不救也.('장상'이란 유사를 이른다. 백성들이 그 장상을 원망하였다. 그러므로 그의 죽음을 질시하면서 구원해 주지 않는 것이다.)

것은 네게로 돌아간다.'고 하였으니, 대체로 백성들이 오늘
이후에 지금까지 당한 것을 돌려줄 기회를 얻게 된 것이
니, 왕께서는 백성들을 허물하지 마소서."58)

자의 ㅇ饑－굶주릴 기. ㅇ饑歲－흉년. ㅇ溝－도랑 구. ㅇ壑－골짜
기 학. ㅇ倉廩－곡물창고. ㅇ府庫－관청의 곳간. ㅇ慢－게으를 만.
ㅇ殘－해칠 잔, 남을 잔. ㅇ爾－너 이. ㅇ尤－더욱 우, 허물 우.

(12-3) **君行仁政**하시면 **斯民**이 **親其上**하여 **死其長矣**리이다
　　　　(군행인정, 사민, 친기상, 사기장의)

국역 "왕께서 인정을 시행한다면 이 선량한 백성들이 그 윗
사람과 친근해져서 그 어른을 위해 죽게 될 것입니다."59)

---

58) 轉, 飢餓輾轉而死也.(전은 굶주림으로 전전하다가 죽는 것이다.)
充, 滿也.(충은 충만한 것이다.) 上, 謂君及有司也.(상은 임금 및
유사를 이른다.) 尤, 過也.(우는 허물함이다.)

59) 君不仁而求富, 是以有司知重斂而不知恤民.(임금이 인하지 못하
여 부귀를 구한다. 이 때문에 유사가 무겁게 세금을 거둘 줄만
알고, 백성을 구휼할 줄을 알지 못한다.) 故君行仁政, 則有司皆
愛其民, 而民亦愛之矣.(그러므로 임금이 어진 정사를 시행하면,
유사가 모두 그 백성을 사랑하고, 백성들 역시 그를 사랑할 것
이다.) 范氏曰 : 書曰 : 民惟邦本, 本固邦寧.(범씨가 말하였다. '서
경' '오자지가'에 이르기를, '백성은 오직 나라의 뿌리이니, 근본
이 견고해야 나라가 안녕하다.'고 하였다.) 有倉廩府庫, 所以爲
民也. 豊年則斂之, 凶年則散之, 恤其飢寒, 救其疾苦.(창름과 부
고를 소유하는 것은 백성을 위한 것이다. 풍년에는 거둬들이고,
흉년에는 재산을 산포(散布)하여, 그의 굶주리고 추운 사람들을
구휼하며, 그의 병들고 고생하는 자들을 구제하였다.) 是以民親
愛其上, 有危難則赴救之, 如子弟之衛父兄, 手足之捍頭目也.(이

자의 ○斯-이 사. ○親-친할 친. 어버이. ○長-어른 장.

해설 추·노 간의 싸움에서 추나라 관리는 많이 죽었는데 백성들은 그들을 구해주지 않았다. 그래서 추나라 목공이 고민한다. 맹자는 지난날 흉년에 수많은 백성들이 굶어죽고 유랑을 떠날 적에, 관리들은 백성의 구휼을 외면하였고, 임금은 창고를 열 줄 몰랐다. 지금이라도 어진 정치를 행하면 백성들은 틀림없이 임금과 하나가 될 것이라고 했다. 영리를 목적으로 하는 기업경영에 있어서도 지속가능경영을 하자면, 주주뿐만 아니라 종업원·고객·사회단체 등 기업에 관련된 모든 이해관계자를 함께 고려하지 않으면 안 된다. 이것은 단순한 자선(慈善) 차원이 아니라, 기업 자신의 이익제고를 위한 생존문제이기 때문이다.

제13장 제나라와 초나라 사이에 끼어 있다
(間於齊楚章 第十三)

(13-1) 滕文公이 問曰 滕은 小國也라 間於齊楚하니 事齊
乎잇가 事楚乎잇가
(등문공, 문왈 등, 소국야. 간어제초, 사제호, 사초호)

때문에 백성들이 그 윗사람을 친애하여 위난이 있으면 달려가 그를 구원하기를, 마치 자제들이 부형을 보위하듯이 하며, 수족이 두목을 막듯이 하는 것이다.) 穆公不能反己, 猶欲歸罪於民, 豈不誤哉.(목공은 능히 자기에게 돌이켜 반성하지 못하고, 오히려 백성에게 죄를 돌리고자 하였으니, 어찌 잘못이 아니겠느냐?)

국역 등문공이 물었다. "등나라는 작은 나라로, 제나라와 초
나라 사이에 있으니 제나라를 섬겨야 합니까? 초나라를
섬겨야 합니까?"60)

자의 ㅇ滕—나라 이름 등. ㅇ事—섬길 사.

(13-2) **孟子對曰 是謀**는 **非吾所能及也**로소이다 **無已則有
一焉**하니 **鑿斯池也**하며 **築斯城也**하여 **與民守之**하여
效死而民弗去則 是可爲也니이다

(맹자대왈 시모, 비오소능급야. 무이즉유일언, 착사지야, 축사성
야, 여민수지, 효사이민불거즉 시가위야)

국역 맹자가 대답하였다. "그런 대책은 내가 능히 미칠 수
있는 바가 아닙니다. 그만둘 수가 없다면 한 가지 방법이
있으니, 이 땅에 못을 깊이 파며, 성을 높이 쌓아 백성과
더불어 그 성을 지켜서, 죽음을 무릅쓰고 백성들이 떠나가
지 않는다면 이것은 해볼만한 방법입니다."61)

---

60) 滕, 國名.(등은 나라 이름이다.)
61) 無已見前篇.('무이'는 전편에 보인다.) 一, 謂一說也.(일은 일설을
이른다.) 效, 猶致也.(효는 바치는 것과 같다.) 國君死社稷, 故致
死以守國.(국군은 사직을 위해 죽는다. 그러므로 나라를 지키기
위하여 목숨을 바칠 것이다.) 至於民亦爲之死守而不去, 則非有
以深得其心者不能也.(백성들 역시 그것을 위해 사수할 지경에
이르러도 떠나가지 않을 것이다. 다만, 그 중심을 깊이 깨달아
아는 자가 아니면 능히 할 수 없다.) 此章言有國者當守義而愛
民, 不可儌倖而苟免.(이 장은 국가를 소유한 자는 당연히 정의
를 지켜 백성을 사랑할 것이요, 요행을 바라 구차히 면하려고
해서는 안됨을 말한 것이다.)

자의 ㅇ鑿-팔 착. ㅇ效-드릴 효. ㅇ效死-목숨을 바쳐 일하다
(=效命). ㅇ弗-아닐 불.

해설 등나라는 제·초의 두 강대국 사이에 놓여있어서 지리
적으로 불리했다. 이런 조건은 결국 전쟁이 일어날 땅이니,
두 강대국의 위협을 의식해야 할 형편이었다. 그래서 등문
공은 맹자께 '두 강대국 중에서 어느 쪽을 따라야 할까
요?'하고 물었다. 이런 현실적인 문제 앞에서 맹자는 한없
이 무력하다. 그의 대답은 완전한 공론(空論)으로 실제에
는 거의 쓸모가 없는 것이다. 소국이 문을 닫고 오직 대국
을 섬기는 방법만이 안전보장책이 아니라, 나라를 개방하
여 백성을 강하게 만들어야 한다. 폐쇄된 사회나 체제는
엄격함의 무게에 짓눌려 붕괴될 수밖에 없고, 스스로 모순
을 해결할 능력도 없다. 나라의 존망에 관한 문제는 오늘
날이라고 하여 크게 다를 것이 없다.

제14장 제나라 사람들이 설 땅에 성을 쌓으려고 한다
(齊人將築薛章 第十四)

(14-1) 滕文公이 問曰 齊人이 將築薛하니 吾甚恐하노니
如之何則可잇고
(등문공, 문왈 제인, 장축설, 오심공, 여지하즉가)

국역 등문공이 물었다. "제나라에서 장차 설 지방에 축성을
하려고 한다니, 내가 매우 두려운데, 그 일을 어찌하면 좋
겠습니까?"62)

(자의) ○薛-나라 이름 설. ○甚-심할 심, 무엇 심. ○則--~하면 ~하다.

(14-2) 孟子對曰 昔者에 大王이 居邠하실새 狄人이 侵之어늘 去하시고 之岐山之下하사 居焉하시니 非擇而取之라 不得已也시이다.

(맹자대왈 석자, 태왕, 거빈, 적인, 침지, 거, 지기산지하, 거언, 비택이취지, 부득이야)

(국역) 맹자가 대답하였다. "옛날 태왕이 빈 땅에 거주할 때에 북쪽의 적인(狄人)이 빈 땅을 침략하거늘, 그곳을 떠나 기산 아래로 가서 살았으니, 이곳을 가려서 취한 것이 아니라 부득이해서였습니다."63)

(자의) ○邠-땅이름 빈. ○狄-오랑캐 적. ○岐-산이름 기.

(14-3) 苟爲善이면 後世子孫이 必有王者矣리니 君子創業垂統하여 爲可繼也라 若夫成功則天也니 君如彼에 何哉리오 彊爲善而已矣니이다

(구위선, 후세자손, 필유왕자의, 군자창업수통, 위가계야. 약부성

---

62) 薛, 國名, 近滕. 齊取其地而城之.(설은 나라 이름이니, 등나라와 가까웠는데, 제나라가 그 땅을 탈취하여 거기에 성을 쌓았다.) 故文公以其偪己而恐也.(그러므로 문공은 그들이 자기 나라를 핍박한다고 여겨 두려워한 것이다.)

63) 邠, 地名.(빈은 지명이다.) 言大王非以岐下爲善, 擇取而居之也, 詳見下章.(태왕이 기산 아래를 가지고 좋게 여겨, 선택해서 거기에 거주한 것이 아님을 말한 것이니, 이 내용은 아래 장에 자세히 보인다.)

공즉천야, 군여피, 하재. 강위선이이의)

(국역) "진실로 오랫동안 선을 행하면, 후세에 자손 중에 반드시 왕노릇 하는 자가 있을 것입니다. 군자는 왕업을 창시하여 실마리를 전하여 계속할 수 있게 함입니다. 만약 대체로 성공함은 천운이니, 왕께서 저 제나라를 어떻게 하겠습니까? 힘써 선행을 할 뿐입니다."64)

(자의) ○荀−진실로 구. ○垂−늘어질 수. 후세에 전하다. ○統−실마리(=統緖). ○如彼何−저들을 어찌하나? ○彊−강할 강(=强).

(해설) 문공은 제나라가 침공을 해올 낌새에 걱정하여 대비책을 묻는다. 문공이 구체적인 대답을 구할수록 맹자의 대답

---

64) 創, 造.(창은 창조이다.) 統, 緖也.(통은 실마리이다.) 言能爲善, 則如大王雖失其地, 而其後世遂有天下, 乃天理也.(능히 선행을 하면 마치 태왕처럼 비록 그 땅을 잃을지라도 그 후세가 마침내 천하를 소유할 것이니 이것이 바로 천리이다.) 然君子造基業於前, 而垂統緖於後, 但能不失其正, 令後世可繼續而行耳. 若夫成功, 則豈可必乎?(그러나 군자는 기업(基業)을 앞에서 만들고 뒤에서 실마리를 전해 가되, 다만 능히 그 정도를 잃지 않게 하여, 후세로 하여금 계속하여 행하게 할뿐이다. 성공 같은 것은, 곧 어찌 보증할 수 있겠는가?) 彼齊也, 君之力旣無如之何, 則但彊於爲善, 使其可繼而俟命於天耳.(저 제나라를 그대의 힘이 이미 어찌할 수 없다면, 다만 고집스럽게 선을 함에 그로 하여금 가급적 계속하여, 하늘로부터 하명(下命)을 기다리게 할 뿐이다라고 말한 것이다.) 此章言人君但當竭力於其所當爲, 不可徼幸於其所難必.(이 장은, 인군은 그가 당연히 해야 할 바에서 마땅히 힘을 다할 것이요, 그가 보증하기 곤란한 바에서 요행을 바라서는 안 됨을 말한 것이다.)

은 비현실적인 것이 된다. 이번에도 그는 주나라 태왕의
일을 예로 든다. 당장 반격할 수 없다면 문공이 천하백성
의 마음을 얻는 선업을 닦아 장차 성공할 수 있는 기초를
다져나간다면 반드시 인접한 국가도 대적할 수 있다는 것
이다. 이런 조언은 백성들과 존망을 함께 해야 한다는 것
보다 더 비현실적이다. 시급한 현재 상황의 문제해결에 전
혀 도움이 안 되는 내용이다. 여기서 맹자의 인정사상과
현실간의 괴리를 쉽게 볼 수 있다. 정치 이외의 모든 일도
기본적으로는 대성을 위한 터전을 닦는 일이다. 세계화 속
의 지역주의 확산이라는 측면에서 나라경제의 나아갈 길
을 바라볼 때, 꾸준한 기술혁신과 함께 시장경제질서를 확
고하게 정착시켜 나가는 것이 향후에 있을 경제통합의 대
비책이 될 것이다. 그러나 단기적 대책이 없으면 한갓 사
후약방문이 될 수도 있다.

제15장 힘을 다해 죽더라도 떠나지 못한다
(效死勿去章 第十五)

(15-1) 滕文公이 問曰 滕은 小國也라 竭力하여 以事大國
이라도 則不得免焉이로소니 如之何則可잇가 孟子對
曰 昔者에 大王이 居邠하실새 狄人侵之어늘 事之
以皮幣라도 不得免焉하며 事之以犬馬라도 不得免
焉하며 事之以珠玉이라도 不得免焉하여 乃屬其耆
老而告之曰 狄人之所欲者는 吾土地也라 吾는 聞

之也하니 君子는 不以其所以養人者로 害人이라하니 二三子는 何患乎無君이리오 我將去之하리라하시고 去邠하시고 踰梁山하사 邑于岐山之下하여 居焉하신대 邠人曰 仁人也라 不可失也라하고 從之者如歸市하니이다

(등문공, 문왈 등, 소국야. 갈력, 이사대국, 즉부득면언, 여지하즉가. 맹자대왈 석자, 태왕, 거빈, 적인침지, 사지이피폐, 부득면언, 사지이견마, 부득면언, 사지이주옥, 부득면언, 내촉기기노이고지왈 적인지소욕자, 오토지야. 오, 문지야, 군자, 불이기소이양인자, 해인, 이삼자, 하환호무군. 아장거지, 거빈, 유양산, 읍우기산지하, 거언, 빈인왈 인인야. 불가실야, 종지자여귀시)

국역 등문공이 물었다. "우리 등나라는 약소국입니다. 힘을 다하여 대국을 섬기더라도 화를 면할 수 없으니 어떻게 하면 좋겠습니까?" 맹자가 대답하였다. "옛날 태왕이 빈 땅에 거주하실 때 적인이 그곳을 침략하자, 그들을 가죽과 비단으로써 섬겨도 화를 면하지 못하였으며, 개와 말로써 섬겨도 화를 면하지 못하였으며, 바다의 보배[珠]와 산의 보배[玉]로써 섬겨도 화를 면할 수가 없어서, 그래서 원로[耆老]에게 부탁하여 말씀하기를 '적인들이 원하는 것은 우리의 토지이다. 내가 들으니 군자는 그 사람을 기르기 위한다는 이유로써 사람을 해치지 아니한다고 하였으니, 여러분들은 군주가 없음이 무슨 걱정이겠는가? 내 장차 이곳을 떠나겠다.'하고는, 빈 땅을 떠나 양산을 지나서 기산 아래에 도읍 터를 만들고 거주하자, 빈 땅 사람들은

'인인(仁人)이다. 놓쳐서는 안 된다.'하고 그를 따르는 자
가 마치 시장처럼 몰렸다고 하더이다."65)

(자의) ㅇ竭–다할 갈, 들 갈. ㅇ如之何–어찌, 어떻게, 어떠한가?
ㅇ幣–비단 폐, 돈 폐. ㅇ屬–무리 속, 이을 촉, 청촉할 촉(=囑).
ㅇ耆老–노인. ㅇ二三子–여러분들. ㅇ踰–넘을 유. 지나다, 초과하
다, 멀다. ㅇ歸–몰리다, 쏠리다.

(15-2) 或曰 世守也라 非身之所能爲也니 效死勿去라하나니
　　　(혹왈 세수야. 비신지소능위야, 효사물거)

(국역) 어떤 이가 말하기를 "대대로 지켜오는 땅이라. 내 자신
이 능히 마음대로 할 수 있는 것이 아니니, 목숨을 걸고
떠나지 말라."고 하니,66)

---

65) 皮, 謂虎豹麋鹿之皮也.(피는 호표, 미록의 가죽을 이른다.) 幣,
帛也.(폐는 비단이다.) 屬, 會集也.(촉은 모으는 것이다.) 土地本
生物以養人, 今爭地而殺人, 是以其所以養人者害人也.(토지는 본
래 만물을 생산하여 사람을 양육하는 것인데, 그런데 지금 땅을
쟁탈하기 위해 사람을 죽인다면, 이것은 토지가 사람을 양육한다
는 까닭을 가지고 사람을 해치는 것이다.) 邑, 作邑也.(읍은 도
읍으로 만들어진 것이다.) 歸市, 人衆而爭先也.('귀시'는 사람이
많아서 시장에 먼저 들어가려고 다투는 것이다.)

66) 又言 或謂土地, 乃先人所受而世守之者, 非己所能專. 但當致死
守之, 不可舍去.(또 혹자가 '토지는 바로 선인들로부터 받아서
대대로 지켜오는 것이니, 자신이 능히 전횡할 수 있는 것이 아
니다. 다만 당연히 목숨을 받쳐 지킬 것이요, 버리고 떠나가서는
안 된다.'고 말하였다.) 此國君死社稷之常法. 傳所謂國滅君死之,
正也, 正謂此也.(이것은 국군이 사직을 위해 죽는 불변의 법이
다. '전'에 이르기를 나라가 망하면 임금이 죽는 것이 옳다는 것

(자의) ㅇ世守-대대로 지켜 내려옴. ㅇ效死-사력을 다해 일하다.

(15-3) 君請擇於斯二者하소서

(군청택어사이자)

(국역) "군주께서 청컨대, 이 두 가지를 선택하소서."67)

은, 바로 이것을 말한다.)

67) 能如大王則避之, 不能則謹守常法.(능히 마치 태왕처럼 할 수 있다면 그곳을 피할 것이요, 능히 할 수 없다면 삼가 불변의 법을 지켜야 할 것이다.) 蓋遷國以圖存者, 權也, 守正而俟死者, 義也. 審己量力, 擇而處之可也.(대개 나라를 옮겨서 보존을 도모하는 것은 권도요, 정도를 지키면서 죽음을 기다리는 것은 의방(義方)이다. 자신을 살피고 능력을 헤아려 선택하여 처신함이 옳을 것이다.) 楊氏曰 : 孟子之於文公, 始告之以效死而已, 禮之正也. 至其甚恐, 則以大王之事告之, 非得已也.(양씨가 말하였다. 맹자께서 문공에게 갔을 적에, 처음에는 목숨을 바칠 뿐이라는 것으로써 고하였으니 이것은 예의 정도요, 그가 매우 두려움에 이르렀을 적에는 태왕의 일로써 그에게 고하였으니 부득이해서였다.) 然無大王之德而去, 則民或不從而遂至於亡, 則又不若效死之爲愈. 故又請擇於斯二者.(그러나 태왕이 덕이 없어 떠나간다면 백성들이 혹 따라오지 않아 마침내 멸망에 이른다면, 또 사력을 다해 치유하는 것만 못할 것이다. 그러므로 또 이 둘 중에서 선택할 것을 청한 것이다.) 又曰 : 孟子所論, 自世俗觀之, 則可謂無謀矣. 然理之可爲者, 不過如此. 舍此則必爲儀秦之爲矣.(또 말하였다. 맹자가 논의한 바를 속세로부터 본다면 무모하다고 이를 만하다. 그러나 이치로서 할 수 있는 것은 이와 같은 것에 불과하다. 이 방식을 버린다면, 반드시 장의 · 소진의 행위를 하게 될 것이다.) 凡事求可, 功求成. 取必於智謀之末而不循天理之正者, 非聖賢之道也.(무릇 일은 가능만을 구하고, 공은 성공만을 구하

(해설) 소국이 대국의 침략에서 나라를 구하는 방법은 온 백성
이 목숨을 걸고 싸우는 일과 선정을 베풀어 훗날을 기약하
는 방법밖에 없다. 어느 것이든 백성의 마음을 하나로 통합
하는 데서 구해야 한다. 마찬가지로 기업의 생존을 이끌어
내는 방식 또한 고객과 시장의 깊은 이해를 바탕으로 찾아
내야 한다. 수치화(數值化)한 통찰력을 기반으로 새로운
사업전략과 운영모델을 제시할 수 있어야 할 것이다.

제16장 폐인 장창이라는 사람(嬖人臧倉章 第十六)

(16-1) 魯平公이 將出할새 嬖人臧倉者 請曰 他日에 君이
出則必命 有司所之러니 今에 乘輿已駕矣로되 有
司未知所之하니 敢請하노이다 公曰 將見孟子하리라
曰 何哉잇고 君所爲輕身하여 以先於匹夫者는 以
爲賢乎잇가 禮義는 由賢者出이어늘 而孟子之後喪
하니 踰前喪하니 君無見焉하소서 公曰 諾다
(노평공, 장출, 폐인장창자 청왈 타일, 군, 출즉필명 유사소지,
금, 승여이가의, 유사미지소지, 감청. 공왈 장견맹자. 왈 하재.
군소위경신, 이선어필부자, 이위현호. 예의, 유현자출, 이맹자지
후상, 유전상, 군무견언. 공왈 낙)

(국역) 노평공이 장차 외출을 하려고 할 적에, 총신인 장창이
란 자가 청하였다. "전날에는 주군께서 외출하시면 반드시

___

며, 지모의 말단에서 기필을 취하여 천리의 정당함을 따르지 않
는 것은 성현의 도가 아니다.)

관리인 저에게 갈 곳을 명령하시더니, 그런데 오늘은 어가에 이미 말을 매었는데도 관리인 내가 갈 곳을 아직 알지 못하니, 감히 청컨대 묻습니다." 공이 말씀하였다. "장차 맹자를 보려고 한다." "무엇 때문입니까? 주군께서 당신의 몸을 가볍게 하여 일개 필부보다 먼저 찾아가는 까닭은 그가 어질다고 해서입니까? 예의는 현자로부터 나오는 법이거늘, 맹자의 어머니 상이 앞에 장사지낸 아버지 상보다 지나쳤으니, 주군께서 그를 만나보지 마소서." 평공이 말씀하였다. "그렇겠다."68)

자의 ㅇ嬖－총신 폐. ㅇ臧－어질 장. ㅇ乘輿－탈 것, 천자가 타는 수레. ㅇ駕－탈 것 가. 소나 말을 수레에 매다. ㅇ匹－짝 필. ㅇ踰－지날 유. ㅇ諾－허락할 락.

(16-2) 樂正子入見 曰 君은 奚爲不見孟軻也잇고 曰 或이 告寡人曰 孟子之後喪이 踰前喪이라할새 是以로 不往見也호라 曰 何哉잇고 君所謂踰者는 前以士요 後以大夫며 前以三鼎而後以五鼎與잇가 曰 否라 謂棺槨衣衾之美也니라 曰 非所謂踰也라 貧富不同也이다

---

68) 乘輿, 君車也.(승여는 군주의 수레이다.) 駕, 駕馬也.(가는, 말에 멍에를 매는 것이다.) 孟子前喪父, 後喪母.(맹자는 먼저 아버지를 잃고, 뒤에 어머니를 잃었다.) 踰, 過也, 言其厚母薄父也.(유는 지나침이다. 그것은 어머니를 후하게 하고, 아버지를 박하게 한 것을 말한 것이다.) 諾, 應辭也.(낙은 응하는 말이다.)

(악정자입견 왈 군, 해위불견맹가야. 왈 혹, 고과인왈 맹자지후
상, 유전상, 시이, 불왕견야. 왈 하재. 군소위유자, 전이사, 후이
대부, 전이삼정이후이오정여. 왈 비. 위관곽의금지미야. 왈 비소
위유야. 빈부부동야)

(국역) 악정자가 입궁하여 평공을 뵙고 말하였다. "주군께서
는 어찌하여 맹가를 만나보지 않으셨습니까?" "어떤 이가
과인에게 말하기를, 맹자의 뒷 초상이 앞 초상보다 더 과
하다고 하므로, 이 때문에 가서 보지 않았다." "무엇이 말
입니까? 주군께서 그 과하다고 말씀하신 것이 앞에서는
사(士)의 신분으로서 지냈고, 뒤에서는 대부의 신분으로서
지낸 것을 과하다고 하십니까? 앞에서는 3정을 쓰고, 뒤에
서는 5정을 쓴 것을 말씀하십니까?" "아니다. 관곽과 의금
을 아름답게 한 것을 두고 말한 것이니라." "아닙니다. 이
른바 과한 것이 아닙니다. 빈부가 같지 않았습니다."[69]

(자의) ○軻―수레 가. 맹자의 이름. ○鼎―솥 정. 제기. ○三鼎―돈
(豚)·어(魚)·석(腊). ○五鼎―3정＋양(羊)·부(膚). ○棺―널 관.
○槨―널 곽. ○衣衾―죽은 이에게 입히는 옷과 이불.

(16-3) 樂正子見孟子 曰 克이 告於君하니 君爲來見也러
시니 嬖人有臧倉者沮君이 君이 是以不果來也하시
니이다 曰 行或使之며 止或尼之니 行止는 非人所
能也라 吾之不遇魯侯는 天也니 臧氏之子 焉能使

69) 樂正子, 孟子弟子也, 仕於魯.(악정자는 맹자의 제자니, 노나라에
서 벼슬하였다.) 三鼎, 士祭禮. 五鼎, 大夫祭禮.(3정은 사의 제
례요, 5정은 대부의 제례이다.)

予不遇哉리오

(악정자견맹자 왈 극, 고어군, 군위래견야, 폐인유장창자저군, 군, 시이불과래야. 왈 행혹사지, 지혹닐지, 행지, 비인소능야. 오지불우노후, 천야, 장씨지자 언능사여불우재)

(국역) 악정자가 맹자를 뵙고 말하였다. "제가 주군께 아뢰었더니, 주군께서 와서 뵈려고 하시다가 총신인 장창이 주군의 행차를 저지하였습니다. 주군이 이 때문에 오는 것을 실행하지 못했습니다." "행하는 것도 혹 어떤 것이 그렇게 행하도록 하며, 멈추는 것도 혹 어떤 것이 멈추도록 하는 것이다. 가고 멈추고 하는 것은 사람의 힘으로 능히 할 수 있는 것이 아니다. 내가 노나라 임금을 만나지 못함은 천운이니, 장씨의 자식이 어찌 능히 나로 하여금 만나지 못하게 할 수 있겠는가?"[70]

---

70) 克, 樂正子名.(극은 악정자의 이름이다.) 沮尼, 皆止之之意也.(저와 닐은 모두 가는 것을 그치게 한다는 뜻이다.) 言人之行, 必有人使之者. 其止, 必有人尼之者.(사람이 나아감에는 반드시 사람이 가게 하는 것이 있으며, 그가 그침에는 반드시 사람이 가는 것을 그치게 하는 것이 있다는 것을 말한 것이다.) 然其所以行所以止, 則固有天命, 而非此人所能使, 亦非此人所能尼也.(그러나 아마 가게 하는 까닭과 그치게 되는 까닭은, 곧 진실로 천명에 달려 있는 것이요, 이것은 사람이 능히 하게 할 수 있는 것이 아니며, 역시 이것은 사람이 능히 그치게 할 수 있는 것이 아니다.) 然則我之不遇, 豈臧倉之所能爲哉.(그렇다면 내가 노나라 왕을 만나지 못함이 어찌 장창이 능히 할 수 있는 것이겠는가?) 此章言聖賢之出處, 關時運之盛衰. 乃天命之所爲, 非人力之可及.(이 장은, 성현의 출처는 시운의 성쇠에 관계되니, 바로

자의 ○沮-막을 저. ○不果來-올 수가 없었다. ○尼-막을 닐.

해설 맹자는 왕도정치를 노후 평공에게 권유하는 입장에 있다. 그래서 평공을 만나야 하는데, 두 사람은 평생동안 만나지 못하는 관계로 되었다. 그것은 평공의 총신 장창의 방해 때문이다. 맹자에게 가려는 평공의 발걸음을 멈추도록, 그는 맹자가 뒤의 모친 상례를 앞의 부친 상례보다 지나치게 잘 치렀다고만 하고 그 이유는 말하지 않았다. 그의 의도는 둘의 만남을 제지하는 데 있었던 것이다. 이로써 아둔한 평공은 맹자를 만나러 오지 않았지만, 그의 무성의로 보아 가령 와서 만났더라도 왕도정치를 실행할 열정이 없었던 것이다. 뒤에 맹자는 제자들로부터 장창의 방해로 평공이 오지 않았다는 말을 전해 들었다.

그런데 맹자는 세상사의 성공여부가 모두 하늘의 뜻, 즉 인심의 동향에 달렸지, 개인이 좌우할 수 있는 것이 아니라는 입장을 보인다. 맹자는 왕도정치로써 그 당시의 전란이나 폭정을 끝내고자 하는 자기의 정치이상이 실현되지 못한 진정한 이유가 이상 자체의 추상성에 있다는 사실에 거의 주의하지 않고, 오히려 그는 천명이라는 관념에 호소하고 있다. 여기서 우리는 인간주체의 힘이나 능동적 노력으로 해결책을 찾고자 하는 욕망과 운명 사이에서 갈등을 하게 되는 것이다.

천명이 하는 것이요, 인력이 미칠 수 있는 것이 아님을 말한 것이다.)

제 3 편

公孫丑章句 上[1]
공손추장구 상

---

1) 凡九章.(모두 9장이다.)

제1장 관중과 안자(管仲 晏子章 第一)

(1-1) 公孫丑問日 夫子當路於齊하시면 管仲 晏子之功을 可復許乎잇가
(공손추문왈 부자당로어제, 관중 안자지공, 가부허호)

국역 공손추가 물었다. "선생님께서 제나라에서 요로를 담당하게 되면, 관중과 안자 등이 이룩한 공적을 다시 바랄 수 있겠습니까?"2)

자의 ㅇ丑ー둘째지지 축, 수갑 축, 맺을 추. ㅇ公孫丑ー맹자의 제자, 공손은 성, 추는 이름. ㅇ路ー길 로. 주요한 자리. ㅇ管ー관 관. ㅇ管仲ー제나라의 현명한 재상. ㅇ晏ー맑을 안, 늦을 안. ㅇ晏子ー제나라 명신, '안자춘추'의 저자. 이름은 영(嬰), 자는 평중(平仲). ㅇ復ー다시 부, 회복할 복. ㅇ許ー바랄 허, 하락할 허.

(1-2) 孟子日 子誠齊人也로다 知管仲 晏子而已矣온여
(맹자왈 자성제인야. 지관중 안자이이의)

---

2) 公孫丑, 孟子弟子, 齊人也.(공손추는 맹자의 제자이니, 제나라 사람이다.) 當路, 居要地也.(당로는 중요지위에 거처하는 것이다.) 管仲, 齊大夫, 名夷吾, 相桓公, 霸諸侯.(관중은 제나라 대부로 이름은 이오이며, 환공을 도와서 제후의 패자가 되게 하였다.) 許, 猶期也.(허는 기대함과 같다.) 孟子未嘗得政, 丑蓋設辭以問也.(맹자가 일찍이 정권을 얻지 못하였지만, 공손추가 대개 가설하여서 질문을 한 것이다.)

(국역) 맹자가 말씀하였다. "그대는 진실로 제나라 사람이로 다. 관중과 안자만 알고 있구려!"3)

(자의) ㅇ子-그대, 자네. ㅇ誠-정성 성. 진실. ㅇ而已-뿐이다.

(1-3) 或問乎曾西曰 吾子與子路孰賢고 曾西蹴然曰 吾 先子之所畏也니라 曰 然則吾子與管仲孰賢고 曾 西艴然不悅 曰 爾何曾比予於管仲고 管仲得君이 如彼其專也며 行乎國政이 如彼其久也로되 功烈이 如彼其卑也니 爾何曾比予於是오하니라

(혹문호증서왈 오자여자로숙현. 증서축연왈 오선자지소외야. 왈 연즉오자여관중숙현. 증서발연불열 왈 이하증비여어관중. 관중득 군, 여피기전야, 행호국정, 여피기구야, 공렬, 여피기비야, 이하증 비여어시)

(국역) 혹자가 증서에게 물었다. "그대는 자로와 더불어 누가 더 어진가?" 증서가 내뱉듯이 말하였다. "우리 선자께서 그를 경외하신 바이다." "그렇다면 그대는 관중과 더불어 누가 더 어진가?" 증서가 발끈한 모습으로 기뻐하지 않고 말하였다. "그대가 어찌하여 더구나 나를 관중에 비교하는 가? 관중은 군주에게 신임을 얻은 것이 그처럼 독차지하 였으며, 국정을 집행한 지가 그처럼 오래되었으되, 뛰어난 공적이 그처럼 아주 낮았으니, 그대 어찌하여 더구나 나를

---

3) 齊人但知其國有二子而已, 不復知有聖賢之事.(제나라 사람들은 단 지 그 나라에 두 사람이 있음을 알 뿐이요, 다시 성현의 일이 있 음을 알지 못하였다.)

그와 비교하는가?"4)

(자의) ○曾-일찍 증, 더할 증. ○曾西-증자의 아들. ○孰-누구
숙. ○蹴-찰 축. ○蹴然-차내듯이(내뱉듯이) 말하는 모습. ○畏-
두려할 외. ○艴-발끈할 발(불). ○艴然-화를 발끈 내는 모양.
○悅-기쁠 열. ○爾-너 이. ○專-오로지 전.

---

4) 孟子引曾西與或人問答如此(맹자가 증서와 혹자의 문답을 이와
같이 인용하였다.) 曾西, 曾子之孫.(증서는 증자의 손자이다.) 蹴,
不安貌(축은 불안해하는 모습이다.) 先子, 曾子也.(선자는 증자이
다.) 艴, 怒色也.(발은 성내는 빛이다.) 曾之言則也.(증이란 말은
곧이란 뜻이다.) 烈, 猶光也.(열은 빛과 같다.) 桓公獨任管仲四十
餘年, 是專且久也.(환공은 홀로 관중에게 맡기기를 40여 년이나
하였으니, 이것은 독차지하고 또 오래 한 것이다.) 管仲不知王道
而行霸術, 故言功烈之卑也.(관중은 왕도정치를 알지 못하고, 패업
의 수단만을 행하였다. 그러므로 공렬이 낮다고 말한 것이다.) 楊
氏曰 : 孔子言子路之才, 曰 : 千乘之國, 可使治其賦也. 使其見於
施爲, 如是而已.(양씨가 말하였다. 공자께서 자로의 재질을 말하
면서, '천승의 나라에 그에게 병권(兵權)을 부여하여 다스리게 할
만 하다.'고 하였으니, 가령 그가 일을 시행함에서 보이는 것은
이와 같을 뿐이다.) 其於九合諸侯, 一匡天下, 固有所不逮也.(제후
들을 규합하여 온 천하를 바로잡음에는 진실로 미치지 못하는 바
가 있는 것이다.) 然則曾西推尊子路如此, 而羞比管仲者何哉.(그
렇다면 증서가 자로를 추존하기를 이와 같이 하면서 관중과 비교
되기를 부끄럽게 여기는 것은 어째서인가?) 譬之御者, 子路則範
我馳驅而不獲者也, 管仲之功, 詭遇而獲禽耳.(이것을 말 모는 자
와 비유하면, 자로는 자신의 말몰이를 법대로 하여 짐승을 잡지
못하는 것이요, 관중의 공로는 부정한 방법으로 짐승을 잡았을 따
름이다.) 曾西, 仲尼之徒, 故不道管仲之事.(증서는 중니의 문도
였다. 그러므로 관중의 일을 말하지 않는 것이다.)

(1-4) 曰 管仲은 曾西之所不爲也어늘 而子爲我願之乎아

(왈 관중, 증서지소불위야, 이자위아원호)

국역 "관중은 증서도 그렇게 되지 않으려는 바의 사람이거늘, 그대는 내가 그렇게 되기를 원한단 말인가?"5)

(1-5) 曰 管仲은 以其君霸하고 晏子는 以其君顯하니 管仲晏子도 猶不足爲與잇가

(왈 관중, 이기군패, 안자, 이기군현, 관중안자, 유부족위여)

국역 "관중은 그 주군으로써 패자가 되게 하였고, 안자는 그 주군으로써 이름이 드러나게 하였으니, 그런데 관중과 안자는 오히려 그 업적[爲]이 부족하다는 말씀입니까?"6)

자의 ㅇ霸-두목 패. ㅇ顯-밝을 현.

(1-6) 曰 以齊王이 由(猶)反手也니라

(왈 이제왕, 유(유)반수야)

국역 "제나라를 가지고 왕도정치를 하는 것은, 손을 뒤집는 것과 같이 쉬운 것이니라."7)

자의 ㅇ猶-같을 유. ㅇ反手-손을 뒤집다.

(1-7) 曰 若是則 弟子之惑이 滋甚이니이다 且以文王之德으로 百年而後崩하시되 猶未洽於天下하여 武王周公이 繼之然後에 大行이어늘 今言王若易然하시니 則文

---

5) 曰, 孟子言也.(왈은 맹자의 말이다.) 願, 望也.(원은 바라는 것이다.)
6) 顯, 顯名也.(현은 이름을 드러냄이다.)
7) 反手, 言易也.(반수는 쉬움을 말한다.)

王不足 法與잇가

(왈 약시즉 제자지혹, 자심. 차이문왕지덕, 백년이후붕, 유미흡어
천하, 무왕주공, 계지연후, 대행, 금언왕약이연, 즉문왕부족 법여)

국역 "만일 그와 같다면 제자들의 의혹이 대단히 커질 것입
니다. 또한 문왕의 덕을 가지고, 백살이 된 뒤에 붕어하였
으되, 오히려 천하를 흡족하리만큼 통일하지 못하여, 무왕
과 주공이 문왕의 사업을 이어받은 뒤에야 그의 정치가
크게 행해졌습니다. 그런데 지금 왕도정치를 하는 것을 마
치 쉬운 것처럼 말씀하시니, 그렇다면 문왕은 본받기에는
부족한 사람입니까?"8)

자의 ㅇ惑－의혹할 혹. ㅇ滋－불을 자, 자랄 자. ㅇ甚－심할 심, 무
엇 심. ㅇ崩－죽을 붕. ㅇ洽－화목할 흡. ㅇ繼－이을 계. ㅇ法－본
받을 법.

(1-8) 曰 文王은 何可當也리오 由湯으로 至於武丁이 賢聖
之君六七이 作하여 天下歸殷이 久矣니 久則難變也
라 武丁이 朝諸侯, 有天下하되 猶運之掌也하시니 紂
之去武丁이 未久也라 其故家遺俗과 流風善政이

---

8) 滋, 益也.(자는 더함이다.) 文王九十七而崩, 言百年, 擧成數也.(문
왕은 97세에 붕어하였는데, 백년이라 말한 것은 정수(定數)를 예
를 들어 말한 것이다.) 文王三分天下, 纔有其二, 武王克商, 乃有
天下.(문왕은 천하를 3분하여 겨우 그 2를 소유하였는데, 무왕이
상을 이겨, 마침내 천하를 소유하였다.) 周公相成王, 制禮作樂,
然後敎化大行.(주공이 성왕을 도와 예를 제정하고 악을 진작한
연후에 교화가 크게 시행되었다.)

猶有存者하며 又有微子, 微仲, 王子比干, 箕子, 膠
鬲이 皆賢人也니 相與輔相之라 故로 久而後에 失
之也하니 尺地도 莫非其有也며 一民도 莫非其臣也
어늘 然而文王이 猶方百里起하시니 是以難也니라

(왈 문왕, 하가당야. 유탕, 지어무정, 현성지군육칠, 작, 천하귀은,
구의, 구즉난변야. 무정, 조제후, 유천하, 유운지장야, 주지거무정,
미구야. 기고가유속, 유풍선정, 유유존자, 우유미자, 미중, 왕자비
간, 기자, 교격, 개현인야, 상여보상지. 고, 구이후, 실지야, 척지,
막비기유야, 일민, 막비기신야, 연이문왕, 유방백리기, 시이난야)

국역 "문왕은 어찌 감당할 수 있었겠는가? 탕왕으로부터 무
정에 이르기까지 현군, 성군이 6, 7명 나와서, 온 천하가
은나라에 귀속되게 만든 지가 오래되었으니 오래되면 변
하기 어렵다. 또 무정이 제후들의 조회를 받고 천하를 소
유하되, 그것을 손바닥 위에서 움직이듯이 하였으니, 주왕
이 무정과의 거리〔去〕가 오래되지 않았다. 그 옛날의 가
문에 남은 풍속과 유행하던 풍속과 선정이 아직도 남은
것이 있었으며, 또한 미자와 미중과 왕자인 비간, 기자와
교격이 있었는데 이들은 다 현인이었다. 이들이 서로 더불
어 그를 보좌하였다. 그러므로 오랜 뒤에야 나라를 잃었으
니, 한 자 되는 땅도 그의 소유 아님이 없었으며, 한사람
의 백성도 그의 신하 아닌 이가 없었거늘, 그런데도 문왕
은 사방 백리를 가지고 일어났으니 그래서 어려웠던 것이
다."9)

---

9) 當, 猶敵也.(당은 적과 같다.) 商自成湯至於武丁, 中間太甲, 太戊,

（자의）　ㅇ由−까닭 유. ~부터. ㅇ武丁−은나라를 중흥시킨 고종의 이름. ㅇ掌−손바닥 장. ㅇ紂−주임금 주. 은나라의 마지막 왕. ㅇ去−갈 거. ~만큼 거리가 있다. ㅇ微−가늘 미. ㅇ干−방패 간, 범할 간. ㅇ箕−키 기. ㅇ膠−아교 교. ㅇ鬲−막을 격, 솥 력. ㅇ輔−도울 보, 재상 보. ㅇ莫−말 막. 없다.

(1-9) **齊人**이 **有言曰 雖有智慧**나 **不如乘勢**며 **雖有鎡基**나 **不如待時**라하니 **今時則易然也**니라

（제인, 유언왈 수유지혜, 불여승세, 수유자기, 불여대시, 금시즉이 연야）

（국역）　"제나라 사람들의 속담에 이르기를, '비록 지혜가 있으나 대세를 타는 것만 같지 못하며, 비록 농기구가 있지만 농시를 기다리는 것만 같지 못하다.'고 하였으니, 그런데 지금의 시기는 왕도정치를 하기가 쉬운 때이니라."10)

（자의）　ㅇ鎡−호미 자, 괭이 자. ㅇ基−그릇 기(=器).

(1-10) **夏后殷周之盛**에 **地未有過千里者也**어늘 **而齊有其地矣**며 **雞鳴狗吠**가 **相聞而達乎四境**하니 **而齊**

祖乙, 盤庚皆賢聖之君.(상나라는 성탕으로부터 무정에 이르기까지, 중간에 태갑, 태무, 조을, 반경은 모두 어질고 성스러운 군주였다.) 作, 起也.(작은 일어남이다.) 自武丁至紂凡七世.(무정으로부터 주왕에 이르기까지는 무릇 7세이다.) 故家, 舊臣之家也.(고가는 구신의 집안이다.)

10) 鎡基, 田器也.(자기는 농기구이다.) 時, 謂耕種之時.(시는 땅을 갈아 파종하는 시기를 이른다.)

有其民矣니 地不改辟矣며 民不改聚矣라도 行仁
政而王이면 莫之能禦也리라

(하후은주지성, 지미유과천리자야, 이제유기지의, 계명구폐, 상문
이달호사경, 이제유기민의, 지불개벽의, 민불개취의, 행인정이왕,
막지능어야)

(국역) "하후와 은·주가 왕성하게 일어날 적에, 그 땅이 천리
를 넘은 적도 있지 않거늘, 그런데 제나라는 그만한 땅을
소유하고 있으며, 닭울음과 개 짖는 소리가 서로 들려서,
사방 국경에까지 도달하고 있으니, 그러니 제나라는 그만
한 백성들을 가지고 있으니, 땅을 다시 개간하지 않고 다
시 백성들을 모으지 않더라도 어진 정사를 시행하면서
왕도정치를 한다면, 그것을 막을 자가 아무도 없을 것이
다."11)

(자의) ㅇ后―하나라는 왕을 후로 불렀음. ㅇ鷄―닭 계. ㅇ鳴―울 명.
ㅇ狗―개 구. ㅇ吠―짖을 폐. ㅇ辟―임금 벽, 열 벽(=闢). ㅇ聚―모
을 취.

(1-11) 且王者之不作이 未有疏於此時者也하며 民之憔

---

11) 此言其勢之易也.(이것은 그 형세의 쉬움을 말한 것이다.) 三代
盛時, 王畿不過千里, 今齊已有之, 異於文王之百里.(3대의 성할
때에도 왕기는 천리를 초과하지 못하였는데, 지금 제나라는 이미
그것을 소유하였으니, 문왕의 백리에 있어서와는 다르다.) 又鷄
犬之聲相聞, 自國都以至於四境, 言民居稠密也.(또 닭 우는 소리
와 개 짖는 소리가 서로 들려서 국도로부터 사경에 이르기까지
거주하는 백성들이 조밀함을 말하는 것이다.)

悴於虐政이 未有甚於此時者也하니 飢者에 易爲
食이며 渴者에 易爲飲이니라

(차왕자지부작, 미유소어차시자야, 민지초췌어학정, 미유심어차
시자야, 기자, 이위식, 갈자, 이위음)

국역 "또한 왕도정치를 할 자가 일어나지 않으니, 이때보다
더 소원한 적이 없으며, 백성들이 학정에 시달림이 이때보
다 더 심한 적이 없으니, 굶주린 자가 쉽게 먹도록 정치를
하고, 목마른 자가 쉽게 마시도록 정치를 해야 하느니
라"12)

자의 ㅇ疏－성글 소. ㅇ憔－파리할 초. ㅇ悴－야윌 췌. ㅇ憔悴－얼굴
이 파리하다. ㅇ飢－굶주릴 기. ㅇ易－쉬울 이, 다스릴 이, 바꿀 역,
가벼울 이. ㅇ渴－목마를 갈. ㅇ飲－마실 음.

(1-12) 孔子曰 德之流行이 速於置郵而傳命이라하시니
(공자왈 덕지유행, 속어치우이전명)

국역 "공자가 말씀하였다. '선덕이 유행하는 속도가 우체국
을 설치하여 명령을 전달하는 것보다 빠르다.'고 하셨으

---

12) 此言其時之易也.(이것은 그때의 다스림을 말한 것이다.) 自文武
至此七百餘年, 異於商之賢聖繼作, 民苦虐政之甚, 異於紂之猶有
善政.(문왕·무왕으로부터 이때에 이르기까지 7백여 년이 지났으
니, 상나라의 어질고 성스러운 군주가 이어 나온 것과는 다르며,
백성들이 학정을 괴롭게 여김이 심하였으니, 주왕 때에 오히려
선정이 있었던 것과도 다르다.) 易爲飲食, 言飢渴之甚, 不待甘美
也.(굶주린 자에게 음식을 주는 것이 다스리기가 쉽다는 것은 기
갈이 심하여, 감미로운 것을 기다리지 못함을 말한 것이다.)

니,"13)

(자의) ㅇ置-둘 치. 놓다. ㅇ郵-역말 우.

(1-13) 當今之時하여 萬乘之國이 行仁政이면 民之悅之
猶解倒懸也리니 故로 事半古之人이요 功必倍之는
惟此時爲然하니라

　　(당금지시, 만승지국, 행인정, 민지열지 유해도현야, 고, 사반고
　　지인. 공필배지, 유차시위연)

(국역) "오늘 같은 때를 당하여 만승의 나라가 인정을 행한다
면 백성들이 그를 기뻐하는 것이, 마치 거꾸로 매달린 것
이 풀리는 것과 같을 것이니, 그러므로 일은 옛사람의 반
만 하고서 효과는 반드시 옛사람의 배나 나타나는 것이,
오직 이때가 그럴 것이다."14)

(자의) ㅇ悅-기쁠 열. ㅇ倒-넘어질 도. ㅇ懸-달릴 현, 매달 현. ㅇ倒
懸-거꾸로 매달리다, 극도의 곤경, 위급함에 처하다. ㅇ功-공 공.
업적, 일.

(해설) 공손추는 맹자가 제나라에 온 뒤에 그의 제자가 된 제
나라 사람이다. 그는 제환공을 도와 9번씩이나 제후들을

---

13) 置, 驛也.(치는 역이다.) 郵, 馹也. 所以傳命也.(우는 역마니, 명
　을 전달하기 위한 것이다.) 孟子引孔子之言如此(맹자가 공자의
　말을 인용한 것이 이와 같다.)

14) 倒懸, 喩困苦也.(도현은 곤궁하고 괴로움을 비유한 것이다.) 所
　施之事, 半於古人, 而功倍於古人, 由時勢易而德行速也.(시행하
　는 바의 일은 옛사람보다 반만 하고, 공은 옛사람보다 배나 되
　는 것은, 시세가 바뀌어 덕의 유행이 빠르기 때문이다.)

모아 천하의 질서를 바로잡았고, 이민족의 침입으로부터
중국을 수호한 관중과 제경공을 도와 유명해진 안자를 존
경했다. 스승 맹자가 이런 사람들 정도의 인물인지 궁금해
서 물어본 것이다. 공자도 관중이 오랑캐를 막은 것이 곧
문명을 지킨 일이기에(논어, 14-18) 그의 공적을 찬양했다.

그런데 맹자는 귀왕천패(貴王賤覇)의 시각에서, 그들은
한갓 패도정치로써 한때 천하를 지배한 인물일 뿐이라고
했다. 또 공자의 제자 자로는 그 스승으로부터 꾸중을 자
주 들었지만 일반인이 함부로 논의할 인물이 아니라고도
했다. 또 문왕 같은 덕을 가졌다 하더라도 배경이 나쁘고
대세를 타지 못하면 천하의 왕자가 될 수 없는 것이다. 그
러나 당시 제나라의 상황은 문왕 때와는 다른데도 환공으
로 하여금 왕자가 되게 하지 못하고, 겨우 한때의 패자에
머물게 한 관중은 숭배나 찬양할 만한 인물이 아니라는
것이다.

제2장   호연지기(浩然之氣章 第二)

(2-1) 公孫丑問曰　夫子加齊之卿相하사　得行道焉하시면
雖由此霸王하시면 不異矣리니 如此則動心이릿가 否
乎잇가　孟子曰 否라 我는 四十에 不動心호라
　　(공손추문왈 부자가제지경상, 득행도언, 수유차패왕, 불이의, 여
　　차즉동심. 비호. 맹자왈 부. 아, 사십, 부동심)
국역 공손추가 물었다. "선생님께서는 제나라의 경상 지위

에 오르셔서, 정도를 시행할 기회를 얻는다면, 비록 그로부터 패도의 왕업이든, 왕도의 왕업이든 괴이할 것이 없겠습니까? 그와 같이 된다면 마음이 동요되겠습니까? 않겠습니까?" 맹자가 말씀하였다. "아니다. 나는 40세일 적에 마음을 동요하지 않았노라."15)

(2-2) 曰 若是則夫子過孟賁이 遠矣로소이다 曰 是不難하니 告子도 先我不動心하니라

(왈 약시즉부자과맹분, 원의. 왈 시불난, 고자, 선아부동심)

국역 "그렇다면 선생님께서는 맹분보다도 훨씬 더 용감하십니다." "그것은 어려운 것이 아니고 고자도 나보다 먼저 그 부동심을 하였느니라."16)

---

15) 此承上章, 又設問孟子.(이것은 상장을 이어 맹자께 질문한 것이다.) 若得位而行道, 則雖由此而成霸王之業, 亦不足怪, 任大責重如此, 亦有所恐懼疑惑而動其心乎.(만약 지위를 얻어 정도를 행한다면, 비록 이것으로부터 패도와 왕도의 대업을 이루더라도, 역시 충분히 괴이하게 여기지 않거나, 임무가 크고 책임의 중함이 이와 같아도, 역시 공포, 의혹하는 바가 있거나 그 마음을 동요하는 바가 있지 않겠습니까?) 四十强仕, 君子道明德立之時.(40은 막 벼슬할 때이니, 군자의 도가 밝아지고 덕이 확립되는 시기이다.) 孔子四十而不惑, 亦不動心之謂.(공자가 40에 의혹되지 않았다는 것도 역시 부동심을 말한 것이다.)

16) 孟賁, 勇士.(맹분은 용사이다.) 告子, 名不害.(고자는 이름이 불해이다.) 孟賁血氣之勇, 丑蓋借之以贊孟子不動心之難.(맹분은 혈기의 용인데, 공손추가 대개 그것을 빌려, 맹자의 부동심의 어려움을 칭찬하려고 생각한 것이다.) 孟子言告子未爲知道, 乃能先我不動心, 則此亦未足爲難也.(맹자는 '고자가 정도를 알지 못

[자의] ㅇ賁—클 분. ㅇ遠—멀 원. 크다, 심하다. ㅇ是—부동심.

(2-3) **曰 不動心**이 **有道乎**잇가 **曰 有**하니라

(왈 부동심, 유도호. 왈 유)

[국역] "부동심을 하는 데 방법이 있습니까?" "있느니라."17)

(2-4) **北宮黝之養勇也**는 **不膚撓**하며 **不目逃**하여 **思以一毫**나 **挫於人**이어든 **若撻之於市朝**하여 **不受於褐寬博**하며 **亦不受於萬乘之君**하여 **視刺萬乘之君**하되 **若刺褐夫**하여 **無嚴諸侯**하여 **惡聲至**어든 **必反之**하니라

(북궁유지양용야, 불부요, 불목도, 사이일호, 좌어인, 약달지어시조, 불수어갈관박, 역불수어만승지군, 시자만승지군, 약자갈부, 무엄제후, 악성지, 필반지)

[국역] "북궁유의 용기를 기르는 방법은, 살을 찔려도 살갗 하나 흔들리지 않았으며, 눈을 찔려도 눈동자가 도망가지 아니하여, 털끝만큼이라도 남에게 좌절을 당하였다고 생각되면, 마치 시장이나 조정에서 초달을 받는 것처럼 여겨, 의복을 헐렁하게 입은 천한 사람에게서 모욕을 받지 아니하며, 또한 만승의 군주에게서 모욕을 받지 않으려고 하여, 만승의 군주를 칼로 찌르는 것을 보되 마치 빈천한 사람을 찔러 죽이는 것처럼 생각하여, 제후도 두렵게 여기는

하였는데도 바로 능히 나보다 먼저 부동심을 하였으니, 이것은 역시 충분히 어려울 것이 없다.'고 말한 것이다.)

17) 程子曰 : 心有主, 則能不動矣.(정자가 말하였다. 마음에 주장하는 바가 있으면, 능히 동요되지 않을 수 있는 것이다.)

일이 없어서 험담하는 소리가 자기 귀에 이르면 반드시
보복하였느니라.”18)

(자의) ㅇ黝-검을 유. 북궁유의 이름. ㅇ膚-피부 부. ㅇ撓-흔들 요.
ㅇ逃-달아날 도. ㅇ毫-잔털 호, 조금 호. ㅇ挫-꺾일 좌(=折).
ㅇ撻-매질할 달. ㅇ褐-털옷 갈. ㅇ刺-찌를 자. ㅇ褐夫-빈천한
사람. ㅇ嚴-엄할 엄. 심하다. ㅇ反-반대로, 거꾸로.

(2-5) 孟施舍之所養勇也는 曰 視不勝하되 猶勝也로니 量
敵而後進하며 慮勝而後會하면 是는 畏三軍者也니
舍豈能爲必勝哉리요 能無懼而已矣라하니라
    (맹시사지소양용야, 왈 시불승, 유승야, 양적이후진, 여승이후회,
    시, 외삼군자야, 사기능위필승재. 능무구이이의)

(국역) “맹시사의 용기를 기르는 방식은, ‘나는 이기지 못하는
사람을 보되 마치 이기는 사람과 같이 여기니, 상대방의

___

18) 北宮姓, 黝名.(북궁은 성이요, 유는 이름이다.) 膚撓, 肌膚被刺而
撓屈也.(부요는 살과 피부가 찔림을 당하여 흔들리고 움츠러드는
것이요.) 目逃, 目被刺而轉睛逃避也.(목도는 눈이 찔림을 당하여
눈동자를 굴려 도피하는 것이다.) 挫, 猶辱也.(좌는 모욕과 같
다.) 褐, 毛布.(갈은 모포요) 寬博, 寬大之衣, 賤者之服也.(관박
은 헐렁하고 큰 옷이니, 천한 자의 의복이다.) 不受者, 不受其挫
也.(받지 않는다는 것은 그 좌절을 받지 않는다는 것이다.) 刺,
殺也.(자는 찔러 죽이는 것이다.) 嚴, 畏憚也. 言無可畏憚之諸侯
也.(엄은 두려워하고 꺼리는 것이니, 두려워하고 꺼릴만한 제후
가 없음을 말한다.) 黝蓋刺客之流, 以必勝爲主, 而不動心者也.
(북궁유는 아마도 자객의 부류인 듯하니, 반드시 승리로써 주장
하였으니 부동심을 한 자일 것이다.)

역량을 헤아린 뒤에 나아가 싸우며, 승리를 생각한 뒤에
만나서 교전한다면, 이것은 적의 3군을 두려워하는 자이
다. 내[舍] 어찌 능히 필승만을 할 수 있겠는가? 능히 두
려워함을 없게 할 뿐이다.'라고 말하였다"19)

(자의) ㅇ舍-맹씨의 이름. ㅇ三軍-제후의 군대. ㅇ懼-두려워할 구.

(2-6) **孟施舍**는 **似曾子**하고 **北宮黝**는 **似子夏**하니 **夫二子
之勇**이 **未知其孰賢**이어니와 **然而孟施舍**는 **守約也**
니라

(맹시사, 사증자, 북궁유, 사자하 부이자지용, 미지기숙현, 연이맹
시사, 수약야)

(국역) "맹시사는 증자와 유사하고, 북궁유는 자하와 유사하
니, 대저 이 두 사람의 용기는 어느 것이 더 나은지 알지
못하겠거니와, 그러나 맹시사의 지키는 양용(養勇) 방식이
저 사람보다 요점을 얻었느니라."20)

---

19) 孟, 姓. 施, 發語聲. 舍, 名也.(맹은 성이요, 시는 발어성이요, 사
는 이름이다.) 會, 合戰也.(회는 모여 싸우는 것이다.) 舍自言其
戰雖不勝, 亦無所懼. 若量敵慮勝而後進戰, 則是無勇而畏三軍
矣.(맹시사는 스스로 말하기를, 그 싸움에 비록 승리하지 못하더
라도 역시 두려워하는 바가 없어야 하니, 만약 적을 헤아리고
승리할 것을 고려한 뒤에 나아가 싸운다면, 이것은 용기가 없어
서 3군을 두려워하는 것이다.) 舍蓋力戰之士, 以無懼爲主, 而不
動心者也.(맹시사는 아마 역전의 용사인 듯하니, 두려움이 없음
을 가지고 주장을 삼아서 부동심을 한 자일 것이다.)

20) 黝務敵人, 舍專守己, 子夏篤信聖人, 曾子反求諸己.(북궁유는 남
에게 대적하기를 힘쓰고, 맹시사는 자기를 지키기에 오로지 하였

(자의) ○似－같을 사. 질은 다르지만 방식은 유사하다. ○二子之勇－
혈기지용(血氣之勇). ○約－요약, 핵심.

(2-7) 昔者에 曾子謂子襄曰 子好勇乎아 吾嘗聞大勇於
夫子矣로니 自反而不縮이면 雖褐寬博이라도 吾不惴
焉이리오 自反而縮이면 雖千萬人이라도 吾往矣라하시
니라

(석자, 증자위자양왈 자호용호. 오상문대용어부자의, 자반이불축,
수갈관박, 오불췌언. 자반이축, 수천만인, 오왕의)

(국역) "옛적에 증자가 제자인 자양에게 말하였다. '그대는 용
기를 좋아하는가? 내 전에 공자로부터 대용(大勇)에 대하
여 들으니, 스스로 반성하여 정직하지 않으면 비록 헐렁한
의복을 입은 빈천한 사람이라도, 내 그를 두렵게 하지를
못하지만, 스스로 반성하여 정직하다면 비록 천만 명이 있
더라도 내 떳떳이 가리라.'고 하셨다."21)

으며, 자하는 성인을 독실히 믿었고, 증자는 자기 몸에 돌이켜
찾았다.) 故二子之與曾子, 子夏, 雖非等倫, 然論其氣象, 則各有
所似.(그러므로 이 두 사람이 증자와 자하와 더불어 비록 동류
는 아니나, 그러나 그 기상을 논하면 각기 유사한 바가 있는 것
이다.) 賢, 猶勝也.(현은 나음과 같다.) 約, 要也.(약은 요약이다.)
言論二子之勇, 則未知誰勝, 論其所守, 則舍比於黝, 爲得其要
也.(두 사람의 용기를 논한다면 누가 나은지 알지 못하겠으나,
그 지키는 바를 논한다면 맹시사는 북궁유에 비하여 그 요점을
얻은 것이 됨을 말한 것이다.)

21) 此言曾子之勇也.(이 말은 증자의 용을 말한 것이다.) 子襄, 曾子
弟子也.(자양은 증자의 제자이다.) 夫子, 孔子也.(부자는 공자이

(자의) ㅇ襄−도울 양. ㅇ嘗−맛볼 상. 경험, 일찍이, 이전에. ㅇ縮−오 그라들 축, 바를 축(=直). ㅇ褐寬博−헐렁한 옷을 입은 빈천한 사 람. ㅇ惴−두려워할 췌.

(2-8) 孟施舍之守는 氣라 又不如曾子之守約也니라

(맹시사지수, 기. 우불여증자지수약야)

(국역) "맹시사의 지키는 부동심은 혈기이다. 또한 증자가 지 키고 있는 마음의 요점만 못하니라."22)

(2-9) 曰 敢問夫子之不動心과 與告子之不動心은 可得 聞與잇가 告子曰 不得於言이어든 勿求於心하며 不得 於心이어든 勿求於氣라하니 不得於心이어든 勿求於 氣는 可커니와 不得於言이어든 勿求於心은 不可하니 夫志는 氣之帥也요 氣는 體之充也니 夫志至焉이요

다.) 縮, 直也. 檀弓曰 : 古者冠縮縫, 今也衡縫. 又曰 : 棺束縮二 衡三.(축은 곧음이니, 단궁에 이르기를, '옛적에는 관(冠)을 세로 로 꿰매더니, 지금은 가로로 꿰맨다'고 하였고, 또 이르기를, '관 (棺)의 묶음은 세로가 둘이요, 가로가 셋이다.'라고 하였다.) 惴, 恐懼之也.(췌는 두려워함이다.) 往, 往而敵之也.(왕은 가서 대적 함이다.)

22) 言孟施舍雖似曾子, 然其所守乃一身之氣, 又不如曾子之反身循 理, 所守尤得其要也.(맹시사가 비록 증자와 유사하나, 그러나 그 가 지킨 것은 바로 일신의 기개이니, 또 증자의 자신에 돌이켜 천리에 따라, 지킨 바가 더욱 그 요점을 얻은 것과 같지 않음을 말한 것이다.) 孟子之不動心, 其原蓋出於此, 下文詳之.(맹자의 부동심은 그 근원이 대개 여기서 나왔으니, 아래 글에 상세히 말하였다.)

氣次焉이라. 故로 曰 持其志오도 無暴其氣라하니라.
(왈 감문부자지부동심, 여고자지부동심, 가득문여. 고자왈 부득어
언, 물구어심, 부득어심, 물구어기, 부득어심, 물구어기, 가, 부득
어언, 물구어심, 불가, 부지, 기지수야. 기, 체지충야, 부지지언,
기차언. 고, 왈 지기지, 무포기기)

국역 "감히 묻겠습니다. 선생님의 부동심과 고자의 부동심
을 들려줄 수 있겠습니까?" "고자는 '말에서 얻지 못하는
것이 있으면 외부상황의 탓이니 자기 마음에서 구하지 말
며, 마음에서 얻지 못하는 것이 있거든 그 해결을 기에서
구하지 말라.'고 하였으니, 마음에서 얻지 못한 것이 있거
든 기에서 구하지 말라는 것은 옳거니와, 말에서 얻지 못
하는 것이 있거든 마음에서 구하지 말라는 것은 옳지 못
하다. 대저 의지는 기의 총수요, 기는 온몸에 꽉 차 있는
것이니, 대저 이 의지가 모든 것 중에서 지극한 것이요,
기는 그 다음이다. 그러므로 '그 의지를 가지고 있으면서
도 그 기를 해치지 말아야 한다.'고 말하느니라."[23]

---

23) 此一節, 公孫丑之問, 孟子誦告子之言, 又斷以己意而告之也.(이
1절은 공손추의 질문에 대하여 맹자가 고자의 말을 외우고, 또
자기의 생각으로써 판단하여 그에게 말한 것이다.) 告子謂於言
有所不達, 則當舍置其言, 而不必反求其理於心, 於心有所不安,
則當力制其心, 而不必更求其助於氣, 此所以固守其心而不動之速
也.(고자가 이르기를 '말에 있어서 통달하지 못하는 바가 있으면,
당연히 그 말을 내버려 둘 것이요, 그 이치를 마음에서 되찾을
필요가 없는 것이요, 마음에서 불안한 바가 있으면, 당연히 힘껏
그 마음을 제재할 것이요, 다시 기운에서 도움을 구할 것이 없

(자의) ㅇ帥-장수 수. ㅇ焉-(=於此). ㅇ暴-해칠 포.

(2-10) 旣曰 志至焉이요 氣次焉이라하시고 又曰 持其志오
도 無暴其氣者는 何也잇고 曰 志壹則動氣하고 氣

다고 하였다.' 이것은 그 마음을 굳게 지켜서 부동(不動)을 속히
하기 위한 것이다.) 孟子旣誦其言而斷之曰, 彼謂不得於心而勿求
諸氣者, 急於本而緩其末, 猶之可也.(맹자가 이미 그 말을 외워
단정하기를, '저 마음에서 얻지 못하거든 기운에 도움을 구하지
말라고 한 것은, 근본에서 시급히 하고, 그 말단을 느슨히 한 것
이니, 오히려 옳다.) 謂不得於言而不求諸心, 則旣失於外, 而遂遺
其內, 其不可也必矣.(말에서 얻지 못하거든 마음에서 알기를 구
하지 말라고 한 것은, 다만 이미 밖에서 잃고서 마침내 그 안을
내버려둔 것이니, 그 불가함이 틀림없다고 한 것이다.) 然凡曰可
者, 亦僅可而有所未盡之辭耳.(그러나 무릇 가(可)란 말은, 역시
겨우 가(可)해서 미진한 바가 있는 말일 뿐이다.) 若論其極, 則
志固心之所之, 而爲氣之將帥. 然氣亦人之所以充滿於身, 而爲志
之卒徒者也.(만약 그 지극함을 논한다면, 의지는 진실로 마음의
가는 바이어서, 기운의 장수가 된다. 그러나 기운 역시 사람의
몸에 충만된 것으로 여기므로, 의지의 졸도(卒徒)가 되는 것이
다.) 故志固爲至極, 而氣卽次之, 人固當敬守其志, 然亦不可不致
養其氣. 蓋其內外本末, 交相培養.(그러므로 의지가 진실로 지극
함에 이르게 되고, 기운은 즉 그 다음이 되니, 사람이 진실로 당
연히 그 의지를 공경히 지켜야 하나, 그러나 역시 그 기운을 양
성함에 힘을 다하지 않으면 옳지 못하다. 대개 그 내외와 본말
은 서로 배양을 돕기 때문이다.) 此則孟子之心, 所以未嘗必其不
動, 而自然不動之大略也.(이것은 곧 맹자의 마음이, 일찍이 반드
시 그 마음이 부동해야 한다고 아니한 까닭이며, 자연히 부동심
이 된 대략인 것이다.)

壹則動志也니 今夫蹶者趨者 是氣也로되 而反動
其心이니라

(기왈 지지언, 기차언. 우왈 지기지, 무포기기자, 하야. 왈 지일즉
동기, 기일즉동지야, 금부궐자추자 시기야, 이반동기심)

[국역] "이미 의지가 그 중에 최고요, 기는 그 다음이라 말해
놓고 또 그 의지를 가지고 있으면서도, 그 기를 해치지 말
라고 한 것은 무슨 말입니까?" "의지가 하나로 결정되면
기를 움직이고, 기가 하나로 모이게 되면 의지를 움직이게
하는 것이니, 그런데 대체로 넘어진다든지, 달려간다는 것
은 다 기이나, 도리어 그 마음을 움직이는 것이니라."24)

---

24) 公孫丑見孟子言志至而氣次.(공손추는 맹자는 의지가 최고이고,
기운은 그 다음이라고 말하는 것을 보았다.) 故問如此則專持其
志可矣, 又言無暴其氣何也.(그러므로 물었다. '이와 같다면, 오로
지 그 의지만 잡으면 가하거늘, 또 그 기운을 사납게 하지 말라
는 것은 어째서입니까?') 壹, 專一也.(일은 전일함이다.) 蹶, 顚
躓也.(궐은 넘어짐이다.) 趨, 走也.(추는 달림이다.) 孟子言志之
所向專一, 則氣固從之.(맹자의 말은, 의지의 향하는 바가 전일하
면, 기운은 진실로 그것을 따른다는 것이다.) 然氣之所在專一,
則志亦反爲之動.(그러나 기운의 존재하는 바가 전일하면, 의지
역시 도리어 동요된다.) 如人顚躓趨走, 則氣專在是而反動其心
焉.(마치 사람이 넘어지거나 달려가면, 기운은 오로지 거기에 있
고, 도리어 그 마음을 동요하는 것과 같다.) 所以旣持其志, 而又
必無暴其氣也.(그래서 이미 그 의지를 잡고, 또 반드시 그 기운
을 사납게 하지 말라고 한 것이다.) 程子曰 : 志動氣者什九, 氣
動志者什一.(정자가 말하였다. '의지가 기운을 움직이는 것은 10
분의 9요, 기운이 의지를 움직이는 것은 10분의 1이다.')

자의 ㅇ蹶-넘어질 궐. 좌절하다. ㅇ趨-추창할 추, 재촉할 촉. 빨리 가다.

(2-11) 敢問 夫子는 惡乎長이시니잇고 曰 我는 知言하며 我 善養吾浩然之氣하노라

(감문 부자, 오호장. 왈 아, 지언, 아선양오호연지기)

국역 "감히 묻습니다. 선생님은 무엇이 장점입니까?" "나는 다른 이의 말을 알며, 나는 나의 호연지기를 잘 기른다."[25]

---

25) 公孫丑復問孟子之不動心所以異於告子如此者, 有何所長而能然, 而孟子又詳告之以其故也.(공손추가 다시 '맹자의 부동심이 고자로부터 다른 까닭이 이와 같은 것은, 어떤 장점을 가져서 능히 그렇습니까?'하고 묻자, 맹자가 또 그 이유를 가지고 상세히 그에게 고하였다.) 知言者, 盡心知性, 於凡天下之言, 無不有以究極其理, 而識其是非得失之所以然也.(지언이란 마음을 다하여 성품을 알아서 모든 천하의 말에서, 그 이치를 끝까지 연구하지 않는 것이 없으면, 그 시비득실의 그렇게 되는 까닭을 알지 못함이 없는 것이다.) 浩然, 盛大流行之貌(호연이란 성대히 유행하는 모양이다.) 氣, 卽所謂體之充者. 本自浩然, 失養故餒.(기는 바로 이른바 몸에 충만되어 있는 것이니, 본래는 스스로 호연하되, 잘못된 배양 때문에 사기가 떨어지게 된다.) 惟孟子爲善養之以復其初也.(오직 맹자는 그것을 잘 길러, 그리고 그 처음 상태를 회복한 것이다.) 蓋惟知言, 則有以明夫道義, 而於天下之事無所疑, 養氣, 則有以配夫道義, 而於天下之事無所懼, 此其所以當大任而不動心也.(대개 오직 말을 알면, 대저 도의에 밝을 수 있어, 천하의 일에 의심할 바가 없고, 기운을 기르면 대저 도의에 짝할 수 있어, 천하의 일에 두려울 바가 없으니, 곧 그 때문에

자의 ㅇ惡―악할 악, 어찌 오(=何). ㅇ善―착할 선. 잘해내다, 잘, 부디. ㅇ浩然―넓고 성대한 모양, 마음이 넓고 뜻이 아주 큰 모양.

(2-12) 敢問 何謂浩然之氣니잇고 曰 難言也니라

(감문 하위호연지기, 왈 난언야)

국역 "감히 묻습니다. 무엇을 호연지기라고 합니까?" "말로 표현하기가 어렵다."26)

(2-13) 其爲氣也 至大至剛하니 以直養而無害면 則塞于 天地之間이니라

(기위기야 지대지강, 이직양이무해, 즉색우천지지간)

국역 "그 기로 되는 것은 지극히 크고 지극히 굳센 것이니, 정직한 마음으로써 기르고 해치지 않으면, 곧 하늘과 땅 사이에 꽉 차게 되느니라."27)

대임을 담당하여도 부동심이 되는 것이다.) 告子之學, 與此正相反, 其不動心, 殆亦冥然無覺, 悍然不顧而已爾.(고자의 학문은 이것과는 정반대였으니, 그의 부동심은 거의 역시 어두워 깨달을 수 없고, 난폭하여 아무것도 돌아보지 않을 뿐이다.)

26) 孟子先言知言而丑先問氣者, 承上文方論志氣而言也.(맹자는 먼저 '지언'을 말하였는데, 공손추가 먼저 '양기'를 물은 것은, 윗글에서 방금 지・기(志・氣)를 논함을 이어서 말했기 때문이다.) 難言者, 蓋其心所獨得, 而無形聲之驗, 有未易以言語形容者.('난언'이란 것은, 대개 그 마음이 홀로 터득한 것이어서, 형상과 소리의 징험이 없으니, 언어로써 형용하기가 쉽지 않은 것이다.) 故程子曰 : 觀此一言, 則孟子之實有是氣可知矣.(그러므로 정자는 말하였다. '이 한마디 말을 보면, 맹자가 실제 이 호연지기를 소유하였음을 알 수 있다.')

자의 ㅇ剛 - 굳셀 강. ㅇ塞 - 막을 색. 쑤셔넣다.

(2-14) **其爲氣也 配義與道**하니 **無是**면 **餒也**니라
(기위기야 배의여도, 무시, 뇌야)

국역 "그 호연지기라고 생각되는 것은 정의와 정도에 배합
되는 것이니, 이것이 없으면 기가 죽느니라."[28]

---

27) 至大初無限量, 至剛不可屈撓(지극히 크다는 것은 애당초 한량
이 없다는 것이요, 지극히 강하다는 것은 굽히고 흔들릴 수 없
는 것이다.) 蓋天地之正氣, 而人得以生者, 其體段本如是也.(대개
천지의 정기는 사람이 얻어서 태어나는 것이니, 그 신체적 구성
부분이 본래 이와 같은 것이다.) 惟其自反而縮, 則得其所養, 而
又無所作爲以害之, 則其本體不虧而充塞無間矣.(오직 그 스스로
돌이켜보아 축소되면, 그가 배양한 바를 얻은 것이요, 또 어떤
행위를 하여서 그것을 해치는 바가 없으면 그 본체가 이지러지
지 않고 꽉 차서 간격이 없을 것이다.) 程子曰 : 天人一也, 更不
分別. 浩然之氣, 乃吾氣也. 養而無害, 則塞乎天地, 一爲私意所
蔽, 則欲然而餒, 知其小也.(정자가 말하였다. 하늘과 사람은 똑
같아 다시 분별이 없다. 호연지기는 바로 나의 기운이다. 기르되
해침이 없으면, 천지에 충만하고, 한 번이라도 사의(私意)에 엄
폐되는 바가 있게 되면, 구멍처럼 꺼져 사기가 떨어짐을 느껴,
그 왜소함을 알 것이다.) 謝氏曰 : 浩然之氣, 須於心得其正時,
識取.(사씨가 말하였다. 호연지기는 모름지기 마음이 그 올바름
을 터득하였을 때에 알고 취할 수 있다.) 又曰 : 浩然, 是無虧欠
時.(또 말하였다. 호연이란 바로 이지러지거나 부족한 때가 없는
것이다.)

28) 配者, 合而有助之意.(배는 배합되어 도움을 가진다는 뜻이다.)
義者, 人心之裁制.(의는 인심의 절제이다.) 道者, 天理之自然(도
는 천리의 자연이다.) 餒, 飢乏而氣不充體也.(뇌는 굶주리고 결

자의 ㅇ餒-주릴 뇌. 사기가 떨어지다, 용기를 잃다.

(2-15) 是集義所生者라 非義襲而取之也니 行有不慊於
心이면 則餒矣라 我故로 曰 告子未嘗知義라하노니
以其外之也일새니라

(시집의소생자. 비의습이취지야, 행유불협어심, 즉뇌의. 아고, 왈
고자미상지의, 이기외지야)

국역 "이 호연지기는 집중된 정의심에서 생성되는 것이라,
밖에서[義] 엄습한 것을 취하여서 되는 것이 아니니, 행위
가 마음에 만족하지 않으면 기는 죽느니라. 나는 그러므로
'고자는 일찍이 정의를 알지 못했다.'고 말한 것이니, 그는
외부에서 오는 것이라 여겼기 때문이다."29)

핍되어 기운이 몸에 충만하지 못한 것이다.) 言人能養成此氣,
則其氣合乎道義而爲之助, 使其行之勇決, 無所疑憚.(사람이 능히
이 호연지기를 양성할 수 있으면, 그 기운이 도의에 부합하고
도움이 되어서, 그의 행동을 용감하고 결단력있게 하고, 의혹이
나 꺼리는 것이 없게 함을 말한다.) 若無此氣, 則其一時所爲, 雖
未必不出於道義, 然, 其體有所不充, 則亦不免於疑懼, 而不足以
有爲矣.(만약 이 호연지기가 없으면, 아마 일시적으로 하는 바가
비록 반드시 도의에서 나오지 않는 것은 아니나, 그러나 그 몸
이 충만되지 못한 바가 있으면, 역시 의구심으로부터 면하지 못
하여, 충분히 유망한 일을 할 수 없음을 말한 것이다.)

29) 集義, 猶言積善, 蓋欲事事皆合於義也.(집의는 적선이란 말과 같
으니, 대개 일마다 모두 정의에 부합하고자 하는 것이다.) 襲,
掩取也, 如齊侯襲莒之襲(습은 엄습하여 취하는 것이니, 마치
'제나라 임금이 여나라를 습격하였다.'는 습자와 같다.) 言氣雖可
以配乎道義, 而其養之之始, 乃由事皆合義, 自反常直.(기가 비록

자의 ㅇ義襲의 義-외모(=儀), 인공. ㅇ襲-엄습할 습, 물려받을 습.
ㅇ慊-족할 협, 앙심먹을 겸.

(2-16) 必有事焉而勿正하여 心勿忘하며 勿助長也하여 無
若宋人然이어다 宋人이 有閔其苗之不長而揠之者
러니 芒芒然歸하여 謂其人曰 今日病矣로라 予助苗
長矣로라하여늘 其子趨而往視之하니 苗則槁矣러라
天下之不助苗長者寡矣니 以爲無益而舍之者는 不

도의에 부합할 수 있으나, 아마 호연지기를 배양하는 시초에는,
바로 모두 정의에 부합되는 일로 말미암아, 자연히 항상 정직한
상태로 돌아간다.) 是以, 無所愧怍, 而此氣自然發生於中. 非由只
行一事, 偶合於義, 便可掩襲於外而得之也.(이 때문에 마음에 부
끄러운 바가 없어, 이런 호연지기는 자연히 중심에서 발생되는
것이요, 단지 한가지 일을 행하여 우연히 정의에 부합함으로 말
미암아, 곧 밖에서 엄습하여 그것을 얻을 수 있는 것이 아니다.)
慊, 快也, 足也.(협은 쾌함이며, 만족함이다.) 言所行一有不合於
義, 而自反不直, 則不足於心而其體有所不充矣. 然則義豈在外
哉.(행하는 바가 한번이라도 정의에 부합하지 못하는 바가 있어,
스스로 반성하여 정직하지 못함이 있으면, 마음에 부족하여 그
몸이 충만되지 못하는 바가 있을 것이니, 그렇다면 정의가 어찌
외부에 있는 것이겠는가?) 告子不知此理, 乃曰仁內義外, 而不復
以義爲事, 則必不能集義以生浩然之氣矣.(고자는 이런 이치를 알
지 못하고 바로 '인은 내부에 있고, 의는 외부에 있다.'고 말하
고서, 다시는 정의로써 일삼지 않았다. 그렇다면 호연지기를 발
생하기 위하여 반드시 정의에 집중할 수 없는 것이 된다.) 上文
不得於言勿求於心, 卽外義之意, 詳見告子上篇.(윗글에, '말에서
터득하지 못하거든 마음에서 알기를 구하지 말라.'는 것은, 즉
의를 외부로 여긴 뜻이니, 상세한 것은 '고자 상편'에 보인다.)

耘苗者也요 助之長者는 揠苗者也니 非徒無益이라
而又害之니라

(필유사언이물정, 심물망, 물조장야, 무약송인연. 송인, 유민기묘
지부장이알지자, 망망연귀, 위기인왈 금일병의. 여조묘장의, 기
자추이왕시지, 묘즉고의. 천하지부조묘장자과의, 이위무익이사지
자, 불운묘자야, 조지장자, 알묘자야, 비도무익. 이우해지)

국역 "반드시 그것을 모으는 일이 있어야 하고, 미리 작정하
지 말아, 마음에 잊지도 말며, 억지로 조장하지도 말며, 송
나라 사람이 그랬던 것같이 해서는 아니 된다. 송나라 사
람에 벼 싹이 자라지 않는 것을 고민하여 그것을 뽑아 올
린 이가 있었다. 멍청한 채 집으로 돌아와서 그는 사람들
에게 '오늘 피곤하다. 내가 벼 싹이 자라도록 도왔다.'고
말하자, 그 아들이 달려가서 그것을 살펴보니, 벼 싹은 이
미 말라 있었다. 온 천하에는 벼 싹을 자라게 돕지 않는
자는 적을 것이다. 이익이 없다고 여겨 그것을 내버려두는
자는, 벼 싹에 김을 매지 않는 자요, 조장을 하는 자는 벼
싹을 뽑는 자이니, 무익할 뿐만 아니라 또한 그것을 해치
는 것이다."30)

---

30) 必有事焉而勿正, 趙氏, 程子以七字爲句, 近世或幷下文心字讀之
者亦通.('필유사언이물정'을 조씨와 정자는 일곱 자로써 절구를
삼았고, 근세에는 혹시 아래 글의 심(心)자까지 아울러 읽는 자
도 있으니, 역시 통한다.) 必有事焉, 有所事也, 如有事於顓臾之
有事.('필유사언'이란 일하는 바가 있어야 한다는 것이니, 마치
'유사어전유'의 유사와 같다.) 正, 預期也. 春秋傳曰 戰不正勝,
是也.(정은 미리 기약함이니, '춘추전'에, '싸움은 승리를 미리 기

(자의) ○焉-(=於此). ○正-정할 정, 미리 작정할 정. ○忘-잊을 망. ○閔-근심할 민. ○苗-싹 묘. ○揠-뽑을 알. ○芒-억새 망.

약할 수 없다.'고 말하는 것이 이것이다.) 如作正心義亦同. 此與大學之所謂正心者, 語意自不同也.(만일 정심(正心)으로 여기더라도 뜻은 역시 같으니, 이것은 '대학'의 소위 정심과 더불어 말 뜻이 자연히 같지 않다.) 此言養氣者, 必以集義爲事, 而勿預期其效. 其或未充, 則但當勿忘其所有事, 而不可作爲以助其長, 乃集義養氣之節度也.(이것은, 호연지기를 기르는 자는 반드시 정의에 집중하는 것으로써 일로 삼고, 미리 그 효과를 기약하지 말며, 그가 혹시 충만하지 못하면, 다만 당연히 그의 일하는 바가 있음을 잊지 말 것이요, 그 성장을 돕기 위하여 일부러 하는 행위는 옳지 못하니, 이것이 바로 정의에 집중하여 호연지기를 배양하는 절도이다.) 閔, 憂也.(민은 우려이다.) 揠, 拔也.(알은 뽑아 놓는 것이다.) 芒芒, 無知之貌(망망은 무지한 모양이다.) 其人, 家人也.(기인은 집안 사람이다.) 病, 疲倦也.(병은 피곤함이다.) 舍之不耘者, 忘其所有事. 揠而助之長者, 正之不得, 而妄有作爲者也.(버려두고 김매지 않는 자는 그가 일할 바를 망각한 것이요, 뽑아서 조장하는 자는 미리 작정하되 얻지 못하며, 망령되이 어떤 인위적 행위를 하는 것이다.) 然, 不耘則失養而已, 揠則反以害之, 無是二者, 則氣得其養而無所害矣.(그러나 김매지 않으면 호연지기를 배양하지 못할 뿐이요, 뽑아 놓으면 도리어 그것을 침해한다고 생각할 것이니, 이 둘이 없으면, 호연지기는 아마 배양의 기회를 얻고, 침해되는 바도 없을 것이다.) 如告子不能集義, 而欲强制其心, 則必不能免於正助之病. 其於所謂浩然者, 蓋不惟不善養, 而又反害之矣.(만일 고자와 같이 능히 정의에 집중할 수 없으면서, 그 마음을 강제하고자 하면, 반드시 능히 바로 조장의 병에서 면하지 못할 것이다. 그런 일은 소위 호연지기에 있어서 대개 잘 기르지 못할 뿐만 아니라, 또 도리어 그것을 해칠 것이다.)

ㅇ芒芒然-무지하여 멍청한 모양. ㅇ病-피곤(로)하다. ㅇ槁-마를 고. ㅇ寡-적을 과. ㅇ舍-버릴 사(=捨). ㅇ耘-김맬 운. ㅇ徒-한갓 도 헛되이, 다만 ~뿐.

(2-17) 何謂知言이니잇고 曰 詖辭에 知其所蔽하며 淫辭에 知其所陷하며 邪辭에 知其所離하며 遁辭에 知其所窮이니 生於其心하여 害於其政하며 發於其政하여 害於其事하나니 聖人復起사도 必從吾言矣시리라
(하위지언. 왈 피사, 지기소폐, 음사, 지기소함, 사사, 지기소리, 둔사, 지기소궁, 생어기심, 해어기정, 발어기정, 해어기사, 성인 부기, 필종오언의)

국역 "무엇을 남의 말을 안다고 합니까?" "편벽된 말에 그 엄폐한 바를 알며, 음탕한 말에 그 빠진 것을 알며, 사악한 말에 그가 정도에서 이탈한 바를 알며, 도피하는 말에 그 궁함을 알 수 있다. 이런 말이 그 마음에서 생기면 그 정사에 해를 끼치며, 그 정사에서 발단하여 그 일에 해를 끼치니, 성인이 다시 나와도 반드시 내 말을 좇을 것이다."31)

---

31) 此, 公孫丑復問而孟子答之也.(이것은 공손추가 다시 질문함에 맹자가 대답한 것이다.) 詖, 偏陂也.(피는 편벽됨이요.) 淫, 放蕩 也.(음은 방탕함이요.) 邪, 邪僻也.(사는 사벽함이요.) 遁, 逃避 也. 四者相因, 言之病也.(둔은 도피함이다. 넷은 서로 원인이니, 말의 병통이다.) 蔽, 遮隔也.(폐는 가리고 격리함이요.) 陷, 沈溺 也.(함은 깊게 빠짐이요.) 離, 叛去也.(이는 배반하여 떠나감이 요.) 窮, 困屈也. 四者亦相因, 則心之失也.(궁은 곤궁하고 비굴함이다. 넷은 역시 상호 원인이니, 마음의 상실이다.) 人之有言,

(자의) ㅇ詖—치우칠 피. ㅇ蔽—가릴 폐. ㅇ淫—과할 음. 방종하다.
ㅇ陷—빠질 함. ㅇ邪—간사할 사. ㅇ遁—달아날 둔. 도피하다.

(2-18) 宰我, 子貢은 善爲說辭하고 冉牛, 閔子, 顔淵은 善

皆本於心. 其心明乎正理而無蔽, 然後, 其言平正通達而無病, 苟
爲不然, 則必有是四者之病矣.(사람의 말은 모두 마음에 근본을
하니, 그 마음이 정리에 밝아 엄폐가 없는 연후에, 그 말이 공
평, 정직, 통달하며 병폐가 없으니, 만일 그렇지 못하면 반드시
이 넷의 병폐가 있게 된다.) 卽其言之病, 而知其心之失, 又知其
害於政事之決, 然而不可易者如此, 非心通於道, 而無疑於天下之
理, 其孰能之.(즉, 그 말의 병폐로 그 마음의 상실을 알며 또 그
것이 정사에 해됨이 결정적임을 알아도, 그러나 바꿀 수 없음이
이와 같았으니, 마음이 정도에 통달하여 천하의 이치에 의심이
없는 자가 아니면, 그 누가 그것에 능하겠는가?) 彼告子者, 不
得於言而不肯求之於心, 至爲義外之說, 則自不免於四者之病, 其
何以知天下之言而無所疑哉.(저 고자는 말에서 터득하지 못하면
서 즐거이 마음에서도 구하지 않았으며, 심지어 정의를 외부의
모습이라는 말까지 하였으니, 곧 스스로 넷의 병폐에서 면하지
못한 것이니, 그가 어떻게 천하의 말을 알고 의심할 바가 없겠
는가?) 程子曰 : 心通乎道, 然後能辨是非, 如持權衡以較輕重, 孟
子所謂知言是也.(정자가 말하였다. 마음이 정도에 통달한 연후에
능히 시비를 분별할 수 있으니, 마치 저울대를 잡고 경중을 비
교할 수 있는 것과 같다. 맹자의 소위 지언(知言)이란 것이 이
것이다.) 又曰 : 孟子知言, 正如人在堂上, 方能辨堂下人曲直. 若
猶未免雜於堂下衆人之中, 則不能辨決矣.(또 말하였다. '맹자의
지언은, 바로 사람이 당상에 있어야, 바야흐로 능히 당하 사람의
곡직을 분별할 수 있는 것과 같다. 만약 자신이 아직도 당하의
여러 사람 속에 섞여 있음을 면하지 못하면, 능히 분별할 수 없
는 것과 같다.')

言德行이러니 孔子兼之하시되 曰 我於辭命則不能
也로라하시니 然則夫子는 旣聖矣乎신저

(재아, 자공, 선위설사, 염우, 민자, 안연, 선언덕행, 공자겸지, 왈
아어사명즉불능야, 연즉부자, 기성의호)

국역 "재아와 자공은 말을 잘했고, 염백우, 민자건과 안연은
덕행을 잘 말했는데, 공자께서는 이것을 겸하였으되, '나
는 타고날 때부터[命] 말에 있어서는 능하지 못하다.'고
하였으니, 그렇다면 선생님께서는 이미 성인이십니까?"32)

자의 ㅇ善-좋다, 잘 해내다. ㅇ說辭-구실, 변명. ㅇ冉-성 염. ㅇ顔-

---

32) 此一節, 林氏以爲皆公孫丑之問是也.(이 1절은 임씨가, 모두 공
손추의 질문이라 여겼으니 옳다.) 說辭, 言語也.(설사는 언어이
다.) 德行, 得於心而見於行事者也.(덕행은 마음에서 터득하여 행
사에서 나타난다.) 三子善言德行者, 身有之故, 言之親切而有味
也.(셋이 덕행을 잘 말한 것은, 자신들이 그것을 소유하고 있었
기 때문에, 그것을 말함에 친절하고 맛이 있었던 것이다.) 公孫
丑言數子各有所長, 而孔子兼之, 然猶自謂不能於辭命.(공손추가
말하기를, 몇분은 각기 장점을 소유하였고, 공자는 그것을 겸하
였으나, 그러나 오히려 스스로 응대에 능하지 못하다고 말하였
다.) 今孟子乃自謂我能知言, 又善養氣, 則是兼言語德行而有之,
然則豈不旣聖矣乎.(그런데 지금 맹자는 바로 스스로 나는 능히
말을 알고, 또 호연지기를 잘 기른다고 말하였으니, 곧 이것은
언어와 덕행을 겸하여 소유한 것입니다. 그렇다면 어찌 이미 성
인이 아니겠습니까?) 此夫子, 指孟子也.(여기서 부자는 맹자를
가리킨다.) 程子曰 : 孔子自謂不能於辭命者, 欲使學者務本而已.
(정자가 말하였다. '공자가 스스로 능히 응대에 능하지 못하다고
말한 것은, 배우는 자로 하여금 근본에 힘쓰게 하고자 하였을
뿐이다.')

얼굴 안.

(2-19) 曰 惡라 是何言也오 昔者에 子貢問於孔子曰 夫
子는 聖矣乎신저 孔子曰 聖則吾不能이어니와 我는
學不厭而敎不倦也로라 子貢曰 學不厭은 智也요
敎不倦은 仁也니 仁且智하시니 夫子는 旣聖矣신저
하니 夫聖은 孔子도 不居하시니 是何言也오

(왈 오, 시하언야. 석자, 자공문어공자왈 부자, 성의호. 공자왈
성즉오불능, 아, 학불염이교불권야. 자공왈 학불염, 지야, 교불권,
인야, 인차지, 부자, 기성의, 부성, 공자, 불거, 시하언야)

국역 "뭐라고! 그 무슨 말인가? 옛적에 자공이 공자께 묻기
를 '선생님은 성인이십니까?'라고 하자, 공자께서 '성인이라
한다면 내 능히 될 수 없지만, 나는 배우기를 싫어하지 않
고, 가르치기를 게을리하지 않았노라.' 하시니, 자공이 '배
우기를 싫어하지 않음은 지(智)요, 가르치기를 게을리하지
않음은 인(仁)이니, 인자하고 또 지혜로우시니, 선생님께서
는 이미 성인이십니다.'라고 하였다. 대저 성인이란 것은
공자께서도 자처하지 않으셨으니 그 무슨 말인가?"33)

---

33) 惡, 驚歎辭也.(오는 놀라고 탄식하는 말이다.) 昔者以下, 孟子不
敢當丑之言, 而引孔子, 子貢問答之辭以告之也.(석자 이하는 맹
자가 감히 공손추의 말을 감당하지 못하여, 공자와 자공이 문답
한 말을 인용하여 그리고 그에게 고한 것이다.) 此夫子, 指孔子
也.(여기서 부자는 공자를 가리킨다.) 學不厭者, 智之所以自明,
敎不倦者, 仁之所以及物.(학불염이란 것은 지혜로써 스스로 밝
히기 위한 것이며, 교불권이란 것은 인으로써 만물에 미치기 위

(자의) ○惡-감탄사. ○厭-싫어할 염. ○倦-게으를 권. ○居-자처 하다, 성인의 영역에 거처하다.

(2-20) **昔者**에 **竊聞之**하니 **子夏, 子游, 子張**은 **皆有聖人 之一體**하고 **冉牛, 閔子, 顔淵**은 **則具體而微**라하니 **敢問所安**하노이다

(석자, 절문지, 자하, 자유, 자장, 개유성인지일체, 염우, 민자, 안 연, 즉구체이미, 감문소안)

(국역) "옛적에 남몰래 제가 들었는데, '자하, 자유, 자장은 모 두 성인의 전체 중 일부분만을 가졌고, 염우, 민자, 안연은 곧 전체를 갖추고 있었으나 미미했다.'니, 선생님께서는 이 들 중 어느 부류에 안거하실 것인지 감히 묻습니다."34)

(자의) ○竊-저으기 절, 훔칠 절, 가만히 절, 남몰래 절. ○微-가 늘 미.

(2-21) **曰 姑舍是**하라

(왈 고사시)

한 것이다.) 再言 是何言也, 以深拒之.(그 무슨 말인가?라고 두 번 말한 것은 그것을 깊이 거절하기 위함이다.)

34) 此一節, 林氏亦以爲皆公孫丑之問, 是也.(이 1절은 임씨가 역시 모두 공손추의 질문이라 여겼는데 옳다.) 一體, 猶一肢也.(1체는 1지와 같다.) 具體而微, 謂有其全體, 但未廣大耳.('구체이미'란 이른바 그의 전체를 소유하였으되, 다만 아직 광대하지 못함을 말한 것일 뿐이다.) 安, 處也.(안은 거처함이다.) 公孫丑復問孟子 旣不敢比孔子, 則於此數子欲何所處也.(공손추가 다시 묻기를, '맹자께서 이미 감히 공자와 비교하지 못하신다면, 이 몇분들에 서 어느 곳에 거처하고자 합니까?'라고 한 것이다.)

(국역) "그 이야기는 그만두자."35)

(자의) ○姑─고모 고, 우선 고, 그만 고. ○舍─버릴 사(＝捨).

(2-22) **曰 伯夷, 伊尹**은 **何如**하니잇고 **曰 不同道**하니 **非其
君不事**하며 **非其民不使**하여 **治則進**하고 **亂則退**는
伯夷也요 **何事非君**이며 **何使非民**이리오하여 **治亦
進**하며 **亂亦進**은 **伊尹也**요 **可以仕則仕**하며 **可以
止則止**하며 **可以久則久**하며 **可以速則速**은 **孔子也**
시니 **皆古聖人也**라 **吾未能有行焉**이어니와 **乃所願
則學孔子也**로라

(왈 백이, 이윤, 하여. 왈 부동도, 비기군불사, 비기민불사, 치즉
진, 난즉퇴, 백이야. 하사비군, 하사비민, 치역진, 난역진, 이윤야.
가이사즉사, 가이지즉지, 가이구즉구, 가이속즉속, 공자야, 개고
성인야. 오미능유행언, 내소원즉학공자야)

(국역) "백이와 이윤을 비교하면 어떻습니까?" "가는 길이 같
지 아니했으니, 그가 섬길만한 임금이 아니면 섬기지도 아
니하며, 그가 부릴만한 백성이 아니면 부리지도 아니하며,
세상이 다스려지면 나아가서 벼슬하고, 어지러워지면 물러
나는 것이 백이였다. 어느 분을 섬긴들 내 군주가 아니며,
어느 사람을 부린들 내 백성이 아니겠는가 하여, 다스려져
도 나아가 벼슬하고, 혼란해도 나아가 벼슬하는 사람이 이

---

35) 孟子言且置是者, 不欲以數子所至者自處也.(맹자가 말하기를, '우
선 이들을 내버려 두라.'고 한 것은, 이분들이 이르는 경지로써
거처하고자 하지 않으신 것이다.)

윤이었다. 벼슬하는 것이 옳으면 벼슬하고 그만둘 만하면
그만두며, 오래 머물 만하면 오래 머물고, 빨리 떠날 만하
면 빨리 떠나심이 공자이시다. 이 세 사람은 모두 옛 성인
이시다. 나는 아직도 그들과 같이 할 수는 없지만, 바로
내가 원하는 것은 공자의 도를 배우는 것이다."36)

(자의) ㅇ事-섬길 사. ㅇ仕-벼슬 사. ㅇ焉-(=於此).

(2-23) 伯夷, 伊尹이 於孔子에 若是班乎잇가 曰 否라 自
有生民以來로 未有孔子也시니라

(백이, 이윤, 어공자, 약시반호, 왈 부. 자유생민이래, 미유공자야)

(국역) "백이, 이윤이 공자와 비교하여 그와 같이 동등합니
까?" "아니다. 사람이 나고부터 이후로 공자 같은 분은 아
직 없었다."37)

---

36) 伯夷, 孤竹君之長子, 兄弟遜國, 避紂隱居, 聞文王之德而歸之.
及武王伐紂, 去而餓死.(백이는 고죽국 임금의 장자이니, 형제가
나라를 양보하고, 주왕을 피하여 은거하다가, 문왕의 덕을 듣고
그에게 귀의하였다. 무왕이 주왕을 정벌하려 하자 떠나가 굶어
죽었다.) 伊尹, 有莘之處士. 湯聘而用之, 使之就桀, 桀不能用,
復歸於湯. 如是者五, 乃相湯而伐桀也.(이윤은 유신의 처사이니,
탕왕이 초빙하여 그를 등용하여 그로 하여금 걸왕에 나아가게
하였으나, 걸왕이 쓰지 않자, 다시 탕왕에게 돌아왔다. 이와 같
이 하기를 다섯 번 하고는, 바로 탕왕을 도와 걸왕을 정벌하였
다.) 三聖人事, 詳見此篇之末及萬章下篇.(이 세 성인의 일은 이
편의 끝과 '만장 하편'에 자세히 보인다.)

37) 班, 齊等之貌.(반은 등급이 다 같은 모양이다.) 公孫丑問, 而孟
子答之以不同也.(공손추의 질문에 맹자께서 같지 않다고 여긴다

(자의) ㅇ班－같을 반. ㅇ以來－이후.

(2-24) 曰 然則有同與잇가 曰 有하니 得百里之地而君之
면 皆能以朝諸侯有天下어니와 行一不義하며 殺一
不辜而得天下는 皆不爲也리니 是則同하니라
(왈 연즉유동여. 왈 유, 득백리지지이군지, 개능이조제후유천하,
행일불의, 살일불고이득천하, 개불위야, 시즉동)

(국역) "그렇다면 같은 점은 있습니까?" "있다. 사방 백리 되
는 땅을 얻어서 그곳에서 임금노릇을 한다면, 모두 다 능
히 제후들의 조회를 받고 천하를 소유할 수 있거니와 한
가지 일이라도 불의를 행하며, 한 사람이라도 죄 없는 이
를 죽여가면서 천하를 얻는 일은 모두 하지 않을 것이니,
이것은 같은 점이다."38)

(자의) ㅇ辜－허물 고, 죄 고.

(2-25) 曰 敢問其所以異하노이다. 曰 宰我, 子貢, 有若은

고 대답한 것이다.)

38) 有, 言有同也.(유는 같은 점이 있음을 말한다.) 以百里而王天下,
德之盛也.(백리를 가지고 천하에 왕노릇 함은 덕의 성대함이요.)
行一不義, 殺一不辜而得天下, 有所不爲, 心之正也.(한가지 일이
라도 의롭지 못한 일을 행하며, 한 사람이라도 죄 없는 사람을
죽여 천하를 얻을 수 있어도, 하지 않는 바가 있음은 마음의 올
바름이다.) 聖人之所以爲聖人, 其根本節目之大者, 惟在於此. 於
此不同, 則亦不足以爲聖人矣.(성인이 성인된 이유는 그 근본과
절목의 큰 것이 오직 여기에 있으니, 이것에서 같지 않다면 역
시 충분히 성인이 될 수 없는 것이다.)

智足以知聖人이니 **汚不至阿其所好**니라

(왈 감문기소이이. 왈 재아, 자공, 유약, 지족이지성인, 오부지아 기소호)

국역 "감히 그들이 다르게 여기는 것을 묻습니다." "재아, 자공, 유약은 지혜가 성인을 충분히 알만하니, 낮추어 잡 아도 그가 좋아하는 바에 아첨하는 데는 이르지 않을 것 이다."39)

자의 ㅇ足以-충분히. ㅇ汚-낮을 오, 더러울 오. 낮추어 잡아도. ㅇ阿-언덕 아. 기대다.

(2-26) **宰我曰 以予觀於夫子**건대 **賢於堯舜**이 **遠矣**샷다

(재아왈 이여관어부자, 현어요순, 원의)

국역 재아가 말하였다. "내가 공부자로부터 관찰하여 생각 건대 요순보다 훨씬 더 현명하셨다."40)

---

39) 汚, 下也.(오는 낮은 것이다.) 三子智足以知夫子之道, 假使汚下, 必不阿私所好而空譽之. 明其言之可信也.(세 사람의 지혜는 충분 히 공부자의 도를 알만하니, 가사 줄잡아도, 반드시 사사로이 좋 아하는 바에 아첨하여 명예를 헛되이 한 것이 아니다. 그 말이 믿을 만함을 분명히 한 것이다.)

40) 程子曰 : 語聖則不異, 事功則有異. 夫子賢於堯舜, 語事功也.(정 자가 말하였다. 성인을 말하면 다르지 않고, 일의 공은 다름이 있으니, 부자가 요순보다 현명함은 일의 공을 말한 점이다.) 蓋 堯舜治天下, 夫子又推其道以垂敎萬世, 堯舜之道, 非得孔子, 則 後世亦何所據哉(대개 요순은 천하를 다스렸고, 부자는 또 그 도를 미루어 만세에 가르침을 남겼으니, 요순의 도가 공자를 얻 지 않았다면, 후세에서 역시 무엇을 근거로 하였겠는가?)

(자의) ㅇ以－～라 생각하다. ㅇ遠－멀 원. 멀다, 오래다, 크다, 훨씬 더.

(2-27) 子貢曰 見其禮而知其政하고 聞其樂而知其德이니 由百世之後하여 等百世之王컨대 莫之能違也니 自生民以來로 未有夫子也시니라

(자공왈 견기례이지기정, 문기락이지기덕, 유백세지후, 등백세지왕, 막지능위야, 자생민이래, 미유부자야)

(국역) 자공이 말하였다. "그 나라의 예절을 보면 그 나라의 정치를 알 수 있고, 그가 무엇을 즐기는지를 들으면 그의 덕을 알 수 있으니, 백세 전으로부터 후인 오늘날까지 백세의 왕들을 등급을 살펴보건대 아무도 그것을 다르다고 할 자가 없으니, 인간이 나고부터 이후로 공부자 같은 분은 아직까지 없다."41)

(자의) ㅇ等－등급 등. 같다, 기다리다. ㅇ莫－없을 막, 말 막. 해서는 안 된다. 하지 마라. ㅇ違－다를 위. ㅇ以來－이후. ㅇ未有－아직은 없다.

(2-28) 有若曰 豈惟民哉리오 麒麟之於走獸와 鳳凰之於

---

41) 言大凡見人之禮, 則可以知其政, 聞人之樂, 則可以知其德(대체로 사람의 예절을 보면 그 정사를 알 수 있고, 사람의 음악을 들으면 그 덕을 알 수 있다고 말한다.) 是以我從百世之後, 差等百世之王, 無有能遁其情者, 而見其皆莫若夫子之盛也.(이 때문에 내가 백세 뒤를 따라 백세의 왕을 차등해 보건대, 능히 그 실정을 숨길 수 없으니, 그들을 보면 모두 부자와 같이 성대한 이가 없다.)

飛鳥와 太山之於丘垤과 河海之於行潦에 類也며
聖人之於民에 亦類也니 出於其類나 拔乎其萃니
自生民以來로 未有盛於孔子也시니라

(유약왈 기유민재. 기린지어주수, 봉황지어비조, 태산지어구질,
하해지어행료, 유야, 성인지어민, 역류야, 출어기류, 발호기췌,
자생민이래, 미유성어공자야)

국역 유약이 말하였다. "어찌 사람뿐이겠는가? 달리는 짐승
중에서 기린과 나는 새 중에서 봉황과 개미집 같은 언덕
중에서 태산과 흐르는 도랑 중에서 하해는 모두 동류이며,
보통의 사람 중에서 성인 역시 동류이다. 그 동류 중에서
나왔으나 그 모인 것 중에서 빼어났으니, 인간이 나서부터
이후로 아직까지 공자보다 더 위대한 분은 없다고 하였
다."42)

자의 ㅇ豈—어찌 기. ㅇ惟—오직 유. 오직, 단지. ㅇ麒—기린 기.

---

42) 麒麟, 毛蟲之長.(기린은 몸에 털이 난 짐승의 수장이요.) 鳳凰,
羽蟲之長.(봉황은 깃털이 난 짐승의 수장이다.) 垤, 蟻封也.(질은
개미둑이다.) 行潦, 道上無源之水也.(행료는 길 위에 고인 근원
이 없는 물이다.) 出, 高出也.(출은 높이 솟아남이다.) 拔, 特起
也.(발은 특별히 일어남이다.) 萃, 聚也.(췌는 모음이다.) 言自古
聖人, 固皆異於衆人, 然未有如孔子之尤盛者也.(옛부터 성인은
진실로 모두 중인보다 특이하다. 그러나 공자와 같이 더욱 성대
한 이는 아직 없음을 말한 것이다.) 程子曰 : 孟子此章, 擴前聖
所未發, 學者所宜潛心而玩索也.(정자가 말하였다. '맹자'의 이
장은 전성(前聖)들이 아직 발명하지 않은 것을 확충하였으니, 학
자는 마땅히 마음을 집중하여 깊이 연구해야 할 것이다.)

ㅇ麟—기린 린. ㅇ獸—짐승 수. ㅇ鳳—봉황새 봉. ㅇ凰—봉황새 황. ㅇ丘—언덕 구. ㅇ垤—개미둑 질. ㅇ潦—도랑 요. ㅇ萃—모을 췌. ㅇ盛—(=大也).

(해설) 이 장에서는 저 유명한 부동심(不動心), 호연지기(浩然之氣)와 지언(知言)을 말하고 있다. 뒤의 둘은 맹자 스스로 자기의 장기라고 했다. 공손추가 만약 맹자께서 제나라의 경상(卿相)이 되어 큰 업적을 이루게 되면 마음이 어떻겠느냐고 물었다. 맹자의 대답은 이렇다. 자기는 공자처럼 40세에 벌써 외부적 충격에 대하여 꿈적도 하지 않는 부동심의 경지에 이르렀다는 것이다. 부동심을 기르는 방법은 마음을 한가지 일에 집중하는 일이다. 예컨대 북궁유와 맹시사, 증자와 자하가 행했던 방식을 참고할 수 있다.

다음으로 부동심을 터득하기 위하여 호연지기를 기르는 일이다. 호연지기는 누구나 다 가지고 있는 성품(性稟)이 마음속에서 성대하게 흘러 그대로 실현되는 평화스럽고 광명정대한 정기(正氣)인데, 이것은 정의심을 지속적으로 집중[集義]하거나, 정직한 마음을 지속적으로 배양[以直養]하여 기른다. 양기(養氣)를 하는 까닭은 주로 독립적인 인격함양을 위해서이다. 공자가 인후한 웃어른의 모습이라면, 맹자는 자존적 엄격한 모습으로 우뚝하다. 이는 양기의 영향이라 볼 수 있다.

예컨대, 양혜왕장구 하 제6장, 공손추장구 하(2-1, 2-2, 2-6), 이루장구 상 제24장, 고자장구 하 제5장 등일 것이다. 양기로 말미암아 참으로 자아를 완성했다면, 군주 앞

일지라도 함부로 자신을 낮출[妄自菲薄] 필요가 전혀 없
다(만장장구 하, 7-3)는 것이다. 마지막으로 부동심을 터
득하기 위하여 남의 말을 아는 것[知言]이 필요한데, 이
것은 맹자의 또 하나의 장기이다. 지언은 사실 인간 자체
를 잘 파악하는 지인(知人)(논어, 12-22)의 범주이다.

　지언에는 귀로 아는 것, 마음으로 아는 것, 몸으로 아는
셋이 있다. 맹자는 자기의 '지언' 방식과 고자의 방식이 같
지 않다고 한다. 양기가 주로 굳세고 강인한 의지의 조절
능력을 키워 인격을 함양하는 것으로 나타나는 데 대해,
지언은 예컨대 등문공장구 상 제4장, 공손추장구 하 제8장
에서 보듯이, 주로 남의 관점을 분석하고 비판하는 것으로
나타난다. 말에는 삐뚤어진 말[詖辭], 격한 말[淫辭], 가
시돋친 말[邪辭], 잡아떼는 말[遁辭]의 넷이 있는데, 이
것들의 정확한 분별은 지성이나 지천명을 위해 필요하다.
공자도 남의 말을 알지 못하면 다른 사람을 알 수 없다고
하였다(논어, 20-3).

　또 공손추는 그가 '나는 말을 안다.'고 한 데 대해 '선생
님은 이미 성인이십니다.'라고 하니, 이 세상 아무도 스스
로 성인이라고 자처하지 않았다고 하며 펄쩍 뛴다. 그러면
서도 '성인은 일반인과 동류이다.'라고 하여 성인과 자기를
포함한 보통사람과의 소통을 가능하게 했다. 나아가 제자
가 질문한 공자의 제자들, 백이, 이윤 등의 특장을 설명하
고, 아직 공자보다 더 훌륭한 사람은 있지 않다고 하면서
자신은 오직 공자처럼 되는 것이 소원이라고 답변함으로

써, 그들과의 차별화를 시도했다. 그런데 이 장은 독립적
인 인격함양에 관한 내용인데, 왕도정치의 실현방법을 말
한 양혜왕장구 상 제7장, 이단을 배척하는 등문공장구 상
제4장과 더불어 그 내용이 상당히 길다.

제3장 무력을 가지고 인의를 빌리다
(以力假仁章 第三)

(3-1) 孟子曰 以力假仁者는 霸니 霸必有大國이요 以德
行仁者는 王이니 王不待大라 湯以七十里하시고 文
王以百里하시니라
(맹자왈 이력가인자, 패, 패필유대국, 이덕행인자, 왕, 왕부대대.
탕이칠십리, 문왕이백리)

국역 맹자가 말씀하였다. "힘을 가지고 인을 빌리는 것을 패
도라고 하는 것이니, 패국이 되려면 반드시 대국을 소유하
여야 한다. 덕을 가지고 인을 행한 자를 왕도라고 하는 것
이니, 왕도정치는 대국을 기다리지 않는다. 탕왕은 사방
70리를 가지고 왕도정치를 하였고, 문왕은 사방 100리를
가지고 왕도정치를 하였다."43)

---

43) 力, 謂土地甲兵之力.(역이란 토지와 갑병의 힘을 이른다.) 假仁
者, 本無是心而借其事以爲功者也.(인을 빌린다는 것은 본래 이
런 마음이 없으면서 그런 일을 빌려 공으로 여기는 것이다.) 霸,
若齊桓晉文是也.(패는 제환공과 진문공과 같은 이가 이들이다.)
以德行仁, 則自吾之得於心者推之, 無適而非仁也.(덕으로써 인을

(자의) ㅇ假-빌 가. 거짓의, 빌리다, 만약. ㅇ覇-두목 패. ㅇ湯-끓일 탕.

(3-2) 以力服人者는 非心服也라 力不贍也요 以德服人者는 中心悅而誠服也니 如七十子之服孔子也라 詩云 自西自東하며 自南自北이 無思不服이라하니 此之謂也니라

(이력복인자, 비심복야, 역불섬야, 이덕복인자, 중심열이성복야, 여칠십자지복공자야. 시운 자서자동, 자남자북, 무사불복, 차지위야)

(국역) "힘으로써 남을 복종시키는 자에게는 마음으로 복종하는 것이 아니라 힘이 넉넉하지 못하여 복종하는 것이요, 덕으로써 남을 복종시키는 자에게는 속마음에서 기뻐하여 진실로 복종함이니, 70제자가 공자에게 심복함과 같은 것이다. '시경'에 이르기를 '서쪽에서 동쪽에서 남쪽에서 북쪽에서 복종하지 않을 것을 생각하는 이가 없다.'고 하였으니, 이것을 말한 것이다."[44]

행하면, 내가 마음에서 터득한 것으로부터 그것을 미루어 나가면, 가는 곳마다 인하지 않음이 없을 것이다.)

44) 贍, 足也.(섬은 풍족함이다.) 詩大雅文王有聲之篇.(시는 '시경' '대아' '문왕'편 '유성'장이다.) 王覇之心, 誠僞不同. 故人所以應之者, 其不同亦如此(왕도와 패도의 마음은 성실과 거짓이 같지 않다. 그러므로 사람들이 그것에 호응하는 까닭도 그 같지 않음이 역시 이와 같다.) 鄒氏曰: 以力服人者, 有意於服人, 而人不敢不服, 以德服人者, 無意於服人, 而人不能不服. 從古以來, 論王覇者多矣, 未有若此章之深切而著明也.(추씨가 말하였다. 힘으

(자의) ○贍—넉넉할 섬. ○悅—기뻐할 열.

(해설) 왕도는 인의를 가지고 백성들을 감화시키니 넓은 국토나 병력이 요건이 아니다. 왕도의 다스림에는 덕에 심복(心伏)하여 반항이 없으니 오래 융성할 수 있다. 그러나 패도는 인의를 가장하여 백성들을 다스리니 강력한 힘이 필요하고 대국으로 나아가나, 백성들은 마음속으로 복종하는 것이 아니니 위기가 잠재되어 있다. 그 다스림은 일시적이니 패권은 당대에 그치고 말았다. 자본주의 사회에서 장사의 근본은 이윤을 남기는 것이다. 이윤은 만족한 고객으로부터 나온다. 고객을 기쁘게 하기 위해 혼신을 다하는 것이야말로 장사의 근본이며, 이윤은 그렇게 하는 과정에서 저절로 따라오는 것이다.

제4장 인정을 베풀면 번영한다(仁則榮章 第四)

(4-1) 孟子曰 仁則榮하고 不仁則辱하나니 今에 惡辱而居 不仁이 是猶惡濕而居下也니라

(맹자왈 인즉영, 불인즉욕, 금, 오욕이거불인, 시유오습이거하야)

로써 사람을 복종시키는 자는, 사람을 복종시킴에 어떤 의도가 있으니, 사람들이 감히 복종하지 않을 수 없고, 덕으로써 사람을 복종시키는 자는, 사람들을 복종시킴에 의도가 없어도, 사람들이 복종하지 않을 수 없다. 옛부터 이래로 왕도와 패도를 논한 자가 많되, 이 장과 같이 깊고 간절하며 현저하게 분명한 것은 아직은 없다.)

(국역) 맹자가 말씀하였다. "인을 하면 영화롭고, 불인을 하면 욕이 되나니, 그런데 지금 치욕을 싫어하면서 불인으로 처신하고 있음은, 이는 마치 습한 것을 싫어하면서 낮은 곳에 거처하는 것과 같은 것이다."45)

(자의) ○辱-욕보일 욕. 수치, 모욕하다. ○濕-젖을 습.

(4-2) 如惡之인맨 莫如貴德而尊士니 賢者在位하며 能者在職하여 國家閒暇어든 及是時하여 明其政刑이면 雖大國이라도 必畏之矣리라

(여오지, 막여귀덕이존사, 현자재위, 능자재직. 국가한가, 급시시, 명기정형, 수대국, 필외지의)

(국역) "만일 치욕을 싫어할 것 같으면 유덕자를 귀히 여기고, 선비를 높이는 것만 같지 못하니, 현명한 자가 높은 지위에 있으며, 능한 자가 직책을 맡게 하여 국가가 한가하거든 이 때를 당하여 그 정치와 형벌을 밝게 처리하면, 비록 강대국이라도 반드시 그 나라를 두려워할 것이다."46)

---

45) 好榮惡辱, 人之常情.(영화를 좋아하고 치욕을 싫어함은 인간의 불변의 정이다.) 然徒惡之而不去其得之之道, 不能免也.(그러나 다만 그것을 싫어하면서, 아마 그것을 얻는 방법을 제거하지 않으면 능히 면하지 못할 것이다.)

46) 此因其惡辱之情, 而進之以强仁之事也.(이것은 아마 치욕을 싫어하는 인정으로부터 인을 강하게 하는 일로써 나아가게 한 것이다.) 貴德, 猶尚德也.(귀덕은 덕을 숭상함과 같다.) 士, 則指其人而言之.(사란 그 사람을 가리켜 그를 말한 것이다.) 賢, 有德者, 使之在位, 則足以正君而善俗.(현은 유덕자이니, 그로 하여금 지

(자의) ㅇ莫如－～하는 것만 못하다, ～하는 것이 낫다. ㅇ閒－한가할 한(＝閑). ㅇ暇－겨를 가, 한가할 가. ㅇ及－미칠 급. 이르다. ㅇ畏－ 두려워할 외.

(4-3) 詩云 迨天之未陰雨하여 徹彼桑土하여 綢繆牖户면 今此下民이 或敢侮予아하여늘 孔子曰 爲此詩者여 其知道乎인저 能治其國家면 誰敢侮之리오하시니

(시운 태천지미음우, 철피상토, 주무유호, 금차하민, 혹감모여, 공 자왈 위차시자, 기지도호, 능치기국가, 수감모지)

(국역) "'시경'에 이르기를 '날씨가 아직 비가 내리지 않을 때 를 틈타서 저 뽕나무 뿌리껍질을 거두어 창과 문을 두루 얽어매면, 지금 저 밑의 백성들이 누가 감히 나를 모욕하 리요.' 하였거늘, 공자가 말씀하였다. '이 시를 지은 자여! 아마 그는 정도를 알았나 보다. 능히 그 국가를 잘 다스렸 다면 누가 감히 그 나라를 업신여기겠는가?'"47)

위에 있게 하면 충분히 임금을 바르게 하고 풍속을 선하게 할 수 있다.) 能, 有才者, 使之在職, 則足以修政而立事.(능은 재주 가 있는 자이니, 그로 하여금 직책에 있게 하면 충분히 정사를 닦아서 사업을 수립할 수 있다.) 國家閒暇, 可以有爲之時也.(국 가가 한가함은 훌륭한 일을 할 수 있는 시기이다.) 詳味及字, 則 惟日不足之意可見矣.(급자(及字)를 상세히 음미하면, 오직 날짜 가 부족하다는 의미를 볼 수 있다.)

47) 詩豳風鴟鴞之篇, 周公之所作也.(시는 '시경' '빈풍'편 '치효'장이 니, 주공이 지은 것이다.) 迨, 及也.(태는 미침이다.) 徹, 取也. (철은 취함이다.) 桑土, 桑根之皮也.(상토는 뽕나무 뿌리의 껍질 이다.) 綢繆, 纏綿補葺也.(주무는 실을 얽어 집을 보수하는 것이

(자의) ○迨-미칠 태, 이를 태. ○徹-치울 철, 통할 철. ○彼-저 피. 상대방. ○桑-뽕나무 상. ○綢-얽을 주, 명주 주. ○繆-얽을 무, 두를 료. ○牖-창문 유. ○戶-지게 호. ○侮-업신여길 모. ○誰-누구 수.

(4-4) 今에 國家閒暇어든 及是時하여 般樂怠敖하나니 是는 自求禍也니라

(금, 국가한가, 급시시, 반락태오, 시, 자구화야)

(국역) "그런데 오늘날 국가가 한가하거든 그 때를 당하여 즐거운 놀이나 하고, 태만하여 오만하나니 이것은 스스로 재앙을 구하는 것이니라."[48]

(자의) ○般-즐길 반, 일반 반. ○怠-게으를 태. ○敖-오만할 오. ○禍-재화 화. 재앙, 사고.

다.) 牖戶, 巢之通氣出入處也.(유호는 둥지 내 공기의 유통과 출입을 하는 곳이다.) 予, 鳥自謂也.(여는 새가 자신을 말한 것이다.) 言我之備患詳密如此, 今此在下之人, 或敢有侮予者乎.('내가 환난에 대비하여 상세하고 치밀하게 하기를 이와 같이 한다면, 지금 이 하위에 있는 사람들이 혹시 감히 나를 모욕하는 자가 있겠느냐?'고 말한 것이다.) 周公以鳥之爲巢如此, 比君之爲國, 亦當思患而預防之.(주공은 새가 둥지 만들기를 이와 같이 함을 가지고, 임금이 나라를 다스리는 것에도 역시 당연히 환난을 생각하여 그것을 예방하여야 함을 비유한 것이다.) 孔子讀而贊之, 以爲知道也.(공자는 이 시를 읽고 칭찬하여 도를 안다고 여겼다.)

48) 言其縱欲偸安, 亦惟日不足也.(그 욕심을 절제하지 않고 일시적인 안일을 탐하면, 역시 오직 날이 부족함을 말한 것이다.)

(4-5) 禍福이 無不自己求之者니라

(화복, 무부자기구지자)

国역 "재앙과 복이 자기 자신으로부터 그 화복을 구하지 않는 것이 없느니라."49)

(4-6) 詩云 永言配命이 自求多福이라하며 太甲에 曰 天作孽은 猶可違어니와 自作孽은 不可活이라하니 此之謂也니라

(시운 영언배명, 자구다복, 태갑, 왈 천작얼, 유가위, 자작얼, 불가활, 차지위야)

国역 " '시경'에 이르기를 '늘 천명에 부합되게 생각해 말하는 것이 스스로 많은 복을 구하는 것이다.'고 하였으며, '태갑'에 말하기를, '하늘이 만든 재앙은 오히려 어길 수 있으나, 스스로 만든 재앙은 어길 수 없다.'고 하였으니, 이것을 두고 한 말이다."50)

자의 ㅇ永-길다, 늘. ㅇ孽-움 얼, 재앙 얼. ㅇ違-어길 위.

---

49) 結上文之意.(윗글의 뜻을 맺은 것이다.)

50) 詩大雅文王之篇.(시는 '시경' '대아'편 문왕'장이다.) 永, 長也.(영은 깊이다.) 言, 猶念也.(언은 생각과 같다.) 配, 合也.(배는 합함이다.) 命, 天命也.(명은 천명이다.) 此言福之自己求者.(이것은 복을 자기로부터 구함을 말한 것이다.) 太甲, 商書篇名.(태갑은 '상서'의 편명이다.) 孽, 禍也.(얼은 재앙이다.) 違, 避也.(위는 피함이다.) 活, 生也, 書作道. 道, 猶緩也.(활은 삶이니, '서경'에는 환자(道字)로 되어 있으니, 환(道)은 느슨함과 같다.) 此言禍之自己求者.(이것은, 재앙을 자기로부터 구하는 것을 말한 것이다.)

(해설) 여기서는 정치지도자의 영욕과 안위에 대하여 말한다. 그 모두가 스스로 베푸는 정치의 결과인 것이니, 결국 길흉화복이 자기로 말미암아 구하지 않는 것이 없다는 것이다. 그러므로 군자라면 모든 책임을 자신에서 구하는[求諸己] 겸손과 지혜가 필요하다(논어, 15-20). 기업은 필요한 지식과 정보를 비즈니스 목표에 집중시켜야 성공할 수 있고, 성공한 기업의 직원은 스스로 날마다 문제해결에 참여하면서 충분히 학습하는 특징이 있다. 경제의 운용이든 기업의 경영이든 성공적 장래는 그 주체의 건전한 철학과 겸손한 자세에 좌우된다.

제5장 진실로 이 다섯 가지를 해낼 수 있는 사람
(信能行此五者章 第五)

(5-1) 孟子曰 尊賢使能하여 俊傑在位 則天下之士皆悦而願立於其朝矣리라

(맹자왈 존현사능, 준걸재위 즉천하지사개열 이원립어기조의)

(국역) 맹자가 말씀하였다. "현명한 자를 존경하고 능력있는 자에게 일을 시켜서, 준·걸들이 높은 지위에 있게 되면, 온 천하의 선비들이 모두 기뻐하면서 그러한 조정에 서서 일하기를 원할 것이다."51)

---

51) 俊傑, 才德之異於衆者.(준걸은 재주와 덕이 대중보다 특이한 자이다.)

(자의)　○俊-뛰어날 준. 수려하다. ○傑-호걸 걸.

(5-2) 市에 廛而不征하고 法而不廛則天下之商이 皆悅而
　　願藏於其市矣리라

　　　(시, 전이부정, 법이부전즉천하지상, 개열이원장어기시의)

(국역)　"시장에서 전 자리를 주되 세금을 징수하지 않으며, 단
　　속은 하되 전세를 받지 않으면, 천하의 장사꾼들이 모두
　　기쁜 마음으로 그 시장에 물건을 저장하기를 원할 것이
　　다."52)

(자의)　○廛-자리 전. ○征-징세 정. ○法-법 법. 본받다. ○悅-기
　　쁠 열. ○藏-감출 장. 저장하다, 보관하다.

(5-3) 關에 譏而不征則 天下之旅皆悅而願出於其路矣
　　리라

　　　(관, 기이부정즉 천하지려개열이원출어기로의)

(국역)　"관문에서 기찰만 하고, 세금을 징수하지 않으면, 천하
　　의 여행자들이 모두 기쁜 마음으로 그 길로 출입하기를
　　원할 것이다."53)

---

52) 廛, 市宅也.(전은 시장의 집이다.) 張子曰 : 或賦其市地之廛, 而
　　不征其貨, 或治之以市官之法, 而不賦其廛, 蓋逐末者多則廛以抑
　　之, 少則不必廛也.(장자가 말하였다. 혹은 시유지의 자릿세를 거
　　두고, 그 화물에 대한 세금은 징수하지 않고, 혹 시관의 법으로
　　써 다스리되 그 자릿세를 징수하지 않으니, 대개 말업을 따르는
　　자가 많으면, 그것을 억제하기 위하여 자릿세를 거두고, 수가 적
　　으면 반드시 자릿세를 거두지 않는 것이다.)

53) 解見前篇.(해석이 전편에 보인다.)

자의 ㅇ關-문빗장 관. 닫다, 관문. ㅇ譏-살필 기.

(5-4) 耕者를 助而不税則 天下之農이 皆悦而願耕於其
野矣리라

(경자, 조이부세즉 천하지농, 개열이원경어기야의)

국역 "농사짓는 자들을 보조는 하되, 세금을 내게 하지 않게
하면 천하의 농부들이 모두 기쁜 마음으로 그 나라의 들
판에서 경작하기를 원할 것이다."[54]

(5-5) 廛無夫里之布 則天下之民皆悦而願爲之氓矣리라

(전무부리지포 즉천하지민개열이원위지맹의)

국역 "자리에 인두세와 주민세를 받지 않으면, 천하의 백성
들이 모두 기쁜 마음으로 그 나라의 백성 되기를 원할 것
이다."[55]

---

54) 但使出力, 以助耕公田, 而不税其私田也.(단지 노동력을 내어, 서
로 도와 공전을 경작하도록 시키고, 그 사전에는 세금을 부과하
지 않는 것이다.)

55) 周禮 : 宅不毛者有里布, 民無職事者, 出夫家之征.(주례에, '집이
불모(不毛)인 자는 이포(里布)가 있고, 백성 중에 직업의 일이
없으면 부가(夫家)의 세금을 낸다.'고 하였다.) 鄭氏謂 : 宅不種
桑麻者, 罰之, 使出一里二十五家之布, 民無常業者, 罰之, 使出
一夫百畝之税, 一家力役之征也.(정씨가 이르기를, '집에 뽕나무
와 삼을 심지 않는 자를 벌하여, 1리 25가의 베를 내게 하고,
백성 중에 일정한 생업이 없는 자를 벌하여, 1부에 대한 백무의
세와 1가에 대한 역역(力役)의 세금을 내게 한다.'고 하였다.) 今
戰國時, 一切取之, 市宅之民, 已賦其廛, 又令出此夫里之布, 非
先王之法也.(그런데 지금의 전국시대에는 일체 이것을 취합하여

자의 ㅇ夫-인두세. ㅇ里布-주민세. ㅇ氓-백성 맹.

(5-6) 信能行此五者 則鄰國之民이 仰之若父母矣리니 率
其子弟하여 攻其父母면 自生民以來로 未有能濟者
也니 如此 則無敵於天下하리니 無敵於天下者는 天
吏也니 然而不王者 未之有也니라

(신능행차오자 즉인국지민, 앙지약부모의, 솔기자제, 공기부모,
자생민이래, 미유능제자야, 여차 즉무적어천하, 무적어천하자, 천
리야, 연이불왕자 미지유야)

국역 "진실로 능히 이 다섯을 시행할 수 있다면, 이웃나라
백성들이 그 나라를 우러러보기를 부모처럼 할 것이니, 그
자제를 거느리고서 그 부모 나라를 공격하는 일은, 사람이
세상에 태어나서부터 이후로, 아직 능히 구제된 적이 없으
니, 이와 같으면 천하에 대적할 나라가 없을 것이니, 천하
에 대적할 자가 없는 자는 하늘이 내린 관리이니, 이렇게
하고서도 왕도정치를 못한 자는 아직까지 없느니라."[56]

시택의 백성들이 이미 그 자릿세를 내고, 또 이 부·이(夫·里)
의 세금을 내게 하였으니, 선왕의 법이 아니다.) 氓, 民也.(맹은
백성이다.)

[56] 呂氏曰 : 奉行天命, 謂之天吏. 廢興存亡, 惟天所命, 不敢不從,
若湯武是也.(여씨가 말하였다. 천명을 받들어 행함을 천리(天吏)
라 이르니, 폐하고 흥하고 보존하고 멸망함이 오직 하늘의 명하
는 바에 감히 따르지 아니할 수 없으니, 탕·무와 같은 이가 이
것이다.) 此章言能行王政, 則寇戎爲父子, 不行王政, 則赤子爲仇
讎.(이 장은 능히 왕도정치를 행하면 도둑과 오랑캐가 부자간이
되고, 왕도정치를 행하지 않으면 적자(赤子)가 원수가 됨을 말한

자의 ○信-믿을 신. 성실, 확실히. ○鄰-이웃 린. ○仰-우러러볼 앙. ○率-거느릴 솔, 율 률. ○攻-칠 공. ○濟-건질 제. 구제.

해설 소위 왕도(王道)는 인정(仁政)으로 실현된다. 맹자는 인정의 내용을 구체적으로 설정하고 있다. 첫째, 백성들에게 일정한 생산수단[恒産]을 만들어 주는 것이다. 둘째, 덕치를 실천하는 것이다. 치자의 덕성으로써 백성을 감화시켜 편안하게 하고, 결코 폭력을 휘둘러 복종시키는 것이 아니다. 맹자는 이상의 목표를 위해 실천사항을 제시하고 있다. 즉 현자를 높이고 유능한 자를 기용하여, 그들이 조정에서 자기 능력을 충분히 발휘하게 한다. 시장에서는 상인들이 상품을 저장할 수 있는 장소를 제공하며, 세금을 지나치게 걷지 않는다. 관문은 설치하더라도 검사만 하고 세금은 걷지 않는다. 농사짓는 백성에게는 정전제(井田制)를 실시하여 공전(公田)의 경작을 돕게 할 뿐, 따로 세금을 걷지 않는다.

여기서 우리는 유가의 인문주의 원칙이 공자의 인도에서 맹자의 인정으로 심화되어가는 과정을 볼 수 있다. 이렇게 인정을 펴면 천하 백성들이 모여들게 되니 천하에서 감히 대적할 자가 없게 된다는 것이다. 결국 나라가 흥하는 것은 인정에 귀결된다. 나라 안에 실업자가 많은 근본 원인은 기업이 미래를 위해 투자를 하지 않아서 일자리가 없기 때문이다. 투자를 하지 않는 이유는 다양할 것이다.

것이다.)

원인이 복잡하니 해법도 다양하겠지만, 궁극적인 해법은
기업가 정신을 높이는 데 귀결된다.

제6장 다른 사람을 차마 해치지 못하는 마음
(不忍人之心章 第六)

(6-1) **孟子曰 人**은 **皆有不忍人之心**하니라

　　　(맹자왈 인, 개유불인인지심)

국역 맹자가 말씀하였다. "사람들은 모두 다 남에게 차마 하
지 못하는 마음이 있느니라."57)

(6-2) **先王**이　**有不忍人之心**하사　**斯有不忍人之政矣**시니
以不忍人之心으로 **行不忍人之政**이면 **治天下**는 **可
運之掌上**이니라

　　　(선왕, 유불인인지심, 사유불인인지정의. 이불인인지심, 행불인인
　　　지정, 치천하, 가운지장상)

국역 "옛 성왕(聖王)들은 남에게 차마 하지 못하는 마음이
있어서, 그래서 인민에게 차마 하지 못하는 마음을 가지고
정사를 시행하였다. 남에게 차마 하지 못하는 마음으로써,

---

57) 天地以生物爲心, 而所生之物, 因各得夫天地生物之心以爲心, 所
以人皆有不忍人之心也.(천지는 만물을 내려고 여기는 것을 마음
으로 삼으니, 태어난 바의 만물은 각기 대저 천지가 만물을 내
는 마음을 얻은 것으로부터 마음으로 삼았다. 그래서 사람은 모
두 다 남에게 차마 하지 못하는 마음이 있다.)

남에게 차마 하지 못하는 정사를 시행한다면, 천하를 다스리는 것은 천하를 손바닥 위에서 움직이는 것과 같이 쉬우니라."58)

(자의) ○斯─이 사. 곧, 그래서. ○掌─손바닥 장.

(6-3) 所以謂人皆有不忍人之心者는 今人이 乍見孺子將入於井하고 皆有怵惕惻隱之心하나니 非所以內交於孺子之父母也며 非所以要譽於鄕黨朋友也며 非惡其聲而然也니라
　　　(소이위인개유불인인지심자, 금인, 사견유자장입어정, 개유출척측은지심, 비소이내교어유자지부모야, 비소이요예어향당붕우야, 비오기성이연야)

(국역) "사람들은 모두 다 남에게 차마 하지 못하는 마음을 가지고 있다고 말하는 까닭은, 가령 지금 어떤 사람이 갑자기 어린아이가 곧 우물 속으로 들어가는 것을 보고, 모두 다 놀라고 측은하게 여기는 마음이 있게 되니, 내심으로 어린아이의 부모와 사귀자는 이유도 아니며, 고을의 마

---

58) 言衆人, 雖有不忍人之心, 然, 物欲害之, 存焉者寡, 故, 不能察識而推之政事之間, 惟聖人, 全體此心, 隨感而應, 故 其所行, 無非不忍人之政也.(대중은 비록 남에게 차마 하지 못하는 마음을 가지고 있으나, 그러나 물욕이 그것을 해쳐서 보존한 자가 적다. 그러므로 능히 관찰하고 알아서 정치하는 동안에 미루어 나가지 못하고, 오직 성인만이 전체가 이런 마음이어서 감정에 따라 부응하는지라, 그러므로 그 행하는 바가, 사람을 차마 해치지 못하는 정치 아님이 없었다고 말하였다.)

을 친구들로부터 칭찬 받기를 요망하기 때문도 아니며, 그
나쁜 소리가 싫어서 그런 것도 아니다."59)

자의　ㅇ所以-까닭.　ㅇ忍-차마 인(＝仁, 恥, 義).　ㅇ乍-잠깐 사, 언
뜻 사. 방금, 갑자기.　ㅇ孺子-어린이.　ㅇ將-곧 장.　ㅇ怵-놀랄 출,
두려울 출.　ㅇ惕-놀랄 척, 두려울 척.　ㅇ惻-슬퍼할 측.　ㅇ譽-명예
예. 칭찬하다.　ㅇ鄕黨-고향 마을.　ㅇ朋-벗 붕.　ㅇ惡-싫어할 오.

(6-4) 由是觀之컨댄 無惻隱之心이면 非人也며 無羞惡之
心이면 非人也며 無辭讓之心이면 非人也며 無是非

---

59) 乍, 猶忽也.(사는 홀(忽)과 같다.) 怵惕, 驚動貌.(출척은 놀라 움
찔하는 모습이다.) 惻, 傷之切也.(측은 감정의 손상이 간절함이
다.) 隱, 痛之深也.(은은 아파하기를 깊이 하는 것이다.) 此卽所
謂不忍人之心也.(이런 것이 즉, 소위 남에게 차마 하지 못하는
마음이다.) 內, 結.(납은 맺음이다.) 要, 求.(요는 구함이다.) 聲,
名也.(성은 이름이다.) 言乍見之時, 便有此心, 隨見而發, 非由此
三者而然也.(갑자기 그런 것을 보았을 때에, 곧 평소 있던 이런
마음이, 광경을 봄에 따라 발현되는 것이요, 이 셋(內·要·聲)
으로 말미암아 그렇게 되는 것은 아님을 말한 것이다.)　程子
曰：滿腔子是惻隱之心.(정자가 말하였다. '창자에 가득한 것이
이 측은지심이다'.)　謝氏曰：人須是識其眞心, 方乍見孺子入井之
時, 其心怵惕, 乃眞心也.(사씨가 말하였다. '사람은 모름지기 바
로 그 진심을 알아야 하는 것이니, 바야흐로 갑자기 어린아이가
우물에 들어가는 것을 보았을 때에, 그 마음이 깜짝 놀라는 것
이 바로 진심인 것이다'.) 非思而得, 非勉而中, 天理之自然也.
(이것은 생각하여 터득하는 것도 아니며, 힘써서 적중시키는 것
도 아니며, 천리의 자연인 것이다.) 內交, 要譽, 惡其聲而然, 卽
人欲之私矣.(내심 교제를 바라거나, 명예를 요망하거나, 악명을
싫어해서 그렇게 하는 것은, 즉 인욕의 사사로움인 것이다.)

之心이면 **非人也**니라

(유시관지, 무측은지심, 비인야, 무수오지심, 비인야, 무사양지심, 비인야, 무시비지심, 비인야)

국역 "이것으로부터 보건대, 측은지심[불쌍히 여김, 仁]이 없으면 사람도 아니며, 수오지심[염치, 義]이 없으면 사람도 아니며, 사양지심[겸손, 禮]이 없으면 사람도 아니며, 시비지심[지혜, 智]이 없으면 사람도 아니다."60)

자의 ○由-까닭 유. ~부터(=自). ○羞-부끄러워할 수. ○讓-사양할 양. 양보하다.

(6-5) **惻隱之心**은 **仁之端也**요 **羞惡之心**은 **義之端也**요 **辭讓之心**은 **禮之端也**요 **是非之心**은 **智之端也**니라

(측은지심, 인지단야. 수오지심, 의지단야. 사양지심, 예지단야. 시비지심, 지지단야)

---

60) 羞, 恥己之不善也.(수는 자기의 불선함을 부끄러워함이요) 惡, 憎人之不善也.(오는 남의 불선함을 증오함이요) 辭, 解使去己也.(사는 자기에게서 떠나가게 풀어버리는 것이요) 讓, 推以與人也.(양은 남에게 주기 위해 미는 것이요) 是, 知其善而以爲是也.(시는 그 선함을 알고 옳게 여기는 것이요) 非, 知其惡而以爲非也.(비는 그 악함을 알고 아니라고 여기는 것이다.) 人之所以爲心, 不外乎是四者.(사람이 마음을 삼기 위한 것이 이 넷을 벗어나지 않는다.) 故因論惻隱而悉數之, 言人若無此, 則不得謂之人, 所以明其必有也.(그러므로 측은지심을 논함으로부터 그것을 다 세어서 사람이 만약 이것이 없으면, 이른바 사람이라 할 수 없다고 말하였으니, 그래서 그것은 반드시 가지고 있음을 밝힌 것이다.)

국역 "측은지심은 인의 단서요, 수오지심은 의의 단서요, 사양지심은 예의 단서요, 시비지심은 지의 단서이다."61)

자의 ㅇ端─끝 단. 시단(始端)과 종단(終端).

(6-6) 人之有是四端也는 猶其有四體也니 有是四端而自謂不能者는 自賊者也요 謂其君不能者는 賊其君者也니라

(인지유시사단야, 유기유사체야, 유시사단이자위불능자, 자적자야, 위기군불능자, 적기군자야)

국역 "사람들이 이 사단을 가지고 있음이 마치 사지를 가지고 있는 것과 같으니, 이러한 사단을 가지고 있으면서도 스스로 능력이 없다고 말하는 자는 스스로를 해치는 자이고, 그의 주군이 무능하다고 말하는 자는 그의 주군을 해치는 자이니라."62)

자의 ㅇ四體─사지(四肢). ㅇ賊─해칠 적.

---

61) 惻隱, 羞惡, 辭讓, 是非, 情也.(측은·수오·사양·시비는 정이요.) 仁, 義, 禮, 智, 性也.(인·의·예·지는 성품이다.) 心, 統性情者也.(심은 성품과 인정을 통합한 것이다.) 端, 緖也.(단은 실마리이다.) 因其情之發, 而性之本然, 可得而見, 猶有物在中而緖見於外也.(그 정의 발현으로부터 성품의 본연을 보고 알 수 있으니, 어떤 물건의 속에 있는 것은 그 단서가 외부에서 나타나는 것과 같다.)

62) 四體, 四支, 人之所必有者也.(사체는 사지이니, 사람은 반드시 가지고 있는 것이다.) 自謂不能者, 物欲蔽之耳.(스스로 불가능하다고 이르는 것은 물욕이 그것을 엄폐하였을 뿐이다.)

(6-7) **凡有四端於我者**를 **知皆擴而充之矣**면 **若火之始然**
하며 **泉之始達**이니 **苟能充之**면 **足以保四海**요 **苟不
充之**면 **不足以事父母**니라

(범유사단어아자, 지개확이충지의, 약화지시연, 천지시달, 구능충
지, 족이보사해, 구불충지, 부족이사부모)

(국역) "무릇 나에게 있는 사단을 모두 마음에 확충할 줄을
알면, 마치 불이 처음 타기 시작하는 것과 같으며, 샘물이
처음 흐르기 시작하는 것과 같은 법이니, 진실로 능히 사
단을 확충하면 충분히 천지를 보유할 수 있고, 진실로
사단을 확충하지 못하면 부모도 충분히 섬길 수 없느니
라."63)

---

63) 擴, 推廣之意.(확은 미루어 넓힌다는 뜻이다.) 充, 滿也.(충은 가
득함이다.) 四端在我, 隨處發見. 知皆卽此推廣, 而充滿其本然之
量, 則其日新又新, 將有不能自已者矣.(사단이 나에게 있어 처소
에 따라 발현되니, 모두, 즉 이것을 미루어 넓혀, 그 본연의 수
량만큼을 충만할 줄을 알면, 그것은 날마다 새롭고 또 새로워서
장차 또 능히 스스로 그만둘 수 없을 것이다.) 能由此而遂充之,
則四海雖遠, 亦吾度內, 無難保者, 不能充之, 則雖事之至近而不
能矣.(능히 이로부터 마침내 그것을 확충한다면 사해가 비록 멀
리 있으나 역시 나의 범위 이내여서 보존에 곤란이 없을 것이며,
능히 확충할 수 없으면 비록 일이 지극히 가까워도 할 수 없을
것이다.) 此章所論, 人之性情, 心之體用, 本然全具, 而各有條理
如此(이 장에서 논한 바, 사람의 성·정과 마음의 체·용은, 본
래 완전히 구비되어 각기 조리를 가지고 있음이 이와 같다.) 學
者於此, 反求默識而擴充之, 則天之所以與我者, 可以無不盡矣.
(이것에서 학자는 돌이켜 찾고, 마음속으로 알고, 그것을 확충하

(자의) ㅇ擴-넓힐 확. ㅇ苟-진실로 구.

(해설) 여기서 맹자는 시공을 초월한 인간의 동일성으로써 차
마 하지 못하는 마음[不忍之心]을 제시하고 있다. 이 '불
인지심'을 가지고 세상을 경영한다면 차마 남에게 잔악하
게 굴지 못하는 정치[不忍之政]를 이룰 수 있다는 것이
다. 이 '불인지심'은 인의예지 사단으로 구성되어 있는데,
상황에 따라 잠재되어 있는 그 중의 하나가 표현된다는
것이다. 결국 성(性)은 심(心)으로, 심은 정(情)으로, 정은
사단으로 나타나므로, 우리들은 거꾸로 정, 즉 사단으로써

면, 하늘이 나에게 부여하기 위한 것을 다하지 못할 것이 없을
것이다.) 程子曰 : 人皆有是心, 惟君子爲能擴而充之. 不能然者,
皆自棄也. 然其充與不充, 亦在我而已矣.(정자가 말하였다. '사람
이 모두 이런 마음을 가지고 있되, 오직 군자만이 능히 그것을
확충할 수 있으니, 그렇지 못한 자는 스스로 포기한 것이다. 그
러나 그가 확충하든지, 확충하지 못하든지 하는 것은 역시 나에
게 달려 있을 뿐이다'.) 又曰 : 四端不言信者, 旣有誠心爲四端,
則信在其中矣.(또 말하였다. 사단에 신(信)을 말하지 않는 것은,
이미 또 성심으로 사단을 하면, 신이 그 가운데 있기 때문이다.)
愚按 : 四端之信, 猶五行之土, 無定位, 無成名, 無專氣. 而水火
金木, 無不待是以生者.(내 생각에, 사단의 신은, 오행의 토와 같
아서, 정해진 위치가 없고, 드날릴 이름이 없고, 독점적 기운이
없되, 수·화·금·목이 이것을 기다리지 않고는 태어날 수 있는
것이 없다.) 故土於四行無不在, 於四時則寄王焉, 其理亦猶是也.
(그러므로 사행에서 토가 존재하지 않는 곳이 없고, 사시에는,
다만 그것이 가서[王=往] 각 시에 기탁하니, 이치가 역시 이와
같기 때문이다.)

성품을 볼 수 있는 것이다.

그렇다면 성→심→정으로 나타날 때에 욕심 때문에 왜곡되지 않는다면 사단이 성을 파악할 수 있는 단서가 될 수 있는 것이다. 따라서 사단을 나의 몸에 확충하는 것은 성품을 확충하는 것이 되므로, 이런 방식으로 결국은 온 천하까지도 밝힐 수 있다는 것이다. 맹자는 '불인지심' 같은 인간의 감정이 개인의 내면적 의식을 넘어서서 보편적 사회규범으로까지 확장되어야 한다는 생각이다.

제 7장　화살 만드는 사람과 갑옷 만드는 사람
(矢人函人章 第七)

(7-1) 孟子曰 矢人이 豈不仁於函人哉리오마는 矢人은 唯恐不傷人하고 函人은 唯恐傷人하나니 巫匠亦然하니 故로 術을 不可不愼也니라

　　(맹자왈 시인, 기불인어함인재, 시인, 유공불상인, 함인, 유공상인, 무장역연, 고, 술, 불가불신야)

국역 맹자가 말씀하였다. "화살 만드는 사람이 어찌 갑옷 만드는 사람보다 더 불인(不仁)하겠는가마는, 화살 만드는 사람은 오로지 사람이 상하지 않을까 두려워하고, 갑옷 만드는 사람은 오로지 사람이 상할까 두려워하나니, 무당과 관 만드는 목수도 또한 그러하니, 그러므로 술[직업]을 선택함에 삼가지 않으면 아니 되는 것이다."[64]

자의 ○矢-화살 시. ○函-함지 함, 갑옷 함. ○巫-무당 무. ○匠-

목수 장. ㅇ術－꾀 술. 기술, 수단, 기교. ㅇ愼－삼갈 신.

(7-2) 孔子曰 里仁이 爲美하니 擇不處仁이면 焉得智리오하
시니 夫仁은 天之尊爵也며 人之安宅也어늘 莫之禦
而不仁하니 是는 不智也니라

　　(공자왈 이인, 위미, 택불처인, 언득지, 부인, 천지존작야, 인지안
　　택야, 막지어이불인, 시, 부지야)

(국역) 공자가 말씀하였다. "인으로 처신하는 것이 아름다움
이 되는 것이니, 선택하되 인에 처하지 않는다면 어떻게
지혜롭다 할 수 있으리요." 대저 인이란 것은 하늘의 아주
존귀한 작위이며, 사람이 편안하게 쉴 집이다. 그것을 아
무도 막는 이가 없는데도 인을 하지 아니하니 이것은 지
혜롭지 못한 것이다.65)

──────────────

64) 函, 甲也.(함은 갑옷이다.) 惻隱之心, 人皆有之, 是矢人之心, 本
非不如函人之仁也.(측은지심은 사람마다 모두 가지고 있으니, 이
것은 화살 만드는 사람의 마음이 본래 갑옷 만드는 사람의 인
(仁)함만 못한 것이 아니다.) 巫者爲人祈祝, 利人之生. 匠者作爲
棺槨, 利人之死(무당은 사람들을 위하여 기원하여 사람이 사는
것을 이롭게 하고, 목수는 관곽을 만들어 사람의 죽음을 편리하
게 한다.)

65) 里有仁厚之俗者, 猶以爲美, 人擇所以自處, 而不於仁, 安得爲智
乎. 此, 孔子之言也.(마을에 인후한 풍속이 있는 것을 오히려 아
름답게 여기니, 사람이 그러니까 스스로 거처할 곳을 택하되, 인
에서 하지 않는다면, 어떻게 지혜롭다고 할 수 있겠는가? 이것
은 공자의 말이다.) 仁義禮智, 皆天所與之良貴, 而仁者, 天地生
物之心, 得之最先, 而兼統四者, 所謂元者善之長也.(인·의·

자의 ㅇ里－(＝處也). ㅇ爵－벼슬 작. ㅇ莫－없을 막(강한 부정).
ㅇ禦－막을 어.

(7-3) **不仁不智**라 **無禮無義**면 **人役也**니 **人役而恥爲役**하
나니 **由(猶)弓人而恥爲弓**하며 **矢人而恥爲矢也**니라
(불인부지, 무례무의, 인역야, 인역이치위역, 유(유)궁인이치위궁,
시인이치위시야)

국역 "인하지 못하고 지혜롭지 못한지라. 예의도 없고 의방
(義方)도 없으면, 다른 사람의 심부름꾼이 되는 것이니,
사람의 심부름꾼이 되어서 심부름하는 것을 부끄럽게 여
기나니, 활 만드는 사람이 활 만드는 것을 부끄러워하는
것과 같으며, 화살 만드는 사람이 화살 만드는 것을 부끄
럽게 여기는 것과 같은 것이다."66)

예·지는 모두 하늘이 부여한 바의 자연적 존귀함인데, 인은 천
지가 만물을 내는 마음으로서, 얻기를 최우선하고 넷을 겸하여
통솔하니, 소위 원(元)이란 선의 장자인 것이다.) 故, 曰尊爵.(그
러므로 존작이라 말하는 것이다.) 在人, 則爲本心全體之德, 有天
理自然之安, 無人欲陷溺之危, 人當常在其中, 而不可須臾離者
也.(사람에 있어서는, 곧 본심의 전체의 덕이 되어, 천리 자연의
편안함이 있고, 인욕에 빠지는 위태함이 없으니, 사람은 당연히
항상 그 가운데 있을 것이요, 모름지기 잠시라도 떠나서는 안될
것이다.) 故, 曰安宅.(그러므로 안택이라 말하는 것이다.) 此, 又
孟子釋孔子之意, 以爲仁道之大如此, 而自不爲之, 豈非不智之甚
乎.(이것은 또 맹자가 공자의 뜻을 해석하여, 인도(仁道)의 위대
함이 이와 같은데도, 스스로 하지 않으니, 어찌 지혜롭지 못함이
심하지 않느냐고 여긴 것이다.)

66) 以不仁, 故不智, 不智故不知禮義之所在.(불인하기 때문에 그러

(자의)　○由－(＝猶也). ○弓－활 궁. ○矢－화살 시.

(7-4) **如恥之**인댄 **莫如爲仁**이니라

　　　(여치지, 막여위인)

(국역) "만일 그것을 부끄럽게 여길 것 같으면 인을 하는 것
만 같지 못하니라."[67]

(자의)　○如－만일 여. ○莫如－같지 못하다.

(7-5) **仁者**는 **如射**하니 **射者**는 **正己而後**에 **發**하여 **發而不
中**이라도 **不怨勝己者**요 **反求諸己而已矣**니라

　　　(인자, 여사, 사자, 정기이후, 발, 발이부중, 불원승기자. 반구저기
　　　이이의)

(국역) "인이란 활 쏘는 법과 같으니, 활을 쏘는 자는 자신을
바로잡은 뒤에야 발사하여, 발사한 것이 적중되지 않더라
도 나보다 잘 쏘는 사람에 대하여 원망하지 않고, 돌이켜
서 그 원인을 자신에게서 찾을 뿐이다."[68]

(자의)　○勝－이길 승. 훌륭하다, 능하다. ○反－도리어 반. ○諸－(＝

므로 지혜롭지 못하고, 지혜롭지 못하므로, 예의·의방의 소재를
알지 못하는 것이다.)

67) 此亦因人愧恥之心, 而引之使志於仁也.(이것 역시 사람들의 부끄
러운 마음으로 말미암아 인에 뜻을 두게끔 유인한 것이다.) 不言
智禮義者, 仁該全體, 能爲仁, 則三者在其中矣.(지·예·의를 말
하지 않은 것은, 인은 전체에 해당하니, 능히 인할 수 있으면,
셋은 그 중에 있기 때문이다.)

68) 爲仁由己, 而由人乎哉?(인을 행함이 자기에게 말미암으니, 남에
게 말미암겠는가?)

之於).

[해설] 나라가 왕업을 이루자면 개인도 거기에 맞는 준비를 할 필요가 있다. 그래서 사람이 인후(仁厚)한 마을에 살거나, '불인지심'을 기르기 쉬운 직업을 가지는 것이 중요한 것이다. 공자도 인후한 마을에서 사는 것이 지혜로운 일이라고 하였다(논어, 4-1). 어진 인품이야말로 무한한 자본이며 절대적 차별화이다. 그러므로 인자함이 불인(不仁)함보다 좋다는 것을 깨닫고, 인자한 사람이 되고자 끊임없이 노력하는 것이 값진 것처럼, 시장이 원하는 미래를 먼저 이해하고 거기에 부응해 가는 끊임없는 노력을 하는 것이야말로 기업가 정신이라 할 것이다.

제8장 다른 사람과 같이 착한 일을 한다
(善與人同章 第八)

(8-1) 孟子曰 子路는 人告之以有過則喜하니라
   (맹자왈 자로, 인고지이유과즉희)

[국역] 맹자가 말씀하였다. "자로는 다른 사람이 그에게 허물이 있음을 충고해 주면 기뻐하였다."[69]

---

69) 喜其得聞而改之, 其勇於自修如此.(그는 얻어듣고 그것을 고치는 것을 기뻐하였으니, 그가 자기를 닦음에 용감함이 이와 같았다.) 周子曰 : 仲由喜聞過, 令名無窮焉.(주자가 말하였다. '중유는 과실을 듣기를 기뻐하였는지라, 좋은 명성이 무궁하였다'.) 今人有過, 不喜人規, 如諱疾而忌醫, 寧滅其身而無悟也. 噫 !('그런데

(자의) ㅇ過-허물 과. 과실. ㅇ喜-기쁠 희.

(8-2) 禹는 聞善言則拜러시다

(우, 문선언즉배)

(국역) "우임금은 선언을 들으면 절을 하였다."70)

(자의) ㅇ禹-우임금 우. ㅇ拜-절할 배.

(8-3) 大舜은 有大焉하시니 善與人同하사 舍己從人하시며

樂取於人하사 以爲善이러시다

(대순, 유대언, 선여인동, 사기종인, 낙취어인, 이위선)

(국역) "위대한 순임금은 이들보다도 더 위대함이 있었으니,
선을 다른 사람과 더불어 함께하사, 자기 자신을 버리고
다른 사람을 따르시며, 다른 사람에게서 선을 취하여, 그
리고 선을 하기를 즐기셨다."71)

지금 사람들은 과실이 있으면, 남이 바르게 해주는 것을 기뻐하
지 않아서, 마치 병을 숨기고, 의원을 꺼려, 차라리 그 몸을 멸
망시키면서 깨닫지 못하는 것과 같으니, 아! 슬프다.') 程子曰 :
子路, 人告之以有過則喜, 亦可謂百世之師矣.(정자가 말하였다.
'자로는 사람들이 과실로써 충고해주면 기뻐하였으니, 역시 백세
의 스승이라 할 만하다'.)

70) 書曰 : 禹拜昌言. 蓋不待有過, 而能屈己以受天下之善也.('서경'에
이르기를, '우임금은 선언을 들으면 절을 하였다.'고 하였으니, 대
개 과실이 있음을 기다리지 않고 능히 자기를 굽혀, 그리고 천
하의 선을 받아들인 것이다.)

71) 言舜之所爲, 又有大於禹與子路者.(순임금이 선을 행한 바는 또
우임금과 자로보다 위대함이 있음을 말한 것이다.) 善與人同, 公
天下之善而不爲私也.(선을 남과 함께하였다는 것은, 천하의 선

자의 ㅇ焉-(=於此, 비교). ㅇ舍-버릴 사(=捨).

(8-4) **自耕稼陶漁**로 **以至爲帝**히 **無非取於人者**러시다

(자경가도어, 이지위제, 무비취어인자)

국역 "농사짓고 질그릇 굽고 고기 잡을 때로부터 황제가 됨
에 이르기까지 다른 사람에게서 취하지 아니한 것이 없으
셨다."72)

자의 ㅇ耕-밭갈 경. ㅇ稼-심을 가. ㅇ陶-질그릇 도. ㅇ漁-고기잡
을 어.

(8-5) **取諸人以爲善**이 **是與人爲善者也**니 **故**로 **君子**는
莫大乎與人爲善이니라

(취제인이위선, 시여인위선자야. 고, 군자, 막대호여인위선)

국역 "모든 사람에게서 취하여 선을 행함은 그것은 다른 사
람과 함께 선을 하는 자이니, 그러므로 군자는 다른 사람
과 더불어 선을 함께하는 것보다 더 중요한 것이 없는 것
이다."73)

을 공적으로 여기고, 사사롭게 여기지 않았다는 것이다.) 己未善,
則無所繫吝而舍以從人, 人有善, 則不待勉强而取之於己, 此善與
人同之目也.(자기가 선하지 못하면 얽매이고, 인색하고, 버리고,
그리고 남에게 종속되지 않음이 없다. 사람이 선을 가지면, 기다
리지 않고 힘써 자기를 위해 그것을 취하니, 이것은 선을 남과
더불어 한 조목이다.)

72) 舜之側微, 耕于歷山, 陶于河濱, 漁于雷澤.(순임금이 미천할 적
에, 역산에서 밭을 갈고, 하빈에서 질그릇을 굽고, 뇌택에서 고
기를 잡았다.)

자의　o莫大乎－～보다 큰 것이 없다.

해설　사람들 중에는 남이 자기의 단점을 충고해주면 고맙게 여기는 자가 적다. 이 때문에 자신의 인격을 높이지 못한 다. 그런데 자로는 다른 사람이 그에게 잘못을 충고하면 기쁘게 받아들여 그 원인을 자기에게서 구하여 고치는 데 용감하였다(논어, 5-13). 우왕은 대단히 선한 말을 들으면 그에게 절을 하면서 '옳은 말이다！'라고 했으니(서경, 대우 모), 그의 마음이 착한 증거이다. 순임금은 선을 남과 더불 어 함께하였다. 다른 사람에게 선이 있으면 자기를 버리고 그것을 따르기를 주저하지 않았으며, 언제나 다른 사람에 게서 취하여 선을 행하기를 즐거워하였다. 자기의 선을 본 받아 행하는 순을 본 그는 더욱 선행을 할 것이니, 이것이 유행하면 천하는 선으로 가득 찰 것이다.

　　훌륭한 사람들의 공통점은 자신의 단점을 인정하는 데

---

73) 與, 猶許也, 助也.(여는 허용함과 같고 돕는 것과 같다.) 取彼之 善而爲之於我, 則彼益勸於爲善矣, 是我助其爲善也.(저 사람의 선을 취하여 나에게 행하면, 저 사람은 더욱 선을 함에 부지런 할 것이니, 이것은 그가 선을 하도록 내가 돕는 것이다.) 能使天 下之人, 皆勸於爲善, 君子之善, 孰大於此(능히 천하의 사람들로 하여금 모두 선을 함에 부지런하게 할 수 있으면, 군자의 선함 이 어느 선이 이보다 크겠는가?) 此章, 言聖賢樂善之誠, 初無彼 此之間. 故, 其在人者, 有以裕於己, 在己者, 有以及於人.(이 장 은, 성현이 선을 좋아하는 정성이, 애초에는 피차에 간격이 없다. 그러므로 그것이 남에게 있는 것을 자기에게 넉넉하게 할 수 있 고, 자기에게 있는 것을 남에게 미칠 수 있음을 말한 것이다.)

용감하였으며, 남의 장점을 본받는 데 인색하지 않았다. 마찬가지로 변화의 속도가 매우 빠른 현재와 같은 추세에 있어서 미래를 준비하는 자는 새로운 지식과 정보, 기술을 유연하고도 광범하게 수용할 수 있는 지적인 그릇을 키우는 것이 더욱 필요할 것이다.

제9장 백이와 유하혜(伯夷柳下惠章 第九)

(9-1) 孟子曰 伯夷는 非其君不事하며 非其友不友하며 不立於惡人之朝하여 不與惡人言하더니 立於惡人之朝와 與惡人言을 如以朝衣朝冠으로 坐於塗炭하며 推惡惡之心하여 思與鄕人立에 其冠不正이어든 望望然去之하여 若將浼焉하니 是故로 諸侯雖有善其辭命而至者라도 不受也하니 不受也者는 是亦不屑就已니라

(맹자왈 백이, 비기군불사, 비기우불우, 불립어악인지조, 불여악인언, 입어악인지조, 여악인언, 여이조의조관, 좌어도탄, 추오악지심, 사여향인립, 기관부정, 망망연거지, 약장매언, 시고, 제후수유선기사명이지자, 불수야, 불수야자, 시역불설취이)

국역 맹자가 말씀하였다. "백이는 그의 주군이 아니면 섬기지 않으며, 그의 친구가 될만하지 않으면 벗하지 않으며, 악한 사람의 조정에는 서지도 않으며, 악한 사람과 더불어 말도 하지 않았다. 악한 사람의 조정에 서서 악한 사람과 더불어 말을 하는 것은, 마치 조복(朝服)을 입고 조관을

쓰고 진흙과 숯덩이에 앉은 듯이 여겼다. 악을 미워하는
마음을 미루어서 생각하기를, 한 고을의 향인과 더불어 서
있을 때에 그의 관이 바르지 않다고 생각되면 앞으로만
보고 뒤도 돌아보지 않고 떠나가, 마치 장차 그들에 의하
여 더럽힐 듯이 여겼다. 이 때문에 제후들이 비록 그 사명
(辭命)을 잘하여 가지고 이르더라도 받아들이지 않았다.
받아들이지 않는 것은 이는 역시 전적으로 벼슬하려 나아
감을 좋게 여기지 않은 것이다."74)

(자의) ㅇ事-섬길 사. ㅇ塗-진흙 도. ㅇ炭-숯불 탄. ㅇ望望然-아득
히 바라보는 모양. ㅇ浼-더러울 매. ㅇ焉-(=於此). ㅇ雖-비록
수. ㅇ辭命-응대하는 말(=辭令). ㅇ屑-가루 설. 사소하다, 가치
가 있다고 여기다. ㅇ就-나아갈 취. ㅇ已-(=而已).

(9-2) 柳下惠는 不羞汙君하며 不卑小官하여 進不隱賢하여
　　必以其道하며 遺佚而不怨하며 阨窮而不憫하더니 故
　　로 曰 爾爲爾요 我爲我니 雖袒裼裸裎於我側인들
　　爾焉能浼我哉리오하니 故로 由由然與之偕而不自失

---

74) 塗, 泥也.(도는 진흙이다.) 鄕人, 鄕里之常人也.(향인은 향리의
　　보통사람이다.) 望望, 去而不顧之貌(망망은 떠나가서 뒤를 돌아
　　보지 않는 모습이다.) 浼, 汚也.(매는 오염이다.) 屑, 趙氏曰 : 潔
　　也. 說文曰 : 動作切切也.(설은, 조씨는 '깨끗함'이라 말하고, '설
　　문'에는 동작을 절실히 함이라 하였다.) 不屑就, 言不以就之爲
　　潔, 而切切於是也.('불설취'는 나아감을 깨끗하게 여겨, 거기에서
　　절절해하지 않는 것을 말한 것이다.) 已, 語助辭.(이는 어조사
　　이다.)

焉하여 援而止之而止하니 援而止之而止者는 是亦
不屑去已니라

(유하혜, 불수오군, 불비소관, 진불은현, 필이기도, 유일이불원,
액궁이불민. 고, 왈 이위이, 아위아, 수단석나정어아측, 이언능매
아재, 고, 유유연여지해이부자실언, 원이지지이지, 원이지지이지
자, 시역불설거이)

[국역] "유하혜는 질이 낮은 군주를 섬기는 것도 부끄러워하
지 않으며, 지위가 낮은 벼슬도 낮게 여기지 아니하여, 나
아가 벼슬을 할 적에는 자기의 현명함을 숨기지 않고, 반
드시 그 정도로써 하였으며, 버리더라도 원망하지 않으며,
살기가 곤궁하여도 답답하게 여기지 않았다. 그러므로 그
는 말하기를 '너는 너이고, 나는 나이니, 네 비록 내 곁에
서 웃옷을 벗거나 옷을 훌랑 벗어 나체가 된들, 네 어찌
능히 나를 더럽힐 수 있겠는가?'고 하였다. 그러므로 자유
롭고 자유로운 모습으로 그와 더불어 함께 있으면서도, 스
스로 그들로부터 잃은 것이 없다고 생각하여, 그를 당겨서
멈추라고 하면 멈추니, 당겨서 멈추라고 하면 멈추는 것은,
이 역시 전적으로 벼슬하지 않고 떠나가는 것을 좋다고
여기지 않은 것이다."75)

---

75) 柳下惠, 魯大夫展禽, 居柳下而謚惠也.(유하혜는 노나라 대부 전
    금이니, 유하에 거주하였고, 시호를 혜라 하였다.) 不隱賢, 不枉
    道也.(어짊을 숨기지 않았다는 것은 정도를 굽히지 않은 것이
    다.) 遺佚, 放棄也.(유일은 추방하여 버리는 것이다.) 阨, 困也.
    (액은 곤함이다.) 憫, 憂也.(민은 근심함이다.) 爾爲爾至焉能洗我

자의 ㅇ汗-낮을 오, 더러울 오(=汚). 청렴결백하지 못하다. ㅇ遺
佚-유실하다, 잃다. ㅇ阨-곤궁할 액. ㅇ憫-근심할 민(=悶).
ㅇ爾-너 이. ㅇ袒-벗을 단. ㅇ裼-벗을 석. ㅇ袒裼-웃통을 벗는
것. ㅇ裸-벗을 나. ㅇ裎-벗을 정. ㅇ裸裎-옷을 홀랑 벗는 것.
ㅇ側-곁 측. ㅇ由由然-태연한 모습. ㅇ偕-함께 해. ㅇ援-당
길 원.

(9-3) 孟子曰 伯夷는 隘하고 柳下惠는 不恭하니 隘與不恭
은 君子不由也니라

(맹자왈 백이, 애, 유하혜, 불공, 애여불공, 군자불유야)

국역 맹자가 말씀하였다. "백이는 좁고[편관], 유하혜는 질
서개념이 없었으니, 편관과 더불어 무질서함은, 군자가 경
유하지 않는 것이니라."[76]

자의 ㅇ隘-좁을 애. ㅇ恭-공손할 공. 질서정연하다. ㅇ由-경과하
다, 따르다, 맡기다.

哉, 惠之言也.('미위미'로부터 '언능매아재'까지는 유하혜의 말이
다.) 袒裼, 露臂也.(단석은 팔을 노출함이다.) 裸裎, 露身也.(나정
은 몸을 노출시키는 것이다.) 由由, 自得之貌.(유유는 자득한 모
습이다.) 偕, 並處也.(해는 함께 거처함이다.) 不自失, 不失其正
也.('부자실'은 그 올바름을 잃지 않은 것이다.) 援而止之而止者,
言欲去而可留也.(당겨서 정지시키면 정지하였다는 것은, 떠나가
고자 하다가도 보류할 수 있음을 말한 것이다.)

76) 隘, 狹窄也.(애는 협착한 것이요.) 不恭, 簡慢也.(불공은 간략하
고 거만한 것이다.) 夷惠之行, 固皆造乎至極之地, 然, 旣有所偏,
則不能無弊, 故, 不可由也.(백이와 유하혜의 행실은 진실로 모두
지극한 경지에 이르렀으나, 그러나 이미 편벽한 바가 있으면 능
히 폐단이 없을 수 없다. 그러므로 따를 수 없다.)

(해설) 백이는 은나라 주왕(紂王)의 폭정을 피해 북해 바닷가에 숨어살던 인물로 부정과 타협할 줄 모르는 지극히 청렴한 인물이었다. 유하혜는 춘추시대 노나라 현자로 백이와는 반대로 아무리 혼탁한 세상이라 해도 자신은 그 속에서 맑을 수 있다는 신념을 가지고 세속에 어울려 살기를 좋아하였다. 둘 다 인의예지의 사단을 고루 갖추지 못하여 인격이 편벽하니, 중용을 잃은 것이라 할 것이다. 성현의 시각에서 볼 때 전자는 남을 나처럼 여기는 인(仁)한 마음이 부족하고, 후자는 시비를 가려야 하는 인간의 성품(性稟)을 따르는 데 부족하였다. 바로 그 점이 그들의 개성이라 할 수도 있을 것이다.

제 4 편

公孫丑章句 下[1)]

공손추장구 하

---

1) 凡十四章.(모두 14장이다.)

제1장 도를 얻은 사람은 도와주는 사람이 많다
(得道多助章 第一)

(1-1) 孟子曰 天時不如地利요 地利不如人和니라
　　　(맹자왈 천시불여지리, 지리불여인화)

[국역] 맹자가 말씀하였다. "천시는 지리만 같지 못하고, 지리
　　　는 인화만 같지 못하니라."2)

[자의] ○不如——~만 못하다, ~하는 편이 낫다.

(1-2) 三里之城과 七里之郭을 環而攻之而不勝하나니 夫
　　　環而攻之에 必有得天時者矣언마는 然而不勝者는
　　　是天時不如地利也니라
　　　(삼리지성, 칠리지곽, 환이공지이불승, 부환이공지, 필유득천시자
　　　의, 연이불승자, 시천시불여지리야)

[국역] "사방 3리 되는 내성과 사방 7리 되는 외곽을 포위하
　　　여 그 성을 공격하였으나 이기지 못하는 때도 있으니, 대
　　　체로 포위하여 그 성을 공격할 적에는 반드시 천시를 얻
　　　은 자도 있겠지만, 그런데도 이기지 못하는 것은, 이는 천

---

2) 天時, 謂時日支干孤虛王相之屬也.(천시는 일·시의 지지·천간·
　　고허·왕상 등속을 말한다.) 地利, 險阻城池之固也.(지리는 험조,
　　성지의 견고함이다.) 人和, 得民心之和也.(인화는 민심의 화합을
　　얻음이다.)

시가 지리만 같지 못하기 때문이다."3)

(자의) ○城-재 성. ○郭-성 곽. ○環-포위할 환. ○攻-칠 공.

(1-3) 城非不高也며 池非不深也며 兵革이 非不堅利也며 米粟이 非不多也로되 委而去之하나니 是地利不如 人和也니라

(성비불고야, 지비불심야, 병혁, 비불견리야, 미속, 비부다야, 위이거지, 시지리불여인화야)

(국역) "성이 높지 않은 것도 아니며, 못이 깊지 않은 것도 아니며, 병기와 갑옷이 견고하고 예리하지 않은 것도 아니며, 양식이 많지 않은 것도 아니로되, 이것을 버리고 그곳을 떠나가니, 이는 지리가 인화만 같지 못한 것이기 때문이니라."4)

(자의) ○兵革-무기와 갑옷, 무기의 총칭. ○堅-굳을 견. 굳게. ○米粟-쌀과 조, 식량. ○委-맡길 위. 버리다, 전가시키다.

(1-4) 故로 曰 域民하되 不以封疆之界하며 固國하되 不以 山谿之險하며 威天下하되 不以兵革之利니 得道者

---

3) 三里七里, 城郭之小者.(3리와 7리는 성곽의 작은 것이다.) 郭, 外城.(곽은 외성이다.) 環, 圍也.(환은 포위하는 것이다.) 言四面攻圍, 曠日持久, 必有値天時之善者.(사면으로 포위하여 헛되이 시일을 질질 끌면 반드시 천시의 좋음을 만날 수 있음을 말한 것이다.)

4) 革, 甲也.(혁은 갑옷이다.) 粟, 穀也.(속은 곡식이다.) 委, 棄也.(위는 버림이다.) 言不得民心, 民不爲守也.(민심을 얻지 못한다는 것은 백성들이 지키는 일을 하지 않음을 말한 것이다.)

는 **多助**하고 **失道者**는 **寡助**라 **寡助之至**에는 **親戚畔**
之하고 **多助之至**에는 **天下順之**니라

(고, 왈 역민, 불이봉강지계, 고국, 불이산계지험, 위천하, 불이병
혁지리, 득도자, 다조, 실도자, 과조. 과조지지, 친척반지, 다조지
지, 천하순지)

(국역) "그러므로 옛말에 이르기를, '백성을 구역짓되 땅으로
써 경계를 지우지 아니해야 되며, 나라를 견고히 하되 산
이나 골짜기의 험준함으로써 하지 아니해야 되며, 천하를
위엄으로 다스리되 무기의 이로움으로써 하지 않는다.'고
하니, 인화의 도를 얻은 자는 도와주는 이가 많고, 인화의
도를 잃은 자는 도와주는 이가 적다. 도와주는 이가 적은
것이 극에 이르러서는 친척들이 그를 배반하고, 도와주는
이가 많은 것이 극에 이르러서는 천하의 사람들이 그에게
순종하느니라."5)

(자의) ㅇ域－지경 역, 역 역. ㅇ封－봉할 봉. ㅇ疆－지경 강. ㅇ封疆－
국경, 지경. ㅇ谿－계곡 계. ㅇ兵革－무기. ㅇ寡－적을 과, 과부 과.
ㅇ畔－두둑 반. 어기다, 배반하다.

(1-5) **以天下之所順**으로 **攻親戚之所畔**이라 **故**로 **君子有**
不戰이언정 **戰必勝矣**니라

(이천하지소순, 공친척지소반. 고, 군자유부전, 전필승의)

(국역) "천하 사람들이 순종하는 바로써 친척이 배반하는 것
을 공격하는 것이므로 군자는 싸우지 아니할 망정 싸운다

---

5) 域, 界限也.(역은 한계이다.)

면 반드시 승리가 있느니라."6)

(자의) ○攻-칠 공. ○戚-친할 척, 슬퍼할 척, 도끼 척.

(해설) 전쟁에서 유리한 요소는 인화와 지리와 천시이다. 이 중에서 인화가 으뜸이니, 인화를 이룬 자만이 승리자가 될 수 있다. 그러므로 정도(正道)를 얻은 자는 천하 사람들이 그를 따르고, 정도를 얻지 못한 자는 친척도 그를 배반한 다. 군자는 인자한 성품을 가지고 정도를 지키며 남과 인 화를 이루는 자이다. 만약 그가 소인과 싸운다면 이기는 일과 싸우지 않는 경우가 있을 뿐이다. 공자는 화합이 가 장 귀하다고 했다. 이것은 예(禮)의 활용 시각이다.

그러나 맹자는 화합을 인간과 인간의 연결 고리로 본다. 동태적 시각이다. 개인이 이욕(利慾)을 눌러 충돌을 해소 하고 적극적으로 힘을 모으면 사회는 강해지고 큰 힘으로 응집될 수 있다. 이런 힘은 천시나 지리 같은 외부적인 것 과는 비교할 수 없다. 물론 집단 내부의 화해를 이루자면 반드시 남과 더불어 즐기고 걱정해야 한다. 맹자는 이 점 을 이미 양혜왕에게 주의한 바 있다[양혜왕장구 상(2-3), 양혜왕장구 하(4-3)].

---

6) 言不戰則已, 戰則必勝.(싸우지 않으면 그만이거니와, 싸우면 반드 시 승리함을 말한 것이다.) 尹氏曰 : 言得天下者, 凡以得民心而 已.(윤씨가 말하였다. 천하를 얻는 자는, 모두 민심을 얻을 뿐이 라고 생각한다고 말한 것이다.)

제2장 배운 뒤에 신하로 삼는다
(學焉後臣章 第二)

(2-1) 孟子將朝王이러시니 王使人來曰 寡人이 如就見者
也러니 有寒疾이라 不可以風일새 朝將視朝하리니 不
識케이다 可使寡人得見乎잇가 對曰 不幸而有疾이라
不能造朝로소이다

　　(맹자장조왕, 왕사인래왈 과인, 여취견자야, 유한질. 불가이풍. 조
　　장시조, 불식. 가사과인득견호. 대왈 불행이유질, 불능조조)

국역 맹자가 장차 왕을 뵈려 하였는데, 제선왕이 사람을 시
켜 보내와서 말하기를 "과인이 나아가서 뵈려 하였는데,
감기가 있어서 바람을 쐴 수 없습니다. 내일 아침에는 곧
조회를 보려고 하니, 알지 못하겠지만 과인으로 하여금 만
나 볼 수 있도록 할 수 있겠습니까?" 하였다. 맹자가 대
답하였다. "불행히도 병이 있어서 조회에 나갈 수 없습니
다."7)

자의 ○將-장차 장, 곧 장. ○朝-아침 조. 처음, 향하다, 뵙다, 참배
하다. ○寡人-임금 자신의 겸칭. ○就-나아갈 취. ○寒疾-감기.
○風-바람 풍. 추세, 감기. ○造-지을 조. 시작하다, 찾아가다.

---

7) 王, 齊王也. 孟子本將朝王, 王不知, 而託疾以召孟子, 故, 孟子亦
以疾辭也.(왕은 제왕이다. 맹자가 본래 장차 왕에게 조회하려고
하였는데, 왕이 알지 못하고 병을 칭탁하여, 그리고 맹자를 불렀
다. 그러므로 맹자 역시 병으로써 사양한 것이다.)

(2-2) 明日에 出弔於東郭氏러시니 公孫丑曰 昔者에 辭以
病하시고 今日弔 或者不可乎인저 曰 昔者疾이 今日
愈어니 如之何不弔리오

(명일, 출조어동곽씨, 공손추왈 석자, 사이병, 금일조 혹자불가호,
왈 석자질, 금일유, 여지하부조)

국역 그 다음날 외출하여 동곽씨 집으로 조문하려 하시니,
공손추가 말하였다. "어제는 병으로 사양하시고 오늘 조문
함은 혹시 옳지 못한 일인 듯합니다.""어제는 아팠고 오
늘은 나았으니 어찌하여 조문을 못한단 말인가?"8)

자의 ㅇ弔-조상할 조, 매달 조. ㅇ昔-옛 석, 밤 석. ㅇ愈-병나
을 유.

(2-3) 王이 使人問疾하시고 醫來어늘 孟仲子對曰 昔者에
有王命이어시늘 有采薪之憂라 不能造朝러시니 今病
小愈어시늘 趨造於朝하시더니 我는 不識케라 能至否
乎아하고 使數人으로 要於路曰 請必無歸而造於朝
하소서

(왕, 사인문질, 의래. 맹중자대왈 석자, 유왕명, 유채신지우, 불능
조조, 금병소유, 추조어조, 아, 불식. 능지비호, 사수인, 요어로왈
청필무귀이조어조)

---

8) 東郭氏, 齊大夫家也.(동곽씨는 제나라 대부의 집안이다.) 昔者,
昨日也.(석자는 어제이다.) 或者, 疑辭.(혹은 의문사이다.) 辭疾而
出弔, 與孔子不見孺悲取瑟而歌同意.(병으로 사양하고 나아가 조
문한 것은, 공자가 유비를 만나보지 않고 비파를 취하여 노래를
불러준 것과 같은 뜻이다.)

국역 왕이 사람을 시켜서 문병하고 의원을 보냈거늘, 맹중자가 대답하였다. "어제 왕명이 있을 때는 땔나무를 할 수 없을 만큼의 우환이 있어, 조회에 나가지 못하셨는데, 그런데 오늘은 병이 조금 나아 조정에 달려나가셨으니, 제가 알지 못하겠습니다. 능히 도착할 수 있었는지, 그렇지 못했는지?" 몇 사람을 시켜 길목에 서 있다가, "청컨대 반드시 집으로 돌아오지 말고 조정에 나아가소서."하고 말하도록 하였다.9)

자의 ㅇ采−캘 채. ㅇ薪−나무섶 신. ㅇ采薪之憂−자기에게 병이 있음을 나타내는 말, 땔나무를 할 수 없을 만큼 아프다는 뜻(=采薪之患). ㅇ趨−달리 추. ㅇ造−나아갈 조.

(2-4) 不得已而之景丑氏하여 宿焉이러시니 景子曰 內則父子요 外則君臣이 人之大倫也니 父子는 主恩하고 君臣은 主敬하니 丑見王之敬子也요 未見所以敬王也니이다 曰惡라 是何言也오 齊人이 無以仁義로 與王言者는 豈以仁義로 爲不美也리오 其心曰 是何足與言仁義也 云爾則不敬이 莫大乎是하니 我는

---

9) 孟仲子, 趙氏以爲孟子之從昆弟, 學於孟子者也.(맹중자는, 조씨는 맹자의 종형제로 맹자에게 배웠다고 여겼다.) 采薪之憂, 言病不能采薪, 謙辭也.('채신지우'는 병으로 땔나무를 할 수 없음을 말한 것이니, 겸사이다.) 仲子權辭以對, 又使人要孟子, 令勿歸而造朝以實己言.(중자는 둘러대는 말로써 대답하고, 또 사람으로 하여금 길목에서 지키다가 맹자에게 요청하여, 자기의 말을 실증하기 위하여 돌아오지 말고 조정에 이르도록 시켰던 것이다.)

非堯舜之道어든 不敢以陳於王前하노니 故로 齊人이
莫如我敬王也니라

(부득이이지경추씨, 숙언, 경자왈 내즉부자, 외즉군신, 인지대륜
야. 부자, 주은, 군신, 주경, 추견왕지경자야, 미견소이경왕야. 왈
오. 시하언야. 제인, 무이인의, 여왕언자, 기이인의, 위불미야. 기
심왈 시하족여언인의야 운이즉불경, 막대호시, 아, 비요순지도,
불감이진어왕전, 고, 제인, 막여아경왕야)

국역 부득이 경추씨에게 가[之] 유숙하였다. 경추씨가 말하
였다. "집안에서는 부자관계요, 집밖에서는 군신관계가 인
간의 중요한 윤리입니다. 부자관계에는 은혜라는 원칙이
주가 되고, 군신관계에는 공경이 주요한 원칙이니, 저[丑]
는 왕께서 선생을 공경함을 보았고, 선생께서 아직 왕을
공경하는 바를 보지 못했습니다." "아! 그 무슨 말인가?
제나라 사람 중에 인의를 가지고 왕과 더불어 말하는 이
가 없는 것은, 어찌 인의를 불미하다고 여겨서이겠는가?
그들은 마음속으로 '이런 임금과 어찌 충분히 더불어 인의
를 말할 수 있겠는가?'라고 생각한다면, 이와 같다면 불경
함이 이보다 클 것이 없는 것이니, 나는 요순의 도가 아니
면, 감히 그리고 왕의 앞에서 진술을 못하니, 그러므로 제
나라 사람들은 내가 왕을 공경하는 것처럼 하는 이가 없
는 것이다."10)

---

10) 景丑氏, 齊大夫家也. 景子, 景丑也.(경추씨는 제나라 대부의 집
안이다. 경자는 경추이다.) 惡, 歎辭也.(오는 탄식하는 말이다.)
景丑所言, 敬之小者也, 孟子所言, 敬之大者也.(경추가 말한 것

(자의)　○景-빛 경, 그림자 경. ○宿-잘 숙. ○焉-(=於此). ○曰-
생각(=云, 謂), 말씀. ○惡-어찌 오. ○豈-어찌 기. ○爾-너 이.
~일 따름이다. ○云爾-이와 같다.

(2-5) 景子曰 否라 非此之謂也라 禮에 曰 父召어시든 無
諾하며 君이 命召어시든 不俟駕라 固將朝也라가 聞
王命而遂不果하시니 宜與夫禮로 若不相似然하이다
(경자왈 부. 비차지위야. 예, 왈 부소, 무낙, 군, 명소, 불사가. 고
장조야, 문왕명이수불과, 의여부례, 약불상사연)

(국역)　경자가 말하였다. "아닙니다. 그것을 두고 하는 말이
아닙니다. '예기'에 이르기를, '아버지가 부르시면 대답을
늦게 하지 말 것이며, 주군의 명령을 들으면 수레에 멍에
를 얹는 것을 기다리지 않는다.'고 하였으니, 본래는 곧 조
회에 가시려다가 왕명을 듣고서 드디어 실행을 하지 않으
셨으니, 마땅히 대저 예기와 더불어 서로 같지 않은 듯합
니다."[11]

(자의)　○召-부를 소. ○諾-승낙할 낙, 늦게 대답할 낙. ○俟-기다

은, 경의 작은 것이요, 맹자가 말한 것은 경의 큰 것이다.)

11) 禮曰 : 父命呼, 唯而不諾.('예'에 이르기를, '아버지가 부르시면
빨리 대답하고 느리게 대답하지 않는다.'고 하였다.) 又曰 : 君命
召, 在官不俟屨, 在外不俟車.(또 이르기를, '군주가 명하여 부르
시거든, 관청에 있을 때에는 신 신기를 기다리지 않고, 밖에 있
을 때에는 수레에 멍에 하기를 기다리지 않는다.'고 하였다.) 言
孟子本欲朝王, 而聞命中止, 似與此禮之意不同也.(맹자가 본래
왕에게 조회하려고 하다가 왕명을 듣고 중지하였으니, 이 '예'와
더불어 흡사하나 뜻은 같지 않다고 말한 것이다.)

릴 사. ○駕−탈것 가. ○固−진실로 고, 본래 고. ○將−곧, 바로.
○遂−이룰 수, 따를 수. 곧, 결국. ○果−(=實也). ○若−같을 약.
○相似−닮다.

(2-6) 曰 豈謂是與리오 曾子曰 晉楚之富는 不可及也나
彼以其富어든 我以吾仁이요 彼以其爵이어든 我以吾
義니 吾何慊乎哉리오하시니 夫豈不義를 而曾子言之
시리오 是或一道也니라 天下에 有達尊이 三이니 爵
一, 齒一, 德一이니 朝廷莫如爵이요 鄕黨엔 莫如齒
요 輔世長民엔 莫如德이니 惡得有其一하여 以慢其
二哉리오

(왈 기위시여. 증자왈 진초지부, 불가급야. 피이기부, 아이오인.
피이기작, 아이오의, 오하겸호재, 부기불의, 이증자언지. 시혹일도
야. 천하, 유달존, 삼, 작일, 치일, 덕일, 조정막여작, 향당막여치,
보세장민, 막여덕. 오득유기일, 이만기이재)

국역 "어찌 그렇게만 생각하는가? 증자가 말씀하기를, 진나
라와 초나라의 부귀는 내 미칠 수 없지만, 저들이 그 부귀
로써 자랑을 하면, 나는 나의 인(仁)으로써 자랑을 할 것
이며, 저들이 그 관작으로써 자랑을 하면 나는 내 의방(義
方)으로써 자랑할 것이니, 내 무엇이 저들에게 부족할 것
이 있겠는가 하였으니, 대저 어찌 불의인 말을 증자가 말
씀했겠는가? 이것도 혹 하나의 방법이니라. 천하에 공동으
로 높여주는 세 가지가 있으니, 작위가 하나요, 연치가 하
나요, 덕이 하나이다. 조정에는 작위만큼 존귀한 것이 없
고, 향당에는 연치만큼 존귀한 것이 없고, 세상을 돕고 만

민이 잘살 수 있도록 자라게 하는 데는 덕만큼 존귀한 것
이 없으니, 어찌 그 중에 한가지를 얻어 가지고, 그 둘의
존귀한 것을 가진 사람에게 거만할 수 있겠는가?"12)

자의 ㅇ豈―어찌 기. ㅇ與―~한가? 의문사, 감탄사. ㅇ楚―초나라
초. ㅇ爵―벼슬 작. ㅇ慊―부족할 겸, 족할 협. ㅇ齒―나이. ㅇ廷―
조정 정. ㅇ莫如―~하는 것만 못하다. ㅇ鄕―시골 향. ㅇ黨―무
리 당, 일가 당. ㅇ鄕黨―마을, 고을. ㅇ輔―도울 보. ㅇ長―길 장.
ㅇ慢―느릴 만. 미루다, 거만하다.

(2-7) 故로 將大有爲之君은 必有所不召之臣하여 欲有謀

---

12) 慊, 恨也, 少也. 或作嗛, 字書, 以爲口銜物也. 然則慊, 亦但爲心
有所銜之義, 其爲快爲足, 爲恨爲少, 則因其事而所銜有不同耳.
(겸은 한함이며, 부족하게 여김이다. 혹은 겸(嗛)으로도 쓰니, 자
전(字典)에 '입에 물건을 머금은 것으로 되어 있다.' 그렇다면 겸
(慊)도 역시 단지 마음이 또 머금은 바의 뜻이니, 그것은 쾌함도
되고 만족함도 되며, 한함도 되고 부족하게 여김도 되니, 그 일
에 따라 머금은 바가 같지 않음이 있는 것이다.) 孟子言我之意,
非如景子之所言者, 因引曾子之言而云, 夫此豈是不義, 而曾子肯
以爲言, 是或別有一種道理也.(맹자는, 나의 뜻은 경자가 말한
바와 같지 않다고 하고, 잇따라 증자의 말을 인용하여, 대저 그
것이 어찌 바로 불의라면, 증자가 즐겨 말하였다고 여기겠는가?
이것에 혹시 별도로 일종의 도리가 있는 것이다라고 말하였다.)
達, 通也. 蓋通天下之所尊, 有此三者. 曾子之說, 蓋以德言之也.
今齊王, 但有爵耳, 安得以此慢於齒德乎.(달은 통달이다. 대개 천
하가 높이는 것이, 그것에 셋이 있다. 증자의 말은 대개 덕으로
써 말한 것이다. 그런데 지금 제나라 왕은 단지 작위를 소유할
뿐이니, 어찌 이것으로써 나이와 덕행에게 거만할 수 있으랴?)

焉則就之하나니 其尊德樂道가 不如是면 不足與有
爲也니라

(고, 장대유위지군, 필유소불소지신. 욕유모언즉취지, 기존덕낙도,
불여시, 부족여유위야)

국역 "그러므로 장차 위대한 정치를 할 군주는 반드시 함부
로 부르지 못할 바의 신하가 있었다. 그와 도모하고자 하
는 일이 있으면, 그에게 찾아갔으니, 그 덕 있는 이를 높
이고, 정도를 즐거워함이 이와 같지 않으면, 충분히 더불
어 큰 일을 하지 못하느니라."13)

자의 ○有爲-장래성이 있다, 유망하다. ○謀-꾀할 모. 계획.

(2-8) 故로 湯之於伊尹에 學焉而後臣之라 故로 不勞而
王하시고 桓公之於管仲에 學焉而後臣之라 故로 不
勞而霸하니라

(고, 탕지어이윤, 학언이후신지. 고, 불로이왕, 환공지어관중, 학
언이후신지, 고, 불로이패)

국역 "그러므로 탕임금과 이윤과의 관계에 있어서는 그에게
배운 뒤에 그를 신하로 삼은 까닭으로 수고롭지 않고서
왕업을 수행하였고, 환공과 관중과의 관계에서는 그에게

---

13) 大有爲之君, 大有作爲, 非常之君也.('대유위지군'은 유망한 일을 하
  하는 비상한 군주이다.) 程子曰 : 古之人, 所以必待人君致敬盡禮
  而後, 往者, 非欲自爲尊大也, 爲是故耳.(정자가 말하였다. 옛사
  람들은 반드시 인군이 경을 지극히 하고 예를 다하기를 기다린
  후에 간 까닭은, 스스로 높이고 위대하고자 해서가 아니라, 그렇
  게 함이 옳기 때문이었다.)

배운 뒤에 그를 신하로 삼은 까닭으로 수고롭지 않고서 패자가 된 것이니라."14)

(자의) ○湯－끓인 물 탕, 성 탕. ○伊－저 이. ○桓－표주(標柱) 환, 성 환. ○管－붓대 관. ○仲－버금 중, 가운데 중(＝中).

(2-9) 今天下地醜德齊하여 莫能相尙은 無他라 好臣其所 敎而不好臣其所受敎니라

(금천하지추덕제, 막능상상, 무타. 호신기소교이불호신기소수교)

(국역) "그런데 지금 천하는 토지가 같고 덕도 가지런하여, 서로 능히 위가 될 수 없음은 다름이 아니라, 그가 가르칠 수 있는 사람을 신하로 삼기를 좋아하고, 그가 가르침을 받아야 할 사람을 신하 삼기를 좋아하지 않기 때문이다."15)

(자의) ○醜－추할 추, 같을 추(＝類). 무리. ○尙－(＝上也).

(2-10) 湯之於伊尹과 桓公之於管仲에 則不敢召하니 管 仲도 且猶不可召하니 而況不爲管仲者乎아

(탕지어이윤, 환공지어관중, 즉불감소, 관중, 차유불가소, 이황불위관중자호)

---

14) 先從受學, 師之也. 後以爲臣, 任之也.(먼저 따라 배움을 받은 것은 그를 스승으로 삼은 것이요, 뒤에 신하로 여긴 것은 그에게 임무를 맡긴 것이다.)

15) 醜, 類也.(추는 같음이다.) 尙, 過也.(상은 초과함이다.) 所敎, 謂 聽從於己, 可役使者也. 所受敎, 謂己之所從學者也.('소교'란 자기에게 말을 듣고 따르게 하여 일을 시킬 수 있는 사람을 이른다. '소수교'란 자기가 가서 따라 배울 수 있는 사람을 이른다.)

(국역) "탕왕과 이윤의 관계와 환공과 관중과의 관계에서 감
히 부르지 못하였으니, 관중조차도 부르지 못하였는데, 하
물며 내가 관중만큼도 못하겠는가?"16)

(자의) ㅇ且−하물며, ~조차도. ㅇ猶−같을 유. ~조차도, 그래도.

(해설) 맹자는 제선왕이 감기를 핑계로 조회에서 만나기를 거
절하고서는 다른 날 자기를 소환함에 임금의 잘못을 깨우
치고자 했다. 그런데 맹자의 뜻을 알지 못하는 공손추, 맹
중자는 맹자의 행동에 당황해하는가 하면 경추씨는 왕에
대한 불경이라 오해까지 한다. 그러나 맹자는 인간의 본마
음을 실천하는 것이 공경이지, 이해관계로써 행동하는 것
이 공경이 아니라고 하면서, 세상에서 말하는 상하관계는
나이, 계급, 덕망의 셋 중에서 많이 갖춘 사람이 윗사람이
된다, 탕임금과 이윤, 제환공과 관중의 일을 들어 증명하고,
함부로 부르지 못하는 신하[不召之臣]를 인정하고 공경할

---

16) 不爲管仲, 孟子自謂也.(관중도 하지 않았다는 것은 맹자가 자신
을 이른 것이다.) 范氏曰 : 孟子之於齊, 處賓師之位, 非當仕有官
職者, 故其言如此(범씨가 말하였다. 맹자가 제나라에 갔을 적에
빈사의 지위에 있어, 벼슬을 담당하여 관직을 가지지 아니하였
다. 그러므로 그 말이 이와 같았다.) 此章見賓師不以趨走承順爲
恭, 而以責難陳善爲敬.(이 장은, 빈사는 급히 달려가서 순종함을
공경으로 삼지 않고, 어려움으로써 책하고, 선한 말씀을 개진함
으로써 공경을 삼는다.) 人君不以崇高富貴爲重, 而以貴德尊士爲
賢, 則上下交而德業成矣.(인군은 숭고하고 부귀함으로써 무겁게
삼지 않고, 덕을 귀하게 여기고 선비를 높임으로써 어짊을 삼는
다면, 상하가 교류하여 덕업이 이루어짐을 볼 것이다.)

줄 알아야 왕업을 이룰 수 있다는 것이다. 마찬가지로 시장에서도 상품의 부실함을 고발할 수 있는 소비자가 있어야 불량품이 없어지며, 거래가 명랑해질 수 있는 것이다.

제3장　재물로 매수하다(是貨之也章 第三)

(3-1) 陳臻이 問曰 前日於齊에 王이 餽兼金一百而不受하시고 於宋에 餽七十鎰而受하시고 於薛에 餽五十鎰而受하시니 前日之不受是면 則今日之受非也오 今日之受是면 則前日之不受非也니 夫子必居一於此矣시리이다

(진진, 문왈 전일어제, 왕, 궤겸금일백이불수, 어송, 궤칠십일이수, 어설, 궤오십일이수. 전일지불수시, 즉금일지수비야, 금일지수시, 즉전일지불수비야. 부자필거일어차의)

국역 진진이 물었다. "전일 제나라에서 왕이 좋은 금 100일을 줄 때에는 받지 않으셨고, 송나라에서 좋은 금 70일을 줄 때에는 받으셨고, 설나라에서 50일을 줄 때에는 받으셨으니, 전일에 받지 아니한 것이 옳으면, 오늘 받은 것은 잘못일 것이요, 오늘 받은 것이 옳다면, 전일에 받지 아니한 것이 잘못일 것이니, 선생님께서는 반드시 이 중 하나에 해당할 것입니다."[17]

---

17) 陳臻, 孟子弟子.(진진은 맹자의 제자이다.) 兼金, 好金也, 其價兼倍於常者.(겸금은 좋은 금이니, 그 가치가 보통 것보다 갑절이다.) 一百, 百鎰也.(1백은 백일이다.)

(자의) ○臻-이를 진. 도달하다. ○餽-줄 궤. ○兼金-좋은 금, 겹(곱)으로 가치 있는 금. ○鎰-스물넉량 일. ○居-살 거. ~에 있다, ~에 위치하다, ~을 차지하다.

(3-2) 孟子曰 皆是也니라

（맹자왈 개시야）

(국역) 맹자가 말씀하였다. "다 옳다."[18]

(자의) ○皆-다 개. 전부. ○是-옳을 시. ~이다.

(3-3) 當在宋也하여는 予將有遠行이러니 行者는 必以贐이라 辭曰餽贐이어니 予何爲不受리오

（당재송야, 여장유원행, 행자, 필이신. 사왈궤신, 여하위불수）

(국역) "송나라에 있을 당시에는, 내가 장차 원행할 계획이 있었으니, 원행하는 자에게는 반드시 노자를 주는 것이다. 말하기를 '노자를 주는 것이다.'라고 하였으니, 내 어찌 받지 않을 수 있겠는가?"[19]

(자의) ○贐-노자 신. ○辭-말씀 사. ○曰-~이다. ○餽-줄 궤.

(3-4) 當在薛也하여는 予有戒心이러니 辭曰 聞戒故로 爲兵餽之어니 予何爲不受리오

（당재설야, 여유계심, 사왈 문계고, 위병궤지. 여하위불수）

(국역) "설나라에 있을 당시에는 내 경계하는 마음을 갖고 있었는데, 말하기를 '경계하고 있다는 소문을 들었기 때문에

---

18) 皆適於義也.(모두 정의에 맞다.)

19) 贐, 送行者之禮也.(신은 여행자를 전송하는 예이다.)

군대를 위하여 준다.'고 하였으니, 내 어찌 받지 않을 수
있겠는가?"20)

(자의) ㅇ戒-경계할 계. ㅇ兵-군대.

(3-5) **若於齊則未有處也**하니 **無處而餽之**면 **是貨之也**니
焉有君子而可以貨取乎리오
(약어제즉미유처야, 무처이궤지, 시화지야, 언유군자이가이화
취호)

(국역) "만약 제나라에서라면 해당됨이 있지 않았다. 해당됨
이 없는데도 준다면, 이것은 재물로 교환할 수 있다는 것
이니, 어찌 군자가 재물로써 끌릴 수 있겠는가?"21)

(자의) ㅇ若-만일 약. ~이라면. ㅇ處-용처. ㅇ貨-교환, 팔다, 장사
하다. ㅇ之-재화. ㅇ取-얻다, 손에 넣다, 부르다.

(해설) 재물을 받아도 되는 경우와 받아서는 아니 되는 경우
의 기준이 명쾌하다. 그것은 재물의 수량이 아니라 바로

---

20) 時人有欲害孟子者, 孟子設兵以戒備之, 薛君以金餽孟子, 爲兵備.
辭曰 : 聞子之有戒心也.(당시 사람 중에 맹자를 해치고자 하는
자가 있었는데, 맹자가 병(兵)을 설치하여 경계하고 대비하였는
데, 설나라 임금이 금으로써 맹자에게 주어 병비(兵備)를 하게
하고, 말하기를, '선생께서 경계하는 마음을 가졌다는 말을 들었
습니다.'고 하였다)

21) 無遠行戒心之事, 是未有所處也.(원행하거나 경계하는 마음을 둔
일이 없으니, 이것은 해당되는 바가 있지 않은 것이다.) 取, 猶
致也.(취는 치(致)와 같다.) 尹氏曰 : 言君子之辭受取予, 唯當於
理而已.(윤씨가 말하였다. '군자는 사양, 수취, 부여함을 오직 의
리에 합당할 뿐임을 말하였다.')

'예'다. 예는 인도가 외부에 표현된 것이며, 남과 조화를 이루는 데 필요한 사회적 질서이기도 하다. 이런 기준에서 보아 재물을 받을 만한 사유가 분명하고 공경하는 방식으로 주는 것이면, 그것으로부터 신뢰는 두터워지고 이해는 깊어질 것이다. 그러나 재물을 받을 사유가 없는데도 준다면 재물로 매수하는 것이니, 그것을 받는 것은 군자의 수치이다. 사람이 일생을 살아가면서 해야 할 일 중의 한 가지는 지켜야 할 가치의 근원을 확인하고 가꾸는 일일 것이다. 스스로 결정한 가치에 위기가 왔을 때는 자신이 가꾸어 놓은 가치의 근원으로 돌아가서 그 위기가 초래할 영향을 상상해 보는 것이 필요할 것이다.

제4장　오직 공거심(惟孔距心章 第四)

(4-1) 孟子之平陸하사 謂其大夫曰 子之持戟之士가 一日而三失伍면 則去之아 否乎아 曰 不待三이니라

（맹자지평륙, 위기대부왈 자지지극지사, 일일이삼실오, 즉거지, 부호. 왈 부대삼)

(국역) 맹자가 평륙에 가서 그곳의 대부에게 이르기를, "그대의 창을 잡은 전사가 하루에 세 번 대오를 이탈한다면 그를 버리겠는가? 그대로 두겠는가?"하자, "세 번을 기다리지 않겠습니다."하고 대답하였다.22)

─────────

22) 平陸, 齊下邑也. 大夫, 邑宰也.(평륙은 제나라의 하읍이다. 대부

자의 ㅇ陸-뭍 륙. ㅇ子-당신, 그대. ㅇ持-가질 지. ㅇ戟-창 극.
ㅇ伍-항오 오, 다섯 오. ㅇ去-제거하다, 없애다.

(4-2) **然則子之失伍也亦多矣**로다 **凶年饑歲**에 **子之民**이
老羸는 **轉於溝壑**하고 **壯者**는 **散而之四方者**가 **幾千**
人矣오 **曰 此非距心之所得爲也**니이다
　　(연즉자지실오야역다의. 흉년기세, 자지민, 노리, 전어구학, 장자,
　　산이지사방자, 기천인의. 왈 차비거심지소득위야)

국역 "그렇다면 그대가 대오를 이탈함이 역시 많도다. 흉년
이 들어 굶주리는 해에는 그대의 백성들 중에 노약자들은
죽어서 하수구 웅덩이에 구르고, 장성한 자들은 흩어져 사
방으로 가는 자가 몇천 명이나 되는가?" "이것은 제[距
心]가 할 수 있는 바가 아닙니다."고 하였다.[23]

자의 ㅇ饑-굶주릴 기. ㅇ羸-파리할 리. ㅇ轉-구를 전. ㅇ溝-도
랑 구. 하수도. ㅇ壑-골 학. 물웅덩이. ㅇ散-흩어질 산. ㅇ距-
거리 거.

는 읍재이다.) 戟, 有枝兵也.(극은 가지가 있는 병기이다.) 士,
戰士也.(사는 전사이다.) 伍, 行列也.(오는 행렬이다.) 去之, 殺之
也.(거지란 그를 죽이는 것이다.)

23) 子之失伍, 言其失職, 猶士之失伍也.(그대가 대오를 이탈했다는
것은, 그 직책을 잃음이 전사가 대오를 이탈함과 같음을 말한
것이다.) 距心, 大夫名. 對言此乃王之失政使然, 非我所得專爲
也.(거심은 대부의 이름이다. 대답하기를 이것은 바로 왕의 실정
이 그렇게 만든 것이니, 내가 마음대로 할 수 있는 바가 아니다
라고 말한 것이다.)

(4-3) 曰 今有受人之牛羊而爲之牧之者면 則必爲之求
牧與芻矣리니 求牧與芻而不得이면 則反諸其人乎아
抑亦立而視其死與아 曰 此則距心之罪也로소이다
（왈 금유수인지우양이위지목지자, 즉필위지구목여추의. 구목여추
이부득, 즉반저기인호. 억역립이시기사여. 왈 차즉거심지죄야）

(국역) "지금 남의 소와 양을 받아 그를 위해 그것을 기르는
자가 있다면, 반드시 그것을 기르기 위하여 목장과 꼴을
구할 것이니, 목장과 꼴을 구하다가 얻지 못하면, 그것을
그 주인에게 되돌려 주어야 하겠는가? 그렇지 않으면 또
한 서서 그것이 죽어 가는 것을 보고만 있어야 하겠는가?"
"이는 저의 잘못입니다."고 하였다.24)

(자의) ○牧―기를 목, 목장 목. ○芻―꼴 추. ○諸―(=之於). ○抑―
누를 억. 혹은, 그렇지 않으면, 오직, 다만. ○與―의문사.

(4-4) 他日에 見於王曰 王之爲都者를 臣知五人焉이로니
知其罪者는 惟孔距心이러이다하시고 爲王誦之하신대
王曰 此則寡人之罪也로소이다
（타일, 견어왕왈 왕지위도자, 신지오인언, 지기죄자, 유공거심, 위
왕송지 왕왈 차즉과인지죄야）

(국역) 후일 왕을 뵙고 "왕의 도읍을 다스리는 자를 신이 다

---

24) 牧之, 養之也.(목지는 소와 양을 기르는 것이다.) 牧, 牧地也.
芻, 草也.(목은 목초지이고, 추는 꼴이다.) 孟子言若不得自專, 何
不致其事而去.(맹자는 만일 스스로 마음대로 할 수 없다면, 어찌
하여 그 일에 이르러 떠나가지 않느냐고 말한 것이다.)

섯 사람을 알고 있는데, 그 죄를 알고 있는 자는 오직 공
거심뿐입니다."하시고, 왕을 위하여 그 말을 외우자, 왕이
"이것은 과인의 죄입니다."라고 하였다.[25]

(자의) ㅇ爲-다스릴 위. ㅇ都-도시 도. ㅇ誦-외울 송.

(해설) 공직자가 맡은 일의 진행이 잘 되지 않을 경우, 그 책임
이 자기에게 있지 않다거나 자기 혼자만의 책임이 아니라
고 한다고 해서 결코 면책되는 것이 아니다. 공직자의 도덕
적 해이로 백성들이 피해를 입었을 경우, 그 공직자는 불법
적 행동에 대한 비난이나 처벌 또는 금전적 배상의 의무를
져야 한다. 그가 마땅히 해야 할 일을 하지 않았기 때문이다.

제5장 관직을 지킴도 없고 말할 책임도 없다
(無官守無言責章 第五)

(5-1) 孟子謂蚳鼃曰　子之辭靈丘而請士師似也는　爲其

---

25) 爲都, 治邑也. 邑有先君之廟曰都.(위도는 읍을 다스리는 것이다.
읍에 선군(先君)의 사당을 가진 것을 도(都)라 한다.) 孔, 大夫
姓也.(공은 대부의 성이다.) 爲王誦其語, 欲以諷曉王也.(왕을 위
하여 그 말을 외운 것은, 풍자로써 왕을 깨우치려고 한 것이다.)
陳氏曰 : 孟子一言而齊之君臣擧知其罪, 固足以興邦矣.(진씨가 말
하였다. 맹자가 한번 말함에 제나라의 군신들이 모두 그 죄를
알았으니, 진실로 충분히 나라를 일으킬 수 있었다.) 然而齊卒不
得爲善國者, 豈非說而不繹, 從而不改故邪.(그러나 제나라가 마
침내 좋은 나라가 되지 못한 것은, 어찌 기뻐하기만 하고 연역
하지 않았고, 따르기만 하고 고치지 않았기 때문이 아니겠는가?)

可以言也니 今旣數月矣로되 未可以言與아

(맹자위지와왈 자지사령구이청사사사야, 위기가이언야, 금기수월
의, 미가이언여)

(국역) 맹자가 지와에게 말씀하였다. "그대가 영구의 읍재를
사직하고 재판관을 청하여 된 것이 이치에 근사한 것은,
그 자리가 왕에게 간언을 할 수 있기 때문인 것이니, 그런
데 이제, 몇 개월이 지났으되 아직도 간언을 할 수 없었더
냐?"26)

(자의) ○蚳─개미알 지. ○蛙─개구리 와. ○靈丘─읍의 이름. ○士
師─재판관. ○可以─~할 수 있다.

(5-2) **蚳蛙諫於王而不用**이어늘 **致爲臣而去**한대

(지와간어왕이불용, 치위신이거)

(국역) 지와가 왕에게 간언을 하였으나 채용되지 않거늘, 신
하되는 것을 버리고 떠나갔는데,27)

(자의) ○諫─간할 간. ○致─관직을 사퇴하다, 반환하다.

(5-3) **齊人**이 **曰 所以爲蚳蛙則善矣**어니와 **所以自爲則吾
不知也**로라

---

26) 蚳蛙, 齊大夫也.('지와'는 제나라 대부이다.) 靈丘, 齊下邑.(영구
는 제나라 하읍이다.) 似也, 言所爲近似有理.('사야'는 행위한 바
가 이치를 가져 근사함을 말한 것이다.) 可以言, 謂士師近王, 得
以諫刑罰之不中者.('가이언'은 사사가 왕을 가까이에서 형벌이
적중하지 못한 것을 간언할 수 있음을 이른다.)
27) 致, 猶還也.(치는 반환함과 같다.)

(제인, 왈 소이위지와즉선의, 소이자위즉오부지야)

[국역] 제나라 사람들이 말하였다. "지와를 위한 것이라면 잘한 것이지만, 맹자 자신을 위한 것이라면 잘한 말인지 우리들은 알지 못하겠노라."28)

[자의] ㅇ所以-하기 위한 것. ㅇ善-잘한 것.

(5-4) **公都子以告**한대

(공도자이고)

[국역] 공도자가 이 소문을 가지고 아뢰자,29)

(5-5) **曰 吾聞之也**하니 **有官守者**는 **不得其職則去**하고 **有言責者 不得其言則去**라하니 **我無官守**하며 **我無言責也則吾進退**를 **豈不綽綽然有餘裕哉**리오

(왈 오문지야, 유관수자, 부득기직즉거, 유언책자 부득기언즉거, 아무관수, 아무언책야즉오진퇴, 기부작작연유여유재)

[국역] "내 이런 말을 들었으니 '관직의 책임을 지키고 있는 자가 그 직책을 수행할 수 없으면 그 직책을 버리고, 간언의 책임을 지고 있는 자가 그의 간언이 채택되지 않으면 떠난다.'고 하더라. 그렇지만 나는 관수(官守)도 없으며, 언책(言責)도 없으니, 나의 진퇴에 어찌 넉넉한 모습으로 여유가 있지 않겠는가?"30)

---

28) 譏孟子道不行而不能去也.(맹자는, 도가 시행되지 않는데도 능히 떠나가지 않았다고 비난한 것이다.)

29) 公都子, 孟子弟子也.(공도자는 맹자의 제자이다.)

30) 官守, 以官爲守者.(관수는 관으로써 직분을 삼는 것이요.) 言責,

(자의) ○守-맡을 수. ○綽-넉넉할 작. ○餘-남을 여. ○裕-넉넉
할 유.

(해설) 관리는 정도의 실현을 위해 벼슬에 나아갔다가 뜻을
성취할 수 없으면 그만두어야 한다. 맹자는 이런 취지를
지와에게 말하고서도, 자신은 제나라를 떠나가지 않자, 제
나라 사람들이 의아해했다. 군자가 정도를 펴서 백성을 구
하려면 관직이라는 외부적 시설을 얻는 것이 필요한데, 맹
자는 제나라에서 그런 시설을 얻지 못했으니, 돌려줄 시설
이 없고 져야 할 책임도 없었던 것이다. 따라서 그 처지가
지와와는 같지 않은 것이다.

제6장 등나라에 조문을 나가다(出弔於滕章 第六)

(6-1) 孟子爲卿於齊하사 出弔於滕하실새 王이 使蓋大夫
王驩으로 爲輔行이러시니 王驩이 朝暮見이어늘 反齊
滕之路토록 未嘗與之言行事也하시다
(맹자위경어제, 출조어등, 왕, 사합대부왕환, 위보행, 왕환, 조모
현, 반제등지로, 미상여지언행사야)

以言爲責者.(언책은 말로써 책임을 삼는 것이다.) 綽綽, 寬貌(작
작은 너그러운 모양이다.) 裕, 寬意也.(유는 너그러운 뜻이다.)
孟子居賓師之位, 未嘗受祿. 故其進退之際, 寬裕如此(맹자는 빈
사의 지위에 있어서 일찍이 녹봉을 받지 않았다. 그러므로 그
진퇴의 때에 관유함이 이와 같았다.) 尹氏曰 : 進退久速, 當於理
而已.(윤씨가 말하였다. 나아가고, 물러나고, 오래 머물고, 속히
떠남은 의리에 마땅하게 할뿐이다.)

(국역) 맹자가 제나라에서 객경(客卿)이 되어, 등나라에 조문을 갈 적에 제선왕이 합(蓋) 땅의 대부인 왕환으로 하여금 행차를 돕도록 하였거늘, 왕환이 아침저녁으로 뵈옵거늘, 제나라에서 등나라로 가는 길을 갔다가 돌아오도록, 일찍이 그와 더불어 행사에 관한 말을 한 적이 없었다.31)

(자의) ㅇ卿-벼슬 경. 객경. ㅇ弔-조문할 조. ㅇ蓋-하불(何不) 합. ㅇ驩-기쁠 환. ㅇ見-뵈올 현.

(6-2) **公孫丑曰 齊卿之位**가 **不爲小矣**며 **齊滕之路**가 **不爲近矣**로되 **反之而未嘗與言行事**는 **何也**잇고 **曰 夫旣或治之**어니 **予何言哉**리오

(공손추왈 제경지위, 불위소의, 제등지로, 불위근의, 반지이미상 여언행사, 하야. 왈부기혹치지, 여하언재)

(국역) 공손추가 말하였다. "제나라의 객경의 지위가 낮은 것도 아니며, 제나라와 등나라의 길이 가까운 거리도 아니거늘, 그곳을 갔다가 돌아오도록 사전에 그와 더불어 행사에 관하여 말씀하지 않음은 어째서입니까?" "대체로 이미 혹자가 그 일을 잘 다스렸으니, 내 무슨 말을 하겠는가?"32)

---

31) 蓋, 齊下邑也.(합은 제나라 하읍이다.) 王驩, 王嬖臣也.(왕환은 왕의 총애하는 신하이다.) 輔行, 副使也.(보행은 부사이다.) 反, 往而還也.(반은 갔다가 돌아오는 것이다.) 行事, 使事也.(행사는 사신하는 일이다.)

32) 王驩蓋攝卿以行, 故曰齊卿.(왕환이 아마 객경을 대신하여서 간 것으르 여겨진다. 그러므로 제경이라고 말한 것이다.) 夫旣或治之, 言有司已治之矣. 孟子之待小人, 不惡而嚴如此(대저 이미

자의 ○既─과거. ○或─혹자, 어떤 이. ○之─행사.

해설 제선왕은 맹자를 경(卿)으로 모시고 매우 존경하는 듯했으나 그의 의견을 수용한 적이 없었고, 외국에 사신으로 갈 적에도 심복을 딸려보내, 그가 업무를 독단하도록 하여 상당히 난처하게 했다. 맹자가 제나라의 객경으로서 등나라에 문상을 갔다 올 적에, 사신의 권한은 오직 부사(副使)의 손아귀에 달려 있었던 것이다. 그래서 여행의 분위기가 건조하다. 왕에게 환심을 사서 총신이 된 왕환(王驩)이 실무를 제멋대로 했기 때문이다.

제7장 천하의 어떤 물건도 그 어버이 장례에는 아까워 하지 않는다(不以天下儉其親章 第七)

(7-1) 孟子自齊葬於魯하시고 反於齊하실새 止於嬴이러시니 充虞請曰 前日에 不知虞之不肖하사 使虞敦匠事어시늘 嚴하여 虞不敢請하니 今願竊有請也하오니 木若以美然하더이다
(맹자자제장어노, 반어제, 지어영. 충우청왈 전일, 부지우지불초, 사우돈장사, 엄, 우불감청, 금원절유청야, 목약이미연)

국역 맹자가 제나라로부터 노나라에 가서 장례를 지내고, 제나라로 돌아올 적에, 영(嬴) 땅에서 쉬었더니, 충우가

──────────

혹자가 그것을 다스렸다는 것은, 관리가 이미 그것을 다스렸다는 말이다. 맹자가 소인을 대함에 미워하지 않으면서도 엄함이 이와 같았다.)

청하였다. "지난날에 저의 불초함을 알지 못하고, 저로 하여금 목관 만드는 일을 맡게 하였는데, 하도 급하여 제가 감히 묻지 못했더니, 그런데 지금에 저 혼자서 묻기를 원하오니, 관목(棺木)이 너무 좋은 듯하였습니다."[33]

(자의) ㅇ嬴-땅이름 영. ㅇ虞-나라 우. ㅇ肖-닮을 초. ㅇ敦-맡을 돈. 두텁다. ㅇ匠-바로잡을 광, 도울 광. ㅇ嚴-(=急也). ㅇ竊-저. ㅇ若-~듯하다. ㅇ以-너무 이(=已).

(7-2) 曰 古者에 棺槨이 無度하더니 中古에 棺이 七寸이오 槨을 稱之하여 自天子達於庶人하니 非直爲觀美也라 然後에야 盡於人心이니라

　　(왈 고자, 관곽, 무도, 중고, 관, 칠촌. 곽, 칭지, 자천자달어서인,
　　비직위관미야, 연후, 진어인심)

(국역) "옛적에는, 관곽이 일정한 법도가 없었는데, 중고에는, 관은 7촌이고, 곽도 이에 걸맞게 하여, 천자로부터 서인에 이르기까지 공통했으니, 이것은 다만 보기에 아름답게 하기 위해서가 아니라, 그렇게 한 뒤에야 사람의 양심을 다하는 것이기 때문이니라."[34]

---

33) 孟子仕於齊, 喪母, 歸葬於魯.(맹자는 제나라에서 벼슬할 적에 모친을 잃고 노나라에 돌아가 장례를 지냈다.) 嬴, 齊南邑.(영은 제나라의 남쪽에 있는 읍이다.) 充虞, 孟子弟子, 嘗董治作棺之事者也.(충우는 맹자의 제자이니, 일찍이 관 만드는 일을 감독[董]하여 다스린 자이다.) 嚴, 急也.(엄은 급함이다.) 木, 棺木也.(목은 관목이다.) 以, 已通, 以美, 太美也.(이는 이와 통하니, 이미는 너무 아름다운 것이다.)

자의 ○棺-널 관. ○槨-곽 곽. ○稱-걸맞을 칭. ○直-다만 직.
○盡-다할 진.

(7-3) 不得이면 不可以爲悅이며 無財면 不可以爲悅이니
得之爲有財하여는 古之人이 皆用之하니 吾何爲獨
不然이리오

(부득, 불가이위열, 무재, 불가이위열. 득지위유재, 고지인, 개용
지, 오하위독불연)

국역 "하고 싶었는데 그것을 할 수 없으면, 마음에 기쁠 수
없으며, 재물이 없는 것이 기쁠 수 없는 것이다. 하고 싶
은 것을 얻고 재물도 있게 되어서는 옛사람들이 모두 그
렇게 사용하였으니, 내 어찌하여 홀로 그렇게 하지 않겠
는가?"35)

자의 ○得-(=能也). ○悅-기쁠 열.

---

34) 度, 厚薄尺寸也.(도는 두텁고 엷은 치수이다.) 中古, 周公制禮時
也.(중고는 주공이 예를 만들 당시이다.) 槨稱之, 與棺相稱也.
欲其堅厚久遠, 非特爲人觀視之美而已.(곽칭지는 관과 더불어 상
대적 칭호이다. 그것이 견고하고 두터워 장구하고 영원하게 하고
자 한 것이요, 특히 남들이 보기에 아름답게 하기 위해서일 뿐
만이 아니다.)

35) 不得, 謂法制所不當得. 得之爲有財, 言得之而又爲有財也.('부득'
은, 법제로 될 수 없는 바를 이른다. '득지위유재'는 그것을 얻고
또 재물도 소유할 수 있게 된다는 말이다.) 或曰 : 爲, 當作而.
(혹자는 말하기를, '위자(爲字)는 당연히 이자(而字)가 되어야
한다.'고 한다.)

(7-4) **且比化者**하여 **無使土親膚**면 **於人心**에 **獨無恔乎**아

(차비화자, 무사토친부, 어인심, 독무교호)

국역 "또한 죽은 자를 위하여 흙을 사용하되 피부에 가까이 닿음이 없도록 한다면, 사람의 마음에 단지 쾌하지 않겠는가?"36)

자의 ○比－친할 비, 다스릴 비, 위할 비. ○化者－죽은 사람. ○親－가깝다. ○膚－살갗 부. ○獨－단지, 다만. ○恔－만족할 교.

(7-5) **吾**는 **聞之也**하니 **君子**는 **不以天下儉其親**이라하니라

(오, 문지야, 군자, 불이천하검기친)

국역 "나는 이런 말을 들었으니, 군자는 천하의 어떤 것을 가지고서도 그 어버이에게 검박하게 하지 않는다고 하였다."37)

자의 ○以－써 이. 까닭, 가지고. ○儉－검박할 검.

해설 맹자가 그의 모친의 장례를 성대하게 치르자, 제자 충우가 비판적으로 질문을 하니, '예법에는 사람의 지위에

---

36) 比, 猶爲也.(비는 행위와 같다.) 化者, 死者也.(화자는 죽은 자이다.) 恔, 快也.(교는 쾌함이다.) 言爲死者不使土近其肌膚, 於人子之心, 豈不快然無所恨乎.(죽은 자를 위하여 흙으로 하여금 그 살갗에 가까이 닿지 않게 한다면, 사람의 자식된 마음에서 어찌 상쾌하여 한되는 바가 없지 않겠는가라고 말하였다.)

37) 送終之禮, 所當得爲而不自盡, 是爲天下愛惜此物, 而薄於吾親也.(죽은 이를 장송하는 예에 마땅히 할 수 있는데도 스스로 다하지 않는다면, 이것은 천하를 위하여 이 물건을 애석히 여겨, 내 어버이에게 박하게 하는 것이다.)

따라 장례의 수준을 정하고 있으니, 지위가 낮으면 성대하게 치르고 싶어도 치를 수가 없고, 또 재력이 없어도 그것이 불가능하다.'고 했다. 즉 자기는 예법에 맞게 하였을 뿐이라는 것이다. 유교적 시각에서는 모든 사회적인 관계가 부모와 자녀관계를 기초로 하여 출발한다. 이런 기초적 관계를 가볍게 보는 이론은 사람들로부터 이해되거나 성립될 수 없다. 그러므로 자식이 어버이를 장사지낼 적에 최대의 경의를 표해야 한다는 것은 유교적 사회에서는 너무도 당연하고 확고한 묵시적인 약속인 것이다.

제8장 연나라로 연나라를 정벌한다
(以燕伐燕章 第八)

(8-1) 沈同이 以其私問曰 燕可伐與잇가 孟子曰 可하니라 子噲도 不得與人燕이며 子之도 不得受燕於子噲니 有仕於此어든 而子悅之하여 不告於王而私與之吾子之祿爵하고 夫士也도 亦無王命而私受之於子則可乎아 何以異於是리오

(심동, 이기사문왈 연가벌여. 맹자왈 가. 자쾌, 부득여인연, 자지, 부득수연어자쾌. 유사어차, 이자열지, 불고어왕이사여지오자지녹작, 부사야, 역무왕명이사수지어자즉가호. 하이이어시)

국역 심동이 사사로운 것으로써 물었다. "연나라를 정벌하여도 좋겠습니까?" 맹자가 말씀하였다. "가하니라. 자쾌라는 연왕도 남에게 연나라를 줄 수 없는 것이며, 자지라는

재상도 연나라를 자쾌에게서 받을 수 없는 것이다. 가령 여기에 벼슬할만한 자가 있다고 한다면, 그대가 그 누군가를 좋아하여, 왕에게는 고하지도 않고 그대의 작록을 사사로이 그에게 준다면, 대저 그 선비도 역시 왕명도 없이 그대에게서 사사로이 작록을 받는다면 가하겠는가? 어떻게 이와 다르겠는가?"38)

자의 ㅇ沈-성 심, 잠길 침. ㅇ燕-제비 연. ㅇ伐-칠 벌, 자랑할 벌. ㅇ與-더불어 여, 줄 여. 의문사. ㅇ噲-목구멍 쾌. ㅇ子-그대. ㅇ悅-기쁠 열. ㅇ祿-복 록. 녹, 녹봉. ㅇ爵-벼슬 작.

(8-2) 齊人이 伐燕이어늘 或이 問曰 勸齊伐燕이라하니 有諸잇가 曰 未也라 沈同이 問燕可伐與아하여늘 吾應之曰 可라하니 彼然而伐之也로다 彼如曰 孰可以伐之오 則將應之曰 爲天吏則可以伐之라하리라 今有殺人者어든 或이 問之曰 人可殺與아하면 則將應之曰 可라하리라 彼如曰 孰可以殺之오하면 則將應之曰 爲士師則可以殺之라하리라 今에 以燕伐燕이어니

---

38) 沈同, 齊臣.(심동은 제나라 신하이다.) 以私問, 非王命也.(사사로운 것으로써 물었다는 것은 왕명이 아닌 것이다.) 子噲·子之, 事見前篇.(자쾌와 자지의 일은 전편에 보인다.) 諸侯土地人民, 受之天子, 傳之先君, 私以與人, 則與者受者皆有罪也.(제후가 토지와 인민을 천자에게서 받았으며, 선군에게서 전해지는 것이니, 사사롭게 남에게 주려고 생각한다면, 주는 자와 받는 자는 모두 죄가 있는 것이다.) 仕, 爲官也. 士, 卽從仕之人也.(사(仕)는 벼슬을 하는 것이요, 사(士)는, 즉 벼슬에 종사하는 사람이다.)

何爲勸之哉리오

(제인, 벌연, 혹, 문왈 권제벌연, 유저. 왈 미야. 심동, 문연가벌
여, 오응지왈 가, 피연이벌지야. 피여왈 숙가이벌지. 즉장응지왈
위천리즉가이벌지. 금유살인자, 혹, 문지왈 인가살여, 즉장응지왈
가. 피여왈 숙가이살지, 즉장응지왈 위사사즉가이살지. 금, 이연
벌연, 하위권지재)

국역 제나라 사람이 연나라를 정벌했거늘 어떤 이가 물었다.
"제나라가 연나라를 치도록 권하였다 하니, 그런 일이 있
습니까?" "없었다. 심동이 연을 정벌하여도 좋으냐고 묻기
에, 내 응답하기를 가하다고 하였더니, 저들이 그래서 그
연나라를 정벌하였나 보다. 그 사람이 만일, 누가 그 연을
정벌하는 것이 좋으냐고 물었더라면, 곧 그에게 내가 응답
하기를 천리(天吏)가 되면 그를 정벌할 수 있다고 하였으
리라. 그런데 만일 지금 살인한 자가 있다고 하면, 어떤
이가 그 살인한 사람을 죽여도 좋으냐고 물으면, 나는 곧
죽여도 좋다고 응답했을 것이다. 그 사람이 만일, 누가 그
를 죽여야 옳으냐고 물었으면, 곧 응답하기를 사사(士師)
가 되면 그를 죽일 수 있다고 했을 것이다. 그런데 지금
연나라와 같은 입장으로써 연나라를 정벌하고 있으니, 어
찌 그런 것을 권하였겠는가?"[39]

---

39) 天吏, 解見上篇.(천리는 해석이 상편에 보인다.) 言齊無道, 與燕
無異, 如以燕伐燕也.(제나라의 무도함이 연나라와 더불어 차이가
없으니, 마치 연나라로써 연나라를 정벌하는 것과 같음을 말한
것이다.) 史記, 亦謂孟子勸齊伐燕, 蓋傳聞此說之誤.('사기'에도

자의 ○勸-권할 권. 설득하다, 충고하다. ○諸-(=之乎). ○孰-누구 숙. ○將-장차 장, 장수 장, 또 장. ○天吏-천심(天心)을 얻은 자. ○士師-재판관.

해설 연나라는 왕 자쾌(子噲)가 왕위를 재상인 자지(子之)에게 넘겨주었는데, 이 때문에 내란상태에 빠져있었다. 그런데 연나라는 원래 주나라 천자로부터 분봉된 제후국이다. 그러므로 그 영토와 백성을 남에게 임의로 넘겨준다는 것은 천리를 어긴 것이 된다. 마찬가지로 자지도 임금을 제치고 나라를 빼앗은 것은 대역죄를 범한 것이 된다. 이런 상황에서 연나라를 쳐서 그 임금을 응징하고 백성을 구제하는 것은 대의명분이 서는 일이 된다. 그렇지만 이런 무질서를 응징할 수 있는 것은 아무나 할 수 있는 것이 아니라 오직 천자만이 할 수 있다. 따라서 천자가 아닌 그 어느 제후도 연왕을 응징할 수는 없다. 천자의 명령이 없는데도 제후에 대한 제후의 응징은 월권이기 때문이다.

역시 맹자가 제나라에게 연나라를 정벌하도록 권유하였다고 말했으니, 대개 이 말을 전해들은 오류일 것이다.) 楊氏曰 : 燕固可伐矣, 故孟子曰可, 使齊王能誅其君, 弔其民, 何不可之有.(양씨가 말하였다. 연나라는 진실로 정벌할 만하다. 그러므로 맹자가 '가'하다고 말하였으니, 가령 제나라 왕이 능히 그 군주를 죽이고, 그 백성을 조문하였으면, 어찌 불가함이 있겠는가?) 乃殺其父兄, 虜其子弟, 而後燕人畔之. 乃以是歸咎孟子之言, 則誤矣.(바로 그 부형을 죽이고, 그 자제를 포로로 잡은 뒤에, 연나라 사람들이 배반하였다. 바로 이것으로써 맹자의 말에 허물을 돌린다면 잘못이다.)

제9장 연나라 사람이 배반하다(燕人畔章 第九)

(9-1) 燕人이 畔이어늘 王曰 吾甚慚於孟子하노라

　　(연인, 반, 왕왈 오심참어맹자)

국역 연나라 사람이 배반하자, 왕이 말씀하였다. "나는 맹자께 매우 부끄럽노라."[40]

자의 ○畔―밭두둑 반, 배반할 반. ○甚―심할 심, 무엇 심. ○慚―부끄러울 참.

(9-2) 陳賈曰 王無患焉하소서 王은 自以爲與周公孰仁且智니잇고 王曰 惡라 是何言也오 曰 周公이 使管叔監殷이어시늘 管叔이 以殷畔하니 知而使之면 是不仁也요 不知而使之면 是不智也니 仁智는 周公도 未之盡也시니 而況於王乎잇가 賈請見而解之하리이다

　　(진가왈 왕무환언. 왕, 자이위여주공숙인차지. 왕왈 오, 시하언야. 왈 주공, 사관숙감은, 관숙, 이은반, 지이사지, 시불인야. 부지이사지, 시부지야. 인지, 주공, 미지진야, 이황어왕호? 고청현이해지)

국역 진가가 말하였다. "왕께서는 염려하지 마소서. 왕께서는 스스로 주공과 더불어 누가 더 인(仁)하고 또 지혜롭다

---

40) 齊破燕後二年, 燕人共立太子平爲王.(제나라가 연나라를 격파한 후 2년만에, 연나라 사람들이 모두 태자 평을 옹립하여 왕으로 삼았다.)

고 여깁니까?" 왕이 말씀하였다. "뭐라고, 그 무슨 말인
가?" "주공이 관숙으로 하여금 은나라를 감독하게 하였거
늘, 관숙이 은나라를 가지고 배반하였으니, 주공이 알고서
그를 시켰다면 그것은 불인(不仁)함이요, 알지 못하고 그
를 시켰다면 그것은 부지(不智)함이니, 인과 지는 주공도
그것을 다하지 못하였으니, 그런데 하물며 왕에게 있어서
이겠습니까? 제가 청컨대 맹자를 뵙고 그 문제를 해결하
겠습니다."41)

자의 ㅇ陳-늘어놓을 진. ㅇ賈-성 가, 앉은장사 고. ㅇ惡-어찌 오.
ㅇ況-모양 황. 형편, 상황, 하물며, 더구나. ㅇ見-볼 견, 나타날 현.

(9-3) 見孟子하고 問曰 周公은 何人也잇고 曰 古聖人也시
니라 曰 使管叔監殷이어시늘 管叔이 以殷畔也라하니
有諸잇가 曰 然하다 曰 周公이 知其將畔而使之與잇
가 曰 不知也시니라 然則聖人도 且有過與잇가 曰 周
公은 弟也요 管叔은 兄也니 周公之過가 不亦宜乎아

---

41) 陳賈, 齊大夫也.(진가는 제나라 대부이다.) 管叔, 名鮮, 武王弟,
周公兄也.(관숙은 이름이 선이니, 무왕의 아우요, 주공의 형이
다.) 武王勝商殺紂, 立紂子武庚, 而使管叔與弟蔡叔霍叔監其國.
武王崩, 成王幼, 周公攝政, 管叔與武庚畔, 周公討而誅之.(무왕이
상나라를 이기고 주왕을 죽이고서 주왕의 아들 무경을 세운 다
음, 관숙으로 하여금 아우인 채숙·곽숙과 더불어 그 나라를 감
독하게 하였는데, 무왕이 죽고 성왕이 어려 주공이 섭정을 하자,
관숙이 무경과 더불어 배반을 하자 주공이 토벌하여 그들을 죽
였다.)

(현맹자, 문왈 주공, 하인야. 왈 고성인야. 왈 사관숙감은, 관숙,
이은반야, 유저. 왈 연. 왈 주공, 지기장반이사지여. 왈 부지야.
연즉성인, 차유과여. 왈 주공, 제야. 관숙, 형야. 주공지과, 불역
의호)

국역 진가가 맹자를 뵙고 물었다. "주공은 어떤 사람입니
까?" "옛 성인이다." "주공이 관숙으로 하여금 은나라를
감독하도록 하였거늘, 관숙이 은나라로써 배반을 하였다
하니 그런 일이 있었습니까?" "그렇다." "주공이, 그가 장
차 배반할 것을 알면서 그것을 시켰습니까?" "알지 못하
셨다." "그렇다면 성인도 또한 과실이 있습니까?" "주공은
아우요, 관숙은 형이니, 주공의 과실 또한 마땅하지 않는
가?"42)

---

42) 言周公乃管叔之弟, 管叔乃周公之兄, 然則周公不知管叔之將畔而
使之, 其過有所不免矣.(주공은 바로 관숙의 아우요, 관숙은 바로
주공의 형이니, 그렇다면 주공은 관숙이 장차 배반할 것을 알지
못하고 시킨 것이니, 그 과실을 면할 수 없는 바가 있다고 말한
것이다.) 或曰 : 周公之處管叔, 不如舜之處象何也.(혹자가 말하였
다. 주공이 관숙을 대처함이 순임금이 상을 대처한 것과 같지
않음이 어째서입니까?) 游氏曰 : 象之惡已著, 而其志不過富貴而
已, 故舜得以是而全之.(유씨가 말하였다. '상의 악은 이미 드러
나 있고, 그 뜻이 부귀에 불과할 뿐이었다. 그러므로 순임금은
이것으로써 그를 온전히 할 수 있었다.') 若管叔之惡則未著, 而
其志其才皆非象比也, 周公詎忍逆探其兄之惡而棄之耶.('관숙의
악으로 말하면 아직 드러나지 않았고, 그 뜻과 그 재주가 모두
상에 비할 바가 아니었으니, 주공이 어찌 그 형의 악을 미리 탐
지하여 그를 버릴 수 있었겠는가?') 周公愛兄, 宜無不盡者, 管叔

자의 ㅇ見-뵐 현. ㅇ諸-(=之乎). ㅇ然-그렇다. ㅇ宜-마땅할 의.

(9-4) **且古之君子**는 **過則改之**러니 **今之君子**는 **過則順之**
로다 **古之君子**는 **其過也 如日月之食**이라 **民皆見之**
하고 **及其更也**하여는 **民皆仰之**러니 **今之君子**는 **豈徒**
順之리오 **又從爲之辭**로다

(차고지군자, 과즉개지, 금지군자, 과즉순지. 고지군자, 기과야 여
일월지식. 민개견지, 급기경야, 민개앙지, 금지군자, 기도순지, 우
종위지사)

국역 "또한 옛날의 군자들은 과오가 있으면 그것을 고치더
니, 그런데 지금의 군자들은 과오가 있으면 그것에 순종하
는구나! 옛날의 군자들은 그 과오가 마치 일식, 월식과 같
은지라. 백성들이 다 그것을 보게 되고, 그 과오를 고침에
미쳐서는 백성들이 모두 다 그를 우러러보았다. 그런데 지
금의 군자들은 어찌 다만 그 과오에 순응할 뿐이리요. 또
한 그 과오에 순종하고 또 그를 위하여 변명까지 하는구
나!"43)

之事, 聖人之不幸也.('주공이 형을 사랑함은 마땅히 다하지 않음
이 없어야 하니, 관숙의 일은 성인의 불행이다.') 舜誠信而喜象,
周公誠信而任管叔, 此天理人倫之至, 其用心一也.('순임금은 진
실로 믿고서 상을 기뻐하였고, 주공은 진실로 믿고서 관숙에게
맡겼다. 이것은 천리와 인륜의 지극함이니, 그 마음씀이 똑같은
것이다.')

43) 順, 猶遂也.(순은 수(遂)와 같다.) 更, 改也.(경은 고침이다.) 辭,
辯也.(사는 변명하는 것이다.) 更之則無損於明, 故民仰之. 順而

자의 ㅇ過-허물 과. ㅇ食-먹을 식, 밥 사. ㅇ更-고칠 경, 다시 갱. ㅇ仰-우러러볼 앙. ㅇ豈-어찌 기. ㅇ徒-다만, ~뿐, 겨우. ㅇ從-순종. ㅇ辭-말씀 사. 변명하다.

해설 제선왕은 연나라의 혼란을 틈타 연나라를 치고 그 땅을 점령하였다. 그때 맹자는 왕에게 연나라에서 인정을 베풀면 제나라의 위엄을 크게 떨칠 수 있을 것이라고 말했

爲之辭, 則其過愈深矣.(과실을 고치면 밝음에서 감손됨이 없어, 그러므로 백성들이 그를 우러러본다. 과실을 이루고 그를 위하여 변명하면 그 과실이 더 깊어지는 것이다.) 責賈不能勉其君以遷善改過, 而敎之以遂非文過也.(진가가 능히 그 주군에게 개과천선으로써 권면하지 못하고 과실을 문식(文飾)하고 비행을 이루는 것으로써 가르치는 것을 꾸짖은 것이다.) 林氏曰 : 齊王慚於孟子, 蓋羞惡之心, 有不能自已者. 使其臣有能因是心而將順之, 則義不可勝用矣.(임씨가 말하였다. '제나라 왕이 맹자에게 부끄러워하였으니, 대개 수오지심이 스스로 그만둘 수 없게 함이 있어서였다. 가령 그 신하 중에 능히 이런 마음으로부터 장차 그를 순하게 하는 자가 있었다면, 정의로움을 다 쓸 수 없었을 것이다.') 而陳賈鄙夫, 方且爲之曲爲辯說, 而沮其遷善改過之心, 長其飾非拒諫之惡.(그러나 진가는 비루한 사람이어서, 바야흐로 또 주군을 위하여 왜곡하고 변설을 하여, 그가 개과천선할 마음을 막고, 비위를 문식하여 간언을 막는 악을 조장하였다.) 故孟子深責之.(그러므로 맹자가 그것을 깊이 꾸짖으신 것이다.) 然此書記事, 散出而無先後之次, 故其說必參考而後通.(그러나 이 글의 기사는 흩어져 나와서 선후의 차례가 없기 때문에 그 말을 반드시 참고한 뒤에야 통할 수 있다.) 若以第二篇十章十一章, 置於前章之後, 此章之前. 則孟子之意, 不待論說而自明矣.(만일 제2편의 10장·11장을 앞장의 뒤와 이 장의 앞에 놓는다면, 맹자의 뜻은 논설을 기다리지 않고도 자명해질 것이다.)

다. 그러나 왕은 점령지에서 연왕보다 더한 학정(虐政)을 폈기 때문에 연나라 사람들이 저항하고 또 제후들이 힘을 합쳐 제나라를 치려고 하니, 두려움을 느낀 왕은 맹자에게 대책을 물었다. 맹자는 연나라 사람들이 좋아하는 사람을 왕으로 세워주고 거기를 떠나라고 충고했다.

그러나 왕은 그 충고를 듣지 않았다. 오히려 진가는 당치도 않는 주공의 고사를 인용하여 궤변을 늘어놓자, '논어'의 말(19-21)로써 꾸짖었다. 무릇 남의 윗자리에 있는 사람은 진가와 같이 궤변을 일삼는 부하직원을 경계해야 한다. 그런데 맹자의 주장에 논리적 헛점은 별로 없다. 그러나 사람들이 마음으로부터 쉽게 동의할지 의문이다. 맹자 특유의 호변가(好辯家)의 모습과 경세가의 모습이 중복되었기 때문일 것이다.

제10장 신하로 벼슬하기를 그만두고 돌아가다
(致爲臣而歸章 第十)

(10-1) **孟子致爲臣而歸**하실새
    (맹자치위신이귀)

[국역] 맹자가 신하됨을 버리고 고향으로 돌아가실 적에,44)

[자의] ㅇ致-버릴 치. ㅇ爲-할 위, 될 위.

---

44) 孟子久於齊而道不行, 故去也.(맹자는 제나라에서 오래 정도가 시행되지 않자, 그러므로 떠나갔다.)

(10-2) 王이 就見孟子曰 前日에 願見而不可得이라가 得
侍하여는 同朝甚喜러니 今又棄寡人而歸하시니 不識
케이다 可以繼此而得見乎잇가 對曰 不敢請耳언정
固所願也니이다

(왕, 취견맹자왈 전일, 원견이불가득, 득시, 동조심희, 금우기과
인이귀, 불식. 가이계차이득견호. 대왈 불감청이, 고소원야)

국역 제선왕이 맹자를 찾아가서 보고 말씀하였다. "지난날
에 뵙기를 원했으나 기회를 얻을 수 없다가, 모시게 되어
서는 조정에 함께 있게 되어 매우 기쁘더니, 그런데 지금
또한 과인을 버리고 돌아가시니, 알지 못하겠지만, 이 다
음에는 계속하여 만나 뵐 수 있겠습니까?" 맹자가 대답
하였다. "감히 청하지는 못하지마는 진실로 원하는 바입
니다."

자의 ○不可得-할 수 없었다. ○得侍-모실 수 있다. ○朝-조정
조. ○不識-알지 못하겠다. ○可以-할 수 있다. ○繼此-이 다음
에 계속하여. ○固-진실로 고.

(10-3) 他日에 王이 謂時子曰 我欲中國而授孟子室하고
養弟子以萬鍾하여 使諸大夫國人으로 皆有所矜式
하노니 子盍爲我言之오

(타일, 왕, 위시자왈 아욕중국이수맹자실, 양제자이만종, 사제대
부국인, 개유소긍식, 자합위아언지)

국역 전일에 왕이 신하인 시자에게 일러 말씀하였다. "내가
국도(國都) 중앙에다가 맹자에게 집을 주고, 제자들을 만

종의 녹으로써 기르게 하여 여러 대부들과 국민들로 하여
금, 모두 수긍하고 본받을 바가 있게 하고 싶으니, 자네는
어찌하여 나를 위하여 이 사실을 말해주지 않는가?"[45]

자의 ㅇ他日-(=異日, 전일+후일). ㅇ國-나라의 수도. ㅇ授-줄
수. ㅇ室-집 실, 방 실. ㅇ萬鍾-매우 후한 봉록(萬鐘祿), 1종=6
곡(斛) 4두(斗), 1곡=10두(=1석), 1종=6석 4두. ㅇ矜-수긍하다.
ㅇ式-본받을 식. ㅇ盍-하불(何不) 합.

(10-4) 時子因陳子而以告孟子어늘 陳子以時子之言으로
告孟子한대

(시자인진자이이고맹자, 진자이시자지언, 고맹자)

국역 시자가 진자를 통하여 이 사실을 가지고 맹자에게 고
하게 하거늘, 진자가 시자의 말을 맹자께 아뢰었다.[46]

자의 ㅇ因-통하여. ㅇ告-아뢸 고.

(10-5) 孟子曰 然하다 夫時子惡知其不可也리오 如使予
欲富인댄 辭十萬而受萬이 是爲欲富乎아

(맹자왈 연. 부시자오지기불가야. 여사여욕부, 사십만이수만, 시
위욕부호)

국역 맹자가 말씀하였다. "그러하다. 대저 시자가 어찌 그것

---

45) 時子, 齊臣也.(시자는 제나라 신하이다.) 中國, 當國之中也.(중국
은 당연히 나라의 중앙이다.) 萬鍾, 穀祿之數也. 鍾, 量名, 受六
斛四斗.(만종은 녹봉으로 주는 곡식의 수량이며, 종은 양의 이름
이니, 6각4두가 들어간다.) 矜, 敬也.(긍은 공경함이다.) 式, 法
也.(식은 법이다.) 盍, 何不也.(합은 어찌 아니할 불이다.)
46) 陳子, 卽陳臻也.(진자는, 즉 진진이다.)

이 불가함을 알겠는가? 만일 내가 부자가 되고 싶었다면 10만종을 사양하고 만종을 받는 것이, 이것이 부자가 되고자 하는 것이겠는가?"47)

(10-6) 季孫曰 異哉라 子叔疑여 使己爲政하되 不用則亦已矣어늘 又使其子弟爲卿온여 人亦孰不欲富貴리오마는 而獨於富貴之中에 有私龍斷焉이라하니라
(계손왈 이재. 자숙의. 사기위정, 불용즉역이의, 우사기자제위경, 인역숙불욕부귀, 이독어부귀지중, 유사롱단언)

국역 계손씨가 말하였다. "이상하다. 자숙의란 사람! 자기 자신으로 하여금 정사를 하게 하다가 쓰여지지 않으면 역시 그만두어야 하거늘, 또 그 자제로 하여금 경(卿)을 삼게 하였으니, 사람들 역시 누구인들 부귀를 원하지 않겠는가마는, 다만 부귀를 하려는 자 중에 사사로이 그것을 농단하는 자가 있다고 했느니라."48)

---

47) 孟子旣以道不行而去, 則其義不可以復留, 而時子不知, 則又有難顯言者.(맹자는 이미 정도가 시행되지 않는다고 여겨 떠나갔다면, 그 뜻이 다시 머무를 수 없는 것이다. 그러나 시자가 알지 못하니, 곧 또 드러내 놓고 말하기 곤란한 일이 있었을 것이다.) 故但言設使我欲富, 則我前日爲卿, 嘗辭十萬之祿, 今乃受此萬鍾之饋, 是我雖欲富, 亦不爲此也.(그러므로 다만 말하기를, 설사 내가 부자가 되고자 하였다면, 내가 전일에 객경이 되었을 적에, 일찍이 10만종의 녹봉을 사양하였는데, 지금 바로 만종의 녹봉 주는 것을 받는다면, 만일 내가 비록 부자가 되고 싶었으면, 역시 이렇게는 하지 않을 것이다.)

(자의) ㅇ季-끝 계. ㅇ異-이상하다. ㅇ疑-의심할 의. ㅇ已-뿐이 이.
ㅇ卿-벼슬 경. ㅇ龍-언덕 롱(=壟). ㅇ龍斷-가파른 언덕.

(10-7) 古之爲市者는 以其所有로 易其所無者어든 有司
者治之耳러니 有賤丈夫焉하니 必求龍斷而登之하
여 以左右望而罔市利어늘 人皆以爲賤이라 故로 從
而征之하니 征商이 自此賤丈夫始矣니라
(고지위시자, 이기소유, 역기소무자, 유사자치지이, 유천장부언,
필구롱단이등지, 이좌우망이망시리, 인개이위천, 고, 종이정지,
정상, 자차천장부시의)

(국역) "옛날에 시장에서 매매를 하는 자들은 그의 소유물로
써 그에게 없는 것과 교역하면 관리는 그것을 다스릴 뿐
이었다. 그런데 천박한 장부가 있어, 반드시 농단을 찾아

---

48) 此孟子引季孫之語也.(이것은 맹자가 계손씨에게 인용한 말이다.)
季孫, 子叔疑, 不知何時人.(계손씨와 자숙의는 어느 때 사람인지
알지 못한다.) 龍斷, 岡壟之斷而高也, 義見下文.(농단은 산언덕
의 끊어진 것이 우뚝 높은 것인데, 뜻이 아래 글에 보인다.) 蓋
子叔疑者嘗不用, 而使其子弟爲卿, 季孫, 譏其旣不得於此, 而又
欲求得於彼, 如下文賤丈夫登龍斷者之所爲也.(대개 자숙의는 일
찍이 거용되지 않자, 그 자제로 하여금 경(卿)을 삼게 하니, 계
손씨는, 그가 이미 여기서 얻지 못하자, 또 저기서 구하고자 하
니, 마치 아래 글에 천한 장부가 농단에 올라간 행위와 같다고
빈정댄 것이다.) 孟子引此以明道旣不行, 復受其祿, 則無以異此
矣.(맹자가 이것을 인용하여, 정도가 이미 시행되지 않는데,
다시 그 녹봉을 받는다면 이와 다를 수 없음을 밝힌 것이라 생
각한다.)

서 거기에 올라가서, 좌우 사방을 바라보면서 시장의 이익
을 그물질하거늘, 사람들이 모두 그를 천하게 여겼다. 그
러므로 그 뒤로부터 그들에게 세금을 징수하게 되었으니,
상인에게 세금을 징수한 것이 이 천박한 장부로부터 비롯
되었다."49)

자의 ㅇ賤-천할 천. ㅇ罔-그물 망(=網). ㅇ征-세금낼 정.

해설 맹자는 정도를 펴서 천하를 바로잡고 백성을 편안하게
하려고 제나라에 왔으나 제선왕은 왕도정치의 훌륭함을
느끼면서도 이를 실천하지 못하였다. 맹자는 왕과 뜻이 맞
지 않아 제나라를 떠난다. 왕이 찾아 뵙고 석별의 아쉬움

---

49) 孟子釋龍斷之説如此(맹자가 농단에 관한 말을 이와 같이 해석
한 것이다.) 治之, 謂治其爭訟.(치지는 그 쟁송을 다스림을 말한
다.) 左右望者, 欲得此而又取彼也.('좌우망'은 이것을 얻고 또 저
것을 취하고자 하는 것이다.) 罔, 謂罔羅取之也. 從而征之, 謂人
惡其專利, 故就征其稅, 後世緣此遂征商人也.(망은 망라하여 그
것을 취함을 이른다. 그 방식을 따라서 세금을 징수하니, 사람들
이 그가 이익을 독점하는 것을 미워하였다. 그러므로 나아가 그
세금을 징수하였으니, 후세에 이것에 연유하여 상인들에게 세금
을 징수하게 된 것을 이른다.) 程子曰 : 齊王所以處孟子者, 未爲
不可, 孟子亦非不肯爲國人矜式者. 但齊王實非欲尊孟子, 乃欲以
利誘之, 故孟子拒而不受.(정자가 말하였다. 제나라 왕이 맹자를
대처하려고 생각한 것이 불가하지 않았고, 맹자 역시 국인들의
본보기로 됨을 즐거워하지 않는 것이 아니었다. 다만, 제나라 왕
은 실제로 맹자를 높이려고 한 것이 아니며, 바로 이익을 위하
여 그를 유인하고자 하였으므로, 그러므로 맹자가 거절하고 수용
하지 않은 것이다.)

을 말하자, 맹자는 유명한 '불감청 고소원'이란 말로 자기
의 심경을 밝힌다. 왕은 맹자가 부귀를 충분히 얻을 수 없
어서 따나는 줄 알고 시자(時子)에게 명하여 재물로써 회
유하려 한다. 자기의 가치기준으로 맹자를 평가했던 것이다.

  한편 맹자와는 달리 자기 아들에게 경(卿)의 지위를 물
려준 자숙의는 혼자서만 부귀의 중앙, 높은 지점을 차지한
다고 사람들로부터 비난을 받았다. 옛날 시장은 본래 기능
이 물물교환이었는데 어느 천박한 장부가 높고 유리한 지
점을 차지하고서 좌우를 살피고 뛰어다니면서 시장의 이
익을 독점했다. 이로부터 벼슬이나 이익을 독차지하는 것
을 농단이라 하게 되었고, 상인에게 세금을 부과한 것도
이 천박한 장부의 농단에서 시작된 것이다. 자숙의는 선비
이고 천박한 장부는 일개 상인인데, 둘의 농단이 무엇이
다른가? 선비가 취해야 할 자세가 어떠해야 하는지를 시
사하는 내용이라 하겠다.

제11장 맹자가 제나라를 떠나 주읍에 유숙하다
(孟子去齊宿於晝章 第十一)

(11-1) 孟子去齊하실새 **宿於晝**러시니
(맹자거제, 숙어주)

국역 맹자가 제나라를 떠나갈 적에 주 땅에서 유숙하였다.50)

---

50) 晝, 齊西南近邑也.(주는 제나라 서남쪽 가까이에 있던 읍이다.)

(자의) ㅇ去-갈 거. ㅇ宿-잘 숙. ㅇ晝-낮 주.

(11-2) 有欲爲王留行者坐而言이어늘 不應하시고 隱几而臥하신대

(유욕위왕류행자좌이언. 불응, 은궤이와)

(국역) 왕을 위하여 맹자의 행차를 만류하고자 하는 이가 있었는데, 그가 앉아서 말을 하거늘, 맹자가 응대하지 않고 안석에 기대어 누우셨다.[51]

(자의) ㅇ坐-앉을 좌, 자리 좌. ㅇ隱-기댈 은. ㅇ几-안석 궤. ㅇ臥-누울 와.

(11-3) 客이 不悅曰 弟子齊宿而後敢言이어늘 夫子臥而不聽하시니 請勿復敢見矣로이다 曰 坐하라 我明語子하리라 昔者에 魯繆公이 無人乎子思之側則 不能安子思하고 泄柳申詳이 無人乎繆公之側則 不能安其身이러니라

(객, 불열왈 제자재숙이후감언, 부자와이불청, 청물부감견의. 왈 좌. 아명어자. 석자, 노목공, 무인호자사지측즉 불능안자사, 설류신상, 무인호목공지측즉 불능안기신)

(국역) 객이 불쾌해하면서 말하였다. "제가 하루 밤 재계를 한 뒤에 감히 말씀드렸거늘, 선생께서 누우시고 제 말을 들어주지 않으시니, 청컨대 다시는 감히 뵙지 않겠습니다."

---

51) 隱, 憑也.(은은 의지함이다.) 客坐而言, 孟子不應而臥也.(객이 앉아서 말하는데, 맹자가 응대하지 않고 누우신 것이다.)

"앉거라. 내 그대에게 분명히 말하리라. 옛적에 노나라 목
공이 자사의 곁에 자사를 보살필 사람이 없으면, (자사가
떠날까 염려하여) 능히 자사를 편안히 모셨다고 생각지 아
니하였고, 설류와 신상은 목공의 곁에 보좌할 사람이 없으
면, 능히 그 자신이 편안하다고 생각지 아니했느니라."52)

(자의) ○悅-기쁠 열. ○齊-재계할 재. ○復-다시 부. ○繆-얽을
무, 사당차례 목. ○側-곁 측. ○泄-샐 설. ○柳-버들 류. ○申-
납 신. ○詳-상세할 상.

(11-4) 子爲長者慮而不及子思하니 子絕長者乎아 長者
絕子乎아

(자위장자려이불급자사, 자절장자호. 장자절자호)

(국역) "그대들이 [子] 장자를 위하여 염려하되 자사를 생각해
주는 것에 미치지 못하니, 그대들이 장자와 절교할 것인
가? 장자가 그대들을 절교할 것인가?"53)

---

52) 齊宿, 齊戒越宿也.(재숙은 재계하고 하루 밤을 지내는 것이다.)
繆公尊禮子思, 常使人候伺道達誠意於其側, 乃能安而留之也.(목
공은 자사를 존경하고 예우하여, 항상 사람을 시켜 방문하여 안
부를 묻고, 그 곁에서 성의를 전달하여야, 마침내 능히 편히 유
숙하게 한 것으로 여겼다.) 泄柳, 魯人.(설류는 노나라 사람이
다.) 申詳, 子張之子也. 繆公尊之不如子思.(신상은 자장의 아들
이니, 목공이 이들을 존경함이 자사만 못하였다.) 然二子義不苟
容, 非有賢者在其君之左右維持調護之, 則亦不能安其身矣.(그러
나 두 사람의 뜻은 진실로 용납하지 않았다. 가설의 현자가 그
임금의 좌우에 있어 그를 유지 보호하지 않으면, 역시 그 몸을
편히 할 수 없는 것이다.)

(자의) ㅇ子―그대. ㅇ慮―생각할 려. ㅇ絶―끊을 절.

(해설) 맹자는 합당한 예의나 대우를 받지 못하면 그 자리를 떠난다. 노나라 목공은 자사를 예우하여 사람을 시켜서 그의 뜻을 받들고 돌보게 하였고, 또 목공의 어진 신하들은 현자인 설류와 신상을 편안하게 해드리려고 애썼다. 그런데 맹자로 하여금 제나라를 떠나게 한 것은 진실로 신하들이 맹자에 관한 정보를 임금에게 제대로 전달하려고 애쓰지 않아서이니 신하가 주군을 잘 보필했다고 할 수 없다. 훌륭한 이를 머물게 하여 그의 지혜로써 인정을 펴고자 한다면 진실로 그를 현자답게 대접하여야 할 것이다. 인적자원은 공장이나 기계와는 달리 일어나서 제 발로 걸어나가 버릴 수 있다. 어떻게 하면 좋은 인재가 한국에 더 많이 모여들게 하는가는, 외국은 없고 우리만이 갖출 수 있는 것으로 대응할 수밖에 없다. 가령 한반도를 동북아의 '허브'로 가꾸면 확실히 비교우위를 차지할 수 있을 것이고 물류, 비즈니스, 사이버, 문화의 중심지로써 세계 대기

---

53) 長者, 孟子自稱也.(장자는 맹자가 자신을 칭한 것이다.) 言齊王, 不使子來, 而子自欲爲王留我, 是, 所以爲我謀者, 不及繆公留子思之事.(제나라 왕이 그대로 하여금 오게 하지 않았는데, 그대가 스스로 왕을 위하여 나를 만류하고자 하니, 이것은 나를 위하여 도모하기 위한 것이, 목공이 자사를 만류한 일에 미치지 못하는 것이다.) 而先絶我也, 我之臥而不應, 豈爲先絶子乎.('먼저 나를 사절한 것인데, 내가 눕고 응대하지 않는 것이, 어찌 먼저 그대를 사절한 것이 되겠는가?'라고 말한 것이다.)

업의 지역본부가 앞다투어 들어올 것이다. 자연히 인재'풀'
이 된다. 물론 과감한 개항, 국제화된 교육, 획기적인 조세
정책 등이 뒤따라야 한다.

제12장 맹자가 제나라를 떠나자 윤사가 사람들에게 말했다(孟子去齊尹士語人曰章 第十二)

(12-1) 孟子去齊하실새 尹士語人曰 不識王之不可以爲
湯武則是는 不明也요 識其不可요 然且至則是는
干澤也니 千里而見王하여 不遇故로 去하되 三宿而
後出晝하니 是何濡滯也오 士則茲不悅하노라

(맹자거제, 윤사어인왈 불식왕지불가이위탕무즉시, 불명야, 식기
불가, 연차지즉시, 간택야, 천리이견왕, 불우고, 거, 삼숙이후출
주, 시하유체야, 사즉자불열)

국역 맹자가 제나라를 떠나자, 윤사가 다른 사람들에게 말
하였다. "제선왕이 탕왕·무왕 같은 성군이 될 수 없음을
알지 못했으면 그것은 현명치 못한 것이요, 그 불가함을
알고도 그러면서도 왔다면 이것은 혜택을 구한 것이다. 천
리 먼길을 와서 왕을 만나보고, 서로 상대가 되지 않으므
로 떠나가되 사흘을 유숙한 뒤에, 주 땅에까지 나오게 되
니, 어찌 그리도 오랫동안 머뭇거리고 더딘고? 나는 곧 이
것이 기쁘지 않노라."54)

---

54) 尹士, 齊人也.(윤사는 제나라 사람이다.) 干, 求也.(간은 요구함

(자의) ○干-방패 간. 관계하다, 범하다, 구하다, 추구하다. ○澤-못 택. 혜택, 은혜. ○遇-만날 우. 대접하다, 기회. ○濡-젖을 유. ○濡滯-머물다, 체류하다, 지연하다. ○士-윤사. ○茲-이 자. 이것, 지금.

(12-2) 高子以告한대

(고자이고)

(국역) 고자가 이 말을 가지고 맹자께 아뢰자,55)

(12-3) 曰 夫尹士惡知予哉리오 千里而見王은 是予所欲也어니와 不遇故로 去가 豈予所欲哉리오 予不得已也로라

(왈 부윤사오지여재. 천리이견왕, 시여소욕야, 불우고, 거, 기여소욕재. 여부득이야)

(국역) "대체로 윤사가 어찌 나를 알겠느냐? 천리 먼길을 와서 왕을 만나보는 그것은 내가 하고자 한 것이었지만, 서로 만나 상대가 되지 못하므로 떠나가는 것이 어찌 내가 원하는 바이겠는가? 내 부득이하여 떠나가는 것이다."56)

이다.) 澤, 恩澤也.(택은 은택이다.) 濡滯, 遲留也.(유체는 오랫동안 체류함이다.)

55) 高子, 亦齊人, 孟子弟子也.(고자는 역시 제나라 사람이니, 맹자의 제자이다.)

56) 見王, 欲以行道也, 今道不行, 故不得已而去, 非本欲如此也.(왕을 만나봄은 정도를 시행하려고 해서였는데, 그런데 지금 정도가 행해지지 못하니, 그러므로 부득이 떠나가는 것이요, 본래 이렇

(자의)　ㅇ惡—어찌 오. ㅇ豈—어찌 기, 개가 개.

(12-4) 予三宿而出晝하되 於予心에 猶以爲速하노니 王庶
幾改之니 王如改諸시면 則必反予시리라
(여삼숙이출주, 어여심, 유이위속, 왕서기개지, 왕여개저, 즉필
반여)

(국역)　"내가 사흘을 유숙한 뒤에 주 땅을 떠나되, 내 마음에
는 오히려 빠르다고 생각된다. 나는 왕이 그의 생각을 고
치기를 바라고 있으니, 왕이 만일 그의 마음을 고쳤다면
반드시 나의 발길을 되돌리게 했을 것이니라."57)

(자의)　ㅇ以爲—여기다, 생각하다. ㅇ庶—바랄 서. ㅇ幾—거의 기. ㅇ庶
幾—~를 바라다, 어지간하다. ㅇ之—그의 마음. ㅇ諸—(=之於).

(12-5) 夫出晝而王不予追也하실새 予然後浩然有歸志하
니 予雖然이나 豈舍王哉리오 王由(猶)足用爲善하
시리니 王如用予시면 則豈徒齊民安이리오 天下之民
이 擧安하리니 王庶幾改之를 予日望之하노라
(부출주이왕불여추야, 여연후호연유귀지, 여수연, 기사왕재, 왕유
(유)족용위선, 왕여용여, 즉기도제민안, 천하지민, 거안, 왕서기
개지, 여일망지)

게 하고자 한 것은 아니었다.)

57) 所改, 必指一事而言, 然, 今不可考矣.(고친다는 것은 반드시 어
느 한가지 일을 가리켜 말한 것이다. 그러나 지금은 상고할 수
가 없다.)

(국역) "대체로 주 땅을 떠났지만 왕이 나를 쫓아오지 않기에, 내가 그런 뒤에야 호연히 돌아갈 뜻이 있게 되었다. 내 비록 그랬으나 어찌 제선왕을 버리겠느냐? 왕은 아직 충분히 선정을 할 수 있을 것이니, 왕이 만일 나를 등용한다면, 어찌 제나라 백성만이 편안할 뿐이겠는가? 천하의 백성들이 모두 다 편안할 것이다. 왕이 거의 그 마음을 고치기를 내 날마다 그것을 바라노라."[58]

(자의) ○浩然－거리낌이 없다. ○舍－(＝捨). ○由(猶)－같을 유. 아직, 여전히. ○足－충분히. ○徒－한갓 도, 무리 도, 뿐이 도. ○擧－다 거.

(12-6) 予豈若是小丈夫然哉라 諫於其君而不受則怒하여 悻悻然見於其面하여 去則窮日之力而後宿哉리오
(여기약시소장부연재. 간어기군이불수즉노, 행행연현어기면, 거즉궁일지력이후숙재)

---

58) 浩然, 如水之流不可止也.(호연은 마치 물의 흐름이 그칠 수 없는 것과 같은 것이다.) 楊氏曰 : 齊王天資朴實, 如好勇, 好貨, 好色, 好世俗之樂, 皆以直告而不隱於孟子, 故, 足以爲善.(양씨가 말하였다. 제왕이 타고난 자질이 질박하고 성실하여, 용맹을 좋아하고, 재물을 좋아하고, 여색을 좋아하고, 세속의 음악을 좋아하는 것 같은 것은, 모두 솔직히 고하고, 맹자에게 숨기지 않았다. 그러므로 충분히 선을 행할 수 있다.) 若乃其心不然, 而謬爲大言以欺人, 是人終不可與入堯舜之道矣, 何善之能爲.(만약 마침내 그 마음은 그렇지 못하면서 거짓으로써 큰소리를 쳐서 사람을 속인다면, 이런 사람은 끝내 요순의 도에 들어갈 수 없을 것이니, 어찌 선을 행할 수 있겠는가?)

(국역) "내 어찌 소장부와 같이 그러하랴! 그의 임금에게 간
하여도 들어주지 아니하면 성을 내면서, 성이 나서 씩씩거
리며 그 얼굴에 나타내며, 떠나갈 적에는 하루에 갈 힘을
다한 뒤에야 잠을 자리요."59)

(자의) ㅇ若是-이처럼, 이와 같이. ㅇ諫-간할 간. ㅇ怒-성낼 노.
ㅇ悻-성낼 행. ㅇ悻悻然-성낸 모습. ㅇ窮-다할 궁. ㅇ宿-잘 숙.

(12-7) 尹士聞之하고 曰 士는 誠小人也로다

(윤사문지, 왈 사, 성소인야)

(국역) 윤사가 그 말을 듣고 말하였다. "나는 진실로 소인이로
다."60)

(해설) 사람을 만나 보기도 전에 그 가능성을 부정하는 것이
나, 만나본 후에도 그 가능성을 헤아리지 못한다면 지혜롭
다 할 수 없다. 맹자는 천하에 왕업을 펼 왕자(王者)를 찾
아다녔는데, 제선왕이 왕도정치를 펼 수 있는 가능성이 높
아, 그가 실천에 옮기지 못하지만 그곳을 선뜻 떠나지 못
하고 국경 근처에서 3일을 머뭇거렸던 것이다. 그 이유는

---

59) 悻悻, 怒意也. 窮, 盡也.(행행은 노하는 뜻이다. 궁은 다함이다.)

60) 此章, 見聖賢行道濟時, 汲汲之本心, 愛君澤民, 惓惓之餘意.(이
장에서는 성현이 정도를 시행하고 당시를 구제하려는 급박한 본
심과 임금을 사랑하고 백성에게 은택을 입히려는 간절한 나머지
뜻을 보인 것이다.) 李氏曰 : 於此, 見君子憂則違之之情, 而荷蕢
者所以爲果也.(이씨가 말하였다. '여기에서, 군자가 근심스러우면
헤어져 가는 것이 실정이요, 삼태기를 멘다는 것은 과감하게 생
각하는 것을 보인 것이다.')

마음에 한 가닥 환상을 품고 있었기 때문이다. 그것은 왕이 그 동안에라도 마음을 고쳐 왕도정치를 펴겠다고 사람을 보내 부르면 되돌아갔을 것이다. 맹자는 명리 때문에 머뭇거린 것이 아니다. 그런데 오직 명예와 이익에만 뜻이 있는 윤사(尹士)와 같은 자는 그것을 얻지 못하면 화를 내며 달려가 버리는 소장부일 뿐이니 군자는 그런 자와는 같지 않은 것이다.

제13장 맹자가 제나라를 떠나자 충우가 길에서 물었다(孟子去齊充虞路問章 第十三)

(13-1) **孟子去齊**하실새 **充虞路問曰 夫子若有不豫色然**하시니이다 **前日**에 **虞聞諸夫子**하니 **曰 君子**는 **不怨天**하며 **不尤人**이라하시니이다

(맹자거제, 충우로문왈 부자약유불예색연. 전일, 우문저부자, 왈 군자, 불원천, 불우인)

國 맹자가 제나라를 떠나갈 적에 제자인 충우가 도중에서 물었다. "선생님께서 마치 불쾌한 표정인 것 같습니다. 지난날 제가 이것에 대해 선생님께 듣자오니, 군자는 하늘을 원망하지 않으며, 남을 허물하지 않는다고 하셨습니다."[61]

---

61) 路問, 於路中問也.(노문은 노중에서 물은 것이다.) 豫, 悅也.(예는 기뻐함이다.) 尤, 過也.(우는 허물함이다.) 此二句, 實孔子之言, 蓋孟子嘗稱之以敎人耳.(이 두 구절은 실로 공자의 말씀이니, 대개 맹자가 일찍이 사람을 가리키기 위하여 그것을 들었을 뿐

자의 ㅇ虞-생각할 우, 근심할 우. ㅇ若-마치 ~와 같다. ㅇ豫-기쁠 예. ㅇ色-표정. ㅇ諸-(=之於). ㅇ怨-원망할 원, 원수 원. ㅇ尤-허물 우.

(13-2) **曰 彼一時며 此一時也**니라

　　　(왈 피일시, 차일시야)

국역 "그때도 한때이며, 지금 이때도 한때이다."[62]

자의 ㅇ彼-저 피. ㅇ此-이 차. ㅇ彼時・此時-각기 한때이다.

(13-3) **五百年에 必有王者興**하나니 **其間에 必有名世者**니라

　　　(오백년, 필유왕자흥, 기간, 필유명세자)

국역 "5백년이 되면 반드시 왕도정치를 할 자가 일어나는 법이니, 그 사이에 반드시 보필하여 세상에 이름을 날릴 자가 있게 되느니라."[63]

자의 ㅇ興-일어날 흥. ㅇ名-이름 명. 보필할 유명인사.

　　　이다.)

62) 彼, 前日. 此, 今日.(피는 지난날이요, 차는 금일이다.)

63) 自堯舜至湯, 自湯至文武, 皆五百餘年而聖人出.(요순으로부터 탕왕에 이르기까지, 탕왕으로부터 문왕・무왕에 이르기까지 모두 5백여 넌만에 성인이 나왔다.) 名世, 謂其人德業聞望, 可名於一世者, 爲之輔佐. 若皐陶・稷・契・伊尹・萊朱・太公望・散宜生之屬.('명세'란 그 사람의 덕업과 들리는 명망에서, 한 세대에서 이름이 날만한 자가, 임금을 위하여 보좌함을 이른다. 고요, 직, 설, 이윤, 내주, 태공망, 산의생과 같은 등속이다.)

(13-4) **由周而來**로 **七百有餘歲矣**니 **以其數則過矣**요 **以**
   其時考之則可矣니라

   (유주이래, 칠백유여세의, 이기수즉과의, 이기시고지즉가의)

국역 "주나라가 일어난 때로부터 이래로 7백년하고 또 남은
   해가 있으니, 그 연수를 가지고 헤아린다면 [5백년이] 지
   났고, 그 시대상황으로써 살펴보면 때가 되었느니라."[64]

자의 ○由－~에서, ~부터. ○來－올 래. 이래. ○有餘歲－~여년이
   되었다.

(13-5) **夫天**이 **未欲平治天下也**시니 **如欲平治天下**댄 **當今**
   之로 **世**하여 **舍我**요 **其誰也**리오 **吾何爲不豫哉**리오

   (부천, 미욕평치천하야, 여욕평치천하, 당금지, 세, 사아, 기수야,
   오하위불예재)

국역 "대저 하늘이 아직까지는 천하를 평치(平治)하고자 하
   지 않는 것이니, 만일 하늘이 천하를 평치하고자 할진댄,
   지금의 세상을 당하여 나를 버리고 그 누가 있다는 말인
   가? 내 어찌 불쾌해하겠는가?"[65]

---

64) 周, 謂文武之間.(주는 문왕과 무왕의 사이를 이른다.) 數, 謂五
   百年之期.(수는 5백년의 기간을 이른다.) 時, 謂亂極思治, 可以
   有爲之日.(시는 난이 극단적이면 다스려질 것을 생각하여, 장래
   성 있는 날을 생각할 수 있다.) 於是而不得一有所爲, 此孟子所
   以不能無不豫也.(이 시기에서 한번도 장래성 있는 행위를 할 기
   회를 가질 수 없었으니, 이것이 맹자가 모두 기뻐할 수 없는 까
   닭이다.)

65) 言當此之時, 而使我不遇於齊, 是天未欲平治天下也.(이 때를 당

(자의) ○未-아닐 미. 아직 ~없다. ·○舍-(=捨也). ○誰-누구 수. ○豫-기쁠 예.

(해설) 맹자가 제나라에 간 것은 제왕으로 하여금 왕도정치를 펴게 하여 백성들을 편안하게 하고 나아가 천하를 구제하려는 의도에서였다. 그러나 그의 기대가 깨졌으니 실망이 매우 컸을 것이고, 세상을 근심하는 표정이 얼굴에 나타났을 것이다. 그래서 충우가 '군자는 불원천 불우인'이라는 말이 있는데 어찌된 것이냐고 물었다. 맹자는 원망을 해서가 아니라면서 선왕의 시대도 한때이고, 혼란한 지금도 한때인데, 지난날의 역사로 보아 이때야말로 꼭 왕자가 나올 시기인데 아직 성인이 나오지 않으니, 이제 미련을 접고 제나라를 떠날 수밖에 없다, 아마 이것은 하늘이 천하를 평화로운 시대로 만들려고 하지 않기 때문일 것이다, 이 모두가 천명인데 무엇 때문에 하늘을 원망하고 제후들을 탓하겠느냐고 말한 것이다. 5백년의 가설은 역사발전에 관

하여 나로 하여금, 제나라에서 뜻이 합하지 못하게 하니, 이것은 하늘이 천하를 평치하고자 아니하는 것이다.) 然, 天意, 未可知, 而其具又在我, 我何爲不豫哉.('그러나 하늘의 뜻은 알 수 없고, 그 도구가 또 나에게 있으니, 내가 어찌하여 기뻐하지 않겠는가?'라고 말한 것이다.) 然則孟子雖若有不豫然者, 而實未嘗不豫也.(그렇다면 맹자가 비록 또 기뻐하지 않는 듯이 하였으나, 실제 일찍이 기뻐하지 않는 것은 아니다.) 蓋聖賢憂世之志, 樂天之誠, 有並行而不悖者, 於此見矣.(대개 성인은 세상을 걱정하는 마음과 천리를 즐거워하는 정성이, 또 병행되고 어그러지지 않음을 여기서 볼 수 있다.)

해 깊은 자각의 표현이며 어떤 개인을 천하와 국가의 근
본으로 보는 시각이라고 할 수도 있고, 역사를 숙명론으로
규정짓는 느낌을 준다고도 할 수 있다. 비슷한 내용이 진
심장구 하 제38장에도 나온다.

제14장 맹자가 제나라를 떠나 휴 땅에서 지냈다
(孟子去齊居休章 第十四)

(14-1) **孟子去齊 居休**러시니 **公孫丑問曰 仕而不受祿**이
古之道乎잇가

　　　(맹자거제 거휴, 공손추문왈 사이불수록, 고지도호)

(국역) 맹자가 제나라를 떠날 적에 휴 땅에 거처를 하였는데,
공손추가 물었다. "벼슬하고서도 녹봉을 받지 않는 것이
옛날의 법입니까?"66)

(자의) ○居-살 거. ○休-쉴 휴, 그칠 휴. ○祿-복 록. 녹봉.

(14-2) **曰 非也**라 **於崇**에 **吾得見王**하고 **退而有去志**하니
不欲變故로 **不受也**로라

　　　(왈 비야. 어숭, 오득견왕, 퇴이유거지, 불욕변고, 불수야)

(국역) "아니다. 숭 땅에 있을 적에 내가 왕을 만나 뵙고 물러
나와 떠날 마음이 있었으니, 〔그 마음을〕 변경하고 싶지
않았으므로 녹을 받지 않은 것이다."67)

---

66) 休, 地名.(휴는 지명이다.)
67) 崇, 亦地名.(숭은 역시 지명이다.) 孟子始見齊王, 必有所不合,

(자의) ○崇-높일 숭. ○得-(=能也, 可也).

(14-3) **繼而有師命**이라 **不可以請**이언정 **久於齊**는 **非我志也**니라

(계이유사명. 불가이청, 구어제, 비아지야)

(국역) "뒤이어 군대의 출동명령이 있었다. 그래서 〔떠날 것을〕 청할 수 없었던 것이지 제나라에 오래 있는 것이 나의 뜻이 아니었느니라."68)

(자의) ○繼-이을 계. ○師-군대 사. ○可以-할 수 있다.

(해설) 맹자가 휴(休) 땅에 있을 적에 벼슬하면서도 녹봉을 받지 않은 것이 옛날 제도인지 공손추가 물었다. 맹자는 이미 숭(崇) 땅에서 왕을 만나 왕도정치를 권유하였으나 가망이 없어 벼슬을 버리고 제나라를 떠날 생각이 있었으나, 예의와 의리 때문에 미처 떠나지 못했던 것이다. 녹봉은 벼슬하는 자의 정당한 업무의 대가이므로 떠날 생각을

故有去志.(맹자가 제선왕을 처음 만나 뵈었을 때에 반드시 합하지 못할 바가 있었을 것이므로 떠날 뜻을 가진 것이다.) 變, 謂變其去志.(변은 그가 떠날 뜻을 변경함을 말한다.)

68) 師命, 師旅之命也.(사명은 군대〔師旅〕의 출동명령이다.) 國旣被兵, 難請去也.(국가가 이미 병란을 입어 청하기가 곤란했던 것이다.) 孔氏曰 : 仕而受祿, 禮也, 不受齊祿, 義也, 義之所在, 禮有時而變. 公孫丑欲以一端裁之, 不亦誤乎.(공씨가 말하였다. '벼슬하면서 봉록을 받지 않음은 예요, 제나라의 녹을 받지 않음은 의이니, 의가 있는 곳에서는 예가 때로 변경될 수 있다. 그런데 공손추가 일단만으로써 그것을 재단하려 하였으니, 역시 잘못이 아니겠는가?')

하면서 녹봉을 받거나, 일은 하지 않고 딴 생각을 하면서
녹봉을 받는 것은 의리에도 맞지 않으며, 또 임금과 양심
을 속이는 것이 되기도 한다. 사람들로부터 존경과 신뢰를
받자면 탐욕이 아니라, 양심을 지키며 분수를 알고 자기를
절제하는 것부터 지켜 가야 할 것이다.

제 5 편

滕文公章句 上[1]

등문공장구 상

---

1) 凡五章.(모두 5장이다.)

제1장 등문공이 세자가 되다
(滕文公爲世子章 第一)

(1-1) 滕文公이 爲世子에 將之楚할새 過宋而見孟子한대

(등문공, 위세자, 장지초, 과송이견맹자)

(국역) 등문공이 세자로 되었을 적에 장차 초나라로 가기 위
해 송나라를 지나다가 맹자를 만나 뵈었다.[2]

(자의) ㅇ滕－등나라 등. 지금의 산동성 등현(滕縣) 일대. ㅇ楚－초나
라 초.

(1-2) 孟子道性善하시되 言必稱堯舜이러시다

(맹자도성선, 언필칭요순)

(국역) 맹자는 성선을 말씀하시되, 말씀마다 반드시 요순을
칭하였다.[3]

---

2) 世子, 太子也.(세자는 태자이다.)

3) 道, 言也.(도는 말함이다.) 性者, 人所稟於天以生之理也, 渾然至
善, 未嘗有惡.(성은 사람이 하늘에서 받아 태어난 이(理)라 여기
는 것인바, 혼연히 지극히 선하여 일찍이 악함이 있지 않은 것이
다.) 人與堯舜初無少異, 但衆人汨於私欲而失之, 堯舜則無私欲之
蔽, 而能充其性爾.(사람들이 요순과 더불어 처음에는 조금도 다
름이 없었으나, 다만 중인은 사욕에 빠져 그것을 상실하고, 요순
은, 곧 사욕의 엄폐가 없어 능히 그 본성을 채웠을 뿐이다.) 故孟
子與世子言, 每道性善, 而必稱堯舜以實之. 欲其知仁義不假外求,
聖人可學而至, 而不懈於用力也.(그러므로 맹자는 세자와 더불어

(자의) ○道−말할 도. ○性善−성선설.

(1-3) 世子自楚反하여 復見孟子하신대 孟子曰 世子는 疑
吾言乎잇가 夫道는 一而已矣니이다

（세자자초반, 부견맹자. 맹자왈 세자, 의오언호. 부도, 일이이의）

(국역) 세자가 초나라로부터 돌아와 다시 맹자를 만나 뵈었는
데, 맹자가 말씀하였다. "세자는 나의 말을 의심합니까?
대저 정도라는 것은 오직 하나일 뿐입니다."4)

말할 적에, 매양 성선을 말하고, 반드시 요순을 칭하여 그것을 실
증하려고 생각하였다. 그것은 인의를 알고 가짜로 밖에서 구하지
않고자 한 것이요, 성인은 배워서 이를 수 있는 것임을 알려서,
힘씀에 게을리하지 않게 하고자 한 것이다.) 門人不能悉記其辭,
而撮其大旨如此(문인들이 능히 그 말을 다 기록하지 못하고, 그
대지를 간추려 이와 같이 한 것이다.) 程子曰 : 性卽理也. 天下之
理, 原其所自, 未有不善. 喜怒哀樂未發, 何嘗不善.(정자가 말하였
다. 성은, 즉 이(理)이다. 천하의 이가, 그 나온 바 근원을 보면
선하지 않은 것이 없으니, 희・노・애・락이 발현되지 않았을 때
에, 어찌 일찍이 불선함이 있겠는가?) 發而中節, 卽無往而不善,
發不中節, 然後爲不善.(발현하되 마디에 적중하면, 즉 가는 곳마
다 불선함이 없는 것이요, 발현하되 마디에 적중하지 않은 뒤에
야 불선하게 된다.) 故凡言善惡, 皆先善而後惡, 言吉凶, 皆先吉
而後凶, 言是非, 皆先是而後非.(그러므로 무릇 선악을 말할 적에,
모두 선을 먼저 하고, 악을 뒤에 하며, 길흉을 말할 적에, 모두
길을 먼저 하고 흉을 뒤에 하며, 시비를 말할 적에, 모두 시를
먼저 하고 비를 뒤에 하는 것이다.)

4) 時人不知性之本善, 而以聖賢爲不可企及.(당시 사람들은 성이 본
래 선함을 알지 못하여, 성현으로써 미칠 수 없음을 여겼다.) 故
世子於孟子之言不能無疑, 而復來求見. 蓋恐別有卑近易行之說也.

자의 ㅇ自-부터 자. ㅇ反-돌이킬 반, 뒤집을 반. ㅇ復-다시 부, 회복할 복. ㅇ疑-의심할 의. ㅇ而已-뿐이다.

(1-4) 成覸이 謂齊景公曰 彼丈夫也며 我丈夫也니 吾何
畏彼哉리오하며 顔淵曰 舜何人也며 予何人也오 有
爲者亦若是라하며 公明儀曰 文王은 我師也라하시니
周公이 豈欺我哉시리오하나이다

(성간, 위제경공왈 피장부야, 아장부야, 오하외피재, 안연왈 순하
인야, 여하인야. 유위자역약시, 공명의왈 문왕, 아사야, 주공, 기
기아재)

국역 "성간이 제경공에게 이렇게 말했습니다. '저이도 장부
이며, 나도 장부이니, 내 어찌 저들을 두려워하겠는가?' 안
연이 이렇게 말했습니다. '순은 어떤 분이며, 나는 어떠한
사람인가? 장래성이 있는 자는 이와 같다'고 하였다. 공명
의가 이렇게 말했습니다. '문왕은 나의 스승이라 하였으니,
주공이 어찌 나를 속이겠는가?' "5)

(그러므로 세자는 맹자의 말에서 능히 의심이 없지 않아서, 다시
와서 뵙기를 요구한 것이다. 대개 아마 별도로 비근하고 쉽게 행
할 수 있을 설명이 있을까 해서였다.) 孟子知之, 故但告之如此,
以明古今聖愚本同一性, 前言已盡, 無復有他說也.(맹자가 이것을
알았으므로, 다만 말하기를 이와 같이 하여 고금과 성우(聖愚)가
본래 동일한 성이니, 전번의 말에서 이미 다하여 다시 다른 설명
이 없음을 밝힌 것이라 생각한다.)

5) 成覸, 人姓名.(성간은 사람 이름이다.) 彼, 謂聖賢也.(피는 성현을
이른다.) 有爲者亦若是, 言人能有爲, 則皆如舜也.('유위자역약시'
는 사람이 능히 장래성 있는 일을 할 수 있으면 모두 순임금과

자의 ○覵-엿볼 간(한). ○謂-말할 위. ○彼-저 피. ○顔-얼굴 안. ○淵-못 연. ○舜-순임금 순. ○有爲-장래성이 있다. ○儀-거동 의. ○欺-속일 기.

(1-5) 今滕을 絶長補短이면 將五十里也나 猶可以爲善國 이니 書曰 若藥이 不瞑眩이면 厥疾이 不瘳라하니이다
(금등, 절장보단, 장오십리야, 유가이위선국, 서왈 약약, 불명현, 궐질, 불추)

국역 "그런데 지금 등나라의 긴 곳을 잘라 짧은 곳에 보충 하면, 겨우 50리가 되는 소국이나, 오히려 선정을 펴는 나 라가 될 수 있습니다. '서경'에 이르기를 '만일 약이 독하 여 정신을 어지럽게 하지 않으면 그 질병이 낫지 않는다.' 고 하였습니다."6)

같이 됨을 말한 것이다.) 公明, 姓, 儀, 名, 魯賢人也.(공명은 성 이요, 의는 이름이니, 노나라의 현인이다.) 文王我師也, 蓋周公之 言, 公明儀亦以文王爲必可師, 故誦周公之言, 而歎其不我欺也. ('문왕은 나의 스승'이란 말은, 대개 주공의 말이니, 공명의 역시 문왕을 반드시 스승으로 삼아야 한다고 여겼으니, 그러므로 주공 의 말을 외워, 나를 속이지 않았다고 감탄한 것이다.) 孟子旣告世 子以道無二致, 而復引此三言以明之, 欲世子篤信力行, 以師聖賢, 不當復求他說也.(맹자는 이미 세자에게 그리고 도에 이르는 데는 두 길이 없다고 고하고, 다시 세 마디 말을 인용하여 밝히려고 생각하였으니, 세자가 독실히 믿고, 힘써 행해서 성현을 스승으로 여기고, 당연히 다시 다른 말을 구하지 않게 하고자 한 것이다.)

6) 絶, 猶截也.(절은 절[截]과 같다.) 書, 商書說命篇.(서는 '서경' '상서' '열명편'이다.) 瞑眩, 憒亂.(명현은 어지러운 것이다.) 言滕 國雖小, 猶足爲治. 但恐安於卑近, 不能自克, 則不足以去惡而爲善

(자의) ○絶—끊을 절. ○補—기울 보. ○將—장차 장. 겨우, 가까스로.
○瞑—어지러울 명. ○眩—어지러운 현. ○厥—그 궐. ○疾—병 질.
○瘳—병나을 추. 손해를 보다.

(해설) 맹자가 초나라에 가기 위해 송나라를 지나다가 태자시
절의 등문공을 만난 일이 있다. 그때 맹자는 사람의 본성
은 본래 선한 것이라는 이치를 설명하면서 말마다 요순의
정치를 칭송하였다. 사람들이 성품을 회복하여 실천하도록
하는 것이 바로 요순의 정치다. 그 속에서 살아가는 사람
들은 누구도 두려울 것이 없다며 성간, 안연, 공명의의 말
을 인용하기도 하고, 병을 낫게 하자면 약의 일시적 부작
용은 부득이한 것이라고 '서경'을 인용하기도 했다. 그러므
로 등나라가 비록 소국이나 인의의 정치를 열심히 펴면
예의의 나라를 만들 수 있다고 격려했다. 이 첫 번째 대화
가 문공에게 깊은 인상을 남긴다. 그는 사람들에게 '맹자
가 송나라에서 나에게 말해준 것은 평생 잊지 못할 거요'

也.(등나라가 비록 작으나, 오히려 충분히 잘 다스려질 수 있다.
다만, 비근함에 안주하여 스스로 극복할 수 없으면, 악을 제거하
고, 선을 행하기 위하여 부족함을 말한 것이다.) 愚按 : 孟子之言
性善, 始見於此, 而詳具於告子之篇.(내 생각에는, 맹자가 성선을
말한 것이, 여기서 처음 나오고, '고자편'에서 상세하고 구체적이
다.) 然默識而旁通之, 則七篇之中, 無非此理.(그러나 묵묵히 깊이
이해하고 그것을 사방으로 통달하면 '맹자' 7편 중에 이 이치 아
님이 없다.) 其所以擴前聖之未發, 而有功於聖人之門, 程子之言信
矣.(그가 전성(前聖)들이 발현하지 못한 것을 확충하려고 생각한
것과 성인의 문하에 공이 있다는, 정자의 말은 진실하다.)

라고 말한 적이 있다.

제2장 등정공이 죽다(滕定公薨章 第二)

(2-1) 滕定公이 薨이어늘 世子謂然友曰 昔者에 孟子嘗與
我言於宋이어시늘 於心終不忘이러니 今也不幸하여
至於大故하니 吾欲使子로 問於孟子然後에 行事하
노라

(등정공, 홍, 세자위연우왈 석자, 맹자상여아언어송, 어심종불망,
금야불행, 지어대고, 오욕사자, 문어맹자연후, 행사)

국역 등나라 정공이 죽었거늘, 세자가 연우에게 말하였다.
"지난번에 맹자께서 송나라에서 일찍이 나와 더불어 이야
기하였거늘, 내 마음에서 끝내 잊지 못하겠더니, 그런데
지금 불행히도 대고(大故)에 이르렀으니, 내 자네[子]로
하여금 맹자에게 물은 뒤에 이 대고를 행하고자 하노라."[7]

자의 ○薨-죽을 홍. 천자는 붕(崩), 제후[公]는 홍, 사대부는 졸
(卒), 서인은 사(死)이다. 서거(逝去)는 가서 돌아오지 않는 것[去
而不返]으로 죽음의 존칭. ○昔-옛 석. ○嘗-일찍 상. ○忘-잊을
망. ○大故-대상(大喪).

(2-2) 然友之鄒하여 問於孟子한대 孟子曰 不亦善乎아 親

---

7) 定公, 文公父也.(정공은 문공의 아버지이다.) 然友, 世子之傅也.
(연우는 세자의 사부이다.) 大故, 大喪也.(대고는 대상이다.) 事,
謂喪禮.(사는 상례를 이른다.)

喪은 固所自盡也니 曾子曰 生事之以禮하며 死葬
之以禮하며 祭之以禮면 可謂孝矣라하시니 諸侯之禮
는 吾未之學也어니와 雖然이나 吾嘗聞之矣로니 三年
之喪과 齊疏之服과 飦粥之食은 自天子達於庶人하
여 三代共之하니라

(연우지추, 문어맹자, 맹자왈 불역선호. 친상, 고소자진야, 증자왈
생사지이례, 사장지이례, 제지이례, 가위효의, 제후지례, 오미지학
야. 수연, 오상문지의. 삼년지상, 자소지복, 전죽지식, 자천자달어
서인, 삼대공지)

국역 연우가 추 땅에 가서 맹자에게 물었는데, 맹자가 말씀
하였다. "참으로 훌륭한 질문이 아닌가! 친상은 진실로 스
스로 마음을 다해야 하는 것이니, 증자가 말씀하기를, '부
모님이 살아 계실 때는 예로써 섬기며, 죽어서 부모를 장
사 지낼 때는 예로써 하여야 하며, 부모의 제사는 예로써
하면 효자라고 이를 수 있다.'고 하였다. 제후의 상례는 내
아직 배우지 않았거니와 비록 그러나 내 일찍이 그것에
관해 들었으니, 3년상을 지내는 것과 아랫단을 트이게 한
거친 삼베상복을 입는 것과 미음과 죽을 먹는 것은 천자
로부터 서인에 이르기까지 하·은·주 3대가 다같이 하였
다."8)

---

8) 當時諸侯莫能行古喪禮, 而文公獨能以此爲問, 故孟子善之.(당시
제후 중에 옛 상례를 행할 수 있는 자가 없었는데, 문공이 홀로
능히 이것으로써 질문하였으므로, 그러므로 맹자는 그것을 좋게
여긴 것이다.) 又言父母之喪, 固人子之心所自盡者. 蓋悲哀之情,

자의 ㅇ鄒-나라이름 추. 지금의 산동성 추현(鄒縣) 일대. ㅇ固-진
실로 고. ㅇ盡-진심. ㅇ雖然-그러나. ㅇ齊-상복아랫단할 자.
ㅇ疏-트일 소. ㅇ飦-범벅 전. ㅇ粥-죽 죽. ㅇ三代-하·은·주
의 3왕조.

(2-3) 然友反命하여 定爲三年之喪한대 父兄百官이 皆不
欲 曰 吾宗國魯先君도 莫之行하시고 吾先君도 亦莫
之行也하시니 至於子之身而反之는 不可하니이다 且
志曰 喪祭는 從先祖라하니 曰 吾有所受之也니이다

痛疾之意, 非自外至, 宜乎文公於此有所不能自已也.(또 말하기를,
부모의 상은 진실로 사람의 자식으로 마음을 스스로 다해야 할
것인데, 대개 비애의 정과 아파하는 마음은 밖으로부터 이르는 것
이 아니다. 마땅히 문공이 여기에 있어서 스스로 그만둘 수 없는
슬픈 것이 있다.) 但所引曾子之言, 本孔子告樊遲者, 豈曾子嘗誦
之以告其門人歟.(다만, 여기에 인용한 증자의 말은, 본래 공자가
번지에게 말한 것이니, 아마도 증자가 일찍이 그것을 외워서 그리
고 그 문인들에게 말하였을 것이다.) 三年之喪者, 子生三年, 然後
免於父母之懷. 故父母之喪, 必以三年也.(3년의 상을 입는 것은
자식이 태어나서 3년이 된 연후에 부모의 품속을 면하므로, 그러
므로 부모의 상은, 반드시 3년이라 생각한다.) 齊, 衣下縫也. 不
緝曰斬衰, 緝之曰齊衰.(자는 옷 아래를 꿰맨 것이니, 꿰매지 않은
것을 참최라 하고, 꿰맨 것을 자최라 한다.) 疏, 麤也, 麤布也.(소
는 거침이니, 거친 삼베이다.) 飦, 糜也. 喪禮：三日始食粥. 旣葬,
乃疏食. 此古今貴賤通行之禮也.(전은 미음이다. 상례에 이르기를,
3일이 지나야 비로소 죽을 먹고, 이미 장사를 지내고서야 마침내
거친 밥을 먹으니, 이것은 고금과 귀천이 공통적으로 시행되는 예
이다.)

(연우반명, 정위삼년지상, 부형백관, 개불욕 왈 오종국노선군, 막
지행, 오선군, 역막지행야, 지어자지신이반지, 불가. 차지왈 상제,
종선조 왈 오유소수지야)

(국역) 연우가 복명하여, 3년상을 하기로 정하자, 집안 어른들
과 모든 관리들이 모두 3년상을 하고자 하지 않으면서 말
하기를, "우리의 종주국인 노나라 옛 임금께서도 이것을
아무도 행하지 않으셨고, 우리 옛 임금께서도 또한 행한
이가 아무도 없었으니, 그대 자신[문공]에 이르러 이것을
뒤집는 것은 불가합니다. 또 옛 기록에 이르기를, '상례와
제례는 선조를 따르라.' 하였으니, 이것은 우리들도 그렇게
전수받은 바가 있기 때문입니다." 하였다.9)

---

9) 父兄, 同姓老臣也. 滕與魯, 俱文王之後, 而魯祖周公, 爲長. 兄弟
宗之, 故, 滕謂魯爲宗國也.(부형은 동성의 늙은 신하이다. 등나라
와 더불어 노나라는 모두 문왕의 후손인데, 노나라의 조상인 주공
이 맏이가 된다. 형제는 그를 종가로 삼는다. 그러므로 등나라는
노나라를 종주국이라 부른다.) 然, 謂二國不行三年之喪者, 乃其後
世之失, 非周公之法本然也.(그러나 두나라가 3년상을 행하지 않
는다고 말한 것은, 바로 그 후세가 잘못한 것이요, 주공의 법이
본래 그렇던 것은 아니다.) 志, 記也, 引志之言而釋其意, 以爲所
以如此者, 蓋爲上世以來, 有所傳受, 雖或不同, 不可改也.(지는 기
록한 책이다. 기록한 책의 말을 인용하고 그 뜻을 해석하여, 이와
같다고 한 까닭은, 대개 선대 이래로 전수받은 바가 있으니, 비록
혹시 똑같지 않더라도 고칠 수 없다고 생각한 것이다.) 然, 志所
言, 本謂先王之世舊俗所傳, 禮文小異, 而可以通行者耳, 不謂後世
失禮之甚者也.(그러나 기록에 말한 바는, 본래 선왕 세대의 옛 풍
속이 전하는 것이 예문과 조금 달라도 통용할 수 있음을 말했을

(자의) ○反命-복명. ○父兄-집안의 어른들. ○百官-모든 관리들.
○吾-나 오. 우리들. ○志-(=誌也).

(2-4) 謂然友曰 吾他日에 未嘗學問이요 好馳馬試劍이러
니 今也에 父兄百官이 不我足也하니 恐其不能盡於
大事하노니 子爲我問孟子하라 然友復之鄒하여 問孟
子한대 孟子曰 然하다 不可以他求者也라 孔子曰
君薨커시든 聽於冢宰하나니 歠粥하고 面深墨하여 卽
位而哭이어든 百官有司莫敢不哀는 先之也라 上有
好者면 下必有甚焉者矣니 君子之德은 風也요 小
人之德은 草也니 草尚之風이면 必偃이라하시니 是在
世子하니라

(위연우왈 오타일, 미상학문, 호치마시검, 금야, 부형백관, 불아족
야, 공기불능진어대사, 자위아문맹자. 연우부지추, 문맹자, 맹자왈
연. 불가이타구자야. 공자왈 군훙, 청어총재, 철죽, 면심묵. 즉위
이곡, 백관유사막감불애, 선지야. 상유호자, 하필유심언자의, 군
자지덕, 풍야. 소인지덕, 초야, 초상지풍, 필언, 시재세자)

(국역) 세자가 연우에게 말하였다. "내 전날에 일찍이 학문을
하지 아니하였고, 말달리기와 칼쓰기를 좋아하였더니, 그
런데 지금에 와서 부형과 백관들이 나를 만족하게 여기지
아니하니, 대사에 내 성심을 다하지 못할까 두렵다. 자네
는 나를 위하여 맹자께 물어 보라." 연우가 다시 추 땅에
가서 맹자께 묻자, 맹자가 말씀하였다. "그러하겠지. 상례

뿐이요, 후세의 실례가 심한 것을 말한 것은 아니다.)

를 치르지 못하는 까닭을 다른 데서 구해서는 아니 된다.
공자가 말씀하기를 '임금이 죽으면 세자는 총재에게 모든
정사의 청결을 맡기고, 죽을 먹고 얼굴이 초췌하여 영전에
나아가 곡을 하면, 백관과 관리들이 아무도 감히 슬퍼하지
않음이 없는 것은, 윗사람이 그들보다 솔선수범하였기 때
문이다. 위에서 무엇을 좋아함이 있으면 아래에는 반드시
그보다 더 심하게 좋아함이 있는 법이니, 군자의 덕은 비
유하면 바람과 같고, 소인의 덕은 풀과 같은 것이니, 풀
위에 바람이 불면 풀은 반드시 그리로 쏠린다.'고 하였으
니, 이 문제의 해결도 세자에게 달려있는 것이다."10)

자의 ㅇ馳-달릴 치. ㅇ劍-칼 검. ㅇ以-까닭, 원인. ㅇ饘-죽을 홍.
ㅇ聽-들을 청. ㅇ冢-우두머리 총. ㅇ宰-재상 재. ㅇ歠-마실 철.
ㅇ粥-죽 죽. ㅇ深-깊을 심. ㅇ墨-먹 묵. ㅇ卽-나아갈 즉. ㅇ哭-
울 곡. ㅇ哀-슬플 애. ㅇ尙-(=上也). ㅇ偃-누울 언.

---

10) 不我足, 謂不以我滿足其意也.('불아족'은 내가 하는 일을 그들이
마음에서 만족하게 여기지 않는 것을 말한다.) 然者, 然其不我足
之言.('연'이란, 그러나 그가 나의 일을 만족하게 여기지 않는다
는 말이다.) 不可他求者, 言當責之於己.(달리 찾을 수 없다고 한
것은, 당연히 자신에서 책해야 함을 말한 것이다.) 冢宰, 六卿之
長也.(총재는 6경의 장이다.) 歠, 飮也.(철은 마시는 것이다.) 深
墨, 甚黑色也.(심묵은 심한 흑색이다.) 卽, 就也.(즉은 나아감이
다.) 尙, 加也, 論語作上, 古字通也.(상은 가함이니, '논어' '안연
편'에는 상(上)'으로 되어 있으니, 고자(古字)에 통용되었다.) 偃,
伏也.(언은 엎드림이다.) 孟子言但在世子自盡其哀而已.(맹자는
단지 세자가 스스로 그 슬퍼함을 다함에 있을 뿐이라고 말한 것
이다.)

(2-5) 然友反命한대 世子曰 然하다 是誠在我라하고 五月
居廬하여 未有命戒어늘 百官族人이 可謂曰知라하며
及至葬하여 四方이 來觀之하더니 顔色之戚과 哭泣
之哀에 弔者大悦하더라

(연우반명, 세자왈 연. 시성재아, 오월거려, 미유명계, 백관족인,
가위왈지, 급지장, 사방, 내관지, 안색지척, 곡읍지애, 조자대열)

국역 연우가 복명하자, 세자가 말하였다. "그렇다. 이 문제
는 진실로 나에게 달려있다." 그리고, 5개월 동안 여막(廬
幕)생활을 하여 왕으로서 명령과 경계함을 내리는 일이
없었거늘, 이에 백관과 종족들이 다 말하기를, "예를 안
다."고 하였으며, 장례 때에 이르게 됨에 사방의 사람들이
와서 장례를 보더니, 얼굴빛의 수척함과 울음의 슬퍼함에
조문하는 자들이 크게 흡족해하였다.11)

---

11) 諸侯, 五月而葬, 未葬, 居倚廬於中門之外.(제후는 5개월만에 장
례하니, 장례하지 않았을 때에는 중문 밖 여막에서 거처한다.)
居喪不言, 故, 未有命令教戒也.(거상중에는 말하지 않는다. 그러
므로 명령, 교육, 훈계하는 일이 없다.) 可謂曰知, 疑有闕誤.('가
위왈지'는 의심컨대, 궐문(闕文)이나 오자가 있는 듯하다.) 或
曰 : 皆謂世子之知禮也.(혹자는 '모두 세자가 예를 안다고 말한
것.'이라 한다.) 林氏曰 : 孟子之時, 喪禮旣壞, 然三年之喪, 惻隱
之心, 痛疾之意, 出於人心之所固有者, 初未嘗亡也. 惟其溺於流
俗之弊, 是以, 喪其良心而不自知耳.(임씨가 말하였다. '맹자 당
시에 상례가 이미 무너졌다. 그러나 3년의 상은 측은해하는 마
음과 아파하는 뜻은 인심의 고유한 것에서 나와, 애당초 일찍이
없지 않았다. 오직 그것이 유속의 폐단에 빠져 있어, 그 때문에
그 양심을 상실하여 스스로 알지 못했을 뿐이다.') 文公, 見孟子

(자의) ○誠—정성 성. 진실하다. ○廬—여막 려. ○未有—아직은 없다
(=未之有也). ○葬—장사지낼 장. ○戚—친할 척, 슬퍼할 척. ○哭
泣—흐느끼다. ○哀—슬플 애. 애도하다. ○弔—조문할 조, 위로할
조. ○悅—기뻐할 열.

(해설) 세자시절에 맹자를 뵙고 성선설을 듣고 감명을 받았던
등문공은 아버지 정공이 세상을 뜨자, 사신을 추나라에 보
내 맹자에게 장례의 법을 물었다. 맹자는 3년상을 치르도
록 건의했다. 그런데 등나라의 종친들과 관리들은 그런 선
례가 없다는 이유로 반대했다. 그래서 다시 사신을 보내

而聞性善堯舜之說, 則固有以啓發其良心矣.(문공이 맹자를 만나
보고 성선과 요순에 관한 말을 들으니, 진실로 그 양심을 계발
할 수 있었다.) 是以, 至此而哀痛之誠心, 發焉, 及其父兄百官,
皆不欲行, 則亦反躬自責, 悼其前行之不足以取信, 而不敢有非其
父兄百官之心.(이 때문에 이에 이르러 애통의 성심이 발현된 것
이다. 그 부형과 백관이 모두 3년상을 행하고자 아니함에 이르
러서는, 역시 자신에게 되돌려 자책하여, 그 지난날의 행동이 남
에게 신임을 받기에 부족하였음을 슬퍼하였고, 감히 부형과 백관
을 비난하는 마음을 가지지 않았다.) 雖其資質, 有過人者, 而學
問之力, 亦不可誣也.(비록 그 자질이, 또 남보다 뛰어났으나, 학
문의 공력을 역시 속일 수는 없었다.) 及其斷然行之, 而遠近見
聞, 無不悅服, 則以人心之所同然者, 自我發之, 而彼之心悅誠服,
亦有所不期然而然者, 人性之善, 豈不信哉.(그가 단연코 그것을
행함에 이르러서는, 원근의 보고 듣는 자들이 기뻐하고 복종하지
않는 자가 없었으니, 이는 인심이 똑같이 여기는 것으로써, 나로
부터 출발하여, 저들이 마음으로 기뻐하고 진심으로 복종함이 역
시 그렇기를 기약하지 않아도 그렇게 됨이 있으니, 인성의 선함
이 어찌 진실이 아니겠는가?)

문의했다. 맹자는 이런 일은 남이 말하는 대로 할 수 있는 것이 아니라 문공이 직접 결정해야 한다고 했다. 문공은 맹자의 뜻을 받들기로 결심했다. 장례식 날 사람들은 문공이 제후의 위엄을 내세우기보다 부모의 죽음에 진실로 슬퍼하며 상례에 따라 일을 처리하는 자세를 보고 모두 흡족해했다. 이 일로 문공은 맹자를 더욱 신뢰하여 인정을 펴기로 결심을 굳게 했던 것이다.

제3장 등문공이 나라 다스리는 일을 묻다
(滕文公問爲國章 第三)

(3-1) 滕文公이 問爲國한대

　　　(등문공, 문위국)

(국역) 등문공이 나라 다스리는 법을 물었다.[12]

(자의) ㅇ爲－다스릴 위.

(3-2) 孟子曰 民事는 不可緩也니 詩云 晝爾于茅요 宵爾索綯하여 亟其乘屋이오 其始播百穀이라하니이다

　　　(맹자왈 민사, 불가완야. 시운 주이우모, 소이삭도, 극기승옥, 기시파백곡)

(국역) 맹자가 말씀하였다. "백성들의 농사일은 늦추면 아니

---

12) 文公以禮聘孟子, 故孟子至滕, 而文公問之.(문공이 예로써 맹자를 초빙하였다. 그러므로 맹자가 등나라에 이르름에 문공이 그에게 물은 것이다.)

되니, '시경'에 이르기를 '낮이 되면 띠풀을 베어오고, 밤이
되면 새끼를 꼬아서, 빨리 그것을 지붕에 올리고 나서, 장
차 비로소 백곡을 파종한다.'는 기록이 있습니다."13)

(자의) ○緩-늦을 완. ○晝-낮 주. ○爾-너 이, 그러할 이. 어조사.
○于-어조사 우, 갈 우. ○茅-띠 모 ○宵-밤 소 ○索-새끼 삭.
○綯-새끼 도 ○亟-빠를 극. ○乘屋-지붕에 올라 이엉을 이다.
○播-뿌릴 파.

(3-3) 民之爲道也 有恒産者는 有恒心이요 無恒産者는
無恒心이니 苟無恒心이면 放辟邪侈를 無不爲己니
及陷乎罪然後에 從而刑之면 是는 罔民也니 焉有
仁人이 在位하여 罔民을 而可爲也리오
(민지위도야 유항산자, 유항심, 무항산자, 무항심, 구무항심, 방벽
사치, 무불위이, 급함호죄연후, 종이형지, 시, 망민야, 언유인인,
재위, 망민, 이가위야)

(국역) "백성들이 살아가는 방법에는, 항산이 있는 자는 항심

---

13) 民事, 謂農事.(민사는 농사를 이른다.) 詩豳風七月之篇.(시는 '시
경' '빈풍편 '7월'장이다) 于, 往取也.(우는 가서 취함이다.) 綯,
絞也.(도는 꼬는 것이다.) 亟, 急也.(극은 급함이다.) 乘, 升也.
(승은 오름이다.) 播, 布也.(파는 폄이다.) 言農事至重, 人君不可
以爲緩而忽之.(농사가 지극히 소중하니, 인군이 느슨하게 여겨
그것을 소홀히 할 수 없음을 말한 것이다.) 故引詩言治屋之急如
此者, 蓋以來春將復始播百穀, 而不暇爲此也.(그러므로 '지붕 다
스리기가 이와 같이 급함은, 대개 내년 봄에 장차 다시 백곡을
파종하기 시작하면, 이런 일을 할 여가가 없기 때문이다.'는 '시
경'의 말을 인용한 것이다.)

〔양심〕이 있고, 항산이 없는 자는 항심도 없는 법이니, 진실로 항심이 없으면, 방종과 편벽과 부정과 사치를 전적으로 하지 않음이 없을 것이니, 죄에 빠지게 된 뒤에 죄에 따라서 그들을 형벌한다면, 이것은 백성들을 속여서 그물질을 하는 것이니, 어찌 어진 사람이 왕위에 있으면서, 백성을 속여서 그물질을 하는 일을 해서 되겠습니까?"14)

(자의) ○恒―늘 항. 꾸준하다. ○苟―진실로 구. ○放―방종할 방. ○辟―편벽할 벽. ○邪―간사할 사. 나쁘다. ○侈―사치할 치. ○及―미치다, 이르다. ○陷―빠질 함. ○罔―속일 망, 그물 망. ○焉―어찌 언.

(3-4) 是故로 賢君은 必恭儉하여 禮下하며 取於民이 有制니이다

　　(시고, 현군, 필공검, 예하, 취어민, 유제)

(국역) "그러므로 현명한 임금은 반드시 공손하고 검소하여 아랫사람을 예우하며, 백성들에게 세금을 징수함에 제한이 있습니다."15)

(자의) ○是故―이 때문에, 그러므로. ○恭―공손할 공. ○儉―검소할 검. ○下―아랫사람들. ○取―취할 취. ○制―제한, 한계.

(3-5) 陽虎曰 爲富면 不仁矣요 爲仁이면 不富矣라하니이다

---

14) 音義並見前篇.(음과 뜻이 모두 전편에 보인다.)

15) 恭則能以禮接下, 儉則能取民以制.(공손하면 예로써 아랫사람을 접할 수 있고, 검소하면 백성들에게서 절제로써 세금을 취할 수 있다.)

(양호왈 위부, 불인의, 위인, 불부의)

국역 양호가 말하였다. "부자가 되려고 하면 인(仁)하지를 못하고, 인을 하려면 부자가 되지 못한다."16)

자의 ○陽－볕 양. ○虎－범 호. ○爲－될 위.

(3-6) **夏后氏**는 **五十而貢**하고 **殷人**은 **七十而助**하고 **周人**은 **百畝而徹**하니 **其實**은 **皆什一也**니 **徹者**는 **徹也**요 **助者**는 **藉也**니이다

(하후씨, 오십이공, 은인, 칠십이조, 주인, 백무이철, 기실, 개십일야, 철자, 철야, 조자, 자야)

국역 "하왕조 때는 50무의 경작지에 동일한 공세(貢稅)를 바쳤고, 은나라 사람들은 70무의 경작지에 조세(助稅)를 바쳤고[풍년에는 많이, 흉년에는 무세], 주나라 사람들은 100무의 경작지에 철세[井田法에 의거하여]를 바쳤으니, 그 실제 징수하는 세금은 하·은·주 3대가 모두 10분의 1 세금이었으니, 철(徹)이란 것은 다같이 거둬들인다는 뜻이며, 조(助)라는 것은 도와준다는 뜻입니다."17)

---

16) 陽虎, 陽貨, 魯季氏家臣也.(양호는 양화이니, 노나라 계씨의 가신이다.) 天理人欲, 不容並立. 虎之言此, 恐爲仁之害於富也, 孟子引之, 恐爲富之害於仁也. 君子小人, 每相反而已矣.(천리와 인욕은 나란히 서는 것을 용납하지 않는다. 양호가 이것을 말한 것은 인(仁)이 부자(富者)됨에 해될까 두려워함이요, 맹자가 그것을 인용한 것은 부자가 인(仁)함에 해될까 두려워한 것이니, 군자와 소인은 매양 상반될 뿐이다.)

17) 此以下, 乃言制民常産, 與其取之之制也.(이 이하는 바로 백성들

의 고정재산을 제정하고, 그것을 주어 거기서 세금을 취하는 제도를 말한 것이다.) 夏時一夫受田五十畝, 而每夫計其五畝之入以爲貢. 商人, 始爲井田之制, 以六百三十畝之地, 畫爲九區, 區七十畝.(하나라 때는 한 가장이 토지 50무를 받고, 세금을 바치게 하기 위하여, 가장마다 그 5무의 수입을 계산하였다. 상나라 사람이 비로소 정전제를 만들어, 6백30무의 토지로써, 한 구획은 9구로 삼으니, 1구는 70무였다.) 中爲公田, 其外, 八家各授一區, 但借其力, 以助耕公田, 而不復稅其私田.(가운데는 공전이 되고 그 밖은 여덟 집에게 각기 1구를 준다. 단지 그들의 힘을 빌려, 공전의 경작을 돕게 함으로써, 다시 그 사전에는 세금을 내지 않게 하였다.) 周時, 一夫受田百畝. 鄕遂用貢法, 十夫有溝, 都鄙用助法, 八家同井, 耕則通力而作, 收則計畝而分, 故, 謂之徹(주나라 때는, 한 가장이 토지 백무를 받았다. 왕성에서 50리 밖의 향(鄕) 지역과 백리 밖의 수(遂) 지역에서는 공법(貢法)을 써서, 10부마다 구(溝)가 있고, 모든 마을에서는 조법을 사용하여, 여덟 집이 정전(井田)을 공동관리하여, 경작시는 곧, 힘을 통합하여 작업하고, 수확시는, 곧 이랑수를 계산하여 분배하였다. 그러므로 철(徹)이라 이른다.) 其實皆什一者, 貢法, 固以十分之一, 爲常數, 惟助法, 乃是九一, 而商制, 不可考. 周制則公田百畝, 中以二十畝, 爲廬舍, 一夫所耕公田, 實計十畝.(그 실제는 모두 10분의 1인 것이며, 공법은 진실로 10분의 1로써 상수(常數)로 삼았다. 오직 조법은 바로 이 9분의 1세법이다. 상나라 제도는 참고할 수 없다. 주나라 제도는 공전 백무의 중앙에 20무로써 오두막집을 만들었다. 한 가장이 경작하는 공전은 실제 계산하면 10무이다.) 通私田百畝, 爲十一分而取其一, 蓋又輕於什一矣.(사전 백무를 통산하면 11분에서 그 1을 취하는 것이 되니, 대개 또 10분의 1보다 가벼운 것이다.) 竊料商制亦當似此, 而以十四畝, 爲廬舍, 一夫實耕公田七畝, 是亦不過什一也.(가만히 생각건대, 상나라 제도는 역시 당연히 이것과 유사하여, 14무로써 오두

(자의) o后-임금 후. o貢-바칠 공. o畝-이랑 무(묘). 면적의 단위
(6척 4방=1步, 100보=1畝). o徹-통할 철. 주대의 10분의 1 납세
법. o什-열사람 십. o什一-(10분의 1). o藉-빌릴 자, 도울 자.

(3-7) 龍子曰 治地는 莫善於助요 莫不善於貢이라하니 貢
者는 校數歲之中하여 以爲常하나니 樂歲엔 粒米狼
戾하여 多取之而不爲虐이라도 則寡取之하고 凶年엔
糞其田而不足이어늘 則必取盈焉하나니 爲民父母라
使民으로 盻盻然將終歲勤動하여 不得以養其父母하
고 又稱貸而益之하여 使老稚로 轉乎溝壑이면 惡在
其爲民父母也리오

(용자왈 치지, 막선어조, 막불선어공, 공자, 교수세지중, 이위상,
낙세, 입미낭려, 다취지이불위학, 즉과취지, 흉년, 분기전이부족,
즉필취영언, 위민부모, 사민, 혜혜연장종세근동, 부득이양기부모,
우칭대이익지, 사노치, 전호구학, 오재기위민부모야)

(국역) 용자가 말하였다. "토지를 다스리는 법은 조세(助稅)
보다 더 좋은 것이 없고, 공세(貢稅)보다 더 나쁜 것이 없
다고 말했으니, 공세란 몇 년의 평균소득을 비교하여 상수
(常數)로 여기는 것이니, 풍년이 들었을 적에 낱알이 마구
흩어져서 그 세금을 많이 징수하여도 학정이 되지 않는데
도 세금을 적게 취하고, 흉년에는 그 토지에 비료를 주어

_____

막집을 삼으니, 한 가장이 실제 경작하는 공전은 7무이니, 이것
은 역시 10분의 1에 불과한 것이다.) 徹, 通也, 均也. 藉, 借也.
(철은 통한다는 뜻이며, 고르게 한다는 뜻이요, 자는 빌린다는
뜻이다.)

도 부족하거늘 반드시 상수대로 꽉 차게 취하니, 백성의 부모가 되어서 백성으로 하여금 백성들이 서로 눈을 흘기면서 또 1년 내내 부지런히 활동을 하게 하여, 그런데도 그 부모를 봉양할 수 없게 하고, 또 쌀을 대부하여 거기서 이익금까지 받아서, 늙은이와 어린이로 하여금 죽어서 산밑 구렁에 구르게 한다면, 어찌 그를 백성의 부모가 되었다고 하리오.."18)

(자의) ○校-학교 교. 비교하다, 헤아리다. ○中-평균. ○以爲-여기다. ○常-상수. ○樂歲-풍년. ○粒-낱알 립. ○狼-이리 랑. ○狼戾-난잡하게 어질러지다(=狼藉). ○虐-해롭게 할 학, 재앙 학. ○寡-적을 과, 과부 과. ○糞-똥 분. 거름을 주다. ○盈-찰 영. ○眄-눈흘겨볼 혜. ○稱貸-대부. ○益-더할 익. ○稚-어릴 치. ○溝-도랑 구. ○壑-구렁 학. ○溝壑-계곡.

(3-8) 夫世祿은 滕이 固行之矣니이다

(부세록, 등, 고행지의)

(국역) "대저 대대로 녹봉을 주는 제도는 등나라에서 본래부터 그것을 시행하고 있습니다."19)

---

18) 龍子, 古賢人.(용자는 ‧옛 현인이다.) 狼戾, 猶狼藉, 言多也.(낭려는 낭자와 같으니, 많음을 말한다.) 糞, 壅也.(분은 북돋움이다.) 盈, 滿也.(영은 가득함이다.) 眄, 恨視也.(혜는 한스럽게 보는 것이다.) 勤動, 勞苦也.(근동은 노고이다.) 稱, 擧也.(칭은 듦이다.) 貸, 借也.(대는 빌림이다.) 取物於人, 而出息以償之也.(남으로부터 물건을 취하고, 그것을 보상하기 위하여 이식을 내는 것이다.) 益之, 以足取盈之數也.(익지는 정액(定額)을 징수하는 데 충분하다고 생각되는 수량이다.) 稚, 幼子也.(치는 어린 자식이다.)

(자의) ○世祿－세록 제도. ○固－굳을 고. 본래, 원래.

(3-9) **詩云 雨我公田**하여 **遂及我私**라하니 **惟助**에 **爲有公田**하니 **由此觀之**컨댄 **雖周**나 **亦助也**니이다

(시운 우아공전, 수급아사, 유조, 위유공전, 유차관지, 수주, 역조야)

(국역) " '시경'에 이르기를, '우리들의 공전부터 비가 내리고, 그리고 나서 마침내 우리 사전에 미치소서.' 하였으니, 오직 조법(助法)에만 공전제도가 있었으니, 이로써 보건댄, 비록 주나라의 제도 역시 조법입니다."20)

---

19) 孟子嘗言文王治岐, 耕者九一, 仕者世祿, 二者, 王政之本也.(맹자가 말하기를, 일찍이 문왕이 기주를 다스릴 적에 경작하는 자들에게 9분의 1 세법을 썼으며, 벼슬한 자들에게는 대대로 녹을 주었다고 하였으니, 이 둘은 왕도정치의 근본이다.) 今世祿, 滕已行之, 惟助法未行, 故, 取於民者無制耳.(그런데 지금 세록은 등나라가 이미 시행하고 있고, 오직 조법은 시행하지 않았다. 그러므로 백성들로부터 취하는 것에 제한이 없었을 뿐이다.) 蓋世祿者, 授之土田, 使之食其公田之入, 實與助法, 相爲表裏, 所以使君子小人, 各有定業, 而上下相安者也.(대개 세록자는 그들에게 토지를 주어 그들로 하여금 그 공전의 수입을 먹게 하는 것이니, 실제 조법과 더불어 서로 표리가 되니, 그래서 군자와 소인으로 하여금, 각기 일정한 생업이 있어서 상하가 서로 편안한 것이다.) 故, 下文, 遂言助法.(그러므로 아래 글에 마침내 조법을 말한 것이다.)

20) 詩小雅大田之篇.(시는 '시경' '소아'편 '대전'장이다.) 雨, 降雨也.(우는 강우이다.) 言願天雨於公田, 而遂及私田, 先公而後私也.(하늘이 공전에 비를 내려서, 마침내 사전에 미치기를 원한다고

(자의) ㅇ我-우리들. ㅇ遂-이룰 수, 마침내 수.

(3-10) 設爲庠序學校하여 以敎之하니 庠者는 養也요 校者는 敎也요 序者는 射也라 夏曰校요 殷曰序요 周曰庠이요 學則三代共之하니 皆所以明人倫也라 人倫이 明於上이면 小民이 親於下니이다

(설위상서학교, 이교지, 상자, 양야, 교자, 교야, 서자, 사야. 하왈교, 은왈서, 주왈상, 학즉삼대공지, 개소이명인륜야. 인륜, 명어상, 소민, 친어하)

(국역) "상·서·학·교를 설치하여 백성들을 가르쳤으니, 상은 양육한다는 뜻이요, 교는 가르친다는 뜻이요, 서는 활쏘는 법과 같이 질서를 가르친다는 뜻입니다. 하나라에서는 교(校)라 하였고, 은나라에서는 서(序)라 하였고, 주나라에서는 상(庠)이라 하였으며, 배우는 내용인 학(學)은, 즉 삼대가 이름이 같았으니, 이는 모두 인륜을 밝히자는 목적을 가지고 있었습니다. 인륜이 위의 치자들에서 밝으면 소민들은 아래에 있으면서 친목하게 잘 지내게 됩니다."21)

말하였으니, 공(公)을 먼저 하고 사(私)를 뒤로 한 것이다.) 當時助法盡廢, 典籍不存, 惟有此詩, 可見周亦用助, 故引之也.(당시에 조법이 다 폐지되어 전적이 존재하지 않았고, 오직 이 시가 있어, 주나라 역시 조법을 사용한 것을 볼 수 있었다. 그러므로 이것을 인용한 것이다.)

21) 庠, 以養老爲義, 校, 以敎民爲義, 序, 以習射爲義, 皆鄕學也.(상은 노인을 봉양함으로써 의방(義方)을 삼았고, 교는 백성을 가르

자의 ○庠-학교 상. ○序-학교 서. ○學-학교 학. ○校-학교 교.
○射-쏠 사. ○所以-까닭, 방법, 목적.

(3-11) 有王者起면 必來取法하리니 是爲王者師也니이다
    (유왕자기, 필래취법, 시위왕자사야)

국역 "만일 어떤 왕도정치를 할 자가 나오게 되면, 반드시
등나라로 찾아와서 등나라의 이런 법을 취할 것이니, 그렇
게 되면 당신은 왕자(王者)의 스승이 되는 것입니다."22)

자의 ○有-어떤 유. ○王者-왕도정치를 할 자.

(3-12) 詩云 周雖舊邦이나 其命惟新이라하니 文王之謂也
니 子力行之하시면 亦以新子之國하시리이다

침으로써 의방을 삼았고, 서는 활쏘기를 익힘으로써 의방을 삼았
으니, 모두 향학이다.) 學, 國學也.(학은 국학이다.) 共之, 無異名
也.('공지'는 다른 명칭이 없는 것이다.) 倫, 序也. 父子有親, 君臣
有義, 夫婦有別, 長幼有序, 朋友有信, 此人之大倫也.(윤은 차례
이니, 부자간에는 친근함이 있고, 군신간에는 의리가 있고, 부부
간에는 분별이 있고, 장유간에는 질서가 있고, 붕우간에는 신의가
있는 것이니, 이것들은 사람의 큰 윤리이다.) 庠序學校, 皆以明此
而已.(상·서·학·교는 모두 이것을 밝히려고 했을 뿐이다.)

22) 滕國褊小, 雖行仁政, 未必能興王業.(등나라는 좁고 작아, 비록
인정을 행하더라도 반드시 능히 왕업을 일으키지는 못할 것이
다.) 然爲王者師, 則雖不有天下, 而其澤亦足以及天下矣. 聖賢至
公無我之心, 於此可見.(그러나 왕도정치자의 스승이 된다면 비
록 천하를 소유하지 못하더라도 그 은택은 역시 충분히 천하에
미칠 것이다. 성현의 지극히 공평하여 자기를 잊은 마음을 여기
서 볼 수 있다.)

(시운 주수구방, 기명유신, 문왕지위야, 자력행지, 역이신자지국)

국역 " '시경'에 이르기를, '주나라가 비록 오래된 옛 나라이지만, 그 천명이 오직 새로워졌다.'고 하였으니, 이는 문왕을 두고 이른 것이니, 그대는 내가 말한 그것을 힘써 행한다면, 역시 그대의 나라도 새롭게 될 수 있을 것입니다."23)

자의 ㅇ雖-비록 수. ㅇ舊-옛 구. ㅇ邦-나라 방. ㅇ惟-오직 유. ㅇ子-님 자. 그대.

(3-13) 使畢戰으로 問井地한대 孟子曰 子之君이 將行仁政하여 選擇而使子하시니 子必勉之어다 夫仁政은 必自經界始니 經界不正이면 井地不均하며 穀祿不平하리니 是故로 暴君汚吏는 必慢其經界하나니 經界旣正이면 分田制祿은 可坐而定也니라

(사필전, 문정지, 맹자왈 자지군, 장행인정, 선택이사자, 자필면지. 부인정, 필자경계시, 경계부정, 정지불균, 곡록불평, 시고, 폭군오리, 필만기경계, 경계기정, 분전제록, 가좌이정야)

국역 등문공이 신하인 필전으로 하여금, 정전법을 물어 오도록 하였는데, 맹자가 대답하였다. "그대의 주군이 장차

---

23) 詩大雅文王之篇.(시는 '시경' '대아 문왕편'이다.) 言周雖后稷以來, 舊爲諸侯, 其受天命而有天下, 則自文王始也.(주나라가 비록 후직 이래로 예부터 제후가 되었으나, 그 천명을 받아 천하를 소유한 것은 문왕으로부터 시작됨을 말한 것이다.) 子, 指文公, 諸侯未踰年之稱也.(자는 문공을 가리키는 것이니, 제후로서 즉위한 지 1년이 넘지 않은 자의 칭호이다.)

인정(仁政)을 시행하고자 하여, 그대를 선택하여 심부름을
보냈으니, 그대는 반드시 인정에 힘쓸지어다. 대저 인정이
란 반드시 토지의 경계를 바르게 하는 것으로부터 시작되
는 것이니, 경계가 바르지 않으면 정지(井地)가 균등하지
못하며, 세곡과 녹봉도 공평하지 못하게 된다. 그러므로
폭군과 오리들은 반드시 그 경계를 바르게 하기를 태만히
하니, 경계를 이미 바르게 해놓고 나면, 토지를 나누는 문
제와 세곡과 녹봉을 제정해 주는 일은, 앉아서도 정할 수
있는 것이다."24)

---

24) 畢戰, 滕臣.(필전은 등나라 신하이다.) 文公, 因孟子之言, 而使
畢戰, 主爲井地之事, 故, 又使之來問其詳也.(문공은, 맹자의 말
로부터, 필전으로 하여금, 정지의 일을 주관하게 하였다. 그러므
로 또 그로 하여금 와서 상세히 묻게 한 것이다.) 井地, 卽井田
也.(정지는, 즉 정전이다.) 經界, 謂治地分田, 經畵其溝塗封植之
界也.(경계는 땅을 다스리고 토지를 나누어서, 그것을 구·도·
봉·식 등의 경계를 획정하여 경영하는 것을 이른다.) 此法, 不
修, 則田無定分, 而豪强得以兼幷, 故, 井地有不均, 賦無定法, 而
貪暴得以多取, 故, 穀祿有不平.(이 법이 바로 수리되지 않으면,
토지는 일정하게 분할되지 않아, 횡포한 자가 합병으로써 얻고,
그러므로 정지에는 고르지 못한 것이 있고, 세금은 법에 정해진
것이 없어, 탐욕스럽고 포악한 자가 많이 취하려고만 할 것이니,
그러므로 곡록의 불평등이 있는 것이다.) 此, 欲行仁政者之所以
必從此始, 而暴君汚吏, 則必欲慢而廢之也.(이것은 인정을 행하
고자 하는 자가, 반드시 이로부터 시작하는 까닭이요, 폭군과 오
리들이면, 반드시 태만히 하여 그것을 폐지하고자 하는 것이다.)
有以正之, 則分田制祿, 可不勞而定矣.(이것을 바로잡을 수 있으
면, 토지를 나누고 곡록을 제정하는 일은 노력하지 않고도 확정

자의 ○畢－마칠 필. ○井地－정전(井田). 사방 1리의 전지(田地). ○經－바로잡을 경. ○經界－～한계. ○穀祿－세곡과 녹봉. ○汚－더러울 오. ○慢－태만할 만.

(3-14) 夫滕이 壤地褊小하나 將爲君子焉이며 將爲野人焉이니 無君子면 莫治野人이요 無野人이면 莫養君子니라

(부등, 양지편소, 장위군자언, 장위야인언. 무군자, 막치야인, 무야인, 막양군자)

국역 "대체로 등나라의 국토는 사방이 작으나, 장차 그 안에는 군자가 될 사람도 있으며, 장차 그 안에는 야인이 될 사람도 있게 될 것이니, 군자가 없으면 야인을 아무도 다스릴 수가 없고, 야인이 없으면 아무도 군자를 봉양할 수가 없는 것이다."[25]

자의 ○壤地－국토의 규모. ○褊－두루 편. 사방 두루. ○將－장차 장(미래), 혹 장(의문사). ○焉－(＝於此, 그 안에는). ○野人－경작하는 사람, 생산자. ○莫－아무도 ～없다.

(3-15) 請野에 九一而助하고 國中에 什一하여 使自賦하라

―――――――――――――――――

할 수 있는 것이다.)

25) 言滕地雖小, 然, 其間, 亦必有爲君子而仕者, 亦必有爲野人而耕者.(등나라 땅이 비록 작으나, 그 사이에 역시 반드시 군자가 되어 벼슬하는 사람도 있으며, 역시 반드시 생산자가 되어 경작하는 자도 있다.) 是以, 分田制祿之法, 不可偏廢也.(이 때문에 토지를 나누어주고 곡록을 제정하는 법을 한가지도 폐지할 수 없는 것이다.)

(청야, 구일이조, 국중, 십일, 사자부)

국역 "청컨대 농지에 세금은 9분의 1을 받고, 법은 조법(助法)을 쓰되, 도시에서는 10분의 1만을 세금으로 받아 자진하여 납부하도록 시켜라."26)

자의 ○助－조법. ○國中－국도, 즉 수도. ○ 什－(＝十也). ○賦－구실 부, 줄 부. 세금을 거두다, 징수하다.

(3-16) 卿以下는 **必有圭田**하니 **圭田**은 **五十畝**니라

(경이하, 필유규전, 규전, 오십무)

국역 "경(卿)급 이하는 반드시 규전이라는 것을 소유하였으니, 규전은 1인당 50무씩 주었느니라."27)

---

26) 此, 分田制祿之常法, 所以治野人, 使養君子也.(이것은 토지를 나누어주고 곡록을 제정하는 일정불변의 법이니, 야인을 다스려 군자를 봉양토록 시키기 위한 것이다.) 野, 郊外都鄙之地也.(야는 교외의 모든 시골 지역이다.) 九一而助, 爲公田而行助法也.('구일이조'는 공전을 만들어 조법을 시행하는 것이다.) 國中, 郊門之內, 鄕遂之地也, 田不井授, 但爲溝洫, 使什而自賦其一, 蓋用貢法也. 周所謂徹法者蓋如此.(국중은 교외의 관문 내인, 향・수의 지역이다. 토지는 정전으로 만들지 않고 준다. 단지 구・혁을 만들어서, 10에서 스스로 그 1을 세금으로 내게 하였으니, 대개 공법을 쓴 것이다. 주나라의 소위 철법이라는 것은 대개 이와 같았다.) 以此推之, 當時, 非惟助法不行, 其貢亦不止什一矣.(이로써 그것을 미루어보건대, 당시에는 비단 조법이 시행되지 못했을 뿐만 아니라, 그 공법 역시 10분의 1에 그치지 않은 것이다.)

27) 此世祿常制之外, 又有圭田, 所以厚君子也.(이 세록이란 통상적 제도 이외에, 또 규전이란 제도가 있었으니, 군자를 후대하기 위

자의 ㅇ卿-벼슬 경. ㅇ圭-홀 규, 용량단위 규, 모 규. ㅇ圭田-벼슬한 자의 제수용 토지, 1규전=50무, 1무= 52평.

(3-17) 餘夫는 二十五畝니라

(여부, 이십오무)

국역 "성년이 된 나머지 남자에게는 25무를 준다."28)

(3-18) 死徙에 無出鄕이니 鄕田同井이 出入에 相友하며 守望에 相助하며 疾病에 相扶持하면 則百姓이 親睦하리라

(사사, 무출향, 향전동정, 출입, 상우, 수망, 상조, 질병, 상부지, 즉백성, 친목)

국역 "죽거나 이사를 갈 적에 고향을 벗어남이 없게 되면,

한 것이다.) 圭, 潔也, 所以奉祭祀也.(규는 깨끗함이니, 제사를 받들기 위한 것이다.) 不言世祿者, 滕已行之, 但此未備耳.(세록을 말하지 않은 것은 등나라가 이미 그것을 시행하였고, 다만 그것이 미비하였을 뿐이었다.)

28) 程子曰 : 一夫, 上父母, 下妻子, 以五口八口爲率, 受田百畝.(정자가 말하였다. 일부는 위로 부모가 있고, 아래로 처자가 있어서, 그리고 다섯식구와 여덟식구를 거느리게 되는데, 토지 100무를 받는다.) 如有弟, 是餘夫也. 年十六, 別受田二十五畝, 俟其壯而有室然後, 更受百畝之田.(만일 그 동생이 있으면 이것이 여부이다. 나이 16세에 별도로 토지 25무를 받고, 그가 장성하여 아내가 있기를 기다린 뒤에, 다시 100무의 토지를 받는다.) 愚按 此, 百畝常制之外, 又有餘夫之田, 以厚野人也.(내 생각에, 이것은 100무의 통상적 제도 이외에 또 나머지 일꾼이 토지를 소유하게 한 것은 야인을 후대하기 위한 것이다.)

고향 땅의 정전을 공동으로 경작하는 자들이 나가고 들어
올 때에 서로 우애있게 지내며, 외적을 지키고 그것을 망
보고 할 때에 서로 도우며, 질병이 있을 때에 서로 붙들어
주고 잡아 준다면, 백성들이 친목하게 될 것이다."29)

자의 ㅇ徙－옮길 사. ㅇ鄕－시골 향. ㅇ扶－도울 부, 붙들 부. ㅇ持－
잡을 지.

(3-19) **方里而井**이니 **井**이 **九百畝**니 **其中**이 **爲公田**이라
八家皆私百畝하여 **同養公田**하여 **公事**를 **畢然後**에
敢治私事하니 **所以別 野人也**니라

(방리이정, 정, 구백무, 기중, 위공전. 팔가개사백무, 동양공전,
공사, 필연후, 감치사사, 소이별 야인야)

국역 "사방 1리가 되면 정(井)이 되는 것이니, 1정은 9백무
가 되는 것이니, 그 9백무의 한가운데를 공전(公田)으로
한다. 여덟 집 모두가 백무를 사전(私田)으로 받고, 협동
으로 공전을 가꾸어 공전의 일을 끝마친 다음에야 감히
사전의 일을 다스릴 수 있는 법이니, 이는 군자와 야인을
구별하기 위한 것이다."30)

---

29) 死, 謂葬也.(사는 장례를 이른다.) 徙, 謂徙其居也.(사는 그 거주
지를 옮기는 것을 이른다.) 同井者, 八家也.(동정이란 여덟 집이
다.) 友, 猶伴也.(우는 짝과 같다.) 守望, 防寇盜也.(수망은 외적
과 도둑을 막는 것이다.)

30) 此, 詳言井田形體之制, 乃周之助法也.(이것은 정전 형체의 제도
를 상세히 말한 것이니, 바로 주나라의 조법이다.) 公田, 以爲君
子之祿, 而私田, 野人之所受, 先公後私, 所以別君子野人之分

자의 ㅇ養-기를 양, 재배하다. ㅇ畢-마칠 필. 모두, 전부, 완전히.
ㅇ治-다스릴 치. 관리하다, 처리하다. ㅇ所以- ~하기 위한 것.

(3-20) **此其大略也니 若夫潤澤之 則在君與子矣니라**

(차기대략야, 약부윤택지 즉재군여자의)

국역 "이것이 그 정치하는 대략이니, 만약 대저 그것을 윤
택하게 하려면 그것은 주군과 그대에게 달려있는 것이니
라."31)

―――――――――――――

也.(공전은 군자의 녹봉으로 생각할 것이요, 사전은 야인이 받는
것이니, 선공후사는, 군자와 야인을 별도로 구분하기 위한 것이
다.) 不言君子, 據野人而言, 省文耳.(군자를 언급하지 않은 것은,
야인에 의거하여 말하였으니, 글을 생략했을 뿐이다.) 上言野及
國中二法, 此獨詳於治野者, 國中貢法, 當時已行, 但取之過於什
一爾.(위에서는 야와 국중 두 가지 법을 말하였고, 여기서 유독
들판을 다스림에 상세하게 한 것은, 국중의 공법은 당시 이미
시행되던 것이요, 다만, 그것을 취함에 10분의 1에서 초과하였을
뿐이기 때문이다.)

31) 井地之法, 諸侯皆去其籍, 此特其大略而已.(정전법은 제후들이
모두 그 전적을 없애버렸으니, 이것은 다만, 그 대략일 뿐이다.)
潤澤, 謂因時制宜, 使合於人情, 宜於土俗, 而不失乎先王之意
也.(윤택은 때에 따라 마땅하게 제정하여, 인정에 합하고, 토속에
마땅하여, 선왕의 뜻을 잃지 않도록 함을 말한다.) 呂氏曰 : 子張
子慨然有意三代之治, 論治人先務, 未始不以經界爲急, 講求法制,
粲然備具.(여씨가 말하였다. '자장자가 감개하여 3대의 정치에
뜻을 가져 백성 다스림을 급선무로 논의할 때에, 일찍이 경계로
써 급하게 여기지 않은 것이 없어, 법제를 강구하여, 선명하고
빛나게 구비하였다.') 要之可以行於今, 如有用我者, 擧而措之
耳.(요컨대 지금에 행할 수 있으니, 만일 나를 쓰는 자가 있으면,

그것을 채용하여 조치를 하게 할뿐이다.) 嘗曰 : 仁政, 必自經界
始, 貧富不均, 敎養無法, 雖欲言治, 皆苟而已.(일찍이 말하였다.
인정은 반드시 경계를 바로잡는 데서부터 시작되니, 빈부의 불균
형과 봉양을 가르칠 방법이 없으면, 비록 정치를 말하고자 하나,
모두 구차할 뿐이다.) 世之病難行者, 未始不以亟奪富人之田爲
辭, 然, 玆法之行, 悅之者衆, 苟處之有術, 期以數年, 不刑一人而
可復, 所病者, 特上之未行耳.(세상에서 시행의 곤란을 병으로 여
기는 자는, 일찍이 부유한 사람들의 토지를 빨리 빼앗는 것으로
써 구실로 삼지 않는 적이 없었다. 그러나 이 법의 시행을 기뻐
하는 자가 많으니, 진실로 기술을 가지고 대처하고, 수년으로써
기약하면, 1인을 형벌하지 않고도 복구할 수 있다. 병폐는 특히
윗사람들이 시행하지 않는 것뿐이다.) 乃言曰 : 縱不能行之天下,
猶可驗之一鄕. 方與學者, 議古之法, 買田一方, 畫爲數井, 上不
失公家之賦役, 退以其私, 正經界, 分宅里, 立斂法, 廣儲蓄, 興學
校, 成禮俗, 救菑卹患, 厚本抑末, 足以推先王之遺法, 明當今之
可行, 有志未就而卒.(마침내 말하였다. '비록 천하에 시행할 수
없으나, 오히려 일개 마을에 가서 실험할 수는 있다고 하여, 바
야흐로 학자들과 더불어 옛 법을 의논하고, 토지의 한쪽을 매입
하여, 구획하여 몇 개의 정전을 만들어, 공가의 부역을 상실하지
않도록 늘리고, 그 사전으로써 줄여서, 경계를 바르게 하고, 택
리를 나누고, 거두는 법을 세우고, 저축을 넓히고, 학교를 진흥
하고, 예속을 이루고, 재앙을 구제하고, 환난을 구휼하고, 본업을
두텁게 하고 말업을 억제하면, 충분히 선왕이 끼친 법을 미루어,
당연히 지금에 시행할 수 있음을 밝힐 수 있다.'고 하였으나, 뜻
을 가졌으나 나아가지 못하고 별세하였다.) 愚按 : 喪禮經界兩章,
見孟子之學, 識其大者.(내가 생각건대, '상례와 경계의 두 장에
서, 맹자의 학문을 볼 때에, 그는 큰 것을 알았던 것이다'.) 是
以, 雖當禮法廢壞之後, 制度節文, 不可復考, 而能因略以致詳,
推舊而爲新, 不屑屑於旣往之迹, 而能合乎先王之意, 眞可謂命世

(자의) ㅇ潤—젖을 윤, 윤택할 윤. ㅇ澤—못 택, 윤 택.

(해설) 등문공이 왕이 되자, 맹자를 등나라에 오도록 세 번이나 요청하였다. 정치에 관해 많은 도움을 얻고 싶어서였다. 맹자는 인정을 펼 수 있겠다는 희망을 품고 등나라로 갔다. 등문공은 그를 보자, 치국의 법도를 물었다. 맹자는 선정의 조건을 두 가지로써 말했다. 정치는 경제건설과 도덕구현을 목적으로 삼아야 한다. 마치 사람의 건강이 몸과 마음의 조화로써 이루어지는 것과 같다. 이 둘 중에서 경제건설이 우선한다. 백성들은 '항산'이 없고서는 '항심'이 안되기 때문이다. 동시에 세제를 공평하게 하여 국가를 재정적으로 안정시켜야 한다고 했다. 그 다음으로 도덕의 구현을 위해 상·서·학·교 등의 교육기관을 확충하여 백성의 교화에 힘써야 한다고 했다. 맹자는 문공을 격려하여 이대로만 하면 반드시 나라의 면모가 일신될 것이라고 했다. 이 말을 듣고 고무된 등문공은 대신인 필전을 보내 정전법에 관해 묻자, 비교적 자세하게 설명해 주었다. 특히 토지경계를 정확히 하고, 공전(公田)의 경작을 우선하게 하여 공공질서를 깨우치도록 주의했다. 오늘날에도 정부는

亞聖之才矣.(이 때문에 비록 당연히 예법이 폐지·파괴된 뒤에, 제도와 절문을 다시 상고할 수 없었으나, 능히 간략한 것으로부터 그리고 상세함을 다하였으며, 옛것을 미루어 새것을 만들어서, 기왕의 흔적에서 자질구레하게 개의하지 않고, 능히 선왕의 뜻에 부합하니, 참으로 세상에서 유명한 인물인 아성의 재질이라고 이를 만하다.)

국민들이 일에 전념할 수 있도록 울타리를 쳐주면 된다.
누구든 합법적으로 한 일은 처벌받지 않고 법을 어기면
처벌받는다는 원칙을 분명히 세우면 된다.

제4장　신농의 말씀을 실행한다는 허행이란 사람
(神農之言者許行章　第四)

(4-1) 有爲神農之言者許行이　自楚之滕하여　踵門而告文
公曰　遠方之人이　聞君行仁政하고　願受一廛而爲
氓하노이다　文公이　與之處하니　其徒數十人이　皆衣
褐하고　捆屨織席하여　以爲食하더라

(유위신농지언자허행, 자초지등, 종문이고문공왈 원방지인, 문군
행인정, 원수일전이위맹. 문공, 여지처, 기도수십인, 개의갈, 곤구
직석, 이위식)

(국역) 신농씨의 말대로 하겠다는 허행이란 자가 있었는데 그
가, 초나라로부터 등나라로 가서, 몸소 대궐문에 나아가
문공에게 말하기를, "멀리 떨어진 지방의 사람이 주군께서
인정을 시행한다는 소문을 듣고, 한 주거지를 받아 백성이
되고자 원합니다."고 하자, 문공이 그에게 거처할 곳을 주
니, 그의 무리 수십인은 모두 털옷을 해 입고, 신을 두드
려 만들고, 자리를 짜서 그리고 먹고살려고 하였다.[32]

---

32) 神農, 炎帝神農氏, 始爲耒耜, 敎民稼穡者也.(신농은 염제 신농
씨이니, 처음 쟁기와 보습을 만들어서 백성들에게 농사법을 가르
친 자이다.) 爲其言者, 史遷所謂農家者流也.(그것을 말하였다는

자의 ㅇ踵-발꿈치 종, 뒤밟을 종. ㅇ踵門-몸소 찾아가다. ㅇ廛-터
전. 주택, 주거(한 가구당 2.5무의 토지를 나누어 줌). ㅇ氓-백성
맹. ㅇ徒-무리 도. ㅇ褐-털옷 갈. ㅇ捆-묶을 곤, 두드릴 곤. 묶다,
동이다. ㅇ屨-신 구. ㅇ織-짤 직. ㅇ以-생각하다, 여기다.

(4-2) **陳良之徒陳相**이 **與其弟辛**으로 **負耒耜而自宋之滕**
하여 **曰 聞君行聖人之政**하니 **是亦聖人也**시니 **願爲**
聖人氓하노이다

(진량지도진상, 여기제신, 부뢰사이자송지등, 왈 문군행성인지정,
시역성인야, 원위성인맹)

국역 진량의 문도인 진상이 그의 아우인 신과 더불어 쟁기
를 지고 송나라로부터 등나라에 가서 말하였다. "임금께서
성인의 정치를 행한다는 소문을 듣고 찾아왔더니, 바로 역
시 성인이니, 원컨대 성인의 백성이 되고자 합니다."33)

것은, 사마천이 소위 '농가자류'라는 것이다.) 許, 姓. 行, 名也.
(허는 성이요, 행은 이름이다.) 踵門, 足至門也.(종문은 발이 문
에 이른 것이다.) 仁政, 上章所言井地之法也.(인정은 윗 장에서
말한 바 정전법이다.) 廛, 民所居也.(전은 백성들이 거주하는 곳
이다.) 氓, 野人之稱.(맹은 야인들의 칭호이다.) 褐, 毛布, 賤者
之服也.(갈은 모포이니, 천인들의 의복이다.) 捆, 扣肯之, 欲其堅
也.(곤은 두드림이니, 그것을 견고히 하고자 함이다.) 以爲食, 賣
以供食也.('이위식'은 팔아서 양식을 공급하는 것이다.) 程子曰 :
許行所謂神農之言, 乃後世稱述上古之事, 失其義理者耳, 猶陰陽
醫方, 稱黃帝之說也.(정자가 말하였다. 허행이 이른바 '신농씨'의
말이란 바로 후세에서 상고의 일을 말하되, 그 의리를 상실하였
을 뿐이니, 음양가, 의술가, 방술가에서 황제의 학설을 말하는
것과 같다.)

(자의) ○陳-늘어놓을 진, 성 진. ○徒-무리 도. ○負-질 부. ○耒-
쟁기 뢰. ○耜-보습 사. ○耒耜-쟁기.

(4-3) 陳相이　見許行而大悦하여　盡棄其學而學焉이러니
　　　陳相이　見孟子하여　道許行之言曰 滕君則誠賢君也
　　　어니와　雖然이나　未聞道也로다　賢者는　與民並耕而
　　　食하며　饔飱而治하나니　今也에　滕有倉廩府庫하니　則
　　　是厲民而以自養也니　惡得賢이리오
　　　(진상, 견허행이대열, 진기기학이학언, 진상, 견맹자, 도허행지언
　　　왈 등군즉성현군야, 수연, 미문도야. 현자, 여민병경이식, 옹손이
　　　치, 금야, 등유창름부고, 즉시려민이이자양야, 오득현)

(국역) 진상이 허행을 만나보고 크게 기뻐하여, 그가 이미 배
운 것을 모두 다 버리고 그에게 배우더니, 진상이 맹자를
뵙고 허행의 말을 전하기를, "등나라 주군은 진실로 현군
입니다. 비록 그러나 아직 도를 편다는 말은 듣지 못하였
습니다. 현자는 백성과 더불어 함께 경작의 일을 하고, 아
침밥과 저녁밥을 지어먹으면서 정치를 하나니, 그런데 지
금, 등나라에는 창름과 부고에 곡식이 있으니, 이것은 백
성을 해쳐서 자기 자신을 기르는 것이라 생각되니, 어찌
현군이 될 수 있겠습니까?"34)

---

33) 陳良, 楚之儒者.(진량은 초나라의 유자이다.) 耜, 所以起土.(사는
　　땅을 일구기 위한 보습이요.) 耒, 其柄也.(뇌는 그 자루이다.)

34) 饔飱, 熟食也.(옹손은 익은밥이다.) 朝曰饔, 夕曰飱.(아침밥은 옹
　　이라 하고, 저녁밥은 손이라 한다.) 言當自炊爨以爲食, 而兼治民
　　事也.(당연히 스스로 밥짓고 불때어 그리고 음식을 만들고, 겸하

자의 ○悅-기쁠 열. ○盡-다할 진. ○棄-버릴 기. ○耕-갈 경.
○饔-익은 음식 옹. 아침밥. ○飧-저녁밥 손. ○倉-곳집 창.
○廩-곳집 름. ○倉廩-곡물창고. ○府-곳집 부. ○庫-곳집 고.
○府庫-옛날 관청의 문서나 재물을 간직하던 곳집. ○厲-엄할
려. 흉포하다. ○厲民-백성을 학대하다. ○惡-어찌 오.

(4-4) 孟子曰 許子는 必種粟而後에 食乎아 曰 然하다 許
子는 必織布而後에 衣乎아 曰 否라 許子는 衣褐이니
라 許子는 冠乎아 曰 冠이니라 曰 奚冠고 曰 冠素니
라 曰 自織之與아 曰 否라 以粟易之니라 曰 許子는
奚爲不自織고 曰 害於耕이니라 曰 許子는 以釜甑
爨하며 以鐵耕乎아 曰 然하다 自爲之與아 曰 否라
以粟易之니라

(맹자왈 허자, 필종속이후, 식호. 왈 연. 허자, 필직포이후, 의호
왈 부. 허자, 의갈. 허자, 관호. 왈 관. 왈 해관. 왈 관소. 왈 자직
지여. 왈 부. 이속역지. 왈 허자, 해위부자직. 왈 해어경. 왈 허자,
이부증찬, 이철경호. 왈 연. 자위지여. 왈 부 이속역지)

국역 맹자가 말씀하였다. "허자는 반드시 손수 파종한 뒤에
거두어 식량을 하는가?" "그렇습니다." "허자는 반드시 손
수 베를 짜서 옷을 해 입는가?" "아닙니다. 허자는 갈옷을
입습니다." "허자는 관을 쓰는가?" "관을 씁니다." "어떤

여 백성 다스리는 일을 하는 것을 말한 것이다.) 厲, 病也.(여는
해침이다.) 許行此言, 蓋欲陰壞孟子分別君子野人之法.(허행의
이 말은, 대개 맹자의 군자와 야인을 분별하는 방법을 은근히
파괴하고자 하는 것이다.)

관을 쓰는가?" "흰 비단으로 만든 관을 씁니다." "손수 그
비단을 짜는가?" "아닙니다. 곡식으로써 그것을 바꿉니
다." "허자는 어찌하여 비단을 손수 짜지 않는가?" "경작
에 방해가 되기 때문입니다." "허자는 가마솥의 시루에 불
을 때 가지고 밥을 지으며, 쇠붙이로 된 쟁기로써 밭을 가
는가?" "그렇습니다." "자신이 그것을 만드는가?" "아닙니
다. 곡식으로써 그것을 바꿉니다." [35)

자의 ○種–파종하다. ○粟–조 속. 곡류의 총칭. ○織–짤 직, 직
물 직. ○布–베 포. ○褐–털옷 갈. ○冠–관 관. ○易–바꿀 역.
○奚–어찌 해. ○素–흴 소. 소재. ○釜–가마 부. ○甑–시루 증.
○爨–불땔 찬.

(4-5) 以粟易械器者 不爲厲陶冶니 陶冶亦以其械器易
粟者 豈爲厲農夫哉리오 且許子는 何不爲陶冶하여
舍皆取諸其宮中而用之하고 何爲紛紛然與百工交
易고 何許子之不憚煩고 曰百工之事는 固不可耕且
爲也니라

(이속역계기자 불위려도야, 도야역이기계기역속자 기위려농부재.
차허자, 하불위도야, 사개취저기궁중이용지, 하위분분연여백공교
역, 하허자지불탄번, 왈백공지사, 고불가경차위야)

국역 "곡식으로써 기계를 바꾸는 것은 도공이나 야공을 해

---

35) 釜, 所以煮.(부는 삶는 것이다.) 甑, 所以炊.(증은 밥짓는 것이
다.) 爨, 然火也.(찬은 불때는 것이다.) 鐵, 耜屬也.(철은 보습 등
속이다.) 此語八反, 皆孟子問而陳相對也.(여기 말은 여덟 번 반
문한 것인데, 모두 맹자의 질문에 진상이 대답한 것이다.)

치는 것이 되지 않으니, 도공이나 야공 역시 그가 만든 기
계로써 곡식을 바꾸는 것이 어찌 농부를 해치는 것이 되
리오. 또 허자는 어찌하여 도기나 철기를 손수 만들지도
않고, 모두 그것을 그 집안에 가져다 쓰는 것을 그만두고,
어찌하여 번거롭고 귀찮게 백공들과 더불어 교역한단 말
인가? 어찌하여 허자는 번거로움을 꺼리지 않는가?" "백
공의 일은 진실로 경작을 하고 또 그 일을 할 수는 없습니
다."36)

자의 ㅇ厲－해칠 려. ㅇ陶－질그릇 도. 도공(陶工), 도자기. ㅇ冶－불
릴 야. 야공(冶工), 철기(鐵器). ㅇ豈－어찌 기. ㅇ舍－폐지하다(＝
捨). ㅇ諸－(＝之於). ㅇ宮－(＝室). ㅇ紛－어지러울 분. ㅇ紛紛
然－번거롭고 귀찮은 모습, 시끄러운 모습. ㅇ憚－꺼릴 탄. ㅇ煩－
번민할 번. ㅇ固－진실로 고.

(4-6) 然則治天下는 獨可耕且爲與아 有大人之事하고 有
小人之事하며 且一人之身而百工之所爲備하니 如
必自爲而後用之면 是는 率天下而路也니라 故로 曰
或勞心하며 或勞力이니 勞心者는 治人하고 勞力者는
治於人이라하니 治於人者는 食人하고 治人者는 食於

---

36) 此, 孟子言而陳相對也.(이것은 맹자의 말과 진상의 대답이다.)
械器, 釜甑之屬也.(계기는 가마솥과 시루 등속이다.) 陶, 爲甑
者.(도는 시루를 만드는 자이다.) 冶, 爲釜鐵者.(치는 가마솥과
쇠붙이를 만드는 자이다.) 舍, 止也. 或讀屬上句, 舍, 謂作陶冶
之處也.(사는 다만이다. 혹 윗 구에 붙여 읽기도 하는데, 사는
도야(陶冶)를 만드는 곳을 이른다.)

人이 天下之通義也니라

(연즉치천하, 독가경차위여. 유대인지사, 유소인지사, 차일인지신
이백공지소위비, 여필자위이후용지, 시, 솔천하이로야. 고, 왈 혹
노심, 혹노력, 노심자, 치인, 노력자, 치어인, 치어인자, 사인, 치
인자, 식어인, 천하지통의야)

국역 "그렇다면, 천하를 다스리는 일은, 홀로 밭 갈며 또 할
수 있겠는가 ? 대인이 할 일이 있고, 소인이 할 일이 있으
며, 또 한사람의 몸으로 백공의 하는 바를 구비하게 하여,
마치 반드시 자기가 만든 뒤에야 그것을 쓰게 한다면, 이
것은 천하 사람을 거느리고, 도로를 왕래하게 하는 것이니
라. 그러므로 옛말에 '어떤 자는 마음을 쓰고, 어떤 자는
힘을 쓴다.' 고 하였으니, 마음을 쓰는 자는 남을 다스리고,
힘을 쓰는 자는 남에게 다스림을 받는 자라는 것이니, 남
에게 다스림을 받는 자는 남을 먹여 살리고, 남을 다스리
는 자는 남에게서 얻어먹는 것이 천하의 공통한 법도이
다."37)

---

37) 此以下, 皆孟子言也.(이 이하는 모두 맹자의 말이다.) 路, 謂奔
走道路, 無時休息也.(노는 도로를 분주하게 다녀 휴식할 때가
없음을 이른다.) 治於人者, 見治於人也.('치어인자'는 남에게 다
스림을 받는 자이다.) 食人者, 出賦稅, 以給公上也.('식인'은 부
세를 내어서 그리고 공상에 공급하는 자이다.) 食於人者, 見食於
人也.('식어인'은 남에게 얻어먹는 것이라고 생각한다.) 此四句,
皆古語而孟子引之也.(이 네 구는 모두 옛말인데, 맹자가 그것을
인용한 것이다.) 君子, 無小人則飢, 小人, 無君子則亂, 以此相
易, 正猶農夫陶冶以粟與械器相易, 乃所以相濟, 而非所以相病

자의 ○大人-관직이 있는 자, 덕이 있는 자. ○備-갖출 비. ○率-
거느릴 솔. ○或-혹자, 어떤 사람. ○勞-힘쓸 로. ○食-먹을 식,
먹일 사.

(4-7) 當堯之時하여 天下猶未平하여 洪水橫流하여 氾濫
於天下하여 草木暢茂하며 禽獸繁殖이라 五穀不登하
며 禽獸偪人하여 獸蹄鳥跡之道가 交於中國이어늘
堯獨憂之하사 擧舜而敷治焉하시니 舜이 使益掌火하
신대 益이 烈山澤而焚之하여 禽獸逃匿이어늘 禹疏九
河하며 瀹濟漯而注諸海하시며 決汝漢하며 排淮泗而
注之江하시니 然後에 中國이 可得而食也하니 當是
時也하여 禹八年於外에 三過其門而不入하시니 雖
欲耕이나 得乎아

(당요지시, 천하유미평, 홍수횡류, 범람어천하, 초목창무, 금수번
식. 오곡불등, 금수핍인, 수제조적지도, 교어중국, 요독우지, 거순
이부치언. 순, 사익장화, 익, 열산택이분지, 금수도닉. 우소구하,
약제탑이주저해, 결여한, 배회사 이주지강. 연후, 중국, 가득이식
야, 당시시야, 우팔년어외, 삼과기문이불입, 수욕경, 득호)

국역 "요임금의 시대를 당하여서도 천하는 아직 평안하지

也.(군자는 소인이 없으면 굶주리고, 소인은 군자가 없으면 혼란
하니, 이것으로써 서로 교역함은, 바로 농부와 도야가 곡식과 기
계로써 서로 교역하는 것과 같으니, 바로 서로 구제하기 위한
것이요, 서로 해치기 위한 것이 아니다.) 治天下者, 豈必耕且爲
哉.(천하를 다스리는 자는 어찌 반드시 밭을 갈고 또 일을 해야
하겠는가?)

못하여, 홍수는 넘쳐서 천하에 범람하여, 초목은 우거지고 금수는 번성하였다. 오곡은 여물지를 못하고, 금수가 사람을 위협하여, 짐승 발자국과 새 발자취가 남긴 길이 나라의 중앙에도 얽혔거늘, 요임금이 홀로 그것을 우려하여 순을 거용하여 이를 널리 다스리게 하니, 순은 익으로 하여금 불을 관장하게 하였는데, 익이 산과 늪에 불을 질러 초목을 태우니, 금수는 도망하여 숨었다. 우가 구하를 뚫어 소통하고, 제수와 탑수를 소통하여 그것을 바다에 주입하며, 여수와 한수를 트고, 회수와 사수를 배수하여 장강에 주입하였다. 그런 뒤에 중국은 곡식을 심어 먹을 수가 있었으니, 이때를 당하여 우는 교외에서 8년 동안 있어서 자기 집 문 앞을 세 번 지나면서도 들어가지 못했으니, 비록 농사를 지으려 해도 할 수 있었겠는가?"38)

---

38) 天下猶未平者, 洪荒之世, 生民之害多矣, 聖人迭興, 漸次除治, 至此尙未盡平也.(천하는 오히려 아직도 평정되지 못했다는 것은, 홍황의 세대에 생민의 폐해가 많았는데, 성인이 차례로 나와서 점차 제거하고 다스렸으나, 이때에 이르기까지도 아직 다 평정되지 못하였다.) 洪, 大也.(홍은 큼이다.) 橫流, 不由其道而散溢妄行也.(횡류는 그 길을 경유하지 않고 흩어져 넘쳐서 멋대로 흐르는 것이다.) 氾濫, 橫流之貌(범람은 횡류의 모습이다.) 暢茂, 長盛也.(창무는 크게 무성함이다.) 繁殖, 衆多也.(번식은 많음이다.) 五穀, 稻黍稷麥菽也.(5곡은 벼, 기장, 피, 보리, 콩이다.) 登, 成熟也.(등은 성숙함이다.) 道, 路也.(도는 길이다.) 獸蹄鳥跡交於中國, 言禽獸多也.(짐승 발자국과 새 발자국이 국중에 교차했다는 것은 금수가 많음을 말한다.) 敷, 布也.(부는 펴는 것이다.) 益, 舜臣名.(익은 순임금의 신하이다.) 烈, 熾也.(열은 불이 성함

자의 ○橫流-물이 넘치다. ○氾-넘칠 범. ○濫-넘칠 람. ○暢-통할 창. 무성하다. ○茂-무성할 무. ○暢茂-우거지다. ○禽-새 금. ○獸-짐승 수. ○繁-번성할 번. ○殖-번식할 식. ○登-오르다, 익다, 여물다. ○偪-핍박할 핍. ○蹄-발굽 제. ○跡-발자국 적. ○交-얽히다, 교차하다. ○憂-근심 우. ○擧-들 거. ○敷-펼 부. 충분하다, 널리 ~하다. ○掌-손바닥 장. 관장하다. ○烈-불놓을 렬. ○澤-못, 늪. ○焚-태울 분. ○逃-도망할 도 ○匿-도망할 닉. ○疏-소통할 소. ○瀹-소통할 약. ○濟-건널 제. ○漯-물이름 탑. ○注-물댈 주. ○諸-(=之於). ○決-터지다, 무너지다. ○排-밀칠 배. 밀어내다, 내보내다. ○淮-물이름 회. ○泗-물이름 사.

(4-8) 后稷이 敎民稼穡하여 樹藝五穀한대 五穀熟而民人育하니 人之有道也에 飽食煖衣하여 逸居而無敎면

이다.) 禽獸逃匿然後, 禹得施治水之功.(금수가 도망하여 숨은 연후에, 우왕은 치수하는 일을 시행할 수 있었다.) 疏, 通也, 分也.(소는 통함이며, 분산함이다.) 九河：曰徒駭, 曰太史, 曰馬頰, 曰覆釜, 曰胡蘇, 曰簡, 曰潔, 曰鉤盤, 曰鬲津.(구하는 도해, 태사, 마협, 복부, 호소, 간, 결, 구반, 격진을 말한다.) 瀹, 亦疏通之意.(약은 역시 소통의 의미이다.) 濟漯, 二水名.(제·탑은 둘 다 물 이름이다.) 決排, 皆去其壅塞也.(결·배는 모두 그 막힘을 제거하는 것이다.) 汝漢淮泗, 亦皆水名也.(여·한·회·사는 역시 모두 물 이름이다.) 據禹貢及今水路, 惟漢水入江耳. 汝泗則入淮, 而淮自入海. 此謂四水皆入于江, 記者之誤也.('서경'의 '우공'에 근거하여 지금의 수로를 언급하면, 오직 한수가 강에 들어갈 뿐이다. 여수·사수는, 곧 회수에 들어가고, 회수는 스스로 바다에 들어간다. 이 사수가 모두 강에 들어간다고 말한 것은, 기록한 자의 착오이다.)

則近於禽獸일새 聖人이 有憂之하사 使契爲司徒하여
敎以人倫하시니 父子有親하며 君臣有義하며 夫婦有
別하며 長幼有序하며 朋友有信이니라 放勳曰 勞之
來之하며 匡之直之하며 輔之翼之하여 使自得之하고
又從而振德之라하시니 聖人之憂民이 如此하시니 而
暇耕乎아

(후직, 교민가색, 수예오곡, 오곡숙이민인육, 인지유도야, 포식난
의, 일거이무교, 즉근어금수, 성인, 유우지, 사설위사도, 교이인륜,
부자유친, 군신유의, 부부유별, 장유유서, 붕우유신. 방훈왈 노지
래지, 광지직지, 보지익지, 사자득지, 우종이진덕지, 성인지우민,
여차, 이가경호)

(국역) "후직이 백성들에게 농사 짓는 법을 가르쳐서, 오곡을
심고 가꾸게 하였는데, 오곡이 잘 익어서 백성들이 잘 길
러지게 되니, 사람에게는 사람되는 도리가 있거늘, 배불리
먹고, 따뜻하게 입고 편안히 살면서 교육이 없으면, 금수
에 가깝게 된다. 성인이 이것을 근심하여, 설(契)을 사도
가 되게 하여 인륜으로써 가르치니, 부자간에는 친근함이
있으며, 군신간에는 의리가 있으며, 부부간에는 분별이 있
으며, 장유간에는 차례가 있으며, 붕우간에는 신용이 있느
니라. 방훈이 말하기를, '그들을 위로하고 그들을 따라오게
하며, 그들을 바르게 잡아주고 그들을 정직하게 잡아주며,
그들을 서로 보좌하게 하고 그들을 양쪽에서 서로 돕게
하여, 스스로 불변의 윤리를 터득하게 하고, 또 따라하며
덕을 사방에 떨치게 하라.'고 하였다. 성인이 백성을 근심

함이 이와 같았으니, 농사지을 여가가 있었겠는가?"39)

---

39) 言水土平然後, 得以敎稼穡, 衣食足然後, 得以施敎化(수토가 평
정된 연후에 농사짓는 법을 가르칠 수 있고, 의식이 풍족한 연
후에 교화를 시행할 수 있음을 말한 것이다.) 后稷, 官名, 棄爲
之.(후직은 관명이니, 기가 이것을 만들었다.) 然, 言敎民則亦非
並耕矣.(그러나 백성을 가르쳤다고 말한 것이, 곧 역시 함께 밭
을 간 것은 아니다.) 樹, 亦種也.(수는 역시 파종이다.) 藝, 殖
也.(예는 번식함이다.) 契, 亦舜臣名也.(설은 역시 순임금의 신하
이름이다.) 司徒, 官名也.(사도는 관명이다.) 人之有道, 言其皆有
秉彝之性也.(사람에게 지켜야 할 정도가 있다는 것은, 그들이 모
두 그대로 지켜야 할 타고난 천성을 가지고 있음을 말한 것이
다.) 然, 無敎, 則亦放逸怠惰而失之, 故, 聖人, 設官而敎以人倫,
亦因其固有者而道之耳.(그러나 가르침이 없으면 역시 방일하고
태타하여 그것을 상실한다. 그러므로 성인이 관직을 설치하여 인
륜으로써 가르쳤으니, 역시 그 고유한 것으로부터 그들을 인도하
였을 뿐이다.) 書曰: 天敍有典, 敕我五典, 五, 惇哉. 此之謂也.
('서경' '고요모'에 이르기를, '하늘이 또 법전을 펴서, 우리들에게
다섯 가지 법전을 지키도록 명령하시니, 오전을 확고하게 하소
서' 하였으니, 이것을 말한 것이다.) 放勳, 本史臣贊堯之辭, 孟子
因以爲堯號也.(방훈은 본래 사관이 요임금을 칭찬한 말인데, 맹
자가 잇따라 요를 위하여 불렀기 때문이다.) 德, 猶惠也.(덕은
혜택과 같다.) 堯言, 勞者, 勞之, 來者, 來之, 邪者, 正之, 枉者,
直之, 輔以立之, 翼以行之, 使自得其性矣, 又從而提撕警覺以加
惠焉, 不使其放逸怠惰而或失之, 蓋命契之辭也.(요가 말하기를,
수고로운 자는 위로하고, 오는 자는 오게 하며, 부정한 자는 바
르게 하고, 굽은 자는 곧게 하며, 도와서 세우고, 날개를 달아서
나아가게 하여, 자기로 하여금 그 성품을 터득하게 한다. 또 따
라서 분발시키고 경각심과 그리고 혜택을 추가하여, 그 방일, 태
타, 혹시 그것을 상실하지 않게 하라고 하였으니, 대개 설에게

자의 ㅇ后-임금 후. ㅇ稷-기장 직. ㅇ后稷-주나라 선조. ㅇ稼-심을 가. ㅇ穡-거둘 색. ㅇ稼穡-파종과 수확. ㅇ五穀-벼(稻), 기장(黍), 피(稷), 보리(麥), 콩(菽). ㅇ熟-익을 숙. ㅇ飽-배부를 포. ㅇ煖-따뜻할 난. ㅇ逸-달아날 일. 안일하다. ㅇ契-이름 설. 순의 신하, 상(商)의 시조. ㅇ放勳-요임금 이름. ㅇ匡-바로잡을 광. ㅇ直-바로잡을 직. ㅇ輔-도울 보. 보좌하다, 서로 돕다. ㅇ翼-도울 익. 돕다, 보좌하다. ㅇ振-떨칠 진. ㅇ暇-겨를 가.

(4-9) **堯는 以不得舜으로 爲己憂**하시고 **舜는 以不得禹皋陶로 爲己憂**하시니 **夫以百畝之不易로 爲己憂者는 農夫也**니라

　　(요, 이부득순, 위기우, 순, 이부득우고요, 위기우. 부이백무지불이, 위기우자, 농부야)

국역 "요는 순을 얻지 못하는 것으로써 자기의 근심으로 삼았고, 순은 우와 고요를 얻지 못하는 것으로써 자기의 근심으로 삼았다. 대저 백무의 농지를 다스리지 못하는 것으로써 자기의 근심으로 삼는 것은 농부이다."40)

자의 ㅇ不得-얻지 못하다. ㅇ憂-근심할 우. ㅇ皋-언덕 고. ㅇ陶-즐거울 요. ㅇ皋陶-순임금 때 사법관. ㅇ畝-밭이랑 무. 농지.

　　명령한 말이다.)

40) 易, 治也.(이는 다스림이다.) 堯舜之憂民, 非事事而憂之也, 急先務而已. 所以憂民者其大如此, 則不惟不暇耕, 而亦不必耕矣.(요·순이 백성을 걱정한 것은 일마다 그것을 걱정한 것이 아니고, 먼저 해야 할 일을 급히 했을 뿐이다. 그러니까 백성을 걱정한 것이, 아마 이와 같이 컸다면, 오직 밭을 갈 겨를이 없었을 것이며, 역시 밭을 갈 필요도 없었을 것이다.)

ㅇ易-쉬울 이, 바꿀 역, 다스릴 이.

(4-10) **分人以財**를 **謂之惠**요 **敎人以善**을 **謂之忠**이요 **爲天下得人者**를 **謂之仁**이니 **是故**로 **以天下與人**은 **易**하고 **爲天下得人**은 **難**하니라

(분인이재, 위지혜, 교인이선, 위지충. 위천하득인자, 위지인, 시고, 이천하여인, 이, 위천하득인, 난)

〔국역〕 "남에게 재물을 분배하여 주는 것을 일러 시혜라 하며, 남에게 선하게 가르쳐 주는 것을 일러 충이라 하는 것이요, 천하를 다스리기 위하여 인재를 얻는 것을 일러 인정이라고 하는 것이니, 이 때문에 천하로써 남에게 주는 것은 쉽고, 천하를 위하여 인재를 얻는 것은 어려운 일이니라."41)

〔자의〕 ㅇ分-분배하다. ㅇ惠-은혜 혜. ㅇ謂-말할 위. ㅇ與-줄 여. ㅇ易-쉬울 이.

(4-11) **孔子曰 大哉**라 **堯之爲君**이여 **惟天**이 **爲大**어늘 **惟**

---

41) 分人以財, 小惠而已. 敎人以善, 雖有愛民之實, 然, 其所及, 亦有限而難久.(남에게 재물로써 나누어줌은 작은 은혜일 뿐이요, 남에게 선으로써 가르쳐 줌은, 비록 백성을 사랑하는 실제가 있더라도, 그러나 그 미치는 바에 역시 한계가 있고 오래 하기 어렵다.) 惟若堯之得舜, 舜之得禹皐陶, 及所謂爲天下得人者, 而其恩惠廣大, 敎化無窮矣, 此其所以爲仁也.(오직 요가 순을 얻고, 순이 우와 고요를 얻은 것과 같아야, 소위 천하를 위하여 인재를 얻는다는 것에 미치는 것이니, 그 은혜가 광대하고, 교화가 무궁할 것이니, 이것이 아마 인을 하는 까닭일 것이다.)

堯則之하시니 蕩蕩乎民無能名焉이로다 君哉라 舜
也여 巍巍乎有天下而不與焉이라하시니 堯舜之治
天下에 豈無所用其心哉시리오마는 亦不用於耕耳시
니라

(공자왈 대재. 요지위군. 유천, 위대, 유요칙지, 탕탕호민무능명
언. 군재. 순야. 외외호유천하이불여언, 요순지치천하, 기무소용
기심재, 역불용어경이)

(국역) 공자가 말씀하였다. "위대하도다. 요의 임금노릇 함이
여! 오직 하늘만이 위대하거늘, 오직 요임금이 이것을 본
받았으니, 그 성덕이 넓고 넓어 백성들이 능히 어떤 이름
을 붙여 부를 수가 없도다. 성군이로다! 순이여! 높고 높
도다. 천하를 소유하고서도 그것에 상관하지 아니하였으
니! 요순이 천하를 다스리는 데 어찌 그 마음 쓰는 바가
없었겠는가마는, 역시 농사 짓는 일만에 마음을 쓰지 않으
셨는지라."42)

(자의) ㅇ蕩-넓을 탕. ㅇ蕩蕩-넓고 넓은 모양. ㅇ巍-높을 외. ㅇ巍
巍-높고 높은 모양. ㅇ與-관여할 여.

(4-12) 吾聞用夏變夷者요 未聞變於夷者也로라 陳良은
楚産也니 悅周公仲尼之道하여 北學於中國이어늘

---

42) 則, 法也.(칙은 법이다.) 蕩蕩, 廣大之貌(탕탕은 광대한 모양이
다.) 君哉, 言盡君道也.(군재는 군주의 도리를 다함을 말한 것이
다.) 巍巍, 高大之貌.(외외는 높고 큰 모양이다.) 不與, 猶言不
相關, 言其不以位爲樂也.(불여는 상관하지 않는다는 말과 같으
며, 그것은 지위로써 낙을 삼지 않는다는 말이다.)

北方之學者가 未能或之先也하니 彼所謂豪傑之
士也라 子之兄弟事之數十年이라가 師死而遂倍之
온여

(오문용하변이자, 미문변어이자야. 진량, 초산야, 열주공중니지
도, 북학어중국, 북방지학자, 미능혹지선야, 피소위호걸지사야.
자지형제사지수십년, 사사이수배지)

국역 "나는 중하의 법이 오랑캐의 법을 변화시켰다는 말은
들었어도, 오랑캐의 법으로부터 변화되었다는 말은 아직
듣지 못하였다. 진량은 초나라 출신인데, 주공과 중니의
도를 기뻐하여, 나라의 중심에서 배우러 북쪽으로 갔거늘,
북방에 가서 배운 자가, 그보다 먼저 간 어떤 자도 아직은
없었을 것이니, 그는 소위 호걸지사라 할 것이다. 그대의
형제가 수십년 동안 섬기다가, 스승이 죽자 마침내 그를
배반하는구나!"[43]

---

43) 此以下, 責陳相倍師而學許行也.(이것 이하는, 진상이 스승을 배
반하여 허행에게 배운 것을 꾸짖은 것이다.) 夏, 諸夏禮義之敎
也.(하는 모든 하나라의 예의의 가르침이다.) 變夷, 變化蠻夷之
人也.(변이는, 만이의 사람을 변화시킴이다.) 變於夷, 反見變化於
蠻夷之人也.('변어이'는 반대로 만이의 사람들로부터 변화를 당
하는 것이다.) 産, 生也.(산은, 생산이다.) 陳良生於楚, 在中國之
南, 故, 北遊而學於中國也.(진량이 초나라에서 태어나, 중국의
남쪽에 있었거늘, 그러므로 북쪽으로 유람하여 중국에서 배운 것
이다.) 先, 過也.(선은, 뛰어남이다.) 豪傑, 才德出衆之稱, 言其能
自拔於流俗也.(호걸은 재주와 덕이 출중한 자의 칭호이니, 그는
스스로 유속에서 뽑힌 것을 말한 것이다.) 倍, 與背同.(배는, 배

(자의) ○夏-중국의 옛 이름. ○夷-오랑캐 이. ○産-낳을 산. ○悅-
기쁠 열. ○仲尼-공자의 자(字). ○中國-나라의 중심. ○北-북녘
북. 북쪽으로 가다, 분리하다. ○或-어떤 혹. ○彼-저 피. ○豪-뛰
어날 호. ○傑-뛰어날 걸. ○事-섬길 사. ○遂-이룰 수, 따를 수.
마침내, 결국. ○倍-배반하다.

(4-13) 昔者에 孔子沒커시늘 三年之外에 門人이 治任將歸
할새 入揖於子貢하고 相嚮而哭하여 皆失聲然後歸
어늘 子貢은 反하여 築室於場하여 獨居三年然後에
歸하니라 他日에 子夏子張子游 以有若似聖人이라
하여 欲以所事孔子로 事之하여 彊曾子한대 曾子曰
不可하니 江漢以濯之며 秋陽以暴之라 皜皜乎不
可尙已라하시니라

(석자, 공자몰, 삼년지외, 문인, 치임장귀, 입읍어자공, 상향이곡,
개실성연후귀, 자공, 반, 축실어장, 독거삼년연후, 귀. 타일, 자하
자장자유 이유약사성인, 욕이소사공자, 사지, 강증자, 증자왈 불
가, 강한이탁지, 추양이포지, 호호호불가상이)

(국역) 옛날 공자가 돌아가시고 3년이 지나자, 문인들이 짐
을 정리하여 장차 돌아갈 적에, 들어가서 자공에게 읍을
하고, 서로 향하여 울었는데, 모두 목이 메인 뒤에 돌아갔
다. 자공은 다시 돌아와서 공자의 묘 마당에 집을 짓고 홀
로 3년을 지낸 뒤에 돌아갔다. 후일 자하, 자장, 자유 그리

반과 같다.) 言陳良用夏變夷, 陳相變於夷也.(진량은 중하의 법을
사용하여 오랑캐를 변화시켰는데, 진상은 오랑캐로부터 변화되었
음을 말한 것이다.)

고, 유약이 성인을 닮았다고 하여, 공자를 섬기던 바로써
그를 섬기고자 하여 증자에게 강요하자, 증자가 말하기를,
"안 된다. 장강과 한수로써 씻는 것과 같으며, 가을볕에
쪼이는 것과 같은지라, 한없이 희고 희어 더 보탤 것이 없
을 뿐이다."고 하였다.44)

(자의) ○昔-옛 석. ○沒-죽을 몰. ○外-안의 대칭. ○治-처리하다,
정리하다. ○任-짐 임. ○揖-읍할 읍. ○嚮-행할 향. ○哭-울
곡. ○失聲-목이 메이다. ○彊-억지로 강(=强). ○濯-씻을 탁.
○暴-햇볕 쪼일 포. ○皜-흴 호 ○尚-더할 상. ○已-뿐이 이.

---

44) 三年, 古者, 爲師心喪三年, 若喪父而無服也.(3년은 옛날 스승을
위하여 심상 3년을 입었으니, 아버지를 잃은 것과 똑같이 하되,
복이 없었다.) 任, 擔也.(임은 담당함이다.) 場, 冢上之壇場也.(장
은 무덤 가의 단과 마당이다.) 有若似聖人, 蓋其言行氣象, 有似
之者, 如檀弓所記子游謂有若之言, 似夫子之類是也.(유약이 성인
과 유사하다는 것은, 대개 그 언행과 기상이, 그와 유사함이 있
었던 것이다. '단궁'에 기록된 바와 같이, 자유가 이르기를 유약
의 말이 부자와 흡사했다는 부류가 이것이다.) 所事孔子, 所以事
夫子之禮也.(공자를 섬기던 바는, 그러니까 부자를 섬기던 예의
다.) 江漢, 水多, 言濯之潔也.(강한은 물이 많다는 것이니, 세탁
이 깨끗하였음을 말한 것이다.) 秋日, 燥烈, 言暴之乾也.(가을
햇볕은 건조하고 따가우니, 햇볕이 쬐어 말리는 것을 말한 것이
다.) 皜皜, 潔白貌(호호는 결백한 모양이다.) 尚, 加也.(상은 더
함이다.) 言夫子道德明著, 光輝潔白, 非有若所能彷彿也.(부자의
도덕이 밝게 드러나서, 빛나고 깨끗하고 희니, 유약이 능히 방불
할 수 있는 바가 아님을 말한 것이다.) 或曰 : 此三語者, 孟子贊
美曾子之辭也.(혹자가 말하였다. 이 세 말은, 맹자가 증자를 찬
미한 말이라 하였다.)

(4-14) 今也에 南蠻鴃舌之人이 非先王之道어늘 子倍子
之師而學之하니 亦異於曾子矣로다

(금야, 남만격설지인, 비선왕지도, 자배자지사이학지, 역이어증
자의)

국역 "그런데 지금 남만지방의 때까치같이 알아듣기 힘든
말로 떠벌이는 사람들이 선왕의 도를 비난하거늘, 그대는
그대의 스승을 배반하고 그를 배우니, 역시 증자와는 다르
다."45)

자의 ㅇ蠻-오랑캐 만. ㅇ南蠻-남쪽의 이민족. ㅇ鴃-때까치 격.
ㅇ鴃舌-알아듣기 힘든 말. ㅇ倍-배반할 배.

(4-15) 吾聞出於幽谷하여 遷于喬木者요 未聞下喬木而
入於幽谷者로라

(오문출어유곡, 천우교목자, 미문하교목이입어유곡자)

국역 "나는, 새가 으슥한 골짜기에서 나와 높은 나무로 옮겨
간다는 말은 들었어도, 높은 나무에서 내려와서 으슥한 골
짜기로 들어간다는 말은 아직 듣지 못하였다."46)

---

45) 鴃, 博勞也, 惡聲之鳥.(격은 때까치이니, 듣기 싫은 소리를 내는
새이다.) 南蠻之聲似之, 指許行也.(남쪽 오랑캐의 소리가 이와
유사하니, 허행을 가리킨 것이다.)

46) 小雅伐木之詩云 : 伐木丁丁, 鳥鳴嚶嚶, 出自幽谷, 遷于喬木.('시
경' '소아'편 '벌목'장의 시에 이르기를 '나무 베기를 땅땅하거늘,
새 울음은 재잘재잘하도다. 으슥한 골짜기로부터 나와서 높은 나
무로 옮겨가네'라 하였다.)

(자의) ㅇ幽-그윽할 유. ㅇ遷-옮길 천. ㅇ喬-높을 교.

(4-16) 魯頌曰 戎狄是膺하니 荊舒是懲아하니 周公이 方且
膺之어시늘 子是之學하니 亦爲不善變矣로다

(노송왈 융적시응, 형서시징, 주공, 방차응지, 자시지학, 역위불
선변의)

(국역) "'노송'에 이르기를 '서융과 북적을 이미 응징하고, 형
국과 서국을 이미 징계했다.'고 하였으니, 주공이 바야흐로
또 그를 응징하려 하였는데, 그대는 그것을 배우니, 역시
잘 변화하지 못하고 있는 것이로다."[47]

(자의) ㅇ魯-노나라 노. ㅇ頌-외울 송. ㅇ戎-군사 융. 서쪽의 이민
족. ㅇ狄-오랑캐 적. 북방종족 이름. ㅇ膺-징계할 응. ㅇ荊-가시
나무 형. ㅇ舒-펼 서. ㅇ懲-징계할 징. ㅇ方-바야흐로 방.

(4-17) 從許子之道면 則市賈不貳하여 國中이 無僞하여 雖
使五尺之童適市라도 莫之或欺니 布帛長短同이면
則賈相若하며 麻縷絲絮輕重同이면 則賈相若하며
五穀多寡同이면 則賈相若하며 屨大小同이면 則賈

---

47) 魯頌, 閟宮之篇也.(노송은 '비궁'편이다.) 膺, 擊也.(응은 공격함
이다.) 荊, 楚本號也.(형은 초나라의 본래 칭호이다.) 舒, 國名,
近楚者也.(서는 국명이니, 초나라와 가깝다.) 懲, 艾也.(징은 다
스림이다.) 按今此詩, 爲僖公之頌, 而孟子以周公言之, 亦斷章取
義也.(생각건대, 지금 이 시는, 희공의 송(頌)인데, 맹자가 그것
을 주공의 말이라 여겼으니, 역시 장(章)을 잘라 뜻만을 취한 것
이다.)

相若이니라

(종허자지도, 즉시가불이, 국중, 무위. 수사오척지동적시, 막지혹기, 포백장단동, 즉가상약, 마루사서경중동, 즉가상약, 오곡다과동, 즉가상약, 구대소동, 즉가상약)

국역 "허자의 도를 따르면, 시장의 물건값이 둘이 아니어서, 나라 안에 허위가 없으며, 비록 5척의 동자로 하여금 시장에 가게 하더라도, 어떤 자도 그를 속일 수 없을 것이니, 베와 비단의 장단이 같으면, 그 가격은 서로 같으며, 삼실과 명주솜의 무게가 서로 같으면 그 가격은 서로 같으며, 오곡의 수량의 많고 적음이 서로 같으면 그 가격이 서로 같으며, 신발의 크고 작음이 서로 같으면 그 가격은 서로 같을 것입니다."48)

자의 ㅇ賈-값 가(價). ㅇ貳-둘 이(二). ㅇ僞-거짓 위. ㅇ雖-비록 수. ㅇ使-하여금 사. ㅇ適-갈 적. ㅇ莫-없을 막. ㅇ或-어떤 혹. ㅇ欺-속일 기. ㅇ帛-비단 백. ㅇ麻-삼 마. ㅇ縷-실올 루. ㅇ絲-실 사. ㅇ絮-솜 서. ㅇ屨-신 구.

---

48) 陳相, 又言許子之道如此 蓋神農, 始爲市井.(진상이 또 허자의 도가 이와 같다고 말하였으니, 대개 신농씨가 처음으로 시가(市街)를 만들었다.) 故, 許行, 又託於神農, 而有是說也.(그러므로 허행은, 또 신농씨에 의탁하여, 또 이렇게 말하였다.) 五尺之童, 言幼小無知也.(5척의 동자란, 어려서 알지 못함을 말한다.) 許行, 欲使市中所粥之物, 皆不論精粗美惡, 但以長短輕重多寡大小爲價也.(허행은 시중에서 파는 바의 물건으로 하여금, 모두 정밀, 조잡, 좋고, 나쁨을 논하지 않고, 단지 장단, 경중, 다과, 대소만으로써 값을 따진다고 한 것이다.)

(4-18) 曰 夫物之不齊는 物之情也니 或相倍蓰하며 或相
什伯(百)하며 或相千萬이어늘 子比而同之하니 是는
亂天下也로다 巨屨小屨同賈면 人豈爲之哉리오 從
許子之道면 相率而爲僞者也니 惡能治國家리오
(왈 부물지부제, 물지정야, 혹상배사, 혹상십백(백), 혹상천만,
자비이동지, 시, 난천하야. 거구소구동가, 인기위지재. 종허자지
도, 상률이위위자야, 오능치국가)

国역 "대저 물건값이 똑같지 않음은 물건의 실정 때문이니,
어떤 것은 값의 차이가 서로 1배, 5배, 어떤 것은 서로 차
이가 10배, 백배, 어떤 것은 서로 차이가 천배, 만배가 되
거늘, 그대는 이것을 비교하여 같다니, 이것은 천하를 혼
란케 하는 짓이다. 큰 신과 작은 신의 값이 같다면, 신을
만드는 사람이 어찌 큰 것을 만들겠는가? 허자의 도를 따
르면 서로 솔선하여 허위를 할 것이니, 어찌 능히 나라를
다스릴 수 있겠는가?"49)

---

49) 倍, 一倍也.(배는 1배요.) 蓰, 五倍也.(사는 5배이다.) 什伯千萬,
皆倍數也.(십, 백, 천, 만은 모두 배수이다.) 比, 次也.(비는 배열
함이다.) 孟子言物之不齊, 乃其自然之理, 其有精粗, 猶其有大小
也. 若大屨小屨同價, 則人豈肯爲其大者哉.(맹자는, 물건이 똑같
지 않음은, 바로 그것은 자연의 이치이다. 그것에 정밀, 조잡함
이 있음은, 그것에 대소가 있음과 같다. 만약 큰 신과 작은 신이
같은 값이면, 사람들이 어찌 즐겁게 그 큰 것을 만들겠는가?)
今不論精粗, 使之同價, 是, 使天下之人, 皆不肯爲其精者, 而競
爲濫惡之物, 以相欺耳.(그런데 지금 정밀, 조잡을 논하지 않고,
그것으로 하여금 같은 값으로 한다면, 이는 천하의 사람들로 하

(자의) ㅇ齊—가지런할 제. ㅇ或—어떤 혹. ㅇ倍—곱절 배. ㅇ蓰—다섯 배 사. ㅇ什—열 십. ㅇ屨—신 구. ㅇ惡—어찌 오.

(해설) 등문공이 맹자의 권유를 받들어 선정을 펴자, 사방에서 현자들이 모여들었다. 농가인 허행의 무리들도 등나라에 이주해 왔다. 진상도 허행을 따라왔다. 그는 원래 유가였다. 그가 허행의 관점을 맹자에게 소개했다. 그래서 맹자는 진상과 사회적 분업의 문제를 가지고 논쟁을 벌였던 것이다. 농가의 기본 주장은 이렇다. 모든 사람은 직접 농사를 짓고, 옷감을 짜 입어야 한다. 군주 역시 마찬가지다. 그러나 맹자의 입장은 이와 달랐다. 그것은 '마음을 수고롭게 하는 자는 남을 다스리고, 몸을 수고롭게 하는 자는 남에게 다스림을 받는다'는 것이다.

즉 맹자는 모든 일에는 전문성이 있고 물건의 교환이 효율적이라면서 허행의 방식을 반박하며, 정치 교육 등이 농사를 지으면서 병행하여도 될만큼 쉬운 것이 아니라며 우왕, 후직, 사도, 요임금의 일을 예로 들었다. 또 정치의 역할은 백성을 부유하게 하고 도덕을 깨우쳐 사람답게 살게 하는 것이고, 이것을 계속하자면 후계자를 발견하여 양성하는 것도 쉽지 않은데, 이런 막중한 일을 농사를 지으면서 과연 잘할 수 있겠느냐는 것이다. 이 논쟁에서 맹자는 정신노동[勞心]과 육체노동[勞力]의 분업이 합리적임

여금, 모두 기꺼이 정밀한 것을 만들지 않고, 다투어서 극악한 물건을 만들어서, 그리고 서로 기만하게 할 뿐이다고 말한 것이다.)

을 논증하였다. 지언(知言)과 선변(善辯)이 완전히 일치하고 있다. 지언의 훌륭한 사례라 할 것이다.

이 장은 이단(異端)을 배척하는 내용으로, 그 설명이 왕도정치의 실현방법을 말한 양혜왕장구 상 제7장과 독립적 인격함양에 관한 공손추장구 상 제2장과 더불어 상당히 길다.

제5장 묵자 이지(墨者夷之章 第五)

(5-1) 墨者夷之 因徐辟而求見孟子한대 孟子曰 吾固願見이러니 今吾尚病이라 病愈어든 我且往見하리니 夷子는 不來니라

(묵자이지, 인서벽이구견맹자. 맹자왈 오고원견, 금오상병, 병유, 아차왕견, 이자, 불래)

국역 묵자의 학설을 따르는 이지가 서벽에 의거하여 맹자를 만나보기를 요구하자, 맹자가 말씀하였다. "나도 진실로 만나보기를 원하나, 그런데 지금 오히려 병중이라 병이 나으면 내가 또 가서 만날 것이니, 이자는 올 것까지 없다."50)

---

50) 墨者, 治墨翟之道者.(묵자는 묵적의 도를 연구하는 자이다.) 夷, 姓, 之, 名.(이는 성이요, 지는 이름이다.) 徐辟, 孟子弟子.(서벽은 맹자의 제자이다.) 孟子稱疾, 疑亦託辭以觀其意之誠否.(맹자가 병을 칭탁한 것은, 의심컨대, 역시 그의 뜻의 성실 여부를 관찰하기 위하여 핑계를 댔던 것이다.)

(자의) ○墨-먹 묵. ○墨者-묵적(墨翟)의 학설을 배운 자. ○夷-오랑 캐 이. ○因-원인, 때문에, ~에 의거하다. ○辟-임금 벽. ○固-진 실로 고. ○尙-오히려 상. ○愈-병나을 유.

(5-2) 他日에 又求見孟子한대 孟子曰 吾今則可以見矣어 니와 不直則道不見하나니 我且直之하리라 吾聞夷子 는 墨者라하니 墨之治喪也는 以薄爲其道也라 夷子 는 思以易天下하나니 豈以爲非是而不貴也리오 然 而夷子葬其親厚하니 則是以所賤事親也로라

(타일, 우구견맹자, 맹자왈 오금즉가이견의, 부직즉도불현, 아차 직지. 오문이자, 묵자, 묵지치상야, 이박위기도야. 이자, 사이역천 하, 기이위비시이불귀야, 연이이자장기친후, 즉시이소천사친야)

(국역) 뒷날 또 맹자를 만나뵙기를 요구하자, 맹자가 말씀하 였다. "나는 이제는 만나볼 수 있다. 바르게 의견을 펴지 않으면 도는 나타나지 않는 법이니, 나는 또 그것을 바르 게 펴 말하겠다. 나는 이자가 묵가라고 들었으니, 묵가는 상례를 치르는 데 검박으로써 그 도리로 삼는다. 이자는 이 도리로 천하를 바꾸려고 생각하니, 어찌 옳지 않다고 여겨서 귀하지 않겠는가? 그러나 이자는 그 어버이의 장 례를 후하게 하였으니, 곧 자기가 천시하는 것으로써 그 어버이를 섬긴 것이다."51)

---

51) 又求見, 則其意已誠矣, 故, 因徐辟以質之如此(또 만나보기를 요구했으면, 그 뜻이 이미 정성스럽다. 그러므로 서벽으로부터 그리고 질정함이 이와 같았다.) 直, 盡言以相正也.(직은 말을 다

자의 ㅇ直-펼 직. ㅇ夷子-이지의 존칭. ㅇ喪-상례. ㅇ薄-엷을 박. 검박하다. ㅇ事-섬길 사.

(5-3) **徐子以告夷子**한대 **夷子曰 儒者之道**에 **古之人**이 **若保赤子**라하니 **此言**은 **何謂也**오 **之則以爲愛無差 等**이요 **施由親始**라하노라 **徐子以告孟子**한대 **孟子曰 夫夷子**는 **信以爲人之親其兄之子**가 **爲若親其鄰之 赤子乎**아 **彼有取爾也**니 **赤子匍匐將入井**이 **非赤子 之罪也**라 **且天之生物也**는 **使之一本**이어늘 **而夷子 는 二本故也**로다

(서자이고이자, 이자왈 유자지도, 고지인, 약보적자, 차언, 하위야. 지즉이위애무차등, 시유친시. 서자이고맹자, 맹자왈 부이자, 신이 위인지친기형지자, 위약친기린지적자호. 피유취이야, 적자포복장 입정, 비적자지죄야. 차천지생물야, 사지일본, 이이자, 이본고야)

국역 서자가 이 말을 이자에게 고하자, 이자가 말하였다. "유가의 도리에 옛사람이 갓난아이를 돌보듯이 하였다 하

해서 서로 질정하는 것이다.) 莊子曰 : 墨子, 生不歌, 死無服, 桐棺三寸而無槨. 是, 墨之治喪, 以薄爲道也.(장자가 말하였다. 묵자는, 살아서는 노래하지 않고, 죽어서는 복이 없고, 오동나무 관 3촌을 쓰나 곽이 없다 하였으니, 이것은 묵자의 상을 다스림 이 검박한 것으로써 도로 삼는 것이다.) 易天下, 謂移易天下之 風俗也.('역천하'는, 천하의 풍속을 옮기고 바꾸는 것을 이른다.) 夷子學於墨氏, 而不從其教, 其心, 必有所不安者, 故, 孟子因以 詰之.(이자는 묵씨로부터 배웠으되, 그 가르침에 따르지 않았으 니, 그 마음에 반드시 불안한 바가 있었을 것이다. 그러므로 맹 자는 잇따라 그리고 그를 힐난한 것이다.)

니, 이 말은 무엇을 말하는가? 그것은 곧, 사랑을 함에는
차등이 없다고 생각하는 것이요, 그의 시행은 어버이로부
터 시작한다고 여기노라." 서자가 이 말을 맹자에게 고하
자, 맹자가 말씀하였다. "대저 이자는 진실로 사람들이 그
형의 아들을 친애함이, 그 이웃의 갓난아이를 친애함과 같
다고 생각하는가? 저 '서경'의 말뜻을 다른 데서 취하고
있을 뿐이다. 갓난아이가 기어서 장차 우물 안으로 들어가
려 하는 것이 그 갓난아이의 죄가 아니라고 말한 것이다.
또 하늘이 만물을 생겨나게 하는 데는 근본을 하나이게
하였거늘, 이자는 근본을 둘로 하고 있기 때문이다."52)

---

52) 若保赤子, 周書康誥篇文, 此儒者之言也. 夷子引之, 蓋欲援儒而
入於墨, 以拒孟子之非己.('약보적자'는 '서경' '주서 강고편'에 있
는 글이니, 이것은 유자의 말이다. 이자가 이것을 인용한 것은,
아마 유자를 끌고 묵자에 들어가서, 그리고 맹자가 자기를 비난
하는 것을 거절하고자 한 것이요.) 又曰 : 愛無差等, 施由親始,
則推墨而附於儒, 以釋己所以厚葬其親之意, 皆所謂遁辭也.(또
말하였다. 사랑에는 차등이 없고, 베풂은 어버이로부터 시작한다
고 말한 것은, 묵자를 밀치고, 유자에 붙어서, 자기가 그 어버이
를 후하게 장사한 까닭의 뜻을 해석하려고 생각한 것이니, 모두
소위 핑계대는 말이다.) 孟子言人之愛其兄子與鄰之子, 本有差
等. 書之取譬, 本爲小民無知而犯法, 如赤子無知而入井耳.(맹자
의 말은, 사람이 그 형의 아들과 이웃집의 아들을 사랑함에는
본래 차등이 있다. '서경'이 취한 비유는, 본래 서민들이 알지 못
하여 범법을 하는 것이, 마치 어린아이가 알지 못하여 우물에
들어가는 것과 같다는 것일 뿐이다.) 且人物之生, 必各本於父母
而無二, 乃自然之理, 若天使之然也.(또 인물이 태어남은, 반드시

자의 ○赤子-갓난아이. ○以爲-여기다, 생각하다. ○由-~에서, ~부터, ~에 의하여. ○鄰-이웃 린. ○彼-저 피. ○爾-뿐이 이. ○匍-기어갈 포. ○匐-기어갈 복.

(5-4) 蓋上世에 嘗有不葬其親者러니 其親死어늘 則擧而委之於壑하고 他日過之할새 狐狸食之하며 蠅蚋姑嘬之어늘 其顙有泚하여 睨而不視하니 夫泚也는 非爲人泚라 中心이 達於面目이니 蓋歸하여 反虆梩而掩之하니 掩之誠是也면 則孝子仁人之掩其親이 亦必有道矣리라

(개상세, 상유부장기친자, 기친사, 즉거이위지어학, 타일과지, 호리식지, 승예고최지, 기상유체, 예이불시, 부체야, 비위인체. 중심, 달어면목, 개귀, 반류리이엄지, 엄지성시야. 즉효자인인지엄기친,

각기 부모에 근본하여 똑같으니, 바로 자연의 이치로, 하늘이 그렇게 하도록 시킨 것과 같은 것이다.) 故, 其愛由此立, 而推以及人, 自有差等. 今如夷子之言, 則是視其父母本無異於路人, 但其施之之序, 姑自此始耳. 非二本而何哉.(그러므로 그 사랑함이 이로부터 확립되어, 미루어서 남에게 미치니, 자연히 차등이 있다. 그런데 지금 이자의 말과 같다면, 이것은 그 부모를 보기를 본래 길가는 사람에게서와 차이가 없다는 것이요, 다만 그가 그에게 베푸는 순서가 우선 이로부터 시작할 뿐이니, 두 가지 근본이 아니고 무엇이겠는가?) 然, 其於先後之間, 猶知所擇, 則又其本心之明, 有終不得而息者, 此其所以卒能受命而自覺其非也.(그러나 그는 선후의 사이에서, 오히려 선택할 바를 알았으니, 곧 그 본심의 밝음이 끝내 종식될 수 없었던 것이 있었던 것이다. 이것이 그가 마침내 가르침을 받아서 스스로 그 잘못을 깨달을 수 있었던 까닭이다.)

역필유도의)

국역 "아마 상고시대에는 일찍이 그 어버이를 장사지내지 않은 사람이 있었으니, 그의 어버이가 죽거늘, 들어서 골짜기에 내다 버리고, 뒷날 그곳을 지날 적에, 여우와 삵쾡이가 파먹으며, 파리와 모기가 잠시동안에 모여들어 빨아먹거늘, 그의 이마에는 식은땀이 나고, 눈을 비키고 곧바로 보지 못하니, 대저 식은땀이란 사람들 때문에 난 것이 아니라, 속마음이 얼굴에 나타난 것이다. 대개는 집으로 돌아와 삼태기나 가래를 가지고 되돌아가서 그것을 엄폐하였으니, 그것을 엄폐한 것은 참으로 옳은 일이다. 그렇다면 효자와 어진 이가 그 어버이를 엄폐하는 데 역시 반드시 어떤 도리가 있어야 할 것이다."[53]

---

53) 因夷子厚葬其親而言此, 以深明一本之意.(이자가 그 어버이를 후하게 장사지낸 것에 말미암아, 이것을 말하여, 그리고 근본이 하나인 뜻을 밝힌 것이다.) 上世, 謂太古也.(상세는 태고 때를 말한다.) 委, 棄也.(위는 버림이다.) 壑, 山水所趨也.(학은 산의 물이 달아나는 곳이다.) 蚋, 蚊屬.(예는 모기의 등속이다.) 姑, 語助聲, 或曰螻蛄也.(고는 어조사이다. 혹 땅강아지라고도 한다.) 嘬, 攢共食之也.(최는 모여서 함께 파먹는 것이다.) 顙, 額也.(상은 이마이다.) 泚, 泚然汗出之貌.(자는 흥건하게 땀이 난 모양이다.) 睨, 邪視也.(예는 곁눈으로 보는 것이다.) 視, 正視也.(시는 똑바로 보는 것이다.) 不能不視, 而又不忍正視, 哀痛迫切, 不能爲心之甚也.(보지 않을 수 없고, 또 차마 똑바로 볼 수가 없었으니, 애통하고 박절하여, 마음을 가눌 수 없음이 심한 것이다.) 非爲人泚, 言非爲他人見之而然也.('비위인자'는 타인이 그것을 보게 되어 그런 것이 아님을 말한 것이다.) 所謂一本者, 於此見

(자의) ○蓋-아마. ○嘗-일찍 상. ○擧-들 거. ○委-맡길 위. 버리다. ○壑-골 학. ○狐-여우 호. ○狸-너구리 리. 삵괭이. ○蠅-파리 승. ○蚋-모기 예. ○姑-잠시 고. ○嘬-한입에 넣을 최. 빨다. ○顙-이마 상. ○泚-땀날 체, 땀흥건할 자. ○睨-흘겨볼 예. ○虆-들것 류. 삼태기. ○梩-들것 리. 삽이나 가래. ○掩-가릴엄. ○誠-정성 성.

(5-5) 徐子以告夷子한대 夷子憮然爲閒曰 命之矣삿다

(서자이고이자, 이자무연위한왈 명지의)

(국역) 서자가 이 말을 이자에게 고하였는데, 이자가 멍하니 한참 있다가 말하기를, "가르침을 잘 받았다."고 하였다.54)

之, 尤爲親切. 蓋惟至親, 故, 如此, 在他人, 則雖有不忍之心, 而其哀痛迫切, 不至若此之甚矣.(소위 근본이 하나라는 것은, 여기서 그것을 보면, 더욱 친절하다. 대개 오직 지친인지라, 그러므로 이와 같은 것이요, 타인에게 그런 일이 있었다면, 비록 차마 볼 수 없는 마음이 있었으나, 그 애통 박절함은 이와 같이 심함에는 이르지 않았을 것이다.) 反, 覆也.(반은 뒤집는 것이다.) 虆, 土籠也.(유는 흙을 담는 삼태기이다.) 梩, 土擧也.(이는 흙을 나르는 수레이다.) 於是, 歸而掩覆其親之尸, 此, 葬埋之禮所由起也.(이로부터, 돌아가서 그 어버이의 시체를 덮어 가렸으니, 이것이 매장하는 예가 일어난 이유인 것이다.) 此掩其親者, 若所當然, 則孝子仁人所以掩其親者, 必有其道, 而不以薄爲貴矣.(이것은 그 어버이를 덮는 것이 만일 당연한 것이라면, 효자와 어진 사람이, 그 어버이를 덮기 위한 것에는, 반드시 그 도리가 있어서, 박함을 귀하게 여기지 않을 것이다.)

54) 憮然, 茫然自失之貌.(무연은 망연자실한 모양이다.) 爲間者, 有頃之間也.(위간은 잠시 시간이 지나가는 순간이다.) 命, 猶敎也. 言孟子已敎我矣.(명은 가리킴과 같으니, 맹자가 이미 나를 가리

(자의) ㅇ憮-멍할 무. ㅇ憮然-실망한 모양. ㅇ閒-한가할 한. ㅇ命
之矣-(=受命敎矣-가르침을 잘 받았다. 또는 之=夷之로 보기도
한다).

(해설) 춘추시대 말기에 유가 이외에 제가(諸家)가 출현하여
백가쟁명(百家爭鳴)이 벌어지면서 유가의 현학적(顯學的)
지위는 크게 흔들리게 되었다. 그것은 이론면에서는 양주
(楊朱)와 묵가(墨家)였고, 실천면에서는 공손연과 장의 같
은 종횡가였다. 이러한 도전에서 맹자는 유가의 지위를 재
건하기 위해 '사설을 없애고[息邪說], 방자한 말을 몰아내
는 것[放淫辭]'을 사명으로 여겨 논쟁을 통해 유가 이외
의 관점이나 학설을 배척하였다. 그래서 호변(好辯)이라는
형식을 지향할 수밖에 없었던 것이다. 묵가는 묵적을 따르
는 학파로써 그들은 인간관계에서는 겸애(兼愛)를, 어버이
의 장사를 치르는 일에서는 절용을 근본으로 삼아 박하게
치르도록 주장했다.

그런데 묵가인 이지는 자기 아버지의 장례를 후하게 지
냈다. 그래서 맹자는 그를 만나기 전에 우선 서벽에게 '자
기들이 천하게 여기는 것을 가지고 어버이를 섬겼다'고 꼬
집고, 이 말을 그에게 전하도록 했다. 이 말을 전해들은
이지는 즉각 반발하여 유가의 '약보적자(若保赤子)'라는

켰다고 말한 것이다.) 蓋因其本心之明, 以攻其所學之蔽, 是以,
吾之言易入, 而彼之惑易解也.(대개 그 본심의 밝음으로부터, 그
리고 그 배운 바의 엄폐를 공격하였다. 이 때문에 나의 말이 들
어가기 쉽고, 저의 의혹이 풀리기 쉬웠던 것이다.)

말이 사랑에는 차등이 없고, 다만 베푸는 것을 가까운 데서 시작한다는 뜻이니, 자기가 한 일이 겸애설에 비추어도 정당하고, 사랑에는 차등이 없다는 뜻에도 맞다고 주장했다. 그러나 맹자는 조카아이와 이웃집 아이를 차별하는 것이 실제 본마음이며, '약보적자'는 어린아이가 우물에 기어 들어가지 않게끔 조치를 취해야 함이 어른들의 책임이듯이, 백성들이 죄를 짓지 않도록 환경을 만드는 것이 군왕의 도리라는 뜻으로 쓰인 말인데, 이지가 잘못 인용했다고 했다.

또 매장법이 아직 개발되지 않았던 상고시대의 일을 예로 들어, 매장이 정말로 옳은 일이라면 효자와 인자(仁者)가 자기 어버이를 흙으로 덮는 데도 반드시 방법이 있어야 할 것이다. 이런 까닭에서 장사법이 유래되었고 매장의 절차와 방식이 생긴 것이라고 했다. 이 말을 전해들은 이지는 한참동안 멍하니 있다가 '가르침을 잘 받았다'고 했던 것이다. 원문에서 보듯이 유가의 법도가 형식만을 치중한 것이 아니라 인간의 본성에서 우러나온 것임을 이해할 수 있다. 그러나 한편으로 맹자의 주장은 영기(英氣)가 지나쳐 포용의 정신이 부족한 감이 없지 않다.

제 6 편

滕文公章句 下¹⁾
등문공장구 하

---

1) 凡十章.(모두 10장이다.)

제1장 한자를 굽혀 여덟자를 곧게 한다

(枉尺直尋章 第一)

(1-1) **陳代曰 不見諸侯 宜若小然**하여이다 **今一見之**하시면
大則以王이요 **小則以霸**니이다 **且志**에 **曰 枉尺而直**
尋이라하니 **宜若可爲也**로소이다

(진대왈 불견제후 의약소연. 금일견지, 대즉이왕, 소즉이패. 차지,
왈 왕척이직심, 의약가위야)

(국역) 진대가 말하였다. "제후 왕을 만나보지 않는 것은, 아
마도 도량이 협소한 것 같습니다. 그런데 지금 그를 한번
만나보면, 크게는 왕업을 이루리라 여기며, 작게는 패업을
이루리라 여깁니다. 또 옛 기록에는 '한자를 굽혀 한길을
편다.' 하였으니, 아마도 해볼 만한 일일 것입니다."2)

(자의) ㅇ宜－마땅할 의. 아마도. ㅇ若－만일 약. 당신, ～같다. ㅇ小然－
작다. ㅇ王－왕업. 霸－두목 패. 패업. ㅇ志－(＝誌也). ㅇ枉－굽을
왕. ㅇ直－곧을 직, 펼 직. ㅇ尋－찾을 심, 한길(＝8척) 심.

---

2) 陳代, 孟子弟子也.(진대는 맹자의 제자이다.) 小, 謂小節也.(소는
사소한 일을 말한다.) 枉, 屈也. 直, 伸也. 八尺曰尋.(왕은 굽힘이
요, 직은 폄이다. 8척을 1심이라 한다.) 枉尺直尋., 猶屈己一見諸
侯, 而可以致王霸, 所屈者小, 所伸者大也.(한자를 굽혀 여덟자를
편다는 것은 자신을 굽혀 한번 제후 왕을 만나보면 왕업이나 패
업을 이룰 수 있으니, 굽힌 것은 작고, 편 것은 큰 것과 같은 것
이다.)

(1-2) 孟子曰 昔에 齊景公 田할새 招虞人以旌한대 不至어
늘 將殺之러니 志士는 不忘在溝壑하고 勇士는 不忘
喪其元이라하시니 孔子는 奚取焉고 取非其招不往也
시니 如不待其招而往엔 何哉오

(맹자왈 석, 제경공 전, 초우인이정, 부지, 장살지, 지사, 불망재
구학, 용사, 불망상기원. 공자, 해취언. 취비기초불왕야, 여부대기
초이왕, 하재)

국역 맹자가 말씀하였다. "옛날에 제경공이 사냥을 할 적에,
우인을 깃발로써 부르자 오지 않거늘, 장차 그를 죽이려
했다. 지사는 죽어서 그 시체가 시궁창에 버려지는 것을
개의치 않고, 용사는 그 머리가 베어져 상실되는 것을 개
의치 않는다고 하였으니, 공자께서는 어느 것을 취하였는
가? 그에게 적합한 방식의 초대가 아니면 가지 않으셨다.
그런데 만일 내가 그런 초대를 기다리지 않고 찾아간다면
어떠하겠는가?"3)

---

3) 田, 獵也.(전은 사냥이다.) 虞人, 守苑囿之吏也.(우인은 동산을 지
키는 관리이다.) 招大夫以旌, 招虞人以皮冠(대부를 부를 때는 정
(旌)을 사용하고, 우인을 부를 때는 피관을 사용한다.) 元, 首也.
(원은 머리이다.) 志士, 固窮, 常念死無棺槨, 棄溝壑而不恨, 勇士,
輕生, 常念戰鬪而死, 喪其首而不顧也.(지사는 곤궁함을 굳게 지
켜, 항상 죽으면 관곽도 없는 사체가 시궁창에 버려져도 한하지
않을 것을 생각하고, 용사는 생명을 가볍게 여겨, 항상 전투에서
죽어 그 머리를 잃더라도 돌아보지 않을 것을 생각한다.) 此二句,
乃孔子歎美虞人之言.(이 두 글귀는 바로 공자가 우인을 탄미한
말이다.) 夫虞人, 招之不以其物, 尙守死而不往, 況君子豈可不待

자의 ○田-사냥 전. ○招-부를 초. ○虞-나라 우. ○旌-깃발 정. ○忘-잊을 망. 개의하지 아니함. ○溝-도랑 구. ○壑-골 학. ○元-머리 원. ○奚-어찌 해. ○焉-어찌 언.

(1-3) **且夫枉尺而直尋者는 以利言也니 如以利면 則枉尋直尺而利라도 亦可爲與아**

（차부왕척이직심자, 이리언야. 여이리, 즉왕심직척이리, 역가위여）

국역 "또 대저 한자를 굽혀서 한길을 곧게 한다는 것은, 이익으로써 말한 것이니, 마치 이익만을 생각한다면, 한길을 굽혀서 한자를 곧게 펴 이익이 되면 역시 하겠는가?"4)

(1-4) **昔者에 趙簡子使王良으로 與嬖奚乘한대 終日而不獲一禽하고 嬖奚反命曰 天下之賤工也러이다 或以告王良한대 良曰 請復之하리라 彊而後可라하여늘 一**

其招而自往見之邪? 此以上告之以不可往見之意.(대저 우인은 자기를 부를 때에 그 물건을 쓰지 않더라도, 오히려 죽음으로써 지키고 가지 않았으니, 하물며 군자가 어찌 그 부름을 기다리지 않고 스스로 가서 그를 만나볼 수 있겠는가? 이 이상은 가서 만나볼 수 없는 뜻으로써 그에게 고한 것이다.)

4) 此以下, 正其所稱枉尺直尋之非.(이 이하는 그가 칭한 바 '왕척직심'의 잘못을 바로잡은 것이다.) 夫所謂枉小而所伸者大則爲之者, 計其利耳.(대저 소위 굽히는 것이 작고, 펴는 것이 크면 그것을 해야 한다는 것은, 그 이익을 계산한 것일 뿐이다.) 一有計利之心, 則雖枉多伸少而有利, 亦將爲之邪? 甚言其不可也.(한번이라도 이익을 계산하는 마음이 있으면, 비록 굽히는 것이 많고 펴는 것이 적으면서 이익이 있다면, 역시 그것을 장차 하겠는가? 그 불가함을 심하게 말한 것이다.)

朝而獲十禽하고 嬖奚反命曰 天下之良工也러이다

簡子曰 我使掌與女乘하리라하고 謂王良한대 良不可

曰 吾爲之範我馳驅하니 終日不獲一하고 爲之詭遇

하니 一朝而獲十하니 詩云 不失其馳어늘 舍矢如破

라하니 我는 不貫與小人乘하니 請辭라하니라

(석자, 조간자사왕량, 여폐해승, 종일이불획일금, 폐해반명왈 천
하지천공야. 혹이고왕량, 양왈 청부지. 강이후가, 일조이획십금,
폐해반명왈, 천하지량공야. 간자왈 아사장여여승, 위왕량, 양불가,
왈 오위지범아치구, 종일불획일, 위지궤우, 일조이획십, 시운, 불
실기치, 사시여파, 아, 불관여소인승, 청사)

[국역] "옛적에 조간자가 왕량으로 하여금, 폐해와 함께 수레
를 타고 종일 사냥을 하게 하였는데, 한 마리의 새도 잡지
못하고, 사랑하는 해는 돌아와 보고하였다. '천하의 하찮은
말몰이꾼이었습니다.' 어떤 이가 왕량에게 이 말을 고하자,
'왕량이 그렇다면 다시 한번 하겠다.'고 하고, 억지로 우겨
서 뒤에 승낙을 얻었거늘, 하루아침에 열 마리의 새를 잡
고, 그 폐해는 돌아와 보고하였다. '천하에 훌륭한 말몰이
꾼입니다.' 그래서 조간자가 말하기를, '나는 그가 너와 함
께 수레를 타고 사냥을 관장하도록 하겠다.'고 하고, 왕량
에게 말하니, 왕량이 허락하지 않으면서 말하였다. '내가
그를 위해 나의 말몰이를 법대로 하였더니, 하루 종일 한
마리도 잡지 못하다가, 그를 위하여 속임수로 짐승을 만나
게 하였더니, 하루아침에 열 마리를 잡으니, 시경에 이르
기를 그 말 모는 법을 잃지 않거늘, 사수가 화살을 쏨에

마치 깨뜨리듯이 명중한다고 하였으니, 나는 저런 소인과 함께 수레 타는 것에는 통달하지 못하니 사직을 청합니다.' "5)

(자의) ㅇ趙簡子-제나라의 대부 조앙(趙鞅). ㅇ王良-제나라의 일급 말몰이꾼. ㅇ嬖-총애할 폐. ㅇ獲-잡을 획. ㅇ禽-새 금. ㅇ復-다시 부. ㅇ彊-억지로 강(=强). ㅇ掌-손바닥 장. 관장하다. ㅇ女-(=汝也). ㅇ範-법 범. ㅇ馳-달릴 치. ㅇ驅-몰 구. ㅇ詭-속일 궤. ㅇ遇-만날 우. ㅇ舍-(=捨也). ㅇ舍矢-(=射也). ㅇ貫-꿸 관. 통달하다, 연결하다.

---

5) 趙簡子, 晉大夫趙鞅也.(조간자는 진나라 대부인 조앙이다.) 王良, 善御者也.(왕량은 말몰이를 잘하는 자이다.) 嬖奚, 簡子幸臣.(폐해는 조간자의 총애하는 신하이다.) 與之乘, 爲之御也.('여지승'은 그를 위하여 말을 모는 것이다.) 復之, 再乘也.(부지는 다시 타는 것이다.) 彊而後可, 嬖奚不肯, 彊之而後肯也.('강이후가'는 폐해가 수긍하지 않다가 강요된 뒤에 수긍한 것이다.) 一朝, 自晨至食時也.(일조는 새벽부터 밥 때까지이다.) 掌, 專主也.(장은 전적으로 전담하는 것이다.) 範, 法度也.(범은 법도이다.) 詭遇, 不正而與禽遇也.(궤우는 부정하게 짐승과 만나게 하는 것이다.) 言奚不善射, 以法馳驅則不獲, 廢法詭遇而後中也.(폐해가 활을 잘 쏘지 못하여 법으로써 말을 몰면 잡지 못하고, 법을 폐하여 속임수로 만나게 한 뒤에야 적중할 수 있었음을 말한 것이다.) 詩小雅車攻之篇.(시는 '시경' '소아'편 '거공'장이다.) 言御者不失其馳驅之法, 而射者發矢皆中而力, 今嬖奚不能也.(어자는 말 모는 법을 잃지 않고, 활 쏘는 자는 화살을 쏨에 모두 적중하고 힘차야 하는데, 그런데 지금 폐해는 능하지 못함을 말한 것이다.) 貫, 習也.(관은 익힘이다.)

(1-5) 御者도 且羞與射者比하여 比而得禽獸를 雖若丘陵
   이라도 弗爲也하니 如枉道而從彼엔 何也오 且子過
   矣로다 枉己者 未有能直人者也니라

   (어자, 차수여사자비, 비이득금수, 수약구릉, 불위야. 여왕도이종
   피, 하야. 차자과의. 왕기자 미유능직인자야)

국역 "말 모는 어자까지도 또 사냥꾼과 더불어 나란히 하여
   일하기를 부끄러워하여, 나란히 하여 짐승과 새들을 비록
   산언덕만큼 얻는다 하더라도, 그렇게 하지 아니했으니, 선
   비가 만일 정도를 굽혀 저들을 따른다면 어찌하겠는가?
   또한 그대의 생각이 틀렸도다. 자기를 굽히는 사람이 능히
   다른 사람을 곧게 할 수는 아직은 없다."6)

---

6) 比, 阿黨也.(비는 아첨하여 한패가 되는 것이다.) 若丘陵, 言多
   也.(구릉과 같다는 것은 많음을 말한다.) 或曰 : 居今之世, 出處去
   就不必一一中節, 欲其一一中節, 則道不得行矣.(혹자가 말하였다.
   지금의 세상에 살면서, 출처와 거취가 반드시 일일이 예절에 맞게
   할 것이 없으니, 그가 일일이 예절에 맞게 하고자 한다면, 정도가
   행해질 수 없을 것이다.) 楊氏曰 : 何其不自重也, 枉己其能直人
   乎. 古之人, 寧道之不行, 而不輕其去就(양씨가 말하였다. 어찌
   그리도 자중하지 않는가? 자기 몸을 굽히면, 그가 남을 곧게 펼
   수 있겠는가? 옛사람들은 차라리 정도가 행해지지 못할지언정, 그
   거취를 가벼이 하지는 않았다.) 是以, 孔孟, 雖在春秋戰國之時,
   而進必以正, 以至終不得行而死也.(이 때문에 공·맹은 비록 춘추
   전국시대에 있었지만, 반드시 나아가기를 정도로 하여, 그리고 마
   칠 때까지 정도를 행하지 못하고 죽음에 이르렀다.) 使不恤其去
   就而可以行道, 孔孟, 當先爲之矣. 孔孟豈不欲道之行哉.(가령 그
   거취를 고려하지 않고서 정도를 행할 수 있다면, 공·맹은 당연히

(자의) ○御-몰 어. ○羞-부끄러워할 수. ○比-견줄 비. 비교하다, ~맞추다, 가깝다, 결탁하다. ○丘-언덕 구. ○陵-언덕 릉. ○弗-(=不也). ○彼-저 피.

(해설) 맹자는 천하의 제후 중에서 왕자(王者)를 만나 그로 하여금 인정(仁政)을 펴게 하는 것이 신조였다. 그런 사정을 잘 아는 제자 진대는 스승에게 '한자를 굽혀 여덟자를 편다'는 속담으로써 왕도정치의 실현을 위해서는 한때 소절(小節)을 꺾는 한이 있더라도 제후를 자주 접촉하는 것이 좋겠다고 말한 것이다. 제자는 안타까운 마음에서 스승에게 발상의 전환을 기대한 것이며, 이런 생각에는 효율이라는 생각이 저변에 깔려 있다.

　그런데 맹자는 공원지기 우인과 말몰이꾼 왕량의 일을 들어 목적을 위한다고 수단과 방법을 가리지 않아서는 안 된다고 했던 것이다. 우선 정치에 가담하는 것은 천명을 펴서 백성을 잘살게 하는 세상을 만드는 데 뜻이 있다. 그런데 예를 어기고 양심을 속이면서 정치에 나서는 자체가 바로 천명을 어기는 것이며, 한자를 굽혀서 여덟자를 편다는 말은 이익을 위해서는 원칙을 바꿀 수 있다는 뜻이다. 이것이 유행하면 결국 못할 일이 없을 것이니, 매우 위험한 생각이 된다. 자기를 굽히고서 남을 펼 수 있는 자는 아직은 없다는 것이 맹자의 생각이다.

그것을 먼저 했을 것이다. 공·맹이 어찌 정도가 행해지기를 바라지 않았겠는가?)

제 2 장 공손연과 장의(公孫衍, 張儀 第二)

(2-1) 景春曰 公孫衍, 張儀는 豈不誠大丈夫哉리오 一怒
而諸侯懼하고 安居而天下熄하니이다.

(경춘왈 공손연, 장의, 기불성대장부재. 일노이제후구, 안거이천
하식)

국역 경춘이 말하였다. "공손연과 장의는 어찌 진실로 대장
부가 아니겠는가? 한번 노함에 제후들이 두려워하였고, 편
안하게 가만히 지냄에 천하는 전쟁이 종식되었습니다."[7]

자의 ○景—볕 경. ○衍—넓을 연. ○儀—거동 의. ○豈—어찌 기.
○誠—정성 성. ○丈—길이 장. ○懼—두려울 구. ○熄—꺼질 식.

(2-2) 孟子曰 是焉得爲大丈夫乎리오 子未學禮乎아 丈夫
之冠也에 父命之하고 女子之嫁也에 母命之하나니
往에 送之門할새 戒之曰 往之女家하여 必敬必戒하
여 無違夫子라하나니 以順爲正者는 妾婦之道也니라

(맹자왈 시언득위대장부호. 자미학례호. 장부지관야, 부명지, 여
자지가야, 모명지, 왕, 송지문, 계지왈, 왕지여가, 필경필계, 무위
부자, 이순위정자, 첩부지도야)

---

7) 景春, 人姓名.(경춘은 사람의 성명이다.) 公孫衍, 張儀, 皆魏人.
怒則說諸侯, 使相攻伐, 故, 諸侯懼也.(공손연과 장의는 모두 위나
라 사람이다. 노하면 제후를 설득하여 서로 공격하고 정벌하게 하
였다. 그러므로 제후가 두려워하였다.)

(국역) 맹자가 말씀하였다. "그런 것을 어찌 대장부라 할 수 있겠는가? 그대는 예를 배우지 않았는가? 남자가 관례할 때에는 아버지의 명령에 따르고, 여자가 시집갈 때에는 어머니의 명령에 따르는 것이니, 시집을 감에 문에서 전송할 때에 그에게 경계하기를 '네 시집에 가서 반드시 공경하고 반드시 경계하여 지아비에 어김이 없게 하라.'고 하나니, 순종으로써 정도를 삼는 것은 부인네나 따르는 도리이다."8)

(자의) ㅇ冠-관 관. ㅇ命-명령하다. ㅇ嫁-시집갈 가. ㅇ違-어길 위.

(2-3) 居天下之廣居하며 立天下之正位하며 行天下之大道하여 得志하여는 與民由之하고 不得志하여는 獨行其道하여 富貴不能淫하며 貧賤不能移하며 威武不能屈이 此之謂大丈夫니라

(거천하지광거, 입천하지정위, 행천하지대도, 득지, 여민유지, 부득지, 독행기도, 부귀불능음, 빈천불능이, 위무불능굴, 차지위대

---

8) 加冠於首曰冠.(머리에 관을 더함을 관례라 한다.) 女家, 夫家也. 婦人, 內夫家, 以嫁爲歸也.(여가는 남편의 집이다. 부인은 남편의 내실이므로, 시집가는 것을 돌아간다고 여기는 것이다.) 夫子, 夫也.(부자는 남편이다.) 女子, 從人, 以順爲正道也.(여자는 남자를 따르니, 순종으로써 정도를 삼는다.) 蓋言二子阿諛苟容, 竊取權勢, 乃妾婦順從之道耳, 非丈夫之事也.(대개 두 사람은 아첨하고 인심을 얻기 위해 약은꾀를 부려, 권세를 절취하였으니, 바로 첩부의 순종하는 도리일 뿐이요, 대장부의 일이 아님을 말한 것이다.)

장부)

国역 "천하라는 넓은 거처에 살며, 천하의 올바른 위치에 서며, 천하의 위대한 도리를 행하며, 뜻을 얻으면 백성들과 더불어 정도에 따르고, 뜻을 얻지 못하면 홀로 그 도를 행하여, 부귀가 그의 마음을 방탕하게 할 수 없으며, 빈천도 그의 마음을 이동시킬 수 없으며, 위세나 무력도 그의 지조를 굴복시키지 못하는 것, 이런 것을 대장부라 하는 것이니라."9)

字의 ○廣-넓을 광. ○由-따르다, 경유하다. ○淫-음탕할 음. ○移-옮길 이. ○屈-굽을 굴.

해설 공손연과 장의는 둘 다 위나라 사람으로, 당시 한·

---

9) 廣居, 仁也.(광거는 어짊이다.) 正位, 禮也.(정위는 예다.) 大道, 義也.(대도는 정의다.) 與民由之, 推其所得於人也, 獨行其道, 守其所得於己也.(백성과 더불어 그것을 경유한다는 것은, 그 얻은 바를 남에게 미루는 것이며, 홀로 그 도를 행한다는 것은, 그 얻은 바를 자기에게 지키는 것이다.) 淫, 蕩其心也.(음은 그 마음을 방탕하게 함이다.) 移, 變其節也.(이는 그 절개를 바꾸는 것이다.) 屈, 挫其志也.(굴은 그 지조를 꺾는 것이다.) 何叔京曰：戰國之時, 聖賢道否, 天下不復見其德業之盛, 但見姦巧之徒, 得志橫行, 氣燄可畏, 遂以爲大丈夫. 不知由君子觀之, 是乃妾婦之道耳, 何足道哉.(하숙경이 말하였다. 전국시대에 성현의 정도가 비색해져서, 천하 사람들이 다시 그 덕업의 성대함을 보지 못하고, 다만, 간교한 무리들이 뜻을 얻어 횡행하여, 기염이 두려울만함을 보고, 마침내 대장부라 여겼다. 군자로부터 그들을 보면, 이것이 바로 첩부의 도임을 알지 못했을 뿐이니, 어찌 충분히 말할 것이 있겠는가?)

위·조·연·제·초의 6국 제후들을 마음대로 흔들어 천하를 전쟁의 도가니로 몰아가는 종횡가였다. 종횡이란 합종(合縱)과 연횡(連橫)을 말하는데, 합종은 개별약소국들이 연합하여 강대국에 맞서야 한다는 방책이고, 연횡은 한 강대국에 밀착하여 다른 약소국을 공격해야 한다는 방책이다. 장의는 진(秦)의 혜왕을 도와 당시 소진(蘇秦)의 주선으로 6국이 진(秦)에 대항하던 합종(合縱)을 깨뜨리고 진나라를 받들게 하는 소위 연횡책(連橫策)을 성립시켰다. 공손연도 위나라에서 벼슬을 하다가 5국을 설득하여 진나라에 가서 그 종약장(縱約長)을 지냈다.

종횡가의 등장은 실천면에서 그들의 정치적 술수가, 덕성으로써 정치가를 감화시켜야 한다는 유가의 인격적 이상을 부정하는 사회가 되었음을 의미한다. 맹자가 맞이한 시대적 과제이다. 경춘은 현실 정치무대에서 주인공 노릇을 하는 공손연과 장의를 맹자 앞에서 진정한 대장부가 아니겠느냐고 칭찬했던 것이다. 맹자는 그들이 부국강병의 이론과 방법으로써 제후들의 욕구에 뜻을 굽히고 추종하는 것을 옳은 것으로 여기고 천하를 뒤흔들고 다니나, 그들은 일개 첩부(妾婦)와 같은 순종자일 뿐이라는 것이다. 대장부는 어지러운 세상일에 휩쓸리지 말고 지조를 지켜 인의(仁義)의 마음에서 산다. 세상에 인보다 더 넓은 것이 없으니 인은 천하에서 제일 넓은 거처가 된다. 그렇지만 인을 순조롭게 행할 수 없는 어떤 상황에서 갈등을 해소하고 행할 수 있는 구체적 행동원리가 의(義)이다. 그렇게 하여 이루어진 행위는 인한 것이 된다. 또 인도가 외부로 나타나면 예가 되니, 예는 만물과 조화를 이룰 수 있는 행동원리가 되고 예를 실천하면 올바른 삶을 살 수 있다. 그러므로 예는 사람이 독립할 수 있는 바른 자리라 할 수 있다.

또 세상에 정도가 행해지면 군자가 정치에 나아가게 되는데 이런 경우가, 군자가 뜻을 얻는 경우이다. 이렇게 되면 백성들의 뜻이 정치에 반영되고 왕도정치가 실현된다. 세상에 정도가 행해지지 않으면 군자가 정치에서 배제되니 이런 경우가, 군자가 뜻을 얻지 못하는 경우이다. 이때는 은둔이 아니라 홀로 수신에 힘써 세상에 정도를 제시해야 한다. 그런데 소인들은 부귀를 얻으면 그 기쁨을 이기지 못하여 방탕하게 되고, 빈천하게 되면 그것을 벗어나기 위해 못하는 일이 없게 된다(논어, 15-1). 목숨을 위협받으면 목숨을 살리기 위해 아무리 비굴한 일이라도 서슴치 않는다. 그런데 대장부는 이런 일에 의연하다. 이런 까닭으로 둘은 다르다.

제3장 공자는 석 달 동안 섬길 임금이 없었다
(孔子三月無君章 第三)

(3-1) 周霄問曰 古之君子仕乎잇가 孟子曰 仕니라 傳曰 孔子三月無君이면 則皇皇如也하사 出疆에 必載質라하고 公明儀曰 古之人이 三月無君이면 則弔라하

니라

(주소문왈 고지군자사호. 맹자왈 사. 전왈 공자삼월무군, 즉황황
여야, 출강, 필재지, 공명의왈 고지인, 삼월무군, 즉조)

(국역) 주소가 물었다. "옛날의 군자는 벼슬을 했습니까?" 맹
자가 대답하였다. "벼슬을 하였다. '전'에 이르기를, '공자
는 3개월 동안 섬길만한 임금이 없으면 마음이 불안한 모
습을 하였고, 국경을 넘어갈 때에는 반드시 폐백을 싣고
갔다.'고 하고, 공명의는 '옛날의 사람들은 3개월 동안 임
금이 없으면 조문했다.'고 하였다."10)

(자의) ○霄-하늘 소. ○皇皇如-마음이 불안한 모습. ○疆-지경 강.
○質-폐백 지. ○弔-위문할 조.

(3-2) 三月無君則弔는 不以急乎잇가

(삼월무군즉조, 불이급호)

(국역) "3개월 동안 주군이 없으면 조문한다는 것은, 너무 조
급하다고 여기지 않습니까?"11)

---

10) 周霄, 魏人.(주소는 위나라 사람이다.) 無君, 謂不得仕而事君也.
(무군은 벼슬하여 임금을 섬길 수 없음을 이른다.) 皇皇, 如有求
而弗得之意.(황황은 구하는 것이 있되, 얻지 못하는 뜻과 같다.)
出疆, 謂失位而去國也.(출강은 지위를 잃고 나라를 떠나가는 것
을 이른다.) 質, 所執以見人者, 如士則執雉也. 出疆載之者, 將以
見所適國之君而事之也.(지는 남을 만나보기 위하여 손에 잡은
물건이니, 마치 사(士)이면 꿩을 잡는 것과 같다. 국경을 나갈
적에 폐백을 싣고 가는 것은, 장차 가는 바 나라의 임금을 뵙고
그를 섬기기 위한 것이다.)

11) 周霄問也.(주소가 물은 것이다.) 以, 已通, 太也. 後章放此(이는

자의 ㅇ以-너무 이(=已). 여기다, 생각하다.

(3-3) 曰 士之失位也 猶諸侯之失國家也니 禮曰 諸侯耕
助하여 以供粢盛하고 夫人蠶繅하여 以爲衣服하나니
犧牲不成하며 粢盛不潔하며 衣服不備하면 不敢以
祭하고 惟士無田이면 則亦不祭라하니 牲殺器皿衣服
이 不備하여 不敢以祭면 則不敢以宴이니 亦不足弔
乎아

(왈 사지실위야, 유제후지실국가야. 예왈 제후경조, 이공자성, 부
인잠소, 이위의복. 희생불성, 자성불결, 의복불비, 불감이제. 유사
무전, 즉역부제, 생살기명의복, 불비, 불감이제, 즉불감이연, 역부
족조호)

국역 맹자가 말씀하였다. "선비가 지위를 잃으면, 제후가 나
라를 잃는 것과 같다. '예기'에는 '제후 왕이 밭을 갈면 백
성들이 농사를 돕고, 그리고 거두어 곡식을 그릇에 담아
바치고, 부인들은 누에를 길러, 그리고 고치에서 실을 뽑
아 의복을 만든다. 희생에 쓸 짐승이 잘 자라지 않으며,
제수에 쓸 곡식이 깨끗하지 못하며, 의복이 완비되지 않으
면, 감히 제사를 지낼 수 없다.' 하였다. 오직 선비는 규전
(圭田)이 없으면 역시 제사를 지낼 수 없으니, 제사 때 특
별히 잡는 짐승과 제기와 의복이 완비하지 못하여, 감히
제사를 지내지 못하면, 감히 제사 후에, 그리고 연회도 못
하니, 역시 충분히 조문할 만한 일이 아니겠는가?"[12]

이와 통하니, 너무이다. 후장도 이와 같다.)

(자의) ㅇ助-도울 조(=藉-도울 자, 藉田=公田). ㅇ供-받들 공. ㅇ粢-기장 자. ㅇ盛-담을 성. ㅇ蠶-누에 잠. ㅇ繅-고치켤 소. ㅇ犧-희생 희. ㅇ牲-희생 생. ㅇ弔-위문 조, 조문할 조.

(3-4) **出疆**에 **必載質**는 **何也**잇고

(출강, 필재지, 하야)

(국역) "국경을 넘어 떠나갈 적에 반드시 폐백을 싣고 간다는 것은 무슨 까닭입니까?"13)

---

12) 禮曰 : 諸侯爲藉百畝, 冕而靑紘, 躬秉耒以耕, 而庶人助以終畝. 收而藏之御廩, 以供宗廟之粢盛.('예'에서 이르기를, '제후가 자전(藉田) 백무를 만들어, 면류관을 쓰고 푸른 끈을 매고, 몸소 쟁기 자루를 잡고 밭을 갈면, 서민들이 도와서 밭일을 마친다. 수확하여 황제의 창고에 보관하여, 그리고 종묘의 그릇에 가득 담아 제공한다.' 하였다.) 使世婦, 蠶于公桑蠶室, 奉繭以示于君, 遂獻于夫人, 夫人副褘受之, 繅三盆手, 遂布于三宮世婦, 使繅以爲黼黻文章, 而服以祀先王先公.(후궁으로 하여금, 공상잠실에서 누에를 치게 하여, 고치를 받들어 그리고 임금에게 보이고, 마침내 부인에게 올리면, 부인은 적합한 황후의 제복(祭服)을 입고 그것을 받아, 세 동이에 담아 손수 실을 켜서, 마침내 3궁의 후궁에게 배포하여 옷 받침을 사용하여, 그리고 보불문장을 만들어, 그것을 입고서 선왕과 선공에게 제사한다.) 又曰 : 士有田則祭, 無田則薦.(또 말하였다. 선비가 규전(圭田)이 있으면 제사하고, 규전이 없으면 제수만 올린다.) 黍稷曰粢, 在器曰盛.(서직은 자(粢)라 하고, 그릇에 담겨져 있는 것을 성(盛)이라 한다.) 牲殺, 牲必特殺也.(생살은 희생을 반드시 특별히 잡기 때문이다.) 皿, 所以覆器者.(명은 그릇을 덮는 데 쓰는 것이다.)

13) 周霄問也.(주소가 물은 것이다.)

(자의) ㅇ疆—지경 강. ㅇ質—바탕 질, 폐백 지.

(3-5) 曰 士之仕也는 猶農夫之耕也니 農夫豈爲出疆하여
舍其未耜哉리오 曰 晉國이 亦仕國也로되 未嘗聞仕
如此其急하니 仕如此其急也인댄 君子之難仕는 何
也잇고 曰 丈夫生而願爲之有室하며 女子生而願爲
之有家는 父母之心이라 人皆有之언마는 不待父母
之命과 媒妁之言하고 鑽穴隙相窺하며 踰牆相從하면
則父母國人이 皆賤之하나니 古之人이 未嘗不欲仕
也언마는 又惡不由其道하니 不由其道而往者는 與
鑽穴隙之類也니라

(왈 사지사야, 유농부지경야, 농부기위출강, 사기뢰사재. 왈 진국,
역사국야, 미상문사여차기급, 사여차기급야, 군자지난사, 하야. 왈
장부생이원위지유실, 여자생이원위지유가, 부모지심. 인개유지,
부대부모지명, 매작지언, 찬혈극상규, 유장상종, 즉부모국인, 개천
지, 고지인, 미상불욕사야, 우오불유기도, 불유기도이왕자, 여찬혈
극지류야)

(국역) 맹자가 말씀하였다. "선비가 벼슬하는 것은 농부가 농
사짓는 것과 같은 것이니, 농부가 어찌 국경을 넘어 나가
면서 그 쟁기와 보습 등 농기구를 버리고 갈 수 있겠는
가?" "진나라도 역시 벼슬할 만한 나라인데, 벼슬하기를
이처럼 아마 조급히 한다는 말은 일찍이 듣지 못했습니다.
벼슬하기를 이처럼 조급히 할진댄, 군자가 벼슬하기를 어
려워함은 무슨 이유입니까?" "장부가 태어나면 그를 위해

아내 갖기를 원하며, 여자가 태어나면 그를 위해 남편 갖
기를 원하는 것이, 부모의 마음이다. 이런 마음은 사람마
다 다 가지고 있건마는, 부모의 명령이나, 중매쟁이의 말
을 기다리지 않고 구멍을 뚫어 틈새로 서로 엿보며, 담장
을 뛰어넘어 서로 따라다니면, 부모와 나라 사람들이 모두
천하게 여기는 것이다. 옛날 사람들이 일찍이 벼슬을 하고
자 아니한 것은 아니건만은, 또 그 정도를 경유하지 않는
것을 미워하였다. 그 정도를 경유하지 않고 벼슬길로 나아
가는 것은, 구멍을 뚫고 틈 사이로 엿보는 것과 더불어 같
은 부류일 것이다.”14)

(자의) ㅇ舍-(=捨也). ㅇ耒-쟁기 뢰. ㅇ耜-보습 사. ㅇ室-아내
실. ㅇ媒妁-중매쟁이. ㅇ鑽-뚫을 찬. ㅇ隙-틈 극. ㅇ窺-엿볼

---

14) 晉國, 解見首篇.(진국은 해석이 수편(首篇)에 보인다.) 仕國, 謂
君子游宦之國.(사국은 군자가 유람하여 벼슬한 나라를 이른다.)
霄意以孟子不見諸侯爲難仕, 故, 先問古之君子仕否然後, 言此,
以風切之也.(주소의 뜻은, 맹자가 제후를 만나보지 않는 것은,
벼슬하기가 곤란하게 되어서라고 생각하였다. 그러므로 옛날 군
자의 벼슬 여부를 물은 연후에, 이를 말하여, 그리고 풍자한 것
이다.) 男, 以女爲室, 女, 以男爲家.(남자는 여자로써 아내로 삼
고, 여자는 남자로써 시가(媤家)로 삼는다.) 妁, 亦媒也.(작은 역
시 중매이다.) 言爲父母者, 非不願其男女之有室家, 而亦惡其不
由道, 蓋君子雖不潔身以亂倫, 而亦不殉利而忘義也.(부모된 자가
그의 아들과 딸이 실가(室家)가 있기를 원하지 않는 것이 아니
로되, 역시 그들이 도리를 따르지 않음을 싫어한다. 대개 군자는
비록 몸을 깨끗이 하여 그리고 윤리를 어지럽히지 않으며, 역시
이익을 따라 의방(義方)을 잃지도 않는 것이다.)

규. ○踰-넘을 유. ○牆-담 장.

[해설] 위나라 사람 주소(周霄)가 맹자께 옛날 군자의 벼슬에 관한 자세를 묻자, 공자는 3개월 동안 섬길 임금이 없으면 초조해했으며, 국경을 나갈 적에는 반드시 폐백을 싣고 나갔다고 하며, 공명의는 옛날 사람은 3개월 동안 섬길 임금이 없는 사람에게는 위문했다고 대답하였다. 옛날 사람은 벼슬에 나아가는 것을 천명을 펴기 위한 것이라 여겼기 때문에 출사를 간절히 바랐던 것이다. 그러므로 벼슬을 못하여 섬길 임금이 없으면 조급해 한 것이며, 벼슬을 잃는 것은 제후가 나라를 잃는 것과 같아 제사를 지낼 수 없으니 조문을 할만한 일이라는 것이다. 또 선비의 출사는 농부가 농사짓는 것과 같으니 농부가 농기구를 휴대하듯이 선비도 제후를 만날 때를 대비해 폐백을 휴대하고 다닌 것이다. 이와 같이 군자의 출사가 간절한 것이기는 하지만, 정도와 예의를 벗어나면서까지 벼슬을 하고자 해서는 아니 된다는 것이 맹자의 자세이다.

제4장 목적 때문에 먹이는가? 공로 때문에 먹이는가?(食志乎食功乎章 第四)

(4-1) 彭更問曰 後車數十乘과 從者數百人으로 以傳食於諸侯가 不以泰乎잇가 孟子曰 非其道인댄 則一簞食라도 不可受於人이어니와 如其道인댄 則舜受堯之天下하시되 不以爲泰하시니 子以爲泰乎아

（팽경문왈 후거수십승, 종자수백인, 이전식어제후, 불이태호. 맹자왈 비기도, 즉일단사, 불가수어인, 여기도, 즉순수요지천하, 불이위태, 자이위태호)

국역 팽경이 물었다. "뒤따르는 수레가 수십대이고, 추종하는 사람이 수백명으로, 전전하면서[以傳] 제후들에게 밥을 얻어먹는 것은 너무[以] 지나친 것 아닙니까?" 맹자가 말씀하였다. "그것이 도리가 아니면 한 그릇의 밥이라도 남에게서 받아서는 안 되지만, 만약에 그것이 도리라면 순임금이 요임금의 천하를 받았어도 지나치다고 여기지 않았으니, 그대는 이것을 지나치다고 여기는가?"15)

자의 ○彭－성 팽. ○傳－붙일 전(＝轉也). ○食－밥 사. ○以－매우, 심히. ○泰－사치할 태. ○簞－대그릇 단. ○以爲－여기다.

(4-2) **曰 否**라 **士無事而食**이 **不可也**니이다

　　（왈 부. 사무사이식, 불가야）

국역 "그렇지 않습니다. 선비가 하는 일도 없이 밥을 얻어먹는 것이 옳지 않다는 것입니다."16)

(4-3) **曰 子不通功易事**하여 **以羨補不足**이면 **則農有餘粟**하며 **女有餘布**어니와 **子如通之**면 **則梓匠輪輿皆得**

---

15) 彭更, 孟子弟子也.(팽경은 맹자의 제자이다.) 泰, 侈也.(태는 많음이다.)

16) 言不以舜爲泰, 但謂今之士無功而食人之食, 則不可也.(순임금이 지나치다고 여기지 않는다는 것을 말하는 것이요, 다만, 지금의 선비들이 공 없이 남의 밥을 얻어먹는 것은, 옳지 않다고 이른 것을 말한 것이다.)

食於子하리니 於此有人焉하니 入則孝하고 出則悌하
며 守先王之道하여 以待後之學者하되 而不得食於
子하리니 子何尊梓匠輪與而輕爲仁義者哉오

(왈 자불통공역사, 이선보부족, 즉농유여속, 여유여포, 자여통지,
즉재장륜여개득식어자, 어차유인언, 입즉효, 출즉제, 수선왕지도,
이대후지학자, 이부득식어자, 자하존재장륜여이경위인의자재)

國譯 "그대가 성과를 서로 유통하고 사물을 바꾸어, 남는 것
으로써 부족을 보충하지 않으면, 농민에게는 남는 곡식이
있으며, 여인에게는 남는 베가 있을 것이다. 그대가 만일
그것을 유통하면 목공이나 수레를 만드는 사람도 모두 그
대로부터 밥을 얻어먹을 수 있을 것이다. 여기에 어떤 사
람이 있다고 하자. 그가 집에 들어와서는 어버이에 효도하
고, 밖에 나가서는 어른에게 공손하며, 선왕의 도리를 지
켜, 그리고 후세의 학자를 기다리는데도, 그대로부터 밥을
얻어먹지 못할 것이다. 그대는 어찌하여 목공이나 수레 만
드는 사람은 높이면서 인의를 행하려는 사람은 경시하는
가?"17)

字義 ㅇ羨-남을 선. ㅇ粟-곡식 속. ㅇ梓-목수 재. ㅇ匠-목수 장.

---

17) 通功易事, 謂通人之功而交易其事.(공로를 상통하고 사물를 바꾼
다는 것은, 남의 공로를 서로 통지하고 그 사물을 교역하는 것
을 이른다.) 羨, 餘也.(선은 남음이다.) 有餘, 言無所貿易, 而積
於無用也.(유여는 무역하는 바가 없어, 쓸데없이 쌓여 있음을 말
한 것이다.) 梓人匠人, 木工也. 輪人與人, 車工也.(재인과 장인
은 목공이며, 윤인과 여인은 수레 만드는 공인이다.)

○輪-바퀴 륜. ○輿-수레 여. ○悌-공경할 제.

(4-4) 曰 梓匠輪輿는 其志將以求食也어니와 君子之爲道
也도 其志亦將以求食與잇가 曰 子何以其志爲哉오
其有功於子하여 可食而食之矣니라 且子는 食志乎
아 食功乎아 曰 食志니이다

(왈 재장륜여, 기지장이구식야, 군자지위도야, 기지역장이구식여.
왈 자하이기지위재. 기유공어자, 가사이사지의. 차자, 사지호 사
공호. 왈 사지)

국역 "목공과 수레 만드는 사람은 그 목적이 장차 밥을 구
하기 위한 것이거니와, 군자가 도를 행하는 것도, 그 목적
이 장차 밥을 구하기 위해서입니까?" "그대는 어찌하여
그들의 목적을 위주로 생각하는가? 그가 그대에게 공이
있어 밥을 먹일 만하면 밥을 먹이는 것이다. 또 그대는 목
적을 위주로 밥을 먹이는가? 공을 위주로 하여 밥을 먹이
는가?" "목적을 위주로 하여 밥을 먹입니다."[18]

자의 ○志-뜻할 지(=목적). ○與-의문사. ○以-생각하다, 여기다.
○食-밥 식, 먹일 사.

(4-5) 曰 有人於此하니 毁瓦畫墁이오 其志將以求食也인
댄 則子食之乎아 曰 否니이다 曰 然則子非食志也라

---

18) 孟子言自我而言, 固不求食, 自彼而言, 凡有功者則當食之.(맹자
가 말하기를, 나로부터 말한다면, 진실로 밥을 구해서가 아니지
만, 저 사람으로부터 말한다면, 무릇 공이 있는 자이면, 당연히
그에게 먹여야 한다고 한 것이다.)

食功也로다

(왈 유인어차, 훼와획만, 기지장이구식야, 즉자사지호. 왈 부. 왈 연즉자비사지야, 사공야)

국역 "여기 어떤 사람이 있는데, 기와를 훼손하고 남의 담에 낙서를 하여 더럽힌다고 하자. 그의 목적이 장차 밥을 구하기 위한 것이라 한다면, 그대는 그에게 밥을 먹이겠는가?" "아닙니다." "그렇다면 그대는 목적에 따라 밥을 먹여 주는 것이 아니라 공로 때문에 밥을 먹이는 것이로다."19)

자의 ○毀—훼손할 훼. ○瓦—기와 와. ○畫—그림 화, 획 획. ○墁—담장에 회칠할 만.

해설 농가인 허행과 비슷한 생각을 가진 제자 팽경이 스스로 끼니를 해결하지 않고 많은 무리를 이끌고 각국을 전전하는 스승 맹자의 생활방식을 이해할 수 없어 군자도 스스로 끼니를 해결해야 하지 않겠느냐고 물었던 것이다. 맹자는 사회적 분업을 언급하면서 선비[士]에게도 일정한 역할이 있음을 역설한다. 농·공업이 분업체계에서 독자성을 가지듯이, 선비 역시 그들만의 존재가치가 있다는 시각

---

19) 墁, 牆壁之飾也. 毀瓦畫墁, 言無功而有害也.(만은 장벽의 꾸밈이다. '훼와획만'은 공은 없고 해만 있음을 말한다.) 旣曰食功, 則以士爲無事而食者, 眞尊梓匠輪輿而輕爲仁義者矣.(이미 공을 위주하여 밥을 먹인다고 한다면, 선비는 하는 일 없이 밥을 먹는 자라고 여기는 것은, 진실로 재장과 윤여를 높이고, 인의를 행하는 자를 가볍게 여기는 것이다.)

이다. 일반적으로 지식인은 정신문화의 창조에 종사하는
전문집단이다. 경제가 일정한 수준 이상으로 발전하면 이
들 집단이 생성되는데, 일단 생성되고 나면 문화발전에 적
극적인 추진작용을 한다. 팽경은 지식인이 생산활동에 직
접 관여하지 않음을 비판했던 것이다. 육체노동과 정신노
동의 분업이 갖는 가치를 이해하지 못했던 것이다. 그런데
맹자는 도덕의 확립에 종사하는 선비도 물적 재화의 생산
자들처럼 마땅히 상응하는 대가를 받아야 한다는 견해이
다. 이러한 생각은 맹자가 '선왕의 도'를 재건하여 문명제
도를 세우려는 비전의 일단이기도 하다.

제5장 송나라는 작은 나라다(宋小國也章 第五)

(5-1) 萬章問曰 宋은 小國也라 今將行王政하나니 齊楚惡
而伐之면 則如之何니잇고
　　　(만장문왈 송, 소국야. 금장행왕정, 제초오이벌지, 즉여지하)

(국역) 만장이 물었다. "송나라는 작은 나라입니다. 그런데 지
금 장차 왕도정치를 실행하려 하니, 제나라와 초나라가 미
워하여 그를 정벌하면 어떻게 합니까?"20)

---

20) 萬章, 孟子弟子.(만장은 맹자의 제자이다.) 宋王偃嘗滅滕伐薛,
　　敗齊楚魏之兵, 欲霸天下, 疑卽此時也.(송왕 언이 일찍이 등나라
　　를 멸하고 설나라를 정벌하였으며, 제·초·위의 군대를 패퇴시
　　켜, 천하에 패자(覇者)가 되고자 하였다 하니, 의심컨대 이때인
　　듯하다.)

（자의） ○宋－나라 송. ○惡－미워할 오. ○伐－칠 벌. ○如之何－어떤, 어떻게, 어떠한가, 어찌하랴.

(5-2) 孟子曰 湯이 居亳하실새 與葛爲鄰이러시니 葛伯이 放而不祀어늘 湯이 使人問之曰 何爲不祀오 曰 無 以供犧牲也로이다 湯이 使遺之牛羊하신대 葛伯이 食之하고 又不以祀어늘 湯이 又使人問之曰 何爲不 祀오 曰 無以供粢盛也로이다 湯이 使亳衆으로 往爲 之耕이어시늘 老弱이 饋食러니 葛伯이 帥其民하여 要 其有酒食黍稻者하여 奪之하되 不授者를 殺之하더니 有童子以黍肉餉이어늘 殺而奪之하니라 書曰 葛伯이 仇餉이라하니 此之謂也니라

(맹자왈 탕, 거박, 여갈위린, 갈백, 방이불사, 탕, 사인문지왈, 하 위불사. 왈 무이공희생야. 탕, 사유지우양, 갈백, 식지, 우불이사, 탕, 우사인문지왈 하위불사. 왈 무이공자성야. 탕, 사박중, 왕위 지경, 노약, 궤사, 갈백, 수기민, 요기유주사서도자, 탈지, 불수자, 살지, 유동자이서육향, 살이탈지. 서왈 갈백, 구향, 차지위야)

（국역） 맹자가 말씀하였다. "탕왕이 박 땅에서 살 적에, 갈나 라와 더불어 이웃이더니, 갈백이 방탕하여 제사를 지내지 않거늘, 탕왕이 사람을 시켜 묻기를, '어찌하여 제사를 지 내지 않는가?'하니, '제사에 올릴 짐승이 없어서입니다.' 하 였다. 탕왕이 사람을 시켜 소와 양을 보냈는데, 갈백이 그 것을 잡아먹고, 또 제사를 지내지 않거늘, 탕왕이 또 사람 을 시켜 물었다. '어찌 제사를 지내지 않는가?' '제사에 올

릴 곡식이 없어서입니다.' 탕왕이 박 땅의 대중으로 하여
금 가서 그를 위해 농사를 짓게 하거늘, 노약자들이 음식
을 갖다가 농사짓는 사람들을 먹였다. 갈백이 그 백성을
거느리고 가서 술과 밥과 기장밥과 쌀밥을 가진 자들을
강요하여 빼앗되, 주지 않는 자는 죽였다. 어떤 동자가 기
장밥과 고기를 가지고 먹이거늘 그를 죽이고 그가 가진
것을 빼앗았다. '서경'에 '갈백이 밥을 가져다 먹이는 사람
을 원수로 여겼다.'라 하였으니, 이것을 말함이다."21)

자의 ○毫-땅이름 박. ○葛-칡 갈. ○鄰-이웃 린. ○伯-백작.
○放-놓을 방. 방종. ○祀-제사 사. ○供-받칠 공. ○犧-희생
희. ○牲-희생 생. ○遺-줄 유. ○粢-곡식 자. ○盛-성대하다,
흥성하다. ○饋-먹일 궤. ○黍-기장 서. ○稻-벼 도. ○奪-빼
앗을 탈. ○餉-밥 먹일 향. ○仇-원수 구.

(5-3) 爲其殺是童子而征之하신대 四海之內皆曰 非富天
下也라 爲匹夫匹婦하여 復讎也라하니라
    (위기살시동자이정지, 사해지내개왈 비부천하야, 위필부필부, 복
    수야)

---

21) 葛, 國名.(갈은 나라 이름이다.) 伯, 爵也.(백은 작위이다.) 放而
    不祀, 放縱無道, 不祀先祖也.(방탕하여 제사하지 않았다는 것은,
    방종하고 무도하여, 선조에게 제사하지 않은 것이다.) 毫衆, 湯
    之民. 其民, 葛民也.(박중은 탕왕의 백성이요, 기민은 갈나라 백
    성이다.) 授, 與也.(수는 줌이다.) 餉, 亦饋也.(향은 역시 먹임이
    다.) 書商書仲虺之誥也.(서는 '서경' '중훼지고'이다.) 仇餉, 言與
    餉者爲仇也.('구향'은 밥을 먹여주는 자와 원수가 됨을 말한다.)

(국역) "그가 이 동자를 죽였기 때문에 갈나라를 정벌하였는데, 사해(四海) 안의 사람들이 모두, '천하를 가지고 부자가 되려는 것이 아니라, 필부필부를 위하여 복수를 하기 위함이다.'라고 말하였다."22)

(자의) ㅇ爲-~때문에. ㅇ皆-다 개. ㅇ匹-짝 필. ㅇ讎-원수 수.

(5-4) 湯이 始征을 自葛載하사 十一征而無敵於天下하니 東面而征에 西夷怨하며 南面而征에 北狄怨하여 曰 奚爲後我오하여 民之望之가 若大旱之望雨也하여 歸市者弗止하며 芸者不變이어늘 誅其君, 弔其民하신대 如時雨降이라 民大悦하니 書曰 徯我后하노니 后來하시면 其無罰아하니라

(탕, 시정, 자갈재, 십일정이무적어천하, 동면이정, 서이원, 남면이정, 북적원, 왈 해위후아, 민지망지, 약대한지망우야, 귀시자불지, 운자불변, 주기군, 조기민, 여시우강. 민대열, 서왈 혜아후, 후래, 기무벌)

(국역) "탕왕이 처음 정벌을 갈나라로부터 시작하여, 열한번의 정벌을 하였는데 천하에 대적할 자가 없었으니, 동쪽을 향하여 정벌하면 서이가 원망하며, 남쪽을 향하여 정벌하면 북적이 원망하여 말하기를, '어찌하여 우리를 뒤로 하는가?'하여, 백성들이 탕왕을 바라기를 마치 큰 가뭄에 비

---

22) 非富天下, 言湯之心, 非以天下爲富而欲得之也.('비부천하'는 탕왕의 마음이 천하를 부로 여겨, 그것을 얻고자 함이 아님을 말한 것이다.)

를 바라는 듯하였다. 시장으로 가는 사람들은 걸음을 멈추지 아니하였으며, 김매는 사람들도 변함이 없었다. 그 나라 임금을 죽이고, 그 나라 백성을 위로함이 때마침 비가 내리는 것과 같은지라. 백성들이 크게 기뻐하니, '서경'에 이르기를, '우리 임금을 기다리니, 임금께서 오시면 아마 형벌이 없겠지.' 하였다."23)

(자의) ○征―칠 정. ○載―비로소 재. ○狄―북쪽 오랑캐 적. ○奚― 어찌 해. ○旱―가물 한. ○芸―김맬 운. ○誅―벨 주. ○悅―기쁠 열. ○徯―기다릴 혜.

(5-5) **有攸不惟臣**이어늘 **東征**하사 **綏厥士女**하신대 **匪厥玄 黃**하여 **紹我周王見休**하여 **惟臣附于大邑周**라하니 **其 君子**는 **實玄黃于匪**하여 **以迎其君子**하고 **其小人**은 **簞食壺漿**으로 **以迎其小人**하니 **救民於水火之中**하여 **取其殘而已矣**일새니라

(유유불유신, 동정, 수궐사녀, 비궐현황, 소아주왕견휴, 유신부우 대읍주, 기군자, 실현황우비, 이영기군자, 기소인, 단사호장, 이영 기소인, 구민어수화지중, 취기잔이이의)

(국역) "오직 신하로 복종하지 않으려는 자가 있거늘, 동쪽을 정벌하여 그곳의 선비와 여인들을 편안하게 하자, 그들이 검은 비단과 황색 비단을 광주리에 담아 가지고 와서, 우

---

23) 載, 亦始也.(재는 역시 시작이다.) 十一征, 所征十一國也.(십일정 은 정벌한 나라가 11개국인 것이다.) 餘己見前篇.(나머지는 이미 전편에서 보았다.)

리 주왕이 계승하는 왕업의 훌륭함을 보고, 오직 위대한
주의 도읍에 신하로 예속되기를 바란다고 하였다. 그곳의
군자들은 검은 비단과 황색 비단을 광주리에 담아서〔實〕,
그리고 주나라의 군자를 맞이하였고, 그곳의 일반 백성들
은 한 그릇의 밥과 한 단지의 미음으로, 그리고 주나라의
백성들을 맞이하였다. 물과 불의 가운데서 백성을 구하여,
그 잔혹한 자를 취했을 뿐이다."24)

---

24) 按周書武成篇, 載武王之言, 孟子約其文如此('서경' '주서 무성
편'을 고찰컨대, 무왕의 말이 기재되어 있거늘, 맹자가 그 말을
요약하기를 이와 같이 한 것이다.) 然, 其辭時與今書文不類, 今
姑依此文解之.(그러나 그 말이 때로는 지금의 '서경'의 글과 더
불어 같지 않으니, 지금 우선 이 글에 의거하여 그것을 해석한
다.) 有所不惟臣, 謂助紂爲惡, 而不爲周臣者.(오직 신하가 아닌
자가 있다는 것은, 주왕을 도와 악행을 하고, 주나라의 신하가
되지 않는 자를 이른다.) 匪, 與篚同.(비는 광주리와 같다.) 玄
黃, 幣也.(현황은 폐백이다.) 紹, 繼也, 猶言事也.(소는 이음이니,
섬긴다는 말과 같다.) 言其士女以篚盛玄黃之幣, 迎武王而事之
也.(그 처녀 총각들이 광주리에 검고 누런 폐백을 가득 담아 가
지고 와서, 무왕을 맞이하여 섬김을 말한다.) 商人而曰我周王,
猶商書所謂我后也.(상나라 사람들이 우리 주왕이라고 말한 것은,
'서경' '상서'에 소위 '우리 임금님'이라고 한 것과 같다.) 休, 美
也. 言武王能順天休命, 而事之者皆見休也.(휴는 아름다움이다.
무왕이 능히 하늘의 아름다운 명령에 순종하니, 그를 섬기는 자
들은 모두 아름다움을 만난다는 말이다.) 臣附, 歸服也.(신부는
돌아와 복종하는 것이다.) 孟子又釋其意, 言商人, 聞周師之來,
各以其類相迎者, 以武王能救民於水火之中, 取其殘民者, 誅之,
而不爲暴虐耳.(맹자는 또 그 뜻을 해석하여, 상나라 사람들이 주

(자의) ㅇ攸―바 유(=所也). ㅇ綏―편안할 수(유). ㅇ厥―그 궐. ㅇ匪―광주리(=篚也). ㅇ玄黃―검은 비단과 황색 비단. ㅇ紹―이을 소. 계승하다. ㅇ休―아름다울 휴. ㅇ附―붙을 부. ㅇ實―채울 실. ㅇ迎―맞이할 영. ㅇ簞―대그릇 단. ㅇ食―밥 사. ㅇ壺―병 호. 단지, 술병. ㅇ漿―미음 장. ㅇ取―취할 취. 손에 넣다. ㅇ殘―해칠 잔. ㅇ而已―뿐이다.

(5-6) **太誓曰 我武**를 **惟揚**하여 **侵于之疆**하여 **則取于殘**하여 **殺伐用張**하니 **于湯**에 **有光**이라하니라

(태서왈 아무, 유양, 침우지강, 즉취우잔, 살벌용장, 우탕, 유광)

(국역) " '태서'에서 '우리 무왕은 무력을 드날려 저들의 국경을 공격하여 백성들을 해치는 자들을 손에 넣어 살벌의 공을 크게 베풀었으니 탕왕보다 더 빛났다.'고 하였다."25)

나라 군대가 쳐들어왔다는 말을 듣고, 각기 그 동류들로써 서로 환영한 것은, 무왕이 능히 물과 불 중에서 백성들을 구원하여, 그 백성을 잔학하게 해치는 자를 취하여 그를 죽이고, 포학하게 하지 않았을 뿐이기 때문이라고 말한 것이다.) 君子, 謂在位之人. 小人, 謂細民也.(군자는 지위에 있는 사람을 이르고, 소인은 서민을 이른다.)

25) 太誓, 周書也. 今書文亦小異.('태서'는 '서경'의 '주서'이다. 지금 '서경'의 글과 역시 조금 다르다.) 言武王, 威武奮揚, 侵彼紂之疆界, 取其殘賊, 而殺伐之功, 因以張大, 比於湯之伐桀, 又有光焉.(무왕이 위엄을 떨쳐, 저 주왕의 국경을 침략하여 그 나머지 적을 취하여, 살육의 공적이 잇따라 확대됨으로써, 탕왕이 걸왕을 정벌한 것에 비교하여, 또 더욱 빛남이 있다고 말한 것이다.) 引此, 以證上文取其殘之義.(이것을 인용하여 윗글의 그 잔학을 취하였다는 뜻을 증명하려고 생각한 것이다.)

자의 ㅇ誓-맹세할 서. ㅇ揚-드날릴 양. ㅇ張-베풀 장.

(5-7) **不行王政云爾**언정 **苟行王政**이면 **四海之內**가 **皆擧 首而望之**하여 **欲以爲君**하리니 **齊楚雖大**나 **何畏焉**이 리오

(불행왕정운이, 구행왕정, 사해지내, 개거수이망지, 욕이위군. 제 초수대, 하외언)

국역 "왕도정치를 실행하지 않을 뿐일지언정, 진실로 왕도 정치를 실행한다면, 사해 안의 백성들이 모두 머리를 들고 그를 바라보아서, 자기들의 주군으로 여기고자 할 것이니, 제나라와 초나라가 비록 크나 무엇을 두려워하겠는가?"26)

자의 ㅇ王政-왕도정치. ㅇ云爾-이뿐이다(云=此, 爾=耳). ㅇ苟- 진실로 구. ㅇ擧-들 거. ㅇ以爲-여기다, 인정하다. ㅇ畏-두려워 할 외.

해설 소국이 왕도정치를 펴서 발전하면 대국의 침공을 받을

---

26) 宋實不能行王政, 後果爲齊所滅, 王偃, 走死(송나라가 실제로 왕도정치를 실행할 수 없었으니, 뒤에 과연 제나라에 멸망당하 여, 송왕 언이 패주하여 죽었다.) 尹氏曰 : 爲國者能自治而得民 心, 則天下皆將歸往之, 恨其征伐之不早也, 尙何强國之足畏哉. (윤씨가 말하였다. 국가를 다스리는 자는, 능히 스스로 다스려 민심을 얻으면, 천하는 모두 장차 그에게 돌아가서, 그들은 정벌 이 조속하지 못함을 한탄하게 될 것이니, 오히려 어찌 강국을 충분히 두려워하겠는가?) 苟不自治, 而以强弱之勢言之, 是, 可 畏而已矣.(만일 스스로 다스리지 못하고 강약의 형세만으로써 그것을 말한다면, 이것은 두려워할 만할 뿐인 것이다.)

지도 모른다는 만장의 의구심에 대하여, 맹자는 탕왕과 무
왕의 일을 예로 들어 그런 생각은 한갓 기우일 뿐이라고
말한다. 백성들은 왕자의 선정을 오히려 갈망하고 열복하
게 되므로, 왕도정치를 펴면 저들의 포악은 오히려 천하에
드러나서 사람들로부터 미움을 받고, 왕자가 폭군을 정벌
하는 전쟁까지도 침략전쟁이 아니라 백성을 구원하는 천
리(天吏)의 행위라 하여 지지를 받게 된다는 것이다. 선은
악을 반드시 이긴다는 확신에 찬 생각이다. 기업의 장기적
이고 확실한 대책은 기술혁신으로 경쟁력을 강화하고 시
장을 넓히는 길밖에 없다. 따라서 끊임없는 혁신활동을 통
하여 자기만의 제품력을 확보하고 사업구조를 지속적으로
고도화하는 전략을 펴야 할 것이다.

제6장 대불승(戴不勝章 第六)

(6-1) 孟子謂戴不勝曰 子欲子之王之善與아 我明告子하
리라 有楚大夫於此하니 欲其子之齊語也인댄 則使
齊人傳諸아 使楚人傳諸아 曰 使齊人傳之니 曰 一
齊人傳之어든 衆楚人咻之면 雖日撻而求其齊也라도
不可得矣어니와 引而置之莊嶽之間數年이면 雖日撻
而求其楚라도 亦不可得矣리라

　　(맹자위대불승왈 자욕자지왕지선여, 아명고자. 유초대부어차, 욕
　　기자지제어야, 즉사제인부저. 사초인부저. 왈 사제인부지. 왈 일
　　제인부지, 중초인휴지, 수일달이구기제야, 불가득의, 인이치지장

악지간수년, 수일달이구기초, 역불가득의)

(국역) 맹자가 대불승에게 이르기를, "그대는 그대의 왕이 선하기를 바라는가? 내가 분명하게 자네에게 말하리라. 여기에 초나라 대부가 있으니, 자기 아들이 제나라 말을 하기를 바란다면, 제나라 사람으로 하여금 그를 가르치게 하겠는가? 초나라 사람으로 하여금 그를 가르치게 하겠는가?" "제나라 사람으로 하여금 그를 가르치게 해야 합니다." "한 제나라 사람이 그를 가르치거늘 여러 초나라 사람들이 방해하여 떠들어대면, 비록 날마다 회초리로 때려 그가 제나라 말을 하도록 요구하더라도 될 수 없을 것이다. 그러나 그를 데리고 가서 장악지방에 수년 동안 놓아두면, 비록 날마다 회초리로 때려 그가 초나라 말을 하도록 요구하더라도 역시 될 수 없을 것이다."27)

(자의) ㅇ戴-머리에 일 대. ㅇ戴不勝-송나라 대부. ㅇ傅-가르칠 부. ㅇ諸-(=之乎). ㅇ咻-떠들 휴. ㅇ撻-매질할 달. ㅇ引-이끌 인. ㅇ置-둘 치. ㅇ莊嶽-제나라의 거리 이름.

(6-2) **謂薛居州善士也**라하여 **使之居於王所**하나니 **在於王所者 長幼卑尊**이 **皆薛居州也**면 **王誰與爲不善**이며

---

27) 戴不勝, 宋臣也.(대불승은 송나라 신하이다.) 齊語, 齊人語也.(제어는 제나라 사람의 말이다.) 傅, 敎也.(부는 가르침이다.) 咻, 讙也.(휴는 떠드는 것이다.) 齊, 齊語也.(제는 제나라 말이다.) 莊嶽, 齊街里名也.(장악은 제나라의 거리 이름이다.) 楚, 楚語也.(초는 초나라 말이다.) 此, 先設譬以曉之也.(이것은 우선 그를 깨우치기 위하여 비유를 가설한 것이다.)

在王所者 長幼卑尊이 皆非薛居州也면 王誰與爲
善이리오 一薛居州 獨如宋王에 何리오

(위설거주선사야, 사지거어왕소, 재어왕소자 장유비존, 개설거주
야, 왕수여위불선. 재왕소자, 장유비존, 개비설거주야, 왕수여위
선. 일설거주 독여송왕, 하)

국역 "그대는 설거주가 선한 선비라 하여, 그로 하여금 왕의
처소에서 지내게 하였을 적에, 왕의 처소에 있는 자의
장·유와 존·비가 모두 설거주와 같은 선한 사람이라면,
왕은 누구와 더불어 불선한 짓을 하겠으며, 왕의 처소에
있는 자의 장·유와 존·비가 모두 설거주와 같이 선한
사람이 아니라면, 왕은 누구와 더불어 선한 짓을 하겠는
가? 일개 설거주가 홀로 송나라 왕과 같이 있은들 어찌하
겠는가?"[28]

자의 ㅇ薛居州 — 송나라 신하. ㅇ王所 — 왕이 있는 장소, 궁궐. ㅇ長幼
卑尊 — 나이가 많고 적은 사람과 지위가 높고 낮은 사람. ㅇ誰 — 누
구 수.

해설 사람은 환경에 따라 변화하고, 그것도 비중이 큰 쪽의
환경에 더 많이 영향을 받는다는 것이다. 설거주가 현명하
다 하더라도 그 한 사람이 주군의 곁에 있다고 하여 그의
힘만으로는 결코 임금을 선하게 할 수 없다는 논리이다.
외국어를 공부하든 선정을 펴는 정치를 하든 많은 사람이

---

28) 居州, 亦宋臣.(거주는 역시 송나라 신하이다.) 言小人衆而君子
獨, 無以成正君之功.(소인은 많고 군자는 혼자이면, 임금을 바르
게 하는 공을 이룰 수 없음을 말하였다.)

그런 분위기를 만들어야 비로소 목적을 이룰 수 있다. 마찬가지로 아이디어는 한 사람이 내지만 그의 생각을 채택하여 대중이 유행시켜야만 비로소 효과적인 사회적 변화를 이루어 나아갈 수 있는 것이다.

제7장 제후를 만나지 않는 것은 무슨 뜻입니까?
(不見諸侯何義章 第七)

(7-1) **公孫丑問曰 不見諸侯何義**잇고 **孟子曰 古者**에 **不爲臣**하여는 **不見**하더니라

　　(공손추문왈 불견제후하의. 맹자왈 고자, 불위신, 불견)

국역 공손추가 물었다. "제후 왕을 만나보지 않는 것은 무슨 뜻입니까?" 맹자가 말씀하였다. "옛날의 사람들은 신하가 되지 않고서는 제후 왕을 만나보지 않았다."[29]

(7-2) **段干木**은 **踰垣而辟之**하고 **泄柳**는 **閉門而不内**하니 **是皆已甚**하니 **迫**이어든 **斯可以見矣**니라

　　(단간목, 유원이피지, 설류, 폐문이불납, 시개이심, 박, 사가이견의)

국역 "단간목은 담을 뛰어 넘어가 피했고, 설류는 문을 닫고 받아들이지 아니했으니, 이는 모두 다 너무 심한 것이다.

---

29) 不爲臣, 謂未仕於其國者也.(신하가 되지 않는다는 것은 아직 그 나라에서 벼슬하지 않음을 이른다.) 此, 不見諸侯之義也.(이것은 제후 왕을 만나보지 않는 의미이다.)

접근해오면 이에 만나볼 수 있을 것이다."30)

(자의) ㅇ段-조각 단. ㅇ段干木-위나라 사람. ㅇ踰-넘을 유. ㅇ垣-
담 원. ㅇ辟-피할 피. ㅇ泄-많을 예, 샐 설. ㅇ泄柳-노나라 사람.
ㅇ閉-닫을 폐. ㅇ內-들일 납(＝納). ㅇ已-너무 이. ㅇ迫-핍박할
박. 억누르다, 접근하다. ㅇ斯-이 사. 곧, 이에 그래서.

(7-3) 陽貨欲見孔子而惡無禮하여 大夫有賜於士어든 不
得受於其家면 則往拜其門일새 陽貨矙孔子之亡也
하여 而饋孔子蒸豚한대 孔子亦矙其亡也하여 而往
拜之하시니 當是時하여 陽貨先이면 豈得不見이시리오
(양화욕현공자이오무례, 대부유사어사, 부득수어기가, 즉왕배기문.
양화감공자지무야, 이궤공자증돈, 공자역감기무야, 이왕배지, 당
시시, 양화선, 기득불현)

(국역) "양화는 공자가 자기를 찾아와 보게 하려고 하였으나,
무례하다는 말을 듣는 것이 싫어서, 대부가 사(士)에게 물
건을 하사함이 있을 경우, 사가 자기 집에서 직접 받지 못
하였으면, 대부의 문에 가서 절을 해야 하거든, 양화는 공
자가 집에 없는 틈을 보아, 공자에게 삶은 돼지를 보냈는

---

30) 段干木, 魏文侯時人.(단간목은 위나라 문후 때의 사람이다.) 泄
柳, 魯繆公時人.(설류는 노나라 목공 때의 사람이다.) 文侯, 繆
公, 欲見此二人, 而二人不肯見之, 蓋未爲臣也.(문후와 목공은
이 두 사람을 만나보고자 하였으나, 두 사람은 그를 만나보기를
즐겨하지 않았으니, 아마 아직 신하로 되지 않았을 때이다.) 已
甚, 過甚也.('이심'은 너무 심함이다.) 迫, 謂求見之切也.(박은 만
나보기를 요구함이 절실함을 이른다.)

데, 공자 역시 그가 집에 없는 틈을 보아 찾아가서 절하였
다. 이때를 당하여 양화가 먼저 예를 베풀었다면, 공자가
어찌 그를 만나지 않을 수 있었겠는가?"31)

(자의) ㅇ陽貨-노나라 대부인 양호(陽虎). ㅇ見-나타날 현. ㅇ賜-
줄 사. ㅇ矙-엿볼 감. ㅇ亡-없을 무. ㅇ饋-보낼 궤. ㅇ蒸-찔 증.
ㅇ豚-돼지 돈.

(7-4) 曾子曰 脅肩諂笑는 病于夏畦라하며 子路曰 未同
而言을 觀其色컨대 赧赧然이라 非由之所知也라하니
由是觀之면 則君子之所養을 可知己矣니라

　　　(증자왈 협견첨소, 병우하휴, 자로왈 미동이언, 관기색, 난난연,
　　　비유지소지야, 유시관지, 즉군자지소양, 가지이의)

(국역) "증자가 말하였다. '어깨를 움츠리며 아첨하며 웃는 것

---

31) 此, 又引孔子之事, 以明可見之節也.(이것은 또 공자의 일을 인
용하여, 만나볼 수 있는 예절을 밝히려고 여긴 것이다.) 欲見孔
子, 欲召孔子, 來見己也.('욕현공자'는 공자를 불러, 자기를 만나
보러 찾아오게 한 것이다.) 惡無禮, 畏人以己爲無禮也.('오무례'
는 남들이 자기를 무례하다고 여기는 것을 두려워한 것이다.) 受
於其家, 對使人, 拜受於家也.('수어기가'는 심부름 온 사람을 마
주하여 자기 집에서 절하고 받는 것이다.) 其門, 大夫之門也.('기
문'은 대부의 집 문이다.) 矙, 窺也.(감은 엿봄이다.) 陽貨, 於魯,
爲大夫, 孔子, 爲士.(양화는 노나라에서 대부가 되었고, 공자는
사(士)가 되었다.) 故, 以此物, 及其不在而饋之, 欲其來拜而見之
也.(그러므로 이 물건으로써, 공자가 집에 있지 않을 때에 이르
러 그것을 보내고, 공자가 와서 절하고 그를 만나보게 하려고
한 것이다.) 先, 謂先來加禮也.(선은 먼저 와서 예의를 추가함을
이른다.)

이, 여름 밭에서 일하는 것보다 더 피로하다.'고 하였다.
자로가 말하였다. '뜻이 같지 않은데도 억지로 영합하여
말하는 자를, 그 얼굴빛을 보건대, 얼굴이 붉어지며 난처
해한다. 그렇게 하는 것은 내[由]가 할 줄 아는 바가 아니
다.' 이것으로부터 그것을 관찰하면 군자가 양성해야 할
바가 무엇인지 알만할 뿐이다."32)

（자의）　ㅇ脅—위협할 협. 으쓱하다, 움츠리다. ㅇ肩—어깨 견. ㅇ詔—아

32) 脅肩, 竦體. 詔笑, 强笑. 皆小人側媚之態也.(협견은 몸을 황송해
　　하는 것이며, 첨소는 억지로 웃는 것이니, 모두 소인들이 사특한
　　짓으로 아첨하는 태도이다.) 病, 勞也.(병은 수고로움이다.) 夏畦,
　　夏月治畦之人也.(하규는 여름철에 밭이랑을 다스리는 사람이다.)
　　言爲此者, 其勞過於夏畦之人也.(이런 일을 하는 자의 그 수고로
　　움은 여름철에 밭이랑을 다스리는 사람보다 초과한다.) 未同而
　　言, 與人未合而强與之言也.(아직 뜻을 합하지 못했는데 말한다
　　는 것은, 남과 더불어 아직 합하지 않았는데도 억지로 참여하여
　　말하는 것이다.) 赧赧, 慚而面赤之貌(난난은 부끄러워 얼굴빛이
　　붉어지는 모습이다.) 由, 子路名.(유는 자로의 이름이다.) 言非己
　　所知, 甚惡之之辭也.(자기가 알 바가 아니라고 말한 것은, 그를
　　심히 미워하는 언사이다.) 　孟子言由此二言觀之, 則二子之所養,
　　可知, 必不肯不俟其禮之至, 而輒往見之也.(맹자는 이 두 말로부
　　터 그것을 관찰하면, 두 사람의 기르는 바를 알 수 있으니, 반드
　　시 그 예를 지극히 하기를 기다리지 않고, 곧 그를 찾아가 만나
　　보기를 즐겨하지 않을 것이라고 말하였다.) 此章, 言聖人, 禮義
　　之中正, 過之者, 傷於迫切而不洪, 不及者, 淪於汙賤而可恥.(이
　　장은, 성인은 예의의 중정(中正)이니, 이보다 초과하는 자는 절
　　실함에 다쳐서(걸려서) 넓지 못하고, 미치지 못한 자는 더럽고
　　천한 데 빠져 부끄러울 만하다고 말한 것이다.)

첨할 첨. ○病－피로하다, 피곤하다. ○畦－두둑 휴. ○赧－붉힐 란. ○赧赧然－얼굴이 붉어지며 난처해하는 모습. ○非由之의 由－자로의 이름. ○由是觀之의 由－～로부터.

(해설) 왕이 부르지 않는데도 신하가 아닌 백성이 임금을 찾아다니는 것은 벼슬을 얻기 위해 그에게 아첨하러 가는 것이 되기 때문에 그것을 경계한 것이다. 비굴한 태도로써 제후에게 빌붙어 벼슬을 하는 자는, 결코 백성을 위하여 정도를 펴는 것이 아니라 권세가를 위하여 아첨에 더 힘을 쓰게 되고, 결국 그 자신과 나라를 망치고 말 것이다. 그래서 예를 벗어난 아첨은 군자가 취할 바가 아니라는 것이다. 양화의 일은 논어(17-1)에 보인다. 마찬가지로 정부가 주도하는 경기부양책 같은 것도 대중의 인기만을 의식하여 시행한다면, 단기로는 재정의 건전성을 해치고, 장기로는 정부를 빚더미 위에 올라앉게 만들 수도 있기에, 전문가들은 그런 발상에 동의하지 않는 것이다.

제8장 한 달에 한 마리 닭을 훔치다
(月攘一雞章 第八)

(8-1) **戴盈之曰 什一**과 **去關市之征**을 **今玆未能**이란대 **請輕之**하여 **以待來年然後**에 **已**하니 **何如**하니잇고
(대영지왈 십일, 거관시지정, 금자미능, 청경지, 이대내년연후, 이, 하여)

(국역) 대영지가 말하였다. "10분의 1 농지세와 관문과 시장

에서 징수하는 것을 폐지하는 것이 금년에는 할 수 없으니, 청컨대 이를 경감하여, 그리고 내년을 기다린 연후에 그만두려고 하니 어떻습니까?"33)

(자의) ○戴盈之－송나라 대부. ○什－(＝十). ○關－관문세. ○市－시장세. ○征－칠 정, 구실 정(조세, 징세). ○今玆－금년. ○已－그칠 이.

(8-2) **孟子曰 今有人이 日攘其鄰之雞者어늘 或告之曰 是非君子之道라한대 曰 請損之하여 月攘一雞하여 以待來年然後已로다**

（맹자왈 금유인, 일양기린지계자, 혹고지왈 시비군자지도, 왈 청손지, 월양일계, 이대내년연후이)

(국역) 맹자가 말씀하였다. "그런데 지금 어떤 사람이 날마다 이웃집의 닭을 훔치거늘, 어떤 사람이 그에게 말하기를 '이것은 군자의 도리가 아니다.'라고 하자, 그가 대답하기를, '청컨대 그 수를 줄여서, 달마다 닭 한 마리를 훔치다가, 그리고 내년을 기다린 뒤에 그만두겠다.'고 하였다."34)

(자의) ○有－있을 유. 어떤, 또. ○攘－훔칠 양 ○鄰－이웃 린. ○雞－닭 계. ○或－혹자(或者). ○損－덜 손. 줄이다.

---

33) 盈之, 亦宋大夫也.(영지는 역시 송나라 대부이다.) 什一, 井田之法也.(십일은 정전법이다.) 關市之征, 商賈之稅也.('관시지정'은 상인에 대한 세금이다.) 已, 止也.(이는 그만둠이다.)

34) 攘, 物自來而取之也.(양은 물건이 스스로 와서 그것을 취하는 것이다.) 損, 減也.(손은 경감함이다.)

(8-3) 如知其非義인댄 斯速已矣니 何待來年이리오

(여지기비의, 사속이의, 하대내년)

국역 "만일 그것이 옳은 일이 아님을 알면 이에 신속히 그
만두어야 할 것이니, 어찌 내년을 기다리겠는가?"[35]

자의 ㅇ如-만일 여. ㅇ斯-이 사.

해설 잘못을 알았으면 당장 고치는 것이 마땅한데, 잘못을
알고도 시기를 늦추거나 정도(程度)를 낮추어 계속하는
것은 정의를 속이는 것이니 옳지 않다. 백성을 위하는 마
음이 없고, 과오를 고치는 데 인색한 것이니, 결국에는 백
성의 저항으로 지위를 잃고 말 것이다. 잘못을 고치는 것
이 좋은 것이라 할지라도 일에는 순서가 있게 마련이니,
완급을 잘 헤아려 부작용이 가장 적도록 해야 할 것이다.
논어(1-11)에서 부모님의 도를 고칠 적에는 매우 신중하
게 하도록 말하고 있기도 하다.

제9장 선생님은 논변을 좋아한다
(夫子好辯章 第九)

(9-1) 公都子曰 外人이 皆稱夫子好辯하나니 敢問何也잇
고 孟子曰 予豈好辯哉리오 予不得已也로라 天下之

---

35) 知義理之不可而不能速改, 與月攘一雞何以異哉.(의리상 옳지 못
함을 알면서도 속히 고치지 못함은, 매월 닭 한 마리를 훔치는
것과 더불어 무엇이 다름이 있겠는가?)

生이 久矣니 一治一亂이니라

(공도자왈 외인, 개칭부자호변, 감문하야. 맹자왈 여기호변재. 여
부득이야. 천하지생, 구의, 일치일란)

국역 공도자가 말하였다. "외부의 사람들은 모두 선생님이
논변을 좋아한다고 하는데, 감히 묻습니다. 무엇 때문입니
까?" 맹자가 말씀하였다. "내 어찌 논변을 좋아하겠는가?
내 부득이해서이다. 천하에 사람이 생겨난 것이 오래되었
으니, 한번은 다스려지고 한번은 혼란하였느니라."36)

자의 ㅇ公都子－맹자의 제자. ㅇ稱－일컬을 칭. ㅇ辯－말잘할 변.

(9-2) 當堯之時하여 水逆行하여 氾濫於中國하여 蛇龍이
居之하니 民無所定하여 下者는 爲巢하고 上者는 爲
營窟하니 書曰 洚水警余라하니 洚水者는 洪水也니라

(당요지시, 수역행, 범람어중국, 사룡, 거지, 민무소정. 하자, 위
소, 상자, 위영굴, 서왈 강수경여, 강수자, 홍수야)

국역 "바로 요임금 때에 물이 역류하여, 나라 안에 범람하여
뱀과 용이 여기서 살거니, 백성들이 정착할 데가 없어서,
낮은 지대에 사는 사람들은 나무 위에 둥지를 틀고, 높은
지대에 사는 사람들은 땅굴을 파고 사니, '서경'에 말하기
를, '강수가 나를 경계한다.' 하였으니, 강수는 홍수이다."37)

---

36) 生, 謂生民也.(생은 생민을 이른다.) 一治一亂, 氣化盛衰, 人事
得失, 反覆相尋, 理之常也.(한번 다스려지고 한번 혼란함은, 기
화의 성쇠와 인사의 득실이 반복하여 서로 찾아오는 것이니, 이
치의 영원불변함이다.)

37) 水逆行, 下流壅塞, 故, 水倒流而旁溢也.(물이 역행한다는 것은,

자의 ○當-바로 그때. ○氾-넘칠 범. ○濫-넘칠 람. ○蛇-뱀 사.
○巢-둥지 소. ○窟-굴 굴. ○洚-물 거슬러 흐를 강, 큰물 홍.
○警-경계할 경. ○余-나 여.

(9-3) 使禹治之어시늘 禹掘地而注之海하시고 驅蛇龍而放
之菹하신대 水由地中行하니 江淮河漢이 是也라 險
阻旣遠하며 鳥獸之害人者消하니 然後에 人得平土
而居之하니라

(사우치지, 우굴지이주지해, 구사룡이방지자, 수유지중행, 강회하
한, 시야. 험조기원, 조수지해인자소, 연후, 인득평토이거지)

국역 "우왕으로 하여금 홍수를 다스리게 하거늘, 우왕이 땅
을 파서 그것이 바다로 흘러가게 하였고, 뱀과 용을 몰아
서 늪으로 추방하였다. 물이 지대의 중심을 경유하여 흘러
가니, 장강, 회수, 황하, 한수가 이것이다. 홍수의 위험이
이미 멀어졌으며, 새와 짐승이 사람을 해치는 것도 해소되
자, 그런 뒤에야 사람들이 평지를 차지하여 거기에 살게
되었다."[38]

하류가 막힌 것이다. 그러므로 물이 거꾸로 흘러 사방으로 넘치
는 것이다.) 下, 下地. 上, 高地也.(하는 낮은 지역이다. 상은 높
은 지역이다.) 營窟, 穴處也.(영굴은 굴속에서 거처하는 것이다.)
書, 虞書大禹謨也.(서는 '서경' '우서' '대우모'편이다.) 洚水, 洚
洞無涯之水也.(강수는 홍수가 난 모양으로 끝이 없어 보이는 물
이다.) 警, 戒也.(경은 경계함이다.) 此一亂也.(이는 한번 혼란한
것이다.)

38) 掘地, 掘去壅塞也.(굴지는 파서 막힘을 제거하는 것이다.) 菹,
澤生草者也.(자는 못에 풀이 자라는 것이다.) 地中, 兩涯之間

(자의) ㅇ掘-팔 굴. ㅇ注-부을 주. ㅇ驅-몰 구. ㅇ放-놓을 방. ㅇ菹-
늪 자. ㅇ淮-물 회. ㅇ阻-막을 조, 험할 조. ㅇ險阻-장애, 위험.

(9-4) 堯舜이 旣沒하시니 聖人之道衰하여 暴君代作하여 壞
宮室以爲汚池하여 民無所安息하며 棄田以爲園囿하
여 使民不得衣食하고 邪說暴行이 又作하여 園囿汙
池沛澤多而禽獸至하니 及紂之身하여 天下又大亂하
니라

(요순, 기몰, 성인지도쇠, 폭군대작, 괴궁실이위오지, 민무소안식.
기전이위원유, 사민부득의식. 사설폭행, 우작, 원유오지패택다이
금수지, 급주지신, 천하우대란)

(국역) "요순이 이미 세상을 떠났으니, 성인의 도가 쇠퇴하여,
폭군이 대대로 나와서, 못을 파기 위하여 집을 파괴하니
백성들은 편안히 쉴 곳이 없었다. 동물원을 만들기 위하여
농토를 포기하게 하니, 백성들로 하여금 의식을 얻을 수
없게 하였다. 사악한 말과 포학한 행위가 또 일어나, 동물
원, 못, 초목이 우거진 물웅덩이가 많아져, 새와 짐승들이
이르게 되니, 주왕 자신의 대에 미쳐서, 천하는 또 크게
어지러워졌다."39)

也.(지중은 양쪽 벼랑 사이이다.) 險阻, 謂水之氾濫也.(험조는 물
이 범람함을 이른다.) 遠, 去也.(원은 멀리 떠나가는 것이다.) 消,
除也.(소는 제거함이다.) 此一治也.(이것은 한번 다스려짐이다.)

39) 暴君, 謂夏太康, 孔甲, 履癸, 商武乙之類也.(폭군은 하나라의 태
강, 공갑, 이규, 상나라의 무을 등을 이른다.) 宮室, 民居也.(궁실
은 백성들이 사는 집이다.) 沛, 草木之所生也.(패는 초목이 자라

자의 ○没-죽을 몰. ○代-대신할 대. 세대, 시대. ○壞-무너뜨릴 괴. ○宮室-가옥, 집. ○以爲--~하기 위하여. ○汚-웅덩이 오 (=洿). ○汚池-못. ○棄-버릴 기. ○田-토지. ○園囿-꽃과 나무와 동물을 놓아기르는 동산. ○邪說-그릇된 주장. ○沛-늪 패, 성할 패. ○沛澤-수목이 무성한 수택(水澤). ○及-미칠 급. 이르다. ○紂-모질 주. 은나라의 최후 왕.

(9-5) 周公相武王하사 誅紂하시고 伐奄三年에 討其君하시고 驅飛廉於海隅而戮之하시니 滅國者五十이요 驅虎豹犀象而遠之하신대 天下大悦하니 書曰 丕顯哉라 文王謨여 丕承哉라 武王烈이여 佑啓我後人하시되 咸以正無缺이라하니라

(주공상무왕, 주주, 벌엄삼년, 토기군, 구비렴어해우이륙지, 멸국자오십, 구호표서상이원지, 천하대열, 서왈 비현재. 문왕모, 비승재, 무왕렬. 우계아후인, 함이정무결)

국역 "주공이 무왕을 도와, 주왕을 토벌하고, 엄국을 정벌한 지 3년만에, 그 임금을 죽이고, 비렴을 바닷가에 추방하여 그를 죽이니, 나라를 멸망한 것이 50이요, 범, 표범, 물소, 코끼리를 몰아내어 멀리 쫓으니, 천하가 크게 기뻐하였다. '서경'에 이르기를, '크게 빛나도다. 문왕의 계책이여! 크게 이어받으셨도다. 무왕의 공렬이여! 우리 후인들을 돕고 계

는 곳이다.) 澤, 水所鍾也.(택은 물이 모이는 곳이다.) 自堯舜没, 至此, 治亂非一, 及紂而又一大亂也.(요순이 별세한 뒤로부터, 이에 이르기까지 다스려짐과 혼란함이 한번이 아니었는데, 주왕에 이르러 또 한번 크게 어지러워진 것이다.)

발하시되, 모두가 바르게 하여 결함이 없게 하셨다.'고 하였다."40)

자의 ㅇ相−도울 상. ㅇ誅−죽일 주. ㅇ伐−칠 벌. ㅇ奄−문득 엄. ㅇ討−칠 토. ㅇ驅−몰 구. ㅇ飛−날 비. ㅇ廉−청렴할 렴. ㅇ隅− 구석 우. ㅇ戮−죽일 륙. ㅇ豹−표범 표. ㅇ犀−물소 서. ㅇ丕−클 비. ㅇ謨−가르칠 모. ㅇ啓−열 계.

(9-6) **世衰道微**하여 **邪説暴行**이 **有(又)作**하여 **臣弑其君 者有之**하며 **子弑其父者有之**하니라

(세쇠도미, 사설폭행, 유(우)작, 신시기군자유지, 자시기부자유지)

국역 "세운(世運)이 쇠퇴하고 정도가 희미해져서, 사악한 말과 포악한 행동이 또 일어나자, 신하로서 그 주군을 시해하는 자가 있으며, 자식이 그 아비를 죽이는 자가 있었다."41)

자의 ㅇ衰−쇠할 쇠. ㅇ微−가늘 미. ㅇ有−또 유. ㅇ弑−죽일 시.

---

40) 奄, 東方之國, 助紂爲虐者也.(엄은 동방의 나라이니, 주왕을 도와 포학한 짓을 하게 한 자이다.) 飛廉, 紂幸臣也.(비렴은 주왕의 총애하는 신하이다.) 五十國, 皆紂黨虐民者也.(50국은 모두 주왕의 한패로 백성을 못살게 한 자이다.) 書, 周書君牙之篇.(서는 '서경' '주서 군아편'이다.) 丕, 大也, 顯, 明也.(비는 큼이요, 현은 밝음이다.) 謨, 謀也.(모는 가르침이다.) 承, 繼也.(승은 계승이다.) 烈, 光也.(열은 빛남이다.) 佑, 助也.(우는 도움이다.) 啓, 開也.(계는 열어줌이다.) 缺, 壞也.(결은 무너짐이다.) 此一治也.(이것은 한번 다스려짐이다.)

41) 此, 周室東遷之後, 又一亂也.(이것은 주나라 왕실이 동쪽으로 천도한 뒤이니, 또 한번 혼란해진 것이다.)

(9-7) 孔子懼하사 作春秋하시니 春秋는 天子之事也라 是
故로 孔子曰 知我者도 其惟春秋乎며 罪我者도 其
惟春秋乎인저하시니라

(공자구, 작춘추. 춘추, 천자지사야. 시고, 공자왈 지아자, 기유춘
추호, 죄아자, 기유춘추호)

국역 "공자가 이런 세태를 두려워하여, '춘추'를 지으시니,
'춘추'는 천자가 하는 일이다. 이 때문에 공자가 말씀하기
를 '나를 아는 것도 아마 춘추뿐일 것이며, 나를 죄주는
것도 아마 춘추뿐일 것이라.' 하였다."42)

자의 ㅇ懼-두려워할 구. ㅇ其-그 기, 아마 기.

---

42) 胡氏曰 : 仲尼作春秋, 以寓王法. 惇典庸禮, 命德討罪, 其大要皆
天子之事也.(호씨가 말하였다. 중니가 '춘추'를 지어, 그리고 왕
법을 붙였으니, 전을 두텁게 하고, 예를 써서, 덕이 있는 자에게
벼슬을 명하고, 죄가 있는 자를 토벌하는 것이, 그 대요인데 모
두 천자의 일이다.) 知孔子者, 謂此書之作, 遏人欲於橫流, 存天
理於旣滅, 爲後世慮, 至深遠也.(공자를 알아주는 자들은, 이 책
을 지은 것이 멋대로 흐르는 인욕을 막고, 이미 사멸한 천리를
보존하니, 후세를 염려함이 지극히 심원하다고 한다.) 罪孔子者,
以謂無其位而託二百四十二年南面之權, 使亂臣賊子, 禁其欲而不
得肆, 則戚矣.(공자를 허물하는 자들은, 그리고 그 지위가 없이
2백42년 동안 남면의 권세를 의탁하여, 난신적자로 하여금 그
욕심을 금하여, 방자할 수 없게 하였으니, 곧 애처롭다고 이른
다.) 愚謂孔子作春秋, 以討亂賊, 則致治之法, 垂於萬世, 是亦一
治也.(내가 생각건대, 공자가 '춘추'를 지어서, 난신적자를 토벌하
였으니, 곧 치세에 애쓰는 법이 만세에 드리워진 것으로, 이것은
역시 한번 다스려짐이다.)

(9-8) 聖王이 不作하여 諸侯放恣하며 處士橫議하여 楊朱墨翟之言이 盈天下하여 天下之言이 不歸楊則歸墨하니 楊氏는 爲我하니 是無君也요 墨氏는 兼愛하니 是無父也니 無父無君은 是禽獸也니라 公明儀曰庖有肥肉하며 廐有肥馬하고 民有飢色하며 野有餓莩면 此率獸而食人也라하니 楊墨之道不息하면 孔子之道不著하리니 是는 邪說誣民하여 充塞仁義也니 仁義充塞이면 則率獸食人하다가 人將相食하리라

(성왕, 부작, 제후방자, 처사횡의, 양주묵적지언, 영천하, 천하지언, 불귀양즉귀묵, 양씨, 위아, 시무군야. 묵씨, 겸애, 시무부야. 무부무군, 시금수야. 공명의왈 포유비육, 구유비마, 민유기색, 야유아부, 차솔수이식인야. 양묵지도불식, 공자지도부저, 시, 사설무민, 충색인의야, 인의충색, 즉솔수식인, 인장상식)

(국역) "성덕을 지닌 임금이 나오지 않아, 제후가 방자하며, 처사가 제멋대로 이론을 제기하여, 양주와 묵적의 언론이 천하에 가득 차서, 천하의 말은 양주에 돌아가지 않으면 묵적의 이론으로 돌아가니, 양씨는 자기만을 위한다는 것이니, 이것은 임금도 무시하는 것이요, 묵씨는 겸애를 주장하니, 이것은 아비도 무시하는 것이니, 아비를 무시하고, 임금을 무시하는 것은, 곧 금수인 것이다. 공명의가 말하였다. '푸줏간에 살찐 고기가 있으며, 마구간에 살찐 말이 있는데, 백성들은 굶주린 기색이 있으며, 야외에는 굶어죽은 시체가 있다면, 이것은 짐승을 내몰아 사람을 잡아먹게 하는 것이다.' 양묵의 도가 종식되지 않으면 공자의 정도

는 드러나지 못할 것이니, 이것은 사악한 말이 백성들을
속여 인의를 꽉 막는 것이니, 인의가 꽉 막히면 짐승을 내
몰아 사람을 잡아먹게 하다가, 사람들이 장차 서로 잡아먹
을 것이다."43)

자의 ○作-일으킬 작, 지을 작. 창작하다, 나다. ○恣-방자할 자.
○橫-가로 횡, 방자할 횡. ○楊-버들 양. ○朱-붉을 주. ○墨-먹
묵. ○翟-꿩 적. ○盈-찰 영. ○兼-겸할 겸. ○庖-푸줏간 포.
○廐-마구간 구. ○飢-주릴 기. ○餓-주릴 아. ○莩-갈대청 부,
굶어죽을 표. ○塞-막을 색.

(9-9) 吾爲此懼하여 閑先聖之道하여 距楊墨하며 放淫辭하

---

43) 楊朱, 但知愛身, 而不復知有致身之義, 故, 無君.(양주는 다만 몸
을 아낄 줄만 알고, 다시 몸을 바치는 정의가 있음을 알지 못하
였다. 그러므로 군주가 없는 것이요.) 墨子, 愛無差等, 而視其至
親, 無異衆人, 故, 無父.(묵자는 사랑함에 차등이 없어 그 지친
을 보기를 대중과 다름이 없게 하였다. 그러므로 아비가 없는
것이다.) 無父無君, 則人道滅絶, 是亦禽獸而已.(아비가 없고 임
금이 없으면, 사람의 도의는 멸절되니, 이것 역시 금수일 뿐이
다.) 公明儀之言, 義見首篇.(공명의의 말은, 뜻이 수편에 보인
다.) 充塞仁義, 謂邪說徧滿, 妨於仁義也.(인의를 꽉 막는다는 것
은, 사악한 학설이 두루 가득하여 인의를 방해함을 이른다.) 孟
子引儀之言, 以明楊墨道行, 則人皆無父無君, 以陷於禽獸, 而大
亂將起, 是亦率獸食人而人又相食也.(맹자가 공명의의 말을 인용
한 것은, 양·묵의 도가 행해지면, 사람들은 모두 아비가 없고
임금이 없어서, 금수에 빠짐으로써, 큰 난리가 장차 일어날 것이
니, 이것 역시 짐승을 통솔하여 사람을 잡아먹게 하고, 사람이
또한 서로 잡아먹게 됨을 밝히려고 생각한 것이다.) 此又一亂
也.(이것은 또 한번 혼란해진 것이다.)

여 邪說者不得作케하노니 作於其心하여 害於其事하며 作於其事하여 害於其政하나니 聖人復起사도 不易吾言矣시리라

(오위차구, 한선성지도, 거양묵, 방음사, 사설자부득작, 작어기심, 해어기사, 작어기사, 해어기정, 성인부기, 불역오언의)

국역 "나는 이것을 두려워하여, 선대의 성인의 정도를 방어하여 양묵을 막으며, 부정한 말을 추방하여 사악한 말이 나오지 못하게 할 것이니, 그런 사악한 말은 그 마음에서 나와서 그 일에 해를 끼치기도 하며, 그 일에서 나와서 그 정사에 해를 끼치기도 하니, 성인이 출현하여 다시 정도를 일으킨다 하여도, 나의 말을 바꾸지는 못할 것이다."44)

---

44) 閑, 衛也.(한은 보위함이다.) 放, 驅而遠之也.(방은 몰아서 멀리 내쫓는 것이다.) 作, 起也.(작은 일어남이다.) 事, 所行.(사는 행하는 바요.) 政, 大體也.(정은 대체이다.) 孟子雖不得志於時, 然, 楊墨之害, 自是滅息, 而君臣父子之道, 賴以不墜. 是亦一治也.(맹자가 비록 당시에 뜻을 얻지 못하였으나, 그러나 양·묵의 폐해가 이로부터 소멸하여, 군신·부자의 도리가 이에 의지하여 땅에 떨어지지 않았으니, 이것 역시 한번 다스려진 것이다.) 程子曰 : 楊墨之害, 甚於申韓, 佛氏之害, 甚於楊墨.(정자가 말하였다. 양·묵의 폐해는 신불해(申不害)와 한비자(韓非子)보다 심하고, 불씨의 폐해는 양·묵보다 심하다.) 蓋楊氏, 爲我, 疑於義, 墨氏, 兼愛, 疑於仁, 申韓則淺陋易見.(대개 양씨는 자신을 위하니, 정의에 의심스럽고, 묵씨는 똑같이 사랑하니, 인에 의심스러우니, 신불해와 한비자는 얕고 좁아 알기 쉽다.) 故, 孟子止闢楊墨, 爲其惑世之甚也.(그러므로 맹자는 단지, 양·묵을 반박하니, 그가 세상을 현혹함이 심하기 때문이다.) 佛氏之言, 近理, 又非楊墨之

（자의） ○閑－한가할 한. 울타리, 막다, 방어하다. ○距－떨어질 거, 막을 거. 거리, 저항하다. ○淫－음탕할 음. ○淫辭－음란한 말. ○邪說－그릇된 주장.

(9-10) 昔者에 禹抑洪水而天下平하고 周公兼夷狄驅猛獸而百姓寧하고 孔子成春秋而亂臣賊子懼하니라

（석자, 우억홍수이천하평, 주공겸이적구맹수이백성녕, 공자성춘추이난신적자구）

（국역） "옛적에 우임금이 홍수를 막자 천하가 태평하였고, 주공이 이적을 한데 합치고 맹수를 몰아내자 백성들이 편안하였고, 공자께서 춘추를 완성하자, 나라를 어지럽게 하고 임금과 아비를 죽이는 악인들이 두려워하였다."[45]

（자의） ○抑－누를 억. 억압하다, 막다. ○兼－겸할 겸. 나뉘어진 것을 합치다. ○夷－오랑캐 이. ○狄－오랑캐 적. ○驅－몰 구. ○猛－사나울 맹. ○獸－짐승 수. ○寧－편안할 녕. ○亂臣賊子－나라를 어지럽게 하고 군부(君父)를 죽이는 악인. ○懼－두려워할 구.

(9-11) 詩云 戎狄是膺하니 荊舒是懲하여 則莫我敢承이라하니 無父無君은 是周公所膺也니라

（시운 융적시응, 형서시징, 즉막아감승, 무부무군, 시주공소응야）

（국역） " '시경'에 이르기를, '서융과 북적을 이미 응징하고, 형

比, 所以爲害尤甚.(불씨의 말은 이치에 근사하니, 또 양·묵에 비할 바가 아니다. 그러니까 폐해가 더욱 심한 것이다.)

45) 抑, 止也.(억은 그침이다.) 兼, 幷之也.(겸은 합치는 것이다.) 總結上文也.(윗글을 모두 맺은 것이다.)

국과 서국도 이미 징벌하였으니, 이제 누구도 나를 감히
막지 못한다.'고 하였으니, 아비가 없고 임금이 없는 것은
이미 주공도 응징한 바이다."46)

(자의) ○戎-오랑캐 융. ○是-이미, 대체로, 오히려. ○膺-응징할
응. ○荊-가시 형. ○舒-펼 서. ○懲-징계할 징. ○莫-말 막.
○承-당할 승. 맡다, 담당하다.

(9-12) **我亦欲正人心**하여 **息邪説**하며 **距詖行**하며 **放淫辭**
하여 **以承三聖者**로니 **豈好辯哉**리오 **予不得已也**니라
(아역욕정인심, 식사설, 거피행, 방음사, 이승삼성자, 기호변재.
여부득이야)

(국역) "나 역시 사람들의 마음을 바르게 하고자 하여 사악한
말을 종식시키며, 편벽한 행동을 막으며, 음란한 말을 추
방하여, 우왕·주공·공자 등 세 성인을 계승하고자 생각
한 것이니, 어찌 논변을 좋아하겠는가? 내 부득이한 것이
니라."47)

---

46) 說見上篇.(설명이 상편에 보인다.) 承, 當也.(승은 당함이다.)

47) 詖淫, 解見前篇.(피음은 해석이 전편에 보인다.) 辭者, 說之詳
也.(사는 말을 상세히 하는 것이다.) 承, 繼也.(승은 계승이다.)
三聖, 禹, 周公, 孔子也.(삼성은 우왕·주공·공자이다.) 蓋邪說
橫流, 壞人心術, 甚於洪水猛獸之災, 慘於夷狄簒弒之禍, 故, 孟
子深懼而力救之.(대개 사특한 학설이 멋대로 유행하여 사람의
심술을 파괴함이, 홍수나 맹수의 재해보다 심하고, 오랑캐나 지
위를 빼앗고 죽이는 화보다 참혹하다. 그러므로 맹자는 깊이 두
려워하고 힘써 그것을 구제하려 한 것이다.) 再言豈好辯哉, 予
不得已也, 所以深致意焉.(어찌 변론하기를 좋아하겠는가? 내 부

자의 ㅇ欲-하고자 할 욕. ㅇ詖-편벽될 피. ㅇ不得已-부득이하다,
마지못하다, 하는 수 없이.

(9-13) 能言距楊墨者는 聖人之徒也니라
(능언거양묵자, 성인지도야)

국역 "능히 양·묵을 막을 것을 말하는 자는, 성인의 문도일
것이다."48)

득이해서라고 두 번 말한 것은, 깊이 그 뜻을 다하기 위한 것이
다.) 然, 非知道之君子, 孰能眞知其所以不得已之故哉(그러나
도를 아는 군자가 아니면, 누가 능히 참으로 그가 부득이하게
여기는 바의 까닭을 알겠는가?)

48) 言苟有能爲此距楊墨之說者, 則其所趨正矣, 雖未必知道, 是亦聖
人之徒也.(만일 능히 이 양·묵의 말을 거절하는 자가 있다면,
그 나아가는 바가 정도이니, 비록 반드시 정도를 알지 못하나,
이것 역시 성인의 무리일 것이라고 말한 것이다.) 孟子旣答公都
子之問, 而意有未盡, 故, 復言此(맹자가 이미 공도자의 물음에
답하였으나, 뜻에 미진한 바가 있었다. 그러므로 다시 이것을 말
한 것이다.) 蓋邪說害正, 人人得而攻之, 不必聖賢.(대개 사특한
학설이 정도를 해치는 것이면, 사람마다 그것을 공격할 수 있는
것이요, 반드시 성현만이 하는 것은 아니다.) 如春秋之法, 亂臣
賊子, 人人得而誅之, 不必士師也.(마치 '춘추'의 법에, 난신적자
는 사람마다 그를 죽일 수 있는 것이요, 반드시 선비나 군대만
이 하는 것은 아니다.) 聖人救世立法之意, 其切如此 若以此意
推之, 則不能攻討, 而又唱爲不必攻討之說者, 其爲邪詖之徒, 亂
賊之黨, 可知矣.(성인이 세상을 구제하고 법을 세운 의도가, 아
마 이와 같이 간절하니, 만약 이 뜻으로써 미루어 보면, 능히 공
격하여 토벌하지 못하고, 또 공격하여 토벌할 필요가 없다는 말
을 하여 또 제창하는 자는, 그 사특하고 편벽한 무리와 난신적

(자의) ㅇ距-막을 거. ㅇ徒-무리 도.

(해설) 맹자는 자기가 논변을 좋아한다는 비난이 있다는 말을
공도자로부터 듣자, 그럴 수밖에 없는 배경을 자세히 설명
한 내용이다. 천하는 치란(治亂)을 반복한다. 즉 요순 때
는 우왕으로 하여금 홍수를 관리함으로써 천하를 다스렸
고, 요순이 죽자 천하는 난세가 되었다. 그것을 주공이 무
왕을 도와 평정하니 천하는 다스려졌으나, 세월이 흘러 풍
속이 쇠퇴하고 정도가 희미해지니, 공자가 '춘추'를 지어
도덕의 문란을 막고 세상의 잘못을 경계할 수 있었다. 이
제 양·묵의 잘못된 학설이 횡행하여 천하가 또 혼란스러
우니 이것을 극복하는 길은 공자의 도를 부활시키는 길밖
에 없다. 그런데 지금 이 일을 할 자는 나 맹자밖에 없으
니 부득이 논변을 하는 것이지, 말하기를 좋아하여 그런
것은 아니라는 것이다. 백가쟁명의 시대였던 당시에 인간
과 인간의 관계를 중시하는 유가의 입장에서 볼 때, 너무

자의 일당이 됨을 알 수 있다.) 尹氏曰 : 學者於是非之原, 毫釐
有差, 則害流於生民, 禍及於後世.(윤씨가 말하였다. 학자는 시비
의 근원에 있어서, 털끝만큼이라도 차이가 있으면, 폐해가 생민
에게 흐르고, 화가 후세에 미친다.) 故, 孟子辨邪說如是之嚴, 而
自以爲承三聖之功也.(그러므로 맹자는 사특한 학설을 변론하기
를 이처럼 엄하게 하였고, 스스로 세 성인의 공적을 계승한다고
여겼다.) 當是時, 方且以好辯目之, 是, 以常人之心, 而度聖賢之
心也.(이때를 당하여 바야흐로 또 변론을 좋아하는 것으로써 그
를 지목하였으니, 이것은 통상적 사람의 마음으로써 성현의 마음
을 헤아린 것이다.)

인간 자체에만 치중하던 이론들은 모두가 사설이요, 이단이라 생각했던 것이다.

제10장 진중자(陳仲子章 第十)

(10-1) 匡章曰 陳仲子는 豈不誠廉士哉리오 居於陵할새 三日不食하여 耳無聞하며 目無見也러니 井上有李 螬食實者過半矣어늘 匍匐往將食之하여 三咽然後에야 耳有聞하며 目有見하니라

(광장왈 진중자, 기불성렴사재. 거오릉, 삼일불식, 이무문, 목무견야, 정상유리조식실자과반의, 포복왕장식지, 삼연연후, 이유문, 목유견)

국역 광장이 말하였다. "진중자는 어찌 참으로 청렴한 선비가 아니리오? 오릉에서 살 때에, 3일 간이나 먹지 못하여 귀에 들리는 것이 없고, 눈에 보이는 것이 없었으니, 우물가에 있는 오얏나무의 열매를 굼벵이가 반이 넘게 파먹었거늘, 기어가서 그것을 가까스로 따먹었는데, 세 번을 삼킨 뒤에야, 귀에 들리는 것이 있었고 눈에 보이는 것이 있었느니라."49)

---

49) 匡章, 陳仲子, 皆齊人.(광장과 진중자는 모두 제나라 사람이다.) 廉, 有分辨, 不苟取也.(염은 분변함이 있어, 구차히 취하지 않는 것이다.) 於陵, 地名.(오릉은 지명이다.) 螬, 蠐螬蟲也.(조는 굼벵이 벌레이다.) 匍匐, 言無力不能行也.(포복은 힘이 없어 걸어갈 수 없음을 말한다.) 咽, 吞也.(연은 삼킴이다.)

자의 ○匡－바를 광. ○陳－늘어놓을 진. ○仲－버금 중, 가운데 중. ○豈－어찌 기. ○於－감탄사 오. ○陵－언덕 릉. ○李－오얏 리. ○螬－굼벵이 조. ○匍－기어갈 포. ○匐－기어갈 복. ○將－겨우, 가까스로. ○咽－삼킬 연.

(10-2) 孟子曰 於齊國之士에 吾必以仲子로 爲巨擘焉이어니와 雖然이나 仲子惡能廉이리오 充仲子之操면 則蚓而後可者也니라

(맹자왈 어제국지사, 오필이중자, 위거벽언, 수연, 중자오능렴. 충중자지조, 즉인이후가자야)

국역 맹자가 말씀하였다. "제나라의 선비 중에 나는 반드시 진중자로써 엄지손가락으로 여기겠다. 비록 그러나, 진중자가 어찌 능히 청렴한 선비일 수 있겠는가? 진중자의 지조를 충족하려면 지렁이가 된 이후에야 가능할 것이니라."50)

자의 ○擘－엄지손가락 벽. 거두, 거장. ○操－지조 조. ○蚓－지렁이 인.

---

50) 巨擘, 大指也. 言齊人中, 有仲子, 如衆小指中, 有大指也.(거벽은 엄지손가락이다. 제나라 사람 중에 중자가 있음은, 마치 여러 작은 손가락 가운데 엄지손가락이 있음과 같음을 말한다.) 充, 推而滿之也.(충은 미루어 그를 채우는 것이다.) 操, 所守也.(조는 지키는 것이다.) 蚓, 丘蚓也.(인은 지렁이이다.) 言仲子未得爲廉也, 必若滿其所守之志, 則惟丘蚓之無求於世, 然後可以爲廉耳.(중자는 아직 청렴하게 될 수 없으니, 반드시 만약 그가 지키는 바 지조를 채우려면, 오직 지렁이처럼 세상에서 구하는 것이 없은 뒤에야, 청렴하게 될 수 있을 뿐이다.)

(10-3) 夫蚓은 上食槁壤하고 下飮黃泉하나니 仲子所居之
室은 伯夷之所築與아 抑亦盜跖之所築與아 所食
之粟은 伯夷之所樹與아 抑亦盜跖之所樹與아 是
未可知也로다

(부인, 상식고양, 하음황천. 중자소거지실, 백이지소축여. 억역도
척지소축여. 소식지속, 백이지소수여. 억역도척지소수여. 시미가
지야)

국역 "대저 지렁이는 위에서는 마른 흙을 먹고, 아래서는 땅
속의 황천수를 마시는데, 진중자가 사는 집은 백이가 지은
것인가? 그렇지 않으면 역시 도척이 지은 것인가? 먹는
곡식은 백이가 심은 것인가? 그렇지 않으면 역시 도척이
심은 것인가? 이를 아직은 알 수가 없다."51)

자의 ㅇ槁-마를 고. ㅇ壤-흙 양. ㅇ黃泉-황천, 저승. ㅇ與-의문
사. ㅇ抑-그렇지 않으면, 그러면. ㅇ盜-훔칠 도. ㅇ跖-밟을 척.
ㅇ築-쌓을 축. ㅇ粟-조 속. ㅇ樹-심을 수.

(10-4) 曰 是何傷哉리오 彼身織屨하고 妻辟纑하여 以易之
也니이다

---

51) 槁壤, 乾土也. 黃泉, 濁水也.(고양은 마른 흙이요, 황천은 흐린
물이다.) 抑, 發語辭也.(억은 발어사이다.) 言蚓, 無求於人而自
足, 而仲子, 未免居室食粟, 若所從來, 或有非義, 則是未能如蚓
之廉也.(지렁이는 사람에게 요구함이 없이 스스로 만족할 수 있
거니와, 중자는 아직 집에서 거처하고, 곡식으로 식사함을 면치
못하니, 만약 그 소종래가 혹시 정의가 아닌 것이 있으면, 이것
은 아직 능히 지렁이의 청렴과 같지 못하다고 말한 것이다.)

(왈 시하상재. 피신직구, 처벽로, 이역지야)

[국역] "그것이 무슨 방해가 되겠습니까? 저 자신이 짚신을 삼고, 그 아내는 삼을 익혀 길쌈을 해서 이것으로써 물건을 바꿉니다."52)

[자의] ○傷－방해하다, 지장을 주다. ○彼－저 피. ○織－짤 직. ○屨－신 구. ○辟－길쌈 벽. ○纑－익힌 삼 로.

(10-5) 曰 仲子는 齊之世家也라 兄戴蓋祿이 萬鍾이러니 以兄之祿으로 爲不義之祿而不食也하며 以兄之室로 爲不義之室而不居也하고 辟兄離母하여 處於於陵이러니 他日歸하니 則有饋其兄生鵝者어늘 己頻顣曰 惡用是鶃鶃爲哉리오하니라 他日에 其母殺是鵝也하여 與之食之러니 其兄自外至 曰 是鶃鶃之肉也라한대 出而哇之하니라

(왈 중자, 제지세가야. 형대합록, 만종, 이형지록, 위불의지록이불식야, 이형지실, 위불의지실이불거야, 피형리모, 처어오릉. 타일귀, 즉유궤기형생아자, 기빈축왈 오용시예예위재. 타일, 기모살시아야, 여지식지, 기형자외지 왈 시예예지육야, 출이와지)

[국역] "진중자는 제나라의 세족대가이다. 그의 형인 진대는 매년 합 땅에서 받는 녹이 만종인데, 형의 녹으로써 불의한 녹이라 여겨 먹지 않으며, 형의 집으로써 불의한 집이라 여겨 살지 않고, 형을 피해 어머니를 떠나 오릉에서 거처하였다. 뒷날 집에 돌아오니, 그의 형에게 생 거위를 선

---

52) 辟, 績也.(벽은 방적이다.) 纑, 練麻也.(노는 익힌 삼이다.)

물한 자가 있었거늘, 자기의 이마를 찌푸리며 말하기를, '어디에 이 꽥꽥거리는 놈을 쓴단 말인가?' 하였다. 뒷날 그 어머니가 그 거위를 잡아 그에게 먹도록 주었으니, 그 형이 밖에서 돌아와서 말하기를, '이것이 그 꽥꽥거리는 놈의 고기다'라고 하자, 밖으로 나가 그것을 토했다."53)

자의 ○戴-일 대, 받들 대. ○蓋-하불 합. ○鍾-모일 종. ○辟-피할 피. ○於-감탄사 오. ○饋-선물 궤. ○鵝-거위 아. ○頻-찌푸릴 빈. ○顣-찌푸릴 축. ○鶂-거위소리 예. ○哇-토할 와.

(10-6) *以母則不食*하고 *以妻則食之*하며 *以兄之室則弗居*하고 *以於陵則居之*하니 *是尚爲能充其類也乎*아 *若仲子者*는 *蚓而後充其操者也*니라

(이모즉불식, 이처즉식지, 이형지실즉불거, 이오능즉거지, 시상위능충기류야호. 약중자자, 인이후충기조자야)

국역 "어머니가 준 것으로써 먹지 않고, 아내가 준 것으로써 먹으며, 형의 집으로써 거처하지 않고, 오릉으로써 거처하니, 이런 것이 오히려 그런 종류의 절조를 충족할 수 있겠는가? 만약 진중자와 같은 자는 지렁이가 된 뒤에야 그의

---

53) 世家, 世卿之家. 兄名戴, 食采於蓋, 其入萬鍾也.(세가는 세경의 집이다. 형의 이름이 대(戴)였는데, 합(蓋) 땅에서 채읍을 먹으니, 그 수입이 만종이었다.) 歸, 自於陵歸也.(귀는 오릉으로부터 돌아온 것이다.) 己, 仲子也.(기는 중자이다.) 鶂鶂, 鵝聲也.(예예는 거위가 우는 소리이다.) 頻顣而言, 以其兄受饋爲不義也.(빈축하고 말한 것은, 그 형이 선물을 받은 것을 불의라고 여긴 것이다.) 哇, 吐之也.(와는 토함이다.)

절조를 충족시킬 수 있을 것이니라."54)

자의 ㅇ以-가지고, ~으로써. ㅇ弗-아닐 불. ㅇ居-살 거. 거처.
ㅇ尙-오히려 상. ㅇ蚓-지렁이 인. ㅇ操-절조 조.

해설 진중자는 굶주려도 남의 것은 먹지 않는 청렴한 선비
다. 그는 우물가의 오얏나무의 오얏을 먹지 않다가 벌레가
반 이상을 먹자, 그때서야 주인 없는 나무임을 알고 따서

---

54) 言仲子以母之食, 兄之室, 爲不義, 而不食不居.(중자는 어머니가
주는 식사와 형의 집이 불의하다 여겨, 먹지 않고 거처하지 않
았다.) 其操守如此, 至於妻所易之粟, 於陵所居之室, 旣未必伯夷
之所爲, 則亦不義之類耳.(그 지조 지킴이 이와 같았으나, 아내가
바꾸어온바 곡식과 오릉의 거처하는 집에 이르러서는, 이미 반드
시 백이가 한 것이 아니니, 역시 불의의 종류일 뿐이다.) 今仲子
於此則不食不居, 於彼則食之居之, 豈爲能充滿其操守之類者乎.
(그런데 지금 중자는 이것에서는 곧, 먹지 않고 거처하지 않으면
서, 저것에서는, 곧 그것을 먹고 거기에 거처하니, 어찌 능히 그
지조를 지키는 종류를 충만할 수 있겠는가?) 必其無求自足, 如
丘蚓然, 乃爲能滿其志而得爲廉耳. 然, 豈人之所可爲哉.(반드시
그가 요구함이 없이 자족하기를, 지렁이처럼 같이하여야, 바로
능히 그 지조를 충만할 수 있으며, 청렴이 될 수 있을 뿐이다.
그러나 어찌 사람이 할 수 있는 일이겠는가?라고 말한 것이다.)
范氏曰 : 天之所生, 地之所養, 惟人爲大. 人之所以爲大者, 以其
有人倫也.(범씨가 말하였다. 하늘이 내고, 땅이 기르는 바에 오
직 사람이 위대하니, 사람이 위대한 까닭은 그가 인륜을 가졌기
때문이다.) 仲子避兄離母, 無親戚君臣上下, 是無人倫也. 豈有無
人倫而可以爲廉哉.(중자는 형을 피하고, 어머니를 떠나, 친척과
군신·상하가 없었으니, 이것은 인륜이 없는 것이다. 어찌 인륜
이 없으면서, 청렴이라 여길 수 있겠는가?)

먹었다. 또 그의 형 진대는 수만종의 녹을 받는 세가(世家)인데, 그 녹이 의롭지 못하다고 하여 형의 음식을 먹지 않았으며, 형의 집에 거처하지 않으며 어머니와 떨어져 오릉에서 살았다. 의롭지 않은 것을 멀리하기를 고집한다면, 결국 흙을 먹고사는 지렁이가 아니면 불가능한 것이다. 결백만을 내세워 인륜의 대도를 저버리는 것이 무슨 의미를 가지는지 의문시된다.

이 세상에는 완벽하게 의롭기만 한 사람이나, 완벽하게 의롭지 않기만 한 사람은 드물다. 모두 양면성을 지니므로 사람들은 권선징악의 도리로써 세상을 살아가는 것이다. 우리는 미증유의 외환위기를 거치면서 기업의 몸집을 줄이는 여러 가지 조치들을 시행하였다. 그런데 이 일로 사람들의 일자리가 많이 줄었다. 여기서 우리는 원가절감은 회사를 작게 만들 수는 있어도 좋게 만들지는 못하며, 절용은 한 집안을 연명은 시켜도 번성하게 할 수는 없다는 이치를 알았다. 이 진중자의 일은 진심장구 상(34-1)에도 나온다.

제 7 편

離婁章句 上[1)]
이루장구 상

제1장 착한 것만으로는 정치를 하기에 부족하다
(徒善不足以爲政章 第一)

(1-1) 孟子曰 離婁之明과 公輸子之巧로도 不以規矩면 不
能成方員(圓)이요 師曠之聰으로도 不以六律이면 不
能正五音이요 堯舜之道로도 不以仁政이면 不能平
治天下니라
(맹자왈 이루지명, 공수자지교, 불이규구, 불능성방원(원). 사광지
총, 불이륙률, 불능정오음. 요순지도, 불이인정, 불능평치천하)

국역 맹자가 말씀하였다. "이루의 밝은 시력과 공수자의 솜
씨로도, 그림쇠와 곡척을 쓰지 않으면, 사각과 원을 능히
만들지 못하고, 사광의 밝은 청력으로도 육률을 쓰지 않으
면, 능히 오음을 바로 다루지 못하고, 요순의 정도로도 인
정을 쓰지 않으면, 능히 천하를 태평하게 다스리지 못하느
니라."2)

───────────────

2) 離婁, 古之明目者.(이루는 옛날 눈이 밝은 자이다.) 公輸子, 名班,
魯之巧人也.(공수자는 이름이 반이니, 노나라의 솜씨 있는 사람이
다.) 規, 所以爲員之器也. 矩, 所以爲方之器也.(규는 원형을 그리
기 위한 기구요, 구는 방형을 그리기 위한 기구이다.) 師曠, 晉之
樂師, 知音者也.(사광은 진나라의 악사로 음악을 아는 자이다.)
六律, 截竹爲箇, 陰陽各六, 以節五音之上下.(육률은 대나무를 잘
라 대통을 만든 것으로, 음·양이 각각 여섯 개여서, 그리고 5음
의 높고 낮음을 조절하는 것이다.) 黃鍾, 太簇, 姑洗, 蕤賓, 夷則,

자의 ○離-떠날 리. ○婁-끌 루. ○輸-실을 수. ○規-그림쇠 규. ○矩-곡척 구. ○員-둥글 원(=圓). ○曠-빌 광, 비울 광. ○聰-귀밝을 총.

(1-2) 今有仁心仁聞이로되 而民不被其澤하여 不可法於後 世者는 不行先王之道也일새니라

(금유인심인문, 이민불피기택, 불가법어후세자, 불행선왕지도야)

국역 "그런데 지금 어진 마음과 어진 소문이 난 임금이 있 으면서도, 백성들이 그 은택을 입지 못하여 후세에 본받을 법이 될 수 없음은, 선왕의 왕도정치를 시행하지 않기 때 문이니라."3)

無射, 爲陽.(황종·태주·고선·유빈·이칙·무역은 양이 되고.) 大呂, 夾鍾, 仲呂, 林鍾, 南呂, 應鍾, 爲陰也.(대려·협종·중려· 임종·남려·응종은 음이 된다.) 五音 : 宮, 商, 角, 徵, 羽也.(5음 은 궁·상·각·치·우이다.) 范氏曰 : 此, 言治天下, 不可無法度, 仁政者, 治天下之法度也.(범씨가 말하였다. 이것은 천하를 다스림 에 법도가 없을 수 없으니, 인정은 천하를 다스리는 법도임을 말 한 것이다.)

3) 仁心, 愛人之心也. 仁聞者, 有愛人之聲, 聞於人也.(인자한 마음은 사람을 사랑하는 마음이요, 어질다는 소문은 사람을 사랑한다는 명성이 사람들에게 들리고 있는 것이다.) 先王之道, 仁政是也.(선 왕의 도인 인정이 이것이다.) 范氏曰 : 齊宣王, 不忍一牛之死, 以 羊易之, 可謂有仁心.(범씨가 말하였다. 제선왕이 한 마리의 소가 죽는 것을 차마 보지 못하여, 양으로써 바꾸게 하였으니, 인심이 있었다고 이를 만하다.) 梁武帝, 終日一食蔬素, 宗廟, 以麪爲犠 牲, 斷死刑, 必爲之涕泣, 天下知其慈仁, 可謂有仁聞.(양무제는 하 루에 한번만 먹되, 소식(素食)을 하고, 종묘에는 밀가루로 희생을

자의 ○被-이불 피. ○澤-못 택, 윤 택. ○法-표준, 본보기.

(1-3) 故로 曰 徒善이 不足以爲政이요 徒法이 不能以自
行이라하니라

　　(고, 왈 도선, 부족이위정. 도법, 불능이자행)

국역 "그러므로 속담에 한갓 선한 것만이 정치를 잘할 수
있다고 여기기에 부족하고, 한갓 본받을 법도가 있다고 능
히 스스로 행해지게 할 수는 없다고 한 것이다."4)

자의 ○曰-속담의 내용. ○徒-무리 도, 한갓 도. 겨우, 다만 ~뿐.

　　만들어 썼으며, 사형을 결단할 적에는 그를 위하여 반드시 눈물을
　　흘려, 천하가 그의 인자함을 알고 있었으니, 인문이 있었다고 이
　　를 만하다.) 然而宣王之時, 齊國不治, 武帝之末, 江南大亂,(그러
　　나 선왕 때에, 제나라가 잘 다스려지지 못하였고, 무제의 말기에
　　강남이 크게 혼란하였으니,) 其故, 何哉.(그 까닭은 어째서인가?)
　　有仁心仁聞而不行先王之道故也.(인심과 인문은 있었으나 선왕의
　　정도를 시행하지 않았기 때문이다.)

　4) 徒, 猶空也, 有其心, 無其政, 是謂徒善, 有其政, 無其心, 是爲徒
　　法.(도는 공과 같으니, 그런 마음만 있고, 그런 정치가 없는 것을
　　이른바 도선이라 이르고, 그런 정치만 있고, 그런 마음이 없는 것
　　을 도법이라 이른다.) 程子嘗言 : 爲政, 須要有綱紀文章, 謹權, 審
　　量, 讀法, 平價, 皆不可闕.(정자가 일찍이 말하였다. 정사를 함에
　　는 모름지기 기강과 문장이 있어야 하니, 저울질을 삼가고, 도량
　　형을 살피고, 적용 법률을 숙지하고, 물가를 고르게 함은, 모두
　　빼놓을 수 없는 것이다.) 而又曰, 必有關雎麟趾之意然後, 可以行
　　周官之法度, 正謂此也.(또 말하였다. 반드시 '서경' '주남편'에 나
　　오는 '관저'와 '인지'의 뜻이 있은 연후에, 주관의 법도를 시행할
　　수 있다는 것이, 바로 이것을 말한 것이다.)

o以爲-여기다, 생각하다.

(1-4) **詩云 不愆不忘**하여 **率由舊章**이라하니 **遵先王之法 而過者**는 **未之有也**니라

(시운 불건불망, 솔유구장, 준선왕지법이과자, 미지유야)

(국역) " '시경'에 이르기를 '허물될 일도 않고, 선왕의 법을 잊지도 아니함은, 옛 법으로부터 따르기 때문이라 하였으니,' 선왕의 법을 준수하면서 과오를 저지르는 자는 아직은 없다."5)

(자의) o愆-허물 건. 과실, 잘못. o忘-잊을 망. o率-따를 솔, 율률. 따르다, 거느리다. o由-~으로부터, ~에서. o舊-옛 구. o章-법 장, 글 장. o遵-쫓을 준. 지키다, 따르다. o未之有-아직은 없다.

(1-5) **聖人**이 **旣竭目力焉**하시고 **繼之以規矩準繩**하시니 **以 爲方員平直**에 **不可勝用也**며 **旣竭耳力焉**하시고 **繼 之以六律**하시니 **正五音**에 **不可勝用也**며 **旣竭心思 焉**하시고 **繼之以不忍人之政**하시니 **而仁覆天下矣**시니라

(성인, 기갈목력언, 계지이규구준승, 이위방원평직, 불가승용야,

---

5) 詩, 大雅假樂之篇.(시는 '시경' '대아'편 '가락'장이다.) 愆, 過也.
(건은 과실이요.) 率, 循也.(솔은 따름이다.) 章, 典法也.(장은 전법이다.) 所行, 不過差, 不遺忘者, 以其循用舊典故也.(행하는 바가 잘못되지 않고, 잊어버리지 않는 것은, 그가 옛 법전을 따라 쓰기 때문이라고 생각한다.)

기갈이력언, 계지이륙률, 정오음, 불가승용야, 기갈심사언, 계지이
불인인지정, 이인부천하의)

(국역) "성인이 이미 시력을 다하고, 그것에 이어서 원그림쇠,
사각그림쇠, 수평자, 먹줄을 써서, 사각형, 원형, 평형, 곧
은 형태의 물건을 만듦으로써 이루 다 쓸 수 없었으며, 이
미 청력을 다하고, 그것에 이어서 육률을 써서, 오음을 바
로잡음에 이루 다 쓸 수 없었으며, 이미 심사를 다하고,
그것에 이어서 사람을 해치는 정사를 차마 하지 않으시니,
인도가 천하 백성들에게 덮었느니라."6)

(자의) ㅇ竭-다할 갈. ㅇ目力-시력. ㅇ繼-승계. ㅇ規-원(컴퍼스).
ㅇ矩-방(=方). ㅇ準-수평기 준. ㅇ繩-먹줄 승. ㅇ勝-이길 승.
다하다. ㅇ覆-덮을 부, 엎어질 복.

(1-6) 故로 曰 爲高하되 必因丘陵하며 爲下하되 必因川澤
이라하니 爲政하되 不因先王之道면 可謂智乎아
(고, 왈 위고, 필인구릉, 위하, 필인천택, 위정, 불인선왕지도, 가
위지호)

---

6) 準, 所以爲平.(준은 수평을 만들기 위한 것이요.) 繩, 所以爲直.
(승은 직선을 만들기 위한 것이다.) 覆, 被也.(부는 덮는 것이다.)
此, 言古之聖人, 旣竭耳目心思之力, 然, 猶以爲未足以徧天下, 及
後世.(이것은 옛날 성인이 이미 귀, 눈, 심사의 힘을 다하시되,
그러나 오히려 천하에 두루 하고, 후세에 미치기에 충분하지 못
하다고 여기셨다.) 故, 制爲法度, 以繼續之, 則其用不窮, 而仁之
所被者廣矣.(그러므로 법도를 제정하여 그것을 계속하기 위하여,
그 용도가 궁하지 않아, 인의 가피(加被)된 바가 넓음을 말한
것이다.)

(국역) "그러므로 속담에 높게 하려면 반드시 구릉에 의거하여야 하며, 낮게 하려면 반드시 천택에 의거하여야 한다고 하였으니, 정치를 함에도 선왕의 도에 의거하지 아니하면 지혜롭다 할 수 있겠는가?"7)

(자의) ㅇ曰-속담의 내용. ㅇ爲-되다. ㅇ因-의거하다, ~에 따르다. ㅇ丘-언덕 구. ㅇ陵-언덕 릉. ㅇ丘陵-언덕, 구릉. ㅇ川澤-하천과 못.

(1-7) 是以惟仁者아 宜在高位니 不仁而在高位면 是는
　　　播其惡於衆也니라

　　　(시이유인자, 의재고위, 불인이재고위, 시, 파기악어중야)

(국역) "이 때문에 오직 인자한 사람만이 마땅히 높은 지위에 있어야 하는 것이니, 인자하지 못하면서 높은 지위에 있으면 이것은 그 악을 여러 사람에게 전파하는 것이니라."8)

(자의) ㅇ是以-그래서, 그런 까닭에, 그러므로. ㅇ播-뿌릴 파.

---

7) 丘陵, 本高, 川澤, 本下, 爲高下者因之, 則用力少而成功多矣.(구릉은 본래 높고, 천택은 본래 낮으니, 그것에 의거하여 높은 것과 낮은 것을 만들면, 힘을 적게 쓰면서 성공은 많게 된다.) 鄒氏曰 : 自章首, 至此, 論以仁心仁聞行先王之道.(추씨가 말하였다. 수장으로부터 여기까지는, 인심과 인문으로써 선왕의 정도를 시행함을 말한 것이다.)

8) 仁者, 有仁心仁聞而能擴而充之, 以行先王之道者也. 播惡於衆, 謂貽患於下也.(인자란, 인심과 인문이 있으면서, 능히 이것을 확충하여, 선왕의 도를 행하려는 자이다. '파악어중'은 환난을 아랫사람에게 끼치는 사람을 이른다.)

(1-8) 上無道揆也하며 下無法守也하여 朝不信道하며 工
不信度하여 君子犯義하고 小人犯刑이면 國之所存
者幸也니라

(상무도규야, 하무법수야, 조불신도, 공불신도, 군자범의, 소인범
형, 국지소존자행야)

국역 "위에서는 정도를 법으로 하는 일이 없으며, 아래에서
는 법을 지키는 일이 없으며, 조정에서는 정도를 믿지 않
으며, 공인들은 도량형을 믿지 아니하여, 군자는 정의를
범하여 위배하고, 소인은 형법을 범하면서, 나라가 보존되
는 것은 요행이다."9)

자의 ○揆-헤아릴 규. ○朝-조정 조. ○度-법도 도, 헤아릴 탁.

---

9) 此, 言不仁而在高位之禍也.(이것은 불인하면서 높은 지위에 있을
때의 재앙을 말한 것이다.) 道, 義理也.(도는 의리이다.) 揆, 度
也.(규는 헤아림이다.) 法, 制度也.(법은 제도이다.) 道揆, 謂以義
理度量事物而制其宜.(도규는 의리로써 사물을 헤아려, 그것을 마
땅하게 제정하는 것을 이른다.) 法守, 謂以法度自守.(법수는 법도
로써 스스로 지키는 것을 이른다.) 工, 官也.(공은 관원이다.) 度,
卽法也.(도는 바로 법이다.) 君子, 小人, 以位而言也.(군자와 소인
은 지위로써 말한 것이다.) 由上無道揆故, 下無法守. 無道揆, 則
朝不信道, 而君子犯義, 無法守, 則工不信度, 而小人犯刑.(위에서
법도로써 헤아림이 없기 때문에 아래에서 법을 준수함이 없는 것
이니, 도로 헤아림이 없으면, 조정은 도를 믿지 않아, 군자는 의
방(義方)을 범하고 법을 준수함이 없으면, 기술자는 도량형을 믿
지 아니하여, 소인은 형법을 범한다.) 有此六者, 其國必亡, 其不
亡者, 僥倖而已.(이 여섯을 소유하면, 그 나라는 반드시 망하니,
그러고도 망하지 않음은 요행일 뿐이다.)

○刑－형벌 형. ○幸－요행 행.

(1-9) 故로 曰 城郭不完하며 兵甲不多가 非國之災也며
田野不辟하며 貨財不聚가 非國之害也라 上無禮하
며 下無學이면 賊民興하여 喪無日矣라하니라

(고, 왈 성곽불완, 병갑부다, 비국지재야. 전야불벽, 화재불취, 비
국지해야. 상무례, 하무학, 적민흥, 상무일의)

국역 "그러므로 속담에 '성곽이 완전하지 못하고, 무기가 많
지 못한 것이 나라의 재앙이 아니며, 밭과 들이 개간되지
않고 재화가 모여들지 않는 것이 나라의 피해가 아니다.
윗사람이 무례하고 아랫사람이 배움이 없으면 나라를 해
치는 백성이 일어나 이윽고 나라를 상실할 것이라.' 한 것
이다."10)

자의 ○城－재 성. ○郭－성곽 곽. ○兵甲－병기와 갑주, 무기. ○辟－
개척할 벽. ○聚－모일 취. ○賊－해칠 적. ○喪－잃을 상. ○無日－하
루도 빠짐없다, 이윽고, 머지않아, 곧.

(1-10) 詩曰 天之方蹶시니 無然泄泄라하니

(시왈 천지방궤, 무연예예)

국역 '시경'에 이르기를 '하늘이 바야흐로 주나라를 넘어

10) 上不知禮, 則無以敎民. 下不知學, 則易與爲亂.(윗사람이 예절을
알지 못하면 백성을 가르칠 수 없고, 아랫사람이 배울 줄을 모
르면 반란에 참여하기 쉽다.) 鄒氏曰 : 自是以惟仁者, 至此, 所以
責其君.(추씨가 말하였다. '자시이유인자'로부터 여기까지는, 그
임금을 꾸짖기 위한 것이다.)

뜨리려 하니, 그처럼 해이해진 모습을 하지 말라.' 하였
으니,11)

(자의) ㅇ蹶-넘어뜨릴 궤. ㅇ泄-샐 설, 느슨할 예, 많을 예, 날개칠
예. ㅇ泄泄-느릿느릿한 모양, 느긋한 모양, 매우 많은 모양, 화락한
모양.

(1-11) 泄泄는 猶沓沓也니라

　　　(예예, 유답답야)

(국역) 예예는 해이해진 모습과 같은 말이다.12)

(자의) ㅇ沓-겹칠 답. 많다, 수다스럽다. ㅇ沓沓-해이해진 모습, 수다
스럽다.

(1-12) 事君無義하며　進退無禮하고　言則非先王之道者
　　　猶沓沓也니라

　　　(사군무의, 진퇴무례, 언즉비선왕지도자 유답답야)

(국역) "주군을 섬김에 의리가 없으며, 나아가고 물러남에 예
의가 없고, 말을 하면 선왕의 도를 비난하는 자가 답답과
같으니라."13)

---

11) 詩, 大雅板之篇.(시는 '시경' '대아'편 '판'장이다.) 蹶, 顚覆之意.
(궤는 전복의 뜻이다.) 泄泄, 怠緩悅從之貌.(예예는 태만하고 해
이하며 기꺼이 복종하기만 하는 모습이다.) 言天欲顚覆周室, 群
臣, 無得泄泄然, 不急救正之.(하늘이 주나라 왕실을 전복시키려
하니, 뭇 신하들은 예예하여 급히 그것을 바르게 구제하지 않을
수 없음을 말한 것이다.)

12) 沓沓, 卽泄泄之意. 蓋孟子時人語如此(답답은, 즉 예예의 의미이
니, 대개 맹자 당시 사람들의 말이 이와 같았다.)

(1-13) 故로 曰 責難於君을 謂之恭이요 陳善閉邪를 謂之
敬이요 吾君不能을 謂之賊이라 하니라

(고, 왈 책난어군, 위지공. 진선폐사, 위지경. 오군불능, 위지적)

국역 "그러므로 속담에 어려운 일을 가지고 임금을 책하는
것을 공이라 이르고, 마음에 선이 펼쳐지게 하고 사악한
마음을 닫도록 하는 것을 경이라 이르고, 우리 주군은 불
가능하다고 하는 것은 해침이라 이른다고 하니라."14)

자의 ㅇ責-꾸짖을 책. 요구하다, 책임 지우다. ㅇ難-어려울 난.
ㅇ恭-공손할 공. ㅇ陳-늘어놓을 진. ㅇ閉-막을 폐. ㅇ邪-간사

---

13) 非, 詆毁也.(비는 헐뜯는 것이다.)

14) 范氏曰 : 人臣, 以難事責於君, 使其君爲堯舜之君者, 尊君之大
也.(범씨가 말하였다. 신하가 어려운 일로써 임금에게 꾸짖어, 그
임금으로 하여금 요순같은 임금으로 만드는 자는, 임금을 높임이
큰 것이요.) 開陳善道, 以禁閉君之邪心, 惟恐其君或陷於有過之
地者, 敬君之至也.(선도를 개진하여, 임금의 사특한 마음을 감금
함으로써, 오직 그 임금이 혹시 어떤 과실이 있는 곳에 빠질 것
을 두려워하는 자는 임금을 공경함이 지극한 것이요.) 謂其君不
能行善道, 而不以告者, 賊害其君之甚也.(그 임금이 능히 선도를
행할 수 없다고 하여 고하지 않는 자는, 그 임금을 해침이 심한
것이다.) 鄒氏曰 : 自詩云 天之方蹶, 至此, 所以責其臣.(추씨가
말하였다. '시운 천지방궤'로부터 여기까지는, 그 신하를 꾸짖기
위한 것이다.) 鄒氏曰 : 此章, 言爲治者, 當有仁心仁聞, 以行先
王之政, 而君臣, 又當各任其責也.(추씨가 말하였다. 이 장은 정
치를 시작하는 자는 당연히 인심과 인문을 소유하고, 그리고 선
왕의 정사를 행하여야 하고, 군·신은 또한 각기 그 책임을 져
야 함을 말한 것이다.)

할 사. ㅇ賊-해칠 적.

(해설) 시력이나 청력, 그리고 솜씨가 비록 좋더라도 규칙을
따르지 않고는 의도한 목적을 이룰 수 없다. 마찬가지로
착하기만 하거나 어진 것만으로는 왕도정치가 이루어지는
것이 아니라, 선왕이 하였던 인정(仁政)을 모델로 할 때만
이 실현이 가능하다. 즉 법도에 버금가는 실천이 뒤따라야
이루어질 수 있다. 결국 인정에 걸맞게 인도(人道)를 실천
케 하는 여부가 개인의 안위와 국가존망의 관건이다. 장기
적으로 기업의 영속성을 높이고 고객과 시장, 그리고 사회
로부터 평판을 높일 수 있는 전략으로 윤리경영보다 좋은
것은 없다. 윤리경영은 기업가치를 극대화하고 시장에서
최고의 가치를 인정받기 때문이다.

제2장　성인은 인륜의 표준이다
(聖人人倫之至也章 第二)

(2-1) 孟子曰 規矩는 方員之至也요 聖人은 人倫之至也
　　 니라

　　　(맹자왈 규구, 방원지지야. 성인, 인륜지지야)

(국역) 맹자가 말씀하였다. "원규(圓規)와 곡척(曲尺)은 방형
과 원형을 그리는 최고 표준이요, 성인은 인륜의 최고 표
준이니라."15)

───────────

15) 至, 極也. 人倫說見前篇.(지는 지극함이다. 인륜의 설명은 전편에

자의 ㅇ規—원 그림쇠(=컴퍼스). ㅇ矩—곡척. ㅇ至—이를 지, 지극
히 지. 가장, 최고.

(2-2) 欲爲君인댄 盡君道요 欲爲臣인댄 盡臣道니 二者를
皆法堯舜而已矣니 不以舜之所以事堯로 事君이면
不敬其君者也요 不以堯之所以治民으로 治民이면
賊其民者也니라

(욕위군, 진군도, 욕위신, 진신도, 이자, 개법요순이이의, 불이순
지소이사요, 사군, 불경기군자야. 불이요지소이치민, 치민, 적기민
자야)

국역 "임금이 되고자 하면 임금의 도리를 다할 것이요, 신하
가 되고자 하면 신하의 도리를 다할 것이니, 이 둘은 모두
요순을 전적으로 본받아야 되느니라. 순이 요를 섬기던 방
법으로써 임금을 섬기지 않는다면 그 임금에게 불경하는
자요, 요가 백성을 다스리던 방법으로써 백성을 다스리지
않으면 그 백성을 해치는 자이다."[16]

자의 ㅇ欲—원하다, 되고자 한다. ㅇ盡—다할 진. ㅇ法—(=效也).
ㅇ而已—뿐이다. ㅇ所以—방법. ㅇ事—섬길 사.

보인다.) 規矩盡所以爲方員之理, 猶聖人盡所以爲人之道.(규·구
는 방·원의 이치까지를 다 생각한 것이며, 성인이 사람의 도리
를 다 생각한 것과 같은 것이다.)

16) 法堯舜以盡君臣之道, 猶用規矩以盡方員之極, 此, 孟子所以道性
善而稱堯舜也.(요·순을 법으로 삼아서 군·신의 도리를 다함은,
규·구를 사용하여서 방·원의 지극함을 다하는 것과 같으니, 이
것은 맹자가 성선설을 말함으로써, 요·순을 칭찬한 것이다.)

(2-3) **孔子曰 道二**니 **仁與不仁而已矣**라하시니라

　　(공자왈 도이, 인여불인이이의)

국역 공자가 말씀하였다. "길은 두 가지가 있으니, 인한 길
과 불인한 길이 있을 따름이니라."17)

(2-4) **暴其民**이 **甚則身弑國亡**하고 **不甚則身危國削**하나니
名之曰 幽厲면 **雖孝子慈孫**이라도 **百世**에 **不能改也**
니라

　　(포기민, 심즉신시국망, 불심즉신위국삭, 명지왈 유려, 수효자자
　　손, 백세, 불능개야)

국역 "그의 백성에게 모질게 폭정을 함이 심하면, 자신도 시
해를 당하고, 나라가 망하며, 심하지 않으면 자신이 위태
롭고 나라가 깎여 줄여드니, 시호의 명칭이 유·여이면,
비록 효성스런 자식, 사랑스런 손자라 할지라도, 백세토록
그 이름을 고치지 못하게 된다."18)

---

17) 法堯舜, 則盡君臣之道而仁矣. 不法堯舜, 則慢君賊民而不仁矣.
二端之外, 更無他道.(요·순을 법으로 삼으면, 군·신의 도리를
다하여 인할 것이요 요·순을 법으로 삼지 않으면, 임금을 태만
하게 하고 백성을 해쳐 불인할 것이니, 이 둘 이외에, 다시 다른
길은 없다.) 出乎此, 則入乎彼矣, 可不謹哉(여기를 벗어나면 저
기에 들어가니, 삼가지 않을 수 있겠는가?)

18) 幽, 暗. 厲, 虐. 皆惡諡也.(유는 어둠이요 여는 사나움이다. 모두
나쁜 시호이다.) 苟得其實, 則雖有孝子慈孫愛其祖考之甚者, 亦
不得廢公義而改之.(만일 그 실제를 터득한다면 비록 그 조·고
를 매우 사랑하는 효자, 자손(慈孫)을 가지더라도, 역시 공론을
폐지하고 그것을 고칠 수는 없다.) 言不仁之禍, 必至於此, 可懼

（자의） ㅇ暴－사나울 포, 나타낼 폭. ㅇ甚－심할 심. ㅇ弑－죽일 시. ㅇ削－깎을 삭. ㅇ幽－어두울 유. ㅇ厲－사나울 려. ㅇ雖－비록 수. ㅇ慈－사랑할 자.

(2-5) **詩云 殷鑒不遠**하여 **在夏后之世**라하니 **此之謂也**니라

（시운 은감불원, 재하후지세, 차지위야）

（국역） ‘시경’에 이르기를 ‘은나라가 거울로 할 것이 멀지 아니하고, 하후의 세대에 있다.’고 하였으니, 이것을 두고 한 말이다.19)

（자의） ㅇ鑒－거울 감. ㅇ夏后－하나라의 임금, 즉 하걸(夏桀).

（해설） 맹자는 정치의 최고 표준이 인정(仁政)이며, 그 인정을 구현한 자의 최고표준이 바로 요순이라고 믿었다. 그러므로 임금과 신하된 자는 요순이 하던 도리에 따라 그 임금을 섬기며, 백성을 다스려야만 비로소 백성을 해치지 않는 인정을 베풀 수 있다는 것이다. 요순의 도리를 따르지 않으면 그것은 불인의 도에 지나지 않으며, 요순의 도리를 어기는 자는 나라를 상실하고, 유·여와 같은 악명을 얻게 된다. 한번 얻은 악명은 영원히 역사에 남는다. 그러므로

之甚也.(불인의 재앙이 반드시 여기에 이르니, 두려워할 만함이 심함을 말한 것이다.)

19) 詩, 大雅蕩之篇.(시는 ‘시경’ ‘대아’편 ‘탕’장이다.) 言商紂之所當鑒者, 近在夏桀之世.(상나라 주왕이 당연히 거울로 삼아야 할 것이, 가까이 하걸의 세대에 있다고 말하였다.) 而孟子引之, 又欲後人以幽厲爲鑒也.(맹자가 이것을 인용하여, 또 후인들이 유왕과 여왕으로써 거울로 삼게 하고자 한 것이다.)

'은감불원'인 것이며, 요순이야말로 인류최고의 표준이며 모범이라는 것이다.

제3장 취하기 싫어하면서 억지로 술을 마신다
(惡醉强酒章 第三)

(3-1) 孟子曰 三代之得天下也는 以仁이요 其失天下也는 以不仁이니라

(맹자왈 삼대지득천하야, 이인. 기실천하야, 이불인)

(국역) 맹자가 말씀하였다. "삼대가 천하를 얻은 것은 어진 정치를 하였기 때문이며, 천하를 잃은 것은 어질지 못한 정치를 하였기 때문이다."[20]

(3-2) 國之所以廢興存亡者도 亦然하니라

(국지소이폐흥존망자, 역연)

(국역) 나라가 피폐하고 흥성하고 존속하고 멸망하는 까닭도 역시 그러하다.[21]

(자의) ○所以－까닭, 원인. ○廢－폐할 폐. ○興－흥할 흥. ○然－그럴 연.

---

20) 三代, 謂夏, 商, 周也.(3대는 하·은·주를 이른다.) 禹, 湯, 文, 武, 以仁得之, 桀, 紂, 幽, 厲, 以不仁失之.(우·탕·문·무는 인으로써 그것을 얻었고, 걸·주·유·여는 불인으로써 그것을 잃었다.)

21) 國, 謂諸侯之國.(국은 제후국을 말한다.)

(3-3) **天子不仁**이면 **不保四海**하고 **諸侯不仁**이면 **不保社稷**하고 **卿大夫不仁**이면 **不保宗廟**하고 **士庶人不仁**이면 **不保四體**니라

(천자불인, 불보사해, 제후불인, 불보사직, 경대부불인, 불보종묘, 사서인불인, 불보사체)

국역 천자가 어질지 못하면 사해를 보전하지 못하고, 제후가 어질지 못하면 사직을 보전하지 못하고, 경·대부가 어질지 못하면 종묘를 보전하지 못하고, 사·서인이 어질지 못하면 사지를 보전하지 못한다.[22]

자의 ㅇ四海─사해의 안. ㅇ社稷─국가. ㅇ宗廟─가문. ㅇ四體─자기 자신.

(3-4) **今**에 **惡死亡而樂不仁**하나니 **是猶惡醉而强酒**니라

(금, 오사망이락불인, 시유오취이강주)

국역 그런데 지금 죽고 망하는 것을 싫어하면서도 불인을 좋아하니, 이것은 마치 술에 취하는 것을 싫어하면서도 억지로 마시는 것과 같다.[23]

해설 인(仁)과 불인은 모든 계층의 흥망성쇠의 관건(關鍵)이라 할 수 있다. 그러므로 흥하고자 하면서도 불인을 좋아하면, 마치 취하기를 싫어하면서 술을 마시는 것에 비유할 수 있다. 어떤 지위에 있든지 어질지 못하면 그 책임에

---

22) 言必死亡.(반드시 죽고 망함을 말한 것이다.)

23) 此, 承上章之意而推言之也.(이것은 윗 장의 뜻을 이어, 미루어 말한 것이다.)

비례하여 지위를 잃는다. 그러므로 지위의 유지는 물론 자신의 멸망이 싫으면 싫을수록 남을 나와 같이 사랑하는 마음을 가지고 인을 행해야 할 것이다. 기업에 있어서 현재의 상품과 서비스가 가진 특성을 유지하면서 지속적으로 경쟁력을 높여 가자면 비즈니스 모델을 창의적으로 구상하고 차별화하는 것에 집중해야 할 것이다.

제4장 돌이켜 자기 자신에게서 원인을 찾아라
(反求諸己章 第四)

(4-1) 孟子曰 愛人不親이어든 反其仁하고 治人不治어든 反其智하고 禮人不答이어든 反其敬이니라
　　　(맹자왈 애인불친, 반기인, 치인불치, 반기지, 예인부답, 반기경)

국역 맹자가 말씀하였다. "어떤 사람을 아껴주는데 친근해지지 않거든, 그 자신의 인이 부족한지 여부를 돌이켜 보고, 어떤 사람을 다스려도 그자가 잘 다스려지지 않거든, 자기 자신의 지혜를 돌이켜 보고, 어떤 사람에게 예로써 대해도 답이 오지 않거든 그 자신의 경을 돌이켜 보아야 한다."[24]

---

24) 我愛人而人不親我, 則反求諸己, 恐我之仁未至也.(내가 남을 사랑해도, 남이 나를 친근히 하지 않으면, 자기에게 돌이켜 찾아야 하니, 이것은 나의 인이 아직 지극하지 못할까 두려워해서이다.) 智敬放此(지와 경도 이와 같다.)

(4-2) **行有不得者**어든 **皆反求諸己**니 **其身正而天下歸之**
니라

(행유부득자, 개반구저기, 기신정이천하귀지)

(국역) 행하고도 그 원하는 것을 얻지 못하거든, 모두 다 그
원인을 자기 자신에게서 구해야 하는 것이니, 그 자신이
바르면 온 천하 사람들이 그에게로 돌아오는 것이다.[25]

(자의) ○有－있을 유, 또 유. ○諸－(＝之於). ○歸－돌아올 귀.

(4-3) **詩云 永言配命**이 **自求多福**이라하니라

(시운 영언배명, 자구다복)

(국역) '시경'에 이르기를 '오래도록 항상 언행을 천명에 배합
되게 하는 것이 스스로 많은 복을 구하는 길이다.' 하였
다.[26]

(자의) ○永－길이 영. 오래도록 항상. ○言－언행. ○配－배합. ○命－
천리.

(해설) 인자한 마음으로 남을 사랑하면 상대방도 나를 사랑하

---

25) 不得, 謂不得其所欲, 如不親, 不治, 不答, 是也.(부득은 그가 바
라는 바를 얻지 못함을 이르니, 마치 불친, 불치, 부답 등이 이
것이다.) 反求諸己, 謂反其仁, 反其智, 反其敬也.('반구저기'는
반기인, 반기지, 반기경을 이른다.) 如此則其自治益詳, 而身無不
正矣.(이와 같이 하면, 그 스스로 다스림이 더욱 상세하여, 몸이
바르지 못함이 없을 것이다.) 天下歸之, 極言其效也.(천하가 돌
아온다는 것은, 그 효험이 지극함을 말한 것이다.)

26) 解見前篇.(해석이 전편에 보인다.) 亦承上章而言.(역시 윗 장을
이어 말한 것이다.)

게 되어있다. 만약 그가 나를 사랑하지 않을 경우에는 그를 원망할 것이 아니라, 우선 그 원인을 나에게서 찾아봐야 한다. 시기, 환경 등 여러 가지 사항을 객관적으로 분석도 해보고 나의 지혜로움에 문제가 있었는지 반성도 해보는 것이 필요하다. 자기반성은 유학의 중요 덕목 중의 하나이다. 어떤 사업을 도모하여 추진했으나 기대했던 성과를 얻지 못했다면 실패를 과감하게 인정하고 철저히 반성하여 자신에게서 그 원인을 찾아야 한다.

제5장 천하의 근본은 나라에 있다
(天下之本在國章 第五)

(5-1) **孟子曰 人有恒言**하데 **皆曰 天下國家**라하나니 **天下之本**은 **在國**하고 **國之本**은 **在家**하고 **家之本**은 **在身**하니라

(맹자왈 인유항언, 개왈 천하국가, 천하지본, 재국, 국지본, 재가, 가지본, 재신)

(국역) 맹자가 말씀하였다. "사람들이 늘 하는 말이 있는데, 다들 천하, 국가라고 말한다. 천하의 근본은 나라에 있고, 나라의 근본은 제가에 있고, 제가의 근본은 수신에 있느니라."27)

---

27) 恆, 常也.(항은 항상이다.) 雖常言之, 而未必知其言之有序也.(비록 그것을 항상 말하고 있으나, 아직 그 말에 순서가 있음을 알

자의 ㅇ恒言-항상 하는 말, 보통 말.

해설 유학사상은 수기치인(修己治人), 즉 수신→제가→치국→평천하로 요약할 수 있다. 모든 제후들이 모여 천하를 이루고, 모든 가(家)가 모여 제후국을 이루고, 모든 개인이 모여 사회를 이룬다고 볼 때에, 천하의 근본은 개인이 된다. 주체인 개인 자신의 역량을 확신하고 인정한 것이다. 그런데 개인의 삶은 혼자서는 완전하지 못하니 그 완전하지 못함을 보완하기 위해 만든 것이 천하나 국가인 것이다. 그러므로 학문이든 정치든 모두 자기 삶의 윤택을 우선적 과제로 삼는다. 수양이 점차 쌓여 인격이 완성되면 비로소 남에게도 미칠 수 있는 능력이 생긴다는 것이다. 그래서 수기(修己)를 가장 중시하는 것이다.

제6장 모범적 세신대가에 죄를 짓지 아니한다
(不得罪於巨室章 第六)

(6-1) 孟子曰 爲政이 不難하니 不得罪於巨室이니 巨室之所慕를 一國慕之하고 一國之所慕를 天下慕之하나니

지 못한다.) 故推言之, 而又以家本乎身也.(그러므로 미루어 그것을 말하고, 또 몸에서 집의 근본을 생각하였다.) 此, 亦承上章而言之, 大學所謂自天子至於庶人, 壹是皆以修身爲本, 爲是故也.(이것은 역시 윗 장을 이어서 그것을 말한 것이니, '대학'에 이른 바, 천자로부터 서인에 이르기까지, 일체 모두 이 수신으로써 근본을 삼는다고 한 것은, 이 때문이다.)

故로 沛然德敎가 溢乎四海하나니라

(맹자왈 위정, 불난, 부득죄어거실. 거실지소모, 일국모지, 일국지
소모, 천하모지, 고, 패연덕교, 일호사해)

국역 맹자가 말씀하였다. "정치를 하는 것이 어렵지 않으니,
모범적 세신대가에 죄를 짓지 않아야 하는 것이니, 모범적
세신대가가 흠모하는 바를 전국이 그것을 흠모하고, 전국
이 흠모하는 바를 천하가 흠모하게 하는 것이다. 그러므로
힘차게 흐르는 덕과 교화가 사해에 넘치게 되느니라."28)

---

28) 巨室, 世臣大家也.(거실은 세신의 큰 집안이다.) 得罪, 謂身不正
而取怨怒也.(득죄는 자신이 부정하여 원망과 노여움을 받는 것
을 이른다.) 麥丘邑人, 祝齊桓公曰 : 願主君, 無得罪於群臣百姓.
意蓋如此(맥구읍인이 제환공을 축원하여 말하였다. 원컨대 주군
은 여러 신하와 백성에게 죄를 짓지 마소서. 그 뜻이 대개 이와
같았다.) 慕, 向也, 心悅誠服之謂也.(모는 향함이다. 마음으로 기
뻐하고 진실로 복종함을 이른다.) 沛然, 盛大流行之貌(패연은
성대히 유행하는 모습이다.) 溢, 充滿也.(일은 충만이다.) 蓋巨室
之心, 難以力服, 而國人素所取信, 今旣悅服, 則國人皆服, 而吾
德敎之所施, 可以無遠而不至矣.(대개 모범적 세신대가의 마음은
힘으로써 복종시키기 어렵고, 국민들의 평소 신뢰를 받는 바이
니, 그런데 지금 이미 기뻐하고 복종한다면, 국민이 모두 복종하
여 내가 덕교를 펴는 바가 멀리 이르지 않을 곳이 없을 것이다.)
此, 亦承上章而言, 蓋君子不患人心之不服, 而患吾身之不修, 吾
身旣修, 則人心之難服者, 先服, 而無一人之不服矣.(이것은 역시
윗 장을 이어 말한 것이니, 대개 군자는 인심이 복종하지 않을
것을 근심하지 않고, 내 자신의 닦지 못함을 근심한다. 내 자신
이 이미 닦여지면 인심의 복종하기 곤란한 것이 먼저 극복되어,
한 사람의 복종하지 않는 자도 없을 것이다.) 林氏曰 : 戰國之世,

(자의) ㅇ巨室-모범적 세신대가. ㅇ慕-사모할 모. 우러러보다. ㅇ沛-성할 패. ㅇ沛然-큰 은혜. ㅇ溢-넘칠 일. ㅇ四海-온 천하.

(해설) 정치는 모든 백성들의 뜻을 대변하는 것인데, 백성들의 뜻은 모범적인 지식인들의 뜻을 헤아리면 알 수 있다. 그들은 백성들의 뜻을 대변하고 있기 때문이다. 그러므로 그들을 등용하여 정치를 베풀면 백성들의 뜻에 맞는 정치가 시행될 수밖에 없다. 마찬가지로 경영자는 시장을 살피면 소비자의 원하는 바를 알 수 있고 그것에 적합한 경영을 하면 성공할 수밖에 없다. 진실은 현장에 있기 때문

諸侯失德, 巨室擅權, 爲患甚矣.(임씨가 말하였다. 전국시대에는 제후가 덕을 잃어 모범적 세신대가가 권력을 멋대로 행사하여, 우환이 심하였다.) 然, 或者不修其本, 而遽欲勝之, 則未必能勝而適以取禍.(그러나 누구든지 그 근본을 닦지 않고, 갑자기 그것을 이기고자 한다면, 반드시 능히 승리할 수 없고, 나아가되 재앙만 받을 것이다.) 故, 孟子推本而言, 惟務修德以服其心. 彼旣悅服, 則吾之德敎無所留礙, 可以及乎天下矣.(그러므로 맹자는 오직 근본을 미루어 말하기를, 오직 덕을 닦아서 그 마음을 복종시킴에 힘써야 하니, 저들이 이미 기꺼이 복종하면 나의 덕교가 머무르고 장애가 없어, 천하에 미칠 수 있다고 하였다.) 裴度所謂 韓弘, 輿疾討賊, 承宗, 斂手削地, 非朝廷之力, 能制其死命, 特以處置得宜, 能服其心故爾, 正此類也.(배도가 이른바, 한홍은 질병에도 출정하여 적을 토벌하였고, 왕승종은 반란에 손을 떼고 점령지를 깎아 준 것은, 조정의 힘이 능히 그 사명(死命)을 제정할 수 있어서가 아니라, 특히 조정의 처치가 적절하다고 여겨, 능히 그 마음을 복종시켰기 때문일 뿐이다고 한 것이, 바로 이런 종류이다.)

이다.

제7장 작은 나라가 큰 나라를 스승으로 받든다
(小國事大國章 第七)

(7-1) 孟子曰 天下有道에는 小德이 役大德하며 小賢이 役
大賢하고 天下無道에는 小役大하며 弱役强하나니 斯
二者는 天也니 順天者는 存하고 逆天者는 亡이니라
(맹자왈 천하유도, 소덕, 역대덕, 소현, 역대현, 천하무도, 소역대,
약역강, 사이자, 천야, 순천자, 존, 역천자, 망)

(국역) 맹자가 말씀하였다. "천하에 정도가 있을 적에는, 소덕
이 대덕에게 사역을 당하며 소현이 대현에게 사역을 당한
다. 천하에 정도가 없을 적에는, 소인이 대인에게 사역을
당하며 약자가 강자에게 사역을 당한다. 이 둘은 천리이니,
천리에 순종하는 자는 보존되고, 천리에 역행하는 자는 멸
망하느니라."29)

(자의) ㅇ役-부릴 역, 일 역. ㅇ斯-이 사.

(7-2) 齊景公曰 旣不能令하고 又不受命이면 是는 絶物也

---

29) 有道之世, 人皆修德, 而位必稱其德之大小, 天下無道, 人不修德,
則但以力相役而已.(정도가 세상에 있을 적에는, 사람들은 모두
덕을 닦아, 지위는 반드시 그 덕의 대소에 적합하다. 천하에 정
도가 없을 적에는, 사람들이 덕을 닦지 않고, 다만 힘으로써 서
로 사역시킬 뿐이다.) 天者, 理勢之當然也.(천은 이치와 형세의
당연함이다.)

라하고 **涕出而女於吳**하니라

(제경공왈 기불능령, 우불수명, 시, 절물야, 체출이녀어오)

(국역) 제경공이 말하기를 "이미 다른 사람에게 명령을 할 수
도 없고, 또 다른 사람의 명령을 받지도 않는다면, 이것은
다른 사람들과 관계를 절교하는 것이라."하고, 눈물을 흘
리면서 여식을 오나라에 시집보냈다.30)

(자의) ㅇ絶物－다른 인물들과 관계를 끊다. ㅇ涕－눈물 체.

(7-3) **今也**에 **小國**이 **師大國而恥受命焉**하나니 **是猶弟子
而恥受命於先師也**니라

(금야, 소국, 사대국이치수명언, 시유제자이치수명어선사야)

(국역) "그런데 지금 소국이 대국을 스승으로 받들면서 명령
받기를 부끄럽게 여기니, 이것은 마치 제자가 선성(先聖)
으로부터 명령받기를 부끄럽게 여기는 것과 같다."31)

---

30) 引此以言小役大弱役强之事也.(이것을 인용하여서 '소역대,' '약역
강'의 일을 말한 것이다.) 令, 出令以使人也.(영은 명령을 내어서
사람을 부리는 것이다.) 受命, 聽命於人也.(수명은 남에게 명령
을 듣는 것이다.) 物, 猶人也.(물은 남과 같다,) 女, 以女與人也.
(여는 여식으로써 남에게 주는 것이다.) 吳, 蠻夷之國也.(오는
오랑캐의 나라이다.) 景公, 羞與爲昏, 而畏其强, 故, 涕泣而以女
與之.(경공이 더불어 혼인함을 부끄러워하였으나, 그의 강함을
두려워하였다. 그러므로 울면서 여식으로써 그에게 준 것이다.)

31) 言小國, 不修德以自强, 其般樂怠敖, 皆若效大國之所爲者, 而獨
恥受其敎命, 不可得也.(약소국이 덕을 닦아서 스스로 강하지 않
고, 아마 노는 데 연연하고 게으름을 피우는 것은, 모두 강대국
의 하는 바를 똑같이 본받고, 홀로 그 가르침과 명령을 받기를

자의 ㅇ師-스승 사. ㅇ恥-부끄러울 치. ㅇ先師-세상을 떠난 스승, 전대(前代)의 현인, 선성(先聖).

(7-4) **如恥之**인댄 **莫若師文王**이니 **師文王**이면 **大國**은 **五 年**이요 **小國**은 **七年**에 **必爲政於天下矣**리라

(여치지, 막약사문왕, 사문왕, 대국, 오년, 소국, 칠년, 필위정어천 하의)

국역 "만일 그런 일을 부끄러워할진댄, 문왕을 스승으로 하 는 것만 못한 것이니, 문왕을 스승으로 한다면, 대국은 5 년, 소국은 7년에 반드시 천하에 인정을 펼 것이다."32)

자의 ㅇ莫若-~하는 것만 못하다(莫如), ~하는 것이 낫다.

(7-5) **詩云 商之孫子 其麗不億**이언마는 **上帝旣命**이라 **侯**

수치로 여기는 것은, 될 수 없는 것이다.)

32) 此, 因其愧恥之心而勉以修德也.(이것은 그 부끄러워하는 마음으 로부터, 부지런히 덕을 닦아야 한다고 여긴 것이다.) 文王之政, 布在方策, 擧而行之, 所謂師文王也.(문왕의 정치는 방책에 배포 되어 있으니, 들어서 그것을 행하면, 이른바 문왕을 본받는 것이 다.) 五年七年, 以其所乘之勢不同爲差.(5년, 7년은 그 이용할 형 세로써 차등을 삼은 것이다.) 蓋天下雖無道, 然, 修德之至, 則道 自我行, 而大國, 反爲吾役矣.(대개 천하가 비록 무도하나, 그러 나 덕 닦기를 지극히 하면, 도는 나로부터 행해져서 대국은 도 리어 나에게 사역 당할 것이다.) 程子曰 : 五年七年, 聖人度其時 則可矣.(정자가 말하였다. 5년, 7년은 성인이 그때쯤이면, 가능하 다고 헤아린 것이다.) 然, 凡此類, 學者皆當思其作爲如何, 乃有 益耳.(그러나 무릇 이런 종류는, 학자가 모두 당연히 그 행위를 여하히 할지 생각하여야, 마침내 이익이 있을 뿐이다.)

于周服이로다 侯服于周하니 天命靡常이라 殷士膚敏
이 祼將于京이라하여늘 孔子曰 仁不可爲衆也니 夫
國君이 好仁이면 天下無敵이라하시니라

(시운 상지손자 기려불억, 상제기명. 후우주복, 후복우주, 천명미
상. 은사부민, 관장우경, 공자왈 인불가위중야, 부국군, 호인, 천
하무적)

국역 " '시경'에 이르기를, '상나라의 자손이 그 수가 억이
안되지만, 하늘이 이미 명령을 하는지라, 오직 주나라에
복종하였구나! 오직 주나라에 복종하게 한 것은, 천명이
항상(일정)하지 아님이로다. 은나라 선비로서 살찌고 민첩
한 자들이 주나라의 서울 호경으로 와서 관제를 받든다'고
하였다. 공자가 말씀하였다. '인정에는 사람의 숫자가 많아
야 되는 것이 아니니, 대체로 나라의 임금이 인을 좋아하
면 천하에 대적할 이가 없다.' "33)

---

33) 詩, 大雅文王之篇.(시는 '시경' '대아'편 '문왕'장이다.) 孟子引此
詩及孔子之言, 以言文王之事.(맹자가 이 시와 공자의 말을 인용
하여, 그리고 문왕의 일을 말하였다.) 麗, 數也.(여는 수이다.) 十
萬曰億.(10만은 억이라 한다.) 侯, 維也.(후는 오직이다.) 商士,
商孫子之臣也.(상사는 상나라 자손의 신하이다.) 膚, 大也.(부는
큼이다.) 敏, 達也.(민은 통달함이다.) 祼, 宗廟之祭, 以鬱鬯之酒,
灌地而降神也.(관은 종묘의 제사에서 울창주로써 땅에 부어 신
을 내리게 하는 것이다.) 將, 助也.(장은 도움이다.) 言商之孫子
衆多, 其數不但十萬而已. 上帝旣命周以天下, 則凡此商之孫子,
皆臣服于周矣.(상나라의 자손이 많아서 그 수가 비단 10만일뿐
이지만, 상제가 이미 주나라에 천하를 가지게 명하였으니, 곧 모

자의 ○麗-고울 려, 숫자 려. ○侯-오직(=惟). ○靡-아닐 미.
○膚-살갗 부, 클 부, 아름다울 부. ○敏-민첩할 민. ○祼-강신제
관. ○將-받들 장. ○京-주나라의 서울인 호경.

(7-6) **今也**에 **欲無敵於天下而不以仁**하나니 **是猶執熱而
不以濯也**니 **詩云 誰能執熱**하여 **逝不以濯**이리오하
니라

　　(금야, 욕무적어천하이불이인, 시유집열이불이탁야. 시운 수능집
　　열, 서불이탁)

국역 "그런데 지금, 천하에 대적할 자가 없기를 바라되 인정
을 행하지 않으니, 이는 뜨거운 물건을 손에 잡고서 물로
씻으려 하지 않는 것과 같다. '시경'에 이르기를, '누가 능
히 뜨거운 물건을 잡고도 가서 물로 씻으려 하지 않겠는

든 이 상나라의 자손들이 모두 주나라에 신하로서 복종하였다.)
所以然者, 以天命不常, 歸于有德故也. 是以, 商士之膚大而敏達
者, 皆執祼獻之禮, 助王祭事于周之京師也.(그러한 까닭은 천명
은 무상하기 때문에, 유덕한 자에게 돌아간다. 그러므로 이 때문
에 상나라의 선비로서 부대하고 민첩하게 통달한 자들이 모두
강신제를 올리는 제례를 집행하여, 주나라 왕이 주나라 수도에서
제사 지내는 것을 돕는 것이다.) 孔子因讀此詩而言, 有仁者, 則
雖有十萬之衆, 不能當之. 故, 國君好仁, 則必無敵於天下也.(공
자가 잇따라 이 시를 읽고 말하기를, 인자가 있으면, 비록 10만
의 군중이 있더라도, 그를 당할 수 없다. 그러므로 국군이 인을
좋아하면 반드시 천하에 대적할 자가 없다고 하였다.) 不可爲衆,
猶所謂難爲兄, 難爲弟云爾.('불가위중'은 소위 형 노릇하기 어렵
고, 아우 노릇하기 어렵다는 말과 같을 뿐이다.)

가?'라고 하였다."34)

자의 ○熱─뜨거운 물건. ○濯─씻을 탁. ○誰─누구 수. ○逝─
갈 서.

해설 천하에 정도가 행해질 때이든, 그렇지 못할 때이든, 각
기 특징이 있다. 그것이 곧 천리이다. 정도가 행해지는 시
대에는 대덕과 소덕, 대현과 소현의 도덕적 서열과 계급적
서열이 합치한다. 그러나 정도가 행해지지 않을 적에는 영
토의 대소, 무력의 강약에 따라 주종관계만이 성립한다.
이것도 시대의 흐름인데 이것을 거스르는 자는 고통을 당
한다. 만약 소국이면서 대국의 지배를 받지 않으려면 문왕
을 본받아 5개년 내지 7개년 계획으로 왕업을 닦으면 천
하에 정도를 펼 수 있다. 일단 왕업을 이루더라도 백성들
의 뜻을 떠난 정치를 한다면, 지식인과 수많은 자손들까지
도 새로운 지도자를 따라가 버린다. 천명은 한곳에만 머무
르지 않기 때문이다. 따라서 천하에 대적할 자가 없기를

---

34) 恥受命於大國, 是欲無敵於天下也. 乃師大國而不師文王, 是不以
仁也.(대국에게 명령받는 것을 부끄러워함은, 이것은 천하에 대
적할 자가 없기를 바라는 것이요, 마침내 대국을 본받고 문왕을
본받지 않음은, 이것은 인정을 행하지 않는 것이다.) 詩, 大雅桑
柔之篇.(시는 '시경' '대아'편 '상유'장이다.) 逝, 語辭也.(서는 어
조사이다.) 言誰能執持熱物, 而不以水自濯其手乎.(누가 능히 뜨
거운 물건을 쥐고서, 물로써 스스로 그 손을 씻지 않겠는가?)
此章, 言不能自强, 則聽天所命, 修德行仁, 則天命在我.(이 장은
스스로 강해지지 못하면, 하늘이 명하는 바를 들을 수밖에 없고,
덕을 닦아 인을 행하면, 천명은 나에게 있음을 말한 것이다.)

바란다면 오직 계속하여 인정을 펴는 길밖에 없다.

제8장 스스로 깔보면 다른 사람도 깔본다
(自侮人侮章 第八)

(8-1) 孟子曰 不仁者는 可與言哉아 安其危而利其菑하여
樂其所以亡者하나니 不仁而可與言이면 則何亡國敗
家之有리오

(맹자왈 불인자, 가여언재. 안기위이리기재, 낙기소이망자. 불인
이가여언, 즉하망국패가지유)

국역 맹자가 말씀하였다. "인자하지 않은 자와 더불어 함께
말할 수 있겠는가? 위태로움을 편안으로 여기고, 재앙을
이익으로 여겨, 그 망하는 까닭을 즐기니, 인자하지 않은
데도 더불어 함께 충언을 말해줄 수 있다면, 어찌 나라를
망하게 하고 집안을 패하게 하는 일이 있겠는가?"35)

자의 ㅇ菑-재앙 재, 묵정밭 치.

---

35) 安其危, 利其菑者, 不知其爲危菑, 而反以爲安利也.('안기위', '이
기재'는 그 위태함과 재앙이 됨을 알지 못하고, 도리어 편안하고
이롭다고 여기는 것이다.) 所以亡者, 謂荒淫暴虐, 所以致亡之道
也. 不仁之人, 私欲固蔽, 失其本心, 故, 其顚倒錯亂, 至於如此,
所以不可告以忠言, 而卒至於敗亡也.('소이망'은 황포하고 음학하
여 패망에 이르는 까닭을 말한다. 불인한 사람은 사욕에 굳게
엄폐되어 그 본심을 잃는다. 그러므로 그 전도 착란이, 이와 같
음에 이르니, 충언으로써 고해 줄 수 없기 때문에, 결국 패망에
이르는 것이다.)

(8-2) 有孺子歌曰 滄浪之水淸兮어든 可以濯我纓이요 滄
浪之水濁兮어든 可以濯我足이라하여늘

(유유자가왈 창랑지수청혜, 가이탁아영, 창랑지수탁혜, 가이탁
아족)

(국역) "어떤 동자가 노래하기를, '창랑의 물이 맑거든 나의
갓끈을 빨 것이요, 창랑의 물이 탁하거든 나의 발을 씻을
것.'이라 하였다."36)

(자의) ㅇ孺-어릴 유. ㅇ滄-물이름 창. ㅇ浪-물결 랑. ㅇ兮-어조사
혜. ㅇ濯-씻을 탁. ㅇ纓-갓끈 영. ㅇ濁-탁할 탁.

(8-3) 孔子曰 小子아 聽之하라 淸斯濯纓이요 濁斯濯足矣
로소니 自取之也라하시니라

(공자왈 소자, 청지. 청사탁영, 탁사탁족의, 자취지야)

(국역) 공자가 말씀하였다. "소자들아, 저 노래를 들어 보라!
물이 맑으면 갓끈을 빨고, 물이 탁하면 발을 씻는다니, 물
이 스스로 그런 것을 취한 것이다."37)

(자의) ㅇ小子-여러분. ㅇ聽-들을 청. ㅇ斯-이 사.

(8-4) 夫人必自侮然後에 人侮之하며 家必自毁而後에 人
毁之하며 國必自伐而後에 人伐之하나니라

---

36) 滄浪, 水名.(창랑은 물 이름이다.) 纓, 冠系也.(영은 갓끈이다.)
37) 言水之淸濁, 有以自取之也.(물의 청탁이 스스로 그것을 취할 수
있음을 말한 것이다.) 聖人, 聲入心通, 無非至理, 此類可見.(성
인은 소리가 귀에 들어가면 마음으로 통달하여, 지극한 이치가
아님이 없음을, 이러한 종류에서도 볼 수 있다.)

(부인필자모연후, 인모지, 가필자훼이후, 인훼지, 국필자벌이후,
인벌지)

(국역) "대저 사람은 반드시 스스로를 업신여긴 뒤에 남이 그
를 업신여기며, 집은 반드시 스스로를 무너뜨린 후에 남이
그 집을 무너뜨리며, 나라는 반드시 스스로를 공격한 뒤에
남이 그를 공격하는 것이다."[38]

(자의) ㅇ侮-업신여길 모. ㅇ毀-헐 훼. ㅇ伐-칠 벌.

(8-5) **太甲曰 天作孽**은 **猶可違**어니와 **自作孽**은 **不可活**이
라하니 **此之謂也**니라
(태갑왈 천작얼, 유가위, 자작얼, 불가활, 차지위야)

(국역) "태갑이 말하기를 '하늘이 만든 재앙은 오히려 어길 수
있으나, 스스로 만든 재앙은 회피하여 살아날 수 없다.'고
하였으니, 이것을 말한 것이다."[39]

(자의) ㅇ孽-재앙 얼. ㅇ違-어길 위, 피할 위.

(해설) 어질지 못한 행동은 자신과 집안, 그리고 나라를 망친
다. 그런데도 그런 행동을 편안하게 여기고 이롭게 여기며
즐기니 그런 자는 구제할 수 없다. 만일 구제할 수 있다면
집이 망하고 나라가 망하는 일이 없을 것이다. 물이 맑으

---

38) 所謂自取之者.(소위 스스로 그것을 취한다는 것이다.)
39) 解見前篇.(해석이 전편에 보인다.) 此章, 言心存則有以審夫得失
之幾, 不存則無以辨於存亡之著, 禍福之來, 皆其自取.(이 장은
마음이 보존되면, 대저 득실의 기미를 살필 수 있고, 마음이 보
존되지 못하면, 존망이 드러난 것에서도 분별할 수 없으니, 화복
의 유래가 모두 그 스스로 취한다는 것을 말한 것이다.)

면 사람들은 갓끈을 씻고 흐리면 발을 씻듯이, 사람이 남
으로부터 존경을 받거나 멸시를 받는 일도 역시 자기행위
를 살피지 않았기 때문일 경우가 많다. 사람이 망하고 집
이 망하고 나라가 망하는 것도 자신이 먼저 망할 수 있는
일을 해놓은 뒤에 남이 망치는 것이다. 하늘의 재앙은 착
한 마음으로써 극복할 수 있지만, 자신이 저지른 일 때문
에 받는 남의 미움은 어찌할 수가 없다.

제9장 연못으로 물고기를 몰아오는 것은 수달이다
(爲淵敺魚章 第九)

(9-1) 孟子曰 桀紂之失天下也는 失其民也니 失其民者는
失其心也라 得天下有道하니 得其民이면 斯得天下
矣리라 得其民有道하니 得其心이면 斯得民矣리라 得
其心有道하니 所欲을 與之聚之요 所惡를 勿施爾也
니라

(맹자왈 걸주지실천하야, 실기민야, 실기민자, 실기심야. 득천하
유도, 득기민, 사득천하의. 득기민유도, 득기심, 사득민의. 득기심
유도, 소욕, 여지취지, 소오, 물시이야)

[국역] 맹자가 말씀하였다. "걸왕이나 주왕이 천하를 잃은 것
은, 그 백성을 잃었기 때문이니, 그 백성을 잃었다는 것은
그 마음을 잃은 것이다. 천하를 얻는 데 방법이 있으니,
그 백성을 얻으면 이에 천하를 얻을 수 있는 것이다. 그
백성을 얻는 데 방법이 있으니, 그 마음을 얻으면 이에 백

성들을 얻을 수 있는 것이다. 그 마음을 얻는 데 방법이 있으니, 백성들이 하고자 하는 바를 그것을 모아 주는 것이요, 싫어하는 바를 시행하지 않을 따름이니라."40)

자의 ㅇ桀-하왕이름 걸. ㅇ紂-주임금 주. ㅇ聚-모일 취. ㅇ惡-싫어할 오. ㅇ爾-뿐 이.

(9-2) 民之歸仁也는 猶水之就下하여 獸之走壙也니라
(민지귀인야, 유수지취하, 수지주광야)

국역 "백성들이 인자에게 돌아가는 것은, 마치 물이 아래로 나아가며, 짐승들이 넓은 들판으로 달려나가는 것과 같다."41)

---

40) 民之所欲, 皆爲致之, 如聚斂然. 民之所惡, 則勿施於民.(백성들이 원하는 바를 모두 이루어 주기를 재물을 모으듯이 하고, 백성들이 미워하는 바를 곧 백성들에게 베풀지 말아야 한다.) 鼂錯所謂 人情, 莫不欲壽, 三王, 生之而不傷, 人情, 莫不欲富, 三王, 厚之而不困, 人情, 莫不欲安, 三王, 扶之而不危, 人情, 莫不欲逸, 三王, 節其力而不盡, 此類之謂也.(조조의 이른바 인정은 장수하기를 바라지 않는 이가 없는데, 3왕은 그들을 살리고 상하지 않게 하고, 인정은 부유하기를 바라지 않는 이가 없는데, 3왕은 그들을 후하게 하고 곤궁하지 않게 하며, 인정은 편안함을 바라지 않는 이가 없는데, 3왕은 그들을 붙들어 주고 위태하지 않게 하며, 인정은 안일을 바라지 않는 이가 없는데, 3왕은 그들의 힘을 조절하고 다하지 않게 하였다는 것이 이런 종류를 이르는 것이다.)

41) 壙, 廣野也.(광은 넓은 들이다.) 言民之所以歸乎此, 以其所欲之在乎此也.(백성들이 이곳에 돌아가는 까닭은, 그들이 원하는 바가 이곳에 있기 때문임을 말한 것이다.)

(자의) ㅇ就−나갈 취. ㅇ壙−넓을 광, 들 광.

(9-3) 故로 爲淵敺魚者는 獺也요 爲叢敺爵者는 鸇也요
爲湯武敺民者는 桀與紂也니라

(고, 위연구어자, 달야. 위총구작자, 전야. 위탕무구민자, 걸여
주야)

(국역) "그러므로 못에 고기를 모이게 하는 것은 수달이요, 나
무숲에 참새가 모이게 하는 것은 새매요, 탕왕과 무왕에게
백성이 모이게 하는 자는 걸왕과 주왕이다."42)

(자의) ㅇ敺−몰 구. ㅇ獺−수달 달. ㅇ叢−떨기 총, 숲 총. ㅇ爵−참새
작. ㅇ鸇−매 전. ㅇ湯−클 탕.

(9-4) 今天下之君이 有好仁者면 則諸侯皆爲之敺矣리니
雖欲無王이나 不可得已니라

(금천하지군, 유호인자, 즉제후개위지구의, 수욕무왕, 불가득이)

(국역) 그런데 지금 천하의 임금 중에 인을 좋아하는 자가 있
으면, 제후들은 모두 다 그를 위하여 백성들을 그에게 몰
아줄 것이니, 비록 왕자(王者)가 되지 않으려 하더라도 할
수 없을 것이다.

---

42) 淵, 深水也.(연은 깊은 물이다.) 獺, 食魚者也.(달은 물고기를 잡
아먹는 짐승이다.) 叢, 茂林也.(총은 무성한 수풀이다.) 鸇, 食雀
者也.(전은 참새를 잡아먹는 새이다.) 言民之所以去此, 以其所欲
在彼而所畏在此也.(백성들이 이곳을 떠나가는 까닭은, 그들의 바
라는 바가 저기에 있고, 두려워하는 바가 여기에 있기 때문임을
말한 것이다.)

(9-5) 今之欲王者는 猶七年之病에 求三年之艾也니 苟爲
不畜이면 終身不得하리니 苟不志於仁이면 終身憂辱
하여 以陷於死亡하리라

(금지욕왕자, 유칠년지병, 구삼년지애야, 구위불축, 종신부득, 구
부지어인, 종신우욕, 이함어사망)

국역 그런데 지금 왕자가 되고자 하는 자는, 7년 된 병에 3
년 묵은 쑥을 구하는 것과 같으니, 진실로 저축해 두지 않
으면 종신토록 얻지 못할 것이다. 진실로 인정(仁政)에 뜻
이 없다면 종신토록 근심하고 치욕을 당하다가 죽거나 사
망하는 함정에 빠질 것이라 생각한다.43)

자의 ㅇ艾-쑥 애. ㅇ苟-진실로 구. ㅇ畜-쌓을 축. ㅇ憂-근심 우.
ㅇ辱-욕할 욕. ㅇ陷-빠질 함.

(9-6) 詩云 其何能淑이리오 載胥及溺이라하니 此之謂也니라
(시운 기하능숙. 재서급닉, 차지위야)

국역 '시경'에 이르기를, '그 어찌 착하게 될 수 있으리요?
서로 빠져죽는 데 미침이 가득한데.'라고 하였으니, 이것을

---

43) 艾, 草名, 所以灸者, 乾久益善.(애는 풀이름이니, 뜸을 위한 것
으로, 말린 지가 오래일수록 더욱 좋다.) 夫病已深而欲求乾久之
艾, 固難卒辦.(대저 병이 이미 깊었는데 말린 지가 오래된 쑥을
구하고자 하면, 진실로 갑자기 장만하기가 어려울 것이다.) 然,
自今畜之, 則猶或可及, 不然, 則病日益深, 死日益迫, 而艾終不
可得矣.(그러나 지금부터 그것을 저축하면, 오히려 혹시 미칠 수
있거니와, 그렇지 않으면 병이 날로 더욱 깊어지고, 죽음이 날로
임박하여도, 쑥은 끝내 얻지 못할 것이다.)

말한 것이다.44)

자의 ○淑-착할 숙. ○載-가득할 재. ○胥-서로 서. ○溺-빠질 닉.

해설 천하를 얻으려면 백성을 얻어야 한다. 백성은 인정을
베풀면 모인다. 마음을 얻으려면 좋아하는 바를 그들과 함
께 행하고, 싫어하는 바를 하지 않으면 된다. 백성들이 인
자(仁者)에게 모이는 것은 물이 아래로 흐르는 것과 같다.
그런데 인정을 펴서 왕업을 이루는 일은 오래된 병을 치
료하듯이 평소의 준비와 꾸준한 실행이 필요하므로 조급
해서는 아니 된다. 천하를 얻고 잃는 것이 어질고 어질지
않는 것에 의해 결정된다는 것은 역사가 말하고 있다. 이
것은 아마 앞으로도 변하지 않을 것이다. 기업은 전통적인
경제적 이윤추구 이외에 환경적 건전성이나 사회적 책임
까지 고려하는 과정에서 지속적인 성장을 추구해야만 시
장과 더불어 성장이 가능할 것이다.

제10장 자포자기(自暴自棄章 第十)

(10-1) 孟子曰 自暴者는 不可與有言也요 自棄者는 不可
與有爲也니 言非禮義를 謂之自暴也요 吾身不能

---

44) 詩大雅桑柔之篇.(시는 '시경' '대아'편 '상유'장이다.) 淑, 善也.
(숙은 선이다.) 載, 則也.(재는 곧이다.) 胥, 相也.(서는 서로이
다.) 言今之所爲, 其何能善, 則相引以陷於亂亡而已.(지금 하는
바가 그 어찌 선할 수 있겠는가? 곧 서로 이끌어 혼란과 멸망에
빠질 뿐임을 말한 것이다.)

居仁由義를 謂之自棄也니라

(맹자왈 자포자, 불가여유언야. 자기자, 불가여유위야, 언비례의,
위지자포야. 오신불능거인유의, 위지자기야)

국역 맹자가 말씀하였다. "스스로 자기를 해치는 자는 더불
어 같이 말할 수 없으며, 스스로 자신을 버리는 자는 더불
어 함께 일을 할 수 없다. 말로써 예의를 비난하는 것을
스스로 자기를 해치는 자라 하고, 내 자신은 인에 처하거
나, 의에 따를 수 없다고 하는 것을 스스로 자신을 버리는
것이라 이른다."45)

---

45) 暴, 猶害也.(포는 해침과 같다.) 非, 猶毁也.(비는 비방과 같다.)
自害其身者, 不知禮義之爲美而非毁之, 雖與之言, 必不見信也.
(스스로 그 몸을 해치는 자는, 예의가 아름다움이 됨을 알지 못
하고 그것을 비방하니, 비록 그와 더불어 말하더라도, 반드시 신
임을 받지 못할 것이요.) 自棄其身者, 猶知仁義之爲美, 但溺於
怠惰, 自謂必不能行, 與之有爲, 必不能勉也.(스스로 그 자신을
버리는 자는, 오히려 인의가 아름다움이 됨을 알지 못하고, 단지
게으름에 빠져 스스로 반드시 행할 수 없다고 말할 것이니, 그
와 더불어 유망한 일을 하더라도 반드시 근면치 못할 것이다.)
程子曰 : 人苟以善自治, 則無不可移者, 雖昏愚之至, 皆可漸磨而
進也.(정자가 말하였다. 사람이 만일 선으로써 자신을 다스리면,
옮기지 못할 것이 없고, 비록 어둡고 어리석음이 지극하더라도,
모두 점점 연마하여 나아갈 수 있다.) 惟自暴者, 拒之以不信, 自
棄者, 絶之以不爲, 雖聖人與居, 不能化而入也. 此所謂下愚之不
移也.(오직 자포자는 거절하고 그리고 믿지 않으며, 자기자는 끊
고 그리고 하지 않으니, 비록 성인과 더불어 거처하더라도, 능히
교화하여 들어갈 수 없다. 이것이 이른바 '하우불이'이다.)

(자의) ○暴−해칠 포. ○與−더불어, 같이. ○棄−버릴 기. ○由−따르다, 맡기다.

(10-2) 仁은 人之安宅也요 義는 人之正路也라

(인, 인지안택야. 의, 인지정로야)

(국역) "인은 사람이 들어가 살아야 하는 편안한 집이요, 의는 사람이 걸어야 할 바른 길이다."46)

(10-3) 曠安宅而弗居하며 舍正路而不由하나니 哀哉라

(광안택이불거, 사정로이불유, 애재)

(국역) 편안한 집을 비워두고 거처하지 않으며, 바른 길을 내버려두고 따르지 않으니 애처롭다.47)

(자의) ○曠−비워둘 광. ○弗−아닐 불. ○舍−버릴 사(=捨). ○由−따르다, 마음대로 하게 하다. ○哀−슬플 애.

(해설) 사람이 가야 할 인도를 갈 수 있을지 여부는 천명에 의해 좌우되는 것이 아니라, 자신에 의해 결정된다. 인도는 인의의 길인데, 인은 사람들의 편안한 집이고, 의는 사

---

46) 仁宅已見前篇.(인택은 이미 전편에 보인다.) 義者, 宜也, 乃天理之當行, 無人欲之邪曲, 故曰正路.(의는 마땅하게 함이니, 바로 천리로서 마땅히 행해야 할 것이요, 인욕의 부당한 길로 가는 일이 없는 것이라. 그러므로 바른 길이라 한 것이다.)

47) 曠, 空也.(광은 비움이요.) 由, 行也.(유는 행함이다.) 此章言道本固有而人自絶之, 是可哀也.(이 장은 도가 본래 고유한 것인데 사람이 스스로 끊으니, 이는 슬퍼할 만한 일임을 말한 것이다.) 此聖賢之深戒, 學者所當猛省也.(이는 성현이 깊게 경계하는 것이니, 학자는 당연히 크게 반성할 바이다.)

람들이 가야 할 바른 길이다. 한 개인이 스스로 자신의 편
안한 집을 버리면 들어가서 살 집이 없게 되고, 사람이 가
야 할 바르고 참된 길을 가려고 애쓰지 않으면 어떤 성취
도 이루기 어렵다. 이것은 도덕적 타락이며 스스로 직접
선택한 결과이니, 남이 어떻게 할 수가 없다. 맹자는 이
점을 탄식했다. 특히 포(暴)와 기(棄) 앞에 자(自)자를 붙
여 강조한 것이 주목된다.

기업이 경제공동체의 주요한 주체로써 사회적 공헌 같
은 일을 부가적인 활동으로 여겨 소홀히 할 것이 아니라
장기적인 투자로써 접근하여 실천하지 않으면 아마 새롭
게 변화하는 시장을 스스로 포기하는 것이 될지 모른다.

제11장 도는 가까이 있다(道在爾章 第十一)

(11-1) 孟子曰 道在爾(邇)而求諸遠하며 事在易而求之
難하나니 人人이 親其親하며 長其長이면 而天下平
하리라

(맹자왈 도재이(이)이구저원, 사재이이구지난, 인인, 친기친, 장
기장, 이천하평)

(국역) 맹자가 말씀하였다. "인도는 가까운 곳에 있는데도 그
것을 먼 곳에서 찾으며, 일은 쉬운 곳에 있는데도 그것을
어려운 곳에서 찾는다. 사람마다 각기 그와 친근한 이와
친근히 지내고, 그 어른이 되는 이를 어른으로 섬기면, 천
하는 화평해질 것이다."[48]

(자의) ㅇ爾-가까울 이(=邇). ㅇ諸-(=之於).

(해설) 사람이 지켜야 할 도리는 먼 데 있는 것이 아니고 가까운 데 있으며, 그 실천이 어려운 것이 아니라 실천하기 쉬운 것들이다. 예컨대 어버이에게 효도하고 어른을 섬기는 일 등을 스스로 실천하면 세상은 저절로 화평해진다. 마찬가지로 시장경제에서 번영의 비결은 더 좋은 품질의 제품을 더 낮은 원가에 만들어 내는 일이다. 그래야 시장도 생기고 경제도 잘되고 소득도 증대되는 것이다. 스스로 진부한 기존의 방식을 혁파하고 더 부지런히 더 창의적으로 일하는 것 이외에 다른 방법이 없다.

제12장 아랫자리에서 지낸다(居下位章 第十二)

(12-1) 孟子曰 居下位而不獲於上이면 民不可得而治也리라 獲於上有道하니 不信於友면 弗獲於上矣리라 信於友有道하니 事親弗悦이면 弗信於友矣리라 悦親

---

48) 親長, 在人, 爲甚邇, 親之長之, 在人, 爲甚易, 而道初不外是也. (어버이와 어른은, 사람에 있어 매우 가까운 관계가 되며, 그를 친근히 하고 그를 어른으로 섬김은 사람에 있어 매우 쉬운 일이며, 도는 애초에 이것을 벗어나지 않는다.) 舍此而他求, 則遠且難而反失之. 但人人, 各親其親, 各長其長, 則天下自平矣.(이것을 버리고 다른 데서 구하면 멀고 또 어려워서 도리어 그것을 잃게 된다. 단지 사람마다 각기 그 어버이를 친근히 하고, 그 어른을 어른으로 섬기면 천하는 스스로 화평할 것이다.)

有道하니 反身不誠이면 不悅於親矣리라 誠身有道
하니 不明乎善이면 不誠其身矣리라

(맹자왈 거하위이불획어상, 민불가득이치야. 획어상유도, 불신어
우, 불획어상의. 신어우유도, 사친불열, 불신어우의. 열친유도,
반신불성, 불열어친의. 성신유도, 불명호선, 불성기신의)

(국역) 맹자가 말씀하였다. "하위에 있으면서 상위에 있는 자
의 신임을 얻지 못하면, 백성을 얻어서 다스리지 못할 것
이다. 상위자의 신임을 얻는 데 방법이 있으니, 벗에게 믿
음을 얻지 못하면 상위자의 신임을 얻지 못할 것이다. 벗
에게 믿음을 얻는 데 방법이 있으니, 어버이를 섬기되 기
쁘게 하지 못하면 벗에게 믿음을 얻지 못할 것이다. 어버
이의 마음을 기쁘게 하는 데 방법이 있으니, 자기 자신을
반성해 봐서 정성스럽지 못하면 어버이의 마음을 기쁘게
하지 못할 것이다. 자기 자신을 정성스럽게 하는 데 방법
이 있으니, 선에 대하여 밝게 알지 못하면 그 자신의 마음
을 정성스럽게 하지 못할 것이다."49)

---

49) 獲於上, 得其上之信任也.('획어상'은 그 윗사람의 신임을 얻는
   것이다.) 誠, 實也.(성은 성실함이다.) 反身不誠, 反求諸身而其所
   以爲善之心, 有不實也.('반신불성'은 자기 몸에 돌이켜 찾아봄에,
   그가 선을 하려는 바의 마음이, 성실하지 못함이 있는 것이다.)
   不明乎善, 不能卽事以窮理, 無以眞知善之所在也.('불명호선'은
   일에 착수하여서 궁리할 수 없어, 선의 소재를 참으로 알 수 없
   는 것이다.) 游氏曰 : 欲誠其意, 先致其知, 不明乎善, 不誠乎身
   矣.(유씨가 말하였다. 그 뜻을 성실히 하고자 할 적에, 먼저 그
   지식을 지극히 하여야 하니, 선을 밝게 알지 못하면 자신에게

(자의) ○獲−얻을 획. ○道−방법 도. ○於−~에서, ~에게, ~부터.
○弗−아닐 불. ○悅−기쁠 열. ○誠−정성 성.

(12-2) 是故로 誠者는 天之道也요 思誠者는 人之道也니라

(시고, 성자, 천지도야. 사성자, 인지도야)

(국역) 이러므로 정성스러움은 하늘의 도요, 정성스러움을 생
각하여 그를 본받는 것은 사람의 도이다.50)

(12-3) 至誠而不動者 未之有也니 不誠이면 未有能動者
也니라

(지성이부동자, 미지유야, 불성, 미유능동자야)

(국역) 정성을 지극히 하였는데도 감동되지 않는 자는 아직은
없으며, 정성스럽지 않고 능히 남을 감동시킬 수 있었던
자는 아직은 없다.51)

성실하지 못할 것이다.) 學至於誠身, 則安往而不致其極哉.(배움
이 몸을 성실히 함에 이르면, 어디를 간들 그 지극함에 이르지
못하겠는가?) 以內則順乎親, 以外則信乎友, 以上則可以得君, 以
下則可以得民矣.(안에서는 어버이에게 순종하고 밖에서는 벗에
게 신용을 얻고, 위에서는 군주에게 신임을 얻고, 아래에서는 백
성들에게 민심을 얻을 것이다.)

50) 誠者, 理之在我者皆實而無僞, 天道之本然也.(성이란, 나에게 있
는 천리가 모두 성실하여 거짓이 없는 것이니, 천도의 본래 모
습이다.) 思誠者, 欲此理之在我者皆實而, 無僞, 人道之當然也.
(사성이란, 나에게 있는 이러한 천리를 모두 성실히 하여 거짓이
없게끔 하고자 하는 것이니, 인도의 당연한 모습이다.)

51) 至, 極也.(지는 지극함이다.) 楊氏曰 : 動, 便是驗處, 若獲乎上,
信乎友, 悅於親之類 是也.(양씨가 말하였다. 동은 곧 이런 징험

(자의) ㅇ未之有也－아직은 없다.

(해설) 맹자의 인정설과 왕도설을 살펴보면 자연보다 인문 쪽에 더 비중을 두는 느낌이 든다. 그렇다고 둘 사이에 단절이나 대립을 의미하는 것은 아니다. 둘을 연관시킬 경우, 그 고리를 성(誠)이라고 보았다. 성은 천도이지만, 동시에 인간이 추구하는 도이기도 하다(誠者 天之道, 思誠者 人之道也). 성의 기본 뜻은 성실하고 거짓 없는 것이다. 따라서 성은 인도, 즉 마땅함의 근거이다. 한편 천(天)은 진실함의 대명사다. 그래서 천인의 합일은 진실함과 마땅함의 통일로 나타난다. 인도는 천도의 제약을 벗어날 수 없기 때문에 마땅함이 진실함을 초과하더라도 둘은 대치되는 것이 아니라고 하게 된다. 이런 배경에서 백성을 다스리는 신하는 먼저 임금으로부터 신임을 얻어야 하고, 친구나 부모로부터 신뢰를 받는 것도 모두 자신의 선하고 정성스러운 마음에 달렸다고 하는 것이다. 성공과 실패를 좌우하는 것이 단지 능력만이 아니라, 신뢰와 인간관계 같은 것이 중요하다는 것을 깨닫고 행하는 것이 필요하다.

이 나타나는 곳이니, '획호상', '신호우', '열어친'과 같은 종류가 이것이다.) 此章, 述中庸孔子之言, 見思誠爲修身之本, 而明善又爲思誠之本. 乃子思所聞於曾子, 而孟子所受乎子思者, 亦與大學相表裏, 學者宜潛心焉.(이 장은 '중용'에 있는 공자의 말을 기술한 것이니, 사성은 수신의 근본이 되고, 명선은 또 사성의 근본이 됨을 볼 수 있다. 이것은 바로 자사가 증자에게 들은 바요, 맹자가 자사에게서 전수받은 바이다. 역시 '대학'과 더불어 서로 표리가 되니, 학자는 거기에 마땅히 마음을 집중하여야 할 것이다.)

제13장 서백은 노인을 잘 봉양하는 사람
(西伯善養老者章 第十三)

(13-1) 孟子曰 伯夷辟(避)紂하여 居北海之濱이러니 聞文
王作興하고 曰 盍歸乎來리오 吾聞西伯은 善養老
者라하며 太公辟紂하여 居東海之濱이러니 聞文王作
興하고 曰 盍歸乎來리오 吾聞西伯은 善養老者라하
니라

(맹자왈 백이피(피)주, 거북해지빈, 문문왕작흥, 왈 합귀호래. 오
문서백, 선양로자, 태공피주, 거동해지빈, 문문왕작흥, 왈 합귀호
래. 오문서백, 선양로자)

국역 맹자가 말씀하였다. "백이가 주왕을 피하여 북해의 해
변가에 살더니, 문왕이 떨쳐 일어났다는 말을 듣고 말하기
를, '어찌하여 그에게 돌아가지 않겠는가? 내 들으니 서백
은 늙은 자를 잘 봉양한다.'고 하였으며, 강태공이 주왕을
피하여 동해의 해변가에 살더니, 문왕이 떨쳐 일어났다는
말을 듣고 말하기를, '어찌 그에게 돌아가지 않겠는가? 내
들으니 서백은 늙은 자를 잘 봉양한다.'고 하더라."52)

---

52) 作, 興, 皆起也.(작·흥은 모두 일어남이다.) 盍, 何不也.(합은
어찌 아니함이다.) 西伯, 卽文王也. 紂命爲西方諸侯之長, 得專征
伐, 故稱西伯.(서백은, 즉 문왕이다. 주왕이 명령하여 서방 제후
의 우두머리가 되어, 정벌을 마음대로 할 수 있었다. 그러므로
서백이라 이른다.) 太公, 姜姓, 呂氏, 名尙.(태공은 강이 성이요,

(자의) ○辟-피할 피(=避). ○濱-물가 빈. ○作興-떨쳐 일으킴. ○盍-하불(何不) 합. ○歸-돌아갈 귀.

(13-2) 二老者는 天下之大老也而歸之하니 是는 天下之 父歸之也라 天下之父歸之어니 其子焉往이리오

(이로자, 천하지대로야이귀지, 시, 천하지부귀지야. 천하지부귀 지, 기자언왕)

(국역) "두 노인들은 천하의 위대한 노인이거늘, 문왕에게 돌 아갔으니, 이는 천하의 부로(父老)들이 문왕에게 돌아간 것이다. 천하의 부로들이 그에게 돌아갔으니, 그 자제들이 어디로 가겠는가?"53)

(자의) ○焉-어찌, 어디로.

여는 씨요, 이름은 상이다.) 文王發政, 必先鰥寡孤獨, 庶人之老, 皆無凍餒, 故, 伯夷, 太公, 來就其養, 非求仕也.(문왕이 정치를 행함에, 반드시 환·과·고·독을 우선하였고, 서민의 노인들도 모두 얼거나 굶주림이 없도록 하였다. 그러므로 백이와 태공은 와서 그의 봉양에 나아간 것이요, 벼슬을 구한 것이 아니다.)

53) 二老, 伯夷, 太公也.(이로는 백이와 태공이다.) 大老, 言非常人之 老者.(대로는 보통사람의 노인이 아님을 말한 것이다.) 天下之父, 言齒德皆尊, 如衆父然.(천하의 아버지란 연세와 덕망이 모두 높 아서, 대중들의 아버지와 같은 것을 말한 것이다.) 旣得其心, 則 天下之心, 不能外矣.(이미 그의 마음을 얻었으면, 천하의 인심도 벗어나지 못할 것이다.) 蕭何所謂養民致賢, 以圖天下者, 其意暗 與此合, 但其意則有公私之辨, 學者又不可以不察也.(소하의 이른 바 백성을 기르고 현자를 초치하여, 그리고 천하를 도모한다는 것이, 그 뜻이 암암리에 이와 부합한다. 단지 그 뜻에 공·사의 구별이 있으니, 학자는 또 이것을 살피지 않으면 안될 것이다.)

(13-3) **諸侯有行文王之政者**면 **七年之内**에 **必爲政於天下矣**리라

(제후유행문왕지정자, 칠년지내, 필위정어천하의)

[국역] "제후들 중에 만일 문왕의 정사를 행하는 자가 있으면, 7년 이내에 반드시 온 천하에서 왕도정치를 하게 되리라."54)

[해설] 노인을 잘 봉양한다는 것은 어진 정치를 행한다는 의미이다. 덕망과 경험이 풍부한 천하의 노인을 나라 안에 모이게 하여 잘 봉양하면 우선 인심이 안정된다. 노인을 잘 봉양하면 노인들의 지혜는 물론 그 자제들까지 얻을 수 있으며, 이런 인적자원을 활용하면 왕도정치의 실현에 한층 더 접근할 수 있다. 노인을 잘 봉양하여 왕도정치를 한 인물이 바로 문왕이다. 전통적 기업들은 주식회사의 원천인 주주를 제일 중시했다. 그러나 이제는 주주를 뛰어넘어 기업을 있게 하는 모든 이해관계자, 즉 주주, 종업원 등의 내부요소와 고객, 소비자, 시민단체, 정부, 금융기관 등의 외부요소까지 고려한 경영을 해야만 성공할 수 있다.

제14장 토지 때문에 사람을 잡아먹는다
(率土地而食人肉章 第十四)

(14-1) **孟子曰 求也爲季氏宰**하여 **無能政於其德**이요 **而**

---

54) 七年, 以小國而言也. 大國五年, 在其中矣.(7년은 소국으로써 말한 것이니, 대국 5년은 그 속에 들어 있다.)

賦粟倍他日한대 孔子曰 求는 非我徒也로소니 小
子아 鳴鼓而攻之可也라하시니라

(맹자왈 구야위계씨재, 무능개어기덕, 이부속배타일, 공자왈 구,
비아도야, 소자, 명고이공지가야)

(국역) 맹자가 말씀하였다. "염구가 계씨의 재정관리인이 되
어, 그의 덕행을 능히 개선하지 못하고, 세금을 취한 것이
타일보다 배나 많았는데, 공자께서 말씀하기를, '염구는 나
의 무리가 아니니, 소자들아! 북을 울리면서 그를 성토하
여도 좋다.'고 하였다."55)

(자의) ㅇ求-공자 제자인 염구. ㅇ季氏-노나라의 대부인 계손(季孫)
씨. ㅇ宰-재상 재. ㅇ賦-취할 부. ㅇ粟-조 속. ㅇ小子-여러분.
ㅇ鳴-울 명. ㅇ鼓-북 고.

(14-2) 由此觀之컨대 君不行仁政而富之면 皆棄於孔子
者也니 況於爲之强戰하여 爭地以戰에 殺人盈野하
며 爭城以戰에 殺人盈城이온여 此所謂率土地而食
人肉이라 罪不容於死니라

(유차관지, 군불행인정이부지, 개기어공자자야. 황어위지강전, 쟁
지이전, 살인영야, 쟁성이전, 살인영성. 차소위솔토지이식인육,

---

55) 求, 孔子弟子冉求.(구는 공자의 제자 염구이다.) 季氏, 魯卿.(계
씨는 노나라 경이다.) 宰, 家臣.(재는 가신이다.) 賦, 猶取也, 取
民之粟, 倍於他日也.(부는 취함과 같다. 백성의 곡식을 취함이
다른 날보다 배나 되었다.)) 小子, 弟子也. 鳴鼓而攻之, 聲其罪
而責之也.(소자는 제자들이다. 북을 울리며 그를 성토하는 것은,
그 죄를 성토하고 그것을 꾸짖는 것이다.)

죄불용어사)

국역 "이것에서 본다면, 군주가 인정을 행하지 아니하고 그
자신을 부유하게 하면, 모두 다 공자에게서 버림을 받은
것이다. 하물며 재물을 위하여 억지로 싸워서, 땅을 쟁탈
하려고 싸울 적에는 사람을 죽여 들판에 가득하며, 성을
쟁취하려고 싸울 적에는 사람을 죽여 성안에 가득함에랴!
이것은 이른바 토지를 이끌고서 사람의 고기를 먹는다는
것이니, 그 죄는 죽어도 용서되지 못할 것이다."56)

자의 ○由-~에서. ○棄-버릴 기. ○況-하물며, 더구나. ○强-억
지로 강. ○以-그리고. ○盈-찰 영. ○於-~부터.

(14-3) 故로 善戰者服上刑하고 連諸侯者次之하고 辟草萊
任土地者次之니라

(고, 선전자복상형, 연제후자차지, 벽초래임토지자차지)

국역 "그러므로 전쟁을 잘하는 자는 극형을 받아야 하고, 제
후들과 연합하는 자가 그 다음의 형을 받아야 하고, 황야
를 개간하여 토지를 임대하는 자가 그 다음의 형을 받아

---

56) 林氏曰 : 富其君者, 奪民之財耳, 而夫子猶惡之, 況爲土地之故而
殺人, 使其肝腦塗地, 則是率土地而食人之肉. 其罪之大, 雖至於
死, 猶不足以容之也.(임씨가 말하였다. 그 군주를 부유하게 하는
자는, 백성들의 재물을 탈취할 뿐인데도, 공자가 오히려 그를 미
워했으니, 하물며 토지를 위하여 고의로 살인하여 그 간과 뇌를
땅에 바르게 한다면, 이것은 대체로 토지가 사람의 고기를 먹는
것이니, 그 죄의 큼이 비록 죽음에 이르러도 오히려 충분히 용
서받지 못할 것이다.)

야 한다."57)

(자의) ○善－잘할 선. ○服－입을 복. 복역하다. ○上刑－극형. ○連－
이을 연. ○辟－열 벽(＝闢). ○萊－쑥 래. ○草萊－무성한 잡초, 황
야. ○任－맡길 임.

(해설) 맹자는 염구가 계씨의 가신으로서 주군의 덕행을 유도
하지는 않고 그를 부자로 만들기 위해 세금 거두는 일에
힘쓴 것을 공자가 성토했다(논어, 11-16)는 일을 소개했
다. 또 땅을 넓히기 위해 사람을 죽이는 전쟁 잘하기만을
전문으로 연구하는 선전자(善戰者), 즉 손빈·오기 같은
병가(兵家), 제후들을 충동하여 전쟁을 유도하는 연제후자
(連諸侯者), 즉 소진·장의 같은 종횡가(縱橫家), 세금을
많이 거두기 위해 황무지의 개간을 장려하는 벽초래임토
지자(辟草萊任土地者), 즉 이회·상앙 같은 중농주의자
등을, 백성을 괴롭히는 자들이라 싫어했다. 그러나 성공하
려는 사람이라면 같은 사물을 바라볼 때에, 다른 측면에서
도 문제를 바라볼 수 있어야 하며, 또 다른 견해와 방식이
있다는 사실도 이해할 수 있어야 할 것이다.

---

57) 善戰, 如孫臏, 吳起之徒.(전투를 잘한다는 것은, 손빈·오기와
같은 무리요.) 連結諸侯, 如蘇秦, 張儀之類(제후를 연결한다는
것은 소진·장의와 같은 무리이다.) 辟, 開墾也.(벽은 토지를 개
간함이다.) 任土地, 謂分土授民, 使任耕稼之責, 如李悝盡地力,
商鞅開阡陌之類也.('임토지'는 땅을 나누어 백성들에게 주어서
경작하고 농사짓는 책임을 맡게 하는 것이니, 이회가 지력을 다
하여 생산성을 높이고, 상앙이 밭둑인 천맥을 개간하는 제도를
개시한 부류와 같다.)

제15장 눈동자보다 더 좋은 것은 없다
(莫良於眸子章 第十五)

(15-1) 孟子曰 存乎人者 莫良於眸子하니 眸子不能掩其
惡하나니 胸中正則 眸子瞭焉하고 胸中不正則 眸
子眊焉이니라
(맹자왈 존호인자 막량어모자, 모자불능엄기악, 흉중정즉 모자료
언, 흉중부정즉 모자모언)

국역 맹자가 말씀하였다. "사람의 몸에 존재하는 것 중에,
눈동자보다 더 정직한 것이 없으니, 눈동자는 그의 마음의
악을 엄폐할 수 없다. 가슴속 마음이 바르면 눈동자가 밝
고, 가슴속 마음이 바르지 못하면 눈동자가 흐리다."[58]

자의 ㅇ存-있을 존, 살필 존. ㅇ莫-말 막. ㅇ眸子-눈동자. ㅇ掩-
가릴 엄. ㅇ胸-가슴 흉. ㅇ瞭-밝을 료. ㅇ眊-흐릴 모.

(15-2) 聽其言也요 觀其眸子면 人焉廋哉리오
(청기언야, 관기모자, 인언수재)

---

58) 良, 善也.(양은 좋음이다.) 眸子, 目瞳子也.(모자는 눈의 눈동자
이다.) 瞭, 明也.(요는 밝음이다.) 眊者, 蒙蒙, 目不明之貌.(모는
어슴푸레하여 눈이 밝지 못한 모습이다.) 蓋人與物接之時, 其神
在目. 故胸中正則神精而明, 不正則神散而昏.(대개 사람이 사물
과 더불어 접촉하는 때에 그 정신이 눈에 있다. 그러므로 흉중
이 바르면 정신이 깨끗하여 밝고, 바르지 못하면 정신이 산란하
여 어둡다.)

(국역) "그의 말을 듣고 그의 눈동자를 관찰한다면 사람들이 어찌 숨기겠는가?"59)

(자의) ○聽―들을 청. ○觀―볼 관. ○廋―숨길 수.

(해설) 눈은 마음의 창이라고 한다. 사람의 마음이 선한지 악한지 그의 눈동자에 솔직하게 나타난다. 악을 숨기려 하여도 그렇게 할 수는 없다. 그러므로 눈동자를 관찰하면 그의 성품을 알 수 있다는 것이다. 또 안색이나 표정으로 거짓말인지 진실인지 판단할 수 있다고도 한다. 신체언어와 자연언어에는 분명한 차이가 있기 때문에, 신체언어를 잘 관찰하면 말하는 사람이 직접적으로 드러내고 싶지 않은 감정까지 파악할 수 있다는 것이다. 공자도 논어(20-3)에서 남의 말을 알지 못하면 다른 사람을 알 수 없다고 했다.

제16장 공손하고 검소하다(恭儉章 第十六)

(16-1) 孟子曰 恭者는 不侮人하고 儉者는 不奪人하나니
侮奪人之君은 惟恐不順焉이어니 惡得爲恭儉이리오
恭儉을 豈可以聲音笑貌爲哉리오

---

59) 廋, 匿也.(수는 숨김이다.) 言亦心之所發. 故, 幷此以觀, 則人之邪正, 不可匿矣.(말 역시 마음에서 나오는 것이다. 그러므로 이 말까지 아울러 관찰함으로써 사람의 사특함과 정직함을 숨길 수가 없다.) 然, 言猶可以僞爲, 眸子則有不容僞者.(그러나 말은 오히려 거짓으로 할 수 있지만, 눈동자는, 곧 어떤 거짓도 용납하지 않는다.)

（맹자왈 공자, 불모인, 검자, 불탈인, 모탈인지군, 유공불순언, 오
득위공검. 공검, 기가이성음소모위재)

국역 맹자가 말씀하였다. "공손한 자는 남을 업신여기지 아
니하고, 검소한 자는 남의 것을 빼앗지 아니하나니, 남을
업신여기고 빼앗는 군주는 오직 자기의 말에 순종하지 않
을까 두려워하니, 어찌 공손하고 검소할 수 있겠는가? 공
손함과 검소함을 어찌 음성이나 웃음 띤 얼굴로써 할 수
있겠는가?"[60]

자의 ○恭-공손할 공. ○侮-업신여길 모. ○儉-검소할 검. ○奪-
뺏을 탈. ○惡-어찌 오. ○豈-어찌 기. ○聲音-목소리, 음성.
○笑貌-웃음 띤 얼굴.

해설 백성으로서 공손한 사람은 양심을 가진 사람인데, 그
런 사람의 양심은 남을 나처럼 사랑하는 마음이므로, 공손
한 사람은 남을 업신여기지 않는다. 또 검소한 사람은 물
질의 이로움을 아는 사람이니 남에게 손해를 끼치지 않는
다. 만약 군주가 이런 마음을 가졌다면 백성을 괴롭히는
학정을 펴지 않을 것이며, 백성의 재물을 그물질하지 않을
것이다. 그러니 진실로 공손하고 검소함은 부드러운 음성
이나 웃는 표정을 일시적으로 꾸며서 민의에 따르는 척한
다고 그 효과를 기대할 수 있는 것이 아니다.

---

60) 惟恐不順, 言恐人之不順己.('유공불순'은 사람들이 자기에게 순
종하지 않을까 두려워함을 말한다.) 聲音笑貌, 僞爲於外也.('성음
소모'는 외면에서만 거짓으로 하는 것이다.)

제17장 형수가 물에 빠지면 손으로 끌어당긴다
(嫂溺援之以手章 第十七)

(17-1) 淳于髡曰 男女授受不親이 禮與잇가 孟子曰 禮也
니라 曰 嫂溺則援之以手乎잇가 曰 嫂溺不援이면
是는 豺狼也니 男女授受不親은 禮也요 嫂溺이어든
援之以手者는 權也니라

(순우곤왈 남녀수수불친, 예여. 맹자왈 예야. 왈 수닉즉원지이수
호. 왈 수닉불원, 시, 시랑야. 남녀수수불친, 예야. 수닉, 원지이
수자, 권야)

[국역] 순우곤이 말하였다. "남녀간에 주고받기를 몸소 친히
하지 않는 것이 예입니까?" 맹자가 대답하였다. "예이니
라." "형수가 우물에 빠지면 직접 손으로써 그를 구원하겠
습니까?" "형수가 물에 빠졌는데도 구원하지 않으면 그것
은 시랑과 같은 짐승의 짓이니, 남녀간에 주고받기를 몸소
친히 하지 않음은 정상적인 예이고, 형수가 물에 빠졌으면
그를 손으로써 직접 구원함은 특수상황에서 하는 임기응
변이다."61)

---

61) 淳于, 姓, 髡, 名, 齊之辯士.(순우는 성이요, 곤은 이름이니, 제
나라의 변사이다.) 授, 與也.(수는 줌이요.) 受, 取也.(수는 취함
이다.) 古禮, 男女不親授受, 以遠別也.(고례에 남녀가 물건을 친
히 주고받지 않았으니, 분별을 멀리하기 위함이다.) 援, 救之也.
(원은 그를 구원함이다.) 權, 稱錘也, 稱物輕重而往來以取中者

자의 ㅇ淳-순박할 순. ㅇ于-어조사 우. ㅇ髡-머리깎을 곤. ㅇ授-
줄 수. ㅇ受-받을 수. ㅇ親-친할 친. ㅇ嫂-아주머니 수. ㅇ溺-빠
질 닉. ㅇ援-당길 원, 도움 원. ㅇ豺-승냥이 시. ㅇ狼-이리 랑.
ㅇ權-저울추 권. 잠시, 임기응변하다.

(17-2) 曰 今天下溺矣어늘 夫子之不援은 何也잇고
　　　　(왈 금천하닉의, 부자지불원, 하야)

국역 "그런데 지금 천하가 도탄에 빠졌는데, 선생님께서 그
것을 구원하지 않으심은 어째서입니까?"62)

(17-3) 曰 天下溺이어든 援之以道요 嫂溺이어든 援之以手
니 子欲手援天下乎아
　　　　(왈 천하닉, 원지이도 수닉, 원지이수, 자욕수원천하호)

국역 "천하가 도탄에 빠지거든 그를 정도로써 구원하여야
하고, 형수가 물에 빠지거든 그를 직접 손으로써 구원하여
야 하는 것이니, 그대는 손으로 천하를 구원하고자 하는
가?"63)

也. 權而得中, 是乃禮也.(권은 저울과 저울추이니, 물건의 경중
을 저울질하여, 왔다갔다하여서 그 중간을 취한다. 상황을 저울
질하여 중간을 얻는다면 이것이 바로 예이다.)

62) 言今天下大亂, 民遭陷溺, 亦當從權以援之, 不可守先王之正道
也.(지금 천하가 크게 혼란하여 백성들이 깊이 미혹을 만났으니,
역시 당연히 권도를 따라서, 그들을 구원하여야 할 것이요, 선왕
의 정도를 지켜서는 안됨을 말한 것이다.)

63) 言天下溺, 惟道可以抹之, 非若嫂溺可手援也.(천하가 도탄에 빠
졌을 때에는, 오직 정도만이 그것을 구제할 수 있으니, 형수가

(자의) ○溺-빠질 닉. ○援-도움 원.

(해설) 주례(周禮)에 따르면 남녀 사이에는 직접 물건을 주고
받을 수 없다. 그런데 형수가 물에 빠졌을 때는 손으로 붙
잡아야 한다. 이것이 바로 일반 원칙〔禮〕에 대한 민첩한
융통성〔權〕이다. 이때의 권은 일반원칙에 맹종하지 않는
것을 가리키지 그 일반원칙을 포기하는 것이 아님을 주의
해야 한다. 예는 사람의 생활을 조화롭게 하기 위해 만들
어 놓은 행동양식이다. 예가 정하지 못한 사항에는 부득이
임시변통으로 대처할 수밖에 없다. 그래야만 예가 그 뿌리
인 인(仁)을 손상하는 일이 없게 된다. 그것이 순리이다.
권(權)은 구체적 실제적인 경우에 일반원칙이, 개인이 행
한 수시처중(隨時處中)의 모습으로 나타난다. 성인 중에서
시중(時中)을 중히 여겼던 분은 공자이다(만장장구 하,
1-5). 하지만 천하가 도탄에 빠졌을 적에는 정도로써 끌
어당겨야지 다른 방법을 쓰면 역천(逆天)이 된다. 그러므

물에 빠졌을 때에 손으로 구원할 수 있는 것과는 같지 않다.)
今子欲援天下, 乃欲使我枉道求合, 則先失其所以援之之具矣. 是
欲使我以手援天下乎.(그런데 지금 그대는 천하를 구원하고자 하
면서, 바로 나로 하여금 정도를 굽혀, 영합하기를 찾게 하니, 곧
그것은 천하를 구원하기 위한 도구를 먼저 잃게 하는 것이다.
바로 나로 하여금 손으로써 천하를 구원하게 하고자 하는가?라
고 말한 것이다.) 此章, 言直己守道, 所以濟時, 枉道殉人, 徒爲
失己.(이 장은 자신을 곧게 하고 도를 지킴이, 당시를 구원하기
위한 것이니, 정도를 굽혀 사람들을 따름은 한갓 자기의 지조를
상실하는 것이 됨을 말한 것이다.)

로 일의 경중을 알아서 그때에 적중하는 방식으로 처리하
는 지혜로움이 필요하다.

제18장 옛날에는 아들을 바꿔서 가르쳤다
(古者易子而教章 第十八)

(18-1) **公孫丑曰 君子之不教子는 何也잇고**

    (공손추왈 군자지불교자, 하야)

국역 공손추가 물었다. "군자가 직접 아들을 가르치지 않음
은 어째서입니까?"[64]

(18-2) **孟子曰 勢不行也나라 教者는 必以正이니 以正不
行이어든 繼之以怒하고 繼之以怒則 反夷矣니 夫子
教我以正하시되 夫子도 未出於正也라하면 則是父
子相夷也니 父子相夷면 則惡矣나라**

    (맹자왈 세불행야. 교자, 필이정, 이정불행, 계지이노, 계지이노
    즉 반이의. 부자교아이정, 부자, 미출어정야, 즉시부자상이야, 부
    자상이, 즉악의)

국역 맹자가 말씀하였다. "형세가 행할 수 없게 되어 있느니
라. 가르침이라는 것은 반드시 정도로써 하는데, 정도로써
가르치되, 자식이 정도를 행하지 않거든, 이어서 그리고
성을 내게 되고, 이어서 그리고 성을 내게 되면 도리어 부
자관계는 상하게 된다. 아버지께서 나를 정도로써 가르치

---

64) 不親教也.(친히 가르치지 않는 것이다.)

되, 아버지도 아직까지 정도로부터 나가지 못한다면, 이는
부자간이 서로 상하는 것이니, 부자간에 서로 상함은 나쁜
것이니라."65)

(자의)　○繼－이을 계.　○怒－성낼 노　○夷－오랑캐 이, 상할 이(傷也).

(18-3) 古者에 **易子而敎之**하니라

(고자, 역자이교지)

(국역) 옛날에는 자식을 서로 바꾸어 가르쳤다.66)

(18-4) 父子之間은 **不責善**이니 **責善則離**하나니 **離則不祥**
이 **莫大焉**이니라

(부자지간, 불책선, 책선즉리, 이즉불상, 막대언)

(국역) "부자간에는 선으로 책망하지 아니해야 되는 관계이니,
선으로 책망하면 서로 이별하게 되니, 이별하게 되면 상서

---

65) 夷, 傷也.(이는 상함이다.) 敎子者, 本爲愛其子也, 繼之以怒, 則
反傷其子矣.(자식을 가르침은 본래 그 자식을 사랑하기 때문이
나, 사랑에 이어서 노하게 되면, 도리어 그 자식을 상하게 한다.)
父旣傷其子, 子之心, 又責其父曰 : 夫子敎我以正道, 而夫子之身,
未必自行正道. 則是子又傷其父也.(아버지가 이미 그 자식을 상
하게 하면, 자식의 마음, 또한 그 아버지를 꾸짖기를 '부자께서는
나를 정도로써 가르치시되, 부자 자신도, 아직 반드시 스스로 정
도를 행하지 못한다.'고 할 것이니, 곧 이것은 자식이 또한 그
아버지를 상하게 하는 것이다.)

66) 易子而敎, 所以全父子之恩, 而亦不失其爲敎.(자식을 바꾸어 가
르침은, 부자간의 은혜를 온전히 하면서도, 역시 그 교육하는 목
적을 상실하지 않으려는 것이다.)

롭지 못함이 이보다 큰 것은 없는 것이다."67)

자의 ○責-꾸짖을 책. 잘못을 나무라다. ○離-떠날 리. 헤어지다.
○祥-길할 상.

해설 인간관계에서 가장 원초적인 관계는 부모와 자녀와의
관계인데, 부모에게 있어서 자녀는 자기 자신보다도 더 사
랑스런 존재이고, 자녀에게 있어서 부모는 이 세상 무엇보
다도 더 귀한 존재이다. 그러니 어떤 일이 있어도 부모와
자녀와의 사랑의 감정을 손상시키지 아니하는 것이 행복
의 근원이다. 따라서 부모가 직접 자녀를 가르치다 보면
부모의 마음에 차지 않아서 자녀에 대한 사랑의 감정이
손상될 수도 있고, 또 자녀가 부모에게서 직접 배우다 보
면 부모의 착하지 못한 면을 보고 부모에 대한 사랑의 감
정이 손상될 수도 있으므로 직접 가르치거나 배우는 것은
좋지 않다는 것이다. 이런 이유로 옛날에는 자녀를 서로
바꾸어 가르쳤던 것이다.

---

67) 責善, 朋友之道也.(선으로 꾸짖음은 붕우간의 도리이다.) 王氏
曰 : 父有爭子, 何也. 所謂爭者, 非責善也. 當不義, 則爭之而已
矣.(왕씨가 말하였다. 아버지는 간쟁(諫爭)하는 자식이 있어야
한다는 것은, 어째서인가? 소위 간쟁한다는 것은, 선으로 꾸짖는
것이 아니요, 불의를 당하면 그것을 간쟁할 뿐이다.) 父之於子
也, 如何. 曰 當不義, 則亦戒之而已矣.(아버지는 자식에 대하여
어떻게 하여야 하는가? 말하자면 불의를 당하면 역시 그것을 경
계할 뿐이다.)

제19장 증자가 증석을 봉양하다
(曾子養曾晳章 第十九)

(19-1) 孟子曰 事孰爲大오 事親이 爲大하니라 守孰爲大오
守身이 爲大하니라 不失其身而能事其親者를 吾聞
之矣요 失其身而能事其親者를 吾未之聞也로라

(맹자왈 사숙위대. 사친, 위대. 수숙위대. 수신, 위대. 부실기신
이능사기친자, 오문지의. 실기신이능사기친자, 오미지문야)

국역 맹자가 말씀하였다. "섬기는 일 중에 어느 것이 가장
클까? 어버이를 섬김이 크니라. 지키는 일 중에 어느 것이
클까? 자기 자신을 지킴이 크니라. 그 자신을 잃지 않고서
그 어버이를 잘 섬긴 자는 내가 들었지만, 그 자신을 잃고
서 그 어버이를 잘 섬긴 자는, 나는 아직까지 들어보지 못
하였다."68)

(19-2) 孰不爲事리오마는 事親이 事之本也요 孰不爲守리
오마는 守身이 守之本也니라

(숙불위사, 사친, 사지본야. 숙불위수, 수신, 수지본야)

---

68) 守身, 持守其身, 使不陷於不義也.(수신은 그 자신의 절조(節操)
를 잘 지켜, 불의에 빠지지 않게 하는 것이다.) 一失其身, 則虧
體辱親, 雖日用三牲之養, 亦不足以爲孝矣.(한번 그 자신의 절조
를 잃으면, 몸을 훼손하고 어버이를 욕되게 하니, 비록 하루에
소・양・돼지 등 세 가지의 희생을 써서 봉양을 하더라도, 역시
효도로 생각하기에는 부족하니라.)

國譯 누구를 섬겨도 섬김이 되지 않겠는가마는, 어버이를 섬김이 섬김의 근본이요, 무엇인들 지키는 것이 되지 않겠는가마는, 자기 자신을 지킴이 지킴의 근본이다.69)

(19-3) 曾子養曾晳하시되 必有酒肉이러시니 將徹할새 必請所與하시며 問有餘어든 必曰 有라하시다 曾晳死어늘 曾元養曾子하되 必有酒肉하더니 將徹할새 不請所與하며 問有餘曰 亡矣라하니 將以復進也라 此所謂養口體者也니 若曾子則 可謂養志也니라

(증자양증석, 필유주육, 장철, 필청소여, 문유여, 필왈 유. 증석사, 증원양증자, 필유주육, 장철, 불청소여, 문유여왈 무의, 장이부진야. 차소위양구체자야. 약증자즉 가위양지야)

國譯 증자가 증석을 봉양할 적에 반드시 술과 고기가 있었는데, 장차 밥상을 거둘 적에 반드시 줄 곳을 물었으며, 증석이 '남은 것이 있느냐?'하고 물으면, '있습니다.'하고 대답하였다. 증석이 죽자, 증원이 증자를 봉양하였는데, 반드시 술과 고기가 있었는데, 장차 밥상을 거둘 적에 줄 곳을 묻지 않았으며, '남은 것이 있느냐?'하고 물으면, '없습니다.'하고 대답하였으니, 이는 장차 음식을 다시 올리려고 생각해서였다. 이것은 이른바 구체(口體)만을 봉양한다는

---

69) 事親孝, 則忠可移於君, 順可移於長, 身正, 則家齊國治而天下平.(어버이를 섬김을 효도로 하면, 충성을 임금에게 옮길 수 있고, 순종함을 어른에게 옮길 수 있으며, 자신이 바르면, 집안이 가지런해지고, 나라가 다스려져, 천하가 화평할 것이다.)

것이니, 증자와 같이하면 뜻을 봉양한다고 이를 만하다.70)

자의 ㅇ曾-일찍 증. ㅇ養-기를 양. ㅇ晳-밝을 석. ㅇ徹-거둘 철.
ㅇ與-줄 여. ㅇ亡-없을 무, 죽을 망. ㅇ以-~라 생각하다. ㅇ復-
다시 부. ㅇ進-진식(進食). ㅇ若-같을 약.

(19-4) 事親을 若曾子者可也니라

　　(사친, 약증자자가야)

국역 어버이를 섬김에는 증자와 같이 하는 것이 옳으니
라.71)

---

70) 此, 承上文事親言之.(이는 윗글의 어버이 섬김을 이어서 말한 것
이다.) 曾晳, 名點, 曾子父也.(증석은 이름이 점이니, 증자의 아
버지이다.) 曾元, 曾子子也.(증원은 증자의 아들이다.) 曾子養其
父, 每食, 必有酒肉. 食畢將徹去, 必請於父曰 : 此餘者與誰. 或
父問此物, 尙有餘否. 必曰有. 恐親意更欲與人也.(증자가 그 아버
지를 봉양할 적에 식사 때마다, 반드시 술과 고기가 있었는데,
식사를 마치고 장차 밥상을 치울 때에, 반드시 아버지에게 청하
기를, ‘이 남은 것은 누구에게 주시렵니까?’ 하였으며, 혹시 아버
지가 이 물건이 아직 남은 것이 있는지 물으면, 반드시 ‘있습니
다’하고 대답하였다. 어버이의 뜻이 다시 남에게 주려고 하는가
해서였다.) 曾元, 不請所與, 雖有, 言無. 其意將以復進於親, 不
欲其與人也. 此, 但能養父母之口體而已.(증원은 줄 것을 청하지
않았으며, 비록 있더라도, ‘없다’고 말하였다. 그 의도는 장차 어
버이에게 다시 올리고, 아마 남에게 주려고 하지 않았기 때문일
것이다. 이는 다만 부모의 구체(口體)만 봉양하였을 뿐이다.) 曾
子則能承順父母之志, 而不忍傷之也.(증자는, 곧 능히 부모의 뜻
을 이어 순응하여 차마 그것을 상하게 하지 못한 것이다.)

71) 言當如曾子之養志, 不可如曾元但養口體.(당연히 증자와 같이 뜻
을 봉양할 것이요, 증원처럼 단지 구체만 봉양해서는 안됨을 말

(해설) 효도를 하는 까닭과 효도의 방식을 말하고 있다. 자녀의 입장에서 볼 때 부모의 사랑만큼 귀중한 사랑은 세상에 없기 때문에 자녀는 부모와의 관계를 유지하여 그 사랑을 지속적으로 받기 위해 노력하는데 그것이 바로 효(孝)이다. 그런 사랑을 계속적으로 받기 위해서는 우선 부모가 살아 계셔야 하므로 부모를 잘 봉양하는 것이며, 또 부모로부터 사랑을 받기 위해서는 부모의 뜻이 있어야 하므로 부모의 뜻을 잘 받드는 것이다. 그런 사례가 증석에 대한 증자의 효성, 증자에 대한 증원의 효성 이야기이다. 효도는 사람으로서 마땅히 가야 할 길이며, 자기 자신을 위한 길인 것이다.

제20장 임금을 바로잡으면 나라는 안정된다
(一正君而國定矣章 第二十)

(20-1) 孟子曰 人不足與適也며 政不足(與)間也라 惟大人이어야 爲能格君心之非니 君仁이면 莫不仁이요

한 것이다.) 程子曰 : 子之身, 所能爲者, 皆所當爲, 無過分之事也.(정자가 말하였다. 자식의 몸으로, 능히 할 수 있는 것은, 모두 당연히 해야 할 바이니, 분수에 지나치는 일은 없을 것이다.) 故, 事親若曾子, 可謂至矣, 而孟子止曰可也, 豈以曾子之孝爲有餘哉.(그러므로 어버이를 섬김에, 증자처럼 하면 지극하다고 이를 만하거늘, 맹자는 다만, '가하다'고만 하였으니, 어찌 증자의 효를 여유가 있다고 여기겠는가?)

君義면 莫不義요 君正이면 莫不正이니 一正君而國
定矣니라

(맹자왈 인부족여적야, 정부족(여)간야. 유대인, 위능격군심지비,
군인, 막불인, 군의, 막불의, 군정, 막부정, 일정군이국정의)

[국역] 맹자가 말씀하였다. "인사에 충분히 더불어 허물을 지
적할 수 없으며, 정치에 충분히 틈을 다 말할 수 없다. 오
직 대인이어야 능히 임금의 마음의 바르지 않음을 바로잡
을 수 있는 것이니, 임금이 어질면 어질지 않음이 없고,
임금이 의로우면 의롭지 않음이 없고, 임금이 바르면 바르
지 않음이 없으니, 한번 임금의 마음을 바르게 하면 나라
가 안정된다."72)

---

72) 趙氏曰 : 適, 過也. 間, 非也. 格, 正也.(조씨가 말하였다. 적은
허물함이요, 간은 비난함이다. 격은 바로잡음이다.) 徐氏曰 : 格
者, 物之所取正也, 書曰 : 格其非心.(서씨가 말하였다. 격은 물건
의 바름을 취하는 것이니, '서경'에 이르기를, 그 나쁜 마음을 바
로잡는다고 하였다.) 愚謂間字上, 亦當有與字.(내 생각에, 간자
(間字) 위에 역시 당연히 여자(與字)가 있어야 할 것이다.) 言人
君用人之非, 不足過讁, 行政之失, 不足非間.(인군이 인물을 등
용함에 잘못을 충분히 허물할 수 없으며, 정사를 시행함에 잘못
을 충분히 흠잡을 수 없다.) 惟有大人之德, 則能格其君心之不
正, 以歸於正, 而國無不治矣.(오직 대인의 덕이 있으면, 능히 그
임금의 심중 부정을 바로잡아, 바른 데로 돌아가게 함으로써, 나
라가 다스려지지 않음이 없음을 말한 것이다.) 大人者, 大德之
人, 正己而物正者也.(대인은 대덕의 인물이니, 자기를 바르게 함
에, 만물이 바르게 되는 것이다.) 程子曰 : 天下之治亂, 繫乎人君
之仁與不仁耳.(정자가 말하였다. 천하가 다스려짐과 혼란함은 인

자의 ㅇ適－갈 적, 꾸짖을 적. ㅇ間－사이 간. 틈. ㅇ格－이를 격. 바로잡다, 고치다.

해설 사람들의 잘못이나 정책을 비난할 것이 아니라, 먼저 임금을 바로잡을 수 있는 인물이, 그 임금을 바로잡아야 나라가 바로 서고, 정책이 바르게 시행될 수 있다. 그것은

군의 인함과 더불어 불인함에 매여 있을 뿐이다.) 心之非, 卽害於政, 不待乎發之於外也.(마음의 나쁨은, 곧 정사에 해를 끼치니, 외부에 나타나기를 기다리지 않는다.) 昔者, 孟子三見齊王而不言事, 門人疑之. 孟子曰 : 我先攻其邪心, 心旣正而後, 天下之事, 可從而理也.(옛날 맹자가 세 번 제나라 왕을 만나보았으나, 정사를 말하지 않아서, 문인들이 의심하였다. 맹자가 말하였다. 나는 먼저 그 사특한 마음을 공격하여 마음을 이미 바르게 한 뒤에, 천하의 일을 따라 관리할 수 있는 것이다.) 夫政事之失, 用人之非, 知者能更之, 直者能諫之.(대저 정사의 잘못과 인물 등용의 잘못은, 지혜로운 자는 능히 그것을 고치고, 충직한 자는 능히 그것을 간한다.) 然, 非心, 存焉, 則事事而更之, 後復有其事, 將不勝其更矣, 人人而去之, 後復用其人, 將不勝其去矣.(그러나 나쁜 마음이 남아 있으면, 일마다 그것을 변경하더라도, 뒤에 다시 그런 일이 있어서, 장차 그것을 다 변경할 수 없을 것이요, 사람마다 그것을 제거하더라도, 뒤에 다시 그 사람을 등용하여, 장차 그를 제거할 수 없을 것이다.) 是以, 輔相之職, 必在乎格君心之非, 然後, 無所不正, 而欲格君心之非者, 非有大人之德, 則亦莫之能也.(이 때문에 보필하는 대신의 직책은 반드시 임금의 나쁜 마음을 바로잡는 데 있는 것이니, 이렇게 한 뒤에는 바르지 않음이 없을 것이요, 군주 심중의 나쁜 것을 바로잡고자 하는 자는, 대인의 덕을 가지지 않으면, 역시 능히 할 수 없는 것이다.)

곧은 자를 등용하여 굽은 자 위에 놓는 일일 것이다(논어,
2-19). 인사권자가 인사권을 권리가 아니라 조직에 대한
의무라고 보는 발상의 전환이 필요하며, 나아가 곧은 자가
바르게 뜻을 펼칠 수 있게끔 장치를 마련하고 그들의 행
위를 놓치지 않고 감시하는 것도 고려하여야 할 것이다.

제21장　생각지 못한 칭찬(不虞之譽章 第二十一)

(21-1) 孟子曰 有不虞之譽하며 有求全之毀하니라
　　　(맹자왈 유불우지예, 유구전지훼)

(국역) 맹자가 말씀하였다. "생각하지 않았던 칭찬을 받는 수
도 있고, 완전함을 구하다가 비방을 듣는 수도 있느니
라."73)

(자의) ㅇ虞－생각할 우, 근심할 우. ㅇ譽－명예 예. 칭송하다. ㅇ毀－
헐 훼. 비방하다, 헐뜯다.

---

73) 虞, 度也.(우는 헤아림이다.) 呂氏曰 : 行不足以致譽而偶得譽, 是
謂不虞之譽. 求免於毀而反致毀, 是謂求全之毀.(여씨가 말하였다.
행실이 충분히 칭찬을 초래할 만하지 못한데도 우연히 칭찬을
얻는 것을, 바로 '불우지예'라 이르고, 비방을 면할 길을 찾다가
도리어 비방을 초래함을 바로 '구전지훼'라 이른다.) 言毀譽之言,
未必皆實, 修己者, 不可以是遽爲憂喜, 觀人者, 不可以是輕爲進
退.(비방하고 칭찬하는 말이, 아직 반드시 모두 진실은 아니니,
자기를 닦는 자가 이것으로써 대번에 근심하거나 기뻐해서는 아
니 될 것이요, 사람을 관찰하는 자가 이것으로써 가벼이 받아들
이거나 물리쳐서는 안됨을 말한 것이다.)

(해설) 세상살이에는 의외의 칭찬이나 비방을 받는 수도 있다. 세상의 여론이 반드시 어떤 일의 사실을 그대로 알고 평가하지 못하는 경우도 흔히 있다. 그러나 진실은 언젠가는 옳게 판단되기 마련이다. 그러므로 정도를 지켜나가야지 일시적인 여론에 휘둘려져서는 아니 된다. 여론에 휘둘리지 않아야 정책은 일관성을 가지게 되고, 예측가능성이 높아지며, 백성들로부터 신뢰를 받을 수도 있다.

제22장 자기의 말을 쉽게 한다
(易其言也章 第二十二)

(22-1) 孟子曰 人之易其言也는 無責耳矣니라
　　(맹자왈 인지이기언야, 무책이의)

(국역) 맹자가 말씀하였다. "사람이 그 말을 쉽게 하는 것은 책임감이 없기 때문이다."74)

(해설) 말은 반드시 남에게 전달되어 결과가 남는다. 따라서

---

74) 人之所以輕易其言者, 以其未遭失言之責故耳.(사람이 그 말을 가벼이 하고 쉽게 바꾸는 까닭은 그가 아직 실언의 책임을 만나지 않았기 때문일 뿐이라고 여긴다.) 蓋常人之情, 無所懲於前, 則無所警於後.(대개 보통사람들의 정은 이전에 징계를 받은 바가 없으면, 이후에 경계하는 바가 없다.) 非以爲君子之學, 必俟有責而後不敢易其言也.(군자의 학문은 반드시 꾸짖음이 있기를 기다린 뒤에, 감히 그 말을 쉽게 하지 않는다고 생각하지 않는다.) 然, 此豈亦有爲而言之與.(그러나 이것 역시 어찌 행위가 있어서 그렇게 말한 것이겠는가?)

남을 상하게 하는 말이 나가지 않도록 항상 신중하게 생각한 다음에 할 일이다. 말을 삼가는 까닭은 자기를 지키기 위한 것이니, 이것은 입조심, 입의 관리로써 가능하며 이런 이치를 알고 삼가는 사람은 훌륭한 구덕(口德)을 지닌 사람이다. 직업과 사생활, 사무실과 집 사이의 벽이 없는 사람은, 만약 그가 군인이라면 전함(戰艦)도 침몰시킬 것이다.

제23장 사람의 병폐(人之患章 第二十三)

(23-1) **孟子曰 人之患이 在好爲人師니라**

(맹자왈 인지환, 재호위인사)

국역 맹자가 말씀하였다. "사람들의 근심은 남의 스승이 되기를 좋아하는 데 있느니라."75)

해설 남의 스승이 될 수가 없으면서 남의 단점을 잘 지적하고 남의 일에 간섭하는 사람은 상대방의 자존심을 상하게 하고, 다른 사람과 조화도 이룰 수가 없다. 그런 자는 스스로 단점을 알지 못하는 경박한 소인배일 뿐이다. 오직 수양을 쌓아 자중하고 분수를 지키는 덕인(德人)으로 만

---

75) 王勉曰 : 學問有餘, 人資於己, 不得已而應之, 可也. 若好爲人師, 則自足而不復有進矣, 此, 人之大患也.(왕면이 말하였다. 학문에 여유가 있어, 남이 자기에게 의뢰하면, 부득이 그에 응하는 것은 가하거니와, 만약 남의 스승되기를 좋아한다면, 스스로 만족하여 다시 진전이 있지 않을 것이다. 이것이 사람의 큰 병환이다.)

들어 가는 길밖에 다른 방법이 없다. 공자는 논어의 여러 곳(4-22, 4-24, 4-26, 14-21)에서 말을 앞세우는 것을 크게 경계하였다.

제24장 악정자가 맹자를 만나다
(樂正子見孟子章 第二十四)

(24-1) **樂正子從於子敖**하여 **之齊**러니

(악정자종어자오, 지제)

국역 악정자가 자오에게 가서 따르려고 제나라에 갔다.[76]

자의 ○樂正子─맹자의 제자. ○從─따를 종. ○子敖─제나라의 대부. ○之─갈 지.

(24-2) **樂正子見孟子**한대 **孟子曰 子亦來見我乎**아 **曰 先生**은 **何爲出此言也**시니잇고 **曰 子來幾日矣**오 **曰 昔者**니이다 **曰 昔者**면 **則我出此言也 不亦宜乎**아 **曰 舍館**을 **未定**이러이다 **曰 子聞之也**아 **舍館定然後**에 **求見長者乎**아

(악정자견맹자, 맹자왈 자역래견아호. 왈 선생, 하위출차언야. 왈 자래기일의. 왈 석자. 왈 석자, 즉아출차언야 불역의호. 왈 사관, 미정. 왈 자문지야. 사관정연후, 구견장자호)

국역 악정자가 맹자를 뵙자, 맹자가 말씀하였다. "자네도 나를 찾아와 보는가?" "선생께서는 어찌하여 그런 말씀을

---

76) 子敖, 王驩字.(자오는 왕환의 자이다.)

하십니까?" "자네 여기에 온 지 며칠이나 되었는가?" "어제입니다." "어제라면 내가 그런 말을 하는 것이 역시 당연하지 않은가?" "여관을 정하지 못해서였습니다." "자네가 듣기로는 여관을 정한 연후에 어른을 찾아가 본다고 하던가?"77)

자의 ㅇ子-당신, 그대. ㅇ幾-얼마 기, 거의 기. ㅇ昔-옛 석. ㅇ昔者-어제(=昔日). ㅇ舍館-여관, 여인숙. ㅇ長者-윗사람, 연장자.

(24-3) 曰 克이 有罪호이다
(왈 극, 유죄)

국역 "제 [克]가 잘못했습니다."78)

---

77) 昔者, 前日也.(석자는 전일이다.) 館, 客舍也.(관은 객사이다.) 王驩, 孟子所不與言者, 則其人, 可知矣.(왕환은 맹자가 더불어 말하지 않는 바이니, 그 사람됨을 알만하다.) 樂正子乃從之行, 其失身之罪大矣, 又不早見長者, 則其罪又有甚者焉.(악정자가 바로 그를 따라왔으니, 그가 몸의 절조를 상실한 죄가 크며, 또 일찍 어른을 찾아 뵙지 않았으니, 그 죄 또한 심함이 있다.) 故, 孟子姑以此責之.(그러므로 맹자가 우선 이것으로써 그를 꾸짖은 것이다.)

78) 陳氏曰 : 樂正子固不能無罪矣.(진씨가 말하였다. 악정자는 진실로 무죄일 수 없다.) 然, 其勇於受責, 如此, 非好善而篤信之, 其能若是乎.(그러나 그가 꾸짖음을 받음에 용감함이 이와 같으니, 선을 좋아하고 돈독히 그것을 믿는 자가 아니면, 그가 능히 이와 같겠는가?) 世有强辯飾非, 聞諫愈甚者, 又樂正子之罪人也.(세상에는 강변하여 과실을 감추고, 간함을 들으면 더욱 심하게 하는 자가 있으니, 그런 자는 또 악정자의 죄인이니라.)

자의 ○克－능할 극. 악정자의 이름. 악정은 그의 성. ○罪－허물 죄. 과실, 잘못. ○有罪－죄송합니다, 미안합니다.

해설 스승은 어진 마음으로써 남을 사랑하며 착하게 유도하는데, 그 중에서도 특히 제자에 대하여 더 사랑하며 진리의 탐구에 더 힘쓰도록 진실로 기대하며 관심을 가진다. 스승의 이런 마음을 이해하여 참된 삶을 추구하는 자가 제자이다. 그런데 제자인 악정자가 여관을 정하지 못했다는 이유로 자오를 먼저 만나보고 나서, 맹자를 뵙는 것을 섭섭하게 여겨 한 말이다. 그러나 여기서 맹자는 사제간의 정의(情意)보다는 장유의 도리를 앞세운 듯한 느낌을 준다.

제25장 한갓 먹고 마신다(徒餔啜也章 第二十五)

(25-1) 孟子謂樂正子曰 子之從於子敖來는 徒餔啜也로다 我不意子學古之道 而以餔啜也호라
 (맹자위악정자왈 자지종어자오래, 도포철야. 아불의자학고지도 이이포철야)

국역 맹자가 악정자에게 말씀하였다. "자네가 자오에게 가서 따라 여기에 온 것은 한갓 먹고 마시기 위해서이다. 나는 자네가 옛 도를 배워서 먹고 마시는 데 쓴다고는 생각하지 않았어 !"79)

---

79) 徒, 但也.(도는 다만이다.) 餔, 食也.(포는 먹는 것이다.) 啜, 飮

(자의) ㅇ從-한갓 도. 단지. ㅇ敖-거만할 오. ㅇ子敖-제나라의 대부 왕환(王驩)의 자(字). ㅇ餔-먹을 포 ㅇ啜-마실 철.

(해설) 선왕의 도를 배운 제자가 단지 먹고 마시기 위한 행동을 하는 데 실망하여 그를 직접 경계하여 말한 것이다. 여기서 맹자는 제자에 대한 관용과 관심, 그리고 친밀감보다는 스승과 어른에 대한 존경심을 더 강조하고 있음을 엿볼 수 있다. 이런 점에서 제자와의 관계가 가깝고도 자유분방했던 공자와 대비된다(논어, 7-23, 11-15, 13-4, 15-1, 17-21).

제26장 불효에 세 가지가 있다
(不孝有三章 第二十六)

(26-1) **孟子曰 不孝有三**하니 **無後爲大**하니라
   (맹자왈 불효유삼, 무후위대)

(국역) 맹자가 말씀하였다. "불효에는 세 가지가 있으니, 대를 이을 자손이 없는 것이 가장 크다."80)

也.(철은 마시는 것이다.) 言其不擇所從, 但求食耳.(그가 따를 바를 가리지 않고, 다만 음식을 구할 뿐임을 말한 것이다.) 此乃正其罪而切責之.(이것은 마침내 그 죄를 바로 말하여 간절히 꾸짖은 것이다.)

80) 趙氏曰 : 於禮, 有不孝者三事.(조씨가 말하였다. '예'에 불효하는 것이 셋이 있다.) 謂阿意曲從, 陷親不義, 一也.(소위 부모의 뜻에 아첨하고 굴종하여 어버이를 불의에 빠뜨림이 첫째요) 家貧親老, 不爲祿仕, 二也.(집이 가난하고 어버이가 늙었는데도 벼슬

(26-2) 舜이 不告而娶는 爲無後也시니 君子以爲猶告也

라하니라

(순, 불고이취, 위무후야, 군자이위유고야)

국역 "순임금이 어버이에게 고하지 아니하고 장가든 것은 무후를 염려하였기 때문이니, 군자는 그것을 어버이에게 고한 것과 같다고 여긴다."[81]

자의 ○告-아뢸 고, 물을 고. ○娶-장가들 취. ○以爲--~여긴다. ○猶-같을 유.

해설 사람의 참된 삶은 자기의 성품(性稟)에 따라 삶을 영

하여 녹봉을 받지 않음이 둘째요,) 不娶無子, 絶先祖祀, 三也. 三者之中, 無後爲大.(장가들지 않아 자식이 없어서 선조의 제사를 끊음이 셋째이니, 이 셋 중에서 무후가 가장 크다.)

81) 舜告焉, 則不得娶而終於無後矣, 告者, 禮也. 不告者, 權也.(순임금이 부모에게 그것을 고하였으면, 장가를 들 수 없어서 무후로 끝났을 것이니, 고하는 것은 예요, 고하지 않음은 권도이다.) 猶告, 言與告同也. 蓋權而得中, 則不離於正矣.('유고'는 고함과 더불어 동일함을 말한 것이다. 대개 저울질하여 중간을 얻으면 올바름에서 이탈되지 않는다.) 范氏曰 : 天下之道, 有正有權. 正者, 萬世之常, 權者, 一時之用.(범씨가 말하였다. 천하의 도에는 정도가 있고 권도가 있으니, 정도는 만세의 불변한 법이요, 권도는 일시의 운용이다.) 常道, 人皆可守, 權, 非體道者, 不能用也.(불변의 도는 사람이 모두 지킬 수 있으나, 권도는 도를 체득한 자가 아니면 능히 사용할 수 없는 것이다.) 蓋權, 出於不得已者也, 若父非瞽瞍, 子非大舜, 而欲不告而娶, 則天下之罪人也.(대개 권도는 부득이한 데서 나오는 것이니, 만약 아버지가 고수와 같은 나쁜 아버지가 아니요, 자식이 대순과 같은 효자가 아니면서, 고하지 않고 장가를 들고자 하면 천하의 죄인이다.)

위하는 것이고, 이런 삶이 영원히 이어질 수 있게끔 자손
을 낳아 기르는 일이다. 그런데 혼인은 부모에게 의논을
한 후에 하는 것이 정도이나, 그럴 수 없는 경우에는 사후
에 말씀드릴 수도 있다. 이것은 방편이며 권도론(權道論)
의 하나이다. 상황을 거스르지 않으면서도 이치에도 어긋
나지 않는 처세가, 예컨대 물길을 따라 배의 노를 젓는 것
과 같은 것으로 비유할 수 있다.

제27장   어버이를 섬기고 형을 따른다
(事親從兄章 第二十七)

(27-1) 孟子曰 仁之實은 事親이 是也요 義之實은 從兄이
是也니라

(맹자왈 인지실, 사친, 시야. 의지실, 종형, 시야)

(국역) 맹자가 말씀하였다. "어짊의 실상은 어버이를 섬기는
것이 그것이요, 의로움의 실상은 형을 따르는 것이 그것이
다."82)

---

82) 仁主於愛, 而愛莫切於事親, 義主於敬, 而敬莫先於從兄.(인은 사
랑에서 주가 되는데, 사랑은 어버이를 섬기는 것보다 간절함이
없으며, 의는 공경에서 주가 되는데, 공경은 형에게 순종하는 것
보다 우선함이 없다.) 故, 仁義之道, 其用至廣, 而其實, 不越於
事親從兄之間. 蓋良心之發, 最爲切近而精實者.(그러므로 인의의
도는 그 용도가 지극히 넓으나, 그 실제는 어버이를 섬기고 형
에게 순종하는 사이를 넘지 않으니, 대개 양심의 발로가 가장

(27-2) 智之實은 知斯二者하여 弗去是也요 禮之實은 節
文斯二者是也요 樂之實은 樂斯二者니 樂則生矣
니 生則惡可已也리오 惡可已면 則不知足之蹈之,
手之舞之니라

(지지실, 지사이자, 불거시야. 예지실, 절문사이자시야. 악지실,
요사이자, 낙즉생의, 생즉오가이야, 오가이, 즉부지족지도지, 수
지무지)

국역 지혜의 실상은 이 둘을 알고 떠나가지 아니하는 것이
그것이요, 예절의 실상은 이 둘을 절도에 맞게 나타내는 것
이 그것이요, 음악의 실상은 이 둘을 좋아하여 즐거움이 생
겨남이니, 즐거움이 생겨나면 어떻게 그만둘 수 있으리요?
즐거움이 어떻게 그만둘 수 있겠는가라는 상태에 이르면,
알지 못하는 사이에 발이 뛰고 손이 춤추게 될 것이다.[83]

간절하고 가까우면서 정밀하고 진실한 것이다.) 有子以孝弟爲爲
仁之本, 其意亦猶此也.(유자는 효제로써 인의 근본을 삼았으니,
그 뜻 역시 이와 같다.)

83) 斯二者, 指事親從兄而言.(이 둘이란, 사친·종형을 가리키는 말
이다.) 知而弗去, 則見之明而守之固矣.('알고 버리지 않는다'는
것은 보기를 분명히 하고, 지키기를 굳게 하는 것이다.) 節文,
謂品節文章.('절문'은 품행과 절조, 문장을 이른다.) 樂則生矣,
謂和順從容, 無所勉强, 事親從兄之意, 油然自生, 如草木之有生
意也.('즐거우면 흥이 생긴다'는 것은, 착하고 넉넉하여 강요하는
바가 없어도, 사친·종형의 뜻이 기름처럼 자연히 생기니, 마치
초목이 생기를 가지는 것과 같다.) 旣有生意, 則其暢茂條達, 自
有不可遏者, 所謂惡可已也. 其又盛, 則至於手舞足蹈而不自知
矣.(이미 생기를 가지면, 그 번창함이 조리가 정연하여 스스로

(자의) ○斯－이 사. ○弗－아닐 불. ○去－갈 거. ○節文－절도와 나타냄. ○樂－음악 악, 좋아할 요, 즐거울 락. ○惡－어찌 오. ○已－그칠 이, 이미 이. ○蹈－뛸 도. ○舞－춤출 무.

(해설) 부모와 자녀간의 사랑하는 마음이 인(仁)이며, 인이 효(孝)의 핵심이 된다. 아우가 형을 공경하고 따르는 마음이 의(義)이며, 의가 제(悌)의 핵심이 된다. 따라서 인간의 도리 중에서 가장 중요한 것이 인의임을 아는 것이 지혜로움이며, 그것을 조화롭게 실천하는 것이 예다. 이 둘을 실천하는 것이 즐거운 단계에 이르지 못하면, 인의를 행하는 것이 오히려 괴롭게 되어 지속성이 없게 되고 형식적인 것이 되고 만다. 그러나 그것이 인간도리의 핵심임을 알면 그의 실천의 즐거움은 자신도 어쩌지 못하며 귀신도 감동시키게 된다.

제28장 고수가 기뻐하게 되다
(瞽瞍厎豫章 第二十八)

(28-1) 孟子曰 天下大悅而將歸己어든 視天下悅而歸己하

또 막을 수 없으니, 소위 '어찌 그만둘 수 있으리요'이다. 그것이 또 왕성하여지면 손으로 춤추고, 발로 뛰면서도 스스로 알지 못하는 경지에 이를 것이다.) 此章, 言事親從兄, 良心眞切, 天下之道, 皆原於此(이 장은 사친·종형은 양심이 참되고 간절한 것이니, 천하의 도는 모두 여기에 근원한다.) 然, 必知之明而守之固然後, 節之密而樂之深也.(그러나 반드시 알기를 분명히 하고, 지키기를 확고히 한 연후에, 조절이 엄밀하여 즐거움이 깊어짐을 말한 것이다.)

되 **猶草芥也**는 **惟舜**이 **爲然**하시니 **不得乎親**이면 **不可以爲人**이요 **不順乎親**이면 **不可以爲子**러시다

(맹자왈 천하대열이장귀기, 시천하열이귀기, 유초개야, 유순, 위연. 부득호친, 불가이위인, 불순호친, 불가이위자)

국역 맹자가 말씀하였다. "천하 사람들이 크게 기쁜 마음으로 장차 자기에게 돌아오려 하고 있거든, 천하 사람들이 기쁜 마음으로 자기에게 돌아옴을 보되, 마치 초개와 같이 여긴 사람은 오직 순이 그러하였다. 어버이로부터 마음을 얻지 못한다면, 사람이라 할 수도 없고, 어버이에게 효순하지 못한다면 자식이라 할 수도 없다고 여겼다."[84]

자의 ○悅−기쁠 열. ○將−장차 장. ○歸−돌아올 귀. ○芥−지푸라기 개. ○以爲−여기다, 생각하다.

(28-2) **舜**이 **盡事親之道而瞽瞍底豫**하니 **瞽瞍底豫而天下化**하며 **瞽瞍底豫而天下之爲父子者定**하니 **此之**

---

84) 言舜視天下之歸己, 如草芥, 而惟欲得其親而順之也.(순임금이 천하가 자기에게 돌아옴을 보기를, 마치 초개같이 여기고, 오직 그 어버이의 마음을 얻고자 하여 그에 순응함을 말한 것이다.) 得者, 曲爲承順, 以得其心之悅而已.(득은, 굽혀서 순종하여, 그의 마음을 얻음으로써 기뻐할 뿐이다.) 順則有以諭之於道, 心與之一而未始有違, 尤人所難也.(순은, 도에서 그를 깨우칠 수 있게 하여, 마음이 도와 더불어 하나가 되어서, 상위가 있다고 할 수 없는 것이니, 더욱 사람으로 어려운 바이다.) 爲人, 蓋泛言之, 爲子, 則愈密矣.('사람이 된다'는 것은, 대개 그것을 넓게 말한 것이요, '자식이 된다'는 것은, 더욱 엄밀히 말한 것이다.)

謂大孝니라

(순, 진사친지도이고수지예, 고수지예이천하화, 고수지예이천하
지위부자자정, 차지위대효)

[국역] "순이 어버이를 섬기는 도리를 다함으로써 고수가 기
뻐함에 이르렀으니, 고수가 기쁨에 이름으로써 천하가 감
화되었으며, 고수가 기쁨에 이름으로써 천하의 부자관계가
된 자들에게 도가 정해졌으니, 이것을 일러 대효라 하는
것이다."85)

---

85) 瞽瞍, 舜父名.(고수는 순임금의 아버지 이름이다.) 厎, 致也.(지
는 이룸이요.) 豫, 悅樂也.(예는 기뻐함이다.) 瞽瞍至頑, 嘗欲殺
舜, 至是而厎豫焉. 書所謂不格姦, 亦允若, 是也.(고수는 지극히
완악하여, 일찍이 순을 죽이고자 하였는데, 이때에 이르러 기쁨
을 이루었으니, '서경'에 이른바, '부정한 데 이르지 않게 하고'
고수 '역시 믿고 따랐다'는 것이 이것이다.) 蓋舜至此而有以順乎
親矣. 是以, 天下之爲子者, 知天下無不可事之親, 顧吾所以事之
者未若舜耳.(대개 순임금이 이때에 이르러, 어버이에게 순응할
수 있었던 것이다. 이 때문에 천하의 자식된 자는, 천하에 섬길
수 없는 어버이가 없다는 것을 알고, 단지, 내가 그를 섬기려고
하는 바가, 아직 순임금과 같지 않을 뿐이라고 회고하였다.) 於
是, 莫不勉而爲孝, 至於其親亦厎豫焉, 則天下之爲父者, 亦莫不
慈, 所謂化也.(이리하여 힘써 효도를 하지 않는 이가 없어, 그
어버이 역시 기쁨에 이르렀으니, 천하의 아버지 된 자들이, 역시
자애롭지 않은 자가 없게 되었으니, 소위 감화인 것이다.) 子孝
父慈, 各止其所, 而無不安其位之意, 所謂定也.(자식이 효도하고,
아버지가 자애로워, 각기 그 장소에서 정지하여, 그 위치에 불안
함이 없다는 뜻이, 소위 안정인 것이다.) 爲法於天下, 可傳於後
世, 非止一身一家之孝而已, 此所以爲大孝也.(천하에서 법이 되

자의 ○盡—다할 진. ○瞽—소경 고. ○瞍—소경 수. ○瞽瞍—순의 아버지. ○厎—이를 지. ○豫—기쁠 예.

해설 순임금의 관심은 임금이 되거나 천하가 복종하여 자기에게 귀의하는 것이 아니라, 어떻게 하면 자식의 도리를 다하여 아버지를 기쁘게 하고 사랑을 받을 수 있을까하는데 있다. 그런 노력을 계속한 결과 완악한 아버지를 착하게 만들고, 이로 인하여 세상 사람들도 감화되어 세상에 부자간의 도덕이 성립되고 천하가 안정되었던 것이다. 이것이 순임금을 위대하게 만든 것이라고 맹자는 본다.

어, 후세에 전할 만하고, 일신·일가의 효도로 그칠 뿐임이 아니었으니, 이것은 그래서 대효라고 생각하였다.) 李氏曰 : 舜之所以能使瞽瞍厎豫者, 盡事親之道, 共爲子職, 不見父母之非而已.(이씨가 말하였다. 순임금이 능히 고수로 하여금 기쁨을 이루게 한 까닭은, 어버이 섬기는 도리를 다하여, 공손히 자식의 직분을 다하여 부모의 잘못을 보지 않았을 뿐이다.) 昔, 羅仲素語此云 : 只爲天下無不是厎父母.(옛날에, '나중소'가 이것을 말하기를, 다만, 천하에 옳지 않은 성분의 부모가 없다고 운운하였다.) 了翁, 聞而善之曰 : 惟如此而後, 天下之爲父子者定.('요옹'이 이 말을 듣고서 좋게 여겨 말하기를, '오직 이와 같이 생각한 뒤에야, 천하의 부자(父子)간이 된 자들이 안정될 수 있었다'고 하였다.) 彼臣弑其君, 子弑其父者, 常始於見其有不是處耳.(저 신하가 그 군주를 시해하고, 자식이 그 아버지를 죽이는 자들은, 항상 그가 어떤 옳지 못한 곳을 봄에서 비롯될 뿐이라고 하였다.)

제 8 편

離婁章句 下[1)]
이루장구하

제1장   순은 제풍에서 탄생하다
(舜生於諸馮章 第一)

(1-1) 孟子曰 舜은 生於諸馮하사 遷於負夏하사 卒於鳴條
하시니 東夷之人也시니라

(맹자왈 순, 생어제풍, 천어부하, 졸어명조, 동이지인야)

(국역) 맹자가 말씀하였다. "순은 제풍에서 태어나, 부하로 옮
겼다가 명조에서 죽었으니, 동쪽 지방의 사람이다."2)

(자의) ○馮-성 풍. ○遷-옮길 천. ○負-질 부. ○卒-마칠 졸.
○鳴-울 명. ○條-가지 조.

(1-2) 文王은 生於岐周하사 卒於畢郢하시니 西夷之人也시
니라

(문왕, 생어기주, 졸어필영, 서이지인야)

(국역) "문왕은 기주에서 태어나, 필영에서 죽었으니, 서쪽 지
방 사람이다."3)

(자의) ○岐-산이름 기. ○畢-마칠 필. ○郢-땅이름 영.

---

2) 諸馮, 負夏, 鳴條, 皆地名, 在東方夷服之地.(제풍·부하·명조는
모두 지명이다. 동방의 오랑캐 옷을 입는 지방에 있다.)

3) 岐周, 岐山下周舊邑, 近畎夷.(기주는 기산 아래에 있는 주나라의
옛 읍이니, 견이와 가깝다.) 畢郢, 近豐鎬, 今有文王墓.(필영은
풍·호에 가까우니, 지금 문왕의 묘가 있다.)

(1-3) **地之相去也 千有餘里**며 **世之相後也 千有餘歲**로되
得志하여 **行乎中國**하사 **若合符節**하니라

(지지상거야 천유여리, 세지상후야 천유여세, 득지, 행호중국, 약
합부절)

(국역) "지역의 상호간 거리가 천여 리가 되며, 세대의 상호간
선후관계가 천여 년이 되지마는, 뜻을 얻어 그들의 도를
중국에 행함에 있어서는 마치 부절이 합한 것같이 똑같았
다."4)

(자의) ○去-갈 거. ~만큼 떨어져 있다, ~만큼 거리가 있다. ○符-
맞을 부, 부신 부. ○符節-신표.

(1-4) **先聖後聖**이 **其揆一也**니라

(선성후성, 기규일야)

(국역) "선대의 성인과 후대의 성인은 그 헤아림이 동일하였
다."5)

---

4) 得志行乎中國, 謂舜爲天子, 文王爲方伯, 得行其道於天下也.(뜻을
얻어 나라의 중앙에 나아간다는 것은, 순임금은 천자가 되고, 문
왕은 방백이 되어, 그 도를 천하에 행할 수 있음을 이른다.) 符
節, 以玉爲之, 篆刻文字而中分之, 彼此各藏其半, 有故則左右相合
以爲信也. 若合符節, 言其同也.(부절은 옥으로써 그것을 만드는
데, 문자를 전각하여 그것을 반으로 나누어, 피차가 각각 그 반을
보관하다가 연고가 있으면 좌우를 서로 합하여서 신표로 삼는다.
만약 부절이 합하면, 그것이 같다고 말한다.)

5) 揆, 度也, 其揆一者, 言度之而其道無不同也.(규는 헤아림이니, 그
헤아려봄이 동일하다는 것은, 그것을 헤아려봄이 그 법도가 같지
않음이 없음을 말한 것이다.) 范氏曰 : 言聖人之生, 雖有先後遠近

(자의) ㅇ揆-헤아릴 규.

(해설) 순임금과 문왕 같은 성인들은 서로 시간상으로 1천여
년, 거리상으로 1천여 리의 사이가 있었음에도 천명을 좇
아 왕도정치를 편 점은 마치 부절을 맞춘 것처럼 일치한
다. 옛 성인들은 천명을 헤아려 그가 놓여진 상황에서 최
선을 다해 왕도정치를 폈던 것이 동일하였다. 그래서 그들
의 도의 일관성을 만인이 본받을 수 있었던 것이다.

제2장 은혜로우나 정치를 할 줄 모른다
(惠而不知爲政章 第二)

(2-1) 子産이 聽鄭國之政할새 以其乘輿로 濟人於溱洧러니
　　　　(자산, 청정국지정, 이기승여, 제인어진유)

(국역) 자산이 정나라의 정치를 청결할 적에, 그가 타는 수레
를 가지고 진수와 유수에서 사람들을 건너게 해주었다.6)

(자의) ㅇ子産-정나라의 대부인 공손교. ㅇ聽-들을 청. 복종하다, 따

之不同, 然, 其道則一也.(범씨가 말하였다. 성인의 출생이 비록
선후, 원근이 같지 않음이 있으나, 그러나 그 법도는 곧 동일함을
말한 것이다.)

6) 子産, 鄭大夫公孫僑也.(자산은 정나라 대부인 공손교이다.) 溱洧,
二水名也. 子産見人有徒涉此水者, 以其所乘之車載而渡之.(진·
유는 둘 다 물 이름이다. 자산은 사람들이 이 물을 걸어서 건너
는 것을 보고, 그가 타고 다니는 수레에 실어 그들을 건너게 해
주었다.)

르다, 다스리다. ○興−수레 여. 땅, 영역. ○濟−건널 제. ○溱−물
이름 진. ○洧−물이름 유.

(2-2) 孟子曰 惠而不知爲政이로다

(맹자왈 혜이부지위정)

국역 맹자가 말씀하였다. "은혜로우나 정치하는 법은 알지
못한다."7)

(2-3) 歲十一月에 徒杠이 成하며 十二月에 輿梁이 成하면 民未病涉也니라

(세십일월, 도강, 성, 십이월, 여량, 성, 민미병섭야)

국역 "그해 11월에 한갓 사람만이 건너는 나무다리를 만들
며, 12월에 수레가 지나가는 다리를 만들면 백성들은 물
건너는 데 걱정을 아니하여도 되느니라."8)

---

7) 惠, 謂私恩小利.(혜는 사사로운 은혜와 작은 이익을 말한다.) 政,
則有公平正大之體, 綱紀法度之施焉.(정은, 곧 공평·정대한 체제
와 기강·법도의 시행이 있느니라.)

8) 杠, 方橋也. 徒杠, 可通徒行者.(강은 판자로 만든 다리이니, 도강
은 보행자만이 통행할 수 있게 하는 것이다.) 梁, 亦橋也. 輿梁,
可通車輿者.(양은 역시 다리이니, 여량은 수레가 통행할 수 있게
하는 것이다.) 周十一月, 夏九月也. 周十二月, 夏十月也.(주나라
의 11월은 하나라의 9월이요, 주나라의 12월은 하나라의 10월이
다.) 夏令曰 : 十月成梁, 蓋農功已畢, 可用民力, 又時將寒沍, 水
有橋梁, 則民不患於徒涉, 亦王政之一事也.(하령에 이르기를, 10
월에 다리를 이룬다 하였으니, 대개 농사일이 이미 마쳐졌으니,

(자의) ○徒－한갓 도, 무리 도. ○杠－나무다리 강. ○梁－대들보 량. 다리, 교량. ○病－근심하다, 고생하다. ○涉－건널 섭.

(2-4) **君子平其政**이면 **行辟人**도 **可也**니 **焉得人人而濟之** 리오

(군자평기정, 행벽인, 가야, 언득인인이제지)

(국역) "군자가 그 정사를 공평하게 한다면, 출행할 때에 사람 들을 물리치면서 걸어가도 가하니, 어찌 사람마다 그 강을 건너게 해줄 수 있겠는가?"9)

(자의) ○辟－물리칠 벽. ○得－~할 수 있다.

(2-5) **故**로 **爲政者 每人而悅之**면 **日亦不足矣**리라

(고, 위정자 매인이열지, 일역부족의)

(국역) "그러므로 위정자가 개인마다 그들을 기쁘게 해주려 한다면, 세월이 또한 부족할 것이다."10)

―――――――――――

백성들의 노동력을 쓸 수 있고, 또 때가 장차 추워서 얼음이 얼 것이니, 물에 다리가 있으면, 백성들이 걸어서 건넘에 우환이 없 을 것이니, 역시 왕도정치의 한가지 정사이다.)

9) 辟, 辟除也, 如周禮閽人爲之辟之辟.(벽은 물리침이니, 마치 '주례' 에 문지기가, 가는 사람을 물러나게 한다는 벽과 같다.) 言能平其 政, 則出行之際, 辟除行人, 使之避己, 亦不爲過.(능히 그 정사를 공평하게 하면 출행할 때에, 행인들을 벽제하여 그들로 하여금 자 기를 피하게 하는 것도, 역시 과도한 것이 되지 않을 것이다.) 況 國中之水, 當涉者衆, 豈能悉以乘輿濟之哉(하물며 나라 안의 물 에, 당연히 건너야 할 것이 많은데, 어찌 능히 다 수레를 태워 가 지고 건너게 해줄 수 있겠는가?)

10) 言每人, 皆欲致私恩, 以悅其意, 則人多日少, 亦不足於用矣.(사

해설 정나라의 자산은 어진 재상으로 이름이 높았다. 그러나 그의 행위는 은혜롭기는 하나 정치의 요체라고 할 수는 없다. 정치는 근간(根幹)을 세워 실천하는 것이 중요하다는 것이 맹자의 시각이다. 사회복지보다 근로복지가 근간이다. 국가는 국민이 안심하고 살도록 야경(夜警)을 하고, 철도와 도로, 그리고 발전소 등의 사회간접자본도 확충해야 한다. 그리고 최소한도의 국민생활보장을 위해 사회안전망의 구축도 고려하여야 한다.

제3장 임금이 신하 보기를 수족과 같이한다
(君之視臣如手足章 第三)

(3-1) **孟子告齊宣王曰 君之視臣**이 **如手足則 臣視君**을 **如腹心**하고 **君之視臣**이 **如犬馬則 臣視君**을 **如國人**하고 **君之視臣**이 **如土芥則 臣視君**을 **如寇讎**니이다
(맹자고제선왕왈 군지시신, 여수족즉 신시군, 여복심, 군지시신, 여견마즉 신시군, 여국인, 군지시신, 여토개즉 신시군, 여구수)

국역 맹자가 제선왕에게 고하였다. "임금이 신하보기를 마

람마다 모두 사사로운 은혜를 이루고자 하여, 그 뜻을 기쁘게 하려고 생각한다면, 사람은 많고 날짜는 적어서, 역시 사용에 부족함을 말한 것이다.) 諸葛武侯嘗言治世, 以大德, 不以小惠, 得孟子之意矣.(제갈무후는 일찍이 세상을 다스림은 대덕으로써 해야하고, 작은 은혜로써 하지 않는다고 말하였으니, 맹자가 그 의미를 알았던 것이다.)

치 자기의 수족과 같이 여긴다면, 신하는 임금보기를 자기의 배와 심장과 같이 여기고, 임금이 신하보기를 마치 개나 말처럼 보게 되면, 신하가 임금보기를 마치 남들처럼 여기고, 임금이 신하보기를 마치 흙과 쓰레기같이 본다면, 신하는 임금보기를 마치 도적이나 원수같이 하는 것입니다."11)

자의 ○腹—배 복. ○芥—겨자 개. ○土芥—흙과 쓰레기. ○寇—도둑 구. ○讎—바로잡을 수, 원수 수.

(3-2) **王曰 禮**에 **爲舊君有服**하니 **何如**라야 **斯可爲服矣**니잇고

(왕왈 예, 위구군유복, 하여, 사가위복의)

---

11) 孔氏曰 : 宣王之遇臣下, 恩禮衰薄, 至於昔者所進, 今日不知其亡, 則其於群臣, 可謂邈然無敬矣.(공씨가 말하였다. 제선왕은 신하를 대우함에 은혜와 예우가 약하고 엷어, 어제 등용된 자가 금일에 그가 도망한 것도 알지 못함에 이르렀다면, 그것은 신하들 간에서 아득하여 공경함이 없다고 이를 만하다.) 故, 孟子告之以此手足腹心, 相待一體, 恩義之至也. 如犬馬則輕賤之, 然, 猶有豢養之恩焉.(그러므로 맹자는 이것으로써 고한 것이다. 수족과 복심은 서로 대접하는 일체이니, 은혜와 의리가 지극함이요 개나 말 같은 것은 가볍게 천시하지만, 그러나 그것들에게는 오히려 길러주는 은혜가 있다.) 國人, 猶言路人, 言無怨無德也.(국인은 길가는 사람들이란 말과 같으니, 원망도 없고, 은덕도 없음을 말한다.) 土芥, 則踐踏之而已矣, 斬艾之而已矣, 其賤惡之又甚矣, 寇讎之報, 不亦宜乎.(흙과 풀처럼 여긴다면, 곧 밟을 뿐이요, 벨 뿐이다. 그 천히 여기고 미워함이 또 더욱 심할 것이니, 원수로 보답함이 역시 마땅하지 않은가?)

(국역) 왕이 말씀하였다. " '예기'에, 예전에 섬기던 군주를 위
하여 복(服)이 있다고 하였는데, 그 임금이 어떠해야 이
복을 입게 됩니까?"12)

(자의) ○舊-옛 구. ○服-상복.

(3-3) 曰 諫行言聽하여 膏澤이 下於民이요 有故而去則
君이 使人導之出疆하고 又先於其所往하며 去三年
不反然後에 收其田里하나니 此之謂三有禮焉이니
如此則 爲之服矣니이다

(왈 간행언청, 고택, 하어민. 유고이거즉 군, 사인도지출강, 우선
어기소왕, 거삼년불반연후, 수기전리, 차지위삼유례언, 여차즉 위
지복의)

(국역) "간한 것이 행해지고 진언한 것을 들어주어 은택이 백
성들에게 내려지는 것이요, 연고가 있어 떠나게 되면, 임
금은 사람을 시켜 그를 인도하여 국경을 나가게 해주고,
또 그가 가는 곳에 먼저 가서 주선을 해주는 것이요, 떠난
지 3년이 되어도 돌아오지 않은 뒤에야 그의 토지와 주택
을 환수하는 것이니, 이것을 '삼유례'라 이르니, 이와 같이
한다면 그를 위하여 복을 입습니다."13)

---

12) 儀禮曰 : 以道去君而未絶者, 服齊衰三月. 王疑孟子之言太甚, 故,
以此禮爲問.('의례'에 이르기를, 정도 때문에 임금을 떠나가서 아
직 관계를 끊지 않은 자는, 복이 자최 3월이라고 하였으니, 왕은
맹자의 말씀이 너무 심하다고 의심나서, 그러므로 이 예로써 질
문한 것이다.)

13) 導之出疆, 防剽掠也. 先於其所往, 稱道其賢, 欲其收用之也.('도

자의 ㅇ諫-간할 간. ㅇ膏-기름 고. ㅇ膏澤-은혜, 은택. ㅇ疆-지경 강.

(3-4) 今也엔 爲臣이라 諫則不行하며 言則不聽하여 膏澤이 不下於民이요 有故而去則 君이 搏執之하고 又極之 於其所往하며 去之日에 遂收其田里하나니 此之謂 寇讎니 寇讎에 何服之有리잇고

(금야, 위신. 간즉불행, 언즉불청, 고택, 불하어민. 유고이거즉, 군, 박집지, 우극지어기소왕, 거지일, 수수기전리, 차지위구수, 구수, 하복지유)

국역 "그런데 지금엔 신하가 되어 간언을 하여도 행하지 않으며, 진언을 하여도 들어주지 아니하여, 은택이 백성들에게 내려가지 못하고, 연고가 있어 떠나는데도, 임금이 그를 강제로 붙들고 또 그가 가는 곳에 몹시 곤궁하게 살게 버려두고, 떠나는 그 날짜로 마침내 그의 토지와 주택을 환수하니 이것을 두고 도둑이나 원수라고 이르나니, 도둑이나 원수에게 무슨 복이 있겠습니까?"14)

지출강'은 도적의 노략질을 막는 것이니, 먼저 그가 가는 곳에 그의 어짊을 칭찬하여, 그를 거두어 등용하기를 바라는 것이요.) 三年而後, 收其田祿里居, 前此, 猶望其歸也.(3년이 지난 뒤에야, 그 녹봉용 토지와 주거를 거두니, 그 전까지는 오히려 그가 돌아오기를 바라는 것이다.)

14) 極, 窮也. 窮之於其所往之國, 如晉錮欒盈也.(극은 곤궁하게 함이니, 그가 가는바, 나라에서 그를 곤궁하게 하는 것이니, 마치 진나라가 난영을 가둔 것과 같은 것이다.) 潘興嗣曰 : 孟子告齊王之言, 猶孔子對定公之意也, 而其言有迹, 不若孔子之渾然也.

(자의) ○搏-잡을 박. ○執-잡을 집. ○極-극 극. 몹시. ○遂-마침
내 수.

(해설) 임금과 신하가 일체가 되면 나라가 잘 다스려지고 번
영한다. 임금이 신하를 사랑하면 신하 역시 임금을 참으로
공경하게 된다. 그러면 임금이 죽으면 복을 입는 것은 당
연한 일이라 할 것이다. 그러나 임금이 신하를 원수처럼
대한다면 누가 원수가 된 임금을 위해 복을 입겠는가? 임
금의 죽음에 신하가 복을 입는 경우에 셋이 있다. 신하의
재위(在位), 거국(去國), 거국 이후의 조치에서 임금이 예
에 따라 신하를 대접하는 때이다. 이런 경우에 사람들은
우리 임금은 어질다고 하는 것이다.

蓋聖賢之別如此.('반홍사'가 말하였다. 맹자가 제왕에게 고한 말
은, 공자가 정공에게 대답한 뜻과 같으니, 그 말의 흔적이 남아
있어, 공자의 말과 완전히 같지 않다. 대개 성현의 구별함은 이
와 같다.) 楊氏曰 : 君臣, 以義合者也. 故, 孟子爲齊王, 深言報施
之道, 使知爲君者不可不以禮遇其臣耳.(양씨가 말하였다. 임금과
신하는 정의로써 합한다. 그러므로 맹자는 제왕을 위하여, 답례
의 도리를 깊이 말하여, 임금이 된 자는 예로써 그 신하를 대우
하지 않으면 아니 된다는 것을 알게 하였을 뿐이다.) 若君子之
自處, 則豈處其薄乎.(만약 군자가 스스로 처리한다면, 어찌 그가
박하게 처리하겠는가?) 孟子曰 王庶幾改之, 予日望之, 君子之
言, 蓋如此(맹자가 말하기를, 임금이 고치기를 바라면서, '나는
날마다 그것을 바란다.'고 하였으니, 군자의 말이 대개 이와 같
은 것이다.)

제4장 죄가 없는데도 선비를 죽인다
(無罪而殺士章 第四)

(4-1) 孟子曰 無罪而殺士則 大夫可以去요 無罪而戮民
則 士可以徙니라

(맹자왈 무죄이살사즉 대부가이거. 무죄이륙민즉, 사가이사)

국역 맹자가 말씀하였다. "죄가 없는데도 선비를 죽이면 대
부는 떠나가는 것이 옳고, 죄가 없는데도 백성을 죽이면
선비가 거처를 옮기는 것이 옳다."15)

자의 ㅇ戮-죽일 륙, 합할 륙. ㅇ徙-옮길 사.

해설 죄가 없는데도 사람을 죽이는 것은 무도한 일이다. 무
도한 임금 밑에 있는 신하는 그런 화가 곧 자기에게도 닥
쳐올 수 있음을 생각하여, 그 기미(機微)를 살펴 이런 곳
을 떠나 명철보신(明哲保身)할 수 있어야 한다. 윗사람이
정도를 지키면 아랫사람은 당연히 따라가는 것이니, 윗사
람이 솔선수범을 보여야 한다.

제5장 임금이 어질면 어질지 않음이 없다
(君仁莫不仁章 第五)

(5-1) 孟子曰 君仁이면 莫不仁이요 君義면 莫不義니라

---

15) 言君子當見幾而作, 禍已迫, 則不能去矣.(군자는 당연히 기미를
보고 결정하는 것이니, 재앙이 이미 임박하면, 능히 떠나갈 수
없음을 말한 것이다.)

(맹자왈 군인, 막불인. 군의, 막불의)

(국역) 맹자가 말씀하였다. "주군이 어질면 아무도 어질지 않은 사람이 없고, 주군이 의로우면 누구도 의롭지 않은 사람이 없다."16)

(해설) 임금이 백성들을 자기처럼 사랑하는 인정을 베풀면, 백성들은 그를 따르는 것이 행복한 길이므로 모두 그를 따르니, 온 나라가 어질게 될 것이다. 또 임금이 공평하고 마땅하게 정치를 하면, 공평하거나 마땅하게 일하는 백성들만이 인정받으므로 모든 백성들이 의롭게 될 수밖에 없다는 말이다.

제6장 예가 아닌 예(非禮之禮章 第六)

(6-1) 孟子曰 非禮之禮와 非義之義를 大人은 弗爲니라
    (맹자왈 비례지례, 비의지의, 대인, 불위)

(국역) 맹자가 말씀하였다. "예가 아닌 예와 의가 아닌 의를 대인은 하지 아니한다."17)

---

16) 張氏曰 : 此章重出.(장씨가 말하였다. 이 장은 거듭 나왔다.) 然, 上篇, 主言人臣當以正君爲急, 此章, 直戒人君, 義亦小異耳.(그러나 상편은, 주로 신하가 당연히 군주를 바르게 하는 것으로써 급한 업무로 삼아야 함을 말하였고, 이 장은 직접 임금을 경계하였으니, 뜻이 역시 조금 다를 뿐이다.)

17) 察理不精. 故, 有二者之蔽. 大人則隨事而順理, 因時而處宜, 豈爲是哉.(이치를 살핌이 정밀하지 못하다. 그러므로 두 가지의 엄폐가 있다. 대인이면 일에 수반된 이치에 순응하고, 때에 따라

(해설) 사이비(似而非) 예와 의는 실제로는 예와 의가 아니므로 떳떳하지 못한 생각에서 나온 행동일 것이다. 학문이 깊고 도덕적 수양을 높이 쌓은 대인은 도리에 밝아 예나 의를 가장(假裝)하지 않는다. 수양을 쌓고 열심히 공부하여 도리를 바르게 알아서 이러한 사이비 대인이 되지 않도록 해야 한다.

제7장 조화를 이룬 자가 조화를 이루지 못한 자를 기른다(中也養不中章 第七)

(7-1) 孟子曰 中也養不中하며 才也養不才라 故로 人樂 有賢父兄也니 如中也棄不中하며 才也棄不才면 則 賢不肖之相去가 其間이 不能以寸이니라

　　(맹자왈 중야양부중, 재야양부재. 고, 인락유현부형야. 여중야기 부중, 재야기부재, 즉현불초지상거, 기간, 불능이촌)

(국역) 맹자가 말씀하였다. "중용을 실천하는 사람은 중용을 실천하지 못하는 사람을 길러주며, 재능이 있는 사람은 재능이 없는 사람을 길러준다. 그러므로 사람들은 현명한 부형이 있는 것을 즐거워한다. 만일 중용을 실천하는 사람이 중용을 실천하지 못하는 사람을 버리며, 재능이 있는 자가 재능이 없는 자를 버릴 것 같으면, 현명한 자와 불초한 자의 서로의 거리는 그 간격이 치수를 재는 단위를 가지고

마땅히 처리하니, 어찌 이런 일을 하겠는가?)

는 잴 수 없을 것이다."18)

(자의) ㅇ養-기를 양. ㅇ樂-즐길 락, 풍류 악, 좋아할 요. ㅇ棄-버릴 기. ㅇ肖-닮을 초. ㅇ去--~만큼 거리가 있다.

(해설) 유학(儒學)이 지향하는 바는 교육의 방식으로써 현실 사회를 이상사회로 만드는 데 있다. 그러므로 중용의 덕을 가진 자나, 재주 있는 자는 자기보다 못한 자를 가르쳐야 한다. 그들을 가르쳐 훌륭한 인격자로 만들지 않는다면 어떻게 진정한 유학의 실천자라 할 수 있겠는가?

제8장 사람은 안하는 일이 있다
(人有不爲章 第八)

(8-1) 孟子曰 人有不爲也而後에 可以有爲니라

---

18) 無過不及之謂中, 足以有爲之謂才.(초과와 불급이 없는 것을 적중이라 이르고, 충분히 유망한 일을 할 수 있는 것을 재질이라 이른다.) 養, 謂涵育薰陶, 俟其自化也.(양은 함양 훈도하여 그 자신의 변화를 기다리는 것을 이른다.) 賢, 謂中而才者也.(현은 적중과 재질을 이른다.) 樂有賢父兄者, 樂其終能成己也.(어진 부형을 가진 것을 좋아함은, 그가 끝내 능히 자기를 이룰 수 있어 좋아하는 것이다.) 爲父兄者, 若以子弟之不賢, 遂遽絶之而不能敎, 則吾亦過中而不才矣. 其相去之間, 能幾何哉.(부형된 자가, 만약 자제가 어질지 못하다 하여, 마침내 갑자기 그들을 끊어버리고 능히 가르칠 수 없다고 여긴다면, 나 역시 적중을 초과하거나 재질이 없는 것이니, 그 서로의 거리의 간격이 얼마나 되겠는가?)

(맹자왈 인유불위야이후, 가이유위)

(국역) 맹자가 말씀하였다. "사람은 하지 못할 일이 있은 뒤에야, 해야 되겠다는 일이 있게 되느니라."[19]

(해설) 사람에게는 해야 할 일과 해서는 안 될 일이 있다. 유위적(有爲的) 일은 해야 하는 일로서 인의에 맞는 행동을 이르는 것이고 불위적(不爲的) 일은 해서는 안 되는 일로서 인의에 위배되는 행동을 말한다. 사람이 이것을 정확하게 분별하여 불위적인 일을 결코 하지 않겠다고 철저하게 반성해야 비로소 인의의 길로 나아갈 수 있는 것이다.

제9장 다른 사람의 좋지 않음을 말하다
(言人之不善章 第九)

(9-1) 孟子曰 言人之不善하다가 當如後患何오

(맹자왈 언인지불선, 당여후환하)

(국역) 맹자가 말씀하였다. "남의 불선을 말하다가, 만일 후환에 당면한다면 어찌하려는가?"[20]

---

19) 程子曰 : 有不爲, 知所擇也.(정자가 말하였다. 아무 행위도 하지 않고 기다리고 있다는 것은, 선택할 바를 아는 것이다.) 惟能有不爲, 是以, 可以有爲. 無所不爲者, 安能有所爲邪.(오직 아무 행위도 하지 않고 기다릴 수 있어, 이 때문에 유망한 행위를 할 수 있는 것이다. 아무 행위도 하지 않고 기다리는 바가 없는 자가, 어찌 능히 유망한 행위를 할 수 있겠는가?)

20) 此亦有爲而言.(이 역시 어떤 행위를 함부로 함을 말한 것이다.)

자의 ○患－근심 환, 재앙 환.

해설 자신은 선하지 못한 일을 함부로 하면서, 남의 불선(不善)을 함부로 말하는 것은 마땅치 않다. 그런 태도는 대개 상대방의 단점을 고쳐주지도 못하고 인간관계만 나쁘게 한다. 스스로의 인격을 낮추는 일이 되기 쉽다. 그러므로 상대방을 심리적으로 배려하고 충고하는 기술적 접근이 필요하다.

제10장 너무 지나친 것은 아니한다
(不爲已甚章 第十)

(10-1) 孟子曰 仲尼는 不爲已甚者러시다
　　　(맹자왈 중니, 불위이심자)

국역 맹자가 말씀하였다. "중니께서는 하지 않는 것이 매우 심한 분이셨다."21)

자의 ○仲尼－공자의 자(字). ○已－심할 이, 너무 이. ○甚－심할 심.

해설 이 장은 앞의 장들과 맥락이 이어지고 있다고 생각된다. 공자는 '불위'를 조금도 하지 않으셨던 분이라는 의미

---

21) 已, 猶太也.(이는 너무함과 같다.) 楊氏曰 : 言聖人所爲, 本分之外, 不加毫末. 非孟子眞知孔子, 不能以是稱之.(양씨가 말하였다. 성인이 어떤 행위를 하는 것이 본분밖에 털끝만큼도 보탬이 없음을 말한 것이니, 맹자가 진실로 공자를 알지 못했다면, 이 말로써 그런 칭찬을 할 수 없을 것이다.)

이다. 사람은 자기가 한 말에 신의가 있어야 하고, 행동에
는 결과가 있어야 한다. 그런데 이러한 신의나 결과는 반
드시 의에 맞지 않으면 안 된다.

제11장 오직 의가 있는 곳을 생각한다
(惟義所在章 第十一)

(11-1) 孟子曰 大人者는 言不必信이며 行不必果요 惟義
所在니라

　　　　(맹자왈 대인자, 언불필신, 행불필과, 유의소재)

(국역) 맹자가 말씀하였다. "대인은 말한 것을 반드시 신용으
로 지키지 않으며, 행동도 반드시 결과를 내지 아니하며,
오직 의로움이 있는 곳만을 생각하느니라."22)

(해설) 맹자는 의의 능력을 과대하게 신뢰하여 이익만을 추구
하는 것을 부정한다. 그는 행위가 의에 부합하면 그 결과

---

22) 必, 猶期也.(필은 기약함과 같다.) 大人言行, 不先期於信果, 但
義之所在, 則必從之, 卒亦未嘗不信果也.(대인은 언행이, 먼저 결
과를 확신하여 기약하지 않는다. 다만, 의로움이 있는 곳이면,
반드시 그것을 따르지만, 갑자기 역시 아직 일찍이 결과를 확신
하지는 않는다.) 尹氏云 : 主於義, 則信果在其中矣, 主於信果, 則
未必合義(윤씨가 말하였다. 의로움에서 주장하면, 결과를 확신
하는 것은 그 적중에 있고, 결과를 확신함에서 주장하면, 아직
반드시 의로움에 합치하는 것은 아니다.) 王勉曰 : 若不合於義而
不信不果, 則妄人爾.(왕면이 말하였다. 만약 의로움에 합치하지
못하면서, 확신도 없고 결과도 없다면, 망령된 사람일 뿐이다.)

는 고려하지 않아도 된다고 보았다. 그렇다면 의는 절대성
을 가지며, 어떤 언행의 가치판단은 결과에 의지할 필요가
없게 된다. 이로써 그는 공자에서 시작한 의무론(논어,
4-16, 15-17, 17-23)을 더욱 강화시키고 있다고 볼 것
이다.

제12장 어린이의 마음을 잃지 않는다
(不失其赤子之心章 第十二)

(12-1) 孟子曰 大人者는 不失其赤子之心者也니라

　　　(맹자왈 대인자, 불실기적자지심자야)

국역 맹자가 말씀하였다. "대인이란 그의 어린이 때의 마음
을 잃지 아니한 자이다."23)

해설 대인이란 양심을 보존한 도덕적 인간을 지칭하는 것으
로서, 대인이 되는 길은 태어날 때의 순결하고 거짓이 없
는 본마음을 회복하고 확충해 나가는 것이다. 남과 나를
구별하지 않는 마음이 어린아이의 마음이고 본마음인데,

---

23) 大人之心, 通達萬變, 赤子之心, 則純一無僞而已.(대인의 마음은
　　온갖 변화에 통달하고, 어린아이의 마음은 순일하여 거짓이 없을
　　뿐이다.) 然, 大人之所以爲大人, 正以其不爲物誘, 而有以全其純
　　一無僞之本然. 是以, 擴而充之, 則無所不知, 無所不能, 而極其大
　　也.(그러나 대인이 대인이 될 수 있는 까닭은, 바로 그가 물욕에
　　유혹당하지 아니함으로써, 그 순일무위의 본래 모습을 온전히 할
　　수 있기 때문이다. 이 때문에 그것을 확충하면, 알지 못한 바가
　　없고, 능하지 못한 바가 없어, 그 큼을 다할 수 있는 것이다.)

자라면서 이런 마음이 작아진다. 학문으로써 욕심을 억제하여 이런 마음을 회복한다면 남과의 구별에서 오는 현실적 갈등이 나타나지 않고 조화를 이루어 살게 될 것이며, 이렇게 사는 사람을 대인이라 할 것이다.

제13장 큰일로 여긴다 (當大事章 第十三)

(13-1) 孟子曰 養生者는 不足以當大事요 惟送死라야 可以當大事니라

(맹자왈 양생자, 부족이당대사. 유송사, 가이당대사)

국역 맹자가 말씀하였다. "살아 있을 때에 봉양을 잘하는 것이 충분히 대사에 해당되지 아니하고, 오직 돌아갔을 때에 장송(葬送)을 잘하는 것이 대사에 해당될 수 있다."[24]

해설 부모의 죽음은 인도의 큰 사고이니 대고(大故)를 당했다고 한다. 생존시의 효도는 당연한 도리이지만, 죽은 후에 제대로 예를 갖추어 장사지내는 것도 살아 있는 자식

---

24) 事生, 固當愛敬, 然, 亦人道之常耳.(산 자를 섬김은 진실로 당연히 사랑과 공경으로 하여야 할 것이다. 그러나 역시 인도의 불변의 법칙일 뿐이다.) 至於送死, 則人道之大變, 孝子之事親, 舍是, 無以用其力矣.(죽은 자를 보냄에 이르면, 인도의 큰 변고이니, 효자가 어버이를 섬김에, 이 도리를 버리고, 그 힘을 사용할 수는 없다.) 故, 尤以爲大事, 而必誠必信, 不使少有後日之悔也. (그러므로 더욱 대사로 여겨, 반드시 성실하고 반드시 확신하여, 조금이라도 후일에 후회가 있게 해서는 아니 된다.)

이 마지막으로 지켜야 할 큰 도리이다. 이러한 시각에서
원문의 말씀은 당시 묵자의 박장설(薄葬說)에 대항하는
논리일지 모른다.

제14장 거처가 편안하면 바탕이 깊어진다
(居安資深章 第十四)

(14-1) 孟子曰 君子深造之以道는 欲其自得之也니 自得
之則居之安하고 居之安則資之深하고 資之深則
取之左右에 逢其原이니 故로 君子는 欲其自得之
也니라

(맹자왈 군자심조지이도, 욕기자득지야, 자득지즉거지안, 거지안
즉자지심, 자지심즉취지좌우, 봉기원, 고, 군자, 욕기자득지야)

(국역) 맹자가 말씀하였다. "군자가 도로써 그 사람의 인격을
대단히 깊고도 크게 만들어 나가는 것은, 그것은 스스로
그 도를 체득하고자 함이니, 그 도를 스스로 체득하고 나
면, 그가 거처하는 곳마다 편안하고, 거처하는 곳마다 편
안하면, 그 바탕이 깊고 커지고, 그 바탕이 깊고 커지면
그의 좌우에 있는 만사만물을 취할 적에, 그 근본인 원리
를 만나게 된다. 그러므로 군자는 그 도를 스스로 체득하
고자 하는 것이다."25)

---

25) 造, 詣也. 深造之者, 進而不已之意.(조는 나아감이니, 깊이 나아
간다는 것은, 나아가고 그치지 않는다는 뜻이다.) 道, 則其進爲

자의 ㅇ深-깊을 심. 깊다, 크다. ㅇ造-나아갈 조, 만들 조. ㅇ得-
얻을 득, 깨달을 득. ㅇ居-살 거. ㅇ資-재물 자. 자질, 바탕, 돕다.
ㅇ原-원리.

之方也.(도는, 곧 그 나아가는 방법이다.) 資, 猶藉也.(자는 이용
함과 같다.) 左右, 身之兩旁, 言至近而非一處也.(좌우는 몸의 양
쪽 곁이니, 지극히 가까우면서도 한곳이 아님을 말한 것이다.)
逢, 猶値也.(봉은 만남과 같다.) 原, 本也, 水之來處也.(원은 근
본이니, 물이 오는 곳이다.) 言君子務於深造而必以其道者, 欲其
有所持循, 以俟夫默識心通, 自然而得之於己也.(군자가 깊이 나
아가기에 힘쓰되, 반드시 그 정도로써 하는 것은, 그가 또 가지
고 따르고자 하여, 대저 묵묵히 인식하여 마음으로 통하기를 기
다림으로써, 자연히 자기에게서 그것을 터득하고자 함을 말한 것
이다.) 自得於己, 則所以處之者安固而不搖, 處之安固, 則所藉者
深遠而無盡.(스스로 자기에게서 터득하면, 거기에 거처하는 자는
편안하고 견고하여 동요하지 않는 까닭은, 거처가 편안하고 견고
하면 이용하는 바가, 심원하고 다함이 없기 때문이다.) 所藉者深,
則日用之間取之至近, 無所往而不値其所資之本也.(이용하는 바
가 심원하면, 날마다 사용하는 순간에도 지극히 가까운 데서 취
하여, 가는 곳마다 그가 제공하는 바에 해당하지 않는 것이 없
을 것이다.) 程子曰 : 學不言而自得者, 乃自得也. 有安排布置者,
皆非自得也.(정자가 말하였다. 학문을 말하지 않고, 스스로 터득
하는 자가, 바로 자득이니, 안배나 배치가 있는 것은 모두 스스
로 터득한 것이 아니다.) 然, 必潛心積慮, 優游饜飫於其間然後,
可以有得, 若急迫求之, 則是私己而已, 終不足以得之也.(그러나
반드시 마음을 집중하여 생각을 쌓아서, 그 사이에서 유유자적하
여 물리도록 포식한 연후에야 터득할 수 있다고 할 만할 것이다.
만약 급박하게 그것을 구하면, 바로 이기적일 뿐이니, 끝내 충분
히 그것을 터득하지 못할 것이다.)

해설 학문을 하는 데 체득(體得)만큼 중요한 것은 없다. 그
래서 성인의 행위를 모방하여 따르는 것이다. 그것은 예를
배워 실천하는 것에서 시작하여, 예의 본질인 도를 알아서
실천하는 데로 나아가고, 덕을 밝히는 데로 심화되고, 천
명을 알아서 실천하는 데서 완성된다. 결국 체득한 것을
실행하고 이것이 축적되면 모든 곳에 활용됨에 부족함이
없기 때문이다. 비즈니스 인력의 능력을 계발할 때에도 지
속적으로 도전과제를 부여하고 이를 해결하는 과정에서
다양한 외부환경에 대응하는 회사의 비즈니스를 직접 체
험하고 배우게 하는 것도 같은 시각에서 볼 것이다.

제15장 널리 배우고 자세히 해설하다
(博學詳說章 第十五)

(15-1) 孟子曰 博學而詳說之는 將以反說約也니라
(맹자왈 박학이상설지, 장이반설약야)

국역 맹자가 말씀하였다. "광범하게 배워서 그것을 상세히
설명하는 것은, 장차 도리어 요약하여 설명하기 위해서이
다."26)

---

26) 言所以博學於文, 而詳說其理者, 非欲以誇多而鬪靡也, 欲其融會
貫通, 有以反而說到至約之地耳.(글을 널리 배우고 그 이론을 상
세히 설명하는 까닭은, 많은 지식을 자랑하고 화려함을 다투고자
해서가 아니요, 그것을 융합하고 관통하여, 돌이켜 지극히 요약
된 경지에 도달한 것을 설명할 수 있을 뿐이고자 함을 말한 것

자의 ○博-넓을 박. ○詳-상세할 상. ○約-묶을 약.

해설 학문을 하는 것은 박학을 위해서가 아니라 그 속에 있는 요점[진리]을 파악하기 위해서이다. 성품을 규명하고 예를 익히는 까닭도 천명을 깨닫기 위해서이다. 천명을 알아서 그것에 따라 행동하면 모든 행동이 자연히 남과 조화를 이룬다. 천명을 깨닫는다는 것은 우리가 온갖 노력은 할 수 있어도 그 성공여부는 인간 외부에 존재하는 힘이 결정한다는 것, 즉 노력의 한계를 안다는 의미일 것이다. 맹자는 그런 경우에 '어쩔 수 없다(無可奈何)'고 탄식으로 표현했다.

제16장　착함으로써 사람을 굴복시키다
(以善服人章 第十六)

(16-1) 孟子曰 以善服人者는 未有能服人者也니 以善養人然後에 能服天下하나니 天下不心服而王者는 未之有也니라

(맹자왈 이선복인자, 미유능복인자야, 이선양인연후, 능복천하, 천하불심복이왕자, 미지유야)

국역 맹자가 말씀하였다. "선(善)만으로써 남을 복종시키려

이다.) 蓋承上章之意而言, 學, 非欲其徒博, 而亦不可以徑約也.
(대개 윗 장의 뜻을 이어 말하였으니, 학문은 그가 한갓 박학하고자 할 것도 아니며, 역시 곧바로 요약만 가지고도 옳지 않다.)

는 자 중에는, 남을 능히 복종케 한 자는 아직 없었으니,
선으로써 남을 기른 뒤에야 천하를 복종케 할 수 있는 것
이다. 천하가 마음으로 복종하지 않고서 왕노릇한 자는 아
직은 없느니라."27)

(해설) 선한 사람이 악한 사람을 이기기 위해서는 우선 악한
사람을 선으로써 가르쳐 선하게 해야 한다. 그리고 나서
선한 자의 숫자가 늘어나면 비로소 천하가 선하게 되어
그를 따르게 된다. 선이 악보다 좋은 것임을 스스로 알게
하여 천하의 대세를 선한 쪽으로 돌려야 한다.

제17장 말에 실효가 없다면 상서롭지 못하다
(言無實不祥章 第十七)

(17-1) 孟子曰 言無實不祥하니 不祥之實은 蔽賢者當之
니라

(맹자왈 언무실불상. 불상지실, 폐현자당지)

(국역) 맹자가 말씀하였다. "말에 진실함이 없으면 그것이 상
서롭지 못한 단서가 되는 것이니, 상서롭지 못한 징조의
실제는 현명한 자를 막는 것이 이에 해당되느니라."28)

---

27) 服人者, 欲以取勝於人, 養人者, 欲其同歸於善, 蓋心之公私小異,
而人之嚮背頓殊, 學者於此, 不可以不審也.('복인'이란 남에게서
승리를 취하고자 하는 것이요, '양인'은 그가 함께 선에 돌아가고
자 하는 것이니, 대개 마음의 공과 사가 조금 다르나, 사람됨의
향·배는 크게 다르니, 여기에서 학자는, 살피지 않으면 안 된다.)

(자의) ㅇ祥—복 상, 조짐 상.　ㅇ蔽—가릴 폐.

(해설) 말이란 실제에 있어 상서롭지 않은 것이 없으나 평소 하는 말에 진실이 없으면 그것이 버릇이 되어 사람들이 믿지 않게 되니 상서롭지 못한 것이 된다. 그런 것 중에 극단적인 것이 현명함을 덮을 때인데, 남을 모략 중상하는 말은 현명한 자의 거용을 막기 때문이다. 공자는 논어 (15-24)에서 사람을 판단할 적에 진상을 완전히 파악하고 나서 신중하게 결론을 내리라고 말하고 있다. 통상적인 경우에도 말의 내용이나 말하는 시기, 말하는 방법과 대상에 있어 주의하지 않으면 시비를 초래하고, 심지어 입이 화근이 되는 수가 많음을 우리는 종종 본다.

제18장　명성이 실정을 지나치다
(聲聞過情章 第十八)

(18-1) 徐子曰　仲尼亟稱於水曰　水哉水哉여하시니　何取

---

28) 或曰 : 天下之言, 無有實不祥者, 惟蔽賢, 爲不祥之實.(혹자가 말하였다. 천하의 말에, 실제로 상서롭지 못한 것이 없으니, 오직 어진 이를 엄폐한 것이 상서롭지 못한 실제가 된다.) 或曰 : 言而無實者不祥, 故, 蔽賢, 爲不祥之實.(혹자가 말하였다. 말에 실상이 없는 것이, 상서롭지 못한 것이다. 그러므로 어진 이를 엄폐함이 상서롭지 못함의 실제가 된다.) 二說不同, 未知孰是, 疑或有闕文焉.(두 설명이 같지 않은데, 아직 누가 옳은지 알지 못하겠다. 아마도 빠진 글자가 있는 듯하다.)

於水也시니잇고

(서자왈 중니기칭어수왈 수재수재, 하취어수야)

국역 서자가 물었다. "중니께서는 물에 대하여 자주 말씀하시기를, 아! 물이여! 아! 물이여! 하셨으니, 물에서 어떤 것을 취하셨습니까?"29)

자의 ㅇ徐子–맹자의 제자. ㅇ亟–자주 기, 빠를 극. ㅇ稱–일컬을 칭.

(18-2) **孟子曰 原泉**이 **混混**하여 **不舍晝夜**하여 **盈科而後**에 **進**하여 **放乎四海**하나니 **有本者如是**라 **是之取爾**시니라

(맹자왈 원천, 혼혼, 불사주야. 영과이후, 진, 방호사해, 유본자여시, 시지취이)

국역 맹자가 대답하였다. "근원이 있는 샘물이 솟아나서 밤낮을 그치지 않고 구덩이가 가득 찬 뒤에 전진하여 바다에 이르나니, 근본이 있는 것은 이와 같다. 이 때문에 취한 것이다."30)

---

29) 亟, 數也.(기는 자주이다.) 水哉水哉, 歎美之辭.(수재수재는 찬미하는 말이다.)

30) 原泉, 有原之水也.(원천은 근원이 있는 물이다.) 混混, 湧出之貌.(혼혼은 용솟음쳐 나오는 모양이다.) 不舍晝夜, 言常出不竭也.(주야를 그치지 않는다는 것은 항상 나와서 마르지 않음을 말한다.) 盈, 滿也.(영은 가득 참이다.) 科, 坎也. 言其進以漸也.(과는 구덩이이니, 그 나아가기를 그리고 점진적으로 함을 말한 것이다.) 放, 至也.(방은 도달이다.) 言水有原本, 不已而漸進, 以至

(자의) ㅇ混-용솟음칠 혼. ㅇ舍-버릴 사(=捨). ㅇ盈-찰 영. ㅇ科-구덩이 과. ㅇ放-이를 방. ㅇ四海-사방의 바다. ㅇ爾-뿐 이(=而已).

(18-3) 苟爲無本이면 七八月之間에 雨集하여 溝澮皆盈이나 其涸也는 可立而待也라 故로 聲聞過情을 君子恥之니라

(구위무본, 칠팔월지간, 우집, 구회개영, 기학야, 가립이대야. 고, 성문과정, 군자치지)

(국역) "진실로 근본이 없게 되면, 7·8월 사이에 비가 집중적으로 내려서 도랑이 모두 가득하나, 그것이 말라버리는 것은 서서 기다릴 수 있다. 그러므로 명성이 실정보다 지나침을 군자는 그것을 부끄러워한다."[31]

於海, 如人有實行, 則亦不已而漸進, 以至於極也.(물은 근원이 있어서 그치지 않고, 점진하여, 바다에 이름으로써, 마치 사람이 또 어떤 일을 실행할 적에, 곧 역시 그치지 않고 점진하여, 그리고 지극한 경지에 이르는 것과 같음을 말한 것이다.)

31) 集, 聚也.(집은 모임이다.) 澮, 田間水道也.(회는 전답 사이의 물길이다.) 涸, 乾也.(학은 마름이다.) 如人無實行, 而暴得虛譽, 不能長久也.(마치 사람이 실행을 함이 없어, 갑자기 헛된 명예를 얻으면, 능히 장구할 수 없는 것과 같다.) 聲聞, 名譽也.(성문은 명예이다.) 情, 實也.(정은 실제이다.) 恥者, 恥其無實而將不繼也.(부끄러워하는 것은, 그가 실제가 없어서 장차 계속할 수 없음을 부끄러워하는 것이다.) 林氏曰 : 徐子之爲人, 必有躐等干譽之病, 故, 孟子以是答之.(임씨가 말하였다. 서자의 사람됨이, 반드시 등급을 건너뛰고, 명예를 구하는 것이 병통이라. 그러므로 맹자가 이것으로써 그에 대답한 것이다.) 鄒氏曰 : 孔子之稱水,

자의 ㅇ苟-진실로 구. ㅇ溝-도랑 구. ㅇ澮-봇도랑 회. ㅇ涸-마를 학. ㅇ聲聞-명성, 평판. ㅇ恥-부끄러울 치.

해설 물의 특성으로써 군자와 소인을 비유했다. 물의 근원이 멀어야 그 물이 마르지 않고 길게 흐르며 마침내 바다에 이른다. 목표하는 일도 근본이 있으면 오랫동안 발전해 갈 수 있으나 근본이 없는 것은 곧 소멸해 버린다. 실제를 벗어난 명성도 마찬가지로 곧 드러나게 되므로 이를 군자는 부끄럽게 여긴다. 공자는 쉼 없이 흐르는 물에서 천도를 읽었다(논어, 9-16).

제19장 인의를 통하여 행동하다
(由仁義行章 第十九)

(19-1) 孟子曰 人之所以異於禽於獸者幾希는 庶民은 去之하고 君子는 存之시니라
(맹자왈 인지소이이어금어수자기희, 서민, 거지, 군자, 존지)

其旨微矣. 孟子獨取此者, 自徐子之所急者, 言之也.(추씨가 말하였다. 공자의 물에 대한 언급은, 그 취지가 은미한데, 맹자가 유독 이것만을 취하여, 스스로 서자의 조급해하는 바를 언급한 것이다.) 孔子嘗以聞達, 告子張矣, 達者, 有本之謂也. 聞, 則無本之謂也. 然則學者其可以不務本乎.(공자는 일찍이 소문과 통달로써 자장에게 말했으니, 통달은 근본이 있음을 말한 것이며, 소문은 근본이 없음을 말한 것이다. 그렇다면 학자는 그 근본에 힘쓰지 않을 수 있겠는가?)

(국역) 맹자가 말씀하였다. "사람들이 금수와 다른 점이 거의 드문 까닭은, 서민들은 그 인도를 버리고 떠나있고, 군자는 이것을 가지고 있기 때문이다."[32]

(자의) ○所以-까닭. ○禽-새 금. ○獸-짐승 수. ○幾-거의 기. ○希-드물 희.

(19-2) 舜은 明於庶物하시며 察於人倫하시니 由仁義行이라
非行仁義也시니라

(순, 명어서물, 찰어인륜, 유인의행, 비행인의야)

(국역) "순임금은 모든 사물에 대한 이치에 밝으며, 인륜에 대하여 잘 살펴 알았으니, 인의로부터 자연적으로 행한 것이

---

32) 幾希, 少也.(기희는 적음이다.) 庶, 衆也.(서는 많음이다.) 人物之生, 同得天地之理, 以爲性, 同得天地之氣, 以爲形.(사람과 동물은 생태적으로, 똑같이 천지의 명(命)인 이(理)를 얻어서, 그리고 본성을 삼았고, 똑같이 천지의 기운을 얻어서, 그리고 형체를 삼았다.) 其不同者, 獨人於其間, 得形氣之正, 而能有以全其性, 爲少異耳.(그 동일하지 않은 점은, 그 사이에서 유독 사람만이, 형체와 기운의 올바름을 얻어, 능히 그 본성을 온전히 할 수 있는데, 이 점에서 조금 차이가 나게 되었을 뿐이다.) 雖曰少異, 然, 人物之所以分, 實在於此. 衆人, 不知此而去之, 則名雖爲人, 而實無以異於禽獸(비록 조금 다르다고 말하나, 그러나 사람과 동물이 구분되는 까닭이, 실제 여기에 있다. 많은 사람은 이 점을 알지 못하고 떠나가 버리니, 곧 이름은 비록 사람으로 되어 있으나, 실제는 금수로부터 다를 것이 없다.) 君子, 知此而存之, 是以, 戰兢惕厲, 而卒能有以全其所受之理也.(군자는 이것을 알고 그것을 보존한다. 이 때문에 전전긍긍 두려워하며, 마침내 그가 받은바 이(理)를 온전히 할 수 있는 것이다.)

요, 인의를 강행한 것은 아니었다."33)

자의 ㅇ庶-많을 서. ㅇ由-~에서, ~부터.

해설 사람이 금수와 다른 점은 인의(仁義)를 알기 때문이다. 그런데 인의를 체득하여 실천하는 사람은 드물다. 서민들은 인의를 포기하고 금수와 같은 행동을 하지만, 군자는 그것을 보존하여 실천하는 점에서 다르다. 인의는 사람이 지켜야 할 행동규범이며 그것을 밝히는 정치를 행한 자가 순임금이다. 모름지기 정치를 잘한다는 것은, 사람들이 인의

---

33) 物, 事物也.(물은 사물이다.) 明, 則有以識其理也.(명은 그 이치를 알 수 있는 것이다.) 人倫, 說見前篇.(인륜은 해설이 전편에 보인다.) 察, 則有以盡其理之詳也.(찰은 그 이치의 상세함을 다할 수 있는 것이다.) 物理固非度外, 而人倫尤切於身, 故, 其知之有詳略之異. 在舜則皆生而知之也.(사물의 이치는 진실로 법도의 밖에 있는 것이 아니니, 인륜은 몸에 더욱 절실한 것이다. 그러므로 그가 그것을 앎에 상세하고 간략함의 차이가 있는 것이다. 순임금으로 말하자면, 모두 '생이지지'이다.) 由仁義行, 非行仁義, 則仁義已根於心, 而所行, 皆從此出. 非以仁義爲美而後, 勉强行之, 所謂安而行之也.(인의에 따라 행함이요, 인의를 행하면, 인의가 이미 마음에 근거하여 행하는 바가 아니라, 모두 이것을 따라 나온 것이요, 인의를 아름답게 여긴 뒤에, 간신히 그것을 행하는 바가 아니니, 소위 '안이행지'라는 것이다.) 此則聖人之事, 不待存之, 而無不存矣.(이는, 곧 성인의 일이니, 보존을 기다리지 않고도 보존되지 않음이 없다.) 尹氏曰 : 存之者, 君子也, 存者, 聖人也. 君子所存, 存天理也, 由仁義行, 存者能之.(윤씨가 말하였다. 보존하려는 것은 군자요, 저절로 보존하는 것은 성인이다. 군자가 보존하려는 것은 천리를 보존하려는 것이니, 인의를 따라 행하여 보존이 가능하다.)

를 행하는 것이 더 유익하다고 알도록 하는 것일 것이다.

제20장   주공은 삼대 성왕의 장점을 겸하고 싶었다
(周公思兼三王章 第二十)

(20-1) 孟子曰 禹는 **惡旨酒而好善言**이러시다

　　　　(맹자왈 우, 오지주이호선언)

(국역) 맹자가 말씀하였다. "우임금은 맛있는 술을 싫어하고 선언을 좋아하였다."34)

(자의) ㅇ惡－미워할 오. ㅇ旨－맛 지.

(20-2) 湯은 **執中**하시되 **立賢無方**이러시다

　　　　(탕, 집중, 입현무방)

(국역) 탕임금은 중심을 지키시되 어진 이를 옹립하는 데 어떤 부류[어떤 지역]인지를 가리지 않으셨다.35)

---

34) 戰國策曰 : 儀狄, 作酒, 禹飮而甘之曰 後世, 必有以酒亡其國者, 遂疏儀狄而絶旨酒.('전국책'에 이르기를, 의적이 술을 만들자, 우왕이 그것을 마셔보고 맛있게 여기며, 말하기를 후세에 반드시 술로써 그 나라를 망치는 자가 있을 것이라 하고, 마침내 의적과 소원하게 하고 맛있는 술을 끊었다.) 書曰 : 禹拜昌言.('서경'에 이르기를 우왕은 좋은 말에 절하였다고 하였다.)

35) 執, 謂守而不失.(집은 지키고 잃지 않음을 이른다.) 中者, 無過不及之名.(중은 과불급이 없는 것의 명칭이다.) 方, 猶類也, 立賢無方, 惟賢則立之於位, 不問其類也.(방은 부류와 같으니, 어진 이를 옹립하되, 그 부류를 묻는 일이 없었다는 것은, 오직 어질면 그를 지위에 옹립하고, 그 종류를 묻지 않는 것이다.)

(자의) ㅇ執-잡을 집. ㅇ方-방소(方所), 방류(方類).

(20-3) **文王**은 **視民如傷**하시며 **望道而(如)未之見**이러시다

　　　(문왕, 시민여상, 망도이(여)미지견)

(국역) 문왕은 백성을 보시되 마치 다친 사람을 보듯이 하셨
　　으며, 도를 바라보되 그것을 아직 보지 못한 듯이 여기셨
　　다.36)

(자의) ㅇ傷-상할 상. ㅇ而-(=如).

(20-4) **武王**은 **不泄邇**하시며 **不忘遠**이러시다

　　　(무왕, 불설이, 불망원)

(국역) 무왕은 가까운 자를 친압하게 여기지 않으셨으며, 멀
　　다고 하여 잊지 않으셨다.37)

(자의) ㅇ泄-친압할 설(褻狎). ㅇ邇-가까울 이.

---

36) 民已安矣, 而視之, 猶若有傷, 道已至矣, 而望之, 猶若未見.(백성
　　들이 이미 편안하되, 그들을 보기를 오히려 상함이 있듯이 여겼
　　고, 도가 이미 지극하되, 그들을 바라보기를 오히려 보지 못한
　　듯이 여겼으니,) 聖人之愛民深, 而求道切, 如此 不自滿足, 終日
　　乾乾之心也.(성인은 백성 사랑하기를 깊이 하고, 도 구하기를 간
　　절히 함이, 이와 같았다. 스스로 만족하게 여기지 않고 종일토록
　　쉬지 않고 힘쓰는 마음이었다.)

37) 泄, 狎也. 邇者, 人所易狎而不泄, 遠者, 人所易忘而不忘, 德之
　　盛, 仁之至也.(설은 함부로 대함이다. 가까운 자는 사람이 함부
　　로 대하기 쉬운데도 함부로 대하지 않았고, 먼 자는 사람이 잊
　　기 쉬운데도 잊지 않았으니, 덕이 성대하고 인이 지극하였던 것
　　이다.)

(20-5) 周公은 思兼三王하사 以施四事하시되 其有不合者
어든 仰而思之하여 夜以繼日하사 幸而得之어시든
坐以待旦이러시다

(주공, 사겸삼왕, 이시사사, 기유불합자, 앙이사지, 야이계일, 행
이득지, 좌이대단)

국역 주공은 3대의 왕을 겸하여 생각하되, 앞의 네 성인들
이 한 일을 시행할 것을 생각하시되, 그 중에 부합하지 않
는 것이 있으면, 하늘을 우러러보고 생각하여 밤으로부터
낮까지 계속하여서 다행히 그것을 터득하면 앉아서 날이
새기를 기다렸다.38)

---

38) 三王, 禹也, 湯也, 文武也.(3왕은 우왕, 탕왕, 문왕·무왕이다.)
四事, 上四條之事也.(사사는 위 네 가지 조항의 일이다.) 時異勢
殊, 故, 其事或有所不合, 思而得之, 則其理初不異矣.(때가 다르
고, 형세가 다르기 때문에, 그러므로 그 일에 혹시 부합되지 않
는 바가 있으나, 생각하고 터득하면 그 이치가 애초와 다르지
않다.) 坐以待旦, 急於行也.(앉아서 새벽을 기다린다는 것은, 실
행에 급하다는 것이다.) 此, 承上章言舜, 因歷敍群聖以繼之而各
擧其一事, 以見其憂勤惕厲之意. 蓋天理之所以常存, 而人心之所
以不死也.(이것은 윗 장에 순임금을 말한 것을 이어서, 잇따라
여러 성인을 차례로 서술하여 그 뒤를 이음으로써, 각기 그 한
가지 일을 들어서, 그가 우려하고 힘쓰며 두려워하는 뜻을 나타
낸 것으로 생각한다. 대개 천리는 이 때문에 항상 보존되는 것
이요, 인륜은 이 때문에 사멸되지 않는 것이다.) 程子曰 : 孟子所
稱, 各因其一事而言, 非謂武王不能執中立賢, 湯卻泄邇忘遠也.
(정자가 말하였다. 맹자가 말한 바는, 각기 잇따라 그 한 가지
일을 언급한 것이니, 무왕은 중을 잡지 못하고, 어진 이를 옹립

(자의) ○三王-하·은·주. ○以-~라 생각하다. ○四-우·탕· 문·무. ○仰-우러러볼 앙. ○旦-아침 단.

(해설) 맹자의 정치적 이상형(理想型)은 주공(周公)의 행적이 다. 주공은 하·은·주 3대의 우·탕·문·무 네 왕의 장 점을 한몸에 겸하고 그것을 모두 시행하였기 때문이다. 만 약 마음에 합당하지 않은 일이 있으면 생각에 골몰하였는 데, 그것은 성인의 도를 구하는 지극한 정성이었고, 그 도 를 깨달았을 적에는 날새기를 앉아서 기다렸는데 그것은, 깨달은 도리를 그만큼 빨리 시행하고자 하는 간절한 마음 의 표현이라 할 것이다.

제21장 왕자의 자취가 사라지다
(王者之跡熄章 第二十一)

(21-1) 孟子曰 王者之跡이 熄而詩亡하니 詩亡然後에 春 秋作하니라

(맹자왈 왕자지적, 식이시망, 시망연후, 춘추작)

(국역) 맹자가 말씀하였다. "3왕의 발자취를 채집하던 일이 중지되자, 시(詩)가 없어졌으니, 시가 없어진 뒤에 '춘추'

―――――――――

함에 부류를 무시하지 못하였으며, 탕왕은 도리어 가까운 자를 함부로 대하고, 먼 자를 잊었다고는 말하지 않았다.) 人謂各擧其 盛, 亦非也. 聖人, 亦無不盛.(사람들은 말하기를, 각각의 그 무 성한 점을 열거하였다고 하나, 역시 틀린 말이다. 성인은 역시 무성하지 않은 것이 없으셨다.)

가 나왔다.”39)

(자의) ○跡-자취 적(=迹). ○熄-꺼질 식.

(21-2) **晉之乘**과 **楚之檮杌**과 **魯之春秋**가 **一也**니라
　　　(진지승, 초지도올, 노지춘추, 일야)

(국역) 진나라의 승과 초나라의 도올과 노나라의 춘추가 동일
한 것이다.40)

---

39) 王者之跡熄, 謂平王東遷, 而政敎號令, 不及於天下也.(왕자의 자
취가 종식되었다는 것은, 평왕이 동쪽으로 천도함에 정교와 호령
이 천하에 미치지 못함을 이른다.) 詩亡, 謂黍離降爲國風而雅亡
也.(시망은, ‘서리편(黍離篇)’이 강등하여 국풍이 됨에 아(雅)가
없어짐을 이른다.) 春秋, 魯史記之名. 孔子因而筆削之, 始於魯隱
公之元年, 實平王之四十九年也.(‘춘추’는 노나라 사기의 이름이
다. 공자가 그것에 따라 기록하고 삭제하되, 노나라 은공 원년에
시작하니, 실로 평왕 즉위 49년이었다.)

40) 乘, 義未詳.(승은 뜻이 상세하지 않다.) 趙氏, 以爲興於田賦乘馬
之事. 或曰 取記載當時行事而名之也.(조씨가 말하였다. 혹시 ‘전
부,’ ‘승마’의 일에서 유행한 것이라 생각하였다. 혹자는 이르기를
당시 행사를 기재함을 취하여 그것을 명명한 것이라고 한다.) 檮
杌, 惡獸名, 古者, 因以爲凶人之號, 取記惡垂戒之義也.(도올은
악수의 이름이다. 옛적에 잇따라 흉악한 사람의 호칭으로 여겼으
니, 악한 일을 기록하여 경계를 드리운 뜻을 취한 것이다.) 春秋
者, 記事者必表年以首事, 年有四時, 故, 錯擧以爲所記之名也.
(춘추는 일을 기록하는 자가 반드시 연도를 표시하여 사건의 앞
에 놓으니, 연에는 사시가 있기 때문이다. 그러므로 번갈아 들어
서 기록한 책명으로 생각하였다.) 古者, 列國, 皆有史官, 掌記時
事, 此三者, 皆其所記冊書之名也.(옛날 열국에 모두 사관이 있

자의 ㅇ乘-진나라의 역사서. ㅇ檮-악한 짐승 이름 도. ㅇ杌-악한
짐승 이름 올. ㅇ檮杌-초나라의 역사서. ㅇ春秋-노나라의 역사서.

(21-3) **其事則齊桓晉文**이요 **其文則史**니 **孔子曰 其義則**
丘竊取之矣로라하시니라

  (기사즉제환진문. 기문즉사, 공자왈 기의즉구절취지의)

국역 거기서 다룬 일은 제의 환공, 진의 문공에 관한 것이
고, 그 글은 사관이 쓴 것이니, 공자께서 '그 뜻은, 내〔丘〕
가 개인적으로 취했다.'고 하셨다.[41]

었는데, 당시의 일을 관장하여 기록하였으니, 이 셋은 모두 그
기록한 바, 책의 이름이다.)

41) 春秋之時, 五霸迭興, 而桓文爲盛.(춘추시대에 오패가 차례로 일
어났는데, 환공과 문공이 성하였다.) 史, 史官也.(사는 사관이다.)
竊取者, 謙辭也.(절취는 겸사이다.) 公羊傳, 作其辭則丘有罪焉
爾, 意亦如此.('공양전'에는 '그 말은, 곧 구에게 죄가 있다'고 되
어있으니, 그 뜻도 이와 같다.) 蓋言斷之在己, 所謂筆則筆, 削則
削, 游夏不能贊一辭者也.(대개 그것을 결단한 것이 자기에게 있
음을 말한 것이니, '사기'에 소위 '기록할 것은 기록하고, 삭제할
것은 삭제하여서, 자유와 자하가 능히 한마디 말도 도울 수 없
었다'는 것이다.) 尹氏曰 : 言孔子作春秋, 亦以史之文, 載當時之
事也, 而其義則定天下之邪正, 爲百王之大法.(윤씨가 말하였다.
공자가 '춘추'를 지을 적에, 역시 사기의 문체로써 당시의 일을
기재하였으니, 그 뜻은, 곧 천하의 사특하고 정의로움을 결정하
여, 백왕의 대법을 삼기 위한 것이다.) 此, 又承上章歷敍群聖,
因以孔子之事繼之而孔子之事, 莫大於春秋, 故, 特言之.(이것은,
또 윗장에 여러 성인을 차례로 서술함을 이어서, 잇따라 공자의
일로써 그 뒤를 이었는데, 공자의 일은, '춘추'보다 큰 것이 없다.

자의 ㅇ桓-굳셀 환. ㅇ丘-공자의 이름(모(某)라고 읽는다). ㅇ竊-
홈칠 절. 슬그머니, 남몰래.

해설 시(詩)는 왕자(王者)를 찬양하는 것인데, 왕자가 나오
지 않으니 찬양할 일이 없게 되고, 그 결과 아시(雅詩)는
없어져 국풍(國風)으로 변하고 말았다. 이것을 시망(詩亡)
이라 한다. 이리하여 시 대신에 비판할 일을 기록한 사서
(史書)가 나타나게 되었으니, 사서는 사관이 쓰는 것이다.
공자는 사관이 아니지만 사관이 쓴 자료를 빌어 '춘추'를
써서 천하의 대의를 밝혀 놓음으로써 천하의 제후를 경계
하며 세상의 질서를 바로잡았던 것이다.

제22장 군자의 은택(君子之澤章 第二十二)

(22-1) **孟子曰 君子之澤**도 **五世而斬**이요 **小人之澤**도 **五
世而斬**이니라
(맹자왈 군자지택, 오세이참, 소인지택, 오세이참)

국역 맹자가 말씀하였다. "군자가 남긴 은택도 5세면 끊기
고, 소인이 남긴 은택도 5세면 끊긴다."[42]

그러므로 특히 그것을 언급한 것이다.)

42) 澤, 猶言流風餘韻也.(택은 유풍, 여운이란 말과 같다.) 父子相繼
爲一世, 三十年, 亦爲一世.(부자가 서로 계승하는 것을 1세라
하며, 30년 역시 1세로 된다.) 斬, 絶也. 大約君子小人之澤, 五
世而絶也.(참은 끊김이니, 대략 군자와 소인이 후세에 남긴 혜택
은 5세면 끊긴다.) 楊氏曰 : 四世而緦, 服之窮也, 五世, 袒免, 殺

자의 ○澤-윤 택. 은혜, 은덕. ○斬-벨 참. 끊다, 자르다.

(22-2) 予未得爲孔子徒也나 予는 私淑諸人也로라

(여미득위공자도야, 여, 사숙저인야)

국역 나는 공자의 학도가 될 기회를 얻지 못하였으나, 나는 다른 사람에게서 공자의 도를 사숙하였노라.[43]

同姓也, 六世, 親屬竭矣. 服窮, 則遺澤寢微, 故, 五世而斬.(양씨가 말하였다. 4세엔 시마복(緦麻服)을 입으니 복이 다한 것이요, 5세엔 옷을 벗고 갓을 벗는 단문(袒免)을 하니, 동성으로 강등된 것이요, 6세엔 친근한 속성이 다한다. 복이 다하면 후세에 남긴 혜택이 점점 미미해지기 때문이다. 그러므로 5세면 끊기는 것이다.)

43) 私, 猶竊也. 淑, 善也. 李氏以爲方言, 是也.(사는 슬그머니와 같고, 숙은 잘함과 같다. 이씨가 방언으로 여겼으니, 그 말이 옳다.) 人, 謂子思之徒也.(인은 자사의 학도들을 이른다.) 自孔子卒, 至孟子游梁時, 方百四十餘年而孟子已老. 然則孟子之生, 去孔子未百年也.(공자가 별세한 때부터 맹자가 양나라를 유람한 때까지, 바야흐로 백40여 년이었는데, 맹자가 이미 늙었다. 그렇다면 맹자의 출생은 공자와의 거리가 백년이 못되는 것이다.) 故, 孟子言予雖未得親受業於孔子之門, 然, 聖人之澤, 尙存, 猶有能傳其學者.(그러므로 맹자가 말하기를, 내가 비록 아직 공자의 문하에서 친히 수업할 수 없었다. 그러나 성인이 후세에 남긴 은혜는, 아직 존재하여 오히려 능히 그 학문을 전하는 자가 있었다.) 故, 我得聞孔子之道於人, 而私竊以善其身, 蓋推尊孔子而自謙之辭也.(그러므로 내가 사람들에게서 공자의 도를 얻어들어, 사사로이 슬그머니 그리고 그 몸을 선하게 하였다니, 대개 공자를 추존하고, 스스로 겸사한 것이다.) 此, 又承上三章, 歷敍舜禹, 至於周孔, 而以是終之. 其辭雖謙, 然, 其所以自任之重, 亦

자의 ○予―나 여. ○淑―착할 숙. ○諸―(＝之於).

해설 누구나 그가 끼친 은혜가 5대 이후까지 영향을 미칠수 없다는 것이다. 누군가 그것을 계승할 후진이 배출되지 않으면 끊어지고 만다. 사람의 1세를 대개 30년으로 보는데, 훌륭한 가르침도 5세, 그렇지 못한 경우도 5세, 즉 150년이 지나면 거의 없어진다. 그런데 맹자는 공자로부터 아직 5세가 지나지 않았으므로 그의 가르침을 배워 아는 사람을 만날 수 있어서 공자의 학문을 계승할 수 있었다. 이것은 공자의 도통을 계승한 것을 의미함과 동시에 천하사람을 위한 자신의 책무가 막중하다는 것을 말하는 것이기도 하다.

제23장 가져가면 청렴을 해친다
(取傷廉章 第二十三)

(23-1) 孟子曰 可以取며 可以無取에 取면 傷廉이요 可以與며 可以無與에 與면 傷惠요 可以死며 可以無死에 死면 傷勇이니라

(맹자왈 가이취, 가이무취, 취, 상렴. 가이여, 가이무여, 여, 상혜. 가이사, 가이무사, 사, 상용)

有不得而辭者矣.(이것은 또 위 3장에서 순임금과 우왕을 차례로 서술하고, 주공과 공자에 이른 것을 이어서, 이것으로써 끝을 마쳤으니, 그 말은 비록 겸사이나, 그러나 그 자임이 중한 까닭으로, 역시 겸사로 될 수 없는 것이 있다.)

(국역) 맹자가 말씀하였다. "취해도 되고 취하지 않아도 되는 데 취하면, 청렴을 손상하게 하는 것이요, 주어도 되고 주지 않아도 되는데 주면은 은혜를 손상하게 되고, 죽어도 되고 죽지 않아도 되는데 죽으면 용기를 손상하게 된다."44)

(자의) ○傷-다칠 상. ○廉-청렴할 렴. ○可以--~할 수 있다. ○與-줄 여.

(해설) 가지지 않아도 되는데 가지면 욕심을 부리는 것이니 청렴함을 손상시킬 것이다. 은혜와 용기에 있어서도 같다. 해도 되고 안해도 되는 때는 하지 않는 것이 무난하다. 무슨 일이든 정확한 판단으로 행동을 해야 한다는 것이다.

---

44) 先言可以者, 略見而自許之辭也, 後言可以無者, 深察而自疑之辭也.(먼저 '가이'라고 말한 것은, 대략 보고 스스로 그것을 허락한 말이요, 뒤에 '가이무'라고 말한 것은, 깊이 살펴보고 스스로 의심한 말이다.) 過取固害於廉, 然, 過與亦反害其惠, 過死亦反害其勇, 蓋過猶不及之意也.(과도하게 취함은 진실로 청렴을 해친다. 그러나 과도하게 주는 것도 역시 도리어 그 은혜를 해치며, 잘못 죽는 것 역시 도리어 그 용기를 해친다. 대개 초과와 불급은 같다는 의미이다.) 林氏曰 : 公西華受五秉之粟, 是傷廉也, 冉子與之, 是傷惠也, 子路之死於衛, 是傷勇也.(임씨가 말하였다. 공서화가 5병의 곡식을 받은 것은, 그것이 청렴을 손상한 것이요, 염자가 그에게 준 것은, 그것이 은혜를 손상한 것이며, 자로가 위나라에서 죽은 것은, 그것이 용기를 손상한 것이다.)

제24장 방몽이 예에게서 활쏘기를 배우다
(逢蒙學射於羿章 第二十四)

(24-1) 逢蒙이 學射於羿하여 盡羿之道하고 思天下에 惟羿
爲愈己라하여 於是에 殺羿한대 孟子曰 是亦羿有罪
焉이니라 公明儀曰 宜若無罪焉이라하나 曰 薄乎云
爾언정 惡得無罪리오

(방몽, 학사어예, 진예지도, 사천하, 유예위유기, 어시, 살예,
맹자왈 시역예유죄언. 공명의왈 의약무죄언, 왈 박호운이, 오
득무죄)

[국역] 방몽이 예에게서 활 쏘는 법을 배워, 예의 도를 다 배
우고 생각하기를 "천하에 오직 예만이 자기보다 낫다."고
하여, 그래서 예를 죽였다. 맹자가 말씀하였다. "이 역시
예에게도 죄가 있느니라." 공명의가 말하였다. "마땅히 예
에게는 죄가 없는 듯합니다." "죄가 작다고 할지언정 어찌
죄가 없다고 할 수 있겠는가?"[45]

[자의] ○逢－성 방. ○蒙－입을 몽. ○羿－활 잘쏠 예. ○愈－나을 유.
○薄－엷을 박. 사소하다. ○云爾－(＝而已). ○惡－어찌 오.

---

45) 羿, 有窮后羿也.(예는 유궁국의 군주인 예이다.) 逢蒙, 羿之家衆
也. 羿善射, 簒夏自立, 後爲家衆所殺.(방몽은 예의 가신이다. 예
는 활쏘기를 잘하여, 하나라를 찬탈하여 스스로 즉위하였는데,
뒤에 가신에게 살해되었다.) 愈, 猶勝也.(유는 나음과 같다.) 薄,
言其罪差薄耳.(박은 그 죄가 조금 박할 뿐임을 말한 것이다.)

(24-2) 鄭人이 使子濯孺子로 侵衛어늘 衛使庾公之斯로 追之러니 子濯孺子曰 今日에 我疾作이라 不可以 執弓이로소니 吾死矣夫인저하고 問其僕曰 追我者誰 也오 其僕曰 庾公之斯也로소이다 曰吾生矣로다 其 僕曰 庾公之斯는 衛之善射者也어늘 夫子曰 吾生 은 何謂也잇고 曰 庾公之斯는 學射於尹公之他하 고 尹公之他는 學射於我하니 夫尹公之他는 端人 也라 其取友必端矣리라 庾公之斯至曰 夫子는 何爲不執弓고 曰 今日에 我疾作이라 不可以執弓 이로라 曰 小人은 學射於尹公之他하고 尹公之他는 學射於夫子하니 我不忍以夫子之道로 反害夫子하 노라 雖然이나 今日之事는 君事也라 我不敢廢라하 고 抽矢扣輪하여 去其金하고 發乘矢而後反하니라

(정인, 사자탁유자로, 침위, 위사유공지사, 추지, 자탁유자왈 금일, 아질작. 불가이집궁, 오사의부, 문기복왈, 추아자수야. 기복왈 유 공지사야. 왈 오생의. 기복왈 유공지사, 위지선사자야, 부자왈 오생, 하위야. 왈 유공지사, 학사어윤공지타, 윤공지타, 학사어아, 부윤공지타, 단인야. 기취우필단의. 유공지사지왈 부자, 하위부 집궁. 왈 금일, 아질작. 불가이집궁. 왈 소인, 학사어윤공지타, 윤공지타, 학사어부자, 아불인이부자지도, 반해부자. 수연, 금일 지사, 군사야. 아불감폐, 추시구륜, 거기금, 발승시이후반)

국역 정나라 사람들이 자탁유자로 하여금 위나라를 침략하 게 하였거늘, 위나라에서는 유공지사로 하여금 그를 추격 하게 하였다. 자탁유자가 말하였다. "오늘 나는 병이 나서

활을 잡을 수 없으니, 나는 아마 죽게 되나 보다."하고, 그
마부에게 물었다. "나를 추격해 오는 자는 누구인가?" 그
마부가 대답하였다. "유공지사입니다." "나는 살았구나."
그 마부가 말하였다. "유공지사는 위나라에서도 활쏘기를
잘하는 자인데, 부자께서 '내 살았구나'하니, 무슨 말입니
까?" "유공지사는 활쏘기를 윤공지타로부터 배웠고, 윤공
지타는 활쏘기를 나에게서 배웠으니, 대체로 윤공지타는
단정한 사람이라, 그가 벗을 취함에도 반드시 단정했을 것
이다." 유공지사가 이에 이르러 물었다. "부자께서는 어찌
하여 활을 잡지 않습니까?" "오늘 나는 병이 나서 활을
잡을 수가 없네." "소인은 활쏘기를 윤공지타에게 배웠고,
윤공지타는 활쏘기를 부자에게서 배웠으니, 나는 차마 부
자의 도로써 도리어 부자를 해칠 수 없습니다. 비록 그러
나 오늘의 일은 임금의 일이니, 제가 감히 폐지할 수 없습
니다."하고는 화살을 뽑아 수레바퀴에 두들겨, 그 활촉을
제거하여 네 개의 화살을 쏜 뒤에 돌아갔다.46)

---

46) 之, 語助也.(지는 어조사이다.) 僕, 御也.(복은 말을 모는 것이다.)
尹公他, 亦衛人也.(윤공타는 역시 위나라 사람이다.) 端, 正也.(단
은 단정함이다.) 孺子以尹公正人, 知其取友必正.(유자는 윤공이
단정한 사람이라 여겼으니, 그가 취한 벗이 반드시 단정한 줄 알
았던 것이다.) 故, 度庚公必不害己.(그러므로 유공이 반드시 자기
를 해치지 않을 것을 헤아렸던 것이다.) 小人, 庚公自稱也.(소인
은 유공의 자칭이다.) 金, 鏃也. 扣輪出鏃, 令不害人, 乃以射也.
(금은 화살촉이다. 바퀴에 두들겨 촉을 빼내어 사람을 해치지 않
게끔 하여, 바로 쏘려고 생각하였다.) 乘矢, 四矢也.(승시는 4개

(자의) ㅇ子濯孺子-정나라의 대부. ㅇ庾公之斯-위나라의 대부.
ㅇ疾-병 질. ㅇ僕-종 복. ㅇ誰-누구 수. ㅇ善-잘할 선. ㅇ尹公之
他-위나라의 사람. ㅇ端-단정할 단. ㅇ抽-뽑을 추. ㅇ扣-두드릴
구. ㅇ乘-전차 한 대를 네 마리의 말이 끈다는 것에서 넷을 상징.

(해설) 마음이 정직한 사람을 골라 친구로 삼거나 제자로 삼
아야지, 그렇지 못하면 큰 재앙을 당할 수도 있다. 이 모
두가 자기에게 책임이 있다. 이런 이치는 예(羿)와 방몽의
일, 유공지사와 자탁유자의 일에서 알 수 있다. 재주를 가
질 위인이 아닌데도 재주를 전하면, 재주는 물론 세상을
어지럽힌다. 공자는 논어(16-4)에서 유익한 벗과 해로운
벗에 관해 말하고 있다.

제25장 서시가 불결함을 뒤집어쓰다
(西子蒙不潔章 第二十五)

(25-1) 孟子曰 西子蒙不潔이면 則人皆掩鼻而過之니라

의 화살이다.) 孟子言使羿如子濯孺子得尹公他而教之, 則必無逢
蒙之禍.(맹자는, 가령 예가 '자탁유자'가 '윤공타'를 얻어서 그를
가르친 것과 같이 하였다면, 반드시 방몽의 재앙은 없었을 것이
라고 말하였다.) 然, 夷羿, 簒弑之賊, 蒙乃逆儔, 庾斯, 雖全私恩,
亦廢公義. 其事皆無足論者, 孟子蓋特以取友而言耳.(그러나 이예
는 군주를 시해하고 찬탈한 적이요, 방몽은 바로 역적의 무리이
니, 유공 사는 비록 사사로운 은혜를 온전히 하였으나, 역시 공론
을 폐하였으니, 그 일은 모두 충분히 논의할 만한 것이 못된다.
맹자는 대개 특히 벗을 취하는 것으로써 말하였을 뿐이다.)

(맹자왈 서자몽불결, 즉인개엄비이과지)

(국역) 맹자가 말씀하였다. "월나라의 절세미인인 서시(西施)라도 불결한 것을 덮어쓰면, 사람들이 모두 코를 막고 그를 지나갈 것이다."47)

(자의) ○蒙―입을 몽. ○掩―가릴 엄. ○鼻―코 비.

(25-2) 雖有惡人이라도 齊戒沐浴이면 則可以祀上帝니라

(수유악인, 재계목욕, 즉가이사상제)

(국역) 비록 추악한 모습을 가진 사람이라도 재계 목욕을 하면 상제께 제사를 지낼 수 있느니라.48)

(자의) ○齊―재계할 재. ○戒―재계할 계. ○沐―머리감을 목. ○浴―멱감을 욕.

(해설) 타고난 외모나 육체적인 조건보다는 몸과 마음의 수양이 더 값진 것이다. 외부는 그의 일면일 뿐이니 그 일면으로써 사람됨을 평가해서는 아니 된다. 전체를 종합해 관찰하여 그 속에 숨어있는 진실이나 장점을 파악하여 이용할 방도를 모색하는 것이 지혜로움이라 할 것이다.

---

47) 西子, 美婦人.(서자는 아름다운 부인이다.) 蒙, 猶冒也.(몽은 모자와 같다.) 不潔, 汙穢之物也.(불결은 더러운 물건이다.) 掩鼻, 惡其臭也.(엄비는 그 악취를 싫어하는 것이다.)

48) 惡人, 醜貌者也.(악인은 모습이 추악한 사람이다.) 尹氏曰 : 此章, 戒人之喪善, 而勉人以自新也.(윤씨가 말하였다. 이 장은 사람들이 선을 잃는 것을 경계하고, 사람들이 매우 스스로 새로워지게끔 고무 격려한 것이다.)

제26장　지혜로운 사람을 미워하는 까닭
(所惡於智者章 第二十六)

(26-1) 孟子曰 天下之言性也는 則故而已矣니 故者는 以 利爲本이니라

　　　(맹자왈 천하지언성야, 즉고이이의, 고자, 이리위본)

(국역) 맹자가 말씀하였다. "천하에서 성품을 말하는 것은, 본래의 까닭을 말하는 것일 뿐이니, 본래의 까닭이란 것은 이로운 것을 가지고 근본을 삼는 것이니라."49)

---

49) 性者, 人物所得以生之理也.(본성이란 사람과 물건이 태어남으로써 얻는 바의 이성이다.) 故者, 其已然之跡, 若所謂天下之故者 也.(존재 이유라는 것은, 그가 이미 그렇게 가진 자취이니, 소위 '천하의 존재 이유'와 같은 것이다.) 利, 猶順也, 語其自然之勢 也.(편리는 순응과 같다. 그것은 자연의 형세를 말한다.) 言事物 之理, 雖若無形而難知, 然, 其發見之已然, 則必有跡而易見.(사물의 이성은 비록 무형이어서 알기가 어려운 듯하나, 그러나 그 것은 발현되어 이미 그렇게 되어 있으면, 반드시 흔적을 가지고 있어 알아보기 쉬움을 말한 것이다.) 故, 天下之言性者, 但言其 故而理自明, 猶所謂善言天者必有驗於人也.(그러므로 천하에서 본성을 말하는 자들은, 단지 그 존재이유와 이성은 자명하여, 소위 하늘을 잘 말하는 자는 '하늘은 반드시 사람에게 경험을 있게 한다'.는 것과 같다고 말한다.) 然, 其所謂故者, 又必本其自 然之勢, 如人之善, 水之下, 非有所矯揉造作而然者也. 若人之爲 惡, 水之在山, 則非自然之故矣.(그러나 그 이른바 존재 이유라 는 것은, 또 반드시 본래 자연의 형세이니, 사람의 마음이 선함

자의 ㅇ故-본디 고, 까닭 고. 이유. ㅇ利-이로울 리.

(26-2) **所惡於智者는 爲其鑿也니 如智者若禹之行水也면
則無惡於智矣리라 禹之行水也는 行其所無事也시
니 如智者亦行其所無事면 則智亦大矣리라**

(소오어지자, 위기착야. 여지자약우지행수야, 즉무오어지의. 우지
행수야, 행기소무사야, 여지자역행기소무사, 즉지역대의)

국역 "지혜로움을 미워하는 것은 그것이 파헤치기 때문이다.
만일 지혜로운 자가 우임금이 물을 흘러가게 하는 것과
같이 한다면, 그 지혜로움 때문에 미워할 까닭이 없다. 우
임금이 물을 흘러가게 한 것은, 흘러가는 그곳에 아무 일
이 없게 한 것이니, 만약 지혜로운 자 역시 가는 그곳에
아무 일 없이 한다면, 지혜로움은 역시 위대할 것이다."50)

과 물이 아래로 흐르는 것과 같아야 하거늘, 일부러 꾸민 바가
있어 자연스럽지 못하다. 만약 사람이 악행을 하거나 물이 산으
로 오르고 있다는 것과 같다면, 자연적인 본래의 까닭은 아니기
때문이다.)

50) 天下之理, 本皆順利, 小智之人, 務爲穿鑿, 所以失之.(천하의 이
성은 본래 모두 편리에 순응하거늘, 작은 지혜를 가진 사람들은
천착에 힘쓰니, 그러니까 그것을 잃게 되는 것이다.) 禹之行水,
則因其自然之勢而導之, 未嘗以私智穿鑿而有所事.(우왕이 물을
흘러가게 한 것은, 곧 그것이 자연의 형세에 따르게 그것을 인
도한 것이요, 일찍이 사사로운 지혜로써 천착하여, 일하는 바가
있지는 않았다.) 是以, 水得其潤下之性而不爲害也.(이 때문에 물
이 가진 그 윤하의 성질을 터득하여 해가 되지 않았던 것이다.)

자의 ㅇ鑿-뚫을 착, 팔 착. ㅇ行其所-가는 그곳에.

(26-3) 天之高也라 星辰之遠也나 苟求其故면 千歲之日
至를 可坐而致也니라
(천지고야. 성신지원야, 구구기고, 천세지일지, 가좌이치야)

국역 "하늘은 높고 별은 멀리 있으나, 진실로 그 본디의 까
닭을 탐구한다면, 천년간의 동지와 하지를 앉아서도 이를
것이다."51)

---

51) 天雖高, 星辰雖遠, 然, 求其已然之跡, 則其運有常. 雖千歲之久,
其日至之度, 可坐而得.(하늘은 비록 높고, 성신은 비록 멀리 있
으나, 그러나 그것들의 이미 그렇게 된 자취를 찾아보면, 그 운
행에 불변의 법칙이 있어, 비록 천년이나 오래되더라도 그 동지
와 하지의 도수는 앉아서도 알 수 있다.) 況於事物之近, 若因其
故而求之, 豈有不得其理者, 而何以穿鑿爲哉.(하물며 가까이 있
는 사물에서, 만약 본래의 존재 이유에 따라 그것을 찾으면, 어
찌 그 이치를 터득할 수 없을 것이 있어서, 어떻게 천착만 하겠
는가?) 必言日至者, 造曆者以上古十一月甲子朔夜半冬至爲曆元
也.(반드시 동지 하지라고 말한 것은, 책력을 만드는 자가 상고
시대의 11월 갑자삭 야반에 동지가 든 날로써 책력의 기원을 삼
았기 때문이다.) 程子曰 : 此章, 專爲智而發.(정자가 말하였다.
이 장은 오로지 지혜를 위하여 말한 것이다.) 愚謂事物之理, 莫
非自然. 順而循之, 則爲大智. 若用小智而鑿以自私, 則害於性而
反爲不智.(내가 생각건대, 사물의 이치는 자연이 아닌 것이 없으
니, 순응하여 그것을 따르면 큰 지혜가 된다. 만약 작은 지혜를
사용하여 사리사욕으로써 천착하면, 본성에 해가 되어 도리어 지
혜롭지 못하게 될 것이다.) 程子之言, 可謂深得此章之旨矣.(정자
의 말은, 깊이 이 장의 요지를 알았다고 이를 만하다.)

[자의] ㅇ日至-동지와 하지.

[해설] 성품(性稟)은 인간존재의 원형질이라 할 수 있지만 구체적으로 나타난 것이 아니므로 파악할 수가 없다. 그래서 그 성품의 현실적 표현유형을 여기서는 고(故)라고 하여 그것을 짐작으로 알아내려고 한다. 그러나 그 표현의 유형은 오직 일면의 유형일 뿐인데도 그것을 전부에 적용하려는 지혜 때문에 성품을 바로 볼 수 없게 된다. 결국 하나의 이론을 전체에 적용하려는 무리 때문에 오류가 생기고 비용이 많이 든다. 그러므로 우왕의 치수공사에서 보듯이 경험한 전체를 종합하여 합리적으로 접근함이 성품에 맞게 일을 처리하는 방식이 된다.

제27장 맹자는 우사와 말하지 아니했다
(孟子不與右師言章 第二十七)

(27-1) 公行子有子之喪이어늘 右師往弔할새 入門커늘 有
進而與右師言者하며 有就右師之位而與右師言者
러니

(공행자유자지상, 우사왕조, 입문, 유진이여우사언자, 유취우사지
위이여우사언자)

[국역] 공행자가 아들의 상을 당했거늘, 우사가 가서 조문을 할 적에, 문에 들어가자 달려나가 우사와 더불어 말하는 자가 있었으며, 우사가 자리에 나아가자 그 자리로 가서 우사와 더불어 말하는 자가 있었다.[52]

자의 ○公行子－제나라 대부. ○弔－조상할 조. ○就－나아갈 취.

(27-2) 孟子不與右師言하신대 右師不悅曰 諸君子皆與
驩言이어늘 孟子獨不與驩言하시니 是는 簡驩也로다
(맹자불여우사언. 우사불열왈 제군자개여환언, 맹자독불여환언,
시, 간환야)

국역 맹자는 우사와 더불어 말하지 않았다. 우사가 기뻐하
지 않으며 말하였다. "여러 군자들은 모두 나[驩]와 더불
어 말하거늘, 맹자는 홀로 나와 더불어 말하지 않으시니,
이것은 나를 소홀히 하는 것이다."53)

자의 ○悅－기쁠 열. ○驩－기뻐할 환(＝歡). 우사의 이름. ○簡－소
홀할 간.

(27-3) 孟子聞之하시고 曰 禮에 朝廷에 不歷位而相與言하
며 不踰階而相揖也하나니 我欲行禮어늘 子敎以我
爲簡하니 不亦異乎아
(맹자문지, 왈 예, 조정, 불력위이상여언, 불유계이상읍야. 아욕
행례, 자오이아위간, 불역이호)

국역 맹자가 그 말을 듣고 말씀하였다. " '예'에 '조정에서는
남의 자리를 지나가서 서로 더불어 이야기하지 않으며, 계
단을 넘어 서로 읍하지 아니한다.'고 하나니, 나는 예를 행
하고자 하였거늘, 자오는 내가 소홀히 하였다고 여기니,

---

52) 公行子, 齊大夫.(공행자는 제나라 대부이다.) 右師, 王驩也.(우사
는 왕환이다.)
53) 簡, 略也.(간은 간략한 것이다.)

역시 이상하지 아니한가?"54)

(자의) ㅇ歷-지낼 력. ㅇ踰-넘을 유. ㅇ階-섬돌 계. ㅇ揖-읍할 읍.
ㅇ子敖-우사 왕환의 자(字). ㅇ敖-거만할 오. ㅇ以--~여기다.

(해설) 상가에서 문상을 할 적에는 문상하는 예에 따라야 한다.
그런데 사람들은 문상하는 자리에서도 어떤 인물이 나타나
면 오히려 거기에 기울어지니, 본말의 전도이며, 소인의 행
태일 뿐이다. 세상은 그때나 지금이나 비슷했던 것 같다.

제28장 하루아침의 걱정은 없다
(無一朝之患章 第二十八)

(28-1) 孟子曰 君子所以異於人者는 以其存心也니 君子

---

54) 是時, 齊卿大夫以君命弔, 各有位次.(이때에 제나라 경대부들이
임금의 명으로써 조문을 가서는, 각기 자리 순서가 있었다.) 若
周禮, 凡有爵者之喪禮, 則職喪, 涖其禁令, 序其事.(만약 '주례'에
의하면, 모든 관작이 있는 자의 상례에는, 직상(職喪)이 그 금령
을 가지고 임하여, 그 일의 순서를 정했다.) 故, 云朝廷也.(그러
므로 조정 운운하였던 것이다.) 歷, 更涉也.(역은 지나가는 것이
다.) 位, 他人之位也.(위는 타인의 자리이다.) 右師未就位而進與
之言, 則右師歷己之位矣, 右師已就位而就與之言, 則己歷右師之
位矣.(우사가 아직 자리에 나아가지 않았는데, 나아가서는 그와
더불어 말한다면, 우사가 자기의 자리를 지나간 것이 되고, 우사
가 이미 자리에 나아가서, 나아가는 그와 더불어 말을 한다면,
자기가 우사의 자리를 지나간 것이 된다.) 孟子右師之位, 又不
同階, 孟子不敢失此禮, 故, 不與右師言也.(맹자와 우사의 지위
는, 또 계급이 같지 않으니, 맹자가 감히 이런 예를 잃을 수 없
어서, 그러므로 우사와 더불어 말을 하지 않았던 것이다.)

는 **以仁存心**하며 **以禮存心**이니라

(맹자왈 군자소이이어인자, 이기존심야, 군자, 이인존심, 이례존심)

국역 맹자가 말씀하였다. "군자가 다른 사람들과 다른 까닭은 그 마음을 보존하기 때문이니, 군자는 인으로써 마음을 보존하며, 예로써 마음을 보존하느니라."55)

(28-2) **仁者**는 **愛人**하고 **有禮者**는 **敬人**하나니

(인자, 애인, 유례자, 경인)

국역 "인자한 사람은 남을 사랑하고, 예의가 있는 사람은 남을 공경하느니,"56)

(28-3) **愛人者**는 **人恒愛之**하고 **敬人者**는 **人恒敬之**니라

(애인자, 인항애지, 경인자, 인항경지)

국역 "남을 사랑하는 사람은 남이 항상 그를 사랑하고, 남을 공경하는 사람은 남이 항상 그를 공경하느니라."57)

(28-4) **有人於此**하니 **其待我以橫逆**이어든 **則君子必自反也**하여 **我必不仁也**며 **必無禮也**로다 **此物**이 **奚宜至哉**오하나니라

(유인어차, 기대아이횡역, 즉군자필자반야, 아필불인야, 필무례야. 차물, 해의지재)

---

55) 以仁禮存心, 言以是存於心而不忘也.(인과 예로써 마음을 보존한다는 것은, 이것을 마음에 보존함으로써 잊지 않음을 말한다.)
56) 此仁禮之施.(이것은 인과 예의 시행이다.)
57) 此仁禮之驗.(이것은 인과 예의 효험이다.)

(국역) "여기에 한 사람이 있어서 그가 나를 횡포한 행동으로써 대하면, 군자는 반드시 스스로 반성하여, 내가 반드시 인자하지 못하였으며, 반드시 무례했을 것이야. 이런 일이 어찌 마땅히 이를 수 있었겠는가?"58)

(자의) ㅇ橫-가로 횡. ㅇ逆-거꾸로 역. ㅇ橫逆-무리한 처사, 횡포한 행위. ㅇ奚-어찌 해.

(28-5) 其自反而仁矣로되 自反而有禮矣로되 其橫逆이 由 (猶)是也어든 君子必自反也하여 我必不忠이로다하 나니라

(기자반이인의, 자반이유례의, 기횡역, 유(유)시야, 군자필자반야, 아필불충)

(국역) "그 스스로 반성하여 인자하였으며, 스스로 반성하여 예의를 가졌으되, 그 횡역함이 그와 같거든, 군자는 반드시 스스로 반성하여 나는 반드시 충성스럽지 못했을 것이다."59)

(28-6) 自反而忠矣로되 其橫逆이 由是也어든 君子曰 此 亦妄人也已矣로다하나니 如此면 則與禽獸奚擇哉리

---

58) 橫逆, 謂强暴不順理也.(횡역은 강포하여 이치에 순응하지 않음을 말한다.) 物, 事也.(물은 사건이다.)

59) 忠者, 盡己之謂.(충이란 자기 마음을 다하는 것을 이른다.) 我必不忠, 恐所以愛敬人者, 有所不盡其心也.(내가 반드시 충성스럽지 못하다는 것은, 남을 사랑하고 공경하는 까닭이, 그 마음을 다하지 못하는 바가 있을까 두려워하기 때문이다.)

오 **於禽獸**에 **又何難焉**이리오

(자반이충의, 기횡역, 유시야, 군자왈 차역망인야이의. 여차, 즉
여금수해택재. 어금수, 우하난언)

[국역] 스스로 반성하여 충성스러웠으되, 그 횡역이 그와 같
거든, 군자는 말하기를, "이 자는 역시 망령된 사람일 뿐
이다. 그와 같다면 금수와 더불어 어찌 가릴 수 있겠는가?
금수에게 또 무슨 비난을 하겠는가?" 하였다.60)

[자의] ㅇ妄—망령될 망. ㅇ奚—어찌 해. ㅇ擇—가릴 택.

(28-7) **是故**로 **君子有終身之憂**요 **無一朝之患也**니 **乃若
所憂則有之**하니 **舜**도 **人也**며 **我亦人也**로되 **舜**은
爲法於天下하사 **可傳於後世**어시늘 **我**는 **由(猶)未
免爲鄕人也**하니 **是則可憂也**라 **憂之如何**오 **如舜
而已矣**니라 **若夫君子所患則亡矣**니 **非仁無爲也**며
非禮無行也라 **如有一朝之患**이라도 **則君子不患矣**
니라

(시고, 군자유종신지우야, 무일조지환야, 내약소우즉유지, 순, 인야,
아역인야, 순, 위법어천하, 가전어후세, 아, 유(유)미면위향인야,
시즉가우야. 우지여하. 여순이이의. 약부군자소환즉망의, 비인무
위야, 비례무행야. 여유일조지환, 즉군자불환의)

[국역] 이 때문에 군자는 평생의 근심은 있어도, 하루아침의

---

60) 奚擇, 何異也.(해택은 어찌 다름이다.) 又何難焉, 言不足與之校
也.(또 무엇을 비난할 것이 있겠는가는, 충분히 더불어 헤아릴
것(校)이 없다는 말이다.)

걱정은 없으니, 이에 만약 근심하는 것이라면 이런 것이
있다. "순도 사람이고, 나 역시 사람이로되, 순은 천하에
모범이 되어 후세에 전할 수 있었거늘, 나는 아직 시골사
람이 됨을 면치 못했으니, 이것이 곧 근심할 만한 것이라."
근심은 어떻게 하는가? 순과 같이 할 뿐이니라. 만약 대저
군자라면 근심할 것이 없으니, 인이 아니면 하지 않으며,
예가 아니면 행하지 않기 때문이다. 하루아침의 걱정거리
가 있다 하더라도 군자는 걱정하지 아니한다.61)

(자의) ○終身-평생. ○憂-근심 우. ○患-근심 환. 걱정하다. ○若-
만약 ~이라면. ○法-법 법. 표준, 모범.

(해설) 남과의 인간관계에서 원만하지 못할 경우 일단 자기를
반성하여 그 원인을 스스로 고치면 된다. 그러나 그 원인
이 나에게 있지 않을 경우 그 상대는 인간이 아니므로 상
대하지 않으면 된다. 군자는 순임금과 같은 인물에 이상을
두고 이에 다가서지 못함을 근심해야지, 금수의 무례를 마
음에 두어 걱정하지 아니해야 한다.

제29장 하우와 후직과 안회는 뜻이 같았다
(禹稷顔回同道章 第二十九)

(29-1) 禹稷이 當平世하여 三過其門而不入하신대 孔子賢

---

61) 鄕人, 鄕里之常人也.(향인은 향리의 보통사람이다.) 君子存心不
苟, 故無後憂.(군자는 마음을 보존하는 데 구차히 하지 않는다.
그러므로 이후로 근심이 없는 것이다.)

之하시니라

(우직, 당평세, 삼과기문이불입, 공자현지)

국역 우왕과 후직이 평화로운 세상을 당하여서도, 세 번 그 문앞을 지나면서도 들어가지 못하였는데, 공자가 그들을 어질게 여기셨다.62)

자의 ㅇ禹－하나라 시조. ㅇ稷－주나라 시조 후직(后稷).

(29-2) **顔子當亂世**하여 **居於陋巷**하사 **一簞食**와 **一瓢飲**을 **人不堪其憂**어늘 **顔子不改其樂**하신대 **孔子賢之**하시

니라

(안자당란세, 거어누항, 일단사, 일표음, 인불감기우, 안자불개기락, 공자현지)

국역 안자가 난세를 당하여 누추한 골목에서 거처하며 한 도시락의 밥과 한 바가지의 마실 것으로 지냈으나, 사람들은 그 근심을 감내하지 못했거늘, 안자는 그 즐거움을 바꾸지 않았으니, 공자께서 그를 어질게 여기셨다.

자의 ㅇ陋－추할 루. ㅇ巷－거리 항. ㅇ簞－밥그릇 단. ㅇ瓢－바가지 표. ㅇ堪－견딜 감.

(29-3) **孟子曰 禹稷顔回同道**하니라

(맹자왈 우직안회동도)

국역 맹자가 말씀하였다. "우왕과 후직과 안회는 도가 같다."63)

---

62) 事見前篇.(일이 전편에 보인다.)

63) 聖賢之道, 進則救民, 退則修己, 其心一而已矣.(성현의 도는 나

(29-4) 禹는 思天下有溺者어든 由(猶)己溺之也하시며 稷
은 思天下有飢者어든 由己飢之也하시니 是以로 如
是其急也시니라

(우, 사천하유닉자, 유(유)기닉지야, 직, 사천하유기자, 유기기지
야, 시이, 여시기급야)

(국역) "우왕은 천하에 물에 빠진 사람이 있으면 자기가 빠뜨
린 것같이 생각했고, 직은 천하에 굶주린 자가 있으면 자
기가 굶긴 것같이 생각하였다. 이 때문에 이와 같이 그렇
게 급했던 것이니라."64)

(자의) ㅇ溺-빠질 닉. ㅇ飢-굶주릴 기.

(29-5) 禹, 稷, 顔子易地則皆然이시리라

(우, 직, 안자역지즉개연)

(국역) "우왕과 후직과 안자가 그 처지를 바꾼다 하더라도 곧
다 그랬을 것이다."65)

___

아가면 백성을 구제하고, 물러가면 몸을 닦으니, 그 중심은 하나
일 뿐이다.)

64) 禹稷, 身任其職, 故, 以爲己責而救之急也.(우왕과 후직은 자신이
그 직책을 맡았다. 그러므로 자기의 책임으로 여겨, 구제하기를
급하게 한 것이다.)

65) 聖賢之心無所偏倚, 隨感而應, 各盡其道.(성현의 마음은 편벽되
고 치우친 바가 없어서, 감동함에 따라 부응하여, 각기 그 도를
다한다.) 故, 使禹稷居顔子之地, 則亦能樂顔子之樂, 使顔子居禹
稷之任, 亦能憂禹稷之憂也.(그러므로 가령 우왕과 후직이 안자
의 처지에 있었다면, 역시 능히 안자의 낙을 즐거워했을 것이요,
가령 안자가 우왕과 후직의 책임에 살았다면, 역시 능히 우왕과

(29-6) 今有同室之人鬪者어든 救之하되 雖被髮纓冠而救
之라도 可也니라

(금유동실지인투자, 구지, 수피발영관이구지, 가야)

국역 "그런데 지금 한집에 같이 있는 사람이 싸우거든 그를
구하는데, 비록 두발과 갓끈을 풀어헤치고 그를 구하더라
도 되느니라."66)

자의 ㅇ鬪-싸울 투. ㅇ被-이불 피. 덮다, 걸치다. ㅇ髮-머리 발.
ㅇ纓-갓끈 영. ㅇ冠-갓 관. ㅇ救-구원할 구. 막다, 제지하다.

(29-7) 鄕鄰에 有鬪者어든 被髮纓冠而往救之면 則惑也니
雖閉戶라도 可也니라

(향린, 유투자, 피발영관이왕구지, 즉혹야, 수폐호, 가야)

국역 "동네 이웃에 싸우는 자가 있거든 두발과 갓끈을 풀어
헤치고 가서 그를 구하면, 미혹한 행동이니 비록 문을 닫
더라도 되느니라."67)

후직의 근심을 걱정했을 것이다.)

66) 不暇束髮, 而結纓往救, 言急也. 以喩禹稷.(머리를 묶을 겨를이
없어, 갓끈만 매고 가서 구하는 것이니, 급함을 말한 것이다. 이
는 우왕과 후직을 비유한 것이라 여긴다.)

67) 喩顔子也.(안자를 비유한 것이다.) 此章, 言聖賢, 心無不同, 事
則所遭或異, 然, 處之各當其理, 是乃所以爲同也.(이 장은, 성현
은 마음은 같지 않음이 없고, 일은 만나는 바가 혹시 다르다. 그
러나 대처함에 각기 그 이치에 합당하니, 이것이 바로 같게 되
는 까닭임을 말한 것이다.) 尹氏曰 : 當其可之謂時, 前聖後聖,
其心一也, 故, 所遇皆盡善.(윤씨가 말하였다. 그 가함에 합당함
을 때라고 이르니, 앞 성인과 뒷 성인이 그 마음이 똑같다. 그러

자의 ○鄰-이웃 린. ○惑-미혹할 혹. ○閉-닫을 폐. ○戶-집 호. 문. ○閉戶-문을 닫아 잠그다.

해설 하우와 후직과 안회는 처지와 행동이 달랐지만 모두 진리를 실천하였던 점에서는 같았다. 바쁘게 움직여야 할 때는 바쁘게 움직이는 것이, 느긋하게 있어야 할 때는 느긋하게 있는 것이 진리일 것이니, 진리가 실현되는 모습은 상황에 따라 다르게 나타난다. 같은 방에 있는 사람이 서로 싸울 때는 머리를 묶을 틈이 없이 재빨리 뜯어말리는 것이 진리이지만, 이웃집이나 멀리 있는 동네 사람의 싸움에는 가만히 있는 것이 진리이다. 따라서 우와 직, 안회의 처지가 달랐기 때문에 행동이 달랐던 것일 뿐이다.

제30장 광장(匡章章 第三十)

(30-1) **公都子曰 匡章을 通國이 皆稱不孝焉이어늘 夫子 與之遊하시고 又從而禮貌之하시니 敢問何也잇고**
(공도자왈 광장, 통국, 개칭불효언, 부자여지유, 우종이예모지, 감문하야)

국역 공도자가 말하였다. "광장은 전국의 사람들이 모두 그를 불효하다고 하거늘, 선생께서는 그와 교유하시고, 또 상종하면서 예모를 갖추시니, 감히 묻는데 어째서입니까?"68)

므로 만나는 장소마다 모두 선을 다하는 것이다.)

자의 ㅇ匡－바로잡을 광. ㅇ匡章－제나라 장군. ㅇ通國－전국. ㅇ遊－
놀 유. ㅇ禮貌－예의.

(30-2) 孟子曰 世俗所謂不孝者五니 惰其四支하여 不顧
父母之養이 一不孝也요 博奕好飮酒하여 不顧父
母之養이 二不孝也요 好貨財하며 私妻子하여 不
顧父母之養이 三不孝也요 從耳目之欲하여 以爲
父母戮이 四不孝也요 好勇鬪很하여 以危父母가
五不孝也니 章子有一於是乎아

(맹자왈 세속소위불효자오, 타기사지, 불고부모지양, 일불효야.
박혁호음주, 불고부모지양, 이불효야. 호화재, 사처자, 불고부모
지양, 삼불효야. 종이목지욕, 이위부모륙, 사불효야. 호용투한,
이위부모, 오불효야. 장자유일어시호)

국역 맹자가 말씀하였다. "세속에서 이른바 불효라는 것이
다섯이니, 그 사지를 게을리하여 부모의 봉양을 돌보지 않
음이 첫번째 불효요, 장기와 바둑과 음주를 좋아하여 부모
의 봉양을 돌보지 않음이 두번째 불효요, 재물을 좋아하며
처자만을 편애하여 부모의 봉양을 돌보지 않음이 세번째
불효요, 귀와 눈의 욕구에 종속하여 부모를 욕되게 여기는
것이 네번째 불효요, 용기를 좋아하여 싸우고 사나워 부모
를 매우[以] 위태롭게 함이 다섯번째 불효이니, 장자는 이

---

68) 匡章, 齊人.(광장은 제나라 사람이다.) 通國, 盡一國之人也.(통국
은 온 나라의 모든 사람이다.) 禮貌, 敬之也.(예모는 그를 존경
하는 것이다.)

것에서 하나라도 있는가?"69)

(자의) o惰-게으를 타. o支-(=肢也). o顧-돌아볼 고. o博-장기 박. o弈-바둑 혁. o私-편애할 사. o戮-욕될 륙. o很-사나울 한(=狠). o章子-광장의 경칭.

(30-3) 夫章子는 子父責善而不相遇也니라

(부장자, 자부책선이불상우야)

(국역) "대저 장자는 아들과 아버지가 선을 요구하다가 서로 맞지 아니한 것이니라."70)

(자의) o責-요구하다, 따지다. o遇-만날 우.

(30-4) 責善은 朋友之道也니 父子責善은 賊恩之大者니라

(책선, 붕우지도야, 부자책선, 적은지대자)

(국역) "선을 요구하는 것은 붕우 사이의 도리이니, 부자간에서 선을 요구하는 것은 사랑을 해치는 것 중에서 가장 큰 것이니라."71)

(자의) o賊-해치다, 상하게 하다. o恩-사랑 은.

---

69) 戮, 羞辱也.(육은 부끄럽고 욕됨이다.) 很, 忿戾也.(한은 성내어 다툼이다.)

70) 遇, 合也.(우는 합함이다.) 相責以善而不相合, 故, 爲父所逐也. (서로 선으로써 요구하다가 뜻이 서로 합하지 못하였다. 그러므로 아버지에게 축출당한 것이다.)

71) 賊, 害也.(적은 해침이다.) 朋友, 當相責以善. 父子行之, 則害天性之恩也.(붕우는 당연히 서로 선을 요구해야 한다. 부자간에 이를 행하면 천성의 은혜를 해치게 된다.)

(30-5) **夫章子**는 **豈不欲有夫妻子母之屬哉**리오마는 **爲得 罪於父**하여 **不得近**이라 **出妻屛子**하여 **終身不養焉** 하니 **其設心**에 **以爲不若是**면 **是則罪之大者**라하니 **是則章子已矣**니라

(부장자, 기불욕유부처자모지속재, 위득죄어부, 부득근. 출처병 자, 종신불양언, 기설심, 이위불약시, 시즉죄지대자, 시즉장자 이의)

국역 "대저 장자가 어찌 부처(夫妻)와 자모(子母)의 가속 (家屬)이 있기를 바라지 않겠는가마는, 아버지께 죄를 얻 었기 때문에 가까이할 수 없었다. 아내를 내보내고 아들을 물리쳐서 종신토록 봉양을 받지 않았으니, 그 마음을 세움 에, 그렇게 하지 않으면 그것이 곧 죄가 커지는 것이라고 여겼던 것이니, 이것이 곧 장자일 뿐이다."72)

---

72) 言章子非不欲身有夫妻之配, 子有子母之屬, 但爲身不得近於父, 故, 不敢受妻子之養, 以自責罰. 其心, 以爲不如此, 則其罪益大 也.(장자는 자신이 부·처의 배필이 있고, 자식이 자·모의 가속 이 있기를 바라지 않는 것은 아니었으나, 단지, 자신이 아버지에 게 접근할 수 없어서, 그러므로 감히 처자의 봉양을 받지 않고, 그리고 스스로 벌을 요구하였는데, 그 마음에, 이와 같이 하지 않으면, 그 죄가 더 크다고 여긴 것이다.) 此章之旨, 於衆所惡而 必察焉, 可以見聖賢至公至仁之心矣.(이 장의 요지는 여러 사람 이 미워하는 바에 있어서도 반드시 그것을 고찰하니, 성현의 지 공·지인의 마음을 볼 수 있다.) 楊氏曰 : 章子之行, 孟子非取之 也, 特哀其志而不與之絶耳.(양씨가 말하였다. 장자의 행실은, 맹 자가 그것을 취한 것이 아니라, 특히 그 뜻을 가엾게 여겨, 그와 더불어 절교하지 않았을 뿐이다.)

(자의) ○豈-어찌 기. ○屛-물리칠 병. ○以爲-여기다.

(해설) 제나라 사람 광장은 책선(責善) 때문에 부친의 노여움을 사 처자와 별거하고 있었다. 세상 사람들이 그를 불효자라고 비방을 하건만 맹자는 그와 교유하면서 예모를 갖추었다. 맹자는 자학적인 행위로써 자신을 관리하는 그의 도리를 인정했던 것이다. 광장의 부자간에 논의된 책선문제는 이렇다. 광장의 모친이 그의 부친에게 잘못을 저질러서 부친이 그의 모친을 죽여 마판 밑에다 묻어버렸다. 광장은 이 일에 대해 여러 차례 모친을 용서하고 다른 데로 이장할 것을 권했으나 부친은 끝내 들어주지 않았다. 그래서 부친이 회개하지 않는 이상 자기도 처자의 봉양을 받을 수 없다고 하여 처자와 별거했던 것이다. 그의 부친은 끝내 마음을 돌리지 않고 그대로 죽었고, 광장도 처자와 별거한 채 혼자 살았으며, 모친도 이장하지 않았다. 그 뒤 위왕(威王) 때 광장이 진(秦)나라의 침공을 막았을 적에 위왕은 모친의 이장을 권유했으나, 그렇게 하면 죽은 부친의 심지(心志)를 속이는 것이 되므로 부당하다고 하여 그대로 두었다고 한다.

제31장 증자가 무성에서 지내다
(曾子居武城章 第三十一)

(31-1) 曾子居武城하실새 有越寇러니 或曰 寇至하나니 盍去諸리오한대 曰 無寓人於我室하여 毁傷其薪木하라

寇退한대 則曰 修我牆屋하라 我將反하리라 寇退어늘 曾子反하신대 左右曰 待先生이 如此其忠且敬也어늘 寇至則先去하여 以爲民望하시고 寇退則反하시니 殆於不可로소이다 沈猶行曰 是는 非汝所知也라 昔에 沈猶有負芻之禍어늘 從先生者七十人이 未有與焉이라하니라

(증자거무성, 유월구, 혹왈 구지, 합거저, 왈 무우인어아실, 훼상기신목. 구퇴, 즉왈 수아장옥. 아장반. 구퇴, 증자반, 좌우왈 대선생, 여차기충차경야, 구지즉선거, 이위민망, 구퇴즉반, 태어불가. 심유행왈 시, 비여소지야. 석, 심유유부추지화, 종선생자칠십인, 미유여언)

국역 증자가 무성에 거처할 적에, 월나라의 침략이 있었으니, 혹자가 말하였다. "침략군이 이르렀으니, 어찌 떠나지 않습니까?" "내 집에 사람을 들이고, 그 신목을 훼상함이 없게 하라." 침략군이 후퇴함에, 곧 말하기를 "내 담과 집을 수리하라. 내 곧 돌아가리라." 침략군이 물러가고 증자가 돌아왔는데, 좌우에서 말하기를 "선생을 대우함이 그가 충성스럽고 또 공경하였거늘 침략군이 이르면 먼저 떠나서, 그리고 백성들이 바라보게 하고, 침략군이 후퇴함에 돌아오시니, 거의 불가한 듯합니다."고 하자, 심유행이 말하였다. "이것은 너희들이 알 수 있는 것이 아니다. 옛날 심유씨 집에 부추(負芻)의 화가 있었거늘, 선생을 따르는 자 70인이 거기에 참여함이 있지 않았다."[73]

자의 ㅇ越-나라 월. ㅇ寇-도적 구. ㅇ或-혹이 혹. ㅇ盍-하불(何

不) 합. ㅇ諸-(=之乎). ㅇ寓-맡길 우. ㅇ毁-헐 훼. ㅇ薪-땔나무
신. ㅇ牆-담 장. ㅇ殆-위태할 태. ㅇ殆於-거의. ㅇ沈猶-노나라
의 이름난 성(姓). ㅇ芻-꼴 추.

(31-2) **子思居於衛**하실새 **有齊寇**러니 **或曰 寇至**하나니 **盍去**
諸리오한대 **子思曰 如伋去**면 **君誰與守**리오하시니라
(자사거어위, 유제구, 혹왈 구지, 합거저, 자사왈 여급거, 군수
여수)

(국역) 자사가 위나라에 거처할 적에 제나라의 침략이 있었으
니, 혹자가 말하였다. "침략군이 이르렀으니, 어찌 떠나가
지 않으십니까?" 자사가 대답하였다. "만약 내[伋]가 떠
나가면 주군은 누구와 더불어 이곳을 지킬 것인가?"74)

(자의) ㅇ諸-(=之乎). ㅇ伋-이름 급. ㅇ誰-누구 수.

---

73) 武城, 魯邑名.(무성은 노나라 고을 이름이다.) 盍, 何不也.(합은
어찌 아니함이다.) 左右, 曾子之門人也.(좌우는 증자의 문인들이
다.) 忠敬, 言武城之大夫, 事曾子忠誠恭敬也.(충경은, 무성의 대
부가 증자를 섬기기를 충성과 공경스럽게 함을 말한다.) 爲民望,
言使民望而效之.('위민망'은 백성들로 하여금 바라보고, 그것을
본받게 함을 말한다.) 沈猶行, 弟子姓名也. 言曾子嘗舍於沈猶氏,
時有負芻者作亂, 來攻沈猶氏, 曾子率其弟子去之, 不與其難.(심
유행은 제자의 성명이다. 증자가 일찍이 심유씨 집에 머물렀는
데, 당시 부추라는 자가 난을 일으켜, 와서 심유씨를 공격하는
일이 있었는데, 증자는 그 제자들을 거느리고 그곳을 떠나가서,
그 난리에 참여하지 않은 것을 말하였다.) 言師賓不與臣同.(스승
과 손님은 신하와 더불어 똑같지 않음을 말한 것이다.)

74) 言所以不去之意如此(떠나가지 않는 이유의 의미를 이와 같이
말한 것이다.)

(31-3) 孟子曰 曾子子思同道하니 曾子는 師也며 父兄也
요 子思는 臣也며 微也니 曾子子思易地면 則皆然
이시리라

(맹자왈 증자자사동도, 증자, 사야, 부형야. 자사, 신야, 미야, 증
자자사역지, 즉개연)

국역 맹자가 말씀하였다. "증자와 자사는 도가 같았다. 증자
는 스승이며, 부형이셨다. 자사는 신하이며 지위가 낮았으
니, 증자와 자사가 처지를 바꾸더라도 모두 그랬을 것이
다."75)

자의 ㅇ微-작을 미. 낮다. ㅇ易-바꿀 역.

해설 외관상 증자와 자사의 행동은 정반대다. 둘 다 저마다
그 처지에 맞는 행동을 한 것이다. 성현지도에 일관성이

---

75) 微, 猶賤也.(미는 천함과 같다.) 尹氏曰 : 或遠害, 或死難, 其事
不同者, 所處之地不同也.(윤씨가 말하였다. 혹은 침해를 멀리 피
하고, 혹은 곤난에 죽기도 하여, 그 일이 똑같지 않아, 처지가
똑같지 않기 때문이다.) 君子之心, 不繫於利害, 惟其是而已, 故,
易地則皆能爲之.(군자의 마음은, 이해관계에 매이지 않고, 오직
그는 옳을 뿐이다. 그러므로 처지를 바꾸면 모두 능히 그것을
할 수 있는 것이다.) 孔氏曰 : 古之聖賢, 言行不同, 事業亦異, 而
其道, 未始不同也. 學者知此, 則因所遇而應之, 若權衡之稱物,
低昂屢變, 而不害其爲同也.(공씨가 말하였다. 옛 성현은 언행이
같지 않고, 사업이 역시 달랐으나, 그 도는 아직 일찍이 같지 않
은 것이 없었다. 학자는 이것을 알면, 만나는 바에 따라 그에 대
응하기를, 저울로 물건의 무게를 다는 것과 같이하여, 오르내림
이 여러번 변하나, 그것이 같게 됨을 해치지 않는다.)

있는 것이다. 예컨대 남의 나라나 남의 집에 초빙되어 손
님으로 가 있을 적에, 그곳에 위난(危難)이 있더라도 그것
에는 책임이 없다. 그러므로 거기에 말려들 필요가 없다.
그러나 그 나라의 신하로 있다면 나라의 안전을 위해 그
일에 책임을 져야 한다. 따라서 증자가 무성에 있을 적에
는 스승으로 초빙되어 있었고, 심유씨 집에 있을 적에는
심유행의 선생이었을 뿐이다. 그런데 자사가 위나라에 있
을 적에는 신하로 있었으니, 각각 처지가 달라서일 뿐이고
행동의 원리는 같다.

제32장 왕이 사람을 시켜 선생님을 엿보게 하였다
(使人瞷夫子章 第三十二)

(32-1) **儲子曰 王**이 **使人瞷夫子**하나니 **果有以異於人乎**잇
가 **孟子曰 何以異於人哉**리오 **堯舜**도 **與人同耳**시
니라
(저자왈 왕, 사인간부자, 과유이이어인호. 맹자왈 하이이어인재.
요순, 여인동이)

(국역) 저자가 물었다. "왕이 사람으로 하여금 선생님을 엿보
게 하였으니, 과연 사람들로부터 차이가 있습니까?" 맹자
가 말씀하였다. "어째서 사람들로부터 다르겠는가? 요순도
사람들과 똑같을 뿐이니라."76)

---

76) 儲子, 齊人也.(저자는 제나라 사람이다.) 瞷, 竊視也.(간은 몰래

자의 ㅇ儲-쌓을 저. ㅇ儲子-제나라 사람. ㅇ瞷-엿볼 간. ㅇ有以-~할 수가 있다. ㅇ何以-왜, 어째서.

해설 제왕은 맹자 같은 성현의 모습이 특이할 줄 알고 그를 엿보게 하였는데, 성인이라 하여 겉모습이 기이할 리가 없다. 사실은 지극히 보편적인 인간일 뿐이다.

제33장 제인에 한 아내와 한 첩이 있었다
(齊人有一妻一妾章 第三十三)

(33-1) 齊人이 有一妻一妾而處室者러니 其良人이 出이면 則必饜酒肉而後에 反이어늘 其妻問所與飲食者하니 則盡富貴也러라 其妻告其妾曰 良人이 出이면 則必饜酒肉而後反할새 問其與飲食者하니 盡富貴也로되 而未嘗有顯者來하니 吾將瞷良人之所之也하리라하고 蚤起하여 施從良人之所之하니 偏國中하되 無與立談者러니 卒之東郭墦間之祭者하여 乞其餘하여 不足이어든 又顧而之他하니 此其爲饜足之道也러라 其妻歸告其妾曰 良人者는 所仰望而終身也어늘 今若此라하고 與其妾으로 訕其良人而相泣於中庭이어늘 而良人은 未之知也하여 施施從外來하여 驕其妻妾하더라

홈쳐보는 것이다.) 聖人亦人耳, 豈有異於人哉(성인도 역시 사람일 뿐이니, 어찌 사람들에서 차이가 있겠는가?)

(제인, 유일처일첩이처실자, 기량인, 출, 즉필염주육이후, 반, 기
처문소여음식자, 즉진부귀야. 기처고기첩왈 양인, 출, 즉필염주
육이후반, 문기여음식자, 진부귀야, 이미상유현자래, 오장간량인
지소지야. 조기, 이종량인지소지, 편국중, 무여립담자, 졸지동곽
번간지제자, 걸기여, 부족, 우고이지타, 차기위염족지도야. 기처
귀고기첩왈 양인자, 소앙망이종신야. 금약차, 여기첩, 산기량인
이상읍어중정, 이량인, 미지지야, 시시종외래, 교기처첩)

국역 제나라 사람 중에 한 아내와 한 첩과 한집에서 사는
자가 있었는데, 그 남편이 외출하면 반드시 술과 고기를
배불리 먹은 후에 돌아오거늘, 그 처가 더불어 먹고 마시
는 자를 물으니, 모두 부귀한 자였다. 그 처가 그 첩에게
말하였다. "남편이 외출하면 반드시 술과 고기를 배불리
먹은 후에 돌아옴에, 그와 더불어 음식을 먹은 자를 물었
더니, 모두 부귀한 자라 하되, 아직 일찍이 현달한 자가
집에 온 적이 있지 않으니, 나는 장차 남편이 가는 곳을
엿보겠다." 아침 일찍이 일어나, 남편이 가는 곳을 미행하
니, 나라 안을 두루 배회하되, 더불어 서서 말하는 자도
없었다. 마침내 동쪽 성곽의 무덤 사이의 제사지내는 사람
들에게 가서 그 남은 것을 구걸하고, 부족하거든 또 돌아
보고 다른 데로 가니, 이것이 그가 배불리 먹고 만족하는
방법이었다. 그 처가 돌아와서 그 첩에게 알리기를 "남편
이란 우러러 바라보면서 일생을 마쳐야 하거늘, 그런데 지
금 이와 같다."하고, 그 첩과 더불어 그 남편을 비방하면
서 뜰 가운데서 서로 울고 있었는데, 남편은 그것을 알지
못하고, 즐거워하면서 밖으로부터 들어와서 그 처와 첩에

게 교만을 부렸다.77)

(자의) ㅇ饜-배부를 염. ㅇ良人-남편. ㅇ蚤-일찍 조. ㅇ施-잘난체할 시, 둘러갈 이. ㅇ施從-미행하다. ㅇ徧-두루 편. ㅇ郭-둘레 곽(=廓). ㅇ墦-무덤 번. ㅇ乞-빌 걸. ㅇ訕-헐뜯을 산. ㅇ施施-즐거워하는 모습, 기뻐하는 모습. ㅇ驕-교만할 교.

(33-2) **由君子觀之**컨대 **則人之所以求富貴利達者**는 **其妻妾**이 **不羞也而不相泣者幾希矣**리라

（유군자관지, 즉인지소이구부귀리달자, 기처첩, 불수야이불상읍 자기희의）

(국역) "군자로부터 그것을 관찰하건대, 사람들이 부귀, 이익, 영달을 구하는 방법이, 그 처와 첩이 수치스럽지 않으며, 서로 울지 않을 자가 거의 드물 것이다."78)

---

77) 章首, 當有孟子曰字, 闕文也.(장 머리에 당연히 '맹자왈'이란 글자가 있어야 하는데, 글자가 빠졌다.) 良人, 夫也.(양인은 남편이다.) 饜, 飽也.(염은 포식함이다.) 顯者, 富貴人也.(현자는 부귀한 사람이다.) 施, 邪施而行, 不使良人知也.(이는 사특한 일을 시행하고, 양인으로 하여금 알지 못하게 한 것이다.) 墦, 冢也.(번은 무덤이다.) 顧, 望也.(고는 바라봄이다.) 訕, 怨詈也.(산은 원망하고 꾸짖음이다.) 施施, 喜悅自得之貌.(시시는 희열하고, 자득한 모습이다.)

78) 孟子言自君子而觀, 今之求富貴者, 皆若此人耳. 使其妻妾見之, 不羞而泣者少矣, 言可羞之甚也.(맹자가 말하기를, 군자로부터 본다면, 오늘의 부귀를 구하는 자들은, 모두 이 사람과 같을 뿐이니, 가령 그 처첩이 이것을 본다면, 부끄러워 울지 않을 자가 적다고 하였으니, 수치스러워할 만함이 심함을 말한 것이다.) 趙氏曰 : 言今之求富貴者, 皆以枉曲之道, 昏夜乞哀以求之, 而以驕人

자의　o由-~으로부터. o所以-까닭. o羞-부끄러워할 수. o泣-
울 읍. o希-드물 희(＝稀).

해설　제나라 서울에 널리 퍼진 이야기의 한 토막이다. 군자
의 눈으로 본다면 부귀와 영달을 얻기 위해 수단과 방법
을 가리지 않는 세상 사람들의 모습은 이 제나라 사람의
모습과 다를 것이 없다. 사람으로서 바른 도리를 지켜 인
도를 걷는 것이 양식을 가진 자의 바른 자세이다.

於白日, 與斯人何以異哉.(조씨가 말하였다. 그런데 지금 부귀를
구하는 자들이, 모두 부정한 방법으로써, 어두운 밤중에 애걸하
여, 그것을 구함으로써, 그리고 백일하에 사람들에게 뽐내고 있
으니, 이 사람과 무엇이 다르겠는가?)

제 9 편

萬章章句 上[1]
만장장구상

---

1) 凡九章.(모두 9장이다.)

제1장   큰 효자는 평생토록 부모를 사모한다
(大孝終身慕父母章 第一)

(1-1) 萬章問曰 舜往于田하사 號泣于旻天하시니 何爲其號泣也잇고 孟子曰 怨慕也니라

(만장문왈 순왕우전, 호읍우민천, 하위기호읍야. 맹자왈 원모야)

(국역) 만장이 물었다. "순이 밭에 가서 하늘을 우러러보고 통곡했다고 하니, 어째서 그렇게 통곡했습니까?" 맹자가 말씀하였다. "원망하고 사모함이니라."2)

(자의) ○萬章－맹자의 제자. ○往－갈 왕. ○于－~에(＝於). ○號－울부짖을 호. ○號泣－울부짖다, 통곡하다. ○旻－하늘 민. ○怨－원망할 원. ○慕－사모할 모.

(1-2) 萬章曰 父母愛之어시든 喜而不忘하고 父母惡之어시든 勞而不怨이니 然則舜怨乎잇가 曰 長息이 問於公明高曰 舜往于田은 則吾旣得聞命矣어니와 號泣于

----

2) 舜往于田, 耕歷山時也.(순임금이 밭에 갔다는 것은 역산에서 경작할 때이다.) 仁覆閔下, 謂之旻天.(아랫사람을 불쌍히 여겨 인으로 덮어주는 것을 민천이라 이른다.) 號泣于旻天, 呼天而泣也. 事見虞書大禹謨篇.(민천에 호읍했다는 것은, 하늘을 부르며 울었다는 것이니, 일이 '서경' '우서' '대우모'편에 보인다.) 怨慕, 怨己之不得其親而思慕也.(원모는 자기가 그 어버이에게 사랑을 얻지 못함을 원망하고 사모한 것이다.)

旻天과 于父母는 則吾不知也로이다 公明高曰 是는
非爾所知也라하니 夫公明高는 以孝子之心이 爲不
若是恝이라 我竭力耕田하여 共(恭)爲子職而已矣니
父母之不我愛는 於我何哉오하니라

(만장왈 부모애지, 희이불망, 부모오지, 노이불원. 연즉순원호 왈
장식, 문어공명고왈 순왕우전, 즉오기득문명의. 호읍우민천, 우부
모, 즉오부지야. 공명고왈 시, 비이소지야, 부공명고, 이효자지심,
위불약시괄, 아갈력경전, 공(공)위자직이이의, 부모지불아애, 어아
하재)

국역 만장이 말하였다. "부모가 그를 사랑하거든 기뻐하고
잊지 않아야 하고, 부모가 그를 미워하거든 노력하고 원망
하지 않아야 하는 것이니, 그런즉 순이 원망하였겠습니
까?" "장식이 공명고에게 묻기를, '순이 밭에 나갔다는 것
은 제가 이미 가르침을 들어 알고 있거니와, 하늘과 부모
에게 통곡한 것은 제가 알지 못하겠습니다.'고 하자, 공명
고가 '그것은 네가 알 수 있는 바가 아니다.'고 하였으니,
대저 공명고는, 효자의 마음이란 그처럼 무관심하게 되는
것이 아니라고 여겼다. '나는 힘을 다해 밭을 갈고 공경히
자식의 직분을 다할 뿐이다. 부모가 나를 사랑하지 않는
것은 나에게 무슨 죄가 있으랴!' "3)

---

3) 長息, 公明高弟子. 公明高, 曾子弟子.(장식은, 공명고의 제자이다.
공명고는 증자의 제자이다.) 于父母, 亦書辭, 言呼父母而泣也.(부
모에게 호읍했다는 것은, '서경'의 말이니, 부모를 부르며 운 것을
말한다.) 恝, 無愁之貌.(괄은 근심이 없는 모습이다.) 於我何哉,

자의 ○忘−잊을 망. ○長息−공명고의 제자. ○公明高−증자의 제자. ○命−가르침 명. ○爾−너 이. ○以−∼라 여기다. ○若−∼처럼. ○怼−무관심할 괄. ○竭−마를 갈. ○耕−갈 경.

(1-3) 帝使其子九男二女로 百官牛羊倉廩을 備하여 以事舜於畎畝之中하시니 天下之士多就之者어늘 帝將胥天下而遷之焉이러시니 爲不順於父母라 如窮人無所歸러시다

(제사기자구남이녀, 백관우양창름, 비, 이사순어견무지중, 천하지사다취지자, 제장서천하이천지언, 위불순어부모, 여궁인무소귀)

국역 요제(堯帝)는 그의 자녀 9남 2녀로 하여금, 백관과 우양과 창름을 갖추어, 그리고 밭 가운데서 순을 섬기도록 하시니, 천하의 선비 중에 그에게 나아가는 자가 많았다. 요제가 장차 천하의 인심을 살펴보고 그에게 제위를 이전하려 하시니, 부모로부터 기뻐하지 않는지라, 마치 곤궁한 사람이 돌아갈 곳이 없어 하는 것과 같았다.4)

自責不知己有何罪耳, 非怨父母也.('어아하재'는 자기에게 무슨 죄가 있어서인지 알지 못하겠다고 자책한 것뿐이니, 부모를 원망한 것이 아니다.) 楊氏曰 : 非孟子深知舜之心, 不能爲此言.(양씨가 말했다. 순의 마음을 깊이 안 맹자가 아니고는, 능히 이런 말을 할 수 없다.) 蓋舜, 惟恐不順於父母, 未嘗自以爲孝也. 若自以爲孝, 則非孝矣.(대개 순은 오직 부모에게 순종하지 못함을 두려워하였지, 아직 일찍이 스스로 효도한다고 여긴 적이 없다. 만약 스스로 효도한다고 여겼다면, 효가 아니다.)

4) 帝, 堯也.(제는 요임금이다.) 史記云 : 二女妻之, 以觀其內, 九男事之, 以觀其外.('사기'에 이르기를 '두 딸을 시집보내서, 그 안을

(자의) ㅇ廩－곳집 름. ㅇ畎－밭이랑 견. ㅇ畝－이랑 무. ㅇ畎畝－논, 밭, 시골. ㅇ胥－볼 서. ㅇ遷－옮길 천. 이전하다. ㅇ順－즐길 순, 기뻐할 순.

(1-4) **天下之士悦之**는 **人之所欲也**어늘 **而不足以解憂**하시며 **好色**은 **人之所欲**이어늘 **妻帝之二女**하시되 **而不足以解憂**하시며 **富**는 **人之所欲**이어늘 **富有天下**하시되 **而不足以解憂**하시며 **貴**는 **人之所欲**이어늘 **貴爲天子**하시되 **而不足以解憂**하시니 **人悦之**와 **好色**과 **富貴**에 **無足以解憂者**요 **惟順於父母**라야 **可以解憂**러시다

(천하지사열지, 인지소욕야, 이부족이해우, 호색, 인지소욕, 처제지이녀, 이부족이해우, 부, 인지소욕, 부유천하, 이부족이해우, 귀, 인지소욕, 귀위천자, 이부족이해우, 인열지, 호색, 부귀, 무족이해우자. 유순어부모, 가이해우)

(국역) 천하의 선비들이 기뻐해 주는 것은, 사람들이 다 바라는 것이거늘, 근심을 해소하기에 부족하였으며, 호색은 사람이 다 바라는 것이거늘, 요제의 두 딸을 아내로 하시되

관찰하게 하고, 아홉 아들로 섬기게 하여서, 그 밖을 관찰하게 했다.'고 하였다.) 又言 : 一年所居成聚, 二年成邑, 三年成都, 是, 天下之士就之也.(또 이르기를, '거주한 바 1년에 부락을 이루었고, 2년에 읍을 이루었고, 3년에 도시를 이루었다.' 하였으니, 이것은 천하의 선비들이 거기에 찾아간 것이다.) 胥, 相視也.(서는 서로 봄이다.) 遷之, 移以與之也.('천지'는 그것을 주기 위하여 옮긴 것이다.) 如窮人之無所歸, 言其怨慕迫切之甚也.(곤궁한 사람이 돌아갈 데가 없어 하는 것처럼 했다는 것은, 원모함의 절박함이 심함을 말한 것이다.)

근심을 해소하기에 부족하였으며, 부는 사람들이 다 바라
는 것이거늘, 부는 천하를 소유하시되 근심을 해소하기에
부족하였으며, 귀는 사람들이 다 바라는 것이거늘, 귀는
천자가 되었으되 근심을 해소하기에 부족하였다. 사람의
기뻐함과 호색과 부귀가 근심을 해소하기에 부족하였던
것이요, 오직 부모로부터 기뻐함을 받아야만 근심을 해소
할 수 있었다.5)

(자의) ㅇ以－～하기 위하여. ㅇ足以－충분히 ～할 수 있다. ㅇ憂－근
심 우. ㅇ順－기뻐할 순, 즐길 순.

(1-5) 人이 少則慕父母하다가 知好色則慕少艾하고 有妻
子則慕妻子하고 仕則慕君하고 不得於君則熱中이니
大孝는 終身慕父母하나니 五十而慕者를 予於大舜
에 見之矣로라

　　(인, 소즉모부모, 지호색즉모소애, 유처자즉모처자, 사즉모군, 부
　　득어군즉열중. 대효, 종신모부모, 오십이모자, 여어대순, 견지의)

(국역) "사람이 어릴 때는 부모를 사모하다가, 여색을 좋아할
줄 알면 예쁜 소녀를 사모하고, 처자가 있게 되면 처자를
사모하고, 벼슬하면 임금을 사모하여, 임금에게 신임을 얻

---

5) 孟子推舜之心如此, 以解上文之意.(맹자는 순의 마음을 이와 같이
　추측하여서, 그리고 윗글의 뜻을 해석한 것이다.) 極天下之欲, 不
　足以解憂, 而惟順於父母, 可以解憂, 孟子眞知舜之心哉.(천하의
　욕망을 지극히 하였으되, 충분히 근심을 해결할 수 없었고, 오직
　부모에게 순종하여, 근심을 해결할 수 있었다고 하였으니, 맹자는
　순의 마음을 참으로 알았던 것이다.)

지 못하면 마음을 태운다. 대효는 종신토록 부모를 사모하
나니 50세가 되었는데도 부모를 사모하는 자를, 나는 대순
으로부터 그런 것을 보았다."6)

(자의) ㅇ慕-사모할 모. ㅇ艾-예쁠 애. ㅇ仕-벼슬할 사.

(해설) 순임금은 오직 부모에게 환심을 사지 못하는 것을 근
심으로 여겼다. 그의 부는 천하를 차지하였고, 귀는 천자
의 지위에 올랐건만, 그것들이 순임금을 기쁘게 할 수는
없었다. 그의 소원은 부모로부터 환심을 사는 일이고 그래
서 정성껏 효도를 행했던 것이다. 효는 부모로부터 사랑을
지속적으로 받기 위한 자녀의 진실된 노력이라 할 수 있
다. 효자의 마음은 그런 노력을 다하는 것만으로 끝나지

6) 言常人之情, 因物有遷, 惟聖人, 爲能不失其本心也.(보통사람들의
인정은 사물에 따라 변천할 적이 있으나, 오직 성인은 능히 그
본심을 상실하지 않음을 말한 것이다.) 艾, 美好也. 楚辭, 戰國策,
所謂幼艾, 義與此同.(애는 아름답고 예쁨이니, '초사'와 '전국책'에
소위 '유애'라는 것도 뜻이 이와 더불어 같은 것이다.) 不得, 失意
也.('부득'은 실의이다.) 熱中, 躁急心熱也.(열중은 조급하여 마음
에 열병이 나는 것이다.) 言五十者, 舜攝政時年五十也. 五十而慕,
則其終身慕, 可知矣.(50이라고 말한 것은, 순이 섭정할 때의 연세
가 50임을 말한 것이다. 50까지 사모했다는 것은, 곧 종신토록 사
모했음을 알 수 있다.) 此章, 言舜不以得衆人之所欲, 爲己樂, 而
以不順乎親之心, 爲己憂, 非聖人之盡性, 其孰能之.(이 장은, 순은
여러 사람들이 바라는 바를 얻게 함으로써 자기의 즐거움으로 삼
지 않았고, 어버이의 마음에 순종하지 못하는 것으로써 자기의 근
심을 삼았음을 말한 것이니, 본성을 다한 성인이 아니면, 그 누가
이렇게 할 수 있겠는가?)

않고 종신토록 부모와 내가 한마음이 되어 살아가기를 바란다. 이런 것이 효자가 바라는 삶의 참된 모습이며 순임금의 모습이었던 것이다.

제2장 아내를 얻는 데는 어찌하나?
(娶妻如之何章 第二)

(2-1) 萬章問曰 詩云 娶妻如之何오 必告父母라하니 信斯言也인댄 宜莫如舜이니 舜之不告而娶는 何也잇고 孟子曰 告則不得娶하시리니 男女居室은 人之大倫也니 如告則廢人之大倫하여 以懟父母라 是以不告也시니라

(만장문왈 시운 취처여지하. 필고부모 신사언야, 의막여순, 순지불고이취, 하야. 맹자왈 고즉부득취, 남녀거실, 인지대륜야, 여고즉폐인지대륜, 이대부모, 시이불고야)

국역 만장이 물었다. "'시경'에 아내를 얻는 데는 어떻게 해야 하나? 반드시 부모에게 고하라 하였으니, 진실로 이 말대로라면 마땅히 순같이 하지 말아야 할 것이니, 순이 부모에게 고하지 않고 장가든 것은 어째서입니까?" 맹자가 말씀하였다. "고했다면 장가들 수 없었을 것이니, 남녀가 한 방에서 사는 것은 사람의 큰 윤리이니, 만일 부모에게 고하면 사람의 큰 윤리를 폐지하게 되어, 그리고 부모를 원망하였을 것이다. 이 때문에 고하지 않은 것이다."7)

자의 ○娶-장가들 취. ○娶妻-아내를 얻음. ○告-알릴 고. ○斯-

이 사. ㅇ以-그리고. ㅇ懟-원망할 대.

(2-2) **萬章曰 舜之不告而娶는 則吾旣得聞命矣**어니와 **帝之妻舜而不告는 何也**잇고 **曰 帝亦知告焉**이면 **則不得妻也**시니라

(만장왈 순지불고이취, 즉오기득문명의, 제지처순이불고, 하야. 왈 제역지고언, 즉부득처야)

(국역) 만장이 말하였다. "순이 고하지 않고 장가든 것은 제가 이미 가르침을 알아들었습니다. 요제가 순에게 아내를 얻게 하면서도 그 사실을 부모에게 고하지 않는 것은 어째서입니까?" "요제 역시 그 사실을 고하면 순이 아내를 얻지 못할 것을 알았기 때문이니라."8)

(자의) ㅇ得聞-알아들었다. ㅇ命-가르침 명. ㅇ焉-(=之於).

---

7) 詩, 齊國風南山之篇也.(시는 '시경' '제국풍'편 '남산'장이다.) 信, 誠也, 誠如此詩之言也.(신은 진실로이니, 진실로 이 시의 말과 같다.) 懟, 讎怨也.(대는 원수로 여김이다.) 舜, 父頑母嚚, 常欲害舜. 告則不聽其娶.(순은 아버지는 완악하고 어머니는 간악하여, 항상 순을 해치고자 하였다. 알렸으면 그가 장가드는 것을 들어주지 않았을 것이다.) 是, 廢人之大倫, 以讎怨於父母也.(이것은 인간의 큰 윤리를 폐지하여, 부모에게 자주 원망하리라 생각하였던 것이다.)

8) 以女爲人妻曰妻.(딸로서 남의 아내가 되게 하는 것을, 처라 한다.) 程子曰 : 堯妻舜而不告者, 以君治之而已, 如今之官府, 治民之私者亦多.(정자가 말하였다. 요가 순에게 딸을 시집보내면서, 그 부모에게 고하지 않은 것은, 임금으로서 그것을 다스렸을 뿐이니, 지금의 관부에도 백성들의 사사로움을 다스리는 것이 역시 많은 것과 같은 것이다.)

(2-3) 萬章曰 父母使舜으로 完廩捐階하고 瞽瞍焚廩하며 使浚井하여 出커시늘 從而揜之하고 象曰 謨蓋都君은 咸我績이니 牛羊父母요 倉廩父母요 干戈朕이요 琴朕이요 弤朕이요 二嫂는 使治朕棲하리라하고 象이 往入舜宮한대 舜在牀琴이어시늘 象曰 鬱陶思君爾라하고 忸怩한대 舜曰 惟玆臣庶를 汝其于予治라하시니 不識케이다 舜不知象之將殺己與잇가 曰 奚而不知也시리오마는 象憂亦憂하시고 象喜亦喜하시니라

(만장왈 부모사순, 완름연계, 고수분름, 사준정, 출, 종이엄지. 상왈 모개도군, 함아적, 우양부모, 창름부모, 간과짐, 금짐, 저짐, 이수, 사치짐서, 상, 왕입순궁, 순재상금, 상왈 울도사군이, 뉴니, 순왈 유자신서, 여기우여치, 불식. 순부지상지장살기여. 왈 해이부지야. 상우역우, 상희역희)

(국역) 만장이 말하였다. "부모가 순을 시켜 창고를 완성하게 하고 사다리를 내버린 후 고수가 창고를 태웠으며, 우물을 파도록 시키고 거기서 나오는데 뒤따라 흙으로 묻어버렸습니다. 상이 말하기를 '도군을 덮어버릴 꾀는 다 나의 공적이다. 소와 양은 부모의 것이요, 창름은 부모의 것이요, 방패와 창은 내 것이요, 거문고도 내 것이요, 붉은 칠을 한 활도 내 것이요, 두 형수는 내 침상을 다스리도록 시킬 것.'이라 하고, 상이 순의 집에 들어가 보니, 순이 평상에서 거문고를 타고 있었다. 상이 말하였습니다. '사무치도록 그대를 생각하였을 뿐이었다.'고 하며 부끄러워하자, 순이 말하였습니다. '오직 이곳 신하 모두를 네가 나를 위해 그

들을 다스려라.' 하셨으니, 알지 못하겠습니다. 순은 상이
장차 자기를 죽이려 함을 알지 못했습니까?" "어찌 알지
못했겠는가? 상이 근심하면 역시 근심하고, 상이 기뻐하면
역시 기뻐하셨느니라."9)

---

9) 完, 治也.(완은 다스림이다.) 捐, 去也.(연은 버림이다.) 階, 梯也.
(계는 사다리이다.) 揜, 蓋也.(엄은 덮음이다.) 按史記, 曰 : 使舜
上塗廩, 瞽瞍從下, 縱火焚廩, 舜, 乃以兩笠自捍而下去, 得不死.
('사기'를 고찰해보면, 순으로 하여금, 창고에 올라가 흙을 바르게
하고, 고수는 아래로부터, 창고에 불을 놓자, 순은 마침내 두 개
의 삿갓으로써 자기 몸을 막고 내려와서 죽지 않을 수 있었다.)
後又使舜穿井, 舜穿井爲匿空旁出. 舜旣入深, 瞽瞍與象, 共下土實
井, 舜從匿空中出去. 卽其事也.(뒤에 또 순으로 하여금 우물을
파게 하니, 순은 우물을 파되, 옆으로 나올 수 있는 숨을 공간을
만들어 놓았는데, 순이 이미 깊이 들어가니, 고수와 더불어 상이
함께 흙을 내려 우물을 채우거늘, 순이 숨겼던 공간 속을 따라
밖으로 나왔다는 것이, 바로 그 일이다.) 象, 舜異母弟也.(상은 순
의 다른 어머니가 낳은 아우이다.) 謨, 謀也.(모는 꾀함이다.) 蓋,
蓋井也.(개는 우물을 덮는 것이다.) 舜所居, 三年成都, 故謂之都
君.(순이 거처하는 곳은, 3년이면 도시를 이루니, 그러므로 도군이
라 이른다.) 咸, 皆也.(함은 모두이다.) 績, 功也.(적은 공적이다.)
舜旣入井, 象, 不知舜已出, 欲以殺舜爲己功也.(순이 이미 우물에
들어갔으니, 상은 순이 이미 밖으로 나온 것을 알지 못하고, 순을
죽임으로써 자기의 공으로 삼고자 한 것이다.) 干, 盾也. 戈, 戟
也.(간은 방패요, 과는 창이다.) 琴, 舜所彈五弦琴也.(금은 순이
연주하던 바 5현금이다.) 弤, 琱弓也. 象欲以舜之牛羊倉廩, 與父
母而自取此物也.(저는 조각한 활이다. 상이 순의 우·양과 창름으
로써 부모에게 주고, 자기는 이런 물건을 취하고자 한 것이다.)
二嫂, 堯二女也.(2수는 요임금의 두 딸이다.) 棲, 床也, 象欲使爲

자의 ㅇ廩-창고 름. ㅇ捐-버릴 연. ㅇ階-사다리 계. ㅇ瞽-소경
고. ㅇ瞍-소경 수. ㅇ瞽瞍-순의 아버지. ㅇ焚-태울 분. ㅇ浚-팔
준. ㅇ揜-가릴 엄. ㅇ象-순의 이복동생. ㅇ謨-꾀 모. ㅇ蓋-덮을
개. ㅇ都君-순을 말함. ㅇ咸-다 함. ㅇ績-자을 적. ㅇ干-방패

己妻也.(서는 평상(平床)이니, 상이 자기의 아내로 삼아 부리고자
한 것이다.) 象往舜宮, 欲分取所有, 見舜坐在床彈琴, 蓋旣出, 卽
潛歸其宮也.(상이 순의 궁으로 가서, 그 소유하던 것을 취하여 나
누고자 하다가, 순이 평상에 앉아 거문고를 타는 것을 보았다. 아
마 이미 밖으로 나오자, 즉시 그의 궁으로 몰래 돌아온 것이다.)
鬱陶, 思之甚而氣不得伸也.(울도는 생각을 심하게 해서, 기운이
펴지지 못한 것이다.) 象言己思君之甚, 故, 來見爾.(상이 말하기
를, 자기가 그대를 매우 사모하여, 그러므로 와서 뵙는다고 하였
다.) 忸怩, 慙色也.(육니는 부끄러워하는 기색이다.) 臣庶, 謂其百
官也.(신서는 그 백관을 이른다.) 象素憎舜, 不至其宮, 故, 舜見
其來而喜, 使之治其臣庶也.(상이 평소 순을 증오하여 그 궁에 이
르지 않았는데, 그러므로 순이 그가 온 것을 보고 기뻐하여, 그로
하여금 그의 백관들을 다스리게 한 것이다.) 孟子言舜非不知其將
殺己, 但見其憂則憂, 見其喜則喜, 兄弟之情, 自有所不能已耳.(맹
자는, 순은 그가 장차 자기를 죽이려고 한 것을 알지 못한 것이
아니라, 단지 그가 근심하면 근심하고, 그가 기뻐하면 기뻐하였으
니, 형제의 정이, 자연히 그만둘 수 없게 하는 것이 있을 뿐임을
말한 것이다.) 萬章所言, 其有無, 不可知, 然, 舜之心則孟子有以
知之矣, 他亦不足辨也.(만장이 말한 바, 그 사실의 유무는 알 수
없다. 그러나 순의 마음은, 곧 맹자가 그것을 알 수 있었을 것이
니, 달리 역시 변론함은 부족하다.) 程子曰 : 象憂亦憂, 象喜亦喜,
人情天理, 於是爲至.(정자가 말하였다. 상이 근심하면 역시 근심
하고, 상이 기뻐하면 역시 기뻐하였으니, 인정과 천리가 이에서
최고에 이르렀다.)

간. ㅇ戈-창 과. ㅇ朕-나 짐. ㅇ弤-붉은 칠한 활 저. ㅇ嫂-아주머니 수. ㅇ棲-평상 서. ㅇ牀-평상 상. ㅇ鬱-우거질 울. ㅇ陶-질그릇 도. ㅇ鬱陶-답답함. 사무치다. ㅇ忸-부끄러울 뉵. ㅇ怩-부끄러울 니. ㅇ于-~을 위해(=於). ㅇ奚-어찌 해. ㅇ憂-근심 우.

(2-4) 曰 然則舜은 僞喜者與잇가 曰 否라 昔者에 有饋生魚於鄭子産이어늘 子産이 使校人畜之池한대 校人烹之하고 反命曰 始舍之하니 圉圉焉이러니 少則洋洋焉하여 攸(悠)然而逝하더이다 子産曰 得其所哉인저 得其所哉인저하여늘 校人出 曰 孰謂子産智오 予旣烹而食之어늘 曰 得其所哉인저 得其所哉인저 故로 君子는 可欺以其方이어니와 難罔以非其道니 彼以愛兄之道로 來라 故로 誠信而喜之시니 奚僞焉이시리오

(왈 연즉순, 위희자여. 왈 부. 석자, 유궤생어어정자산, 자산, 사교인휵지지. 교인팽지, 반명왈, 시사지, 어어언, 소즉양양언, 유(유)연이서. 자산왈 득기소재. 득기소재. 교인출 왈 숙위자산지. 여기팽이식지, 왈 득기소재. 득기소재. 고, 군자, 가기이기방, 난망이비기도, 피이애형지도, 내. 고, 성신이희지, 해위언)

국역 "그렇다면 순은 거짓으로 기뻐한 것입니까?" "아니다. 옛날에 산 물고기를 정나라 자산에게 선물한 자가 있었거늘, 자산이 교인을 시켜 그것을 연못에서 기르게 하였는데, 교인이 그것을 삶아먹고, 복명하기를 그것을 놓아준 처음에는 비실비실하다가, 조금 지나자 생기있는 모양으로 유유히 갔다고 하였다. 자산이 말하기를 '그가 있을 장소를

얻었구나! 그가 있을 장소를 얻었구나!'하거늘, 교인이 나
와서 말하였다. '누가 자산을 지혜롭다 했는가? 내가 이미
삶아 먹었거늘, 그가 있을 장소를 얻었구나! 그가 있을 장
소를 얻었구나! 하더라.' 그러므로 군자는 그럴듯한 방법
으로써 속일 수는 있거니와, 그 방법이 아닌 것으로써 속
이기는 어려우니, 그가 형을 사랑하는 도리로써 왔으니,
그러므로 참으로 믿고 기뻐한 것이지, 어찌 거짓이 있었겠
는가?"10)

(자의) ○僞-거짓 위. ○與-의문사. ○否-아닐 부, 악할 비. ○饋-
보낼 궤. ○校人-연못 등을 관장하는 벼슬아치. ○畜-기를 휵.
○烹-삶을 팽. ○反命-복명하다, 명령을 거역하다. ○舍-(=捨

---

10) 校人, 主池沼小吏也.(교인은 연못을 주관하는 작은 관리이다.)
圉圉, 困而未紓之貌.(어어는 피곤하여 펴지 못하는 모습이다.)
洋洋, 則稍縱矣.(양양은, 곧 차츰 느슨해지는 것이다.) 攸然而逝
者, 自得而遠去也.('유연이서'는 자득하여 멀리 떠나간 것이다.)
方, 亦道也.(방은 역시 방법이다.) 罔, 蒙蔽也.(망은 덮어씌워 가
리는 것이다.) 欺以其方, 謂誑之以理之所有.(그 방법으로 속인다
는 것은, 이치가 있는 바로써 속이는 것을 이른다.) 罔以非其道,
謂昧之以理之所無.(그 도리가 아닌 것으로써 속인다는 것은, 이
치가 없는 바로써 속이는 것을 이른다.) 象以愛兄之道來, 所謂
欺之以其方也. 舜本不知其僞, 故, 實喜之, 何僞之有.(상이 형을
사랑하는 도리로써 왔으니, 소위 그 방법으로써 기만한다는 것이
니, 순은 본래 그 허위를 알지 못하였다. 그러므로 실제로 기뻐
하였으니, 어떻게 허위가 있었겠는가?) 此章, 又言舜遭人倫之變,
而不失天理之常也.(이 장은, 또 순이 인륜의 변고를 만났으되,
천리의 불변하는 법칙을 잃지 않음을 말한 것이다.)

也). ㅇ圉-마부 어. ㅇ圉圉焉-힘이 없어 비실비실하는 모양. ㅇ洋
洋焉-힘이 나서 생기있는 모양. ㅇ攸然-유유히. ㅇ逝-갈 서.
ㅇ孰-누구 숙. ㅇ欺-속일 기. ㅇ罔-속일 망. ㅇ彼-저 피. ㅇ誠-
참으로 성. ㅇ奚-어찌 해.

(해설) 부모의 본 마음을 받드는 것이 참된 효도이다. 그러므
로 고수가 순을 장가들지 못하게 한 일이나, 창고나 우물
에서 죽이려 한 짓은 일시적인 마음에서일 것이니 그것을
어기는 것은, 부모의 마음이 평정을 되찾았을 때에 오히려
크게 슬퍼할 것을 생각하여 한 것이라면, 불효라고 할 수
없다. 만장은 상이 아버지와 더불어 순을 해치려고 했음에
도 상을 용서하고 기뻐한 것을 이해할 수 없어 거짓으로
기뻐한 것이냐고 물었다. 그래서 군자는 남이 도리에 맞는
말을 하면 그 진위를 따지지 않고 그 말을 믿고 받아들인
다. 이런 태도에 세상사람들도 그로부터 점차 감화되어 진
실하게 되는 것이다.

제3장 상을 유비에 봉하다(封之有庳章 第三)

(3-1) 萬章問曰 象이 日以殺舜爲事어늘 立爲天子하사는
則放之는 何也잇고 孟子曰 封之也어시늘 或曰放焉
이라하니라
(만장문왈 상, 일이살순위사, 입위천자, 즉방지, 하야. 맹자왈 봉
지야, 혹왈방언)

(국역) 만장이 물었다. "상이 날마다 순을 죽이는 것을 가지고

일로 삼았거늘, 순이 즉위하여 천자가 되어서는 곧 그를
추방한 것은, 어찌된 것입니까?" 맹자가 말씀하였다. "그
를 봉(封)해 준 것이거늘, 혹자는 그를 추방했다고 말하느
니라."11)

자의 ○立─설 립. 즉위하다. ○放─놓을 방. ○封─봉할 봉. ○或─
혹이 혹.

(3-2) 萬章曰 舜이 流共工于幽州하시고 放驩兜于崇山하
시고 殺三苗于三危하시고 殛鯀于羽山하사 四罪하신대
而天下咸服은 誅不仁也니 象이 至不仁이어늘 封之
有庳하시니 有庳之人은 奚罪焉고 仁人도 固如是乎
잇가 在他人則誅之하고 在弟則封之온여 曰 仁人之
於弟也에 不藏怒焉하며 不宿怨焉이요 親愛之而已
矣니 親之인댄 欲其貴也요 愛之인댄 欲其富也니 封
之有庳는 富貴之也시니 身爲天子요 弟爲匹夫면 可
謂親愛之乎아

(만장왈 순, 유공공우유주, 방환도우숭산, 살삼묘우삼위, 극곤우
우산, 사죄, 이천하함복, 주불인야. 상, 지불인, 봉지유비. 유비지
인, 해죄언. 인인, 고여시호. 재타인즉주지, 재제즉봉지. 왈 인인
지어제야, 부장노언, 불숙원언, 친애지이이의. 친지, 욕기귀야. 애

---

11) 放, 猶置也, 置之於此, 使不得去也.(방은 유치와 같으니, 이곳에
유치하여 떠나가지 못하게 한 것이다.) 萬章, 疑舜何不誅之, 孟
子言舜實封之, 而或者誤以爲放也.(만장이, '순이 어떻게 그를 죽
이지 않았는가?'하고 의심하자, 맹자는, 순이 실로 그를 봉해 주
었는데, 혹자가 추방한 것으로 여김은 잘못이라고 말하였다.)

지, 욕기부야, 봉지유비, 부귀지야, 신위천자, 제위필부, 가위친애
지호)

국역 만장이 말하였다. "순이 공공을 유주에 유배하고, 환도
를 숭산에 추방하고, 삼묘를 삼위에서 죽이고, 곤을 우산
에서 죽이어, 넷을 죄주자, 천하가 다 복종한 것은 어질지
못한 자를 죽였기 때문입니다. 상이 지극히 어질지 못하였
거늘, 그를 유비에 봉해주었으니, 유비의 사람들은 무슨
죄가 있습니까? 인자한 사람은 본래 그와 같습니까? 타인
에게 있어서는 그를 죽이고, 동생에게 있어서는 그를 봉해
주는군요." "인자한 사람은 동생에게 노여움을 감추지도
않으며, 원망을 묵혀두지도 않으며, 친애할 뿐이다. 그를
친애할진댄, 그의 존귀함을 바랄 것이요, 그를 사랑할진댄,
그의 부유함을 바랄 것이니, 그를 유비에 봉한 것은 부귀
하게 한 것이니, 자신은 천자가 되고 동생은 필부가 된다
면, 친애한다고 말할 수 있겠는가?"12)

---

12) 流, 徙也.(유는 귀양보냄이다.) 共工, 官名.(공공은 관명이다.) 驩
兜, 人名.(환도는 사람 이름이다.) 二人比周, 相與爲黨.(두 사람
은 한패가 되어 서로 더불어 편당을 지었다.) 三苗, 國名, 負固
不服.(삼묘은 국명이니, 지형의 험고함을 업고 복종하지 않았다.)
殺, 殺其君也.(살은 그 임금을 죽이는 것이다.) 殛, 誅也.(극은
죽임이다.) 鯀, 禹父名, 方命圮族, 治水無功, 皆不仁之人也.(곤
은 우왕의 부친 이름이니, 왕명을 거역하고[方], 종족을 해쳤으
며[圮], 치수에 공적이 없었으니, 모두 어질지 못한 사람이다.)
幽州, 崇山, 三危, 羽山, 有庳, 皆地名也.(유주, 숭산, 삼위, 우산,
유비는 모두 지명이다.) 或曰 : 今道州鼻亭, 卽有庳之地也. 未知

자의 ㅇ共工－요제 때의 관직명. ㅇ幽－그윽할 유. ㅇ驩－즐길 환.
ㅇ兜－투구 도. ㅇ崇－높일 숭. ㅇ苗－모종 묘. ㅇ殛－죽일 극.
ㅇ鯀－이름 곤. ㅇ羽－깃 우. ㅇ誅－죽일 주. ㅇ庳－땅이름 비.
ㅇ固－본래 고. ㅇ藏－감출 장. ㅇ宿－묵을 숙.

(3-3) 敢問 或曰放者는 何謂也잇고 曰 象이 不得有爲於
其國하고 天子使吏로 治其國而納其貢稅焉이라 故
로 謂之放이니 豈得暴彼民哉리오 雖然이나 欲常常
而見之라 故로 源源而來하니 不及貢하여 以政接于
有庳라하니 此之謂也니라

(감문 혹왈방자, 하위야. 왈 상, 부득유위어기국, 천자사리, 치기
국이납기공세언. 고, 위지방, 기득포피민재. 수연, 욕상상이견지.
고, 원원이래, 불급공, 이정접우유비, 차지위야)

국역 "감히 묻습니다. 혹자가 말한 추방이라는 것은 무엇을
말한 것입니까?" "상이 그 나라에서 좋은 정치를 할 수
없어서 천자가 관리로 하여금 그 나라를 다스리게 하고,
그 공물과 부세(賦稅)를 납부하게 한 것이다. 그러므로 그
것을 추방이라 말하는 것이니, 어찌 그 백성들에게 포악하

是否.(혹자는 말하기를, 지금의 도주·비정이 바로 유비 지역이
라고 하는데, 옳은지 여부는 알지 못하겠다.) 萬章, 疑舜不當封
象, 使彼有庳之民, 無罪而遭象之虐, 非仁人之心也.(만장이, 순은
당연히 상을 봉해주지 말아야 하였는데, 저 유비의 백성으로 하
여금, 죄없이 상의 학정을 만나게 함은, 어진 이의 마음이 아니
라고 의심한 것이다.) 藏怒, 謂藏匿其怒.(장노는 그 노여움을 감
추는 것을 이른다.) 宿怨, 謂留蓄其怨.(숙원은 그 원한을 남겨
쌓아둠을 이른다.)

게 할 수 있었겠는가? 비록 그런 것이나, 늘 그를 만나보
고자 하였는지라, 그러므로 연이어 끊임없이 오게 하였으
니, '조공할 시기에 미치지 않았는데도 정사로써 유비의
임금을 접견하였다.'고 하였으니, 이것을 두고 한 말이
다."13)

(자의) ○不得-안 된다, 할 수 없다. ○有爲-할 수 있다. ○納-들일

---

13) 孟子言象雖封爲有庳之君, 然, 不得治其國, 天子使吏代之治, 而
納其所收之貢稅於象. 有似於放.(맹자가 말하기를, 상이 비록 유
비의 군주로 봉해졌으나, 그러나 그 나라를 다스리지 못하게 하
고, 천자가 관리로 하여금 대신 다스리고, 그곳에서 받은 공세를
상에게 납부하게 하였으니, 추방한 것에서 유사한 것이 있었다.)
故, 或者以爲放也.(그러므로 혹자는 추방으로 여겼다.) 蓋象至不
仁, 處之如此, 則旣不失吾親愛之心, 而彼亦不得虐有庳之民也.
(대개 상이 지극히 불인하여, 대처하기를 이와 같이한다면, 이미
내가 그를 친애하는 마음을 잃지 않은 것이며, 저 역시 유비의
백성들을 학대할 수 없는 것이다.) 源源, 若水之相繼也.(원원은
물이 서로 이어짐과 같다.) 來, 謂來朝覲也.(내는 와서 조회를
보는 것을 이른다.) 不及貢以政接于有庳, 謂不待及諸侯朝貢之
期, 而以政事, 接見有庳之君.(조공할 시기에 미치지 아니하여 정
사로써 유비에서 접견하였다는 것은, 제후가 조공할 시기에 미치
기를 기다리지 않고, 정사로써 유비의 군주를 접견한 것이다.) 蓋
古書之辭, 而孟子引以證源源而來之意, 見其親愛之無已如此也.
(대개 옛 '서경'의 말인 듯한데, 맹자가 끊임없이 유래한 뜻을 증
거로써 인용하여, 그 친애하는 마음이 끝이 없음이 이와 같음을
보인 것이다.) 吳氏曰 : 言聖人, 不以公義廢私恩, 亦不以私恩害
公義. 舜之於象, 仁之至, 義之盡也.(오씨가 말하였다. 성인은 공
의로써 사은을 폐하지 않고, 역시 사은으로써 공의를 해치지 않
음을 말하였다. 순은 상에서, 인이 지극하고, 의가 다한 것이다.)

납. ○貢－공물 공. ○豈－어찌 기. ○常常－늘, 언제나, 종종. ○源源－연이어 끊이지 않는 모양.

해설 어진 이는 남을 나와 같이 여기고 사랑한다. 그런 마음은 먼저 부모형제 사촌 등으로부터 시작하여 이웃이나 온 나라로 파급되어 가는 것이다. 그러므로 그가 부귀하게 되면 그 효과는 가까운 데서 비롯하여 차츰 사방 천하 백성들에게 확대된다. 그런데 그것이 남에게 폐가 되어서는 아니 된다. 따라서 순은 상을 사랑하여 유비의 제후로 봉하고 나서, 그 일이 백성들에게 폐가 되지 않도록 따로 관리를 보내 백성을 다스리게 하거나 세금을 걷게 하는 등 여러 가지 보완조치를 취했던 것이다.

제4장 순은 요를 신하로 여기지 아니했다
(舜之不臣堯章 第四)

(4-1) 咸丘蒙이 問曰 語云 盛德之士는 君不得而臣하며 父不得而子라 舜南面而立이어시늘 堯帥諸侯하여 北面而朝之하시고 瞽瞍亦北面而朝之어늘 舜見瞽瞍하시고 其容有蹙이라하여늘 孔子曰 於斯時也에 天下殆哉, 岌岌乎인저하시니 不識케이다 此語 誠然乎哉잇가 孟子曰 否라 此非君子之言이요 齊東野人之語也라 堯老而舜攝也러시니 堯典曰 二十有八載에 放勳이 乃徂落커시늘 百姓은 如喪考妣三年하고 四海는 遏

密八音이라하여 孔子曰 天無二日이요 民無二王이라
하시니 舜旣爲天子矣요 又帥天下諸侯하여 以爲堯
三年喪이면 是二天子矣니라

(함구몽, 문왈 어운 성덕지사, 군부득이신, 부부득이자. 순남면이
립, 요수제후, 북면이조지, 고수역북면이조지, 순견고수, 기용유
축, 공자왈 어사시야, 천하태재, 급급호, 불식. 차어 성연호재. 맹
자왈 부, 차비군자지언, 제동야인지어야. 요로이순섭야, 요전왈
이십유팔재, 방훈, 내조락, 백성, 여상고비삼년, 사해, 알밀팔음,
공자왈 천무이일, 민무이왕, 순기위천자의, 우수천하제후, 이위요
삼년상, 시이천자의)

국역 함구몽이 물었다. "옛말에 덕이 무성한 인사는 임금이
그를 신하로 할 수 없으며, 아버지가 자식으로 할 수 없다
고 하였습니다. 순이 남면하여 서 있었거늘, 요는 제후를
거느리고 북면하여 그를 만나고, 고수 역시 북면하여 그를
만나거늘, 순이 고수를 보시고 그 얼굴에 찡그림이 있었습
니다. 공자가 말씀하시기를 '이때에 있어서 천하가 위태한
지라 위급하였다.'고 하셨으니, 알지 못하겠습니다. 이 말
이 참으로 그러합니까?" 맹자가 말씀하였다. "아니다. 이
말은 군자의 말이 아니다. 제나라 동쪽지방 야인들의 말이
다. 요가 늙어서 순이 섭정을 한 것이니, '요전'에 이르기
를, '28년만에 방훈이 세상을 떠나거늘, 백성들은 마치 부
모를 잃은 듯이 3년상을 입었고, 사해에는 8음이 그치고
조용하였다.'고 하며, 공자께서는 '하늘에는 두 태양이 없
고 백성들에게는 두 임금이 없다.'고 하셨으니, 순이 이미
천자가 된 것이요, 또 천하의 제후를 거느리고 요를 생각

하여 3년상을 입었으면 이것은 천자가 둘인 것이다."14)

자의 ○咸丘蒙─맹자의 제자. ○語云─옛부터 전해오던 말. ○南面─천자나 제후는 남쪽을 향하여 제후나 신하를 만났다. 제후나 신하는 북면(北面)이 된다. ○帥─거느릴 수. ○朝─아침, 날, 처음, 향하다, 뵙다, 왕조. ○蹙─재촉할 축. 찌푸리다, 찡그리다. ○斯─이사. ○殆─위태할 태. ○岌─높은산 급, 위태할 급. ○岌岌─위급하

---

14) 咸丘蒙, 孟子弟子.(함구몽은 맹자의 제자이다.) 語者, 古語也.(어는 옛말이다.) 蹙, 顰蹙不自安也.(축은 찌푸려 스스로 편치 못한 것이다.) 岌岌, 不安貌也. 言人倫乖亂, 天下將危也.(급급은 불안한 모양이니, 인륜이 어그러지고 혼란하여, 천하가 장차 위태로움을 말한다.) 齊東, 齊國之東鄙也.(제동은 제나라 동쪽 변방이다.) 孟子言堯但老不治事, 而舜攝天子之事耳. 堯在時, 舜未嘗卽天子位, 堯何由北面而朝乎. 又引書及孔子之言以明之.(맹자는, 요가 단지 늙어서 정사를 다스리지 못하자, 순이 천자의 정사를 섭정하였을 뿐이요, 요가 살아 있을 때에, 순이 아직 일찍이 천자의 자리에 나아가지 않았으니, 요가 무슨 이유로 북면하여 조회하였겠는가? 또 '서경'과 공자의 말을 인용하여 그리고 그것을 밝힌 것이다.) 堯典, 虞書篇名.('요전'은 '우서'의 편명이다.) 今此文, 乃見於舜典, 蓋古書, 二篇, 或合爲一耳.(그런데 지금의 이 글은, 바로 '순전'에 보이니, 아마 옛 '서경'에는 두 편이 혹 합하여 하나로 되었을 뿐이다.) 言舜攝位二十八年而堯死也.(순이 섭위한 지 28년만에 요가 죽었음을 말한 것이다.) 徂, 升也. 落, 降也. 人死則魂升而魄降, 故古者謂死爲徂落.(조는 오름이요, 낙은 내림이니, 사람이 죽으면, 혼은 올라가고, 백은 내려온다. 그러므로 옛날에는 죽음을 조락이라 하였다.) 遏, 止也. 密, 靜也.(알은 중지함이요, 밀은 고요함이다.) 八音, 金石絲竹匏土革木, 樂器之音也.(8음은 쇠, 돌, 실, 대, 박, 흙, 가죽, 나무이니, 악기의 소리이다.)

다, 매우 위태롭다. ○否-아닐 부, 악할 비. ○攝-당길 섭. ○載-
해 재. ○放勳-요임금의 이름. ○徂-죽을 조. ○考-죽은 아버지
고. ○妣-죽은 어머니 비. ○遏-그칠 알. ○密-조용할 밀. ○以
爲-생각하다, 여기다.

(4-2) 咸丘蒙曰 舜之不臣堯는 則吾旣得聞命矣어니와 詩
云 普天之下 莫非王土며 率土之濱이 莫非王臣이
라하니 而舜이 旣爲天子矣시니 敢問瞽瞍之非臣은
如何잇고 曰 是詩也는 非是之謂也라 勞於王事而
不得養父母也하여 曰 此莫非王事어늘 我獨賢勞也
라하니 故로 説詩者不以文害辭하며 不以辭害志요
以意逆志라야 是爲得之니 如以辭而已矣인댄 雲漢
之詩曰 周餘黎民이 靡有孑遺라하니 信斯言也인댄
是는 周無遺民也니라

(함구몽왈 순지불신요, 즉오기득문명의. 시운 보천지하 막비왕토,
솔토지빈, 막비왕신, 이순, 기위천자의, 감문고수지비신, 여하. 왈
시시야, 비시지위야, 노어왕사이부득양부모야, 왈 차막비왕사, 아
독현로야, 고, 설시자불이문해사, 불이사해지, 이의역지, 시위득
지, 여이사이이의, 운한지시왈 주여려민, 미유혈유, 신사언야, 시,
주무유민야)

국역 함구몽이 말하였다. "순이 요를 신하로 삼지 않았다는
것은 제가 이미 가르침을 들어 알았거니와 '시경'에 이르기
를, '온 하늘 밑은 왕의 땅 아닌 데가 없고, 온 나라 안에
왕의 신하 아닌 사람이 없다.'고 하였으니, 순이 이미 천자
가 되었는데도, 감히 묻겠습니다. 고수가 신하 아님은 어째

서입니까?" "그 시는 그런 것을 말한 것이 아니라, 왕의 일
에 있어서 노력 때문에 부모를 봉양할 수 없어서, 말하기를
'이는 왕의 일이 아닌 것이 없거늘, 나 혼자 노력한다.'고 말
한 것이다. 그러므로 시를 해설하는 사람은, 글 때문에 말을
해치지 말며, 말 때문에 뜻을 해치지 말며, 마음으로써 뜻을
맞이하여야, 그것이 시의 뜻을 터득하는 것이 된다. 만일 말
로써만이 해석할진댄, 운한의 시에, '주나라의 남은 백성,
하나도 남은 사람이 없다.'라 하였으니, 이 말을 믿는다면,
이것은 주나라에는 남은 백성이 없는 것이 된다."15)

---

15) 不臣堯, 不以堯爲臣, 使北面而朝也.('불신요'는 요로써 신하를
삼아 북면하고 조회하게 하지 않는 것이다.) 詩, 小雅北山之篇
也.(시는 '시경' '소아'편 '북산'장이다.) 普, 徧也.(보는 두루이다.)
率, 循也.(솔은 따름이다.) 此詩, 今毛氏序云 : 役使不均, 已勞於
王事而不得養其父母焉.(이 시는, 지금, 모씨의 서에 이르기를,
사역이 고르지 못하여, 자기만이 국사에 수고로워 그 부모를 봉
양할 수 없다고 운운한다.) 其詩下文, 亦云 : 大夫不均, 我從事
獨賢.(그 시 아래에 역시, 대부들이 균등하지 못하여 나만이 일
을 따르니 홀로 어질다고 운운하였다.) 乃作詩者自言天下皆王
臣, 何爲獨使我以賢才而勞苦乎? 非謂天子可臣其父也.(마침내
시의 작자가 스스로 말하기를, '천하가 모두 왕의 신하이거늘, 어
찌하여 유독 나로 하여금 어진 재주가 있다고 여겨, 수고롭게
하는가?'라고 한 것이니, 천자가 그 부친을 신하로 삼을 수 있다
고 말한 것은 아니다.) 文, 字也.(문은 글자이다.) 辭, 語也.(사는
말이다.) 逆, 迎也.(역은 맞이함이다.) 雲漢, 大雅篇名也.(운한은
'시경' '대아'편의 이름이다.) 孑, 獨立之貌(혈은 홀로 서 있는
모양이다.) 遺, 脫也.(유는 벗어남이다.) 言說詩之法, 不可以一字
而害一句之義, 不可以一句而害設辭之志.(시를 해설하는 방법은,

자의 ㅇ命-가르침 명. ㅇ普-넓을 보. ㅇ率土-온 나라의 땅. ㅇ濱-
물가 빈. ㅇ賢勞-공사(公事)에 힘쓰다, 노력하다. ㅇ辭-말씀 사.
ㅇ逆-맞이할 역. ㅇ雲漢之詩-'시경' '대아'편 '운한'의 제3장 제
5·6구. ㅇ黎-검을 려. ㅇ靡-없을 미. ㅇ孑-외로울 혈. ㅇ孑遺-
오직 하나만이 남아 있는 것.

(4-3) **孝子之至**는 **莫大乎尊親**이요 **尊親之至**는 **莫大乎以**
天下養이니 **爲天子父**하니 **尊之至也**요 **以天下養**하시
니 **養之至也**라 **詩曰 永言孝思**라 **孝思維則**이라 **此**
之謂也니라

(효자지지, 막대호존친. 존친지지, 막대호이천하양, 위천자부, 존
지지야. 이천하양, 양지지야. 시왈 영언효사, 효사유칙. 차지위야)

국역 "효자의 지극한 도리는 어버이를 높이는 것보다 큰 것
이 없고, 어버이의 지극한 높임은 천하로써 봉양하는 것보
다 큰 것이 없으니, 천자의 아버지가 되었으니 높임의 극
치이고, 천하로써 봉양하였으니 봉양의 극치이다. '시경'에

한 글자로써 한 구절의 뜻을 해치지 말고, 한 구절로써 말을 설
치한 뜻을 해치지 말아야 한다.) 當以己意, 迎取作者之志, 乃
可得之.(당연히 자기의 뜻으로써, 작자의 뜻에 맞추어 취하여야,
마침내 그것을 터득할 수 있다.) 若但以其辭而已, 則如雲漢所言,
是周之民, 眞無遺種矣.(만일 다만 그 말 뿐만으로 생각하여, 곧
'운한시'에 말한 바와 같다면, 이것은 주나라 백성들은, 진실로
유족이 없는 것이다.) 惟以意逆之, 則知作詩者之志, 在於憂旱,
而非眞無遺民也.(오직 자기의 뜻으로써 작자의 뜻에 맞춰보면,
작시자의 뜻이 가뭄을 걱정함에 있고, 진실로 유민이 없는 것에
있지 않다는 것을 알게 될 것이다.)

'길이 효도하고 사모함을 말하니, 효도하고 사모함을 오직
본받아야겠다.'고 하였으니, 이것을 말한 것이다."16)

[자의] ○永－길 영. 영원히. ○維－바 유(＝惟). ○則－곧 즉, 법칙 칙.
본받다, 따르다.

(4-4) 書曰 祗載見瞽瞍하시되 夔夔齊栗하신대 瞽瞍亦允
若이라하니 是爲父不得而子也니라

　　　(서왈 지재현고수, 기기재율, 고수역윤약. 시위부부득이자야)

[국역] '서경'에 '부모 섬기는 일을 공경히 하되 고수를 뵈올
적에, 부모의 마음이 돌아오기를 바라고 바라면서 정성을
다하고 두려워하셨는데, 고수 역시 진실로 따랐다'고 하였
으니, 이것이 아버지가 깨닫지 못한 것을 아들이 깨닫게
했다는 것이다.17)

---

16) 言瞽瞍旣爲天子之父, 則當享天下之養, 此, 舜之所以爲尊親養親
之至也.(고수가 이미 천자의 아버지가 되었으면, 당연히 천하의
봉양을 누리니, 이것은 순이 어버이를 높이고, 어버이를 봉양하
기를 지극히 여긴 것이니,) 豈有使之北面而朝之理乎.(어찌 그로
하여금 북면하여 조회하게 할 리가 있겠는가?라고 말한 것이다.)
詩, 大雅下武之篇. 言人能長言孝思而不忘, 則可以爲天下法則
也.(시는 '시경' '대아'편 '하무'장이다. 사람이 능히 오래 효도하
고 사모하여 잊지 아니함을 말한다면, 천하의 법칙이 될만하다는
것을 말한 것이다.)

17) 書, 大禹謨篇也.(서는 '서경' '대우모'편이다.) 祗, 敬也.(지는 공
경함이다.) 載, 事也.(재는 일이다.) 夔夔齊栗, 敬謹恐懼之貌.('기
기재율'은 공경하고 삼가고 두려워하는 모양이다.) 允, 信也.(윤
은 믿음이다) 若, 順也.(약은 순함이다.) 言舜敬事瞽瞍, 往而見

자의 ㅇ書-'서경' '대우모'. ㅇ祗-공경 지. ㅇ載-일 재. ㅇ夔-바랄
기, 조심할 기. ㅇ夔夔-조심하고 두려워하는 모습. ㅇ齊-공손할
재. ㅇ栗-공경할 율. ㅇ齊栗-몸을 단정히 하고 언행을 조심함.
ㅇ允-진실로. ㅇ若-같을 약, 좇을 약. ㅇ得-깨달을 득.

해설 함구몽이 인용한 고전은 정전(正傳)이 아니고 이전(異
傳)이었다. 그 고전은 제나라 동쪽 변방 야인(野人)의 말일
뿐이며, 그러므로 맹자는 순이 요임금을 신하로 삼지 아니
했음을 분명히 말한 것이다. 또 함구몽이 시경을 인용하여
고수가 아버지라고 해서 임금의 신하가 되지 않을 수가 없
지 않는가라고 함에, 그것 역시 시경의 해석의 오류라고 한
것이다. 그래서 시를 해석할 적에는 자신의 마음으로써 시
인의 뜻을 맞이해야 한다[以意逆志]고 깨우친 것이다.

제5장 요임금이 천하를 순에게 주다
(堯以天下與舜章 第五.)

(5-1) 萬章曰 堯以天下與舜이라하니 有諸잇가 孟子曰 否

之, 敬謹如此, 瞽瞍亦信而順之也.(순이 고수를 공경히 섬겨, 가
서 뵐 적에 공경하고 삼가는 것이 이와 같았으니, 고수 역시 믿
고 그에게 순응하였음을 말한 것이다.) 孟子引此而言, 瞽瞍不能
以不善及其子, 而反見化於其子, 則是所謂父不得而子者, 而非如
咸丘蒙之說也.(맹자가 이것을 인용하고 말하기를, 고수가 불선함
으로써 그 아들에게 미칠 수 없고, 도리어 그 아들에게 감화를
보였으니, 곧 이것이 소위 아버지가 깨닫지 못한 것을 아들이
깨닫게 했다는 것이니, 함구몽의 설명과 같지 않은 것이다.)

라 **天子不能以天下與人**이니라

(만장왈 요이천하여순, 유저. 맹자왈 부. 천자불능이천하여인)

국역 만장이 말하였다. "요는 천하로써 순에게 주었다고 하는데 그런 일이 있었습니까?" 맹자가 말씀하였다. "아니다. 천자가 능히 천하로써 남에게 주지는 못하느라."[18]

자의 ㅇ與—줄 여. ㅇ諸—(＝之於).

(5-2) **然則舜有天下也**는 **孰與之**잇고 **曰 天與之**시니라

(연즉순유천하야, 숙여지. 왈 천여지)

국역 "그렇다면 순이 천하를 소유하였던 것은 누가 그에게 준 것입니까?" "하늘이 그에게 준 것이다."[19]

(5-3) **天與之者**는 **諄諄然命之乎**잇가

(천여지자, 순순연명지호)

국역 "하늘이 그에게 주었다는 것은, 간곡하게 그렇게 명령을 한 것입니까?"[20]

자의 ㅇ諄—지성스러울 순. ㅇ諄諄—간곡하게 말하는 모양.

(5-4) **曰 否**라 **天不言**이라 **以行與事**로 **示之而已矣**시니라

(왈 부. 천불언. 이행여사, 시지이이의)

---

18) 天下者, 天下之天下, 非一人之私有故也.(천하는 천하 사람들의 천하요, 한사람의 사유물이 아니기 때문이니라.)

19) 萬章問而孟子答也.(만장의 물음에, 맹자가 대답한 것이다.)

20) 萬章問也.(만장이 물은 것이다.) 諄諄, 詳語之貌(순순은 상세히 말하는 모습이다.)

국역 말씀하였다. "아니다. 하늘은 말을 하지 않는지라, 하늘의 운행과 사태로써 그 뜻을 게시할 뿐이니라."21)

(5-5) 曰 以行與事로 示之者는 如之何잇고 曰 天子能薦人於天이언정 不能使天與之天下며 諸侯能薦人於天子언정 不能使天子與之諸侯며 大夫能薦人於諸侯언정 不能使諸侯與之大夫니 昔者에 堯薦舜於天而天受之하시고 暴之於民而民受之라 故로 曰 天不言이라 以行與事로 示之而已矣라하노라

(왈 이행여사, 시지자, 여지하. 왈 천자능천인어천, 불능사천여지천하, 제후능천인어천자, 불능사천자여지제후, 대부능천인어제후, 불능사제후여지대부, 석자, 요천순어천이천수지, 폭지어민이민수지. 고, 왈 천불언. 이행여사, 시지이이의)

국역 "운행과 사태로써 그 뜻을 게시한다는 것은 어떻게 하는 것입니까?" "천자는 사람을 하늘에 추천할 수는 있을지언정, 하늘로 하여금 천하를 그에게 주게 할 수는 없으며, 제후는 사람을 천자에게 추천할 수는 있을지언정, 천자로 하여금 그에게 제후의 자리를 주게 할 수는 없으며, 대부는 제후에게 사람을 추천할 수는 있을지언정, 제후로 하여금 그에게 대부의 자리를 주게 할 수는 없다. 옛날에

---

21) 行之於身, 謂之行, 措諸天下, 謂之事.(자신에게 행함을 행실이라 이르고, 천하에 조처하는 것을 사업이라 이른다.) 言但因舜之行事, 而示以與之之意耳.(다만, 순의 행실과 사업으로 인하여 그에게 주려는 뜻으로써 게시하였을 뿐임을 말한 것이다.)

요는 하늘에 순을 추천하여 하늘이 그를 수락하였고, 그를
백성들에게 내놓았는데, 백성들이 그를 수락하였는지라.
그러므로 하늘은 말하지 않고, 운행과 사태로써 그것을 게
시할 뿐이라고 하였다."22)

(자의) ㅇ暴-나타날 폭. 밖으로 드러나다, 돌출하다.

(5-6) 曰 敢問薦之於天而天受之하시고 暴之於民而民受
之는 如何니잇고 曰 使之主祭而百神享之하니 是는
天受之요 使之主事而事治하여 百姓安之하니 是는
民受之也라 天與之하며 人與之라 故로 曰天子不能
以天下與人이라하노라 舜相堯二十有八載하시니 非
人之所能爲也요 天也라 堯崩이어시늘 三年之喪을
畢하고 舜이 避堯之子於南河之南이어시늘 天下諸侯
朝覲者 不之堯之子而之舜하며 訟獄者 不之堯之
子而之舜하며 謳歌者 不謳歌堯之子而謳歌舜이라
故로 曰天也라 夫然後에 之中國하사 踐天子位焉하
시니 而(如)居堯之宮하여 逼堯之子면 是는 篡也라
非天與也니라

---

22) 暴, 顯也.(폭은 드러냄이다.) 言下能薦人於上, 不能令上必用之.
(아랫사람이 윗사람에게 사람을 추천할 수는 있지만, 윗사람으로
하여금 반드시 그를 등용하게 할 수는 없다.) 舜爲天人所受, 是,
因舜之行與事, 而示之以與之之意也.(순이 하늘과 사람들에게 받
아들여진 바가 되었으니, 이것은 순의 행실과 더불어 사업으로부
터, 그에게 주려는 의사로써 게시한 것이다.)

(왈 감문천지어천이천수지, 폭지어민이민수지, 여하. 왈 사지주제
이백신향지, 시, 천수지. 사지주사이사치, 백성안지, 시, 민수지야.
천여지, 인여지. 고, 왈 천자불능이천하여인. 순상요이십유팔재,
비인지소능위야, 천야. 요붕, 삼년지상, 필, 순, 피요지자어남하지
남, 천하제후조근자, 부지요지자이지순, 송옥자 부지요지자이지
순, 구가자 불구가요지자이구가순. 고, 왈천야. 부연후, 지중국,
천천자위언, 이(여)거요지궁, 핍요지자, 시, 찬야. 비천여야)

국역 "감히 묻습니다. 하늘에 그를 천거하여 하늘이 그를 수
락하고, 백성들에게 그를 내놓으니 백성들이 그를 수락하
였다는 것은 어떤 것입니까?" "순으로 하여금 제사를 주
관케 함에 온갖 신들이 향수(享受)하니, 이것은 하늘이 그
를 수락한 것이요, 그로 하여금 일을 주관케 함에 일이 잘
다스려지고, 백성들이 그것을 편안케 여겼으니, 이것은 백
성들이 그를 수락한 것이다. 하늘이 주고, 백성들이 준 것
이다. 그러므로 '천자는 천하로써 남에게 줄 수 없다'고 한
것이다. 순이 요를 도운 것이 28년이니, 사람이 할 수 있
는 바가 아니라, 하늘의 뜻이다. 요가 죽자, 3년의 상기를
마치고, 순이 남하의 남쪽에서 요의 아들을 피하거늘, 천
하의 제후로서 천자를 만나는 자는, 요의 아들에게 가지
않고 순에게 갔으며, 소송을 하는 자들은 요의 아들에게
가지 않고 순에게 갔으며, 노래를 하는 자들은 요의 아들
을 노래하지 않고 순을 노래하였다. 그러므로 하늘의 뜻이
라고 하는 것이다. 대저 그런 뒤에야 수도(首都)로 가서
천자의 지위를 밟았다. 만약 요의 궁중에 거처하면서 요의
아들을 핍박했다면, 이것은 찬탈이지 하늘이 준 것이 아니

니라."23)

[자의] ㅇ相-도울 상. ㅇ載-해 재. ㅇ崩-임금이 죽다. ㅇ避-피할
피. ㅇ朝覲-제후가 천자를 뵙는 것. '예기' '곡례 주'에 조(朝)는 봄
에, 근(覲)은 가을에 뵙는 것이라 함. ㅇ訟獄-소송사건. ㅇ謳-노
래 구. ㅇ謳歌-구가하다. ㅇ中國-수도(=國中). ㅇ踐-밟을 천.
다다르다. ㅇ逼-핍박할 핍. ㅇ簒-빼앗을 찬.

(5-7) 太(泰)誓曰 天視自我民視하며 天聽自我民聽이라하
　　　니 此之謂也니라

　　　(태(태)서왈 천시자아민시, 천청자아민청, 차지위야)

[국역] 태서에 "하늘이 보는 것은 우리·백성들이 보는 것으로
부터 하며, 하늘이 듣는 것은 우리 백성들이 듣는 것으로
부터 한다."고 하였으니, 이것을 말한 것이다.24)

[자의] ㅇ泰誓-'서경' '주서(周書)'의 편명. ㅇ自-부터 자.

[해설] 요가 순에게 제위를 넘겨준 것은 하나의 사회적·정치
적 권력이양이며 그것은 인간의 행위로 완성된다. 그러나
맹자에 따르면 그런 인간행위의 배후에는 근본적인 힘이
존재하는데 그것이 하늘이라는 것이다. 하늘의 결정은 역

---

23) 南河, 在冀州之南, 其南, 卽豫州也.(남하는 기주의 남쪽에 있으
　　니, 그 남쪽은 바로 예주이다.) 訟獄, 謂獄不決而訟之也.(송옥은,
　　옥사를 결단하지 못하여, 그것을 송사함을 이른다.)

24) 自, 從也.(자는 부터이다.) 天無形, 其視聽, 皆從於民之視聽. 民
　　之歸舜, 如此, 則天與之, 可知矣.(하늘은 형체가 없어, 그 보고
　　듣는 것을, 모두 백성들의 보고 들음에 따르니, 백성들이 순에게
　　돌아감이 이와 같다면, 하늘이 그에게 주는 것을 알 수 있다.)

사발전의 전제가 된다. 그래서 인간행위는 하늘과 합일이
필요하다. 천하를 잘 다스리기 위해서는 자연질서에 이상
이 없고 천하 사람들이 그를 따라주어야 한다. 그런데 순
으로 하여금 제사를 주관하게 하였더니, 해마다 풍년이 들
고 재앙이 일어나지 않았으니, 하늘이 그를 받아들인 것이
다. 또 순으로 하여금 섭정을 시켰더니 나라가 잘 다스려
지고 백성들이 잘 따랐다. 이런 것들로 보아 요가 순에게
천자의 지위를 선양한 것은 사람이 아니라 곧 하늘이라는
것이다.

제6장 우임금에 이르러 도덕이 쇠퇴하였다
(至於禹而德衰章 第六)

(6-1) 萬章問曰 人有言하되 至於禹而德衰하여 不傳於賢
而傳於子라하니 有諸잇가 孟子曰 否라 不然也라 天
與賢則與賢하고 天與子則與子니라 昔者에 舜薦禹
於天十有七年에 舜崩이어시늘 三年之喪을 畢하고 禹
避舜之子於陽城이러시니 天下之民이 從之를 若堯
崩之後에 不從堯之子而從舜也하니라 禹薦益於天
七年에 禹崩이어시늘 三年之喪을 畢하고 益避禹之子
於箕山之陰이러니 朝覲訟獄者 不之益而之啓 曰
吾君之子也라하며 謳歌者不謳歌益而謳歌啓 曰 吾
君之子也라하니라

(만장문왈 인유언, 지어우이덕쇠, 부전어현이전어자, 유저. 맹자
왈 부. 불연야. 천여현즉여현, 천여자즉여자. 석자, 순천우어천십
유칠년, 순붕, 삼년지상, 필, 우피순지자어양성, 천하지민, 종지,
약요붕지후, 부종요지자이종순야. 우천익어천칠년, 우붕, 삼년지
상, 필, 익피우지자어기산지음, 조근송옥자 부지익이지계 왈 오군
지자야, 구가자불구가익이구가계 왈 오군지자야)

(국역) 만장이 물었다. "사람들이 말하되, '우에 이르러 덕이
쇠하여, 제위를 현자에게 전하지 않고 그 아들에게 전했
다.'고 하니, 그런 일이 있습니까?" 맹자가 말씀하였다.
"아니다. 그렇지 않다. 하늘이 현자에게 주게 하면 현자에
게 주게 되고, 하늘이 아들에게 주게 하면 아들에게 주게
되느니라. 옛날에 순이 우를 하늘에 천거한 지 17년만에
순이 죽자, 3년의 상기를 마치고 우가 양성에서 순의 아들
을 피하였으니, 천하의 백성들이 그를 따라오기를, 마치
요가 죽은 후에 요의 아들을 따르지 않고 순을 따르듯이
하였다. 우가 익을 하늘에 천거한 지 7년만에 우가 죽자,
3년의 상기를 마치고 익이 기산의 북쪽에서 우의 아들을
피하였으니, 천자를 만나고 송사를 하는 사람들이 익에게
가지 않고 계에게 가며, '우리 임금님의 아들이다.' 하였으
며, 찬가(讚歌)하는 자는 익을 찬가하지 않고 계를 찬가하
면서, '우리 임금님의 아들이다.'라고 하였다."25)

---

25) 陽城, 箕山之陰, 皆嵩山下深谷中可藏處.(양성과 기산의 북쪽은,
모두 숭산 아래 깊은 골짜기 가운데로서 몸을 숨길 만한 곳이
다.) 啓, 禹之子也.(계는 우의 아들이다.) 楊氏曰 : 此語, 孟子必

자의 ㅇ陽城-하남성 숭산(嵩山) 남쪽에 있는 지명. ㅇ箕山-숭산 밑에 있는 지명. ㅇ陰-응달, 북쪽. ㅇ益-산과 못을 맡은 하나라 현신. ㅇ啓-우의 아들 이름.

(6-2) 丹朱之不肖에 舜之子亦不肖하며 舜之相堯와 禹之相舜也는 歷年多하여 施澤於民이 久하고 啓賢하여 能敬承繼禹之道하며 益之相禹也는 歷年少하여 施澤於民이 未久하니 舜禹益相去久遠과 其子之賢不肖가 皆天也니 非人之所能爲也라 莫之爲而爲者는 天也요 莫之致而至者는 命也니라

(단주지불초, 순지자역불초, 순지상요, 우지상순야, 역년다, 시택어민, 구, 계현, 능경승계우지도, 익지상우야, 역년소, 시택어민, 미구, 순우익상거구원, 기자지현불초, 개천야, 비인지소능위야. 막지위이위자, 천야, 막지치이지자, 명야)

국역 "단주가 못났고, 순의 아들 역시 못났으며, 순이 요를 도운 것과 우가 순을 도운 것은, 그 세월이 길어서 백성들에게 베푼 혜택이 오래되었고, 우의 아들인 계가 현명하여 공경히 우의 방법을 계승할 수 있었으며, 익이 우를 도운 것은 햇수가 오래지 않아 백성들에게 베푼 혜택이 오래지

有所受, 然, 不可考矣.(양씨가 말하였다. 이 말은 맹자가 반드시 전수받은 바가 있을 것이다. 그러나 상고할 수 없다.) 但云天與賢則與賢, 天與子則與子, 可以見堯舜禹之心, 皆無一毫私意也.(다만, 하늘이 현자에게 주게 하면 현자에게 주고, 하늘이 아들에게 주게 하면 아들에게 준다고 하였으니, 요·순·우의 마음이 모두 한 털끝만큼의 사욕도 없음을 볼 수 있다.)

않았으니, 순과 우와 익은 서로 도운 거리가 오래고 먼 것
과 그 아들의 현명하고 못난 것이 모두 천운이니, 사람이
능히 할 수 있는 바가 아니다. 하지 못하는 것을 하는 것
이 천리요, 이루지 못하는 것을 이루는 것이 천명이니
라."26)

(자의) ㅇ丹朱-요의 아들 이름. ㅇ肖-같을 초. ㅇ不肖-부(父)와 같
지 않다, 못났다. ㅇ相-도울 상. ㅇ歷-지낼 력. ㅇ歷年-과거 여러
해. ㅇ道-방법.

(6-3) **匹夫而有天下者**는 **德必若舜禹**오 **而又有天子薦之**
者라 **故**로 **仲尼不有天下**하시니라
　　(필부이유천하자, 덕필약순우 이우유천자천지자, 고, 중니불유
　　천하)

---

26) 堯舜之子, 皆不肖, 而舜禹之爲相, 久, 此堯舜之子所以不有天下,
而舜禹有天下也.(요와 순의 아들이 모두 불초하였고, 순과 우가
재상이 되어 오래되었으니, 이것이 요와 순의 아들이 천하를 소
유하지 못하고, 순과 우가 천하를 소유하게 된 까닭이다.) 禹之
子, 賢, 而益相, 不久, 此啓所以有天下而益不有天下也.(우의 아
들은 어질고, 익이 재상이 된 것은 오래되지 못하였으니, 이것이
계가 천하를 소유하고, 익이 천하를 소유하지 못한 까닭이다.)
然, 此皆非人力所爲而自爲, 非人力所致而自至者.(그러나 이는
모두 인력으로 한 바가 아니요, 자연히 된 것이며, 인력으로 이
르게 한 바가 아니요, 자연히 이른 것이다.) 蓋以理言之, 謂之
天, 自人言之, 謂之命, 其實則一而已.(대개 이치로써 그것을 말
할 때에는 하늘이라 이르고, 인간으로부터 말할 때에는 명이라
이르니, 그 실제는 하나일 뿐이다.)

국역 "필부이면서 천하를 소유하는 자는 덕이 반드시 순과 우와 같아야 하며, 또 천자의 추천이 있어야 한다. 그러므로 중니는 천하를 소유하지 못한 것이다."27)

(6-4) **繼世以有天下**에 **天之所廢**는 **必若桀紂者也**라 **故**로 **益伊尹周公**이 **不有天下**하시니라

　　　(계세이유천하, 천지소폐, 필약걸주자야. 고, 익이윤주공, 불유 천하)

국역 "대를 이어, 그리고 천하를 소유하고 있는데도 하늘이 폐지해 버리는 것은, 반드시 걸과 주와 같은 자이다. 그러므로 익과 이윤과 주공이 천하를 소유하지 못한 것이다."28)

---

27) 孟子因禹益之事, 歷擧此下兩條, 以推明之.(맹자는 우와 익의 일로부터 이 아래 두 조항을 차례로 들어서, 추측으로써 그것을 밝힌 것이다.) 言仲尼之德, 雖無愧於舜禹, 而無天子薦之者, 故, 不有天下.(중니의 덕은 비록 순과 우에게 부끄러움이 없었으나, 그를 추천해주는 천자가 없었다. 그러므로 천하를 소유하지 못하였음을 말한 것이다.)

28) 繼世而有天下者, 其先世皆有大功德於民.(대를 이어 천하를 소유하는 자들은, 그 선대가 모두 백성들에게 큰 공덕이 있었다.) 故, 必有大惡如桀紂, 則天乃廢之.(그러므로 반드시 걸·주와 같은 큰 악행이 있으면, 하늘이 바로 그를 폐위한다.) 如啓及太甲成王, 雖不及益伊尹周公之賢聖, 但能嗣守先業, 則天亦不廢之.(계와 태갑과 성왕은 비록 익과 이윤과 주공의 어짊과 성스러움에 미치지 못하나, 다만, 능히 선대의 업적을 이어 지킬만하면, 하늘이 역시 그를 폐위하지 않는다.) 故, 益伊尹周公, 雖有舜禹之德, 而亦不有天下.(그러므로 익과 이윤과 주공은, 비록 순·우

자의 ㅇ繼－이을 계. ㅇ廢－폐할 폐.

(6-5) *伊尹*이 *相湯*하여 *以王於天下*러니 *湯崩*이어시늘 *太丁*
은 *未立*하고 *外丙*은 *二年*이요 *仲壬*은 *四年*이러니 *太*
*甲*이 *顚覆湯之典刑*이어늘 *伊尹*이 *放之於桐三年*한대
*太甲*이 *悔過*하여 *自怨自艾*하여 *於桐*에 *處仁遷義三*
*年*하여 *以聽伊尹之訓己也*하여 *復歸于亳*하니라

(이윤, 상탕, 이왕어천하, 탕붕, 태정, 미립, 외병, 이년, 중임, 사
년, 태갑, 전복탕지전형, 이윤, 방지어동삼년, 태갑, 회과, 자원자
예, 어동, 처인천의삼년, 이청이윤지훈기야, 복귀우박)

국역 "이윤이 탕왕을 도와 천하에 왕으로써 거느리게 하였
으니, 탕왕이 죽자, 태정은 왕위에 오르지 못하고 죽었고,
외병은 재위 2년만에, 중임은 재위 4년만에 죽었다. 태정
의 아들인 태갑이 탕왕의 법도를 전복하거늘, 이윤이 그를
3년 동안 동 땅에 추방하자, 태갑이 과오를 뉘우쳐 자기
자신을 원망하고 다스려, 동 땅에서 늘 인에 처하고 의로
움에 옮겨가기를 3년 동안 하여 이윤이 자기를 훈계한 것
을 들었기 때문에, 다시 박 땅으로 돌아왔다."29)

의 덕을 소유하였으나, 역시 천하를 소유하지는 못한 것이다.)

29) 此, 承上文, 言伊尹不有天下之事.(이것은 윗글을 이어 이윤이
천하를 소유하지 못한 일을 말한 것이다.) 趙氏曰：太丁, 湯之
太子, 未立而死. 外丙, 立二年, 仲壬, 立四年, 皆太丁弟也. 太甲,
太丁子也.(조씨가 말하였다. 태정은 탕왕의 태자이니, 즉위하지
못하고 죽었다. 외병은 즉위한 지 2년이요, 중임은 즉위한 지 4
년이니, 모두 태정의 동생이다. 태갑은 태정의 아들이다.) 程子

(자의) ○湯-클 탕. ○以-거느릴 이. ○太丁-탕왕의 태자. ○外丙-
태정의 동생. ○仲壬-태정의 동생. ○太甲-태정의 아들. ○顚覆-
뒤집어엎음. ○典刑-정상적인 형법. ○桐-오동나무 동. 탕왕의 무
덤이 있는 곳. ○悔過-과오를 뉘우침. ○怨-원망할 원. ○艾-다
스릴 예. ○遷-옮길 천. ○亳-땅이름 박.

(6-6) 周公之不有天下는 猶益之於夏와 伊尹之於殷也니라

　(주공지불유천하, 유익지어하, 이윤지어은야)

(국역) 주공이 천하를 소유하지 못한 것은, 익이 하나라에 있
어서와 이윤이 은나라에 있어서와 같다.[30]

(자의) ○猶-같을 유. ○益-하나라 현신. ○伊尹-은나라 현신.

(6-7) 孔子曰 唐虞는 禪하고 夏后殷周는 繼하니 其義一也

　라하시니라

曰 : 古人, 謂歲爲年. 湯崩時, 外丙, 方二歲, 仲壬, 方四歲, 惟太
甲差長. 故, 立之也, 二說, 未知孰是.(정자가 말하였다. 옛사람은
세를 연이라 하였으니, 탕왕이 붕어한 때에 외병은 방금 2세였
고, 중임은 방금 4세였으며, 오직 태갑만이 조금 많았다. 그러므
로 그를 옹립하였다 하니, 두 설 중, 누가 옳은지 아직 알 수 없
다.) 顚覆, 壞亂也.(전복은 상하여 어지러운 것이다.) 典刑, 常法
也.(전형은 불변의 법이다.) 桐, 湯墓所在.(동은 탕왕의 묘소가
있는 곳이다.) 艾, 治也, 說文云 艾草也, 蓋斬絶自新之意.(예는
다스림이다. '설문'에 '풀을 베는 것'이라 하였으니, 대개 베어 끊
어버리고, 스스로 새로워진다는 뜻이다.) 亳, 商所都也.(박은 상
나라가 도읍한 곳이다.)

30) 此, 復言周公所以不有天下之意.(이것은 다시 주공이 천하를 소
　유하지 못한 이유의 뜻을 말한 것이다.)

(공자왈 당우, 선, 하후은주, 계, 기의일야)

(국역) 공자가 말씀하였다. "당우는 제위를 선위(禪位)하였고, 하후와 은·주는 계승하였으니, 그 뜻이 똑같다고 하셨다."31)

(자의) ㅇ唐虞─요와 순. 요를 도당씨(陶唐氏), 순을 유우씨(有虞氏)라고 부르는 데서 유래함. ㅇ禪─받을 선. ㅇ夏后─우임금. ㅇ繼─자손이 제위를 계승함.

(해설) 요·순은 천자의 지위를 선양하였으나, 우왕은 계승시켰으니 우왕이 요순보다 어질지 못하다고 생각하기 쉽다. 이 점을 만장이 다른 사람의 말로써 스승에게 물으니 맹자의 대답은 이렇다. 요·순·우가 천자가 된 것이나, 익·이윤·주공·공자가 천하를 차지하지 못한 것이나, 걸·주가 차지했던 천하를 잃은 것이 모두 하늘의 뜻이고 하늘의 작용이라는 것이다. 상황에 따라 천자의 지위를 현자에게 선양을 하든, 아들에게 계승을 시키든 그 양상은

---

31) 禪, 受也. 或禪或繼, 皆天命也. 聖人豈有私意於其間哉.(선은 받음이다. 혹 선위하고 혹 계승함이 모두 천명이니, 성인이 어찌 그 사이에서 사욕이 있었겠는가?) 尹氏曰 : 孔子曰 : 唐虞, 禪, 夏后殷周, 繼, 其義一也.(윤씨가 말하였다. 공자는, 당우는 선위하였고, 하후와 은과 주는 계승하였으니, 그 뜻은 한가지라고 하였다.) 孟子曰 : 天與賢則與賢, 天與子則與子. 知前聖之心者, 無如孔子, 繼孔子者, 孟子而已矣.(맹자가 말하였다. 하늘이 어진 이에게 주게 하면 어진 이에게 주고, 하늘이 자식에게 주게 하면 자식에게 준다고 하였으니, 전성의 마음을 안 것은 공자와 같은 이가 없었고, 공자를 계승한 자는 맹자일 뿐이다.)

다르지만 둘 다 천명을 따른 것과 백성을 위한다는 면에
서는 동일하다는 사고이다.

제7장 이윤은 요리하는 것으로써 탕에게 요구하였다
(伊尹以割烹要湯章 第七)

(7-1) 萬章問曰 人有言하되 伊尹以割烹要湯이라하니 有
諸잇가

　　(만장문왈 인유언, 이윤이할팽요탕, 유저)

국역 만장이 물었다. "사람들이 또 말하기를, '이윤이 요리
하는 기술로써 탕왕에게 하나라의 정벌을 요구하였다.'고
하니 그런 일이 있었습니까?"[32]

자의 ㅇ割－벨 할. ㅇ烹－삶을 팽, 요리 팽. ㅇ割烹－요리, 조리.
ㅇ諸－(＝之乎).

(7-2) 孟子曰 否라 不然하니라 伊尹이 耕於有莘之野 而
樂堯舜之道焉하여 非其義也며 非其道也어든 祿之
以天下라도 弗顧也하며 繫馬千駟라도 弗視也하고

---

32) 要, 求也.(요는 요구함이다.) 按史記 伊尹, 欲行道以致君而無由,
乃爲有莘氏之媵臣, 負鼎俎, 以滋味說湯, 致於王道. 蓋戰國時,
有爲此說者.('사기'를 고찰컨대, 이윤은 도를 행하여, 훌륭한 임
금이 되게 하려 하였으나 방법이 없자, 마침내 유신씨의 잉신이
되어, 솥과 도마를 지고, 맛있는 음식으로써 탕왕을 설득하여,
왕도정치를 하기에 이르렀다 하니, 아마 전국시대에 그런 말을
하는 자가 있었던 것 같다.)

非其義也며 非其道也어든 一介를 不以與人하며 一
介를 不以取諸人하니라

(맹자왈 부. 불연. 이윤, 경어유신지야 이락요순지도언, 비기의야,
비기도야, 녹지이천하, 불고야, 계마천사, 불시야, 비기의야, 비기
도야, 일개, 불이여인, 일개, 불이취저인)

(국역) 맹자가 말씀하였다. "아니다. 그렇지 않다. 이윤이 유
신의 들에서 밭을 갈면서 요순의 정도를 즐겨서, 그 정의
가 아니며, 그 정도가 아니거든 천하로써 녹봉을 주더라도
돌아보지 않았으며, 말 천사(千駟)를 매어 놓더라도 쳐다
보지 않고, 그 정의가 아니며, 그 정도가 아니거든 지푸라
기 하나라도 남에게 주려고 생각하지 않았으며, 지푸라기
하나라도 남에게서 취하려고 생각하지 않았느니라."33)

(자의) ㅇ耕-밭갈 경. ㅇ有-'有明'처럼 국명 앞에 붙는 조음소. ㅇ莘-
나라이름 신. ㅇ祿-복 록. ㅇ弗-아닐 불. ㅇ顧-돌아볼 고. ㅇ繫-
맬 계. ㅇ駟-사마 사. ㅇ千駟-1000×4마=4000마. ㅇ介-지푸라
기 개(=芥). ㅇ諸-(=之於).

---

33) 莘, 國名.(신은 나라 이름이다.) 堯舜之道者, 誦其詩, 讀其書, 而
欣慕愛樂之也.(요순의 도를 즐거워하였다는 것은, 그 시를 외우
고, 그 책을 읽으며, 흠모하고 사랑하고 좋아한 것이다.) 駟, 四
匹也.(사는 수레를 끄는 말 네 마리이다.) 介與草芥之芥同. 言其
辭受取與, 無大無細, 一以道義而不苟也.(개는 초개의 개와 더불
어 같은 것이니, 그의 사양, 수령, 취득, 부여함이, 크고 작은 것
할 것 없이, 한결같이 도의로써 하고, 구차히 하지 않음을 말한
것이다.)

(7-3) 湯使人以幣聘之_{하신대} 囂囂然曰 我何以湯之聘幣 爲哉_{리오} 我豈若處畎畝之中_{하여} 由是以樂堯舜之 道哉_{리오하니라}

(탕사인이폐빙지, 효효연왈 아하이탕지빙폐위재. 아기약처견무지 중, 유시이락요순지도재)

국역 탕왕이 사람을 시켜 폐백을 가지고 그를 찾았는데, 초 연한 모습으로, '내 어찌 탕왕의 초빙과 폐백 때문에 신하 가 되겠는가? 그에게로 간다면 내 어찌 밭이랑 가운데 거 처하며, 이로부터 요순의 정도를 즐기는 것에 같을 수 있 겠는가?'라고 하였다.[34]

자의 ㅇ以-~가지고, ~때문에. ㅇ幣-비단 폐, 돈 폐. ㅇ聘-찾을 빙. ㅇ囂-시끄러울 효. ㅇ囂囂然-초연한 모양, 태연한 모습. ㅇ豈 若-어찌 ~같을 수 있겠는가? ㅇ畎-밭도랑 견. ㅇ畝-이랑 무 (묘). ㅇ畎畝-논, 밭, 시골. ㅇ由是-그것으로 말미암아. ㅇ以-생 각하다, 여기다.

(7-4) 湯三使往聘之_{한대} 旣而_요 幡然改曰 與我處畎畝之 中_{하여} 由是以樂堯舜之道_{로는} 吾豈若使是君_{으로} 爲堯舜之君哉_며 吾豈若使是民_{으로} 爲堯舜之民哉 _며 吾豈若於吾身_에 親見之哉_{리오}

(탕삼사왕빙지, 기이, 번연개왈 여아처견무지중, 유시이락요순지 도, 오기약사시군, 위요순지군재. 오기약사시민, 위요순지민재. 오 기약어오신, 친견지재)

---

34) 囂囂, 無欲自得之貌(효효는 욕심이 없이 스스로 터득한 모습 이다.)

(국역) 탕이 세 번이나 사람을 시켜 초빙하였을 때에, 이윽고 갑자기 마음을 바꾸어, '내가 밭이랑 가운데 거처하면서, 이로부터 요순의 정도를 즐기기보다는, 내 차라리 이 임금으로 하여금 요순 같은 임금이 되게 하는 것이 나을 것이며, 내 차라리 이 백성으로 하여금 요순의 백성이 되게 하는 것이 나을 것이며, 내 차라리 내 몸에서 직접 그것을 보는 것이 나을 것이다.'고 하였다.[35]

(자의) ○旣而─이윽고, 이후, 그 뒤. ○幡然─갑자기, 번연히. ○與 (其) A 豈若B─A보다는 차라리 B가 낫다. ○於─~에서, ~부터.

(7-5) **天之生此民也**는 **使先知**로 **覺後知**하며 **使先覺**으로 **覺後覺也**시니 **予**는 **天民之先覺者也**로니 **予將以斯道**로 **覺斯民也**니 **非予覺之**요 **而誰也**리오하니라

(천지생차민야, 사선지, 각후지, 사선각, 각후각야, 여, 천민지선각자야, 여장이사도, 각사민야, 비여각지, 이수야)

(국역) "하늘이 이 백성을 세상에 내고서는 먼저 아는 사람을 시켜, 늦게 아는 사람을 깨닫게 하며, 먼저 깨달은 사람을 시켜 늦게 깨닫는 사람을 깨닫게 하였다. 나는 하늘이 낸 백성 중에서 먼저 깨달은 자니, 나는 장차 이 정도로써 이

---

35) 幡然, 變動之貌.(번연은 변동하는 모습이다.) 於吾身親見之, 言 於我之身親見其道之行, 不徒誦說向慕之而已也.(내 자신에서 직접 그것을 본다는 것은, 나의 몸에서 그 도가 행해짐을 친히 보는 것이요, 한갓 외우고, 말하며, 향하고, 흠모할 뿐만이 아님을 말한 것이다.)

백성들을 깨닫게 할 것이니, 내가 그들을 깨닫게 하지 않으면 누가 하겠는가?"36)

(자의) ○使-부릴 사, 하여금 사. ○予-나 여. ○斯-이 사. ○誰-누구 수.

(7-6) **思天下之民**이 **匹夫匹婦有不被堯舜之澤者**어든 **若己推而内(納)之溝中**하니 **其自任以天下之重**이 **如此**라 **故**로 **就湯而説之**하여 **以伐夏救民**하니라

(사천하지민, 필부필부유불피요순지택자, 약기퇴이내(납)지구중, 기자임이천하지중, 여차, 고, 취탕이세지, 이벌하구민)

(국역) "천하의 백성들이 서민이라도 요순의 덕치 혜택을 입

---

36) 此亦伊尹之言也.(이것 역시 이윤의 말이다.) 知, 謂識其事之所當然.(지는 그 일의 당연한 바를 아는 지식이다.) 覺, 謂悟其理之所以然. 覺後知後覺, 如呼寐者而使之寤也.(각은 그 이치의 소이연을 깨닫는 것이다. 후지와 후각을 깨치게 한다는 것은 잠든 자를 불러 그로 하여금 잠을 깨게 하는 것과 같다.) 言天使者, 天理當然, 若使之也.(하늘이 시켰다고 말하는 것은, 천리의 당연함이 그렇게 시킨 것과 같다는 것이다.) 程子曰 : 予天民之先覺, 謂我乃天生此民中, 盡得民道而先覺者也.(정자가 말하였다. 나는 하늘이 낸 백성 중에 선각자라는 것은, 내가 바로 하늘이 낸 이 백성 중에서, 민도를 다 깨달은 선각자임을 말하는 것이다.) 旣爲先覺之民, 豈可不覺其未覺者.(이미 선각한 백성이 되었을진댄, 어찌 그 아직 깨닫지 못한 자들을 깨우치지 않을 수 있겠는가?) 及彼之覺, 亦非分我所有以予之也. 皆彼自有此理, 我但能覺之而已.(저들이 깨우침에 미쳐서는, 역시 나의 소유한 것을 나누어, 그리고 그들에게 준 것이 아니라, 모두 저마다 스스로 이 이성을 소유하고 있는데, 나는 단지 능히 깨닫게 하였을 뿐이다.)

지 못한 자가 있거든, 마치 자기가 밀어서 도랑 가운데로 들어가게 하였다고 생각하였으니, 그가 천하의 중책으로써 자임한 것이 이와 같았다. 그러므로 탕왕에게 나아가 그를 설득하여 하나라를 정벌함으로써 백성을 구제하였느니라."37)

(字義)　○匹－필 필. 평범하다. ○匹夫匹婦－평범한 남편과 아내, 서민. ○被－이불 피. ○推－밀 퇴(추). ○內－안 내, 들일 납(納). ○溝－도랑 구. ○說－달랠 세.

(7-7) 吾未聞枉己而正人者也로니　況辱己以正天下者乎아　聖人之行이　不同也라　或遠, 或近하며　或去, 或不去나　歸는　潔其身而已矣니라

---

37) 書曰 : 昔先正保衡, 作我先王, 曰, 予弗克俾厥后爲堯舜, 其心愧恥, 若撻于市.('서경'에 이르기를, 옛 선정인 보형이 우리 선왕을 진작시켜, 말하기를, 내가 능히 그 임금을 도와 요순과 같이 만들지 못하면, 그 마음에 부끄러워함이 시장에서 종아리를 맞는 것과 같이 여겼으며,) 一夫不獲, 則曰 時予之辜. 孟子之言, 蓋取諸此(한 가장이라도 살 곳을 얻지 못하면 '이것은 나의 허물이다.'고 하였으니, 맹자의 말은 아마 여기서 그것을 취한 듯싶다.) 是時, 夏桀無道, 暴虐其民, 故, 欲使湯伐夏以救之.(이때에 하나라의 걸왕이 무도하여, 그 백성들에게 포학하게 하였다. 그러므로 탕왕으로 하여금 하나라를 정벌하여서 백성들을 구제하고자 한 것이다.) 徐氏曰 : 伊尹, 樂堯舜之道. 堯舜揖遜, 而伊尹說湯以伐夏者, 時之不同, 義則一也.(서씨가 말하였다. 이윤은 요순의 도를 좋아하였는데, 요순은 읍하고 겸손하였으나, 이윤은 탕왕을 설득하여서 하나라를 정벌하게 한 것은, 시대가 같지 않아서 그랬지, 뜻은 똑같은 것이다.)

(오미문왕기이정인자야, 황욕기이정천하자호. 성인지행, 부동야, 혹원, 혹근, 혹거, 혹불거, 귀, 결기신이이의)

(국역) "나는 아직 자기를 굽히고서 남을 바르게 했다는 말은 듣지 못하였으니, 하물며 자기를 욕되게 하면서, 그리고 천하를 바로잡으려고 함에 있어서야! 성인의 행동은 동일하지 않다. 혹 멀리 은거하거나, 가까운 데서 벼슬거나, 떠나가거나, 떠나가지 않거나, 귀결점은 그 몸을 깨끗이 하는 것뿐이다."38)

(자의) ㅇ枉—굽을 왕. ㅇ況—모양 황. 하물며, 더구나. ㅇ辱—욕보일 욕. ㅇ以—~하고, 그 위에. ㅇ歸—돌아갈 귀.

(7-8) 吾는 聞其以堯舜之道로 要湯이요 未聞以割烹也로라

(오, 문기이요순지도, 요탕. 미문이할팽야)

(국역) "나는 그가 요순의 정도로써 탕에게 요구하였다는 말

---

38) 辱己, 甚於枉己, 正天下, 難於正人. 若伊尹, 以割烹要湯, 辱己甚矣, 何以正天下乎.(자기를 욕되게 함은, 자기를 굽히는 것보다 심한 것이며, 천하를 바로잡는 것은, 남을 바로잡는 것보다 어려우니, 만약 이윤이 조리(調理)로써 탕왕에게 요구하였다면, 자기를 욕되게 함이 심한 것이니, 어떻게 천하를 바로 할 수 있었겠는가?) 遠, 謂隱遁也. 近, 謂仕近君也.(원은 은둔함을 이르고, 근은 벼슬하여 임금을 가까이 함을 이른다.) 言聖人之行, 雖不必同, 然, 其要歸, 在潔其身而已. 伊尹, 豈肯以割烹要湯哉(성인의 행실이 비록 반드시 같지는 않으나, 그러나 그 중요 귀결점은 그 자신을 깨끗이 함에 있을 뿐이니, 이윤이 어찌 곧잘 조리로써 탕왕에게 요구하였겠는가?)

은 들었어도, 할팽으로써 요구하였다는 것은 듣지 못하였
다."39)

[자의] ㅇ未-아직 ~없다. ㅇ割烹-요리, 조리.

(7-9) 伊訓曰 天誅造攻을 **自牧宮**은 **朕載自亳**이라하니라
(이훈왈 천주조공, 자목궁, 짐재자박)

[국역] 이훈에서 말하였다. "하늘의 형벌은 그 공격을 목궁으
로부터 시작하였으나, 나의 일은 박 땅으로부터 시작하였
다."40)

[자의] ㅇ伊訓-'서경' '상서'의 편명. ㅇ誅-벨 주, 형벌 주. ㅇ造-
비로소 조. ㅇ牧宮-걸(桀)왕의 궁궐. ㅇ朕-나 짐. ㅇ載-일 재.
ㅇ亳-땅이름 박.

---

39) 林氏曰 : 以堯舜之道要湯者, 非實以是要之也, 道在此而湯之聘自
來耳.(임씨가 말하였다. 요순의 도로써 탕왕에게 요구했다는 것
은, 실제 이것으로써 요구한 것이 아니요, 도가 이곳에 있음에,
탕왕의 초빙에 자연히 왔을 뿐이다.) 猶子貢言夫子之求之, 異乎
人之求之也.(자공이 '선생님의 구하심은 사람들의 구함과는 다르
다.'고 한 말과 같다.) 愚謂此語, 亦猶前章所論父不得而子之意.
(내가 생각건대, 이 말은 역시 전 장에서 논의한 바 아버지가
깨닫지 못한 것을 자식이 깨달았다는 것과 같은 뜻이다.)

40) 伊訓, 商書篇名. 孟子引以證伐夏救民之事也.(이훈은 '서경' '상
서' 편명이다. 맹자가 하나라를 정벌하여 백성을 구제한 일을 증
명하기 위하여 인용하였다.) 今書牧宮, 作鳴條.(그런데 지금의
'서경'에는 목궁이 명조로 되어 있다.) 造, 載, 皆始也.(조와 재는
모두 시작이다.) 伊尹, 言始攻桀無道, 由我始其事於亳也.(이윤은,
걸왕의 무도를 처음 공격한 것은, 내가 박 땅에서 그 일을 시작
한 것으로부터라고 말하였다.)

해설 이윤은 농사를 지으면서 스스로 요순의 도를 즐기다가 탕왕의 삼사왕빙(三使往聘)에 감동되어 비로소 출사했던 현인이다. 그는 요순의 도를 혼자 즐길 것이 아니라 탕왕을 요순같은 어진 임금으로 만들고, 백성들을 요순시대에 사는 것과 같게끔 하여 함께 즐기도록 하려고 벼슬길에 나선 것이다. 결국 그는 탕왕을 도와 하걸을 쫓아내고 도탄에 빠진 백성들을 구하여 천하에 왕도정치를 이룩하였다. 그런데 어찌 요리솜씨로써 탕왕에게 접근하는 소인 같은 처신을 하였겠는가?

제8장 공자가 옹저의 집에 주인을 정하고 계셨다
(孔子主癰疽章 第八)

(8-1) 萬章問曰 或謂孔子於衛에 主癰疽하시고 於齊에 主侍人瘠環이라하니 有諸乎잇가 孟子曰 否라 不然也라 好事者爲之也니라

> (만장문왈 혹위공자어위, 주옹저, 어제, 주시인척환, 유저호. 맹자왈 부, 불연야. 호사자위지야)

국역 만장이 물었다. "혹자가 이르기를, 공자가 위나라에서는 옹저를 주인으로 하시고, 제나라에서는 시인 척환을 주인으로 하였다는데, 그런 일이 있었습니까?" 맹자가 말씀하였다. "아니다. 그렇지 않다. 남의 일을 말하기 좋아하는 자가 꾸며 하는 말이다."41)

(자의) ㅇ癰-종기 옹. ㅇ疽-종기 저. ㅇ癰疽-위왕이 총애하던 시의
(侍醫). ㅇ侍-모실 시. ㅇ侍人-환관(=內人). ㅇ瘠-수척할 척.
ㅇ環-고리 환. ㅇ瘠環-제왕의 측근인 환관.

(8-2) 於衛에 主顔讎由러시니 彌子之妻는 與子路之妻로
兄弟也라 彌子謂子路曰 孔子主我하시면 衛卿을 可
得也라하여늘 子路以告한대 孔子曰 有命이라하시니
孔子進以禮하시며 退以義하사 得之不得에 曰 有命
이라하시니 而(如)主癰疽與侍人瘠環하시면 是는 無義
無命也니라

(어위, 주안수유, 미자지처, 여자로지처, 형제야. 미자위자로왈 공
자주아, 위경, 가득야, 자로이고, 공자왈 유명, 공자진이례, 퇴이
의, 득지부득, 왈 유명. 이(여)주옹저여시인척환, 시, 무의무명야)

(국역) "위나라에서 안수유를 주인으로 정하였으니, 미자의
처는 자로의 처와 형제간이었다. 미자가 자로에게 말하기
를, '공자가 나를 주인으로 하면 위나라의 경(卿) 자리를
얻을 수 있을 것이다.'라고 하거늘, 자로가 고하니, 공자가

---

41) 主, 謂舍於其家, 以之爲主人也.(주는 그 집에 머물며 그것으로
써 주인으로 삼는 것을 이른다.) 癰疽, 瘍醫也.(옹저는 종기를
치료하는 의사이다.) 侍人, 奄人也.(시인은 내시이다.) 瘠, 姓.
環, 名. 皆時君所近狎之人.(척은 성이요, 환은 이름이니, 모두 당
시 군주들이 가까이하고 친히 하던 바 사람들이다.) 好事, 謂喜
造言生事之人也.(일을 좋아한다는 것은, 말을 지어 일을 생산해
내기를 기뻐하는 사람을 이른다.)

말씀하기를, '천명에 달려 있는 것이다.' 하셨다. 공자께서
는 예로써 나아가셨고, 의로써 물러나셨으며, 벼슬을 얻거
나 얻지 못하거나, 천명에 달렸다고 말씀하셨다. 만일 옹
저와 시인 척환을 주인으로 하였다면, 그것은 정의도 천명
도 없는 것이니라."42)

자의 ㅇ讎－원수 수, 바로잡을 수. ㅇ顔讎由－위나라의 어진 대부.
ㅇ彌－더할 미. ㅇ彌子－위령공의 총신인 미자하(彌子瑕). ㅇ以－~
에 따라.

(8-3) **孔子不悅於魯衛**하사 **遭宋桓司馬將要而殺之**하여 **微
服而過宋**하시니 **是時**에 **孔子當阨**하시되 **主司城貞子
爲陳侯周臣**하시니라

（공자불열어노위, 조송환사마장요이살지, 미복이과송, 시시, 공자
당액, 주사성정자위진후주신）

국역 "공자가 노나라와 위나라에서 기쁘게 여기지 않으셨는
데, 송나라 환사마가 장차 그를 기다렸다가 맞이하여 죽이

---

42) 顔讎由, 衛之賢大夫也, 史記, 作顔濁鄒.(안수유는 위나라의 어진
대부이니, '사기'에 안탁추로 되어 있다.) 彌子, 衛靈公幸臣彌子
瑕也.(미자는 위나라 영공의 총애하는 신하인 미자하이다.) 徐氏
曰：禮, 主於辭遜, 故, 進以禮, 義, 主於斷制, 故, 退以義. 難進
而易退者也.(서씨가 말하였다. 예는 사양과 손순을 위해 주장한
다. 그러므로 나아가기를 예로써 하고, 의는 판단을 위해 주장한
다. 그러므로 물러나기를 의로써 하는 것이니, 나아가기는 어렵
고, 물러나기는 쉽다.) 在我者, 有禮義而已, 得之不得, 則有命存
焉.(나에게 있는 것은, 예의가 있을 뿐이요, 얻고 얻지 못함은
천명의 존재에 있느니라.)

려 함을 만나, 미복으로 송나라를 통과하니, 이때에 공자
가 재앙을 당하였으되, 주인으로 삼았던 사성정자는 뒤에
진후인 주의 신하가 된 사람이다."43)

자의 ○悅-기쁠 열. ○遭-만날 조. ○桓司馬-환퇴(桓魋). ○要-
맞이할 요. ○微服-미천한 사람이 입는 옷. ○阨-재앙 액. ○司城
貞子-진나라 대부. ○陳侯周-진(陳) 회공(懷公)의 아들.

(8-4) **吾聞觀近臣**하되 **以其所爲主**요 **觀遠臣**하되 **以其所**
主라하니 **若孔子主癰疽與侍人瘠環**이시면 **何以爲孔**
子리오

---

43) 不悅, 不樂居其國也.(불열은 그 나라에 거처함을 즐거워하지 않
는 것이다.) 桓司馬, 宋大夫向魋也.(환사마는 송나라 대부 상퇴
이다.) 司城貞子, 亦宋大夫之賢者也.(사성정자는 역시 송나라 대
부로 어진 자이다.) 陳侯名周.(진후의 이름이 주이다.) 按史記 :
孔子爲魯司寇, 齊人, 饋女樂以間之, 孔子遂行, 適衛月餘, 去衛
適宋. 司馬魋欲殺孔子, 孔子去至陳, 主於司城貞子.('사기'를 고
찰컨대, 공자가 노나라 사구가 되었을 적에, 제나라 사람들이 이
간질을 하기 위해 미녀 악사를 보내자, 공자가 마침내 노나라를
떠나, 위나라로 가서 한달 남짓 있다가, 위나라를 떠나 송나라로
가셨다. 이때 사마 상퇴가 공자를 죽이고자 하므로, 공자는 송나
라를 떠나 진나라에 이르러, 사성정자에서 주인을 삼았다.) 孟子
言孔子雖當阨難, 然, 猶擇所主, 況在齊衛無事之時, 豈有主癰疽
侍人之事乎.(맹자는, 공자가 비록 곤란을 당하였으나, 그러나 주
인될 바를 선택하였으니, 하물며 제나라와 위나라에서 무사할 때
에, 어찌 옹저와 내시인 척환을 주인으로 삼는 일이 있었겠느냐
고 말하였다.)

(오문관근신, 이기소위주, 관원신, 이기소주, 약공자주옹저여시인
척환, 하이위공자)

국역 내 듣건대, '조정 신하의 인품은 그가 원신의 주인이
되는 바로써 보고, 멀리 지방에서 온 신하의 인품은 그가
주인을 정하는 바로써 본다.'고 하니, 만약 공자가 옹저와
내시인 척환을 주인으로 삼았다면 어떻게 공자라 하겠는
가?44)

자의 ○近臣−조정의 신하. ○遠臣−멀리 지방에서 온 신하. ○癰
疽−위왕의 총신. ○侍人−환관. ○瘠環−제왕의 측근인 환관.

해설 어떤 사람을 주인으로 삼는다는 말은 그의 집에 묵는
다는 뜻이다. 옛날에는 객지에서 여관에 묵는 것이 아니라
주로 개인의 집에서 묵는 관습이 있었다. 그러므로 서울에
있는 신하들은 먼 곳에서 온 사람들을 묵게 할 기회를 가
지므로 그가 누구를 묵게 하느냐를 보면 그의 인물됨을
알 수 있고, 또 먼 데서 온 신하는 서울에서 남의 집에 묵
을 일이 있는데 그가 누구의 집에 묵느냐를 보면 그의 인
물됨을 알 수 있다. 그런데 공자는 벼슬에 유리하거나 위
급하더라도 결코 권력을 가진 자의 집에서 묵지 않았다.
이처럼 공자는 진퇴를 예와 의에 합당하게 하였으며, 주위

---

44) 近臣, 在朝之臣. 遠臣, 遠方來仕者.(근신은 조정에 있는 신하요,
원신은 먼 지방에서 와서 벼슬하는 자이다.) 君子小人, 各從其
類, 故, 觀其所爲主, 與其所主者, 而其人, 可知.(군자와 소인은
각기 그 부류를 따른다. 그러므로 그 주인된 바와, 그와 더불어
주인삼는 바를 보면, 그 사람을 알 수 있는 것이다.)

의 유혹을 천명에 의거하여 거절함으로써 성인의 태도에
조금도 어긋남이 없었던 것이다.

제9장　백리해는 진나라에서 자기를 팔았다
（百里奚自鬻於秦章 第九）

(9-1) 萬章問曰 或曰 百里奚自鬻於秦養牲者하여 五羊
之皮로 食牛하여 以要秦穆公이라하니 信乎잇가 孟子
曰 否라 不然하니라 好事者爲之也니라

（만장문왈 혹왈 백리해자육어진양생자, 오양지피, 사우, 이요진목
공, 신호. 맹자왈 부. 불연. 호사자위지야）

[국역] 만장이 물었다. "혹자가 말하기를, '백리해는 스스로
진나라의 희생을 키우는 자에게 다섯 마리의 양가죽에 팔
려가서, 소를 먹여, 그리고 진나라 목공에게 벼슬을 요구
했다.'고 하니, 확실합니까?" 맹자가 말씀하였다. "아니다.
남의 일을 말하기 좋아하는 자가 꾸며 하는 말이다."45)

[자의] ○百里奚－우(虞)나라의 현신. ○鬻－팔 육. ○於－~에게.
○牲－짐승 생. ○食－먹일 사. ○信－믿을 신. 확실하다.

---

45) 百里奚, 虞之賢臣. 人言其自賣於秦養牲者之家, 得五羊之皮而爲
之食牛, 因以干秦穆公也.(백리해는 우나라의 현신이다. 사람들이,
그는 진나라의 희생을 기르는 집에 스스로 팔려가서, 다섯 마리
의 양가죽을 얻고, 그를 위해 소를 먹이고, 잇따라 진나라 목공
에게 등용을 요구하였다고 말한다.)

(9-2) 百里奚는 虞人也니 晉人이 以垂棘之璧과 與屈産之
乘으로 假道於虞하여 以伐虢이어늘 宮之奇는 諫하고
百里奚는 不諫하니라

(백리해, 우인야, 진인, 이수극지벽, 여굴산지승, 가도어우, 이벌
곡. 궁지기, 간, 백리해, 불간)

[국역] "백리해는 우나라 사람이니, 진나라 사람이 수극 땅에
서 나는 옥과 굴 땅에서 산출되는 수레로써 우나라에서
길을 빌려서 곡나라를 정벌하려고 하였거늘, 궁지기는 빌
려주지 못하게 간하고, 백리해는 간하지 않았느니라."46)

[자의] ○垂-드리울 수. ○棘-멧대추나무 극. ○璧-둥근 옥 벽.
○屈-굴 굴. ○乘-말 네마리 승. ○假-빌 가. ○虢-나라 이름
곡. ○宮之奇-우(虞)나라의 현신. ○諫-간할 간.

---

46) 虞, 虢, 皆國名.(우와 곡은 모두 나라 이름이다.) 垂棘之璧, 垂棘
之地所出之璧也.('수극지벽'은 수극 지방에서 나오는 구슬이다.)
屈産之乘, 屈地所生之良馬也.('굴산지승'은 굴산 지방에서 생산
되는 좋은 말이다.) 乘, 四匹也.(승은 4필이다.) 晉欲伐虢, 道經
於虞, 故, 以此物借道, 其實, 欲幷取虞.(진나라가 곡나라를 치고
자 할 적에 길이 우나라를 경유하므로, 그러므로 이 물건으로써
길을 빌렸으니, 그 실제는, 우나라까지 함께 취하고자 한 것이
다.) 宮之奇, 亦虞之賢臣. 諫虞公, 令勿許, 虞公不用, 遂爲晉所
滅.(궁지기는 역시 우나라의 어진 신하이니, 우공에게 간하여 허
락하지 말도록 하였는데, 우공이 채용하지 않아서, 마침내 진나
라에 멸망되는 바가 되었다.) 百里奚, 知其不可諫, 故, 不諫而去
之秦.(백리해는 그가 간할 수 없음을 알았으므로, 그러므로 간하
지 않고 떠나서 진나라에 간 것이다.)

(9-3) 知虞公之不可諫而去之秦하니 年已七十矣라 曾不
知以食牛干秦穆公之爲汚也면 可謂智乎아 不可諫
而不諫하니 可謂不智乎아 知虞公之將亡而先去之
하니 不可謂不智也니라 時擧於秦하여 知穆公之可與
有行也而相之하니 可謂不智乎아 相秦而顯其君於
天下하여 可傳於後世하니 不賢而能之乎아 自鬻以
成其君을 鄕黨自好者도 不爲은 而謂賢者爲之乎아
(지우공지불가간이거지진, 연이칠십의. 증부지이사우간진목공지
위오야, 가위지호. 불가간이불간, 가위부지호. 지우공지장망이선
거지, 불가위부지야. 시거어진, 지목공지가여유행야이상지, 가위
부지호. 상진이현기군어천하, 가전어후세, 불현이능지호. 자육이
성기군, 향당자호자, 불위, 이위현자위지호)

국역 "우공(虞公)에게 간할 수 없음을 알고 진나라로 갔으
니, 나이가 이미 70세였다. 일찍이 소먹이는 것으로써 진
나라 목공에게 벼슬을 구한 것이 더러운 것임을 알지 못
했다면 지혜롭다 이를 수 있겠는가? 간할 수 없어서 간하
지 않았으니, 지혜롭지 않았다고 이를 수 있겠는가? 우공
이 장차 망할 것을 알고 먼저 그곳을 떠나갔으니, 지혜롭
지 않았다고 이를 수는 없느니라. 당시 진나라에 거용되어
목공이 더불어 정도를 행할 수 있는 인물임을 알고 그를
도왔으니, 지혜롭지 않다고 이를 수 있겠는가? 진나라를
도와 천하에 그 임금을 나타내어 후세에 전할 수 있게 하
였으니, 어질지 않고 그렇게 할 수 있겠는가? 자기를 팔아
서 그 임금을 성공시키려고 하는 것을, 마을의 자기 명성

만을 좋아하는 자도 하지 않는데, 이른바 현자가 그런 일
을 하겠는가?"47)

---

47) 自好, 自愛其身之人也.('자호'는 스스로 그 몸을 아끼는 사람이
다.) 孟子言百里奚之智如此, 必知食牛以干主之爲汚. 其賢又如
此, 必不肯自鬻以成其君也.(맹자는, 백리해의 지혜가 이와 같았
으니, 반드시 소를 먹여, 그리고 주군에게 요구함이 오욕이 되는
줄 알았을 것이요, 그 어짊이 또 이와 같았으니, 반드시 기꺼이
스스로 팔려서 그 임금을 이루려고 생각하지 않았을 것이라고
말한 것이다.) 然, 此事, 當孟子時, 已無所據. 孟子直以事理, 反
覆推之, 而知其必不然耳.(그러나 이 일은, 당시 맹자 때에 이미
근거할 바가 없었으니, 맹자가 다만 사리로써, 그것을 반복 추측
하여 그것은 반드시 그렇지 않았을 것을 알았을 뿐이다.) 范氏
曰 : 古之聖賢, 未遇之時, 鄙賤之事, 不恥爲之. 如百里奚爲人養
牛, 無足怪也.(범씨가 말하였다. 옛 성현은 불우한 때에 비천한
일을, 그렇게 하기를 부끄러워하지 않았으니, 마치 백리해가 남
을 위하여 소를 기른 것은, 충분히 괴이할 것이 없다.) 惟是人
君, 不致敬盡禮, 則不可得而見, 豈有先自汙辱, 以要其君哉(오
직 그 인군이 공경을 지극히 하고 예의를 다하지 않으면, 만나
볼 수 없으니, 어찌 스스로 더럽히고 욕되게 하여, 그리고 그 군
주에게 등용을 요구하였겠는가?) 莊周曰 : 百里奚, 爵祿, 不入於
心, 故, 飯牛而牛肥, 使穆公, 忘其賤而與之政. 亦可謂知百里奚
矣.(장주가 말하였다. 백리해는 작록이 마음에 들어오지 않았다.
그러므로 소를 먹여 소가 살이 찌자, 목공으로 하여금, 그의 비
천함을 잊고 정사를 그에게 주게 하였으니, 역시 백리해를 알고
말했다고 할 만하다.) 伊尹, 百里奚之事, 皆聖賢出處之大節.(이
윤, 백리해의 일은, 모두 성현이 유래하는 큰 마디이다.) 故, 孟
子不得不辯.(그러므로 맹자가 변명하지 않을 수 없었던 것이다.)
尹氏曰 : 當時好事者之論, 大率類此 蓋以其不正之心, 度聖賢

(자의) ○食−먹일 사. ○干−방패 간. 구하다, 추구하다. ○汚−더러울 오. ○擧−들 거. ○相−도울 상. ○顯−밝을 현. 나타내다. ○鄕 黨−마을.

(해설) 현자는 불우한 때에는 그 어떤 비천한 일일지라도 마다하지 않는다. 공자도 젊었을 적에 '빈천했기 때문에 하찮은 일을 잘할 수 있었다'고 했다(논어, 9-6). 백리해는 처음 우(虞)나라의 신하였다가, 진(秦)나라 목공의 공신이 된 현자이다. 백리해라는 현자에 대한 제자의 의문스런 질문에 맹자는 그의 인품을 들어 그럴 리가 없다고 강하게 부정하였다.

也.(윤씨가 말하였다. 당시 호사자의 논의는, 대체로 이런 부류이니, 아마 그의 바르지 못한 마음으로써 성현을 헤아렸기 때문일 것이다.)

萬章章句 下[1]
만장장구하

---

1) 凡九章.(모두 9장이다.)

제1장 공자는 성인 중에서 때를 잘 안 사람이다
(孔子聖之時者也章 第一)

(1-1) 孟子曰 伯夷는 目不視惡色하며 耳不聽惡聲하고 非
其君不事하며 非其民不使하여 治則進하고 亂則退하
여 橫政之所出과 橫民之所止에 不忍居也하며 思與
鄕人處하되 如以朝衣朝冠으로 坐於塗炭也러니 當
紂之時하여 居北海之濱하여 以待天下之淸也하니
故로 聞伯夷之風者는 頑夫廉하며 懦夫有立志하니라
(맹자왈 백이, 목불시악색, 이불청악성, 비기군불사, 비기민불사,
치즉진, 난즉퇴, 횡정지소출, 횡민지소지, 불인거야, 사여향인처,
여이조의조관, 좌어도탄야, 당주지시, 거북해지빈, 이대천하지청
야, 고, 문백이지풍자, 완부렴, 나부유립지)

국역 맹자가 말씀하였다. "백이는, 눈으로는 나쁜 빛을 보지
아니하며, 귀로는 나쁜 소리를 듣지 아니하고, 그가 섬길
군주가 아니면 섬기지 아니했으며, 그가 부릴 백성이 아니
면 부리지 않았다. 치세이면 나아가고 난세이면 물러났으
며, 횡포한 정치가 나오는 곳과 횡포한 백성이 머물러 있
는 곳에는 차마 거처하지 않았다. 향인들과 더불어 거처하
되 마치 조복과 조관을 하고 진흙이나 숯에 앉아 있는 것
처럼 생각하였다. 주왕(紂王)의 시대를 당하여서는 북해의
해변가에 거처하여, 그리고 천하가 맑아지기를 기다렸다.

그러므로 백이의 소문을 들은 자는 완고한 남자는 청렴해
지고, 나약한 남자는 또 뜻을 세우게 되었느니라."2)

[자의] ○橫-가로 횡. ○橫政-횡포한 정치. ○橫民-횡포한 백
성. ○忍-차마 인. ○塗-진흙 도. ○炭-숯 탄. ○濱-물가 빈.
○頑-완고할 완. ○懦-나약할 나.

(1-2) 伊尹曰 何事非君이며 何使非民이리오하여 治亦進하
　　며 亂亦進하여 曰 天之生斯民也는 使先知로 覺後
　　知하며 使先覺으로 覺後覺이시니 予는 天民之先覺
　　者也로니 予將以此道로 覺此民也라하며 思天下之
　　民이 匹夫匹婦有不與被堯舜之澤者로니 若己推而
　　內(納)之溝中하니 其自任以天下之重也니라

　　(이윤왈 하사비군, 하사비민, 치역진, 난역진, 왈 천지생사민야,
　　사선지, 각후지, 사선각, 각후각, 여, 천민지선각자야, 여장이차도,
　　각차민야, 사천하지민, 필부필부유불여피요순지택자, 약기퇴이내
　　(납)지구중, 기자임이천하지중야)

[국역] 이윤은 말하기를 '누구를 섬긴들 임금이 아니며, 누구
를 부린들 백성이 아니오.'하여, 세상이 다스려져도 역시
나아갔고, 혼란해져도 역시 나아가서, '하늘이 이 백성을
내고서는 먼저 아는 사람을 시켜 뒤에 아는 사람을 깨닫
게 하며, 먼저 깨달은 사람을 시켜 늦게 깨닫는 사람을 깨

---

2) 橫, 謂不循法度.(횡은 법도를 따르지 않는 것을 이른다.) 頑者,
　無知覺.(완은 지각이 없는 것이다.) 廉者, 有分辨.(염은 분변이 있
　는 것이다.) 懦, 柔弱也.(나는 유약함이다.) 餘並見前篇.(나머지는
　모두 전편에 보인다.)

닫게 하였다. 나는 하늘이 낸 백성 중에서 먼저 깨달은 자이니, 나는 장차 이 정도로써 이 백성을 깨닫게 할 것이다.'라고 하였다. 천하의 백성이 서민이라도 요순의 덕치혜택에 참여하지 못한 자가 있거든, 마치 자기가 밀어서 도랑 가운데 들어가게 하였다고 생각하였으니, 그렇게 자임한 것은 천하의 중책이라 여겼기 때문이다.[3]

(자의) ◦事—섬길 사. ◦使—부릴 사. ◦治—(＝平治). ◦亂—(＝亂世). ◦推—밀 추(퇴). ◦內—들일 납. ◦以—~라 여기다, ~라 생각하다.

(1-3) 柳下惠는 不羞汙君하며 不辭小官하며 進不隱賢하여 必以其道하며 遺佚而不怨하며 阨窮而不憫하며 與鄕人處하되 由由然不忍去也하여 爾爲爾요 我爲我니 雖袒裼裸裎於我側인들 爾焉能浼我哉리오마는 故로 聞柳下惠之風者는 鄙夫寬하며 薄夫敦하니라

(유하혜, 불수오군, 불사소관, 진불은현, 필이기도, 유일이불원, 액궁이불민, 여향인처, 유유연불인거야, 이위이, 아위아, 수단석나정어아측, 이언능매아재. 고, 문류하혜지풍자, 비부관, 박부돈)

(국역) "유하혜는 더러운 임금 섬기기를 부끄럽게 여기지 않았으며, 소관을 사양치 않았으며, 나아가면 현명함을 숨기

---

3) 何事非君, 言所事卽君.('하사비군'이란 섬기는 것이, 바로 임금임을 말한다.) 何使非民, 言所使卽民.('하사비민'이란 부리는 것이, 바로 백성임을 말한다.) 無不可事之君, 無不可使之民也.(섬기지 못할 임금이 없고, 부리지 못할 백성이 없다는 것이다.) 餘見前篇.(나머지는 전편에 보인다.)

지 않고 반드시 그 정도로써 힘을 다하였으며, 버림을 받
아 쓰이지 않아도 원망하지 않았으며, 빈곤하고 궁박하여
도 근심하지 않았으며, 시골사람들과 더불어 거처하되, 태
연한 모습으로 차마 떠나가지 아니하였다. 너는 너요, 나
는 나니, 비록 내 곁에서 팔을 걷어부치고 웃통을 드러낸
들, 네가 어찌 능히 나를 더럽힐 수 있겠는가? 그러므로
유하혜의 소문을 들은 자는, 비천한 사람은 관대해지고,
경박한 사람은 두텁게 되었느니라."4)

자의 ㅇ羞-부끄러울 수. ㅇ汙-더러울 오. ㅇ小官-낮은 관직.
ㅇ遺-남을 유, 잃을 유. ㅇ佚-빠질 일. ㅇ遺佚-임금에게 버림을
받아 쓰이지 아니함. ㅇ阨-재앙 액. ㅇ阨窮-빈곤하고 궁박하다.
ㅇ憫-불쌍히 여길 민. 근심하다, 걱정하다. ㅇ鄕人-시골사람.
ㅇ由由然-태연한 모습. ㅇ爾-너 이. ㅇ袒-걷을 단. ㅇ裼-걷을
석. ㅇ裸-벗을 라. ㅇ裎-벗을 정. ㅇ袒裼裸裎-팔을 걷어부치
고 웃통을 드러내다. ㅇ側-곁 측. ㅇ浼-더럽힐 매. ㅇ風-소문.
ㅇ鄙-천할 비. ㅇ寬-너그러울 관. ㅇ薄-얇을 박. ㅇ敦-도타
울 돈.

(1-4) **孔子之去齊**에 **接淅而行**하시고 **去魯**에 **曰 遲遲**라 **吾**
行也여하시니 **去父母國之道也**라 **可以速而速**하며 **可**
以久而久하며 **可以處而處**하며 **可以仕而仕**는 **孔子**
也시니라

    (공자지거제, 접석이행, 거노, 왈 지지. 오행야, 거부모국지도야.

---

4) 鄙, 狹陋也.(비는 좁고 누추함이다.) 敦, 厚也.(돈은 후함이다.) 餘
    見前篇.(나머지는 전편에 보인다.)

가이속이속, 가이구이구, 가이처이처, 가이사이사, 공자야)

(국역) "공자가 제나라를 떠나갈 적에는 씻은 쌀을 받아서 가
셨고, 노나라를 떠나갈 적에는 '더디다, 더디다. 내 행차
여!'라고 하셨으니, 부모의 나라를 떠나가는 도리인 것이
다. 속히 할 수 있으면 속히 하며, 오래 할 수 있으면 오래
하며, 거처할 수 있으면 거처하며, 벼슬할 수 있으면 벼슬
한 것은 공자니라."5)

(자의) ○接－접할 접. 받다, 접수하다. ○淅－쌀일 석. ○遲－더딜 지.
○遲遲－느릿느릿한 모양. ○處－살다, 있다, 처리하다, 처치하다.
○仕－벼슬 사.

(1-5) 孟子曰 伯夷는 聖之淸者也요 伊尹은 聖之任者也요

---

5) 接, 猶承也.(접은 받음과 같다.) 淅, 漬米水也. 漬米將炊, 而欲去
之速, 故以手承水取米而行, 不及炊也.(석은 쌀을 물에 담근 것이
다. 담근 쌀로 장차 밥을 지으려 하다가 떠나고자 함이 급하여,
그러므로 손으로써 물을 받아 쌀을 건져서 떠나니, 미처 밥을 짓
지 못한 것이다.) 擧此一端, 以見其久速仕止, 各當其可也.(이 한
가지를 들어, 그가 오래 머물고, 속히 떠나고, 벼슬하고, 그만두는
것이 각기 그 가함에 마땅하였음을 볼 수 있다.) 或曰：孔子去魯,
不稅冕而行, 豈得爲遲.(혹자가 말하였다. 공자가 노나라를 떠날
적에 면류관을 벗지 않고 떠났다니, 어찌 더뎠다 하겠습니까?) 楊
氏曰：孔子欲去之意久矣, 不欲苟去, 故, 遲遲其行也. 膰肉不至,
則得以微罪行矣.(양씨가 말하였다. 공자는 떠나고자 하는 뜻이 오
래되었으되, 구차히 떠나고자 하지 않았다. 그러므로 그 행차를
더디고 더디게 하더니 번육이 이르지 않으니, 곧 작은 죄로써 떠
날 수 있었다.) 故, 不稅冕而行, 非速也.(그러므로 면류관을 벗지
않고 떠난 것이니, 속한 것이 아니다.)

柳下惠는 聖之和者也요 孔子는 聖之時者也시니라
(맹자왈 백이, 성지청자야, 이윤, 성지임자야, 유하혜, 성지화자야,
공자, 성지시자야)

국역 맹자가 말씀하였다. "백이는 성인 중에서 청렴한 분이
요, 이윤은 성인 중에서 책임을 중히 여긴 분이요, 유하혜
는 성인 중에서 중화를 중히 여긴 분이요, 공자는 성인 중
에서 시중(時中)을 중히 여긴 분이니라."6)

자의 ㅇ時－때 시. 시종종(始·中·終), 수시처중(隨時處中), 시중
(時中).

―――――――――

6) 張子曰 : 無所雜者, 淸之極, 無所異者, 和之極.(장자가 말하였다.
잡된 바가 없는 자는 청렴의 지극함이요, 다른 바가 없는 자는
화의 지극함이다.) 勉而淸, 非聖人之淸, 勉而和, 非聖人之和. 所
謂聖者, 不勉不思而至焉者也.(억지로 청렴한 것은 성인의 청렴이
아니요, 억지로 화한 것은 성인의 화가 아니다. 소위 성인이란, 힘
쓰지 않고, 생각하지 않고서도 거기에 이르는 자이다.) 孔氏曰 :
任者, 以天下爲己責也.(공씨가 말하였다. 임이란 천하로써 자기의
책임을 삼는 것이다.) 愚謂孔子, 仕止久速, 各當其可, 蓋兼三子之
所以聖者而時出之, 非如三子之可以一德名也.(내가 생각컨대, 공
자는 벼슬하고, 그만두고, 오래 있고, 속히 떠남이 각기 그 가함
에 합당하였으니, 대개 세분의 성인된 까닭을 겸하여 적시에 출현
한 것이니, 세분이 하나의 덕으로써 부를 수 있는 것과는 같지
않다.) 或疑伊尹出處, 合乎孔子, 而不得爲聖之時, 何也.(혹자는
의심하기를, 이윤의 출처가 공자에 합하는데도 성인의 시중(時
中)이 될 수 없었던 것은, 어째서입니까?) 程子曰 : 終是任底意
思在.(정자가 말하였다. 끝내 그것은 자임하는 의사가 있었기 때
문이다.)

(1-6) 孔子之謂集大成이니 集大成也者는 金聲而玉振之
也라 金聲也者는 始條理也요 玉振之也者는 終條
理也니 始條理者는 智之事也요 終條理者는 聖之
事也니라

(공자지위집대성, 집대성야자, 금성이옥진지야. 금성야자, 시조
리야. 옥진지야자, 종조리야. 시조리자, 지지사야. 종조리자, 성
지사야)

국역 "공자는 여러 덕의 조화를 집대성한 것이라 이르니, 집
대성이란 것은 금속악기로 소리를 퍼뜨리고, 옥 악기로 소
리를 거두는 것이다. 금성이란 순서를 시작함이요, 옥진은
순서를 마치는 것이니, 순서를 시작함은 지혜로움의 일이
요, 순서를 마침은 성덕의 일이다."7)

---

7) 此, 言孔子集三聖之事, 而爲一大聖之事, 猶作樂者, 集衆音之小
成, 而爲一大成也.(이것은 공자가 세 성인의 일을 모아, 한 성인
이 된 일을 말한 것이니, 음악을 일으키는 자가 중음의 소성을
모아서, 하나의 대성을 만드는 것과 같다.) 成者, 樂之一終, 書所
謂 簫韶九成, 是也.(성은 음악이 한번 끝나는 것이니, '서경'에 이
른바, '소소구성'이 이것이다.) 金, 鐘屬. 聲, 宣也, 如聲罪致討之
聲.(금은 종의 등속이다. 성은 베풂이니, '춘추좌전'에 죄를 성토하
여 토벌을 달성한다는 성자(聲字)와 같다.) 玉, 磬也.(옥은 경쇠이
다.) 振, 收也, 如振河海而不洩之振.(진은 거둠이니, '중용'에 하해
를 거두어도 새지 않는다는 진자(振字)와 같다.) 始, 始之也. 終,
終之也.(시는 그것을 시작함이요, 종은 그것을 끝냄이다.) 條理,
猶言脈絡, 指衆音而言也.(조리는 맥락이란 말과 같으니, 여러 음
을 가리켜 말한 것이다.) 智者, 知之所及.(지는 앎이 미치는 바이
다.) 聖者, 德之所就也.(성은 덕이 성취된 것이다.) 蓋樂有八音 :

자의 ○之—여러 덕. ○集—모을 집. ○金—금속 악기. ○聲—소리 성. 소리내다. ○玉—옥으로 만든 악기. ○振—떨칠 진, 움직일 진. 정돈하다. ○條理—사리, 순서, 노래의 가락.

(1-7) 智를 譬則巧也요 聖을 譬則力也니 由(猶)射於百

金石絲竹匏土革木.(대개 악기에는 8음이 있으니, 금·석·사·죽·박·토·혁·목이다.) 若獨奏一音, 則其一音, 自爲始終, 而爲一小成, 猶三子之所知偏於一, 而其所就亦偏於一也.(만약 홀로 1음만을 연주하면 그 1음이 스스로 시(始)와 종(終)이 되어 한 소성이 되니, 세분의 아는 바가 하나에 편중되어서, 그 성취 역시 하나에 편중됨과 같은 것이다.) 八音之中, 金石爲重, 故, 特爲衆音之綱紀, 又金始震而玉終詘然也.(8음 중에 금·석은 무겁다. 그러므로 특히 중음의 기강이 되고, 또 금은 처음에 울리고, 옥은 끝을 떨어뜨리듯이 한다.) 故, 並奏八音, 則於其未作, 而先擊鎛鐘, 以宣其聲, 俟其旣闋而後, 擊特磬, 以收其韻.(그러므로 8음을 아울러 연주하게 되면, 음악을 일으키기 전에, 먼저 쇠북과 종을 쳐서, 그리고 그 소리를 퍼뜨리고, 그것이 이미 마치기를 기다린 후에, 특히 경쇠를 쳐서, 그리고 그 여운을 거두는 것이다.) 宣以始之, 收以終之. 二者之間, 脈絡通貫, 無所不備, 則合衆小成而爲一大成, 猶孔子之知無不盡而德無不全也.(퍼뜨려서 그것을 시작하고, 거두어서 그것을 끝냄에, 이 둘 사이에 맥락이 관통하여 불비(不備)한 바가 없으면, 여러 소성을 합하여, 하나의 대성이 되니, 공자의 앎은 다하지 않는 바가 없으며, 덕이 온전하지 못한 것이 없는 것과 같다.) 金聲玉振, 始終條理, 疑古樂經之言.('금성옥진'과 '시종조리'는 의심컨대 옛 '악경'의 말인 듯싶다.) 故, 兒寬云 : 惟天子建中和之極, 兼總條貫, 金聲而玉振之. 亦此意也.(그러므로 한나라 때 예관(兒寬)이 이르기를, 오직 천자만이 중화의 극을 세워서, 질서를 아울러 총괄하여, 금으로 소리를 퍼뜨리고 옥으로 그것을 거둔다고 하였으니, 역시 이런 뜻이다.)

步之外也하니 其至는 爾力也어니와 其中은 非爾力
也니라

(지, 비즉교야, 성, 비즉력야, 유(유)사어백보지외야, 기지, 이력
야, 기중, 비이력야)

(국역) "지혜로움은 비유컨대 기교요, 성덕은 비유컨대 힘이
니, 100보 밖에서 활을 쏠 때에, 거기에 이르는 것은 너의
힘이거니와 거기에 적중함은 너의 힘이 아닌 것과 같으니
라."8)

(자의) ㅇ譬-비유할 비. ㅇ巧-재주 교. ㅇ由-같을 유(=猶).

(해설) 맹자는 공자를 완벽한 성인으로 보았다. 예컨대 백이

---

8) 此, 復以射之巧力, 發明智聖二字之義(이것은 다시 활쏘기의 기
술과 힘으로써 지·성 두 글자의 뜻을 밝히려고 시작한 것이다.)
見孔子, 巧力俱全而聖智兼備, 三子則力有餘而巧不足.(공자는, 재
주와 힘이 모두 온전하여 성·지를 겸비하였고, 세분은 힘은 여유
가 있었으나 재주는 부족하였음을 본다.) 是以, 一節, 雖至於聖,
而智不足以及乎時中也.(이 때문에 한 부분은, 비록 성(聖)에 이
르렀으나, 지혜는 시중(時中)에 미치기에 부족하였다.) 此章, 言三
子之行, 各極其一偏, 孔子之道, 兼全於衆理.(이 장은, 세분의 행
실은, 각기 그 한 편에는 지극하였고, 공자의 도는 모든 이치에
아울러 온전함을 말한 것이다.) 所以偏者, 由其蔽於始, 是以缺於
終, 所以全者, 由其知之至, 是以行之盡.(편중된 까닭은, 그 시작
에서 가리웠기 때문이며, 이 때문에 종말에 결함이 있었다. 온전
하게 된 까닭은, 그 앎이 지극하기 때문에, 이 때문에 행실이 극
진하였다.) 三子, 猶春夏秋冬之各一其時, 孔子則大和元氣之流行
於四時也.(세분은 춘하추동이 각기 그 철을 하나씩 맡고 있는 것
과 같고, 공자는, 곧 '태화원기'가 사시에 유행함과 같다.)

는 청렴하였으며, 이윤은 책임감이 강했으며, 유하혜는 화
합을 잘 이루었다. 그러나 어느 한쪽에만 치우친 면이 있
었다. 그런데 공자는 어느 한가지에 치우치는 일이 없이
이 셋의 장점을 한 몸에 모두 갖추고, 중용의 도에서 벗어
나지 않았다. 비유컨대 모든 음악을 하나로 모아 크게 완
성하듯이 공자를 가리켜 덕을 종합하여 완성시켰으므로
덕을 집대성(集大成)한 유일한 성인이라고 하였다. 맹자는
이 집대성을 '금성옥진'이라 표현하였다. 금성은 음악의 시
작음이며, 옥성은 음악의 종료음이다. 전자는 나와 남의
처지를 분별하여 자기의 처지에 고유한 역할을 할 수 있
는 사람이니 그는 지혜롭고, 후자는 나와 남을 하나로 생
각함으로써 남과 조화를 이룰 수 있는 사람이니 그는 어
진 사람이니, 이 둘을 겸한 이가 성인(聖人)이다.

맹자는 음악에서 가락을 시작하는 시조리(始條理)를 지
(智)에, 마무리하는 종조리(終條理)를 성(聖)에 해당시켰
다. 따라서 지(智)와 인(仁)이 완비해야 집대성되듯이, 사
람에 있어서도 지와 인이 완비되어야 성(聖)이 되는데, 백
이 등의 지혜는 한쪽에 치우쳤으니, 성스러움 역시 부분적
일 수밖에 없다는 것이다. 공자에 대한 맹자의 칭송은, 구
체적 상황분석을 바탕으로 한 민첩한 융통성[權變]이 바
로 시중(時中)이라고 볼 수 있는 융통성에 있다고 할 것
이다. 이 장(1-4)의 내용은 진심장구 하(17-1)와 같다.

제2장 주왕실에서 작위와 녹봉의 등급을 나누었다
(周室班爵祿章 第二)

(2-1) 北宮錡問曰 周室班爵祿也는 如之何잇고

(북궁기문왈 주실반작록야, 여지하)

국역 북궁기가 물었다. "주나라 왕실이 작록을 나눈 것은 어떻게 하였습니까?"9)

자의 ㅇ錡－가마솥 기, 끌 의. ㅇ北宮錡－위나라 사람. ㅇ班－나눌 반. ㅇ爵祿－작위와 봉록.

(2-2) 孟子曰 其詳은 不可得聞也로라 諸侯惡其害己也하여 而皆去其籍이어니와 然而軻也 嘗聞其略也로라

(맹자왈 기상, 불가득문야. 제후오기해기야, 이개거기적. 연이가 야 상문기략야)

국역 맹자가 말씀하였다. "그 상세함은 얻어들을 수 없었다. 제후들은 그것이 자기들을 해칠까 미워하여, 그 문서를 모두 없애버렸거니와 그러나 나는 일찍이 그 대략을 들었노라."10)

---

9) 北宮, 姓, 錡, 名, 衛人.(북궁은 성이요, 기는 이름이니, 위나라 사람이다.) 班, 列也.(반은 반열이다.)

10) 當時諸侯兼幷僭竊, 故, 惡周制妨害己之所爲也.(당시 제후들이 동시에 그리고 분에 넘치는 작위를 탐내었다. 그러므로 주나라 제도가 자기들이 하는 것에 방해가 됨을 싫어하였다.)

(자의) ○惡-미워할 오. ○去-제거하다, 없애다. ○籍-문서 적.
○軻-수레 가. 맹자의 이름(성현의 이름이라서 옛날에는 모(某)
라고 읽음). ○嘗-일찍 상.

(2-3) 天子一位요 公一位요 侯一位요 伯一位요 子男同
一位니 凡五等也라 君一位요 卿一位요 大夫一位요
上士一位요 中士一位요 下士一位니 凡六等이라
(천자일위, 공일위, 후일위, 백일위, 자남동일위, 범오등야. 군일
위, 경일위, 대부일위, 상사일위, 중사일위, 하사일위, 범육등)

(국역) "천자가 한자리, 공이 한자리, 후가 한자리, 백이 한자
리, 자와 남이 한자리이니, 무릇 5등급이다. 군이 한자리,
경이 한자리, 대부가 한자리, 상사가 한자리, 중사가 한자
리, 하사가 한자리이니, 무릇 6등급이라."[11]

(2-4) 天子之制는 地方千里요 公侯는 皆方百里요 伯은
七十里요 子男은 五十里니 凡四等이라 不能五十里
는 不達於天子하여 附於諸侯하니 曰附庸이니라
(천자지제, 지방천리, 공후, 개방백리, 백, 칠십리, 자남, 오십리,
범사등. 불능오십리, 부달어천자, 부어제후, 왈부용)

(국역) "천자의 제도에는 땅이 사방 천리요, 공·후는 모두 사
방 100리요, 백은 70리요, 자·남은 50리이니, 무릇 4등급
이라. 50리가 되지 않으면 천자에게 도달할 수 없고 제후

---

11) 此, 班爵之制也. 五等, 通於天下, 六等, 施於國中.(이것은 작위
를 나눈 제도이다. 5등급은 천하에 통용되고, 6등급은 국중에서
시행되었다.)

에게 붙어 있으니, 부용이라 하니라."12)

(자의) ○附-붙을 부. ○附庸-속국, 예속국가.

(2-5) 天子之卿은 受地視侯하고 大夫는 受地視伯하고 元
士는 受地視子男이니라

(천자지경, 수지시후, 대부, 수지시백, 원사, 수지시자남)

(국역) "천자의 경은 땅을 받을 적에 후의 것을 살피고, 대부
는 땅을 받을 적에 백의 것을 살피고, 원사는 자·남의 것
을 살펴서 하니라."13)

(자의) ○視-볼 시. 살피다. ○元-으뜸 원. ○元士-상사(上士).

(2-6) 大國은 地方百里니 君은 十卿祿이요 卿祿은 四大夫
요 大夫는 倍上士요 上士는 倍中士요 中士는 倍下
士요 下士與庶人在官者는 同祿하니 祿足以代其耕
也니라

(대국, 지방백리, 군, 십경록. 경록, 사대부. 대부, 배상사. 상사,
배중사. 중사, 배하사. 하사여서인재관자, 동록, 녹족이대기경야)

---

12) 此以下, 班祿之制也.(이 이하는 녹을 나누는 제도이다.) 不能,
猶不足也.(불능은 부족과 같다.) 小國之地不足五十里者, 不能自
達於天子, 因大國以姓名通, 謂之附庸, 若春秋邾儀父之類是也.
(소국의 땅이 사방 50리에 부족한 것은 스스로 천자에 통할 수
없어, 대국으로부터 성명을 써서 통하니, 이것을 부용이라 이른
다. '춘추'에 '주의보'의 부류가 이와 같은 것이다.)
13) 視, 比也.(시는 비교함이다.) 徐氏曰 : 王畿之內, 亦制都鄙受地
也.(서씨가 말하였다. 왕성 안에도 역시 도시와 시골을 제정하여
땅을 받았다.) 元士, 上士也.(원사는 상사이다.)

국역 "대국은 땅이 사방 100리가 되니, 국군은 경의 녹봉의 10배, 경의 녹봉은 대부의 4배, 대부는 상사의 배, 상사는 중사의 배, 중사는 하사의 배, 하사와 서인으로 관직에 있는 자는 같은 녹봉이니, 녹봉은 충분히 그의 경작을 대신할 수 있는 것이니라."14)

자의 ○足以-충분히 ~할 수 있다, ~하기에 족하다. ○耕-갈 경. 경작하다.

---

14) 十, 十倍之也. 四, 四倍之也. 倍, 加一倍也.(10은 10배요, 4는 4배요, 배는 1배를 가하는 것이다.) 徐氏曰 : 大國, 君田, 三萬二千畝, 其入, 可食二千八百八十人.(서씨가 말하였다. 대국은 군주의 토지가 3만 2천 무이니, 그 수입은 2천8백88인을 먹일 수 있다.) 卿田, 三千二百畝, 可食 二百八十八人.(경의 토지는 3천2백 무이니, 2백88인을 먹일 수 있다.) 大夫田, 八百畝, 可食七十二人.(대부의 토지는 8백 무이니, 72인을 먹일 수 있다.) 上士田, 四百畝, 可食三十六人.(상사의 토지는 4백 무이니, 36인을 먹일 수 있다.) 中士田, 二百畝, 可食十八人.(중사의 토지는 2백 무이니, 18인을 먹일 수 있다.) 下士與庶人在官者田, 百畝, 可食九人至五人.(하사와 더불어 서인으로서 관직에 있는 자의 토지는 1백 무이니, 9인 내지 5인을 먹일 수 있다.) 庶人在官, 府史胥徒也.(서인으로 관직에 있다는 것은 부·사·서·도의 아전이다.) 愚按 : 君以下所食之祿, 皆助法之公田, 藉農夫之力以耕, 而收其租(내가 생각건대, 군 이하가 먹는 바의 녹봉은, 모두 조법의 공전으로 농부의 힘을 빌어서 경작하여, 거기서 거둔 조세요,) 士之無田與庶人在官者, 則但受祿於官, 如田之入而已.(사로서 토지가 없는 자와 더불어 서인으로 관직에 있는 자이면, 다만 관청에서 받는 녹봉을 토지의 수입과 같게 할 뿐이다.)

(2-7) 次國은 地方七十里니 君은 十卿祿이요 卿祿은 三大
夫요 大夫는 倍上士요 上士는 倍中士요 中士는 倍
下士요 下士與庶人在官者는 同祿하니 祿足以代其
耕也니라

(차국, 지방칠십리, 군, 십경록. 경록, 삼대부. 대부, 배상사. 상사,
배중사. 중사, 배하사. 하사여서인재관자, 동록, 녹족이대기경야)

[국역] "다음의 대국은 땅이 사방 70리이니, 국군은 경의 녹
봉의 10배, 경의 녹봉은 대부의 3배, 대부는 상사의 배, 상
사는 중사의 배, 중사는 하사의 배, 하사와 서인으로 관직
에 있는 자는 녹봉이 같으니, 녹봉은 충분히 그의 경작을
대신할 수 있는 것이니라."15)

[자의] ㅇ次國－백(伯)을 말함.

(2-8) 小國은 地方五十里니 君은 十卿祿이요 卿祿은 二大
夫요 大夫는 倍上士요 上士는 倍中士요 中士는 倍
下士요 下士與庶人在官者는 同祿하니 祿足以代其
耕也니라

(소국, 지방오십리, 군, 십경록. 경록, 이대부. 대부, 배상사. 상사,
배중사. 중사, 배하사. 하사여서인재관자, 동록, 녹족이대기경야)

---

15) 三, 謂三倍之也.(3은 3배를 이른다.) 徐氏曰 : 次國, 君田, 二萬
四千畝, 可食二千一百六十人.(서씨가 말하였다. 차국은 군주의
토지가 2만 4천 무이니, 2천1백60인을 먹일 수 있다.) 卿田, 二
千四百畝, 可食二百十六人.(경의 토지는 2천4백 무이니, 2백16
인을 먹일 수 있다.)

(국역) "소국은 땅이 사방 50리이니, 국군은 경의 녹봉의 10배, 경의 녹봉은 대부의 2배, 대부는 상사의 배, 상사는 중사의 배, 중사는 하사의 배, 하사와 서인으로 관직에 있는 자는 녹봉이 같으니, 녹봉은 충분히 그의 경작을 대신할 수 있느니라."16)

(자의) ○小國─자작(子爵)과 남작(男爵).

(2-9) 耕者之所獲은 一夫百畝니 百畝之糞에 上農夫는 食九人하고 上次는 食八人하고 中은 食七人하고 中次는 食六人하고 下는 食五人이니 庶人在官者는 其祿이 以是爲差니라

(경자지소획, 일부백무. 백무지분, 상농부, 사구인, 상차, 사팔인, 중, 사칠인, 중차, 사륙인, 하, 사오인, 서인재관자, 기록, 이시위차)

(국역) "경작하는 자의 수확하는 바는, 한 가장이 백무의 땅을 받으니, 백무의 땅에 거름을 주어 가꿈에, 상농부는 9인을 먹일 수 있고, 상차의 농부는 8인을 먹일 수 있고, 중의 농부는 7인을 먹일 수 있고, 중차의 농부는 6인을 먹일 수 있고, 하의 농부는 5인을 먹여 살린다. 서인으로 관직에

---

16) 二, 卽倍也.(2는 바로 배이다.) 徐氏曰 : 小國, 君田, 一萬六千畝, 可食千四百四十人.(서씨가 말하였다. 소국은 군주의 토지가 1만 6천 무이니, 1천4백40인을 먹일 수 있다.) 卿田, 一千六百畝, 可食百四十四人.(경의 토지는 1천6백 무이니, 1백44인을 먹일 수 있다.)

있는 자의 그 녹봉은 이것을 가지고 차등화 되었다."17)

(자의) ○獲-얻을 획. ○畝-이랑 묘(무). ○糞-똥 분. 거름을 주다.
○爲-~이 되다.

(해설) 고대 중국의 주나라는 천하를 여러 나라로 나누어 가
운데를 천자가 차지하고 주변의 각 나라는 제후를 봉하여
다스리게 했다. 천자의 통솔 아래에 공·후·백·자·남의

---

17) 獲, 得也. 一夫一婦, 佃田百畝. 加之以糞,(획은 획득이다. 한 부
부가 토지 백무를 가꾸고 거름을 더 주어,) 糞多而力勤者, 爲上
農, 其所收可供九人.(거름이 많고 부지런히 힘쓴 자는, 상농이
되고, 그의 수입은 9명에게 식량을 공급할 만하다.) 其次, 用力
不齊, 故, 有此五等.(그 다음은 힘을 들이는 것이 고르지 않아,
그러므로 거기에 5등급이 있다.) 庶人在官者, 其受祿不同, 亦有
此五等也.(서인으로 관직에 있는 자는 그가 받는 녹봉이 같지
않아, 역시 거기에 5등급이 있다.) 愚按 : 此章之說, 與周禮王制,
不同, 蓋不可攷, 闕之可也.(내가 생각건대, 이 장의 설명은 '주
례'와 '예기'의 '왕제'와 같지 않으니, 대개 상고할 수 없다. 빼버
리는 것이 옳을 것이다.) 程子曰 : 孟子之時, 去先王未遠, 載籍
未經秦火, 然而班爵祿之制, 已不聞其詳.(정자가 말하였다. 맹자
시대에, 선왕과의 거리가 아직 멀지 않고, 서적이 이미 진나라의
분서사건을 경과하지 않았다. 그러나 작·녹을 나누는 제도는 이
미 그 상세함을 듣지 못하였다.) 今之禮書, 皆掇拾於煨燼之餘,
而多出於漢儒一時之傅會, 柰何欲盡信而句爲之解乎.(그런데 지
금의 예서들은 모두 잿더미의 나머지에서 채집한 것이고, 한유
(漢儒)들이 일시적으로 견강부회한 것에서 많이 나왔으니, 어찌
하여 이것을 다 믿어, 그것을 위하여 구마다 해석을 하고자 한
단 말인가?) 然則其事, 固不可一一追復矣.(그렇다면 그 일은,
진실로 일일이 다시 쫓아갈 수는 없을 것이다.)

5작(爵)의 제후들이 천하를 분할통치하는 봉건제도였다. 또 제후들의 나라에서도 다시 여럿의 가(家)로 나누어 가운데를 제후왕이 한 등급을 차지하고 주변의 각 가(家)는 경·대부·상사·중사·하사로 이어지니, 모두 6등급으로 나뉘어 있었다. 천자가 차지하는 땅은 사방 천리이고, 공과 후는 사방 백리이고, 백·자·남은 각각 70리이며, 50리가 못되는 나라는 부용국이라 제후국에 붙여 관리했다. 또 천자의 밑에서 정치를 담당하는 고급관리들은 각각 귀족들과 동급으로 취급하였으니, 경은 후, 대부는 백, 원사는 자·남과 같은 수준으로 취급하였다. 봉록 역시 토지의 관할범위, 수확량을 고려하여 상위직을 우대하고 하위직도 농부보다는 우대했던 것이다.

제3장 친구 사귀는 방법을 묻다
(敢問友章 第三)

(3-1) 萬章問曰 敢問友하노이다 孟子曰 不挾長하며 不挾貴하며 不挾兄弟而友니 友也者는 友其德也니 不可以有挾也니라

(만장문왈 감문우. 맹자왈 불협장, 불협귀, 불협형제이우, 우야자, 우기덕야, 불가이유협야)

국역 만장이 물었다. "감히 벗에 대해서 묻습니다." 맹자가 말씀하였다. "나이 많은 것을 마음에 품지 말며, 존귀함을 마음에 품지 말며, 형제의 부귀를 마음에 품지 않고 벗하

는 것이니, 벗이란 것은 그 덕을 벗으로 하는 것이니, 덕 이외의 것을 마음에 품고 있는 것으로써는 불가하니라."18)

(자의)　o挾—낄 협. 지니다, 강박하다, 마음에 품다. o長—어른 장. 존 장(尊長).

(3-2) **孟獻子**는　**百乘之家也**라　**有友五人焉**하더니　**樂正裘** 와　**牧仲**이요　**其三人**은　**則予忘之矣**로라　**獻子之與此 五人者**로　**友也**에　**無獻子之家者也**니　**此五人者亦有 獻子之家**면　**則不與之友矣**리라

(맹헌자, 백승지가야, 유우오인언, 악정구, 목중. 기삼인, 즉여망 지의. 헌자지여차오인자, 우야, 무헌자지가자야, 차오인자역유헌 자지가, 즉불여지우의)

(국역)　"맹헌자는 전차 백대를 낼 수 있는 큰 집안이다. 벗이 다섯이 있더니, 악정구와 목중이요, 그 나머지 3인은 내가 그들을 잊었다. 헌자가 이 5인과 더불어 벗을 할 적에, 헌 자는 자기 집안을 마음에 품고 있지 않았으니, 이 5인 역 시 헌자의 집안을 마음에 품고 있었으면 그들과 더불어 벗할 수 없었을 것이리라."19)

---

18) 挾者, 兼有而恃之之稱.(협은 소유하고 그것을 믿는 것을 겸한 명칭이다.)

19) 孟獻子, 魯之賢大夫仲孫蔑也.(맹헌자는 노나라의 어진 대부 중 손멸이다.) 張子曰 : 獻子, 忘其勢, 五人者, 忘人之勢. 不資其勢 而利其有然後, 能忘人之勢.(장자가 말하였다. 헌자는 그 자신의 세력을 잊었고, 5인은 그 사람의 세력을 잊었으니, 그 세력을 이 용하고 그 소유를 이롭게 여기지 않은 뒤에야 능히 남의 세력을

자의 ○獻―드릴 헌. ○百乘―전차 백대. ○裘―갖옷 구. ○牧―칠
목. ○仲―버금 중.

(3-3) 非惟百乘之家爲然也라 雖小國之君이라도 亦有之하
니 費惠公曰 吾於子思엔 則師之矣요 吾於顔般엔
則友之矣요 王順長息은 則事我者也라하니라

(비유백승지가위연야. 수소국지군, 역유지, 비혜공왈 오어자사,
즉사지의, 오어안반, 즉우지의, 왕순장식, 즉사아자야)

국역 "오직 백승의 큰 집안만이 그러했던 것은 아니다. 비록
소국의 국군 역시 그랬던 사람이 있었다. 비나라의 혜공은
'나는 자사에게는 그를 스승으로 하고, 나는 안반에게는
그를 벗으로 하고, 왕순·장식은 나를 섬기는 자이다'라고
말하였다."[20]

(3-4) 非惟小國之君爲然也라 雖大國之君이라도 亦有之하
니 晉平公之於亥唐也에 入云則入하고 坐云則坐하
고 食云則食하여 雖疏食菜羹이라도 未嘗不飽하니 蓋
不敢不飽也라 然이나 終於此而已矣요 弗與共天位
也하며 弗與治天職也하며 弗與食天祿也하니 士之

잊을 수 있는 것이다.) 若五人者有獻子之家, 則反爲獻子之所賤
矣.(만약 5인이 헌자의 집안을 의중에 가지고 있었다면, 도리어
헌자의 천히 여기는 바가 되었을 것이다.)

20) 惠公, 費邑之君也.(혜공은 비읍의 군주이다.) 師, 所尊也.(사는
높이는 것이다.) 友, 所敬也.(우는 존경하는 것이다.) 事我者, 所
使也.(나를 섬긴다는 것은 부리는 것이다.)

尊賢者也라 非王公之尊賢也니라

(비유소국지군위연야, 수대국지군, 역유지, 진평공지어해당야, 입
운즉입, 좌운즉좌, 식운즉식. 수소사채갱, 미상불포, 개불감불포
야. 연, 종어차이이의. 불여공천위야, 불여치천직야, 불여식천록
야, 사지존현자야, 비왕공지존현야)

국역 "오직 소국의 임금만이 그랬던 것은 아니다. 비록 대국
의 임금이라도 역시 그랬던 사람이 있다. 진나라 평공이
해당에게 갔을 적에 그가 들어오라고 하면 들어가고, 앉으
라고 하면 앉고, 먹자고 하면 먹었다. 비록 거친 밥과 나
물국이라도 아직 배불리 먹지 않은 적이 없었으니, 대개
감히 배불리 먹지 않을 수 없었으리라. 그러나 여기서 그
칠 뿐이요. 더불어 천위를 공유하지도 않았으며, 더불어
천직을 나누어 다스리지도 않았으며, 더불어 천록을 나누
어 먹지도 않았으니, 이것은 사(士)가 현자를 높인 것이요,
왕공이 현자를 높인 것은 아니다."21)

---

21) 亥唐, 晉賢人也.(해당은 진나라의 현인이다.) 平公, 造之, 唐言
入, 公乃入. 言坐, 乃坐, 言食, 乃食也.(평공이 그를 찾아감에,
해당이 들어오라고 하면 공이 마침내 들어가고, 앉으라 말해야
마침내 앉고, 먹으라 하면 마침내 먹었던 것이다.) 疏食, 糲飯
也.(소식은 현미밥이다.) 不敢不飽, 敬賢者之命也.('불감불포'는
현자의 명을 공경한 것이다.) 范氏曰 : 位曰天位, 職曰天職, 祿曰
天祿. 言天所以待賢人, 使治天民, 非人君所得專者也.(범씨가 말
하였다. 지위를 천위라 하고, 직책을 천직이라 하고, 녹을 천록
이라 하였으니, 하늘이 현인을 대우하기 위하여, 천민을 다스리
게 한 것이니, 인군이 마음대로 할 수 있는 것이 아님을 말한
것이다.)

（자의） ○亥唐－진나라의 현인. ○云－이를 운. ○疏－거칠 소. ○食－
먹일 사. ○菜－나물 채. ○羹－국 갱. ○未嘗－~이라고 말할 수
없다. ○飽－배부를 포 ○與－더불어 여, 줄 여.

(3-5) 舜이 尚見帝어시늘 帝館甥于貳室하시고 亦饗舜하사
迭爲賓主하시니 是는 天子而友匹夫也니라

（순, 상견제, 제관생우이실, 역향순, 질위빈주, 시, 천자이우필
부야）

（국역） "순이 공주와 혼인하여 요제를 뵈옵거늘, 요제는 사위
인 순을 부궁에 머물게 하고, 역시 순에게 음식 대접을 하
고, 교대로 빈·주가 되니, 이것은 천자이면서 필부를 벗
한 것이다."22)

（자의） ○尙－존숭하다, 공주와 혼인하다. ○帝－요임금. ○館－객사
관. 머물다. ○甥－생질 생, 사위 생. ○貳室－부궁(副宮). ○饗－대
접할 향. ○迭－번갈아 질. 교대로.

(3-6) 用下敬上을 謂之貴貴요 用上敬下를 謂之尊賢이니
貴貴, 尊賢이 其義一也니라

---

22) 尙, 上也. 舜上而見於帝堯也.(상은 위로 올라감이니, 순임금이
위로 올라가서 요임금을 뵈온 것이다.) 館, 舍也.(관은 머물게
함이다.) 禮, 妻父曰外舅, 謂我舅者, 吾謂之甥. 堯以女妻舜, 故
謂之甥.(예에 '처부를 외구라 하니, 나를 구라고 이르는 자를, 내
가 생이라 이른다.'고 하였으니, 요가 딸을 순에게 시집보냈다,
그러므로 그를 생이라 이른 것이다.) 貳室, 副宮也. 堯舍舜於副
宮, 而就饗其食.(이실은 부궁이다. 요가 순을 부궁에 머물게 하
고, 나아가서 그가 먹게 향응을 베풀었다.)

(용하경상, 위지귀귀, 용상경하, 위지존현, 귀귀, 존현, 기의일야)

국역 "아랫사람으로서 윗사람을 공경함을, 존귀한 이를 귀하게 여김이라 이르고, 윗사람으로서 아랫사람을 공경함을 어진 이를 공경함이라 이르는 것이니, 존귀한 이를 귀하게 여기는 것과 어진 이를 공경하는 것은 그 뜻이 한가지이다."23)

자의 o用-쓸 용(=以). o貴貴-존귀를 귀하게 여기다. o尊賢- 어진 이를 존경하다.

해설 벗을 사귐에는 신분을 초월한 평등한 교제여야만 한다. 귀한 사람을 귀하게 여기고 공경하는 것은 당연한 태도이며, 귀한 사람이 신분을 초월하여 어진 이를 공경하는 것 또한 덕의 질서에 따르는 것이니 당연한 일이다. 따라서 벗을 사귈 적에 그의 덕성을 보지 않고 그의 재산이나 권력을 보고 사귄다면 참된 교제가 아니다. 공자는 논어

---

23) 貴貴, 尊賢, 皆事之宜者.(귀귀·존현은 모두 일의 마땅함이다.) 然, 當時, 但知貴貴, 而不知尊賢.(그러나 당시에는, 다만 귀귀만 알고, 존현은 알지 못하였다.) 故, 孟子曰 其義一也.(그러므로 맹자는 그 뜻이 하나라고 하였던 것이다.) 此, 言朋友, 人倫之一, 所以輔仁.(이것은, 붕우는 인륜의 하나이니, 그러니까 인을 돕는 것이다.) 故, 以天子友匹夫而不爲詘, 以匹夫友天子而不爲僭.(그러므로 천자로서 필부를 벗하여도 굽힘이 되지 않고, 필부로서 천자를 벗하여도 참람함이 되지 않음을 말한 것이다.) 此, 堯舜所以爲人倫之至, 而孟子言必稱之也.(이것은 요순이 인륜의 지극함이 되는 것이니, 맹자는 말마다 반드시 그들을 칭찬한 까닭이다.)

(4-25)에서 덕은 외롭지 않고 반드시 이웃이 있다고 했다.

제4장 교제는 어떤 마음으로 해야 하나
(敢問交際何心也章 第四)

(4-1) 萬章問曰 敢問交際는 何心也잇고 孟子曰 恭也니라
(만장문왈 감문교제, 하심야. 맹자왈 공야)

국역 만장이 물었다. "감히 묻습니다. 교제는 어떤 마음으로 해야 합니까?" 맹자가 대답하였다. "공손함이다."24)

자의 ○交-사귈 교 ○際-사이 제. ○何-어찌 하. 무슨, 어떤. ○恭-공손할 공.

(4-2) 曰 卻之卻之爲不恭은 何哉잇고 曰 尊者賜之어든 曰 其所取之者義乎아 不義乎아하여 而後受之면 以是爲不恭이라 故로 弗卻也니라
(왈 각지각지위불공, 하재. 왈 존자사지, 왈 기소취지자의호, 불의호, 이후수지, 이시위불공, 고, 불각야)

국역 "예물을 물리쳐야 할 적에, 그것을 물리치면 공손치 않게 된다는 것은 어째서입니까?" "존귀한 자가 예물을 주거든 그가 이것을 의롭게 취한 것인지, 의롭지 않게 취한 것인지 생각해 보고 그런 뒤에 그것을 받는다면 이를 불공으로 여긴다. 그러므로 물리치지 말아야 하느니라."25)

---

24) 際, 接也.(제는 접촉이다.) 交際, 謂人以禮儀幣帛相交接也.(교제는 사람이 예의와 폐백으로써 서로 사귀고 접촉함을 이른다.)

자의 ㅇ卻-물리칠 각. ㅇ之-(=예물). ㅇ賜-줄 사. ㅇ曰-생각
하다.

(4-3) 曰 請無以辭卻之요 以心卻之 曰 其取諸民之不義
也라하고 而以他辭無受가 不可乎잇가 曰 其交也以
道요 其接也以禮면 斯는 孔子도 受之矣시니라

(왈 청무이사각지, 이심각지, 왈 기취제민지불의야, 이이타사무수,
불가호, 왈 기교야이도, 기접야이례, 사, 공자, 수지의)

국역 "청컨대 말로써 그것을 물리칠 수 없을 적에, 마음으로
써 그것을 물리치면서, '그가 여러 백성들로부터 취한 것
이 정의롭지 못하다.'고 생각하고, 다른 말로써 받을 수 없
다고 하면 안 되겠습니까?" "그가 정도로써 교제하고, 그
가 예의로써 접촉하면 이것은 공자도 그것을 받으셨느
니라."26)

---

25) 卻, 不受而還之也.(각은 받지 않고 그것을 되돌려 보내는 것이
다.) 再言之, 未詳.(두 번 각지(卻之)라고 말한 것은 미상이다.)
萬章, 疑交際之間, 有所卻者, 人便以爲不恭, 何哉.(만장이 의심
하기를, '교제하는 사이에, 예물을 퇴각하는 자가 있으면, 사람들
이 곧 불공이라고 여기니, 어째서입니까?' 하였다.) 孟子言尊者
之賜, 而心竊計其所以得此物者, 未知合義與否, 必其合義, 然後
可受, 不然則卻之矣, 所以卻之爲不恭也.(맹자가 말하기를, 존귀
한 자가 예물을 하사함에, 마음에서 가만히 계산하여, 그가 이
물건을 얻기 위한 방식이, 아직 의리에 합당한지 여부를 알지
못할 적에, 반드시 그 의리에 합당한 뒤에 받고, 그렇지 않으면
그것을 퇴각하니, 그러니까 그 퇴각을 불공이라 한다는 것이다.)
26) 萬章以爲彼旣得之不義, 則其餽, 不可受, 但無以言語間而卻之,

(4-4) 萬章曰 今有禦人於國門之外者가 其交也以道요
其饋也以禮면 斯可受禦與잇가 曰 不可하니 康誥曰
殺越人于貨하여 閔不畏死를 凡民이 罔不譈라하니
是는 不待敎而誅者也니 殷受夏하고 周受殷이니 所
不辭也나 於今爲烈이라 如之何其受之리오
(만장왈 금유어인어국문지외자가, 기교야이도, 기궤야이례, 사가수
어여. 왈 불가. 강고왈 살월인우화, 민불외사, 범민, 망부대. 시,
부대교이주자야, 은수하, 주수은, 소불사야, 어금위렬. 여지하기
수지)

(국역) 만장이 말하였다. "그런데 지금 나라의 문밖에서 사람
의 통행을 가로막고 재물을 뺏는 자가 있는데, 그가 정도
로써 교제하고, 그가 예의로써 선물을 주면, 이에 뺏은 것
을 받아도 되겠습니까?" "옳지 않다. '강고'에 '재화 때문
에 사람을 죽여 넘어뜨리고서, 걱정하거나 죽음을 두려워
하지 않는 것을, 무릇 백성들이 미워하지 않을 수 없느니

直以心度其不義, 而託於他辭以却之, 如此可否耶.(만장은, 그가
이미 불의로 얻었다면, 그가 주는 것을 받을 수 없으나, 다만,
언어로써 틈을 노려 그것을 퇴각하지 말고, 직접 마음으로써 그
불의를 헤아려, 다른 말에 칭탁하여 그리고 그것을 퇴각할 것이
라고 생각되는데, 이렇게 함이 옳습니까? 옳지 않습니까?라고
하였다.) 交以道, 如餽贐, 聞戒, 周其飢餓之類(도로써 교제한다
는 것은, 노자를 주거나, 경계한다는 말을 듣고 비용을 주거나,
그 기아를 구휼해주는 부류와 같은 것이요,) 接以禮, 謂辭命恭敬
之節. 孔子受之, 如受陽貨烝豚之類也.(예로써 접촉한다는 것은,
응대하는 말에 공경의 예절이 있는 것을 이른다. 공자가 그것을
받았다는 것은, 양화의 삶은 돼지를 받은 것과 같은 부류이다.)

라'라고 하였으니, 이것은 교육할 기회를 기다리지 않고도 죽일 자이다. 은나라는 그 법을 하나라에서 받고, 주나라는 은나라에서 받아, 아직 그만두지 않고 있으나, 지금부터 더 맹렬하게 된 것인지라. 어찌 그런 것을 받을 수 있겠는가."27)

----

27) 禦, 止也. 止人而殺之, 且奪其貨也.(어는 제지함이니, 사람을 제지하여 그를 죽이고 또 그 재화를 탈취하는 것이다.) 國門之外, 無人之處也.(국문의 밖이란 사람이 없는 곳이다.) 萬章以爲苟不問其物之所從來, 而但觀其交接之禮, 則設有禦人者, 用其禦得之貨, 以禮餽我, 則可受之乎.(만장은, 만일 그 물건의 소종래를 묻지 않고, 다만, 그 교접하는 예만 본다면, 설령 사람을 제지한 어떤 자가, 그가 사람을 제지하는 방법을 사용하여 얻은 재화를, 예로써 나에게 보내준다면, 그것을 받을 수 있겠느냐고 생각하였다.) 康誥, 周書篇名.(강고는 '서경' '주서'의 편명이다.) 越, 顚越也.(월은 넘어뜨림이다.) 今書, 閔作旻, 無凡民二字.(지금의 '서경'에 민(閔)은 민(旻)으로 되어 있고, 범민이라는 두 글자는 없다.) 譈, 怨也.(대는 원망함이다.) 言殺人而顚越之, 因取其貨, 閔然不知畏死, 凡民無不怨之.(사람을 죽여 그를 넘어뜨리고, 잇따라 그 재화를 취득해서 가엾게도 죽음을 두려워할 줄 모르는 자를, 모든 사람들이 그를 원망하지 않는 자가 없다고 말한 것이니,) 孟子言此乃不待敎戒而當卽誅者也, 如何而可受之乎.(맹자가 말하기를, 이것은 바로 교육과 경계를 기다리지 않고, 당장 즉시 죽여야 할 자이니, 어떻게 그것을 받을 수 있겠는가?라고 하였다.) 殷受至爲烈 十四字, 語意不倫, 李氏以爲此必有斷簡或闕文者近之.('은수'로부터 '위렬'까지 14자는 말뜻이 차례가 없으니, 이씨가 이것은 반드시 죽간이 잘렸거나 혹은 빠진 글자가 있을 것이라고 한 것이, 이치에 근사하다고 생각된다.) 而愚意其直爲衍字耳. 然不可攷, 姑闕之可也.(나는, 그것은 다만 연자(衍字)가

자의 ㅇ禦-막을 어, 방해 어. 사람을 막아서 강도질하는 것. ㅇ餽-먹을 궤. ㅇ康誥-'서경' '주서'의 편명. ㅇ越-넘어뜨릴 월. ㅇ于-때문에. ㅇ閔-걱정하다(=憫). ㅇ罔-없을 망. ㅇ譈-미워할 대, 원망할 대. ㅇ誅-죽일 주. ㅇ辭-그만두다, 사직하다. ㅇ於-~부터. ㅇ烈-세찰 렬. 맹렬하다.

(4-5) 曰 今之諸侯取之於民也는 猶禦也어늘 苟善其禮際矣면 斯는 君子도 受之라하시니 敢問何說也니잇고 曰 子以爲有王者作인댄 將比今之諸侯而誅之乎아 其教之不改而後에 誅之乎아 夫謂非其有而取之者를 盜也는 充類至義之盡也라 孔子之仕於魯也에 魯人이 獵較이어늘 孔子亦獵較하시니 獵較도 猶可온 而況受其賜乎아

(왈 금지제후취지어민야, 유어야, 구선기례제의, 사, 군자, 수지, 감문하설야. 왈 자이위유왕자작, 장비금지제후이주지호. 기교지불개이후, 주지호. 부위비기유이취지자, 도야, 충류지의지진야. 공자지사어노야, 노인, 엽교, 공자역렵교, 엽교, 유가, 이황수기사호)

국역 "그런데 지금 제후들이 백성들로부터 재물을 취하는 것이 길을 가로막고 뺏는 것과 같거늘, 진실로 그가 예의와 교제를 잘하면, 이는 군자도 그것을 받는다고 하시니, 감히 묻습니다. 무슨 말씀입니까?" "그대가 또 왕도정치를 할 자가 일어난다고 생각할 적에, 곧 지금의 제후들을 겨누어 그들을 죽이겠는가? 그가 교육해도 개선되지 아니한

_____

될 뿐이라고 생각한다. 그러나 상고할 수 없으니, 우선 빼 놓는 것이 옳을 것이다.)

후에 그들을 죽이겠는가? 대저 그의 소유가 아닌 것을 취하는 것을 모두 도적이라 말하는 것은, 그 뜻이 다할 때까지 충분히 유추하는 것과 같은 것이라. 공자도 노나라에서 벼슬할 적에 노나라 사람들이 사냥시합을 하자면 공자 역시 사냥시합을 하셨으니, 사냥시합도 오히려 할 수 있는데, 하물며 그가 주는 것을 받음에 있어서랴!"28)

---

28) 比, 連也.(비는 연결함이다.) 言今諸侯之取於民, 固多不義, 然, 有王者起, 必不連合而盡誅之.(지금 제후들이 백성에게서 취하여 진실로 불의함이 많다. 그러나 어떤 왕도정치가가 일어나, 반드시 이들을 연합하여 다 베지는 않을 것이요.) 必敎之不改而後, 誅之.(반드시 그들을 교육시켜 개선되지 않은 뒤에 벨 것이다.) 則其與禦人之盜, 不待敎而誅者, 不同矣.(그렇다면 그는 사람을 저지하여 강도 짓을 하여 교육을 기다리지 않고 죽여야 할 자와 더불어 같지 않은 것이다.) 夫禦人於國門之外, 與非其有而取之, 二者固皆不義之類(대저 국문 밖에서 사람을 저지한 강도와 그의 소유가 아닌데 그것을 취하여 보내주는 것, 이 둘은 진실로 모두 불의의 부류들이다.) 然, 必禦人, 乃爲眞盜, 其謂非有而取爲盜者, 乃推其類, 至於義之至精至密之處而極言之耳, 非便以爲眞盜也.(그러나 반드시 사람을 저지하여야, 바로 진실로 강도가 되는 것이니, 그의 소유가 아닌데 취하는 것을 강도가 된다고 이르는 것은, 바로 그 부류를 미루어서, 정의의 지극히 정교하고, 지극히 정밀한 곳에 이르는 극언일 뿐이요, 곧 진짜 강도라고 생각한 것은 아니다.) 然則今之諸侯, 雖曰取非其有, 而豈可遽以同於禦人之盜也哉(그렇다면 지금의 제후들이 비록 그의 소유가 아닌데도 취했다 하나, 어찌 갑자기 사람을 저지하는 강도에 똑같을 수 있겠는가?라고 말한 것이다.) 又引孔子之事, 以明世俗所尙, 猶或可從, 況受其賜, 何爲不可乎.(또 공자의 일을 인용하

(자의) ○苟–진실로 구. ○善–잘할 선. ○以爲–생각하다. ○有– 또 유. ○將–바로, 곧. ○比–향하다, 겨누다. ○充–가득찰 충. ○盡–다할 진. ○獵–사냥 렵. ○較–차이 각, 대강 교 ○獵較– 사냥시합.

(4-6) 曰 然則孔子之仕也는 非事道與잇가 曰 事道也시니 라 事道어시니 奚獵較也니잇고 曰 孔子先簿正祭器하 사 不以四方之食으로 供簿正하시니라 曰奚不去也시 니잇고 曰 爲之兆也시니 兆足以行矣로되 而不行而 後去하시니 是以로 未嘗有所終三年淹也시니라

(왈 연즉공자지사야, 비사도여. 왈 사도야. 사도, 해렵교야. 왈 공 자선부정제기, 불이사방지식, 공부정. 왈 해불거야. 왈 위지조야, 조족이행의, 이불행이후거, 시이, 미상유소종삼년엄야)

(국역) "그렇다면 공자가 벼슬한 것은 정도를 행한 것이 아닙 니까?" "정도를 행하셨느니라." "정도를 행하면서, 어찌 사냥시합을 했습니까?" "공자는 먼저 장부로서 제기의 수 를 바르게 규제하고, 쓸데없이 사방의 진기한 식품으로써,

---

여, 그리고 세속에서 숭상하는 바도 오히려 혹시 따를 수 있는 데, 하물며 그의 하사품을 받는 것이 어찌 불가하겠는가?고 밝 힌 것이다.) 獵較未詳.(엽교는 미상이다.) 趙氏, 以爲田獵相較, 奪禽獸之祭, 孔子不違, 所以小同於俗也.(조씨는, 전렵하여 서로 비교하여 금수를 빼앗아 제사를 지내는 것이라고 여겼는데, 공자 가 이것을 어긴 것은, 다소 세속과 같이하려는 까닭이라고 하였 다.) 張氏, 以爲獵而較所獲之多少也. 二說, 未知孰是.(장씨는, 사냥하여 잡은 짐승의 다소를 비교하는 것이라고 여겼으니, 두 설이 누가 옳은지 알지 못한다.)

장부에 바르게 규제해 놓은 제기수를 늘여 가면서 바치지
못하게 했느니라." "어찌 노나라를 떠나가지 않았습니까?"
"가야 할 조짐이 될 때이니, 정도가 행해질 조짐이 충분한
데도, 시행되지 않은 뒤에야 떠나가시니, 그래서 일찍이
마침내 3년을 머문 곳이 없었느니라."29)

---

29) 此, 因孔子事而反覆辯論也.(이는 공자의 일로 말미암아 반복하
여 변론한 것이다.) 事道者, 以行道爲事也.('사도'는 도를 행함으
로써 일을 삼는 것이다.) 事道奚獵較也, 萬章問也.('사도해렵교
야'는 만장의 물음이다.) 先簿正祭器, 未詳.('선부정제기'는 미상
이다.) 徐氏曰 : 先以簿書正其祭器, 使有定數, 不以四方難繼之物
實之. 夫器有常數, 實有常品, 則其本正矣.(서씨가 말하였다. 먼
저 장부로써 그 제기를 바로잡아, 가령 어떤 숫자를 정하고, 사
방에서 계속해 구하기 어려운 제물을 거기에 담는 일이 없게 하
였다. 대저 제기를 또 일정한 숫자로 하고, 담는 제물도 또 일정
한 숫자로 하면, 그 근본이 바로 될 것이다.) 彼獵較者, 將久而
自廢矣, 未知是否也.(저 엽교는 장차 오래되면 스스로 폐지될
것이라 하였으니, 옳은지 아닌지는 알지 못한다.) 兆, 猶卜之兆,
蓋事之端也.(조는 점의 조짐과 같으니, 대개 일의 단서이다.) 孔
子所以不去者, 亦欲小試行道之端, 以示於人, 使知吾道之果可行
也.(공자가 떠나가지 않은 까닭은, 역시 조금 도를 시행할 단서
를 시험하여, 그리고 사람들에게 제시하여, 가령 우리 도가 과연
시행될 수 있음을 알리고자 한 것이다.) 若其端旣可行, 而人不
能遂行之, 然後不得已而必去之.(만약 그 단서가 이미 행할 만한
데도, 사람들이 능히 마침내 행하지 않은 뒤에야 부득이하여 반
드시 떠나가셨다.) 蓋其去雖不輕, 而亦未嘗不決, 是以, 未嘗終三
年留於一國也.(대개 그가 떠나기를 비록 가볍게 하지 않았으나,
역시 아직 일찍이 결단하지 않은 적이 없었다. 이 때문에 일찍
이 3년을 마치도록 한 나라에서 체류한 적이 없었다.)

자의 ○事-행하다, 종사하다. ○簿-장부 부. ○正-제물과 제기를 일정하게 정하는 일. ○供-이바지할 공. 바치다. ○奚-어찌 해. ○兆-징조 조. 조짐. ○足以-충분히 ~할 수 있다. ○是以-그래서, 그런 까닭에. ○未嘗有-일찍이 ~없다. ○終-마침내, 결국. ○淹-머무를 엄.

(4-7) 孔子有見行可之仕하시며 有際可之仕하시며 有公養 之仕하시며 於季桓子엔 見行可之仕也요 於衛靈公 엔 際可之仕也요 於衛孝公엔 公養之仕也니라

　　(공자유견행가지사, 유제가지사, 유공양지사. 어계환자, 견행가지 사야. 어위령공, 제가지사야, 어위효공, 공양지사야)

국역 "공자께서는 정도가 행해질 가능성이 보일 때에 벼슬 한 적이 있으며, 또 예로써 교제가 가능할 때에 벼슬한 적 이 있으며, 제후가 예로써 어진 이를 배양할 때에 벼슬한 적이 있었다. 계환자에게서는 정도의 시행가능성이 보여서 벼슬하였으며, 위령공에게서는 예로써 교제할 만하여서 벼 슬하였으며, 위효공에게서는 제후가 어진 이를 배양하여서 벼슬하였느니라."30)

---

30) 見行可, 見其道之可行也.('견행가'는 그 도가 행해질 수 있음을 본 것이다.) 際可, 接遇以禮也.('제가'는 접촉하고 대우하기를 예 로써 하는 것이다.) 公養, 國君養賢之禮也.('공양'은 국군이 어진 이를 봉양하는 예이다.) 季恒子, 魯卿季孫斯也.(계환자는 노나라 의 경인 계손사이다.) 衛靈公, 衛侯元也.(위령공은 위나라 제후 인 원이다.) 孝公, 春秋, 史記, 皆無之, 疑出公輒也.(효공은 '춘 추' '사기'에 모두 그런 인물이 없으니, 의심컨대, 출공인 첩인 듯하다.) 因孔子仕魯, 而言其仕有此三者. 故於魯則兆足以行矣而

(자의) ○仕-벼슬 사. ○公-제후 공. ○季-끝 계. ○桓-표주 환.
○衛-막을 위. ○靈-신령 령.

(해설) 제후가 교제를 청하며 지식인들에게 예물을 보내오는
것은 상대방이 이쪽을 공경하는 뜻에서이며, 이쪽에서도
예물을 주저없이 받는 것 또한 상대방을 공경하는 태도이
다. 존귀한 사람이 주는 예물을 주저하거나 받지 않는 것
은 당시에는 불경한 것으로 지탄을 받게 되어 있었던 것
이다. 그렇지만 만장의 생각은, 제후가 부정하게 축재한
재물로 보내는 예물을 받는 것은 옳지 않다고 생각하여
물었던 것이다. 맹자는 제후의 예물을 일률적으로 부정한
것으로 보는 것은 옳지 않으며, 예의에 맞으면 교제하고
맞지 않으면 그들을 교화해야 한다고 본다. 공자는 예로써
자기를 대해주는 제후가 있으면 언제든지 만나볼 의사를

不行然後去, 而於衛之事, 則又受其交際問餽而不卻之一驗也.(공
자가 노나라에서 벼슬한 것으로부터, 그 벼슬에 이 세 가지의
경우가 있다고 말하였다. 그러므로 노나라에 있어서는, 곧 조짐
이 충분히 행할 만한데도 행해지지 않은 연후에 떠나갔고, 위나
라에 있어서 일은, 곧 또 그 교제와 위문의 선물을 받고 그것을
퇴각하지 않은 것이 하나의 증거이다.) 尹氏曰 : 不聞孟子之義,
則自好者爲於陵仲子而已. 聖賢辭受進退, 惟義所在.(윤씨가 말하
였다. 맹자의 정의를 듣지 못하면, 자기 지조를 아끼기 좋아하는
자들은 오릉중자를 위할 뿐이다. 성현의 사양하고, 받고, 나아가
고, 물러남은 오직 뜻이 있는 바일 뿐이다.) 愚按 : 此章文義多
不可曉, 不必强爲之說.(내가 생각건대, 이 장은 문의가 밝지 못
한 곳이 많으나, 억지로 해설할 필요는 없다.)

가졌다. 노나라의 사냥시합 풍속이 옳아서가 아니라 그들을 교화하려는 의도였다. 제기(祭器) 숫자를 공부(公簿)에 기록함으로써 엽교의 폐단을 차단하고자 했던 것이다. 공자가 정치에 참여한다는 것은 정도가 실현될 수 있는 실마리를 제시하는 것이니, 그럴 기미가 보이면 기다리고, 그럴 기미마저 보이지 않을 때는 떠나는 것이다.

제5장 벼슬은 가난 때문에 하는 것이 아니다
(仕非爲貧也章 第五)

(5-1) 孟子曰 仕非爲貧也로되 而有時乎爲貧하며 娶妻非爲養也로되 而有時乎爲養이니라

(맹자왈 사비위빈야, 이유시호위빈, 취처비위양야, 이유시호위양)

국역 맹자가 말씀하였다. "벼슬은 가난 때문에 하는 것이 아니로되, 때로는 가난 때문에 하는 수도 있으며, 처에게 장가듦이 부모의 봉양 때문에 하는 것이 아니로되, 때로는 봉양 때문에 하는 수도 있느니라."31)

---

31) 仕, 本爲行道, 而亦有家貧親老, 或道與時違, 而但爲祿仕者.(벼슬함은 본래 도를 시행하기 위해서이다. 그리고 역시 집이 가난하고 어버이가 늙고, 혹시 도의 시행이 때와 더불어 맞지 않더라도, 다만 녹봉을 위해 벼슬하는 수가 있다.) 如娶妻本爲繼嗣, 而亦有爲不能親操井臼, 而欲資其饋養者.(가령 처에게 장가듦은 본래 후사를 잇기 위함이나, 역시 친히 물긷고 방아찧는 일을 조작할 수 없어, 그가 음식을 보내 어버이의 봉양을 돕고자 하

(자의) o爲－할 위. ~때문에. o貧－가난할 빈. o娶－장가들 취.

(5-2) 爲貧者는 辭尊居卑하며 辭富居貧이니라

(위빈자, 사존거비, 사부거빈)

(국역) "가난 때문인 자는 높은 자리를 사양하고 낮은 자리를 맡아야 하며, 녹봉이 풍부한 자리를 사양하고 빈약한 자리를 차지해야 하느니라."32)

(자의) o辭－사양하다. o居－살 거. 차지하다, 맡다.

(5-3) 辭尊居卑하며 辭富居貧은 惡乎宜乎오 抱關擊柝이니라

(사존거비, 사부거빈, 오호의호. 포관격탁)

(국역) "높은 자리를 사양하고 낮은 자리를 차지하며, 녹봉이 풍부한 자리를 사양하고 빈약한 자리를 차지해야 함에, 어떤 일이 마땅할까? 문지기나 야경꾼일 것이니라."33)

는 경우에 장가들 수 있는 것과 같다.)

32) 貧富, 謂祿之厚薄.(빈부는 녹봉의 후박을 이른다.) 蓋仕不爲道, 已非出處之正.(아마 벼슬함이 도를 위한 것이 아니면, 이미 출처가 정당하지 않은 것이다.) 故, 其所處但當如此.(그러므로 그 처하는 바를, 다만 당연히 이와 같이 할 뿐인 것이다.)

33) 柝, 行夜所擊木也.(탁은 밤에 다니면서 치는 바 딱딱이나무이다.) 蓋爲貧者雖不主於行道, 而亦不可以苟祿.(대개 가난을 위하여 벼슬하는 자는, 비록 도를 행함을 주장하지 않으나 역시 구차히 녹봉만을 취할 수는 없다.) 故, 惟抱關擊柝之吏, 位卑祿薄, 其職易稱, 爲所宜居也.(그러므로 오직 관문을 안고 딱딱이를 치는 관리는 지위가 낮고 녹봉이 박하나, 그 직책을 쉽게 소유할

자의 ○惡-어찌 오. 어떻게, 어찌하여. ○宜-마땅 의. ○抱-안을 포. ○抱關-관문지기. ○擊-칠 격. ○柝-딱딱이 탁. ○擊柝-야경꾼.

(5-4) 孔子嘗爲委吏矣사 曰 會計를 當而已矣라하시고 嘗 爲乘田矣사 曰 牛羊을 茁壯長而已矣라하시니라

(공자상위위리의, 왈 회계, 당이이의, 상위승전의, 왈 우양, 촬장 장이이의)

국역 "공자가 일찍이 창고지기가 되었을 적에는, '회계가 합당하면 그뿐이라.'고 하였으며, 일찍이 목장지기가 되었을 적에는, '소나 양이 실하게 무럭무럭 자라면 그뿐이라.'고 하였느니라."[34]

자의 ○委-창고 위. ○委吏-창고지기. ○而已矣-뿐이다. ○乘

수 있으니, 마땅히 거처할 바가 될 것이다.) 李氏曰 : 道不行矣, 爲貧而仕者, 此其律令也, 若不能然, 則是貪位慕祿而已矣.(이씨 가 말하였다. 도가 행해지지 않는데, 가난을 위하여 벼슬하는 자 는, 이것이 그 율령이니, 만약 이렇게 하지 못하면, 바로 지위를 탐하고 녹봉을 사모하는 것일 뿐이다.)

34) 此, 孔子之爲貧而仕者也.(이것은 공자가 가난을 위하여 벼슬한 경우이다.) 委吏, 主委積之吏也.(위리는 창고를 주관하는 관리이 다.) 乘田, 主苑囿芻牧之吏也.(승전은 원유와 추목을 주관하는 관리이다.) 茁, 肥貌.(촬은 살찐 모양이다.) 言以孔子大聖, 而嘗 爲賤官不以爲辱者.(공자가 대성이면서 일찍이 비천한 관원이 되 었으되, 욕되게 여기지 않았다.) 所謂爲貧而仕, 官卑祿薄, 而職 易稱也.(소위 '가난을 위한 벼슬'이어서 관은 낮고 녹봉은 박하 여, 직책을 쉽게 소유할 수 있었음을 말한 것이다.)

田-육축(六畜)을 기르는 일, 목장지기. ㅇ苗-살찔 촬, 자랄 촬.
ㅇ壯-왕성할 장. 튼튼하다. ㅇ苗壯-건강하다, 실하다. ㅇ苗長-
무럭무럭 자라다.

(5-5) **位卑而言高**가 **罪也**요 **立乎人之本朝而道不行**이 **恥
也**니라

　　　(위비이언고, 죄야. 입호인지본조이도불행, 치야)

(국역) "지위가 낮으면서 말씀이 고답(高踏)하면 죄악이요, 사
람이 자기 나라 조정에 서 있으면서 정도를 시행하지 못
하면 수치니라."35)

(자의) ㅇ本朝-자기 나라, 자기 나라의 조정.

(해설) 선비가 벼슬하는 것은 경세제민(經世濟民)을 위해서이
지 녹봉으로 빈곤을 면하기 위해서가 아니며, 아내를 얻는
것은 집안의 대를 이을 자식을 낳기 위해서이지 집안의
일을 시키기 위해서가 아니다. 그러나 집이 가난하여 부모
를 봉양할 수 없으면 가난을 면하기 위해 벼슬할 수도 있

---

35) 以出位爲罪, 則無行道之責, 以廢道爲恥, 則非竊祿之官,(지위를
　　벗어난 것으로써 죄를 삼는다면, 도를 행할 책임이 없는 것이요,
　　도를 폐함으로써 부끄러움을 삼는다면, 녹봉만을 훔쳐먹는 관원
　　이 아니니,) 此, 爲貧者之所以必辭尊富而寧處貧賤也.(이것은 가
　　난을 위한 자가 반드시 높은 자리와 많은 녹봉을 사양하고, 차
　　라리 빈천에 처하는 까닭이다.) 尹氏曰 : 言爲貧者, 不可以居尊,
　　居尊者, 必欲以行道.(윤씨가 말하였다. 가난을 위하여 벼슬하는
　　자는, 높은 자리에 처해서는 안 되고, 높은 자리에 처하는 자는
　　반드시 심히 도를 행하고자 하여야 한다.)

고, 부모의 봉양을 위해 혼인할 수도 있는 것이다. 그러므
로 가난 때문에 벼슬하는 경우는 애초의 목적과 다르므로
정치적인 뜻을 펴는 자리와 무관한 직책을 택해야 한다.
또 녹봉은 백성의 세금이므로 그가 하는 일이 백성을 위
한 큰일이 아닌 단순한 일이므로 높은 보수를 받을 수 없
고, 자기 업무에 능숙하지 못하거나 자기 업무 이외의 것
에 간섭해서도 아니 된다.

제6장 선비는 제후에게 의탁하지 않는다
(士之不託諸侯章 第六)

(6-1) 萬章曰 士之不託諸侯는 何也잇고 孟子曰 不敢也
니라 諸侯失國而後에 託於諸侯는 禮也요 士之託於
諸侯는 非禮也니라

(만장왈 사지불탁제후, 하야. 맹자왈 불감야. 제후실국이후, 탁어
제후, 예야, 사지탁어제후, 비례야)

국역 만장이 말하였다. "선비가 몸을 제후에게 의탁하지 않
음은 어째서입니까?" 맹자가 말씀하였다. "선비의 신분상
감히 하지 못하는 것이다. 제후가 나라를 잃은 후에 몸을
다른 제후에게 의탁함은 예요, 선비가 제후에게 몸을 의탁
함은 예가 아니니라."36)

---

36) 託, 寄也, 謂不仕而食其祿也.(탁은 기탁함이니, 벼슬하지 않으면
서 그 녹봉을 먹는 것을 이른다.) 古者, 諸侯出奔他國, 食其廩

자의 ○託－부탁할 탁. ○敢－굳셀 감. 과감하다.

(6-2) 萬章曰 君이 餽之粟이면 則受之乎잇가 曰 受之니라
受之는 何義也잇고 曰 君之於珉也에 固周之니라

(만장왈 군, 궤지속, 즉수지호. 왈 수지. 수지, 하의야. 왈 군지어
맹야, 고주지)

국역 만장이 말하였다. "임금이 곡식을 주면 그것을 받습니
까?" "그것을 받느니라." "그것을 받는 것은 무슨 뜻입니
까?" "임금은 다른 나라에서 온 백성에게, 본래 그들을 구
제하는 것이니라."37)

자의 ○餽－보낼 궤. 드리다, 선사하다. ○粟－곡식 속. ○珉－백성
맹. ○固－본래 고. ○周－구제하다.

(6-3) 曰 周之則受하고 賜之則不受는 何也잇고 曰 不敢
也니라 曰 敢問其不敢은 何也잇고 曰 抱關擊柝者
皆有常職하여 以食於上하나니 無常職而賜於上者를
以爲不恭也니라

(왈 주지즉수, 사지즉불수, 하야. 왈 불감야. 왈 감문기불감, 하

饌, 謂之寄公.(옛날 제후가 타국으로 달아나, 그 창고에서 주는
곡식을 먹었으니, 이것을 기공(寄公)이라 하였다.) 士無爵土, 不
得比諸侯, 不仕而食祿, 則非禮也.(선비는 작위와 토지가 없어서
제후에게 비교할 수 없으니, 벼슬하지 않고 녹봉만 먹는다면 예
가 아니다.)

37) 周, 救也. 視其空乏, 則周卹之, 無常數, 君待民之禮也.(주는 구
휼함이다. 그들이 식량이 떨어짐을 보면, 구휼해 주는데, 일정한
숫자가 없으니, 주군이 백성을 대하는 예이다.)

야. 왈 포관격탁자개유상직, 이사어상, 무상직이사어상자, 이위불공야)

[국역] "구제는 받고, 하사는 받지 아니함은 어째서입니까?" "감히 받지 못하는 것이니라." "감히 묻습니다. 감히 받지 못한다는 것은 무엇 때문입니까?" "관문지기와 야경꾼은 모두 일정한 직책이 있어서 임금으로부터 녹을 받아먹지만, 일정한 직책이 없으면서 임금으로부터 하사품을 받는 것은 불공이라 생각되기 때문이니라."38)

[자의] ○賜-줄 사. ○抱-안을 포. ○關-빗장 관. ○擊-칠 격. ○柝-딱딱이 탁. ○抱關擊柝-문지기와 야경꾼, 비천한 관리. ○食-먹일 사.

(6-4) 曰 君이 餽之則受之라하시니 不識케이다 可常繼乎잇가 曰 繆公之於子思也에 亟問하시며 亟餽鼎肉이어시늘 子思不悅하사 於卒也에 摽使者하여 出諸大門之外하시고 北面稽首再拜而不受하시고 曰 今而後에 知君之犬馬畜伋이라하시니 蓋自是로 臺無餽也하니 悅賢不能擧요 又不能養也면 可謂悅賢乎아

(왈 군, 궤지즉수지, 불식. 가상계호 왈 목공지어자사야, 기문, 기궤정육, 자사불열, 어졸야, 표사자, 출제대문지외, 북면계수재배이불수, 왈 금이후, 지군지견마휵급, 개자시, 대무궤야, 열현불능거, 우불능양야, 가위열현호)

38) 賜, 謂予之祿, 有常數, 君所以待臣之禮也.(사는 녹봉을 줌을 이르니, 일정한 숫자가 있으니, 주군이 신하를 대하는 예인 까닭이다.)

(국역) "임금이 구제해 주면 받는다고 하시니, 알지 못하겠습니다. 늘 받고 계속 받아도 됩니까?" "목공이 자사에게 자주 문안하며, 자주 삶은 고기를 드리거늘, 자사는 기뻐하지 아니했다. 마침내 사자(使者)에게 손을 내저어 그를 대문 밖으로 내보내고, 북면하여 머리를 조아리며 재배하고 받지 않으며, '그런데 지금 이후에야, 임금께서 나[伋]를 개나 말같이 사육한다는 것을 알았습니다.'라고 하니, 아마 이때부터 하인들이 갖다주는 일이 없었다. 현자를 즐겁게 한다면서 능히 거용하지도 않고, 또 능히 배양하지도 않으면 현자를 즐겁게 한다고 이를 수 있겠는가?"39)

(자의) ㅇ餽-줄 궤. ㅇ繼-이을 계. ㅇ繆-얽을 목. ㅇ繆公-노나라

---

39) 亟, 數也.(기는 자주이다.) 鼎肉, 熟肉也.(정육은 삶은 고기이다.) 卒, 末也.(졸은 맨 마지막이다.) 摽, 麾也.(표는 손을 젓는 것이다.) 數以君命來餽, 當拜受之, 非養賢之禮.(자주 군주의 명으로써 와서 물건을 주면, 당연히 절하고 받아야 하니, 현자를 봉양하는 예가 아니다.) 故, 不悅. 而於其末後復來餽時, 麾使者出拜而辭之.(그러므로 기뻐하지 아니하여, 그 맨 마지막 다시 와서 물건을 줄 때에, 사자를 손을 저어 내보낸 다음 절하고 사양한 것이다.) 犬馬畜伋, 言不以人禮待己也.(견마로 나를 기른다는 것은, 사람의 예로써 자기를 대접하지 않음을 말한 것이다.) 臺, 賤官, 主使令者.(대는 비천한 관리이니, 사령을 주관하는 자이다.) 蓋繆公愧悟, 自此, 不復令臺來致餽也.(아마 목공이 부끄러워하고 깨달아, 이로부터 다시 하인으로 하여금 물건을 주러 오지 않았다.) 擧, 用也.(거는 등용하는 것이다.) 能養者未必能用也, 況又不能養乎.(봉양을 잘하는 자도 반드시 등용하지는 못하는데, 하물며 또 봉양하지 못함에 있어서랴!)

임금(＝穆公). ㅇ亟－자주 기. ㅇ鼎－솥 정. ㅇ鼎肉－삶은 고기.
ㅇ悅－기뻐할 열. 즐겁다. ㅇ卒－드디어, 결국, 마침내. ㅇ摽－손저
을 표. ㅇ稽－조아릴 계. ㅇ稽首－옛날 공경의 뜻으로 머리를 조아
리는 것. ㅇ伋－이름 급. 자사의 이름. ㅇ自－부터 자. ㅇ臺－하인
대, 종 대. ㅇ養－기를 양. 배양하다.

(6-5) 曰 敢問國君이 欲養君子인댄 如何라야 斯可謂養矣
니잇고 曰 以君命將之어든 再拜稽首而受하나니 其後
에 廩人繼粟하며 庖人繼肉하여 不以君命將之니 子
思以爲鼎肉이 使己僕僕爾亟拜也라 非養君子之道
也라하시니라

(왈 감문국군, 욕양군자, 여하, 사가위양의. 왈 이군명장지, 재배
계수이수, 기후, 늠인계속, 포인계육, 불이군명장지, 자사이위정
육, 사기복복이기배야, 비양군자지도야)

국역 "감히 묻습니다. 나라의 임금이 군자를 배양코자 할 적
에, 어떻게 해야 이에 배양하는 것이라 이를 만합니까?"
"임금이 명령으로써 그것을 보내거든 신하는 재배하고 머
리를 조아리며 받아야 하느니, 그 후에 창고지기가 곡식을
계속해 보내주며, 푸주간 사람은 고기를 계속해 보내주나,
임금의 명령으로써 그것을 보내는 것은 아니다. 자사는 삶
은 고기가 자기로 하여금 번거롭게 자주 절하게 하니, 군
자를 배양하는 도리가 아니라고 여겼던 것이다."[40]

---

40) 初以君命來餽, 則當拜受, 其後有司各以其職, 繼續所無.(처음에
군주의 명령에 따라 와서 물건을 주면, 신하는 마땅히 절하고
받아야 하나, 그 후에는 유사들이 각기 그 직책에 따라, 없는 것

자의 ㅇ將－보낼 장. ㅇ稽－조아릴 계, 상고할 계. ㅇ廩－창고 름.
ㅇ粟－곡식 속. ㅇ庖－푸주간 포. ㅇ以爲－여기다. ㅇ鼎－솥 정.
ㅇ僕－종 복. ㅇ僕僕爾－번거롭고 너저분한 모습. ㅇ亟－자주 기,
빠를 극.

(6-6) 堯之於舜也에 使其子九男事之하며 二女女焉하시고
百官牛羊倉廩을 備하여 以養舜於畎畝之中이러시니
後에 擧而加諸上位하시니 故로 曰 王公之尊賢者也
라하노라

(요지어순야, 사기자구남사지, 이녀녀언, 백관우양창름, 비, 이양
순어견무지중, 후, 거이가저상위, 고, 왈 왕공지존현자야)

국역 "요제는 순에게 그 자식 9남으로 하여금 그를 섬기도
록 하였으며, 2녀가 그에게 시집가게 하고, 백관·우양·
창고를 구비하여, 그리고 순을 견무 가운데서 봉양하게 하
더니, 뒤에 그를 거용하여 윗자리에 올려놓으셨다. 그러므
로 왕공이 현자를 높인 것이라 말하는 것이다."[41]

자의 ㅇ女－시집보내다. ㅇ加－더하다, 보태다. ㅇ諸－(＝之於).

을 계속하여 이어준다.) 不以君命來餽, 不使賢者有亟拜之勞也.
(군주의 명령에 따라 와서 물건을 주지 아니하여, 현자로 하여금
자주 절하는 수고도 있게 하지 않았다.) 僕僕, 煩猥貌(복복은
번거로운 모양이다.)

41) 能養能擧, 悅賢之至也.(능히 봉양하고 능히 거용함은, 현자를 좋
아하기를 지극히 한 것이다.) 惟堯舜爲能盡之, 而後世之所當法
也.(오직 요·순만이 능히 그것을 다하였으니, 후세에서는 마땅
히 본받아야 할 것이다.)

해설 임금은 가난한 백성을 구제할 의무가 있고 그들은 구호품을 받을 권리가 있다. 그러나 그 구호품을 어떤 특정한 개인에게 주어서는 아니 된다. 특혜가 되기 때문이다. 또 구호품은 어려울 때만 주는 것이지 계속해 주는 것이 아니다. 만약 그 대상이 현자라면 더욱 곤란하다. 현자이면 그를 등용하여 정치에 참여시키고 녹봉을 주거나, 고령이면 고문같은 자리에 앉혀 경륜을 발휘케 하고 녹봉으로 살아가게 하는 것이 현자를 높이는 방식이다.

제7장 가서 만나는 것은 도리가 아니다
(往見不義也章 第七)

(7-1) 萬章曰 敢問不見諸侯는 何義也잇고 孟子曰 在國曰市井之臣이요 在野曰草莽之臣이라 皆謂庶人이니 庶人이 不傳質(贄)爲臣하여는 不敢見於諸侯가 禮也니라

> (만장왈 감문불견제후, 하의야. 맹자왈 재국왈시정지신, 재야왈초망지신, 개위서인, 서인, 부전지(지)위신, 불감견어제후, 예야)

국역 만장이 말하였다. "감히 묻습니다. 선비가 제후를 만나보지 않는 것은 무슨 도리입니까?" 맹자가 말씀하였다. "성내에 있으면 시정(市井)의 신하라 하고, 재야에 있으면 초야의 신하라 하는데 모두 서인이라 말한다. 서인이 폐백을 전달하여 신하가 되지 않으면 감히 제후를 만나볼 수 없는 것이 예이니라."42)

(자의) ㅇ國-도성 안. ㅇ草莽-초야. ㅇ莽-풀 망. ㅇ質-폐백 지.

(7-2) **萬章曰 庶人**이 **召之役**이면 **則往役**하고 **君欲見之**하
여 **召之**면 **則不往見之**는 **何也**잇고 **曰 往役**은 **義也**요
往見은 **不義也**니라

(만장왈 서인, 소지역, 즉왕역, 군욕견지, 소지, 즉불왕견지, 하야.
왈 왕역, 의야, 왕견, 불의야)

(국역) 만장이 말하였다. "서인은 일을 하러 오도록 부르면 가
서 일하고, 임금이 만나고자 하여 그를 부르면 그를 만나
러 가지 않는 것은 어째서입니까?" "일하러 가는 것은 의
방(義方)이요, 만나보러 가는 것은 의방이 아니니라."[43]

(자의) ㅇ召-부를 소. ㅇ役-일 역. ㅇ義-의방(義方), 사람됨의 정도,
법도.

(7-3) **且君之欲見之也**는 **何爲也哉**오 **曰 爲其多聞也**며
爲其賢也니이다 **曰 爲其多聞也**인댄 **則天子**도 **不召**
師은 **而況諸侯乎**아 **爲其賢也**인댄 **則吾未聞欲見賢**

---

42) 傳, 通也.(전은 통함이다.) 質者, 士執雉, 庶人執鶩, 相見以自通
者也.(지는, 사는 꿩을 잡고, 서인은 집오리를 잡아 서로 만나보
면서 스스로 통하는 것이다.) 國內莫非君臣, 但未仕者與執贄在
位之臣不同, 故不敢見也.(국내에는 군신간이 아님이 없으나, 다
만, 벼슬하지 않은 자는 집지(執贄)하여 지위에 있는 신하와 더
불어 같지 않다. 그러므로 감히 뵙지 못하는 것이다.)

43) 往役者, 庶人之職.(가서 사역하는 것은 서인의 직책이요,) 不往
見者, 士之禮.(가서 만나보지 않는 것은 선비의 예이다.)

而召之也로라 繆公이 亟見於子思하고 曰 古에 千乘
之國이 以友士하니 何如하니잇고 子思不悅 曰 古之
人이 有言曰 事之云乎언정 豈曰友之云乎리오하시니
子思之不悅也는 豈不曰 以位則子는 君也요 我는
臣也니 何敢與君友也며 以德則子는 事我者也니
奚可以與我友리오 千乘之君이 求與之友로되 而不
可得也하니 而況可召與아

(차군지욕견지야, 하위야재, 왈 위기다문야, 위기현야. 왈 위기다
문야, 즉천자, 불소사, 이황제후호. 위기현야, 즉오미문욕견현이소
지야. 목공, 기견어자사, 왈 고, 천승지국, 이우사, 하여. 자사불
열, 왈 고지인, 유언왈 사지운호, 기왈우지운호. 자사지불열야, 기
불왈 이위즉자, 군야. 아, 신야, 하감여군우야, 이덕즉자, 사아자
야, 해가이여아우. 천승지군, 구여지우, 이불가득야, 이황가소여)

국역 "또 임금이 그를 만나보고자 하는 것은 무엇 때문인
가?" "그의 박학다문(博學多聞) 때문이며 그의 현명함 때
문입니다." "그 박학다문 때문이라면 천자도 스승을 부를
수 없거늘, 하물며 제후로서야! 그가 현명하기 때문이라
면, 나는 아직 현자를 만나보고자 그를 불렀다는 말을 듣
지 못했다. 목공이 자주 자사를 만나보러 가서, '옛날에 천
승의 나라 임금이 선비를 벗으로 사귀었다는데, 그렇습니
까?'하니, 자사는 이 말을 즐겁게 생각지 않으면서, '옛사
람들이 한 말에, 그를 섬긴다고 말할지언정, 어찌 그와 벗
한다고 운운하였으리오.'라고 하였다. 자사가 즐겁게 여기
지 않은 것은 '지위로 보면 그대는 임금이고 나는 신하이

니, 어찌 감히 임금과 더불어 벗하겠는가? 덕으로 보면 그
대는 나를 섬기는 자이니 어찌 나와 벗할 수 있겠는가?'는
것이 아니겠느냐? 천승의 나라 임금이 그와 더불어 벗하
기를 구했는데도 얻을 수 없었는데, 하물며 부를 수 있겠
는가?"44)

(자의) ㅇ繆-얽을 목. ㅇ亟-자주 기. ㅇ悅-기뻐할 열. ㅇ曰-이를
왈. 말하다, 부르다, ~이다, 있다. ㅇ云-이를 운. 말하다, 있다.
ㅇ豈-어찌 기. ㅇ子-님 자. 그대. ㅇ奚-어찌 해. ㅇ況-모양 황.
하물며, 더구나. ㅇ與-의문사.

(7-4) 齊景公이 田할새 招虞人以旌한대 不至어늘 將殺之러
니 志士는 不忘在溝壑이요 勇士는 不忘喪其元이라하
니 孔子는 奚取焉고 取非其招不往也시니라

(제경공, 전, 초우인이정, 부지, 장살지, 지사, 불망재구학, 용사,
불망상기원, 공자, 해취언, 취비기초불왕야)

(국역) "제나라 경공이 사냥을 할 적에, 우인을 깃발로써 불렀
는데 이르지 않거늘, 장차 그를 죽이려 하니, '지사(志士)
는 시신이 계곡에 뒹굴더라도 그 지조를 잊지 않고, 용사
는 머리를 잃더라도 그 뜻을 잊지 않는다.'고 하였으니, 공
자는 그에게서 무엇을 취했을까? 그를 불러도 예가 아니
면 가지 아니한 것을 취한 것이니라."45)

---

44) 孟子引子思之言而釋之, 以明不可召之意.(맹자가 자사의 말을 인
용하고, 이것을 해석하여, 그리고 부를 수 없는 뜻을 밝힌 것이다.)
45) 說見前篇.(설명이 전편에 보인다.)

(자의) ○田-사냥 전. ○招-부를 초. ○虞-생각할 우. ○虞人-사냥
터 관리인. ○旌-깃발 정. ○忘-잊을 망. ○溝-도랑 구. ○壑-골
짜기 학. ○溝壑-계곡. ○喪-잃을 상. ○元-머리 원. ○奚-무엇,
어디, 어찌.

(7-5) 曰 **敢問招虞人何以**니잇고 曰 **以皮冠**이니 **庶人**은 **以**
旃이요 **士**는 **以旂**요 **大夫**는 **以旌**이니라

　　(왈 감문초우인하이. 왈 이피관, 서인, 이전, 사, 이기, .대부,
　　이정)

(국역) "감히 묻습니다. 우인을 부를 적에는 어떻게 해야 합니
까?" "가죽모자로써, 서인은 붉은색 비단으로 된 깃발로
써, 선비는 방울 달린 깃발로써, 대부는 깃털이 꽂힌 기로
써 해야 하느니라."[46]

(자의) ○冠-관 관. ○旃-깃발 전. ○旂-깃발 기. ○旌-깃발 정.

(7-6) **以大夫之招**로 **招虞人**이어늘 **虞人**이 **死不敢往**하니
以士之招로 **招庶人**이면 **庶人**이 **豈敢往哉**리오 **況乎**
以不賢人之招로 **招賢人乎**아

---

46) 皮冠, 田獵之冠也. 事見春秋傳. 然則皮冠者, 虞人之所有事也,
故, 以是招之(피관은 전렵할 때에 쓰는 관이니, 이 일은 '춘추
전'에 보인다. 그렇다면 피관은 우인이 가지고 종사한 것이다.
그러므로 이것으로 부르는 것이다.) 庶人, 未仕之臣.(서인은 아
직 벼슬하지 않은 신하이다.) 通帛曰旃.(통비단을 전이라 한다.)
士, 謂已仕者.(사는 이미 벼슬한 자를 이른다.) 交龍爲旂.(용 두
마리를 그린 것을 기라고 한다.) 析羽而注於旂干之首曰旌.(깃털
을 쪼개어 깃대의 머리에 주입한 것을 정이라 한다.)

(이대부지초, 초우인, 우인, 사불감왕, 이사지초, 초서인, 서인, 기
감왕재. 황호이불현인지초, 초현인호)

(국역) "대부를 부르는 방법으로써 우인을 불렀거늘, 우인은
죽어도 감히 가지 못하는 것이니, 선비를 부르는 방법으로
써 서인을 부르면 서인이 어찌 감히 가겠는가? 하물며 어
질지 못한 사람을 부르는 방법으로써 어진 사람을 부르는
데 있어서랴!"47)

(자의) ○招-부를 초. ○往-갈 왕.

(7-7) 欲見賢人而不以其道면   猶欲其入而閉之門也니라
夫義는 路也요 禮는 門也니 惟君子能由是路하며 出
入是門也니 詩云 周道如底하니 其直如矢로다 君子
所履요 小人所視라하니라

(욕견현인이불이기도, 유욕기입이폐지문야. 부의, 노야. 예, 문야.
유군자능유시로, 출입시문야, 시운 주도여지, 기직여시, 군자소리,
소인소시)

(국역) "현인을 만나보고자 하면서 그 방법으로써 하지 않으
면, 그가 들어오기를 바라면서 그가 들어올 문을 닫아버리
는 것과 같다. 대저 의방은 길이요, 예의는 문이니, 오직
군자만이 능히 이 길을 경유할 수 있으며, 이 문을 출입할

---

47) 欲見而召之, 是不賢人之招也.(만나보고자 하면서 부른다면, 이것
은 어질지 못한 사람의 부름인 것이다.) 以士之招招庶人, 則不
敢往,(선비의 부르는 방법으로써 서인을 부르면, 감히 가지 못하
는 것이요) 以不賢人之招招賢人, 則不可往矣.(어질지 못한 사람
의 부름으로써 현인을 부르면, 갈 수 없는 것이다.)

수 있다. '시경'에 이르기를, '주나라의 정치하는 방법은 평
탄함이 숫돌과 같고, 그 곧음이 화살과 같도다. 군자가 그
길을 밟아 가는 것을, 소인이 바라보는 것이다.'라고 하였
다."[48]

(자의) ○道-방법. ○閉-닫을 폐. ○底-숫돌 지, 평평할 지(=砥).
○矢-화살 시. ○履-밟을 리.

(7-8) 萬章曰 孔子는 君命召어시든 不俟駕而行하시니 然
則孔子는 非與잇가 曰 孔子는 當仕有官職而以其
官召之也니라

　　(만장왈 공자, 군명소, 불사가이행, 연즉공자, 비여. 왈 공자, 당
　　사유관직이이기관소지야)

(국역) 만장이 말하였다. "공자는 임금이 명하여 부르거든, 수
레에 멍에 매기를 기다리지 않고 가셨으니, 그렇다면 공자
는 잘못한 것입니까?" "공자는 당시 벼슬하여 관직에 있
었으니, 그 관직으로써 그를 불렀기 때문이니라."[49]

---

48) 詩, 小雅大東之篇.(시는 '시경' '소아'편 '대동'장이다.) 底, 與砥
同, 礪石也. 言其平也.(지는 지(砥)와 같고 숫돌이니, 그 평평함
을 말하는 것이다.) 矢, 言其直也.(시는 그 곧음을 말하는 것이
다.) 視, 視以爲法也.(시는 보고서 본받음이다.) 引此, 以證上文
能由是路之義(이것을 인용하여, 윗글의 '능히 이 길을 따른다.'
는 뜻을 증명한 것이다.)

49) 孔子方仕而任職, 君, 以其官名召之, 故, 不俟駕而行.(공자는 방
금 벼슬하여 직책을 맡았는데, 임금이 그 관명으로써 그를 부르
거늘, 그러므로 수레에 멍에 매기를 기다리지 않고 행한 것이
다.) 徐氏曰 : 孔子, 孟子, 易地則皆然.(서씨가 말하였다. 공자와

(자의) ○俟-기다릴 사. ○駕-수레 가. ○與-의문사.

(해설) 벼슬하지 않은 백성이 제후를 만나지 않는 것은 '예' 때문이다. 백성이 부역하러 가는 것은 도리이나 제후를 만나러 가는 것은 도리가 아니다. 그런데 목공과 자사의 일에서 보듯이 제후가 현인을 섬기지는 않고 그냥 만나고자 하는 데 문제가 있다. 또 제경공과 우인의 일에서 보듯이 '예'가 아니어서 우인이 따를 수가 없었던 것이다. 예는 본마음을 가진 사람이 남과 조화를 이루어 살아가는 행동양식이니, 예를 어기는 것은 마치 문을 통하지 않고 집안으로 들어가는 것과 같고, 그런 방식은 물론 도리가 아닌 것이다. 그래서 본마음으로써 살아가는 사람들은 예를 중히 여긴다.

제8장　이것이 상우이다(是尙友也章 第八)

(8-1) 孟子謂萬章曰　一鄕之善士라야　斯友一鄕之善士하고　一國之善士라야　斯友一國之善士하고　天下之善士라야　斯友天下之善士니라

　　(맹자위만장왈 일향지선사, 사우일향지선사, 일국지선사, 사우일

───────────

맹자는 처지를 바꿨다면 모두 그랬을 것이다.) 此章, 言不見諸侯之義, 最爲詳悉, 更合陳代, 公孫丑所問者而觀之, 其說乃盡.(이 장은 제후왕을 만나보지 않은 뜻을 말한 것이, 가장 완전하니, 다시 진대와 공손추가 물었던 바를 합하여 그것을 관찰하면, 그 말이 바로 다할 것이다.)

국지선사, 천하지선사, 사우천하지선사)

(국역) 맹자가 만장에게 말씀하였다. "한 고을의 선사(善士)
이어야 곧 한 고을의 선사와 벗할 수 있고, 일국의 선사이
어야 곧 일국의 선사와 벗할 수 있고, 천하의 선사이어야
곧 천하의 선사와 벗할 수 있느니라."50)

(자의) ㅇ鄕-고을 향. ㅇ善士-훌륭한 인물. ㅇ斯-이 사. 곧, 이에,
그래서.

(8-2) 以友天下之善士로 爲未足하여 又尙論古之人하나니
頌其詩하며 讀其書하되 不知其人이 可乎아 是以로
論其世也니 是尙友也니라

   (이우천하지선사, 위미족, 우상논고지인, 송기시, 독기서, 부지기
   인, 가호, 시이, 논기세야, 시상우야)

(국역) "천하의 선사를 벗으로써 아직 충분치 못하다고 하여,
또한 위로 올라가 옛사람을 논하는 것이니, 그들의 시를
외우며, 그들의 책을 읽되, 그 사람을 알지 못하면 되겠는
가? 이 때문에 그때의 세상을 논하는 것이니, 이것이 상우
이니라."51)

---

50) 言己之善, 蓋於一鄕然後, 能盡友一鄕之善士. 推而至於一國天下,
   皆然, 隨其高下, 以爲廣狹也.(자기의 선함이 한 고을에 덮인 연
   후에야, 능히 한 고을의 선사를 다 벗할 수 있으니, 이것을 미루
   어 일국과 천하에 이름에도 모두 그러하니, 그 인품의 고하에
   따라, 광협을 알 수 있다고 말한 것이다.)

51) 尙, 上同. 言進而上也.(상은 상(上)과 같으니, 전진하여 올라감을
   말한다.) 頌, 誦通.(송은 송(誦)과 통한다.) 論其世, 論其當世行

(자의) ㅇ未足-아직 만족치 못한다. ㅇ尙-더할 상. 존숭하다, 중시하다. ㅇ頌-욀 송. ㅇ尙友-역사 속의 인물과 벗하다.

(해설) 사람은 누구나 자기보다 나은 사람과 사귀고 싶어한다. 그런 사람을 자기가 사는 지방에서 찾아 사귀면 점차 널리 우수한 선비와 사귀게 된다. 그런데 수준이 높아져 이것만으로 부족하게 되면 옛날로 거슬러 올라가 역사 속의 훌륭한 사람들을 벗으로 삼는다. 이것이 상우(尙友)이다. 그런데 이 경우는 직접 대면할 수 없으니 그들이 남긴 옛 글이나 시를 읽어 그 인격을 판단하며, 그가 생존하던 시대적 배경까지 고려하려고 당시의 세상을 논하는 것이다.

제9장 제선왕이 경에 관하여 물었다
(齊宣王 問卿章 第九)

(9-1) 齊宣王이 問卿한대 孟子曰 王은 何卿之問也시니잇고

事之迹也.(그 당세를 논한다는 것은, 그 당세의 행사의 자취를 논하는 것이다.) 言旣觀其言, 則不可以不知其爲人之實.(이미 그 말을 관찰하였으면, 그 사람됨의 실제를 알지 못해서는 아니 된다.) 是以, 又考其行也.(이 때문에 또 그 행실을 상고하는 것이다.) 夫能友天下之善士, 其所友衆矣, 猶以爲未足, 又進而取於古人, 是能進其取友之道, 而非止爲一世之士矣.(대저 능히 천하의 선사와 벗하면 그 벗한 것이 많은데도, 오히려 만족스럽지 못하게 여겨서, 또 나아가 고인으로부터 취하니, 이것은 능히 그 벗을 취하는 도를 진행시켜, 다만, 일세의 선비와 벗함에 그치지 않은 것이다.)

王曰 卿不同乎잇가 曰 不同하니 有貴戚之卿하며 有
異姓之卿하니이다 王曰 請問貴戚之卿하노이다 曰 君
有大過則諫하고 反覆之而不聽이면 則易位니이다

(제선왕, 문경, 맹자왈 왕, 하경지문야. 왕왈 경부동호. 왈 부동,
유귀척지경, 유이성지경. 왕왈 청문귀척지경. 왈 군유대과즉간,
반복지이불청, 즉역위)

(국역) 제선왕이 경(卿)을 묻자, 맹자가 말씀하였다. "왕께서
는 어떤 경을 묻습니까?" 왕이 말씀하였다. "경은 모두 같
지 않습니까?" "같지 않으니, 귀족과 친척의 경도 있고,
다른 성의 경도 있습니다." 왕이 말씀하였다. "청컨대 귀
족과 친척의 경을 묻습니다." "임금이 큰 잘못이 있을 적
에 간하고, 반복하여도 듣지 않으면 임금의 자리를 바꿉니
다."52)

(자의) ○卿－벼슬 경. ○戚－친할 척. ○諫－간할 간. ○覆－엎어질
복. ○易－바꿀 역.

(9-2) 王이 勃然變乎色한대

---

52) 大過, 謂足以亡其國者.(대과는 충분히 그 나라를 망칠 수 있는
것을 말한다.) 易位, 易君之位, 更立親戚之賢者.(역위는 군주의
자리를 바꾸고, 다시 친척 중에 어진 자를 옹립하는 것이다.) 蓋
與君有親親之恩, 無可去之義. 以宗廟爲重, 不忍坐視其亡, 故不
得已而至於此也.(대개 군주와 더불어 친친의 은혜만 있고, 떠날
수 있는 의방(義方)이 없으니, 종묘는 중하게 여겨, 차마 앉아서
그 망함을 볼 수 없기 때문이다. 그러므로 부득이하여 이에 이
르는 것이다.)

(왕, 발연변호색)

(국역) 왕은 갑자기 안색이 바뀌었는데,53)

(자의) ○勃－발끈할 발. ○勃然－갑자기 일어나는 모양.

(9-3) 曰 王勿異也하소서 王問臣하실새 臣不敢不以正對호

이다

(왈 왕물이야. 왕문신, 신불감불이정대)

(국역) "왕께서는 이상하게 여기지 마소서. 왕께서 신에게 물
어서, 신이 감히 정확한 것으로써 대답하지 않을 수 없었
습니다."54)

(자의) ○勿－말 물. ○異－다를 이.

(9-4) 王色定然後에 請問異姓之卿한대 曰 君有過則諫하

고 反覆之而不聽이면 則去니이다

(왕색정연후, 청문이성지경, 왈 군유과즉간, 반복지이불청, 즉거)

(국역) 왕이 안색을 안정한 연후에 다른 성의 경에 관해 묻자,
말씀하였다. "임금에게 과실이 있으면 간하고, 간함을 반
복하여도 듣지 않으면 떠나갑니다."55)

---

53) 勃然, 變色貌(발연은 얼굴빛을 변하는 모양이다.)

54) 孟子言也.(맹자의 말이다.)

55) 君臣義合, 不合則去.(군신은 의로써 합하였으니, 도가 합하지 않
으면 떠나가는 것이다.) 此章, 言大臣之義, 親疏不同, 守經行權,
各有其分.(이 장은 대신의 의리는 친소(親疏)가 같지 않으므로
원칙은 지키고, 방법을 행사함에 각기 그 분별이 있음을 말한
것이다.) 貴戚之卿, 小過, 非不諫也, 但必大過而不聽, 乃可易

해설 제선왕이 경(卿)의 소임에 관해 묻자, 맹자는 귀척의 경과 이성(異姓)의 경으로 나누어 설명하였다. 전자는 왕과 혈통이 같은 종친이기 때문에 그와 더불어 나라를 잘 다스려야 할 공동책임을 지는 위치에 있으니, 왕이 잘못하면 그를 바꾸어서라도 나라를 보위해야 할 책임이 있다. 그러나 후자는 그런 책임이 없으니 왕이 잘못하면 이를 간하고 거듭 간하여도 듣지 않을 때는 그 나라를 떠나면 된다. 나라의 멸망에 대해 귀척의 경만큼 절실하지 않기 때문이다. 그러나 천하를 구하기 위해 천명에 따라 혁명을 일으킬 수도 있다. 은탕방걸(殷湯放桀)과 주무벌주(周武伐紂)가 그런 경우이다.

位.(귀척의 경이, 소과를 간하지 않는 것은 아니지만, 다만, 반드시 대과를 듣지 않아야 자리를 마침내 바꿀 수 있는 것이요.) 異姓之卿, 大過, 非不諫也, 雖小過而不聽, 已可去矣.(이성의 경이, 대과를 간하지 않는 것은 아니지만, 비록 소과를 듣지 않더라도 이미 떠날 수 있는 것이다.) 然, 三仁, 貴戚, 不能行之於紂, 而霍光, 異姓, 乃能行之於昌邑. 此又委任權力之不同, 不可以執一論也.(그러나 3인[비간·기자·미자]은 귀척이었으나, 이것을 능히 주왕에게 행하지 못하였고, 곽광은 이성이었으나, 바로 능히 창읍왕에게 이것을 행하였으니, 이것은 또한 위임함과 권력이 같지 않았기 때문이니, 한 가지만을 고집하여 논할 수는 없다.)

제 11 편

告子章句 上[1]
고자장구 상

---

1) 凡二十章.(모두 20장이다.)

제1장 인간의 본성은 버드나무와 같다
(性猶杞柳章 第一)

(1-1) 告子曰 性은 猶杞柳也요 義는 猶桮棬也니 以人性
爲仁義는 猶以杞柳爲桮棬이니라
(고자왈 성, 유기류야. 의, 유배권야. 이인성위인의, 유이기류위
배권)

[국역] 고자가 말하였다. "인간의 본성은 버들과 같고, 의리는
그것으로 만든 그릇과 같으니, 인간의 본성으로써 인과 의
를 행하게 한다는 것은 버들로써 그릇을 만드는 것과 같
은 것입니다."[2]

[자의] ○杞-땅버들 기. ○柳-버들 류. ○桮-그릇 배, 잔 배. ○棬-
나무그릇 권. ○桮棬-나무를 구부려 만든 술잔. ○爲-행하다, 만
들다.

(1-2) 孟子曰 子能順杞柳之性而以爲桮棬乎아 將戕賊

---

2) 性者, 人生所稟之天理也.(성이란 사람이 태어날 때에 받은 바의
천리이다.) 杞柳, 柜柳.(기류는 땅버들이다.) 桮棬, 屈木所爲, 若
巵匜之屬.(배권은 나무를 구부려 만든 것이니, 술잔과 대야의 등
속이다.) 告子言人性, 本無仁義, 必待矯揉而後成, 如荀子性惡之
說也.(고자는, 인성은 본래 인의가 없어서, 반드시 고치기를 기다
린 뒤에야 이루어진다고 말하였으니, 마치 순자의 성악설과 같은
것이다.)

杞柳而後에 以爲桮棬也니 如將戕賊杞柳而以爲

桮棬이면 則亦將戕賊人以爲仁義與아 率天下之人

而禍仁義者는 必子之言夫인저

(맹자왈 자능순기류지성이이위배권호. 장장적기류이후, 이위배권
야. 여장장적기류이이위배권, 즉역장장적인이위인의여. 솔천하지
인이화인의자, 필자지언부)

(국역) 맹자가 말씀하였다. "그대는 능히 버들의 본성에 따르
면서도 버들그릇이 된다고 생각하는가? 장차 버들의 본성
을 해친 뒤에 버들그릇이 된 것을 알 것이네. 마치 장차
버들의 본성을 해치면서 버들그릇이 된 것을 생각한다면,
역시 장차 사람의 본성을 해치면서 인과 의를 생각할 것
인가? 천하의 사람들을 거느리고서 인과 의를 해칠 자는,
반드시 그대의 말일 것일세 !"3)

(자의) ○順-따르다, 순종하다. ○以爲-생각하다, 여기다, 인정하
다. ○戕-해칠 장. ○賊-도둑 적. ○戕賊-해치다, 손상시키다.
○率-거느릴 솔. 따르다. ○夫-~구려, ~구나.

(해설) 고자는 인의 등의 품격이 만들어지는 것은 후천적인
가공에 의지하고 있음을 강조한다. 그는 인성을 갯버들에
비유한다. 인성을 갯버들에 비유하고 인의를 갯버들로 만
든 그릇에 비유하였다. 인성은 그대로 두면 도덕적이 될

---

3) 言如此, 則天下之人, 皆以仁義爲害性而不肯爲, 是因子之言而爲
仁義之禍也.(이와 같다면, 천하 사람들이, 모두 인의가 본성을 해
친다고 여겨서, 기꺼이 하지 않을 것이니, 이는 그대의 말에 따라
인의가 재앙이 된다고 말한 것이다.)

수 없으니 갯버들로 그릇을 만들듯이 그 성질을 도덕을
실천할 수 있는 방향으로 인위적으로 유도해야 한다는 것
이다. 고자는 후천적인 작용을 강조하여 말했지, 그것이
사람의 본성에 어긋나는 것과는 직접적인 관계가 있다고
는 하지 않았다. 그런데 맹자는 후천적인 가공과정이 본성
을 훼손할 위험이 있다고 본다. 논쟁의 초점이 달라졌다.
그러나 맹자는 성선설을 전제로 인격함양이 주체의 선의
잠재능력과 떨어질 수 없다는 점을 강조한 것은 주목할
만하다고 할 것이다.

제2장   인성은 마치 소용돌이치는 물과 같다
(性猶湍水也章 第二)

(2-1) 告子曰 性은 猶湍水也라 決諸東方則東流하고 決
諸西方則西流하나니 人性之無分於善不善也는 猶
水之無分於東西也니라

（고자왈 성, 유단수야. 결저동방즉동류, 결저서방즉서류. 인성지
무분어선불선야, 유수지무분어동서야）

[국역] 고자가 말하였다. "사람의 본성은 여울물과 같은지라.
그것을 동쪽으로 결정하면 동쪽으로 흐르고, 그것을 서쪽
으로 결정하면 서쪽으로 흐르니, 인성도 선과 불선으로부
터 구분이 없는 것은, 물이 동서로부터 구분이 없는 것과
같습니다."4)

---

4) 湍, 波流瀠回之貌也.(단은 물결이 맴도는 모양이다.) 告子因前說

(자의) ㅇ湍-여울물 단. ㅇ諸-(=之於). ㅇ於-~에서, ~부터.

(2-2) 孟子曰 水信無分於東西어니와 無分於上下乎아 人性之善也 猶水之就下也니 人無有不善하며 水無有不下니라

(맹자왈 수신무분어동서, 무분어상하호 인성지선야 유수지취하야, 인무유불선, 수무유불하)

(국역) 맹자가 말씀하였다. "물은 진실로 동서로부터 구분이 없거니와, 상하로부터 구분도 없는가? 인성이 선함은 물이 아래로 나아가는 것과 같으니, 사람은 착하지 않음이 없으며, 물은 아래로 흐르지 않음이 없느니라."5)

(자의) ㅇ信-진실로, 정녕. ㅇ無有-없다.

(2-3) 今夫水를 搏而躍之면 可使過顙이며 激而行之면 可使在山이어니와 是豈水之性哉리오 其勢則然也니 人之可使爲不善이 其性이 亦猶是也니라

(금부수, 박이약지, 가사과상, 격이행지, 가사재산, 시기수지성재. 기세즉연야. 인지가사위불선, 기성, 역유시야)

而小變之, 近於揚子善惡混之說.(고자가 앞의 말로부터 그것을 약간 변경하였으니, 양자의 선·악이 혼합되어 있다는 설로부터 근사하다.)

5) 言水誠不分東西矣, 然, 豈不分上下乎. 性卽天理, 未有不善者也. (물은 진실로 동·서에 분별이 없거니와, 그러나 어찌 상·하에 분별이 없겠는가?라고 말한 것이다. 성은 바로 천리이니, 불선함이 없다.)

(국역) "그런데 지금 대저 물을 쳐서 그것을 튀게 하면, 사람의 이마 높이를 지나게 할 수 있으며, 세차게 그것을 밀어 보내면, 산 위에 있게 할 수도 있지만, 이것이 어찌 물의 본성이겠는가? 그 형세가 곧 그런 것이다. 사람이 불선을 하게 할 수 있는 것은, 그 본성이 역시 이와 같은 것이다."6)

(자의) ○搏—칠 박. ○躍—뛸 약. ○顙—이마 상. ○激—격할 격.

(해설) 고자는 인성을 본래 선한 것도 없고, 선하지 않은 것도 없다고 한다. 여울물로써 예를 들었다. 여울물은, 처음에는 방향을 정하지 못하고 한 군데서 빙빙 돌고 있다가 사람이 동쪽을 트면 동쪽으로, 서쪽을 트면 서쪽으로 흐른다. 인성도 후천적인 사유로 선해지기도 하고, 악해지기도 한다는 것이다. 맹자는 물은 아래로 흐르는 것이 본성이라고 본다. 여울물이라도 아래로 흐르고자 함이 본성이다. 동쪽이나 서쪽으로 흐르는 것은 가공에 따른 모습일 뿐이다.

───────────────

6) 搏, 擊也.(박은 침이다.) 躍, 跳也.(약은 뜀이다.) 顙, 額也.(상은 이마이다.) 水之過額在山, 皆不就下也.(물이 이마 높이를 지나 산에 있음은, 모두 아래로 내려가지 않은 것이다.) 然, 其本性, 未嘗不就下, 但爲搏激所使而逆其性耳.(그러나 그 본성은, 아직 일찍이 아래로 나아가지 않으려는 것은 아닌데, 단지, 시키는 바 후려치게 되어 그 본성을 거슬렸을 뿐이다.) 此章, 言性本善, 故, 順之而無不善, 本無惡, 故, 反之而後, 爲惡, 非本無定體, 而可以無所不爲也.(이 장은 본성의 근본이 선하니, 그러므로 그에 순응하면 불선함이 없고, 본래 악함이 없으니, 그러므로 그에 반대로 한 후에야 악하게 되니, 본래 정해진 체가 없어서, 하지 못하는 바가 없다고 할 수 있음을 말한 것이다.)

인성은 선하지 않은 것이 없다. 사람이 현재 선하지 않게
된 것은 여러 가지 외적 영향 탓이지 본래는 어디까지나
선한 것이라는 주장이다.

제3장 생긴 대로가 본성이다(生之謂性章 第三)

(3-1) **告子曰 生之謂性**이니라

　　(고자왈 생지위성)

국역 고자가 말하였다. "생긴 대로를 본성이라고 합니다."7)

(3-2) **孟子曰 生之謂性也**는 **猶白之謂白與**아 **曰 然**하다
白羽之白也가 **猶白雪之白**이며 **白雪之白**이 **猶白玉
之白與**아 **曰 然**하다

　　(맹자왈 생지위성야, 유백지위백여. 왈 연. 백우지백야, 유백설지
　　백, 백설지백, 유백옥지백여. 왈 연)

국역 맹자가 말씀하였다. "생긴 대로를 본성이라 한다면, 그
것은 하얀 것을 희다고 하는 것과 같은가?" "그렇습니다."
"흰 깃털의 흰 것은 흰 눈의 흰 것과 같으며, 흰 눈의 흰
것은 흰 옥의 흰 것과 같은가?" "그렇습니다."8)

---

7) 生, 指人物之所以知覺運動者而言.(생은 인물이 지각하고, 운동하
　는 까닭을 가리켜 말한 것이다.) 告子論性, 前後四章, 語雖不同,
　然, 其大指, 不外乎此.(고자가 성을 논한 앞뒤의 4장이, 말은 비
　록 같지 않으나, 그러나 그 큰 요지는 이것에서 벗어나지 않는
　다.) 與近世佛氏所謂作用是性者, 略相似(근세에 불가의 이른바
　'작용하는 것이 성이다.'고 한 것과 더불어 대략 서로 유사하다.)

(자의) ㅇ羽-깃 우. ㅇ雪-눈 설.

(3-3) 然則犬之性이 猶牛之性이며 牛之性이 猶人之性
與아

(연즉견지성, 유우지성, 우지성, 유인지성여)

(국역) "그렇다면 개의 본성은 소의 본성과 같으며, 소의 본성
이 사람의 본성과 같은 것인가?"9)

---

8) 白之謂白, 猶言凡物之白者, 同謂之白, 更無差別也.('백지위백'은
모든 물건의 백색을 똑같이 백색이라 이르고, 다시 차별이 없다는
말과 같다.) 白羽以下, 孟子再問而告子曰然, 則是謂凡有生者, 同
是一性矣.(백우 이하는, 맹자가 다시 물음에 고자가 그렇다고 하
였으니, 그렇다면 이는 무릇 생을 가지고 있는 것은, 똑같이 바로
하나의 성이라고 말한 것이다.)

9) 孟子又言若果如此, 則犬牛與人, 皆有知覺, 皆能運動, 其性, 皆無
以異矣, 於是, 告子自知其說之非, 而不能對也.(맹자는 또 만일
과연 이와 같다면, 개와 소와 더불어 사람이, 모두 지각이 있으며,
모두 운동할 수 있으니, 그 성이 모두 다를 수 없다고 말하였다.
이어서 고자는 스스로 그의 설명이 틀렸음을 알고, 대답하지 못한
것이다.) 愚按 : 性者, 人之所得於天之理也, 生者, 人之所得於天
之氣也. 性, 形而上者也, 氣, 形而下者也. 人物之生, 莫不有是性,
亦莫不有是氣.(내가 생각건대, 본성은, 사람이 하늘에서 얻은 바
의 이(理)요, 생은, 사람이 하늘에서 얻은 바의 기(氣)이니, 성은
형이상이요, 기는 형이하이다. 인물이 태어날 때에 이 성을 가지
지 않는 자가 없으며, 역시 이 기를 가지지 않는 자가 없다.)
然, 以氣言之, 則知覺運動, 人與物, 若不異也, 以理言之, 則仁義
禮智之禀, 豈物之所得而全哉.(그러나 기로써 그것을 말하면, 지
각·운동은 사람과 물건이 다르지 않은 듯한데, 이로써 그것을 말
하면, 인의예지의 본성을 받음이, 어찌 물건이 받은 것이 완전할

해설 맹자의 마지막 물음에 고자는 아무런 대답을 하지 못했다. 고자는 성(性)과 기(氣)를 혼동하여 일률적으로 보고 있다. 생긴 그대로 사람이나 그 밖의 생물이 같다고만 알았을 뿐이다. 그런데 맹자는 성과 기를 구분하여, 기만으로 논한다면 생긴 그대로 사람이나 그 밖의 생물이 다를 바가 없다. 그러나 사람 이외의 생물의 성(性) 속에 인의예지(仁義禮智)와 같은 지혜가 있다고 하겠는가? 사람이 도덕을 행하고 만물의 영장이 될 수 있는 것은 인의예지의 성을 부여받았기 때문이다.

제4장 식과 색이 본성이다(食色性也章 第四)

(4-1) 告子曰 食色이 性也니 仁은 內也라 非外也요 義는

수 있겠는가?) 此, 人之性, 所以無不善, 而爲萬物之靈也.(이것은 사람의 본성이, 불선함이 없기 때문에 만물의 영장이 된다.) 告子不知性之爲理, 而以所謂氣者, 當之, 是以, 杞柳湍水之喩, 食色無善無不善之說, 縱橫繆戾, 紛紜舛錯, 而此章之誤, 乃其本根.(고자는 성이라는 것을 알지 못하고, 소위 기로써, 그것에 해당시켰다. 이 때문에 기류·단수의 비유와 식색이니 선도 없고, 불선도 없다는 등의 설명이, 종횡으로 사리에 어긋나고, 착오가 분분하였는데, 이 장의 오류가 바로 근본적 뿌리이다.) 所以然者, 蓋徒知知覺運動之蠢然者, 人與物同, 而不知仁義禮智之粹然者, 人與物異也.(그렇게 된 이유는 대개 한갓 지각·운동의 움직이는 것은, 사람과 동물이 같은 줄만 알고, 인의예지의 순순한 것은 사람과 동물이 다르다는 것을 알지 못했기 때문이다.) 孟子以是折之, 其義精矣.(맹자는 이것으로써 그것을 꺾었으니, 그 뜻이 정밀하다.)

外也라 非内也니라

(고자왈 식색, 성야. 인, 내야, 비외야. 의, 외야, 비내야)

国역 고자가 말하였다. "밥을 달게 먹고 여색을 좋아하는 것
이 본성이니, 인(仁)은 사람의 마음 안에 있는 것이고 마
음 밖에 있는 것이 아니며, 의(義)는 마음 밖에 있는 것이
고 마음 안에 있는 것이 아닙니다."10)

(4-2) 孟子曰 何以謂仁内義外也오 曰 彼長而我長之요
非有長於我也니 猶彼白而我白之라 從其白於外也
라 故로 謂之外也라하노라

(맹자왈 하이위인내의외야. 왈 피장이아장지, 비유장어아야, 유피
백이아백지, 종기백어외야. 고, 위지외야)

国역 맹자가 말씀하였다. "어째서 인은 안에 있는 것이고,
의는 밖에 있는 것이라고 하는가?" "저이가 어른이니 내
가 그를 어른으로 여기는 것이지, 나에게 어른으로 섬길
마음이 있어서가 아닙니다. 저것이 희니까 내가 그것을 희
다고 여기는 것은, 밖에 나타난 그 흰색을 따라 그렇게 여
기는 것과 같습니다. 그러므로 그것을 밖에 있다고 합니

---

10) 告子以人之知覺運動者爲性, 故, 言人之甘食悅色者卽其性.(고자
는 사람의 지각·운동을 성이라고 여겼다. 그러므로 사람이 음식
을 좋아하고, 여색을 좋아하는 것이 바로 성이다.) 故, 仁愛之心,
生於内, 而事物之宜, 由乎外. 學者但當用力於仁, 而不必求合於
義也.(그러므로 인애의 마음은 내면에서 생기고, 사물의 마땅함
은 외면에서 유래하니, 학자는 다만, 인에 힘쓸 것이요, 의에 합
하기를 구할 필요는 없다고 한 것이다.)

다."11)

자의 ○何以-어째서, 왜. ○彼-저 피. ○長-어른 장.

(4-3) 曰(異於)白馬之白也는 無以異於白人之白也어니와
不識케라 長馬之長也이 無以異於長人之長與아 且
謂長者義乎아 長之者義乎아

(왈(이어)백마지백야, 무이이어백인지백야, 불식. 장마지장야, 무
이이어장인지장여. 차위장자의호. 장지자의호)

국역 "말의 백색을 희다고 하는 것은, 사람의 백색을 흰 것
으로부터 다를 것이 없거니와, 알지 못하겠으나, 말의 늙
은 것을 늙은 것으로 여기는 것이 사람의 어른을 어른으
로부터 다를 것이 없겠는가? 또 어른이 의방(義方)인가?
그를 어른으로 높임이 의방인가?"12)

---

11) 我長之, 我以彼爲長也, 我白之, 我以彼爲白也.('아장지'는 내가
   저를 어른이라고 여기는 것이요, '아백지'는 내가 저를 희다고 여
   기는 것이다.)

12) 張氏曰 : 上異於二字, 宜衍.(장씨가 말하였다. 위의 '이어' 두 글
   자는 마땅히 연문이다.) 李氏曰 : 或有闕文焉.(이씨가 말하였다.
   혹 궐문이 있는 듯하다고 하였다.) 愚按 : 白馬, 白人, 所謂彼白
   而我白之也, 長馬, 長人, 所謂彼長而我長之也.(내가 생각건대,
   백마, 백인이라 함은, 소위 저들이 희다고 하니, 내가 그것을 희
   다고 하는 것이요, 장마, 장인은 소위 저들이 어른이라고 하니,
   내가 그들을 어른이라고 여긴다는 것이다.) 白馬, 白人, 不異.
   而長馬, 長人, 不同, 是乃所謂義也. 義不在彼之長, 而在我長之
   之心, 則義之非外, 明矣.(백마, 백인은 다르지 않다. 그러나 장
   마, 장인은 같지 않다. 이것은 바로 소위 의라는 것이다. 의는

(자의) ○無以–~할 수가 없다. ○於–~부터. ○義–정의에 합치하는 일.

(4-4) 曰 吾弟則愛之하고 秦人之弟則不愛也하나니 是는 以我爲悅者也라 故로 謂之内요 長楚人之長하며 亦 長吾之長하나니 是는 以長爲悅者也라 故로 謂之外 也라하노라

(왈 오제즉애지, 진인지제즉불애야, 시, 이아위열자야. 고, 위지 내. 장초인지장, 역장오지장, 시, 이장위열자야. 고, 위지외야)

(국역) "내 아우이면 사랑하고, 진나라 사람의 아우이면 사랑하지 않으니, 이것은 내가 기뻐하게 되는 것으로써 표준 삼은 것이라. 그러므로 그것을 안에 있는 것이라 하고, 초나라 사람의 어른을 어른으로 여기며, 역시 나의 집 어른을 어른으로 여기니, 이것은 어른이 기뻐하게 되는 것으로써 표준 삼은 것이라. 그러므로 그것을 밖에 있다고 합니다."13)

(자의) ○秦–나라 진. ○以–~으로써. ○悅–기뻐할 열. ○楚–나라 초.

(4-5) 曰 耆秦人之炙가 無以異於耆吾炙하니 夫物則 亦

저의 어른됨에 있지 않고, 내가 그를 어른으로 존경하는 마음에 있으니, 그렇다면 의는 밖에 있음이 명백하다.)

13) 言愛主於我, 故, 仁在內,(사랑은 나에게 위주니, 그러므로 인이 내면에 있고,) 敬主於長, 故, 義在外.(경은 어른에게 위주니, 그 러므로 의는 외면에 있다.)

有然者也니 然則耆炙亦有外與아

(왈 기진인자자, 무이이어기오자. 부물즉 역유연자야, 연즉기자역
유외여)

(국역) "진나라 사람이 불고기를 좋아하는 것이, 내가 불고기
를 좋아하는 것으로부터 다를 것이 없다. 대저 사물이면
역시 그럴 수 있다. 그렇다면 불고기를 좋아하는 것도 역
시 밖에 있다 하겠는가?"14)

(자의) ㅇ耆―즐길 기. ㅇ炙―구울 자(적), 불고기 자. ㅇ無以―~할
수가 없다, ~할 도리가 없다.

(해설) 맹자는 고자의 인내의외설(仁內義外說)을 반대한다.
즉 고자는 인간의 본질이 식욕 등에서 보듯이 인간의 외
면에 있다고 본다. 그러나 맹자는 의도 공경하는 마음에서
생기는 것이므로 인과 마찬가지로 인간의 내면에 있다고

---

14) 言長之, 耆之, 皆出於心也.('장지'와 '기지'는 모두 마음에서 나옴
을 말한 것이다.) 林氏曰 : 告子以食色爲性, 故, 因其所明者而通
之.(임씨가 말하였다. 고자는 식색을 성이라 여겼다. 그러므로 그
가 밝게 알고 있는 것으로부터 그것을 통한 것이다.) 自篇首, 至
此四章, 告子之辯, 屢屈而屢變其說, 以求勝.(수편으로부터 이 4
장에 이르기까지 고자의 변론이, 그 설명을 여러번 굽히고, 여러
번 변경하여, 그리고 이기기를 구하였다.) 卒不聞其能自反而有
所疑也. 此正其所謂不得於言勿求於心者, 所以卒於鹵莽而不得其
正也.(결국 그가 능히 스스로 돌이켜 의심하는 바가 있다는 말
을 듣지 못했으니, 이것이 바로 그의 소위 '말에서 얻지 못하거
든, 마음에서 구하지 말라.'는 것이다. 그러니까 경솔하게 마쳐서
그 올바름을 얻을 수 없었다.)

본다. 고자는 맹자가 인간의 본질로 제시한 인의(仁義) 중
에서 인(仁)이 인간의 내면에 존재함은 인정하나, 의(義)
는 인간의 외면에 있다는 것이다. 그런데 인은 인자한 마
음이고, 의는 인을 실현하는 현실적 행동원리이며, 이 의
가 행동규범으로 구체화된 것이 예이다. 따라서 인은 마음
속에 존재하는 내면적인 것이고, 예는 객관적으로 존재하
는 외면적인 것인데, 의는 외면에 나타나는 내면적인 것이
다. 결국 인을 강조하면 의는 내면적인 것이고, 예를 강조
하면 의는 외면적인 것이 된다.

제5장 먼저 향인에게 술을 따른다
(先酌鄉人章 第五)

(5-1) **孟季子問公都子曰 何以謂義內也**오
　　　(맹계자문공도자왈 하이위의내야)

국역 맹계자가 공도자에게 물었다. "무엇으로 의(義)가 안에
있다고 합니까?"15)

자의 ㅇ何以 - 왜, 어째서, 무엇으로.

(5-2) **曰 行吾敬 故**로 **謂之內也**니라
　　　(왈 행오경 고, 위지내야)

---

15) 孟季子, 疑孟仲子之弟也.(맹계자는 맹중자의 아우인 듯하다.) 蓋
　聞孟子之言而未達, 故, 私論之.(대개 맹자의 말을 듣고 통달하
　지 못하여, 그러므로 사사로이 논한 것이다.)

(국역) "나의 마음에 공경심이 생길 때에 행하므로 그것이 안에 있다고 하는 것이니라."16)

(5-3) 鄕人이 長於伯兄一歲면 則誰敬고 曰 敬兄이니라 酌則誰先고 曰 先酌鄕人이니라 所敬은 在此하고 所長은 在彼하니 果在外라 非由內也로라

(향인, 장어백형일세, 즉수경, 왈 경형. 작즉수선. 왈 선작향인. 소경, 재차, 소장, 재피, 과재외, 비유내야)

(국역) "향인이 백형보다 나이가 한 살 더 많으면, 누구를 공경해야 하는가?" "백형을 공경해야 합니다." "술을 따를 때에는 누구에게 먼저 따르는가?" "향인에게 먼저 따릅니다. 공경하는 것은 이쪽에 있고, 어른으로 높이는 것은 저쪽에 있으니, 의(義)는 과연 밖에 있지, 안으로부터 나오는 것이 아닙니다."17)

(자의) ○鄕人-고을 사람들. ○長-많다, 연상이다. ○伯-맏 백. ○誰-누구 수. ○酌-술따를 작. ○由-~에서, ~부터.

---

16) 所敬之人, 雖在外, 然, 知其當敬而行吾心之敬以敬之, 則不在外也.(공경하는 바의 그 대상인 사람은, 비록 외면에 있으나, 그러나 그가 당연히 공경해야 함을 알아서, 내 마음의 공경심을 행하여서 그를 공경하니, 그렇다면 외면에 있는 것이 아니다.)

17) 伯, 長也.(백은 어른이다.) 酌, 酌酒也.(작은 술을 따르는 것이다.) 此皆季子問, 公都子答, 而季子又言, 如此, 則敬長之心, 果不由中出也.(이것은 모두 계자의 질문에 공도자가 답한 것인데, 계자가 또 말하기를 이와 같다면, 어른으로 공경하는 마음은 과연 중심으로부터 나오는 것이 아니다라고 한 것이다.)

(5-4) **公都子不能答**하여 **以告孟子**한대 **孟子曰 敬叔父乎**
아 **敬弟乎**아하면 **彼將曰 敬叔父**하리라 **曰 弟爲尸則**
誰敬고하면 **彼將曰敬弟**라하리라 **子曰惡在其敬叔父**
也오하면 **彼將曰在位故也**라하리니 **子亦曰在位故也**
라 **庸敬**은 **在兄**하고 **斯須之敬**은 **在鄕人**하니라

（공도자불능답, 이고맹자, 맹자왈 경숙부호. 경제호. 피장왈 경숙
부. 왈 제위시즉수경, 피장왈경제. 자왈오재기경숙부야, 피장왈재
위고야, 자역왈재위고야. 용경, 재형, 사수지경, 재향인）

국역 공도자가 능히 대답을 하지 못하여, 맹자께 고함으로
써, 맹자가 말씀하였다. " '숙부를 공경하는가? 아우를 공
경하는가?'하고 묻는다면, '그는 곧 숙부를 공경한다'고 말
할 것이다. '아우가 시동이 되었다면 누구를 공경하겠는
가?'하고 묻는다면, '그는 곧 아우를 공경한다'고 말할 것
이다. 그대가 '도대체 숙부를 공경하던 것은 어떻게 되었
는가?'하고 묻는다면, 그는 곧 아우가 '시동의 지위에 있기
때문이라.'고 말할 것이니, 그대 역시 향인이 '빈객의 지위
에 있기 때문이라.'고 말하라. 평소에 공경심은 형에게 있
고, 이에 잠깐의 공경심은 향인에게 있다고 할 것이니
라."18)

---

18) 尸, 祭祀所主以象神, 雖子弟爲之, 然, 敬之, 當如祖考也.(시는
제사지낼 때에 신주로 삼아서, 신을 상징하는 것이니, 비록 아들
과 아우가 시동이 되더라도, 그러나 그를 공경하기를 당연히 조
고와 같이 해야 한다.) 在位, 弟在尸位, 鄕人在賓客之位也.(재위
는 아우가 시동의 자리에 있고, 향인이 빈객의 자리에 있는 것

자의 ｏ尸-시동 시. ｏ誰-누구 수. ｏ惡-어찌, 어떻게. ｏ其-도대
체. ｏ故-연고 고. 이유, 까닭. ｏ庸-범상할 용. 평소. ｏ斯-이에,
곧, 그래서. ｏ須-잠깐 수.

(5-5) 季子聞之하고 曰 敬叔父則敬하고 敬弟則敬하니 果
在外라 非由内也로다 公都子曰 冬日則飮湯하고 夏
日則飮水하나니 然則飮食도 亦在外也로다
　　(계자문지, 왈 경숙부즉경, 경제즉경, 과재외, 비유내야, 공도자왈
　　동일즉음탕, 하일즉음수, 연즉음식, 역재외야)

국역 계자가 이 말을 듣고, "숙부를 공경할 경우라면 공경하
고, 아우를 공경할 경우라면 공경하는 것이니, 과연 마음
밖에 있는 것이지, 안에 있는 것이 아니다." 하였다. 공도
자가 말하였다. "겨울에는 끓인 물을 마시고, 여름에는 냉
수를 마시니, 그렇다면 먹고 마시는 것도, 역시 마음 밖에
있다는 것인가?"19)

자의 ｏ飮-마실 음. ｏ湯-끓인 물 탕.

이다.) 庸, 常也.(용은 평상이요,) 斯須, 暫時也.(사수는 잠시이
다.) 言因時制宜, 皆由中出也.(때에 따라 마땅하게 제한함이 모
두 중심으로부터 나옴을 말한 것이다.)

19) 此亦上章耆炙之義.(이것 역시 윗 장의 불고기를 좋아한다는 뜻
이다.) 范氏曰 : 二章問答, 大指略同, 皆反覆譬喩, 以曉當世, 使
明仁義之在內, 則知人之性善, 而皆可以爲堯舜矣.(범씨가 말하였
다. 두 장의 문답은, 대지가 대략 같으니, 모두 반복하여 비유하
여, 당세를 깨우침으로써, 인의가 내면에 있음을 알게 한 것이고,
사람의 본성은 선하여, 모두 요순이 될 수 있음을 알 것이다.)

해설 의(義)는 마음속의 공경심을 밖으로 표현하는 것이니, 마음에서 나오는 것이라고 해야 할 것이다. 따라서 형과 연장자가 함께 있을 때에 술을 따르는 일은, 평상시는 형에게 술을 따르는 것이 의이고, 지금처럼 특수한 경우에는 연장자에게 술을 따르는 것이 의이다. 형도 그를 공경해야 할 입장이기 때문이다. 숙부와 아우에 있어서도 평소에는 숙부를 존경해야 하지만 아우가 시동(尸童)이 된 때는 아우를 더 공경해야 한다. 숙부도 아우를 공경해야 할 입장이기 때문이다. 수시처중의 모습이다. 원문에서 맹자는 관념적 입장에서 인성은 선한 것이며, 선으로서의 인의예지에 근거하여 형성된 것이 도덕이라고 본다. 그러나 고자는 경험론적 입장에서 인간의 도덕심은 후천적인 것이며, 작위적인 도덕규범에 의해 이루어진 것이라고 본다.

제 6장 자기의 성정에 따르면 착하게 된다
(乃若其情 第六)

(6-1) **公都子曰 告子曰 性은 無善無不善也**라하고
　　　(공도자왈 고자왈 성, 무선무불선야)

국역 공도자가 말하였다. "고자는 '성은 선한 것도 없고, 선하지 않은 것도 없다.'고 하였고,[20]

---

20) 此亦 生之謂性, 食色性也之意. 近世蘇氏, 胡氏之說, 蓋如此(이것 역시 태어날 때의 본성을 성이라 하고, 식성·색성의 뜻이다.

(6-2) 或曰 性은 可以爲善이며 可以爲不善이니 是故로 文
武興하면 則民好善하고 幽厲興하면 則民好暴라하고
(혹왈 성, 가이위선, 가이위불선, 시고, 문무흥, 즉민호선, 유려흥,
즉민호포)

국역 어떤 이가 말하기를 '성품은 선하게 될 수도 있고, 선
하지 않게 될 수도 있다. 그러므로 문왕과 무왕이 일어났
을 때는 백성들이 선을 좋아하고, 유왕과 여왕이 일어났을
때는 백성들이 포악한 것을 좋아하였다.'고 하였고,21)

자의 ㅇ可以-~할 수 있다. ㅇ是故-그러므로. ㅇ幽-깊을 유.
ㅇ厲-엄할 려. ㅇ暴-사나울 포

(6-3) 或曰 有性善하며 有性不善하니 是故로 以堯爲君而
有象하며 以瞽瞍爲父而有舜하며 以紂爲兄之子요
且以爲君이로되 而有微子啓, 王子比干이라하나니
(혹왈 유성선, 유성불선, 시고, 이요위군이유상, 이고수위부이유
순, 이주위형지자, 차이위군, 이유미자계, 왕자비간)

국역 어떤 이가 말하기를 '성품이 선한 이도 있고, 성품이
불선한 이도 있다. 그러므로 요로써는 임금을 삼았으나 착
하지 못한 상(象)이 있고, 고수로써 아버지를 삼았으나 착
한 순이 있었으며, 주(紂)로써 형의 아들로 삼고 또 임금
으로 여겼으되, 미자 계와 왕자 비간같이 어진 이도 있었
다.'고 하나니,22)

근세에 소씨, 호씨의 설이 대개 이와 같다.)
21) 此, 卽湍水之說也.(이것은 바로 여울물과 같다는 말이다.)

(자의) ○象-코끼리 상. 요의 아들. ○瞽瞍-순의 아버지. ○紂-모질
주. ○以爲-여기다. ○微子-주왕(紂王)의 서형(庶兄). ○啓-열
계. ○比干-주왕의 숙부.

(6-4) **今日 性善**이라하시니 **然則彼皆非與**잇가

　　(금왈 성선, 연즉피개비여)

(국역) 그런데 오늘날, 성품이 선한 것이라 하시니, 그렇다면
저들이 말한 일들은 모두 잘못된 것입니까?"

(자의)　○彼-저 피. ○與-의문사.

(6-5) **孟子曰 乃若其情**이면 **則可以爲善矣**니 **乃所謂善也**
　　니라

　　(맹자왈 내약기정, 즉가이위선의, 내소위선야)

(국역) 맹자가 말씀하였다. "단지 그 정과 같은 것이면, 선하
게 될 수 있으니, 단지 이른바 선하다고 하는 것이다."23)

(6-6) **若夫爲不善**은 **非才之罪也**니라

---

22) 韓子性有三品之說, 蓋如此(한유(韓愈)가 '성품에 상중하의 3품
이 있다.'고 말하는 것이, 대개 이와 같다.) 按此文, 則微子, 比
干, 皆紂之叔父, 而書稱微子爲商王元子, 疑此或有誤字.(생각건
대 이 글은 곧 미자, 비간이 모두 주왕의 숙부인데 '서경' '미자
편'에는 '미자는 상왕의 원자가 된다.'고 칭했으니, 여기에 혹시
오자가 있는지 의심된다.)

23) 乃若, 發語辭.(내약은 발어사이다.) 情者, 性之動也.(정은 본성이
발동한 것이다.) 人之情, 本但可以爲善, 而不可以爲惡, 則性之
本善, 可之矣.(사람의 정이, 본래 다만, 선할 수 있고, 악할 수는
없다. 그렇다면 본성이 본래 선함을 알 수 있는 것이다.)

(약부위불선, 비재지죄야)

(국역) "대저 불선을 하는 것과 같은 것은, 타고난 재질의 죄가 아니다."24)

(6-7) 惻隱之心을 人皆有之하며 羞惡之心을 人皆有之하며 恭敬之心을 人皆有之하며 是非之心을 人皆有之하니 惻隱之心은 仁也요 羞惡之心은 義也요 恭敬之心은 禮也요 是非之心은 智也니 仁義禮智는 非由外鑠我也라 我固有之也언마는 弗思耳矣라 故로 曰 求則得之하고 舍則失之라하니 或相倍蓰而無算者는 不能盡其才者也니라

(측은지심, 인개유지, 수오지심, 인개유지, 공경지심, 인개유지, 시비지심, 인개유지. 측은지심, 인야. 수오지심, 의야. 공경지심, 예야. 시비지심, 지야. 인의례지, 비유외삭아야. 아고유지야, 불사이의. 고, 왈 구즉득지, 사즉실지, 혹상배사이무산자, 불능진기재자야)

(국역) "측은지심을 사람마다 다 가지고 있으며, 수오지심을 사람마다 다 가지고 있으며, 공경지심을 사람마다 다 가지고 있으며, 시비지심을 사람마다 다 가지고 있다. 측은지

---

24) 才, 猶材質, 人之能也.(재는 재질과 같으니, 사람의 능력이다.) 人有是性, 則有是才, 性旣善, 則才亦善.(사람이 이 본성을 가지고 있으면, 이 재질을 가지고 있으니, 성이 이미 선하면, 재질 역시 선한 것이다.) 人之爲不善, 乃物欲陷溺而然, 非其才之罪也.(사람이 불선함은, 바로 물욕에 빠져서 그런 것이니, 그의 재질의 죄가 아니다.)

심은 인이요, 수오지심은 의요, 공경지심은 예요, 시비지심
은 지이다. 인의예지는 밖으로부터 나에게 녹아서 들어오
는 것이 아니라, 내가 본래 가지고 있는 것이지만, 생각을
못할 뿐이다. 그러므로 '구하면 그것을 얻고, 버리면 잃는
다.'고 하는 것이니, 혹 득실의 상호 차이가 배가 되기도
하고, 다섯배가 되기도 하여, 헤아릴 수 없게 되는 것은,
그 재능을 다하지 못했기 때문이다."25)

(자의) ㅇ惻－슬퍼할 측. ㅇ隱－숨을 은. ㅇ惻隱－불쌍히 여기다.
ㅇ羞－부끄러워할 수. ㅇ惡－미워할 오. ㅇ羞惡－나쁜 점을 부끄
럽게 여기다. ㅇ是非－잘잘못을 구별하다. ㅇ鑠－녹일 삭. ㅇ舍－
버릴 사(＝捨). ㅇ倍－두어 배. ㅇ蓰－다섯 갑절 사.

---

25) 恭者, 敬之發於外者也,(공은 경이 외모에 드러난 것이요,) 敬者,
   恭之主於中者也.(경은 공이 중심에서 주장하는 것이다.) 鑠, 以
   火銷金之名, 自外以至內也.(삭은 불로써 쇠를 녹이는 것을 부르
   는 것이니, 밖으로부터 안에 이르는 것이다.) 算, 數也.(산은 셈
   이다.) 言四者之心, 人所固有, 但人自不思而求之耳.(네 가지의
   마음은, 사람에게 고유한 것인데, 다만, 사람이 스스로 생각하여
   그것을 구하지 않을 뿐이다.) 所以善惡相去之遠, 由不思不求而
   不能擴充以盡其才也.(선악의 거리가 먼 이유는, 생각하지 않고,
   구하지 않아서 능히 확충하여 그 재질을 다하지 못하기 때문이
   다.) 前篇, 言是四者爲仁義禮智之端, 而此不言端者, 彼欲其擴而
   充之, 此直因用以著其本體.(전편에서는, 이 넷이 인의예지의 단
   서가 된다고 하였는데, 여기서는 단서를 말하지 않은 것은, 저기
   서는 그것을 확충하고자 하였고, 여기서는 단지 이 활용 때문에
   본체를 드러냈을 뿐이다.) 故, 言有不同耳.(그러므로 말에 같지
   않음이 있을 뿐이다.)

(6-8) 詩曰 天生蒸民하시니 有物有則이로다 民之秉夷라 好是懿德이라하여늘 孔子曰 爲此詩者는 其知道乎인저 故로 有物이면 必有則이니 民之秉夷也라 故로 好是懿德이라하시니라

(시왈 천생증민, 유물유칙, 민지병이, 호시의덕. 공자왈 위차시자, 기지도호. 고, 유물, 필유칙. 민지병이야. 고, 호시의덕)

국역 '시경'에, '하늘이 백성을 내시니, 사물이 있으면 반드시 법칙이 있네. 백성들이 떳떳한 마음을 잡고 있는지라, 이 아름다운 덕을 좋아하네.'라고 하였는데, 공자께서 '이 시를 지은 자는, 그 정도를 아는도다.'라고 하셨다. 그러므로 사물이 있으면, 반드시 법칙이 있는 것이다. 백성들이 떳떳한 마음을 잡고 있기 때문에, 그러므로 이 아름다운 덕을 좋아하는 것이다.[26]

---

26) 詩, 大雅烝民之篇.(시는 '시경' '대아'편 '증민'장이다.) 蒸, 詩作烝, 衆也.(증(蒸)은 '시경'에 증(烝)으로 되어 있는데 많은 것이다.) 物, 事也.(물은 사물이다.) 則, 法也.(칙은 법이다.) 夷, 詩作彝, 常也.(이는 '시경'에 이(彝)로 되어 있으니, 불변의 법칙이다.) 懿, 美也.(의는 아름다움이다.) 有物必有法, 如有耳目, 則有聰明之德, 有父子, 則有慈孝之心, 是民所秉執之常性也, 故, 人之情, 無不好此懿德者.(사물이 있으면 반드시 법이 있으니, 마치 귀와 눈이 있으면 총명한 덕이 있고, 부자가 있으면 자애의 마음과 효도하는 마음이 있는 것과 같으니, 이것은 사람들이 잡고 있는 불변의 본성이다. 그러므로 사람의 정이 이 아름다운 덕을 좋아하지 않는 자가 없는 것이다.) 以此觀之, 則人性之善, 可見, 而公都子所問之三說, 皆不辯而自明矣.(이것으로써 관찰한다면, 인성의 선함을 볼 수 있으니, 공도자가 물은 세가지 말은, 모두

변론하지 않아도 자명한 것이다.) 程子曰 : 性卽理也, 理則堯舜
至於塗人, 一也.(정자가 말하였다. 성은 바로 이(理)이니, 이는
요순으로부터 길가는 사람에 이르기까지 똑같은 것이요.) 才禀於
氣, 氣有淸濁, 禀其淸者爲賢, 禀其濁者爲愚.(재질은 기에서 받
은 것이니, 기는 청탁이 있고, 그 청함을 받은 자는 현명한 자가
되고, 그 탁함을 받은 자는 어리석은 자로 된다.) 學而知之, 則
氣無淸濁, 皆可至於善而復性之本, 湯武身之是也.(배워서 그것을
알면, 기에는 청탁에 관계없이 모두 선에 이르러, 성의 근본을
회복할 수 있으니, 탕·무가 몸소 이루었다는 것이 이것이다.)
孔子所言下愚不移者, 則自暴自棄之人也.(공자가 말한 '하우불이'
는 자포자기하는 사람이다.) 又曰 : 論性不論氣, 不備, 論氣不論
性, 不明, 二之則不是.(또 말하였다. 성은 논하되 기는 논하지
않는다면, 구비되지 못하고, 기는 논하되 성을 논하지 않는다면,
밝지 못하며, 이것을 둘로 나누면 옳지 못하다.) 張子曰 : 形而
後, 有氣質之性, 善反之, 則天地之性, 存焉.(장자가 말하였다.
형체가 있은 후에 기질의 본성이 있는 것이니, 그것을 잘 회복
하면, 천지의 본성이 그대로 보존된다.) 故, 氣質之性, 君子有弗
性者焉.(그러므로 기질의 본성은, 군자가 본성으로 여기지 않는
것이다.) 愚按 : 程子此說才字, 與孟子本文, 小異. 蓋孟子, 專指
其發於性者言之, 故, 以爲才無不善.(내가 생각건대, 정자가 여기
서 말한 재자(才字)는 맹자의 본문과 조금 다르다. 아마 맹자는
오로지 그 성에서 발현한 것을 가리켜 말하였다. 그러므로 재질
은 불선함이 없다고 여겼다.) 程子, 兼指其禀於氣者言之, 則人
之才, 固有昏明强弱之不同矣, 張子所謂氣質之性, 是也.(정자는
아울러 기에서 받은 것을 가리켜 그것을 말하였으니, 곧 사람의
재질은 진실로 혼명과 강약이 같지 않음이 있으니, 장자의 소위
기질의 성이라는 것이 이것이다.) 二說, 雖殊, 各有所當.(두 설
이 비록 다르나, 각기 해당되는 바가 있다.) 然, 以事理考之, 程
子爲密. 蓋氣質所禀, 雖有不善, 而不害性之本善, 性雖本善, 而

(자의) ○蒸-찔 증. ○蒸民-온 백성(＝烝民). ○則-법칙 칙. ○秉-잡을 병. ○夷-떳떳할 이. ○懿-아름다울 의.

(해설) 사람의 성품에 대한 시각은 다양하다. 고자는 성(性)에 선도 악도 없다고 본다. 또 성은 환경에 따라 좌우된다고 보는 수도 있다. 문왕·무왕 같은 시대는 백성들이 감화를 받아 선량해지고, 유왕·여왕 같은 시대는 그의 학정으로 백성들이 난폭해졌다는 것이다. 또 순과 같은 어진 이에게도 상과 같은 동생이 있고, 고수 같은 완악한 아버지가 있었으며, 주왕 같은 포악한 임금 밑에서도 미자와 비간 같은 어진 이가 있었듯이, 사람은 환경을 초월하여 원래 그 성이 선한 이도 있고, 악한 이도 있다.

그런데 맹자는 성품의 착한 면을 잘 기르면 선하게 살고, 그 성품을 착하게 기르지 못하고 욕심에 빠지면 악하게 된다고 한다. 그런데 성품 그 자체는 아직 선·악이 없고, 정(情)으로 발휘되면서 선·악으로 나뉠 수 있고, 마음의 기능인 재(才)의 작용으로 말미암아 이기적으로 될 수도 있다는 것이다. 그래서 수신을 통하여 재(才)를 좋은 방향으로 이끌면 성품에 내재하는 인·의·예·지를 찾아 착한 쪽으로 나아갈 수 있는 것이다.

不可以無省察矯揉之功, 學者所當深玩也.(그러나 사리로써 그것을 상고해 보면, 정자의 말이 더욱 치밀하다. 대개 받은 바 기질에 비록 불선함이 있으나, 본성의 본래 선함을 침해하지 못하고, 본성이 비록 본래 선하나, 성찰하고 바로잡는 공이 없어서는 안 되니, 학자는 당연히 깊이 음미해야 할 것이다.)

제7장 풍년이 든 해에는 젊은이들이 대부분 게으르다(富世子弟多賴章 第七)

(7-1) 孟子曰 富歲엔 子弟多賴하고 凶歲엔 子弟多暴하나니
非天之降才爾殊也라 其所以陷溺其心者然也니라
（맹자왈 부세, 자제다뢰, 흉세, 자제다포, 비천지강재이수야, 기소
이함닉기심자연야）

[국역] 맹자가 말씀하였다. "풍년에는 청년들이 대부분 기대
고, 흉년에는 대부분 포악하니, 하늘이 재능을 그렇게 다
르게 내린 것이 아니라, 그것은 그들의 마음을 빠뜨린 까
닭에 그렇게 된 것이니라."27)

[자의] ○富歲-풍년. ○子弟-청년. ○賴-의뢰할 뢰. 기대다, 나쁘다.
○暴-사나울 포. ○降-내릴 강. ○爾-너 이, 그러할 이. ○殊-다
를 수. ○陷-빠질 함. ○溺-빠질 닉.

(7-2) 今夫麰麥을 播種而耰之하되 其地同하며 樹之時又
同하면 浡然而生하여 至於日至之時하여 皆熟矣나니
雖有不同이나 則地有肥磽하며 雨露之養과 人事之

---

27) 富歲, 豐年也.(부세는 풍년이다.) 賴, 藉也.(뢰는 의뢰함이다.) 豐
年, 衣食饒足, 故, 有所顧藉而爲善.(풍년에는 의식이 풍족하다.
그러므로 의뢰하는 바가 있어 선행을 한다.) 凶年, 衣食不足, 故,
有以陷溺其心而爲暴.(흉년에는 의식이 부족하여, 그러므로 그
마음을 빠뜨릴 수 있어 행동이 포악하게 되는 것이다.)

不齊也니라

(금부모맥, 파종이우지, 기지동, 수지시우동, 발연이생, 지어일지
지시, 개숙의, 수유부동, 즉지유비요, 우로지양, 인사지부제야)

(국역) "그런데 지금 대저 보리를 파종하여 그것을 곰방메로
덮되, 그 땅이 같고, 그것을 심는 시기가 같으면, 우쩍 자
라나서 하지(夏至) 때에 이르러 모두 익는다. 비록 수확이
같지 않은 것이 있는데, 그것은 곧 땅의 비옥하고 척박함
에 있으며 우로의 배양과 사람이 가꾸는 일이 같지 않기
때문이니라."28)

(자의) ㅇ麰－보리 모. ㅇ麥－보리 맥. ㅇ播－뿌릴 파. ㅇ耰－곰방메
우. ㅇ浡－일어날 발. ㅇ浡然－우쩍 자라나는 모습. ㅇ熟－익을 숙.
ㅇ磽－척박할 요. ㅇ雨露－비와 이슬. 혜택.

(7-3) **故**로 **凡同類者**는 **擧相似也**라 **何獨至於人而疑之**리
오 **聖人**도 **與我同類者**시니라

(고, 범동류자, 거상사야. 하독지어인이의지. 성인, 여아동류자)

(국역) "그러므로 무릇 동류인 것은 다 서로 같은 것이다. 어
찌 유독 사람에 관해서만 의심을 하겠는가? 성인도 우리
와 동류인 것이다."29)

(자의) ㅇ擧－들 거. 전부, 모두, 다. ㅇ相似－닮다. ㅇ至於－~에 관해

---

28) 麰, 大麥也.(모는 보리이다.) 耰, 覆種也.(우는 종자를 덮는 곰방
메이다.) 日至之時, 謂當成熟之期也.('일지지시'는 성숙의 시기가
당도하였음을 이른다.) 磽, 膌薄也.(요는 척박함이다.)

29) 聖人亦人耳, 其性之善, 無不同也.(성인 역시 사람일 뿐이니, 그
본성의 선함이 같지 않음이 없다.)

서는.

(7-4) 故로 龍子曰 不知足而爲屨라도 我知其不爲蕢也라
하니 屨之相似는 天下之足이 同也일새니라

(고, 용자왈 부지족이위구, 아지기불위궤야, 구지상사, 천하지족,
동야)

국역 그러므로 용자가 말하였다. '발의 크기를 알지 못하고
신을 만들더라도, 나는 그것이 삼태기가 되지 않음을 안
다.' 신의 모양이 비슷한 것은 천하 사람의 발이 동일하기
때문이니라.30)

자의 ○屨―신 구. ○蕢―삼태기 궤.

(7-5) 口之於味에 有同耆也하니 易牙는 先得我口之所耆
者也라 如使口之於味也에 其性이 與人殊가 若犬
馬之與我不同類也면 則天下何耆를 皆從易牙之於
味也리오 至於味하여도 天下期於易牙하나니 是는 天
下之口相似也일새니라

(구지어미, 유동기야. 역아, 선득아구지소기자야. 여사구지어미야,
기성, 여인수, 약견마지여아부동류야, 즉천하하기, 개종역아지어
미야. 지어미, 천하기어역아, 시, 천하지구상사야)

---

30) 蕢, 草器也.(궤는 풀로 만든 그릇이다.) 不知人足之大小而爲之
屨, 雖未必適中, 然必似足形, 不至成蕢也.(남의 발이 크고 작음
을 알지 못하고 신을 만들면, 비록 아직 반드시 적중하지는 못
하나, 그러나 반드시 발의 형태와 유사할 것이요, 삼태기를 이루
는 데는 이르지 않을 것이다.)

(국역) "입이 맛을 즐김에 있어서 똑같이 즐기는 것이 있으니, 역아는, 먼저 우리들의 입이 즐기는 것을 안 자이다. 마치 입으로 하여금 맛을 즐김에 있어서, 그의 성품이 일반사람들과 다르기가, 개와 말의 입맛이 우리들과 동류가 아닌 것과 같다면, 천하 사람들이 어떻게 즐기기를, 모두 역아의 맛에 따라 할 수 있겠는가? 맛에 관해서는 천하 사람들이 역아에게 기대하나니, 이것은 천하 사람들의 입맛이 서로 비슷하기 때문이니라."31)

(자의) ㅇ耆-즐길 기. ㅇ易牙-제환공 때의 요리전문가. ㅇ於--~에, ~에서. ㅇ至於--에 관해서는. ㅇ期-기대하다, 바라다.

(7-6) **惟耳**도 **亦然**하니 **至於聲**하여는 **天下期於師曠**하나니 **是**는 **天下之耳相似也**일새니라

(유이, 역연, 지어성, 천하기어사광, 시, 천하지이상사야)

(국역) 그런데 귀도 역시 그러하니, 소리에 관해서는 천하 사람들이 사광에게 기대하나니, 이것은 천하 사람들의 귀가 서로 비슷하기 때문이니라.32)

(자의) ㅇ惟-오직 유. 그런데. ㅇ聲-소리 성. ㅇ曠-빌 광. ㅇ師曠-춘추 때 음악의 달인.

---

31) 易牙, 古之知味者.(역아는 옛날 맛을 잘 아는 사람이다.) 言易牙所調之味, 則天下皆以爲美也.(역아가 조리한 맛은 천하가 모두 아름답게 여겼음을 말한 것이다.)

32) 師曠, 能審音者也.(사광은 음을 능히 살필 수 있는 사람이다.) 言師曠所和之音, 則天下皆以爲美也.(사광이 조화한 음악은, 곧 천하가 모두 아름답게 여겼음을 말한 것이다.)

(7-7) 惟目도 亦然하니 至於子都하여는 天下莫不知其姣
也하나니 不知子都之姣者는 無目者也니라

(유목, 역연, 지어자도, 천하막부지기교야, 부지자도지교자, 무목
자야)

국역 그런데 눈도 역시 그러하니, 자도에 관해서는 천하 사
람들이 그의 아름다움을 알지 못하는 이가 없나니, 자도의
아름다움을 알지 못하는 자는, 눈이 없는 자이다.[33]

자의 ○子都-옛날의 미인. ○莫-말 막. ○姣-예쁠 교.

(7-8) 故로 曰 口之於味也에 有同耆焉하며 耳之於聲也에
有同聽焉하며 目之於色也에 有同美焉하니 至於心
하여는 獨無所同然乎아 心之所同然者는 何也오 謂
理也義也라 聖人은 先得我心之所同然耳시니 故로
理義之悅我心이 猶芻豢之悅我口니라

(고, 왈 구지어미야, 유동기언, 이지어성야, 유동청언, 목지어색야,
유동미언, 지어심, 독무소동연호. 심지소동연자, 하야. 위리야
의야. 성인, 선득아심지소동연이, 고, 이의지열아심, 유추환지
열아구)

국역 그러므로 말하기를, 입이 맛에서 즐기는 것에 다같이
즐기는 것이 있으며, 귀가 소리에서 듣는 것에 다같이 듣
는 것이 있으며, 눈이 빛깔에서 다같이 아름답게 여기는
것이 있으며, 마음에 관해서는 유독 다같이 그런 것이 없

---

33) 子都, 古之美人也.(자도는 옛날의 미인이다.) 姣, 好也.(교는 아
름다움이다.)

겠는가? 마음이 다같이 그렇게 여기는 것은 무엇인가? 이
(理)와 의(義)에 있어서다. 성인은 먼저 우리들 마음이 다
같이 그렇게 여기는 바를 체득했을 뿐이다. 그러므로 이와
의가 우리들의 마음을 기쁘게 하는 것이, 고기가 우리들의
입을 기쁘게 하는 것과 같으니라.34)

(자의) ○芻—꼴 추. 초식사료. ○豢—기를 환. 곡식사료. ○芻豢—
고기.

(해설) 사람들은 대개 풍년이 들어 생활이 안정되면 선량해
지지만, 흉년에는 먹고살기 위해 난폭해지기 쉽다. 맹자는
그런 것을 성품에 내재된 악함 때문이 아니라 외부의 환
경 때문에 일시적으로 그렇게 된 것이라 본다. 여기서도

---

34) 然, 猶可也.(연은 가(可)와 같다.) 草食曰芻, 牛羊是也.(초식동물
을 추라 하니, 소나 양이 이것이다.) 穀食曰豢, 犬豕是也.(곡식
동물을 환이라 하니, 개나 돼지가 이것이다.) 程子曰 : 在物爲理,
處物爲義, 體用之謂也.(정자가 말하였다. 사물에 있는 것을 이
(理)라 하고, 사물에 대처하는 것을 의(義)라 하니, 체와 용을
이른다.) 孟子言人心, 無不悅理義者. 但聖人則先知先覺乎此耳,
非有以異於人也.(맹자가 말하기를, 사람의 마음은 도리를 좋아하
지 않는 자가 없다. 다만, 성인은 곧 이것을 먼저 알고 먼저 깨
달았을 뿐이요, 사람들보다 특이할 수 있는 것은 아니다.) 程子
又曰 : 理義之悅我心, 猶芻豢之悅我口, 此語, 親切有味, 須實體
察得理義之悅心, 眞猶芻豢之悅口, 始得.(정자가 또 말하였다. 도
리가 우리 마음에 기쁜 것은, 추환이 우리 입맛에 기쁨과 같다
는 이 말은, 친절하여 맛이 있으니, 모름지기 실제로 도리가 마
음에 기쁜 것이, 참으로 추환이 입에 좋은 것과 같음은 몸소 관
찰하여 터득하여야 비로소 얻게 될 것이다.)

인성과 환경과의 관계에 주목하였다. 만약 사람들의 본성이 같지 않다면 신발, 요리, 소리, 아름다움의 표준을 만들수 없다고 비유한다. 입과 눈과 귀가 좋아하는 것이 있듯이 사람의 마음이 함께 좋아하는 것이 있다. 그것이 이(理)와 의(義)이다. 그러므로 이와 의에 따르면 사람들의 마음이 즐겁게 된다는 것이다.

제8장 우산의 나무(牛山之木章 第八)

(8-1) 孟子曰 牛山之木이 嘗美矣러니 以其郊於大國也라 斧斤이 伐之어니 可以爲美乎아 是其日夜之所息과 雨露之所潤에 非無萌蘖之生焉이언마는 牛羊이 又 從而牧之라 是以로 若彼濯濯也하니 人見其濯濯也하고 以爲未嘗有材焉이라하나니 此豈山之性也哉리오
(맹자왈 우산지목, 상미의, 이기교어대국야, 부근, 벌지, 가이위미호. 시기일야지소식, 우로지소윤, 비무맹얼지생언, 우양, 우종이목지, 시이, 약피탁탁야, 인견기탁탁야, 이위미상유재언, 차기산지성야재)

[국역] 맹자가 말씀하였다. "우산의 나무가 일찍이 아름답더니, 그것이 큰 도시로부터 교외에 있었기 때문에, 도끼가 그것을 베므로, 아름답게 될 수 있겠는가? 대체로 그것이 밤낮으로 자라는 것이요, 우로가 적셔주는 바에, 싹의 자라남이 없는 것이 아니지만, 소와 양이 또 따라서 거기에 방목되는지라. 그러므로 저와 같이 벌거벗게 되었으니, 사

람들이 그 벌거벗은 것만 보고, 일찍이 거기에 훌륭한 재목이 있은 적이 없다고 여기니, 이것이 어찌 산의 본성이겠느냐?"35)

（자의） ○牛山-제나라 수도 동남 근교의 산. ○嘗-일찍 상. ○以-~때문에. ○郊-들 교. ○斧-도끼 부. ○斤-도끼 근. ○斧斤-도끼. ○伐-벨 벌. ○是-대체로. ○息-자랄 식. ○潤-젖을 윤. 축이다. ○萌-싹 맹. ○蘗-싹 얼. ○牧-칠 목. ○是以-그러므로. ○濯-씻을 탁. ○濯濯-산이 벌거벗은 모양. ○以爲-여기다.

(8-2) 雖存乎人者인들 豈無仁義之心哉리오마는 其所以放其良心者는 亦猶斧斤之於木也에 旦旦而伐之어니

---

35) 牛山, 齊之東南山也.(우산은 제나라의 동남쪽에 있는 산이다.) 邑外, 謂之郊.(읍 밖을 교(郊)라고 이른다.) 言牛山之木, 前此固嘗美矣, 今爲大國之郊, 伐之者衆, 故, 失其美耳.(우산의 나무가 전에는 그것이 진실로 일찍이 아름다웠는데, 그런데 지금은 대국의 교외로 되어, 그것을 베어 가는 자가 많아, 그러므로 그 아름다움을 잃었다.) 息, 生長也. 日夜之所息, 謂氣化流行未嘗間斷, 故, 日夜之間, 凡物皆有所生長也.(식은 생장함이다. '일야에 생장하는 바라는 것은, 이른바 기화가 유행하여 아직 일찍이 간단하지 않다. 그러므로 일야 사이에 모든 물건이 모두 생장하는 바가 있다.) 萌, 芽也.(맹은 싹이다.) 蘗, 芽之旁出者也.(얼은 싹이 곁으로 나온 움이다.) 濯濯, 光潔之貌.(탁탁은 빛나고 깨끗한 모양이다.) 材, 材木也.(재는 재목이다.) 言山木雖伐, 猶有萌蘗, 而牛羊又從而害之, 是以, 至於光潔而無草木也.(산의 나무가 비록 베어져도 오히려 싹과 움이 나오는데, 소와 양이 또 그것을 뒤따라 해치므로, 이 때문에 산이 빛나고 깨끗하여 초목이 없는 지경에 이름을 말한 것이다.)

可以爲美乎아 其日夜之所息과 平旦之氣에 其好惡
與人相近也者幾希어늘 則其旦晝之所爲는 有梏亡
之矣나니 梏之反覆이면 則其夜氣不足以存이요 夜
氣不足以存이면 則其違禽獸不遠矣니라 人見其禽
獸也하고 而以爲未嘗有才焉者라하니 是豈人之情也
哉리오

(수존호인자, 기무인의지심재, 기소이방기양심자, 역유부근지어목
야, 단단이벌지, 가이위미호. 기일야지소식, 평단지기, 기호오여인
상근야자기희, 즉기단주지소위, 유곡망지의. 곡지반복, 즉기야기
부족이존, 야기부족이존, 즉기위금수불원의. 인견기금수야, 이이
위미상유재언자, 시기인지정야재)

국역　"비록 사람에게 성품이 존재한들, 어찌 인의의 마음이
없어도 되겠는가. 아마 그래서 그의 양심을 방치한 자는,
역시 도끼가 나무에 가서, 아침마다 그것을 베어내는 것과
같으니, 아름답게 될 수 있겠는가? 그 밤낮으로 자라게 하
는 바와 새벽의 기운에서도, 그 좋아하고 미워함이 남들과
비슷하여 차이가 거의 없거늘, 그가 아침과 낮에 하는 바
는, 성품을 어지럽혀 망치고 있으니, 어지럽히는 일이 반
복되면, 곧 그 밤기운이 성품을 보존하기 위하여 부족하게
될 것이요, 밤기운이 성품을 보존하기 위하여 부족하면,
그 상위함이 금수와 멀지 않을 것이니라. 사람들이 그런
금수를 보고, 일찍이 거기에 재능이 있지 않았다고 여기니,
이것이 어찌 사람의 본래 실정이겠느냐?"36)

자의　o雖-비록 수. o豈-어찌 기. o其-아마 기. o所以-그래

서. ㅇ旦-아침 단. ㅇ旦旦-매일, 날마다. ㅇ平旦-새벽, 동이 틀 때. ㅇ相近-근사하다, 엇비슷하다. ㅇ幾希-차이가 거의 없다.

---

36) 良心者, 本然之善心, 卽所謂仁義之心也.(양심은 본연의 선한 마음이니, 바로 소위 인의의 마음이다.) 平旦之氣, 謂未與物接之時, 淸明之氣也.('평단지기'는 아직 사물과 더불어 접하지 않았을 때의 청명한 기운을 이른다.) 好惡與人相近, 言得人心之所同然也.(호오가 남들과 더불어 서로 가깝다는 것은, 사람들이 마음에 똑같은 바를 얻었음을 말한다.) 幾希, 不多也.(기희는 많지 않음이다.) 梏, 械也.(곡은 틀이다.) 反覆, 展轉也.(반복은 전전이다.) 言人之良心雖已放失, 然, 其日夜之間, 亦必有所生長.(사람의 양심이 비록 이미 흩어져 상실되었으나, 그러나 그 일야 사이에, 역시 반드시 생장하는 바가 있다.) 故, 平旦未與物接, 其氣淸明之際, 良心, 猶必有發見者.(그러므로 평단은 아직 사물과 더불어 접하지 않아서, 그 기운이 청명할 때에는, 양심이 반드시 발현됨이 있는 것과 같다.) 但其發見至微, 而旦晝所爲之不善, 又已隨而梏亡之, 如山木旣伐, 猶有萌蘗, 而牛羊又牧之也.(다만, 그 발현됨이 지극히 미약한데, 다만, 아침과 낮에 하는 바의 불선이, 또 이미 그것을 따라서 어지러워져 없어지니, 마치 산의 나무를 이미 베어가도 오히려 싹과 움이 돋아나나, 소와 양이 또 거기에 방목하는 것과 같다.) 晝之所爲, 旣有以害其夜之所息, 夜之所息, 又不能勝其晝之所爲.(낮의 행위가 이미 그 밤에 자라는 바를 해칠 수 있고, 밤의 자라는 바가, 또 능히 그 낮의 행위를 이길 수 없다.) 是以, 展轉相害, 至於夜氣之生, 日以寢薄, 而不足以存其仁義之良心, 則平旦之氣亦不能淸, 而所好惡遂與人遠矣.(이 때문에 전전하여 서로 침해하여, 야기가 생겨나는 것이, 날마다 점점 박해져서, 충분히 그 인의의 양심을 보존할 수 없는 데에 이르면, 평단의 기운은 역시 청명해질 수 없어, 좋아하고 싫어하는 바가 마침내 남과 더불어 거리가 멀어지게 됨을 말한 것이다.)

ㅇ梏-어지럽힐 곡. ㅇ覆-엎을 복. ㅇ夜氣-밤기운. ㅇ違-다를
위. ㅇ禽-새 금. ㅇ獸-짐승 수.

(8-3) 故로 苟得其養이면 無物不長이요 苟失其養이면 無
物不消니라

(고, 구득기양, 무물부장. 구실기양, 무물불소)

(국역) 그러므로 진실로 그 배양방식을 터득하면 자라지 않을
물건이 없고, 진실로 그 배양방식을 상실하면 소멸하지 않
는 물건이 없느니라.37)

(자의) ㅇ苟-진실로 구. ㅇ其-그 기. 양심. ㅇ養-기를 양.

(8-4) 孔子曰 操則存하고 舍則亡하여 出入無時하며 莫知
其鄕은 惟心之謂與인저하시니라

(공자왈 조즉존, 사즉망, 출입무시, 막지기향, 유심지위여)

(국역) 공자가 말씀하였다. "잘 부리면 보존되고, 버리면 망하
여, 출입에 때가 없으며, 그 고향을 알 수 없다는 것은 대
체로 마음을 두고 하는 말일 거야!"38)

---

37) 山木人心, 其理一也.(산의 나무와 사람의 마음이 그 이치가 같
은 것이다.)

38) 孔子言心, 操之則在此, 舍之則失去, 其出入, 無定時, 亦無定處
如此.(공자가 말하기를, 마음은 잡으면 여기에 있고, 놓으면 잃
어버려 그 출입이 정해진 때가 없어, 역시 정해진 곳도 없음이
이와 같다.) 孟子引之, 以明心之神明不測, 得失之易而保守之難.
不可頃刻失其養.(맹자가 이것을 인용하여, 마음이 신명하고 측
량할 수 없어, 잊어버리기 쉽고, 보존하여 지킴이 어려워서, 잠
시라도 그 배양을 상실해서는 안됨을 밝힌 것으로 생각한다.) 學

자의 ㅇ操-부릴 조. ㅇ舍-버릴 사. ㅇ與-의문사.

해설 도시 근교의 산에는 원래 나무가 무성하였다. 사람들
이 베어내서 민둥산이 된 것이지, 벌거벗은 것이 산의 본
성은 아니다. 사람들이 우산의 초목을 베어내어도 초목은
밤낮으로 자라난다. 본성 때문이다. 사람의 마음에도 인의
의 양심이 들어 있다. 외부의 유혹으로 이것을 잃어버린
다. 외부와 접촉이 없는 밤 사이에 그것이 되살아나다가도
다시 낮이 되면 이욕(利慾)에 가려져 돋아나려던 양심을

者當無時而不用其力, 使神淸氣定, 常如平旦之時, 則此心常存,
無適而非仁義矣.(학자는 당연히 때마다 그 힘을 사용하지 않음
이 없어서, 정신이 맑고 기운이 안정되게 하여, 항상 평단의 때
와 같이한다면, 이 마음이 항상 보존되어, 가는 곳마다 인의 아
님이 없을 것이다.) 程子曰 : 心豈有出入. 亦以操舍而言耳, 操之
之道, 敬以直內而已.(정자가 말하였다. 마음이 어찌 출입이 있으
리요. 역시 잡고 버리는 것으로써 말했을 뿐이니, 마음을 잡는
방법은, 공경히 그리고 내면을 곧게 하는 것일 뿐이다.) 愚聞之
師, 曰 : 人理義之心, 未嘗無, 惟持守之, 卽在爾.(내가 스승에게
들으니, 다음과 같이 말하였다. '사람은 도리의 마음이, 아직 일
찍이 없지 않으니, 오직 그것을 잡아 잘 지키면, 바로 여기에 있
다.) 若於旦晝之間, 不至梏亡, 則夜氣愈淸, 夜氣淸, 則平旦未與
物接之時, 湛然虛明氣象, 自可見矣.(만일 낮 사이에 어지럽게
하여 멸망하는 데 이르지 않는다면, 야기가 더욱 맑아질 것이요,
야기가 맑아지면, 평단은 아직 물건과 더불어 접하지 않는 때에,
담연히 허명한 기상을 스스로 볼 수 있을 것이다.) 孟子發此夜
氣之說, 於學者, 極有力, 宜熟玩而深省之也.(맹자가 이 야기설
을 발표하였는데, 학자들에게 지극히 유력하니, 마땅히 익숙히
새겨보고 깊이 살펴야 할 것이다.)

눌러버린다. 그렇게 눌려진 양심이 어찌 본래의 사람의 본
성이겠는가? 평탄지기(平坦之氣)로써 양심을 되살려야 한
다. 양심을 잘 붙잡으면 보존되고 놓아두면 인간성을 잃게
되니, 기르는 기회를 놓치지 말아야 한다. 인격함양과 환
경과의 관계를 말한 내용은, 진심장구 상 제36장에도 나온
다. 공자도 인후한 곳에 살라고 했다(논어, 4-1).

제9장 왕이 지혜롭지 못함을 이상하게 여기지 말라
(無或乎王之不智章 第九)

(9-1) **孟子曰 無或乎王之不智也**로다

(맹자왈 무혹호왕지부지야)

국역 맹자가 말씀하였다. "왕의 지혜롭지 못함을 이상하게
여기지 말라."39)

자의 ㅇ或−의혹할 혹(=惑).   ㅇ智−슬기 지.

(9-2) **雖有天下易生之物也**나 **一日暴之**요 **十日寒之**면 **未
有能生者也**니 **吾見**이 **亦罕矣**요 **吾退而寒之者至矣**
니 **吾如有萌焉**에 **何哉**리오

(수유천하이생지물야, 일일폭지. 십일한지, 미유능생자야, 오견,
역한의. 오퇴이한지자지의, 오여유맹언, 하재)

국역 "비록 천하에 쉽게 생장할 수 있는 식물이 있더라도,

---

39) 或, 與惑同, 疑怪也.(혹은 혹(惑)과 같으니, 의심스럽고 괴이함이
다.) 王, 疑指齊王.(왕은 제왕을 가리킨 듯하다.)

하루종일 햇볕을 쪼이고, 열흘동안 춥게 하면 능히 생장할
수 있는 것은 아직은 없으니, 내가 임금을 만나보는 것이
역시 드물고, 내가 물러 나오면 임금의 마음을 차갑게 하
는 자가 이르는 것이니, 내가 그에게 있는 싹을 어떻게 하
겠는가?"40)

(자의) ㅇ易-쉬울 이. ㅇ暴-햇볕쪼일 폭. ㅇ未有-아직은 ~없다.
ㅇ罕-드물 한. ㅇ萌-싹 맹. ㅇ如~何-어떻게 하겠는가?

(9-3) 今夫弈之爲數가 小數也나 不專心致志면 則不得也
라 弈秋는 通國之善弈者也니 使弈秋로 誨二人弈이
어든 其一人은 專心致志하여 惟弈秋之爲聽하고 一
人은 雖聽之나 一心에 以爲有鴻鵠將至어든 思援弓
繳而射之하면 雖與之俱學이라도 弗若之矣나니 爲是
其智弗若與아 曰非然也니라

　　(금부혁지위수, 소수야, 부전심치지, 즉부득야. 혁추, 통국지선혁
　　자야, 사혁추, 회이인혁, 기일인, 전심치지, 유혁추지위청, 일인,
　　수청지, 일심, 이위유홍곡장지, 사원궁작이사지, 수여지구학, 불약
　　지의. 위시기지불약여. 왈비연야)

---

40) 暴, 溫之也. 我見王之時少, 猶一日暴之也, 我退則諂諛雜進之日
多, 是十日寒之也.(폭은 따뜻하게 함이다. 내가 왕을 만나보는
때가 적으니, 하루 동안 햇볕을 쪼이는 것과 같은 것이요, 내가
물러 나오면 아첨하는 자들이 잡되게 나아가 만나는 날이 많으
니, 이것이 10일 동안 그를 차갑게 하는 것이다.) 雖有萌蘖之生,
我亦安能如之何哉(비록 싹이나 움이 나옴이 있더라도 나 역시
어찌할 수 있겠는가?)

국역 "그런데 지금 대저 바둑이 급수로 삼는 숫자는 작은 숫자이나, 마음을 오로지 하고 뜻을 다하지 않으면 터득할 수 없는지라. 혁추는 전국에서 바둑을 잘 두는 자이니, 혁추로 하여금 두 사람에게 바둑을 가르치게 하거든, 그 한 사람은 마음을 오로지 하고 뜻을 다하여, 오직 혁추의 말만을 듣게 되었고, 다른 한 사람은 비록 가르침을 듣기는 하나, 한쪽 마음에 어떤 기러기나 따오기를 생각하여 장차 이르거든, 활과 주살을 당겨서 그것을 쏘아 맞힐 것을 생각한다면, 비록 그와 더불어 함께 배운다고 하더라도, 그와 같지는 못할 것이다. 이것은 그의 지혜가 남과 더불어 같지 않아서라고 하겠는가? 그런 것이 아니다."41)

---

41) 弈, 圍棋也.(혁은 바둑알을 둘러싸는 것이다.) 數, 技也.(수는 기예이다.) 致, 極也.(치는 지극함이다.) 弈秋, 善弈者名秋也.(혁추는 바둑을 잘 두는 자로, 이름이 추이다.) 繳, 以繩繫矢而射也.(작은 노끈을 화살에 달아 가지고 쏘는 것이다.) 程子爲講官, 言於上曰 : 人主一日之間, 接賢士大夫之時多, 親宦官宮妾之時少, 則可以涵養氣質, 而薰陶德性, 時不能用, 識者恨之.(정자가 강관이 되어 임금에게 말하기를, '인주가 하루 사이에, 어진 사대부들을 접견하는 때가 많고, 환관과 궁첩을 친근히 하는 때가 적으면, 기질을 함양하여, 덕성을 훈도할 수 있다고 하였는데, 당시에 그 말을 채용할 수 없어, 식자들이 한스럽게 여겼다.) 范氏曰 : 人君之心, 惟在所養, 君子養之以善則智, 小人養之以惡則愚.(범씨가 말하였다. 인군의 마음은 오직 양성하는 바에 있으니, 군자가 선으로써 배양하면, 지혜롭게 되고, 소인이 악으로써 그것을 배양하면, 어리석어진다.) 然, 賢人, 易疎, 小人, 易親.(그러나 현인은 소원해지기 쉽고, 소인은 친근해지기 쉽다.) 是以, 寡

자의 ○弈—바둑 혁. ○數—급수. ○弈秋—바둑을 잘 두는 자. ○通國—전국. ○善—잘할 선. ○誨—가르칠 회. ○以爲—여기다. ○有—어떤 유. ○鴻—기러기 홍. ○鵠—따오기 곡. ○援—당길 원. ○弓—활 궁. ○繳—주살 작. ○射—쏠 사. ○俱—함께 구. ○爲~與—~라 하겠는가?

해설 세상에서 잘 자라는 나무라도 하루동안 햇볕을 쬐고 열흘 동안 차게 하면 자랄 수가 없다. 일폭십한(一暴十寒)이란 고사성어가 여기서 생겼다. 마찬가지로 사람이 훌륭한 방향으로 발전하기 위해서는 늘 훌륭한 사람과 접촉할 수 있는 환경이 되어야 하지만, 훌륭한 사람을 만나 그의 가르침을 받는다 하더라도 그가 정신을 집중하여 정진하지 않는다면 옳게 성장할 수 없다. 한 나라의 임금인 자가 현자의 말을 경청하지 않고 어떻게 왕도정치를 펼 수 있겠는가?

제10장 물고기와 곰 발바닥(魚與熊掌章 第十)

(10-1) 孟子曰 魚도 我所欲也며 熊掌도 亦我所欲也언마는 二者를 不可得兼인댄 舍魚而取熊掌者也로리라 生

不能勝衆, 正不能勝邪. 自古, 國家治日常少, 而亂日常多, 蓋以此也.(이 때문에 적은 사람이 많은 사람을 이길 수 없고, 정직한 자가 사특한 자를 이길 수 없는 것이니, 옛부터 국가가 다스려지는 날이 적고, 혼란스러운 날이 항상 많음은, 대개 이 때문이다.)

亦我所欲也며 義亦我所欲也언마는 二者를 不可得
兼인댄 舍生而取義者也로리라

(맹자왈 어, 아소욕야, 웅장, 역아소욕야, 이자, 불가득겸, 사어이
취웅장자야. 생역아소욕야, 의역아소욕야, 이자, 불가득겸, 사생
이취의자야)

(국역) 맹자가 말씀하였다. "물고기도 내가 바라는 바요, 곰
발바닥도 역시 내가 바라는 바이지만은, 이 둘을 함께 얻
을 수 없을진댄, 물고기를 버리고 곰 발바닥을 취하겠다.
삶도 역시 내가 바라는 바요, 의도 역시 내가 바라는 바이
지만, 이 둘을 함께 얻을 수 없을진댄, 삶을 버리고 의를
취하겠다."42)

(자의) ○欲－바랄 욕. ○熊－곰 웅. ○掌－손바닥 장. ○兼－겸할 겸.
함께. ○舍－버릴 사(＝捨).

(10-2) 生亦我所欲이언마는 所欲이 有甚於生者라 故로 不
爲苟得也하며 死亦我所惡언마는 所惡가 有甚於死
者라 故로 患有所不辟也니라

(생역아소욕, 소욕, 유심어생자, 고, 불위구득야, 사역아소오, 소
오, 유심어사자, 고, 환유소불피야)

(국역) "삶 역시 내가 바라는 바이지만, 바라는 것은 삶보다
더한 것이 있다. 그러므로 삶을 구차히 얻으려 하지 않는
것이며, 죽음 역시 내가 싫어하는 것이지만, 싫어하는 바

---

42) 魚與熊掌, 皆美味, 而熊掌尤美也.(물고기와 더불어 곰 발바닥은
모두 맛이 좋되, 곰 발바닥이 더욱 좋은 것이다.)

는 죽음보다 더한 것이 있다. 그러므로 환난을 만나도 피
하지 아니하는 바가 있는 것이다."43)

자의 ㅇ甚-심할 심. 더하다. ㅇ苟-구차할 구, 만일 구, 진실로 구.
ㅇ惡-싫어할 오. ㅇ患-근심 환. ㅇ辟-피할 피(＝避).

(10-3) 如使人之所欲이 莫甚於生이면 則凡可以得生者를
何不用也며 使人之所惡가 莫甚於死者면 則凡可
以辟患者를 何不爲也리오

(여사인지소욕, 막심어생, 즉범가이득생자, 하불용야, 사인지소
오, 막심어사자, 즉범가이피환자, 하불위야)

국역 "만약 가령 사람들이 바라는 것 중에, 삶보다 더한 것
이 없다면, 무릇 삶을 얻을 수 있는 방법을 어찌 쓰지 않
겠으며, 가령 사람들의 싫어하는 바가 죽음보다 더 심한
것이 없다면 무릇 환난을 피할 수 있는 방법을 어찌 쓰지
않겠는가?"44)

---

43) 釋所以舍生取義之意.(삶을 버리고, 의방을 취하는 이유의 뜻을
해석한 것이다.) 得, 得生也. 欲生惡死者, 雖衆人利害之常情, 而
欲惡有甚於生死者, 乃秉彝義理之良心.(득은 살 수 있는 것이다.
삶을 바라고, 죽음을 싫어함은, 비록 중인들의 이해는 불변의 정
이나, 바라고 싫어함이 생사보다 심함이 있는 것은, 바로 타고난
의리의 양심이다.) 是以, 欲生而不爲苟得, 惡死而有所不避也.(이
때문에 살기를 바라면서도 구차히 얻으려 하지 않으며, 죽기를
싫어하면서도 피하지 않는 바가 있다.)

44) 設使人無秉彝之良心, 而但有利害之私情, 則凡可以偸生免死者,
皆將不顧禮義而爲之矣.(가령 사람들이 타고난 의리의 양심이 없
고, 다만, 이해의 사사로운 정만 있다면, 모든 삶을 훔치고 죽음

ㅇ如-만일, 만약. ㅇ使-가령 ~라면.

(10-4) 由是라 則生而有不用也하며 由是라 則可以辟患
而有不爲也니라

(유시, 즉생이유불용야, 유시, 즉가이피환이유불위야)

국역 "이와 같은지라, 곧 살 수 있어도 사는 방법을 쓰지 않
는 수가 있으며, 이와 같은지라, 환난을 피할 수 있으나
피하지 않는 수가 있느니라."45)

자의 ㅇ由-같을 유(=猶). ㅇ可以--~할 수 있다.

(10-5) 是故로 所欲이 有甚於生者하며 所惡가 有甚於死
者하니 非獨賢者有是心也라 人皆有之언마는 賢者
는 能勿喪耳니라

(시고, 소욕, 유심어생자, 소오, 유심어사자, 비독현자유시심야.
인개유지, 현자, 능물상이)

국역 "그러므로 바라는 것이 삶보다 더한 것이 있으며, 싫어
하는 것이 죽음보다 더한 것이 있으니, 단지 현자만이 이
런 마음을 가지고 있는 것이 아니라, 사람은 모두 그것
을 가지고 있건마는, 현자는 능히 상실하지 않을 뿐이니
라."46)

을 면할 수 있는 짓을, 모두 장차 예의를 돌아보지 않고 그것을
할 것이다.)

45) 由其必有秉彛之良心, 是以, 其能舍生取義如此(그가 반드시 타
고난 의리의 양심이 있기 때문에, 이 때문에 그가 능히 삶을 버
리고 의를 취하기를 이와 같이 하는 것이다.)

자의 ○是故-그러므로. ○獨-다만, 단지. ○勿-말 물, 없을 물.
~해서는 안 된다. ○喪-잃을 상. ○耳-뿐 이.

(10-6) 一簞食와 一豆羹을 得之則生하고 弗得則死라도 嘑
爾而與之면 行道之人도 弗受하며 蹴爾而與之면
乞人도 不屑也니라

　　(일단사, 일두갱, 득지즉생, 불득즉사, 호이이여지, 행도지인, 불
　　수, 축이이여지, 걸인, 불설야)

국역 "한 그릇의 밥과 한 그릇의 국을 얻으면 살고, 얻지 못
하면 죽더라도, 꾸짖으면서 주면 길을 가던 사람도 받지
않으며, 발로 차면서 주면 걸인도 달갑게 여기지 아니하
느니라."47)

---

46) 羞惡之心, 人皆有之, 但衆人, 汩於利欲而忘之, 惟賢者, 能存之
而不喪耳.(수오지심은, 사람이 모두 다 가지고 있다. 다만, 많은
사람들은 이욕에 빠져 그것을 망각하고, 오직 현자만이 능히 보
존해서 상실하지 않을 뿐이다.)

47) 豆, 木器也.(두는 나무로 만든 그릇이다.) 嘑, 咄啐之貌(호는 혀
를 차고 꾸짖는 모습이다.) 行道之人, 路中凡人也.('행도지인'은
길 가운데의 일반인이다.) 蹴, 踐踏也.(축은 밟음이다.) 乞人, 丐
乞之人也.(걸인은 빌어먹는 사람이다.) 不屑, 不以爲潔也.(불설은
깨끗하게 여기지 않음이다.) 言雖欲食之急, 而猶惡無禮, 有寧死
而不食者, 是其羞惡之本心, 欲惡有甚於生死者, 人皆有之也.(비
록 그것을 먹고자 함이 급하더라도, 오히려 무례를 싫어하여, 차
라리 죽을지언정 먹지 않는 경우가 있다. 이것이 그 수오의 본
심이니, 바람과 싫어함이 삶과 죽음보다 더 심한 것이 있음을,
사람들은 모두 그것을 가지고 있다.)

자의 ○簞-대그릇 단. ○食-밥 사. ○豆-나무그릇 두. ○羹-국
갱. ○嘑-꾸짖을 호. ○爾-접미사. ○蹴-찰 축. ○乞-빌 걸.
○屑-달갑게 여길 설.

(10-7) 萬鍾則不辨禮義而受之하나니 萬鍾이 於我何加焉
이리오 爲宮室之美와 妻妾之奉과 所識窮乏者得我
與인저

(만종즉불변예의이수지, 만종, 어아하가언. 위궁실지미, 처첩지
봉, 소식궁핍자득아여)

국역 "만종의 녹봉이라면 예의를 분별하지도 않고 그것을
받으니, 만종이 나에게 무슨 보탬이 되겠는가? 궁실의 미
관 때문인가? 처첩의 생활 때문인가? 소위 잘 아는 궁핍
한 자가, 내가 준 것을 얻게 함인가?"[48]

자의 ○鍾-모을 종. ○辨-나눌 변. 분별하다. ○爲-한다(=受).
○奉-받들 봉. 생활하다. ○窮-궁할 궁. ○乏-모자랄 핍. ○與-
줄 여.

---

48) 萬鍾於我何加, 言於我身無所增益也.(만종이 나에게 무슨 보탬이
있겠느냐는 것은, 내 몸에 증익되는 바가 없음을 말한다.) 所識
窮乏者得我, 謂所知識之窮乏者, 感我之惠也.(궁핍한 자가 나에
게 얻었음을 안다는 것은, 알고 있는 바 궁핍한 자가 나의 은혜
에 감사한다는 것을 이른다.) 上言人皆有羞惡之心, 此言衆人所
以喪之. 由此三者, 蓋理義之心, 雖曰固有, 而物欲之蔽, 亦人所
易昏也.(위에서는 사람들이, 모두 수오지심을 가지고 있음을 말
하였고, 여기서는 여러 사람들이 이것을 상실하는 이유가, 이 세
가지에서 연유됨을 말하였다. 대개 도덕의 마음은 비록 고유하다
고 하나, 물욕이 엄폐하여 역시 쉽게 어두워지는 것이다.)

(10-8) 鄕爲身엔 死而不受라가 今爲宮室之美하여 爲之하
며 鄕爲身엔 死而不受라가 今爲妻妾之奉하여 爲之
하며 鄕爲身엔 死而不受라가 今爲所識窮乏者得我
而爲之하나니 是亦不可以已乎아 此之謂失其本心
이니라

(향위신, 사이불수, 금위궁실지미, 위지, 향위신, 사이불수, 금위
처첩지봉, 위지, 향위신, 사이불수, 금위소식궁핍자득아이위지,
시역불가이이호. 차지위실기본심)

국역 "지난번에는 자신을 위해서 죽어도 받지 않다가, 이번
에는 궁실의 미관을 위하여 그것을 받으며, 지난번에는 자
신을 위해서 죽어도 받지 않다가, 이번에는 처첩의 생활을
위해서 그것을 받으며, 지난번에는 자신을 위해서 죽어도
받지 않다가 이번에는 소위 잘 아는 궁핍한 자가, 나에게
서 얻도록 하기 위해 그것을 받으니, 이것 역시 그만둘 수
없는가? 이것이 '그 본심을 잃은 짓이라.'고 하는 것이
다."49)

---

49) 言三者, 身外之物, 其得失, 比生死爲甚輕.(셋이란 몸밖의 물건이
니, 그 득실이 생사에 비하여 매우 가볍다.) 鄕爲身, 死猶不肯受
嘑蹴之食, 今乃爲此三者而受無禮義之萬鍾, 是豈不可以止乎.(지
난번에는 자신을 위하여 죽어도 오히려 꾸짖고 발로 차면서 먹
을 것을 기꺼이 받지 않다가, 그런데 지금은 바로 이 셋을 위하
여 무례한 만종의 녹봉을 받으니, 이것이 어찌 그만둘 수 없는
것이겠는가?) 本心, 謂羞惡之心.(본심은 수오지심을 이른다.) 此
章, 言羞惡之心, 人所固有. 或能決死生於危迫之際, 而不免計豐
約於宴安之時.(이 장은 수오지심이, 사람들에게 고유한 것이지

(자의) ○鄕-지난번 향. ○爲之-그것을 받다. ○可以-~할 수 있다. ○已-그칠 이. 그만두다.

(해설) 맹자는 인의예지 이외에 의지라는 품격을 매우 중시하였다. 생선 요리와 곰 발바닥 요리는 맛있는 요리로 사람들은 이 둘을 함께 갖기를 원한다. 양자택일을 해야 할 경우에는 더 맛있는 곰 발바닥을 취하는 것이 인지상정(人之常情)이다. 마찬가지로 생과 사의 갈림길에서는 살기를 바란다. 그런데 정의를 위해서는 삶을 버려야 하고 삶을 위해서는 정의를 버려야 하는 경우에는, 오직 현자만이 어떤 것이 참으로 존귀한 것인지 알기 때문에 죽음도 피하지 않는 것이다. 또 극한적인 굶주림 앞에서도 구제의 방법이 예에 맞지 않으면 치욕을 느껴 그것을 단호히 거절한다. 수오(羞惡)의 본심이 있기 때문이다. 그런데 사람들이 문명을 알게 되면서부터 그것을 유지할 돈을 갖기 위하여 비례(非禮)를 무릅쓰고 무슨 짓이든지 한다. 참으로 부끄러운 일이다.

제11장 달아난 마음을 찾아라(求放心章 第十一)

(11-1) 孟子曰 仁은 人心也요 義는 人路也니라

만, 혹시 능히 급박한 때에 사생을 결단하면서도, 안일을 추구하는 때에 풍부와 간략을 따지는 것을 면할 수 없는 것이다.) 是以, 君子不可頃刻而不省察於斯焉.(이 때문에 군자는 경각이라도, 이것에서 성찰하지 않으면 아니 됨을 말한 것이다.)

(맹자왈 인, 인심야. 의, 인로야)

국역 맹자가 말씀하였다. "인자함은 사람의 본래 마음이요, 의방은 사람이 가야 하는 바른 길이니라."50)

(11-2) 舍其路而弗由하며 放其心而不知求하나니 哀哉라
(사기로이불유, 방기심이부지구, 애재)

국역 "그 길을 버리고도 따르지 않으며, 그 마음을 놓치고도 찾아낼 줄을 알지 못하니 슬프도다!"51)

자의 ㅇ舍-버릴 사(=捨). ㅇ由-따르다. ㅇ求-찾아내다. ㅇ哀-슬플 애.

---

50) 仁者, 心之德, 程子所謂心如穀種, 仁則其生之性, 是也.(인은 마음의 덕이니, 정자의 이른바, 마음은 마치 곡식의 씨와 같고, 인은 그것이 나오는 성품이라고 한 것이 이것이다.) 然, 但謂之仁, 則人不知其切於己.(그러나 다만, 인이라고 말하면, 사람들이 그것이 자기에게 간절한 줄을 모른다.) 故, 反而名之曰人心, 則可以見其爲此身酬酢萬變之主, 而不可須臾失矣.(그러므로 도리어 그것을 부르기를 인심이라고 하였으니, 그것이 이 몸을 수작하는 만가지 변화의 주인이 됨을 볼 수 있어, 잠시라도 잃어서는 안 된다.) 義者, 行事之宜, 謂之人路, 則可以見其爲出入往來必由之道, 而不可須臾舍矣.(의는 일을 진행함에 마땅함인데, 이것을 인로(人路)라고 이르니, 곧 그것이 출입하고 왕래하기 위하여, 반드시 경유해야 할 길이 됨을 볼 수 있어, 잠시라도 놓아서는 안 된다.)

51) 哀哉二字, 最宜詳味, 令人惕然有深省處.(애재 두 글자를, 가장 마땅히 상세하게 음미해야 하니, 사람으로 하여금 두려워하고, 또 깊이 살핌이 있게 하는 부분이다.)

(11-3) 人有雞犬放이면 則知求之하되 有放心而不知求하나니

(인유계견방, 즉지구지, 유방심이부지구)

국역 "사람이 닭이나 개를 놓치는 일이 있으면, 곧 그것들을 찾을 줄 아는데, 마음을 놓치는 일이 있으면 찾을 줄을 알지 못하니,"52)

자의 ㅇ雞-닭 계. ㅇ犬-개 견.

(11-4) 學問之道는 無他라 求其放心而已矣니라

(학문지도, 무타. 구기방심이이의)

국역 "학문을 하는 방법은 다른 것이 없다. 그 놓쳐버린 마음을 찾아내는 것일 뿐이다."53)

---

52) 程子曰 : 心, 至重, 雞犬, 至輕, 雞犬放則知求之, 心放而不知求, 豈愛其至輕而忘其至重哉? 弗思而已矣.(정자가 말하였다. 마음은 지극히 소중하고, 닭과 개는 지극히 가볍거늘, 닭과 개를 잃으면 그것을 찾을 줄을 알되, 마음을 잃으면 찾을 줄을 알지 못하니, 어찌 그 지극히 가벼운 것을 사랑하고, 그 지극히 소중한 것을 잊는가? 생각하지 않아서일 뿐이다.) 愚謂上兼言仁義, 而此下專論求放心者, 能求放心, 則不違於仁, 而義在其中矣.(내가 생각건대, 위에서는 인의를 아울러 말하였고, 이 아래에서는 오로지 방심을 찾는 것만을 논의하였으니, 능히 방심을 찾으면, 인에서 어긋나지 아니하여, 의가 그 가운데 있기 때문이다.)

53) 學問之事, 固非一端, 然, 其道則在於求其放心而已.(학문의 일은, 진실로 한 가지가 아니다. 그러나 그 방법은, 곧 그 방심을 찾는 데에 있을 뿐이다.) 蓋能如是, 則志氣淸明, 義理昭著, 而可以上達.(대개 능히 이와 같이 하면, 지기(志氣)가 청명해지고, 의리

해설 인은 남을 나처럼 사랑하는 마음이니 사람의 마음이라 하였고, 의는 인을 실천하는 구체적인 도리이니 사람이 가야 할 길이라 하였다. 자신의 잃어버린 마음을 찾는다는 것은 내부를 향한 반성이며, 인의를 파악하는 과정이기도 하다. 그런데 사람들은 인의를 잃고도 찾을 줄을 모르면서 닭이나 개를 잃으면 찾을 줄을 아니 슬픈 일이다. 학문은 잃어버린 본마음을 찾는 것이며, 학문의 길은 그것을 찾아가는 과정인데 그것도 본심을 지녀야만 이룰 수 있다.

제12장 손가락이 다른 사람과 같지 않다
(指不若人章 第十二)

(12-1) 孟子曰 今有無名之指屈而不信(伸)이 非疾痛害

가 밝게 드러나, 위로 통달할 수 있다.) 不然, 則昏昧放逸, 雖曰從事於學, 而終不能有所發明矣.(그렇지 못하면, 혼매하고 방일하여, 비록 학문에 종사한다고 말하더라도, 끝내 발명하는 바가 있지 못할 것이다.) 故, 程子曰 : 聖賢千言萬語, 只是欲人將已放之心約之, 使反復入身來, 自能尋向上去, 下學而上達也.(그러므로 정자가 말하였다. 성현의 천만마디 말이, 다만, 바로 사람들이 장차 이미 잃어버린 마음을 요약하여, 돌이켜 다시 몸에 들어오게 하고자 한 것이니, 이렇게 하면 자연히 능히 위를 향해 찾아가서, 아래의 일을 배워서 위의 일에 통달하게 될 것이다.) 此乃孟子開示切要之言, 程子又發明之, 曲盡其指, 學者宜服膺而勿失也.(이것은 바로 맹자가 시사한 매우 긴요한 말인데, 정자가 또 그것을 발명하여, 그 뜻을 충분히 표현하였으니, 학자는 마땅히 가슴속에 새겨두고 잃지 말아야 할 것이다.)

事也언마는 如有能信之者면 則不遠秦楚之路하나니
爲指之不若人也니라

(맹자왈 금유무명지지굴이불신(신), 비질통해사야, 여유능신지자,
즉불원진초지로, 위지지불약인야)

(국역) 맹자가 말씀하였다. "그런데 지금 무명지가 굽어 있어
서 펴지지 않는 것이, 병이거나 아프거나 일에 해가 되지
않건마는, 만일 능히 그것을 펼 수 있는 자가 있다면,
진·초의 길을 멀다 하지 않고 찾아가니, 이것은 손가락이
남과 같지 않기 때문이니라."54)

(자의) ㅇ指-손가락 지. ㅇ屈-굽을 굴. ㅇ信-펼 신(=伸). ㅇ疾-병
질. ㅇ痛-아플 통. ㅇ秦-진나라 진. ㅇ楚-초나라 초. ㅇ爲-때문
이다.

(12-2) 指不若人이면 則知惡之하되 心不若人이면 則不知
惡하나니 此之謂不知類也니라

(지불약인, 즉지오지, 심불약인, 즉부지오, 차지위부지류야)

(국역) "손가락이 남과 같지 않으면 그것을 싫어할 줄을 알되,
마음이 남과 같지 않으면 미워할 줄을 알지 못하니, 이것
이 소위 '유형을 알지 못한다.'고 하는 것이니라."55)

(자의) ㅇ惡-싫어할 오. ㅇ類-무리 류. 분류하다, 유사하다, 유형.

(해설) 손가락 다섯 중에서 그 용도가 뚜렷하지 않아 무명지

---

54) 無名指, 手之第四指也.(무명지는 손의 네번째 손가락이다.)
55) 不知類, 言其不知輕重之等也.('부지류'는 그 경중의 등급을 알지
못함을 말한다.)

라고 하는데, 그것의 굴신에 장애가 있으면 사람들은 그것
을 기어이 고치고자 노력하지만, 본마음이 남들과 같지 않
으면 그것을 바로 하는 일에는 별로 관심이 없다. 겉치레
에는 정신을 쓸 줄 알면서 본마음의 보존에는 소홀히 하
는 것과 같으니 참으로 경중을 모르는 일이라 하겠다.

제13장 한 팔이나 두 팔에 드는 나무
(拱把之桐梓章 第十三)

(13-1) 孟子曰 拱把之桐梓를 人苟欲生之인댄 皆知所以
養之者로되 至於身하여는 而不知所以養之者하나니
豈愛身이 不若桐梓哉리오 弗思甚也일새니라
(맹자왈 공파지동재, 인구욕생지, 개지소이양지자, 지어신, 이부
지소이양지자, 기애신, 불약동재재. 불사심야)

국역 맹자가 말씀하였다. "비파를 만드는 오동나무와 가래
나무를 사람들이 진실로 생산하려고 할진댄, 모두 그것을
배양하는 이유를 아는데, 자신에 이르러서는 그것을 배양
하는 이유를 알지 못하니, 어찌 자신을 사랑함이 오동나무
나 가래나무와 같지 않아서야 되리오. 생각하지 않음이
심하니라."56)

---

56) 拱, 兩手所圍也.(공은 두 손으로 에워싸는 것이다.) 把, 一手所
握也.(파는 한 손으로 잡는 것이다.) 桐梓, 二木名.(동·재는 둘
다 나무 이름이다.)

자의 ○拱-잡을 공. ○把-잡을 파. ○桐-오동나무 동. ○梓-가래나무 재. ○苟-진실로 구. ○所以-이유, 까닭. ○甚-심할 심. 매우, 몹시.

해설 사람들은 경제적 가치가 있는 나무를 가꿀 줄은 알면서, 자기의 본 마음을 기르는 일에는 무관심한 경우가 많다. 자신의 수양이 나무 키우는 일보다 소중하다는 것을 깨닫고 이에 관심을 가지면 훌륭한 도덕적 인간이 될 것이다. 소체를 구하는 데는 몰두하면서 대체에는 외면하는 소인들의 일상이 안타깝다(고자장구 상 제15장).

제14장 작은 것은 길러내고 큰 것은 잃어버린다(養小失大章 第十四)

(14-1) 孟子曰 人之於身也에 兼所愛니 兼所愛면 則兼所養也라 無尺寸之膚不愛焉이면 則無尺寸之膚不養也니 所以考其善不善者는 豈有他哉리오 於己에 取之而已矣니라

(맹자왈 인지어신야, 겸소애, 겸소애, 즉겸소양야. 무척촌지부불애언, 즉무척촌지부불양야, 소이고기선불선자, 기유타재. 어기, 취지이이의)

국역 맹자가 말씀하였다. "사람은 자신에서 아끼는 바가 똑같으니, 아끼는 바가 똑같으면, 기르는 것도 똑같을 것이라. 한자나 한치의 피부도 아끼지 아니함이 없으면, 한자나 한치의 피부도 기르지 아니함이 없을 것이니, 그 잘하

고 잘못하고를 생각하는 이유가, 어찌 다른 데 있으랴! 자기에게서 그것을 취할 뿐이니라."57)

자의 o兼－함께, 똑같이. o養－기를 양. o尺寸－한자나 한치, 작고 사소한 것. o膚－살갗 부. o所以－이유. o考－상고할 고. o善－잘할 선.

(14-2) 體有貴賤하며 有小大하니 無以小害大하며 無以賤害貴니 養其小者爲小人이요 養其大者爲大人이니라
(체유귀천, 유소대, 무이소해대, 무이천해귀. 양기소자위소인, 양기대자위대인)

국역 "신체에는 귀한 부분과 천한 부분이 있으며, 작은 부분과 큰 부분이 있다. 작은 부분이 큰 부분을 해칠 수 없으며, 천한 부분이 귀한 부분을 해칠 수 없다. 그 작은 것을 기르는 자는 소인이 될 것이고, 그 큰 것을 기르는 자는 대인이 될 것이니라."58)

자의 o無以－~할 수 없다.

(14-3) 今有場師舍其梧檟하고 養其樲棘하면 則爲賤場師焉이니라

---

57) 人於一身, 固當兼養, 然, 欲考其所養之善否者, 惟在反之於身, 以審其輕重而已矣.(사람이 자기 일신에서, 진실로 마땅히 겸하여 길러야 한다. 그러나 그 기르는 바의 잘잘못을 상고하고자 하는 것은, 오직 이것을 자신에 돌이켜서, 그리고 그 경중을 살핌에 있을 뿐이다.)

58) 賤而小者, 口腹也, 貴而大者, 心志也.(천하고 작은 것은 입과 배요, 귀하고 큰 것은 심지이다.)

(금유장사사기오가, 양기이극, 즉위천장사언)

(국역) "그런데 지금 정원관리인이 그곳의 오동나무와 가래나무를 버리고, 거기에 신대추나무나 가시나무를 기른다면, 천박한 정원관리인이 될 것이니라."59)

(자의) ㅇ場師－농장이나 정원의 관리인. ㅇ舍－버릴 사(＝捨). ㅇ梧－오동나무 오. ㅇ檟－가래나무 가. ㅇ樲－신대추나무 이. ㅇ棘－가시나무 극.

(14-4) 養其一指하고　而失其肩背而不知也면　則爲狼疾人也니라

(양기일지, 이실기견배이부지야, 즉위랑질인야)

(국역) "그 손가락 하나를 기르고, 그 어깨와 등을 잃으면서도 모른다면, 하찮은 일에 마음이 쏠려 큰 일을 놓치는 사람일 것이니라."60)

(자의) ㅇ肩－어깨 견. ㅇ背－등 배. ㅇ狼－이리 랑. ㅇ疾－병 질. ㅇ狼疾－하찮은 일에 마음이 쏠려 큰 일을 놓치다.

(14-5) 飮食之人을　則人賤之矣나니　爲其養小以失大也니라

(음식지인, 즉인천지의, 위기양소이실대야)

---

59) 場師, 治場圃者.(장사는 장포를 다스리는 자이다.) 梧, 桐也. 檟, 梓也.(오는 오동나무이다. 가는 가래나무이다.) 皆美材也.(모두 아름다운 재목이다.) 樲棘, 小棗, 非美材也.(이극은 작은 대추나무이니, 아름다운 재목이 아니다.)

60) 狼, 善顧, 疾則不能, 故, 以爲失肩背之喩.(승냥이는 돌아보기를 잘하는데, 빨리 달아나면 돌아볼 수 없다. 그러므로 어깨와 등을 잃는 것을 비유한 것으로 여긴다.)

(국역) "음식을 밝히는 사람을, 사람들이 모두 천하게 여기나
니, 그것은 작은 것을 기르기 위하여 큰 것을 잃기 때문이
니라."61)

(자의) o 爲-위할 위. o 以-~때문에.

(14-6) **飮食之人**이 **無有失也**면 **則口腹**이 **豈適爲尺寸之**
膚哉리오
(음식지인, 무유실야, 즉구복, 기적위척촌지부재)

(국역) "음식을 밝히는 사람이라도, 큰 것을 잃는 일이 없다
면, 음식이 어찌 마침 적고 사소한 피부만을 위한 것이
랴!"62)

(자의) o 無有-없다. o 口腹-음식. o 豈-어찌 기. o 適-마침, 따
르다.

(해설) 사람의 몸은 매우 소중하므로, 몸의 각 부분은 잘 보호

---

61) 飮食之人, 專養口腹者也.('음식지인'은 오로지 구복만을 기르는
자이다.)

62) 此, 言若使專養口腹, 而能不失其大體, 專口腹之養, 軀命所關,
不但爲尺寸之膚而已. 但養小之人, 無不失其大者.(이것은 만약
오로지 구복만을 배양하면서도, 능히 그 대체를 잃지 않으려면,
오로지 구복의 배양이 몸과 생명에 관계되는 바이니, 다만, 한자,
한치의 살만을 위함이 아닐 때이다. 다만 작은 것을 기르는 사
람은 그 큰 것을 잃지 않음이 없다.) 故, 口腹, 雖所當養, 而終
不可以小害大, 賤害貴也.(그러므로 구복은 비록 당연히 배양해
야 하나, 끝내 작은 것으로써 큰 것을 해치고, 천한 것으로써 귀
한 것을 해쳐서는 안됨을 말한 것이다.)

하고 길러야 한다. 그러나 사람의 몸에는 귀한 부분과 천
한 부분이 있고, 큰 부분과 작은 부분이 있다. 귀하고 큰
부분은 도덕심이요, 천하고 작게 여기는 부분은 감각적인
욕구를 말한다. 또 음식은 몸을 보존하는 필수요소이지만,
몸만을 보존하기 위해 급급하다면 그만큼 천박하게 된다.
그것으로 마음을 잘 보존한다면 그의 식사는 진리를 실천
하기 위한 것이 되므로 차원이 달라진다. 그러므로 작은
것으로써 큰 것을 해치며, 천한 것으로써 귀한 것을 해치
지 않게 해야 한다. 이것이 대체를 아는 지혜로움이라 할
것이다.

제15장   대체를 따르면 대인이 된다
(從其大體爲大人章 第十五)

(15-1) 公都子問曰 鈞是人也로되 或爲大人하며 或爲小
人은 何也잇고 孟子曰 從其大體爲大人이요 從其
小體爲小人이니라

(공도자문왈 균시인야, 혹위대인, 혹위소인, 하야. 맹자왈 종기대
체위대인, 종기소체위소인)

(국역) 공도자가 물었다. "다 같은 것이 대체로 사람인데, 어
떤 이는 대인이 되며, 어떤 이는 소인이 되는데 어째서입
니까?" 맹자가 말씀하였다. "그 대체를 따르는 이는 대인
이 되고, 그 소체를 따르는 이는 소인이 된다."63)

(자의) ㅇ鈞-고루 균(=均). 같이, 한가지로. ㅇ是-대체로. ㅇ或-혹

인. ○從-따를 종.

(15-2) 曰 鈞是人也로되 或從其大體하며 或從其小體는
何也잇고 曰 耳目之官은 不思而蔽於物하나니 物交
物이면 則引之而已矣요 心之官則思라 思則得之하
고 不思則不得也니 此天之所與我者라 先立乎其
大者면 則其小者不能奪也니 此爲大人而已矣니라
(왈 균시인야, 혹종기대체, 혹종기소체, 하야. 왈 이목지관, 불사
이폐어물. 물교물, 즉인지이이의. 심지관즉사. 사즉득지, 불사즉
부득야. 차천지소여아자, 선립호기대자, 즉기소자불능탈야, 차위
대인이이의)

국역 "다 같은 것이 대체로 사람이로되, 어떤 이는 그 대체
를 따르며, 어떤 이는 그 소체를 따르는 것은, 어째서입니
까?" "귀나 눈 같은 기관은 사고를 못하여 사물에 가려진
다. 이목이 사물에 교섭하게 되면 그것에 끌려갈 뿐이다.
마음 같은 기관은 사고를 한다. 사고를 하면 그것을 깨달
을 수 있고 사고하지 못하면 깨달을 수 없으니, 이것은 하
늘이 우리들에게 부여한 것이라. 먼저 그 큰 것으로부터
확립하면, 그 작은 것이 능히 뺏을 수 없을 것이니, 이것
이 대인을 만들 뿐이니라."64)

---

63) 鈞, 同也.(균은 같음이다.) 從, 隨也.(종은 따름이다.) 大體, 心也.
小體, 耳目之類也.(대체는 마음이요, 소체는 귀와 눈과 같은 부
류이다.)

64) 官之爲言, 司也.(관이란 맡는다는 뜻이다.) 耳司聽, 目司視, 各
有所職而不能思.(귀는 듣는 것을 맡고, 눈은 보는 것을 맡아서,

각기 직분이 있으나, 능히 생각할 수는 없다.) 是以, 蔽於外物, 旣不能思而蔽於外物, 則亦一物而已.(이 때문에 외물에 엄폐되어, 이미 생각할 수 없고, 외물에 엄폐되면 역시 하나의 물건일 뿐이다.) 又以外物, 交於此物, 其引之而去不難矣.(또 외물로써 이 물건에 교섭하게 되면, 아마 그 물건에 끌려가는 것이 어렵지 않다.) 心則能思, 而以思爲職. 凡事物之來, 心得其職, 則得其理, 而物不能蔽, 失其職, 則不得其理, 而物來蔽之.(마음은, 곧 능히 생각할 수 있어서 생각으로써 직분을 삼는다. 모든 사물이 올 때에, 마음이 그 직분을 얻으면, 그 도리를 얻어서 물건이 엄폐할 수 없고, 그 직분을 상실하면 그 이치를 얻지 못하여, 물건이 와서 그것을 엄폐한다.) 此三者, 皆天之所以與我者, 而心爲大. 若能有以立之, 則事無不思, 而耳目之欲, 不能奪之矣, 此所以爲大人也.(이 셋은 모두 하늘이 우리들에게 부여한 까닭인데, 마음이 가장 크다. 만약 능히 마음을 확립할 수 있으면, 생각하지 못하는 일이 없고, 이목이 하고자 해도 능히 뺏을 수 없다. 이것이 대인이 되는 이유이다.) 然, 此天之此, 舊本, 多作比, 而趙注, 亦以比方釋之.(그러나 '차천'의 차자(此字)는 옛 책에는 대부분 비(比)로 되어 있고, 조씨의 주에도 역시 비방(比方)으로써 그것을 해석하였다.) 今本, 旣多作此, 而注亦作此, 乃未詳孰是.(그런데 지금의 책에는 이미 대부분 차(此)로 되어 있어, 주 역시 차로 되어 있다. 바로 누가 옳은지 상세하지 않다.) 但作比字, 於義爲短, 故, 且從今本云.(다만, 비자(比字)로 쓰는 것이 뜻에 부족하다. 그러므로 또 지금의 책에 따른다.) 范浚心箴曰 : 茫茫堪輿, 俯仰無垠.(범준의 심잠에서 하였다. 망망한 천지는 굽어보고, 우러러봄에 한이 없다.) 人於其間, 眇然有身, 是身之微, 大倉稊米, 參爲三才, 日惟心耳.(사람이 그 사이에 작은 몸을 두고 있으나 이 몸의 미미함은 태창의 돌피 한 알에 불과한데, 참여하여 삼재가 됨은 마음 때문이다.) 往古來今, 孰無此心, 心爲形役, 乃獸乃禽.(지나간 옛날과 오는 지금에 누가 이 마음이 없겠는가마는,

자의 ○官-맡을 관(=管). ○蔽-가릴 폐. ○得-깨달을 득. ○乎-
~로부터. ○奪-뺏을 탈.

해설 사람의 눈과 귀 같은 감각기관은 소체로서 생각이 없
기에 외물과 접촉하면 그것에 끌리게 된다. 마음은 스스로
사고력을 가져서 외물에 접촉했을 때 옳고 그른 것을 판
단할 수 있고 옳은 판단으로 마음을 보존할 수 있으니 마
음은 대체가 된다. 그 마음을 밝혀서 실천하면 대인이 되
고, 이목의 욕망에 마음을 빼앗기는 사람은 소인이 된다.
이런 차이는 무엇이 참으로 가치가 있는 것인지 생각하여
실천하고 안 하는 데 달려 있는 것이다. 여기서 맹자는 눈
과 귀 같은 감각기관이, 마음이라는 기관보다 못한 이유를
사유기능이 없는 데서 찾았고, 생각하면 사리를 알고 생각
하지 않으면 알지 못한다는 것으로 논증하고자 했다. 이로
써 공자가 마련한 이성원칙의 토대(논어, 2-17, 12-22)는
확장되었다고 할 것이다.

마음이 형체에 사역되어 마침내 금수가 되는 것이다.) 惟口耳目,
手足動靜, 投間抵隙, 爲厥心病.(오직 입, 귀, 눈, 수족, 동정이
사이에 들어가고, 틈에 이르러 그 마음의 병이 된다.) 一心之微,
衆欲攻之, 其與存者, 嗚呼幾希. 君子存誠, 克念克敬, 天君泰然,
百體從令.(한 마음의 작은 것을 여러 욕심들이 그것을 공격하니,
그와 더불어 보존된 것이, 아! 얼마 되지 않구나. 군자는 성을
보존하여 능히 생각하고 능히 공경하니, 마음이 천연스러워, 백
체가 명령을 따르는 것이다.)

제16장 천작과 인작(天爵人爵章 第十六)

(16-1) **孟子曰 有天爵者**하며 **有人爵者**하니 **仁義忠信樂
善不倦**은 **此天爵也**요 **公卿大夫**는 **此人爵也**니라
(맹자왈 유천작자, 유인작자, 인의충신락선불권, 차천작야. 공경
대부, 차인작야)

(국역) 맹자가 말씀하였다. "작위에는 하늘이 주는 작위도 있
고, 사람이 주는 작위도 있으니, 인의와 충신을 행하고, 선
을 즐거워하며, 게을리하지 않는 것은, 곧 천작이요, 공·
경·대부는, 곧 인작이니라."[65]

(자의) ○爵-벼슬 작. 작위. ○倦-게으를 권.

(16-2) **古之人**은 **修其天爵而人爵從之**러니라
(고지인, 수기천작이인작종지)

(국역) "옛사람들은 그 천작을 부지런히 닦으면, 인작은 자연
히 그것에 따랐느니라."[66]

(자의) ○修-닦을 수. ○從-따를 종.

---

65) 天爵者, 德義可尊, 自然之貴也.(천작은 덕의 의방으로서 높일
만한 것이니, 자연의 존귀함이다.)

66) 修其天爵, 以爲吾分之所當然者耳. 人爵從之, 蓋不待求之而自至
也.(그 천작을 닦는다는 것은, 내 분수의 당연한 바를 위함이라
고 생각할 뿐이요, 인작이 뒤따랐다는 것은 대개 구하기를 기다
리지 않아도 스스로 이르는 것이다.)

(16-3) **今之人**은 **修其天爵**하여 **以要人爵**하고 **旣得人爵**하여는 **而棄其天爵**하나니 **則惑之甚者也**라 **終亦必亡而已矣**니라

(금지인, 수기천작, 이요인작, 기득인작, 이기기천작, 즉혹지심자야. 종역필망이이의)

국역 "그런데 지금의 사람들은, 그 천작을 닦아 인작을 요구하려고 생각한다. 이미 인작을 얻게 되면 천작을 닦는 일을 포기해버리니, 곧 미혹됨이 심한 것이다. 마침내 역시 반드시 인작마저 잃을 뿐이니라."[67]

자의 ㅇ以—~라 생각한다. ㅇ棄—버릴 기. ㅇ則—곧 즉. 다만, 단지. ㅇ惑—미혹할 혹. ㅇ終—마침내, 결국. ㅇ亡—없을 망, 잃을 망.

해설 인작은 세속적인 작위를 말하는데 반하여 천작은 도덕 세계의 질서를 말한다. 옛날 사람들은 인의충신(仁義忠信)을 본분으로 삼아 이를 닦기에 힘썼으며, 이것을 닦음으로써 벼슬은 저절로 얻었다. 그러나 지금의 사람들은 출세의 수단으로 인의충신을 닦다가 벼슬을 얻은 뒤에는 겨우 닦던 수신조차도 하지 않는다. 그러니 벼슬은 보존할 수가 없고 몸까지 망치고 마는 수가 많다.

---

67) 要, 求也. 修天爵以要人爵, 其心固已惑矣.(요는, 구함이다. 천작을 닦아서, 그리고 인작을 요구하니, 그 마음이 진실로 이미 의혹한 것이요.) 得人爵而棄天爵, 則其惑又甚焉, 終必幷其所得之人爵而亡之也.(인작을 얻고서 천작을 버린다면, 그 의혹이 또 더욱 심할 것이니, 끝내 반드시 그가 얻은 바의 인작까지 아울러 잃고 말 것이다.)

제17장 조맹이 귀하게 여긴 것
(趙孟之所貴章 第十七)

(17-1) 孟子曰 欲貴者는 人之同心也니 人人이 有貴於己
者언마는 弗思耳니라

(맹자왈 욕귀자, 인지동심야, 인인, 유귀어기자, 불사이)

(국역) 맹자가 말씀하였다. "존귀함을 바라는 것은 사람들의
같은 마음이니, 사람마다 자기에게 존귀함을 소유하고 있
건마는, 그것을 생각하지 않을 뿐이니라."68)

(자의) ○人人―사람마다. ○弗―아닐 불. ○耳―뿐 이.

(17-2) 人之所貴者는 非良貴也니 趙孟之所貴를 趙孟이
能賤之니라

(인지소귀자, 비량귀야, 조맹지소귀, 조맹, 능천지)

(국역) "남이 나를 존귀하게 만드는 것은, 참으로 존귀한 것이
아니니, 조맹이 존귀하게 만든 것은 조맹이 능히 비천하게
만들 수도 있기 때문이니라."69)

---

68) 貴於己者, 謂天爵也.(자기에게 귀하다는 것은 천작을 이른다.)

69) 人之所貴, 謂人以爵位加己而後貴也.(남이 귀하게 해준다는 것은,
남이 작위로써 자기에게 보태서 뒤에 귀하게 됨을 이른다.) 良
者, 本然之善也.(양은 본연의 선이다.) 趙孟, 晉卿也.(조맹은 진
나라의 경이다.) 能以爵祿與人而使之貴, 則亦能奪之而使之賤
矣.(능히 작록을 남에게 줌으로써 그로 하여금 귀하게 할 수 있
다면, 역시 능히 빼앗아 천하게 할 수도 있는 것이다.) 若良貴,

(**자의**) ㅇ良－어질 량. 참으로, 대단히, 확실히.

(17-3) 詩云 旣醉以酒요 旣飽以德이라하니 言飽乎仁義也
라 所以不願人之膏粱之味也며 令聞廣譽施於身
이라 所以不願人之文繡也니라

(시운 기취이주, 기포이덕, 언포호인의야. 소이불원인지고량지미
야, 영문광예시어신. 소이불원인지문수야)

(**국역**) " '시경'에 이르기를, '이미 술로써 취하고, 이미 덕으로
써 배불렀다.' 하였으니 이는 인의에 배부른지라. 그래서
남의 고량진미를 원치 아니함을 말한 것이다. 좋은 소문과
널리 퍼진 명예가 자신에게 베풀어져 있는지라. 그 때문에
무늬가 놓이고 자수를 한 남의 비단옷을 원치 아니함을
말한 것이니라."70)

(**자의**) ㅇ醉－술취할 취. ㅇ飽－배부를 포 ㅇ所以－~때문에. ㅇ膏－
기름질 고. ㅇ粱－찰기장 량. ㅇ令－좋을 령. ㅇ譽－이름날 예.

則人安得而賤之哉.(만약 본래부터 귀한 것이면, 남이 어찌 그것
을 천하게 할 수 있겠는가?)

70) 詩, 大雅旣醉之篇.(시는 '시경' '대아'편 '기취'장이다.) 飽, 充足
也.(포는 충족이다.) 願, 欲也.(원은 하고자 함이다.) 膏, 肥肉.
(고는 살찐 고기이다.) 粱, 美穀.(양은 좋은 곡식이다.) 令, 善
也.(영은 좋음이다.) 聞, 亦譽也.(문은 역시 명예이다.) 文繡, 衣
之美者也.(문수는 옷의 아름다운 것이다.) 仁義充足而聞譽彰著,
皆所謂良貴也.(인의가 충족되고 명예가 현저히 드러남은 모두
이른바 본래부터 귀한 것이다.) 尹氏曰 : 言在我者重, 則外物輕.
(윤씨가 말하였다. 나에게 있는 것이 소중하면, 외물이 가벼워짐
을 말한 것이다.)

ㅇ文-문채. ㅇ繡-수놓을 수.

(해설) 누구나 존귀하게 되고자 바라는 마음은 같다. 그런데
그 존귀함이 바로 천작, 즉 인의충신(仁義忠信)인 줄을 모
르고, 남이 주는 벼슬이나 아름다운 의복으로 되는 줄로만
알고 있다. 자기의 천작을 부지런히 닦으면 스스로 존귀하
게 됨을 먼저 깨닫는 것이 필요하다. 경영인은 닥쳐올 추
세를 분석하고 전략을 세우며, 리더십에도 신경을 써야 한
다. 나아가 혁신에 저항하는 사고(思考)들을 이해하고 현
실적으로 해석할 수도 있어야 한다. 그래야 이들을 이길
수 있는 전략을 개발할 수 있는 것이다.

제18장 어짊이 어질지 못함을 이긴다
(仁之勝不仁章 第十八)

(18-1) 孟子曰 仁之勝不仁也는 猶水勝火하니 今之爲仁
者는 猶以一杯水로 救一車薪之火也라 不熄이면
則謂之水不勝火라하나니 此又與於不仁之甚者也
니라

(맹자왈 인지승불인야, 유수승화. 금지위인자, 유이일배수, 구일
거신지화야. 불식, 즉위지수불승화, 차우여어불인지심자야)

(국역) 맹자가 말씀하였다. "어짊이 어질지 못한 것을 이기는
것은, 물이 불을 이기는 것과 같은 이치이다. 그런데 지금
인을 행하는 자는 한 잔의 물로써 한 수레의 나무에 붙은
불을 끄는 것과 같은지라. 꺼지지 않으면 물이 불을 이기

지 못한다고 말하니, 이렇게 말하는 것은 또 어질지 못함
에 참여함이 매우 심한 것이니라."71)

(자의) ㅇ勝-이길 승. ㅇ杯-술잔 배. ㅇ薪-섶 신. ㅇ熄-꺼질 식.

(18-2) 亦終必亡而已矣니라
   (역종필망이이의)

(국역) "역시 마침내 반드시 망할 뿐이니라."72)

(해설) 물이 불을 이기는 것은 당연하다. 그런데 한 잔의 물로
써 한 차의 장작불을 이길 수는 없다. 마찬가지로 보잘것
없는 인으로써 큰 불인을 이기려고 하면 도리어 불인에
망할 수밖에 없다. 비슷한 내용이 이루장구 하 제16장에도
나온다.

---

71) 與, 猶助也.(여는 조와 같다.) 仁之能勝不仁, 必然之理也, 但爲
之不力, 則無以勝不仁.(인이 불인을 이김은 필연의 이치인데, 다
만, 그것을 함에 힘쓰지 않으면 불인을 이길 수 없다.) 而人遂以
爲眞不能勝, 是, 我之所爲有以深助於不仁者也.(그런데 사람들은
마침내 참으로 이길 수 없다고 여기니, 이것은 나의 하는 바가,
깊이 불인에 도움이 될 수 있기 때문이다.)

72) 言此人之心, 亦且自怠於爲仁, 終必幷與其所爲而亡之.(이 사람의
마음 역시 또 스스로 인을 행함에 태만하여, 끝내는 반드시 그
가 하는 바마저 아울러 잃게 됨을 말한 것이다.) 趙氏曰 : 言爲
仁不至, 而不反諸己也.(조씨가 말하였다. 인을 하기를 지극히 하
지 않고서, 자기 몸에 돌이키지 않음을 말한 것이다.)

제19장 어짊 역시 여무는 데 있다
(仁亦在熟章 第十九)

(19-1) 孟子曰 五穀者는 種之美者也나 苟爲不熟이면 不
如荑稗니 夫仁亦在乎熟之而已矣니라

（맹자왈 오곡자, 종지미자야, 구위불숙, 불여이패, 부인역재호숙
지이이의）

국역 맹자가 말씀하였다. "오곡은 곡식 중에서 아름다운 것
이기는 하나, 진실로 잘 익지 못하면 피만도 못하니, 대저
인(仁) 역시 성숙함에 달려 있을 뿐이니라."73)

자의 ○穀−곡식 곡. ○五穀−쌀・보리・콩・조・기장. ○種−씨 종.
○苟−진실로 구. ○熟−익을 숙. ○荑−피 이(제). ○稗−피 패.

---

73) 荑稗, 草之似穀者, 其實亦可食.(이패는 풀 중에 곡식과 같은 것
이니, 그 열매는 역시 먹을 수 있다.) 然, 不能如五穀之美也. 但
五穀不熟, 則反不如荑稗之熟, 猶爲仁而不熟, 則反不如爲他道之
有成.(그러나 능히 오곡처럼 아름답지는 못하다. 다만, 오곡이
성숙하지 못하면, 도리어 이패의 성숙함만 못하니, 인을 하되 익
숙하게 하지 못하면 도리어 다른 일을 하여 성공이 있는 것만
못함과 같다.) 是以, 爲仁, 必貴乎熟, 而不可徒恃其種之美, 又不
可以仁之難熟, 而甘爲他道之有成也.(이 때문에 인을 행함은 반
드시 익숙히 함을 귀하게 여기니, 한갓 그 종자의 아름다움만을
믿어서는 안되고, 또 인이 익숙하기 어렵다고 하여, 다른 일을
하여 성공이 있는 것을 달게 여겨서도 안된다.) 尹氏曰 : 日新而
不已則熟.(윤씨가 말하였다. 날로 새롭게 하고, 그치지 않으면
익숙해진다.)

(해설) 오곡이 아무리 맛좋고 영양이 풍부한 식량일지라도 잘 여물지 않으면 쓸모가 없다. 마찬가지로 훌륭한 인(仁)일지라도 그것을 잘 길러 체질화하지 않으면 불인(不仁)을 대항할 수 없고 도리어 자신을 손상할 뿐이다.

제20장 반드시 최선의 입장을 취하라
(必志於彀章 第二十)

(20-1) **孟子曰 羿之敎人射**에 **必志於彀**하나니 **學者**도 **亦 必志於彀**니라

(맹자왈 예지교인사, 필지어구, 학자, 역필지어구)

(국역) 맹자가 말씀하였다. "예가 사람에게 활쏘기를 가르칠 때에, 반드시 활시위를 힘껏 당기는 것에 뜻을 두게 하였으니, 배우는 자도 역시 반드시 활시위를 힘껏 당기는 것에 뜻을 두었느니라."74)

(자의) ㅇ羿—이름 예. ㅇ射—쏠 사. ㅇ彀—활당길 구.

(20-2) **大匠**이 **誨人**에 **必以規矩**하나니 **學者**도 **亦必以規矩** 니라

(대장, 회인, 필이규구, 학자, 역필이규구)

---

74) 羿, 善射者也.(예는 활쏘기를 잘한 자이다.) 志, 猶期也.(지는 기약함과 같다.) 彀, 弓滿也. 滿而後發, 射之法也.(구는 활을 가득히 당기는 것이니, 가득히 당긴 후에 발사하는 것이, 활을 쏘는 법이다.) 學, 謂學射.(학은 활쏘기를 배우는 것을 이른다.)

국역　"장인이 사람을 가르칠 적에, 반드시 규구로써 하나니, 배우는 자도 역시 반드시 규구로써 배우느니라."75)

자의　ㅇ匠-장인 장. ㅇ誨-가르칠 회. ㅇ規-법 규. 원형을 그리는 그림쇠. ㅇ矩-법 구. 직선과 방형(方形)을 그리는 그림쇠. ㅇ規矩-지금의 컴퍼스와 T자.

해설　남을 가르치고 그것을 배우는 데에는 반드시 거기에 필요한 원칙에 따라야 한다. 활쏘기와 목공일에 있어서도 거기에 필요한 기본적인 자세와 법칙을 먼저 익힌다. 진리를 배우는 데 있어서도 마찬가지이다. 설사 진리를 안다 하더라도 그것을 표현하는 방법을 모르면 의미가 없고, 표현을 잘하더라도 그것이 진리에 근거하지 않은 것이면 의미가 없다.

---

75) 大匠, 工師也. 規矩, 匠之法也.(대장은 공사이다. 규구는 목수의 법기(法器)이다.) 此章, 言事必有法然後, 可成, 師舍是則無以教, 弟子舍是則無以學. 曲藝且然, 況聖人之道乎.(이 장은, 일은 반드시 법이 있은 연후에 이루어질 수 있다. 스승이 이것을 버리면, 가르칠 수 없고, 제자가 이것을 버리면, 배울 수 없음을 말한 것이다. 하찮은 기예도 또한 그러한데, 하물며 성인의 도에 있어서랴!)

제 12 편

告子章句下[1]

고자장구하

제1장   임나라 사람이 옥려자에게 질문하다
(任人問屋廬子章 第一)

(1-1) **任人**이 **有問屋廬子曰 禮與食**이 **孰重**고 **曰 禮重**이
니라
(임인, 유문옥려자왈 예여식, 숙중. 왈 예중)

(국역) 임나라 사람이 맹자의 제자인 옥려자에게 물었다. "예
의를 지키는 것과 먹고사는 것은 어느 것이 소중합니까?"
"예의가 더 소중하다."[2]

(자의) ○任-맡을 임. ○廬-집 려. ○孰-누구 숙.

(1-2) **色與禮孰重**고
(색여례숙중)

(국역) "여색을 좋아하는 것과 예의를 지키는 것은 어느 쪽이
소중합니까?"[3]

(1-3) **曰 禮重**이니라 **曰 以禮食**이면 **則飢而死**하고 **不以禮**
食이면 **則得食**이라도 **必以禮乎**아 **親迎**이면 **則不得妻**
하고 **不親迎**이면 **則得妻**라도 **必親迎乎**아
(왈 예중. 왈 이례식, 즉기이사, 불이례식, 즉득식, 필이례호 친

---

2) 任, 國名.(임은 나라 이름이다.) 屋廬子, 名連, 孟子弟子也.(옥려
자는 이름이 연이니, 맹자의 제자이다.)
3) 任人復問也.(임나라 사람이 다시 물은 것이다.)

영, 즉부득처, 불친영, 즉득처, 필친영호)

(국역) "예의가 더 소중하다." "예의를 지키면서 먹고산다면 굶어서 죽고, 예의를 지키지 않고 먹고산다면 먹고 살 수 있더라도 반드시 예의로써 지켜야 합니까? 친영의 예를 지키면 아내를 얻지 못하고, 친영의 예를 지키지 않으면 아내를 얻을 수 있더라도 반드시 친영의 예를 지켜야 합니까?"

(자의) ㅇ飢-굶주릴 기. ㅇ親迎-혼례 중 육례의 하나로 신랑이 신부의 집에 가서 신부를 맞아 오는 의식.

(1-4) **屋廬子不能對**하여 **明日**에 **之鄒**하여 **以告孟子**한대 **孟子曰 於答是也**에 **何有**리오

　　(옥려자불능대, 명일, 지추, 이고맹자, 맹자왈 어답시야, 하유)

(국역) 옥려자가 능히 대답하지 못하여 그 다음날 추나라에 가서 맹자에게 아뢰자, 맹자가 말씀하였다. "그것을 대답함에 무슨 어려움이 있겠는가?"4)

(자의) ㅇ鄒-추나라 추. ㅇ於--~에.

(1-5) **不揣其本而齊其末**이면 **方寸之木**을 **可使高於岑樓**니라

　　(불췌기본이제기말, 방촌지목, 가사고어잠루)

(국역) "그 근본을 헤아리지 않고 그 말단만을 가지런히 한다면, 사방 한치의 나무토막을 잠루보다 높게 할 수 있

---

4) 何有, 不難也.(하유는 어렵지 않음이다.)

다.")5)

(자의) ㅇ揣-헤아릴 췌, 품을 취. ㅇ岑-묏부리 잠. 산봉우리. ㅇ樓-
누각 루. ㅇ岑樓-높이 솟은 뾰족한 산.

(1-6) **金重於羽者**는 **豈謂一鉤金與一輿羽之謂哉**리오
(금중어우자, 기위일구금여일여우지위재)

(국역) "쇠가 깃털보다 무겁다는 것은, 어찌 하나의 갈고리 쇠
와 한 수레의 깃털을 말함이겠는가?"6)

(자의) ㅇ羽-깃 우. ㅇ謂-말할 위, 뜻 위. ㅇ鉤-갈고리 구. ㅇ輿-수
레 여.

(1-7) **取食之重者**와 **與禮之輕者而比之**면 **奚翅食重**이며
取色之重者와 **與禮之輕者而比之**면 **奚翅色重**이리오

---

5) 本, 謂下. 末, 謂上.(본은 아래를 이르고, 말은 위를 이른다.) 方
寸之木至卑, 喩食色.(방촌의 나무는 지극히 낮으니, 식색을 비유
한 것이다.) 岑樓, 樓之高銳似山者, 至高, 喩禮.(잠루는 누대가
높고 뾰족하여 산과 유사한 것으로, 지극히 높으니, 예에 비유한
것이다.) 若不取其下之平, 而升寸木於岑樓之上, 則寸木反高, 岑
樓反卑矣.(만약 그 아래의 평탄을 취하지 않고, 한치 되는 나무
를 잠루의 위에 올려놓는다면, 한치 되는 나무는 도리어 높아지
고, 잠루는 도리어 낮아질 것이다.)

6) 鉤, 帶鉤也.(구는 허리띠의 갈고리〔버클〕이다.) 金本重而帶鉤小,
故輕, 喩禮有輕於食色者.(쇠는 본래 무거우나, 허리띠의 갈고리는
작다. 그러므로 가볍다. 예가 식색보다 가벼운 경우가 있음을 비
유한 것이다.) 羽本輕而一輿多, 故重, 喩食色有重於禮者.(깃털은
본래 가벼운 것이나, 한 수레는 많다. 그러므로 무겁다. 식색이
예보다 무거운 경우가 있음을 비유한 것이다.)

(취식지중자, 여례지경자이비지, 해시식중, 취색지중자, 여례지경자이비지, 해시색중)

(국역) "먹고사는 것의 소중함과 예의 가벼운 것을 취하여 그것을 비교하면 어찌 먹고사는 것만이겠는가? 여색의 소중함과 예의 가벼운 것을 취하여 그것을 비교하면 어찌 여색의 소중한 것만이겠는가?"7)

(자의) ㅇ奚-어찌 해. ㅇ翅-뿐 시(=啻). ㅇ奚翅(啻)-어찌 ~만이겠는가? 어찌 ~에 그치랴?

(1-8) 往應之曰 紾兄之臂而奪之食이면 則得食하고 不紾이면 則不得食이라도 則將紾之乎아 踰東家牆而摟其處子면 則得妻하고 不摟면 則不得妻라도 則將摟之乎아하라

(왕응지왈 진형지비이탈지식, 즉득식, 부진, 즉부득식, 즉장진지호. 유동가장이루기처자, 즉득처, 불루, 즉부득처, 즉장루지호)

(국역) "가서 이렇게 응답하라."고 말씀하였다. "형의 팔을 비틀어서 먹을 것을 뺏으면 먹을 것을 얻게 되고, 비틀지 않으면 먹을 것을 얻지 못한다고 장차 그의 팔을 비틀겠는가? 동쪽 집의 담을 넘어 그 집의 처녀를 끌어오면 아내

---

7) 禮食親迎, 禮之輕者也.(식사 예절과 친영은 예의 가벼운 것이다.) 飢而死以滅其性, 不得妻而廢人倫, 食色之重者也.(굶어 죽어서 그 성품을 소멸함과 처를 얻지 못하여 인륜을 폐함은 식색의 중한 것이다.) 奚翅, 猶言何但. 言其相去懸絶, 不但有輕重之差而已.(해시는 '어찌 단지'란 말과 같으니, 그 거리가 서로 현격하여, 단지 경중의 차이가 있을 뿐만이 아님을 말한 것이다.)

를 얻을 수 있고, 끌고 오지 못하면 아내를 얻을 수 없다
고 장차 그 처녀를 끌어오겠는가?"8)

자의 ㅇ往—갈 왕. ㅇ紾—비틀 진. ㅇ臂—팔 비. ㅇ踰—넘을 유.
ㅇ牆—담 장. ㅇ摟—끌 루.

해설 예의가 중요하나 식·색이 더 중요한 경우도 있다. 예
컨대 굶주려 목숨이 위태로운 자에게는 식사가 예절보다
중요할 것이다. 그러므로 상황에 맞게 행동하는 것이 필요
하게 되는 것이다. 이미 이루장구 상 제17장에서 보았듯이
권변(權變)을 용인하는 것은 규범을 고집하다가 규범 그
자체를 해칠까 싶어[賊道] 허용하는 것이니, 반드시 어떤
보편적인 원칙에 따라야 한다. 권변은 최고원칙인 인을 지
키기 위한 수단이기 때문이다.

---

8) 紾, 戾也.(진은 비틂이다.) 摟, 牽也.(누는 끎이다.) 處子, 處女也.
(처자는 처녀이다.) 此二者, 禮與食色皆其重者, 而以之相較, 則禮
爲尤重也.(이 둘은 예와 더불어 식색이 모두 그 중한 경우인데,
이것으로써 서로 비교해보면 예가 더욱 중함이 된다.) 此章, 言義
理事物, 其輕重, 固有大分, 然, 於其中, 又各自有輕重之別.(이 장
은 의리와 사물은 그 경중이 진실로 크게 분별이 있다. 그러나
그 중에서 또 각자 경중의 분별이 있다.) 聖賢於此, 錯綜斟酌, 毫
髮不差, 固不肯枉尺而直尋, 亦未嘗膠柱而調瑟, 所以斷之, 一視於
理之當然而已矣.(이에서 성현은 이리저리 종합하고 수작하여 털
끝만큼도 어긋나지 않게 하니, 진실로 한자를 굽혀, 한길을 펴기
를 즐거워하지도 않으며, 역시 아직 일찍이 융통성 없이 음을 조
절하는 안주(雁柱)를 아교로 붙여놓고 비파를 타지도 않는다. 그
러니까 그것을 단절함은 한결같이 이치의 당연함에서 볼 뿐이다.)

제2장 조교의 질문(曹交問章 第二)

(2-1) 曹交問曰 人皆可以爲堯舜이라하니 有諸잇가 孟子
曰 然하다

(조교문왈 인개가이위요순, 유저. 맹자왈 연)

국역 조교가 물었다. "사람은 모두 요순이 될 수 있다고 하
는데 그런 것이 있습니까?" 맹자가 말씀하였다. "그렇습니
다."9)

자의 ㅇ曹-무리 조, 성 조. ㅇ可以-~할 수 있다. ㅇ諸-(=之於).

(2-2) 交는 聞 文王은 十尺이요 湯은 九尺이라하나 今交는
九尺四寸以長이로되 食粟而已로니 如何則可니잇고

(교, 문문왕, 십척, 탕, 구척, 금교, 구척사촌이장, 식속이이, 여하
즉가)

국역 "조교가 들으니 문왕은 신장이 10척이요, 탕왕은 9척
이라 하는데, 그런데 지금 교는 9척 4촌으로 자랐으되 조
밥만 먹을 줄 알 뿐이니, 어떻게 하면 요순같이 되겠습니
까?"10)

---

9) 趙氏曰 : 曹交, 曹君之弟也.(조씨가 말하였다. 조교는 조나라 군주
의 아우이다.) 人皆可以爲堯舜, 疑古語, 或孟子所嘗言也.(사람이
모두 요순이 될 수 있다는 것은 의심컨대, 옛말이거나, 혹은 맹자
가 일찍이 한 말인 듯하다.)

10) 曹交問也. 食粟而已, 言無他材能也.(조교가 물은 것이다. 곡식을

(자의) ㅇ以－그리고.　ㅇ粟－조 속.

(2-3) 曰 奚有於是리오 亦爲之而已矣니라. 有人於此하니
　　力不能勝一匹雛면 則爲無力人矣요 今曰擧百鈞이
　　면 則爲有力人矣니 然則擧烏獲之任이면 是亦爲烏
　　獲而已矣니라 夫人은 豈以不勝爲患哉리오 弗爲耳
　　니라

　　(왈 해유어시, 역위지이이의. 유인어차, 역불능승일필추, 즉위무
　　력인의, 금왈거백균, 즉위유력인의. 연즉거오획지임, 시역위오획
　　이이의. 부인, 기이불승위환재, 불위이)

(국역) "요순처럼 되는 일에 어찌 어려움이 있으리오. 역시 그
　　렇게 해나갈 뿐입니다. 여기에 어떤 사람이 있는데, 힘이
　　능히 한 마리 오리새끼를 이길 수 없다고 한다면, 무력(無
　　力)한 사람이 될 것이요, 그런데 지금 백균을 들 수 있다
　　고 한다면, 유력(有力)한 사람이 될 것입니다. 그렇다면
　　오획(烏獲)이 들던 짐을 들 수 있으면, 이것 역시 오획이
　　될 뿐입니다. 대저 사람이 어찌 능히 감당하지 못하는 것
　　으로써 근심을 합니까? 자기가 하지 않을 뿐입니다."11)

(자의) ㅇ勝－이길 승. 능히 감당하다.　ㅇ匹－짝 필.　ㅇ雛－새끼 추.

먹을 뿐이라는 것은, 다른 재능이 없음을 말한 것이다.)

11) 匹字, 本作鴄, 鴨也, 從省作匹. 禮記說 匹爲鶩 是也.('필'(匹)자
　　는 본래 필(鴄)로 되어 있으나 오리이다. 생략하여 필로 썼으니
　　'예기'에 필(匹)을 집오리[鶩]라고 설명한 것이 이것이다.) 烏獲,
　　古之有力人也, 能擧移千鈞.(오획은 옛날에 힘이 세었던 사람이
　　니, 능히 천균을 들어 옮길 수 있었다.)

○鈞−서른 근 균. ○烏−까마귀 오. ○獲−얻을 획. ○烏獲−진
(秦)나라 무왕 때의 역사. ○任−짐 임. ○患−근심 환.

(2-4) 徐行後長者를 謂之弟요 疾行先長者를 謂之不弟니
夫徐行者는 豈人所不能哉리오 所不爲也니 堯舜之
道는 孝弟而已矣니라
(서행후장자, 위지제, 질행선장자, 위지부제, 부서행자, 기인소불
능재. 소불위야, 요순지도, 효제이이의)

(국역) "천천히 걸어 어른보다 뒤에 가는 것을 공경한다고 이
르고, 빨리 걸어 어른보다 앞서 가는 것을 공경하지 않는
다고 이르니, 대저 천천히 걷는 것이 어찌 사람들이 능히
할 수 없는 일이리오. 하지 않는 것이니 요순의 도는 효도
와 공경일 뿐입니다."12)

(자의) ○徐−천천히 서. ○弟−공경 제(＝悌). ○疾−빠를 질.

(2-5) 子服堯之服하며 誦堯之言하며 行堯之行이면 是堯

---

12) 陳氏曰 : 孝弟者, 人之良知良能, 自然之性也.(진씨가 말하였다.
효제는 사람의 양지 양능으로 자연의 본성이다.) 堯舜, 人倫之
至, 亦率是性而已. 豈能加毫末於是哉.(요순은 인륜의 지극함인
데도, 역시 이 본성을 따를 뿐이었으니, 어찌 능히 이것보다 털
끝만큼이라도 더할 수 있겠는가?) 楊氏曰 : 堯舜之道大矣, 而所
以爲之, 乃在夫行止疾徐之間, 非有甚高難行之事也, 百姓, 蓋日
用而不知耳.(양씨가 말하였다. 요순의 도가 크되, 그것을 하는
방법은, 바로 가고 멈춤을 빨리 하고 서서히 하는 사이에 있는
것이요, 매우 높고 행하기가 어려운 일이 있지도 않은데, 백성들
이 대개 날마다 사용하면서도 알지 못할 뿐이다.)

而已矣요 子服桀之服하며 誦桀之言하며 行桀之行
이면 是桀而已矣니라

(자복요지복, 송요지언, 행요지행, 시요이이의. 자복걸지복, 송걸
지언, 행걸지행, 시걸이이의)

(국역) "그대가 요제가 입던 옷을 입으며, 요제의 말씀을 외우
며, 요제의 행실을 행한다면 바로 요임금이요, 그대가 걸
왕이 입던 옷을 입으며, 걸왕의 말을 외우며, 걸왕의 행실
을 행하면 바로 걸왕일 뿐입니다."13)

(자의) ㅇ子-그대. ㅇ誦-욀 송. ㅇ服-옷 복. 입다.

(2-6) 曰 交得見於鄒君이면 可以假館이니 願留而受業於
門하노이다

(왈 교득견어추군, 가이가관, 원류이수업어문)

(국역) "조교가 추나라에서 군주를 만나 볼 수 있으면, 관사를
빌릴 수 있을 것이니, 거기에 머물면서 그 문하에서 수업
을 원합니다."14)

---

13) 言爲善爲惡, 皆在我而已.(선을 하고 악을 함이, 모두 나에게 있
을 뿐임을 말한 것이다.) 詳曹交之問, 淺陋麤率, 必其進見之時,
禮貌衣冠言動之間, 多不循理.(조교의 질문을 살펴보면, 천근하고
비루하고 거칠고 경솔하여, 반드시 그가 나아가 뵈올 적에 예모
와 의관과 언동의 사이에 도리를 따르지 않은 것이 많았다.) 故,
孟子告之如此兩節云.(그러므로 맹자는 그에게 고하기를 이 양
절과 같이 한 것이다.)

14) 假館而後受業, 又可見其求道之不篤.(관사를 빌린 뒤에 수업하려
고 하니, 또 그가 도를 구함이 돈독하지 못함을 볼 수 있다.)

(자의) ㅇ假-빌릴 가. ㅇ館-집 관. ㅇ留-머무를 류.

(2-7) 曰 夫道若大路然하니 豈難知哉리오 人病不求耳니
子歸而求之면 有餘師리라

(왈 부도약대로연, 기난지재. 인병불구이, 자귀이구지, 유여사)

(국역) "대저 도는 대로와 같은 것이니 어찌 알기가 어렵겠는
가? 사람이 구하지 않음이 병일 뿐이니, 그대는 돌아가서
그것을 구하면 다른 스승이 있을 것입니다."15)

(해설) 맹자는 성인도 일반 백성과 같은 종류에 속한다고 본
다(공손추장구 상 2-28). 그래서 조교의 질문에 '그렇소
〔然〕'라고 대답한 것이다. 성인과 동류인 개인도 누구든지
자기의 양심을 밝혀 실천하기만 하면 요순 같은 도덕의
경지에 이를 수 있다는 것이다. 이런 생각은 도덕상 평등
관념이 배경에 깔려 있다. 공자는 성인을 선도자로 보는데,

---

15) 言道不難知, 若歸而求之事親敬長之間, 則性分之內, 萬理皆備,
隨處發見, 無不可師, 不必留此而受業也.(도는 알기 어렵지 않으
니, 만약 돌아가서 어버이를 섬기고, 어른을 공경하는 사이에서
찾는다면 그 성분 안에 온갖 이치가 모두 구비되어 있어, 장소
에 따라 발현되어, 스승으로 삼을 만하지 않은 것이 없으니, 반
드시 여기서 머물며 수업할 것이 없음을 말한 것이다.) 曹交事
長之禮旣不至, 求道之心, 又不篤.(조교는 어른을 섬기는 예가
이미 지극하지 못하였고, 도를 구하는 마음이 또 돈독하지 못하
였다.) 故, 孟子敎之以孝弟, 而不容其受業. 蓋孔子餘力學文之意,
亦不屑之敎誨也.(그러므로 맹자는 효제로써 가르치고, 그의 수업
을 수용하지 않았다, 대개 공자의 '여력이 있으면 글을 배운다.'
는 뜻이요, 역시 '불설의 교회'인 것이다.)

맹자는 성인의 초월성을 해소했다. 그래서 양심을 회복하면 성인이 될 수 있고, 왕도정치를 실현할 수 있다고 웅변하는 것이다. 그런데 조교는 아직 진리를 탐구할 단계에 미치지 못했으니, 인의의 출발점인 효제(孝悌)에 힘쓰도록 말하고, 학문을 하는 데는 공부방이 아니라 성실한 태도라는 시각에서 그의 요청을 사양했다고 볼 것이다.

제3장　소반과 개풍의 시(小弁凱風章 第三)

(3-1) 公孫丑問曰 高子曰 小弁은 小人之詩也라하더이다
孟子曰 何以言之오 曰 怨이니이다

　　(공손추문왈 고자왈 소반, 소인지시야. 맹자왈 하이언지. 왈 원)

〔국역〕 공손추가 물었다. "고자가 말하는데, 소반은 소인의 시라 하더이다." 맹자가 말씀하였다. "무엇으로 그렇게 말하던가?" "원망하기 때문입니다."16)

〔자의〕 ㅇ弁—즐거워할 반. ㅇ怨—원망할 원.

(3-2) 曰 固哉라 高叟之爲詩也여 有人於此하니 越人關

---

16) 高子, 齊人也.(고자는 제나라 사람이다.) 小弁, 小雅篇名.(소반은 '시경' 소아' 편명이다.)　周幽王娶申后, 生太子宜臼, 又得褒姒, 生伯服, 而黜申后, 廢宜臼.(주나라 유왕이 신후에게 장가들어 태자 의구를 낳고, 또 포사를 얻어 백복을 낳고는, 신후를 축출하고 의구를 폐위하였다.) 於是, 宜臼之傅, 爲作此詩, 以敘其哀痛迫切之情也.(그래서 의구의 사부가 그를 위하여 이 시를 지어서, 그리고 그 애통하고 박절한 심정을 서술한 것이다.)

弓而射之어든 則己談笑而道之는 無他라 疏之也요
其兄이 關弓而射之어든 則己垂涕泣而道之는 無他
라 戚之也니 小弁之怨은 親親也라 親親은 仁也니
固矣夫라 高叟之爲詩也여

(왈 고재, 고수지위시야. 유인어차, 월인완궁이사지, 즉기담소이
도지, 무타, 소지야. 기형, 만궁이사지, 즉기수체읍이도지, 무타,
척지야. 소반지원, 친친야. 친친, 인야. 고의부, 고수지위시야)

국역 "고루하다. 고수의 시를 해석함이여! 여기에 어떤 사람
이 있다고 하자. 월나라 사람이 활을 당겨 그를 쏘려고 하
거든, 그[己]가 담소하며 그에게 말하는 것은, 다름이 아
니라 그와 소원한 관계이기 때문이요, 그 형이 활을 당겨
그를 쏘려고 하거든 그가 눈물을 흘리면서 그에게 말하는
것은, 다름아니라 그와 육친의 관계이기 때문이니, 소반의
원망은 어버이를 친애하기 때문이니라. 어버이를 친애함은
인(仁)한 마음이다. 고루하다. 고수의 시를 해석함이여!"17)

자의 ○固－굳을 고 ○叟－늙은이 수. ○有－어떤 유. ○關－활당길
완(＝彎). ○己－그가(＝其). ○談笑－웃으며 이야기하다. ○道－말
할 도. ○疏－소원할 소. ○垂－드리울 수. ○涕－눈물 체. ○泣－
울 읍. ○戚－친할 척. ○親親－어버이를 친애함.

(3-3) 曰 凱風은 何以不怨이니잇고

---

17) 固, 謂執滯不通也.(고는 붙잡고 머물러 통하지 못함을 이른다.)
爲, 猶治也.(위는 다스림과 같다.) 越, 蠻夷國名.(월은 만이의 국
명이다.) 道, 語也.(도는 말함이다.) 親親之心, 仁之發也.(친친의
마음은 인에서 나온 것이다.)

(왈 개풍, 하이불원)

(국역) "개풍 시에서는 어찌하여 원망하지 아니했습니까?"18)

(자의) ㅇ凱-착할 개.

(3-4) 曰 凱風은 親之過小者也요 小弁은 親之過大者也
니 親之過大而不怨이면 是는 愈疏也요 親之過小而
怨이면 是는 不可磯也니 愈疏도 不孝也요 不可磯도
亦不孝也니라

(왈 개풍, 친지과소자야, 소반, 친지과대자야, 친지과대이불원, 시,
유소야, 친지과소이원, 시, 불가기야, 유소, 불효야, 불가기, 역불
효야)

(국역) "개풍 시에서는 어버이의 과실이 적은 것이요, 소반 시
에서는 어버이의 과실이 큰 것이니, 어버이의 과실이 큰데
도 원망을 않으면 이것은 더욱 소원해지는 것이요, 어버이
의 과실이 적은데도 원망하면 이것은 부딪칠 수 없게 되
는 것이니, 더욱 소원해지는 것도 불효요, 부딪칠 수 없게
되는 것도 불효이니라."19)

(자의) ㅇ愈-더욱 유. ㅇ磯-물가 기, 부딪칠 기.

---

18) 凱風, 邶風篇名.(개풍은 '시경' '패풍'의 편명이다.) 衛有七子之
母, 不能安其室, 七子作此以自責也.(위나라에 일곱 아들을 둔
어머니가 있었는데, 능히 그 집을 편안히 여기지 못하거늘, 일곱
아들들이 이 시를 지어서 자책한 것이다.)

19) 磯, 水激石也.(기는 물이 부딪치는 돌이다.) 不可磯, 言微激之而
遽怒也.('불가기'는 조금만 부딪쳐도 대번에 노함을 말한다.)

(3-5) 孔子曰 舜은 其至孝矣신저 五十而慕라하시니라

(공자왈 순, 기지효의, 오십이모)

국역 공자가 말씀하였다. "순은 아마 지극한 효자였을 거야! 나이 50에도 어버이를 사모하셨느니라."[20]

자의 ㅇ其-아마 기. ㅇ慕-사모할 모.

해설 소반은 원망하는 내용이고, 개풍은 위로하는 내용인데, 효심의 다른 표현일 뿐이라는 것이다. 어버이의 허물이 큰데도 원망조차 않는다면 어버이를 멀리하는 것이 되며, 어버이의 허물이 작은데도 원망만 한다면 어버이에 대해 감정을 앞세우는 것이 된다. 효도는 어버이로부터 지속적인 사랑을 받기 위한 노력이라 할 수 있다. 어버이의 사랑이 없어지면 원망스럽게 된다. 원망은 사랑의 다른 표현이기 때문이다. 따라서 어버이의 사랑이 없어졌는데도 원망조차 않는다면 정이 없는 것이며 불효가 된다. 그런데 작은 잘못에도 일일이 원망을 한다면 부모는 오히려 자식에게 접근조차 할 수 없으니 불효가 된다. 서로 편히 접근하고 부

---

20) 言舜猶怨慕, 小弁之怨, 不爲不孝也.(순임금도 오히려 원망하고 사모했으니, '소반'의 원망은 불효가 되지 않음을 말한 것이다.) 趙氏曰：生之膝下, 一體而分. 喘息呼吸, 氣通於親. 當親而疏, 怨慕號天.(조씨가 말하였다. 자식은 슬하에서 태어나 한 몸에서 나누어졌다. 숨쉬고 호흡함에 기운이 어버이에 통하니, 마땅히 친근해야 할 경우에 소원하면 원망하고 사모하여 하늘에 호소한다.) 是以, 小弁之怨, 未足爲愆也.(이 때문에 '소반'의 원망이 충분히 허물이 될 수 없는 것이다.)

딮칠 수 있어야 한마음이 될 수 있다. 이것은 맹자의 이의
역지(以意逆志)적 시의 해설방식이다.

제4장 송경이 초나라로 가려 한다
(宋牼將之楚章 第四)

(4-1) 宋牼이 將之楚러니 孟子遇於石丘하시다

　　　(송경, 장지초, 맹자우어석구)

(국역) 송경이 장차 초나라로 가려고 할 적에, 맹자는 그를 석
구에서 만나셨다.21)

(자의) ㅇ牼―쇠정강이뼈 경. ㅇ遇―만날 우. ㅇ丘―언덕 구.

(4-2) 曰 先生은 將何之오

　　　(왈 선생, 장하지)

(국역) "선생은 장차 어디로 가려 합니까?"22)

(자의) ㅇ將―장차 장, 곧 장. ㅇ之―갈 지.

(4-3) 曰 吾聞秦楚構兵이라하니 我將見楚王하여 説而罷
之하되 楚王不悦이어든 我將見秦王하여 説而罷之하
리니 二王에 我將有所遇焉이리라

　　　(왈 오문진초구병, 아장견초왕, 세이파지. 초왕불열, 아장견진왕,

---

21) 宋, 姓, 牼, 名.(송은 성이요, 경은 이름이다.) 石丘, 地名.(석구
　　는 지명이다.)

22) 趙氏曰 : 學士年長者, 故, 謂之先生.(조씨가 말하였다. 학사로서
　　나이가 많은 자였다. 그러므로 선생이라 이른 것이다.)

세이파지, 이왕, 아장유소우언)

(국역) "내가 들으니 진나라와 초나라가 전쟁을 구상한다 하
니 내 장차 초나라 왕을 만나보고 달래어 그만두게 하되,
초왕이 기뻐하지 않거든 내 장차 진나라 왕을 만나보고
달래어 그만두게 하리니, 두 나라의 왕 중에 나의 뜻과 곧
만나는 바가 있을 것입니다."23)

(자의) ○構—맺을 구. ○說—달랠 세. ○罷—그칠 파. ○悅—기뻐할
열. ○遇—만날 우. ○焉—(=於此).

(4-4) 曰 軻也는 請無問其詳이요 願聞其指하노니 說之將
何如오 曰 我將言其不利也하리라 曰 先生之志則
大矣어니와 先生之號則不可하다

(왈 가야, 청무문기상, 원문기지, 세지장하여. 왈 아장언기불리야.
왈 선생지지즉대의, 선생지호즉불가)

(국역) "모[軻]는 청컨대 그 상세한 것은 묻지 않을 것이오.
원컨대 그 요지만을 듣고자 하니 그들을 장차 어떻게 달

___

23) 時, 宋牼, 方欲見楚王, 恐其不悅, 則將見秦王也.(이때 송경은 방
금 초왕을 만나보고자 하였는데, 아마 그가 기뻐하지 않으면, 장
차 진왕을 만나보려고 한 것이다.) 遇, 合也.(우는 합함이다.) 按
莊子書 : 有宋鈃者, 禁攻寢兵, 救世之戰. 上說下敎, 强聒不舍.
('장자' 책을 참고해 보면, 송경이라는 자가 공격을 금하고 병란
을 잠재워서, 세상의 싸움을 구하되, 위로 달래고 아래로 가르쳐
서 억지로 떠들고 그만 두지 않았다.) 疏云 : 齊宣王時人. 以事
考之, 疑卽此人也.('주소(注疏)'에, 제선왕 때의 사람이라 운운하
였으니, 일로써 상고하면 바로 이 사람인 듯하다.)

랠 것이오?" "나는 장차 그 불리함을 말할 것이오." "선
생의 뜻은 크거니와 선생의 구호는 옳지 못하오."24)

자의 ㅇ軻-수레 가. 맹자의 이름, 모라고 읽음. ㅇ詳-자세할
상. ㅇ號-부르짖을 호

(4-5) 先生이 以利로 說秦楚之王이면 秦楚之王이 悅於利
하여 以罷三軍之師하리니 是는 三軍之士樂罷而悅
於利也라 爲人臣者懷利以事其君하며 爲人子者懷
利以事其父하며 爲人弟者懷利以事其兄이면 是는
君臣父子兄弟終去仁義하고 懷利以相接이니 然而
不亡者未之有也니라

(선생, 이리, 세진초지왕, 진초지왕, 열어리, 이파삼군지사, 시, 삼
군지사락파이열어리야. 위인신자회리이사기군, 위인자자회리이사
기부, 위인제자회리이사기형. 시, 군신부자형제종거인의, 회리이
상접, 연이불망자미지유야)

국역 "선생이 이익으로써 진·초의 왕을 달래면, 진·초의
왕이 이익에서 기뻐하여 3군의 군대의 출동을 단념함으로
써, 이것은 3군의 군사들이 출동의 단념에 즐거워하며 이
익에 기뻐할 것입니다. 신하된 사람으로서 이익을 생각하
여서 그 임금을 섬기며, 자식된 사람으로서 이익을 생각하

---

24) 徐氏曰：能於戰國擾攘之中, 而以罷兵息民爲說, 其志可謂大矣.
然, 以利爲名, 則不可也.(서씨가 말하였다. 능히 전국(戰國)의
소동 가운데서, 병란을 끝내고 백성을 휴식시킴을 가지고 말하였
으니, 그 뜻이 크다고 할만하다. 그러나 이익으로써 명분을 삼는
다면 옳지 않다.)

여서 그 부모를 섬기며, 아우된 사람으로서 이익을 생각하
여서 그 형을 섬기면, 이것은 군신·부자·형제가 마침내
인의를 떠나서 이익을 생각하고, 그리고 서로 접촉할 것이
니, 그렇게 하고서도 망하지 않은 자는 아직은 없습니다."

자의 ○師─군대 사. ○以─생각하다. ○罷─파할 파. 단념하다.
○懷─품을 회. 생각하다. ○爲人─사람으로서. ○事─섬길 사.
○終─마침내. ○去─떠나다. ○未之有─아직은 없다.

(4-6) 先生이 以仁義로 說秦楚之王이면 秦楚之王이 悅於
仁義하여 而罷三軍之師하리니 是는 三軍之士樂罷
而悅於仁義也라 爲人臣者懷仁義以事其君하며 爲
人子者懷仁義以事其父하며 爲人弟者懷仁義以事
其兄이면 是는 君臣父子兄弟去利하고 懷仁義以相
接也니 然而不王者未之有也니 何必曰利리오
(선생, 이인의, 세진초지왕, 진초지왕, 열어인의, 이파삼군지사,
시, 삼군지사락파이열어인의야. 위인신자회인의이사기군, 위인자
자회인의이사기부, 위인제자회인의이사기형, 시, 군신부자형제거
리, 회인의이상접야, 연이불왕자미지유야, 하필왈리)

국역 "선생이 인의로써 진·초의 왕을 달래면 진·초의 왕
이 인의에 기뻐하여 3군의 군대의 출동을 단념할 것이니,
이것은 3군의 군사들이 군대출동의 단념에 즐거워하며 인
의에 기뻐할 것입니다. 신하된 사람으로서 인의를 생각하
여서 그 임금을 섬기며, 자식된 사람으로서 인의를 생각하
여서 그 부모를 섬기며, 아우된 사람으로서 인의를 생각하

여서 그 형을 섬기면, 이것은 군신·부자·형제가 이익을 떠나 인의를 생각하고서 서로 접촉하니, 그렇게 하고서도 왕도정치를 하지 못한 자는 아직은 없으니 하필 이익을 말합니까?"25)

(해설) 맹자의 시각에서 볼 때 송경의 접근방식대로 이익을 생각하여 군대를 거둔다면, 천하에 이익을 좋아하는 마음〔好利之心〕을 길러주어, 결국 천하는 이익을 따지다가 망할 것이다. 만약 송경이 인의로써 두 나라 왕을 설득한다면 그 전쟁은 인의를 이유로써 끝나게 된다. 군사들도 전쟁이 끝나는 것을 환영할 것은 물론 그들의 가슴속에 인의의 마음이 가득 찰 것이다. 이렇게 하여 온 나라가 인의로써 뭉쳐 나아간다면 천하에는 전쟁이 종식되고 평화가 온다는 것이 맹자의 논리이다. 이것이 바로 의리론〔義利之辯〕이다. 생각건대 국가와 개인과의 관계는 추상적 도덕보다, 궁극적으로는 구체적인 이익관계가 핵심이다. 따라서 국가라는 집단이익과 개인이익의 관계를 어떻게 의(義)로써 조화시킬 것인가의 과제가 의리론으로 전개된다고 할 것이다.

---

25) 此章, 言休兵息民, 爲事則一, 然, 其心有義利之殊, 而其效有興亡之異, 學者所當深察而明辨之也.(이 장은 병란을 휴전케 하고 백성을 쉬게 함이, 일은 곧 똑같게 되나, 그러나 그 마음에는 의(義)·이(利)의 다름이 있어서, 그 효험에 흥망의 차이가 있음을 말하였으니, 학자는 마땅히 깊게 고찰하고 밝게 분별해야 한다.)

제5장 맹자가 추나라에서 지내다
(孟子居鄒章 第五)

(5-1) 孟子居鄒하실새 季任이 爲任處守러니 以幣交어늘 受
之而不報하시고 處於平陸하실새 儲子爲相이러니 以
幣交어늘 受之而不報하시다

(맹자거추, 계임, 위임처수, 이폐교, 수지이불보. 처어평륙, 저자
위상, 이폐교, 수지이불보)

국역 맹자가 추나라에서 거처할 적에, 계임이 군주인 형을
대신하여 임나라에 머무르며 지키고 있었는데, 폐백으로써
교제를 청하거늘 그것을 받기만 하고 보답을 하지 않았다.
평륙에 거처할 적에, 저자가 승상이 되었으니 폐백으로써
교제를 청하거늘 그것을 받기만 하고 보답을 하지 않았
다.26)

자의 ㅇ鄒—추나라 추. ㅇ季—끝 계. ㅇ處守—머물러 지킴. ㅇ幣—
비단 폐. ㅇ報—갚을 보. 보답하다. ㅇ陸—뭍 륙. ㅇ儲—쌓을 저.
ㅇ相—정승 상.

---

26) 趙氏曰 : 季任, 任君之弟. 任君朝會於鄰國, 季任, 爲之居守其國
也.(조씨가 말하였다. 계임은 임나라 군주의 아우이니, 임나라 군
주가 이웃나라에 조회를 가자, 계임이 그를 위하여 그 나라에
남아서 지켰다.) 儲子, 齊相也.(저자는 제나라 재상이다.) 不報
者, 來見則當報之, 但以幣交, 則不必報也.(답례하지 않은 것은,
상대방이 와서 만나보면 당연히 그에게 답례하는 것이다. 다만,
폐백을 가지고 교제하면 답례할 필요가 없다.)

(5-2) 他日에 由鄒之任하사 見季子하시고 由平陸之齊하사
　　　 不見儲子하신대 屋廬子喜 曰 連이 得間矣로라
　　　 (타일, 유추지임, 견계자, 유평륙지제, 불견저자, 옥려자희 왈 연,
　　　 득간의)

(국역) 훗날에 추나라로부터 임나라에 가서 계자를 만나보시
　　　 고, 평륙으로부터 제나라에 가서 저자를 만나보지 않음에,
　　　 옥려자가 기뻐하며 "연이 질문할 틈을 얻었다."고 하였
　　　 다.27)

(자의) ㅇ他日－훗날, 전날. ㅇ由－~으로부터. ㅇ喜－기쁠 희. ㅇ連－
　　　 이을 련. 옥려자의 이름. ㅇ間－사이, 틈.

(5-3) 問曰 夫子之任하사 見季子하시고 之齊하사 不見儲
　　　 子하시니 爲其爲相與잇가
　　　 (문왈 부자지임, 견계자, 지제, 불견저자, 위기위상여)

(국역) 물었다. "선생님이 임나라에 가시어 계자를 만나보시
　　　 고 제나라에 가시어 저자를 만나보지 않으시니 그가 승상
　　　 이 되었기 때문입니까?"28)

(자의) ㅇ之－갈 지. ㅇ爲－ ~때문에, ~가 되다. ㅇ與－의문사.

---

27) 屋廬子知孟子之處此, 必有義理. 故, 喜得其間隙而問之.(옥려자
　　 는 맹자께서 이것을 처리함에 반드시 의리가 있음을 알았다. 그
　　 러므로 그 틈을 얻어 그것을 물을 수 있음을 기뻐한 것이다.)

28) 言儲子, 但爲齊相, 不若季子攝守君位, 故, 輕之邪.('저자는 다만,
　　 제나라 재상이 되었으니, 계임이 대리하여 군주의 지위를 지킨
　　 것과는 같지 않다. 그러므로 그를 가볍게 여긴 것입니까?'라고
　　 말한 것이다.)

(5-4) 曰 非也라 書曰 享은 多儀하니 儀不及物이면 曰不
享이니 惟不役志于享이라

(왈 비야. 서왈 향, 다의, 의불급물, 왈불향, 유불역지우향)

(국역) "아니다. '서경'에 '폐백의 헌상에는 예의를 중시하니
예의가 물품에 미치지 못하면 헌상이 아니라.'고 하였다.
오직 헌상함에 마음을 쓰지 않았기 때문이니라."29)

(자의) ○書曰-서경 주서 낙고편의 말. ○享-드릴 향. 헌상하다, 대
접하다. ○多-중시하다. ○儀-예의, 의식, 예물, ○役-부릴 역.
쓰다. ○志-마음.

(5-5) 爲其不成享也니라

(위기불성향야)

(국역) "그가 폐백의 헌상에 예의를 이루지 않았기 때문이니
라."30)

(5-6) 屋廬子悅이어늘 或問之한대 屋廬子曰 季子는 不得
之鄒요 儲子는 得之平陸일새니라

(옥려자열, 혹문지, 옥려자왈, 계자, 부득지추, 저자, 득지평륙)

---

29) 書, 周書洛誥之篇.(서는 '서경' '주서 낙고'편이다.) 享, 奉上也.
(향은 윗사람을 받드는 것이다.) 儀, 禮也.(의는 예이다.) 物, 幣
也.(물은 폐백이다.) 役, 用也.(역은 씀이다.) 言雖享, 而禮意不
及其幣, 則是不享矣, 以其不用志於享故也.(비록 향을 했다 하더
라도 예의 뜻이, 그 폐백에 미치지 못하면, 이것은 향이 아니다.
그리고 그 향에서 마음을 쓰지 않았기 때문이라고 말한 것이다.)
30) 孟子釋書意如此(맹자가 '서경'의 뜻을 해석한 것도 이와 같이
하였다.)

(국역) 옥려자가 기뻐하거늘 어떤 이가 그것을 물었는데, 옥려자가 말하였다. "계자는 임나라를 지키고 있었으니 추나라에 갈 수 없었고, 저자는 승상이지만 평륙에 갈 수 있었기 때문이니라."[31]

(자의) ㅇ或－어떤 이. ㅇ得－~할 수 있다.

(해설) 임나라의 계자는 임금을 대신하여 나라를 지키고 있었으므로 맹자가 있는 추나라로 갈 수 없었으나, 저자는 당시 재상의 신분이었으므로 맹자가 있는 평륙에 갈 수 있었다. 그러나 그는 사람을 시켜 예물을 보내왔다. 가서 만날 수 있는데 가지 않고 예물만 보내면 대접이 아니다. 공경심이 있는 것이 아니라 물질로 매수하려는 것이기 때문이다.

제6장　명예와 실적을 앞세우는 사람
(先名實者章 第六)

(6-1) 淳于髡이 曰 先名實者는 爲人也요 後名實者는 自

---

31) 徐氏曰 : 季子, 爲君居守, 不得往他國以見孟子. 則以幣交而禮意已備.(서씨가 말하였다. 계자는 주군을 위하여 남아서 지키고 있었으므로, 타국에 가서 맹자를 볼 수 없었다. 그렇다면 폐백만으로써 사귀어도 예의 뜻이 이미 완비된 것이다.) 儲子, 爲齊相, 可以至齊之境內, 而不來見, 則雖以幣交, 而禮意不及其物也.(저자는 제나라 재상이 되어, 제나라의 경내에 이를 수 있는데도, 와서 뵙지 않았으니, 그렇다면 비록 폐백으로써 사귀었을지라도, 예의 뜻이 그 물건에 미치지 못한 것이다.)

爲也니 夫子在三卿之中하사 名實이 未加於上下而
去之하시니 仁者도 固如此乎잇가

(순우곤, 왈 선명실자, 위인야. 후명실자, 자위야, 부자재삼경지
중, 명실, 미가어상하이거지, 인자, 고여차호)

(국역) 순우곤이 말하였다. "명성과 실제를 우선하는 자는 남
을 위하는 사람이요, 명성과 실제를 뒤로 돌리는 자는 자
기를 위하는 사람이니, 선생께서 삼경(三卿) 중의 한 분으
로 계셨는데 명성과 실제가 아직 상하에 더해지지 않았는
데 떠나가시니 어진 이도 본래 이와 같습니까?"[32]

(자의) ○淳－순박할 순. ○髡－머리깎을 곤. ○三卿－상경(上卿), 아
경(亞卿), 하경(下卿) 혹은 상(相), 장(將), 객경(客卿). ○未－아닐
미. ○固－본래 고.

(6-2) 孟子曰 居下位하여 不以賢事不肖者는 伯夷也요
五就湯하며 五就桀者는 伊尹也요 不惡汚君하며 不
辭小官者는 柳下惠也니 三子者不同道하나 其趣는

---

32) 名, 聲譽也.(명은 명성과 명예이다.) 實, 事功也.(실은 일의 공적
이다.) 言以名實爲先而爲之者, 是有志於救民也,(명과 실을 우선
으로 여겨 그것을 하는 자는, 이는 백성을 구제함에 뜻을 가진
자요,) 以名實爲後而不爲者, 是欲獨善其身者也.(명과 실을 뒤로
여겨서 하지 않는 자는, 이는 홀로 그 몸을 선하게 하고자 하는
자임을 말한 것이다.) 名實未加於上下, 言上未能正其君, 下未能
濟其民也.(명과 실이 상하에 아직 보태지지 않았다는 것은, 위로
는 아직 능히 그 군주를 바르게 하지 못하고, 아래로는 아직 능
히 그 백성을 구제하지 못했음을 말한 것이다.)

一也니 一者는 何也오 曰 仁也라 君子는 亦仁而已
矣니 何必同이리오

(맹자왈 거하위, 불이현사불초자, 백이야. 오취탕, 오취걸자, 이윤
야. 불오오군, 불사소관자, 유하혜야. 삼자자부동도, 기추, 일야,
일자, 하야. 왈 인야. 군자, 역인이이의, 하필동)

(국역) 맹자가 말씀하였다. "아래 지위에 있으면서 어짊으로써
어짊을 닮지 않은 자를 섬기지 아니한 자는 백이요, 다섯
번 탕왕을 찾아가고 다섯 번 걸왕을 찾아간 자는 이윤이요,
더러운 임금을 미워하지 않으며 소관(小官)을 사양하지 않
은 자는 유하혜였으니, 셋은 길은 같지 않았으나 그 향한
것은 하나였다." "하나는 무엇입니까?" "어짊이라. 군자는
역시 어짊뿐이니 어찌 반드시 같아야 하는가?"33)

---

33) 仁者, 無私心而合天理之謂.(인은 사심이 없이 천리에 합하는 것
을 이른다.) 楊氏曰 : 伊尹之就湯, 以三聘之勤也.(양씨가 말하였
다. 이윤이 탕왕에게 나아간 것은, 세 번 초빙한 근면함 때문이
다.) 其就桀也, 湯進之也. 湯豈有伐桀之意哉.(그가 걸왕에게 나
아간 것은, 탕왕이 그에게 진알(進謁)케 해서인데, 탕왕이 어찌
걸왕을 정벌할 뜻을 가졌겠는가?) 其進伊尹以事之也, 欲其悔過
遷善而已.(그가 이윤을 진알케 하여 그를 섬기게 한 것은, 그가
과오를 뉘우치고 선으로 옮겨가기를 바라서일 뿐이다.) 伊尹, 旣
就湯, 則以湯之心爲心矣, 及其終也, 人歸之, 天命之, 不得已而
伐之耳.(이윤은 이미 탕왕에게 나아갔다면 탕의 마음으로써 자기
의 마음을 삼았을 것이다. 그 종말에 미쳐서 사람들이 돌아오고,
하늘이 명하여, 부득이 그를 정벌하였을 뿐이다.) 若湯, 初求伊
尹, 卽有伐桀之心, 而伊尹遂相之以伐桀, 是, 以取天下爲心也.
以取天下爲心, 豈聖人之心哉(만약 탕왕이 애초에 이윤을 구하

(자의) ○居—살 거. ~있다. ○肖—닮을 초. ○伯—맏 백. ○夷—오랑 캐 이. ○就—나아갈 취. ○湯—끓인 물 탕. ○桀—모질 걸. ○伊— 저 이. ○尹—벼슬 윤. ○汚—더러울 오. ○辭—사양할 사. ○惠— 은혜 혜. ○趨—재촉할 추. 쏠리다, 향하다.

(6-3) 曰 魯繆公之時에 公儀子爲政하고 子柳子思爲臣이
로되 魯之削也滋甚하니 若是乎賢者之無益於國也여
(왈 노목공지시, 공의자위정, 자류자사위신, 노지삭야자심, 약시
호현자지무익어국야)

(국역) "노나라 목공 때에 공의자가 정사를 하였고, 자류와 자
사가 신하가 되었으되 노나라의 땅이 깎인 것은 더욱 심
하였으니, 이처럼 현자가 나라에 무익합니까?"[34]

(자의) ○繆—이름 목. ○削—깎을 삭. ○滋—더할 자. ○甚—심할 심.
○滋甚—더욱 심함. ○若是—이처럼, 이와 같이.

(6-4) 曰 虞不用百里奚而亡하고 秦穆公이 用之而霸하니
不用賢則亡이니 削을 何可得與리오

고, 바로 걸왕을 정벌할 마음이 있었는데, 이윤이 마침내 그를
도와서, 그리고 걸왕을 정벌하였다면, 이것은 천하를 취함으로써
마음을 삼은 것이니, 천하를 취함으로써 마음을 삼았다면, 어찌
성인의 마음이겠는가?)

34) 公儀子, 名休, 爲魯相.(공의자는 이름이 휴이니, 노나라의 재상
이 되었다.) 子柳, 泄柳也.(자류는 설류이다.) 削, 地見侵奪也.
(삭은 땅이 침탈을 당하는 것이다.) 髡譏孟子雖不去, 亦未必能
有爲也.(순우곤은 맹자가 비록 떠나지 않았더라도, 역시 아직 반
드시 훌륭한 일을 할 수 없었을 것이라고 조롱했던 것이다.)

(왈 우불용백리해이망, 진목공, 용지이패, 불용현즉망, 삭, 하가 득여)

(국역) "우나라는 백리해를 거용하지 않아 망하였고, 진나라 목공은 그를 거용하여 패자가 되었으니, 현자를 거용하지 않으면 나라가 망하는 것이니, 어떻게 땅의 삭감만을 막아 줄 현자를 얻을 수 있겠는가?"35)

(자의) ㅇ虞-나라 우. ㅇ奚-어찌 해. ㅇ穆-화목할 목. ㅇ霸-두목 패. ㅇ與-의문사.

(6-5) 曰 昔者에 王豹處於淇에 而河西善謳하며 綿駒處 於高唐에 而齊右善歌하고 華周杞梁之妻善哭其夫 에 而變國俗하니 有諸內면 必形諸外하나니 爲其事 而無其功者를 髠이 未嘗睹之也로니 是故로 無賢者 也니 有則髠必識之니이다

(왈 석자, 왕표처어기, 이하서선구, 면구처어고당, 이제우선가, 화 주기량지처선곡기부, 이변국속, 유저내, 필형저외. 위기사이무기 공자, 곤, 미상도지야, 시고, 무현자야, 유즉곤필식지)

(국역) "옛날에 왕표가 기수 가에 살 적에 하서 사람들이 노래를 잘하였으며, 면구가 고당에 살 적에 제나라의 우측 지방사람들이 노래를 잘하였고, 화주와 기량의 아내가 그 남편의 상에 곡을 잘하자, 나라의 풍속이 변했습니다. 그 안에 가지고 있으면 반드시 그 밖에 나타나는 것이니, 그 일을 하고 그 공적이 없는 자를 제[髠]가 일찍이 보지 못

---

35) 百里奚, 事見前篇.(백리해는 일이 전편에 보인다.)

했으니, 이 때문에 세상에 현자가 없다는 것이니, 있다면 제가 반드시 그를 알 것입니다."36)

(자의) ○昔-옛 석. ○豹-표범 표. ○淇-물이름 기. ○謳-노래 구. ○綿-목화 면. ○駒-망아지 구. ○唐-나라 당. ○華-꽃 화. ○杞-구기자 기. ○梁-나라 양. ○哭-울 곡. ○諸-(=之於). ○形-나타나다. ○髡-머리깎을 곤. ○嘗-일찍 상. ○賭-볼 도.

(6-6) 曰 孔子爲魯司寇러시니 不用하고 從而祭에 燔肉이 不至어늘 不稅冕而行하시니 不知者는 以爲爲肉也라하고 其知者는 以爲爲無禮也라하니 乃孔子則欲以 微罪行하사 不欲爲苟去하시니 君子之所爲를 衆人이 固不識也니라

(왈 공자위노사구, 불용, 종이제, 번육, 부지, 불탈면이행. 부지자, 이위위육야, 기지자, 이위위무례야, 내공자즉욕이미죄행, 불욕위 구거, 군자지소위, 중인, 고불식야)

(국역) "공자께서 노나라의 사구가 되셨는데 말씀이 채용되지

36) 王豹, 衛人, 善謳(왕표는 위나라 사람이니, 동요를 잘하였다.) 淇, 水名.(기는 물 이름이다.) 綿駒, 齊人, 善歌.(면구는 제나라 사람이니, 노래를 잘하였다.) 高唐, 齊西邑.(고당은 제나라의 서 쪽에 있는 읍이다.) 華周, 杞梁, 二人皆齊臣, 戰死於莒. 其妻哭 之哀, 國俗, 化之, 皆善哭.(화주와 기량은 둘 다, 모두 제나라의 신하인데, 거 땅에서 전사하자, 그 처의 곡이 애통하니, 나라의 풍속이 변화하여, 모두 곡을 잘하게 되었다.) 髡, 以此, 譏孟子 仕齊無功, 未足爲賢也.(순우곤은 이것으로써, 맹자가 제나라에서 벼슬을 하였어도 공적이 없으니, 충분히 현자가 되지 못한다고 빈정거린 것이다.)

않고, 임금을 따라 제사에 갔을 적에 제육이 이르지 않거
늘 면류관을 벗을 겨를도 없이 떠나가시니, 알지 못하는
자는 고기 때문이라 여기고, 그 이유를 아는 자는 무례 때
문이라 여기니, 이에 공자는 곧 미미한 죄로써도 떠나고자
했으며 구차하게 떠나가고자 하지는 아니했으니, 군자가
하는 바를 중인이 진실로 알지 못하느니라."37)

---

37) 按史記 : 孔子爲魯司寇, 攝行相事, 齊人, 聞而懼, 於是, 以女樂
遺魯君.('사기'를 고찰컨대, 공자가 노나라 사구(司寇)가 되어, 재
상의 일을 대행하자, 제나라 사람들이 이를 듣고 두려워하여, 그
래서 미녀 악사로써 노나라 군주에게 보내주었다.) 季桓子與魯
君, 往觀之, 怠於政事. 子路曰 : 夫子可以行矣.(계환자와 더불어
노나라 군주는 가서 그것을 구경하고는 정사에 태만하거늘, 자로
가 말하였다. '선생님께서 떠날 만합니다.') 孔子曰 : 魯今且郊,
如致膰(燔)于大夫, 則吾猶可以止.(공자가 말하였다. '노나라는
지금 또 교제를 지낼 것인데, 만일 대부들에게 번육(燔肉)을 보
내준다면, 내가 오히려 떠남을 중지할 수 있다.') 桓子卒受齊女
樂, 郊又不致膰俎于大夫, 孔子遂行.(계환자가 마침내 제나라의
미녀 악사들을 받고, 교제를 지내고, 대부들에게 번육을 보내주
지 않거늘, 공자는 마침내 떠났다.) 孟子言以爲爲肉者, 固不足
道, 以爲爲無禮, 則亦未爲深知孔子者.(맹자가 말하기를, 번육 때
문이라고 여긴 자들은, 진실로 충분히 말할 것도 못되고, 무례하
기 때문이라고 여긴 자들은, 곧 역시 아직 공자를 깊이 안 것이
되지 못한다.) 蓋聖人於父母之國, 不欲顯其君相之失, 又不欲爲
無故而苟去.(대개 부모의 나라에서 성인은 그 주군과 재상의 실
수를 드러내지 않고자 하며, 또 까닭없이 구차하게 떠나려고 하
지도 않았다.) 故, 不以女樂去, 而以膰肉行, 其見幾明決, 而用意
忠厚, 固非衆人所能識也.(그러므로 미녀 악사 때문에 떠나지 않

(자의) ㅇ寇-도적 구. ㅇ司寇-지금의 법무부 장관. ㅇ燔-구울 번, 제육 번(=膰). ㅇ燔肉-제사고기. ㅇ稅-벗을 탈(=脫). ㅇ冕-면류관 면. ㅇ以爲-여기다. ㅇ爲-~때문이다. ㅇ微-가늘 미. ㅇ苟-구차할 구. ㅇ固-진실로 고.

(해설) 당시 변사(辯士)인 순우곤이, 공명(功名)을 우선하는 사람은 백성의 구제를 중시하니 결국 남을 위하는 것이 되고, 공명을 염두에 두지 않는 사람은 자신의 안일을 도모하니 결국 자기를 위하는 것이 되는데, 공명을 중시하는 맹자가 삼경(三卿)의 지위에 있었으면서 아무 실적도 없이 제나라를 떠나려 한다고 비판하자, 맹자는 공자의 일을 들어 떠나는 이유를 완곡하게 설명한다.

　공자가 노나라 사구(司寇)의 지위에 있었지만 의견이 채택되지 않자, 벌써부터 떠나고자 하였다. 마침 임금을 수행하여 교제(郊祭)에 참여하게 되었는데 제사에 썼던 번육(燔肉)을 공자에게 배당하지 않았다. 그때에 노나라를 떠났다. 공자도 인정을 베풀 수 없으면 떠났다. 다만 조국을 떠나면서 주군의 잘못을 드러내기 싫어서 작은 허물을

고, 번육 때문에 떠났으니, 그가 기미를 봄이 밝고 결단성이 있으며, 뜻을 씀이 진실하고 순후하니 진실로 중인이 능히 알 수 있는 바가 아니라고 말한 것이다.) 然則孟子之所爲, 豈髡之所能識哉.(그렇다면, 맹자의 하는 바를, 어찌 순우곤이 능히 알 수 있겠는가?) 尹氏曰 : 淳于髡, 未嘗知仁, 亦未嘗識賢也, 宜乎其言若是.(윤씨가 말하였다. 순우곤은 아직 일찍이 인을 알지 못하였고, 역시 아직 일찍이 현자를 알지 못하였으니, 그의 말이 이와 같음이 마땅하다.)

핑계삼아서 물러날 명분을 찾은 것뿐이다. 또 현명한 사람
을 등용하지 않으면 국토가 깎이는 것에 그치지 않고, 나
라가 망한다고 하였다.

제7장 임금의 잘못에 영합한다
(逢君之惡章 第七)

(7-1) 孟子曰 五霸者는 三王之罪人也요 今之諸侯는 五
霸之罪人也요 今之大夫는 今之諸侯之罪人也니라
(맹자왈 오패자, 삼왕지죄인야. 금지제후, 오패지죄인야. 금지대
부, 금지제후지죄인야)

국역 맹자가 말씀하였다. "5패는 3왕의 죄인이고, 지금의 제
후들은 5패의 죄인이요, 지금의 대부는 지금의 제후들의
죄인이다."38)

자의 ㅇ霸—두목 패.

(7-2) 天子適諸侯曰巡狩요 諸侯朝於天子曰述職이니 春
省耕而補不足하며 秋省斂而助不給하나니 入其疆에

---

38) 趙氏曰 : 五霸 : 齊桓, 晉文, 秦穆, 宋襄, 楚莊也.(조씨가 말하였
다. 5패는 제나라 환공, 진나라 문공, 진나라 목공, 송나라 양공,
초나라 장공이다.) 三王, 夏禹, 商湯, 周文, 武也.(3왕은 하나라
우왕, 상나라 탕왕, 주나라의 문왕·무왕이다.) 丁氏曰 : 夏昆吾,
商大彭, 豕韋, 周齊桓, 晉文, 謂之五霸.(정씨가 말하였다. 하나라
의 곤오, 상나라의 대팽과 시위, 주나라의 제환공과 진문공을 5
패라 이른다.)

土地辟하며 田野治하며 養老尊賢하며 俊傑在位하면
則有慶이니 慶以地하고 入其疆에 土地荒蕪하며 遺
老失賢하며 掊克在位하면 則有讓이니 一不朝則貶
其爵하고 再不朝則削其地하고 三不朝則六師로 移
之라 是故로 天子는 討而不伐하고 諸侯는 伐而不討
하나니 五霸者는 摟諸侯하여 以伐諸侯者也라 故로
曰五霸者는 三王之罪人也라하노라

(천자적제후왈순수, 제후조어천자왈술직. 춘성경이보부족, 추성렴
이조불급, 입기강, 토지벽, 전야치, 양로존현, 준걸재위, 즉유경,
경이지, 입기강, 토지황무, 유로실현, 부극재위, 즉유양. 일부조즉
폄기작, 재부조즉삭기지, 삼부조즉류사, 이지, 시고, 천자, 토이불
벌, 제후, 벌이불토 오패자, 누제후, 이벌제후자야. 고, 왈 오패
자, 삼왕지죄인야)

(국역) "천자가 제후국에 가서 민정을 살피는 것을 순수라 하
고, 제후가 천자에게 입조하는 것을 술직이라 한다. 봄에
는 경작을 살펴 부족을 보충해주며, 가을에는 거두는 것을
살펴 넉넉하지 못한 것을 도와준다. 천자가 그 지경에 들
어갔을 적에 토지가 개간되었고 들판이 잘 다스려지며 노
인을 봉양하고 현자를 존경하며 준걸한 인물이 지위에 있
으면, 상(賞)이 있었으니 상은 땅으로써 주었다. 천자가
그 지경에 들어갔을 적에 토지가 황폐하며 노인이 버려지
고 현자가 지위를 잃었으며 악인이 지위에 있으면 꾸짖음
이 있었다. 한번 조회에 오지 않으면 그 작록을 낮추고,
재차 조회에 오지 않으면 그 땅을 삭감하고, 세 번 조회에

오지 않으면 6군으로 그 임금을 옮겨 놓는다. 이 때문에
천자는 성토만 하고 정벌은 아니하고, 제후는 정벌만 하고
성토는 않는다. 그런데 5패는 제후를 이끌고, 그리고 제후
를 정벌하였다. 그러므로 5패는 3왕의 죄인이라 하는 것이
다."39)

자의 ㅇ適-갈 적. ㅇ巡-돌 순. ㅇ狩-사냥 수. ㅇ巡狩-옛날 임
금이 여러 나라를 순행하는 것. ㅇ朝-조회할 조. ㅇ述-말할 술.
ㅇ述職-제후가 입조하여 천자께 자기 나라의 치적을 보고하는
것. ㅇ省-살필 성. ㅇ耕-갈 경. ㅇ斂-거둘 렴. ㅇ給-넉넉할
급. ㅇ疆-지경 강. ㅇ辟-열 벽(=闢). ㅇ田野-들판. ㅇ慶-상을
주다. ㅇ荒-거칠 황. ㅇ蕪-무성할 무. ㅇ掊-거둘 부. ㅇ克-세금
거둘 극. ㅇ掊克-가렴주구하다, 악인. ㅇ讓-꾸짖을 양. ㅇ貶-낮

---

39) 慶, 賞也, 益其地以賞之也.(경은 상이니, 상으로써 그 땅을 더하
였다.) 掊克, 聚斂也.(부극은 세금을 많이 거두는 것이다.) 讓,
責也.(양은 꾸짖음이다.) 移之者, 誅其人而變置之也.('이지'는 그
사람을 베고 위치를 변경하는 것이다.) 討者, 出命以討其罪, 而
使方伯連帥, 帥諸侯以伐之也.(토는 명령을 내어서 그 죄를 성토
하고, 방백과 연수로 하여금 제후들을 거느리고 정벌하게 하는
것이다.) 伐者, 奉天子之命, 聲其罪而伐之也.(벌은 천자의 명령
을 받들어, 그 죄를 성토하고 그를 정벌하는 것이다.) 摟, 牽也.
(누는 끎이다.) 五霸摟諸侯, 以伐諸侯, 不用天子之命也.(5패는
제후를 이끌어, 제후를 정벌함으로써, 천자의 명령을 쓰지 않았
다.) 自入其疆, 至則有讓, 言巡狩之事, 自一不朝, 至六師移之,
言述職之事.('입기강'으로부터 '즉유양'까지는 순수(巡狩)의 일을
말하였고, '일부조'로부터 '육사이지'까지는 술직(述職)의 일을 말
하였다.)

출 폄. ○討－칠 토. ○伐－칠 벌. ○摟－끌 루. ○以－그리고.

(7-3) 五霸에 桓公이 爲盛하니 葵丘之會에 諸侯束牲載書
而不歃血하고 初命曰 誅不孝하며 無易樹子하며 無
以妾爲妻라하고 再命曰 尊賢育才하여 以彰有德이라
하고 三命曰 敬老慈幼하며 無忘賓旅라하고 四命曰
士無世官하며 官事無攝하며 取士必得하며 無專殺
大夫라하고 五命曰 無曲防하며 無遏糴하며 無有封
而不告라하고 曰 凡我同盟之人은 旣盟之後에 言歸
于好라하니 今之諸侯는 皆犯此五禁하나니 故로 曰
今之諸侯는 五霸之罪人也라하노라

(오패, 환공, 위성, 규구지회, 제후속생재서이불삽혈, 초명왈 주불
효, 무역수자, 무이첩위처. 재명왈 존현육재, 이창유덕. 삼명왈 경
로자유, 무망빈려. 사명왈 사무세관, 관사무섭, 취사필득, 무전살
대부. 오명왈 무곡방, 무알적, 무유봉이불고. 왈 범아동맹지인, 기
맹지후, 언귀우호, 금지제후, 개범차오금, 고, 왈 금지제후, 오패
지죄인야)

국역 "5패 중에 환공이 왕성하였으니, 규구의 회맹에서 제
후들이 희생을 묶어놓고, 그 위에 맹약의 글을 올려놓고는
피를 마시지 않고서, 제1조에서, '불효자를 처벌하며, 세자
로 세워놓은 자식을 바꾸지 말며, 첩으로써 아내로 삼지
말라.' 제2조에서, '현자를 존경하고 인재를 육성하여, 덕이
있는 자를 표창하라.' 제3조에서 '노인을 공경하고 어린이
를 사랑하며, 손님과 여행자의 대접을 잊지 말라.' 제4조에
서, '선비는 관직을 세습함이 없어야 하며, 관청의 일을 대

행함이 없어야 하며, 선비를 취함에는 반드시 납득할 수
있어야 하며, 대부를 독단으로 죽이는 일이 없게 하라.' 제
5조에서, '제방을 굽게 쌓지 말며, 쌀을 수입해 가는 것을
막지 말며, 대부를 봉하고 고하지 않는 일이 없게 하라.'고
말하고서, '무릇 우리 동맹한 사람들은, 이미 동맹을 한 후
에는 우호를 다지는 일에 귀결하자.'고 하였다. 그런데 지
금의 제후들은 모두 이 5개의 금령을 범하였다. 그러므로
지금의 제후들은 5패의 죄인이라고 하느니라."40)

---

40) 按春秋傳 : 僖公九年, 葵丘之會, 陳牲而不殺. 讀書加於牲上, 壹
明天子之禁.('춘추전'을 상고하건대, 희공 9년은 규구의 회맹에
희생을 진설하되 죽이지 않고서, 축책을 읽고 희생 위에 올려놓
아, 천자의 금지 명령을 한결같이 밝혔다.) 樹, 立也. 已立世子,
不得擅易.(수는 세움이니, 이미 세자를 세웠으면, 마음대로 바꾸
어서는 안 되는 것이다.) 初命三事, 所以修身正家之要也.(처음
세 가지 명령은, 몸을 닦고 집을 바르게 하기 위한 요점이다.)
賓, 賓客也.(빈은 빈객이다.) 旅, 行旅也. 皆當有以待之, 不可忽
忘也.(여는 여행함이니, 모두 당연히 그를 대접할 수 있어야 하
고, 소홀히 하거나 잊어서는 안 된다.) 士世祿而不世官, 恐其未
必賢也.(선비에게는 대대로 녹봉은 주되, 대대로 관직은 주지 않
는데, 그가 아직 반드시 어질지 않을까 두려워해서이다.) 官事無
攝, 當廣求賢才以充之, 不可以闕人廢事也.(관청의 일을 겸직시
키지 말라는 것은, 당연히 현재를 널리 구하여서 충원시킬 것이
요, 사람이 없다는 것으로써 일을 폐지해서는 안 된다.) 取士必
得, 必得其人也.(선비를 취함에 반드시 얻는다는 것은, 반드시
그 적합한 사람을 얻는 것이다.) 無專殺大夫, 有罪則請命於天子
而後, 殺之也.(마음대로 대부를 죽이지 말라는 것은 죄가 있으
면, 천자에게 명령을 청한 뒤에 그를 죽이라는 것이다.) 無曲防,

[자의] ○葵-해바라기 규. ○牲-희생 생. ○歃-마실 삽. ○初命-맹약의 제1조. ○誅-벨 주. ○易-바꿀 역. ○樹-세울 수. ○幼-어릴 유. ○忘-잊을 망. ○攝-대행하다, 섭정하다. ○專-오로지 전. 독단하다. ○遏-막을 알. ○糴-쌀 사들일 적.

(7-4) 長君之惡은 其罪小하고 逢君之惡은 其罪大하니 今之大夫는 皆逢君之惡이라 故로 曰 今之大夫는 今之諸侯之罪人也라하노라

(장군지악, 기죄소, 봉군지악, 기죄대. 금지대부, 개봉군지악. 고, 왈 금지대부, 금지제후지죄인야)

[국역] "주군의 악을 조장함은 그 죄가 적은 것이고, 주군의 악에 영합함은 그 죄가 크다. 그런데 지금의 대부들은 모두 주군의 악에 영합하고 있는지라. 그러므로 지금의 대부는 지금의 제후들의 죄인이라 말한 것이니라."[41]

不得曲爲隄防, 壅泉激水, 以專小利, 病鄰國也.(제방을 굽게 쌓지 말라는 것은, 굽게 제방을 만들어서, 샘을 막아 물을 노하게 하는 것이니, 작은 이익을 독점함으로써, 이웃나라를 병들게 하지 말라는 것이다.) 無遏糴, 鄰國凶荒, 不得閉糴也.(쌀을 사가는 것을 막지 말라는 것은, 이웃나라의 흉작에 쌀을 사가는 것을 막아서는 안 된다는 것이다.) 無有封而不告者, 不得專封國邑而不告天子也.(봉함은 있고 고하지 않음이 없게 하라는 것은, 마음대로 국읍을 봉하고, 천자께 고하지 않는 일이 없게 하는 것이다.)

41) 君有過, 不能諫, 又順之者, 長君之惡也. 君之過未萌, 而先意導之者, 逢君之惡也.(주군이 과실이 있는데, 능히 간하지 않고, 또 그에 순종만 하는 자는 주군의 악을 자라게 하는 자요, 주군의 과실이 아직 싹이 나지 않았는데, 의도에 앞서 유도하는 자는,

(해설) 하의 우왕, 은의 탕왕, 주의 문왕·무왕의 시대에는 천
자의 순수나 제후의 술직이 제대로 시행되어 백성을 위한
어진 정치가 베풀어지고 질서가 엄정하게 유지되었다. 천
자만이 제후의 죄를 재판하여 그를 성토하며, 다른 제후로
하여금 그 제후를 정벌하게 할 수 있었다. 그런데 왕도정
치가 쇠퇴하자, 5패의 패자들은 제후이면서 천자의 명령을
기다리지 않고 다른 제후를 무력으로 침략하였다. 그래서

주군의 악을 맞이하는 자이다.) 林氏曰 : 邵子有言 : 治春秋者,
不先治五霸之功罪, 則事無統理, 而不得聖人之心.(임씨가 말하였
다. 소자가 말하기를, '춘추'를 연구하는 자가, 먼저 5패의 공과
죄를 연구하지 않는다면, 일을 도맡아 다스릴 수 없고, 성인의
마음을 얻을 수 없을 것이다.) 春秋之間, 有功者未有大於五霸,
有過者亦未有大於五霸.(춘추시대의 사이에, 공이 있는 자는 5패
보다 큰 자가 없고, 과실이 있는 자도 역시 5패보다 큰 자가 없
다.) 故, 五霸者, 功之首, 罪之魁也. 孟子此章之義, 其若此也與.
(그러므로 5패는, 공의 으뜸이요, 죄의 괴수이다라고 하였으니,
'맹자'의 이 장의 뜻도 아마 이와 같은 것일 것이다.) 然, 五霸得
罪於三王, 今之諸侯得罪於五霸, 皆出於異世, 故, 得以逃其罪.
(그러나 5패는 3왕에 죄를 얻었고, 지금의 제후들은 5패에 죄를
얻었는데, 모두 다른 세대에 나왔다. 그러므로 그 죄를 도피할
수 있다.) 至於今之大夫, 其得罪於今之諸侯. 則同時矣, 而諸侯
非惟莫之罪也, 乃反以爲良臣而厚禮之, 不以爲罪而反以爲功, 何
其謬哉.(그런데 지금의 대부에 이르러, 그들은 지금의 제후들에
게 죄를 얻었다. 곧 동시대인데도, 제후들은 오직 그들의 죄가
없지 않은데, 바로 도리어 훌륭한 신하라고 여겨 그를 후하게
예우하고, 죄로 여기지 않고 도리어 공으로 여기니, 어찌 그리도
잘못하는가?)

5패는 3왕의 죄인이 된다. 그러나 5패는 다섯 가지 금법을
정한 '규구의 회맹'으로 천하의 질서를 바로잡으려 하였으
니 그래도 취할 점이 있었다. 당시의 제후들은 이 다섯 가
지 금법을 범하고 있으니 곧 5패에 대한 죄인이 되는 셈
이다. 그들의 대부들은 그의 주군인 제후들을 바르게 보필
하지 않고 악정을 이끌고 그 악정을 합리화시키고 있으니
당시의 대부들은 그 주군인 제후들에 대한 죄인이 된다.

제8장 노나라는 신자를 장군으로 삼고자 했다
(魯欲使愼子爲將軍章 第八)

(8-1) 魯欲使愼子로 **爲將軍**이러니

(노욕사신자, 위장군)

국역 노나라는 신자로 하여금 장군을 삼고자 하니,[42]

자의 ○欲－하고자 할 욕. ○使－하여금 사. ○愼－삼갈 신. ○爲－
삼다.

(8-2) 孟子曰 不敎民而用之를 **謂之殃民**이니 **殃民者**는
不容於堯舜之世니라

(맹자왈 불교민이용지, 위지앙민, 앙민자, 불용어요순지세)

국역 맹자가 말씀하였다. "백성을 가르치지 아니하고 그들
을 전쟁에 쓰는 것을 백성을 재앙에 빠뜨리는 것이라 한
다. 백성들을 재앙에 빠뜨리는 것은 요순의 세상에서도 용

---

42) 愼子, 魯臣.(신자는 노나라의 신하이다.)

납되지 않느니라.”43)

(자의) ㅇ殃－재앙 앙.

(8-3) **一戰勝齊**하여 **遂有南陽**이라도 **然且不可**하니라

(일전승제, 수유남양, 연차불가)

(국역) “한번 전쟁하여 제나라를 이겨서 마침내 남양을 소유
하더라도, 그러나 또한 불가하니라.”44)

(자의) ㅇ勝－이길 승. ㅇ遂－마침내, 결국. ㅇ且－또 차. 하물며.

(8-4) **愼子勃然不悅曰 此則滑釐所不識也**로이다

(신자발연불열왈 차즉골리소불식야)

(국역) 신자가 갑자기 안색을 변하여 기뻐하지 않으며, “이것
은 곧 제〔滑釐〕가 알지 못하는 바입니다.”라고 말하였
다.45)

(자의) ㅇ勃－활발할 발. ㅇ勃然－안색이 변하는 모양. ㅇ滑－미끄러
울 활, 어지러울 골. ㅇ釐－바로잡을 리. ㅇ滑釐－신자의 이름.

---

43) 教民者, 教之禮義, 使知入事父兄, 出事長上也.(백성을 가르친다
는 것은, 백성들에게 예의를 가르쳐서, 들어가서는 부형을 섬기
고, 나가서는 어른을 섬길 줄 알게 하는 것이다.) 用之, 使之戰
也.(‘용지’는 그들로 하여금 싸우게 하는 것이다.)

44) 是時, 魯蓋欲使愼子伐齊, 取南陽也.(이때에 노나라가 아마도 신
자로 하여금 제나라를 정벌하게 하여, 남양을 취하고자 한 듯
하다.) 故, 孟子言就使愼子善戰, 有功如此, 且猶不可.(그러므로
맹자는, 가령 신자가 나아가 싸움을 잘하여, 공을 이와 같이 세
운다 하더라도, 오히려 불가하다고 말한 것이다.)

45) 滑釐, 愼子名.(골리는 신자의 이름이다.)

(8-5) 曰 吾明告子하리라 天子之地方千里니 不千里면 不
足以待諸侯요 諸侯之地方百里니 不百里면 不足以
守宗廟之典籍이니라

（왈 오명고자. 천자지지방천리, 불천리, 부족이대제후. 제후지지
방백리, 불백리, 부족이수종묘지전적）

국역 "내 그대에게 분명히 고하리라. 천자의 땅은 사방 천리
이니, 천리에 부족하면 그것으로 제후를 충분히 대접할 수
없기 때문이오. 제후의 땅이 사방 100리이니, 100리에 부
족하면 그것으로 종묘의 전적을 충분히 지킬 수 없기 때
문이니라."46)

자의 ㅇ告-아뢸 고. ㅇ子-그대. ㅇ足以-충분히 ~할 수 있다.
ㅇ待-대접할 대. ㅇ典籍-기록문서.

(8-6) 周公之封於魯에 爲方百里也니 地非不足이로되 而
儉於百里하며 太公之封於齊也에 亦爲方百里也니
地非不足也로되 而儉於百里하니라

（주공지봉어노, 위방백리야, 지비부족, 이검어백리, 태공지봉어제
야, 역위방백리야, 지비부족야, 이검어백리）

국역 "주공이 노나라에 봉해질 적에 땅이 사방 100리 되었
으니, 땅이 부족하지 않았으되 100리의 땅보다 검소하였
으며, 태공이 제나라에 봉해질 적에 역시 사방 100리 되었

---

46) 待諸侯, 謂待其朝覲聘問之禮.(제후를 대접한다는 것은, 그가 조
회하고 빙문하는 예에 대접함을 이른다.) 宗廟典籍, 祭祀會同之
常制也.(종묘의 전적은 제사하고 회동하는 불변의 제도이다.)

으니, 땅이 부족하지 않았으되 100리의 땅보다 검소하였
느니라."47)

(자의) ㅇ爲--되다. ㅇ儉-검소할 검. ㅇ於--보다, ~에 비해.

(8-7) 今魯는 方百里者五니 子以爲有王者作인댄 則魯在
所損乎아 在所益乎아

(금노, 방백리자오, 자이위유왕자작, 즉노재소손호, 재소익호)

(국역) "그런데 지금 노나라는 사방 100리의 땅이 다섯이나
되니, 그대는 어떤 왕도정치를 이룰 자가 일어난다고 생각
할진댄, 노나라는 땅을 덜어내는 쪽에 있겠는가? 늘리는
쪽에 있겠는가?"48)

(자의) ㅇ子-그대. ㅇ以爲-생각하다. ㅇ有-어떤 유. ㅇ作-일어나
다. ㅇ損-덜 손. ㅇ益-더할 익. 늘어나다.

(8-8) 徒取諸彼하여 以與此라도 然且仁者不爲어든 況於
殺人以求之乎아

(도취저피, 이여차, 연차인자불위, 황어살인이구지호)

(국역) "한갓 저쪽에서 그것을 취하여 이쪽에 주기 위한 것이
라도, 그러나 또한 인자는 그런 일을 하지 않는데 하물며

---

47) 二公, 有大勳勞於天下, 而其封國, 不過百里.(2공은 천하에 크게
   공로가 있었는데도, 그가 봉해진 나라는 불과 백리였다.) 儉, 止
   而不過之意也.(검은 정지하여 지나치지 않다는 뜻이다.)

48) 魯地之大, 皆并吞小國而得之. 有王者作, 則必在所損矣.(노나라
   땅이 커진 것은, 모두 소국을 병탄하여 얻은 것이니, 왕도정치를
   할 자가 있다면, 반드시 덜어내는 쪽에 있을 것이다.)

사람을 죽여서 그것을 구하려고 생각함에 있어서랴?"49)

(자의) ㅇ徒-한갓 도. ㅇ諸-(=之於). ㅇ彼-저 피. ㅇ以-~하기 위하여, ~생각하다. ㅇ況-하물며.

(8-9) **君子之事君也**는 **務引其君以當道**하여 **志於仁而已**니라

(군자지사군야, 무인기군이당도, 지어인이이)

(국역) "군자가 임금을 섬길 적에는, 마땅히 정도로써 그 임금을 이끌어 인에 뜻이 있도록 힘쓸 뿐이니라."50)

(자의) ㅇ事-섬길 사. ㅇ務-힘쓸 무. ㅇ引-인도할 인.

(해설) 우선 백성을 가르치지 않고 전쟁에 몰아넣는 것은 백성을 죽이는 것이니, 요순도 그런 일은 하지 않는다. 공자도 가르치지 않은 백성을 써서 전쟁을 하면 이것은 백성을 버리는 것이라고 하였다(논어, 13-30). 노나라는 주공에게 봉한 나라인데 당시 사방 100리의 땅밖에 받지 않았다. 그런데 지금은 애초에 제후에게 봉해진 것보다 5배나 크니, 앞으로 왕자가 일어나면 노나라의 땅은 5분의 1로 깎일 것이 분명한데, 왜 땅을 더 넓히려고 전쟁을 하는가? 신자(愼子)는 임금이 불인한 정치를 하지 말도록 올바르게 보필해야 한다는 것이다.

---

49) 徒, 空也, 言不殺人而取之也.(도는 공이니, 사람을 죽이지 않고 그를 취함을 말한다.)

50) 當道, 謂事合於理.(당도는 일이 이치에 합당함을 이른다.) 志仁, 謂心在於仁.(지인은 마음이 인에 있음을 이른다.)

제9장　지금의 이른바 양신(今之所謂良臣章 第九)

(9-1) 孟子曰　今之事君者曰　我能爲君하여　辟土地하며
充府庫라하면　今之所謂良臣이요　古之所謂民賊也라
君不鄕道하여　不志於仁이어든　而求富之하니　是는　富
桀也니라

　　(맹자왈 금지사군자왈 아능위군, 벽토지, 충불고, 금지소위량신,
　　고지소위민적야. 군불향도, 부지어인, 이구부지, 시, 부걸야)

(국역) 맹자가 말씀하였다. "그런데 지금의 임금을 섬기는 자
는, '내 능히 임금을 위하여 토지를 개간하며 부고(府庫)
를 채울 수 있다.'고 하니, 지금의 소위 어진 신하요, 옛날
의 소위 백성들의 도둑이다. 임금이 정도로 향하지 않고
인에 뜻이 없는데도 그를 부하게 요구하니, 이것은 걸왕을
부하게 하는 것이니라."51)

(자의) ㅇ辟-열 벽(=闢). ㅇ府庫-관청의 창고. ㅇ良-어질 량.
ㅇ賊-도둑 적. ㅇ鄕-향할 향(=向).

(9-2) 我能爲君하여　約與國하여　戰必克이라하니　今之所謂
良臣이요　古之所謂民賊也라　君不鄕道하여　不志於
仁이어든　而求爲之强戰하니　是는　輔桀也니라

　　(아능위군, 약여국, 전필극, 금지소위량신, 고지소위민적야. 군불
　　향도, 부지어인, 이구위지강전, 시, 보걸야)

---

51) 辟, 開墾也.(벽은 개간함이다.)

(국역) " '나는 능히 임금을 위하여 다른 나라와 더불어 약속을 하여 전쟁을 하면 반드시 이긴다.'고 하니, 지금의 소위 어진 신하요, 옛날의 소위 백성들의 도둑이라. 임금이 정도를 향하지 않고 인에 뜻이 없는데도, 그를 위하여 강제로 전쟁을 요구하니, 이것은 걸왕을 돕는 것이니라."52)

(자의) ○約-약속할 약. ○克-이길 극. ○强-억지로 강. ○輔-도울 보.

(9-3) **由今之道**하여 **無變今之俗**이면 **雖與之天下**라도 **不能一朝居也**리라

(유금지도, 무변금지속, 수여지천하, 불능일조거야)

(국역) "그런데 지금의 방법에 따르고 지금의 풍속을 바꾸는 일이 없다면, 비록 천하를 주더라도 능히 하루아침도 살지 못할 것이니라."53)

(자의) ○由-따르다. ○雖-비록 수. ○與-줄 여. ○居-살 거.

(해설) 백성을 잘살게 하기 위해 임금이 필요하고, 그런 일을 잘 보필하도록 신하가 있는 것이다. 그런데도 백성을 죽여 국리(國利)를 추구하는 부국강병으로 나아가는 임금은 백성을 해롭게 하는 걸왕같은 폭군으로서 임금이 아니며, 그런 임금을 부유하게 하는 신하는 양신(良臣)이 아니라, 모

---

52) 約, 要結也.(약은 맹약을 맺는 것이다.) 與國, 和好相與之國也. (여국은 서로 더불어 화해한 나라이다.)

53) 言必爭奪而至於危亡也.(반드시 쟁탈하여 생사 존망의 위기에 이름을 말한 것이다.)

두 도둑의 무리이며 민적(民敵)일 뿐이다. 진실로 임금을 섬기는 신하라면 인의의 정치를 권해야 한다는 것이다.

제10장 대맥과 소맥(大貉小貉章 第十)

(10-1) **白圭曰 吾欲二十而取一**하노니 **何如**하니잇고

　　　　(백규왈 오욕이십이취일, 하여)

국역 백규가 말하였다. "나는 조세로 20분의 1을 취하고자 하는데 어떻습니까?"54)

(10-2) **孟子曰 子之道**는 **貉道也**로다

　　　　(맹자왈 자지도, 맥도야)

국역 맹자가 말씀하였다. "그대의 방법은 맥국의 방법이다."55)

---

54) 白圭, 名丹, 周人也.(백규는 이름이 단이니, 주나라 사람이다.) 欲更稅法, 二十分而取其一分.(세법을 변경하여 20분의 1을 취하고자 한 것이다.) 林氏曰 : 按史記, 白圭能薄飲食, 忍嗜欲, 與童僕同苦樂. 樂觀時變, 人棄我取, 人取我與, 以此居積致富. 其爲此論, 蓋欲以其術, 施之國家也.(임씨가 말하였다. '사기'를 상고컨대, 백규는 능히 음식을 박하게 하고, 기욕을 참아서, 동복들과 더불어 고락을 함께하였으며, 때의 변함을 관찰하기를 좋아하여, 남이 버리면 나는 취하고, 남이 취하면 나는 주어서, 이것으로써 재물을 축적하여 치부하였다고 하니, 그가 이것을 위하여 논한 것은, 아마 그런 기술로써 국가에 시행하고자 한 것인 듯하다.)

55) 貉, 北方夷狄之國名也.(맥은 북방 이적의 나라 이름이다.)

자의 ㅇ道-방법 도. ㅇ貉-오랑캐 맥(=貊), 오소리 학.

(10-3) **萬室之國**에 **一人陶**면 **則可乎**아 **曰 不可**하니 **器不足用也**니이다

　　(만실지국, 일인도, 즉가호. 왈 불가, 기부족용야)

국역 "집이 만 채나 되는 큰 나라에 한 사람이 도자기를 만들어 공급한다면 되겠는가?" "불가합니다. 그릇을 충분히 쓸 수 없을 것입니다."56)

자의 ㅇ陶-질그릇 도. ㅇ器-그릇 기.

(10-4) **曰 夫貉**은 **五穀**이 **不生**하고 **惟黍生之**하나니 **無城郭宮室宗廟祭祀之禮**하며 **無諸侯幣帛饔飧**하며 **無百官有司**라 **故**로 **二十取一而足也**니라

　　(왈 부맥, 오곡, 불생, 유서생지. 무성곽궁실종묘제사지례, 무제후폐백옹손, 무백관유사, 고, 이십취일이족야)

국역 "대저 맥국은 5곡이 생산되지 않고 오직 기장만이 생산되며, 성곽 궁실 종묘 제사의 예가 없으며, 제후들과 폐백을 교환하는 일, 음식을 대접하는 일이 없으며, 백관과 관리도 없다. 그러므로 조세로 20분의 1을 취하여도 충분하니라."57)

---

56) 孟子設喩以詰圭, 而圭亦知其不可也.(맹자가 예를 들어서 백규를 힐난하자, 백규 역시 그 불가함을 알았던 것이다.)

57) 北方, 地寒, 不生五穀, 黍早熟, 故, 生之.(북방은 땅이 한랭하여, 5곡이 자라지 못하고, 기장은 일찍 익는다. 그러므로 생산된다.) 饔飧, 以飲食饋客之禮也.('옹손'은 음식으로써 손님에게 먹이는

（자의） ○黍-기장 서. ○城-재 성. ○郭-성곽 곽. ○廟-사당 묘. ○幣-폐백 폐. ○帛-비단 백. ○饔-아침밥 옹. ○飧-저녁밥 손.

(10-5) 今에 居中國하여 去人倫하며 無君子면 如之何其可 也라

（금, 거중국, 거인륜, 무군자, 여지하기가야）

（국역） "그런데 지금 중국에 거처하면서 인륜을 저버리며 군 자를 없앤다면, 어떻게 그것이 가능하겠는가?"58)

(10-6) 陶以寡라도 且不可以爲國이온 況無君子乎아

（도이과, 차불가이위국, 황무군자호）

（국역） "질그릇이 매우 적더라도 또 나라를 다스릴 수 없는데 하물며 군자가 없고서야?"59)

（자의） ○以-매우. ○寡-적을 과. ○可以-~할 수 있다. ○爲-다스 리다. ○況-하물며.

(10-7) 欲輕之於堯舜之道者는 大貉에 小貉也요 欲重之 於堯舜之道者는 大桀에 小桀也니라

（욕경지어요순지도자, 대맥, 소맥야. 욕중지어요순지도자, 대걸, 소걸야）

（국역） "조세를 요순의 방법보다 가볍게 하고자 하는 자는, 큰

예이다.)

58) 無君臣祭祀交際之禮, 是去人倫,(군신과 제사와 교제하는 예가 없다면, 이것은 인륜을 버리는 것이요,) 無百官有司, 是無君子. (백관과 관리가 없다면, 이것은 군자가 없는 것이다.)

59) 因其辭以折之(그의 말에 의거하여, 그리고 그것을 꺾은 것이다.)

맥국에 작은 맥국이요, 요순의 방법보다 무겁게 하고자 하
는 자는, 큰 걸왕에 작은 걸왕이니라."60)

해설 백규는 백성을 위하는 시각에서 세율을 20분의 1로 낮
추려 하였으나, 맹자는 요순의 제도인 10분의 1을 고수해
야 한다는 것이다. 맥국 같은 미개국에서는 20분의 1의 조
세로도 국가를 경영할 수 있지만, 예의를 숭상하고 문화가
발달된 나라를 이끌고 나가려면 그처럼 세수가 적어서는
안 된다는 것이다. 가계가 수입을 헤아려 지출을 제한하는
것[量入制出]을 기본으로 삼는데, 재정은 이와 반대로 세
출을 요량하여 세입을 제한하는 것[量出制入]인데, 원칙
은 고금이 같다.

제11장 백규의 치수(丹之治水章 第十一)

(11-1) **白圭曰 丹之治水也 愈於禹**호이다
　　　(백규왈 단지치수야 유어우)

국역 백규가 말하였다. "제[丹]가 물을 다스리는 것이 우
임금보다 낫습니다."61)

---

60) 什一而稅, 堯舜之道也. 多則桀, 寡則貉.(10분의 1세법은 요순의
　　도이니, 이보다 많으면 걸왕이요, 적으면 오랑캐의 도이다.) 今
　　欲輕重之, 則是小貉, 小桀而已.(그런데 지금 그보다 가볍거나
　　무겁게 하고자 한다면, 이것은 작은 오랑캐 나라와 작은 걸왕일
　　뿐이다.)
61) 趙氏曰 : 當時諸侯, 有小水, 白圭爲之築隄, 壅而注之他國.(조씨

자의 ㅇ丹-붉을 단. 백규의 이름. ㅇ愈-더욱 유, 나을 유.

(11-2) 孟子曰 子過矣로다 禹之治水는 水之道也니라

(맹자왈 자과의. 우지치수, 수지도야)

국역 맹자가 말씀하였다. "그대가 지나치다. 우임금이 물을 다스린 것은 물의 길을 따른 것이니라."62)

(11-3) 是故로 禹는 以四海爲壑이어시늘 今에 吾子는 以鄰 國爲壑이로다

(시고, 우, 이사해위학, 금, 오자, 이린국위학)

국역 "이 때문에 우임금은 사해로써 물웅덩이를 삼았거늘, 그런데 지금 그대는 이웃나라로써 물웅덩이를 삼았도 다."63)

자의 ㅇ壑-골 학. 물웅덩이. ㅇ鄰-이웃 린.

(11-4) 水逆行을 謂之洚水니 洚水者는 洪水也라 仁人之 所惡也니 吾子過矣로다

(수역행, 위지홍수, 홍수자, 홍수야. 인인지소오야. 오자과의)

국역 "물이 역행하는 것을 역류하는 물이라 하는데, 역류하는 물이란 큰물이다. 어진 사람이 미워하는 것이니 그대의 치수방식이 잘못이다."64)

가 말하였다. 당시 제후국에 작은 홍수가 있었는데, 백규가 이를 위하여 제방을 쌓아, 물을 막아 타국으로 주입시켰다.)

62) 順水之性也.(물의 성질에 순응한 것이다.)

63) 壑, 受水處也.(학은 물을 받아들이는 곳이다.)

64) 水逆行者, 下流壅塞故, 水逆流, 今乃壅水以害人, 則與洪水之災

자의 ○洚-큰물 홍. ○洚水-역류하는 물. ○洪-큰물 홍.

해설 옛 중국에서는, 홍수는 국가적인 과제였다. 순은 우에게 그 일을 맡기니, 우는 물을 본성에 좇아 다스려 바다로 흐르게 함으로써 백성들을 안심하고 살게 하여 지금 중국의 모체를 만들었다. 그런데 백규는 문제를 거시적으로 보지 않고 물길을 이웃나라로 돌렸으니, 물길이 막히고 역류되어 홍수가 우려되었던 것이다. 그래서 맹자는 우왕의 치수방식이 백규의 방식보다 훌륭하다고 했던 것이다.

제12장 군자가 신용이 없다(君子不亮章 第十二)

(12-1) **孟子曰 君子不亮**이면 **惡乎執**이리오
　　　　(맹자왈 군자불량, 오호집)

국역 맹자가 말씀하였다. "군자가 성실하지 못하면 어떻게 중용을 잡고 일을 하겠는가?"[65]

자의 ○亮-성실할 량. ○惡-어찌 오. ○執-잡을 집.

해설 맹자는 성(誠)을 사람과 하늘을 연결하는 고리로 본다. 성은 하늘의 도(道)지만 동시에 인간이 추구하는 도이기

　　無異矣.(물이 역행한다는 것은, 하류가 막혔기 때문에 물이 역류하는 것이다. 그런데 지금 바로 물을 막아서 남을 해친다면, 홍수의 재해와 더불어 다를 것이 없다.)

　65) 亮, 信也, 與諒同.(양은 믿음이니, 양(諒)과 더불어 같다.) 惡乎執, 言凡事苟且, 無所執持也.('오호집'은 모든 일이 구차하여 잡을 것이 없음을 말한다.)

도 하다. 따라서 이 성을 통해 사람은 하늘과 융합하게 된다. 그러므로 사람은 누구나 성실해야 한다. 성실하지 못하면 진리의 탐구는 물론 일상적인 일에서조차 문제의 중심을 파악하거나 적중할 수도 없고 확신도 생기지 않기 때문이다.

제13장 노나라에서 악정자에게 정사를 맡기려 했다
(魯欲使樂正子爲政章 第十三)

(13-1) **魯欲使樂正子**로 **爲政**이러니 **孟子曰 吾聞之**하고 **喜而不寐**호라

(노욕사악정자, 위정, 맹자왈 오문지, 희이불매)

국역 노나라가 악정자로 하여금 정치를 하게 하려 하자, 맹자가 말씀하였다. "내가 그 말을 듣고 기뻐서 잠을 이루지 못했다."[66]

자의 ○喜-기쁠 희. ○寐-잘 매.

(13-2) **公孫丑曰 樂正子**는 **强乎**잇가 **曰 否**라 **有知慮乎**잇가 **曰 否**라 **多聞識乎**잇가 **曰 否**라

(공손추왈 악정자, 강호. 왈 부. 유지려호. 왈 부. 다문식호. 왈 부)

국역 공손추가 말하였다. "악정자는 힘이 강합니까?" "아니다." "지혜로운 생각이 있습니까?" "아니다." "듣고 아는

---

66) 喜其道之得行.(그 도가 행해질 수 있음을 기뻐한 것이다.)

것이 많습니까?" "아니다."67)

자의 ○否−아닐 부, 악할 비. ○知慮−생각. ○識−알 식, 표할 지.

(13-3) **然則奚爲喜而不寐**시니잇고

(연즉해위희이불매)

국역 "그렇다면 어찌하여 기뻐서 잠을 이루지 못했습니까?"68)

(13-4) **曰 其爲人也好善**이니라

(왈 기위인야호선)

국역 "그 사람됨이 선을 좋아하니라."

(13-5) **好善足乎**잇가

(호선족호)

국역 "선을 좋아하면 정사를 맡는 데 충분합니까?"69)

(13-6) **曰 好善**이 **優於天下**어든 **而況魯國乎**아

(왈 호선, 우어천하, 이황노국호)

국역 "선을 좋아하면 천하를 다스린다 해도 넉넉하거든, 하물며 노나라를 다스리는 데 있어서랴!"70)

---

67) 此三者, 皆當世之所尙, 而樂正子之所短, 故, 丑疑而歷問之.(이 셋은 모두 당시에 숭상하던 바였으나, 악정자에게는 단점이었다. 그러므로 공손추가 의심하여 일일이 물은 것이다.)

68) 丑問也.(공손추가 물은 것이다.)

69) 丑問也.(공손추가 물은 것이다.)

70) 優, 有餘裕也. 言雖治天下, 尙有餘力也.(우는 여유가 있는 것이니, 비록 천하를 다스리더라도, 오히려 여력이 있음을 말한 것

(자의) ㅇ優-넉넉할 우.

(13-7) **夫苟好善**이면 **則四海之内**가 **皆將輕千里而來**하여
告之以善하고

(부구호선, 즉사해지내, 개장경천리이래, 고지이선)

(국역) "대저 진실로 선을 좋아한다면 사해 안의 사람들이 모
두 장차 천리길이라도 가볍게 생각하고 찾아와서 선으로
써 알려줄 것이고,"71)

(자의) ㅇ苟-진실로 구. ㅇ輕-가벼울 경.

(13-8) **夫苟不好善**이면 **則人將曰 訑訑**를 **予旣已知之矣**
로라하리니 **訑訑之聲音顔色**이 **距人於千里之外**하나
니 **士止於千里之外**하면 **則讒諂面諛之人**이 **至矣**리
니 **與讒諂面諛之人居**면 **國欲治**인들 **可得乎**아

(부구불호선, 즉인장왈 이이, 여기이지지의, 이이지성음안색, 거
인어천리지외, 사지어천리지외, 즉참첨면유지인, 지의, 여참첨면
유지인거, 국욕치, 가득호)

(국역) "대저 진실로 선을 좋아하지 않으면 사람들이 장차 말
하기를, '자만해하는 모습을 내 이미 알았다.'고 할 것이니,
자만해하는 음성과 안색이 사람을 천리 밖에서 막는다. 선
비가 천리 밖에서 발걸음을 멈춘다면, 참소하고 아첨하며
면전에서 아부하는 사람만이 이를 것이니, 참소하고 아첨

이다.)

71) 輕, 易也, 言不以千里爲難也.(경은 쉬움이니, 천리로써 어렵게
여기지 않음을 말한 것이다.)

하며 면전에서 아부하는 사람들과 더불어 산다면, 나라를
다스리고자 한들 옳게 할 수 있겠는가?"72)

자의 ○訑-잘난체할 이. ○訑訑-자만해 만족하는 모습. ○顔-얼
굴 안. ○距-막을 거. ○讒-참소할 참. ○諂-아첨할 첨. ○諛-아
첨할 유.

해설 정치가가 갖추어야 할 첫째 덕목은 착한 마음씨이다.
성품이 착한 사람은 남의 장점을 좋아하고 그를 사랑하고
신뢰하니, 훌륭한 사람들이 그에게로 모여 협조하고 좋은
계책을 그에게 말해준다. 그는 그것을 채택하기만 하면 된
다. 그러나 지혜롭기만한 사람은 남보다 앞서기를 좋아하
므로 남의 장점을 좋아하지 않고 무시하기 쉽다. 따라서
현자는 그를 떠나가 버리고 간사하고 아첨하는 무리들만
이 몰려드니 그는 실패하고 만다. 이런 이유에서 선을 좋
아하는 악정자의 출사를 기뻐한 것이다.

---

72) 訑訑, 自足其智, 不嗜善言之貌(이이는 스스로 그 지혜를 만족
하게 여겨, 선언을 좋아하지 않는 모양이다.) 君子小人, 迭爲消
長, 直諒多聞之士遠, 則讒諂面諛之人至, 理勢然也.(군자와 소인
은, 번갈아 사라지고 자라나니, 정직하고, 이해하고, 많이 들은
선비가 멀어지면, 헐뜯고, 아첨하고, 면전에서 아첨하는 사람이
이르는 것은, 이치와 형세의 당연함이다.) 此章, 言爲政, 不在於
用一己之長, 而貴於有以來天下之善.(이 장은 정사를 함이, 한
낱 자기의 장점을 쓰는 데 있지 않고, 천하의 선인을 오게 할
수 있음을 귀하다고 말한 것이다.)

제14장 나아가는 것도 세 가지요, 떠나가는 것도 세 가지다(所就三所去三章 第十四)

(14-1) 陳子曰 古之君子何如則仕니잇고 **孟子曰 所就三**
이요 **所去三**이니라

(진자왈 고지군자하여즉사, 맹자왈 소취삼, 소거삼)

(국역) 진자가 말하였다. "옛날 군자는 어떠하면 벼슬하였습
니까?" 맹자가 말씀하였다. "벼슬에 나아가는 것이 세 가
지요, 떠나가는 것이 세 가지였다."73)

(자의) ○仕-벼슬 사. ○就-나아갈 취.

(14-2) 迎之致敬以有禮하며 **言將行其言也**면 **則就之**하고
禮貌未衰나 **言弗行也**면 **則去之**니라

(영지치경이유례, 언장행기언야, 즉취지, 예모미쇠, 언불행야, 즉
거지)

(국역) "맞이할 적에 공경을 다하되 예를 가지고 하며, 장차
그의 말을 시행하겠다고 말하면 나아갔고, 예모가 아직
쇠퇴하지 않더라도 그 말이 시행되지 않으면 떠나갔느니
라."74)

---

73) 其目在下.(그 조목이 아래에 있다.)
74) 所謂見行可之仕, 若孔子於季桓子是也.(소위 '행가의 벼슬'(정도
가 행해질 만함을 보고, 벼슬한다)이란 것이니, 공자가 계환자에
게 있어서와 같은 경우가 이것이다.) 受女樂而不朝, 則去之矣.(미

（자의） ○迎－맞이할 영. ○致－다할 치. ○以－그리고. ○貌－모양 모.

(14-3) 其次는 雖未行其言也나 迎之致敬以有禮면 則就
之하고 禮貌衰면 則去之니라

（기차, 수미행기언야, 영지치경이유례, 즉취지, 예모쇠, 즉거지）

（국역） "그 다음은 비록 아직 그의 말을 시행하지는 않으나,
맞이할 적에 공경을 다하되 예를 가지고 하면 나아갔고,
예모가 쇠퇴하면 떠나갔느니라."75)

(14-4) 其下는 朝不食하고 夕不食하여 飢餓不能出門户어
든 君聞之하고 曰 吾大者론 不能行其道하고 又不
能從其言也하여 使飢餓於我土地를 吾恥之라하고
周之인댄 亦可受也어니와 免死而已矣니라

（기하, 조불식, 석불식, 기아불능출문호, 군문지, 왈 오대자, 불능
행기도, 우불능종기언야, 사기아어아토지, 오치지, 주지, 역가수
야, 면사이이의）

（국역） "그 다음은 아침도 먹지 못하고 저녁도 먹지 못하여
굶주려 능히 문을 나갈 수 없거든 임금이 그 소문을 듣고,
'내 크게는 능히 그의 도를 행하지 못하고 또 능히 그의

녀 악사를 받아들이고, 조회하지 않았으니, 곧 떠나간 것이다.)

75) 所謂際可之仕, 若孔子於衛靈公是也.(소위 '제가(際可)'의 벼슬'이
란 것이니, 공자가 위령공에게 대해서와 같은 경우가 이것이다.)
故, 與公遊於囿, 公, 仰視蜚鴈而後去之.(그러므로 공과 더불어
동산에서 놀 때에, 공이 날아가는 기러기를 우러러본 뒤에 떠나
간 것이다.)

말을 따르지 못하여 나의 토지에서 굶주리게 한 것을 나
는 부끄럽게 여긴다.'고 하고, 그를 구제할진댄, 역시 받을
수 있거니와 죽음을 면할 뿐이니라."76)

(자의) ○飢-주릴 기. ○餓-주릴 아. ○使-~에게 ~하도록 하다.
○周-구제하다.

(해설) 맹자는 군자가 벼슬길에 나아가는 조건과 물러나는 조
건을 셋으로 요약하였다. 즉 자기의 말을 채택하여 실행해
주거나, 예를 갖추어 대접해 주거나, 굶어죽을 지경에 이
르러 구제해주면 나아갈 수 있다는 것이다. 그렇지 않으면
물러나야 하는 것이니, 이런 조건에 따르면 선비로서 처신
이 분명할 것이다.

제15장 하늘이 장차 큰 임무를 이 사람에게 내리려
한다(天將降大任於是人章 第十五)

(15-1) 孟子曰 舜은 發於畎畝之中하시고 傅說은 擧於版

---

76) 所謂公養之仕也. 君之於民, 固有周之之義, 況此又有悔過之言,
所以可受.(소위 '공양(公養)의 벼슬'이란 것이다. 군주가 백성에
대하여, 진실로 구휼해 줄 의무가 있고, 하물며 여기에 또한 자
기의 과오를 뉘우치는 말이 있으니, 그러니까 받을 수 있는 것
이다.) 然, 未至於飢餓不能出門戶, 則猶不受也. 其曰免死而已,
則其所受亦有節矣.(그러나 아직 굶주려 문호를 나갈 수 없는 지
경에 이르지 않았다면, 오히려 받을 수 없는 것이요, 그 죽음을
면할 뿐이라고 말하였으니, 그렇다면 받는 것에도 역시 마디가
있을 것이다.)

築之間하고 膠鬲은 擧於魚鹽之中하고 管夷吾는 擧於士하고 孫叔敖는 擧於海하고 百里奚는 擧於市하니라

(맹자왈 순, 발어견무지중, 부열, 거어판축지간, 교격, 거어어염지중, 관이오, 거어사, 손숙오, 거어해, 백리해, 거어시)

(국역) 맹자가 말씀하였다. "순은 밭이랑 가운데서 발탁되셨고, 부열은 성벽 쌓는 공사장에서 거용되었고, 교격은 생선과 소금을 파는 데서 거용되었고, 관이오는 옥리 중에서 거용되었고, 손숙오는 해변에서 거용되었고, 백리해는 시장에서 거용되었느니라."77)

(자의) ㅇ畝-밭두둑 견. ㅇ畝-이랑 무. ㅇ傅-스승 부. ㅇ說-기뻐할 열. ㅇ版-조각 판. ㅇ築-쌓을 축. ㅇ膠-아교 교. ㅇ鬲-막을 격. ㅇ鹽-소금 염. ㅇ管-관 관. ㅇ士-옥리(獄吏). ㅇ敖-거만할 오.

(15-2) 故로 天將降大任於是人也신댄 必先苦其心志하며 勞其筋骨하며 餓其體膚하며 空乏其身하여 行拂亂

---

77) 舜耕歷山, 三十, 登庸.(순임금은 역산에서 밭을 갈았는데, 30세에 등용되었으며,) 說, 築傅巖, 武丁, 擧之.(부열은 부암에서 제방을 쌓고 있었는데, 무정이 들어 썼고,) 膠鬲, 遭亂, 鬻販魚鹽, 文王, 擧之.(교격은 난리를 만나, 어물과 소금을 팔고 있었는데, 문왕이 그를 거용하였고,) 管仲, 囚於士官, 桓公, 擧以相國.(관중은 사관에 갇혀 있었는데, 환공이 거용하여서 나라를 돕게 하였다.) 孫叔敖, 隱處海濱, 楚莊王, 擧之爲令尹.(손숙오는 바닷가에 은거하였는데, 초나라 장왕이 거용하여 영윤을 삼았다.) 百里奚, 事見前篇.(백리해는 일이 전편에 보인다.)

其所爲하나니 所以動心忍性하여 曾益其所不能이
니라

(고, 천장강대임어시인야, 필선고기심지, 노기근골, 아기체부, 공
핍기신, 행불란기소위, 소이동심인성, 증익기소불능)

국역 "그러므로 하늘은 장차 이 사람에게 대임을 내리려 할
적에 반드시 먼저 그 심지를 괴롭게 하며, 그 근골을 수고
롭게 하며, 그 몸과 피부를 굶주리게 하며, 그 몸을 궁핍
하게 하여, 그가 행함에 그 하는 바를 거역하고 어지럽게
하나니, 마음을 움직이고 성질을 참게 하여 일찍이 그가
능하지 못한 바를 늘리기 위한 것이다."[78]

자의 ㅇ降-내릴 강. ㅇ任-짐 임. ㅇ筋-힘줄 근. ㅇ膚-살갗 부.
ㅇ空乏-궁핍하다. ㅇ拂-털 불. 반대하다, 거역하다. ㅇ曾益-늘
리다(=增益).

(15-3) 人恒過然後에 能改하나니 困於心하며 衡於慮而後

---

78) 降大任, 使之任大事也, 若舜以下是也.(큰 임무를 내린다는 것은,
그로 하여금 큰 일을 맡게 하는 것이니, 순임금 이하와 같은 것
이 이것이다.) 空, 窮也.(공은 궁함이다.) 乏, 絶也.(핍은 다함이
다.) 拂, 戾也.(불은 어김이다.) 言使之所爲不遂, 多背戾也.(그들
로 하여금 하는 바를 이루지 못하게 하여, 배반함이 많음을 말
한다.) 動心忍性, 謂竦動其心, 堅忍其性也.('동심인성'은 황공하
여 그 마음을 움직이고, 그 성질을 굳게 참는 것을 이른다.) 然,
所謂性, 亦指氣稟食色而言耳.(그러나 소위 성은, 역시 기품과
식색을 가리켜 말하였을 뿐이다.) 程子曰 : 若要熟也, 須從這裏
過.(정자가 말하였다. 만일 완숙하기를 요구한다면, 모름지기 이
시련 속을 통과하여야 한다.)

에 作하며 徵於色하며 發於聲而後에 喩니라

(인항과연후, 능개, 곤어심, 형어려이후, 작, 징어색, 발어성이
후, 유)

(국역) "사람은 항상 과오를 범한 연후에 능히 그것을 고치니,
마음에 곤란이 있으며 생각에 따져본 후에 분발하며, 안색
에 징표가 있고 음성에 나타난 후에 깨닫게 되느니라."79)

(자의) ○衡―따져보다, 판정하다. ○作―분발하다. ○徵―부를 징. 징
조, 조짐. ○喩―까닭 유.

(15-4) 入則無法家拂士하고　出則無敵國外患者는　國恒
亡이니라

(입즉무법가필사, 출즉무적국외환자, 국항망)

---

79) 恒, 常也. 猶言大率也.(항은 항상이니, 대충이란 말과 같다.) 橫,
不順也.(횡은 순하지 못함이다.) 作, 奮起也.(작은 분발하여 일어
남이다.) 徵, 驗也.(징은 징험이다.) 喩, 曉也.(유는 깨우침이다.)
此, 又言中人之性, 常必有過然後, 能改.(이것은, 또한 중인(中
人)의 성품은 항상 반드시 과실이 있은 연후에야, 능히 개선한다
는 말이다.) 蓋不能謹於平旦. 故, 必事勢窮蹙, 以至困於心, 橫於
慮, 然後, 能奮發而興起.(대개 능히 평소에 삼가지 못한다. 그러
므로 반드시 사세가 곤궁하고 위축되어, 그리고 마음에서 곤하
고, 생각에서 걸림에 이른 연후에야, 능히 분발하여 흥기한다.)
不能燭於幾微, 故, 必事理暴著, 以至驗於人之色, 發於人之聲然
後, 能警悟而通曉也.(능히 기미에서 환히 알 수 없다. 그러므로
반드시 사리가 크게 드러나서, 그리고 사람의 안색에서 징험되
고, 사람의 음성에서 발현됨에 이른 연후에야, 능히 깨닫고 통달
하게 된다고 말한 것이다.)

국역 "국내로 들어가면 법도있는 집안과 보필하는 선비가 없고, 밖으로 나가면 적국과 외환이 없을 적에 나라는 항상 망하느니라."80)

자의 ㅇ拂-도울 필(=弼).

(15-5) 然後에 知生於憂患 而死於安樂也니라

(연후, 지생어우환 이사어안락야)

자의 ㅇ憂-근심 우. ㅇ憂患-근심과 환란.

국역 "사람들은 그런 뒤에야 우환에서 살고 안락에서 죽는다는 것을 알게 되느니라."81)

해설 하늘은 장차 사람에게 큰 일을 맡기려 할 적에, 행하는 일이 뜻과 같지 않게 하여 그의 심신을 단련시킨다. 그것이 바로 하늘의 섭리이니, 그것을 인내하여 극복해야지 좌절하면 쓸모없는 것이 되고 만다. 백성을 구하고 천하의 질서를 바로잡는 큰 일을 맡아했던 순임금이나 부열, 교격, 관이오, 손숙오, 백리해 같은 현자들도 반드시 시련기를

---

80) 此, 言國亦然也.(이것은 나라 역시 그렇다는 것을 말한 것이다.) 法家, 法度之世臣也.(법가는 법도를 지키는 세신이다.) 拂士, 輔弼之賢士也.(필사는 보필하는 어진 선비이다.)

81) 以上文觀之, 則知人之生全, 出於憂患, 而死亡由於安樂矣.(윗글로써 이것을 관찰하면, 사람이 살아 온전함은 우환에서 나오고, 사망은 안락에서 유래함을 알 수 있다.) 尹氏曰:言困窮拂鬱, 能堅人之志, 而熟人之仁, 以安樂失之者多矣.(윤씨가 말하였다. 곤궁하고 불울함은 능히 사람의 의지를 견고하게 하고, 사람의 어짐을 완숙하게 하니, 안락으로써 그것을 상실하는 자가 많다.)

겪은 후에야 뜻을 펼 수 있었던 것이다. 국가의 경우도 마
찬가지다. 안으로 어진 선비가 있고, 밖으로 외환이 있음
으로써 국론이 통일되고 나라가 발전해 간다. 방심과 안일
이 몸과 나라를 망치는 씨앗이 됨을 명념해야 한다.

제16장 가르침에는 여러 가지 기술이 있다
(教亦多術章 第十六)

(16-1) 孟子曰 敎亦多術矣니 予不屑之敎誨也者는 是亦
敎誨之而已矣니라
(맹자왈 교역다술의, 여불설지교회야자, 시역교회지이이의)

국역 맹자가 말씀하였다. "가르치는 것에도 역시 많은 방법
이 있으니, 나의 달갑게 여기지 않는 가르침과 깨우침, 그
것 역시 가르치고 깨우치는 방법일 따름이니라."[82]

자의 ㅇ敎-가르치다. ㅇ術-꾀 술. 수단, 방법. ㅇ屑-깨끗할 설. 달

---

82) 多術, 言非一端.(다양한 기술은 한쪽만이 아님을 말한다.) 屑, 潔
也.(설은 깨끗함이다.) 不以其人爲潔而拒絕之, 所謂不屑之敎誨
也. 其人若能感此, 退自修省, 則是亦我敎誨之也.(그 사람을 깨
끗하게 여기지 않아 그의 가르침을 거절함이, 소위 '불설지교회'
인데, 그 사람이 만약 능히 그것에 감화되어, 물러가서 자신을
닦고 반성하면, 그것 역시 내가 그를 가르치고 깨우치는 것이
다.) 尹氏曰 : 言或抑或揚, 或與或不與, 各因其材而篤之, 無非敎
也.(윤씨가 말하였다. 혹은 억제하며, 혹은 드날리며, 혹은 허여
하고, 혹은 허여하지 않음을, 각기 그 재질에 따라 돈독히 하니,
가르침 아닌 것이 없음을 말한 것이다.)

갑게 여긴다. ㅇ誨-깨우치다.

(해설) 예의를 갖추지 않고 물어오는 사람을 탐탁하게 여기지
않아 친절하게 대답해주지 않는 것도 하나의 교육방식일
수 있다. '불설지교회(不屑之敎誨)'가 그런 경우인데, 상대
방이 스스로 거절당한 자기의 무례를 반성하고 분발하게
하는 계기가 될 수 있기 때문이다.

제 13 편

盡心章句上[1]

진심장구상

제1장 마음을 다하면 본성을 안다
(盡心知性章 第一)

(1-1) 孟子曰 盡其心者는 知其性也니 知其性이면 則知
天矣니라

(맹자왈 진기심자, 지기성야, 지기성, 즉지천의)

국역 맹자가 말씀하였다. "그 본마음을 다하는 자는 그 본성
을 아니, 그 본성을 알면 천명을 알게 되니라."[2]

(1-2) 存其心하여 養其性은 所以事天也요

---

2) 心者, 人之神明, 所以具衆理而應萬事者也.(마음은 사람의 신명이
니, 그러니까 모든 이치를 구비하여 만사에 대응한다.) 性, 則心
之所具之理, 而天, 又理之所從以出者也.(성은, 곧 마음이 구비한
바 이(理)이며, 천은, 또 이(理)가 따라야 할 바를 그리고 내는
자이다.) 人有是心, 莫非全體, 然不窮理, 則有所蔽而無以盡乎此
心之量.(사람이 가진 이 마음은, 전체 아님이 없다. 그러나 궁리
를 않으면, 엄폐되는 바가 있어, 이 마음의 역량을 다할 수 없다.)
故能極其心之全體而無不盡者, 必其能窮夫理而無不知者也.(그러
므로 능히 그 마음의 전체를 지극히 하여, 다하지 못함이 없는
자는, 반드시 그는 능히 대저 이(理)를 궁리하여 알지 못함이 없
는 자이다.) 旣知其理, 則其所從出. 亦不外是矣. 以大學之序言之,
知性則物格之謂, 盡心則知至之謂也.(이미 그 이(理)를 알면, 그가
따라 나오는 바도, 역시 이것에서 벗어나지 않기 때문이다. '대학'
의 서문으로써 그것을 말하면, 지성은, 곧 격물을 이르고, 진심은,
곧 지지를 이른다.)

(존기심, 양기성, 소이사천야)

🔲 "그 본마음을 보존하여 그 본성을 배양하는 것은, 하늘을 섬기기 위한 것이요,"3)

(1-3) 夭壽에 不貳하여 修身以俟之는 所以立命也니라

　　　(요수, 불이, 수신이사지, 소이립명야)

🔲 "요절하든 장수하든 의심하지 않고 자신을 닦으면서 천명을 기다리는 것은, 천명을 확립하기 위한 것이니라."4)

---

3) 存, 謂操而不舍.(존은 잡고 버리지 않음을 이른다.) 養, 謂順而不害.(양은 순응하고 해치지 않음을 이른다.) 事, 則奉承而不違也.(사는 명령을 받들고 어기지 않는 것이다.)

4) 夭壽, 命之短長也.(요수는 생명의 짧고 긴 것이다.) 貳, 疑也.(이는 의심함이다.) 不貳者, 知天之至, 修身以俟死, 則事天以終身也.(의심하지 않음은, 천리를 앎이 지극함이요, 몸을 닦고서 죽음을 기다림은, 곧 하늘을 섬겨서 몸을 마치는 것이다.) 立命, 謂全其天之所付, 不以人爲害之.('입명'은 그 하늘이 부여해 준 바를 온전히 하여, 인위로써 그것을 해치지 않음을 이른다.) 程子曰 : 心也, 性也, 天也, 一理也.(정자가 말하였다. 심(心), 성(性), 천(天)은 똑같은 이(理)이다.) 自理而言, 謂之天, 自稟受而言, 謂之性, 自存諸人而言, 謂之心.(이(理)로부터 말하면, 천이라 이르고, 품수로부터 말하면, 성이라 이르고, 그것이 사람에게 보존된 것으로부터 말하면, 심이라 이른다.) 張子曰 : 由太虛, 有天之名, 由氣化, 有道之名, 合虛與氣, 有性之名, 合性與知覺, 有心之名.(장자가 말하였다. 태허로 말미암아 천이란 이름이 있고, 기화로 말미암아 도라는 이름이 있고, 허와 더불어 기를 합하여 성이란 이름이 있고, 성과 더불어 지각을 합하여 심이란 이름이 있다.) 愚謂 盡心知性而知天, 所以造其理也, 存心養性以事天, 所以履其事也. 不知其理, 固不能履其事.(내가 생각건대, 마음을 다하여 성을 알

자의 ㅇ夭－일찍 죽을 요. ㅇ貳－두 이, 의심할 이. ㅇ俟－기다릴 사.

해설 맹자는 사람의 마음속에 인의예지 등 사단이 있는데, 그 사단의 본체가 본성이라고 본다. 이 본성은 하늘로부터 부여받아 선천적으로 타고나는 것이다. 사람이 자기 마음을 다하는 데서 본성을 깨닫게 되고, 따라서 천명을 알게 되는 것이다. 자기의 성품을 보전하여 몸을 닦고 성숙하기를 기다리는 것은 올바르게 천명을 확립하는 것이며, 사람이 할 수 있는 일을 다하고 죽는 것이 올바르게 천명을 다하는 것이라 할 수 있다.

제2장 천명이 아닌 것이 없다(莫非命也章 第二)

(2-1) 孟子曰 莫非命也나 順受其正이니라

아서, 천리를 아는 것은, 그 이(理)를 찾기 위한 것이요, 마음을 보존하고 성을 길러서 하늘을 섬김은, 그 일을 실천하기 위한 것이니, 그 이를 알지 못하면 진실로 그 일을 실천할 수 없다.) 然, 徒造其理, 而不履其事, 則亦無以有諸己矣.(그러나 한갓 그 이를 찾기만 하고, 그 일을 실천하지 않으면, 역시 자기가 그것을 소유할 수 없다.) 知天而不以夭壽貳其心, 智之盡也, 事天而能修身以俟死, 仁之至也. 智有不盡, 固不知所以爲仁.(하늘을 알아 요수로써 그 마음을 의심하지 않음은, 지혜가 극진함이요, 하늘을 섬겨 능히 몸을 닦고 죽음을 기다리는 것은, 인이 지극함이다. 지혜가 극진하지 못함이 있으면, 진실로 인을 하는 까닭을 알지 못한다.) 然, 智而不仁, 則亦將流蕩不法, 而不足以爲智矣.(그러나 지혜롭기만 하고 어질지 못하면, 역시 장차 방탕한 데로 흐르고 법도가 없어서, 충분히 지혜롭다고 여길 수 없는 것이다.)

(맹자왈 막비명야, 순수기정)

국역 맹자가 말씀하였다. "천명 아닌 것이 없으나 그 바른 것을 순리로 받아야 하느니라."5)

(2-2) 是故로 知命者는 不立乎巖牆之下하나니라

(시고, 지명자, 불립호암장지하)

국역 "이 때문에 천명을 아는 자는 돌담 아래에 서 있지 않느니라."6)

자의 ○巖─바위 암. ○牆─담 장.

(2-3) 盡其道而死者는 正命也요

(진기도이사자, 정명야)

국역 "그의 도리를 다하고 죽는 것은 바로 천명이요,"7)

(2-4) 桎梏死者는 非正命也니라

---

5) 人物之生, 吉凶禍福, 皆天所命.(인물이 살아갈 때 길흉화복은 모두 하늘이 명한 바이다.) 然, 惟莫之致而至者, 乃爲正命.(그러나 오직 그것을 이르게 함이 없어도 이르는 것이 바로 정명이 된다.) 故, 君子修身以俟之, 所以順受乎此也.(그러므로 군자는 수신을 하고, 그리고 기다림은 이것을 순응하여 받으려는 것이다.)

6) 命, 謂正命.(명은 정명을 이른다.) 巖牆, 牆之將覆者.(암장은 담장이 장차 넘어지려는 것이다.) 知正命, 則不處危地以取覆壓之禍.(정명을 안다면 위험한 땅에 처하여, 그리고 담이 전복되어 압사하는 재앙을 받지 않을 것이다.)

7) 盡其道, 則所値之吉凶, 皆莫之致而至者矣.(그 정도를 극진히 하면, 만나는 바 길흉이 모두 이르게 함이 없어도 저절로 이르는 것이다.)

(질곡사자, 비정명야)

국역 "형벌로 죽는 자는 바로 천명이 아니니라."8)

자의 ㅇ桎-형틀 질. ㅇ梏-형틀 곡. ㅇ桎梏-형벌.

해설 명(命)은 천명이며 하늘의 작용이며 자연질서라 할 수
있다. 그 천명을 사람이 받은 것이 성품이며, 그 성품의
발현이 정(情)이며, 정이 사람을 움직이니, 사람은 누구나
천명을 바탕으로 살아가는 것이 된다. 하늘은 만물을 차별
하지 않고 모두 포용하지만 그의 명을 어기는 자는 버린
다. 이것이 하늘의 도리이며 자연질서다. 정명과 비정명은
천명작용의 현상이니, 사람은 언제나 천명을 벗어나지 않
도록 힘써야 한다.

제3장 구하면 얻는다(求則得之章 第三)

(3-1) 孟子曰 求則得之하고 舍則失之하나니 是求는 有益
於得也니 求在我者也일새니라

　　(맹자왈 구즉득지, 사즉실지, 시구, 유익어득야, 구재아자야)

국역 맹자가 말씀하였다. "힘써 구하면 그것을 체득하게 되

---

8) 桎梏, 所以拘罪人者. 言犯罪而死, 與立巖牆之下者, 同, 皆人所取,
非天所爲也.(질곡은 죄인을 구속하기 위한 것이다. 죄를 범하여
죽는 것은, 암장 아래에 섰는 것과 더불어 같으니, 모두 사람이
취한 것이요, 하늘이 한 바가 아니다.) 此章與上章, 蓋一時之言,
所以發其末句未盡之意.(이 장은 윗 장과 더불어, 아마 동일한 때
의 말인 듯하니, 그 말구의 미진한 뜻을 말하기 위한 것이다.)

고 내버려두면 잃어버리니 이러한 구함은 체득에 유익하
다. 그것은 나에게 존재하는 것을 구하기 때문이니라."9)

(3-2) **求之有道**하고 **得之有命**하니 **是求**는 **無益於得也**니
求在外者也일새니라

　　(구지유도, 득지유명, 시구, 무익어득야, 구재외자야)

국역　"구하는 것에 정도가 있고 체득에도 천명이 있으니 이
러한 구함은 체득에 유익함이 없다. 그것은 밖의 것을 구
하기 때문이니라."10)

해설　사람마다 자기가 본래 가지고 있는 본성을 찾아 그것
에 따라 살면 옳게 살 수 있다. 이욕(利慾)을 물리쳐서 본
성을 찾는 노력은 값진 것이다. 그러나 부귀영화 같은 세
상의 것들은 외부의 것이다. 그것의 획득여부는 그것을 구
하는 방법이 천명, 즉 전체적 질서에 합당한지, 합당하지
않은지 그 여부에 달려있다. 그것은 나에게 내재되어 있는

---

9) 在我者, 謂仁義禮智, 凡性之所有者.(나에게 있다는 것은, 인의예
　지 등, 모든 성품이 소유한 것을 이른다.)

10) 有道, 言不可妄求.(천도가 있다는 것은, 망령되이 구해서는 안
　됨을 말한 것이다.) 有命, 則不可必得.(천명이 있다는 것은, 반드
　시 얻을 수 있는 것이 아니라는 것이다.) 在外者, 謂富貴利達凡
　外物, 皆是.(밖에 있다는 것은, 부귀와 입신출세 등, 모든 외물이
　모두 이것이다.) 趙氏曰 : 言爲仁由己, 富貴在天, 如不可求, 從吾
　所好.(조씨가 말하였다. 인을 함은 자기에게 말미암고, 부귀는
　하늘에 있으니, 만일 부귀를 구할 수 없다면, 내가 좋아하는 바
　를 따르겠다는 것을 말한 것이다.)

것이 아니라 남에게 달려있기 때문이다. 공자는 인간의 노력에 관해, 낙관적인 태도를 보이다가도(논어, 9-5), 천명 같은 초경험적인 것에 매달려(논어, 14-38) 주체의 노력과 천명간에서 충돌을 보였는데, 맹자는 '재아자(在我者)'와 '재외자(在外者)'의 방식으로 접근함으로써 이 문제를 이론적으로 해결하고자 노력했다고 할 것이다.

제4장 만물의 이치는 모두 나에게 갖추어져 있다(萬物皆備於我章 第四)

(4-1) 孟子曰 萬物이 **皆備於我矣**니

　　(맹자왈 만물, 개비어아의)

국역 맹자가 말씀하였다. "만물이 모두 나에게 구비되어 있으니,"[11]

(4-2) 反身而誠이면 **樂莫大焉**이요

　　(반신이성, 낙막대언)

국역 "몸을 돌이켜서 성실히 하면 즐거움이 이보다 클 수 없고,"[12]

---

11) 此, 言理之本然也.(이것은 이(理)의 본연을 말한 것이다.) 大則君臣父子, 小則事物細微, 其當然之理, 無一不具於性分之內也.(크게는, 곧 군신간과 부자간이요, 작게는, 곧 사물의 미세한 것이, 그 당연한 이치가 한 가지도 성분의 안에 구비되지 않은 것이 없다.)

12) 誠, 實也.(성은 성실함이다.) 言反諸身, 而所備之理, 皆如惡惡臭,

자의 ㅇ誠-정성 성. ㅇ莫-말 막.

(4-3) **强恕而行**하면 **求仁**이 **莫近焉**이니라

(강서이행, 구인, 막근언)

국역 "용서를 강제라도 힘써 행하면, 인(仁)을 구하는 것이 이것보다 가까운 것은 없느니라."[13]

해설 나의 몸이 성품, 즉 천명으로 된 것이니 만물이 나에게 구비되었다고 할 수 있다. 이런 이치를 알면 그보다 더 즐거울 수가 없다. 성품은 인(仁)으로 대변되니, 우선 인(仁)

好好色之實然, 則其行之不待勉强而無不利矣, 其爲樂孰大於是. (자기 몸에 돌이켜 봄에, 갖추어져 있는 바의 이(理)를, 모두 악취를 싫어하고, 호색을 좋아하는 실제와 같이한다면, 그 행함이 무리하게 기대하지 않아도 이롭지 않은 것이 없을 것이다. 그의 즐거움이, 무엇이 이보다 크겠는가?)

13) 强, 勉强也.(강은 강요함이다.) 恕, 推己以及人也.(서는 자기를 미루어 그리고 남에게 미치는 것이다.) 反身而誠則仁矣, 其有未誠, 則是猶有私意之隔, 而理未純也.(자신을 돌이켜 봄에 성실하면 인이니, 그것에 성실하지 못함이 있다면, 이것은 오히려 사욕의 막힘이 있어서, 이(理)는 아직 순수하지 못한 것이다.) 故, 當凡事勉强, 推己及人, 庶幾心公理得而仁不遠也.(그러므로 당연히 모든 일에 힘써, 자기를 미루어 남에게 미친다면, 거의 마음이 공정하고 이치에 맞아져 인이 멀지 않게 될 것이다.) 此章, 言萬物之理, 具於吾身, 體之而實, 則道在我而樂有餘, 行之以恕, 則私不容而仁可得.(이 장은, 만물의 이치가 내 몸에 구비되어 있으니, 이것을 체득하여 성실히 하면, 도는 나에게 있어 즐거움에 여유가 있고, 용서로써 행하면, 사욕이 용납되지 않아 인을 얻을 수 있음을 말한 것이다.)

하기 위해서는 나의 마음을 남과 같게 하는 것이 필요하다. 그것이 '서(恕)', 즉 '여심(如心)'인데, 아직 인을 체화(體化)하지 못했으니 '서'에 해당되는 행동을 억지로라도 힘써 계속적으로 행하다가 보면 인을 체득하게 되니, 서가 곧 인의 지름길이 된다. 이러한 사고방식은 인한 성품이 '외부에 있는 것'이 아니라, '나에게 있는 것'이기에, 노력으로 확충할 수가 있다고 보는 입장이다.

제5장 행하고서도 정확히 알지 못한다
(行之而不著章 第五)

(5-1) 孟子曰 行之而不著焉하며 習矣而不察焉이라 終身
由之而不知其道者는 衆也니라
(맹자왈 행지이부저언, 습의이불찰언, 종신유지이부지기도자, 중야)

국역 맹자가 말씀하였다. "행하면서도 그것을 밝게 드러내지 못하며, 익히면서도 그것을 살피지 못하는지라. 종신토록 그 도에 따라 살면서도 그 도를 알지 못하는 자가 많으니라."14)

---

14) 著者, 知之明.(저는 앎이 밝은 것이다.) 察者, 識之精.(찰은 앎이 정밀한 것이다.) 言方行之而不能明其所當然, 旣習矣而猶不識其所以然.(자기가 방금 행하고서도 능히 그 당연한 바를 분명히 알지 못하며, 이미 익히고서도 오히려 그 까닭을 알지 못한다.) 所以終身由之而不知其道者多也.(그러니까 종신토록 그것을 따르

자의 ㅇ著-나타낼 저. ㅇ焉-(=於此). ㅇ由-~에 따르다.

해설 사람은 누구나 인의예지의 사단을 지니고 있다. 이것의 작용에 따라 살아가고 있으면서 그것이 바로 성품이라는 것을 모르고 살아갈 뿐이다. 조금만 여유를 가지고 삶의 근원을 돌아보면 보다 참된 삶이 될 수 있을 것이다.

제6장 사람은 수치가 없을 수 없다
(人不可以無恥章 第六)

(6-1) **孟子曰 人不可以無恥니 無恥之恥면 無恥矣리라**
　　　(맹자왈 인불가이무치, 무치지치, 무치의)

국역 맹자가 말씀하였다. "사람은 부끄러움이 없을 수 없으니 부끄러움이 없음을 부끄러워한다면, 부끄러운 일이 없을 것이니라."15)

자의 ㅇ可以-할 수 있다. ㅇ恥-부끄러울 치.

해설 부끄러워하는 마음은 성품의 일단, 즉 수오지심(羞惡之心)이며 양심이다. 자기반성이 깊은 사람일수록 부끄러워하는 마음이 깊게 마련이다. 부끄러워해야 할 상황에서

―――――――――――――
고서도, 그 도를 알지 못하는 자가 많음을 말한 것이다.)

15) 趙氏曰 : 人能恥己之無所恥, 是能改行 從善之人, 終身無復有恥辱之累矣.(조씨가 말하였다. 사람이 능히 자기가 부끄러워하는 바가 없음을 부끄러워한다면, 이것은 능히 나쁜 행실을 고쳐 선을 따르는 사람일 것이니, 종신토록 다시는 치욕의 결점을 가지는 일이 없을 것이다.)

부끄러워할 줄 모르는 자기를 부끄러워하는 태도야말로
올바른 자세이며 정의의 단초이다.

제7장 부끄러워함은 사람에게 중대하다
(恥之於人大矣章 第七)

(7-1) 孟子曰 恥之於人에 大矣라
　　　(맹자왈 치지어인, 대의)

(국역) 맹자가 말씀하였다. "수치는 사람에게 있어 실로 중대
한 것이다."16)

(7-2) 爲機變之巧者는 無所用恥焉이니라
　　　(위기변지교자, 무소용치언)

(국역) "임기응변의 기교를 부리는 자는 수치스런 마음을 사
용할 곳이 없느니라."17)

(자의) ㅇ機-기민함. ㅇ巧-재주 교.

---

16) 恥者, 吾所固有羞惡之心也.(수치는 나에게 고유한 바의 수오지
　　심이다.) 存之則進於聖賢, 失之則入於禽獸.(이것을 보존하면 성
　　현에 나아가고, 이것을 잃으면 금수에 들어간다.) 故, 所繫爲甚
　　大.(그러므로 관계되는 바가 매우 큰 것이다.)

17) 爲機械變詐之巧者, 所爲之事, 皆人所深恥, 而彼方且自以爲得
　　計.(가령 기계가 거짓말로 속이는 기술은, 행하는 바의 일이, 모
　　두 남들은 깊이 부끄러워하는 것인데, 그는 방금 또 스스로 좋
　　은 계책이라고 여긴다.) 故, 無所用其愧恥之心也.(그러므로 그
　　부끄러워하는 마음을 사용할 곳이 없는 것이다.)

(7-3) 不恥不若人이면 何若人有리오

　　　(불치불약인, 하약인유)

국역 "수치스럽게 여기지 않음이 남과 같지 않다면 남과 같은 것이 무엇이 있으리오."[18]

해설 부끄러움을 안다는 것은 매우 중요하다. 부끄러움을 앎으로써 인간이 동물과 구별된다. 또 부끄러움이란 자기보다 훌륭한 사람에 대한 양심의 회복이다. 양심이 되살아나야 비로소 불의나 부정을 볼 수 있고, 또 거기서 벗어날 수 있으며 나아가 사회나 온 나라가 정의로워질 수 있기 때문이다.

제8장 선행을 좋아하고 권세를 잊다
(好善而忘勢章 第八)

(8-1) 孟子曰 古之賢王이 好善而忘勢하더니 古之賢士何

---

18) 但無恥一事, 不如人, 則事事不如人矣.(다만, 부끄러워함이 없는 한 가지 일이, 남과 같지 않다면, 일마다 남과 같지 못할 것이다.) 或曰 : 不恥其不如人, 則何能有如人之事. 其義亦通.(혹자가 말하였다. 그 남과 같지 못함을, 부끄러워하지 않는다면, 어찌 능히 남과 같은 일을 가지겠는가?라고 하니, 그 뜻이 통한다.) 或問 : 人有恥不能之心, 如何.(혹자가 물었다. 사람들이 또 불능을 부끄럽게 여기는 마음은, 어떻습니까?) 程子曰 : 恥其不能而爲之, 可也, 恥其不能而掩藏之, 不可也.(정자가 말하였다. 그 불능을 부끄럽게 여겨 힘써 행함은 가하고, 그 불능을 부끄럽게 여겨 그것을 엄폐하는 것은 불가하다.)

獨不然이리오 樂其道而忘人之勢라 故로 王公이 不
致敬盡禮하면 則不得亟見之하니 見且由不得亟어든
而況得而臣之乎아

(맹자왈 고지현왕, 호선이망세, 고지현사하독불연. 낙기도이망인
지세. 고, 왕공, 불치경진례, 즉부득기견지. 견차유부득기, 이황득
이신지호)

국역 맹자가 말씀하였다. "옛날의 어진 임금들은 선행을 좋
아하고 세력을 잊었으니, 옛날의 어진 선비만이 어찌 홀로
그렇지 않았겠는가? 그 정도를 즐기며 남의 세력을 잊었
는지라. 그러므로 왕공이 공경을 지극히 하고 예를 다하지
않으면 그를 자주 만나볼 수 없었다. 만나보는 것 또한 오
히려 자주 할 수 없었거든, 하물며 그를 얻어서 신하로 삼
을 수 있었겠는가?"[19]

자의 ㅇ忘－잊을 망. ㅇ勢－세력 세. ㅇ亟－자주 기. ㅇ由－오히려
유(＝猶).

해설 옛날의 어진 임금과 어진 선비는 선행을 좋아하고 권
세에 아부하는 것을 잊었다. 자기의 도를 즐기며 남의 권

---

19) 言君當屈己以下賢, 士不枉道而求利.(임금은 당연히 자기를 굽혀
서, 그리고 어진 이에게 몸을 낮추어야 하고, 선비는 정도를 굽
혀서 사사로운 이익을 구하지 않아야 함을 말한 것이다.) 二者
勢若相反, 而實則相成, 蓋亦各盡其道而已.(두 가지는 형세가 상
반되는 듯하나, 실제는 서로 이루어주니, 대개 역시 각기 그 도
리를 다할 뿐이다.)

세 따위는 고려사항이 아니었다. 천명을 알기 때문이다. 그런데 지금의 임금과 선비는 선을 행하지는 않고 권세만 을 좇으니 어찌 어질다 하겠는가?

제9장 맹자가 송구천에게 말했다
(孟子謂宋句踐章 第九)

(9-1) 孟子謂宋句踐曰 子好遊乎아 吾語子遊하리라

(맹자위송구천왈 자호유호, 오어자유)

국역 맹자가 송구천에게 말씀하였다. "그대는 유세하기를 좋아하는가? 내 그대에게 유세하는 것을 말해주겠다."[20]

자의 ○謂-말할 위. ○踐-밟을 천. ○遊-놀 유.

(9-2) 人知之라도 亦囂囂하며 人不知라도 亦囂囂니라

(인지지, 역효효, 인부지, 역효효)

국역 "사람들이 그대를 알아주더라도 역시 초연하며, 사람들이 알아주지 않더라도 역시 초연해야 하느니라."[21]

자의 ○囂-만족할 효. ○囂囂-초연한 모습.

(9-3) 曰 何如라야 斯可以囂囂矣니잇고 曰 尊德樂義면 則

---

20) 宋, 姓. 句踐, 名.(송은 성이요, 구천은 이름이다.) 遊, 遊說也. (유는 유세이다.)

21) 趙氏曰 : 囂囂, 自得無欲之貌.(조씨가 말하였다. 효효는 무욕을 스스로 터득한 모습이다.)

可以囂囂矣니라

(왈 하여, 사가이효효의. 왈 존덕락의, 즉가이효효의)

(국역) "어떻게 해야 이에 초연할 수 있습니까?" "덕을 존중하고 정의로움을 즐거워하면 초연할 수 있느니라."[22]

(자의) ㅇ何如−어떠한가, 어떠한. ㅇ斯−이 사. ㅇ可以−~할 수 있다.

(9-4) 故로 士는 窮不失義하며 達不離道니라

(고, 사, 궁불실의, 달불리도)

(국역) "그러므로 선비는 곤궁하여도 정의로움을 잃지 않으며, 영달하여도 정도를 이탈하지 않느니라."[23]

(자의) ㅇ窮−궁할 궁. ㅇ達−이를 달. ㅇ離−떠날 리.

(9-5) 窮不失義라 故로 士得己焉하고 達不離道라 故로 民不失望焉이니라

(궁불실의, 고, 사득기언, 달불리도, 고, 민불실망언)

(국역) "곤궁하여도 정의로움을 잃지 않는지라, 그러므로 선

---

22) 德, 謂所得之善, 尊之, 則有以自重, 而不慕乎人爵之榮.(덕은 얻은 바의 선함을 이르니, 이것을 높이면 자중할 수 있어, 인작의 영화를 사모하지 않을 것이다.) 義, 謂所守之正. 樂之, 則有以自安, 而不徇乎外物之誘矣.(의는 지키는 바의 정의를 이르니, 그것을 즐거워하면 스스로 편안할 수 있어, 외물의 유혹에 따르지 않을 것이다.)

23) 言不以貧賤而移, 不以富貴而淫, 此, 尊德樂義, 見於行事之實也.(빈천하다고 생각하여 지조를 옮기지 아니하고, 부귀하다고 생각하여 음탕하지 않으니, 이것은 덕을 높이고 의방을 즐거워함이, 행사의 실제에 나타남을 말한 것이다.)

비는 자기 본성을 터득할 수 있고, 영달하여도 정도를 이탈하지 않는지라, 그러므로 백성들이 그를 실망하지 않는 것이니라."24)

(자의) ㅇ焉-(=於此).

(9-6) **古之人**이 **得志**하얀 **澤加於民**하고 **不得志**하얀 **脩身見於世**하니 **窮則獨善其身**하고 **達則兼善天下**니라

(고지인, 득지, 택가어민, 부득지, 수신현어세. 궁즉독선기신, 달즉겸선천하)

(국역) "옛날 사람들은 뜻을 얻으면 혜택이 백성들에게 더해지고, 뜻을 얻지 못하면 몸을 닦아 세상에 드러낸다. 곤궁하면 홀로 그 몸을 착하게 하고, 영달하면 천하를 모두 착하게 하느니라."25)

(해설) 유세를 하는 까닭은 덕을 펴기 위함이니 남이 알아주거나, 알아주지 않거나 상관하지 않아야 한다. 그렇게 하

---

24) 得己, 言不失己也.('득기'는 자기의 지조를 잃지 않음을 말하는 것이다.) 民不失望, 言人素望其興道致治, 而今果如所望也.(백성들이 실망하지 않는다는 것은, 사람들이 평소 그 도를 일으켜 정치에 이르기를 소망하였는데, 그런데 지금, 과연 그 소망과 같이 됨을 말한 것이다.)

25) 見, 謂名實之顯著也.(현은 명성과 실제가 드러남을 말한 것이다.) 此又言士得己 · 民不失望之實.(이것은 또 선비가 몸소 터득하고, 백성들이 실망하지 않는 실제를 말한 것이다.) 此章, 言內重而外輕, 則無往而不善.(이 장은, 내면이 무겁고 외면이 가벼우면, 가는 곳마다 선하지 않음이 없음을 말한 것이다.)

자면 덕을 존중하고 의로움을 즐기는 수양이 필요하다. 이렇게 수양이 된 사람은 출세를 하더라도 인한 마음을 실천하니 혜택이 백성들에게 베풀어지며, 곤궁하게 되더라도 정의로움을 잃지 않고 몸을 닦아 자기를 완성하여 다른 사람의 모범이 되니 세상에 유익하게 된다.

제10장 일반 백성과 호걸(凡民豪傑章 第十)

(10-1) 孟子曰 待文王而後興者는 凡民也니 若夫豪傑之 士는 雖無文王이라도 猶興이니라

(맹자왈 대문왕이후흥자, 범민야, 약부호걸지사, 수무문왕, 유흥)

(국역) 맹자가 말씀하였다. "문왕을 기다렸다가 그가 나온 뒤에 흥기하는 자는 일반 백성들이니, 대저 호걸스런 선비와 같은 경우는 비록 문왕 같은 임금이 없더라도 오히려 흥기한다."26)

(자의) ㅇ待-기다릴 대. ㅇ豪-뛰어날 호. ㅇ傑-뛰어날 걸.

---

26) 興者, 感動奮發之意.(흥은 감동하고 분발한다는 뜻이다.) 凡民, 庸常之人也.(범민은 평범한 사람이다.) 豪傑, 有過人之才智者 也.(호걸은 남을 초과하는 재주와 지혜를 가진 자이다.) 蓋降衷 秉彝, 人所同得, 惟上智之資, 無物欲之蔽, 爲能無待於敎, 而自 能感發以有爲也.(대개 하늘이 내려준 타고난 진심은, 사람들이 똑같이 얻은 것이나, 오직 상지(上智)의 자품(資稟)만이 물욕의 엄폐가 없어서, 가르침을 위하여 기다릴 필요 없이 능할 수 있어, 스스로 능히 감발하여서, 훌륭한 일을 할 수 있는 것이다.)

(해설) 문왕은 그의 아들 무왕이 은의 주왕(紂王)을 멸하고
천하를 안정시킬 수 있도록 기반을 닦은 어진 임금이다.
세상에는 문왕 같은 어진 임금이 나타나 모범을 보여야만
비로소 흥기(興起)할 수 있는 성품의 소유자도 있고, 문왕
같은 어진 이가 없어도 재주와 지혜가 뛰어나서 스스로
깨달아 감동 분발할 수 있는 호걸도 있다. 여기서 감동 분
발한다는 말은 자아의 도덕적 정립을 의미하며, 그것은 문
왕 같은 외부적 힘에 의지해서는 안 되고, 자신의 노력으
로 이루어야 한다는 것인데, 맹자는 이 점에 주목한 것이
다. 이와 같은 견해는 공자의 위인유기(爲仁由己)에 근거
한 것이라 하겠다(논어, 12-1).

제11장 한·위의 가산을 붙여준다
(附之以韓魏之家章 第十一)

(11-1) 孟子曰 附之以韓魏之家라도 如其自視欿然이면
則過人이 遠矣니라

(맹자왈 부지이한위지가, 여기자시감연, 즉과인, 원의)

(국역) 맹자가 말씀하였다. "한·위와 같은 큰 집안으로써 자
기에게 붙여주더라도, 만일 그가 스스로 대수롭지 않게 본
다면 남보다 훨씬 뛰어난 인물이니라."27)

---

27) 附, 益也.(부는 더해줌이다.) 韓魏, 晉卿富家也.(한·위는 진나라
   의 경이니, 부유한 집안이다.) 欿然, 不自滿之意.(감연은 스스로

(자의) ㅇ附-붙일 부. ㅇ韓-나라 한. ㅇ魏-나라 위. ㅇ欿-부족할
감. ㅇ欿然-대수롭지 않게 여기다. ㅇ遠-크다, 심하다.

(해설) 맹자 시대의 한씨나 위씨는 진(晉)나라 경상(卿相)의
집안이며 부호로 이름이 높았다. 그런 집안의 부(富)를 자
기에게 붙여준다면 보통사람들은 기뻐서 어쩔 줄을 모를
것이다. 그러나 그런 부에도 마음이 흔들리지 않는 사람이
라면 덕을 숭상하고 의를 즐기는 선비라 할 것이다.

제12장 편안함을 원칙으로 하여 백성을 부린다
(以佚道使民章 第十二)

(12-1) **孟子曰 以佚道使民**이면 **雖勞**나 **不怨**하며 **以生道
殺民**이면 **雖死**나 **不怨殺者**니라

(맹자왈 이일도사민, 수로, 불원, 이생도살민, 수사, 불원살자)

(국역) 맹자가 말씀하였다. "편안하게 살게 하는 방법으로써
백성을 사역시키면 비록 노동을 하나 원망하지 않으며, 죄
없는 백성들을 살리는 방법으로써 죄 지은 백성을 죽이면
비록 죽더라도 원망하지 않고 죽느니라."28)

만족히 여기지 않는다는 뜻이다.) 尹氏曰 : 言有過人之識, 則不
以富貴爲事.(윤씨가 말하였다. 남을 초과하는 지식을 가졌으면,
부귀로써 일삼지 않음을 말한 것이다.)

28) 程子曰 : 以佚道使民, 謂本欲佚之也, 播穀乘屋之類是也.(정자가
말하였다. 편안한 방법으로써 백성을 사역시킴은, 본래 그들을
편안하게 하고자 함을 이르니, 곡식을 파종하고 집에 올라가 지

자의 ㅇ佚-편안 일. ㅇ道-방법 도.

해설 백성들은 위정자가 누구를 위해 정치를 하는지 잘 안다. 그래서 왕도정치는 자기들의 편리나 안녕을 위한 것이니, 마음으로부터 복종하여 부역을 하거나 범인을 죽이더라도 원망할 줄을 모른다.

제13장 패자의 백성(覇者之民章 第十三)

(13-1) **孟子曰 覇者之民은 驩虞如也요 王者之民은 皥皥**
   如也니라

   (맹자왈 패자지민, 환우여야, 왕자지민, 호호여야)

국역 맹자가 말씀하였다. "패업을 이룬 자의 백성들은 즐거워하는 모습이며, 왕업을 이룬 자의 백성들은 침착한 모습이니라."29)

붕을 이는 부류가 이것이다.) 以生道殺民, 謂本欲生之也, 除害
去惡之類是也.(살리는 방법으로써 백성을 죽인다는 것은, 본래
그들을 살리고자 함을 이르니, 해로운 것을 제거하고, 악한 것을
없애는 부류가 이것이다.) 蓋不得已而爲其所當爲, 則雖咈民之欲,
而民不怨. 其不然者, 反是.(대개 부득이하여 그 당연히 해야 할
바를 한다면, 비록 백성들이 하고자 아니하더라도 백성들은 원망
하지 않는다. 아마 그렇지 못한 자는, 이와 반대일 것이다.)

29) 驩虞, 與歡娛同.(환우는 환오와 더불어 같다.) 皥皥, 廣大自得之
貌(호호는 광대하여 스스로 터득한 모습이다.) 程子曰 : 驩虞,
有所造爲而然, 豈能久也. 耕田鑿井, 帝力, 何有於我. 如天之自
然, 乃王者之政.(정자가 말하였다. 환우는 조작한 바가 있어 그

자의 ㅇ驩-기쁠 환. ㅇ驩虞-즐겁다. ㅇ皞-휠 호. ㅇ皞皞-침착한 모양, 진득한 모양.

(13-2) 殺之而不怨하며 利之而不庸이라 民日遷善而不知 爲之者니라

(살지이불원, 이지이불용, 민일천선이부지위지자)

국역 "죽여도 원망하지 않으며, 이롭게 해주어도 공적으로 여기지 않는지라. 백성들이 날마다 선으로 옮겨가도 그렇게 해주는 자를 알지 못하느니라."30)

런 것이니, 어찌 능히 오래 가겠는가? 밭을 갈아먹고, 우물을 파서 마시니, 임금의 힘이 나에게 무엇이 있겠는가?라고 한 것은, 천연의 자연과 같으니, 이는 왕도정치가의 정사이다.) 楊氏曰 : 所以致人驩虞, 必有違道干譽之事, 若王者則如天, 亦不令人喜, 亦不令人怒.(양씨가 말하였다. 사람들이 즐거워함을 이루게 하기 위해서는, 반드시 정도를 어기고 명예를 요구하는 일이 있을 것이다. 만약 왕도정치가와 같이 한다면, 하늘이 하는 것과 같아서, 역시 사람들로 하여금 기쁘게 하지도 않고, 역시 사람들로 하여금 노하게 하지도 않는다.)

30) 此, 所謂皞皞如也.(이것이, 소위 호호와 같은 것이다.) 庸, 功也.(용은 공적이다.) 豊氏曰 : 因民之所惡而去之, 非有心於殺之也, 何怨之有.(풍씨가 말하였다. 백성들이 싫어하는 바에 의거하여 그것을 제거하는 것이요, 그들을 죽이려는 데 마음을 둔 것이 아니니, 무슨 원망이 있겠는가?) 因民之所利而利之, 非有心於利之也, 何庸之有.(백성들이 이롭게 여기는 것에 의거하여 그것을 이롭게 하는 것이요, 이롭게 해주려는 데 마음을 둔 것이 아니니, 어찌 공으로 여김이 있겠는가?) 輔其性之自然, 使自得之, 故, 民日遷善而不知誰之所爲也.(그 성품의 자연스러움을 도

자의 ○庸-보통이다, 공적. ○遷-옮길 천.

(13-3) 夫君子는 所過者化하며 所存者神이라 上下與天地
同流하나니 豈曰小補之哉리오

(부군자, 소과자화, 소존자신. 상하여천지동류, 기왈소보지재)

국역 "대저 군자가 지나는 곳은 교화가 되며, 존재하는 곳은
신기하게 잘 다스려지는지라. 상하는 천지와 더불어 함께
흐르니 어찌 조금 돕는 것이라 하겠는가?"31)

와서, 스스로 그것을 얻게 하는지라. 그러므로 백성들이 날마다
개과천선을 하면서도 누가 그렇게 하는 것인지를 알지 못하는
것이다.)

31) 君子, 聖人之通稱也.(군자는 성인의 통칭이다.) 所過者化, 身所
經歷之處, 卽人無不化, 如舜之耕歷山而田者遜畔, 陶河濱而器不
苦窳也.(지나는 곳이 교화가 된다는 것은, 자신이 지나는 곳에는,
바로 사람들이 교화되지 않음이 없으니, 마치 순임금이 역산에서
밭을 갊에 밭둑을 양보하였고, 하빈에서 질그릇을 만듦에 찌그러
지지 않은 그릇으로 여겼던 것과 같다.) 所存者神, 心所存主處,
便神妙不測, 如孔子之立斯立, 道斯行, 綏斯來, 動斯和, 莫知其
所以然而然也.(존재하고 있으면 신기하게 잘 다스려진다는 것은,
마음에 존재하여 주장하는 곳에는, 곧 신묘하여 측량할 수 없게
되는 것이니, 마치 공자의 세우면 이에 서며, 인도하면 이에 나
아가며, 편안히 하면 이에 오며, 동하면 이에 화합함과 같아서,
그렇게 되는 까닭을 알지 못하면서 그렇게 되는 것이다.) 是其
德業之盛, 乃與天地之化, 同運並行, 擧一世而甄陶之, 非如霸者
但小小補塞其罅漏而已.(이것은 그 덕업의 성대함이 바로 천지의
조화와 더불어, 함께 움직이고 함께 나아가서, 온 세상을 들어서
도야하는 것이니, 패자들이 단지, 소소하게 그 누락된 곳을 깁고
막는 것뿐인 것과는 같지 않다.) 此則王道之所以爲大, 而學者所

(자의) ㅇ神－다스리다(＝治).

(해설) 패도정치는 나라의 부강에 주력함으로써 백성들을 의
식하여 정치를 하니, 나라의 부강과 자기들의 부유함이 지
도자의 공이라 여긴다. 그러나 왕도정치는 백성들을 위하
는 정치가 바로 지도자 자신을 위한 것이니, 정치로써 생
색내지 않는다. 백성들은 지도자의 공을 알지 못하고 나라
는 자연질서대로 다스려진다. 그러니 사람을 죽이더라도
죽을 자를 죽이니 갈등이 없다. 백성들은 지도자의 착한
정치가 자기들을 위한 것이라 깨닫고 따르니, 그가 지나가
는 곳이나 머무는 곳의 사람들은 신기하게 감화된다.

제14장 잘 가르침은 민심을 얻는다
(善敎得民心章 第十四)

(14-1) 孟子曰 仁言이 不如仁聲之入人深也니라

　　　(맹자왈 인언, 불여인성지입인심야)

(국역) 맹자가 말씀하였다. "어진 말은, 어진 소리가 사람에게
깊게 들어가는 것만 못하느니라."[32]

　　當盡心也.(이는, 곧 왕도정치가 위대하게 되는 까닭이니, 학자는
　　당연히 마음을 다해야 할 것이다.)

32) 程子曰：仁言, 謂以仁厚之言, 加於民.(정자가 말하였다. '인언'은
　　인후한 말로써 백성들에게 더해지는 것을 이른다.) 仁聲, 謂仁
　　聞, 謂有仁之實, 而爲衆所稱道者也.(인성은 어진 소문을 이르니,
　　인이 소유한 실제를 민중들이 칭송해 말하는 것을 이른다.) 此,

(자의) ○不如－~만 못하다, ~하는 편이 낫다. ○深－깊을 심.

(14-2) 善政이 不如善教之得民也니라

(선정, 불여선교지득민야)

(국역) "선정은 백성을 잘 가르쳐 민심을 얻는 것만 못하느니라."33)

(14-3) 善政은 民畏之하고 善教는 民愛之하나니 善政은 得民財하고 善教는 得民心이니라

(선정, 민외지, 선교, 민애지, 선정, 득민재, 선교, 득민심)

(국역) "선정은 백성들이 그것을 두려워하고, 선교는 백성들이 그것을 친애하나니, 선정은 백성들의 재물을 얻고, 선교는 백성들의 마음을 얻느니라."34)

(해설) 정치의 핵심은 지도자와 백성이 하나가 되도록 하는 일이다. 그 방법으로써 인언(仁言)보다 인성(仁聲)이, 선

尤見仁德之昭著, 故, 其感人, 尤深也.(이것은 인덕이 더욱 밝게 드러나 보이는지라, 그러므로 그것이 사람을 감동시키는 것이 더욱 깊다.)

33) 政, 謂法度禁令, 所以制其外也.(정은 법도와 금령을 이르니, 그 밖을 제재하기 위한 것이다.) 教, 謂道德齊禮, 所以格其心也.(교는 도덕과 제례(齊禮)를 이르니, 그 마음을 바르게 하기 위한 것이다.)

34) 得民財者, 百姓足而君無不足也, 得民心者, 不遺其親, 不後其君也.(백성의 재물을 얻는다는 것은, 백성이 풍족함에 군주가 풍족하지 않음이 없음이요, 백성의 마음을 얻는다는 것은, 그 어버이를 버리지 않고 그 군주를 뒤로 하지도 않는다.)

정(善政)보다 선교(善敎)가 우월하다는 것이다. 그것은 예
컨대 논리적인 언론보다 사람의 심금을 울리는 설교가 전
체를 더 잘 하나로 만들고, 선정이 통치질서를 잘 확립하
지만, 모든 백성을 한마음으로 뭉치게 하는 데는 훌륭한
교육이 더 효과적이라는 것이다.

제15장 양지와 양능(良知良能章 第十五)

(15-1) 孟子曰 人之所不學而能者는 其良能也요 所不慮
而知者는 其良知也니라

　　　(맹자왈 인지소불학이능자, 기양능야, 소불려이지자, 기양지야)

(국역) 맹자가 말씀하였다. "사람이 배우지 않고도 할 수 있는
것은, 그것은 양능이요, 생각하지 않고도 알 수 있는 것은,
그것은 양지이다."35)

(자의) ㅇ能－～할 수 있다, ～을 잘하다. ㅇ良能－타고난 재능, 천분
(天分). ㅇ良知－배우지 않고도 깨우치는 천부적인 지능.

(15-2) 孩提之童이 無不知愛其親也며 及其長也하여는 無
不知敬其兄也니라

　　　(해제지동, 무부지애기친야, 급기장야, 무부지경기형야)

---

35) 良者, 本然之善也.(양은 본연의 선함이다.) 程子曰 : 良知, 良能,
皆無所由, 乃出於天, 不繫於人.(정자가 말하였다. 양지, 양능은
모두 말미암는 바가 없으니, 바로 천연에서 나온 것이니, 인위에
매어있는 것이 아니다.)

(국역) "어려서 손을 잡고 가는 아이라도 그 어버이를 사랑할
줄 모르는 이가 없으며, 그가 장성함에 미쳐서는 그 형을
공경할 줄 모르는 이가 없느니라."36)

(자의) ○孩-어릴 해(=咳). ○提-들 제, 끌 제. ○童-아이 동.

(15-3) 親親은 仁也요 敬長은 義也니 無他라 達之天下也
니라

(친친, 인야, 경장, 의야, 무타, 달지천하야)

(국역) "어버이를 친애하는 것은 인(仁)의 마음이요, 어른을
공경하는 것은 의(義)의 마음이니, 둘은 다른 것이 아니라
천하에 두루 통하는 것이니라."37)

(자의) ○親-어버이 친, 친할 친. ○長-어른 장. ○達-통할 달.

(해설) 양지·양능은 사람이 태어날 때부터 가지고 있는 지혜
와 능력으로, 성품의 모습들이다. 이것은 사람이 성장하면
서 욕심에 가려져서 밝음이 흐려지고 구별과 갈등이 생기
는데, 욕심을 눌러 이것을 본래 모습대로 회복하는 것이,
곧 남과 화합할 수 있는 지름길이 된다.

---

36) 孩提, 二三歲之間, 知孩笑 可提抱者也.('해제'는 2, 3세 사이에,
어려서 웃을 줄을 알고, 손을 잡아주고 안아줄 만한 자이다.) 愛
親, 敬長, 所謂良知良能者也.(어버이를 사랑하고, 어른을 공경함
이 소위 양지 양능이다.)

37) 言親親, 敬長, 雖一人之私, 然, 達之天下, 無不同者, 所以爲仁義
也.(어버이를 친애하고 어른을 공경함은, 비록 한 개인의 사사로
운 일이나, 그러나 천하에 통달하여 같지 않음이 없으니, 그러니
까 인의가 된다는 말이다.)

제16장　순이 깊은 산중에 산다
(舜居深山之中章 第十六)

(16-1) 孟子曰　舜之居深山之中에　與木石居하시며　與鹿
豕遊하시니　其所以異於深山之野人者幾希러시니
及其聞一善言하시며　見一善行하사는　若決江河하여
沛然莫之能禦也러시다

(맹자왈 순지거심산지중, 여목석거, 여록시유, 기소이이어심산지
야인자기희, 급기문일선언, 견일선행, 약결강하, 패연막지능어야)

국역 　맹자가 말씀하였다. "순이 깊은 산중에 살 적에 나무와
돌과 더불어 살았으며, 사슴과 돼지와 더불어 놀았으니,
그가 깊은 산속의 야인들보다 다르게 생각되는 것이 거의
드물었으니, 그가 오직 한마디 선언을 듣고 한 가지 선행
을 보고 분발하기에 이르러서는, 장강이나 황하의 둑이 무
너진 것과 같아서 왕성함을 능히 막을 수가 없었다."38)

---

38) 居深山, 謂耕歷山時也.(깊은 산속에 거처하였다는 것은, 역산에
서 경작할 때를 이른다.) 蓋聖人之心, 至虛至明, 渾然之中, 萬理
畢具.(대개 성인의 마음은, 지극히 허하고 지극히 밝아서, 혼연
한 가운데, 온갖 이치가 모두 갖추어져 있다.) 一有感觸, 則其應
甚速, 而無所不通.(한번 감촉이 있으면, 그 감응함이 매우 속하
여 통하지 않는 바가 없다.) 非孟子造道之深, 不能形容至此也.
(도에 나아가기를 깊이 한 맹자가 아니라면, 능히 형용함이 이에
이르지 못하였을 것이다.)

(자의) ㅇ鹿-사슴 록. ㅇ豕-돼지 시. ㅇ遊-놀 유. ㅇ所以-까닭. ㅇ幾-어찌 기. ㅇ及-~에 이르다. ㅇ若-같을 약. ㅇ決-제방 따위가 무너지다. ㅇ沛然-왕성하다, 성대하다. 이 말은 양혜왕 상 (6-6), 이루 상(6-1)에도 나온다. ㅇ禦-막을 어.

(해설) 순이 아직 등용되기 전에는 야인들 틈에 섞여 살았는데 그 생활이 그들과 다를 바가 없었다. 그러나 한번 선한 말을 듣고, 선한 행동을 보면 그것을 따름이 마치 강물의 둑을 터놓은 것처럼 강렬했다. 성인은 선을 추구하여 본성을 회복하는 점에서 남달랐다. 그 외 삶의 모습은 보통사람들과 다른 점이 없었다. 순이 짐승과 다른 것은 그가 선의 싹을 갖고 있었다는 점이다.

제17장 자기가 하지 않는 바를 하지 말라
(無爲其所不爲章 第十七)

(17-1) 孟子曰 無爲其所不爲하여 無欲其所不欲이니 如此而已矣니라

(맹자왈 무위기소불위, 무욕기소불욕, 여차이이의)

(국역) 맹자가 말씀하였다. "그는 본심이 하지 않아야 할 바를 하지 않았으며, 그는 본심이 바라지 않아야 할 바를 바라지 않았으니 이와 같을 뿐이니라."39)

---

39) 李氏曰 : 有所不爲不欲, 人皆有是心也. 至於私意一萌, 而不能以禮義制之, 則爲所不爲, 欲所不欲者多矣.(이씨가 말하였다. 하지 않아야 할 바와, 하고자 하지 말아야 할 바를 가지고 있음은, 사

(자의) ㅇ無－금지사. ㅇ無爲, 無慾－～하지 말라, ～하려고 말라. ㅇ所
不爲－～하지 않는바. ㅇ所不欲－～하고 싶지 않는바.

(해설) 오직 본성에 따라 행동하고, 본성에 비추어 옳지 않은
것은 행하지 않았다. 이렇게 하자면 먼저 세속적인 가치들
을 충분히 따져보고 난 뒤에 그것들과 본성을 바꾸지 않
겠다는 확신이 필요하다.

제18장 외로운 신하와 서자(孤臣孼子章 第十八)

(18-1) **孟子曰 人之有德慧術知者는 恒存乎疢疾이니라**
　　　 (맹자왈 인지유덕혜술지자, 항존호진질)

(국역) 맹자가 말씀하였다. "사람이 덕행과 지혜와 기술과 지
식을 가지게 되는 것은, 항상 재난 속에 갇혀 있을 때이니
라."40)

　　람마다 모두 이러한 마음을 가졌으되, 사의가 한번 싹터서 능히
　　예의로써 제재할 수 없음에 이르면, 하지 않아야 할 바를 하고,
　　하고자 하지 말아야 할 바를 하고자 하는 경우가 많다.) 能反是
　　心, 則所謂擴充其羞惡之心者, 而義不可勝用矣.(능히 이런 마음
　　을 돌이킨다면, 소위 그 수오지심을 확충하여 의방을 이루 다
　　쓸 수 없다는 것이다.) 故, 曰如此而已矣.(그러므로 이와 같을
　　뿐임을 말한 것이다.)

40) 德慧者, 德之慧.('덕혜'는 덕의 지혜이다.) 術知者, 術之知.('술지'
　　는 기술의 지혜이다.) 疢疾, 猶災患也.('진질'은 재난과 환난과
　　같다.) 言人必有疢疾, 則能動心忍性, 增益其所不能也.(사람들이
　　반드시 재난이 있으면, 능히 마음을 움직여 성질을 참아서, 그

(자의) ○存-있을 존. 갇혀있다. ○疢-열병 진. ○疢疾-열병, 재난.

(18-2) 獨孤臣孼子는 其操心也危하며 其慮患也深이라 故
로 達이니라

(독고신얼자, 기조심야위, 기려환야심, 고, 달)

(국역) "오직 외로운 신하와 서자는 그 조심함이 위태로운 때
와 같으며, 그 재앙을 생각하듯이 깊게 하는지라, 그러므
로 사리에 통달하느니라."41)

(자의) ○獨-유독, 오직, 특히. ○孤-외로울 고. ○孼-움 얼. ○患-
재앙 환.

(해설) 임금에게 버림받은 신하나, 남에게 천대받는 서자는
특유한 환경을 극복할 자생력과 통찰력을 가진다. 이들은
화복(禍福)이 서로 기대어 오고간다는 이치를 이미 알고
분수를 지키며 때를 기다리며 자기를 닦고 있는 것이다.

제19장   임금을 섬기는 사람(有事君人者章 第十九)

(19-1) 孟子曰 有事君人者하니 事是君이면 則爲容悅者
也니라

능하지 못한 바를 더 보탬을 말한 것이다.)

41) 孤臣, 遠臣, 孼子, 庶子, 皆不得於君親, 而常有疢疾者也.('고신'
은 먼 신하요, 얼자는 서자이다. 모두 임금과 어버이에게 사랑을
얻지 못하여, 항상 재난을 소유한 자이다.) 達, 謂達於事理, 卽
所謂德慧術知也.(달은 사리에 통달함을 이르니, 곧 소위 덕혜·
술지라는 것이다.)

(맹자왈 유사군인자, 사시군, 즉위용열자야)

國譯 맹자가 말씀하였다. "임금을 섬기는 사람이란 것이 있으니, 그런 자가 임금을 섬기면 표정을 변하여 임금을 기쁘게 하는 자이니라."42)

字義 ○有~者－어떤 ~한 것이 있다. ○容－용모, 표정, 기색. ○容悅－남의 비위를 맞추다.

(19-2) 有安社稷臣者하니 以安社稷爲悅者也니라
(유안사직신자, 이안사직위열자야)

國譯 "사직을 편안하게 하는 신하라는 것이 있으니, 사직을 편안하게 함으로써 기쁘게 여기는 자이니라."43)

(19-3) 有天民者하니 達可行於天下而後에 行之者也니라
(유천민자, 달가행어천하이후, 행지자야)

國譯 "천민이란 자가 있으니, 통달함이 천하에 행해질 수 있게 된 뒤에 행동하는 자이다."44)

---

42) 阿徇以爲容, 逢迎以爲悅, 此, 鄙夫之事, 妾婦之道也.(기색을 변함으로써 임금에 따라서 아첨하고, 기쁘게 하기 위하여, 임금에게 영합하니, 이는 비부의 일이요, 첩부의 방법이다.)

43) 言大臣之計安社稷, 如小人之務悅其君, 眷眷於此而不忘也.(대신이 사직을 편안하게 계획함이, 마치 소인이 그 임금을 기쁘게 하는 데 힘쓰는 것과 같아서, 이로부터 그리워하는 모양으로 잊지 못함을 말한 것이다.)

44) 民者, 無位之稱, 以其全盡天理, 乃天之民, 故, 謂之天民.(민은 지위가 없는 자의 칭호이니, 그들은 천리를 온전히 다함으로써, 바로 하늘의 백성이라. 그러므로 천민이라 이르는 것이다.) 必其

(19-4) 有大人者하니 正己而物正者也니라

　　　(유대인자, 정기이물정자야)

국역 "대인이란 자가 있으니, 자기를 바르게 하여 만물도 바르게 되도록 하는 자이니라."45)

해설 신하된 자를 넷으로 분류하여 도덕적 순서로 말하고 있다. 즉 임금을 섬기는 자[事君人者], 사직을 편안하게 하는 신하[安社稷臣], 천민(天民), 대인(大人)이 그것이다. 이 중에서 앞의 셋은 나라의 질서를 외적으로 확립하

道可行於天下然後, 行之, 不然, 則寧沒世不見知而不悔, 不肯小用其道以殉於人也.(반드시 그 도가 천하에 행해질 만한 연후에 그를 행하고, 그렇지 못하면 차라리 일생동안 알아보지 못하더라도 후회하지 않아서, 조금 그 도를 사용하여서, 남에게 따르기를 즐거워하지 않는 것이다.) 張子曰 : 必功覆斯民然後出, 如伊呂之徒.(장자가 말하였다. 반드시 공이 백성들에게 덮여질 만한 연후에야 나가는 것이니, 이윤·여상의 무리와 같다.)

45) 大人, 德盛而上下化之, 所謂 見龍在田, 天下文明者.(대인은 덕이 성대하여 상하가 교화되는 것이니, 소위, 세상에 나타난 용이 밭에 있으니 천하가 문명해진다는 것이다.) 此章, 言人品不同, 略有四等. 容悅佞臣, 不足言. 安社稷則忠矣, 然, 猶一國之士也.(이 장은, 인품의 같지 않음이 대략 4등급이 있음을 말한 것이다. 아첨하는 간신은 충분히 말할 것도 없고, 사직을 편안케 한다면, 곧 충성스럽다. 그러나 오히려 일국의 선비일 뿐이요) 天民則非一國之士矣, 然, 猶有意也. 無意無必, 惟其所在而物無不化, 惟聖者能之.('천민'은, 곧 일국의 선비는 아니다. 그러나 오히려 의식이 있다. 의식도 없고 기필함도 없으나, 오직 그가 있는 장소에 만물이 교화되지 않음이 없음은, 오직 성인만이 가능하다.)

는 데 힘쓰는 사람들이라면, 대인은 인간의 내면적 가치질
서를 확립하는 데 중점을 두는 유덕자(有德者)이니, 가장
차원이 높다 할 것이다.

제20장 군자는 세 가지 즐거움이 있다
(君子有三樂章 第二十)

(20-1) **孟子曰 君子有三樂**이니 **而王天下不與存焉**이니라
　　　　(맹자왈 군자유삼락, 이왕천하불여존언)

(국역) 맹자가 말씀하였다. "군자에게는 세 가지 즐거움이 있
　　　으니, 왕이 천하를 다스리는 것은 거기에 관여하거나 들어
　　　있지 않느니라."

(자의) ○樂-즐거울 락. ○焉-(=於此).

(20-2) **父母俱存**하며 **兄弟無故**가 **一樂也**요
　　　　(부모구존, 형제무고, 일락야)

(국역) "부모가 함께 생존해 계시며 형제가 무고한 것이 첫
　　　번째 즐거움이요,"46)

(자의) ○俱-함께 구. ○故-연고 고.

(20-3) **仰不愧於天**하며 **俯不怍於人**이 **二樂也**요
　　　　(앙불괴어천, 부부작어인, 이락야)

---

46) 此, 人所深願, 而不可必得者, 今旣得之, 其樂可知.(이것은, 사람
　　들이 깊이 원하는 바이나, 반드시 얻을 수 없는 것인데, 그런데
　　지금 이미 그것을 얻었으면, 그 즐거움을 알만하다.)

(국역) "우러러 하늘에 부끄럽지 않으며 구부려 사람들에게 부끄럽지 않은 것이 두 번째 즐거움이요,"47)

(자의) ㅇ仰-우러러볼 앙. ㅇ愧-부끄러워할 괴. ㅇ俯-구부릴 부. ㅇ怍-부끄러워할 작.

(20-4) 得天下英才而教育之가 三樂也니

(득천하영재이교육지, 삼락야)

(국역) "천하의 영재를 얻어서 그들을 교육하는 것이 세 번째 즐거움이니,"48)

(20-5) 君子有三樂이니 而王天下不與存焉이니라

(군자유삼락, 이왕천하불여존언)

(국역) "군자에게는 세 가지 즐거움이 있으니, 왕이 천하를 다스리는 것은 거기에 관여하거나 들어있지 않느니라."49)

---

47) 程子曰 : 人能克己, 則仰不愧, 俯不怍, 心廣體胖, 其樂可知, 有息則餒矣.(정자가 말하였다. 사람이 능히 자기를 극복하면, 우러러보아도 부끄럽지 않고, 굽어보아도 부끄럽지 않아서, 마음이 넓어지고 몸이 짝 펴지니, 그 즐거움이 알만하다. 이것이 멈춤을 가지면 썩어 문드러질 것이다.)

48) 盡得一世明睿之才, 而以所樂乎己者, 教而養之, 則斯道之傳, 得之者衆, 而天下後世將無不被其澤矣.(한 세상의 밝고 지혜로운 인재를 다 얻어서, 자기가 즐거워하는 것으로써, 그들을 가르치고 기른다면, 이 도의 전달을 얻은 자가 많아, 천하와 후세는 장차 그 혜택을 입지 않는 이가 없을 것이다.) 聖人之心所願欲者, 莫大於此, 今旣得之, 其樂, 爲何如哉.(성인의 마음이, 원하고 하고자 하는 바가 이보다 더 큰 것이 없거늘, 그런데 지금 이미 그것을 얻었으니, 그 즐거움이 어떻겠는가?)

해설 맹자가 보는 인간의 참된 희열과 보람의 기준은 매우
본질적이다. 즉 부모형제의 무고[인의의 충족], 부끄러움
이 없는 떳떳한 생활[인의의 실천], 영재교육[인의의 전
파]의 셋이다. 인의예지의 본성을 밝히는 것이 군자의 사
명이며 즐거워하는 바이므로, 세속적인 욕망의 충족, 군왕
의 지위 같은 것은 이것과 상관이 없는 것이다.

제21장 군자가 본성으로 지니는 것
(君子所性章 第二十一)

(21-1) **孟子曰 廣土衆民**을 **君子欲之**나 **所樂**은 **不存焉**이
니라

(맹자왈 광토중민, 군자욕지, 소락, 부존언)

국역 맹자가 말씀하였다. "영토를 넓히고 백성을 많게 하는
것을 군자가 바라지만 즐거워하는 바는 거기에 있지 않느
니라."50)

---

49) 林氏曰 : 此三樂者, 一係於天, 一係於人. 其可以自致者, 惟不愧
不怍而已, 學者可不勉哉.(임씨가 말하였다. 이 세 가지 즐거움
은, 하나는 하늘에 매여있고, 하나는 남에게 달려 있고, 아마 스
스로 다할 수 있는 것은, 오직 하늘에 부끄럽지 않고, 남에게 부
끄럽지 않은 것뿐이니, 학자는 힘쓰지 않을 수 있겠는가?)

50) 地闢民聚, 澤可遠施, 故, 君子欲之, 然, 未足以爲樂也.(땅이 개
척되고 백성들이 모여서, 혜택이 멀리 베풀어질 수 있다. 그러므
로 군자가 이것을 하고자 한다. 그러나 아직 충분히 즐거움으로
삼을 수는 없다.)

(자의) ㅇ廣－넓을 광. ㅇ焉－(＝於此).

(21-2) **中天下而立**하여 **定四海之民**을 **君子樂之**나 **所性**은
不存焉이니라

(중천하이립, 정사해지민, 군자락지, 소성, 부존언)

(국역) "천하의 중심 자리에 나라를 세워 사해 안의 백성들을
안정시키는 것을 군자는 그것을 즐거워하나, 본성으로 여
기는 바는 거기에 있지 않느니라."51)

(21-3) **君子所性**은 **雖大行**이나 **不加焉**이며 **雖窮居**나 **不損**
焉이니 **分定故也**니라

(군자소성, 수대행, 불가언, 수궁거, 불손언, 분정고야)

(국역) "군자가 본성으로 여기는 바는 비록 그의 정도가 크게
시행되더라도 거기에 더해지는 것이 아니며, 비록 곤궁하
게 거처하더라도 거기서 감소하지 않는 것이니 분수가 정
해져 있기 때문이니라."52)

(자의) ㅇ雖－비록 수. ㅇ加－더할 가. ㅇ損－덜 손. 감소하다. ㅇ分－
분수.

---

51) 其道大行, 無一夫不被其澤.(그 도가 크게 행해져, 한 지아비라
도 그 혜택을 입지 못하는 이가 없다) 故, 君子樂之, 然, 其所得
於天者, 則不在是也.(그러므로 군자는 그것을 즐거워한다. 그러
나 그가 하늘에서 얻는 바는, 곧 여기에 있지 않다.)

52) 分者, 所得於天之全體, 故, 不以窮達而有異.(분수는 하늘에서
얻은 바의 전체이다. 그러므로 곤궁하거나 영달한다고 하여 다름
이 있는 것이 아니다.)

(21-4) **君子所性**은 **仁義禮智根於心**하여 **其生色也睟然**
見於面하며 **盎於背**하며 **施於四體**하여 **四體不言而**
喩니라

(군자소성, 인의예지근어심, 기생색야수연견어면, 앙어배, 시어사
체, 사체불언이유)

국역 "군자가 본성으로 여기는 바는, 인의예지가 마음에 근
거하여 그것이 빛나서 얼굴에 윤이 나는 모양으로 나타나
보이며, 등에 가득하며, 사체에 퍼져서, 사체가 말하지 않
아도 알게 하는 것이니라."[53]

---

53) 上言所性之分, 與所欲所樂不同, 此乃言其蘊也.(위에서는 소성
(所性)의 분수와 더불어 소욕(所欲)·소락(所樂)이 같지 않음을
말하였고, 여기서는 바로 그 깊은 것을 말하였다.) 仁義禮智, 性
之四德也.(인의예지는 성품의 네 가지 덕이다.) 根, 本也.(근은
근본이다.) 生, 發見也.(생은 발현이다.) 睟然, 淸和潤澤之貌.(수
연은 청화하고 윤택한 모양이다.) 盎, 豐厚盈溢之意.(앙은 풍후
하고 가득 차서 넘치는 뜻이다.) 施於四體, 謂見於動作威儀之間
也.(사체에 베풀어진다는 것은, 동작과 위의의 순간에 나타남을
이른다.) 喩, 曉也. 四體不言而喩, 言四體不待吾言, 而自能曉吾
意也.(유는 깨달음이니, 사체가 말하지 않아도 깨닫는 것은, 사
체가 내 말을 기다리지 않고도 스스로 능히 내 뜻을 깨달음을
말한다.) 蓋氣稟淸明, 無物欲之累, 則性之四德根本於心, 其積之
盛, 則發而著見於外者, 不待言而無不順也.(대개 기품이 청명하
여, 물욕의 결점이 없으면, 성품의 4덕이 마음에 근거하니, 그
축적이 무성하면 드러나 밖에서도 분명하게 보이니, 말을 기다리
지 않고도 순응하지 않음이 없다.) 程子曰 : 睟面盎背, 皆積盛致
然, 四體不言而喩, 惟有德者能之.(정자가 말하였다. '수면앙배'는
모두 쌓임이 성대함에 이른 것이니, 사체가 말하지 않아도 깨달

(자의) ㅇ生色-빛나다. ㅇ睟-깨끗할 수. ㅇ睟然-윤이 나는 모양. ㅇ盎-가득할 앙. ㅇ背-등 배. ㅇ施-퍼지다. ㅇ喻-깨달을 유. 알다.

(해설) 군자가 부강한 나라를 바라지 않는 바는 아니나, 그보다도 인의예지의 본성이 온몸에 가득하여 그것이 몸밖으로 배어나와 남에게 전달되는 경지를 더 즐거워한다. 기업은 국민경제의 부가가치를 창출하는 원동력이다. 위정자는 기업하기 좋은 나라를 만드는 것을 과제로 삼고, 원동력이 커져 국민이 사람답게 살아가는 것을 즐거워해야 할 것이다.

제 22장 춥고 굶주리는 노인이 없다
(無凍餒之老章 第二十二)

(22-1) 孟子曰 伯夷辟紂하여 居北海之濱이러니 聞文王作하고 興曰 盍歸乎來리오 吾聞西伯은 善養老者라하고 太公辟紂하여 居東海之濱이러니 聞文王作하고 興曰 盍歸乎來리오 吾聞西伯은 善養老者라하니 天下에 有善養老면 則仁人이 以爲己歸矣리라

는 것은, 오직 덕이 있는 자만이 그것이 가능하다.) 此章, 言君子固欲其道之大行, 然, 其所得於天者, 則不以是而有所加損也. (이 장은 군자가 진실로 그 도를 크게 행하고자 하나, 그러나 그가 하늘에서 얻은 바는, 곧 그것으로써 더하거나 덜어냄이 있지 않음을 말한 것이다.)

(맹자왈 백이피주, 거북해지빈, 문문왕작, 흥왈 합귀호래. 오문서
백, 선양로자, 태공피주, 거동해지빈, 문문왕작, 흥왈 합귀호래.
오문서백, 선양로자, 천하, 유선양로, 즉인인, 이위기귀의)

(국역) 맹자가 말씀하였다. "백이는 주왕을 피하여 북쪽 바닷
가에 살다가 문왕이 일어났다는 소문을 듣고 흥이 나서
말하기를, '어찌 돌아가지 않으리오! 나는 서백이 노인을
잘 봉양한다고 들었으니.'라고 하였고, 태공은 주왕을 피하
여 동쪽 바닷가에 살다가 문왕이 일어났다는 소문을 듣고
흥이 나서 말하기를, '어찌 돌아가지 않으리오! 나는 서백
이 노인을 잘 봉양한다고 들었으니.'라고 하니, 천하에 노
인을 잘 봉양하는 자가 있으면 어진 이는 자기들이 돌아
갈 곳으로 여길 뿐이니라."54)

(자의) ○辟-피할 피. ○濱-물가 빈. ○興-흥이 나다. ○盍-하불
(何不) 합. ○以爲-여기다.

(22-2) **五畝之宅**에 **樹牆下以桑**하여 **匹婦蠶之**면 **則老者
足以衣帛矣**며 **五母雞**와 **二母彘**를 **無失其時**면 **老
者足以無失肉矣**며 **百畝之田**을 **匹夫耕之**면 **八口
之家足以無飢矣**리라

(오무지택, 수장하이상, 필부잠지, 즉로자족이의백의. 오모계, 이
모체, 무실기시, 노자족이무실육의, 백무지전, 필부경지, 팔구지
가족이무기의)

---

54) 己歸, 謂己之所歸.(기귀는 자기들이 돌아갈 곳을 이른다.) 餘見
前篇.(나머지는 전편에 보인다.)

(국역) "5무의 대지를 가진 집의 담장 밑에 뽕나무로써 심고, 부인 한 사람이 그것으로 누에를 치면, 노인이 비단옷을 해 입기에 충분하며, 다섯 마리의 암탉과 두 마리의 암퇘지를 길러 그 새끼칠 때를 잃지 않게 하면, 노인이 고기 먹는 것을 놓치지 않게 하는 데 충분하며, 100무의 밭을 남편 한 사람이 경작하면 여덟 식구의 집안이 충분히 굶주림이 없을 것이니라."55)

(자의) ㅇ畝-밭이랑 무. ㅇ牆-담 장. ㅇ桑-뽕나무 상. ㅇ匹-짝 필. ㅇ蠶-누에 잠. ㅇ足以-~하기에 족하다. ㅇ帛-비단 백. ㅇ雞-닭 계. ㅇ彘-돼지 체. ㅇ耕-밭갈 경. ㅇ飢-주릴 기.

(22-3) 所謂西伯이 善養老者는 制其田里하여 敎之樹畜하고 導其妻子하여 使養其老니 五十에 非帛不煖하고 七十에 非肉不飽하나니 不煖不飽를 謂之凍餒니 文王之民이 無凍餒之老者는 此之謂也니라

(소위서백, 선양로자, 제기전리, 교지수축, 도기처자, 사양기로, 오십, 비백불난, 칠십, 비육불포, 불난불포, 위지동뇌, 문왕지민, 무동뇌지로자, 차지위야)

(국역) "이른바 서백이 노인을 잘 봉양하였다는 것은, 그 전리(田里)를 제정해주고, 심고 기르는 것을 가르치며, 그 처자를 인도하여 그 노인을 봉양하게 시키는 것이다. 50세에는

---

55) 此, 文王之政也.(이것은 문왕의 정사이다.) 一家養母雞五, 母彘二也.(한 집에서 암탉 다섯 마리와 암퇘지 두 마리를 기르는 것이다.) 餘見前篇.(나머지는 전편에 보인다.)

비단옷이 아니면 따뜻하지 않고, 70세에는 고기를 먹지 않
으면 배가 부르지 않으니, 따뜻하지 않고 배부르지 않음을
이른바 춥고 굶주린다고 한다. 문왕의 백성 중에는 춥고 굶
주리는 노인이 없다는 것은 이것을 말한 것이니라."56)

(자의) ○田里-밭의 길이. ○煖-더울 난. ○飽-배부를 포. ○凍-얼
동. ○餒-굶주릴 뇌.

(해설) 왕도정치의 모델은 바로 서백의 정치 방식이며, 주나라
창업의 기틀이므로 맹자는 그것을 이루장구(상)(13-1)과
양혜왕장구(상)(3-4), (7-23)에 이어 여기서 또 소개한다.
왕도정치의 핵심은 산업을 진흥하여 소득을 높이고 생활을
안정시켜 백성을 사람답게 살게 하는 것임을 알 수 있다.

제23장 양식을 불과 물처럼 풍부하게 하라
(菽粟如水火章 第二十三)

(23-1) 孟子曰 易其田疇하며 薄其税斂이면 民可使富也
　　　　니라
　　　　(맹자왈 이기전주, 박기세렴, 민가사부야)

---

56) 田, 謂百畝之田.(전은 백무의 토지를 이른다.) 里, 謂五畝之宅.
(이는 5무의 집을 이른다.) 樹, 謂耕桑.(수는 밭 갈고 뽕나무를
심는 것을 이른다.) 畜, 謂雞彘也.(축은 닭과 돼지를 이른다.) 趙
氏曰 : 善養老者, 教導之, 使可以養其老耳, 非家賜而人益之也.
(조씨가 말하였다. 늙은이를 잘 봉양한다는 것은, 처자를 가르치
고 인도하여, 그 늙은이를 봉양할 수 있게 하는 것 뿐이요, 집집
마다 물건을 주거나, 사람에게 물건을 보태주는 것은 아니다.)

(국역) 맹자가 말씀하였다. "그 논밭을 잘 다스리며 그 세금 거두기를 엷게 하면, 백성들을 부유하게 할 수 있느니라."57)

(자의) ○易－다스릴 이. ○疇－밭두둑 주. ○田疇－논밭, 전지. ○薄－엷을 박. ○斂－거둘 렴. ○使－～에게 ～하도록 하다.

(23-2) 食之以時하며 用之以禮면 財不可勝用也니라

　　　(식지이시, 용지이례, 재불가승용야)

(국역) "식사는 때를 생각하여 먹으며, 재물의 사용은 예를 생각하여 사용하면, 재물은 이루 다 사용할 수 없을 것이다."58)

(23-3) 民非水火면 不生活이로되 昏暮에 叩人之門戶하여 求水火어든 無弗與者는 至足矣일새니 聖人이 治天下에 使有菽粟을 如水火니 菽粟이 如水火면 而民이 焉有不仁者乎리오

　　　(민비수화, 불생활, 혼모, 고인지문호, 구수화, 무불여자, 지족의. 성인, 치천하, 사유숙속, 여수화, 숙속, 여수화, 이민, 언유불인 자호)

(국역) "백성들은 물과 불이 없으면 생활을 하지 못하지만, 어두운 저녁에 남의 집 문을 두드려 물과 불을 구하더라도

---

57) 易, 治也.(이는 다스림이다.) 疇, 耕治之田也.(주는 갈고 다스리는 밭이다.)

58) 敎民節儉, 則財用足也.(백성들에게 절약과 검소함을 가르치면, 재화의 사용이 풍족할 것이다.)

주지 않는 자가 없는 것은, 지극히 풍족하기 때문이다. 성인이 천하를 다스릴 적에 콩과 곡식을 물과 불처럼 풍족하게 가지도록 하는 것이니, 콩과 곡식이 물과 불처럼 풍족하면 백성들이 어찌 인자하지 않은 자가 있겠는가?"59)

자의 ㅇ暮-저녁 모. ㅇ叩-두드릴 고. ㅇ菽-콩 숙. ㅇ粟-조 속. 곡식.

해설 백성들의 생활안정은 농경지를 잘 관리하고, 농사철을 놓치지 않게 하며, 세금을 적게 걷으면 이루어진다. 콩과 곡식을 물과 불처럼 풍부하게 하면 사람들은 자연히 어질게 된다. 이것이 성인이 하는 정치의 기본이다. 성인은 나라의 기본이 백성이며 백성을 잘살게 하는 것이 정치의 기본임을 알고 그 일에 힘썼던 것이다.

제24장 공자가 동산에 오르다
(孔子登東山章 第二十四)

(24-1) 孟子曰 孔子登東山而小魯하시고 登太山而小天下하시니 故로 觀於海者엔 難爲水요 遊於聖人之門

---

59) 水火, 民之所急, 宜其愛之而反不愛者, 多故也.(물과 불은, 백성들에게 시급한 것이니, 마땅히 그들이 그것을 아껴야 할 터인데도, 도리어 아끼지 않는 것은 많기 때문이다.) 尹氏曰 : 言禮義, 生於富足, 民無常産, 則無常心矣.(윤씨가 말하였다. 예의는 부유하고 풍족한 데서 생겨나니, 백성들이 고정재산이 없으면, 평상의 마음이 없음을 말한 것이다.)

者엔 難爲言이니라

(맹자왈 공자등동산이소노, 등태산이소천하, 고, 관어해자, 난위
수, 유어성인지문자, 난위언)

(국역) 맹자가 말씀하였다. "공자는 동산에 올라가 보고 노나
라가 작은 것을 알았고, 태산에 올라가 보고 천하가 작은
것을 알았다. 그러므로 바다에서 관망한 자에게는 다른 물
은 물이라고 하기 어렵고, 성인의 문하에서 유학(遊學)한
자에게는 다른 사람이 말하기 어려우니라."60)

(자의) ㅇ 難爲――~하기 어렵다.

(24-2) 觀水有術하니 必觀其瀾이니라 日月有明하니 容光에
必照焉이니라

(관수유술, 필관기란. 일월유명, 용광, 필조언)

(국역) "물을 관망할 적에 방법이 있으니, 반드시 물결을 관찰
하여야 하느니라. 일월에는 밝음이 있어 빛을 용납하는 곳
에는 반드시 거기를 비추느니라."61)

---

60) 此, 言聖人之道大也.(이것은, 성인의 도가 위대함을 말한 것이
다.) 東山, 蓋魯城東之高山, 而太山則又高矣.(동산은 노나라 도
성 동쪽에 있는 높은 산이요, 태산은 곧 또 높다.) 此, 言所處益
高, 則其視下益小, 所見旣大, 則其小者不足觀也.(이것은 있는
곳이 더욱 높으면, 그 아래를 봄에 더욱 작아지고, 본 바가 이미
크면, 그 작은 것은 충분히 볼 것이 못됨을 말한 것이다.) 難爲
水, 難爲言, 猶仁不可爲衆之意.(물 되기가 어렵고, 말 되기가 어
렵다는 것은, 오히려 인자는 무리가 될 수 없다는 뜻이다.)

61) 此, 言道之有本也.(이것은 도에 근본이 있음을 말한 것이다.) 瀾,

（자의） ㅇ瀾−여울 란. ㅇ焉−(＝於此).

(24-3) 流水之爲物也는 不盈科면 不行하나니 君子之志於
道也에도 不成章이면 不達이니라

（유수지위물야, 불영과, 불행, 군자지지어도야, 불성장, 부달）

（국역） "흐르는 물의 물질로서의 됨됨이는 웅덩이를 채우지
못하면 나아가지 않으니, 군자가 정도에 뜻을 두었을 경우
에도 학문을 이루고 문채가 밖으로 드러나지 못하면 통달
하지 못한 것이니라."62)

（자의） ㅇ爲物−물질로서의 됨됨이. ㅇ盈−찰 영. ㅇ科−웅덩이 과.
ㅇ成章−학문의 성취와 문채의 드러남.

（해설） 산이나 강이 높고 넓지만 태산이나 바다에 비하면 보

水之湍急處也.（난은 물의 여울이 급한 곳이다.） 明者, 光之體,
光者, 明之用也.（명은 빛의 본체요, 빛은 밝음의 활용이다.） 觀水
之瀾, 則知其源之有本矣, 觀日月於容光之隙, 無不照, 則知其明
之有本矣.（물의 여울목을 보면, 그 근원에 근본이 있음을 알 수
있고, 해와 달이 빛을 용납하는 틈에 비추지 않음이 없음을 보
면, 그 밝음에 근본이 있음을 알 수 있다.）

62) 言學當以漸, 乃能至也.（학문은 마땅히 그리고 점진적으로 하여
야, 바로 능히 이룸을 말한 것이다.） 成章, 所積者厚, 而文章外
見也.（문장을 이룬다는 것은, 축적된 바가 두터워, 문장이 밖으
로 드러나는 것이다.） 達者, 足於此而通於彼也.（달은 여기에 충
족되어 저기에 통하는 것이다.） 此章, 言聖人之道, 大而有本, 學
之者必以其漸, 乃能至也（이 장은, 성인의 도가 크고 근본이 있
으니, 이것을 배우는 자는 반드시 그리고 점진적으로 하여야, 바
로 능히 이룰 수 있음을 말한 것이다.）

잘것없듯이, 평소 똑똑한 사람이라도 성인에 비하면 왜소할 뿐이다. 또 우리가 추구하는 물질이 삶에 있어서 소중한 것이지만 일생을 걸고 탐구해야 하는 무한한 가치에 비하면 아무것도 아니다. 그런데 무한한 가치의 추구는 그것이 하루아침에 이루어지지 않는다. 마치 물이 흐르다가 웅덩이를 만나면 그것을 다 채우고 나서야 흐르듯이 시간이 걸리는 일이다. 스스로 세운 목표를 위해 꾸준히 노력하여 진득이 결과를 기다리는 인내가 필요하다.

제25장 순과 도척의 구분(舜與蹠之分章 第二十五)

(25-1) 孟子曰 雞鳴而起하여 孶孶爲善者는 舜之徒也니
  (맹자왈 계명이기, 자자위선자, 순지도야)

(국역) 맹자가 말씀하였다. "새벽닭이 울면 일어나서 부지런히 선행을 하는 자는 순임금의 무리이니,"[63]

(자의) o雞-닭 계. o鳴-울 명. o孶-부지런할 자. o孶孶-부지런하다(=孜孜). o徒-무리 도.

(25-2) 雞鳴而起하여 孶孶爲利者는 蹠之徒也니
  (계명이기, 자자위리자, 척지도야)

(국역) "새벽닭이 울면 일어나서 부지런히 이익을 추구하는

---

63) 孶孶, 勤勉之意.(자자는 부지런히 힘쓰는 뜻이다.) 言雖未至於聖人, 亦是聖人之徒也.(비록 성인에 이르지 못하더라도, 역시 이것은 성인의 무리임을 말한 것이다.)

자는 도척(盜蹠)의 무리이다."[64]

자의 ○蹠−밟을 척.

(25-3) 欲知舜與蹠之分인댄 無他라 利與善之間也니라

(욕지순여척지분, 무타, 이여선지간야)

국역 "순임금과 도척의 구분을 알고자 할진댄 다른 것이 없다. 이익추구와 선행추구의 간격인 것이다."[65]

해설 순임금과 도척의 간격이 출발점에서는 차이가 거의 없다. 그러나 무엇을 추구하느냐에 따라 세월에 비례하여 둘의 간격은 크게 벌어지고 만다. 그러므로 모름지기 기미(機微)에서 나아갈 목표를 신중히 정해야 한다. 부모를 섬

---

64) 蹠, 盜蹠也.(척은 도척이다.)

65) 程子曰 : 言間者, 謂相去不遠, 所爭, 毫末耳.(정자가 말하였다. 사이라고 말한 것은, 서로 거리가 멀지 않아, 다투는 바가, 털끝만할 뿐임을 말한 것이다.) 善與利, 公私而已矣, 出於善, 便以利言也.(선과 이익은 공과 사일 뿐이니, 잠시라도 선에서 벗어나면, 곧 그리고 이익이라고 말할 수 있다.) 楊氏曰 : 舜蹠之相去遠矣, 而其分, 乃在利善之間而已, 是豈可以不謹.(양씨가 말하였다. 순임금과 도척은 서로 거리가 멀되, 그 구분은 바로 이익과 선의 사이에 있을 뿐이니, 이 어찌 삼가지 않을 수 있겠는가?) 然, 講之不熟, 見之不明, 未有不以利爲義者, 又學者所當深察也.(그러나 강론하기를 익숙히 않고, 보기를 분명히 하지 못한다면, 이익을 의방이라고 여기지 않을 자가 없으니, 또 학자는 당연히 깊게 살펴야 할 것이다.) 或問 : 雞鳴而起, 若未接物, 如何爲善. 程子曰 : 只主於敬, 便是爲善.(혹자가 물었다. '닭이 울면 일어나서, 만일 아직 사물을 접하지 않았으면, 어떻게 해야 선합니까?' 정자가 말하였다. 단지 공경을 주장하는 것이, 곧 이것이 선이 된다.)

기는 데도 부모가 처음 마음을 먹을 적에 잘못을 고치도
록 간언을 드리는 것이 요긴하며(논어, 4-18), 사업을 함
에 있어서도 다가올 미래를 바로 알고 적합한 분야를 설
계하고 기획하여 출발하는 것이 성패를 좌우한다.

제 26 장 양자와 묵자와 자막
(楊墨子莫章 第二十六)

(26-1) **孟子曰 楊子**는 **取爲我**하니 **拔一毛而利天下**라도
　　　不爲也하니라

　　　(맹자왈 양자, 취위아, 발일모이리천하, 불위야)

국역 맹자가 말씀하였다. "양자는 자기를 위하는 주의를 취
하였으니, 자기 몸의 털 하나를 뽑아서 천하에 이롭더라도
하지 않았느니라."[66]

자의 ○楊-버들 양. ○楊子-전국시대 초기의 인물인 듯함. 겸애주
의, 즉 이타설을 강조하였음. ○拔-뺄 발. ○毛-터럭 모.

(26-2) **墨子**는 **兼愛**하니 **摩頂放踵**이라도 **利天下**인댄 **爲之**

---

66) 楊子, 名朱.(양자는 이름이 주이다.) 取者, 僅足之意.(취한다는
것은, 겨우 만족한다는 뜻이다.) 取爲我者, 僅足於爲我而已, 不
及爲人也.(나를 위하여 취한다는 것은, 나를 위함에 겨우 만족할
뿐이요, 남을 위하여 미치지 않는 것이다.) 列子稱其言曰, 伯成
子高不以一毫利物, 是也.(열자는 그의 말을 칭하기를, '백성자고'
는 한 털끝으로써도 남을 이롭게 하지 않았다고 하였으니, 바로
이것이다.)

하니라

(묵자, 겸애, 마정방종, 이천하, 위지)

(국역) "묵자는 겸애설을 주장했으니, 이마를 갈아 발꿈치에 이르더라도 천하를 이롭게 한다면 그것을 하였느니라."67)

(자의) ○墨-먹 묵. ○兼-겸할 겸. ○摩-갈 마. ○頂-이마 정. ○放-이를 방. ○踵-발꿈치 종.

(26-3) 子莫은 執中하니 執中이 爲近之나 執中無權이 猶 執一也니라

(자막, 집중, 집중, 위근지, 집중무권, 유집일야)

(국역) "자막은 그 중간을 잡았으니, 중간을 잡는 것이 정도에 가깝게 되는 것이나, 중간을 잡고 임기응변함이 없는 것은, 한 가지를 고집하는 것과 같으니라."68)

---

67) 墨子, 名翟.(묵자는, 이름이 적이다.) 兼愛, 無所不愛也.(겸애는 사랑하지 않는 바가 없는 것이다.) 摩頂, 摩突其頂也.(마정은 그 이마를 갈고 부딪치는 것이다.) 放, 至也.(방은 이르는 것이다.)

68) 子莫, 魯之賢人也. 知楊墨之失中也, 故, 度於二者之間而執其中.(자막은 노나라의 현인이니, 양주와 묵적이 중도를 잃었음을 알았다. 그러므로 둘 사이를 헤아려서 그 중간을 잡은 것이다.) 近, 近道也.(근은 도에 가까운 것이다.) 權, 稱錘也, 所以稱物之輕重而取中也. 執中而無權, 則膠於一定之中, 而不知變, 是亦執一而已矣.(권은 저울과 저울추이니, 물건의 경중을 달아서, 적중을 취하기 위한 것이다. 중간을 잡고 저울질함이 없다면, 일정한 중간에 교착되어 변화를 알지 못하니, 이것 역시 한쪽을 잡는 것일 뿐이다.) 程子曰 : 中字最難識, 須是默識心通.(정자가 말하였다. 중자(中字)가 가장 알기 어려우니, 모름지기 이것은 조용

자의 ㅇ子莫-노나라의 현인. 양주설과 묵자설을 절충한 집중설을 주장하였음. ㅇ權-저울 권(=權變-민첩한 융통성, 이에 맞서는 것은 융통성 없이 한가지를 고집하는 집일(執一)임). ㅇ執中無權-집중은 양주설과 묵자설의 중간을 고집한다는 말이고, 무권은 융통성이 없음을 말함. ㅇ猶-같을 유.

(26-4) **所惡執一者는 爲其賊道也니 擧一而廢百也니라**

(소오집일자, 위기적도야, 거일이폐백야)

국역 "한 가지를 고집하는 것을 미워하는 것은, 그렇게 하는 것이 정도를 해치고, 한 가지만을 들어 백 가지를 폐지하기 때문이니라."69)

───────────

히 알고 마음으로 통하여야 한다.) 且試言一廳則中央爲中, 一家則廳非中而堂爲中, 一國則堂非中而國之中爲中, 推此類可見矣. (또 시험삼아 말한다면, 한 대청이면 그 중앙이 중이 되고, 한 집안이면 대청이 중이 아니라, 당이 중이 되며, 1국이면 당이 중이 아니라, 나라의 중앙이 중이 되니, 이런 부류를 미루어 보면 알 수 있다.) 又曰 : 中不可執也, 識得則事事物物, 皆有自然之中, 不待安排, 安排著, 則不中矣.(또 말하였다. 중은 잡을 수가 없으니, 이것을 안다면 일마다, 물건마다 모두 자연의 중이 있어서, 안배를 기다리지 않을 것이니, 안배하여 나타내면 중이 아니다.)

69) 賊, 害也. 爲我, 害仁, 兼愛, 害義, 執中者, 害於時中, 皆擧一而廢百者也.(적은 해침이다. '위아'는 인을 해치고, '겸애'는 의방을 해치고, 중간을 잡는 것은 시중(時中)을 해치니, 모두 하나를 들고 백 가지를 폐지하는 것이다.) 此章, 言道之所貴者, 中, 中之所貴者, 權(이 장은, 도의 귀한 것은 중용이요, 중의 귀한 것은 권도임을 말한 것이다.) 楊氏曰 : 禹稷, 三過其門而不入, 苟不當

자의 ○惡-미워할 오. ○爲-~때문에. ○賊-해칠 적.

해설 양주의 위아(爲我), 묵적의 겸애, 자막의 집중(執中)은 모두 한쪽으로 치우쳐 있어, 사람이 성품에 따라 남과 자기가 동시에 살아가게 하는 데는 부족하여, 그것만으로는 천하를 구할 수 없다. 그러니 중용의 도를 취할 수밖에 없는 것이다. 민첩한 융통성을 적용하자면 구체적 상황에 대한 분석이 전제된다. 정확한 상황분석을 전제로 할 때 '권(權)'은 '시(時)'로 된다. 맹자는 공자를 때를 아는 성인이라고 했다(만장장구 하, 1-5). 공자는 구체적인 상황을 바탕으로 행위방식을 적절하게 조정할 줄 알았기 때문이다.

其可, 則與墨子無異.(양씨가 말하였다. 우와 직이 세 번 자기 집을 지나면서 들어가지 않았으니, 만일 그 가함에 마땅하지 않았다면, 묵자와 더불어 차이가 없을 것이다.) 顔子在陋巷, 不改其樂, 苟不當其可, 則與楊氏無異.(안자가 누추한 골목에 있으면서 그 즐거움을 고치지 않았으니, 만일 그 가함이 마땅하지 않았다면, 양씨와 더불어 차이가 없을 것이다.) 子莫, 執爲我兼愛之中而無權, 鄕鄰有鬪而不知閉戶, 同室有鬪而不知救之, 是亦猶執一耳, 故, 孟子以爲賊道.(자막이 '위아'와 '겸애'의 중간을 잡아 저울질함이 없었으니, 향리와 이웃에 싸우는 사람이 있어도, 문을 닫을 줄 알지 못하고, 한방에 있는 사람이 싸우더라도 그를 구할 줄을 알지 못하니, 이것 역시 한쪽을 잡은 것과 같을 뿐이다. 그러므로 맹자는 '도를 해친다.'고 여겼던 것이다.) 禹稷顔回易地則皆然, 以其有權也, 不然, 則是亦楊墨而已矣.(우와 직과 안회는 처지를 바꾸면, 모두 그렇게 함에는 거기에 권도가 있기 때문이니, 그렇지 않다면, 이것 역시 양주와 묵적일 뿐이다.)

제27장 굶주린 사람은 맛있게 먹는다
(饑者甘食章 第二十七)

(27-1) 孟子曰 飢者甘食하고 渴者甘飮하나니 是未得飮食
之正也라 飢渴이 害之也니 豈惟口腹有飢渴之害
리오 人心이 亦皆有害하니라

（맹자왈 기자감식, 갈자감음, 시미득음식지정야. 기갈, 해지야,
기유구복유기갈지해. 인심, 역개유해）

국역 맹자가 말씀하였다. "굶주린 자는 먹는 것을 달게 여기
고, 목마른 자는 마시는 것을 달게 여긴다. 이것은 음식의
바른 맛을 얻지 못한 것이니, 굶주림과 목마름이 바른 맛
을 해치기 때문이다. 어찌 오직 입과 배에만 굶주림과 목
마름의 폐해가 있겠는가? 사람의 마음에도 역시 모두 이
런 폐해가 있느니라."70)

자의 ○飢─주릴 기. ○甘─달 감. ○渴─목마를 갈. ○豈─어찌 기.

(27-2) 人能無以飢渴之害爲心害면 則不及人을 不爲憂
矣리라

---

70) 口腹, 爲飢渴所害, 故, 於飮食, 不暇擇而失其正味.('구복'이 굶주
림과 목마름 때문에 침해되는바, 그러므로 음식에서 선택할 겨를
이 없어, 그 바른 맛을 잃는다.) 人心, 爲貧賤所害, 故, 於富貴,
不暇擇而失其正理.(인심이 빈천 때문에 침해되는바, 그러므로 부
귀에서 선택할 겨를이 없어, 그 바른 도리를 잃는다.)

(인능무이기갈지해위심해, 즉불급인, 불위우의)

국역 "사람이 능히 굶주림과 목마름의 폐해로써 마음의 폐
해로 여기는 일이 없으면, 남에게 미치지 못하여도 근심이
되지 않을 것이다."71)

자의 ㅇ以-여기다. ㅇ及-미칠 급. ㅇ憂-근심 우.

해설 굶주림과 목마름이 심하면 음식을 가릴 여유도 없이 먹
고 마신다. 그것이 미각을 해치게 되는 수가 있으나 과식
(過食)으로 마음을 해치는 지경에 이르지 않았다면 문제될
게 없다. 그는 아직 성품을 유지하고 있기 때문이다. 또 빈천
에 시달리다 보면 부귀에 몰두하여 정오(正誤)를 판단할 겨
를이 없다. 그러나 빈천해도 마음을 해치지 않을 수 있다면
문제될 게 없다. 그는 아직 성품을 유지하고 있기 때문이다.

제28장   삼공으로써도 그 절개를 바꾸지 않는다
(不以三公易其介章 第二十八)

(28-1) **孟子曰 柳下惠는 不以三公易其介**하니라
　　　　(맹자왈 유하혜, 불이삼공역기개)

국역 맹자가 말씀하였다. "유하혜는 삼공으로써도 그 지조
를 바꾸지 않았다."72)

---

71) 人能不以貧賤之故而動其心, 則過人, 遠矣.(사람이 능히 빈천의
　　이유 때문에 그 마음을 동요하지 않는다면, 남을 초과함이 먼
　　것이다.)
72) 介, 有分辨之意.(개는 분별력을 소유한다는 뜻이다.) 柳下惠, 進

자의 ㅇ三公-태사(太師), 태부(太傅), 태보(太保)를 말함. ㅇ易-바꿀 역. ㅇ介-지조 개.

해설 유하혜는 백이와 숙제와 대비되던 춘추시대 노나라의 현자이다. 그는 아무리 혼탁한 세상이라 해도 자신은 그 속에서 맑을 수 있다는 신념을 가지고 세속에 어울려 살기를 좋아했다. 그래서 맹자는 그를 성인 중에서도 조화를 잘 이루는 성인으로 보았다. 여기서는 온화하면서도 정도를 벗어나지 않는 유하혜의 굳센 지조를 칭송한 내용이다.

제29장 일함은 마치 우물을 파는 것과 같다
(辟若掘井章 第二十九)

(29-1) 孟子曰 有爲者辟若掘井하니 掘井九軔이라도 而不及泉이면 猶爲棄井也니라

不隱賢, 必以其道, 遺佚不怨, 阨窮不憫, 直道事人, 至於三黜, 是其介也.(유하혜는 나가서는 현명을 숨기지 않았으며, 반드시 그 정도를 썼으며, 버림을 받아 쓰이지 않아도 원망하지 않았으며, 빈곤하고 궁박하여도 고민하지 않았으며, 도를 곧게 하여 남을 섬겼으며, 세 번 축출됨에 이르렀으니, 이것이 그의 분별력이다.) 此章, 言柳下惠和而不流, 與孔子論夷齊不念舊惡, 意正相類, 皆聖賢微顯闡幽之意也.(이 장은, 유하혜가 조화를 이루면서도 휩쓸리지 않았음을 말한 것이니, 공자가 백이와 숙제를 논하면서 '옛 악을 생각하지 않았다.'는 것과 뜻이 바로 서로 유사하다. 모두 성현은, 드러난 것은 은미하게 하고, 그윽한 것은 밝혀주는 뜻이다.)

(맹자왈 유위자비약굴정, 굴정구인, 이불급천, 유위기정야)

(국역) 맹자가 말씀하였다. "장래성이 있는 일을 함은, 비유컨
대 우물을 파는 것과 같으니 우물을 아홉 길을 팠더라도 샘
물에 미치지 못하면 우물을 버리게 되는 것과 같으니라."[73]

(자의) ㅇ有爲—장래성이 있다. ㅇ辟—비유할 비. ㅇ掘—팔 굴, 뚫을
궐. ㅇ軔—길 인. ㅇ泉—수원. ㅇ棄—버릴 기.

(해설) 온 힘을 다해도 결과를 얻지 못하면, 그것은 전혀 노력
을 하지 않은 것과 같게 된다. 목표에 대한 확신과 열정이
관건이다. 공자도 이런 경우를 경계하여 말씀하고 있다(논
어, 9-18).

제30장   오래 빌려쓰고 돌려주지 않는다
(久假而不歸章 第三十)

(30-1) 孟子曰 堯舜은 性之也요 湯武는 身之也요 五霸는

---

73) 八尺爲仞.(8척은 인(仞)이 된다.) 言鑿井雖深, 然, 未及泉而止,
猶爲自棄其井也.(우물 파기를 비록 깊게 했더라도, 그러나 아직
샘에 미치지 못하고 중지하면, 오히려 그 우물을 스스로 포기하
는 것이 됨을 말한 것이다.) 呂侍講曰 : 仁不如堯, 孝不如舜, 學
不如孔子, 終未入於聖人之域, 終未至於天道, 未免爲半塗而廢,
自棄前功也.(여시강이 말하였다. '인이 요임금과 같지 못하고, 효
가 순임금과 같지 못하고, 학문이 공자와 같지 못하면, 끝내 성
인의 영역에 들어갈 수 없으며, 끝내 천도에도 이르지 못할 것
이니, 반도에서 폐하여, 스스로 전공을 포기하게 됨을 면치 못할
것이다.')

假之也니라

(맹자왈 요순, 성지야, 탕무, 신지야, 오패, 가지야)

(국역) 맹자가 말씀하였다. "요·순은 이것을 본성으로 지니셨고, 탕·무는 이것을 몸소 실천하셨고, 5패는 이것을 빌렸느니라."74)

(자의) ㅇ之-이것[仁義]. ㅇ假-빌릴 가.

(30-2) **久假而不歸**하니 **惡知其非有也**리오

(구가이불귀, 오지기비유야)

(국역) "오랫동안 빌려쓰고 돌려주지 않으니, 어찌 그것이 자기의 소유물이 아님을 알겠는가?"75)

---

74) 堯舜, 天性渾全, 不假修習.(요·순은 천성이 혼전하여 닦고 익힘에 거짓이 없었고,) 湯武, 修身體道, 以復其性.(탕·무는 몸을 닦고 도를 체득하여, 그리고 그 본성을 회복하였고,) 五霸則假借仁義之名, 以求濟其貪欲之私耳.(5패는, 곧 인의의 이름을 빌려서, 그리고 그 탐욕의 사익을 돕는 방법을 찾았을 뿐이다.)

75) 歸, 還也.(귀는 돌아감이다.) 有, 實有也.(유는 실제로 있는 것이다.) 言竊其名以終身, 而不自知其非眞有.(그 이름을 훔치고, 그리고 일생을 마쳐서, 스스로 그가 진실로 소유한 것이 아님을 알지 못하였음을 말한 것이다.) 或曰 : 蓋歎世人莫覺其僞者. 亦通.(혹자가 말하였다. 대개 세상 사람들이 그 허위를 깨달은 자가 없음을 개탄한 것이라 하니, 역시 통한다.) 舊說, 久假不歸, 卽爲眞有, 則誤矣.(구설에, 오래 빌리고 돌려주지 않으면, 바로 참으로 소유한 것이 된다고 하였는데, 곧 오류이다.) 尹氏曰 : 性之者, 與道一也, 身之者, 履之也, 及其成功則一也.(윤씨가 말하였다. '성지'는 도와 더불어 하나가 되는 것이요, '신지'는 도를 실천하는 것이니, 그 성공에 미쳐서는, 곧 한 가지이다.) 五霸則

(해설) 요·순은 본성에 따라 백성을 사랑한 성군이며, 탕·무
는 의도적으로 혁명을 일으켜 백성을 사랑한 사람이며, 5
패는 패업을 위해 백성을 사랑한 체한 사람이다. 5패는 오
랫동안 명분상 백성을 사랑한 체하였으니, 그것이 자기의
진정한 모습이 아닌 것을 알지 못했다.

제31장 이윤의 뜻이 있다면 된다
(有伊尹之志則可章 第三十一)

(31-1) 公孫丑曰 伊尹曰 予不狎于不順이라하고 放太甲
于桐한대 民大悅하고 太甲이 賢이어늘 又反之한대
民大悅하니

(공손추왈 이윤왈 여불압우불순, 방태갑우동, 민대열, 태갑, 현,
우반지, 민대열)

(국역) 공손추가 말하였다. "이윤이 말하기를, '나는 천리에
순응하지 않는 자에게 익숙하지 않다.'고 하고, 태갑을 동
땅으로 추방하였는데 백성들이 크게 기뻐하였고, 태갑이
현명하게 되자, 또 그를 돌아오게 하니 백성들이 크게 기
뻐하였으니,"76)

假之而已, 是以, 功烈, 如彼其卑也.(5패는, 곧 그것을 빌렸을 뿐
이니, 이 때문에 공렬이 저와 같이 그것이 낮은 것이다.)

76) 予不狎于不順, 太甲篇文.('내가 불순한 자와 친압하지 못하도록
하겠다.'는 것은, '서경' '태갑'편의 글이다.) 狎, 習見也.(압은 익
혀 봄이다.) 不順, 言太甲所爲, 不順義理也.(불순은 태갑의 소행

자의 ㅇ丑—맺을 추. ㅇ伊—저 이. ㅇ狎—익숙할 압. ㅇ放—내칠 방. ㅇ反—돌아올 반.

(31-2) **賢者之爲人臣也**에 **其君不賢**이면 **則固可放與**잇가
(현자지위인신야, 기군불현, 즉고가방여)

국역 "현명한 자가 남의 신하가 되었을 적에 그 주군이 현명치 못하면, 본래 추방할 수 있습니까?"

자의 ㅇ固—본래 고. ㅇ與—의문사.

(31-3) **孟子曰 有伊尹之志**면 **則可**커니와 **無伊尹之志**면 **則簒也**니라
(맹자왈 유이윤지지, 즉가, 무이윤지지, 즉찬야)

국역 맹자가 말씀하였다. "이윤의 뜻을 가지고 있으면 가능하지만, 이윤의 뜻을 가지고 있지 않으면 찬탈인 것이니라."77)

자의 ㅇ簒—빼앗을 찬.

해설 신하가 임금을 섬기는 것은 백성을 위해서인데, 임금이 백성을 해친다면 그를 추방하는 것이 백성을 위하는 길이 된다. 그런 경우가 바로 이윤이 태갑(太甲)왕을 쫓아낸 일인데, 거기에는 천하를 위하는 공정한 마음만이 있고

───────────

이 의리에 순응하지 못함을 말한 것이다.) 餘見前篇.(나머지는 전편에 보인다.)

77) 伊尹之志, 公天下以爲心, 而無一毫之私者也.(이윤의 뜻이란, 천하를 공정히 하는 것만을 마음에 생각하여, 일호의 사욕이 없었다.)

조금의 사심이라도 있다면 찬탈행위(簒奪行爲)가 된다.

제32장 군자가 나라에서 산다
(君子居是國也章 第三十二)

(32-1) **公孫丑曰 詩曰 不素餐兮**라하니 **君子之不耕而食**
은 **何也**잇고 **孟子曰 君子居是國也**에 **其君用之**하
면 **則安富尊榮**하고 **其子弟從之**하면 **則孝弟忠信**하
나니 **不素餐兮**가 **孰大於是**리오
(공손추왈 시왈 불소찬혜, 군자지불경이식, 하야. 맹자왈 군자거
시국야, 기군용지, 즉안부존영, 기자제종지, 즉효제충신, 불소찬
혜, 숙대어시)

국역 공손추가 말하였다. " '시경'에 이르기를, '공밥은 먹지
않는다.'고 하였으니, 군자가 밭 갈지 않고 먹는 것은 어째
서입니까?" 맹자가 말씀하였다. "군자가 그 나라에 거처함
에 그 임금이 그를 등용하면, 나라가 안정되고, 부유해지
고, 존경받고, 영화롭게 되고, 그 자제들이 그를 따르면
효·제·충·신을 하게 되니, 공밥을 먹지 않는 것 중에
어느 것이 이보다 더 크겠는가?"78)

자의 ○素-흴 소. ○餐-밥 찬. ○素餐-공짜 밥. ○兮-어조사 혜.

---

78) 詩魏國風伐檀之篇.(시는 '시경' '위국풍'편 '벌단'장이다.) 素, 空
也. 無功而食祿, 謂之素餐.(소는 공이니, 공로가 없으면서 녹봉
만 먹는 것을 소찬이라 이른다.) 此與告陳相彭更之意同.(이것은
진상과 팽경에게 고한 뜻과 더불어 같다.)

ㅇ孰-누구 숙. ㅇ於-~보다.

(해설) 군자는 백성을 위해 임금을 섬기고 그들을 교화하는
데 뜻이 있으니, 비록 노동을 하지 않지만 밥을 거저 먹는
다고 할 수는 없다. 군자가 등용되어 그의 뜻이 실현되면
그 효과는 몇 그릇의 밥에 비교할 수 있겠는가? 비록 지
금은 등용되지 않았을지라도 그의 잠재적 능력으로 보아
국가로부터 예우를 받는 것은 마땅하다 할 것이다.

제33장 왕자 점의 질문(王子墊問章 第三十三)

(33-1) **王子墊**이 **問曰 士**는 **何事**잇고

　　　　(왕자점, 문왈 사, 하사)

(국역) 왕자 점이 물었다. "선비는 무슨 일을 합니까?"79)

(자의) ㅇ墊-빠질 점. 제왕 아들의 이름.

(33-2) **孟子曰 尚志**니라

　　　　(맹자왈 상지)

(국역) 맹자가 말씀하였다. "뜻을 고상하게 해야 한다."80)

---

79) 墊, 齊王之子也.(점은 제왕의 아들이다.) 上則公卿大夫, 下則農
工商賈, 皆有所事, 而士居其間, 獨無所事, 故, 王子問之也.(위로
는 공경과 대부와 아래로는 농공과 상고가 모두 종사하는 바가
있는데, 사는 그 중간에 거처하여, 홀로 종사하는 바가 없다. 그
러므로 왕자가 그것을 물은 것이다.)

80) 尙, 高尙也.(상은 고상히 하는 것이다.) 志者, 心之所之也.(지는
마음이 가는 바이다.) 士旣未得行公卿大夫之道, 又不當爲農工商

(33-3) 曰 何謂尚志니잇고 曰 仁義而已矣니 殺一無罪非
仁也며 非其有而取之非義也라 居惡在오 仁是也
요 路惡在오 義是也니 居仁由義면 大人之事備矣
니라

(왈 하위상지. 왈 인의이이의, 살일무죄비인야, 비기유이취지비
의야. 거오재. 인시야. 노오재. 의시야, 거인유의, 대인지사비의)

국역 "어떻게 하는 것이 뜻을 고상하게 하는 것이라 합니
까?" "인의에 뜻을 두는 것뿐이니, 한사람이라도 무죄한
자를 죽이면 인(仁)한 것이 아니며, 그것이 자기 소유가
아닌데도 취함은 의(義)로운 것이 아니다. 거처할 곳이 어
디에 있습니까? 인(仁)이 그곳이며, 가야 할 길이 어디에
있습니까? 의(義)가 그 길이니, 인에 거처하고 의를 따른
다면 대인의 일이 구비되는 것입니다."81)

賈之業, 則高尙其志而已.(선비는 이미 아직 공·경·대부의 도
를 행할 수 없고, 또 당연히 농·공·상고의 업을 해서도 안 되
니, 곧 그 뜻을 고상히 할 뿐인 것이다.)

81) 非仁非義之事, 雖小不爲, 而所居所由, 無不在於仁義, 此, 士所
以尙其志也.(인이 아니고, 의가 아닌 일은 비록 작더라도 하지
않으며, 거처하는 바와 경유하는 바가 인의에 있지 않음이 없으
니, 이것은 선비가 그 뜻을 고상히 하는 까닭이다.) 大人, 謂公
卿大夫.(대인은 공·경·대부를 이른다.) 言士雖未得大人之位,
而其志如此, 則大人之事體用已全, 若小人之事, 則固非所當爲
也.(선비가 비록 아직 대인의 지위를 얻지 못했더라도, 그 뜻이
이와 같다면, 대인이 할 일의 체·용이 이미 완전하니, 만약 소
인의 일 같은 것은, 곧 진실로 당연히 해야 할 바가 아님을 말
한 것이다.)

(자의) ㅇ惡-어찌 오. ㅇ由-따르다.

(해설) 선비는 장차 인의의 정치를 펼 예비후보들이니 마땅히 뜻을 높이 가져 대인의 자질을 갖추는 데 힘써야 한다. 높은 뜻을 가지는 방법은 인에 살고 의의 길로 가는 것이다. 장차 왕이 될 사람은 더욱 대인의 그릇을 갖추는 것이 절실하여 부탁하는 것이다.

제34장 작은 것으로 큰 것을 믿는다
(以其小者信其大者章 第三十四)

(34-1) 孟子曰 仲子는 不義로 與之齊國而弗受를 人皆信之어니와 是舍簞食豆羹之義也라 人莫大焉이어늘 亡親戚君臣上下하니 以其小者로 信其大者가 奚可哉리오

　　　(맹자왈 중자, 불의, 여지제국이불수, 인개신지, 시사단사두갱지의야. 인막대언, 망친척군신상하, 이기소자, 신기대자, 해가재)

(국역) 맹자가 말씀하였다. "진중자는 불의로 제나라를 그에게 줄지라도 받지 않을 것을 사람들이 모두 믿고 있거니와, 이것은 한 그릇의 밥과 한 그릇의 국을 버리는 것과 같은 의미[義]이다. 사람에게는 인륜보다 큰 것이 없거늘, 친척·군신·상하 같은 인륜을 잊을 적에, 그 작은 것으로써 그것이 크다고 믿는 것이 어찌 옳겠는가?"[82]

---

82) 仲子, 陳仲子也.(중자는 진중자이다.) 言仲子設若非義而與之齊

자의 ㅇ舍-버릴 사(=捨). ㅇ簞-밥그릇 단. ㅇ食-밥 사. ㅇ豆-제기 두. 식기의 하나. ㅇ羹-국 갱. ㅇ亡-잊을 망. ㅇ奚-어찌 해.

해설 중자는 자기 형이 받는 녹봉이 불의하다 하여 형과 모친을 떠나 오릉(於陵)에서 숨어산 인물이었다. 당시의 제나라 사람들은 그를 청렴한 사람이라 알고, 의롭지 않게 제나라를 주더라도 받지 않을 것이라고 믿고 있었다. 그러나 제나라를 받지 않는 것이나, 한 그릇의 밥을 사양하는 것은 커 보이지만 사실은 작은 일이고, 인륜을 잊는 것은 작아 보이나 사실은 매우 큰일이니, 이 둘을 혼동해서는 아니 된다는 뜻이다. 사람을 판단할 때는 정확하고 신중해야 함을 말한 것이다. 진중자의 일은 등문공장구 하(10-6)에도 나온다.

제35장 고수가 사람을 죽이다
(瞽瞍殺人章 第三十五)

(35-1) 桃應이 問曰 舜爲天子요 皐陶爲士어든 瞽瞍殺人

國, 必不肯受, 齊人, 皆信其賢.(중자는 설령 의가 아닌 것으로, 제나라를 그에게 주더라도, 반드시 받기를 즐겨하지 않을 것이니, 제나라 사람들이 모두 그의 어짊을 믿고 있다.) 然, 此但小廉耳. 其辟兄離母, 不食君祿, 無人道之大倫, 罪莫大焉.(그러나 이것은, 단지 작은 청렴일 뿐이다. 그 형을 피하고, 어머니를 떠나며, 임금의 녹을 먹지 않아, 인도의 큰 윤리를 무시하였으니, 죄가 이보다 클 수 없다는 말이다.) 豈可以小廉信其大節, 而遂以爲賢哉(어찌 작은 청렴으로써 그것이 큰 절개라고 믿어서, 마침내 어질다고 여길 수 있겠는가?)

이면 **則如之何**잇고

(도응, 문왈 순위천자, 고요위사, 고수살인, 즉여지하)

国역 도응이 물었다. "순임금이 천자가 되고 고요가 재판관
〔士〕이 되었을 경우, 고수가 살인을 하였으면 어떻게 되
겠습니까?"83)

字의 ○桃—복숭아 도. ○皐—언덕 고. ○陶—즐길 요. ○士—지금
의 사법관. ○瞽—소경 고. ○瞍—소경 수.

(35-2) **孟子曰 執之而已矣**니라

(맹자왈 집지이이의)

国역 맹자가 말씀하였다. "그것을 법대로 집행할 뿐이니
라."84)

(35-3) **然則舜**은 **不禁與**잇가

(연즉순, 불금여)

---

83) 桃應, 孟子弟子也.(도응은 맹자의 제자이다.) 其意以爲舜雖愛父,
而不可以私害公, 皐陶雖執法, 而不可以刑天子之父.(그의 뜻은,
순임금이 비록 부친을 사랑하나, 사사로운 정으로 공의를 해칠
수 없고, 고요는 비록 법을 집행하나, 천자의 부친을 형벌할 수
없다고 여겼다.) 故, 設此問, 以觀聖賢用心之所極, 非以爲眞有
此事也.(그러므로 이렇게 가설하여 물은 것은, 성현의 마음씀의
지극한 바를 보기 위한 것이요, 진실로 그런 일이 있다고 여겼
던 것은 아니다.)

84) 言皐陶之心, 知有法而已, 不知有天子之父也.(고요의 마음은, 법
이 있음을 알 뿐이요, 천자의 부친이 있음을 알지 못한다고 말
한 것이다.)

(국역) "그렇다면 순임금은 금지하지 않습니까?"85)

(35-4) 曰 夫舜이 惡得而禁之시리오 夫有所受之也니라

(왈 부순, 오득이금지. 부유소수지야)

(국역) "대저 순임금이 어떻게 그것을 금지할 수 있겠는가? 대저 고요는 그것을 집행할 의무를 받은 바가 있느니라."86)

(자의) ㅇ惡-어찌 오. ㅇ得-~할 수 있다.

(35-5) 然則舜은 如之何잇고

(연즉순, 여지하)

(국역) "그렇다면 순임금은 어떻게 하겠습니까?"87)

(35-6) 曰 舜이 視棄天下하시되 猶棄敝蹝也하사 竊負而逃하사 遵海濱而處하사 終身訢然樂而忘天下하시리라

(왈 순, 시기천하, 유기폐사야, 절부이도, 준해빈이처, 종신흔연락이망천하)

(국역) "순임금이 천하를 경시하여 버리되 헌신짝같이 하여 고수를 훔쳐서 업고 도망하여 바닷가를 따라가면서 거처하되, 종신토록 흔쾌히 즐거워하며 천하를 잊으셨을 것이

---

85) 桃應問也.(도응이 질문한 것이다.)
86) 言皐陶之法, 有所傳受, 非所敢私.(고요의 법은 전수받은 바가 있으니, 감히 사사로이 할 수 있는 것이 아니다.) 雖天子之命, 亦不得而廢之也.(비록 천자의 명령이라도, 역시 법을 폐할 수 없음을 말한 것이다.)
87) 桃應問也.(도응이 질문한 것이다.)

니라."88)

자의 ㅇ棄-버릴 기. ㅇ敝-해질 폐. ㅇ蹝-신 사. ㅇ竊-남몰래 절. ㅇ負-업을 부. ㅇ逃-도망갈 도. ㅇ遵-지킬 준. ㅇ訢-기쁠 흔.

해설 제자 도응이 맹자께 가정하여 물었다. 이 가설에는 서로 다른 규범간의 충돌이 잠재되어 있다. 유학에서는 이런 경우 늘 '경'(經)과 '권'(權)의 관계로써 방책을 모색한다. 어버이와 자녀의 관계는 인간관계 중에서 원초적인 것이니, 그 관계가 원만한 것이 행복의 근원이다. 따라서 맹자는 순의 인간적 관점에서 대답했다. 순의 입장에서 볼 때 제위를 버리는 것은, 제위는 하늘의 것이니 하늘에 돌린

---

88) 蹝, 草履也.(사는 짚신이다.) 遵, 循也.(준은 따름이다.) 言舜之心. 知有父而已, 不知有天下也.(순임금의 마음은 부친이 있음을 알 뿐이요, 천하가 있음을 알지 못함을 말한 것이다.) 孟子嘗言舜視天下, 猶草芥, 而惟順於父母, 可以解憂, 與此意, 互相發.(맹자는 일찍이 말하기를, 순임금은 천하 보기를, 초개와 같이 하였고, 오직 부모에 순종하여야 근심을 해소할 수 있었다고 하였으니, 이 뜻과 더불어 서로 나타난다.) 此章, 言爲士者, 但知有法, 而不知天子父之爲尊, 爲子者, 但知有父, 而不知天下之爲大.(이 장은 사가 된 자는, 다만 법이 있음을 알고, 천자의 부친이 높다는 것을 알지 못하며, 자식된 자는, 다만 부친이 있음을 알고, 천하가 위대함을 알지 못함을 말한 것이다.) 蓋其所以爲心者, 莫非天理之極, 人倫之至.(대개 그 마음을 삼기 위한 것이, 천리의 지극함과 인륜의 지극함이 아님이 없다.) 學者察此而有得焉, 則不待較計論量而天下, 無難處之事矣.(학자가 이를 살펴서 또 거기서 터득하여 소유하면, 대략 계산하고, 수량을 논의하기를 기다리지 않아도, 천하에 대처하기 곤란한 일은 없을 것이다.)

것이고, 살인을 한 아버지를 숨기는 것은 양심을 곧게 펴는 것이니(논어, 13-18) 자연의 질서라고 볼 수 있는 것이다.

제36장 거처는 기상을 바꾼다(居移氣章 第三十六)

(36-1) 孟子自范之齊러시니 望見齊王之子하시고 喟然歎曰 居移氣하며 養移體하나니 大哉라 居乎여 夫非盡人之子與아

(맹자자범지제, 망견제왕지자, 위연탄왈 거이기, 양이체, 대재, 거호. 부비진인지자여)

국역 맹자가 범 땅으로부터 제나라 서울에 가서 제왕의 아들을 바라보고, 길게 탄식하면서 말씀하였다. "거처가 기상을 옮겨 놓으며, 봉양이 신체를 옮겨 놓으니 크도다! 거처하는 곳이여. 대저 다같이 사람의 자식이 아니겠는가?"[89]

자의 ○自—부터 자. ○范—성 범. 제나라의 속읍. ○喟—한숨 쉴 위.

---

89) 范, 齊邑.(범은 제나라 고을이다.) 居, 謂所處之位(거는 거처하는 바의 자리를 이른다.) 養, 奉養也.(양은 봉양함이다.) 言人之居處, 所繫甚大, 王子亦人子耳, 特以所居不同, 故, 所養不同而其氣體有異也.(사람의 거처는 관계되는 바가 매우 크니, 왕자 역시 사람의 자식일 뿐인데, 특히, 거처하는 바로써 같지 않고, 그러므로 봉양하는 바가 같지 않아 그 기운과 몸에 차이가 있음을 말한 것이다.)

o喟然−길게 탄식하는 모양. o歎−한숨 쉴 탄. o移−옮길 이.

(36-2) **孟子曰 王子宮室車馬衣服**이 **多與人同**이로되 **而 王子若彼者**는 **其居使之然也**니 **況居天下之廣居 者乎**아

(맹자왈 왕자궁실거마의복, 다여인동, 이왕자약피자, 기거사지연 야, 황거천하지광거자호)

(국역) 맹자가 말씀하였다. "왕자의 궁실과 거마와 의복이 남 과 더불어 같은 것이 많되, 왕자가 저와 같은 것은 그 거 처가 그로 하여금 그렇게 만드는 것이니, 하물며 천하라는 넓은 거처에서 사는 자에 있어서랴!" 90)

(자의) o彼−저 피. o居−살 거. 거처. o廣居−지위. 등문공 하(2-2) 의 광거는 인을 암시하였으나, 여기서는 지위를 나타냄.

(36-3) **魯君**이 **之宋**하여 **呼於垤澤之門**이어늘 **守者曰 此非 吾君也**로되 **何其聲之似我君也**오하니 **此**는 **無他**라 **居相似也**일새니라

(노군, 지송, 호어질택지문, 수자왈 차비오군야, 하기성지사아군 야, 차, 무타, 거상사야)

(국역) "노나라 임금이 송나라에 가서 질택의 문에서 호령을

---

90) 張鄒皆云美文也.(장식(張栻)과 추호(鄒浩)는 모두 연문이라고 하였다.) 廣居, 見前篇.(광거는 전편에 보인다.) 尹氏曰 : 睟然見 於面, 盎於背, 居天下之廣居者然也.(윤씨가 말하였다. 윤이 나는 모양은 얼굴에 나타나고, 등에 가득함은, 천하의 넓고 큰 저택에 거처하는 자만이 그러한 것이다.)

하자, 지키는 자가 말하되, '이 사람은 우리 임금이 아닌
데 그 목소리가 우리 임금과 닮은 것은 어째서인가?'하였
으니, 이것은 다름이 아니라, 거처가 비슷하기 때문이니
라."91)

(자의) ㅇ呼−호령할 호. ㅇ垤−개미둑 질.

(해설) 이 장에서 맹자는 환경작용이 인성에 미치는 영향에
주목하고 있다. 사실 환경작용을 제외하면 성인에 이르는
과정은 개인 자신의 노력여하에 연관될 것이다. 물론 환경
작용이 인간의 내면적 인자까지 변화시키는지는 의문이나,
어째든 지위는 기품을 바꾼다. 왕자의 자리에 거처하는 것
만으로도 거기에 영향을 받아 기상이 바뀌는데, 하물며 천
하 제일의 자리인 인(仁)에 거처하고 의로 행한다면, 그
기상이 어떻게 되겠는가는 설명할 필요가 없을 것이다. 인
격함양과 환경과의 관계를 말한 내용은 고자장구 상 제8
장에도 나온다.

제37장 공경하나 진실함이 없다
(恭敬而無實章 第三十七)

(37-1) 孟子曰 食而弗愛면 豕交之也요 愛而不敬이면 獸
畜之也니라

---

91) 垤澤, 宋城門名也.(질택은 송나라 성문의 이름이다.) 孟子又引此
事爲證.(맹자는 또 이 일을 인용하여 증거로 삼은 것이다.)

(맹자왈 사이불애, 시교지야, 애이불경, 수휵지야)

(국역) 맹자가 말씀하였다. "먹이기만 하고 사랑하지 않으면 돼지로 사귀는 것이요, 사랑하되 존경하지 않으면 짐승으로 기르는 것이니라."92)

(자의) ○食-밥 사. 먹이다, 키우다. ○豕-돼지 시. ○獸-짐승 수. ○畜-기를 휵, 짐승 축.

(37-2) **恭敬者**는 **幣之未將者也**니라

(공경자, 폐지미장자야)

(국역) "공경이란 폐백을 아직 보내기 전의 상태인 것이니라."93)

(자의) ○幣-폐백 폐. ○將-장차 장. 보내다.

(37-3) **恭敬而無實**이면 **君子不可虛拘**니라

(공경이무실, 군자불가허구)

(국역) "공경하되 실제가 없으면 군자는 헛되이 구애되지 않느니라."94)

---

92) 交, 接也.(교는 접촉이요.) 畜, 養也.(휵은 기름이다.) 獸, 謂犬馬之屬.(수는 개나 말의 등속을 이른다.)

93) 將, 猶奉也. 詩曰 : 承筐是將.(장은 받듦과 같으니, '시경' '소아'편 '녹명'장에 이르기를, '광주리로 이것을 또 받아 받든다.' 하였다.) 程子曰 : 恭敬, 雖因威儀幣帛而後發見, 然, 幣之未將時, 已有此恭敬之心, 非因幣帛而後有也.(정자가 말하였다. 공경은 비록 위의와 폐백에 의거한 뒤에 나타나나, 그러나 폐백을 아직 받들지 않았을 때에는, 이미 이 공경의 마음이 있는 것이요, 폐백에 의거한 뒤에 있는 것은 아니다.)

자의 ㅇ虛-빌 허. ㅇ拘-잡을 구.

해설 전국시대 현자를 대하는 제후들의 무성의한 태도를 말
한 내용이다. 공경하는 성의가 있고 진실하면 군자는 비로
소 벼슬에 나아가 정도를 펴는 데 힘쓴다. 그러나 상대를
사랑만 하고 공경심이 없으면 군자는 그런 물질에 구애받
지 아니한다.

제38장 오직 성인만이 형색에 맞는 행동을 한다
(惟聖人然後可以踐形章 第三十八)

(38-1) **孟子曰 形色은 天性也니 惟聖人然後에 可以踐形**
이니라

(맹자왈 형색, 천성야, 유성인연후, 가이천형)

국역 맹자가 말씀하였다. "모든 형체와 그에 따른 특색은 천
성이니, 오직 성인이 된 연후에 온전히 형태에 맞는 일을
실천할 수 있느니라."[95]

---

94) 此, 言當時諸侯之待賢者, 特以幣帛爲恭敬, 而無其實也.(이것은,
당시 제후들이 현자를 대우함에 특히, 폐백으로써 공경을 삼으
니, 그 실제가 없음을 말한 것이다.) 拘, 留也.(구는 얽맴이다.)

95) 人之有形有色, 無不各有自然之理, 所謂天性也.(사람은 형체가
있고 안색이 있어, 각기 자연의 이치를 소유하지 않음이 없으니,
소위 천성이다.) 踐, 如踐言之踐.(천은 '천언'의 천과 같다.) 蓋衆
人, 有是形而不能盡其理, 故, 無以踐其形.(대개 중인들은 이 형
체를 가지나, 그 이치를 다할 수 없다. 그러므로 그 형체를 실천

자의 ㅇ踐-밟을 천.

해설 사람의 몸은 본래 진리를 실천하는 도구인데, 마음의 진실 여부에 따라 몸의 모습은 다르게 나타난다. 따라서 몸의 본래 모습을 회복하는 방법은 본성을 되찾는 것이다. 본성을 회복한 이가 바로 성인이다.

제39장 제선왕이 단상을 하려 했다
(齊宣王欲短喪章 第三十九)

(39-1) 齊宣王이 欲短喪이어늘 公孫丑曰 爲朞之喪이 猶

할 수 없다.) 惟聖人, 有是形而又能盡其理, 然後, 可以踐其形而無歉也.(오직 성인만이 이 형체를 가지며 또 능히 그 이치를 다할 수 있으니, 그런 뒤에야 그 형체를 실천하여 부족함이 없는 것이다.) 程子曰 : 此, 言聖人, 盡得人道而能充其形也.(정자가 말하였다. 이것은, 성인이 인도를 다 얻어, 능히 그 형체를 충만하게 할 수 있음을 말한 것이다.) 蓋人得天地之正氣而生, 與萬物不同. 旣爲人, 須盡得人理然後, 稱其名.(대개 사람은 천지의 정기를 얻어 태어나, 만물과 더불어 같지 않다. 이미 사람이 되었으면, 모름지기 사람의 도리를 다 얻은 뒤에야, 그 이름에 적합하다.) 衆人, 有之而不知, 賢人, 踐之而未盡, 能充其形, 惟聖人也.(중인은 이것을 가지고 있되, 알지 못하고, 현인은 그것을 실천하되 다하지 못하니, 능히 그 형체를 확충하는 것은, 오직 성인만이다.) 楊氏曰 : 天生烝民, 有物有則. 物者, 形色也. 則者, 性也. 各盡其則, 則可以踐形矣.(양씨가 말하였다. 하늘이 온 백성을 냄에, 물건이 있으면 법이 있으니, 물건은 형색이요, 법은 성품이다. 각기 그 법을 다하면, 형체를 실천할 수 있느니라.)

愈於已乎인저

(제선왕, 욕단상, 공손추왈 위기지상, 유유어이호)

(국역) 제선왕이 상기를 단축하고자 하거늘 공손추가 말하였다. "1년상을 하는 것이 그래도 그만두는 것보다 나을 것입니다."96)

(자의) ㅇ朞－돌 기. ㅇ猶－그래도, 여전히. ㅇ愈－나을 유.

(39-2) 孟子曰 是猶或이 紾其兄之臂어든 子謂之姑徐徐云爾로다 亦敎之孝弟而已矣니라

(맹자왈 시유혹, 진기형지비, 자위지고서서운이, 역교지효제이이의)

(국역) 맹자가 말씀하였다. "이것은, 어떤 이가 그 형의 팔뚝을 비틀거든 그대는 그에게 잠깐만 천천히 하라고 말하는 것과 같다. 역시 효·제를 그에게 가르칠 뿐이다."97)

---

96) 已, 猶止也.(이는 그침과 같다.)

97) 紾, 戾也.(진은 도리에 맞지 않게 하는 것이다.) 敎之以孝弟之道, 則彼當自知兄之不可戾, 而喪之不可短矣.(그들을 효제의 도리로써 가르치면, 저는 당연히 형을 도리에 맞지 않게 해서는 안 되고, 상기의 단축을 해서는 안 됨을 스스로 알 것이다.) 孔子曰 : 子生三年然後, 免於父母之懷, 予也有三年之愛於其父母乎. 所謂敎之以孝弟者如此 蓋示之以至情之不能已者, 非强之也.(공자가 말하였다. '자식이 태어나서 3년이 지난 후에야, 부모의 품을 면할 수 있으니, 재여도 그 부모에게서 3년 동안 사랑을 받은 일이 있었을 거야!' 소위 효제로써 가르친다는 것은, 이와 같은 것이다. 대개 지극한 정으로써 능히 그칠 수 없음을 보인 것이요, 억지로 하는 것이 아니다.)

(자의) ㅇ或-어떤 이. ㅇ紾-비틀 진. ㅇ臂-팔뚝 비. ㅇ姑-잠깐, 잠시. ㅇ徐-천천히 할 서. ㅇ徐徐-서서히. ㅇ云爾-문장의 끝에 쓰여 앞의 말을 돕는 어조사.

(39-3) 王子有其母死者어늘 其傅爲之請數月之喪이러니
公孫丑曰 若此者는 何如也잇고

(왕자유기모사자, 기부위지청수월지상, 공손추왈 약차자, 하여야)

(국역) 왕자 중에는 그 모친이 죽은 자가 있거늘, 그 스승이 그를 위하여 왕에게 몇 달 동안 상복을 입기를 청하였으니 공손추가 말하였다. "이와 같은 경우에는 어떻습니까?"98)

(자의) ㅇ傅-스승 부.

(39-4) 曰 是欲終之而不可得也라 雖加一日이나 愈於已
하니 謂夫莫之禁而弗爲者也니라

(왈 시욕종지이불가득야. 수가일일, 유어이, 위부막지금이불위

---

98) 陳氏曰 : 王子所生之母死, 厭於嫡母而不敢終喪. 其傅爲請於王, 欲使得行數月之喪也.(진씨가 말하였다. 왕자를 낳은 어머니가 죽자, 적모에 압도되어 감히 상기를 마칠 수가 없었다. 그 사부가 왕에게 청하여, 수개월의 상기를 행할 수 있게 하고자 한 것이다.) 時又適有此事, 丑問如此者, 是非何如? 按儀禮 : 公子爲其母, 練冠, 麻衣, 縓緣, 旣葬除, 疑當時, 此禮已廢, 或旣葬而未忍卽除, 故, 請之也.(이때에 마침 이런 일이 있자, 공손추가 묻기를, '이와 같은 경우는 시비가 어떻습니까?'라고 한 것이다. '의례'를 상고컨대, 공자(公子)는 그의 생모를 위하여 연관을 쓰고, 삼베옷을 입고, 붉은 동정을 달았다가 이미 장사를 한 뒤에는 벗는다 하였으니, 당시에 이런 예가 폐지되었거나, 혹시 이미 장사 지냈는데도 아직 차마 벗지 못해서, 그러므로 청한 것인 듯하다.)

자야)

(국역) "상기를 다 마치고자 하나 될 수 없는 경우이니, 비록 1일을 추가하는 것이나 그만두는 것보다 낫다. 아까는 대저 금하는 자가 없는데도 하지 않는 경우를 말한 것이니라."99)

(해설) 친상에서 3년상을 입는 것은 지켜야 할 도리이다. 그런데 제선왕이 이를 단축하고자 하는데도 공손추가 이에 동조하니 맹자는 그것을 팔을 비트는 것에 비유해 말하였다. 의례에 없고 부득이한 일이지만 상복을 하루라도 더 입는 것이 낫다고 한 것이다.

제40장 군자의 교육방법(君子之所以敎章 第四十)

(40-1) 孟子曰 君子之所以敎者五이니

(맹자왈 군자지소이교자오)

---

99) 言王子欲終喪而不可得, 其傅爲請, 雖止得加一日, 猶勝不加. 我前所譏, 乃謂夫莫之禁而自不爲者耳.(왕자가 상기를 마치고자 하여도 될 수 없자, 그 사부가 요청하였으니, 비록 다만 하루를 더 하더라도, 오히려 더하지 않는 것보다 나은 것이다. 내가 전에 빈정댄 것은, 바로 대저 금하는 자가 없는데도, 스스로 하지 않는 자를 말했을 뿐이다.) 此章, 言三年通喪, 天經地義, 不容私意有所短長. 示之至情, 則不肖者有以企而及之矣.(이 장은, 3년의 통상은 하늘의 법이요, 땅의 의방이니, 사사로운 뜻으로 용납하거나, 또 단축하고 연장할 수 있는 것이 아니니, 지극한 정을 보여주면, 불초한 자가, 그를 바라보고 미칠 수 있음을 말한 것이다.)

국역 맹자가 말씀하였다. "군자가 가르치는 방법에는 다섯 가지이니,"100)

자의 ㅇ所以-방법.

(40-2) 有如時雨化之者하며
　　　(유여시우화지자)

국역 "마치 때에 맞게 내리는 비가 만물을 화육(化育)하는 것과 같은 방법이 있으며,"101)

자의 ㅇ有如-마치 ~와 같다.

(40-3) 有成德者하며 **有達財者**하며
　　　(유성덕자, 유달재자)

국역 "덕행을 이루게 하는 방법이 있으며, 널리 사물에 통달할 재능을 이루게 하는 방법이 있으며,"102)

---

100) 下文五者, 蓋因人品高下, 或相去遠近先後之不同.(아랫글의 다섯 가지는, 대개 인품의 고하와 혹은 상호 거리의 원근과 선후의 같지 않음에 의거한다.)

101) 時雨, 及時之雨也.(시우는 때에 알맞은 비이다.) 草木之生, 播種封植, 人力已至, 而未能自化, 所少者, 雨露之滋耳.(초목이 자랄 때에, 파종하고 식물에 배토하여, 사람의 힘이 이미 지극하되, 아직 능히 스스로 변화하지 못하니, 부족한 것은, 우로의 자양일 뿐이다.) 及此時而雨之, 則其化速矣. 敎人之妙, 亦猶是也, 若孔子之於顏曾, 是已.(이때에 미쳐서 비가 내리면, 그 변화함이 속하다. 사람을 교화시키는 묘함도, 역시 이와 같으니, 만일 공자가 안자와 증자에 있어서 했던 것이 이것이다.)

102) 財, 與材同.(재는 재(材)와 더불어 같다.) 此, 各因其所長而敎

자의 ㅇ財－재능, 판단하다.

(40-4) 有答問者하며

　　　　(유답문자)

국역 "물음에 답하는 방법이 있으며,"103)

(40-5) 有私淑艾者하니

　　　　(유사숙예자)

국역 "저으기 몸을 착하게 다스리도록 하는 방법이 있으니,"104)

자의 ㅇ私－저으기 사. ㅇ淑－착할 숙. ㅇ艾－다스릴 예.

　　之者也.(이것은, 각기 그 장점에 의거하여 그를 가르치는 것이다.) 成德, 如孔子之於冉閔,(덕을 이룬다는 것은, 공자가 염백우와 민자건에 있어서와 같은 것이요,) 達財, 如孔子之於由賜.(달재는, 공자가 자로와 자공에 있어서와 같은 것이다.)

103) 就所問而答之, 若孔孟之於樊遲萬章也.(묻는바에 나아가 답한 것이니, 공자와 맹자가 번지와 만장에 있어서와 같은 것이다.)

104) 私, 竊也.(사는 저으기요.) 淑, 善也.(숙은 선이요.) 艾, 治也.(예는 다스림이다.) 人或不能及門受業, 但聞君子之道於人, 而竊以善治其身, 是亦君子敎誨之所及.(사람이 혹시 능히 문하에 미쳐 수업할 수 없고, 다만 군자의 정도를 사람들에게서 들어서, 저으기 선으로써 그 몸을 다스리기도 하니, 이것 역시 군자의 가르침이 미치는 것이다.) 若孔孟之於陳亢夷之, 是也.(공자와 맹자가 진항과 이지에 있어서와 같은 것이 이것이다.) 孟子亦曰：予未得爲孔子徒也, 予, 私淑諸人也.(맹자 또한 말하였다. 나는 공자의 문도가 되지는 못하였으나, 나는 남에게서 그를 사숙하였다.)

(40-6) **此五者**는 **君子之所以敎也**니라

　　　(차오자, 군자지소이교야)

국역 "이 다섯은 군자가 남을 가르치는 방법이니라."105)

해설 사람의 자질에 따라 다를 수 있는 다섯 가지 교육방법을 순서대로 말하였다. 즉 감화시키는 방법, 덕을 이루게 하는 방법, 재질을 통달하게 하는 방법, 물음에 답하게 하는 방법, 저서나 제자를 통하여 가르치는 방식인 사적으로 가르치는 방법 등이다.

제41장　도는 높고 아름답다

　　　(道則高矣美矣章　第四十一)

(41-1) **公孫丑曰　道則高矣美矣**나 **宜若登天然**이라 **似不可及也**니 **何不使彼爲可幾及而日孶孶也**잇고

　　　(공손추왈 도즉고의미의, 의약등천연. 사불가급야, 하불사피위가기급이일자자야)

국역 공손추가 말하였다. "선생님의 도는 높고 아름다우나, 당연히 하늘에 오르는 것과 같은지라, 미치지 못할 것 같습니다. 어째서 저들로 하여금 거의 미칠 수 있다고 생각케 하여, 날마다 부지런히 힘쓰도록 하지 않습니까?"

---

105) 聖賢施敎, 各因其材, 小以成小, 大以成大, 無棄人也.(성현이 가르침을 베풂은, 각기 그 재질에 따라, 작은 사람은 작게 이루어 주고, 큰 사람은 크게 이루어 주어, 버리는 사람이 없다.)

(자의) ○若-같을 약. ○似-같을 사. ○及-미칠 급. 이르다. ○何-
어찌 하. ○彼-저 피. ○爲-생각하다. ○幾-얼마 기, 거의 기.
○孳-부지런할 자. ○孳孳-부지런하다(=孜孜).

(41-2) **孟子曰 大匠**이 **不爲拙工**하여 **改廢繩墨**하며 **羿不
爲拙射**하여 **變其彀率**이니라

(맹자왈 대장, 불위졸공, 개폐승묵, 예불위졸사, 변기구율)

(국역) 맹자가 말씀하였다. "큰 목수는 졸렬한 목수를 위하여
먹줄을 개·폐하지 않으며, 예(羿)는 졸렬한 사수(射手)
를 위하여 그 활시위를 당기는 한도를 변경하지 않느니
라."106)

(자의) ○匠-장인 장. ○拙-졸할 졸. ○繩-먹줄 승. ○墨-먹 묵.
○繩墨-먹줄, 규범. ○羿-사람이름 예. ○彀-활당길 구. ○率-
율 률. ○彀率-활시위를 당기는 한도.

(41-3) **君子引而不發**하나 **躍如也**하여 **中道而立**이어든 **能
者從之**니라

(군자인이불발, 약여야, 중도이립, 능자종지)

(국역) "군자는 활을 당겨서 발사하지는 않으나, 화살이 튀어
나갈 듯한 자세만을 취한다. 정도에 적중하여 서 있기만

---

106) 彀率, 彎弓之限也.(구율은 활을 당기는 한계이다.) 言敎人者,
皆有不可易之法, 不容自貶以殉學者之不能也.(사람을 가르치는
자는, 모두 바꿀 수 없는 법칙이 있으니, 스스로 폄하하여, 그
리고 배우는 자의 능하지 못함에 얽매이는 것을 용납하지 않는
다는 말이다.)

하면, 능한 자는 그를 따라 하느니라."107)

(자의) ㅇ引-당길 인. ㅇ躍-뛸 약.

(해설) 진리는 절대적인 것이며, 교육방법에는 기준이 있으니, 능력 없는 사람을 위해 변경할 수 없는 것이다. 공손추가 진리를 터득할 수 있는 쉬운 길을 물었기 때문에 맹자는 목수 일과 사격(射擊)의 방식을 비유하여 설명하였다. 스스로 터득하는 길밖에 없다. 비슷한 내용이 진심장구 하 (5-1)에도 나온다.

---

107) 引, 引弓也.(인은 활을 당기는 것이요,) 發, 發矢也.(발은 화살을 발사함이다.) 躍如, 如踊躍而出也.('약여'는 용약하여 나옴과 같다.) 因上文彀率而言, 君子敎人, 但授以學之之法, 而不告以得之之妙, 如射者之引弓而不發矢.(윗글의 구율에 따라 말하기를, 군자가 사람을 가르침에, 다만 그것을 배우는 법으로써 전수해주고, 그것을 터득하는 묘법으로써 고해주지는 않는다. 마치 활을 쏘는 자가 활을 당기기만 하고 화살을 쏘지 않는 것과 같다.) 然, 其所不告者, 已如踊躍而見於前矣.('그러나 그가 고해주지 않는 것은, 이미 용약하여 앞에 나타나는 것과 같은 것이다.'라고 하였다.) 中者, 無過不及之謂. 中道而立, 言其非難非易.(중은, 초과와 불급이 없음을 이르니, '중도이립'은, 아마 어렵지도 않고, 쉽지도 않음을 말한다.) 能者從之, 言學者當自勉也.(능한 자가 그를 따른다는 것은, 배우는 자가 당연히 스스로 힘써야 함을 말한 것이다.) 此章, 言道有定體, 敎有成法, 卑不可抗, 高不可貶, 語不能顯, 默不能藏.(이 장은, 도는 일정한 체가 있으며, 가르침은 이루어진 법이 있으니, 낮은 것을 높여서는 안 되며, 높은 것을 폄하해서도 안 되며, 말해도 능히 드러낼 수 없고, 침묵해도 능히 감출 수 없음을 말한 것이다.)

제42장   도로 하여금 자신을 따르게 한다
(以道殉身章 第四十二)

(42-1) **孟子曰 天下有道**엔 **以道殉身**하고 **天下無道**엔 **以 身殉道**하나니

　　　(맹자왈 천하유도, 이도순신, 천하무도, 이신순도)

(국역) 맹자가 말씀하였다. "천하에 정도가 있을 적에는 도로 써 자신을 따르고, 천하에 정도가 없을 적에는 몸으로써 도를 따르는 것인데,"108)

(자의) ○殉─따를 순.

(42-2) **未聞以道殉乎人者也**로라

　　　(미문이도순호인자야)

(국역) "도로써 남에게 따른다는 말은 아직 듣지 못했다."109)

(해설) 천하에 정도가 시행되는 때는 군자는 출세할 수 있으 나, 정도가 시행되지 않을 적에는 군자는 핍박을 받더라도 정도를 지킬 수밖에 없다. 군자는 벼슬을 잃어 곤궁하더라

---

108) 殉, 如殉葬之殉, 以死隨物之名也. 身出則道在必行, 道屈則身在 必退, 以死相從而不離也.(순은 순장의 순과 같으니, 죽음에 수 반하는 물건이기 때문에 명명된 것이다. 몸이 나가면 도에서 반드시 나아가 있고, 도가 굽으면 몸에서 반드시 물러나 있다. 죽음으로써 서로 따르며 분리되지 않는다.)

109) 以道從人, 妾婦之道.(도로써 남을 따르는 것은, 첩부의 도이다.)

도 정도를 굽혀 독재자에 아부할 수는 없기 때문이다. 공
자는 이런 경우 소인은 행동이 넘치게 된다고 했다(논어,
15-1).

제43장 등경이 문하에 있다
(滕更之在門章 第四十三)

(43-1) **公都子曰 滕更之在門也**에 **若在所禮**로되 **而不答**
은 **何也**잇고

(공도자왈 등경지재문야, 약재소례, 이부답, 하야)

국역 공도자가 말하였다. "등경이 문하에 있을 적에, 예우를
해야 할 것이 있었을 것 같은데 대답하지 않으신 것은 어
째서입니까?"110)

자의 ○滕-등나라 등. ○更-고칠 경, 다시 갱.

(43-2) **孟子曰 挾貴而問**하며 **挾賢而問**하며 **挾長而問**하며
挾有勳勞而問하며 **挾故而問**이 **皆所不答也**니 **滕**
更이 **有二焉**하니라

(맹자왈 협귀이문, 협현이문, 협장이문, 협유훈로이문, 협고이문,
개소부답야, 등경, 유이언)

국역 맹자가 말씀하였다. "존귀한 지위를 끼워 질문하며, 현

---

110) 趙氏曰 : 滕更, 滕君之弟, 來學者也.(조씨가 말하였다. 등경은
등나라 군주의 아우로서, 와서 배운 자이다.)

명함을 끼워 질문하며, 연장자의 지위를 끼워 질문하며,
공로가 있음을 끼워 질문하며, 연고를 끼워 질문하는 것이
면, 모두 답을 하지 않는 바이며, 등경은 그 중에 둘이 있
느니라."111)

(자의) ㅇ挾−낄 협. ㅇ挾貴−존귀한 지위를 믿고 남을 업신여기다.
ㅇ挾長−연장자임을 내세워 업신여기다. ㅇ勳勞−공로.

(해설) 배우고 묻는 데는 솔직하고 순수한 마음이어야 한다.
그러므로 사제의 도 이외의 것이 개재하면 공부의 진지한
태도가 아니니 대답하지 않아도 된다. 공부에는 그 분위기
가 진리에 대한 애정과 그것을 구명하는 열기로 가득 차
서 넘쳐야 한다.

제44장   그만두면 안 되는데 그만둔다
(於不可已而已章 第四十四)

(44-1) 孟子曰 於不可已而已者는 無所不已요 於所厚者
薄이면 無所不薄也니라

---

111) 趙氏曰：二, 謂挾貴挾賢也.(조씨가 말하였다. 두 가지는 협귀와
협현을 이른다.) 尹氏曰：有所挾, 則受道之心, 不專, 所以不答
也.(윤씨가 말하였다. 끼어있는 바가 있으면, 도를 받는 마음이
몰두하지 못하니, 대답을 않은 까닭이다.) 此, 言君子雖誨人不
倦, 又惡夫意之不誠者.(이것은, 군자가 비록 남을 가르치기를
게을리하지 않았으나, 또 대저 뜻이 정성스럽지 못한 자를 싫
어함을 말한 것이다.)

(맹자왈 어불가이이이자, 무소불이, 어소후자박, 무소불박야)

[국역] 맹자가 말씀하였다. "그만두어서는 아니 될 경우에 그 만두는 자는, 그만두지 못할 것이 없을 것이요, 온후하게 할 곳에 박정하게 하면, 박정하게 하지 못할 것이 없을 것이니라."112)

[자의] ㅇ於-~에, ~에서, ~부터. ㅇ厚-두터울 후. ㅇ薄-엷을 박.

(44-2) 其進銳者는 其退速이니라

(기진예자, 기퇴속)

[국역] "그 나아가기를 빨리 하는 자는, 그 후퇴가 속하느니라."113)

[자의] ㅇ銳-빠를 예.

[해설] 세상을 관리하기 위해 시행하는 상벌에는 과유불급(過猶不及)이 있어서는 아니 된다. 또 삶을 위한 행위에 있어서 해야 할 것과 해서는 아니 될 것을 신중하게 생각하여

---

112) 已, 止也. 不可止, 謂所不得不爲者也.(이는 그침이니, '불가지'는 하지 않을 수 없는 것을 이른다.) 所厚, 所當厚者也.('소후'는 당연히 후대하여야 할 경우이다.) 此, 言不及者之弊.(이것은, 미치지 못한 자의 폐단을 말한 것이다.)

113) 進銳者, 用心太過, 其氣易衰, 故, 退速(나아가기를 빨리 하는 자는, 마음씀이 너무 지나치게 하여, 그 기운이 쉽게 쇠진하기 쉽다. 그러므로 후퇴함도 속한 것이다.) 三者之弊, 理勢必然, 雖過不及之不同, 然, 卒同歸於廢弛(세 가지의 병폐는, 이치와 형세의 필연적인 것이니, 비록 과·불급이 똑같지 않다. 그러나 마침내 똑같이 문란해지는 데로 돌아가고 만다.)

처신해야 한다.

제45장 군자가 만물에 대하여
(君子之於物章 第四十五)

(45-1) **孟子曰 君子之於物也**에 **愛之而弗仁**하고 **於民也**
에 **仁之而弗親**하나니 **親親而仁民**하고 **仁民而愛物**
이니라

(맹자왈 군자지어물야, 애지이불인, 어민야, 인지이불친, 친친이
인민, 인민이애물)

국역 맹자가 말씀하였다. "군자는 만물에 대해 그것들을 사
랑하기는 하나 어진 마음으로 대하지는 않고, 백성에 대해
어진 마음으로 대하나 친근하지는 않는다. 어버이를 친근
히 하고서 백성을 어진 마음으로 대하고, 백성을 어진 마
음으로 대하고서 만물을 사랑해야 하느니라."114)

---

114) 物, 謂禽獸草木.(물은 금수와 초목을 이른다.) 愛, 謂取之有時,
用之有節.(사랑한다는 것은, 그것을 취함에 때가 있게 하고, 그
것을 씀에 마디가 있게 함을 이른다.) 程子曰 : 仁, 推己及人,
如老吾老, 以及人之老, 於民則可, 於物則不可.(정자가 말하였
다. 인은 자기 마음을 미루어 남에게 미치는 것이니, 나의 노인
을 노인으로 섬겨서, 그리고 남의 노인에게 미치는 것과 같이
하는 것이니, 사람에게 하는 것은 가능하나, 물건에게 하는 것
은 불가능하다.) 統而言之, 則皆仁, 分而言之, 則有序.(통털어
그것을 말한다면 모두 인이요, 나누어서 그것을 말한다면 차례
가 있는 것이다.) 楊氏曰 : 其分不同, 故, 所施, 不能無差等, 所

(해설) 성품의 입장에서 볼 때, 남과 내가 모두 하나이며 차별이 없다. 그러나 그것을 실천하는 과정에 있어서는 단계가 있다. 즉 우선 내 부모와 먼저 하나가 되고, 그 다음에 남과 하나가 되고, 그 다음에 만물과 하나가 되어야 하는 것이다.

제46장 힘써야 할 일을 서둘러 한다
(當務之爲急章 第四十六)

(46-1) 孟子曰 知者無不知也나 當務之爲急이요 仁者無不愛也나 急親賢之爲務니 堯舜之知로 而不徧物은 急先務也요 堯舜之仁으로 不徧愛人은 急親賢也니라

(맹자왈 지자무부지야, 당무지위급, 인자무불애야, 급친현지위무, 요순지지, 이불편물, 급선무야, 요순지인, 불편애인, 급친현야)

(국역) 맹자가 말씀하였다. "지혜로운 자는 알지 못하는 것이 없으나, 당면한 일을 급한 것이라 여기며, 어진 자는 사랑하지 않는 것이 없으나, 현명한 이를 친근히 함을 급한 일이라 여긴다. 요·순이 지혜로우면서도 만물을 두루 알지

謂理一而分殊者也.(양씨가 말하였다. 그 분수가 같지 않다. 그러므로 베푸는 바에, 능히 차등이 없지 않으니, 소위 이치는 하나이나, 나뉨은 다르다는 것이다.) 尹氏曰 : 何以有是差等. 一本故也, 無僞也.(윤씨가 말하였다. 어째서 이런 차등이 있는가? 근본이 하나이기 때문이니, 거짓이 없다.)

못한 것은, 먼저 해야 할 일을 급하게 여긴 것이요, 요·순의 인(仁)함으로도 사람을 두루 사랑하지 못한 것은 현명한 이를 친근히 함을 급하게 여겼기 때문이니라."115)

(자의) ㅇ知-지혜 지(=智). ㅇ偏-두루 편.

(46-2) 不能三年之喪하고 而緦小功之察하며 放飯流歠하고 而問無齒決이 是之謂不知務니라

(불능삼년지상, 이시소공지찰, 방반류철, 이문무치결, 시지위부지무)

(국역) "능히 3년상은 하지 못하면서, 3개월의 시마복이나 5개월의 소공복은 살피며, 밥알은 흐트리고, 국물은 흘리면서 마시고, 마른 고기를 이빨로 깨물어 끊지 말라고 고(告)하는 것이, 대체로 급선무를 알지 못하는 것이라 이르는 것이니라."116)

---

115) 知者, 固無不知, 然, 常以所當務者爲急, 則事無不治, 而其爲知也大矣.(지혜로운 자는, 진실로 알지 못함이 없다. 그러나 항상 당연히 힘써야 할 것으로써 급하게 여긴다면, 일이 다스려지지 않음이 없어서, 그의 지혜롭게 함이 클 것이다.) 仁者, 固無不愛, 然, 常急於親賢, 則恩無不洽, 而其爲仁也博矣.(인자는 진실로 사랑하지 않는 것이 없다. 그러나 항상 현자를 친근히 하는 것에서 급히 여기면, 은혜가 흡족하지 않음이 없어서, 그의 인자하게 함이 넓을 것이다.)

116) 三年之喪, 服之重者也.(3년상은 복의 무거운 것이다.) 緦麻三月, 小功五月, 服之輕者也.(시마는 3개월 복이요, 소공은 5개월 복이니, 복의 가벼운 것이다.) 察, 致詳也.(찰은 상세함을 지극히 하는 것이다.) 放飯, 大飯. 流歠, 長歠, 不敬之大者也.

(자의) ㅇ緦-시마복 시. ㅇ放飯-밥알을 흐트리다. ㅇ流-흐를 류. ㅇ歠-마실 철. ㅇ問-알릴 문. ㅇ無-없을 무, 아닐 무, 말 무. ㅇ齒決-이로 깨물어 끊음.

(해설) 아무리 현명한 사람일지라도 모든 것을 한꺼번에 처리할 수는 없다. 또 일에는 반드시 경중과 완급이 있다. 그러므로 급선무를 따져 처리하는 것이 순리이며, 그렇게 하는 것이 현명함이다. 이때 대체소체론(고자장구 상 제15장), 의리론 (고자장구 하 제4장)이 일반원칙이 될 수 있을 것이다.

(방반은 밥을 크게 뜨는 것이요, 유철은 길게 마시는 것이니, 불경의 큰 것이다.) 齒決, 齧斷乾肉, 不敬之小者也.(치결은, 잇빨로 깨물어서 마른 고기를 끊는 것이니, 불경의 작은 것이다.) 問, 講求之意.(문은 강구함의 뜻이다.) 此章, 言君子之於道, 識其全體, 則心不狹, 知所先後, 則事有序.(이 장은, 군자가 도에 있어서 그 전체를 알면, 마음이 협소해지지 않고, 먼저 할 바와 뒤에 할 바를 알면, 일이 순서를 가짐을 말한 것이다.) 豐氏曰 : 智不急於先務, 雖徧知人之所知, 偏能人之所能, 徒弊精神而無益於天下之治矣.(풍씨가 말하였다. 지혜를 씀에 있어, 먼저 할 업무에서 급히 여기지 않는다면, 비록 남이 아는 바를 두루 알고, 남의 능한 바를 두루 능하더라도, 한갓 정신을 피폐하게 할 뿐이요, 천하의 다스림에서 유익함이 없을 것이다.) 仁不急於親賢, 雖有仁民愛物之心, 小人在位, 無由下達, 聰明, 日蔽於上, 而惡政, 日加於下, 此, 孟子所謂不知務也.(인을 함에 있어, 현자를 친근히 함에 급하게 여기지 않는다면, 비록 백성에게 인자하고 물건을 사랑하는 마음이 있더라도, 소인들이 지위에 있어서, 덕이 아래로 도달할 수가 없어, 총명이 날로 위에 엄폐되고, 악정이 날로 아래에 보태어질 것이니, 이것이 맹자의 소위 '급선무를 알지 못한다.'는 것이다.)

盡心章句 下¹⁾

진심장구 하

---

1) 凡三十八章.(모두 38장이다.)

제1장 양혜왕은 어질지 못하다
(不仁哉梁惠王章 第一)

(1-1) 孟子曰 不仁哉라 梁惠王也여 仁者는 以其所愛로
及其所不愛하고 不仁者는 以其所不愛로 及其所愛
니라

(맹자왈 불인재. 양혜왕야. 인자, 이기소애, 급기소불애, 불인자,
이기소불애, 급기소애)

[국역] 맹자가 말씀하였다. "불인(不仁)하도다! 양혜왕이여.
인자(仁者)는 그 사랑하는 것으로써 그 사랑하지 않는 것
에 파급시키고, 불인자(不仁者)는 그 사랑하지 않는 것으
로써 그 사랑하는 것에 파급시키느니라."[2]

(1-2) 公孫丑曰 何謂也잇고 梁惠王이 以土地之故로 麋
爛其民而戰之라가 大敗하고 將復之하되 恐不能勝이
라 故로 驅其所愛子弟하여 以殉之하니 是之謂以其
所不愛로 及其所愛也니라

(공손추왈 하위야. 양혜왕, 이토지지고, 미란기민이전지, 대패, 장
부지, 공불능승, 고, 구기소애자제, 이순지, 시지위이기소불애, 급

---

2) 親親而仁民, 仁民而愛物, 所謂以其所愛及其所不愛也.(어버이를
친근히 하여 백성에 인자하고, 백성에 인자하여 물건을 사랑함이,
소위 그가 사랑하는 바로써 그가 사랑하지 않는 바에 미친다는
것이다.)

기소애야)

[국역] 공손추가 말하였다. "무슨 말씀입니까?" "양혜왕이 토지의 이유로써 그 백성들을 썩어 문드러지게 하면서까지 싸우게 하다가 크게 패하고는, 장차 그를 복수하려고 하되, 능히 이길 수 없을까 두려워하였기 때문에 그가 사랑하던 자제들을 내몰아서 따라 죽게 하였으니, 이것이 그 사랑하지 않는 것으로써 사랑하는 것에 파급시키는 것을 말하는 것이니라."3)

[자의] ○靡─문드러질 미. ○爛─터질 란. ○靡爛─썩어 문드러지다. ○復─회복할 복, 다시 부. 보복하다. ○故─~때문에. ○驅─몰 구. ○殉─따를 순.

[해설] 나라를 구성하는 백성과 영토를 비교하면 백성이 더 귀중하다. 그런데 양혜왕은 영토를 더 얻기 위해 전쟁을

---

3) 梁惠王以下, 孟子答辭也.(양혜왕 이하는 맹자가 답한 말이다.) 靡爛其民, 使之戰鬪, 靡爛其血肉也.(그 백성을 썩어 문드러지게 하였다는 것은, 그들로 하여금 전투를 하게 하여, 그의 혈육을 썩어 문드러지게 한 것이다.) 復之, 復戰也.('부지'는 다시 싸우는 것이다.) 子弟, 謂太子申也.(자제는 태자 신을 이른다.) 以土地之故, 及其民, 以民之故, 及其子, 皆以其所不愛, 及其所愛也.(그리고 토지의 이유 때문에, 재앙이 그 백성에게 미치고, 그리고 백성의 이유 때문에 재앙이 그 자식에게 미치니, 모두 그 사랑하지 않는 바로써 그 사랑하는 바에 미친다.) 此, 承前篇之末三章之意, 言仁人之恩, 自內及外, 不仁之禍, 由疏逮親.(이것은, 전편 끝 3장의 뜻에 이어서, 어진 사람의 은혜는 안으로부터 외부에 미치고, 어질지 않은 재앙은 소원한 데서부터 친근한 데 미침을 말한 것이다.)

하고, 사랑해야 할 백성을 죽이고, 마침내 그의 아들 태자
신(申)까지 죽였다. 사람보다 땅을 더 사랑한 결과이다.
이것이 패도가 지향하는 결과이다.

제2장 춘추시대에는 정의로운 전쟁은 없었다
(春秋無義戰章 第二)

(2-1) **孟子曰 春秋**에 **無義戰**하니 **彼善於此**는 **則有之矣**
니라

(맹자왈 춘추, 무의전, 피선어차, 즉유지의)

국역 맹자가 말씀하였다. " '춘추'의 기록에는 정의로운 전쟁
은 없었으니, 그 중에 저것이 이것보다 나은 것은 있다."4)

자의 ㅇ善-잘할 선. 낫다.

(2-2) **征者**는 **上伐下也**니 **敵國**은 **不相征也**니라

(정자, 상벌하야, 적국, 불상정야)

국역 "정(征)은 윗사람이 아랫사람을 치는 것이니, 대등한
나라끼리는 서로 정벌하지 못하는 것이니라."5)

---

4) 春秋每書諸侯戰伐之事, 必加譏貶, 以著其擅興之罪, 無有以爲合
   於義而許之者. 但就中彼善於此者則有之, 如召陵之師之類是也.
   ('춘추'에는 제후들이 전쟁하여 정벌하던 일을 쓸 때마다, 반드시
   나무라고 비판을 가하여, 그 멋대로 군대를 일으킨 죄를 드러냄
   으로써, 정의에 합한다고 여겨, 그것을 허락한 것이 없다. 다만,
   그 중에서도 저것이 이것보다 나은 것은 있었으니, 소릉의 군대
   와 같은 것이 이런 종류이다.)

자의 ○征－칠 정. ○伐－칠 벌. ○敵－서로 대등하다, 필적하다.

해설 의롭지 못한 제후국을 천자가 징계한다면 의로운 전쟁이 된다. 그러나 '춘추'에 있는 전쟁은 제후들끼리 싸운 것뿐이니, 주나라 왕실을 중심으로 한 봉건체제에서 볼 때에 제후들의 공벌은 의로운 전쟁이 될 수 없는 것이다.

제3장 서경을 완전히 믿으면 서경이 없는 것만도 못하다(盡信書則不如無書章 第三)

(3-1) **孟子曰 盡信書**면 **則不如無書**니라

　　　(맹자왈 진신서, 즉불여무서)

국역 맹자가 말씀하였다. "서경의 내용을 다 믿는다면 서경이 없는 것만 못하느니라."6)

자의 ○不如－~만 못하다.

---

5) 征, 所以正人也.(정은 사람을 바로잡기 위한 것이다.) 諸侯有罪, 則天子討而正之, 此春秋所以無義戰也.(제후에게 죄가 있으면, 천자에게 그 죄를 성토하여 그를 바로잡는 것이니, 이것이 '춘추'에 정의로운 전쟁이 없다고 여기는 것이다.)

6) 程子曰：載事之辭, 容有重稱而過其實者, 學者當識其義而已, 苟執於辭, 則時或有害於義, 不如無書之愈也.(정자가 말하였다. 일을 기재한 언사에는, 내용이 무겁게 칭송되어 그 실제보다 지나침도 있으니, 학자는 당연히 그 의의를 알아야 할 뿐이다. 만일 그 언사에 집착한다면 때로는 혹 정의에 침해가 있을 것이니, '서경'이 없는 것이 더 낫다.)

(3-2) 吾於武成에 取二三策而已矣로라

(오어무성, 취이삼책이이의)

(국역) "나는 '무성편'에서 두서너 쪽을 취할 뿐이다."7)

(자의) ㅇ策－대쪽 책, 꾀 책.

(3-3) 仁人은 無敵於天下니 以至仁으로 伐至不仁이어니
而何其血之流杵也리오

(인인, 무적어천하, 이지인, 벌지불인, 이하기혈지류저야)

(국역) "어진 사람은 천하에서 대적할 사람이 없는 것이니, 지극한 인(仁)으로써 지극히 불인(不仁)한 사람을 정벌하였는데 어찌 그 피가 절굿공이를 떠내려보냈겠는가?"8)

---

7) 武成, 周書篇名, 武王伐紂, 歸而記事之書也.(무성은 '서경' '주서'의 편명이다. 무왕이 주왕을 정벌하고, 돌아와 그 사실을 기록한 책이다.) 策, 竹簡也. 取其二三策之言, 其餘, 不可盡信也.(책은 죽간이다. 그 2·3책의 말을 취하고, 그 나머지는 다 믿을 수 없다는 것이다.) 程子曰 : 取其奉天伐暴之意, 反政施仁之法而已.(정자가 말하였다. 그것은 천명을 받들어 포악한 자를 정벌한 뜻과, 정사를 돌이켜 인을 베푼 법을 취할 뿐이다.)

8) 杵, 春杵也. 或作鹵, 楯也.(저는 방아찧는 절굿공이다. 혹은 노(鹵)로도 되어 있으니, 방패이다.) 武成, 言武王伐紂, 紂之前徒倒戈, 攻于後以北, 血流漂杵. 孟子言此則其不可信者.('무성'에 '무왕이 주왕을 정벌함에, 주왕의 앞에 있던 무리들이 창을 거꾸로 들고서, 뒤를 공격하여, 그리고 패배시켜 피가 흘러 절구공이가 표류하였다.' 하였으니, 맹자는 이것을, 곧 그가 믿을 수 없는 것이라 말한 것이다.) 然, 書本意, 乃謂商人自相殺, 非謂武王殺之也.(그러나 '서경'의 본래 의도는 바로 상나라 사람들이 스스로 서로 죽인 것을 이른 것이요, 무왕이 그들을 죽였음을 이른 것

자의 ㅇ杵-절굿공이 저.

해설 '서경' 무성편에는 주나라 무왕이 은나라 폭군 주왕(紂
王)을 정벌하는 싸움이 처절하고 격렬하였다고 기록되어
있다. 인자무적(仁者無敵)이라고 하거늘, 인자가 불인한
자를 정벌하는데 어떻게 그렇게 저항이 심했으며 살상이
심했는지 믿지 못할 일이다. 그러므로 서경의 그 부분은
전적으로 믿을 것이 못된다는 것이다.

제4장 전쟁을 해서 무엇에 쓸 것인가
(焉用戰章 第四)

(4-1) 孟子曰 有人曰 我善爲陳하며 我善爲戰이라하면 **大
罪也**니라
(맹자왈 유인왈 아선위진, 아선위전, 대죄야)

국역 맹자가 말씀하였다. "어떤 사람이 말하기를, '나는 전
진을 잘 치며, 나는 전쟁을 잘한다.'고 한다면 큰 죄인이
다."9)

자의 ㅇ有-어떤 유. ㅇ陳-진칠 진(=陣).

이 아니다.) 孟子之設是言, 懼後世之惑, 且長不仁之心耳.(맹자가
가설하여 이런 말을 한 것은, 후세의 의혹을 두려워한 것이요,
또 불인한 마음을 조장할까 해서일 뿐이다.)

9) 制行伍曰陳, 交兵曰戰.(항오를 통제하는 것을 진이라 말하고, 교
전함을 전쟁이라 말한다.)

(4-2) **國君**이 **好仁**이면 **天下**에 **無敵焉**이니 **南面而征**에 **北狄怨**하며 **東面而征**에 **西夷怨**하여 **曰 奚爲後我**오하니라

(국군, 호인, 천하, 무적언. 남면이정, 북적원, 동면이정, 서이원, 왈 해위후아)

(국역) "나라의 임금이 인(仁)을 좋아하면 천하에 대적할 자가 없을 것이다. 남쪽을 향하여 정벌하면 북쪽의 오랑캐가 원망하며, 동쪽을 향하여 정벌하면 서쪽의 오랑캐가 원망하여, '어찌하여 우리를 뒤에 정벌하는가?'라고 하였다."[10]

(자의) ㅇ面-향하다. ㅇ狄-오랑캐 적. ㅇ夷-오랑캐 이. ㅇ奚-어찌 해.

(4-3) **武王之伐殷也**에 **革車三百兩**이요 **虎賁**이 **三千人**이러니라

(무왕지벌은야, 혁거삼백량, 호분, 삼천인)

(국역) "무왕이 은나라를 정벌할 적에 병거(兵車)가 300대요, 근위병이 3천명이었느니라."[11]

(자의) ㅇ革-갑옷투구 혁. ㅇ兩-수레 량. ㅇ賁-클 분. ㅇ虎賁-근위병.

---

10) 此, 引湯之事以明之, 解見前篇.(이것은 탕왕의 일을 인용하여 그리고 그것을 밝힌 것이다. 해석이 전편에 보인다.)

11) 又以武王之事明之也.(또 무왕의 일로써 그것을 밝힌 것이다.) 兩, 車數, 一車兩輪也.(양은 수레의 수이니, 한 수레에는 바퀴가 둘이다.) 千, 書序作百.(천은 '서경' '목서'의 서에는 백으로 되어 있다.)

(4-4) **王曰 無畏**하라 **寧爾也**요 **非敵百姓也**라하신대 **若崩**

厥角하여 **稽首**하니라

(왕왈 무외. 영이야, 비적백성야, 약붕궐각, 계수)

국역 무왕이 말하였다. '두려워하지 말라. 너희들을 편안히
하려는 것이요, 백성들을 대적하려는 것이 아니라.'하니,
싸우던 짐승들이 항복할 때에 그 뿔을 땅에 대듯이 머리
를 조아렸다.12)

자의 ○畏―두려워할 외. ○爾―너 이. ○崩―무너질 붕. ○厥―그
궐. ○稽―조아릴 계.

(4-5) **征之爲言**은 **正也**라 **各欲正己也**니 **焉用戰**이리오

(정지위언, 정야, 각욕정기야, 언용전)

국역 "정(征)이라고 말하는 것은 바로잡는다는 뜻이다. 각국
이 자기들을 바로잡아 주기를 바랄 것이니 어찌 전쟁의
방식을 쓰겠는가?"13)

---

12) 書太誓文, 與此小異.('서경' '태서편'의 글인데, 이와 더불어 조금
다르다.) 孟子之意, 當云 : 王謂商人曰 : 無畏我也. 我來伐紂, 本
爲安寧汝, 非敵商之百姓也. 於是, 商人, 稽首至地, 如角之崩也.
(맹자의 의도는, 당연히 다음과 같이 운운하였을 것이다. 왕이
상나라 사람들에게 말하기를, 나를 두렵게 여기지 말라. 내가 와
서 주왕을 정벌한 것은, 본래 너희들을 안녕하게 함이며, 상나라
백성들을 대적하려는 것이 아니다.'라고 하자, 이에 상나라 사람
들이 머리를 땅에 이르도록 조아려, 마치 짐승들이 뿔을 땅에
대듯이 하였다.)

13) 民爲暴君所虐, 皆欲仁者來正己之國也.(백성들이 포악한 군주에
게 학대를 받아, 모두 인자가 와서 자기들의 나라를 바로잡아

해설 맹자는 전쟁을 좋아하는 사람을 큰 죄인이라고 본다. 인한 자에게는 대적할 자가 없으니 전쟁이 필요없다. 무왕이 주왕을 정벌할 때에 그곳 백성들은 마치 짐승들이 항복할 때에 뿔을 땅에 대듯이 머리를 조아렸던 것에서 보듯이, 백성을 폭정에서 구하기 위한 것이라면, 이것은 전쟁이 아니라 잘못을 바로잡는 것이니 큰 희생이나 전략이 필요없는 것이다.

제5장   목공과 수레 만드는 장인(梓匠輪輿章 第五)

(5-1) **孟子曰 梓匠輪輿能與人規矩**언정 **不能使人巧**니라
(맹자왈 재장윤여능여인규구, 불능사인교)

국역 맹자가 말씀하였다. "목수나 수레를 만드는 사람은 능히 남에게 컴퍼스나 자 등을 줄지언정, 능히 남으로 하여금 재주를 줄 수는 없는 것이니라."[14]

자의 ○梓－목수 재. 재인(梓人). ○匠－장인 장. 장인(匠人). ○輪－

주기를 바라는 것이다.)

14) 尹氏曰 : 規矩, 法度, 可告者也.(윤씨가 말하였다. 규구는 법도이니, 남에게 고해 줄 수 있는 것이요.) 巧則在其人, 雖大匠, 亦末如之何也已.(기술은, 곧 그 사람에게 있는 것이니, 비록 대장이라 하더라도, 역시 어찌할 수 없는 것이다.) 蓋下學, 可以言傳, 上達, 必由心悟, 莊周所論斲輪之意, 蓋如此(대개 아래로 인간의 일을 배움에는 말로써 전해줄 수 있으나, 위로 천리를 통달함에는 반드시 마음으로부터 깨달아야 하니, 장주가 논한 바, '수레바퀴를 깎는다'는 뜻도, 아마 이와 같을 것이다.)

바퀴 륜. 바퀴 만드는 사람[輪人]. ㅇ輿-수레 여. 수레 만드는 사람[輿人]. ㅇ規矩-컴퍼스와 자. ㅇ巧-재주 교.

(해설) 목수가 목공일을 배우는 자에게 원칙을 가르쳐 줄 뿐, 기술을 가르쳐 줄 수는 없다. 기술을 배우는 자가 스스로 노력하여 터득해야 한다. 학문의 길도 마찬가지이다. 원리는 스승으로부터 배우더라도, 사리에 통달하는 것은 스스로 수양을 쌓고 노력으로 이루어야 한다. 비슷한 내용이 진심장구 상(41-3)에도 나온다.

제6장 순이 마른 밥을 먹고 야채를 먹다
(舜之飯糗茹草章 第六)

(6-1) 孟子曰 舜之飯糗茹草也니 若將終身焉이러시니 及其爲天子也하사는 被袗衣鼓琴하시며 二女果를 若固有之러시다

(맹자왈 순지반후여초야, 약장종신언, 급기위천자야, 피진의고금, 이녀과, 약고유지)

(국역) 맹자가 말씀하였다. "순이 마른밥을 먹고 거친 채소를 먹을 때에는 장차 그것을 종신토록 할 듯이 하더니, 그가 천자가 됨에 이르러서는 진의(袗衣)를 입고 거문고를 타며 두 여자가 모시는 것을 본래부터 있었던 것같이 하셨다."15)

---

15) 飯, 食也.(반은 식사함이다.) 糗, 乾糒也.(후는 마른밥이다.) 茹,

(자의) ○糗-말린밥 후. ○茹-먹을 여. ○草-거칠다. ○其-어조사
기. ○被-입을 피. ○袗-고운 옷 진. ○鼓-타다. ○琴-거문고
금. ○果-모실 과(=媒).

(해설) 성품에 따른 본래의 삶은 곤궁하거나 부귀하거나 그것
에 좌우되지 않는 것이니, 곤궁하다고 슬퍼하거나 부귀하
다고 기뻐하지 않는다. 순임금도 상황에 맞게 수시처중(隨
時處中)으로 살았을 뿐이다. 이욕을 줄이면 갈등에서 벗어
날 수 있다.

제7장 남의 부형을 죽이다(殺人父兄章 第七)

(7-1) 孟子曰 吾今而後에 知殺人親之重也로라 殺人之
父면 人亦殺其父하고 殺人之兄이면 人亦殺其兄하나
니 然則非自殺之也언정 一間耳니라
(맹자왈 오금이후, 지살인친지중야. 살인지부, 인역살기부, 살인
지형, 인역살기형, 연즉비자살지야, 일간이)

(국역) 맹자가 말씀하였다. "나는 이제서야 남의 어버이를 죽

亦食也.(여는 역시 식사함이다.) 袗, 畫衣也.(진은 그림을 그린
고운 옷이다.) 二女, 堯二女也.(2녀는 요임금의 두 딸이다.) 果,
女侍也.(과는 여자가 모시는 것이다.) 言聖人之心, 不以貧賤而有
慕於外, 不以富貴而有動於中, 隨遇而安, 無預於己, 所性, 分定
故也.(성인의 마음은, 빈천함으로써 밖에 사모함이 있지 않으며,
부귀함으로써 중심에 동요함이 있지 않아, 만나는 환경에 따라
편안하고, 자기에게 미리 예정함이 없으니, 성품이란 것이 분수
에 정해져 있기 때문임을 말한 것이다.)

이는 것이 중대하다는 것을 알았노라. 남의 아버지를 죽이면 남도 역시 나의 아버지를 죽이고, 남의 형을 죽이면 남도 역시 나의 형을 죽이니, 그렇다면 자기가 그를 죽이지 않을지언정, 한 칸 차이일 뿐이니라."16)

자의 ㅇ殺-죽일 살. ㅇ重-중대하다. ㅇ間-건너뛰다.

해설 고대에는 복수 의식이 강했던 탓으로 사적인 제재방식이 성했으니, 살인행위는 반드시 복수가 뒤따른다는 말이다. 자기의 살인행위는 또 다른 살인행위를 부르니 참으로 하지 말아야 할 일이다. 악순환이 되풀이되기 때문이다.

제8장 옛날의 관문 설치(古之爲關也章 第八)

(8-1) 孟子曰 古之爲關也는 將以禦暴러니

(맹자왈 고지위관야, 장이어포)

국역 맹자가 말씀하였다. "옛날에 관문을 만든 것은 장차 포악한 자를 막고자 해서였던 것이니,"17)

---

16) 言吾今而後知者, 必有所爲而感發也.(나는 이제서야 알았다는 것은, 반드시 까닭이 있어서 마음이 감동하여 움직인 것이다.) 一間者, 我往彼來, 間一人耳, 其實, 與自害其親無異也.(한 칸은, 내가 가고 저이가 와서 1인의 왕래한 사이일 뿐이니, 그 실제는 자신이 그 어버이를 해친 것과 더불어 다름이 없음을 말한 것이다.) 范氏曰：知此則愛敬人之親, 人亦愛敬其親矣.(범씨가 말하였다. 이것을 알면, 곧 남의 어버이를 사랑하고 공경할 것이니, 남 역시 그의 어버이를 사랑하고 공경할 것이다.)

17) 譏察非常.(수상한 사람을 사찰하는 것이다.)

자의 ○關－관문 관. ○禦－막을 어. ○禦暴－횡포를 막다.

(8-2) **今之爲關也**는 **將以爲暴**로다

(금지위관야, 장이위포)

국역 "그런데 지금 관문을 만든 것은 장차 포악한 짓을 하기 위함이로다."18)

자의 ○爲暴－횡포를 자행하다.

해설 나라의 관문을 설치한 목적이 애초에는 불순자를 색출하여 통행하는 백성을 보호하기 위한 것이었는데, 지금은 제후들이 관문세의 징수 등 횡포한 짓을 하는 수탈시설(收奪施設)로 바뀌었다는 뜻이다.

---

18) 征稅出入.(출입하는 자에게 세금을 거두는 것이다.) 范氏曰 : 古之耕者, 什一, 後世, 或收大半之稅, 此, 以賦斂爲暴也.(범씨가 말하였다. 옛날에는 농사짓는 자들에게 10분의 1의 세금을 받았는데, 후세에는 혹 태반의 세를 징수하니, 이것은 세를 거둠으로써, 포악한 짓을 하는 것이요.) 文王之囿, 與民同之, 齊宣王之囿, 爲阱國中, 此, 以園囿爲暴也. 後世爲暴, 不止於關.(문왕의 동산은 백성과 더불어 함께 이용하였는데, 제선왕의 동산은 국중에 함정을 만든 것인데, 이것은 원유로써 포악한 짓을 하는 것이다. 후세에 포악한 짓을 함은, 관문에 그치지 않았다.) 若使孟子用於諸侯, 必行文王之政, 凡此之類, 皆不終日而改也.(만약 가령 맹자가 제후에게 등용되었다면, 반드시 문왕의 정사를 행하였을 것이니, 무릇 이런 부류를 모두 하루가 못되어 개혁했을 것이다.)

제9장 자신이 도리를 실행하지 아니한다
(身不行道章 第九)

(9-1) 孟子曰 身不行道면 不行於妻子요 使人不以道면
不能行於妻子니라

(맹자왈 신불행도, 불행어처자, 사인불이도, 불능행어처자)

국역 맹자가 말씀하였다. "자신이 정도를 행하지 아니하면
처자에게도 시행하지 못하고, 남을 부리기를 정도로써 아
니하면 처자에게도 시행할 수 없느니라."[19]

해설 정도에 따르는 것이 좋다는 것은 일을 단순하게 만들
고 자연의 법칙에도 부합하여 갈등도 해소되기 때문이다.
자신이 정도에 따라 살지 않으면 다른 사람은 물론, 처자
까지도 진심으로 따르지 아니한다. 한 나라든, 한 가정이
든 솔선수범이 요체이다.

제10장 이익에 주도면밀하다(周于利者章 第十)

(10-1) 孟子曰 周于利者는 凶年이 不能殺하고 周于德者

---

19) 身不行道者, 以行言之. 不行者, 道不行也.(자신이 도를 행하지
않는다는 것은 행위로써 그것을 말하는 것이니, 행하지 않다는
것은, 도가 행해지지 못하는 것이다.) 使人不以道者, 以事言之.
不能行者, 令不行也.(사람 부리기를 도로써 하지 않는다는 것은,
일로써 그것을 말하는 것이니, 능히 행할 수 없다는 것은, 명령
이 행해지지 못하는 것이다.)

는 **邪世不能亂**이니라

(맹자왈 주우리자, 흉년, 불능살, 주우덕자, 사세불능란)

(국역) 맹자가 말씀하였다. "이익에 주도면밀한 자는 흉년이 죽일 수 없고, 덕행에 주도면밀한 자는 나쁜 세상이 그를 어지럽힐 수 없느니라."[20]

(자의) ○周－주도면밀하다. ○于－어조사 우(＝於). ○邪－간사할 사. 나쁘다. ○亂－혼란하다.

(해설) 상황을 정확히 판단하여 잠재된 문제까지 파악하면 대책은 그 속에 있다. 성의를 가지고 찾으면 살길이 있게 마련이다. 어설픈 방식이 아니라 주도면밀한 방식으로 이익을 추구한다면 그만큼 성공할 수 있고, 덕을 쌓는 일 역시 같아서 참된 삶을 살 수 있다.

제11장 명예를 좋아하는 사람(好名之人章 第十一)

(11-1) **孟子曰 好名之人**은 **能讓千乘之國**이어니와 **苟非其 人**이면 **簞食豆羹**에 **見於色**하나니라

(맹자왈 호명지인, 능양천승지국, 구비기인, 단사두갱, 견어색)

(국역) 맹자가 말씀하였다. "명예를 좋아하는 사람은 능히 천승의 나라를 선양(禪讓)할 수 있거니와 진실로 그럴만한 사람이 아니면 밥 한 그릇, 국 한 그릇에도 난색(難色)을

---

20) 周, 足也, 言積之厚則用有餘.(주는 풍족함이니, 축적이 두터우면 사용함에 여유가 있는 것이다.)

나타내느니라."21)

자의 ㅇ讓-사양할 양. ㅇ苟-진실로 구. ㅇ簞-밥그릇 단. ㅇ豆-식
기 두. ㅇ羹-국 갱.

해설 명예를 중시하는 사람은 천승의 큰 나라를 준다 해도
명분이 서지 않으면 그것을 받으려 하지 않는다. 그러나
진정으로 이런 사람이 아니고는 보잘것없는 것에도 욕망
을 억제하지 못하는 기색이 그대로 나타난다.

제12장 인자하고 현명한 사람을 믿지 않는다
(不信仁賢章 第十二)

(12-1) 孟子曰 不信仁賢이면 則國空虛하고

　　　　(맹자왈 불신인현, 즉국공허)

국역 맹자가 말씀하였다. "인현(仁賢)한 사람을 믿지 않으
면 나라 안은 텅 비고,"22)

---

21) 好名之人, 矯情干譽, 是以, 能讓千乘之國.(명예를 좋아하는 사람
은 명예를 요구하는 감정을 드높인다. 이 때문에 능히 천승의
나라를 양보할 수 있다.) 然, 若本非能輕富貴之人, 則於得失之
小者, 反不覺其眞情之發見矣.(그러나 만약 본래 능히 부귀를 가
볍게 여기는 사람이 아니면, 득실의 작은 것에서, 도리어 그 진
정이 발현됨을 깨닫지 못한다.) 蓋觀人, 不於其所勉, 而於其所
忽, 然後, 可以見其所安之實也.(대개 사람을 관찰할 때에, 그가
힘쓰는 바에서 관찰하지 말고, 그가 소홀히 함에서 관찰하여야
하니, 그런 뒤에야 그가 편안히 여기는 바의 실제를 볼 수 있는
것이다.)

(12-2) 無禮義면 則上下亂하고

(무례의, 즉상하란)

(국역) "예의를 무시하면 상하의 질서가 문란하고,"23)

(12-3) 無政事면 則財用不足이니라

(무정사, 즉재용부족)

(국역) "정사를 원칙 없이 하면 쓸 재물이 부족하니라."24)

(해설) 어진 이를 존경하여 등용하지 않으면 백성들이 떠나가 결국 나라가 망하고, 도덕을 확립하지 않으면 사회질서가 무너지고, 국정에 원칙이 없으면 나라경제가 융성하지 못한다. 이것이 봉건사회에 있어 치국(治國)의 요점이다.

제13장   어질지 않고서도 나라를 차지한다
(不仁而得國章 第十三)

(13-1) 孟子曰 不仁而得國者는 有之矣어니와 不仁而得

---

22) 空虛, 言若無人然.(공허는 사람이 없는 것과 같은 듯한 것을 말한다.)

23) 禮義, 所以辨上下, 定民志.(예의는 상하를 변별하여, 백성의 마음을 안정시키기 위한 것이다.)

24) 生之無道, 取之無度, 用之無節故也.(그것을 생산함에 방법이 없고, 그것을 취함에 한도가 없고, 그것을 사용함에 절도가 없기 때문이니라.) 尹氏曰 : 三者, 以仁賢爲本, 無仁賢, 則禮義政事, 處之皆不以其道矣.(윤씨가 말하였다. 세 가지는 인현으로써 근본을 삼으니, 인현이 없으면 예의와 정사를 처리함에, 모두 그 정도로써 하지 못할 것이다.)

天下는 未之有也니라

(맹자왈 불인이득국자, 유지의, 불인이득천하, 미지유야)

(국역) 맹자가 말씀하였다. "인(仁)하지 못하면서 나라를 얻은 자는 있었거니와, 인하지 못하면서 천하를 얻은 자는 아직 없었느니라."25)

(해설) 제후국은 천자로부터 봉해지거나 무력에 의해 차지할 수 있다. 그러나 천자는 천명, 즉 만민의 마음을 얻은 어진 이가 아니면 얻을 수 없다. 어진 이는 남을 나처럼 사랑하는 마음으로 사는 사람이니, 그런 사람은 천하를 포용할 수 있을 만큼 그릇이 넉넉하기 때문이다.

제14장 백성이 귀중하다(民爲貴章 第十四)

(14-1) 孟子曰 民爲貴하고 社稷次之하고 君爲輕이니라

(맹자왈 민위귀, 사직차지, 군위경)

(국역) 맹자가 말씀하였다. "백성이 가장 귀중하고, 사직이 그

---

25) 言不仁之人, 騁其私智, 可以盜千乘之國, 而不可以得丘民之心. (불인한 사람은 그가 사사로이 지혜자를 초빙하여, 천승의 나라를 도적질할 수는 있으나, 농민의 마음을 얻을 수는 없음을 말한 것이다.) 鄒氏曰 : 自秦以來, 不仁而得天下者有矣, 然, 皆一再傳而失之, 猶不得也. 所謂得天下者, 必如三代而後, 可.(추씨가 말하였다. 진나라로부터 이래로, 불인하고서 천하를 얻은 자가 있다. 그러나 모두 한두 대를 전하고 그것을 잃었으니, 얻지 못한 것과 같다. 소위 천하를 얻는다는 것은, 반드시 3대 시대와 같은 뒤에야, 가능한 것이다.)

다음이고, 임금은 가벼운 것이니라."26)

(14-2) **是故**로 **得乎丘民**이 **而爲天子**요 **得乎天子爲諸侯**
　　　요 **得乎諸侯爲大夫**니라

　　(시고, 득호구민, 이위천자, 득호천자위제후, 득호제후위대부)

(국역) "그러므로 백성으로부터 신임을 얻어야 천자가 되고,
천자로부터 신임을 얻어야 제후가 되고, 제후로부터 신임
을 얻어야 대부가 되느니라."27)

(자의) ㅇ是故-그러므로, 이런 까닭으로. ㅇ丘民-시골사람, 농민.
ㅇ乎-~에, ~로부터.

(14-3) **諸侯危社稷**이면 **則變置**하나니라

　　(제후위사직, 즉변치)

(국역) "제후가 사직을 위태롭게 하면 다른 사람으로 바꾸어

---

26) 社, 土神.(사는 토지신이요,) 稷, 穀神.(직은 곡식신이다.) 建國則
立壇壝以祀之. 蓋國以民爲本, 社稷亦爲民而立, 而君之尊, 又係
於二者之存亡, 故其輕重如此(건국하면 제단을 세우고 주위에
담을 만들고, 그리고 거기서 제사한다. 대개 나라는 백성으로써
근본을 삼고, 사직 역시 백성을 위하여 세우며, 군주의 존귀함은,
또 이 둘의 존망에 달려 있다. 그러므로 그 경중이 이와 같은
것이다.)

27) 丘民, 田野之民, 至微賤也. 然, 得其心, 則天下歸之.(구민은 들판
의 백성이니, 지극히 미천하다. 그러나 그 마음을 얻으면 천하는
그에게 돌아온다.) 天子, 至尊貴也, 而得其心者, 不過爲諸侯耳,
是民爲重也.(천자는 지극히 존귀하나, 그 마음을 얻은 자는, 제후
가 됨에 불과할 뿐이다. 이는 백성이 귀중함이 되는 것이다.)

세우느니라."28)

(자의) ○置-둘 치. 설치하다.

(14-4) 犧牲旣成하며 粢盛旣潔하여 祭祀以時로되 然而旱
乾水溢이면 則變置社稷하나니라

(희생기성, 자성기결, 제사이시, 연이한건수일, 즉변치사직)

(국역) "희생이 이미 살찌고, 풍성한 제물이 이미 정결하게 마
련되어, 제사를 때에 따라 지냈으되 그러나 가뭄이 들고
물이 넘치면, 사직을 바꾸어 설치하느니라."29)

(자의) ○犧-희생 희. ○牲-짐승 생. ○粢-기장 자. ○粢盛-그릇
에 가득 담다. ○潔-깨끗할 결. ○以-~에 따라. ○旱乾-가뭄.
○溢-넘칠 일.

(해설) 맹자의 민본주의 사상이 잘 나타나 있다. 나라는 백성
의 안전한 삶을 위하여 만든 기구이니, 그것의 관리자가
임무를 저버리면 바꾸는 것이 옳다. 나라 안에서 백성만이

---

28) 諸侯無道, 將使社稷爲人所滅, 則當更立賢君, 是, 君輕於社稷
也.(제후가 무도하여, 장차 사직이 남에게 멸망당하게 되면, 당연
히 현군으로 바꾸어 세워야 하니, 이것이 군주가 사직보다 가벼
운 것이다.)

29) 祭祀不失禮, 而土穀之神, 不能爲民禦災捍患, 則毁其壇墻而更置
之.(제사가 예를 잃지 않았는데도, 토지신과 곡식신이, 백성을
위하여 재앙을 막아주고, 환난을 막아줄 수 없으면, 그 제단과
담장을 허물고, 그것을 다시 설치한다.) 亦年不順成八蜡不通之
意.(역시 연사(年事)가 순성하지 못하면 8사(蜡)가 통하지 못한
다는 뜻이다.) 是, 社稷, 雖重於君, 而輕於民也.(이것은 사직이
비록 임금보다 중하나, 백성보다 가볍다는 것이다.)

가장 귀한 존재이고 주인이 잘못하는 관리인을 바꾸는 것
은 마땅한 것이다.

제15장 성인은 백대의 스승이다
(聖人百世之師也章 第十五)

(15-1) 孟子曰 聖人은 百世之師也니 伯夷柳下惠是也라
故로 聞伯夷之風者는 頑夫廉하며 懦夫有立志하고
聞柳下惠之風者는 薄夫敦하며 鄙夫寬하나니 奮乎
百世之上이어든 百世之下에 聞者莫不興起也하니
非聖人而能若是乎아 而況於親炙之者乎아
(맹자왈 성인, 백세지사야, 백이유하혜시야. 고, 문백이지풍자,
완부렴, 나부유립지, 문유하혜지풍자, 박부돈, 비부관, 분호백세
지상, 백세지하, 문자막불흥기야, 비성인이능약시호, 이황어친자
지자호)

[국역] 맹자가 말씀하였다. "성인은 백세의 스승이니, 백이와
유하혜가 그런 사람이다. 그러므로 백이의 풍도를 들은 자
는, 고집쟁이면 성질이 누그러지며, 겁쟁이면 뜻을 세우게
된다. 유하혜의 풍도를 들은 자는, 박부이면 돈후해지고,
비천한 자이면 관대해지나니, 백세 전에 분발시켰거든 백
세 뒤에 들은 자가 흥기하지 않는 자가 없으니, 성인이 아
니면서 능히 이와 같을 수 있겠는가? 하물며 친히 가르침
을 받은 자에 있어서랴!"30)

자의 ○頑夫-고집쟁이. ○廉-헐할 렴(=廉夫). ○懦-나약할 유, 겁쟁이 나. ○懦夫-겁쟁이. ○薄夫-인정이 없는 사람. ○鄙夫- 비천한 사람. ○奮-떨칠 분. ○親炙-친히 가르침을 받다. ○炙- 구울 자.

해설 백이의 청렴결백한 인품과 기상을 전해들은 사람이면 아무리 탐욕스러운 사람이라도 청렴결백해지지 않을 수 없고, 겁 많고 나약한 사람이라도 주관을 가지지 않을 수 없다. 또 유하혜의 유풍(遺風)을 전해들은 사람이면 아무리 못되고 박정한 사람이라도 마음이 인후해지고, 옹졸하고 비루한 사람이라도 너그럽게 되는 것이다. 이러니 성인이 백대(百代)의 사표(師表)라 하는 것이며, 그가 끼치는 정신적 가치의 파급효과는 간단히 계산할 수 없는 것이다.

제16장 종합하여 말하면 도다
(合而言之道也章 第十六)

(16-1) **孟子曰 仁也者**는 **人也**니 **合而言之**하면 **道也**니라
　　　　(맹자왈 인야자, 인야, 합이언지, 도야)

국역 맹자가 말씀하였다. "인이란 것은 사람이란 뜻이니, 종합하여 그것을 말하면 사람이 가야 할 도이니라."31)

---

30) 興起, 感動奮發也.(흥기는 감동하고 분발함이다.) 親炙, 親近而 熏炙之也.(친자는 친근히 하여 연기를 쐬어 굽는 것이다.) 餘見 前篇.(나머지는 전편에 보인다.)

31) 仁者, 人之所以爲人之理也.(인은 사람이, 사람 되는 까닭의 이치

해설 성선(性善)의 입장에서 볼 때 인간의 성품이 인(仁)이
요, 인은 만물을 낳아 길러내는 마음씨, 즉 남을 나처럼
사랑하는 마음이니, 결국 인은 사람의 마음이며, 인을 구
현하는 행동원리가 의(義)이며, 인을 의롭게 행하는 것이
도(道)라는 것이다.

제17장 공자가 노나라를 떠나다
(孔子之去魯章 第十七)

(17-1) 孟子曰 孔子之去魯에 曰 遲遲라 吾行也여하시니
去父母國之道也요 去齊에 接淅而行하시니 去他國
之道也니라

> (맹자왈 공자지거노, 왈 지지. 오행야, 거부모국지도야. 거제, 접
> 석이행, 거타국지도야)

───────────────

이다.) 然, 仁, 理也, 人, 物也. 以仁之理, 合於人之身而言之, 乃
所謂道者也.(그러나 인은 이치요, 사람은 물체이니, 인의 이치로
써 사람의 몸에 합하여 그것을 말하면, 바로 소위 도라는 것이
다.) 程子曰 : 中庸所謂率性之謂道, 是也.(정자가 말하였다. '중
용'에 소위, '본성을 따름을 도라 이른다.' 한 것이 이것이다.) 或
曰 : 外國本, 人也之下, 有義也者宜也, 禮也者履也, 智也者知也,
信也者實也, 凡二十字.(혹자가 말하였다. 외국본에는, 인야(人也)
아래에 '의야자의야, 예야자이야, 지야자지야, 신야자실야'의 20자
가 있다.) 今按如此, 則理極分明, 然, 未詳其是否也.(그런데 지
금 상고컨대, 이와 같다면 이치가 지극히 분명해진다. 그러나 아
직 그 옳고, 옳지 않음이 상세하지 않다.)

(국역) 맹자가 말씀하였다. "공자가 노나라를 떠나갈 적에 '더디다, 더디다. 내 행차여!'라고 하였으니, 부모의 나라를 떠나가는 도리인 것이요, 제나라를 떠나갈 적에는 씻은 쌀을 받아 가셨으니, 타국을 떠나가는 도리이니라."32)

(자의) ㅇ遲-늦을 지. ㅇ接-받을 접. ㅇ淅-쌀일 석.

(해설) 공자가 노나라를 떠나갈 적에는 걸음을 지연시켰으며, 제나라를 떠날 적에는 밥 지을 틈도 없이 씻어놓은 쌀을 건져 급히 떠났다. 노나라는 모국이요, 제나라는 타국이었기 때문이다. 이 장의 내용은 만장장구 하(1-4)와 같다.

제18장 군자가 진채에서 곤액을 당하다
(君子之戹於陳蔡章 第十八)

(18-1) **孟子曰 君子之戹於陳蔡之間**은 **無上下之交也**니라
(맹자왈 군자지액어진채지간, 무상하지교야)

(국역) 맹자가 말씀하였다. "군자가 진나라와 채나라의 사이에서 곤액을 당한 것은 상하간에 교제가 없었던 때문이니라."33)

(자의) ㅇ戹-곤궁할 액(=厄). ㅇ蔡-채나라 채.

---

32) 重出.(거듭 나왔다.)

33) 君子, 孔子也.(군자는 공자이다.) 戹, 與厄同.(액은 액(厄)과 더불어 같다.) 君臣皆惡, 無所與交也.(군신이 모두 악하여 더불어 사귈 바가 없어서였다.)

해설 이 장의 설명은 '논어' 위령공(15-1)에 있다. 공자가 곤란을 당했던 까닭을 맹자는, 당시 두 나라에는 공자 같은 성현과 교제할 만한 어진 이가 없고, 또 어진 이를 등용하기 위한 군신간의 교제도 없었기 때문이라는 것이다. 그러나 군자는 소인들의 무지한 행위에 의연할 뿐이다.

제19장 학계는 다른 사람의 비방으로 크게 불리하다
(稽大不理於口章 第十九)

(19-1) **貉稽曰 稽大不理於口**호이다
　　　　(학계왈 계대불리어구)

국역 학계가 말하였다. "제가 크게 남의 입에서 잘 관리되지 못하고 있습니다."34)

자의 ㅇ貉-오소리 학, 오랑캐 맥. ㅇ稽-조아릴 계. ㅇ理-다스리다.

(19-2) **孟子曰 無傷也**라 **士憎玆多口**하니라
　　　　(맹자왈 무상야. 사증자다구)

국역 맹자가 말씀하였다. "상심할 것 없다. 선비는 더욱더 많은 입에서 미움을 받느니라."35)

---

34) 趙氏曰 : 貉, 姓, 稽, 名, 爲衆口所訕.(조씨가 말하였다. 학은 성이요, 계는 이름이니, 여러 사람들의 입에 비방을 받았다.) 理, 賴也. 今按漢書, 無俚, 方言, 亦訓賴.(이(理)는 의뢰함이다. 그런데 지금 한서를 상고컨대, 무리는 '방언'에 또한 뇌(賴)라고 훈하였다.)

(자의) ○傷-상할 상. ○憎-미워할 증. ○玆-이 자. 더욱더. ○多口-여러 사람의 입.

(19-3) 詩云 憂心悄悄어늘 慍于群小라하니 孔子也시고 肆不殄厥慍하시나 亦不隕厥問이라하니 文王也시니라

(시운 우심초초, 온우군소, 공자야, 사부진궐온, 역불운궐문, 문왕야)

(국역) " '시경'에 이르기를, 걱정하여 마음에 근심이 가득 찾거늘, 여러 소인의 미움에 성난 때문이라 하니, 이는 공자이시고, 마침내 그 성나는 원인을 끊지는 못했으나, 역시 그 명성을 떨구지도 못했다고 하였으니, 이는 문왕이시다."36)

---

35) 趙氏曰 : 爲士者, 益多爲衆口所訕.(조씨가 말하였다. 선비가 되는 자는, 더욱 많이 여러 사람들의 입에 비방을 받는다.) 按此則憎當從土, 今本, 皆從心, 蓋傳寫之誤.(이것을 상고컨대, 증자(憎字)는 당연히 흙 토(土)변을 따라야 할 것인데, 지금의 책에는 모두 심(心)변을 따랐으니, 아마 전사의 오류일 것이다.)

36) 詩, 邶風柏舟及大雅緜之篇也.(시는 '시경' '패풍'편 '백주'장과 '대아'편 '면'장이다.) 悄悄, 憂貌(초초는 걱정하는 모습이다.) 慍, 怒也. 本言衛之仁人, 見怒於群小. 孟子以爲孔子之事, 可以當之.(온은 노함이다. 이는 본래 위나라의 어진 사람이 여러 소인들에게 노여움을 받은 것을 말한 것인데, 맹자가 공자의 일이, 여기에 해당될 수 있다고 여겼던 것이다.) 肆, 發語辭.(사는 발어사이다.) 隕, 墜也.(운은 실추함이다.) 問, 聲問也. 本言太王, 事昆夷, 雖不能殄絶其慍怒, 亦不自墜其聲問之美. 孟子以爲文王之事, 可以當之(문은 명예이다. 본래 태왕이 곤이를 섬길 적에, 비록 능히 그들의 성냄을 다 없애지는 못하였으나, 역시 스스로

자의 ○憂—근심 우. 걱정하다. ○悄—고요할 초. 근심하다. ○慍—성
낼 온. ○肆—마침내 사. ○殄—끊을 진. ○隕—떨어질 운. ○問—
명성.

해설 한미한 사람이 열심히 공부하여 어느 정도 명성을 얻
게 되면 기득권자로부터 비방을 받는 수가 많다. 공자와
문왕도 그러하였다. 그러므로 양심에 비추어 떳떳하다면
원칙에 따라 단호하게 업무를 처리하는 것이 오히려 바람
직할지 모른다.

제20장 현명한 사람은 그 밝음을 사용한다
(賢者以其昭昭章 第二十)

(20-1) 孟子曰 賢者는 以其昭昭로 使人昭昭어늘 今엔 以
其昏昏으로 使人昭昭로다
(맹자왈 현자, 이기소소, 사인소소, 금, 이기혼혼, 사인소소)

국역 맹자가 말씀하였다. "현자는 그 밝음으로써 사람들로
하여금 밝게 하거늘, 그런데 지금에는 그 어둠으로써 사람
들로 하여금 밝게 하는구나."37)

그 명예의 아름다움을 실추하지 않았음을 말한 것인데, 맹자가
문왕의 일이 여기에 해당될 수 있다고 여겼던 것이다.) 尹氏
曰 : 言人顧自處如何, 盡其在我者而已.(윤씨가 말하였다. 사람은
자처하기를 어떻게 하는지 돌아보아야 하는 것이니, 그것은 나에
게 있는 것을 다할 뿐임을 말한 것이다.)

37) 昭昭, 明也.(소소는 밝음이요.) 昏昏, 闇也.(혼혼은 어둠이다.) 尹

(자의) o昭-밝을 소. o昏-어두울 혼.

(해설) 옛날에는 지혜로운 자들이 높은 자리에서 백성들을 이 끌었으나, 그런데 지금은 지혜롭지 못하고 부덕하면서 백 성들에게 밝은 덕을 닦도록 요구하니, 한심하다는 말이다. 소덕이 대덕을 다스리는 세상도 한때이니 분수를 지켜 때 를 기다려야 할 것이다.

제21장 산비탈의 작은 길 사이
(山徑之蹊間章 第二十一)

(21-1) 孟子謂高子曰 山徑之蹊間이 介然用之而成路하고 爲間不用이면 則茅塞之矣나니 今에 茅塞子之心矣 로다

(맹자위고자왈 산경지혜간, 개연용지이성로, 위간불용, 즉모색지 의, 금, 모색자지심의)

(국역) 맹자가 고자에게 이르셨다. "산 속 오솔길의 좁은 길목 은, 그것을 사용하는 잠깐 동안에 길을 이루나, 잠시만이 라도 사용하지 않게 되면 띠풀이 그곳을 막아버리나니, 그 런데 지금엔, 띠풀이 그대의 마음을 막고 있구나."38)

氏曰: 大學之道, 在自昭明德, 而施於天下國家, 其有不順者寡 矣.(윤씨가 말하였다. 대학의 도는 스스로 명덕을 밝히고, 천하와 국가에 베푸는 데 있는 것이니, 그것에 순종하지 않는 자가 적 을 것이다.)

38) 徑, 小路也.(경은 작은 길이다.) 蹊, 人行處也.(혜는 사람이 다니

자의 ㅇ徑-길 경. ㅇ蹊-좁은길 혜. 밟다. ㅇ介然-잠깐 동안. ㅇ爲
間-잠시만에. ㅇ茅-띠 모. ㅇ塞-막을 색.

해설 산 속의 오솔길은 사람들이 밟고 다니면 길이 되나, 잠
깐 동안이라도 다니지 않으면 금방 띠풀이 우거져 없어진
다. 마찬가지로 사람의 마음도 수신을 게을리하면 곧 욕심
에 막혀버리니, 끊임없이 수신으로써 관리해야 한다.

제22장 우왕 때의 음악(禹之聲章 第二十二)

(22-1) 高子曰 禹之聲이 尙文王之聲이로소이다

　　　(고자왈 우지성, 상문왕지성)

국역 고자가 말하였다. "우임금의 음악이 문왕의 음악보다
낫습니다."39)

자의 ㅇ聲-소리 성. 음악. ㅇ尙-숭상할 상.

(22-2) 孟子曰 何以言之오 曰 以追蠡니이다

　　　(맹자왈 하이언지. 왈 이추려)

는 곳이다.) 介然, 俄然之頃也.(개연은 삽시간의 시간이다.) 用,
由也.(용은 지나감이다.) 路, 大路也.(노는 큰길이다.) 爲間, 少頃
也.(위간은 적은 시간이다.) 茅塞, 茅草生而塞之也. 言理義之心,
不可少有間斷也.(모색은 띠풀이 자라서 길을 막는 것이다. 의리
의 마음은 조금이라도 간단함이 있어서는 안 됨을 말한 것이다.)
39) 尙, 加尙也.(상은 더 나음이다.) 豐氏曰 : 言禹之樂, 過於文王之
樂.(풍씨가 말하였다. 우왕의 음악은 문왕의 음악보다 초과함을
말한 것이다.)

(국역) 맹자가 말씀하였다. "어째서 그렇게 말하는가?" "종을 매단 끈이 좀먹은 것처럼 닳았기 때문입니다."40)

(자의) ㅇ何以-왜, 어째서. ㅇ追-종 거는 끈 추. ㅇ蠡-나무좀 려. ㅇ追蠡-종을 매단 끈을 좀벌레가 먹은 것.

(22-3) 曰 是奚足哉리오 城門之軌가 兩馬之力與아

(왈 시해족재. 성문지궤, 양마지력여)

(국역) "그것이 어찌 충분한 이유인가? 성문 아래의 수레바퀴 자국이 깊이 파인 것이 두 마리 말의 힘 때문인가?"41)

---

40) 豐氏曰 : 追, 鐘紐也. 周禮所謂旋蟲, 是也.(풍씨가 말하였다. 추는 종의 끈이니, '주례'에 소위 '선충'이 이것이다.) 蠡者, 齧木蟲也. 言禹時鐘在者, 鐘紐如蟲齧而欲絶.(여는 나무를 좀먹는 벌레이다. 우왕 당시의 종으로 현재 남아 있는 것은, 종의 끈은 마치 벌레가 파먹은 것과 같아서 끊어지려고 한다.) 蓋用之者多, 而文王之鐘, 不然, 是以, 知禹之樂, 過於文王之樂也.(아마 그것을 사용한 자가 많은 것이요, 문왕의 종은 그렇지 않으니, 이 때문에 우왕의 음악이 문왕의 음악보다 초과함을 안다고 말한 것이다.)

41) 豐氏曰 : 奚足, 言此何足以知之也.(풍씨가 말하였다. 해족은 이것을 가지고 어떻게 그것을 충분히 알 수 있겠느냐고 말한 것이다.) 軌, 車轍迹也.(궤는 수레바퀴 자국이다.) 兩馬, 一車所駕也.(두 말은 한 수레에 멍에를 매는 것이다.) 城中之涂容九軌, 車可散行, 故, 其轍迹淺.(성중의 길은, 아홉 대의 수레를 수용하니, 수레가 흩어져 다닐 수 있다. 그러므로 수레바퀴 자국이 얕다.) 城門, 惟容一車, 車皆由之, 故, 其轍迹深.(성문은 오직 한 대의 수레를 용납하니, 수레가 모두 한 길을 따른다. 그러므로 그 바퀴의 자국이 깊다.) 蓋日久車多所致, 非一車兩馬之力, 能使之然也.(대개 날짜가 오래되고 수레가 많아 이루어진 것이니, 한 수

자의 ㅇ奚-어찌 해. ㅇ軌-굴대 궤. ㅇ與-의문사.

해설 우왕 때의 종은 문왕보다 1천여 년이나 먼저 만들어진 것이다. 그 종의 끈이 좀먹은 것처럼 닳은 것은 종소리가 좋아 사람들이 많이 사용해서가 아니고 오래되어 낡아서 그럴 수도 있다. 성문 밑의 수레바퀴 자국이 깊게 패인 것은 오랫동안 많은 수레가 다녀서 그렇게 된 것이지 수레 한 대의 힘만으로 패이게 된 것이 아니듯이, 사물의 한쪽 면만을 가지고 전체를 판단하는 것은 옳지 않다.

제23장 이것이 풍부다(是爲馮婦章 第二十三)

(23-1) 齊饑어늘 陳臻曰 國人이 皆以夫子로 將復爲發棠
이라하니 殆不可復로소이다
(제기, 진진왈 국인, 개이부자, 장부위발당, 태불가부)

국역 제나라가 흉년이 들었거늘, 진진이 말하였다. "나라 사

레의 두 마리 말의 힘이, 능히 그렇게 시킨 것은 아니다.) 言禹
在文王前千餘年, 故, 鐘久而紐絶, 文王之鐘, 則未久而紐全, 不
可以此而議優劣也.(우왕은 문왕보다 천여 년 전에 있었다. 그러
므로 종이 오래되어 끈이 끊어지는 것이고, 문왕의 종은 오래되
지 않아 끈이 온전하니, 이것으로서 우열을 논의하여서는 안 됨
을 말한 것이다.) 此章文義, 本不可曉.(이 장의 글뜻이, 본래 이
해할 수 없다.) 舊說, 相承如此, 而豐氏差明白, 故, 今存之, 亦
未知其是否也.(구설이 서로 이어오기를 이와 같았는데, 풍씨의
말이 다소 명백하다. 그러므로 지금 여기에 두었으나, 역시 아직
은 그 옳고 옳지 않음을 알지 못한다.)

람들이 모두 선생님께서 장차 다시 당읍의 창고를 열게
해주실 것으로 생각하는데, 거의 다시 할 수 없겠지요?"42)

자의 ○饑-굶주릴 기. ○臻-이를 진. ○以-생각하다. ○復-다시
부. ○發-열 발. ○棠-아가위 당. 제나라의 읍이름. ○殆-위태할
태. 거의, 대개, 대체로.

(23-2) **孟子曰 是爲馮婦也**로다 **晉人有馮婦者善搏虎**라가
卒爲善士러니 **則之野**할새 **有衆逐虎**한대 **虎負嵎**어늘
莫之敢攖하여 **望見馮婦**하고 **趨而迎之**한대 **馮婦攘**
臂下車하니 **衆皆悦之**하고 **其爲士者**는 **笑之**하니라
(맹자왈 시위풍부야. 진인유풍부자선박호, 졸위선사, 즉지야, 유
중축호, 호부우, 막지감영, 망견풍부, 추이영지, 풍부양비하거,
중개열지, 기위사자, 소지)

국역 맹자가 말씀하였다. "이렇게 하면 풍부가 될 것이다.
진나라 사람에 풍부라는 자가 있었는데, 범을 잘 때려잡
다가 마침내 좋은 선비가 되었더니, 들판을 지나는데 여
럿이 범을 쫓다가 범이 산모퉁이를 등지고 있자, 감히 달
려들지 못하였다. 풍부를 멀리서 보고 달려가 그를 맞이

---

42) 先時, 齊國嘗饑, 孟子勸王發棠邑之倉, 以振貧窮.(이보다 먼저
제나라에 일찍이 기근이 들었는데, 맹자가 왕에게 권하여 당읍의
창고를 열어서, 빈궁한 자들을 구휼하였다.) 至此又饑, 陳臻, 問
言齊人, 望孟子復勸王發棠, 而又自言恐其不可也.(이때에 이르러
또 기근이 들어, 진진이 묻기를, 제나라 사람들이 맹자가 다시
왕에게 권하여 당읍의 창고를 열기를 바란다고 하고, 또 스스로
그것이 불가할까 두렵다고 말한 것이다.)

하였다. 풍부가 팔뚝을 걷어붙이고 수레에서 내리니 여럿
이 모두 그를 좋아하였고, 그때 선비된 자들은 그를 조소
하였다."43)

(자의)　ㅇ馮－성 풍. ㅇ搏－잡을 박. ㅇ卒－결국, 마침내. ㅇ逐－쫓을
축. ㅇ負－질 부. ㅇ嵎－산모퉁이 우. ㅇ攖－달려들 영. ㅇ趨－재촉
할 추. 빨리 가다. ㅇ攘－걷어붙일 양. ㅇ臂－팔뚝 비.

(해설)　제나라 사람 중에 풍부(馮婦)라는 사람은 맨손으로 범
을 때려잡기로 소문이 널리 났다. 그런 그가 선비가 된 뒤
에도 버릇을 고치지 못하고 경솔하게 처신을 하곤 했다.
제나라에 흉년이 들었을 적에 맹자가 왕에게 권하여 당읍
의 장고를 열어 백성을 구제한 일이 있었는데, 제나라에
흉년이 들자, 백성들이 맹자에게 또 기대를 했던 것이다.
그래서 맹자는 이 풍부의 일을 들어 제나라의 일에 맹자
가 자꾸 관여하면 그가 정치에 관여하는 참뜻이 희석되어
버린다, 마치 풍부처럼 절제하지 못하는 선비가 된다는 뜻
이다.

---

43) 手執曰搏.(손으로 잡는 것을, 박이라 이른다.) 卒爲善士, 後能改
行爲善也.(마침내 선사가 되었다는 것은, 뒤에 능히 행실을 고쳐
선한 사람이 된 것이다.) 之, 適也.(지는 가는 것이다.) 負, 依
也.(부는 의지함이다.) 山曲曰嵎.(산굽이를 우라 한다.) 攖, 觸
也.(영은 접촉함이다.) 笑之, 笑其不知止也.(소지는 그가 그칠 줄
을 알지 못함을 비웃는 것이다.) 疑此時, 齊王, 已不能用孟子,
而孟子亦將去矣, 故, 其言如此(의심컨대, 이 당시에, 제왕이 이
미 능히 맹자를 등용할 수 없었고, 맹자 역시 장차 떠나가려 한
듯하다. 그러므로 그 말이 이와 같았던 것이다.)

제24장　운명과 본성(有命有性章 第二十四)

(24-1) 孟子曰 口之於味也와 目之於色也와 耳之於聲也
와 鼻之於臭也와 四肢之於安佚也에 性也나 有命
焉이라 君子不謂性也니라

（맹자왈 구지어미야, 목지어색야, 이지어성야, 비지어취야, 사지
지어안일야, 성야, 유명언, 군자불위성야）

국역 맹자가 말씀하였다. "입이 맛에서, 눈이 빛에서, 귀가
소리에서, 코가 냄새에서, 사지가 안일에서, 좋아하는 것
은 본성이나 거기에는 마음대로 아니 되는 천명이 개재되
어 있는지라, 군자는 그런 것을 본성이라 말하지 않느니
라."[44]

자의 ㅇ於--~에서. ㅇ鼻-코 비. ㅇ臭-냄새 취. ㅇ肢-팔다리 지.
ㅇ佚-편안 일. ㅇ性-본성. ㅇ命-인간의 마음대로 안되는 천명.

---

44) 程子曰 : 五者之欲, 性也.(정자가 말하였다. 다섯 가지의 하고자
함은 본성이다.) 然, 有分, 不能皆如其願, 則是命也. 不可謂我性
之所有, 而求必得之也.(그러나 분수가 있어서 능히 모두 그 소
원과 같이 할 수가 없다면, 이것은 천명인 것이다. 소위 나의 본
성이 소유한 바라고 하여, 구하여 반드시 그것을 얻으려고 해서
는 안 된다.) 愚按 : 不能皆如其願, 不止爲貧賤. 蓋雖富貴之極,
亦有品節限制, 則是亦有命也.(내가 생각건대, 능히 모두 그 원
하는 바와 같이 할 수 없음은, 계속해 빈천하거나, 아마 비록 부
귀가 최고라도, 역시 품행과 절조와 제한이 있으니, 곧 이것 역
시 천명에 달려 있는 것이다.)

ㅇ焉-(=於此).

(24-2) 仁之於父子也와 義之於君臣也와 禮之於賓主也
와 智之於賢者也와 聖人之於天道也에 命也나 有
性焉이라 君子不謂命也니라

(인지어부자야, 의지어군신야, 예지어빈주야, 지지어현자야, 성인
지어천도야, 명야, 유성언, 군자불위명야)

국역 "인이 부자관계에서, 의가 군신관계에서, 예가 빈주관
계에서, 지가 현자에서, 성인이 천도에서 발현되는 것은
천명이기는 하나, 거기에는 인간의 본성이 개재되어 있는
지라, 군자는 이런 것을 천명이라 말하지 않느니라."45)

---

45) 程子曰 : 仁義禮智天道在人, 則賦於命者, 所稟, 有厚薄淸濁.(정
자가 말하였다. 인·의·예·지와 천도가 사람에게 있어서는, 곧
천명에서 받은 것이나, 받은 바는 후박과 청탁이 있다.) 然而性
善, 可學而盡, 故, 不謂之命也.(그러나 본성이 선하여 배워서 다
할 수 있다. 그러므로 천명이라고 이르지 않는다.) 張子曰 : 晏
嬰, 智矣, 而不知仲尼, 是非命邪.(장자가 말하였다. 안영은 지혜
로웠으나, 중니를 알지 못하였으니, 이것은 천명이 아니겠는가?)
愚按 : 所稟者厚而淸, 則其仁之於父子也, 至, 義之於君臣也, 盡,
禮之於賓主也, 恭, 智之於賢否也, 哲, 聖人之於天道也, 無不脗
合而純亦不已焉, 薄而濁, 則反是, 是皆所謂命也.(내가 생각건대,
받는 것이 후하고 청하면, 그 인이 부자간에 있어서 지극하고,
의가 군신간에 있어서 극진하고, 예가 빈주간에 있어서 공손하
고, 지혜가 현부에 있어서 밝고, 성인이 천도에 있어서 부합되지
않음이 없어, 순수함이 역시 그치지 않는 것이요, 박하고 탁하면,
이와 반대이니, 이것은 모두 소위 천명이라는 것이다.) 或曰 : 者,
當作否, 人, 衍字, 更詳之(혹자가 말하였다. '자'는 당연히 '부'가

해설　사람의 이·목·구·비·몸이 좋아하는 것은 성품에
연원하는 본질적인 것이지만, 소리·빛·맛·냄새·안락
등은 외부에 존재하는 유한한 것이니, 억지로 추구해서는
아니 된다. 또 부자·군신·빈주·현자·천도 등은 외부에
존재하는 객관적 조건들이고 성품에 연원하지 않는다는
한계가 있지만, 인·의·예·지·성 등은 본래부터 성품에
있는 것이니, 부단히 추구해야 할 본질적인 것이다.

제25장　악정자는 어떤 사람인가?
(樂正子何人也章 第二十五)

(25-1) 浩生不害問曰 樂正子는 何人也잇고 孟子曰 善人

되어야 하고, '인'은 '연자'이다. 하니, 다시 살펴보아야 할 것이
다.) 愚聞之師曰 : 此二條者, 皆性之所有而命於天者也.(내가 스
승께 들으니, 말하기를, 이 두 조항은, 모두 본성이 소유한 것으
로써 하늘에서 명을 받은 것이다.) 然, 世之人, 以前五者, 爲性,
雖有不得, 而必欲求之, 以後五者, 爲命, 一有不至, 則不復致力,
(그러나 세상 사람들은, 앞의 다섯을 본성이라고 여겨서, 비록
얻지 못함이 있어도, 반드시 그것을 구하고자 하고, 이후 다섯을
명이라고 여겨서, 한 번이라도 이르지 못함이 있으면, 다시 힘을
다하지 않는다.) 故, 孟子各就其重處言之, 以伸此而抑彼也.(그러
므로 맹자는 각기 그 중요한 곳으로 그것을 말하여, 이것을 펴
고 저것을 억제하려고 생각한 것이다.) 張子所謂, 養則付命於天,
道則責成於己, 其言, 約而盡矣.(장자의 소위, 봉양은, 곧 하늘에
명을 맡기고, 도는, 곧 자기에게 성공을 책임지운다는 것이니,
그 말이 요약되고 다한 것이다.)

也며 信人也니라

(호생불해문왈 악정자, 하인야. 맹자왈 선인야, 신인야)

국역 호생불해가 물었다. "악정자는 어떤 사람입니까?" 맹
자가 말씀하였다. "선한 사람이며 신용이 있는 사람이니
라."46)

(25-2) 何謂善이며 何謂信이닛고

(하위선, 하위신)

국역 "어떤 것을 선한 사람이라고 하며, 어떤 것을 신용이
있는 사람이라고 합니까?"47)

(25-3) 曰 可欲之謂善이요

(왈 가욕지위선)

국역 "본성이 하고자 하는 것을 선하다고 하는 것이요,"48)

(25-4) 有諸己之謂信이요

(유저기지위신)

국역 "선한 덕성을 자기 몸에 지니고 있는 것을 신용이 있

---

46) 趙氏曰∶浩生, 姓, 不害, 名, 齊人也.(조씨가 말하였다. 호생은
　성이요, 불해는 이름이니, 제나라 사람이다.)

47) 不害問也.(불해가 물은 것이다.)

48) 天下之理, 其善者, 必可欲, 其惡者, 必可惡. 其爲人也可欲而不
　可惡, 則可謂善人矣.(천하의 이치가, 그 선이란 것은 반드시 하
　고 싶어할 만한 것이요, 그 악이란 것은 반드시 싫어할 만한 것
　이다. 그 사람됨이 하고 싶어할 만한 것을 하고, 싫어할 만한 것
　을 하지 않는다면, 선인이라 이를 수 있다.)

다고 하는 것이요,"49)

(25-5) **充實之謂美**요

(충실지위미)

국역 "선이 마음속에 가득 채워져 있는 것을 아름답다고 하는 것이요,"50)

(25-6) **充實而有光輝之謂大**요

(충실이유광휘지위대)

국역 "선한 것이 마음속에 가득 채워져 있으면서 그 빛이 밖으로 나타나는 것을 위대하다고 하는 것이요,"51)

자의 ㅇ輝-빛날 휘.

(25-7) **大而化之之謂聖**이요

---

49) 凡所謂善, 皆實有之, 如惡惡臭, 如好好色, 是則可謂信人矣.(무릇 이른바 선을, 모두가 그것을 실제로 소유하여, 마치 악취를 미워하고, 호색을 좋아하듯이 한다면, 이것은 곧 신인(信人)이라 이를 만하다.) 張子曰 : 志仁無惡之謂善, 誠善於身之謂信.(장자가 말하였다. 인을 지향하고 악함이 없음을 선인이라 이르고, 진실로 자신에서 선함을 이른바 신인(信人)이라 한다.)

50) 力行其善, 至於充滿而積實, 則美在其中而無待於外矣.(그 선을 힘써 행하여, 충만하여 오래 쌓여 꽉 참에 이르면, 아름다움이 그 속에 있어서, 밖에서 기다릴 것이 없는 것이다.)

51) 和順積中, 而英華發外, 美在其中, 而暢於四支, 發於事業, 則德業至盛而不可加矣.(양순함이 마음속에 쌓여 진수가 밖에 드러나며, 아름다움이 그 가운데에 있어, 사지에 드러나서, 사업에 발현되면, 덕업이 지극히 성대하여 더할 수 없을 것이다.)

(대이화지지위성)

[국역] "위대하면서 사람들을 감화시키는 것을 성스럽다고 하
는 것이요,"52)

(25-8) **聖而不可知之之謂神**이니

(성이불가지지지위신)

[국역] "성스러워서 사람들이 알아볼 수 없는 것을 신령스럽
다고 하는 것이니,"53)

(25-9) **樂正子**는 **二之中**이요 **四之下也**니라

(악정자, 이지중, 사지하야)

[국역] "악정자는 선·신 2난계 중에 있고, 나머지 4단계에는
미치지 못하고 그 아래에 있느니라."54)

---

52) 大而能化, 使其大者, 泯然無復可見之迹, 則不思, 不勉, 從容中
道, 而非人力之所能爲矣.(크면서 변화가 가능하여, 그 큰 것으로
하여금, 소멸한 듯이 다시는 볼 수 있는 자취가 없게 한다면, 생
각지 않고, 힘쓰지 않아도, 넉넉하게 도에 적중하니, 인력으로
할 수 있는 바가 아니다.) 張子曰 : 大可爲也, 化, 不可爲也, 在
熟之而已矣.(장자가 말하였다. 크게 함은 인위로 할 수 있거니
와, 변화는 인위로 할 수 없는 것이니, 그것을 익숙히 함에 있을
뿐이다.)

53) 程子曰 : 聖不可知, 謂聖之至妙, 人所不能測. 非聖人之上, 又有
一等神人也.(정자가 말하였다. 성스러워 알 수 없다는 것은, 소
위 성스러움이 지극히 묘하여, 사람이 능히 측정할 수 없는 것
을 이르니, 성인의 위에 또 한 등급의 신인(神人)이 있다는 것
은 아니다.)

54) 蓋在善信之間, 觀其從於子敖, 則其有諸己者或未實也.(아마 선인

(해설) 선함은 이상적 인격체가 지닌 덕성이라 할 수 있다. 이것은 사람들이 지향하는 바이자, 소망하는 바에도 부합한다. 신용이 있음은, 인격체가 덕성을 진정으로 가지고 있으며, 외면적 가식이 아님을 의미한다. 아름다움은 선·신의 요소가 통일적으로 충만된 상태를 말한다. 그리고 그 미인의 선한 마음이 불교 수행자의 사리처럼 몸밖으로 광

과 신인(信人) 간에 있었을 것이니, 그가 자오를 따른 것을 보면, 그가 자기 몸에 소유한 것이 혹시 아직 충실하지 못하였을 것이다.) 張子曰 : 顔淵, 樂正子皆知好仁矣. 樂正子, 志仁無惡而不致於學, 所以但爲善人信人而已.(장자가 말하였다. 안연과 악정자는 모두 인을 좋아할 줄 알았으되, 악정자는 인을 지향하여 싫어하지 않았으되, 배움에서 힘을 다하지 않았다. 그러니까 다만 선인과 신인이 되었을 뿐이다.) 顔子, 好學不倦, 合仁與智, 具體聖人, 獨未至聖人之止耳.(안자는 학문을 좋아하고 게을리 하지 않아서, 인과 더불어 지혜를 합하여, 성인의 체를 갖추었으니, 홀로 아직 성인에 이르러 그치지는 못하였을 뿐이다.) 程子曰 : 士之所難者, 在有諸己而已. 能有諸己, 則居之安, 資之深, 而美且大可以馴致矣, 徒知可欲之善, 而若存若亡而已, 則能不受變於俗者鮮矣.(정자가 말하였다. 선비가 하기 어려운 것은, 자기에게 선을 소유함에 있을 뿐이다. 능히 선을 자기 몸에 소유하면, 거처함이 편안하고, 이용함이 깊어서, 아름답고 위대함에 점점 이를 수 있거니와 한갓 하고자 할만한 선만을 알고, 있는 듯, 없는 듯할 뿐이라면, 능히 세속에 변화를 받지 않을 자가 드물 것이다.) 尹氏曰 : 自可欲之善, 至於聖而不可知之神, 上下一理, 擴充之至於神, 則不可得而名矣.(윤씨가 말하였다. '가욕지선'으로부터 '성이불가지지신'에 이르기까지 상하가 한가지 이치이다. 이를 확충하여 신에 이른다면, 이름을 부칠 필요가 없을 것이다.)

채를 발휘하는 단계를 대인이라 한다. 여기서 선을 실천하
며 성품에 따르고 천명에 따르는 성(聖)의 단계에 이른 자
를 성인이라 한다. 성인은 자연과 하나가 된다. 신령스럽
다는 것은 인격체의 교화작용에 주목하여 초월적이며, 사
물에 스며드는 특성을 강조한 것이다. 그런 상태는 초월적
이며 인식할 수 없이 성스러우니 신인(神人)이라 한다. 결
국 이상적인 인격은 선·신·미가 구비된 모습이며, 이런
인격에는 무형의 도덕적 힘이 풍기는 것이다.

제26장 묵가에서 도망쳐 나오면 양주학파로 돌아간다(逃墨必歸於楊章 第二十六)

(26-1) **孟子曰 逃墨**이면 **必歸於楊**이요 **逃楊**이면 **必歸於儒**
니 **歸**커든 **斯受之而已矣**니라

(맹자왈 도묵, 필귀어양, 도양, 필귀어유, 귀, 사수지이이의)

국역 맹자가 말씀하였다. "묵자에서 도망하면 반드시 양자
에게 돌아가고, 양자에서 도망하면 반드시 유가에 돌아오
니, 돌아오거든 이에 그들을 받을 뿐이니라."55)

---

55) 墨氏, 務外而不情, 楊氏, 太簡而近實.(묵씨는 외면에 힘쓰나 진
실되지 못하고, 양씨는 너무 간략하나 실제에 가깝다.) 故, 其反
正之漸, 大略如此(그러므로 그의 정도로 돌아옴의 점진적임이
대략 이와 같은 것이다.) 歸斯受之者, 憫其陷溺之久, 而取其悔
悟之新也.(돌아오면 이에 받아 준다는 것은, 그의 빠짐이 오래됨
을 민망히 여겨, 그가 뉘우쳐 깨달아서 새 사람이 됨을 취한 것

자의 ○逃-도망할 도. ○墨-먹 묵. 묵적을 따르는 무리인 묵자.
○歸-돌아올 귀. ○楊-버들 양. 양주를 따르는 무리인 양자.
○儒-선비 유. ○斯-이 사.

(26-2) 今之與楊墨辯者는 如追放豚하니 旣入其苙이어든
又從而招之로다
(금지여양묵변자, 여추방돈, 기입기립, 우종이초지)

국역 "그런데 지금 양·묵과 더불어 논변을 하는 것은 달아
난 돼지를 추격하는 것과 같으니, 이미 그 우리 안에 들어
왔거든 또 따라와서 발을 얽어매는구나."56)

자의 ○辯-말 잘할 변. ○豚-돼지 돈. ○苙-우리 립. ○又從而-
게다가 또 따라가서. ○招-얽어맬 초.

해설 사람들은 삶의 본질을 구하여 묵자에 심취하다가 그것
이 본질적인 것이 아님을 알고 배회하다가, 양주로 갔다

이다.)

56) 放豚, 放逸之豕豚也.(방돈은 뛰쳐나간 돼지이다.) 苙, 闌也.(입은
우리이다.) 招, 罥也, 羈其足也.(초는 얽어맴이니, 그 발을 얽어
매는 것이다.) 言彼旣來歸, 而又追咎其旣往之失也.(저들이 이미
와서 귀속하거늘, 또 그의 기왕의 실수를 추격하는 허물을 말한
것이다.) 此章, 見聖賢之於異端, 距之甚嚴, 而於其來歸, 待之甚
恕. 距之嚴故, 人知彼說之爲邪, 待之恕故, 人知此道之可反, 仁
之至, 義之盡也.(이 장은 성현이 이단에 있어, 거리가 매우 엄하
고, 그가 와서 귀속함에 대접을 매우 관대히 함을 볼 수 있다.
거리를 엄하게 하기 때문에, 사람들이 저 학설이 사특한 것임을
알고, 그를 대접함에 매우 관대하기 때문에 사람들이 이 도로 돌
아올 줄을 아는 것이니, 인의 지극함이요, 의의 극진함인 것이다.)

가 그것이 또한 본질적인 것이 아님을 깨닫고, 종국에는
유가로 돌아오는데 유가에서는 개과(改過)한 그들을 관대
히 포용하여야 하고 지나치게 속박해서는 아니 된다는 것
이다.

제27장 포백에 대한 징수(有布縷之征章 第二十七)

(27-1) 孟子曰 有布縷之征과 粟米之征과 力役之征하니
君子는 用其一이요 緩其二니 用其二면 而民有殍하
고 用其三이면 而父子離니라

(맹자왈 유포루지정, 속미지정, 역역지정, 군자, 용기일, 완기이.
용기이, 이민유표, 용기삼, 이부자리)

국역 맹자가 말씀하였다. "베와 실의 징수와 조와 쌀의 징수
와 부역의 징발이 있으니, 군자는 그 하나를 쓰고, 그 둘
은 때에 맞게 완화한다. 그 둘을 함께 쓰면 백성들이 굶어
죽고, 그 셋을 함께 쓰면 부·자가 이산하느니라."57)

---

57) 征賦之法, 歲有常數.(부세를 징수하는 법은 해마다 일정한 수가
있다.) 然, 布縷, 取之於夏, 粟米, 取之於秋, 力役, 取之於冬, 當
各以其時, 若幷取之, 則民力, 有所不堪矣.(그러나 베와 실은 여
름에 취하고, 곡식은 가을에 취하고, 힘으로 부역함은 겨울에 취
하여, 각기 그때로써 합당하게 하여야 하니, 만약 함께 취하면,
민력이 감당하지 못하는 바가 있을 것이다.) 今兩稅三限之法,
亦此意也.(그런데 지금 하세·추세의 양세와 하·추·동의 삼한
의 법도 역시 이러한 의미이다.) 尹氏曰 : 言民爲邦本, 取之無度,
則其國危矣.(윤씨가 말하였다. 백성이 나라의 근본이 되니, 그것

자의 ○布縷-베와 실. ○縷-실 루. ○征-세금 정. ○粟米-조와 쌀. ○力役-부역에 나가지 못한 자에게 과하던 세금. ○緩-늦출 완. ○殍-굶어죽을 표.

해설 세금은 국가의 경영에 필요한 비용을 조달하는 원천이니, 백성들로부터 조달할 수밖에 없다. 그러므로 조세의 부과 징수는 공평하여야 하고 때에 맞게 해야 한다. 백성들의 저항이 있으면 곤란하며, 백성을 잘 기르지 않고는 세원(稅源)의 확보가 어렵다. 그래서 맹자는 조세의 징수 시기가 잘못되었을 때의 부작용을 들어 주의하는 것이다.

제28장 제후의 보배는 세 가지다
(諸侯之寶三章 第二十八)

(28-1) 孟子曰 諸侯之寶三이니 土地와 人民과 政事니 寶珠玉者는 殃必及身이니라

(맹자왈 제후지보삼, 토지, 인민, 정사, 보주옥자, 앙필급신)

국역 맹자가 말씀하였다. "제후의 보배는 셋이니, 토지와 백성과 정사이다. 주옥(珠玉)을 보배로 삼는 자는 재앙이 반드시 그 몸에 미칠 것이니라."58)

자의 ○寶-보배 보. 보위. ○殃-재앙 앙.

을 무한도로 취하면 그 나라는 위태로워짐을 말한 것이다.)

58) 尹氏曰 : 言寶得其寶者安, 寶失其寶者危.(윤씨가 말하였다. 그 보배를 얻은 보위자는 편안하고, 그 보배를 잃은 보위자는 위태할 것임을 말한 것이다.)

(해설) 제후가 국가를 잘 경영하자면 국토·백성·정치를 함
께 중시해야 하고, 그의 물질적인 것에 몰두하면 재앙을
부른다는 것이다. 그런 것들은 백성들의 삶이나 국력과는
상관이 없는 것이기 때문이다.

제29장 분성괄은 죽겠구나(死矣盆成括章 第二十九)

(29-1) 盆成括이 仕於齊러니 孟子曰 死矣로다. 盆成括이여
盆成括이 見殺이어늘 門人이 問曰 夫子何以知其
將見殺이시니잇고 曰 其爲人也小有才요 未聞君子
之大道也하니 則足以殺其軀而已矣니라

(분성괄, 사어제, 맹자왈 사의. 분성괄. 분성괄, 견살, 문인, 문왈.
부자하이지기장견살. 왈 기위인야소유재, 미문군자지대도야, 즉
족이살기구이이의)

(국역) 분성괄이 제나라에서 벼슬을 하였는데, 맹자가 말씀하
였다. "죽겠구나! 분성괄이여." 분성괄이 죽임을 만났거늘,
문인이 물었다. "선생님은 어떻게 그가 장차 죽임을 만날
것을 아셨습니까?" "그 사람됨이 조금 재주가 있고 아직
군자의 대도를 듣지 못했으니, 그 몸을 죽이기에 충분했을
뿐이니라."59)

---

59) 盆成, 姓, 括, 名也.(분성은, 성이요, 괄은 이름이다.) 恃才妄作,
所以取禍.(재주를 믿고 망령되이 행동함은 재앙을 취하는 까닭
이 되니라.) 徐氏曰:君子, 道其常而已.(서씨가 말하였다. 군자
는 그 불변의 도를 말할 뿐이다.) 括有死之道焉, 設使幸而獲免,

자의 ○盆－동이 분. ○括－묶을 괄. ○足以－～하기에 족하다.
○軀－몸 구.

해설 덕이 없으면서 약간의 재주만이 있는 사람이 높은 지
위에 오르게 되면, 재주 있는 남이 그를 가만히 놔두지 않
는 것이 관직의 하나의 모습이다. 그러므로 덕을 쌓아 행
동을 신중히 하며 분수를 지키며 부지런히 자기를 닦아야
한다.

제30장 상궁에서 머물다(館於上宮章 第三十)

(30-1) **孟子之滕**하사 **館於上宮**이러시니 **有業屨於牖上**이러
니 **館人**이 **求之弗得**하다

(맹자지등, 관어상궁. 유업구어유상, 관인, 구지불득)

국역 맹자께서 등나라에 가서 상궁에 머물고 계셨다. 창문
위에 작업하던 신을 두었으니, 객사 주인이 그것을 찾았으
나 찾지 못하였다.60)

孟子之言猶信也.(분성괄은 죽을 도를 가지고 있었으니, 설사 요
행으로 면함을 얻는다 하더라도, 맹자의 말이 오히려 믿을 수
있는 것이다.)

60) 館, 舍也.(관은 머무름이다.) 上宮, 別宮名.(상궁은 별궁의 이름
이다.) 業屨, 織之有次業而未成者.(업구는 신을 짬에 다음 작업
이 있어 아직 완성치 못한 것이다.) 蓋館人所作, 置之牖上而失
之也.(아마 여관 주인이 만들던 것을 창문 위에 놓아두었다가
잃어버린 것이다.)

> **자의** ○滕－등나라 등. ○館－객사 관, 묵힐 관. ○屨－신 구. ○牖－
> 창문 유.

(30-2) 或問之 曰 若是乎 從者之廋也여 曰 子以是爲竊
屨來與아 曰 殆非也라 夫子之設科也는 往者를 不
追하며 來者를 不距하사 苟以是心至어든 斯受之而
已矣니이다

(혹문지 왈 약시호 종자지수야. 왈 자이시위절구래여. 왈 태비
야. 부자지설과야, 왕자, 불추, 내자, 불거. 구이시심지, 사수지이
이의)

> **국역** 어떤 이가 그에게 물었다. "이와 같습니까? 따라온 사
> 람들이 숨겼겠지요!" "그대는 이들이 신을 훔치기 위해 왔
> 다고 생각하는가?" "거의 아닐 것입니다. 선생님께서 개설
> 한 과목에는 가는 자는 쫓지 말며, 오는 자는 거절하지 말
> 라고 했습니다. 진실로 이런 마음을 가지고 오셨거든 이에
> 그들을 받아주실 뿐이겠지요."[61]

---

61) 或問之者, 問於孟子也.(혹자가 물었다는 것은, 맹자에게 물은 것
이다.) 廋, 匿也. 言子之從者, 乃匿人之物, 如此乎.(수는 숨김이
니, 그대의 종자가, 마침내 남의 물건을 숨기기를 이와 같이 한
다고 말한 것이다.) 孟子答之, 而或人, 自悟其失, 因言此從者固
不爲竊屨而來.(맹자가 이에 답하자, 혹자가 스스로 그 실수를
깨닫고, 잇따라 말하기를, 이 종자가 진실로 신을 훔치기 위하여
온 것이 아님을 말하였다.) 但夫子設置科條, 以待學者, 苟以向
道之心而來, 則受之耳.(다만, 선생님이 과목을 설치하여, 그리고
배울 자를 기다리니, 만일 도를 향하는 마음으로써 찾아오면, 그
를 받아줄 뿐입니다.) 雖夫子, 亦不能保其往也. 門人, 取其言有

자의 ○或-어떤 이. ○若是乎-이와 같습니까? ○廋-숨길 수. ○竊-훔칠 절. ○以-생각하다. 가지고. ○與-의문사. ○殆-거의. ○科-과목. ○距-막을 거. ○苟-진실로 구.

해설 맹자가 등나라의 객관에 머물고 있는데 사람들이 배우러 왔다. 객관 주인이 만들다가 창문 가에 놔둔 신발이 없어져서, 주인은 배우러 온 자가 훔쳤을 것이라고 추측한다. 그러면서 물건을 훔쳤다 하더라도 배우러 오는 자를 너그럽게 받아주어야 한다고 말한 것이다.

제31장 사람은 다 참지 못하는 것이 있다
(人皆有所不忍章 第三十一)

(31-1) 孟子曰 人皆有所不忍하니 達之於其所忍이면 仁也요 人皆有所不爲하니 達之於其所爲면 義也니라
(맹자왈 인개유소불인, 달지어기소인, 인야, 인개유소불위, 달지어기소위, 의야)

국역 맹자가 말씀하였다. "사람은 모두 참지 못하는 바를 가지고 있으니, 그것을 참는 데까지 도달시키면 인(仁)이요, 사람은 모두 하지 아니하는 바를 가지고 있으니, 그것을 할 수 있는 데까지 도달시키면 의(義)이니라."[62]

合於聖賢之指, 故, 記之.(비록 선생님이라도, 역시 능히 그의 과거를 보증할 수는 없습니다라고 하였다. 문인이 그 말이 성현의 취지에 부합됨이 있다고 하여 취하였으니, 그러므로 그것을 기록한 것이다.)

(31-2) 人能充無欲害人之心이면　而仁을　不可勝用也며
人能充無穿踰之心이면　而義를　不可勝用也니라

(인능충무욕해인지심, 이인, 불가승용야, 인능충무천유지심, 이
의, 불가승용야)

[국역] "사람이 능히 남을 해치지 않으려는 마음을 가득 채울
수 있다면, 인(仁)을 다 쓸 수가 없으며, 사람이 능히 담장
을 뚫거나 뛰어 넘지 않으려는 마음을 가득 채울 수 있다
면, 의(義)를 다 쓸 수가 없을 것이니라."63)

[자의] ㅇ勝-이길 승. 다하다. ㅇ穿-뚫을 천. ㅇ踰-넘을 유.

---

62) 惻隱羞惡之心, 人皆有之, 故, 莫不有所不忍不爲, 此, 仁義之端
也.(측은지심과 수오지심은 사람마다 모두 가지고 있다. 그러므
로 차마 못하는 바와, 하지 않는 바를 가지고 있지 않음이 없으
니, 이것은 인·의의 단서이다.) 然, 以氣質之偏, 物欲之蔽, 則
於他事, 或有不能者, 但推所能, 達之於所不能, 則無非仁義矣.
(그러나 기질이 편벽되고, 물욕이 엄폐됨으로써, 곧 다른 일에서
혹시 불능한 것이 있으니, 다만 오직 능한 바를 미루어서 능하
지 못한 바에까지 도달한다면 인·의가 아님이 없을 것이다.)

63) 充, 滿也.(충은 가득함이다.) 穿, 穿穴, 踰, 踰牆, 皆爲盜之事也.
(천은 구멍을 뚫는 것이요, 유는 담을 넘는 것이니, 모두 도둑질
을 위한 일이다.) 能推所不忍, 以達於所忍, 則能滿其無欲害人之
心, 而無不仁矣, 能推其所不爲, 以達於所爲, 則能滿其無穿踰之
心, 而無不義矣.(능히 차마 하지 못하는 바를 미루어서, 그리고
차마 하는 바에까지 도달한다면, 그가 남을 해치지 않고자 하는
마음을 가득 채울 수 있으면, 인하지 않음이 없을 것이요, 능히
그가 하지 말아야 할 바를 미루어, 그리고 해야 할 바에 도달하
면, 그가 담을 뚫고 넘지 않고자 하는 마음을 가득 채울 수 있
으면, 의롭지 아니할 것이 없을 것이다.)

(31-3) **人能充無受爾汝之實**이면 **無所往而不爲義也**니라

(인능충무수이여지실, 무소왕이불위의야)

국역 "사람이 능히 '너'라는 말을 수용하지 않으려는 실력을 가득 채울 수 있으면, 어디를 가든 의(義)를 행하지 않음이 없을 것이니라."64)

자의 ㅇ爾−너 이. ㅇ汝−너 여. ㅇ爾汝−남을 천하게 부르는 말. 너.

(31-4) **士未可以言而言**이면 **是**는 **以言餂之也**요 **可以言而不言**이면 **是**는 **以不言餂之也**니 **是皆穿踰之類也**니라

(사미가이언이언, 시, 이언첨지야, 가이언이불언, 시, 이불언첨지야, 시개천유지류야)

국역 "선비가 아직 말할 수 없는데도 말하면, 이것은 말로써 그에게 아첨하는 것이요, 말할 수 있는데도 말하지 않으면 이것은 말하지 않는 것으로써 그에게 아첨하는 것이니, 이

---

64) 此, 申說上文充無穿踰之心之意也.(이것은 윗글에 담을 뚫고 넘어가지 않으려는 마음을 채운다는 뜻을 거듭 말한 것이다.) 蓋爾汝, 人所輕賤之稱.(대개 '이여'는 사람들이 경시하고 천시하는 바의 칭호이다.) 人雖或有所貪昧隱忍而甘受之者.(사람들은 비록 혹시 탐하고, 어둡고, 숨고, 참으면서, 그것을 감수하는 자도 있다.) 然, 其中心必有慚忿而不肯受之實.(그러나 그 중심에는 반드시 부끄럽고 분하게 여겨서, 즐겨 받지 않으려는 것이 실제이다.) 人能卽此而推之, 使其充滿, 無所虧缺, 則無適而非義矣.(사람이 능히 바로 이것을 가지고 그를 미루어서, 그로 하여금 충만하게 하여, 이지러진 바가 없게 한다면, 가는 곳마다 의롭지 않은 바가 없을 것이다.)

런 것은 모두 담장을 뚫거나 뛰어넘는 부류이니라."65)

(자의)　ㅇ甜-낚을 첨. 꾀어내다, 탐지하다, 아첨하다.

(해설)　수양으로써 인의를 무한히 확장시켜 나가면 잔인한 마
음이나 의롭지 못한 마음이 없어져 인의가 실현된다. 선비
가 인의를 저버린 언행으로써 남의 빈축을 사는 일이 있
다면 벌써 선비라 할 수 없다.

제32장　사람은 자기 밭을 버리는 것이 병이다
(人病舍其田章　第三十二)

(32-1) 孟子曰　言近而指遠者는　善言也요　守約而施博者
는　善道也니　君子之言也는　不下帶而道存焉이니라
　　(맹자왈 언근이지원자, 선언야, 수약이시박자, 선도야, 군자지언

---

65) 甜, 探取之也. 今人, 以舌取物曰甜, 卽此意也.(첨은 그것을 탐지
하여 취함이다. 그런데 지금의 사람들은 혓바닥으로써 물건을 취
하는 것을 첨이라 하니, 바로 이러한 뜻이다.) 便佞, 隱默, 皆有
意探取於人, 是亦穿踰之類(말은 잘하나 마음이 사악하고, 숨기
고, 침묵을 지킴은, 모두 남에게서 물건을 탐하여 취하는 데 뜻
이 있는 것이니, 이것 역시 담을 뚫고 넘는 부류이다.) 然, 其事
隱微, 人所易忽, 故, 特擧以見例, 明必推無穿踰之心, 以達於此
而悉去之然後, 爲能充其無穿踰之心也.(그러나 그 일이 은미하
여, 사람들이 소홀히 하기 쉽다. 그러므로 특히 예를 들어, 그리
고 보여서, 반드시 담을 뚫고 넘지 않으려는 마음을 미루어, 여
기까지 도달함으로써, 다 제거한 연후에, 능히 그의 담을 뚫고
넘지 않으려는 마음을 충만함이 됨을 밝힌 것이다.)

야, 불하대이도존언)

(국역) 맹자가 말씀하였다. "말이 비근하면서도 가리키는 뜻이 원대한 자는 잘하는 말이요, 지키는 것이 간략하면서도 베푸는 것이 넓은 자는 잘하는 도리이다. 군자의 말은 허리띠 아래로 시선이 내려가지 않고 거기, 목전(目前)에 있느니라."66)

(자의) ㅇ約-묶을 약, 간략할 약. ㅇ施-베풀 시. ㅇ帶-띠 대. 허리띠. ㅇ焉-(=於此).

(32-2) 君子之守는 修其身而天下平이니라

　　　(군자지수, 수기신이천하평)

(국역) "군자가 굳게 지키는 것은 그 몸을 닦아 천하가 화평하게 하는 것이니라."67)

(32-3) 人病은 舍其田而芸人之田이니 所求於人者重이요 而所以自任者輕이니라

　　　(인병, 사기전이운인지전, 소구어인자중, 이소이자임자경)

(국역) "사람들의 병폐는 그의 밭은 버리고 남의 밭을 김매는

---

66) 古人, 視不下於帶, 則帶之上, 乃目前常見至近之處也.(옛사람들은, 시선이 띠에서 아래로 내려가지 않았으니, 그렇다면 띠 위는 바로 눈앞의 항상 볼 수 있는 지극히 가까운 곳이다.) 擧目前之近事, 而至理存焉, 所以爲言近而指遠也.(눈앞의 가까운 일을 들지만, 지극한 이치가 여기에 있으니, 그러니까 말이 가까우면 지표는 먼 것이다.)

67) 此, 所謂守約而施博也.(이것이, 소위 지킴은 요약하면서 시행은 넓게 하는 것이다)

것이니, 남에게 요구하는 것은 무겁고, 자기가 책임지는
것은 가볍게 여기는 것이니라."68)

(자의) ㅇ舍ㅡ버릴 사(=捨). ㅇ芸ㅡ김맬 운. ㅇ所以ㅡ여기는 것.

(해설) 홀륭한 말이란 사람의 입에서 나오는 순간에 바로 이
해될 수 있는 평범한 말이면서, 깊은 뜻을 내포하는 말인
것이다. 말이 허리띠 아래까지 내려오지 않는다는 것은,
입장과 마음은 분명하고 진실하면서 말이 입에서 나오자
마자 바로 이해될 수 있는 말임을 뜻한다. 또 자기 문제는
해결하지 못하면서 남의 일에 간섭하면 문제를 해결하기
는커녕 더 복잡하게 할 뿐이니 항상 삼가야 한다.

제33장 요순은 본성을 지닌 사람이다
(堯舜, 性者也章 第三十三)

(33-1) **孟子曰 堯舜**은 **性者也**요 **湯武**는 **反之也**시니라
　　　(맹자왈 요순, 성자야, 탕무, 반지야)

(국역) 맹자가 말씀하였다. "요·순은 본성대로 하셨고, 탕·
무는 그것을 반복하셨느니라."69)

---

68) 此, 言不守約而務博施之病.(이것은, 지킴은 요약하지 않으면서,
　　넓게 베풀기에 힘쓰는 병통을 말한 것이다.)

69) 性者, 得全於天, 無所汙壞, 不假修爲, 聖之至也.(성품이란 온전
　　함을 하늘에서 얻어, 더럽히거나 파괴한 바가 없어서, 행위를 닦
　　음에 가식이 없으니, 성인의 지극함이요.) 反之者, 修爲以復其性,
　　而至於聖人也.('반지'는 행위를 닦아, 그리고 그 성품을 회복함으

(33-2) **動容周旋**이 **中禮者**는 **盛德之至也**니 **哭死而哀**가 **非爲生者也**며 **經德不回**가 **非以干祿也**며 **言語必信**이 **非以正行也**니라

(동용주선, 중례자, 성덕지지야, 곡사이애, 비위생자야, 경덕불회, 비이간록야, 언어필신, 비이정행야)

국역 "표정을 짓고 몸을 움직이는 것이 예절에 적중하는 자는 성덕(盛德)의 지극함이다. 죽음에 곡하며 슬퍼함이 산 자를 위해서가 아니며, 도덕을 꿋꿋이 지키며 불의를 회피하지 않음이 작록을 구하기 위해서가 아니며, 언어는 반드시 신용있게 하는 것이 행실을 바르게 하기 위해서가 아니니라."[70]

로써, 성인에 이르는 것이다.) 程子曰 : 性之, 反之, 古未有此語, 蓋自孟子發之.(정자가 말하였다. '성지'와 '반지'는 옛날에는 이러한 말이 있지 않았는데, 대개 맹자로부터 발표된 것이다.) 呂氏曰 : 無意而安行, 性者也, 有意利行而至於無意, 復性者也.(여씨가 말하였다. 의도함이 없이, 편안히 행함은, 성품 그대로 하는 것이요, 의도함이 있어 이롭게 여겨서 행하고, 의도함이 없음에 이르는 것은, 성품을 회복하는 것이다.) 堯舜, 不失其性, 湯武, 善反其性, 及其成功則一也.(요·순은 그 성품을 잃지 않았고, 탕·무는 그 성품을 잘 돌이켰으니, 그 성공에 미치면 한 가지이다.)

70) 細微曲折, 無不中禮, 乃其盛德之至, 自然而中, 而非有意於中也.(세미하고 복잡함이 예에 적중하지 않음이 없는 것은, 바로 그 성덕의 지극함이니, 자연히 적중하는 것이요, 적중함에 뜻을 가지고 있었던 것은 아니다.) 經, 常也. 回, 曲也. 三者亦皆自然而然, 非有意而爲之也. 皆聖人之事, 性之之德也.(경은 불변의

자의 ㅇ動容-표정을 짓다. ㅇ周旋-몸을 움직이다. ㅇ經德-도덕을
꿋꿋이 지키다. ㅇ回-피할 회. ㅇ干-구할 간.

(33-3) **君子는 行法**하여 **以俟命而已矣**니라

　　　(군자, 행법, 이사명이이의)

국역 "군자는 법대로 행하며, 그리고 천명을 기다릴 뿐이니
라."71)

자의 ㅇ以-그리고. ㅇ俟-기다릴 사.

　원칙이요, 회는 굽힘이다. 세 가지, 역시 모두 자연히 그런 것이
니, 뜻이 있어 그렇게 하는 것이 아니다. 모두 성인의 일이니,
성품의 덕이다.)

71) 法者, 天理之當然者也.(법은 천리의 당연함이다.) 君子行之, 而
吉凶禍福, 有所不計, 蓋雖未至於自然, 而已非有所爲而爲矣.(군
자는 이를 행하고, 길흉화복을 계산하지 않는 바가 있으니, 대개
비록 아직 자연에 이르지는 못했으나, 이미 해야 할 바가 있어
서 하는 것은 아니다.) 此, 反之之事, 董子所謂 正其義不謀其利,
明其道不計其功, 正此意也.(이것은 '반지'의 일이니, 동자의 소
위, '그 의방을 바르게 하고, 그 이익을 도모하지 않으며, 그 도
를 밝히고 그 공을 계산하지 않는다.'는 것이 바로 이런 뜻이다.)
程子曰 : 動容周旋, 中禮者, 盛德之至. 行法以俟命者, 朝聞道夕
死可矣之意也.(정자가 말하였다. 표정을 짓고 몸을 돌림이, 예에
적중함은 성덕의 지극한 것이요, 법을 행하고 천명을 기다림은
'아침에 정도를 들으면 저녁에 죽어도 가하다.'는 뜻이다.) 呂氏
曰 : 法由此立, 命由此出, 聖人也, 行法以俟命, 君子也.(여씨가
말하였다. '법이 이로 말미암아 서고, 명이 이로 말미암아 나옴
은, 성인이요, 법을 행하고 명을 기다림은 군자이다.) 聖人, 性
之, 君子, 所以復其性也.(성인은 성품대로 가는 것이요, 군자는
그 성품을 회복하기 위한 것이다.)

(해설) 자기의 성품에 따라 성실하게 사는 것은 다른 사람에게 과시하거나 출세하기 위해 하는 것이 아니다. 그런데 본래부터 그런 사람은 요순이며, 탕무 같은 이는 수양으로써 그렇게 된 것이니, 군자는 그들을 본받아 성품에 따라 행하고 결과를 겸허하게 기다려야 한다.

제34장 대인을 설득하려면 그를 경시하라
(說大人則藐之章 第三十四)

(34-1) 孟子曰 説大人이어든 則藐之하여 勿視其巍巍然이니라

(맹자왈 세대인, 즉묘지, 물시기외외연)

(국역) 맹자가 말씀하였다. "대인에게 유세할 적에는 그를 조그맣게 여기고, 그의 높고 큰 명성은 보지 말아야 하느니라."72)

(자의) ○說-달랠 세. ○藐-작을 묘. ○勿-말 물. ○巍-높을 외. ○巍巍然-높고 큰 모양.

(34-2) 堂高數仞과 榱題數尺을 我得志라도 弗爲也하며 食前方丈과 侍妾數百人을 我得志라도 弗爲也하며 般

---

72) 趙氏曰 : 大人, 當時尊貴者也.(조씨가 말하였다. 대인은 당시의 존귀한 자이다.) 藐, 輕之也.(묘는 가벼이 여김이다.) 巍巍, 富貴高顯之貌.(외외는 고귀하고 높이 드러난 모습이다.) 藐焉而不畏之, 則志意舒展, 言語得盡也.(그를 가벼이 여기고 두려워하지 않는다면 뜻을 펴서, 말을 다할 수 있을 것이다.)

樂飮酒와 驅騁田獵과 後車千乘을 我得志라도 弗
爲也니 在彼者는 皆我所不爲也요 在我者는 皆古
之制也니 吾何畏彼哉리오

(당고수인, 최제수척, 아득지, 불위야, 식전방장, 시첩수백인, 아
득지, 불위야, 반락음주, 구빙전렵, 후거천승, 아득지, 불위야, 재
피자, 개아소불위야, 재아자, 개고지제야, 오하외피재)

국역 "높이가 몇 길이고 서까래 머리가 몇 자인 집을, 나는
뜻을 얻더라도 짓지 아니하며, 음식을 앞에 사방 열자나
쌓아놓고 시중드는 첩이 수백 인을, 나는 뜻을 얻더라도
얻지 아니하며, 음악을 즐기며 술을 마시며, 사냥터에서
말을 몰아 달리며 뒤따르는 수레가 천대나 되는 것을 나
는 뜻을 얻더라도 아니할 것이다. 저들에게 있는 것은 모
두 내가 하지 않는 것이요, 나에게 있는 것은 모두 옛날의
제도이니, 내 어찌 저들을 두려워하겠는가?"73)

---

73) 榱, 桷也.(최는 서까래이다.) 題, 頭也.(제는 머리이다.) 食前方
丈, 饌食列於前者, 方一丈也.('식전방장'은, 앞에 진열된 음식이
바야흐로 한길인 것이다.) 此, 皆其所謂巍巍然者, 我雖得志, 有
所不爲, 而所守者, 皆古聖賢之法. 則彼之巍巍者, 何足道哉.(이
것은 모두 그것이, 소위 외외하다는 것이니, 내가 비록 뜻을 얻
었더라도, 하지 않는 바가 있을 것이요, 내가 지키는 바는, 모두
옛 성현의 법이다. 그렇다면 저 외외한 것은 어찌 충분히 말할
수 있겠는가?) 楊氏曰 : 孟子此章, 以己之長, 方人之短, 猶有此
等氣象, 在孔子則無此矣.(양씨가 말하였다. '맹자'의 이 장은, 자
기의 장점으로써, 남의 단점을 비교한 것이니, 오히려 이런 등속
의 기상이 있었다. 공자에 있어서라면, 이런 것이 있겠는가?)

자의 ○仞—길 인. ○榱—서까래 최. ○題—표제 제. ○方丈—사방
한 장. ○般—즐길 반. ○驅—몰 구. ○騁—달릴 빙. ○驅騁—말을
몰아 달림. ○獵—사냥 렵.

해설 맹자는 덕성과 사회적 등급 사이에는 대응관계가 존재
하지 않는다고 본다. 그래서 고관들과 대화할 적에 그들의
화려한 의복이나 저택에 주눅들 까닭이 없다는 것이다. 저
들은 애초부터 그것을 추구하여 이제 그만큼 이룬 것이요,
나는 애초부터 그런 것을 추구한 것이 아니니 서로 다를
수밖에 없다. 그러니 서로 비교하여 위축될 필요가 없는
것이다.

제35장 마음수양에는 욕망을 적게 하는 것보다 좋
은 것이 없다(養心莫善於寡欲章 第三十五)

(35-1) 孟子曰　養心莫善於寡欲하니　其爲人也寡欲이면
雖有不存焉者라도　寡矣요 其爲人也多欲이면　雖有
存焉者라도　寡矣니라
　　(맹자왈 양심막선어과욕, 기위인야과욕, 수유부존언자, 과의, 기
　　위인야다욕, 수유존언자, 과의)

국역 맹자가 말씀하였다. "마음을 수양함에는 욕심을 적게
하는 것보다 좋은 것이 없으니, 그 사람됨이 욕심이 적으
면 비록 마음을 보존하지 못하는 것이 있더라도 마음 수
양 못하는 것은 적을 것이며, 그 사람됨이 욕심이 많으면
비록 마음을 보존하여 가지더라도 마음 수양은 적을 것이

니라."74)

(자의) ○於−−보다. ○寡−적을 과. ○焉−(=於此).

(해설) 마음을 기른다는 것은 양심을 기르는 것이니, 욕심을 줄이면 양심이 많아지고, 욕심을 늘리면 양심이 적어지며 갈등도 많아진다. 양심으로 가득 채우고자 하면 양심을 욕심에 묶어두지 말아야 한다.

제36장 증석은 고욤을 좋아하였다
(曾晳嗜羊棗章 第三十六)

(36-1) **曾晳**이 **嗜羊棗**러니 **而曾子不忍食羊棗**하시니라
(증석, 기양조, 이증자불인식양조)

(국역) 증석이 고욤을 즐겼으니, 증자가 차마 고욤을 먹지 못하였느니라.75)

---

74) 欲, 如口鼻耳目四支之欲, 雖人之所不能無,(욕은, 마치 입·코·귀·눈과 사지의 욕망 같은 것이니, 비록 사람에게 없을 수는 없다.) 然, 多而不節, 未有不失其本心者, 學者所當深戒也.(그러나 많이 하고 절제하지 않으면, 그 본심을 잃지 않을 자가 없으니, 학자는 당연히 깊게 경계할 것이다.) 程子曰 : 所欲, 不必沈溺, 只有所向, 便是欲.(정자가 말하였다. '소욕'은 반드시 빠지는 것만이 아니요, 단지 지향하는 바가 있으면, 곧 이것이 욕이다.)

75) 羊棗, 實小, 黑而圓, 又謂之羊矢棗.(양조는 열매가 작고, 검고 둥그니, 또 '양시조'라고도 이른다.) 曾子以父嗜之, 父歿之後, 食必思親, 故, 不忍食也.(증자는 부친이 그것을 좋아하였기 때문에, 부친이 별세한 뒤에 먹을 때마다 반드시 어버이를 생각하였다.

자의 ○曾-더할 증. ○晳-흴 석. ○嗜-즐길 기. ○棗-대추 조.
○羊棗-고욤.

(36-2) 公孫丑問曰 膾炙與羊棗孰美니잇고 孟子曰 膾炙
哉인저 公孫丑曰 然則曾子는 何爲食膾炙而不食
羊棗시니잇고 曰 膾炙는 所同也요 羊棗는 所獨也니
諱名不諱姓하나니 姓은 所同也요 名은 所獨也일새
니라

(공손추문왈 회자여양조숙미, 맹자왈 회자재. 공손추왈 연즉증
자, 하위식회자이불식양조. 왈 회자, 소동야, 양조, 소독야, 휘명
불휘성, 성, 소동야, 명, 소독야)

국역 공손추가 물었다. "회와 불고기는 고욤과 더불어 어느
것이 더 맛있습니까?" 맹자가 말씀하였다. "회와 불고기
지." 공손추가 말하였다. "그렇다면 증자는 어째서 회와
불고기는 먹으면서 고욤은 먹지 않았습니까?" "회와 불
고기는 똑같이 즐기는 것이요, 고욤은 혼자만이 즐기는 것
이다. 이름을 부르는 것을 꺼리고 성을 부르는 것을 꺼리
지 않는 것이니, 성은 똑같이 쓰는 것이고, 이름은 혼자만
이 쓰는 것이기 때문이니라."76)

자의 ○膾-회 회. ○炙-불고기 자. ○孰-누구 숙. ○諱-이름 휘,
꺼릴 휘.

───────────────

그러므로 차마 먹지 못한 것이다.)

76) 肉, 聶而切之爲膾. 炙, 炙肉也.(고기를 잘게 썰어 자른 것을 회
라고 하고, 자는 구운 고기이다.)

해설 증자의 효심을 설명한 내용이다. 증석이 평소 고욤을
좋아하였다고, 증자가 평생 고욤을 먹지 않는 이유를 묻자,
성과 이름을 예로 들어 그 까닭을 설명해준 것이다.

제37장 우리 고향의 선비들은 과격하고 단순하다(吾黨之士狂簡章 第三十七)

(37-1) 萬章問曰 孔子在陳하사 曰 盍歸乎來리오 吾黨之
士狂簡하여 進取하되 不忘其初라하시니 孔子在陳하
사 何思魯之狂士시니잇고

(만장문왈 공자재진, 왈 합귀호래. 오당지사광간, 진취, 불망기
초, 공자재진, 하사노지광사)

국역 만장이 물었다. "공자가 진나라에 계실 적에, '어찌 돌
아가지 않으리! 우리 고향 마을의 선비들은 과격하고 단순
하여 나아가 취함에 그 초지(初志)를 잊지 않는다.'고 하
였는데, 공자는 진나라에 계시면서 어떻게 노나라의 과격
한 선비들을 생각하였습니까?"77)

자의 ○盍－하불 합. ○黨－마을 당. ○狂－미칠 광. 과격하다. ○簡－

---

77) 盍, 何不也.(합은 어찌 아니이다.) 狂簡, 謂志大而略於事.(광간은
뜻은 크되, 일에서 간략함을 이른다.) 進取, 謂求望高遠.(진취는
고원한 것을 구하고 바라는 것을 이른다.) 不忘其初, 謂不能改
其舊也.(그 초지를 잊지 못한다는 것은, 능히 그 옛 잘못을 고치
지 못함을 이른다.) 此語, 與論語小異.(이 말은, 논어와 더불어
조금 다르다.)

간략할 간.

(37-2) **孟子曰 孔子 不得中道而與之**인댄 **必也狂獧乎**인
저 **狂者**는 **進取**요 **獧者**는 **有所不爲也**라하시니 **孔子**
豈不欲中道哉시리오마는 **不可必得**이라 **故**로 **思其次**
也시니라

(맹자왈 공자 부득중도이여지, 필야광견호. 광자, 진취, 견자, 유
소불위야, 공자기불욕중도재. 불가필득, 고, 사기차야)

(국역) 맹자가 말씀하였다. "공자는 중용의 도를 행하는 자를
얻어 그들과 함께하지 못할진댄, 반드시 광견(狂獧)한 자
들을 택하였다. 광자(狂者)는 진취적이요, 견자(獧者)는
하지 않는 바가 있다고 하였으니, 공자가 어찌 중용의 도
를 행하는 자를 바라지 않았겠는가? 반드시 얻을 수 없는
지라, 그러므로 그 다음을 생각한 것이니라."[78]

(자의) ○狂獧−식견이 좁은 외고집쟁이. ○獧−고집스러울 견(=狷).
소심하다.

---

78) 不得中道, 至有所不爲, 據論語, 亦孔子之言. 然則孔子字下當有
曰字.('부득중도'로부터 '유소불위'까지는 '논어'에 근거하니, 역시
공자의 말이다. 그렇다면 공자라는 글자 아래에 당연히 '왈'자가
있어야 할 것이다.) 論語, 道作行, 獧作狷.('논어'에 도(道)는 행
(行)으로 되어 있고, 견(獧)은 견(狷)으로 되어 있다.) 有所不爲
者, 知恥自好, 不爲不善之人也.(하지 않는 바가 있다는 것은, 부
끄러워할 줄을 알고, 스스로 좋아하나 불선을 하지 않는 사람이
다.) 孔子豈不欲中道以下, 孟子言也.('공자기불욕중도이하'는 맹
자의 말이다.)

(37-3) **敢問何如**라야 **斯可謂狂矣**니잇고

　　　　(감문하여, 사가위광의)

국역 "감히 묻습니다. 어떠해야, 이에 광(狂)이라 말할 수
있겠습니까?"79)

(37-4) **日 如琴張曾晳牧皮者孔子之所謂狂矣**니라

　　　　(왈 여금장증석목피자공자지소위광의)

국역 "금장, 증석, 목피와 같은 자가, 공자의 이른바 광자(狂
者)라는 것이다."80)

(37-5) **何以謂之狂也**니잇고

　　　　(하이위지광야)

국역 "무엇으로써 광이라 이릅니까?"81)

(37-6) **日 其志嘐嘐然日 古之人, 古之人**이여하되 **夷考其**

---

79) 萬章問.(만장이 물은 것이다.)

80) 琴張, 名牢, 字子張. 子桑戶死, 琴張臨其喪而歌, 事見莊子. 雖未
必盡然, 要必有近似者.(금장은 이름이 뇌요, 자는 자장이니, 자
상호가 죽자, 금장이 그 상에 임하여 노래를 불렀으니, 이 사실
이 '장자'에 보인다. 비록 반드시 다 그렇지는 않더라도, 요컨대
반드시 근사한 일이 있었을 것이다.) 曾晳見前篇. 季武子死, 曾
晳倚其門而歌, 事見檀弓.(증석은 전편에 보인다. 계무자가 죽자
증석이 그 문에 기대어 노래를 불렀다. 일이 '단궁'에 보인다.)
又言志異乎三子者之撰, 事見論語.(또 뜻이 셋이 지은 글과는 다
르다고 말하였으니, 일이 '논어'에 보인다.) 牧皮, 未詳.(목피는
미상이다.)

81) 萬章問.(만장의 물음이다.)

行而不掩焉者也니라

(왈 기지효효연왈 고지인, 고지인, 이고기행이불엄언자야)

(국역) "그 뜻이 크고 말이 커서 '옛사람이여, 옛사람이여!'하되, 평소에 그 행실을 고찰하면 행실이 뜻을 다 가리우지 못하는 자이니라."82)

(자의) ○嘐-뜻클 효, 닭 울 교. ○嘐嘐然-뜻이 큰 모양, 닭이 시끄럽게 우는 소리. ○夷-평소 이. ○掩-가리울 엄. ○焉-(=於此).

(37-7) **狂者**를 **又不可得**이어든 **欲得不屑不潔之士而與之**
하시니 **是獧也**니 **是又其次也**니라

(광자, 우불가득, 욕득불설불결지사이여지, 시견야, 시우기차야)

(국역) "광자(狂者)를 또 얻지 못하거든, 더러운 행위를 떳떳하게 여기지 않는 선비를 얻어서 그들과 더불어 하고자 하였으니, 이런 자가 견(獧)이며, 이런 자가 또한 그 다음이니라."83)

---

82) 嘐嘐, 志大言大也.(효효는 뜻이 크고, 말이 큰 것이다.) 重言古之人, 見其動輒稱之, 不一稱而已也.('고지인'이라고 거듭 말한 것은, 그가 행동할 때마다 거듭하여 그렇게 칭한 것은, 한번만 칭한 것이 아님을 본다.) 夷, 平也.(이는 평소이다.) 掩, 覆也.(엄은 덮음이다.) 言平考其行, 則不能覆其言也.(평소에 그의 행실을 고찰하면, 능히 행실이 그의 말을 덮지 못함을 말한 것이다.) 程子曰 : 曾晳言志, 而夫子與之. 蓋與聖人之志同, 便是堯舜氣象也, 特行有不掩焉耳, 此所謂狂也.(정자가 말하였다. 증석이 뜻을 말하자, 선생님이 그를 허여하였다. 대개 성인의 뜻과 더불어 같은 것이니, 곧 그것은 요·순의 기상이었다. 특히 행실이 그것을 덮지 못하는 것이 있을 뿐이니, 이것이 소위 광(狂)이라는 것이다.)

(자의) ○不屑−탐탁하게 여기지 아니함. ○不潔−깨끗하지 못함.

(37-8) 孔子曰 過我門而不入我室이라도 我不憾焉者는
其惟鄕原乎인저 鄕原은 德之賊也라하시니 曰 何如
면 斯可謂之鄕原矣니잇고

(공자왈 과아문이불입아실, 아불감언자, 기유향원호. 향원, 덕지
적야, 왈 하여, 사가위지향원의)

(국역) "공자가 말씀하였습니다. 내 문앞을 지나가면서 내 집
에 들어오지 않더라도, 나는 그에게 유감이 없다고 하는
자는 아마 오직 향원일 것이야. 향원은 덕의 도적이라 하
셨으니, 어찌하면 이에 향원이라 이를 수 있겠습니까?"84)

---

83) 此, 因上文所引, 遂解所以思得獧者之意.(이것은 윗글에 인용한
것에 의거하여, 마침내 견자(獧者)를 얻으려고 생각한 까닭의 의
미를 해석한 것이다.) 狂, 有志者也.(광은 뜻이 있는 자이다.) 獧,
有守者也. 有志者, 能進於道, 有守者, 不失其身.(견은 지킴이 있
는 자이다. 뜻이 있는 자는 능히 도에 나아갈 수 있고, 지킴이 있
는 자는 그 몸을 잃지 않는다.) 屑, 潔也.(설은 깨끗함이다.)

84) 鄕原, 非有識者. 原, 與愿同. 荀子 原愨字, 皆讀作愿, 謂謹愿之
人也.(향원은 유식한 자가 아니다. 원(原)은 원(愿)과 같으니,
'순자'에 원각(原愨)이란 글자를 모두 원(愿)으로 읽으니, 신중하
고 성실한 사람을 이른다.) 故, 鄕里所謂愿人, 謂之鄕原.(그러므
로 향리의 소위, 원인(愿人)을 향원이라 이른다.) 孔子以其似德
而非德, 故, 以爲德之賊.(공자는 그는 덕 같으면서도 덕이 아닌
것이기 때문에, 그러므로 덕의 적으로 여긴다.) 過門不入而不恨
之, 以其不見親就, 爲幸, 深惡而痛絶之也.(문을 지나면서 들어가
지 않더라도, 한하지 않는다는 것은, 그가 친히 찾아오는 것을
보지 못함으로써, 다행으로 여기는 것이니, 깊이 미워하고 철저

자의 ㅇ憾—섭섭할 감. ㅇ鄕原—마을의 신망을 얻기 위해 선량을 가장한 사람.

(37-9) 曰 何以是嘐嘐也하여 言不顧行하며 行不顧言이요 則曰 古之人, 古之人이여하며 行何爲踽踽凉凉이리오 生斯世也라 爲斯世也하여 善斯可矣라하여 閹然 媚於世也者 是鄕原也니라

(왈 하이시효효야. 언불고행, 행불고언, 즉왈 고지인, 고지인, 행하위우우량량. 생사세야, 위사세야, 선사가의, 엄연미어세야자, 시향원야)

국역 "어째서 그들이 뜻이 크고 말이 크다고 하느냐고? 말은 행실을 돌아보지 않으며 행실은 말을 돌아보지 않고서, 곧 '옛사람은! 옛사람은.'하고 말한다. '행실은 어째서 이렇게 외롭고 쓸쓸할까? 이 세상에 태어났는지라. 이 세상을 위하여, 이에 잘하면 되지.'라고 말하고는, 환관처럼 세상에 아첨하는 자가 바로 향원이니라."[85]

히 끊은 것이다.) 萬章, 又引孔子之言而問也.(만장이 또 공자의 말을 인용하여 물은 것이다.)

85) 踽踽, 獨行不進之貌.('우우'는 홀로 행하여 나아가지 못하는 모습이다.) 凉凉, 薄也, 不見親厚於人也.('양양은 박함이니, 남에게 친후함을 보이지 못하는 것이다.) 鄕原, 譏狂者曰：何用如此嘐嘐然, 行不掩其言, 而徒每事必稱古人邪.(향원은 광자를 빈정대어 말하였다. 어디에 쓰려고 이와 같이 '효효연'하여 행실이 그 말을 덮지 못하면서, 한갓 매사에 반드시 옛사람을 칭하는가?) 又譏狷者曰：何必如此踽踽凉凉, 無所親厚哉(또 견자를 빈정대어 말하였다. 하필 이와 같이 '우우양양'하여, 친후한 바가 없는

(자의)　o顧-돌아볼 고.　o踽-외로울 우.　o踽踽-터덜터덜 걷다.
o涼涼-쓸쓸한 모양.　o閹-환관 엄.　o媚-아첨할 미.

(37-10) 萬章曰 一鄕이 皆稱原人焉이면 無所往而不爲原
人이어늘 孔子以爲德之賊은 何哉잇고

(만장왈 일향, 개칭원인언, 무소왕이불위원인, 공자이위덕지적,
하재)

(국역)　만장이 말하였다. "한 고을이 모두 그를 원인(原人)이
라고 칭하면, 가는 곳마다 원인이 되지 않음이 없거늘, 공
자께서 '덕의 도둑'이라고 여긴 것은 어째서입니까?"[86]

(자의)　o原人-성실한 사람.

(37-11) 曰 非之無擧也하며 刺之無刺也하고 同乎流俗하

가?) 人旣生於此世, 則但當爲此世之人, 使當世之人, 皆以爲善
則可矣, 此鄕原之志也.(사람이 이미 이 세상에 태어났으면, 다만,
당연히 이 세상의 사람들을 위하여, 당연히 세상사람들로 하여
금, 모두 선하다고 여기게 하면 될 일이라고 하니, 이것이 향원
의 뜻이다.) 閹, 如奄人之奄, 閉藏之意也.(엄은 엄인의 엄과 같
으니, 닫고 감추는 의미이다.) 媚, 求悅於人也.(미는 남에게 기쁨
을 구하는 것이다.) 孟子言此深自閉藏, 以求親媚於世, 是鄕原之
行也.(맹자가 말하기를, 이렇게 깊이 스스로 닫고 감추면서, 그
리고 세상에 친하고 기뻐하기를 구하니, 이것이 향원의 행위라고
하였다.)

86) 原, 亦謹厚之稱, 而孔子以爲德之賊, 故, 萬章疑之.(원(原)도 또
한 신중하고 온후한 칭호인데, 공자가 덕의 도적으로 여겼다. 그
러므로 만장이 의심한 것이다.)

며 合乎汚世하여 居之似忠信하며 行之似廉潔하여
衆皆悅之어든 自以爲是而不可與入堯舜之道라
故로 曰德之賊也라하시니라

(왈 비지무거야, 자지무자야, 동호류속, 합호오세, 거지사충신,
행지사렴결, 중개열지, 자이위시이불가여입요순지도, 고, 왈덕
지적야)

국역 "비난하려 하여도 들추어 낼 것이 없으며, 찌르려 해
도 찌를 것이 없고, 유행하는 풍속에 동화하며, 더러운 세
상에 영합하여, 거처함에 충심과 신용이 있는 듯이 하며,
행동함에 청렴결백한 듯이 하여, 대중이 모두 그를 좋아
하거든 자신도 옳다고 여기지만, 더불어 요·순의 도에
들어갈 수 없는지라. 그러므로 덕의 도둑이라고 하였느니
라."87)

자의 ㅇ刺—찌를 자. ㅇ以爲——~여기다. ㅇ是—옳을 시.

(37-12) 孔子曰 惡似而非者하노니 惡莠는 恐其亂苗也요
惡佞은 恐其亂義也요 惡利口는 恐其亂信也요

---

87) 呂侍講曰 : 言此等之人, 欲非之則無可擧, 欲刺之則無可刺也.(여
시강이 말하였다. 이런 등속의 사람들은, 그들을 비난하고자 하
면, 열거할 것이 없고, 그들을 찌르고자 하면 찌를 만한 곳이 없
다고 말하였다.) 流俗者, 風俗頹靡, 如水之下流, 衆莫不然也.('유
속'은 풍속이 위축되는 것이, 마치 물이 아래로 흐르는 것과 같
아서, 대중이 그렇지 않은 이가 없다.) 汚, 濁也.(오는 탁함이다.)
非忠信而似忠信, 非廉潔而似廉潔.(충신(忠信)이 아니면서, 충신
과 유사하고, 청렴결백이 아니면서 청렴결백과 유사하다.)

惡鄭聲은 恐其亂樂也요 惡紫는 恐其亂朱也요
惡鄕原은 恐其亂德也라하시니라

(공자왈 오사이비자, 오유, 공기란묘야, 오녕, 공기란의야, 오리
구, 공기란신야, 오정성, 공기란악야, 오자, 공기란주야, 오향원,
공기란덕야)

(국역) 공자가 말씀하였다. "근사하나 아닌 것을 미워한다. 강
아지풀을 미워함은 그가 묘를 어지럽힐까 두려워해서요,
말 잘하는 자를 미워하는 것은 그가 의로움을 어지럽힐까
두려워해서요, 말 잘하는 입을 미워함은 그가 신용을 어지
럽힐까 두려워해서요, 정나라 음악을 미워함은 그가 아악
을 어지럽힐까 두려워해서요, 자색을 미워함은 그가 주색
을 어지럽힐까 두려워해서요, 향원을 미워함은 그가 덕을
어지럽힐까 두려워해서라고 하였느니라."[88]

(자의) ㅇ惡-미워할 오. ㅇ似-같을 사. ㅇ莠-가라지 유. 강아지풀.

---

88) 孟子又引孔子之言以明之.(맹자는 또 공자의 말을 인용하여, 그
것을 밝히려고 하였다.) 莠, 似苗之草也.(유는 묘와 유사한 풀이
다.) 佞, 才智之稱, 其言似義而非義也.(영은 재주와 지혜를 칭하
는 것인데, 그 말이 옳은 것 같으나, 옳은 것이 아니다.) 利口,
多言而不實者也.('이구'는 말을 많이 하나 실제가 없는 것이다.)
鄭聲, 淫樂也.('정성'은 음탕한 음악이다.) 樂, 正樂也.(악은 정악
이다.) 紫, 間色.(자는 간색이다.) 朱, 正色也.(주는 정색이다.)
鄕原, 不狂不獧, 人皆以爲善, 有似乎中道而實非也, 故, 恐其亂
德.(향원은 광(狂)도 아니고, 견(獧)도 아니어서, 사람들이 모두
선으로 여긴다. 중도에 유사함이 있으나 실제는 아니다. 그러므
로 그가 덕을 어지럽힐까 두려워한 것이다.)

○佞-말 잘할 녕. ○紫-자줏빛 자. ○朱-붉은빛 주.

(37-13) 君子는 反經而已矣니 經正이면 則庶民興하고 庶民興이면 斯無邪慝矣리라

(군자, 반경이이의, 경정, 즉서민흥, 서민흥, 사무사특의)

국역 "군자는 원칙을 돌이킬 뿐이다. 원칙이 바르게 되면, 서민들에게 감흥이 일어나고, 서민들에게 감흥이 일어나면 이에 간사하고 못된 일이 없어질 것이니라."89)

---

89) 反, 復也.(반은 반복이다.) 經, 常也, 萬世不易之常道也.(경은 불변의 원칙이니, 만세에 바뀌지 않는 불변의 정도이다.) 興, 興起於善也.(흥은 선함에서 흥겨워 일어남이다.) 邪慝, 如鄕原之屬是也.(사특은 마치 향원의 등속이 이것이다.) 世衰道微, 大經不正, 故, 人人得爲異說, 以濟其私, 而邪慝幷起, 不可勝正.(세상이 쇠퇴하고 도덕이 미약해져 큰 원칙이 바르지 못하다. 그러므로 사람마다 이설(異說)을 낼 수 있게 되어, 사욕을 도움으로써, 사특함이 함께 일어나니, 능히 바르게 할 수가 없다.) 君子於此, 亦復其常道而已, 常道旣復, 則民興於善, 而是非明白, 無所回互, 雖有邪慝, 不足以惑之矣.(여기서 군자가, 역시 그 상도를 회복할 뿐이니, 상도가 이미 회복되면, 백성들이 선에 흥기하여, 시비가 명백하여, 상호 회전하는 바가 없어, 비록 사특한 자가 있어도, 충분히 유혹할 수 없을 것이다.) 尹氏曰 : 君子取夫狂獧者, 蓋以狂者, 志大而可與進道, 獧者, 有所不爲, 而可與有爲也.(윤씨가 말하였다. 군자가 대저 광자(狂者)와 견자(獧者)를 취하는 것은, 대개 광자는 뜻이 크고 더불어 정도에 나아갈 수 있으며, 견자는 하지 않는 바가 있어서 더불어 유망한 일을 할 수 있기 때문이다.) 所惡於鄕原, 而欲痛絶之者, 爲其似是而非, 惑人之深也. 絶之術, 無他焉, 亦曰反經而已矣.(향원을 미워하여 철저히 끊고자 하는 바는, 그가 옳은 듯하나 옳지 않아서, 사람을 유혹하

자의 ㅇ反經－원칙을 돌이키다. ㅇ興－일으킬 흥, 기뻐할 흥. ㅇ邪－
간사할 사. ㅇ慝－악할 특, 숨길 특. ㅇ邪慝－간사하고 못됨.

해설 학문을 완성하여 중용의 도를 실천하는 사람이 가장
바람직한 인격자이다. 그 다음으로 미친 듯이 학문에 열중
할 수 있는 광자(狂者)라도 되어야 한다. 광자가 없으면
고집쟁이 견자(獧者)라도 얻어야 한다. 그래야만 학문을
완성할 수 있기 때문이다. 그런데 학문을 이루고 덕을 밝
히는 데 도움이 안 되는 향원이 문제다. 그는 덕을 위장한
사이비(似而非)이기 때문이다. 이것은 공자가 논어(13-21,
17-13)에서 말한 내용이다.

제38장 요순에서 탕왕까지
(由堯舜至於湯章 第三十八)

(38-1) **孟子曰 由堯舜至於湯**이 **五百有餘歲**니 **若禹皐陶
則見而知之**하시고 **若湯則聞而知之**하시니라

(맹자왈 유요순지어탕, 오백유여세, 약우고요즉견이지지, 약탕즉
문이지지)

국역 맹자가 말씀하였다. "요·순으로부터 탕왕에 이르기까
지, 5백여 년이니, 우와 고요 같은 이는 만나보고서 그를
아셨고, 탕왕 같은 이는 듣고서 그를 아셨느니라."90)

기를 깊게 하기 때문이다. 그를 끊는 기술은 다른 것이 없다. 역
시 말하자면, 불변의 원칙을 회복하는 것일 뿐이다.)

90) 趙氏曰 : 五百歲而聖人出, 天道之常.(조씨가 말하였다. 5백년만

자의 ㅇ由ㅡㅡ부터. ㅇ至ㅡㅡ까지.

(38-2) 由湯至於文王이　五百有餘歲니　若伊尹萊朱則見
而知之하고　若文王則聞而知之하시니라

(유탕지어문왕, 오백유여세, 약이윤내주즉견이지지, 약문왕즉문
이지지)

국역 "탕왕으로부터 문왕에 이르기까지 5백여 년이니, 이윤
과 내주 같은 이는 만나보고서 그를 아셨고, 문왕 같은 이
는 듣고서 그를 아셨느니라."91)

자의 ㅇ萊ㅡ쑥 래.

(38-3) 由文王至於孔子가　五百有餘歲니　若太公望散宜
生則見而知之하고　若孔子則聞而知之하시니라

(유문왕지어공자, 오백유여세, 약태공망산의생즉견이지지, 약공
자즉문이지지)

국역 "문왕으로부터 공자에 이르기까지가 5백여 년이니, 태
공망, 산의생 같은 이는 만나보고서 그를 아셨고, 공자 같
은 이는 듣고서 그를 아셨는지라."92)

에 성인이 나오는데, 천도의 불변의 법칙이다.) 然, 亦有遲速, 不
能正五百年, 故, 言有餘也.(그러나 역시 늦고 속함이 있으니, 능
히 꼭 5백년이 될 수는 없다. 그러므로 '유여'라고 말한 것이다.)
尹氏曰：知, 謂知其道也.(윤씨가 말하였다. 안다는 것은, 그 정
도를 앎을 이른다.)

91) 趙氏曰：萊朱, 湯賢臣.(조씨가 말하였다. 내주는 탕왕의 현신이
다.) 或曰：卽仲虺也, 爲湯左相(혹자가 말하였다. 바로 '중훼'이
다 라 하니, 탕왕의 좌상이다.)

(38-4) 由孔子而來로 至於今이 百有餘歲니 去聖人之世
가 若此其未遠也며 近聖人之居가 若此其甚也로되
然而無有乎爾하니 則亦無有乎爾로다

(유공자이래, 지어금, 백유여세, 거성인지세, 약차기미원야, 근성
인지거, 약차기심야, 연이무유호이, 즉역무유호이)

국역 "공자로부터 그 이래로 지금에 이르기까지 백여 년이
니, 성인이 살던 세대와의 거리가 이와 같이 아마 멀지 않
으며, 성인이 거처하던 데서 가깝기가 이와 같이 아마 심
한데도, 그러나 지금 공자의 도를 아는 이가 없는 것을 보
니, 즉 역시 후세에도 공자의 도를 전하는 사람이 없을까
보다."93)

---

92) 散, 氏, 宜生, 名, 文王賢臣也.(산은 성이요, 의생은 이름이니,
문왕의 현신이다.) 子貢曰：文武之道, 未墜於地, 在人.(자공이
말하였다. 문왕·무왕의 도가 아직 땅에 떨어지지 않아 인간에게
있다.) 賢者, 識其大者, 不賢者, 識其小者, 莫不有文武之道焉.
夫子焉不學. 此所謂聞而知之也.(현명한 자는 그 큰 것을 알고,
현명하지 못한 자는 그 작은 것을 알고 있어서, 문왕·무왕의
도가 있지 않음이 없으니, 선생님이 그것을 배우지 않았겠는가?
이것이 소위 들어서 알았다는 것이다.)

93) 林氏曰：孟子言孔子至今時未遠, 鄒魯相去又近.(임씨가 말하였
다. 맹자는 공자로부터 지금에 이르기까지 시간이 멀지 않고, 추
나라와 노나라는 서로 거리가 또 가깝다.) 然而已無有見而知之
者矣, 則五百餘歲之後, 又豈復有聞而知之者乎.(그러나 이미 만
나보고서 도를 안 자가 없으니, 곧 5백여 년 후에, 또 어찌 다시
듣고서 도를 아는 사람이 있겠는가?라고 말한 것이다.) 愚按：
此言, 雖若不敢自謂已得其傳, 而憂後世遂失其傳.(내 생각에 이

말은, 비록 감히 자기가 그 전통을 얻었다고 말하지 못하여, 후세에 마침내 그 전함을 잃을까 우려하는 말인 듯하다.) 然, 乃所以自見其有不得辭者, 而又以見夫天理民彝不可泯滅, 百世之下, 必將有神會而心得之者耳.(그러나 바로 아마 사양할 수 없는 것이 있음을 스스로 보이기 위한 것이며, 또 대저 천리와 민이(民彝)가 멸망될 수 없으니, 백세 뒤에 반드시 장차 정신으로 이해하고 마음으로 터득할 자가 있을 뿐임을 나타내기 위한 것이다.) 故, 於篇終, 歷序群聖之統, 而終之以此, 所以明其傳之有在, 而又以俟後聖於無窮也, 其指深哉.(그러므로 이 편의 끝에서 여러 성인의 도통의 순서를 일일이 서술하고 이것으로써 마치니, 그래서 그것이 전해진 곳이 있음을 밝히고, 또 무궁토록 뒷 성인을 기다리기 위한 것이니, 그 뜻이 깊다.) 有宋元豐八年, 河南程顥伯淳, 卒, 潞公文彦博, 題其墓曰 : 明道先生.(송나라 원풍 8년에 하남 정호 백순이 죽자, 노공 문언박이 그 묘비에 쓰기를, '명도 선생'이라 하였다.) 而其弟頤正叔, 序之曰 : 周公歿, 聖人之道不行, 孟軻死, 聖人之學不傳.(이에 그 아우인 정이 정숙이 다음과 같이 서하였다. 주공이 별세함에 성인의 도가 행해지지 않고, 맹가가 죽음에 성인의 학문이 전해지지 못하였다.) 道不行, 百世無善治, 學不傳, 千載無眞儒. 無善治, 士猶得以明夫善治之道, 以淑諸人, 以傳諸後, 無眞儒, 則天下貿貿焉莫知所之, 人欲肆而天理滅矣.(정도가 행해지지 못하여 백세에 선한 정치가 없었고, 학문이 전해지지 못하여 천년에 진정한 선비가 없었다. 선한 정치가 없더라도 선비는 오히려 대저 선한 정치의 도를 얻어 밝히기 위하여, 남에게 사숙함으로써, 그것을 뒤에 전하려고 생각한다. 진정한 선비가 없으면 천하는 우매하여 갈 곳을 알지 못하여, 인욕이 함부로 퍼지고, 천리는 소멸할 것이다.) 先生, 生乎千四百年之後, 得不傳之學於遺經, 以興起斯文, 爲己任, 辨異端, 闢邪說, 使聖人之道, 渙然復明於世, 蓋自孟子之後一人而已.(선생은 천4백년 후에 태어나서, 전해지지 않던 학문을 유실된 경전

자의 ○其-아마 기. ○無有-없다. ○乎爾-어말(語末)조사.

해설 이 장은 '맹자'의 마지막 장이다. 여기서 맹자는 요순과 탕왕, 그리고 공자는 각기 5백년의 주기로 출현하여 세상의 인도를 밝혔다, 그런데 공자 이후로는 이들을 계승할 성현이 나타나지 않음을 한탄하고, 자기가 공자를 계승하는 성인임을 말하고 있다. 비슷한 내용이 공손추장구 하 제13장에도 나온다.

에서 터득하여, 그리고 사문을 흥기시킴을 자기의 임무로 삼아, 이단을 변별하고 사설을 막아서, 성인의 도로 하여금 환하게 다시 세상에 밝혔으니, 대개 맹자 이후로부터 오직 한 사람뿐이다.) 然, 學者於道, 不知所向, 則孰知斯人之爲功, 不知所至, 則孰知斯名之稱情也哉(그러나 학자가 정도에 대해 나아갈 바를 알지 못한다면, 이분의 공로를 누가 알겠으며, 이를 곳을 알지 못한다면, 이 명칭이 실정에 맞는 것임을 누가 알겠는가?)

맹자 연표

　맹자의 연보는 정확한 기록이 없어 자세히는 알 수 없고, 다만 청대(淸代) 사람 적자기(狄子奇)의 저술인 맹자편년(孟子編年)에 의하여 그 개략을 추려보았다.

기원전 372년	4월 2일 추(鄒)나라(지금의 산동성 연주부 추현)에서 태어나다.
358년(15세)	노(魯)나라에서 배우다.
332년(41세)	처음 추나라 목공(穆公)을 만나다.
331년(42세)	제(齊)나라 평륙(平陸)에 머무르다.
330년(43세)	추나라에서 임(任)나라로 가다.
329년(44세)	제나라 평륙에서 제나라 서울로 가다.
328년(45세)	제나라에서 빈사(賓師)가 되다.
326년(47세)	제나라를 떠나 송(宋)나라로 가다.
325년(48세)	송나라에서 추나라로 돌아오다.
324년(49세)	추나라에서 등(滕)나라로 가다.
322년(51세)	등나라를 떠나 추나라로 돌아오다.
320년(53세)	양(梁)나라 혜왕(惠王)의 초빙을 받고 양나라로 가다.

319년(54세) 양나라 왕 영(罃)이 죽자, 양나라를
　　　　　　떠나 제나라로 가다.
318년(55세) 제나라에서 경(卿)이 되다.
317년(56세) 모친상을 당하여 제나라에서 노나라
　　　　　　로 돌아와 장례를 모시다.
315년(58세) 노나라에서 제나라로 돌아오다.
314년(59세) 제나라가 연(燕)나라를 정벌하여 횡포
　　　　　　하자, 제나라를 떠나 송나라로 가다.
313년(60세) 송경(宋牼)을 석구(石丘)에서 만나
　　　　　　인의로 진(秦)·초(楚)의 왕을 설득
　　　　　　할 것을 권하다.
312년(61세) 송나라에서 설(薛)나라로 가다.
311년(62세) 설나라에서 노나라로 갔다가 뜻을 이
　　　　　　루지 못하고 다시 추나라로 돌아오다.
289년(84세) 1월 15일, 세상을 떠나다.

＊성백효 역주《맹자집주》에서 전재

색 인(索引)

ㅊ

ㅌ

新完譯 孟子

경제학자가 본 알기 쉬운 맹자

초판 발행 – 2005년 9월 10일
2쇄 발행 – 2017년 2월 15일

譯註者 – 姜 秉 昌
발행인 – 金 東 求
발행처 – 명 문 당 (창립 1923년 10월 1일)
　　　　서울시 종로구 윤보선길 61(안국동)
　　　　우체국 010579-01-000682
　　　　전 화 (02) 733-3039, 734-4798
　　　　FAX (02) 734-9209
　　　　Homepage　www.myungmundang.net
　　　　E-mail　mmdbook1@hanmail.net
　　　　등록 1977.11.19. 제1-148호

■

ISBN　89-7270-790-2　94140
ISBN　89-7270-052-5　(세트)

명문당 신간 우수학술도서

新選明文東洋古典大系

明文堂은 傳統과 創意와 誠實을 바탕으로
여러분의 곁에 있습니다.

● 改訂增補版 新完譯 **論語**

張基槿 譯著 신국판 값 20,000원

● 新完譯 한글판 **論語**

張基槿 譯著 신국판 값 12,000원

● 改訂增補版 新完譯 **孟子** (上 · 下)

車柱環 譯著 신국판 값 각 15,000원

● 新完譯 한글판 **孟子**

車柱環 譯著 신국판 값 각 15,000원

● 改訂增補版 新完譯 **詩經**

金學主 譯著 신국판 값 18,000원

● 改訂增補版 新完譯 **書經**

金學主 譯著 신국판 값 15,000원

● 改訂增補版 新完譯 **禮記** (上 · 中 · 下)

李相玉 譯著 신국판 값 각 15,000원

● 新譯 **東洋 三國의 名漢詩選**

安吉煥 編著 신국판 값 15,000원

● 新完譯 **墨子** (上 · 下) (사)한국출판인회의 제29차
　　　　　　　　　　　　　　 이달의 책 인문분야 선정도서

金學主 譯著 신국판 값 각 15,000원

● 改訂版 新完譯 **近思錄**

朱熹 · 呂祖謙 編 成元慶 譯 신국판 값 20,000원

● 新譯 **歐陽修散文選**

魯長時 譯註 신국판 값 20,000원

● 新完譯 **大學** - 경제학자가 본 알기 쉬운 대학

姜秉昌 譯註 신국판 값 7,000원 양장 값 9,000원

● 新完譯 **中庸** - 경제학자가 본 알기 쉬운 중용

姜秉昌 譯註 신국판 값 10,000원 양장 값 12,000원

● 新完譯 **論語** - 경제학자가 본 알기 쉬운 논어

姜秉昌 譯註 신국판 값 18,000원

● 中國古典漢詩人選❶ 改訂增補版 新譯 **李太白**

張基槿 譯著 신국판 값 12,000원, 4×6배판 값 17,000원

● 中國古典漢詩人選❷ 改訂增補版 新譯 **陶淵明**

張基槿 譯著 신국판 값 12,000원, 4×6배판 값 17,000원

● 中國古典漢詩人選❸ 改訂增補版 新譯 **白樂天**

張基槿 譯著 신국판 값 12,000원, 4×6배판 값 17,000원

● 中國古典漢詩人選❹ 改訂增補版 新譯 **杜甫**

張基槿 譯著 신국판 값 12,000원, 4×6배판 값 17,000원

● 中國古典漢詩人選❺ 改訂增補版 新譯 **屈原**

張基槿 · 河正玉 譯著 신국판 값 12,000원, 4×6배판 값 17,000원

● 新釋 **明心寶鑑**

張基槿 譯著 신국판 값 15,000원

● 新完譯 **孟子**

金學主 譯著 신국판 값 20,000원

● 新完譯 **蒙求** (上 · 下)

李民樹 譯 신국판 값 각 15,000원

● 新完譯 **大學章句大全**

張基槿 譯註 신국판 값 20,000원 양장 값 25,000원

● 新完譯 **古文眞寶前集**

黃堅 編纂 金學主 譯著 신국판 값 20,000원 양장 값 25,000원

● 新完譯 **古文眞寶後集**

黃堅 編纂 金學主 譯著 신국판 값 25,000원 양장 값 30,000원

● 新完譯 **傳習錄**

金學主 譯著 신국판 값 20,000원 양장 값 25,000원

● 新完譯 **大學章句新講**

張基槿 譯註 신국판 값 18,000원 4×6배판 값 23,000원

● 新完譯 **中庸章句新講**

張基槿 譯註 신국판 값 20,000원 4×6배판 값 25,000원